U0900736

《冠绝欧洲：欧冠图文全史》编委会

主　　编：骆　明

撰　　稿：林良锋　梁宏业　武一帆　李海龙　姜斯瀚　张　力　黄思隽　王　恕
朱　权　彭　雷　孙　奇　李　慕

文字编辑：徐鑫炜　李　慕　梁熙明　严　俊　郭　磊　边　疆

图片编辑：李　慕　徐晓博　仲维龙

文字校对：朱曙光　林良锋

美术总监：刘宏智

美术编辑：刘赤荣

特别支持：刘晶捷（《冠军杯50年》执行主编）
傅亚雨　梁利锋　安　然　彭　程　王　宇　付　强　向　波　陈　明
滨　岩　唐杨科　李　森　刘　川　楼　坚　王勤伯　缪　缪　田　超
张玉强　胡江波　谢　晨　王实刚　黄荣基

作者简介：《体坛周报》，全国发行量前列的体育类报纸。拥有专业体育编辑、记者团队，专业人才遍布全球五大洲。作为中国体育平面媒体集团的领头羊，是全球包括FIFA、FIBA等各大国际体育组织在中国的密切合作伙伴。

66
周年
纪念版

冠绝欧洲
EUROPEAN CROWN
欧冠图文全史
ILLUSTRATED HISTORY OF THE UEFA CHAMPIONS LEAGUE

1955 — 2021　《体坛周报》 著

金城出版社
GOLD WALL PRESS
中国 · 北京

图书在版编目（CIP）数据

冠绝欧洲：欧冠图文全史：66周年纪念版 / 《体坛周报》著. —2版. —北京：金城出版社有限公司,
2021.7（2021.10重印）
ISBN 978-7-5155-2211-1

Ⅰ. ①冠… Ⅱ. ①体… Ⅲ. ①足球运动 - 联赛 - 概况 - 欧洲 - 图集
Ⅳ. ①G843.95-64

中国版本图书馆CIP数据核字(2021)第103822号

冠绝欧洲：欧冠图文全史（66周年纪念版）

作　　者　《体坛周报》
责任编辑　李轶武
责任印制　李仕杰
责任校对　李明辉
开　　本　889毫米× 1194毫米　1/16
印　　张　30.25
字　　数　900千字
版　　次　2021年7月第2版
印　　次　2021年10月第2次印刷
印　　刷　鑫艺佳利（天津）印刷有限公司
书　　号　ISBN 978-7-5155-2211-1
定　　价　298.00元

出版发行　**金城出版社有限公司**　北京市朝阳区利泽东二路3号　邮编：100102
发 行 部　（010）84254364
编 辑 部　（010）64391966
总 编 室　（010）64228516
网　　址　http://www.jccb.com.cn
电子邮箱　jinchengchuban@163.com
法律顾问　北京市安理律师事务所　（电话）18911105819

骆明

《体坛周报》副总编

国际足联金球奖中国区唯一媒体评委

一切历史都是当代史

很多年了，我一直在观察欧洲几大足球强国的欧冠冠军数目，发现意英西三大联赛总能保持“神同步”。

2000年，皇马第8次加冕，西甲以9个欧冠与意甲、英超等量齐观。2002年皇马、2003年AC米兰、2005年利物浦夺冠后，三国冠军数同升为10。2006年巴萨、2007年AC米兰、2008曼联，三国冠军数又同升为11。其后4年，巴塞罗那2009和2011、国际米兰2010、切尔西2012，西班牙以13略领先意大利和英格兰的12。此后西班牙不可阻挡，皇马5年4冠、2015年巴萨第5冠，西班牙以18个欧冠分别甩出意大利和英格兰6个，欧洲三角开始变得不稳定。此后英格兰奋起直追，2019年利物浦、2021年切尔西先后夺冠，英格兰以14个欧冠暂时落后西班牙4个，意大利则原地踏步。

意英西三国会不会有一天又重新同步？德国足球（目前是8个欧冠），会不会有一天与三大联赛看齐？过去60年，欧洲足球总能奇妙地保持平衡，你方唱罢我登场，再强势的联赛也有衰落之日。

1966年，皇马第6次捧起冠军杯，结束了米兰双雄此前三年对欧冠的统治，而此时还从未有一支英格兰球队问鼎欧冠。曼联1968年初试莺啼后，英格兰足球又归于平淡，从1970年到1976年的7届，荷兰和德国先后瓜分。直到1977年，利物浦才夺得英格兰的第二座冠军杯，英格兰人一发不可收拾，到1982年完成6连冠，1984年利物浦第4次夺冠后，英格兰的欧冠奖杯上升到8，反超西班牙（6）和意大利（4）。

就在英格兰人让欧陆绝望之时，意外降临了。1985年海瑟尔惨案，不仅让无心恋战的利物浦负于尤文图斯，更让英格兰被关了5年欧战禁闭。雄心勃勃的意大利人获得了最佳机遇，米兰王朝风头无两，1989至1994斩获三冠，尤文图斯1996年战胜阿贾克斯后，意大利的冠军数上升至9。西班牙本因皇马五连冠而拥有先发优势，如今却掉到第三（7）。

这时，一个沉睡了32年的巨人苏醒了。1998年和2000年，皇马两夺欧冠，不仅让西甲追平意英，也帮助自己获得了20世纪最佳俱乐部的头衔。奋起的不光是皇马，1999-2000赛季，欧冠第一次扩军为一国最多4队，西班牙就有三队进入四强，皇马和巴伦西亚会师决赛。2003年，意甲重复了西甲的辉煌，而从2007至2009年，英超连续三年在四强中占据三席，一度将西甲赶下欧足联第一联赛王座。但以C罗为代表的群星加盟皇马后，与巴萨的梅哈白等人交相辉映，加上西蒙尼带领马竞崛起，西班牙又经历了一段繁荣期。但工资负担过重，加上新冠疫情袭来，对西甲三强都打击不小，英格兰则凭借雄厚的财力卷土重来，2019年和2021年两度会师决赛。

欧冠的历史汹涌向前，却总有一些内生规律，冥冥中左右苍生。“一切历史都是当代史”，此话同样适合足球领域。深明足球的历史，你就能更好地读懂足球的现在和未来。很多人让我推荐足球读物，而对我足球报道生涯影响最深的“武功秘籍”，正是一部欧冠史。

体坛周报1999年出版的《冠军大冲撞》，是中国第一部欧冠专著，后半部“冠军杯演义”，逐届回顾了冠军杯风云。此演义由法国《队报》名家书写，文笔生动，情节有趣，极富感染力。最令我折服的还是其视角，作者浸淫欧洲足球数十年，并非机械叙事，而是将其置入足球史的大视野里进行考量。这部书至今留在我办公室，书已翻得十分陈旧，每次看时仍津津有味。无数次，当我提笔（敲键盘）时，我就会想，如果是那位作者，他会怎么写？

这套《欧冠图文全史》堪称最新版的武功秘籍，希望他能帮你成为顶级球迷，或者我的优秀同行，我期待着。

切尔西赢得 2020/2021 赛季欧冠冠军，让大耳朵杯时隔一年重回英超怀抱。

NERS
S LEAGUE 2020/21
CHELSEA
FOOTBALL CLUB

冠军杯第一座奖杯（小图）于1955年第一届赛事启用。1967年开始，冠军杯新奖杯（大耳杯）替代旧奖杯。

LISTE DE CHAMPIONS
冠军谱

欧洲冠军杯于 1955 年创办，赛制为纯淘汰赛。
1991/1992 赛季，冠军杯首次引入小组赛赛制。
1992/1993 赛季，欧洲冠军杯正式改名为欧洲冠军联赛。

1955/1956 皇家马德里（西班牙）
1956/1957 皇家马德里（西班牙）
1957/1958 皇家马德里（西班牙）
1958/1959 皇家马德里（西班牙）
1959/1960 皇家马德里（西班牙）
1960/1961 本菲卡（葡萄牙）
1961/1962 本菲卡（葡萄牙）
1962/1963 AC 米兰（意大利）
1963/1964 国际米兰（意大利）
1964/1965 国际米兰（意大利）
1965/1966 皇家马德里（西班牙）
1966/1967 凯尔特人（苏格兰）
1967/1968 曼联（英格兰）
1968/1969 AC 米兰（意大利）
1969/1970 费耶诺德（荷兰）
1970/1971 阿贾克斯（荷兰）
1971/1972 阿贾克斯（荷兰）
1972/1973 阿贾克斯（荷兰）
1973/1974 拜仁慕尼黑（西德）
1974/1975 拜仁慕尼黑（西德）
1975/1976 拜仁慕尼黑（西德）
1976/1977 利物浦（英格兰）
1977/1978 利物浦（英格兰）
1978/1979 诺丁汉森林（英格兰）
1979/1980 诺丁汉森林（英格兰）
1980/1981 利物浦（英格兰）
1981/1982 阿斯顿维拉（英格兰）
1982/1983 汉堡（西德）
1983/1984 利物浦（英格兰）
1984/1985 尤文图斯（意大利）
1985/1986 布加勒斯特星（罗马尼亚）
1986/1987 波尔图（葡萄牙）
1987/1988 埃因霍温（荷兰）
1988/1989 AC 米兰（意大利）
1989/1990 AC 米兰（意大利）
1990/1991 贝尔格莱德红星（南斯拉夫）
1991/1992 巴塞罗那（西班牙）
1992/1993 马赛（法国）
1993/1994 AC 米兰（意大利）
1994/1995 阿贾克斯（荷兰）
1995/1996 尤文图斯（意大利）
1996/1997 多特蒙德（德国）
1997/1998 皇家马德里（西班牙）
1998/1999 曼联（英格兰）
1999/2000 皇家马德里（西班牙）
1900/2001 拜仁慕尼黑（德国）
2001/2002 皇家马德里（西班牙）
2002/2003 AC 米兰（意大利）
2003/2004 波尔图（葡萄牙）
2004/2005 利物浦（英格兰）
2005/2006 巴塞罗那（西班牙）
2006/2007 AC 米兰（意大利）
2007/2008 曼联（英格兰）
2008/2009 巴塞罗那（西班牙）
2009/2010 国际米兰（意大利）
2010/2011 巴塞罗那（西班牙）
2011/2012 切尔西（英格兰）
2012/2013 拜仁慕尼黑（德国）
2013/2014 皇家马德里（西班牙）
2014/2015 巴塞罗那（西班牙）
2015/2016 皇家马德里（西班牙）
2016/2017 皇家马德里（西班牙）
2017/2018 皇家马德里（西班牙）
2018/2019 利物浦（英格兰）
2019/2020 拜仁慕尼黑（德国）
2020/2021 切尔西（英格兰）

目录

EFA
UBS CHAMPIO
PÉENS

《队报》记者
雅克·费朗
（Jacques Ferran）

L'EQUIPE ET LA COUPE DE CHAMPIONS
冠军杯是这样诞生的

从 1954 年 12 月 15 日加布里埃尔·阿诺撰文首倡冠军杯，到 1955 年 9 月 4 日赛事于里斯本发轫，法国《队报》远见卓识，旗下记者以不懈的努力，仅用九个月就促成了这个星球上影响力最广泛、最精彩的球会级赛事。

当时年仅 34 岁的记者雅克·费朗是冠军杯的发起人之一。多年后，费朗仍记得当初的点点滴滴……

将来，也许有人会为欧洲冠军杯的诞生著书立传。如果那天我去世了，人们只能像当今的史家描写1789年法国大革命，或者第一次世界大战那样，借前人的回忆重温冠军杯创立的过程——他们没有经历那段岁月，只有别人的记录。作为冠军杯历史的见证人，我是直接参与者，也是唯一还活着的见证人。

1954年，我已有34岁，加入《队报》6年有余。当时的《队报》并没有如今的地位，但我并不后悔。在雅克·戈代先生的英明领导下，《队报》顽强地扮演着法国唯一专业体育日报的角色。当时报社雇员不到百人，架构与今天差不多——自行车部、田径部、拳击部，当然还有足球部。报社办公地点在巴黎第10区的福比尔蒙马特大街。此间是媒体荟萃之地，《法兰西晚报》《世界报》《人权报》等知名报章都择址于此。《队报》编辑部在三楼，楼上是行政管理部门，楼下是图片部和发行部。在这样的环境下，一帮热情高涨的伙计们焚膏继晷，兢兢业业。

萌芽

1954年的冬天怎么过？

当时足球部有六七名编辑，包括已故《法国足球》负责人马克斯·于尔比尼和让—菲利普·雷塔克尔。我们的小天地位于三楼走廊的尽头，有三个小办公室，光线很差！部长雅克·德里斯维克（Jacques de Ryswick）经验丰富、精于管理，给了我们很大的发挥空间。

介绍我的同事，一定要提加布里埃尔·阿诺——冠军杯之父！阿诺在二战前是《体育镜报》的总编，对法国足球做出过不可磨灭的贡献——曾和另外两位记者携手，帮助建立了法国职业联赛，并在1945至1949年之间襄赞法国队遴选国脚，还是法国国家队技术委员会和法国教练员培训中心的负责人……

当时65岁的阿诺是我们的“老大哥”，却从不对采编指手画脚，每天都会带着他写的稿子来报社，并和德里斯维克争论一些重要问题。他总是精神昂扬地走进办公室，微笑着用浓厚的南部口音说：“小伙子，我给你们带来了一篇好东西！”阿诺和我共用一间办公室，有时会让我帮他改改女儿的拉丁课作业。

我们最头疼的是周中没料，怎样给报纸“填空”。一周头两天，我们可以报道周日的比赛；周末两天，我们可以做一些采访，前瞻一下比赛。但周中（星期三、星期四）怎么办？

世界杯刚在夏天结束。在瑞士，我们目睹了强壮的德国人如何迫使匈牙利的艺术家们臣服……1954年渐行渐远，下一次世界杯还要等4年。法国队在1954年世界杯的经历简直是悲剧，法国队需要重生，重生需要时间。1954年10月16日，法国在汉诺威3:1战胜世界杯新科状元联邦德国，结果让人叫好，但这支联邦德国队面目全非，世界杯主力所剩无几。全法国为黑人中场本巴雷克的魔力叹服之余，发现法国队的下一场比赛要等半年，1955年4月。

足球世界感到空虚，有这样的感觉不只是《队报》。欧洲主流俱乐部不满足于国内比赛；东欧的俱乐部在漫长的寒冬无所事事，严酷的气候冰封了他们的联赛。不少俱乐部在冬季选择到西南欧热身、备战。

酝酿廿载，大计方成

经中间人牵线搭桥，匈牙利、捷克斯洛伐克、南斯拉夫的多支球队赴英、意、法打友谊赛。我们利用这些机会，同许多俱乐部搭上了关系。阿诺在1954年12月13日至20日赴英格兰观看了狼队、切尔西与两支匈牙利俱乐部的比赛。

周一（12月13日），狼队在55000名观众面前，3:2艰难战胜了普斯卡什、柯奇士和博日克助阵的爱国者队（匈牙利文的字面意思为“国防军”，该队在1949年后为匈牙利陆军控制）。此前不久，狼队还曾以4:0大胜另一支当时的欧洲劲旅莫斯科斯巴达克。这场胜利让《每日邮报》欣喜高歌：狼队是世界冠军！

《每日邮报》的这篇文章引起不小轰动，阿诺更是有话要说。比赛翌日，他就向编辑部电话口述了一篇稿子，发表在周三（15日）的《队报》上。阿诺以他的博学和激情描述了英格

加布里埃尔·阿诺先生是冠军杯的创始人之一，他在1954年12月15日的《队报》上第一次提出了“冠军杯”的概念。

兰人如何两球落后发起反击，最终战胜匈牙利人的感人场面，“强壮的英格兰人昂首挺胸，用最简单的方式冲吊对方禁区。我想，这既是英式足球的过去，也将是他们的未来。”

短短两句话，阿诺腹诽英国同行自诩“世界最佳”的形象跃然纸上，却是足球历史上一段轶事，“在我们急于宣布狼队是世界冠军之前，让他们作客莫斯科和布达佩斯试试，足坛还有很多素负国际盛誉的球会，随便举两例：米兰和皇马。应该举办一届世界俱乐部锦标赛，或者，最起码是欧洲范围内的联赛来决定谁是世界最佳。我们应该冒险尝试一次。”阿诺在伦敦的酒店里抛出了一个美好的设想，为足球走向更高、更广的舞台开启了一扇门。

阿诺这篇文章引起了巨大反响，其实，这个设想在阿诺脑海中由来已久……

20年前，也是一个冬天。1934年12月，阿诺在担任《体育镜报》总编辑时曾撰文建议：在每个国家的顶级联赛中引入两家国外球会以促进各国之间的交流和发展。

阿诺的这个建议引起强烈反响。巴黎竞技俱乐部主席让—贝尔纳·勒韦很欣赏阿诺的勇气，“这个建议，从理论来讲很妙。一旦实施，将大大冲击俱乐部的传统经营和日常管理，肯定将遇到几乎所有俱乐部的抵触……不过，从现在开始，我们就可以预见未来泛欧联赛的诞生，有升降级，可以参照法国现行的联赛体系。毫无疑问，这项比赛在竞技上将会取得成功，经济上前景也非常诱人。决赛可以安排在巴黎。我们竞技俱乐部给《体育镜报》投了赞成票，最好这个赛季就开始！”

坐落于巴黎第10区的《队报》旧址见证了欧洲最高水平俱乐部赛事的诞生。在1987年搬家之前，这里一直是《队报》的办公地点。

打开欧洲足球之窗

阿诺的美好愿望却没有实现，这个设想在当时太超前。几年后第二次世界大战爆发了。阿诺没有放弃理想，他事后向我坦白，那个美好的蓝图一直深藏心底，20年后，他终于等来了机会！

1954年12月15日早上，阿诺的文章见报，德里斯维克和同事们趁热打铁，请示了戈代先生后，翌日他在《队报》上发表了题为“队报倡建欧洲俱乐部之间比赛”的文章。

文章中，德里斯维克提出了一些设想：比赛实行主客场制，周中进行，夜场，引入电视转播，参赛球队12至14支——基本保证主流联赛有一代表。作为媒体，帮助欧洲足球尽快走出孩提时代，我们责无旁贷。

举个例子：在南美，从1916年开始，就有一年一度的国际赛事，参赛球队是各国国家队；而欧洲呢？我们还处在洲际组织的筹建当中，1955年3月欧洲足联才在维也纳举行第一次大会。据悉，欧洲足联成立后的唯一目标是创办国际赛事，而在球会间的交流上，他们还没有任何打算。当时，除了友谊赛之外，欧洲只有“拉丁杯”和“中欧杯”，但这些比赛地域局限性太强，时间安排也比较随意。

雏形

全欧讨论：杯赛优于联赛

《队报》的倡议引起全欧关注，一些俱乐部和足协的拒绝或冷淡都没有让我们放弃这个计划。

起步阶段（1954年12月底至1955年1月），德里斯维克在《队报》上连续撰文宣传。尽管得到大多数人的欢迎和支持，仍有人持保留意见，但并非旗帜鲜明地反对。比如德国人向我们反映：“好主意！但怎么寻找双方满意的比赛时间？德国尚未建立职业联赛，这对业余球员来说可是额外的负担。另外，我国的许多球场缺乏供电设备，这可是一项巨大的开销啊！”

从维也纳和布鲁塞尔传来的两条回应令人鼓舞。“欧洲联赛的确是一个绝妙的想法，”维也纳快速表示，“不过，采用淘汰赛制的杯赛，对我们来说比联赛更有吸引力。”安德莱赫特年轻的主席阿尔伯特·罗森斯也表示了相同的观点。“欧洲

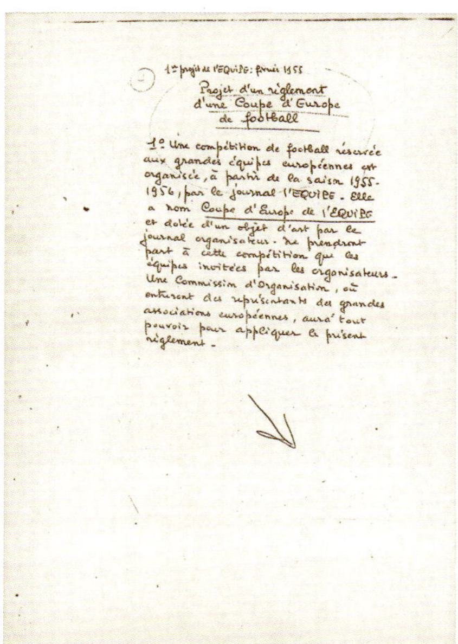

1er projet de l'EQUIPE : février 1955

Projet d'un règlement d'une Coupe d'Europe de football

1° Une compétition de football réservée aux grandes équipes européennes est organisée, à partir de la saison 1955-1956, par le journal l'EQUIPE. Elle a nom Coupe d'Europe de l'EQUIPE et dotée d'un objet d'art par le journal organisateur. Ne prendront part à cette compétition que les équipes invitées par les organisateurs. Une Commission d'Organisation, où entreront des représentants des grandes associations européennes, aura tout pouvoir pour appliquer le présent règlement.

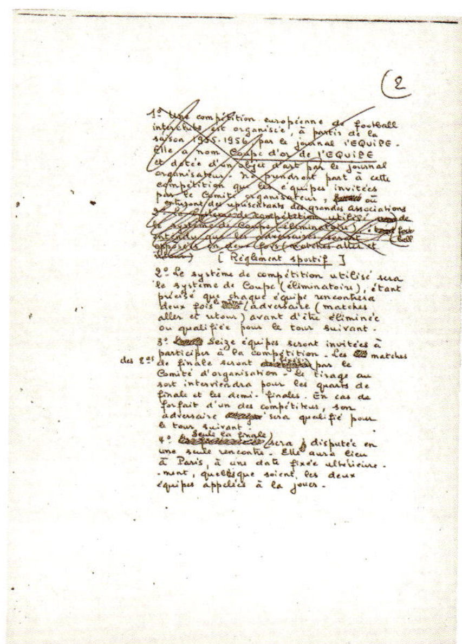

2

[Règlement sportif]

2° Le système de compétition utilisé sera le système de Coupe (éliminatoire), étant précisé que chaque équipe rencontrera deux fois le même adversaire (matches aller et retour) avant d'être éliminée ou qualifiée pour le tour suivant.

3° Seize équipes seront invitées à participer à la compétition. Les matches des 8es de finale seront [illegible] par le Comité d'organisation. Le tirage au sort interviendra pour les quarts de finale et les demi-finales. En cas de forfait d'un des compétiteurs, son adversaire sera qualifié pour le tour suivant.

4° Seule la finale sera disputée en une seule rencontre. Elle aura lieu à Paris, à une date fixée ultérieurement, quelque soient les deux équipes appelées à la jouer.

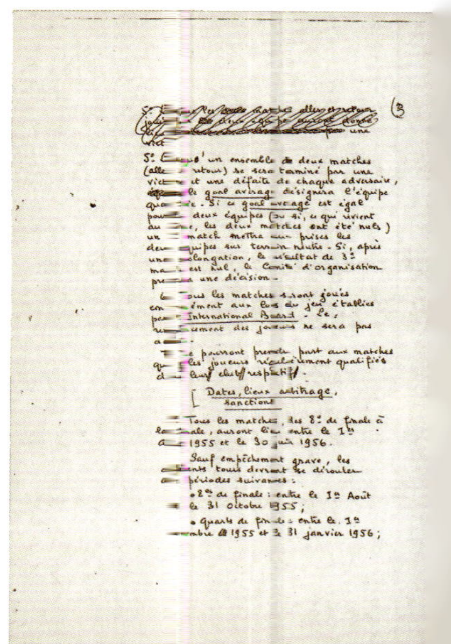

3

5° [illegible] un ensemble de deux matches (aller [illegible] retour) se sera terminé par une victoire et une défaite de chaque adversaire, [illegible] le goal average désignera l'équipe qualifiée. Si ce goal average est égal pour deux équipes (ou si, ce qui revient au même, les deux matches ont été nuls) un [illegible] match mettra aux prises les deux équipes sur terrain neutre. Si, après une prolongation, le résultat de 3e match est nul, le Comité d'organisation prendra une décision.

6° Tous les matches seront joués [illegible] ément aux lois du jeu établies par l'International Board. Le [illegible] ement des joueurs ne sera pas a[illegible].

7° Ne pourront prendre part aux matches que les joueurs régulièrement qualifiés de leur club respectif.

[Dates, lieux arbitrage, sanctions

[illegible] Tous les matches, des 8es de finale à la finale, auront lieu entre le 1er [illegible] 1955 et le 30 juin 1956.

Sauf empêchement grave, les [illegible] nts tours devront se dérouler [illegible] périodes suivantes :

• 8es de finale : entre le 1er Août [illegible] le 31 octobre 1955 ;

• Quarts de finale : entre le 1er [illegible] mbre 1955 et le 31 janvier 1956 ;

联赛的诱惑和风险一样大，几年前也有过类似想法。我研究了《队报》的计划，基本认同。不过我怀疑它的可行性，否则10年或者15年前，欧洲联赛早就诞生了！”罗森斯提到了英国《每日快报（Daily Express）》记者哈克特的建议——一个有8支或16支球队参加的杯赛。罗森斯说：“我想观众对淘汰赛制的杯赛更有热情，形式更简单明了，也更刺激。”

瑞士足坛众说纷纭。苏黎世草蜢支持我们，但当地的《体育报》则担心欧洲赛事可能破坏本国联赛的赛程，导致瑞士足球职业化——当时不少人瑞士对职业足球的前景心存疑虑。

西班牙足球界也分成两派，态度大同小异。巴塞罗那方面持保留意见：加泰罗尼亚足协主席奥古斯丁·普约尔、巴萨主席米罗·桑斯和《世界体育报》都立场模糊；马德里方面却对欧洲比赛极为热情。西班牙足协主席胡安·图松1955年1月15日在《队报》上表示：“这个设想让我非常激动，还有我的朋友、皇马主席圣地亚哥·伯纳乌，通过他，我了解了这个伟大的设想。西班牙方面准备接受，来自欧洲各国的球队都将到我们那座可以容纳12万人的球场感受一下地狱之旅！”

百花齐放、百家争鸣。我们整理和分析了来自各方的支持、反对和建议意见，有两件事要立刻付诸实施：首先是拟就一份白纸黑字的计划书，订好未来比赛的章程；其次，由我们出面联系、组织各俱乐部参与。

我至今还保存着6页纸的手稿——这就是我起草的首届冠军杯章程初稿！当时我还是一名年轻的编辑，在讨论中负责记录大家的意见，汇总为被所有人接受的比赛章程。我的贡献仅是所有同仁付出的一小部分，成文的计划书贴在三楼编辑处的入口，供大家审阅修缮。

章程的初稿一方面由德里斯维克撰文发表在1955年2月3日《队报》上，还要送给相关方面。我们明确指出，《队报》接受了众多俱乐部的意见，放弃欧洲联赛，取而代之以赛程更刺激、更直接的杯赛。尽管30多年后，冠军联赛取代了冠军杯，但在当时，杯赛比联赛更能为各方接受。

我在一个月之后（3月9日）的《队报》上写道：“这个（杯赛）赛制的优点在于：它不会增加俱乐部的比赛负担。16队中的8支球队只打两场，余下8队只有4队再打两场，半决赛的4支球队都是6场，只有两队打满7场。这对那些担心球员超负荷的俱乐部（特别是来自瑞士、葡萄牙的俱乐部）来说无疑是一颗定心丸。其实一个赛季中，欧洲不少大球会要踢相当数量的友谊赛，而现在这项（冠军杯）比赛利益更大、质量更高，能让他们将部分精力转移过来。”

另外，周中比赛也消除了各国足协的疑虑，他们不再担心冠军杯会冲击其国内联赛的正常运转。

不为私利，有福同享

当时，甚至是现在，不少人暗忖：我们辛苦组织赛事图个啥？

先看个例子。就拿自行车的例子来说。19世纪末，在行业协会诞生前，就是《队报》和其他几家大报负责组织大小比赛，拥有百年历史的“环法大赛”便是在这样的背景下产生的。

“拉丁杯”于1948年创立，是冠军杯创立前的一项跨国俱乐部杯赛。1955年决赛在兰斯和皇家马德里之间展开，赛前两队队长容凯（左）和穆尼奥斯交换队旗。

冠军杯最早的规则

看看这张有50年历史的纸条（本页下图）。

“1955年2月，冠军杯规则计划由《队报》组织，从1955/1956赛季开始，创办一个由欧洲顶级俱乐部参加的足球杯赛，取名为‘队报冠军杯’。参赛者只能是由组织者邀请的球队。成立组织委员会，欧洲各大足协的代表可以参加，并对现行的规则提出建议”——这是第一页的文章。此后还有12篇文章，我们可以总结为以下几点：

1. 欧洲16家俱乐部（一国一队）将被邀请参加比赛。
2. 组织者决定，比赛将采用直接淘汰赛制，从1/8决赛开始，此后是1/4决赛，半决赛。决赛将在巴黎进行，一场定输赢。
3. 决赛之前，对阵双方将在主客场各赛一场，如果出现双方得失球相同的情况，则补赛一场。
4. 所有比赛将于1955年8月1日至1956年6月30日之间进行，都在周中晚间比赛。
5. 收入分配原则：5%归参赛俱乐部所属足协；5%归组织者；60%归俱乐部；30%将归一家公共机构，这家机构将负责俱乐部参赛的各项费用。

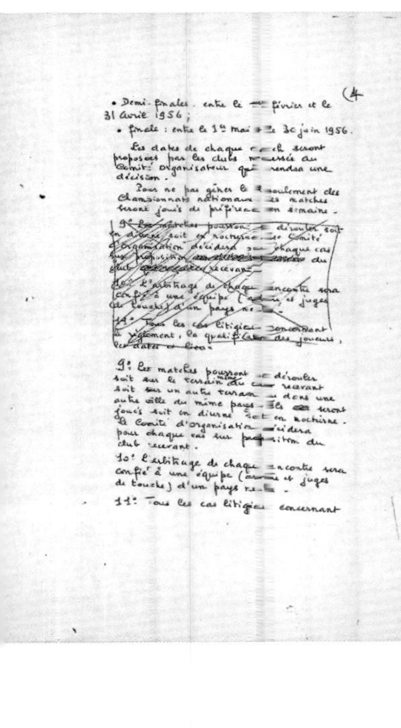

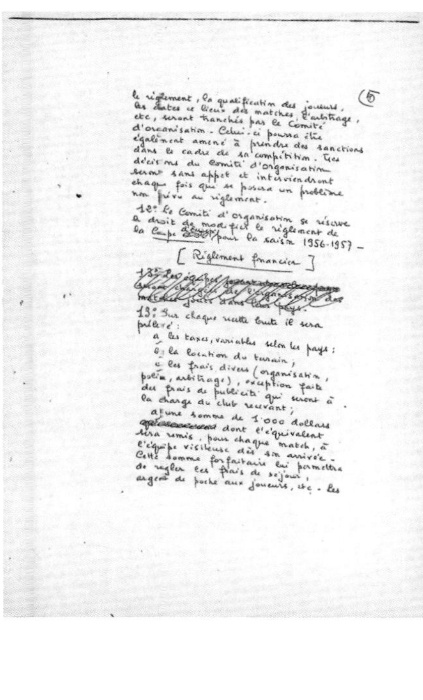

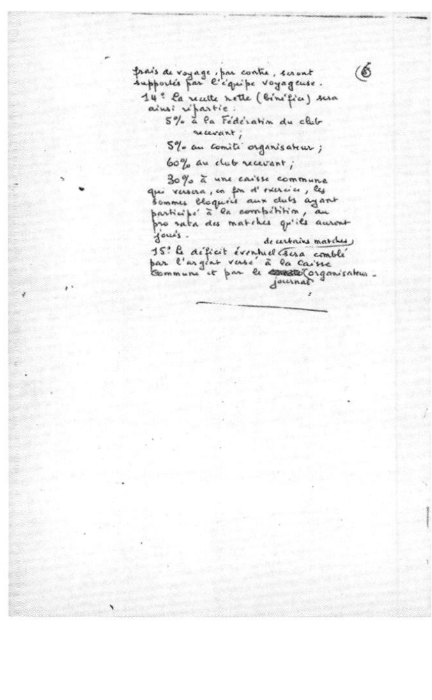

同样，在20世纪50年代的足坛，并没有足够强势的行业组织能扮演组织者的角色，发起和组织比赛正是我们的使命所在。纸上谈兵没用，想让这个杯赛在新赛季开始，就要马上动手。

我最后总结：“推出这一设想，并不是我们想出名，也没有过多考虑‘官方组织者’这个称号为自己带来实际利益。我们冒着亏损的风险组织比赛，图的并不是获取最大的经济利益，收入的大头归了俱乐部。我们还邀请欧洲的同行——比利时《体育报》、《世界体育报》以及葡萄牙《球报》与《队报》携手报道赛事，以免授人以柄，让人指责我们搞‘新闻垄断’。我们也对各俱乐部和足协明确表示，如果他们愿意，可以自行安排负责相关比赛的安排，我们没有异议。我们以前不是、现在也不是不计成本地策划一项新的赛事。这项赛事，以前是，现在也是为了大家共同的利益。”

队报海选出18强

我们计划比赛于1955/1956赛季开始，筹备得提早开始，否则到了1954/1955赛季末才动手，就要手忙脚乱了。

首要任务是确定第一届比赛的参赛球队——他们才是主角。从1955年1月开始，我们挑选出18家（而非16家）俱乐部，可能并非其当季国内联赛的冠军，但在我们看来，须是“过去三到四年，最能代表这个国家足球水平和形象的球队”。

戈代先生向这18家俱乐部发出邀请，他们分别是（排名不分先后）：安德莱赫特（比利时）、切尔西（英格兰）、哥本哈根（丹麦）、莫斯科迪纳摩（苏联）、爱尔兰人（苏格兰，旧译喜百年）、荷兰体育（荷兰）、爱国者（匈牙利）、马尔默（瑞典）、AC米兰（意大利）、贝尔格莱德游击队（南斯拉夫）、兰斯（法国）、皇家马德里（西班牙）、维也纳快速（奥地利）、红白埃森（联邦德国）、萨尔布吕肯（萨尔兰，曾短期独立，现属德国）、日内瓦塞尔维特（瑞士）、布拉格斯巴达（捷克斯洛伐克）、里斯本竞技（葡萄牙）。

在我看来，编辑部的选择在业界几无异议，只是斯德哥尔摩AIK和尤尔加登（对马尔默入选而不是他们）有些不满，尤其是后者，他们刚刚在1954年夺得瑞典联赛冠军却未获邀请。总体来讲，我们挑出来的球队，不论冠军与否，都够资格。

之后呢？是让各国冠军自动参赛还是继续按其他标准（财力、球场、受欢迎程度）挑选球队？有鉴于此，我只能说：“现在这是个问题，不过会在以后某个合适的时间得到解决。”

15家俱乐部同意参赛

接到邀请的俱乐部，反应都很热烈，让我们感到欣慰。

从1955年2月4日开始，本报特派记者费尔南·阿尔巴雷先后前往布达佩斯和维也纳，会晤法国滑冰明星阿兰·吉莱蒂、匈牙利国家队主帅古斯塔夫·塞贝什，前者对我们的倡议给予毫无保留的支持，后者身份显赫——除了执教国家队，还是匈牙利体育部副部长，在草创时期的欧洲足联一言九鼎。塞贝什表示：“我们很感兴趣，匈牙利足协基本支持这个计划。这项比赛规模大，影响力也超过中欧杯。”

从收到的回复看，除了AC米兰（处于严重的危机中）、爱尔兰人（选择观望）和莫斯科迪纳摩（未获苏联足协支持）三家，其余15家俱乐部应允参赛。他们很感激《队报》青眼有加，获邀参赛与有荣焉。

第一封回信来自兰斯主席——和蔼可亲的亨利·热尔曼先生，亲笔回复接受邀请，同意比赛章程，随信附有法国职业协会（职业联盟前身）主席保罗·尼古拉先生的签名。信中，兰斯声明：“参赛前提是不影响球队参加国内联赛或杯赛，必须保证冠军杯赛在周中进行。”

安德莱赫特——比利时足球的班霸——通过秘书长斯特佩回信。斯特佩称能够参加“一项伟大的赛事”感到“非常荣幸”，并与比利时皇家足协接洽获得批准。

本文作者，也是时任《队报》记者雅克·费朗（左）参与了最早冠军杯规则的制订。

此外，切尔西声称“得到国际足联和足总的同意”；红白埃森“对比赛充满渴望”，联邦德国媒体和有关方面反响积极；维也纳快速发现自己排在名单的第17位（按法文拼写的单词首字母顺序列表），甚至急电落实，生怕错过机会；尽管葡萄牙足协还有一些阻力，里斯本竞技“张开双臂欢迎”；布拉格斯巴达对这项“最大程度加强了欧洲各国之间足球交流的比赛”予以肯定；贝尔格莱德游击队电报确认；还有萨尔布吕肯（萨尔兰于1957年并入联邦德国），该队主席诺伊博格日后当选联邦德国足协主席，并是国际足联中的头面人物；最后是皇马，圣地亚哥·伯纳乌先生在亲笔签名的信中写道：“获邀参加贵报组织的欧洲赛事，是一份隆重的荣誉。将怀着激动的心情参加赛事的准备会议……”

解决了谁来参赛的问题，我们还需获得各国足协放行。

阻力

国际足联无意组织

球队有了，组织者也有了，比赛的合法性需要官方认可。

接下来我们四处联系各国足协。

一个“孩子”即将呱呱坠地，谁最合适接生？首先，我们想到的是国际足联。

1954年世界杯后，担任国际足联主席逾卅载的法国人雷米特，将权杖交给了比利时人威廉·塞尔德拉耶斯（William Seeldrayers），这位世界足球的新“老大”支持我们的计划之余，却婉拒这一责任——“是的，你们的计划很有意思，但是……国际足联不会接管这个比赛。”

塞尔德拉耶斯答复如下：“拜读了贵报关于创建欧洲俱乐部之间杯赛的来信。国际足联没有组织类似比赛的先例。我们只负责各足协代表队之间的比赛。不过，我很高兴你们将这项计划相告，借此推动欧洲各国间的足球交流。我毫不怀疑它有朝一日将取得成功，前提是，它能与本已紧凑的各国联赛协调并行。又及：对于禁止更换非门球员的规定，深以为然。”

维也纳公关

雷米特先生也挂病解释国际足联方面“难以组织类似比赛”的立场，但又表示：“国际足联不反对这项充满热情的计划，但那是俱乐部的事情了。”3月初，我们在维也纳拜会了国际足联秘书长、瑞士人古斯曼，他认为欧洲俱乐部之间的赛事要比欧洲国家队之间举办联赛容易得多。

同在3月，阿诺和我共赴维也纳。在国际足联碰壁之后，刚刚诞生的欧洲足联成了我们最后的希望——他们的第一次全体大会正在维也纳进行，这是游说相关人士的理想机会。尚未降生的“宝宝”赶上欧洲足联的诞生，也是一段奇缘。三个幕后英雄不得不提，50年后的今天，人们也许忘了他们。

首先是意大利足协主席奥托里诺·巴拉西博士，他幽默风趣，惊人的胃口与出色的交际手段成正比；比利时足协秘书长何塞·克拉埃，为人细心，聪明，做事一板一眼；法国足协秘书长亨利·德劳内（欧洲国家杯以他的姓氏命名），法国足协秘书长，一丝不苟，风度翩翩，德劳内先生和雷米特促成了首届世界杯，在世界足坛资历显赫。

上述三人从1952年开始纵横捭阖，欧洲足联的轮廓逐渐清晰，终于1954年6月15日在瑞士伯尔尼成立，选举丹麦人施瓦茨为第一任主席，德劳内为秘书长。1955年3月2日在维也纳，欧洲足联举行了第一次全体大会，用英、法两种文本确定机构名称为‘欧洲足球协会联盟”，简称欧洲足联（UEFA）。

我至今仍清楚地记得那次旅行。阿诺和我从巴黎出发前往

加布里埃尔·阿诺先生德高望重，作为《队报》足球部的负责人，他为冠军杯的创办和顺利开展做出了巨大贡献。

奥地利首都，其时大雪纷飞，所乘火车暖气严重不足，让我们吃了不少苦头。当时我们孤注一掷，只有一个目的：说服各国足协认可我们的倡议，尽管“自家人”法国足协并不支持我们，当时他们关心的不是俱乐部之间的冠军杯，而是欧洲国家杯——这是秘书长德劳内先生的梦想。

出发前，我们收到来自法国足协的公函，主席皮埃尔·波肖内写道：“我们已提出创办欧洲国家杯，力有不逮，贵报提出的泛欧俱乐部之间杯赛的建议一事爱莫能助。不过我保证，如果这个想法在维也纳大会上表决，法国足协绝不作梗。”

斯坦利·劳斯态度消极

如果在维也纳能与亨利·德劳内见上一面，凭借阿诺与他知交深厚，也许我们能获得法国足协出手支持。但此时这位老人病重体虚，委托其子皮埃尔代劳与会；其秘书长的位置也由法国足协委派的拉法尔热暂代。我们费尽唇舌，这两位德劳内先生的“替补”不为所动，坚守法国足协的立场，毫无商量余地。

我们抵达维也纳的第一天，公关目标便是足总秘书长斯坦利·劳斯（Stanley Rous）。据我们所知，这位英国人机智甚至有些狡猾，和蔼可亲又一本正经。

斯坦利·劳斯娶了一位法国太太，却一句法语也不说。虽然心里没底，我们还是决定要会会这位欧洲足联的实权人物——此人几年后当选国际足联主席。

斯坦利·劳斯在美泉宫酒店的套房接见了我们，他隔壁就是欧洲足联主席施瓦茨。躺坐在一张巨大的红色摇椅上，面对

第一届冠军杯开战前，《队报》组织了多场友谊赛。图为巴塞罗那与前进俱乐部进行比赛。

雅克·戈代，时任《队报》总经理，冠军杯发起人之一。

雅克·德里斯维克，时任《队报》足球部负责人，为倡议冠军杯的举办撰写了大量的文章。

我们的拜访，劳斯笑眯眯地说出一句差点让我们狼狈逃离维也纳的话：“欧洲足联不为举办比赛而成立，它的宗旨是维护各方的共同利益。”

为何他的态度如此消极，难道这项比赛与所谓的“各方利益”有难以调和的冲突，让新生的欧洲足联如此反感？

首先，欧洲足联刚刚诞生，与国际足联某些方面有利益冲突。斯坦利·劳斯志在有朝一日入主国际足联，平衡各方利益起见，不得不考虑国际足联的态度，尽可能地缓解矛盾。

劳斯担心“欧洲俱乐部杯”可能威胁世界杯，特别是他的“朋友”德劳内一直都没有放弃欧洲国家杯。

其次，阿诺和我当时都不知道，原来斯坦利·劳斯和意大利人巴拉西、瑞士人托蒙这两位欧洲足联高官一起，正筹划创建“城市博览会杯（联盟杯前身）”。他们计划在1955/1956、1956/1957跨赛季举办首届比赛，邀请欧洲12个大城市的球队参加，按每个国家1至2个城市的原则，每个城市将从该地区所有大俱乐部中通过选拔赛的方式组建一支代表队出征决赛圈。

这个革命性的设想相当吸引人，也是我们倡导赛事的竞争对手。这个计划的主要缺点是：从各城市选拔球员。从参赛单位来看，俱乐部要比城市更有吸引力。阿诺表示：“以法国为例，巴黎竞技俱乐部的水平就跟国家队差不多，自然要比巴黎地区选拔队的水平更高。”

我们随即了解到，当时不少相关人士支持这个计划。至此，我们同巴拉西、斯坦利·劳斯这样拥有实权的高官间接成了对手，而非此前寻求合作的伙伴。箭在弦上，不得不发，眼看1955/1956赛季就要来临，怎么能在这个时候开始怀疑自己的计划呢？斯坦利·劳斯的消极表态并不能阻止我们在翌日欧洲足联执委会上向大家介绍我们的设想。

3月1日下午，在位于维也纳玛利亚希尔福大街一栋超现代的大楼里，阿诺以英法双语陈词，向欧洲足联的官员们勾勒了一个美丽的蓝图，他的神色激动，自信感染了所有在场的人——这次陈述与我们的计划一样精彩。

会议在一个光线充足的房间里进行。在几无点缀的墙上，挂着一张葛罗博士的照片，以纪念辞世不久的前奥地利足协主席。房间里人不多，只有五个“对手”，都是欧洲足联执委：主席施瓦茨，态度亲切但仍有所保留；皮埃尔·德劳内，代表他父亲参加会议；何塞·克拉埃，说法语的比利时人，身为说法语的比利时足协秘书长一直鼓励我们；匈牙利体育部副部长塞贝什，席间少言寡语；面色红润的苏格兰人乔治·格雷厄姆爵士，大部分时间保持沉默。

阿诺重申，创建欧洲俱乐部杯赛的想法在过去几个月迅速发展，得到许多俱乐部的大力支持。

轮到我发言时，我表明了《队报》的态度：我们不是为了成为赛事的组织者、老板，而是希望携手欧洲其他媒体，让这项孕育着希望的赛事降临足坛——我们的努力，就是为了让它诞生。我们来维也纳就是了解欧洲足联对这项赛事的态度，指引我们找到最好的途径让它蓬勃发展。

转机

欧洲足联善意的中立表态

陈述之后，施瓦茨提了几个细节问题。“在选择球会时，我们很难证明俱乐部甲就比俱乐部乙更合适”，“获邀俱乐部因欧洲时局而临时退出怎么办？”

我回答：“诚然，这几个问题非常重要。稍后会制订更详细的规范。在我们看来，最重要的是了解欧洲足联的立场。”塞贝什没说一句话便举手赞成；克拉埃也表示支持，对他来说，我们的设想不会让他损失什么；格雷厄姆让我们再定义一下“欧洲大俱乐部”，我们给了他满意的答复，“格拉斯哥和爱丁堡的球队。”这个回答让所有人都不再有异议，包括皮埃尔·德劳内。

最关键的总结陈词时间到了。施瓦茨表示：“对俱乐部和相关各方来说，这个计划看上去很不错。但我不能保证它能得到各个足协欢迎。”由此看来，欧洲足联的态度和国际足联有些相似：善意中立。

在第二天欧洲足联大会上，施瓦茨向与会代表介绍了我们在执委会上讨论过的内容，他和劳斯观点相同：“欧洲足联没有任何立场。各国足协自行决定旗下球队能否参赛。”

欧洲锦标赛胎死腹中

欧洲足联大会按部就班地进行，这是欧洲足球第一次全体大会，意义非凡。何塞·克拉埃同皮埃尔·德劳内、乔治·格雷厄姆如期提出了欧洲锦标赛的计划。在维也纳“足球之家”的大厅中，克拉埃在15分钟之内迅速和盘托出准备了半年的“欧洲锦标赛”的计划。

出乎我们的意料，之后所有的发言人：巴拉西（意大利）、米尔斯（英格兰）、安德雷杰维奇（南斯拉夫）以及鲍文（联邦德国）不仅抨击克拉埃提出的草案，甚至否定这一设想。

克拉埃不甘心放弃。他提议让另外5—6个欧洲足联执委参与筹备，希望以此提高成功率，又碰了一鼻子灰。巴拉西告诉他：“不，就你们三个，我们对你们有信心！不过，请重新制定一个更合理、让俱乐部负担更轻的计划。”据我们了解，反对这个计划的真正幕后是斯坦利·劳斯，也一直没有表态。

就这样，欧洲国家杯胎死腹中，直到1960年——在克拉埃和皮埃尔·德劳内的不懈努力下，英格兰、意大利和联邦德国等国终于同意，第一届欧洲国家杯姗姗来迟。从此，在欧洲足联的大力推动下，欧洲国家杯茁壮成长。为了纪念这项赛事的发起者，它一直保留“欧洲锦标赛—亨利·德劳内杯”的官方称谓。

直到3月2日下午4点，我们在维也纳再无进展，只好打道回府。不过，至少我们知道了两件事：欧洲国家杯不可能成为我们的拦路石，众多足坛高官对我们的计划并不排斥。

从3月8日到13日，我在《队报》连发5篇长文，最后的标题为“欧洲俱乐部杯赛：梦想与现实”。在这一系列的文章中，我所表达的更多是期盼，而非悲观。

“俱乐部方面给我们的答复是肯定的，各足协很可能也会响应这次行动。现在开始，我们应该把注意力集中到比赛上来。也许几年之后，人们就会问，你们为什么不早点创建这个赛事。现在，年轻的欧洲足联持观望态度，时机成熟，她将接过火炬，让这项赛事的火焰燃烧下去。”

最后一击的时间到了。我们邀请给予肯定答复的俱乐部相聚巴黎，为这项比赛背书。各国足协已反复表示“放行”：俱乐部之间比赛，首先是俱乐部的事情！何不给俱乐部作主的权利？

冲刺

大使酒店的扑克游戏

3月15日到20日，17封署着戈代亲笔签名的邀请信从巴黎发往米兰、马德里、伦敦、布鲁塞尔、贝尔格莱德……基本内容为：邀请各俱乐部负责人于4月2日至3日来巴黎，入住位于第16区奥斯曼大街的“大使酒店”，参加关于欧洲俱乐部杯赛的筹备会议，《队报》支付会议期间代表们的开销。

为什么选的是“大使酒店”？因为这里距离《队报》只需步行10分钟，环境优雅安静。为什么挑这个日子？时间所剩无几，必须争分夺秒；4月3日有一场法国对瑞典的比赛，正好可以为我们会议画上句号。

古斯塔夫·塞比斯，时任匈牙利国家队主帅，首届冠军杯组委会副主席，从一开始就极力支持冠军杯的创办。

保罗·尼古拉，时任“注册俱乐部联合会”主席，前法国国家队前锋，努力促使法国足协对冠军杯的创办给予支持。

1955年4月3日，巴黎大使酒店，15家欧洲俱乐部的负责人聚集一堂，正式敲定了冠军杯的组织方式。

1955 年 9 月 4 日，里斯本国家体育场，历史上第一场欧洲冠军杯比赛在里斯本竞技和贝尔格莱德游击队之间展开，最终两队3:3 战平。次日的《队报》对这场划时代的比赛进行了详尽的报道（右图）。

30.000 SPECTATEURS ONT ASSISTE AU PREMIER MATCH DE LA COUPE D'EUROPE DES CLUBS

PARTIZAN ET SPORTING n'ont pu se départager (3-3)

à l'issue d'un match qui faillit se transformer en bagarre générale

(De notre envoyé spécial Gabriel HANOT)

LISBONNE. — Quitter l'aérodrome d'Orly à midi pour aller voir un match commençant à 17 heures à Lisbonne (1.500 kilomètres) peut sembler extraordinaire si l'on songe que, pour se rendre avec le même objectif à Reims (160 kilomètres), il faut quitter Paris, gare de l'Est, à 8 h. 20 du matin, ce qui laisse croire que le bon vieux train est parfois une survivance de la diligence.

Mais l'avion a d'autres mérites que celui de faciliter la tâche d'un journaliste. Nous devons aussi lui être reconnaissant de faciliter également l'organisation d'une compétition internationale telle que la Coupe d'Europe des Clubs.

Déjà, l'infrastructure du vieux continent rend ce genre d'épreuves aussi commode que, sur le plan national, la Coupe de France ou le Championnat de France. Nous pensons et nous développerons pro-

...NERALE SE DEROULA SUR LE TERRAIN ET QU'EN FIN DE COMPTE LE GRAND FAVORI, PARTIZAN, DUT SE CONTENTER D'UN MATCH NUL (3-3) AVEC UN SPORTING CLUB DU PORTUGAL QUI A REPRIS L'ENTRAINEMENT IL Y A QUINZE JOURS, MAIS QUI JOUA CONTRE LES YOUGOSLAVES LE MATCH DE SA VIE.

Partizan supérieur

En première mi-temps, devant

que, chez les Portugais, Travassos fut à la fois l'animateur de son équipe et le centre de convergence des balles. Il fut bien secondé par le gardien Gomès qui fournit un match de première valeur ainsi que par l'avant centre Martins et le petit ailier gauche Quim.

SC PORTUGAL : Gomès — Caldeira, Passos, Galaz — Barros, Juca — Hugo, Vasquès, Martins, Travassos, Quim.

PARTIZAN : Stajanovitch — Belin, Zebek, Lazarevitch — Borozan, Palevitch — Valok, Bobek, Milutinovitch, Mihailovitch, Herzog.

万事俱备，仍有一事困扰着我们：没有官方组织者，它是保证比赛诞生和延续的重要因素。对于俱乐部来说，当赛事诞生壮大，他们便只能是参与者，而非组织者；对本报来说，我们可以积极准备前期的工作，到现在，我们清楚地知道，自己没有足够实力应付更加复杂的比赛工作。硬要坚持，可能会惹恼某些主管机构，甚至有赛事流产之虞！

保罗·尼古拉带来了支票和信心

基于以上担忧，在得不到法国足协的支持后，我们将目光投向“注册俱乐部联合会（合法使用职业球员的俱乐部联盟）”。联合会主席不是别人，正是当时法国体育界最有影响力的人物、前法国队中锋保罗·尼古拉。他公正不阿，高瞻远瞩。我们觉得他不会介意帮我们游说足协。

负责外联的罗贝尔·托米纳（Rober Thomine）和编辑部主管马塞尔·奥热（Marcel Oger）拜访了保罗·尼古拉。在尼古拉的斡旋努力下，我们很快得到贝德里尼昂、德里斯勒、德阿耶和让卡等法国足球界权势人物的支持。

俱乐部代表大会如期召开，17家俱乐部中，只有两家没有到场：爱尔兰人——他们电报回复接受邀请，但在会议召开时缺席；莫斯科迪纳摩——该队主席、苏联足坛要人瓦伦金·格拉纳特金（Valentin Granatkine）回复戈代：“非常遗憾地通知您，鉴于苏联本土难以在冬季举办足球赛，我们的赛程本已非常紧凑，故无苏联球队参加欧洲俱乐部杯。”

伯纳乌平衡各方利益

17-1=16，这恰恰是一个理想的数字。

其他出席巴黎大会的代表们，在酒店的哥伦布餐厅向《队报》表达了参与比赛的强烈愿望。

我在当时常常用“真诚、理解、欢乐”来形容会议气氛。这些俱乐部相处融洽，会议期间没有出现不和谐的声音。在所有人为同一个理想奋斗的时候，会议进展的顺利程度出乎我们想象。戈代在4月2日（周六）早上主持了第一次会议。为了不留下“队报大包大揽”的印象，会议由“注册俱乐部联合会”副主席恩斯特·贝德里尼昂主持。

伯纳乌先生带着他年轻的财务主管雷蒙多·萨波尔塔参加了会议，尽管他法语不太标准，所有人都觉得应该让他出来主持大局。伯纳乌先生过人的政治智慧、皇马的强大实力支持以及他非凡的个人魅力，让他成为这次会议的关键人物——他在复杂的局面中平衡着各方利益。

其他应邀来到巴黎的俱乐部代表，是欧洲冠军杯的先驱：MM.扬森（红白埃森）、德雷克（切尔西）、萨尔格和希克（维也纳快速）、斯特佩（安德莱赫特）、林格萨（哥本哈根）、莫莱尔（兰斯）、布洛姆霍尔夫（荷兰运动）、塞贝什和克拉杰索维茨（匈牙利）、詹诺蒂（AC米兰）、卡尔埃洛期（里斯本竞技）、凯勒和迪埃尔（萨尔布吕肯）、利恩贝里（尤尔加登）、皮安纳伦加和拉潘（塞尔维特）、加诺维奇（贝尔格莱德游击队）。

大家就章程达成一致，这与我们几个月前提出的计划基本相同：16支球队，主客场淘汰赛；周中比赛，尽量安排晚间进行；决赛地点为巴黎；每家俱乐部有权按比例支配主场收入，同时承担比赛组织的所有开销。

“内定”的比赛

为了保证比赛顺利开展，各俱乐部又选出了赛事执委会。组成如下：

主席：法国人贝德里尼昂。副主席：西班牙人伯纳乌（代表西班牙、意大利、葡萄牙），匈牙利人塞贝什（代表匈牙利、苏联、奥地利、南斯拉夫、捷克斯洛伐克）。成员：英格兰的德雷克（代表英格兰、苏格兰、瑞典、丹麦），来自萨尔

的凯勒（代表萨尔、比利时、荷兰），瑞士人皮安纳伦加（代表瑞士、法国），联邦德国的扬森（代表联邦德国）。而与我们《队报》关系相当密切的瑞典人沃尔夫·利恩贝里，接受了候补委员的身份。《队报》此时决定功成身退，尽量避免介入组织工作，但保留了为冠军颁奖的权利。

这个执委会在第一天大会结束前产生。第二天一早便举行了第一次会议。执委会要求16家俱乐部：在4月15日之前落实参赛。

另外，应各俱乐部要求，执委会"临时"安排第一轮比赛，进入1/4决赛后开始抽签决定对阵。1/8决赛"内定"的对阵安排未遇任何阻力，大家都知道，重要的不是要让人们看到皇马淘汰切尔西，或者是米兰大战兰斯。于是，这项比赛历史上第一次、也是最后一次，"内定"安排出了第一轮的对阵：

切尔西（英格兰）VS尤尔加登（瑞典）

皇马（西班牙）VS塞尔维特（瑞士）

AC米兰（意大利）VS萨尔布吕肯（萨尔）

红白埃森（联邦德国）VS爱尔兰人（苏格兰）

爱国者（匈牙利）VS安德莱赫特（比利时）

兰斯（法国）VS哥本哈根（丹麦）

维也纳快速（奥地利）VS荷兰运动（荷兰）

贝尔格莱德游击队（南斯拉夫）VS里斯本竞技（葡萄牙）

戈代在大会闭幕演讲中盛赞："如此重要、这么多国家参与的赛事，竟然在这样短的时间内一切就绪，在世界足球史上相当罕见。"

周日下午，会议结束，在哥伦布球场，法国也以2:0战胜瑞典。

功成

国际足联终亮绿灯

巴黎大会一个月之后，国际足联终于松口，5月7日在伦敦召开紧急会议，批准这项比赛进行，不过有三个前提条件：

1.参赛俱乐部都要得到本国足协的批准。

2.比赛组织要得到欧洲足联的许可，并由欧洲足联负责。

3."欧洲"的字样保留给国家队级别的赛事。

这不正是我们所希望得到的答案吗？

我在5月9日《队报》评论中，谦虚地唱出了胜利的赞歌：

"国际足联的第二条其实给予了这项比赛官方认可，《队报》也很高兴自己是赛事的发起者。现在，欧洲足联介入保证赛事的规范性和延续性，这也正是我们从一开始希望这个机构所扮演的角色。4个月前，这项伟大的赛事只是摆在我们报纸内部一个看似美好的草图；4个月后，它不仅得到了足球界的认可，还被欧洲最大的足球组织接受。这也许在体育比赛史上都是前所未有的成功。"

欧足联官方认可

两周后，5月21日，在维也纳大会上选出的8位欧洲足联执委中的6位相聚巴黎，他们这次来的目的是接管"欧洲俱乐部杯"——两个半月前他们还拒绝的赛事。

主席施瓦茨（丹麦）、副主席塞贝什（匈牙利）、秘书长德劳内（法国）以及MM.格雷厄姆（苏格兰）、鲍文斯（联邦德国）、康斯坦塔拉斯（希腊），6人在进行了5个小时的会议后决定：将赛事命名为"欧洲俱乐部冠军杯"；首届比赛将于接下来的赛季开始；理论上来说，欧洲所有国家都能参与这项赛事，"每个赛季的联赛冠军参加下一个赛季的冠军杯"，不过对于1955/1956赛季的第一届比赛，欧洲足联明智地照单全收由我们邀请的参赛球队（16支），接受原先制订的第一轮对阵；组织委员会由5位欧洲足联执委组成。

就这样，所有权移交成功。虽然这对发起者来说有些失落，但对于这项伟大的赛事，对于足球，这是最好的结果。没有官方组织的介入，俱乐部如何能够独立、中立、完整地组织自己的赛事？1955年9月4日，冠军杯在里斯本揭幕。这一刻，与我们的理想完美合体。在这之前的那个夏天，仍有些小变化。比如，英格兰足总"建议"切尔西放弃，以避免"与国内联赛竞争"，切尔西的席位被波兰球队华沙保卫者顶替。半个世纪后，切尔西才重返欧洲顶级赛场。另外，荷兰体育的资格被埃因霍温顶替，哥本哈根让位于奥胡斯。

发表"战斗檄文"近9个月之后，阿诺又从里斯本发回了第一篇冠军杯比赛（里斯本竞技VS贝尔格莱德游击队）的报道，刊登在1955年9月5日的《队报》上："3万名现场观众观看了首届欧洲俱乐部冠军杯的第一场比赛。游击队与竞技在一场激烈的比赛后不分胜负（3:3）。"

这不正是最有意义的开始吗？

1955年6月21日，欧足联正式接管"欧洲俱乐部冠军杯"。同时，欧足联要求最先倡导创立冠军杯的法国《队报》提供冠军奖杯。在这份体育日报的主席、也是前田径冠军的皮埃尔·斯卡温斯基先生的牵头下，金银器商人莱昂·梅格打造了一个原版的奖杯，以便每年在决赛后颁发给冠军球队。他另外打造了这个奖杯的一些复制品，为了让夺冠俱乐部摆放在他们的荣誉室里。当皇家马德里在1966年第6次夺得冠军杯时，欧足联以他们也弄不清楚这六个奖杯里哪一个才是原版的为托词，决定打造一个全新的奖杯——"大耳朵"，这个称呼是前马赛队主席贝纳尔·塔皮发明的。这个奖杯一直沿用至今。

1956年6月13日巴黎王子公园球场，数万法国观众前来为兰斯队助威。可惜兰斯队在第一届冠军杯决赛中输给皇马，未能把《队报》提供的奖杯留在法国。

1955 1966

1955/1956	皇家马德里
1956/1957	皇家马德里
1957/1958	皇家马德里
1958/1959	皇家马德里
1959/1960	皇家马德里
1960/1961	本菲卡
1961/1962	本菲卡
1962/1963	AC 米兰
1963/1964	国际米兰
1964/1965	国际米兰
1965/1966	皇家马德里

大拉丁时代

创建之初的十年，欧洲俱乐部冠军杯主要是地中海周边拉丁语系国家参加的赛事，南欧的大俱乐部首先对这项年轻的锦标赛产生浓厚的兴趣，意识到它所蕴涵的巨大发展潜力。

一开始，英格兰对这项赛事持观望态度。在那些英格兰豪门及其拥趸眼中，似乎没有什么能够媲美他们伟大而历史悠久的联赛。在联邦德国，德甲还没有诞生。此外，严冬长期阻碍北欧和东欧的俱乐部参加这项每年9月到次年6月举行的赛事。

从1955年到1966年的11个赛季里，南欧地中海国家的俱乐部统治了欧洲足坛，囊括了11个锦标——由三个国家的4个俱乐部瓜分：皇家马德里六次夺冠，本菲卡两次捧杯，米兰城双雄为意大利三次折桂。同一时期，仅来自联邦德国的法兰克福闯进过一次决赛，其他21支闯进决赛的球队全部来自南欧。

1960 年 5 月 18 日的汉普顿公园球场，迪斯蒂法诺的射门穿过法兰克福门将洛伊把守的大门。7:3 击败对手，皇家马德里完成了冠军杯五连冠的壮举。

第一场冠军杯决赛征服了巴黎王子公园球场，在那里四万名观众和数十名摄影记者见证了皇家马德里捧起第一座冠军奖杯，他们以 4:3 掀翻法国的兰斯队。

1955/ 1956 皇马登上欧洲之巅

依靠一场光芒四射的决赛和无所不能的迪斯蒂法诺，皇马在首届冠军杯登临绝顶。进入 8 强后，他们连遇 3 大劲敌，以总比分 4:3 淘汰贝尔格莱德游击队、5:4 淘汰 AC 米兰闯入决赛后，皇马在法国人的地盘 4:3 击败法国球队兰斯夺冠。

兰斯队长容凯（左）和皇马队长穆尼奥斯在决赛开球前交换队旗。本场比赛由英格兰人埃利斯执法。

决赛

1956.6.13-巴黎王子公园球场　　主裁判：E.埃利斯（英格兰）

4 : 3

皇家马德里 (325)			兰斯 (325)
阿隆索	门将	门将	雅凯
阿蒂恩萨	后卫	后卫	齐姆尼
马基托斯			容凯
莱斯梅斯			希劳多
穆尼奥斯	中场	中场	勒布隆
萨拉加			夏特卡
何塞伊托	前锋	前锋	伊达尔戈
马萨尔			格罗瓦茨基
迪斯蒂法诺			科帕
里亚尔			布利亚尔
亨托			坦普兰

	进球	
	0:1	勒布隆 6'
	0:2	坦普兰 10'
14' 迪斯蒂法诺	1:2	
30' 里亚尔	2:2	
	2:3	伊达尔戈 62'
67' 马基托斯	3:3	
79' 里亚尔	4:3	

首届欧洲俱乐部冠军杯的揭幕战于1955年9月4日在葡萄牙的国家体育场打响，对阵双方是里斯本竞技和南斯拉夫的贝尔格莱德游击队。比赛对抗激烈，拼抢凶狠，不乏激情。现场的3万名观众见证了6个精彩的进球，比分定格在3:3。

在第一个赛季的29场比赛中，冠军杯平均每场吸引2.8万名观众到场观战，共打进127粒进球，场均4.38个。这是一个后来者难以企及的纪录。

第二回合在贝尔格莱德举行，游击队完全控制场上局面。主队射手米洛什·米卢蒂诺维奇在赛事历史上留下了第一项个人荣誉——一个人打进四球，帮助本队以5:2横扫里斯本竞技，他也成为当届最佳射手。

在1/4决赛中，南斯拉夫人对阵夺冠大热门皇家马德里，西班牙人在第一轮以两回合2:0和5:0轻松淘汰瑞士的塞尔维特。这场对决颇具政治色彩——在冷战的那段岁月，佛朗哥执政的西班牙和铁托领导下的南斯拉夫尚无邦交。于是，法国充当两国之间斡旋的角色，促成游击队赴西班牙首都之旅最终成行。圣诞节这一天，皇家马德里的主场伯纳乌球场（当年1月4日由新查马丁球场改称圣地亚哥·伯纳乌）涌进十万名球迷，皇马为球迷送上一份圣诞大礼：上半场控制比赛并打进3球，迪斯蒂法诺锦上添花攻进第四球，4:0，西班牙人自以为上岸了。

贝尔格莱德的大雪

1956年1月29日，南斯拉夫首都贝尔格莱德被严寒笼罩，第二回合回到主场，南斯拉夫人并不想只走个形式。这是冠军杯历史上第一次伟大的交锋，在这场激烈的对决中，迪斯蒂法诺遇到了一个旗鼓相当的对手。游击队三次敲开皇家马德里的大门——米卢蒂诺维奇梅开二度，米哈伊洛维奇锦上添花。皇马慌了，拼死要守住两回合仅一个球的微弱优势。在最后的总攻中，米卢蒂诺维奇一脚射门，足球滚向球门线，但离球门线不到一米的地方，场地的积雪阻止了足球继续前进。皇马球员筋疲力尽，在返回更衣室的路上，遭到看台上球迷的雪球“伺候”，游击队的博贝克和队友们主动护送对手回到更衣室。这一幕感动了在场的所有人。

说到第一个意外，必须提到那个只参加过一届冠军杯的地区：萨尔（现为德国一个联邦州）。二战结束后，该地区从德国划出来由法国管辖，1955年全民公决，他们选择回到德国怀抱——公决就在该地区欧冠代表萨尔布吕肯队征战第一场赛事几天前举行。萨尔布吕肯队书写了自己的辉煌，客场以4:3战胜了异常强大的AC米兰。第二回合回到萨尔布吕肯，AC米

迪斯蒂法诺在决赛中面对兰斯队守门员雅凯冷静施射。

兰回敬了对手一个4:1雪耻。这次惊魂后，AC米兰凭借诺达尔和斯基亚菲诺的出色表现，以两回合1:1和7:2在1/4决赛淘汰了奥地利的维也纳快速进入半决赛，对手是如日中天的皇家马德里。

在冠军杯创立一年多以前，杯赛创始人之一加布里埃尔·阿诺先生在一篇文章中写道：在那些能够享有“世界最佳俱乐部”头衔的球队中，AC米兰与皇家马德里的名字赫然在列。

现在，他们碰上了。经历了1/4决赛那场著名的贝尔格莱德惊魂，皇马面对红黑军团就不再那么惧怕了。在马德里，米兰率先进球，比分交替上升，1:1……2:2，皇马的阿根廷小将罗克·奥尔森在易边前进球，迪斯蒂法诺复在第60分钟破门，把比分定格在4:2，为皇马在第一回合确立了两球的领先优势。转战圣西罗，在仅仅一万多名观众面前，何塞伊托为皇马扩大比分优势，随后，西班牙顶住了对方进攻的脚步，最终虽以1:2失利，结果无碍西班牙人打进决赛。

兰斯人的羽毛

法国足球发明了这项全新的赛事。法国冠军兰斯作客丹麦奥胡斯，悄然开始了冠军杯之旅。凭借莱昂·格罗瓦茨基的两个进球，兰斯凯旋。第二回合在奥古斯特·德劳纳球场不到六千名球迷面前，兰斯像在梦游，第60分钟时以0:2落后，所幸他们最终把比分扳平，以总比分4:2淘汰对手。

1/4决赛在巴黎王子公园球场上演，这座传奇体育场也是当时环法自行车赛的终点。兰斯迎战匈牙利的布达佩斯红旗，该队拥有1954年世界杯亚军匈牙利队的多名成员。

上半场简直是奇观。在科帕率领下，兰斯上半场即以3:1领先，战至第60分钟，比分变成4:1。最后15分钟，匈牙利人依靠兰托什罚入点球扳回一分。但是，作客匈牙利，仅有两个球的优势并不保险。

兰斯主帅巴特在客场出牌高明。匈牙利人以为兰斯会龟缩防守保三胜果，于是倾巢而出猛烈围攻，却是法国人率先得分。格罗瓦茨基第6分钟便攻破匈牙利人的大门。半场结束，比分竟与第一回合惊人一致，3:1。第52分钟，兰斯队扩大领先优势至4:1。布达佩斯红旗已无力回天，他们需要在不到40分钟时间里进5球才能逆转晋级，最终仅仅追了3球，战成4:4。

成功晋级半决赛，兰斯明确其优势在于由科帕和格罗瓦茨基组成的波兰裔双箭头。他们随后在半决赛以两回合2:0和1:0干净利落地淘汰了爱尔兰人，闯入决赛。在晋级决赛前的6

场比赛中，一场没输，连皇马也没做到。

1956年6月13日，星期三，整个法国将欧冠决赛视为头等大事，卖电视机的商家把打开的电视机摆放在橱窗里招徕顾客。决赛门票如此抢手，扑票的人足以填满巴西里约热内卢的马拉卡纳体育场，但巴黎王子公园球场只有4万个座位。

科帕威胁未来东家

兰斯明白，皇马会在中路重兵布防。巴特把进攻重任委以两名边锋伊达尔戈（法国未来主教练）和坦普兰，以便中路的科帕发挥空中优势。决赛围绕这位法国球星展开。值得一提的是，随后的赛季，科帕便加盟了决赛的对手皇马。

在主场球迷狂热的助威声中，兰斯迫使西班牙人龟缩门前防守。第6分钟，勒布隆接科帕开出角球，头槌为兰斯首开纪录。4分钟后，又是勒布隆，他和布利亚尔联袂发动快速反击，由坦普兰完成致命一击，2:0，比赛才打了10分钟。随后，布利亚尔错失了一次把比分改写为3:0的绝好机会。第14分钟，迪斯蒂法诺打进了一粒速度角度俱佳的进球，他用超人的战术智慧改变了比赛的进程。

里亚尔在第30分钟进球为皇马扳平。上半时即将结束时，亨托射门极具威胁，击中了雅凯把守的兰斯队门框。法国人继续抵抗，并在第62分钟再次领先，伊达尔戈接科帕开出任意球破门，3:2。然而，皇家马德里和迪斯蒂法诺对比赛的支配并未改变。皇马倾巢而出，不出意外地扭转了不利形势。第67分钟，后卫马基托斯为他们二度扳平，第79分钟，里亚尔打进决定一球，把皇家马德里推向了欧洲之巅。

这是皇家马德里五连冠中的第一座奖杯。

JEUX EQUESTRES : LE SUEDOIS KASTENMAN EN TÊTE DU CONCOURS COMPLET

L'EQUIPE

DI STEFANO A CONDUIT L'ATTAQUE madrilène à la victoire (4-3)

malgré un début fulgurant des Rémois qui menaient 2-0 après dix minutes de jeu

24 HEURES DE SPORT

Tout se tient

L. CAPUT, rapide et entreprenant vainqueur devant Privat

Le masque douloureux

原声

■《队报》特派记者 雅克 · 费朗

1956 年 6 月 14 日

我们的兰斯昨晚遭遇欧洲冠军杯首场失利，也是唯一的失利。这一次他们没有退路，他们和西班牙人不会再有次回合的较量。西班牙人把由《队报》颁发的漂亮奖杯带回了马德里。

这就是首届欧洲俱乐部赛事的结局：压轴大戏在 90 分钟内激情上演，数百万观众和听众通过电视、广播收看、收听实况转播。当然，那 4 万名亲临王子公园球场的球迷是幸运儿。

在巴黎的夜色下，西班牙球迷挥舞着他们传统的白手帕，皇马队长米格尔 · 穆尼奥斯捧起了第一座欧洲俱乐部冠军奖杯。拥有主场优势的兰斯接受了失败的结果。

全景

冠军杯奖杯

冠军杯是一座银质奖杯，造型灵感来源于希腊的双耳瓶罐。这座日后被欧洲豪门追求的奖杯高50.5厘米，重10公斤。按照组织者最初设想，奖杯不会归某一家俱乐部永久所有，当年获得这座奖杯的俱乐部只能将它保管一年，然后将其交还，颁给下一届得主。这座奖杯在各届冠军之间相传，直至1967年。

第一场冠军杯比赛的球场

冠军杯的揭幕战在里斯本竞技与贝尔格莱德游击队之间举行。当时由于里斯本竞技的主场阿尔瓦拉德球场正在施工，比赛被搬到国家球场进行。该球场位于里斯本风景如画的亚摩尔山谷地区。两队没有辜负环绕球场的美丽风景，以3:3的高比分为冠军杯历史谱写了完美开局。

冠军杯第一球

冠军杯揭幕战也见证冠军杯第一球诞生。第14分钟，里斯本竞技前锋马丁斯先声夺人。此前，这位葡萄牙前锋已在本国联赛荣膺最佳射手。这个进球也让游击队门将斯托扬诺维奇成为冠军杯史上，第一位从球门线后捡出足球的人。

穆尼奥斯举起第一座奖杯

作为当时的皇马队长，穆尼奥斯在决赛4:3战胜兰斯后，第一次举起冠军杯奖杯。目睹这一历史性时刻者，有时任欧足联主席施瓦茨、西班牙驻法国大使以及卡萨斯罗哈斯伯爵。皇马主席伯纳乌先生也带着满意的微笑，欣赏自家的队长在艳羡的人群面前高举奖杯的一幕。

第一个被罚下的倒霉蛋

当时红黄牌还没有诞生，比赛中，裁判可在自认合适公正的情况下，将球员罚出球场。里斯本竞技迎战贝尔格莱德游击队一役，米卢蒂诺维奇在疑似越位的位置上将比分反超2:1，里斯本竞技后卫加拉斯大怒，朝裁判大声抗议。当值主裁法国人阿尔季奇毫不犹豫，将失态的加拉斯罚下。

一票难求

冠军杯诞生之初，国际足联和欧洲足联都怀疑新生赛事的生命力。很快，怀疑和顾虑烟消云散。根据官方数字，皇马与兰斯的决赛，共吸引38239名球迷现场观战，这个上座人数相当了不起。赛前，得到一张门票成了球迷的奢望。

冰冻的地狱

八强决赛，皇马次回合作客贝尔格莱德。由于大雪，比赛一度可能推迟。时任皇马主席伯纳乌先生长考后，还是决定照常进行。他既不愿球队再次奔波，也不想因为比赛被推迟而致艰难起步的冠军杯平添困难。在结冰的场地上，皇马将士艰难迎战，最终0:3不敌游击队。皇马前锋里亚尔还由于地滑站不稳，射失点球。

胜利的预兆

与兰斯的决赛开赛前，皇马球员惬意在巴黎街头惬意漫步，还在凯旋门前留影。凯旋之后，这个场景被媒体称为“幸福的吉兆”。

皇家接待

赴日内瓦挑战塞尔维特赛前，即将出征的皇马将帅在王宫谒见王室成员。王后维多利亚在王储巴塞罗那伯爵暨阿斯图里亚斯亲王胡安·卡洛斯的陪同下与全队合影。当时年仅17岁的胡安·卡洛斯，二十年后登基加冕。接见中，王储与皇马将士谈笑风生。皇马深沐皇恩，在国内引起巨大反响。

盛事直播

当时，电视在西班牙尚未普及。不过在一些欧洲发达国家，它已成为人们生活的组成部分。这场冠军杯决赛中，电视转播也成为新闻。许多无法入场观战的球迷，在屏幕上欣赏了一场精彩的比赛。

16强战图

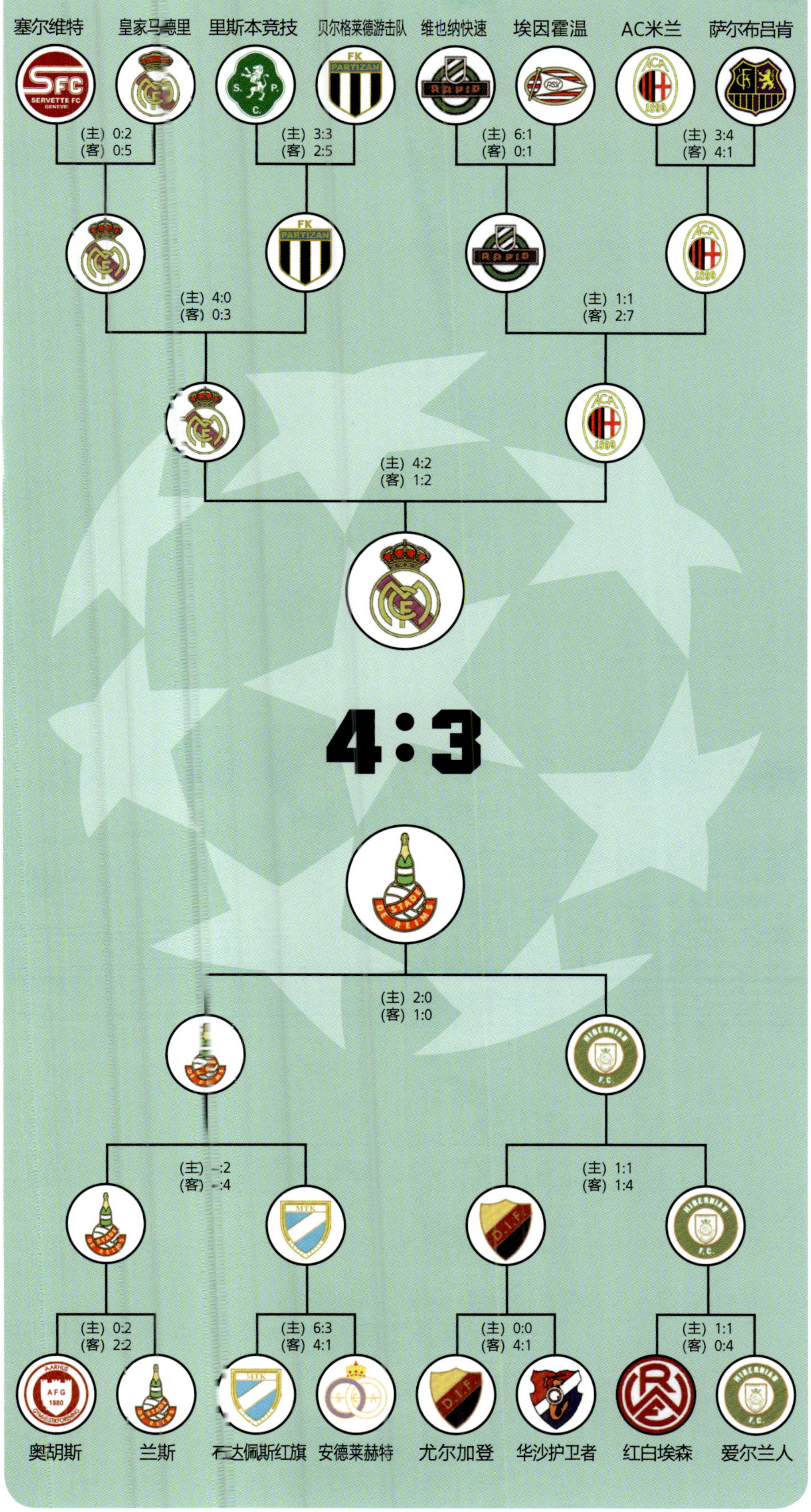

射手榜

名次	球员（球队）	进球
1	米洛什·米卢蒂诺维奇（游击队）	8 球
2	格罗瓦茨基（兰斯）	6 球
	保洛塔什（布达佩斯红旗）	6 球
4	布利亚尔（兰斯）	5 球
	迪斯蒂法诺（皇马）	5 球
	里亚尔（皇马）	5 球
7	兰托什（布达佩斯红旗）	4 球
	诺达尔（AC 米兰）	4 球
	勒布隆（兰斯）	4 球

夏日记事

■伯纳乌的“拿破仑”

夏天，皇马从兰斯签下科帕（下图）。当这位有着“足球场上拿破仑”美誉的法国球星抵达马德里巴拉哈斯机场时，整个西班牙都为之景仰。伯纳乌球场迎来了新偶像。科帕的加盟赶上了好时机，恰在 1953 年夏天，西班牙国家体委取消了签约外籍球员的禁令。

■雷米特离世

1928 年奥运会结束后，国际足联召开代表大会，一致通过决议，举办四年一次的世界足球大赛。最初，大赛奖杯称为“世界杯”。1946年，国际足联决定将其易名为“雷米特杯”，以表彰国际足联主席、法国人雷米特为足球运动所作出的贡献。雷米特担任国际足联主席 33 年（1921—1954），是世界杯的发起者和组织者。1956 年 10 月 19 日，雷米特与世长辞。

1956/1957 >>

第二届冠军杯决赛，皇家马德里主场作战，第 70 分钟，迪斯蒂法诺的点球骗过了意大利门将萨尔蒂。

1956/ 1957 皇马再次主宰欧冠

西班牙人卫冕，得益于幸运避开了强大的布达佩斯爱国者，击败了冠军杯新军曼联。决赛在伯纳乌上演，这一次，耐心帮助他们征服了来自意大利的佛罗伦萨。

布达佩斯爱国者队比赛前，普斯卡什（右）与队友在更衣室整装待发。

从第二届起，冠军杯开始扩军，共有22个国家和地区的代表参加。他们当中，终于出现英格兰冠军曼联的名字。这支由苏格兰人马特·巴斯比一手塑造的年轻球队大有君临英伦之势。

邓肯·爱德华兹是这批“巴斯比宝贝”中最被看好的希望之星。18岁时，他已代表英格兰上演处子秀。他与汤米·泰勒、博比·查尔顿、丹尼斯·维奥莱特和利亚姆·惠兰是曼联的得力干将。

曼联夺得1955/1956赛季的联赛冠军，并在随后一个赛季卫冕。曼联在欧洲赛场首次亮相便光芒四射，两回合2:0和10:0，秋风扫落叶一般击溃比利时冠军安德莱赫特。在缅因路球场，泰勒上演帽子戏法，维奥莱特更打进四球！接着，曼联艰难淘汰难缠的多特蒙德，两回合比分3:2和0:0。

匈牙利人的流亡

另一支令人期待的球队是匈牙利的布达佩斯爱国者。这支球队隶属于匈牙利陆军，打法赏心悦目，克隆了当时匈牙利国家队的革命性打法，阵中拥有一批巨脚，如柯奇士（1954年世界杯最佳射手）、普斯卡什、博日克和齐博尔。这些人参与了1953年对英格兰那场6:3历史性大捷，在伦敦温布利大球场，匈牙利成为第一支在英格兰本土战胜三狮的大陆球队，他们也经历了1954年世界杯决赛负于联邦德国的沮丧和痛苦。爱国者有望撼动欧洲新科状元皇家马德里的霸主地位。

我们还须考虑政治风云带来的影响。1956年11月4日，苏军坦克开进布达佩斯，镇压旨在推翻匈牙利共产党的暴动。14日，暴动被平息，大批市民被捕，成千上万的人丧命。

一条爆炸性消息传来：遇难者中有匈牙利队长普斯卡什的名字。当然，这是个假新闻。

当时爱国者队正在西班牙打客场，队中气氛凝重。球员们都在自问：要不要回国？当时事态发展已超越足球范畴。想晋级八强，首先需要打好在毕尔巴鄂的这场比赛。巴斯克人在上半场两球领先，熬过艰难的头45分钟后，马扎尔人顽强地扳回两球，终以2:3的微弱差距告负。

决赛

1957.5.30-马德里伯纳乌球场　　主裁判：S.霍恩（荷兰）

2 : 0

皇家马德里 (325)			佛罗伦萨 (325)
阿隆索	门将	门将	萨尔蒂
曼努埃尔·托雷斯	后卫	后卫	马尼尼
马基托斯			奥尔赞
莱斯梅斯			切尔瓦托
穆尼奥斯	中场	中场	斯卡拉穆奇
萨拉加			塞加托
科帕	前锋	前锋	儒利尼奥
马特奥斯			格拉通
迪斯蒂法诺			维尔吉利
里亚尔			蒙图奥利
亨托			比扎里

进球

70' 迪斯蒂法诺	1:0
76' 亨托	2:0

次回合本拟一个月以后进行。匈牙利足协命令球员（全有军籍）回国，球队却抗命留在西欧，四处流浪。在马德里、巴塞罗那、米兰和罗马，匈牙利人打了多场表演赛，吸引众多球迷前来捧场，其中与皇家马德里的比赛打成3:3。最终，对毕尔巴鄂的第二回合比赛被定在比利时首都布鲁塞尔。爱国者走背字，门将伊斯特凡·法拉高受伤，齐博尔不得不站到门前客串门将。1:3落后，匈牙利人绝望了，他们拼尽全力，在最后几分钟由普斯卡什和柯奇士追回两球，但也只扳为3:3，总比分5:6被淘汰，就这样结束了自己的欧冠之旅。

爱国者队被国际足联禁赛，赴南美洲辗转数月。次年2月重回欧洲，普斯卡什、柯奇士和齐博尔宣布：不回匈牙利。就这样，他们开始流亡海外。他们绝没有想到自己还会亲历冠军杯的伟大时刻：普斯卡什在皇家马德里，柯奇士和齐博尔则在巴塞罗那。

半决赛第一回合，马德里，汤米·泰勒为曼联打入留住希望的一球。他们以1:3负于皇家马德里。

与此同时，在已经入籍西班牙的迪斯蒂法诺的率领下，皇家马德里捍卫了作为欧洲霸主的荣誉。他们的卫冕之路起步艰难，首轮（16强）遭到维也纳快速顽强抵抗。在马德里，开场20分钟迪斯蒂法诺梅开二度，最后奥地利人仅以2:4败阵。回访维也纳，严寒中卫冕冠军一度陷入出局的险境——恩斯特·哈佩尔上演帽子戏法，维也纳快速3:0领先易边。皇马主席圣地亚哥·伯纳乌事后说：“这张比赛上半场是我所经历最艰难，也是最痛苦的45分钟。”

救世主迪斯蒂法诺

迪斯蒂法诺又一次扮演救星的角色。虽然球队以1:3失利，但正是他在第60分钟的进球使皇马有机会与对手再打一场决定命运的附加赛。维也纳快速同意把附加赛安排在伯纳乌进行，科帕打进了他代表皇马在欧洲赛场上的第一球，西班牙人以2:0奏凯晋级。

皇家马德里队长穆尼奥斯（左）从西班牙独裁者佛朗哥将军手中接过冠军杯。

八强决赛，科帕面对同胞——尼斯。法甲冠军的打法带着鲜明的南美风格，阵中拥有阿尔伯托·穆罗、鲁本·布拉沃和塞萨·冈萨雷斯等多名阿根廷外援。尼斯在首轮也打了一场附加赛，在巴黎以3:1淘汰格拉斯哥流浪者挺进八强。皇马实力明显更胜一筹，以两回合3:0和3:2把尼斯挡在半决赛之外。

皇马和曼联在半决赛相遇了。首回合在伯纳乌，英格兰人抵抗了60多分钟，终无法阻止主队3:1胜出。英国媒体反响激烈，谴责西班牙人防守曼联后生动作粗野。在令人窒息的气氛中，皇马作客老特拉福德遭英国人以牙还牙。与上季在贝尔格莱德一样，皇马毕竟技高一筹，众星会演有如在地狱中点燃火把，科帕

（第25分钟）和里亚尔（第33分钟）的进球扩大了总比分优势。

“巴斯比宝贝”们并没有缴械投降。泰勒第32分钟的进球缩小了比分差距，比赛达到白热化。2:2，博比·查尔顿终于在第87分钟为本队扳平，但为时已晚。虽败犹荣，曼联拥有美好的前程。

给意大利人上课

皇马现在可以实现卫冕梦想了——这一次是在家门口，他们迎来了佛罗伦萨。

谨慎的意大利冠军先后淘汰了瑞典的北雪平和瑞士的苏黎世草蜢。在半决赛，他们又越过了南斯拉夫贝尔格莱德红星这座大山。

佛罗伦萨的防守异常坚固，前卫线的适时回收加强了防守，前锋在防守反击中扮演着重要的角色，巴西人儒利尼奥个人能力出众。

11个人面对12.5万人，意大利人在伯纳乌顽强而有效地抵抗着。面对钢筋水泥般的意大利式防守，皇马球星渐渐失去耐心，只有亨托的发挥还算正常。

科帕担心第二次与冠军擦肩而过，正是他在第70分钟帮助球队打破僵局。他送出一记妙传撕开意大利人的防线，马特奥斯接到足球杀人禁区直面门将，佛罗伦萨后卫马尼尼不得已将他放倒。

荷兰裁判直指点球，意大利人怒了，助理裁判已举旗示意马特奥斯接球前越位，但霍恩先生不为所动。迪斯蒂法诺操刀，一蹴而就，将其个人欧冠进球记录增至11个。

6分钟后，科帕再次策动攻势，他妙传左路插上的亨托。作为当时世界最佳左边锋，亨托决赛中发挥最为出色。他骗过意大利人整条防线，打进锁定胜局的一球。2:0，皇马给意大利冠军上了实用主义的一课，太了不起了！

皇家马德里主场卫冕。

GIRO : BOBET FEPREND LE MAILL_ ROSE... SANS DISTANCER GAUL (A 55")

ÉCONOMIE Vespa 2,5 L/100

L'EQUIPE

LE QUO_ DU SPORT

SÉCURITÉ D'ABOR_

MATCH DE CLASSE AU COURS DUQUEL LA FIORENTINA RÉS_ INTELLIGEMMENT PENDANT 70'

LE REAL MADRID _ONSERVE "SA" COUPE D'EUROPE

grâce à un penalty (DI STEFANO)

et aussi à un but magnifique (KOPA-GENTO)

GENTO MEILLEUR JOUEUR DE CETTE FINALE

JEAN GRACZYK vainqueur défi_itif DU TOUR DES PROV_NCES DU SUD-EST

PREMIER BUT : LE PENALTY D'ALFREDO DI STEFANO

LA PLUIE T_ LE GIRO, OU DEFILIPPIS, POBLET, GÉMINIANI ET ROLLAND ONT RÉT_GRADÉ

ERCO_E BALDINI VAINQUEUR contr_ _a montre (moyenne : 44 km. 22_) DEVANT MAULE et LE BER

SOIRÉE INTÉRESSANTE AU PALAIS DES SPO_

Face à l'Américain DUPAS (un st_ SÉRAPHIN FERRER (_n tempérament

tente de redevenir UN GRAND CHAMPION

SVEN _VIDSON FINALISTE POUR L_ TROISIÈME FOIS

JUMELLES

原声

■《队报》特派记者 雅克·费朗

1957 年 5 月 31 日

起初，佛朗哥将军并没有鼓掌，西班牙光头元首一身灰色西装坐在主席台前排。比赛进行了 70 分钟，皇家马德里才靠点球打破僵局。佛朗哥转向旁边的人撇了撇嘴，像是在说：“这个进球毫无争议，胜利不成问题了，但让人等得太久，我并不满意。”

西班牙球迷可没这么苛刻。伯纳乌球场四层看台爆满，球迷们沸腾了。12.5 万人站着看完整场比赛，在那一瞬间释放焦虑，兴奋地呐喊，狂舞手中的手帕。

佛朗哥也有道理。人们认为皇马本应上半场就轻松拿下比赛，然而却让悬念拖了很长时间才揭晓。

皇马打进第一球后，球员不再紧张。很快，亨托打进锁定胜局的第二球，把一场艰难的搏斗转化为真正的成功。这一次，佛朗哥鼓掌了。

全景

英国元素

首届冠军杯充满拉丁风味，本届赛事人们终于看到英国元素，巴斯比执教的曼联代表英格兰参赛。红魔的第一场欧冠客场2:0轻取安德莱赫特。第二回合因老特拉福德翻新扩建，移师缅因路球场，曼联狂胜10:0。

圣马梅斯的普斯卡什

1956年10月23日，布达佩斯爱国者出发开始欧洲之旅，按计划先在德国打两场，再与巴黎竞技打一场。11月7日，爱国者首回合对垒毕尔巴鄂竞技，苏联入侵匈牙利的消息让正在维也纳的球员大吃一惊，与毕尔巴鄂竞技的首回合比赛也被推迟到11月22日。比赛中，以普斯卡什为首的队员们臂缠黑纱，最终2:3惜败。

第一次“圣地亚哥式动员”

第一轮首回合，皇马4:2大胜维也纳快速。中场休息时，皇马主席伯纳乌亲临更衣室鼓劲，著名的“圣地亚哥动员”传为佳话。次回合，哈佩尔的帽子戏法助维也纳快速3:1获胜，择日重赛。快速当时手头拮据，皇马及时伸出援手，邀请他们去马德里打附加赛。皇马2:0胜出。

一位豪华的巴西人

本届欧冠，巴西右翼儒利尼奥是佛罗伦萨阵中名气最大的球星，他参加了1954年世界杯，以其惊人的盘带天赋和进球效率，赢得无数佛罗伦萨球迷的心。回到巴西后，儒利尼奥还在一场和英格兰的热身中将加林查挤到了替补席。

送给曼联的丰收女神像

半决赛第一回合，皇马主场3:1击败曼联。第二回合开始前，两队会餐，皇马赠送曼联一座丰收女神的银像。先礼后兵，巴斯比警告皇马，他们将在翻新后的老特拉福德遭遇一种截然不同的敌对气氛。曼联主帅自信满满，相信球队有实力扳回两球。曼联只与皇马2:2言和。

伯纳乌见证第二冠

皇马与佛罗伦萨的决赛在更名为伯纳乌的球场进行。意大利球队防守层次清晰，荷兰主裁判霍恩第68分钟时将佛罗伦萨队员禁区线上对马特奥斯的犯规判为点球，迪斯蒂法诺一蹴而就。亨托随后锁定胜局，皇马在家门口蝉联冠军。赛后，迪斯蒂法诺举起奖杯绕场与球迷同庆。（上图）

雪上表演

1/4决赛首回合，毕尔巴鄂竞技在白雪覆盖的圣马梅斯球场迎战曼联。双方大打攻势足球。毕尔巴鄂竞技的上半场堪称完美，“雄狮”最终5:3胜出。次回合因老特拉福德翻新未臻，曼联继续在同城死敌曼城的主场缅因路应战，3:0翻盘。

科隆纳一展身手

尼斯队无疑是本届最大黑马。首轮淘汰了格拉斯哥流浪者，该队门将科隆纳功不可没，身材不高却反应敏捷、屡次挡出对方射门。

射手榜

1 维奥莱特（曼联）	9 球
2 泰勒（曼联）	8 球
3 迪斯蒂法诺（皇马）	7 球
4 普赖斯勒（多特蒙德）	6 球
5 阿特切（毕尔巴鄂）	5 球
富瓦（尼斯）	5 球
科斯蒂奇（贝尔格莱德红星）	5 球
8 科列夫（索非亚 CDNA）	4 球
费弗尔（尼斯）	4 球

夏日记事

■重量级签约

两夺冠军杯，人们指责球队后防薄弱仍刺激着皇马高层。为此，俱乐部签来了乌拉圭著名后卫圣马里亚。与此同时，放走了前锋诺达尔的 AC 米兰也在阿根廷找到了当时的世界最佳前锋格里洛（下图）。

■诺坎普亮相

巴塞罗那之前的主场，大教堂球场能容 6 万人，球会认为容量不够，遂决定在附近买下地皮兴建新球场。1954 年，诺坎普球场工程动工。1957 年 9 月 24 日，巴萨俱乐部搬进新球场，在此与欧洲群雄竞技。

1957/1958 >>

贝尔格莱德，空难发生前 20 多小时：（从左到右）邓肯·爱德华兹、艾迪·科尔曼、马克·琼斯、肯·摩根斯、博比·查尔顿、丹尼斯·维奥莱特、汤米·泰勒、比尔·福克斯、哈里·格雷格、阿伯特·斯坎隆和罗杰·拜恩。

1957/ **1958**

1958年2月6日，15时04分，悲剧发生了……

从贝尔格莱德返航曼彻斯特途中，曼联的航班在慕尼黑短暂停留补充燃油。他们刚刚以 3:3 逼平红星队晋级半决赛。然而飞机刚起飞便坠落，8 个年轻有为的“巴斯比男孩”在空难中殒命。

曼联主教练巴斯比被毛勒医生抢救了过来。

悲剧发生前一晚，才华横溢，朝气蓬勃的英格兰冠军又一次展现强大实力。八强次回合，“巴斯比宝贝”们给拥有米蒂奇和塞库拉拉茨等球星的贝尔格莱德红星好好上了一课。丹·维奥莱特打进一球，博比·查尔顿梅开二度，英格兰人半场结束前早早取得了3球领先，这是巴斯比手下这帮孩子转变为巨星的信号。这是场令他们自豪的比赛，一流门将哈里·格雷格的表现配得上身价最高球员的称号。他以23500英镑从唐卡斯特加盟曼联，刷新当时世界足坛转会费纪录。

不出所料，曼联在下半时经受了南斯拉夫人的疯狂反扑，红星最终扳成3:3。不过曼联还是靠此前主场小胜2:1，以一球优势淘汰对手昂首挺进半决赛。欧洲都在说：“显然，若问谁会对两届冠军杯得主皇马卫冕是个威胁，一定要到老特拉福德去看看。”

第二天，曼联将帅、部分球会职员和一些随队记者登上BEA航空公司的双引擎飞机——伊丽莎白Class GA-ZUAS57返航。这架飞机将载着他们和梦想飞回英格兰。那天风雪很大，飞机在慕尼黑停留兼加油。飞行员詹姆斯·泰恩和肯纳斯·雷蒙特两次起飞都不成功。第三次起飞，飞机坠毁在跑道尽头，撞毁了一幢民房，时钟定格在1958年2月6日15时04分。

邓肯·爱德华兹未能幸免

43名乘客中有23人当场遇难，包括7名曼联球员，他们是杰夫·本特（25岁）、罗杰·拜恩（29岁，为英格兰33次）、艾迪·科尔曼（21岁）、马克·琼斯（24岁）、大卫·佩格（22岁，代表英格兰1次）、汤米·泰勒（26岁，代表英格兰19次）和利亚姆·惠兰（22岁，4次代表爱尔兰）。另一个大家熟知的遇难者是已转行成为记者的弗兰克·斯威夫特，他是战后第一位担任英格兰队长的门将。

第8个罹难的曼联球员是邓肯·爱德华兹（21岁，为英格兰队出场18次），他是曼联队中最有才华和天赋的新秀，一个出色的左前卫，16岁即职业首秀，也是英格兰队史上最年轻的国脚。抗争了两周后，他最终还是没能逃过死神的魔爪，于2月21日撒手人寰。

在坠机现场，北爱尔兰门将格雷格毫发无损，他救起了一个小女孩，然后与同样死里逃生的维奥莱特一起转移到了大雪覆盖的停机坪上，博比·查尔顿留医多日后也告痊愈。至于主教练巴斯比，外科医生毛勒全力救治，把他从鬼门关拉了回来。几周后，当他出现在公众面前时，老特拉福德齐声为他喝彩。

空难发生后，悲痛之情弥漫全欧，各地追随曼彻斯特，取消了所有足球比赛。老特拉福德球场墙外的挂钟被永远定格在那一时刻，提醒后人悲剧发生的时间。

两周后，曼联迎来劫后余生的第一场比赛——2月19日开始的足总杯。巴斯比的助手

决赛

1958.5.28-布鲁塞尔海瑟尔球场　　主裁判：阿尔斯蒂恩（比利时）

3 : 2

皇家马德里 (325)			AC 米兰 (325)
阿隆索	门将	门将	索尔丹
阿蒂恩萨	后卫	后卫	冯塔纳
圣马里亚			切萨雷·马尔蒂尼
莱斯梅斯			贝拉尔多
桑蒂斯特万	中场	中场	贝尔加马斯基
萨拉加			拉迪斯
科帕	前锋	前锋	达诺瓦
何塞伊托			利德霍尔姆
迪斯蒂法诺			斯基亚菲诺
里亚尔			格里洛
亨托			库基亚罗尼

	进球	
	0:1	斯基亚菲诺 69'
74' 迪斯蒂法诺	1:1	
	1:2	格里洛 78'
79' 里亚尔	2:2	
107' 亨托	3:2	

吉米·墨菲（两人战前相识，战后联袂执掌曼联）代庖指挥，俱乐部从布莱克浦和阿斯顿维拉分别租来了厄恩斯特·泰勒和斯坦·克劳瑟。在悲痛和怀念交织的气氛中，曼联以3:0大破谢菲尔德星期三，生活和足球重新回到了轨道，仿佛一切不曾发生过。

尽管遭受重大伤亡，曼联还是打进了足总杯决赛，但在温布利0:2不敌博尔顿。从没有哪个冠军在这样一场伟大的比赛中得到如此零落的欢呼。

足总杯决赛失利后，曼联梦想在米兰身上取得冠军杯的胜利。在老特拉福德，曼联依靠第80分钟厄恩斯特·泰勒罚入点球以2:1取胜。对于“极刑”，米兰人强烈抗议，切萨雷·马尔蒂尼对维奥莱特的犯规并不明显。

回到圣西罗，红黑军团在八万球迷面前回敬了曼联一个4:1。斯基亚菲诺梅开二度、利德霍尔姆和达诺瓦锦上添花，为“巴斯比宝贝”的悲情之旅画上句号。

皇家马德里最艰难的卫冕之路

为争取三连冠，亨托与队友一路克服艰难险阻，决赛通过加时才以3:2险胜意大利豪门AC米兰。

荣誉榜有时可以反映事实，但有时也掩盖真相。多年以后，回头再看皇马在1958年取得的荣誉，我们相信他们值得无数喝彩：西甲卫冕，五年中第四个联赛冠军，赛季主场不败；欧冠冠军，囊括赛事创立三年来的奖杯，7场比赛打进27个球。战绩彪炳！

其实豪华战舰也遇到过颠簸。1958年年初，危机正在酝酿，体育媒体反应过激，批评起来添油加醋。理由很简单：皇家马德里暂时不是最好的，国内联赛，皇马被两个死敌——同城对手马德里竞技和加泰罗尼亚地区的巴塞罗那在积分榜超越。

塞维利亚输得体无完肤

八强首回合，马德里城迎来关键战役——对阵塞维利亚。皇马不应再怀念闲庭信步一般的首轮赛事——卫冕冠军以两回合2:1和6:1轻松击退比利时冠军安特卫普。西班牙“内战”前夜发生罕见的一幕：圣地亚哥·伯纳乌主席亲临球队下榻的菲利普二世酒店，为队员们鼓劲。他激励球员：“全世界球迷的目光都盯着你们，你们有能力把所有的批评和失望一扫而光。现在，我更希望看到你们微笑。”

第二天，在8万冻得瑟瑟发抖的球迷面前，塞维利亚人发现自己进了地狱。皇家马德里爆发了，上半场就2:0领先。塞维利亚人奋起还击，皇马以牙还牙。平时一向温文尔雅的科帕甚至挥拳威胁巴莱罗，引发一场群殴。比利时主裁判范纽费尔将塞维利亚的马塞利诺·德尔里奥，皇马的拉蒙·马萨尔罚下，场面极其混乱。第54分钟，塞维利亚被判极刑，迪斯蒂法诺操刀打成4:0，终场前10分钟，亨托和科帕将比分改写为6:0。此后，已经梅开二度的迪斯蒂法诺在最后几分钟又连入两球，把比分锁定在8:0——赛前，他刚刚捧起了《法国足球》颁发的金球奖。

1958年1月底，在塞维利亚严冬的大雪中，皇马2:2逼平主队进入四强。接下来的半决赛，尽管次回合客场对阵布达佩斯沃绍什（沃绍什意为炼钢工人）输了个0:2，但皇马首回合在伯纳乌，凭借迪斯蒂法诺的又一个帽子戏法大胜4:0，两回合4:2淘汰马扎尔人挺进决赛。

马德里人连续第三年亮相决赛赛场，对手是意大利豪门AC米兰。比赛安排在比利时首都布鲁塞尔的海瑟尔球场举行，球场不远处，就是为1958年世界博览会专门修建的标志性建筑——原子塔。

韧劲十足的米兰

这场拉丁国家俱乐部间的较量怕是会让欧洲北部的同行颇为诧异，双方出招谨慎，决策明智。第69分钟，皇马的乌拉圭后卫圣马里亚走漏了AC米兰的同胞斯基亚菲诺，斯基亚菲诺接应达诺瓦传中将球打进。1:0，米兰人领先。第70分钟，当库基亚罗尼的射门击中立柱的时候，海瑟尔以为白色恐怖就要结束了。

米兰人的运气用完了。第74分钟，迪斯蒂法诺单枪匹马面对米兰的一群防守队员，他首先控制住球，一连串花哨的左右脚假动作后一脚劲射扳平比分。随后两队分别由格里洛（第78分钟）和里亚尔（第79分钟）各进一球。90分钟双方战成2:2，加时决定胜负。

加时赛初段很沉闷，结尾部分却让人喘不过气来，这也是冠军杯历史上第一场需要加时决胜的决赛。在90分钟里，皇马的迪斯蒂法诺和米兰的利德霍尔姆是场上焦点，接下来轮到亨托表演。第95分钟，他一脚角度力量俱佳的射门击中米兰的立柱。第107分钟，桑蒂斯特万长传，迪斯蒂法诺和马尔蒂尼争顶落点，球落到亨托面前，他起脚就射打进决定性一球，3:2！

布鲁塞尔，不远处的原子塔如此美丽，球员如此才华横溢，但就像这张照片上迪斯蒂法诺面对米兰门将索尔丹一样，决赛是如此激烈。

BORDEAUX-PARIS (…phée "Le Soleil" et "L'Aigle") : DUPONT ADOPTE LA MÉTHODE de préparation DE B. GAUTHIER

L'ÉQUIPE
LE QUOTIDIEN DU SPORT
l'Automobile

UN SEUL CLASSEMENT
"BUROCLASS"

EXTRAORDINAIRE COURSE-POURSUITE : 0-0 … MI-TEMPS, 0-1, 1-1, 1-2, 2-2, 3-2
EN FINALE DE LA IIIe COUPE … OPE A BRUXELLES

LA PLUS DIFFICILE DES …CTOIRES DU REAL
acquise grâce à un final sensationnel de Gento

Prédominance sud-américaine : autres buts par Di Stefano Rial (Madrid) Schiaffino, Grillo (Milan)

(D'un de nos env. spéc. Gabriel HANOT)

LA JOURNÉE EN QUELQUES PHRASES

MOLS-VIDAL A WAGRAM

LE BUT DE SCHIAFFINO : … POUR MILAN

LA DERNIÈRE SORTIE DE DUPONT

VERS UNE FINALE CENT POUR CENT AUSTRALIENNE à Roland-Garros

Pas de fumée sans feu… par Jacques MARCHAND

Marcel BIDOT et Alex THÉPOT ont échangé leurs soucis… de sélectionneurs

LOUISON BOBET : ACCORD DE PRINCIPE pour l'équipe de France du Tour

Nencini le premier à Rome

GÉMINIANI définitivement évincé de la formation tricolore

(D'un de nos env. spéc. Pierre CHANY)

24 HEURES DE SPORT
SAUVER L'ATHLÉTISME

原声

■《队报》特派记者加布里埃尔·阿诺

1958 年 5 月 29 日

欧洲冠军杯决赛当然是在两支欧洲俱乐部之间进行，但我们仿佛被带到南美，南美足球是如此出神入化、如此精湛雄伟，我们以前从未见识过。一场对决充满阿根廷的节奏、韵律和风格。

比赛的大部分时间里，球迷们也感到吃惊和困惑。他们准备为决赛疯狂，但比赛节奏与他们期望的相反。两支球队久久保持谨慎，耐心寻找时机，计算每次攻防得失，都害怕失球。我们难怪感觉比赛节奏很慢，一些球迷嘘声大作表达不满。幸运的是，从下半场后半段开始，在梅花间竹般进球的刺激下，气氛达到白热化，球迷们看到了希望看到的场面。双方各有 3 名南美球员，他们也是各自的领军人物——皇马的迪斯蒂法诺、里亚尔和圣马里亚，AC 米兰的斯基亚菲诺、格里洛和库基亚罗尼。这六人促成了最后阶段的 4 个进球，这是南美人的杰作。

全景

袖子和硬币

民主德国球队卡尔·马克思城与华沙保卫者的第一轮较量充满戏剧性。两队两回合4:4战平，在柏林重赛。重赛结束前一分钟，卡尔·马克思城队没了右手的前锋特罗格扳成1:1，比赛进入加时，第100分钟，球场供电不足比赛中断。最终两队通过掷币决出晋级球队，卡尔·马克思城幸运地成为冠军杯史上第一支靠掷币晋级的球队。

马德里的人工灯光

与安特卫普的首回合，皇马作客暂时2:1领先。次回合，在晚间迎来比赛的伯纳乌球场第一次在欧冠使用灯光照明。为了配合灯光，比赛使用白色足球。伯纳乌的上座率只有一半，皇马6:0轻取，前锋里亚尔独中三元。

慕尼黑空难

八强客场战平贝尔格莱德红星，曼联返航在慕尼黑加油，起飞后飞机失事。七名曼联球员当场死亡。数日后，爱德华兹也在医院不治。空难震惊世界，曼联为空难死伤者降半旗致哀，球迷排起长队在葬礼上向球员告别。悲剧成了曼联队史上永远的痛。

任意球大师乔尔达什

每支球队都梦想拥有一位任意球专家，在关键时刻成为左右比赛的关键人物。布达佩斯沃绍什队中的乔尔达什就是一位超级任意球大师。对阵瑞士伯尔尼年轻人的首轮两回合比赛中，乔尔达什分别以直接任意球各下一城。

乌拉圭力量

半决赛中，AC米兰的乌拉圭前锋斯基亚菲诺与曼联门将格雷格针锋相对引人注目。最终，斯基亚菲诺胜出。在两回合交手中，乌拉圭射手打入3球。作为慕尼黑空难的幸存者，格雷格发挥也不错。几个月后，代表北爱尔兰队出征世界杯，他成为那届赛事中表现最出色的门将。

本菲卡首演

本赛季，葡萄牙劲旅本菲卡首度在冠军杯舞台亮相。几年后，本菲卡在欧冠大出风头。本菲卡遇到的第一个对手是塞维利亚，两回合葡萄牙球队以1:3被淘汰出局。

匈牙利荣誉

虽然不如布达佩斯爱国者有名，但布达佩斯沃绍什仍在匈牙利足球的荣誉史上留下了光辉的一笔。半决赛客场与皇马的交锋，沃绍什被迪斯蒂法诺的灵巧和速度戏耍，以0:4败北。主场与皇马再战沃绍什却2:0取胜。日后，沃绍什的主场更名为普斯卡什球场，纪念这位伟大的匈牙利球星。

阿隆索接班

与AC米兰加时恶战，皇马3:2蟾宫折桂。前两次以队长身份捧杯的穆尼奥斯被新秀桑蒂斯特万挤到了替补席，阿隆索从穆尼奥斯手中接过队长袖标，代表皇马第三次捧起冠军杯。决赛中，意大利球迷占据绝大部分看台。由于海瑟尔球场距离德国较近，不少在德国工作的西班牙人也前来为皇马助威。球星迪斯蒂法诺以精湛表演征服了世界。

第一场“内战”

八强阶段，冠军杯迎来史上第一次同国球队间的对决。从1955年开始，皇马和塞维利亚之间的敌对情绪与日俱增，为双方在本届1/4决赛首回合酝酿了最佳的氛围。此前在联赛，塞维利亚刚刚主场战胜皇马。为参加这场冠军杯较量，两队乘火车来到球场，赛前场地人员费了好大功夫清除球场积雪，比赛热度始终不减。最终，皇马8:0狂胜。

16强战图

射手榜

1 迪斯蒂法诺（皇马）	10 球
2 科斯蒂奇（贝尔格莱德红星）	9 球
3 乔尔达什（布达佩斯沃绍什）	8 球
4 本扎克（布达佩斯沃绍什）	6 球
格里洛（AC 米兰）	6 球
6 斯基菲亚诺（AC 米兰）	5 球
比恩（AC 米兰）	5 球
8 乔基奇（贝尔格莱德红星）	4 球
里亚尔（皇马）	4 球
维奥莱特（曼联）	4 球

夏日记事

■巴西终称王

1950 年世界杯东道主巴西被乌拉圭抢走冠军，四年后巴西终于封王。加冕后巴西国脚纷纷赴欧洲淘金。瓦瓦加盟马竞、阿尔塔菲尼签约 AC 米兰、若埃尔登陆巴伦西亚、迪迪空降皇马。

■普斯卡什的体重

加盟皇马前，普斯卡什已有足足一年半没有踢球。当时他与妻女在意大利城市里维拉过着惬意悠闲的日子。但 1958 年，皇马突然签下身材明显发福的普斯卡什。“我能拿这个胖子做什么？”皇马主帅卡尼利亚获悉普斯卡什加盟后曾问。“让他恢复状态。”俱乐部官员回答。

■再造欧洲红魔

空难后的曼联需要多年重建。欧洲足联决定在 1958/1959 赛季给予曼联一个名额，然而英格兰联赛和足总向曼联施压，迫使他们放弃了参赛权。球迷不得不等到 1965 年才再次看见格雷格、福克斯、查尔顿以及巴斯比的身影出现在欧洲赛场。那一年，他们打进半决赛，但负于贝尔格莱德游击队。

1958/1959 >>

白色龙卷风席卷斯图加特，皇马庆祝他们的第四座冠军杯。

1958/ 1959 比任何时候都豪华

决赛 2:0 吃掉兰斯之前，皇家马德里再陷危机，同城对手马德里竞技更是咄咄逼人，然而他们拥有永远值得信赖的、与众不同的迪斯蒂法诺。

当时，电视还未普及，人们都聚集在商场的电视机前观看比赛。

君临欧洲赛场3年，皇家马德里的霸主地位面临新的挑战，在国内，觊觎皇马王座的也大有人在。

在马德里，马竞夺得1957/1958赛季的西甲冠军，梦想取代皇马，开始在曼萨纳雷斯河畔兴建球场，招兵买马，大肆扩军，签下了瑞典世界杯冠军队成员瓦瓦，继续加强已经拥有科利亚尔和佩罗的强大锋线。

皇家马德里则招募了匈牙利球星——“飞翔的少校”普斯卡什，尽管他已过运动生涯的黄金年龄，大腹便便。科帕、里亚尔、迪斯蒂法诺、普斯卡什和亨托，一串星光璀璨的名字，由他们构成的进攻组合能所向披靡么？

拥有老将比利·赖特的狼队首轮以两回合2:2、1:2输给了体魄更强壮的沙尔克04。意大利“老妇人”尤文图斯队有阿根廷球星奥马尔·西沃里和威尔士人约翰·查尔斯助阵，第一轮西沃里上演帽子戏法，尤文图斯首回合主场3:1击败维也纳体育，次回合却以0:7大败而回，其中哈默尔勒进了四个。意大利人的惨败震惊欧洲足坛。

晋级之路，荆棘密布

情绪激昂也助长了暴力滋生，首轮已经火药味十足。皇马完全掌控与贝西克塔斯的比赛，主场2:0轻松取胜。不料比赛尾声爆发群殴，贝西克塔斯的缪尼尔·阿尔泰和迪斯蒂法诺被逐。马竞与索非亚人民军司令部（索菲亚中央陆军前身）的附加赛在日内瓦进行，双方也大打出手，瑞士主裁判梅列罚下马竞的拉法·德尔加多，90分钟1:1，加时赛又判给马竞一个点球，西班牙冠军以3:1艰难晋级。

八强，马德里双雄各自淘汰第一轮中表现出色的对手：马竞打发沙尔克04回家；皇马在伯纳乌以7:1横扫维也纳体育，迪斯蒂法诺四次中的。

半决赛又见“西班牙内战”且是马德里德比，两队在主场都以一球小胜：在伯纳乌比分是2:1，在卡尔德隆马竞回敬1:0。附加赛移师萨拉戈萨，莱斯梅斯受伤下场，皇马不得不以10人应战，迪斯蒂法诺和普斯卡什进球，皇马2:1取胜，打开了第三次卫冕的道路。

决赛

1959年6月3日斯图加特内卡河球场 主裁判：杜施（联邦德国）

2 : 0

皇家马德里 (325)			兰斯 (325)
多明格斯	门将	门将	科罗纳
马基托斯	后卫	后卫	罗齐
圣马里亚			容凯
萨拉加（c）			希劳多
桑蒂斯特万	中场	中场	庞沃尔尼
鲁伊斯			勒布隆
科帕	前锋	前锋	拉马丹
马特奥斯			布利亚尔
迪斯蒂法诺			方丹
里亚尔			皮昂托尼
亨托			维森特

进球	
2' 马特奥斯	1:0
47' 迪斯蒂法诺	2:0

决战再逢兰斯

决赛，皇马面对的是老对手兰斯。法甲冠军是法国人的最爱，内战已经拿到联赛杯赛双料冠军，阵中不乏法国夺得1958年世界杯季军的国脚，这些都是兰斯自信的资本。

打入决赛前，兰斯曾两次险些出局。八强次回合迎战比利时标准列日，必须扭转首回合0:2告负的劣势。在奥古斯特·德劳纳球场，气氛紧张热烈，至第70分钟皮昂托尼进球，兰斯才打开通往半决赛的大门。第73和第88分钟，方丹梅开二度帮助球队晋级。

半决赛首回合，瑞士伯尔尼年轻人主场一

1959年6月3日，皇马2:0战胜兰斯。

1959年的欧冠半决赛在马德里的同城兄弟之间展开，瓦瓦（左）和科帕两位巨星各为其主。

球小胜，兰斯改在巴黎迎接对手，直落三球，干净利落地驯服了瑞士冠军。

1955/1956赛季决赛的对垒在斯图加特重演，昔日兰斯的核心科帕，此时已是对面“白盔白甲”的一员。开场仅1分钟，马特奥斯一脚看似并无威胁的射门为皇马先拔头筹，而这仅仅是兰斯人所经历的噩梦般15分钟的开始。上半时，科帕在一次拼抢中撞伤膝盖，使得皇家马德里只能以10人应战。但第47分钟，迪斯蒂法诺的进球彻底浇灭了法国人扳平比分的希望。

兰斯队长容凯承认；“我们就好像是在踢一场友谊赛。”迪斯蒂法诺也评论，这是皇家马德里踢得最容易、最平庸的一场决赛。然而，这是又一场由伟大的迪斯蒂法诺主宰的决赛！

迪斯蒂法诺，他就是一种战术

1956年6月在巴黎，迪斯蒂法诺率领皇马首夺欧冠，得到国际足坛公认，彼时他已经30岁了。他职业生涯的起步阶段为阿根廷的一场足球危机困扰。二战其间，阿根廷造就了一批伟大的前锋，特别是令人生畏的、被称为“火车头”的河床俱乐部拥有穆尼奥斯、拉布鲁纳、佩德内拉、鲁斯陀和莫雷诺。

1942年，16岁的迪斯蒂法诺加盟这支阿根廷豪门球队。但在1948年爆发了一场球员和高层之间的长期对峙。在长达6个月的罢赛后，迪斯蒂法诺决定转投哥伦比亚，加盟该国的豪门俱乐部——波哥大百万富翁队。跟随球队参加欧洲巡回赛的过程中，迪斯蒂法诺的表

演征服了西班牙。巴塞罗那和皇家马德里都想把他收归帐下。马德里人选择了与百万富翁队接触，巴萨则找到了一直拥有迪斯蒂法诺正式所有权的河床队来商谈转会的可能。在一场长达数月的纠纷过后，西班牙的两支豪门甚至想要分享阿根廷人的使用权，最终迪斯蒂法诺选择了与皇家马德里签约。值得一提的是，他第一次代表皇家马德里出场的比赛，对手正是巴萨，而他一人打进了本队5个进球中的4个。

从1955年到1960年，作为皇家马德里的卓越领袖，他取得了巨大成功，并引领了一场中锋战术的变革。迪斯蒂法诺是一个伟大射手，但全能的他不仅仅是个伟大的射手。加布里埃尔·阿诺先生用最简练的语言概括了他的比赛：“迪斯蒂法诺本身就是一种战术。”

L'EQUIPE

2-0 : LE REAL S'IDENTIFIE A LA COUPE D'EUROPE

JACQUES ANQUETIL peut avoir, ce soir PRÈS DE 5 MINUTES D'AVANCE

LA JOURNÉE EN QUELQUES PHRASES

原声

■《队报》特派记者 雅克 · 费朗

1959 年 6 月 4 日

皇马刚刚夺得他们的第四座冠军杯，也将以卫冕冠军身份参加下赛季冠军杯。对于俱乐部高层来说，这场比赛的意义不亚于焕发生机。皇马球员看上去并不那么兴高采烈，主裁判杜施吹响终场哨，并没有让皇马宣泄半点激情，仅仅相互来了几个拥抱，很有风度地安慰对手。

此刻，我眼中浮现的是上赛季布鲁塞尔海瑟尔球场决赛的情景：皇马以 3:2 战胜米兰夺得三连冠后，疯狂地庆祝。他们筋疲力尽，却欢欣鼓舞，和狂热拥趸高声呐喊，宣泄着获得冠军的喜悦。前年的伯纳乌，也还记得吧：数以万计的白手帕在偌大的体育场里挥舞着，每个人都纵情欢呼。

在斯图加特的内卡河体育场的椭圆形跑道内，常胜的皇马仅仅对又一次胜利报以微笑。

全景

足总阻挠曼联

尽管未能在前一个赛季夺得联赛，但为了安慰遭慕尼黑空难重创的曼联，欧洲足联特拨一个名额邀请红魔参加本届冠军杯。预选赛首回合，曼联客场0:2不敌瑞士伯尔尼年轻人，次回合较量没打，足总和足球联盟以“曼联非上季联赛冠军”为由，不允红魔参赛。曼联不得不以让人唏嘘的方式“早退”。

挡住瓦瓦的点球

半决赛，同城冤家皇马与马竞为争夺一张决赛入场券展开争夺。首回合主裁判给了客队马竞一个疑似点球，可惜巴西前锋瓦瓦罚失。双方总比分战成2:2后择日重赛，地点选在萨拉戈萨。两队球迷纷纷前往拉罗马雷达球场助威，皇马2:1艰难胜出。普斯卡什右脚打入制胜进球，用实际行动向世人证明，我还可以为皇马踢球。

埃施青年让人惊奇

本赛季前，卢森堡的球队从未品尝过参加冠军杯的滋味。埃施青年在第一轮第二回合1:0小胜哥德堡，所有人都大吃一惊。两回合2:2，重赛，埃施青年被对手5:1击败。

过客匆匆

足总阻挠曼联持“外卡”参加本届冠军杯，上赛季英格兰冠军球队无须别人同情，光明正大地征战冠军杯，但首轮在沙尔克04的力量型打法面前碰了壁，英格兰冠军参赛的头六届，只有球队一亮相就被淘汰了。

皇马大胜“斑马杀手”

八强首回合开打前，皇马出访维也纳颇为不安。维也纳体育不久前灌了尤文图斯7球，让卫冕冠军的皇马心存忌惮。比赛开始30分钟，普斯卡什被主裁判苛刻地罚下。皇马在客场0:0逼平对手，回到主场7:1大胜，有惊无险。

科帕受伤

皇马第四次笑傲欧洲，萨拉加以新任皇马队长的身份举起了奖杯，这也是法国著名球星科帕为皇马参加的最后一场比赛。上半场，科帕严重受伤。皇马主帅卡尔尼利亚命令科帕继续比赛，但任务只是吸引兰斯后卫的注意力。最终，皇马如愿问鼎，科帕却在夺冠的喜悦和受伤的痛楚中离开了皇马。

勇敢的瑞士球队

本届赛事中，瑞士伯尔尼年轻人的表现连续让专家们大跌眼镜。他们先是2:0击败曼联，随后又相继淘汰了布达佩斯红旗和民主德国球队卡尔·马克思城。半决赛首回合，伯尔尼年轻人在主场令人信服地小胜兰斯。第二回合，兰斯完成翻盘，伯尔尼年轻人仍骄傲地告别了本届赛事。

“斑马”被屠杀

1958年10月1日，尤文图斯带着首回合3:1的领先优势出征维也纳。博尼佩尔蒂、查尔斯和西沃里三员大将未能阻止维也纳体育屠杀“斑马军团’。主队的进球接二连三，尤文图斯以0:7惨败，参加冠军杯首秀便蒙受奇耻大辱。

16强战图

射手榜

1	方丹（兰斯）	10 球
2	瓦瓦（马竞）	8 球
3	迪斯蒂法诺（皇马）	6 球
	佩罗（马竞）	6 球
5	科利亚尔（马竞）	5 球
	哈默尔勒（维也纳体育）	5 球
	皮昂托尼（兰斯）	5 球
	青克（卡尔·马克思城）	5 球
9	伊弗森（里斯本竞技）	4 球
	保洛塔什（布达佩斯 MTK）	4 球
	雅多（列日标准）	4 球
	克洛特（沙尔克）	4 球
	欧根·迈尔（伯尔尼年轻人）	4 球
	韦克塞尔贝格尔（伯尔尼年轻人）	4 球
	特勒格尔（卡尔·马克思城）	4 球

夏日记事

■埃雷拉的巨大成功

1958/1959 赛季对巴塞罗那主帅埃雷拉（下图）和他的小伙子们而言，代表着巨大成功。那一年，巴萨勇夺联赛和杯赛冠军，也为球队日后获得第二座博览会杯打下基础。1959/1960 赛季，巴萨面临四项赛事的挑战：联赛、杯赛、博览会杯和第一次参加冠军杯。

■科帕告别

与加盟时轰轰烈烈不同，法国前锋科帕告别皇马悄无声息。他为皇马踢的最后一场比赛是 1958/1959 赛季的冠军杯决赛。比赛中科帕严重受伤，主帅并未将其换下，而是让他留在场上"吸引对手注意力"。赛季结束，科帕返回法国度假，明确了返回祖国踢球的想法，他的家人始终无法适应在西班牙的生活。给马德里留下了无数美好回忆后，科帕重返兰斯。

1959/1960 >>

127621 名观众涌进格拉斯哥汉普顿公园球场见证了冠军杯历史上最波澜壮阔的一场决赛。

1959/ 1960 皇家马德里的杰作

完成五连冠的决赛是一场压轴大戏，尽管被 7:3 痛击的法兰克福队的实力让人不敢恭维。依靠两个猛兽般的球星——迪斯蒂法诺和普斯卡什，马德里人不可阻挡。

圣地亚哥·伯纳乌主席（左）一手编排了皇家马德里的精彩表演——五座欧洲冠军杯。

决赛

1960年5月18日，格拉斯哥汉普顿公园球场　　主裁判：莫瓦特（苏格兰）

7 : 3

皇家马德里 (325)			法兰克福 (325)
多明格斯	门将	门将	洛伊
马基托斯	后卫	后卫	卢茨
圣马里亚			艾根布罗特
帕钦			赫费尔
贝达尔	中场	中场	维尔巴赫尔
萨拉加			斯廷卡
卡纳里奥	前锋	前锋	克雷斯
德尔索尔			林德纳
迪斯蒂法诺			E. 施泰因
普斯卡什			普法夫
亨托			迈尔

进球

皇家马德里	比分	法兰克福
	0:1	克雷斯 18'
27' 迪斯蒂法诺	1:1	
29' 迪斯蒂法诺	2:1	
45' 普斯卡什	3:1	
56' 普斯卡什（点球）	4:1	
60' 普斯卡什	5:1	
70' 普斯卡什	6:1	
	6:2	施泰因 72'
74' 迪斯蒂法诺	7:2	
	7:3	施泰因 76'

欧洲冠军杯举办到第五个赛季，谁能够撼动四届冠军得主皇家马德里队的霸主地位呢？自然不是来自卢森堡的埃施青年。好比侏儒面对巨人，卢森堡人就像一盘切碎了的菜一样在伯纳乌被0:7痛宰，第二回合回到主场他们也输了个2:5。不过值得骄傲的是，在这场比赛中他们曾经两次领先西班牙人。

尼斯队也不是皇马的对手，尽管他们在主场为马德里人拉响了警报。当时，缺少迪斯蒂法诺的皇家马德里队以2:3不敌对手，尼斯队的卢森堡射手维克·纽伦博格上演帽子戏法。回到伯纳乌，马德里人很快校对了准星，凭借前60分钟的4个进球，以4:0大胜，有惊无险地晋级下一轮。

1960年4月21日，两个巨人相遇了。半决赛第一回合，伯纳乌主场从没有表现出如此的热情。巴萨这头勇敢的公牛从一开始就想给斗牛士留下深刻印象。但普斯卡什在左路发起猛攻，他的传中球准确地找到了迪斯蒂法诺的头顶，拉马列茨缴械投降了。

巴萨两败

这一失球对加泰罗尼亚人的打击很大，很快他们又被普斯卡什打进第二球，比赛的气氛达到了白热化。马丁内斯在第37分钟的进球为巴塞罗那人缩小了比分差距，比赛也恢复均衡。从防守中坚圣马里亚受伤下场开始，皇马便开始忧虑起来：巴萨的进攻像雨点一般落下。马德里人期待着他们的救世主，而迪斯蒂法诺适时地出现了，他的头球得分最终帮助本队以3:1取胜。

第一回合与第二回合比赛相隔6天。在马德里，有125000名球迷到场观战，回到巴塞罗那，100000名巴萨拥趸亲临现场，每一个巴萨球迷都确信他们将会见证到对欧洲冠军的死刑宣判。但出人意料的是，开场后小心谨慎的皇家马德里渐渐变得大胆起来，而从比赛一开始就卖弄他们球技的巴塞罗那队却狼狈不堪。在锋线游弋的普斯卡什寻觅着机会，他把足球送进了拉马列茨把守的大门。巴萨麻木了，他们不知所措，也没有了比赛的动力。

皇家马德里从此建立了强大的信心。第68到第74分钟的短短6分钟，亨托和普斯卡什又先后各进一球，使马德里人以3:0遥遥领先。此时的诺坎普球场内，巴萨的球迷们陷入了死一般的沉寂。柯奇士在最后一分钟为巴萨打进了挽回颜面的一球，但对于加泰罗尼亚人来说，他们的荣誉并没有在马德里的权力中心颁布法令时得到维护。埃莱尼奥·埃雷拉也从巴萨主教练的位置上下课。

对于皇家马德里来说，最艰苦的战役似乎已经过去，他们应该表现得尽善尽美。在格拉斯哥，汉普顿公园球场内的127000球迷、甚

迪斯蒂法诺的一脚射门骗过德国门将洛伊。这是他在本场决赛中的第二个进球，使得皇家马德里以 2:1 反超比分，也使球队朝着伟大的胜利又迈近了一步。

至整个欧洲都在等待着西班牙人的精彩表演。另一支闯入决赛的是来自德国的黑马法兰克福队。德甲联赛在1963年才正式创建，在联赛创立以前的这段时间里，一项起初采用直接淘汰赛形式的地区规模的锦标赛获胜者会被授予德国冠军的称号。联邦德国足球因当时强大的国家队享誉世界足坛，联邦德国队夺得了1954年世界杯冠军和1958年世界杯第四名，与此相反，最初几届欧洲冠军杯上，联邦德国俱乐部的最好成绩仅仅是多特蒙德和沙尔克04分别在1958年和1959年打入过1/4决赛。

皇家马德里晋级决赛，一路上淘汰的是拉丁语系国家的俱乐部，法兰克福则首先扫平了一些德语系国家俱乐部所设置的障碍。他们先后淘汰了来自瑞士的伯尔尼年轻人和奥地利的维也纳体育队，又在半决赛的两回合每场都打进苏格兰格拉斯哥流浪者队6球。由奥斯瓦尔德执教的这支球队是全德国攻击力最强大的球队，进攻核心克雷斯和普法夫均已年过三十，和卢茨、林德纳、维尔巴赫尔一样都是德国国脚。球队的整体实力很强，面对西班牙人并没有显出什么太大劣势。整体攻防是法兰克福人的杀手锏。

最杰出的表演

法兰克福队大胆地拿他们的运气来冒险，中锋施泰因和右边锋克雷斯不断地尝试着交叉换位，这样的战术在第18分钟收到了效果，克雷斯首开纪录，但这个进球反而激发了马德里人的斗志。在锋线组合迪斯蒂法诺和普斯卡什的率领以及亨托在边路的强有力支援下，马德里人就要实现他们欧洲赛场上最耀眼的一次表演了。从比赛的第27分钟到第73分钟，锋线的两位巨星连进7球，其中刚满33岁的普斯卡什独中四元，而他的锋线搭档——即将度过34岁生日的迪斯蒂法诺也上演了帽子戏法。法兰克福完全被击溃了，但他们并没有被当作笑料，而是顽强地在疯狂的4分钟内连扳两球，为这场欧洲冠军杯决赛历史上最精彩的比赛画上了圆满的句号。

普斯卡什，伟大的左内锋

在这场最与众不同的决赛后，汉普顿公园球场的休息室里，圣地亚哥·伯纳乌先生走向刚刚独中四元的普斯卡什，给了他一个拥抱，并对他说道：“潘乔，我永远信任你，你的力量……你看，它就在这儿。”说着主席先生伸出手指指向普斯卡什的心脏。

在格拉斯哥上演的决赛，面对法兰克福，皇家马德里完成了很多壮举。伟大的匈牙利左内锋完成了世界足坛最成功的复苏故事之一。

1958年夏天，皇家马德里招募了这个年逾三十且已经一年半没有比赛的匈牙利人。在他的朋友库巴拉把这个好消息带给他时，这个匈牙利难民对此都产生了怀疑。此时的普斯卡什体态臃肿，胖了整整20公斤，已经不再是那个“飞翔的少校”了。他能适应高速、对抗激烈的西班牙足球么？他努力去击碎那些对他的质疑，蔑视那些针对他的恶语相向，并努力减轻体重。他被迪斯蒂法诺所接受了。这行得通！

就这样，普斯卡什开始了9年的皇家马德里生涯，直到39岁才从俱乐部退役。在取得了西班牙国籍后，他代表西班牙国家队参加了1962年的智利世界杯。1965年，在他38岁时，他还能在对垒荷兰费耶诺德队的比赛独中四元。他的左脚和心脏比所有的墙壁都坚硬强壮。看来，圣地亚哥先生说得有道理。

Ferenc Puskas

Le Giro 60 à la mesure de Jacques Anquetil

L'EQUIPE

avec 4 étapes contre la montre

Les Italiens espèrent en RONCHINI et VENTURELLI

Inouï : cinquième victoire consécutive en Coupe d'Europe

7-3 : INVINCIBLE LE REAL

Puskas 4 buts, Di Stefano 3

UN SOUVENIR QUI N'EST PAS... ROSE !

LA JOURNÉE EN QUELQUES PHRASES

PILET, HÉROS DU JOUR

A PIN VERSÉ VERMAAK

Georges RONSSE dirigera l'équipe belge du Tour

24 HEURES DE SPORT

Ne pas désespérer

XIII : TROISIÈME VICTOIRE EN AUSTRALIE

原声

■《队报》特派记者 加布里埃尔·阿诺

1960 年 5 月 19 日

高水平的比赛，或者更应该说是顶级的比赛！从上半时开始，当然了，还有整个下半场。这样说不仅仅是因为皇家马德里队自己的杰出表现，也因为有了 3 位国际巨星迪斯蒂法诺、普斯卡什和亨托的表演，特别是前两位，他们包办了本队的所有 7 个进球。我们从没有在一场欧洲冠军杯的决赛中见过如此之多的进球，也从没有哪位球员能像迪斯蒂法诺和普斯卡什一样光芒四射。

皇家马德里在开场后被德国冠军来了个下马威，但此后他们以一种近乎完美的表演，成功地拿下了他们的第五座欧洲冠军杯。这第五次胜利也被描述成至今最精彩的一次决赛。但苏格兰的观众是很挑剔的，他们对裁判非常苛刻，不满皇家马德里获得的点球；然而他们在比赛结束后都不愿退场，而是久久站在那里，表达他们的赞美之情，感谢两队奉献的精彩比赛。

全景

创造多项纪录的一场决赛

皇家马德里与法兰克福的比赛最终打成7:3，在已经进行的5次决赛中，这场比赛创造的3项纪录时至今日仍然没有被打破：决赛进球最多，10个；决赛个人进球最多，4球（普斯卡什）；决赛上座人数最多，127621人（格拉斯哥汉普顿公园球场）

希腊人到来

奥林匹亚科斯成了历史上第一支参加冠军杯的希腊球队。不过，他们的冠军杯处子秀并不太走运，遭遇了AC米兰。奥林匹亚科斯在主场令人信服地逼平AC米兰，但在圣西罗，他们还是在米兰前锋达诺瓦的三粒进球面前几下阵来。

灯光中的盛会

1959年9月23日，巴塞罗那的主场迎战索非亚CDNA。诺坎普球场首席启用了夜晚照明设备。在双方首回合交手时，巴萨阵中的三位匈牙利球员库巴拉、柯奇士和齐博尔由于被祖国流放，而未能得到的保加利亚的许可参加比赛。但在双方第二回合交手中，库巴拉和齐博尔均披挂登场。那一夜，在诺坎普闪耀的灯光下，人们如痴如醉地享受了整个巴塞罗那的杰出表演。最终，球队6:2大获全胜。

巴萨的荣誉之夜

冠军杯的抽签形势对巴塞罗那格外有利，在先后遭遇匈牙利和意大利球队后，巴萨在1/4决赛中与英格兰狼队相遇。鉴于两队所代表的高水平足球，当时人们说是一场提前进行的决赛。第一回合，巴萨主场4:0奏凯。然而就当人们认为加泰罗尼亚球队会在客场采取稳妥打法时，巴萨却再度上演了令人疯狂的进攻足球，客场5:2大破对手。赛后，狼队甚至在球场上列队欢送巴萨球员。

贝尔格莱德的回忆

慕尼黑空难发生两年后，又有一支英格兰球队前往贝尔格莱德与红星队交手，它就是狼队。这一次，英格兰球队也与对手战平。回到主场后，凭借射手马森的两粒进球，狼队3:0取胜。

埃雷拉神秘离职

与皇马交手前，时任巴塞罗那主帅埃雷拉曾高调宣布自己的球队即将取胜，以此来为皇马施压。他还利用这次大战的机会，向俱乐部提出增加赢球奖金的建议，但却遭到俱乐部主席米罗的拒绝。被皇马淘汰出局后第二天，埃雷拉便从巴萨主帅的位置上卸任。但他的离开始终是一个未解之谜，因为人们至今都没有弄清楚，他究竟是辞职而去，还是被俱乐部炒了鱿鱼。

五球先生奥尔松

在哥德堡与北爱尔兰球队林菲尔德的第二回合比赛中，瑞典前锋奥尔松一人独中五元，成为冠军杯历史上第一位单场比赛打进五球的球员。正是凭借奥尔松的杰出表现，哥德堡顺利晋级。

“箭头”决定胜负

半决赛中，皇马和巴塞罗那将西班牙国家德比搬到了冠军杯舞台。第一回合对决，皇马主场3:1胜出。绰号“金色箭头”的皇马传奇巨星迪斯蒂法诺两度建功。在辉煌的职业球员生涯中，阿根廷人打进了无数关键进球。但他破门后的庆祝动作却始终如一：总是高举双臂，高喊“进球”。迪斯蒂法诺就是用这样的方式，向观众们展示着自己的快乐。

全城恭候五冠王

本赛季冠军杯决赛，连续第五次杀到最终PK舞台的皇马7:3横扫法兰克福，创纪录地连续五次捧起冠军杯奖杯。载誉而归后，从皇马队长萨拉加捧着奖杯走下飞机的那一刻起，整个马德里便陷入了盛大的狂欢。队员们乘坐轿车在城内进行了漫长巡游，所到之处无不被激动的马德里球迷所包围。如此盛景，在处在独裁统治下的西班牙极为罕见。

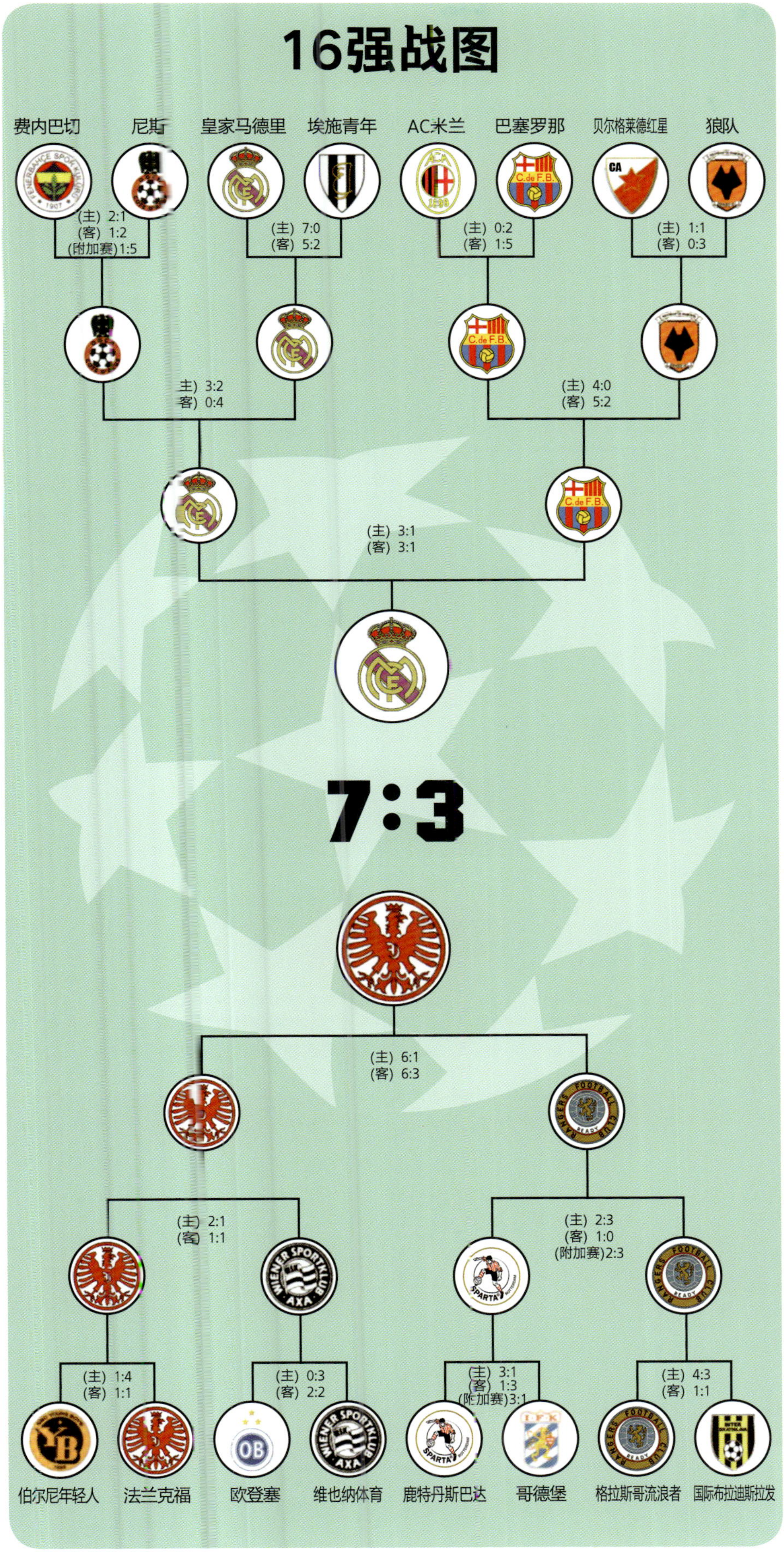

射手榜

1	普斯卡什（皇马）	12 球
2	迪斯蒂法诺（皇马）	8 球
3	库巴拉（巴塞罗那）	7 球
4	奥尔松（哥德堡）	6 球
5	富瓦（尼斯）	5 球
	施泰因（法兰克福）	5 球
	柯奇士（巴塞罗那）	5 球

夏日记事

■海恩斯，英格兰头号大款球员

1960 年，海恩斯首次作为英格兰队长参加了与西班牙的比赛。作为富勒姆的标志性球员，海恩斯在这家伦敦俱乐部效力了 18 个赛季。接下来的赛季，周薪 100 英镑的他由此成为当时全英收入最高的球员。海恩斯是富勒姆历史上最伟大的球员，出任左前卫的他在 1952 至 1970 年间替富勒姆出场 194 次，贡献了 145 个进球。在代表国家队的 56 场比赛中，海恩斯一共打进了 18 球。

■第一届欧洲杯

1960 年，第一届欧洲杯诞生，共有 17 支国家队参加了本项赛事，决赛在苏联和南斯拉夫之间进行。在巴黎王子公园球场，由涅托担任队长的苏联最终胜出（下图为门将雅辛举起冠军奖杯）。由于西班牙拒绝苏联队入境，苏联又不接受其他解决办法，西班牙最后选择退出本届赛事。

1960/ **1961**

本菲卡击沉无敌战舰

赛前并不被看好的里斯本球队让人惊讶，他们在决赛中以 3:2 力克巴塞罗那。不妨这样假设：葡萄牙人踩着加泰罗尼亚人登上欧洲之巅，也许是对早早被淘汰的皇家马德里的一种安慰。

7年前曾经在伯尔尼输掉世界杯的柯奇士（射门者），此番又在这里错过了冠军杯。

决赛

1961年5月30日，伯尔尼旺克杜尔夫球场　　主裁判:丁斯特(瑞士)

3 : 2

本菲卡 (325)			巴塞罗那 (325)
科斯塔·佩雷拉	门将	门将	拉马列特斯
若昂	后卫	后卫	丰乔
格尔马诺			加拉伊
安杰洛			格拉西亚
克鲁斯	中场	中场	贝赫斯
内托			让萨纳
何塞·奥古斯托	前锋	前锋	库巴拉
桑塔纳			苏亚雷斯
阿瓜斯			埃瓦里斯托
科卢纳			柯奇士
卡维姆			齐博尔

	进球	
	0:1	柯奇士 21'
31' 阿瓜斯	1:1	
32' 桑塔纳	2:1	
55' 科卢纳	3:1	
	3:2	齐博尔 75'

1960年11月23日是冠军杯历史上值得纪念的一天！因为在人们几年来的印象中，一个不可能发生的事情出现了：之前五届欧洲冠军杯冠军得主、大牌巨星云集、号称战无不胜的西班牙巨人皇家马德里队，被提前淘汰出局了！完成这致命一击的，正是在几年前曾经与他们在转会市场上争夺阿根廷超级球星迪斯蒂法诺的国内死敌——巴塞罗那。

淘汰赛第二轮（1/8决赛）第一回合，顽强的加泰罗尼亚人在皇马主场查马廷两度落后，并两度扳平，最终与对手打成2:2；11天后回到诺坎普主场，英格兰裁判莱费的哨子明显偏向主场作战的巴塞罗那，而且皇马后卫比达尔的乌龙球，也让主队意外获得优势开局，最终巴塞罗那以2:1力克皇家马德里，冠军杯巨人轰然到地。

比赛结束之后，阿尔弗雷多先生（迪斯蒂法诺）喋喋不休地向主裁判发出抱怨，他认为自己的球队应该获得“更公正”一点的对待，但是不幸已经发生，且不可挽回——皇家马德里本赛季已经不会再有可能，去争夺他们的第六座欧洲冠军杯了。

巴萨走上称霸之路

击败皇马只是扳开了夺冠之路上的最大一块绊脚石，其他对手的潜在威胁，还是让巴塞罗那不敢掉以轻心。但是这次就连命运都在有意成全加泰罗尼亚人。西沃里领衔的尤文图斯在淘汰赛第一轮就被保加利亚冠军索非亚CDNA队（现在保加利亚劲旅索非亚中央陆军在1954年到1962年使用的名字）淘汰出局，之前五年内两进冠军杯决赛的法甲巨人兰斯也在来自英格兰的“新丁”伯恩利面前栽了跟头（1/8决赛），一条通往冠军的大路，似乎已经在巴萨的脚下渐渐明朗了起来。

但是，割掉皇家马德里高贵的“头皮”并不足以避免多重危机在巴塞罗那球队内部的爆发。1961年1月，主教练吕比萨·布罗西奇被炒，他的助手恩里克·奥里绍拉接任主教练一职；接着，俱乐部主席弗朗西斯科·米罗·桑斯突然宣布辞职；两个月后，就在1/4决赛与捷克冠军克拉洛韦的比赛前，又传出了球队的灵魂人物路易斯·苏亚雷斯，下个赛季将要加盟意大利国际米兰队的“噩耗”。

幸好，总能保持镇静的巴塞罗那没有被这些不利的消息所击垮，在神奇助教奥里绍拉的带领下，他们最终打进了决赛。半决赛对阵德国冠军汉堡尤其惊心动魄：在第二回合比赛中，在1954年世界杯上表现抢眼的匈牙利名将柯奇士在球队0:2落后的情况下，在比赛最后一分钟打进一球，将已经濒临出局的球队从悬崖边拉了回来——由于此前在诺坎普的第一回合交锋中以1:0获胜，因此柯奇士这个进球为他们扳平了总比分，赢得了一个附加赛的机会。晋级附加赛被安排在了比利时首都布鲁塞尔举

巴塞罗那门将拉马列来（黑衣击球者）虽然在防守中拼尽全力，但是他的两次致命失误还是葬送了全队的努力。

行，依靠巴西中锋埃瓦里斯托在上半场临近结束时一个金子般的进球，巴萨最终淘汰对手，昂首阔步挺进决赛。

愚蠢的安东尼奥

最艰苦的比赛似乎全都过去了，士气如虹的巴萨将要在伯尔尼的决赛中面对此前并不那么显眼的葡萄牙冠军本菲卡。相比西班牙人的关关遇险，葡萄牙人的晋级之路则要轻松许多：他们先后以2:1和3:0淘汰了苏格兰哈茨队，以6:2和1:2淘汰了匈牙利多扎队，又以3:1和4:1横扫来自丹麦的奥尔胡斯队，进入半决赛，他们又以3:0和1:1让奥地利冠军维也纳快速队止步于四强。

当时本菲卡队的主教练是一名流亡海外的匈牙利人，他在欧洲许多国家都曾有过执教经历，甚至在南美洲的巴西赛场上，也留下过他教鞭挥舞的印记。他就是贝拉·古特曼，在里斯本，人们总是亲切地称呼他那个绰号——“巫师”。

决赛开始了，柯奇士再次来到了7年前他代表匈牙利国家队在世界杯决赛中痛失雷米特金杯的地方——瑞士首都伯尔尼旺克杜尔夫球场！7年前对前联邦德国那场比赛，最后获得世界杯金靴的柯奇士（11球）没有进球，但这次，柯奇士却一雪前耻，率先为巴塞罗那取得了领先。

不过在这场决赛中，表现最“突出”的巴萨球员并不是柯奇士，而是他的守门员队友——西班牙国门安东尼奥·拉马列特斯。但是“突出”这个词，用在他身上可不是什么好事，不但因为当时本菲卡的进攻比巴萨更有威胁，而且还因为拉马列特斯吸引观众眼球的方式，是一系列愚蠢的失误。比赛第31分钟，阿瓜斯一次看似没什么威胁的射门为本菲卡扳平了比分；1分钟后，拉马特列斯再次犯下低级失误，竟然将对方边锋桑塔纳的传中球打进了自家大门，为葡萄牙人送上乌龙大礼；这还不算完，在下半场，由于伯尔尼的落日非常刺眼，拉马特列斯竟然让本菲卡内锋科卢纳距离球门40米开外的远射直接钻进了他身后的大门……此时比分变成了3:1，留给西班牙人挽回比分的时间，只剩下了35分钟。

门柱帮助本菲卡

加泰罗尼亚人必须抓紧每一分钟来改变自己的命运，他们果断地大举压上投入进攻。在伯尔尼夕阳的余晖下，巴塞罗那的进攻球员们

围着本菲卡的大门展开了疯狂的猛攻，并由当年同样在这里参加过世界杯决赛的匈牙利射手齐博尔在比赛还有15分钟结束时扳回一球。然而，当时还没有安排“黑豹”尤西比奥出场的葡萄牙冠军队，以顽强的防守捍卫了他们的胜利果实，而门将科斯塔·佩雷拉的状态更是出奇神勇，更让巴萨球员恼火的是，当佩雷拉对他们的射门鞭长莫及、无能为力的时候，伯尔尼球场的门柱又站出来碍事：比赛最后10分钟，巴萨先后三次射门都被门柱挡出。

最终，一场类似攻防演练的比赛宣告结束，本菲卡成为继皇家马德里之后，历史上第二支捧起冠军杯的球队。面对这座充满诅咒的球场，两个32岁的匈牙利男人——柯奇士和齐博尔又一次向命运低下了头。当然，巴塞罗那一年来的表现也足够赢得赞誉和掌声：不但因为他们制造了一场惊心动魄的决赛，也因为他们终结了皇家马德里对冠军杯的垄断。但是为了这座至高无上的冠军奖杯，他们不得不再等上30年（1992年，巴塞罗那才获得俱乐部历史上第一座欧洲冠军杯）。而此时，更少有人能够预见到的是：巴塞罗那并不是被一支仅仅靠运气才能取胜的欧洲球队击败。很快，人们又谈起了本菲卡的名字……

锋线上的优秀球员是本菲卡进攻的源泉，而后卫线上以安杰洛（门线上挡球者）为首的钢铁战士，则捍卫了胜利的果实。

L'EQUIPE
GIRO.- Face à une vaste offensive italienne
SEPROSY
Le règne espagnol en Coupe d'Europe interrompu
JACQUES ANQUETIL doit concéder trois minutes
A MASSIGNAN ET PAMBIANCO mais conserve le maillot rose
DAUPHINÉ: ROBINSON SUCCÈDE A WOLFSHOHL...
BENFICA (VITESSE, CONDITION, RÉUSSITE) DONNE AU PORTUGAL SON JOUR DE GLOIRE (3-2)
LYON VIRTUELLEMENT SAUVÉ: IL A BATTU LE STADE (2-1)
JACK SOLOMONS ANNONCE: Revanche Gallwell-Halimi le 21 octobre à Londres

原声

■《队报》特派记者：让-菲利普·雷塔克尔

1961 年 6 月 1 日

巴塞罗那终究还是没能从战无不胜的皇家马德里手中，延续西班牙球队对冠军杯的垄断！去年经历了一场有史以来最精彩的决赛后，我们再次见证了一场惊心动魄的对决。

本菲卡昨晚的胜利有点神奇得像童话一般，因为巴塞罗那的表现，更像胜利者。终场哨音吹响，两千名本菲卡支持者冲上草坪，维持秩序的瑞士警察很快被他们平常没见过的景象所淹没。葡萄牙球迷把他们心目中的英雄们拥在中间，并扒掉了他们的球衣，他们甚至涌进了球队的休息室，宣泄着他们的狂喜之情，而此时的体育场里，高音喇叭在播放着一首美妙的桑巴音乐。对于我，一个亲历过 1958 年世界杯冠军巴西凯旋回到里约热内卢的记者来说，这种感觉实在太熟悉了。从里约热内卢到里斯本，仅仅是一个大西洋隔开了两种不同的地域文化。但出于对足球的热情，球迷在享受胜利时的狂热是那么如出一辙，这都体现了葡萄牙足球和巴西足球风格特点和本质的融会贯通。

全景

争议纷纷的裁判

在1/8决赛中，皇马与巴塞罗那这对西班牙国内的生死冤家，又在欧洲赛场上狭路相逢。但是两回合比赛过后，两位主裁判却成了主角。当时，亚瑟·埃利斯和雷吉纳尔德·莱费被视为当时欧洲赛事最优秀的裁判之一。两人此前也曾在欧洲赛事中分别执法过皇马参加的比赛，并没有引发任何争议。不过这一次，两个人却不约而同地在两回合比赛中都或多或少地偏袒了巴塞罗那，让"冠军杯五冠王"首次在这项赛事中品尝了被淘汰的滋味。双方的两回合比赛通过欧洲电视网进行了转播，欧洲媒体都在称赞比赛水平很高的同时，一致批评了主裁判的错误判罚，让皇马受到了极其不公平的伤害。

埃利斯"怠慢"助理裁判

巴塞罗那和皇马的首回合比赛在伯纳乌球场上演。比赛结束前2分钟，皇马2:1领先。这时，客队巴西前锋埃瓦里斯托直传，助理裁判举旗示意巴萨前锋柯奇士越位，但匈牙利人继续带球突破，并在禁区线上被皇马后卫维森特推倒。主裁埃利斯并未理会助理裁判的判罚，而是将手指向了点球点。苏亚雷斯一鼓作气，将比分扳成2:2，巴塞罗那在客场侥幸避免落败。

莱费取消四个进球

次回合比赛对皇马来说同样苦不堪言。在巴萨主场诺坎普，当值主裁判莱费居然先后四次判罚皇马的进球无效！最终，主队前锋埃瓦里斯托（上图）漂亮的鱼跃冲顶让皇马在本届冠军杯中的征程就此止步。

比利时福地

当赛季巴塞罗那晋级决赛的过程异常艰辛。与汉堡的两回合比赛结束后，巴萨惊险地与对方战成2:2平。为此双方不得不在两周之后来到比利时的布鲁塞尔进行重赛，凭借埃瓦里斯托的制胜进球，巴萨得以1:0击败对手，杀进决赛。赛后更是有西班牙媒体用"感谢比利时"为题，报道这张决赛门票的来之不易。

"火爆"奥地利

半决赛第一回合比赛中，本菲卡主场3:0轻取维也纳快速，这让他们可以在第二回合的客场比赛中从容出战。但在维也纳，本菲卡的对手们踢得相当粗野，而现场球迷也将球场渲染成了"人间地狱"。在本菲卡前锋阿瓜斯利用反击先声夺人后，快速队球员开始情绪失控，由于当值主裁莱费（又是此人）控制不力，奥地利球迷竟然闯进了球场。经过警察的制止后，比赛继续进行，斯科契克也在比赛重新开始后马上为主队将比分扳平。但奥地利球迷的愤怒的情绪并没有因为比分的扳平而减弱，终场前2分钟，比赛再次因为球迷闹事而被迫终止。最终，欧足联判罚这场比赛为本菲卡3:0获胜，并严惩了快速队的一些闹事球迷。

失望与悲伤

比赛结束后，巴塞罗那的队员在球场上陷入深思，他们怎么也不明白，自己怎么会败下阵来。整场比赛中，巴塞罗那各方面发挥都要强过本菲卡，但幸运女神却没有站在他们身边，而且太多的错误，也将球队绊倒在了走上冠军领奖台的路上。

射手榜

1	阿瓜斯（本菲卡）	11 球
2	何塞·奥古斯托（本菲卡）	6 球
3	埃瓦里斯托（巴塞罗那）	5 球
	桑塔纳（本菲卡）	5 球
	乌韦·席勒（汉堡）	5 球

夏日记事

■新星出现

1960 年 12 月，一位名叫尤西比奥的 18 岁小伙子从莫桑比克来到里斯本。当时，他被葡萄牙的三大俱乐部（里斯本竞技、本菲卡和波尔图）所追逐。最终，尤西比奥选择了本菲卡。不过为了首次出场，尤西比奥一直等到了 1961 年 5 月 23 日：因为此前里斯本竞技一直表示自己有优先购买尤西比奥的权利。不过在尤西比奥的处子秀过后一周，本菲卡便在没有他的情况下赢得了俱乐部历史上的第一座冠军杯奖杯。尤西比奥的名字，也从开始就伴随着新科欧洲冠军一道响彻全世界。

■转会纪录！

在巴塞罗那球迷看来，大将苏亚雷斯转投国际米兰并不是什么意外的事情。这位球员早就通过杰出的表现，引起了欧洲其他豪门的注意。1961 年夏天，时任国际米兰主帅、曾执教过巴萨的“魔术师”埃雷拉终于说服老莫拉蒂，签下了这位来自西班牙加利西亚的球员。国际米兰为了完成这笔转会，向巴塞罗那支付了 2500 万比塞塔（西班牙货币），这一数字创造了当时欧洲足坛的转会费纪录。而苏亚雷斯日后在蓝黑军团的表现，也证明了老莫拉蒂这笔钱花得相当明智。

■中北美足协成立

1961 年夏天，中北美及加勒比地区足球联合会成立，总部设在了危地马拉首都。

1961/1962 >>

阿姆斯特丹奥林匹克体育场的本菲卡休息室内，主帅古特曼（中）与两颗“莫桑比克珍珠”——尤西比奥（左）和科卢纳分享着金杯所带来的胜利喜悦。

1961/ 1962 本菲卡征服欧洲霸主

葡萄牙的卫冕冠军捍卫了他们的荣誉，同时也证明了自己的价值。在一次尤西比奥和普斯卡什的对决、一场激烈的对攻进球大战过后，本菲卡以 5:3 征服了“强大”的皇家马德里。

输掉决赛之后，迪斯蒂法诺神情恍惚地走下球场，他身后的球迷和记者们，则纷纷奔向了胜利者一方。

在1961/1962赛季之初，没有多少人会相信本菲卡可以重复他们在之前那个赛季的神话—因为这个新科欧洲冠军杯获得者，在欧洲与美洲俱乐部对决的洲际杯中，输给了乌拉圭劲旅佩纳罗尔。

然而，冠军杯和洲际杯毕竟是两码事，铩羽而归的葡萄牙人，又一次通过不懈的努力开辟了一条重返洲际杯的道路。然而对于本菲卡此番的决赛对手皇家马德里来说，上赛季在第二轮就被死敌巴塞罗那淘汰，并没有让他们的王朝提前结束，这支皇马阵中还有迪斯蒂法诺、普斯卡什以及亨托，他们都是五次冠军得主的领军人物。

决赛

1962.5.2-阿姆斯特丹奥林匹克球场　　主裁判:霍恩(荷兰)

5 : 3

本菲卡 (325)			皇马 (325)
科斯塔·佩雷拉	门将	门将	阿拉基斯塔因
若昂	后卫	后卫	卡萨多
热尔马诺			圣马里亚
安杰洛			米耶拉
卡文	中场	中场	费洛
克鲁斯			帕钦
奥古斯托	前锋	前锋	特哈达
尤西比奥			德尔索尔
阿瓜斯			迪斯蒂法诺
科卢纳			普斯卡什
西蒙斯			亨托

进球

本菲卡	比分	皇马
	0:1	普斯卡什 18'
	0:2	普斯卡什 23'
25' 阿瓜斯	1:2	
33' 卡文	2:2	
	2:3	普斯卡什 39'
50' 科卢纳	3:3	
64' 尤西比奥（点）	4:3	
69' 尤西比奥	5:3	

皇马首次主场输球

打进决赛之前，两支球队的晋级道路都比较轻松，但一些略显艰苦的遭遇战同样必不可少；半决赛中，本菲卡与英格兰冠军托特纳姆热刺的对决堪称遭遇战（主场3:1，客场1:2），而皇马在1/4决赛中遇到了意大利冠军尤文图斯，以及刚刚荣膺金球奖的阿根廷籍意大利球星西沃里！

第一回合在都灵阿尔卑球场举行，皇马凭借迪斯蒂法诺的进球以1:0力克老妇人；然而第二回合，意大利人也取得了相同比分的胜利，进球的正是西沃里—这个可以用乒乓球过人的“魔鬼前锋”，使皇家马德里遭受到了他们自1955年征战欧洲冠军杯以来历史上首次主场失利。总比分1:1，两周之后，双方走上了巴黎王子公园的加赛场。终究还是整体实力占优的西班牙人笑到最后，皇马凭借丰富的经验以3:1取胜。

1962年5月2日，荷兰阿姆斯特丹奥林匹克体育场迎来了又一场伟大的伊比利亚德比决赛。皇马主帅穆尼奥斯把已经35岁、明显发福的普斯卡什顶在最前面，让迪斯蒂法诺在他身后游弋策应，再辅以亨托的边路传中与突破。这样做的原因是皇家马德里对葡萄牙人的速度和力量优势很头疼，只能选择把他们吸引出来，并寻求突然的快速反击来与对手抗衡。

事实证明，这样的迂回战术相当奏效。“潘乔”（西班牙球迷对普斯卡什的昵称）在第18分钟正是利用一次反击为西班牙人首开纪录，5分钟后，他又在对方球门20米外起脚远射，足球准确钻进了佩雷拉把守的大门—比赛刚刚开始23分钟，皇家马德里已经两球领先！此时依靠着充满经验的防守队员，他们似乎已

尤西比奥（射门者）在半决赛客场对热刺的比赛中拼尽全力却没有取得进球（当场本菲卡 1:2 负），但在后来的决赛中，尤西比奥梅开二度，居功至伟。

经熬过了最艰难的时刻，西班牙人仿佛看到，阿姆斯特丹上空的胜利女神正对他们微笑……

两个“点球”决定结果

遗憾的是，女神对皇马的微笑到此为止了，因为本菲卡已经变得近乎疯狂，他们希望马上收复开场不久就丢掉的地盘。第25分钟，西蒙斯的射门打在立柱上弹出，但是皇马球迷揪起的心还没放下，便马上落入谷底——中锋阿瓜斯快速跟上，将弹到脚下的足球补射入网。紧接着，本菲卡扳平了比分。第33分钟，在前一年的决赛中曾出任球队左内锋的前卫卡文，在距离球门25米开外突施冷箭，皇马的巴斯克门将阿拉基斯塔因鞭长莫及……2:2，场面重新恢复均衡。

然而普斯卡什这一晚状态正佳，“少校”没有为对方扳平比分而消沉。第38分钟，他接到迪斯蒂法诺的传球后，在距离球门20米处起左脚射门，足球从本菲卡门将佩雷拉头顶飞入网窝，对于这记重炮轰门，佩雷拉甚至毫无反应。伟大的匈牙利人！拜他所赐，皇马可以带着一个球的领先优势回到休息室。

中场休息时，大多数行家都认为本菲卡将要为他们糟糕的防守付出代价了，因为普斯卡什今晚实在太过出色。但是，他们未免太不了解本菲卡了，这支卫冕冠军队从来不会受到外界声音的影响。下半场刚刚开始6分钟，本菲卡马上用一个漂亮的进球扳平了比分，科卢纳25米外破门，让人们见识了他的远射功力。

然后，一颗黑珍珠开始闪耀了。尤西比奥，这个20岁的壮小伙在一年前的夏天从莫桑比克来到里斯本，无论是年龄还是竞技状态都处于最佳时期。上半场皇家马德里的防守队员已经把看防尤西比奥的工作做得尽善尽美，但是“黑豹”却在下半场利用两次定位球将对方置于死地。第65分钟，尤西比奥快速突入禁区后被绊倒，他亲自主罚点球命中；3分钟之后，他又罚出一记势大力沉的任意球，为球队锁定胜局。

其实尤西比奥第一个进球后不久，皇马获得了扳平比分的机会，但迪斯蒂法诺在一次快速反击中倒在对方禁区内的痛苦场面，被当值荷兰主裁霍恩置若罔闻。更令皇马感到愤怒的是，赛后根据电视慢镜头回放显示，先前尤西比奥获得的点球其实并不存在。

但本菲卡队成功加冕也不应该受到质疑，他们已经用充满活力的进攻和逆境中的顽强证明了自己的价值。随后古特曼接受了葡萄牙总统的接见和授勋后远走乌拉圭，智利人列拉成了本菲卡新的领航员……

尤西比奥，莫桑比克珍珠

尤西比奥出生在当时还是葡萄牙殖民地的莫桑比克首都洛伦索·马奎斯（以当时殖民者名字命名，现在叫做马普托）。19岁时，他的名声还仅限于当地几个破旧街区，但是一个定居在此的前葡萄牙国脚巴普蒂斯塔改变了尤西比奥的命运：他将这个天才少年带到了葡萄牙。

初来葡萄牙的日子里，尤西比奥只能栖身在一个小渔村，因为围绕着这个天才的所有权，两大豪门里斯本竞技和本菲卡展开了一场激烈的争夺战。最终，尤西比奥与未来欧洲冠军本菲卡签约，几周后在队中得到了一席之地。

尤西比奥拥有出色的速度、力量以及射门能力，很快，人们就把他拿来与贝利比较。尤西比奥比贝利更高大、更结实。尤西比奥属于那种能够决定比赛胜负的射手，和盖德·穆勒或卡洛斯·比安奇属于同一类型。他们都是传统意义上的终结者，唯一任务就是把队友的最后一传送进对方球门。

单纯朴实、平易近人的尤西比奥在1962年帮助本菲卡击败皇马，赢得了个人第一座欧洲冠军杯，也是最后一座——随后三次闯进决赛，他都与冠军杯擦肩而过。

也许温文尔雅的尤西比奥永远成不了领袖，不过作为一个宣扬体育道德的楷模，尤西比奥配得上光明球场前那座雕塑。他也理所应当地被认为是贝利那个年代最优秀的球员之一。

Eusebio

GRACZYK sprinte avec panache et bat DEFILIPPIS ET... STABLINSKI

L'EQUIPE

Elliott reste leader de la Vuelta et Altig maillot vert

2-0, 3-2, 3-5 : Amsterdam marque la fin du grand Real

BENFICA CONSERVE SA COUPE D'EUROPE

après une deuxième mi-temps de grande classe internationale

LES 4 M. 48 DE BALASTRE

LA RÉVOLUTION DE LA PERCHE

原声

■《队报》特派记者雅克·费朗

1962 年 5 月 3 日

在阿姆斯特丹奥林匹克球场和荷兰特有的寒冷夜色中，7 万多名球迷见证了一个伟大时代的结束。从欧洲冠军杯创立以来，皇家马德里不得不第一次以一种无可争辩的方式，向一场比赛和一支伟大的球队低头。

皇马右后卫卡萨多不幸受伤是一个输球的理由——受伤的卡萨多让球队的防守体系方寸大乱，他本人也在与葡萄牙前锋的身体对抗中处于下风；另外，阿姆斯特丹奥林匹克球场昏暗的灯光照明，也与一场欧洲冠军杯决赛不相匹配。但是这种球场亮度，对双方球员来说，也应该是公平的。

西班牙人在比赛最后阶段放弃了努力，接受了失败的命运，这一切，已经从迪斯蒂法诺表现出来的屈从态度上得到了证明。昨晚，人们一方面看到了一支王师的没落，他们需要全面换血；另一方面，也看到了一支充满活力、生机和希望的球队——尤文图斯在巴黎王子公园球场差点做到的事情，被本菲卡做到了。

全景

匈牙利的电视转播

第一轮淘汰赛（1/16决赛）首回合较量，皇马客场对垒匈牙利冠军沃绍什，匈牙利方面通过卫星向西班牙进行比赛转播，这也是皇马第一场从境外进行转播的冠军杯比赛。但是由于在转播中要搭售广告，因此当时的西班牙政府并不允许这种转播模式在本土使用。

建筑师马索普斯特

在职业生涯起步阶段，马索普斯特在场上位置是前锋，但在俱乐部布拉格杜克拉，他开始转行踢起了组织中场。位置的后退，并未埋没马索普斯特的足球才华。凭借出色的技术、杰出的智慧和超于常人的冷静，马索普斯特在当赛季的冠军杯中帮助球队杀进8强（1/4决赛中被热刺淘汰），他本人也在1962年年底捧起了象征欧洲足球最高个人荣誉的“金球奖”。

巨大的差距

20世纪60年代初期，丹麦的职业联赛还没有规范化、系统化，国内俱乐部基本都是由业余球员组成，稍有名气的球员，都选择前往意大利或德国淘金。1/8决赛，丹麦代表欧登塞遭遇皇马，第二回合，丹麦球队被打了个0:9，这也让皇马取得了他们冠军杯历史上的最大赢球比分。值得一提的是，欧登塞在淘汰赛第一轮淘汰了职业化程度更加原始的卢森堡球队斯波拉，当时的总比分是15:2！

泥泞的白鹿巷

在1/4决赛对布拉格杜克拉的客场比赛中，托特纳姆热刺0:1小负。为了能在第二回合主场比赛中翻盘，英格兰人充分利用了“地利”，将本来平整的场地弄得非常泥泞，这样一来，技术细腻的捷克斯洛伐克人就不能展示他们的全部能力。最终比赛结果让英国人的“鬼点子”得逞：尽管杜克拉队率先进球，但在热刺球员更适应的泥泞场地上，杜克拉的技术优势被糟糕的草皮状况完全限制。最终，热刺如愿晋级。随后半决赛对本菲卡，热刺故伎重施，但“遗憾”的是，葡萄牙冠军的实力终究在英格兰人之上，热刺没能再次如愿。

裁判换衣

皇马对尤文图斯的1/4决赛第二回合，尤文球员们身着一套黑色队服出现在了伯纳乌，这样的装束，让他们极易与司为黑衣出场的主裁判混在一起。但一开始，居然没人对此提出抗议，直到比赛进行15分钟后，迪斯蒂法诺才要求当值主裁、法国人吉格更换裁判服。由于一时找不到备选服装，工作人员拿来的一件偏紫色、胸前印有皇马队徽的备用球衣给吉格穿上。而中场休息之后，吉格才换好真正的“备用裁判服”，重新登场执法。

低调的第二冠

尽管本菲卡是名副其实的卫冕冠军，但是在决赛对阵皇马之前，全队非常低调，无论是俱乐部官员、教练抑或球员，在接受采访时都表示自己“是以冠军争夺者的姿态来到阿姆斯特丹的”。比赛结果回报了诚恳平实的葡萄牙人，他们令人信服地再次登上欧洲之巅。

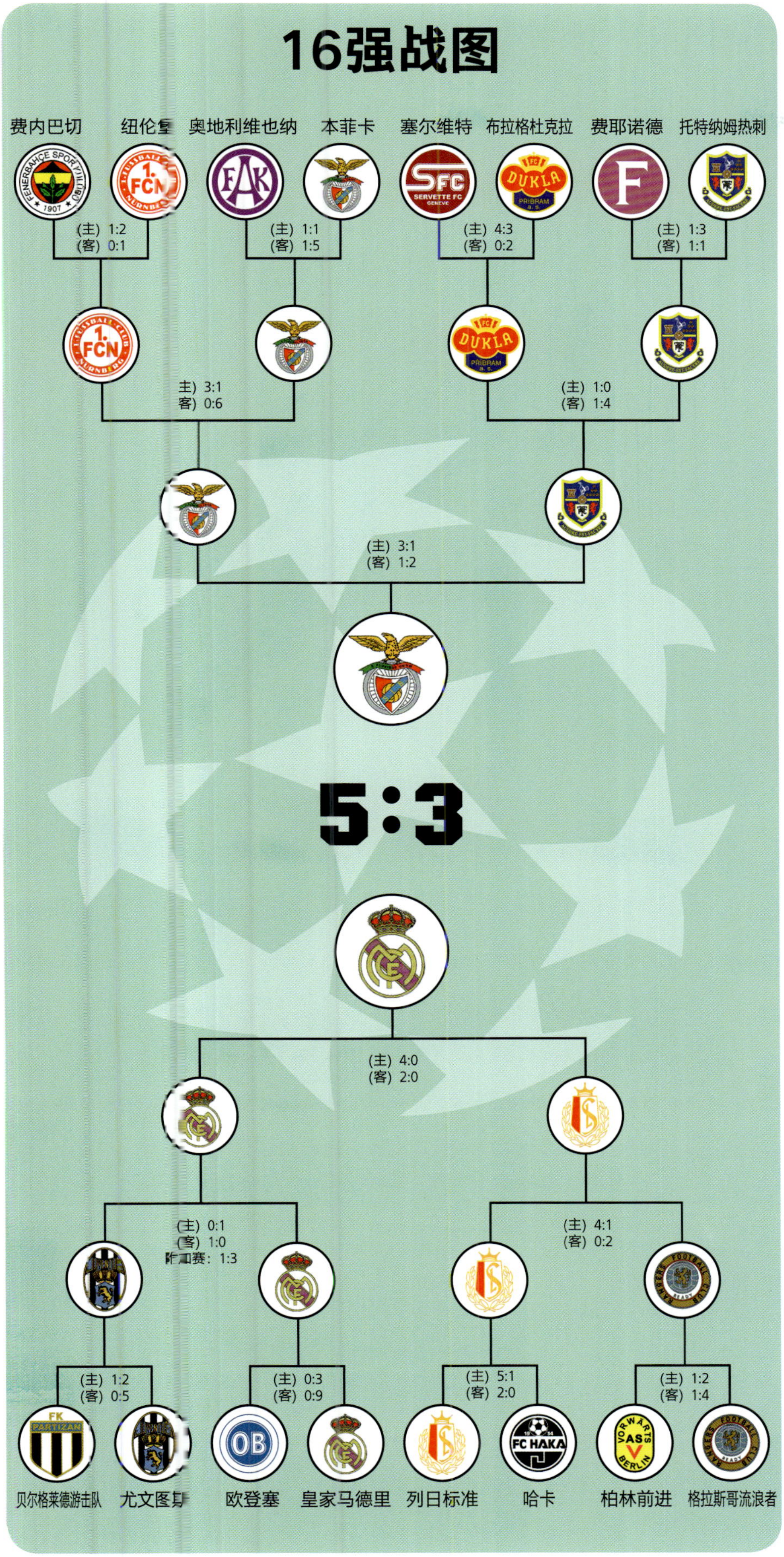

射手榜

1	普斯卡什（皇马）	7球
	迪斯蒂法诺（皇马）	7球
	特哈达（皇马）	7球
	洛夫奎斯特（欧登塞）	7球
	斯特雷尔（纽伦堡）	7球
6	博比·史密斯（热刺）	6球
	克拉埃森（列日标准）	6球
	阿瓜斯（本菲卡）	6球
9	尤西比奥（本菲卡）	5球
	库切拉（布拉格杜克拉）	5球

夏日记事

▲巴西卫冕世界杯

继4年前在瑞典第一次获得世界杯之后，“桑巴军团”巴西在回到美洲大陆的智利世界杯上，再次举起雷米特金杯，成为继意大利之后又一支卫冕世界杯的球队。但遗憾的是，“球王”贝利受伤——他在首场比赛对阵墨西哥时就被对手踢伤，第二场对捷克斯洛伐克再次受伤，结束了世界杯。不过在“小鸟”加林查的带领下，巴西人还是一路杀进决赛，并以3:1完胜捷克斯洛伐克，成功卫冕。

▲足球战术新趋向

在智利世界杯中，萌现出了一种足球战术的新趋向：功利打法。这一战术理念包括坚决死守、战术犯规以及靠暴力踢法限制对手。由于当时的足球规则并不完善，仅靠裁判的约束，完全不能挽救这一现象对技术流球队的冲击。从那时开始，“功利主义”开始在那些原本讲究进攻和艺术创造足球的教练头脑中植根滋长，一些原本崇尚技术的球队，也被迫改成了“耍赖踢法”。

▲“三剑客”两人降世

1962年9月1日，“辩帅”古力特在阿姆斯特丹一个苏里南移民家中诞生，日后司职中场的他也成了荷兰国家队的旗帜性人物。29天之后，日后与古力特、范巴斯滕并称为“荷兰三剑客”的里杰卡尔德也在阿姆斯特丹出生。

1962/1963 >>

在伟大的温布利大球场，AC 米兰队长切萨雷·马尔蒂尼高举胜利金杯。

1962/ 1963 米兰为意大利扬名

连续第三次闯进决赛后，本菲卡这一次终于倒在了意大利巨人 AC 米兰面前。崇尚实用主义的意大利人，用一座金杯预示了链式阵型日后的成功。

在“主场作战”的英格兰主裁判霍兰注视下，两位队长切萨雷·马尔蒂尼（左）和科卢纳赛前交换队旗。

本赛季的欧洲冠军杯似乎是创立8年以来冷门最多的一年。刚刚进入淘汰赛第一轮，就爆出了一个大冷门：皇马出局了！

比利时冠军安德莱赫特仅仅是第四次参加冠军杯，从来没有通过淘汰赛首轮，但他们采用了名噪一时的造越位战术。“五冠王”皇马为傲慢付出了代价，主场被对手逼成3:3，两周后到比利时再战，又被对方的防守战术好好上了一课，终场前5分钟，安德莱赫特前锋朱利翁的反击进球，让巨人彻底休息。

首轮回家的皇马，在沮丧的路上不缺少同伴。前些年与他们两次会师决赛的老对手、法国冠军兰斯队，也是在进入四分之一决赛后（当时兰斯直接进入16强），就被当时根本算不上欧洲一流强队的荷兰冠军费耶诺德以总比分2:1淘汰。

罗科屠戮欧洲

与皇马和兰斯们早早出局正好相反，不论是日后打进温布利决赛的本菲卡，还是最后获得冠军的AC米兰，他们的晋级之路都没有遇到太多阻碍，因此一直到决赛之前，两队都没有机会显示出全部实力。因此，与其说这是一届冷门冠军杯，还不如说是一个只有决赛才精彩的冠军大聚会。

从第一轮淘汰赛总比分14:0血洗鱼腩卢森堡联队之后，之前三次参加冠军杯（由于尤文图斯的强大，AC米兰曾连续两年无缘冠军杯）的AC米兰就展示出了强大的进攻能力，让人重新认识了意大利人的足球风格。吸引全欧洲球迷注意的还有他们的王牌射手——阿尔塔菲尼。这个巴西人先是在国家队中让人们认识到了自己的价值，1958年世界杯的第一场比赛，阿尔塔菲尼独进两球，帮助巴西3:0击败奥地利，但此后的比赛，他的位置就被一个叫贝利的17岁天才取代了。随后，阿尔塔菲尼来到意大利寻根认祖、坦言扎根。

在首场8:0血洗卢森堡联的比赛中，阿尔塔菲尼独进5球，第二回合又上演帽子戏法，

决赛

1963年5月22日，伦敦温布利球场　　主裁判:霍兰(英格兰)

2：1

AC米兰 (424)			本菲卡 (325)
盖齐	门将	门将	科斯塔·佩雷拉
戴维	后卫	后卫	卡文
切萨雷·马尔蒂尼			克鲁斯
贝尼特斯			劳尔
特雷比		中场	温贝托
迪诺·萨尼	中场		科卢纳
特拉帕托尼		前锋	奥古斯托
皮瓦泰利	前锋		桑塔纳
阿尔塔菲尼			J. 托雷斯
里维拉			尤西比奥
莫拉			西蒙斯

进球

	0:1	尤西比奥 19'
58' 阿尔塔菲尼	1:1	
69' 阿尔塔菲尼	2:1	

差点成为淘汰赛第一轮的唯一焦点！为什么要说差点呢？因为伊普斯维奇的英格兰国脚前锋雷·克劳福德在第一轮对马耳他冠军弗洛里亚纳的两回合比赛中打进7球，第二回合也是独进5球。

巧合的是，进入淘汰赛第二轮，这两个超级射手所在的球队提前相遇，那场较量也是AC米兰晋级之路中最艰难的一关。虽然两回合的射手之争，克劳福德以“1:0”击败阿尔塔菲尼，但最终却是意大利人两回合4:2取胜。当时替阿尔塔菲尼完成进球任务的，是后来代表意大利队参加了1966年世界杯的保罗·巴里森，他在两回合共进3球，成为球队晋级的首席功臣。

进入1/4决赛，米兰人兵不血刃地以3:1和5:0轻取土耳其加拉塔萨雷，接着又在半决赛中以5:1和0:1击败苏格兰邓迪队。米兰人主场尤其凶悍，进入决赛前的4个主场，总共打进21球，仅失1球。

尽管米兰决赛对手本菲卡已蝉联欧冠冠

在里维拉（远处）的关注下，米兰后卫特拉帕托尼将对方前锋尤西比奥牢牢盯住。

军，但是此时AC米兰已经被更多人所看好。不但因为红黑军团兵多将广，还因为他们有一个伟大的主教练。除了之前提到的阿尔塔菲尼，还有年轻的前场灵魂贾尼·里维拉，他在意大利足坛是个帅气与能力兼具的偶像级球员；由自由人切萨雷·马尔蒂尼（保罗·马尔蒂尼的父亲）、强壮后卫特拉帕托尼（后来成为金牌教练）和神勇门将乔治·盖齐组成的后防线滴水不漏。

当时执掌米兰帅印的是帕隆·内雷奥·罗科，一个性情暴烈，但是狡猾得像猴子一样的战术大师。人们送给他一个绰号——“的里雅斯特屠夫”，他起初的职业就是切肉的屠夫，作为一名边锋的球员生涯也没有给人留下什么印象。

说着一口浓重意大利东北方言的罗科是意大利赛场第一个使用433阵型的教练，这样一个攻守平衡的阵型在后来被许多战术家加工修改，变成当时意大利足球的主流战术。无论是面对强手还是弱旅，罗科都喜欢在核心球员里维拉和锋线尖刀阿尔塔菲尼身后重兵布防，以此来保持球队的战术平衡。

从后面铲翻科卢纳……

相比意大利人的强势，之前两届欧洲冠军杯得主、卫冕冠军本菲卡队则在那个赛季遭遇了一些困难。他们刚刚在洲际杯上铩羽而归，先是在客场以2:3惜败于球王贝利领军的巴西桑托斯队，回到主场光明球场后，他们居然又以2:5大比分惨败。

由于是卫冕冠军，因此本菲卡不用打资格赛，直接进入了第一轮淘汰赛。不过首场比赛，他们就在客场被名不见经传的芬兰冠军北雪平队1:1逼平；回到主场，如果不是强力前锋阿瓜斯开场不到一分钟就“意外进球”，卫冕冠军甚至要经历一场苦战。随后的1/4决赛和半决赛，他们也都是以微弱优势淘汰了捷克斯

洛伐克的布拉格杜克拉和荷兰冠军费耶诺德，卫冕冠军波澜不惊地闯入了决赛。

本菲卡慢热起跑，与他们赛季之前刚刚更换了主教练不无关系。功勋教练古特曼的位子，被智利人费尔南多·列拉所取代，列拉曾在1962年夏天带领智利队在本土获得了世界杯季军。但是在AC米兰的决赛中，葡萄牙球队选择了先发制人，为他们取得优势的，必然是之前两季的夺冠功臣尤西比奥—温布利决战的开场哨吹响后第19分钟，“黑豹”接到托雷斯从右边路的传球，施展独门秘籍，重炮轰门得分……冠军杯三连庄在向本菲卡招手。

这个失球，与米兰队中负责盯防“莫桑比克珍珠”的秘鲁后卫贝尼特斯注意力不集中有很大关系。因此在队长马尔蒂尼的建议下，主帅罗科决定在下半场一开始调整战术——他没有派人夹防尤西比奥，而是让盯人专家特拉帕托尼，重点看防对方的另一名前锋若泽·托雷斯，最大限度地控制托雷斯在边路的自由度。果然，米兰扭转了被动的局面，并由阿尔塔菲尼在第58分钟扳平。

本菲卡的厄运还没有结束，一记飞来横祸使卫冕冠军再次失机。本菲卡主力中场、和尤西比奥同样来自莫桑比克的马里奥·科卢纳，在一次断下米兰人的进攻后，被从后面追上来的皮瓦泰利野蛮地铲倒在地，而英格兰裁判霍兰却没有吹罚肇事者犯规。科卢纳受伤了，不能继续比赛，但他必须一瘸一拐地待在场上，因为当时的足球比赛不允许在比赛进行中更换替补球员，本菲卡队必须在剩下的时间内以10打11。

比赛进行到第70分钟，里维拉一记精妙的直传球准确地输送到了前锋阿尔塔菲尼脚下，尽管门将佩雷拉果断弃门出击，但于事无补，巴西前锋梅开二度，米兰人实现了逆转。现在，对意大利人来说，剩下的任务就是保持住这一个球的优势，而这正是意大利人所擅长的，特别是在场上人数占优势的情况下。

金光灿灿的冠军奖杯属于AC米兰了，本菲卡的欧冠统治时代宣告结束！后来，奖杯又在米兰城多停留了两年，尽管那不是红黑军团所期望的……

尽管本菲卡门将佩雷拉在决赛中表现出色，但他仍然无法阻挡米兰前锋阿尔塔菲尼(左一)打进第二球。

Le Major Thompson s'attaque à Bordeaux-Paris

L'EQUIPE

TROPHÉE RUSTINES

(Organisation L'EQUIPE)

DIMANCHE 26 MAI

Mont-de-Marsan (au complet) jouera le jeu, mais...

Heureux Parisiens ! Deux événements consécutifs à 500 m. de distance : Darmon-Santana... et la Coupe

MONACO INQUIET, LYON ENHARDI

Le doublé va-t-il échapper aux Monégasques et la Coupe prendre le chemin de Lyon ?

LA COUPE D'EUROPE DEVENUE MILANAISE

PLUS DE 4 M. 70 à la perche ? Possible avec Tork et Houvion

SIMPSON S'ENTRAINE : LES ANGLAIS N'ONT PAS GAGNÉ LE DERBY DEPUIS... 67 ANS

Sommation de l'U.V.I. aux marques et aux coureurs :

ABANDONNEZ LE GIRO

原声

■《队报》特派记者雅克·费朗

1963年5月23日

在伦敦，意大利俱乐部历史上第一次捧得了欧洲冠军杯，这也是这座《队报》提供的冠军奖杯第一次离开伊比利亚半岛。但是它还待在一个拉丁语系国家的土地上，米兰，成为继马德里和里斯本之后，第三个拥有这一欧洲足坛最高荣誉奖杯的城市。

刚刚使人们重新谈论的意大利足球，此时证明了它的雄心壮志，也使人们看到了它复苏的迹象。我们可以肯定的是，在下赛季，亚平宁半岛上新出现的意大利豪强，将会加入激烈的争冠行列中来。因为将有两支同城豪门——AC米兰和国际米兰，来参加欧洲足坛的顶级盛宴，担负起捍卫意大利足球荣誉的重任。

米兰人配得上这场胜利，本菲卡则相反，因为他们放弃了！葡萄牙人失去的是他们的威望。总的来说，这场决赛堪称伟大与经典，充满了现代足球所能带给我们的所有享受。温布利球场只有一半的上座率，这对于英格兰球迷来说是一种遗憾——他们没能好好利用这次冠军杯决赛的机会，去充分感受欧洲大陆足球和拉丁派足球的魅力。

全景

皇马早早出局

曾经的“五冠王”皇马在资格赛中便被比利时冠军安德莱赫特扫地出门。白衣军团在主场与安德莱赫特战成3:3平；虽然索科和亨托在前30分钟各进一球，为球队取得2:0领先，但对手上半场最后时刻连进两球扳平。下半场迪斯蒂法诺再次助皇马领先，但是斯托克曼在第80分钟又为客队将比分扳平。做客比利时，皇马依然全场强势。但久攻不下之后，反而被对手在最后时刻偷袭得手，0:1告负。

三个“3:1”

资格赛中还出现了“择日重赛”的好戏。瑞士冠军塞尔维特与荷兰的费耶诺德狭路相逢，两队在各自主场均以1:3落败。最终费耶诺德又在中立场地（德国的杜塞尔多夫）淘汰塞尔维特晋级分，又是巧合的“3:1”！值得一提的是，费耶诺德进入下一轮之后，对阵匈牙利劲旅沃绍什，再次通过两回合平局后的加赛晋级；第一回合1:1，第二回合2:2，4球中有3粒点球。按照规则，两队在中立场地（比利时安特卫普）加赛一场，费耶诺德凭借前锋本纳斯的进球，1:0幸运晋级。

首轮屠杀

AC米兰、伊普斯维奇、里斯本竞技、邓迪联队、奥地利维也纳和沃绍什都在资格赛首回合打出了5球以上的大比分，伊普斯维奇更是在主场10球大胜对手。米兰则是两回合12:0横扫卢森堡联队，且一球未失。

“地狱”哑火

1/4决赛中，AC米兰的土耳其之旅充满“惊喜”。当时AC米兰球员一下飞机，徘徊在伊斯坦布尔机场的加拉塔萨雷球迷就用投掷杂物的方式让意大利人受到“地狱一般的礼遇”。乌尔在第4分钟的进球曾让主场球迷陷入疯狂，但米兰人马上用三粒进球让“地狱”冷却下来。离开地狱，土耳其的“魔鬼”们变得无所作为，他们在米兰被意大利人0:5剃了光头，怅然出局。

鲜花和进球

加拉塔萨雷在1/8决赛首回合主场对阵波兰比托姆赛前，接受了客队球员友好赠送的礼物——鲜花。土耳其人也在比赛结束后向对方回赠了礼物，不过那是4粒进球，头号前锋梅廷上演了帽子戏法（一个点球）。

阿尔塔菲尼的进球纪录

AC米兰传奇射手阿尔塔菲尼在本届冠军杯中完成了一项纪录：从第一轮淘汰赛到最后夺冠，巴西人一共打入14粒球，一举成为当届最佳射手。而这一单赛季的进球纪录，直到2013/2014赛季才被皇马射手C罗打破（17球）。阿尔塔菲尼能够有此成就，与米兰强大的集体密不可分。当时为红黑军团效力的球员名字，至今仍如雷贯耳，如特拉帕托尼、老马尔蒂尼和里维拉。

在决赛中，阿尔塔菲尼包办了米兰两球，他在赛后忘情地亲吻了奖杯，“虽然先丢一球，但我们依然保持了全神贯注。多亏特拉帕托尼，是他领衔的后卫线盯死了尤西比奥，我们才有机会反超。”

16强战图

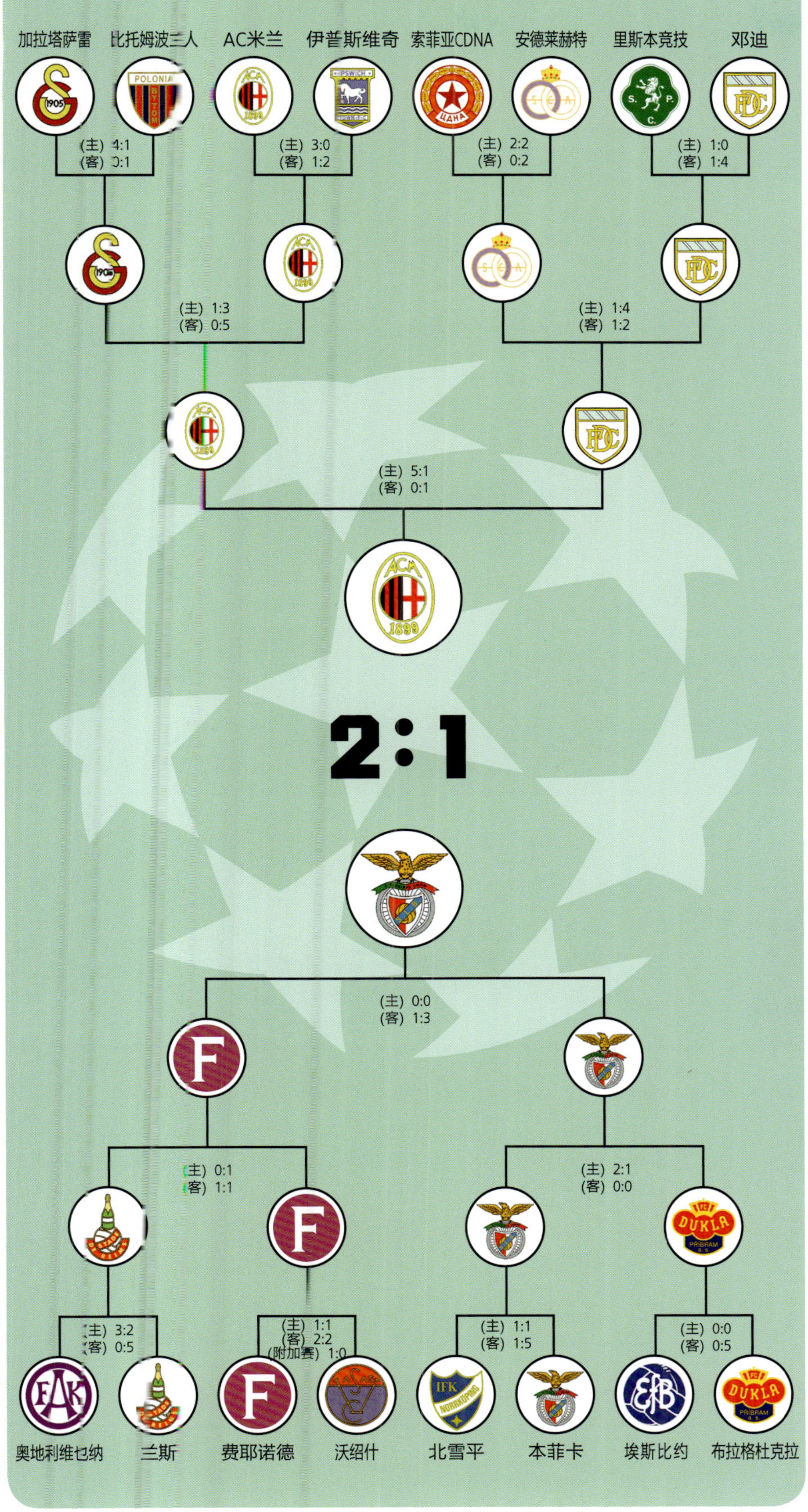

射手榜

1	阿尔塔菲尼（AC 米兰）	14 球
2	吉尔琴（邓迪）	9 球
3	克劳福德（伊普斯维奇）	8 球
4	巴里森（AC 米兰）	6 球
	尤西比奥（本菲卡）	6 球
	帕尔（沃绍什）	6 球
7	库赞（邓迪）	5 球
	克勒伊维尔（费耶诺德）	5 球
	梅廷（加拉塔萨雷）	5 球

夏日记事

■德甲开始

1963 年夏天，正规的德甲联赛诞生，之前的全国最高级别赛事——锦标赛从此成为历史。一年之后，实力强大的科隆队以领先第二名 6 分的优势获得了首个德甲冠军。

■巨星遭绑！

皇马传奇巨星迪斯蒂法诺在委内瑞拉的加拉加斯被一些不明身份的人绑架，幸运的是，他在三天后被安全释放。

■埃雷拉夺冠

1963 年夏天，埃莱尼奥·埃雷拉终于在国际米兰获得了他执教生涯的第一个意甲冠军。自从 1960 年来到意大利以后，“魔术师”倾尽全力打造了一支靠防守起家的王者之师，技术全面的皮基出任自由人，助攻能力超强的法切蒂在左路肆意活动，以及牢不可破的“链式防守”，成了国际米兰当赛季力压尤文图斯和 AC 米兰夺冠的关键因素。

■雅辛封神

苏联传奇门将雅辛，曾经创造百场比赛未失一球的雅辛，见证了东欧足球崛起的雅辛，终于在这一年获得了他职业生涯中最重要的个人奖项，“八爪鱼”力压获得欧洲冠军杯的意大利前锋里维拉，成为历史上第一个“金球门将”，直到今天也没有第二个门将获此殊荣。

1963/1964 >>

在这个属于意大利人的夜晚，手举冠军杯的国际米兰队长皮基举起奖杯，享受着鲜花和掌声的赞誉。

1963/1964 “大国际时代”开始

在埃莱尼奥·埃雷拉的精心调教下，国际米兰这部可怕的机器从他们的同城对手手中接过了欧洲冠军杯。具有纪念意义的是，他们在决赛中 3:1 击败了皇家马德里，终结了一代天皇巨星迪斯蒂法诺和普斯卡什最后的梦想。

作为球队第一次举起冠军杯的最大功臣，主帅埃雷拉（右）和主席老莫拉蒂（中）畅饮“金杯美酒”。

使国际米兰在1964年冠军杯中笑到最后的战术体系，与同城对手AC米兰一年前夺冠时的打法并没有本质上的不同，只不过法籍阿根廷教练埃雷拉把这种“链式防守阵型”升华到了一个前所未有、近乎完美的高度，也标志着足球战术史上出现了一个意义重大的转折点。

埃雷拉的魔术

埃雷拉是后卫出身，但职业生涯毫无名气，20世纪40年代后期退役，并在马德里竞技和巴塞罗那任教。1960年，国际米兰主席老莫拉蒂花费重金将其聘到意大利，这位号称“魔术师”的老人花了三年时间，耐心打造出一支能够纯熟运用防反战术的国际米兰。俱乐部高层听从了他的建议，重金挖来了埃雷拉执教巴塞罗那时的组织核心路易斯·苏亚雷斯，西班牙人出众的脚法、永不疲倦的奔跑和鹰一般的广阔视野，使他成为日后球队执行防守反击战术的理想发起点。

埃雷拉要求国际米兰的后卫线保持四人平行站位，并对对方前锋采用对位盯人防守，布尔尼奇、皮基、瓜尔内里和法切蒂这后防四人组成了埃雷拉战术体系的关键一环，尤其法切蒂是“防守反击球员”的杰出代表，在球场上还能看到他昔日在田径场上的矫健步伐。

在中场，国际米兰有攻防核心苏亚雷斯，以及不知疲倦的意大利籍阿根廷人——拥有魔术般左脚的马里奥·科尔索，这两人完全可以确保控制局面，并保证球队的反击速度。

俱乐部自己培养的桑德罗·马佐拉是著名球星瓦伦蒂诺·马佐拉之子，瓦伦蒂诺在1949年5月4日的苏佩加空难中和整支都灵队一同遇难。桑德罗·马佐拉不但可以在中场为顶在全队最前端的两个前锋输送炮弹，也可以冲到前线扮演杀手。

巴西人达科斯塔·雅伊尔作为锋线箭头在右翼活动，强壮的米拉尼位居中路，左路则留出空当给法切蒂、马佐拉或科尔索的边路突破—从人员配置上看，这支国际米兰的确堪称完美。

决赛

1964年5月27日，维也纳普拉特球场　　主裁判:斯托尔(奥地利)

国际米兰 (433)	3 : 1		皇家马德里 (424)
G. 萨尔蒂	门将	门将	维森特
布尔尼奇	后卫	后卫	伊联邦德国罗
瓜尔内里			圣马里亚
皮基			索科
法切蒂			帕钦
塔宁	中场	中场	费洛
苏亚雷斯			穆勒
科尔索		前锋	阿曼西奥
雅伊尔	前锋		迪斯蒂法诺
马佐拉			亨托
米拉尼			普斯卡什
进球			
43' 马佐拉	1:0		
61' 米拉尼	2:0		
	2:1		费洛 70'
76' 马佐拉	3:1		

两种风格、两个时代

在这个赛季，蓝黑军团用行动证实了他们这种战术的可靠性。国际米兰的精英们在场上战术纪律严明，从不会为了迎合观众的口味或者增强比赛的观赏性而改变踢法。

国际米兰一路上没有遇到什么真正的考验，在被他们淘汰的球队名单上，先后添上了英格兰埃弗顿、法国摩纳哥、南斯拉夫贝尔格莱德游击队、德国多特蒙德等闻名遐迩的名字。蓝黑色的米兰人轻松杀进决赛，等待他们的，是淘汰了米兰城另外一支球队———AC米兰的皇家马德里。

此时的皇马虽然已不及冠军杯创立初期那般威猛无敌，但是其强劲实力和出色状态还是足以令各队闻风丧胆，已经38岁的迪斯蒂法诺和37岁的普斯卡什依然是球队中的领袖级人物。西班牙人决赛之前仅有一场败仗，那就是

已经进入职业生涯晚期的普斯卡什（左），很难在年富力强的国际米兰队长皮基面前有所作为。

1/4决赛在圣西罗被卫冕冠军AC米兰用猛烈的攻势以2:0击败。不过回到伯纳乌球场，他们以4:1大胜晋级。至于苏格兰格拉斯哥流浪者、罗马尼亚布加勒斯特迪纳摩和瑞士苏黎世这样的对手，都难以对他们形成太大威胁。

在奥地利维也纳普拉特球场（后更名为恩斯特·哈佩尔球场）上演的这场决赛牵动着整个欧洲。因为，这是一场两种风格、两个时代的较量，也是经验论与方法论、浪漫主义与现代风格的一次碰撞。

埃雷拉为狂热的国际米兰拥趸变起了戏法，在比赛前他解释了为什么他的球队会最终获胜，“我忌惮于皇家马德里应付这种重要比赛时所拥有的丰富经验，他们阵中老奸巨猾的普斯卡什和迪斯蒂法诺同样让我难受。当然了，也不能忽视了他们的边锋阿曼西奥。同时我也担心我的几个年轻队员，但是我认为这场比赛最后会以我们的胜利而告终，因为，我们的球员身体素质更出色、更强壮，我的球队比赛节奏更快。”

比赛开始之后，国际米兰显得势在必得——因为他们很好地抑制了对手的发挥，并等待着最佳时机的到来，然后给西班牙人送上致命一击。比赛的僵局长时间没有被打破，因为皇家马德里并没有忽视国际米兰的反击。然而，就在双方认为上半场将以0:0结束的时候，马佐拉却为国际米兰在第43分钟打破了僵局，1:0。

迪斯蒂法诺和普斯卡什在上半场几乎没有什么配合。下半场两人略有改观，普斯卡什第48分钟的射门射中门柱。但就在比赛刚过60分钟，国际米兰的反击又见效了：米拉尼接到马佐拉的妙传，完成最后一击，这一球彻底打垮了马德里人。尽管在第70分钟，费洛的进球一度为皇家马德里挽回了希望，但是面对国际米兰这种令人难受的现实主义踢法，皇马实在应该后悔自己为什么要犯下如此错误。第76分钟，皇马另一位功勋球员——乌拉圭中卫圣马里亚一次平常不可能出现的致命传球失误，被机敏的马佐拉立即断下并突入禁区，他的射门击中立柱后弹入网窝，3:1，国际米兰技术性击倒皇家马德里！

这一次，对于迪斯蒂法诺和普斯卡什来说，他们闪耀欧洲的时代真的结束了；这一次，人们觉得皇家马德里想把他们的名字第六次刻在冠军奖杯的底座上并非容易；这一次，人们开始揣测这支实用主义至上的国际米兰能在巅峰待多久……

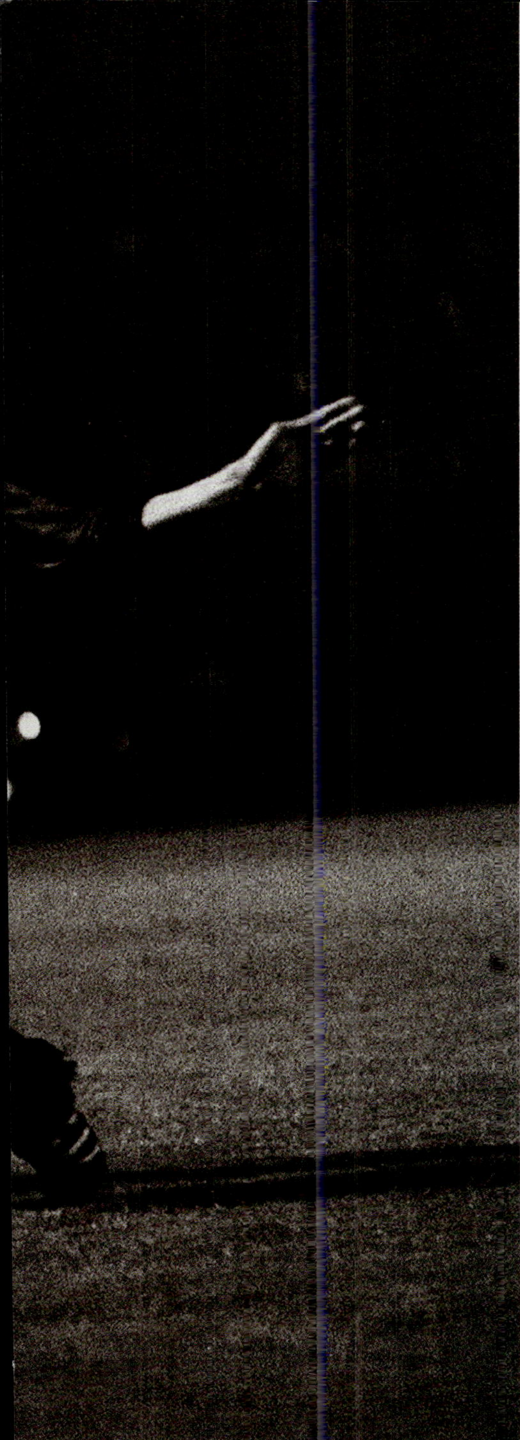

埃雷拉，魔术师

雅克・费朗

由于“清道夫”的出现，这个时期很多意大利球队都以加强防守为主要任务，而通过反击取胜的战术，也是意大利足球对欧洲足坛的巨大“贡献”之一。然而，这个时代和这一战术的最杰出战术大师，却并不是意大利人。

埃莱尼奥・埃雷拉，1916年4月17日出生于阿根廷首都布宜诺斯艾利斯，年轻时移民摩洛哥并加入法国籍。作为后卫，他的职业生涯默默无闻，但四十岁刚出头，他却成了享誉世界的教练，并从西班牙的巴塞罗那来到了意大利的国际米兰。他并不是“链式防守”的创始人，却赋予了这一战术前所未有的韧度。凭借这样的防守厚度、比赛中的沉着和围绕马佐拉展开的敏锐进攻，两年之内，没有哪支球队能与采用这一阵型的国际米兰相抗衡。

如果我们把这个被意大利人尊称为“魔术师”的阿根廷人，简简单单地看成一个不择手段获得胜利、思想狭隘的战术家。那就大错特错了。正好相反，他是一个思想开放、睿智、对各种生活方式都态度严谨的人。在足球领域里，他是一个能够尝试各种创新的人。我在这里给大家讲讲我所看到的“埃雷拉的一天”。那是一场冠军杯的关键比赛前，在巴萨更衣室里，埃雷拉把队员们的情绪调到了最高点，球员兴奋到了近乎让人害怕的程度。在一番互相鼓励之后，他的队员们一起对着足球宣誓，随后他们就像斗牛士一样出现在草坪上，并顺利赢得了比赛。

Herrera

Le Tour : 12 équipes retenues et 14 pour l'Avenir

L'ÉQUIPE

EN DERNIÈRE PAGE
Le sport entre dans la vie courante des élèves H.E.C.

Daems : Bruxelles-Paris avant Bordeaux-Paris

La Coupe d'Europe restera à Milan : l'ère italienne succède à l'ère ibérique

L'INTER ARRACHE LE FLAMBEAU DES MAINS D'UN REAL USÉ (3-1)

L'équipe italienne, plus jeune, plus ambitieuse, plus équilibrée a trouvé sa récompense

Après l'étape des Abruzzes, au Giro

ZILIOLI DEVIENT L'ADVERSAIRE DIRECT D'ANQUETIL

Santana - Pietrangeli... après Real-Inter ?

4 HEURES SPORT

LES GRANDES ILLUSIONS

原声

■《队报》特派记者罗伯尔・维尔涅

1964 年 5 月 27 日

伊比利亚半岛再一次在亚平宁半岛面前低下了头。在 AC 米兰去年征服本菲卡之后，国际米兰在一场我们赛前就可以预见结果的比赛中，成功击败了皇家马德里，首次获得冠军杯。西班牙人的想象力被国际米兰这架高速运转的机器碾得粉碎。

不过，我们所不能理解的是，已经十分不走运的皇家马德里，竟然因为两次防守失误，加重了这种足球比赛中固有的不确定因素。换句话说，淡化国际米兰这场合乎逻辑，不可避免的胜利不太容易，因为他们就是在按照自己的节奏来比赛的，意大利人就这样把自己新的风格打法引入到了足球中。我们欣赏不欣赏是我们的权利，可是他们成功了，这是事实。西班牙人昨晚则依旧在坐吃山空，尽管他们确实还有一些技术与勇猛。

这一次，人们真正感觉到，国际足坛属于皇马的那一页已经被翻过去了。

全景

光彩夺目的埃梅里希

多特蒙德前锋罗萨尔·埃梅里希本是一个汽车修理工，但足球改变了他的命运。1963年他加盟多特蒙德，并在当年的冠军杯上崭露头角。人们亲切地称呼这个左脚重炮手为“埃马”。球迷对他的喜爱也渐渐超过了队中成名已久的科涅齐卡和布龙斯。埃梅里希在1965年到1967年的两个德甲赛季里分别打进了31球和28球，成为德甲射手王。同时他还代表联邦德国国家队在1966年的世界杯上勇夺亚军。（小图为晚年担任教练的埃梅里希）

永远强悍的阿尔塔菲尼

阿尔塔菲尼像君主一样出现在冠军杯的赛场上，且不停运球。第二轮，瑞典冠军北雪平队在主场逼平了卫冕冠军，又在圣西罗率先进球，但阿尔塔菲尼接下来的的帽子戏法还是让瑞典人晋级8强的愿望化成了泡影。

致命的科瓦切维奇

两年前曾闯入冠军杯16强的贝尔格莱德游击队已经逐渐壮大，本赛季冠军杯，他们又拥有了一位技术出色，速度奇快、团队意识超强的前锋科瓦切维奇。虽然科瓦切维奇经常因为战术需要而后撤成为进攻组织者，但这并不影响他在淘汰赛第二轮主场对阵埃施青年队的比赛中攻入4球。赛季结束，科瓦切维奇也凭借7球，与国际米兰的马佐拉以及皇马的普斯卡什等巨星共享了当届的欧冠金靴。

加林查的接班人

雅伊尔通过他的表现奠定了其“加林查继承人”的地位。在他身披蓝黑战袍征战意甲和欧洲赛场的10年间，巴西边锋用凌厉的突破和进球征服了梅阿查的球迷。在本届冠军杯1/4决赛上，正是他在主客场的两粒进球，帮助国际米兰以总比分4:1淘汰势头正劲的贝尔格莱德游击队，而决赛对皇马，也正是他的反击速度让西班牙的“老头们”叫苦不迭。

“他们好像吃了药！”

国际米兰以总比分4:2击败多特蒙德，历史上第一次挺进冠军杯决赛。在主场2:0战胜对手成功晋级后，主教练埃雷拉甚至口无遮拦地评论起了德国冠军的表现：“这些德国人真的像吃了药一样，动作幅度很大，侵略性十足。在我们的主场，苏亚雷斯的一次犯规因为裁判没吹，就勾起了对方的火气，这也导致场面极其混乱，甚至比赛还一度停止。但无论如何，我们还是进入了决赛。”

糟糕透顶的球场

AC米兰的主场圣西罗不像是足球场，倒像是块菜地。场内斑驳的杂草阻碍了皇马原本流畅的地面配合，这仿佛是意大利人事先布置好的。在场地的帮助下，AC米兰队员在比分领先时，还甚至想通过挑起事端来占得一些便宜，但最终一场2:0的胜利，并不足以将他们送进半决赛。回到伯纳乌主场的皇马用流畅的地面配合让米兰人1:4惨败。

再见，迪斯蒂法诺

本届冠军杯决赛是迪斯蒂法诺跟随皇马征战欧洲赛场的最后一役。赛前他因为战术问题和教练穆尼奥斯发生争执，进而升级为对骂。决赛后，穆尼奥斯并没有把迪斯蒂法诺安排进与马德里竞技的西班牙国王杯比赛名单。几天后，迪斯蒂法诺宣布离开皇马，并在随后加盟了西班牙人队。

16强战图

射手榜

排名	球员	进球
1	科瓦切维奇（贝尔格莱德游击队）	7球
	马佐拉（国际米兰）	7球
	普斯卡什（皇马）	7球
4	布龙斯（多特蒙德）	6球
5	迪斯蒂法诺（皇马）	5球
	耶利内克（布拉格杜克拉）	5球
	克尔克霍夫斯（埃因霍温）	5球
	库切拉（布拉格杜克拉）	5球
	梅廷（加拉塔萨雷）	5球

夏日记事

■西班牙首冠

1964年6月21日，第2届欧洲杯决赛在皇家马德里的主场伯纳乌进行，最终坐拥主场优势的西班牙国家队依靠佩雷达和马塞利诺的进球，2:1险胜苏联，登上欧洲之巅。

■利马惨案

1964年5月6日，在秘鲁首都利马的国立体育场举行了东京奥运会南美洲足球预选赛阿根廷与秘鲁队的比赛，比赛结束前2分钟，由于裁判吹罚秘鲁队的一个进球无效。导致看台上大量主队球迷情绪十分激动，并与客队球迷大打出手，引发了大规模的球迷骚乱。由于当时秘鲁警方为制止球迷斗殴，错误地使用了催泪瓦斯，因此导致320人在混乱中被踩踏致死，另有500多人受伤。

■香帅和他的“红军”

“在利物浦这座城市，有两支伟大的球队：利物浦和他们的预备队。”威廉·香克利在担任利物浦主帅时说出的这句名言，昭示了当年“红军”的不可一世。香克利于1959年12月来到利物浦，将这支球队从乙级联赛里救出，并将其打造成了英格兰足球史上数一数二的强队。1964年夏天，利物浦重新登上了阔别17年的英格兰联赛冠军宝座，从此开始了一段伟大的红军时代和靴室传奇。

1964/1965 >>

继两年前被 AC 米兰的“人盯人防守”限制后，尤西比奥这次又被国际米兰的联防包夹困扰。

1964/ 1965 国际米兰在泥泞中卫冕

意大利的卫冕冠军在布满水坑的主场保住了他们的奖杯。葡萄牙人则在 1963 年决赛输给 AC 米兰之后，再一次被米兰城的球队击倒，与冠军奖杯擦肩而过。

本菲卡门将佩雷拉（白衣者）不但在决赛中遭受“胯下之辱”，还不幸受伤被迫下场。

1957年，皇家马德里在主场第二次捧得欧洲冠军杯，8年后，国际米兰重演了主场卫冕冠军杯的历史。在梅阿查球场，被国际球迷亲切称为“H.H魔术师”的阿根廷战术家埃莱尼奥·埃雷拉，率领着蓝黑子弟兵，与20世纪60年代初期两获冠军杯的葡萄牙巨人本菲卡狭路相逢。

虽然如今本菲卡的教练已经由当时率队夺冠的古特曼换成了现在的艾莱克·施瓦茨，但是从门将科斯塔·佩雷拉，到后卫热尔马诺，再到前锋线上的尤西比奥、西蒙斯和奥古斯托，“本菲卡之鹰”并没有脱去太多根能够创造荣耀的“羽毛”。

伟大的左后卫

打入决赛前，国际米兰碰上了上赛季亚军皇家马德里一路杀进决赛时遇到过的几个对手，比如罗马尼亚冠军布加勒斯特迪纳摩，比如苏格兰冠军格拉斯哥流浪者。这似乎不是什么好事，不但因为罗马尼亚和苏格兰的球队都实力强劲，还因为击败他们只是一种“亚军”的征兆。

不过埃雷拉的球队没有理会这些，他们按部就班地用“锁链”勒死每一个对手，然后昂着头来到安菲尔德球场，与利物浦进行半决赛第一回合。所幸，粗鲁的利物浦人并不吃国际米兰那一套。他们在主场利用近乎石头一样的身体和意大利人最害怕的高空球一次次侵袭着国际米兰的混凝土建筑。1:3，国际米兰带着两球劣势回到主场。

但是当英国人认为国际米兰在主场还将祭出防守反击时，意大利人表现出了非同寻常的果敢和坚决。第8分钟科尔索任意球直接破门，第9分钟则诞生了足球历史上最奇葩的进球之一。科尔索发出左侧边线球，西班牙前锋佩罗头球回顶中场，核心马佐拉凌空卸球后直接发动长传，佩罗利用速度摆脱了史密斯的盯防，从禁区左侧底线附近正要突击。利物浦门将劳伦斯出击非常及时迅猛，在一只脚已经踏出禁区的同时，将球收入怀中，同时，肩膀还趁机给了佩罗一下，佩罗痛苦倒地。

劳伦斯走回中路，寻找队友，准备手抛球发动进攻，他将足球向草皮上拍了一下、两下，到了第三下，佩罗突然从地上蹿了起来，左脚一捅，将足球从劳伦斯控制范围内捅走，赶在劳伦斯反应过来之前，右脚弧线球破门。英格兰人怒了，围着裁判要说法，甚至把裁判衣服都快拉掉了，但结果还是2:0。

决赛

1965年5月27日，米兰梅阿查球场　　主裁判:丁斯特(瑞士)

1 : 0

国际米兰 (433)			本菲卡 (424)
G. 萨尔蒂	门将	门将	科斯塔·佩雷拉
布尔尼奇	后卫	后卫	卡维姆
瓜尔内里			热尔马诺
皮基			劳尔
法切蒂			克鲁斯
贝丁	中场	中场	内托
苏亚雷斯			科卢纳
科尔索		前锋	奥古斯托
雅伊尔	前锋		J. 托雷斯
马佐拉			尤西比奥
佩罗			西蒙斯

进球

43' 雅伊尔　1:0

两队球员们都在注视着足球的转动，却无可奈何。在一个充满了积水和泥坑的球场，本应精彩的冠军杯决赛变成了一场缺乏技术含量的缠斗。

利物浦显然没有见识过这样的国际米兰，哪怕是在研究录像时也没有，红军马上陷入被动。国际米兰瞬间将总比分扳平之后，再次玩起了“老鼠对付猫”的游戏。而当利物浦人还在做着“战平对手，从而争取中立场地附加赛”的美梦时，法切蒂再次成了英国人的噩梦。他在第60分钟以自己并不擅长的右脚将利物浦门将劳伦斯击倒在地，同时倒下的，还有利物浦取胜晋级的信念。

这场依靠“投机取巧”赢得的比赛后来被欧洲各国媒体称为“丑陋的国际米兰，漂亮聪明的策略”，而法切蒂本场的精彩表现，也成了他职业生涯中最辉煌的亮点。

不幸的佩雷拉

相比国际米兰的艰辛，本菲卡只是在1/4决赛中遇到皇马稍显艰难，但比赛并非是名气和历史的较量，已经没有了迪斯蒂法诺的皇家马德里江河日下，第一回合作客光明球场1:5惨败在本菲卡脚下就是证明。当他们的领军人物普斯卡什第二回合主场复出时，发现4个球的劣势已很难挽回。半决赛本菲卡毫无悬念地“刷”掉匈牙利冠军沃绍什之后，意大利人看见了“鹰”飞来。

除了用贝丁和佩罗取代了塔宁和米拉尼，埃雷拉在决赛的首发阵容里派上了一年前击败皇马的另外9名主力。本菲卡则保留了他们1961年和1962年两夺冠军杯时的主要框架，特别是尤西比奥，他甚至比当年更成熟，更稳定，而且他的身边又多了一个有望获得当届欧冠金靴的若泽·托雷斯。

不走运的是，一

场倾盆大雨在赛前一天突然降临米兰城，以至于很多评论家都认为恐怕比赛无法照常进行了。的确，当时梅阿查的草坪上布满了水洼，场地条件极其恶劣。然而，曾在1961年本菲卡夺冠时执法的瑞士主裁判丁斯特毅然决定：按原定时间开球。

在主场8万多热情观众的支持下，国际米兰故伎重施，开场后用猛攻战术侵袭远道而来的“客人”。但本菲卡并没有自乱阵脚，在顶住了对手的狂轰滥炸后，葡萄牙人使比赛回到均衡。同时，本菲卡并没有盲目地投入过多的进攻兵力，几乎遏止了国际米兰的反击机会。

但是国际米兰似乎清楚主场哪里有水坑，足球在哪里会打滑。上半场结束前2分钟，国际米兰意外进球，而这一切毫无先兆：马佐拉与佩罗在右边路打出一次漂亮配合后，准确地将球输送到前锋雅伊尔脚下，巴西人面对门将科斯塔 · 佩雷拉右脚大力施射，湿滑的足球从佩雷拉两腿之间“淘气地”溜向大门……尽管佩雷拉的第二反应已经足够敏捷，马上做出了扑救动作，但仍然不能阻止足球慢慢滚进，不能阻止梅阿查球场的观众纵情欢庆。

可怜的葡萄牙门将，他的厄运还远未结束。下半场刚过15分钟，他又因坐骨神经受伤而被迫下场，使得队友们不得不在剩余时间以10人应战（当时没有换人规定）。那场比赛中表现最好、留着大胡子的中卫热尔马诺被迫穿戴起了守门员的行头，幸运的是，他的30分钟客串表演十分出色。客串门将的出现是否可以让国际米兰因人数占优而大举压上？恰恰相反。最后15分钟，在突然变得很安静的球迷们焦虑不安的目光注视下，国际米兰还是决定采取龟缩防守战术，保住微弱的领先优势。

在国际米兰门将萨尔蒂成功做出了几次关键扑救之后，终场哨声吹响，国际米兰赢了！但此时，人们惊讶地发现，懂球的意大利球迷对客队报以了热烈掌声，因为他们表现得实在出色。葡萄牙首都里斯本的一个专栏记者也写道：“这场在米兰的失利，甚至比4年前在伯尔尼的那场胜利还要伟大。”但比它更伟大的，是埃雷拉麾下的国际米兰，以及他们的“巅峰时代”。

由于国际米兰采用严防死守战术，攻击线上的马佐拉（白衣者）并没有表现出一年之前那样的出色状态。

L'EQUIPE

Pour la première fois depuis sa création (en 1917) la Coupe ira en Bretagne

RENNES A DU DOMPTER SES NERFS AVANT DE S'IMPOSER A SEDAN

L'arbitre a (d'abord) rendu aux Ardennais (20') le penalty dont il les avait frustrés dimanche

BENFICA NE S'EST PAS LAISSÉ ENVOUTER...MAIS

OTANO, IRRÉDUCTIBLE A SURPASSÉ LE TORT

TONY ROCHE a prolongé pour longtemps l'hégé-

BAHAN, EN PROGRÈS

et Kunde a surpris Raymond Poulidor

原声

■《队报》特派记者雅克 · 费朗

1965 年 5 月 27 日

一切如同事先预料，满是水洼的场地完全改变了比赛的本来面貌。国际米兰的小胜，在他们看来，恰恰反映了主场优势的重要性。而从这场比赛自始至终的表现来看，本菲卡证明了他们至少应该和意大利冠军打个平手。正如我们所担心的那样，这场决赛从欧足联做出那个不合时宜的决定（没有改期）开始，就被扭曲了。

1:0，这是意大利球队所崇尚的实用主义所需要的最小比分胜利，对于意大利人来说，他们唯一关心的事情只有取胜。国际米兰的表现没有任何亮点，最后 30 分钟，他们只有一脚射门考验了客串门将的热尔马诺。中立的球迷们甚至开始希望突如其来的运气能够帮本菲卡一把，这样就可以在下周三去布鲁塞尔重赛了。

当欧足联主席瑞士人古斯塔夫 · 韦德克把由《队报》提供的冠军奖杯交到国际米兰队长皮基手中时，我们在想：“韦德克肯定感到了某种不安，它也应该意识到欧足联做出这个决定所带来的影响。”我们希望在那时他亲自发誓，以后别再犯类似的错误。

全景

硬币与“300分钟平局”

安德莱赫特的球员们紧张地注视着落下的硬币。两回合比赛未分胜负，加赛继续战平的情况下，当时的冠军杯晋级规则就是以掷硬币的方式来淘汰不幸的一方。最终比利时人幸运晋级，意大利的博洛尼亚遗憾出局。同样面露微笑的还有捷克斯洛伐克的布拉格杜克拉和利物浦：前者在淘汰赛第一轮与波兰扎布热戈尔尼克两回合战平后的重赛中派上了7名替补与对手周旋（赛前4名绝对主力受伤，还有3人参加了1964年东京奥运会），结果并不被看好的他们也以这种方式幸运出线；后者则是在1/4决赛对首届德甲联赛冠军科隆的两回合中未能进球，加赛又战成2:2平，依靠“硬币法则”赢得了一场长达“300分钟”的平局比赛。

进球狂潮

匈牙利沃绍什对阵保加利亚索非亚火车头的1/8决赛本无看点，但两回合15粒进球却创造了当时的欧冠纪录。沃绍什在主场5:3占得先机，客场却3:4落败，最终结果8:7，保加利亚人因少进一球无缘8强。

功臣亨特

从二级联赛到世界冠军：罗杰・亨特是一位技术出色的传奇前锋。他和搭档圣约翰在主帅香克利的引导下让红军从乙级联赛的泥潭中成功“复活”，并在1962年重返顶级联赛，从此奠定了利物浦在欧洲创造一系列辉煌成绩的基础。本届杯赛，正是依靠亨特的两粒进球，利物浦才淘汰安德莱赫特晋级1/4决赛。而在一年后的1966英格兰世界杯上，亨特又打进三球，确保英格兰成功出线并最终夺冠。

光明球场的黑暗一刻

1/4决赛，皇马在本菲卡的光明球场遭遇了不公正的“黑暗一刻”。第20分钟，当普斯卡什的吊射已经越过本菲卡门将佩雷拉头顶时，球却被后卫克鲁斯用拳击出，但当值英格兰主裁判霍利不但未吹罚点球，甚至连角球都没给。这引起了皇马球员的强烈抗议，西班牙冠军也因此士气大挫，被葡萄牙人5:1横扫。

国际米兰“抢来”的胜利

半决赛首回合，主场3:1取胜的优势让利物浦将士在梅阿查有恃无恐，但戏剧性的判罚却愚弄了他们的信心。第9分钟，利物浦守门员劳伦斯准备将球发出时，却被埋伏在身后的国际米兰前锋佩罗像抢劫一样将球断下，并攻入空门，当值的西班牙主裁宣布进球有效——他似乎是有意报复之前英格兰主裁在皇马被淘汰的比赛中那个漏吹的点球。2分钟之内窝囊地连失2球，利物浦无奈出局。

冠军从两腿间漏过

攻击火力最强的两支球队在决赛中没有上演进球大战。1:0背后，是本菲卡的冠军希望被门将科斯塔・佩雷拉从胯下漏过的尴尬。第42分钟，若伊尔的射门不是绝对的良机，但这位葡萄牙门将的双腿之间显然没有加保险。更加不幸的是，佩雷拉在第58分钟因伤无法继续比赛而被迫下场，后卫热尔马诺代替上扮演了33分钟门将。虽然没有失球，但10人应战的本菲卡最终还是没有觅得扳平的机会。

本菲卡的致命组合

当本菲卡前锋阿瓜斯退役时，已经27岁的若泽・奥古斯托・托雷斯（左图左侧）终于觅得机会大显身手。随后无论是在本菲卡还是葡萄牙队，他与“黑豹”尤西比奥的组合都是令人闻之色变的“杀手档”。尽管本菲卡未能称雄本届冠军杯，托雷斯却凭借9个入球荣膺金靴。

射手榜

1	托雷斯（本菲卡）	9 球
	尤西比奥（本菲卡）	9 球
3	亨特（利物浦）	7 球
	科特科夫（索非亚火车头）	7 球
5	阿曼西奥（皇家马德里）	6 球
	福里斯特（格拉斯哥流浪者）	6 球
7	亨托（皇家马德里）	5 球
	奥古斯托（本菲卡）	5 球

夏日记事

■“黑豹”封金

出生于非洲莫桑比克的“黑豹“尤西比奥，凭借在欧洲冠军杯上的银靴（8 球）、葡萄牙联赛的射手王（28 球）以及带领葡萄牙队历史性地闯进世界杯决赛圈等辉煌战绩，当之无愧地击败了法切蒂和苏亚雷斯两名国际米兰球员，获得了 1965 年的金球奖。同时，他也是获得该项荣誉的第一位黑人球员。

■告别传奇

英格兰传奇巨星马修斯 1965 年 2 月 6 日代表斯托克城队参加完最后一场职业比赛，以 50 岁零 5 天的高龄退出足坛，这也是目前国际足坛的最高龄职业球员纪录。当时他坐在雅辛和普斯卡什的肩膀上离开球场，如此光辉的一幕，为他在绿茵场上创造的辉煌画上了一个完美的句号。同年夏天，马修斯被英女王伊丽莎白二世封以爵士爵位，他也是历史上第一位获此贵族称号的球员。

■红魔重生

曼联在巴斯比爵士的带领下重返阔别 7 年的英格兰联赛冠军宝座，而北爱尔兰天才球星乔治·贝斯特的加盟，预示着“慕尼黑空难“的阴霾在老特拉福德的上空逐渐散去。

■门柱变形

从 1965 年到 1967 年间，国际足联把所有的方形门柱换成了圆形，力求比赛的公正。

“红军”来了

1965 年 9 月 2 日，乌克兰冠军基辅迪纳摩成为第一支参加欧洲赛事的苏联球队，他们参加了当年的欧洲优胜者杯，并且杀进 1/4 决赛（被凯尔特人淘汰）。

1965/1966 >>

1965/ 1966

皇马新浪潮

第 8 次打入决赛，第 6 次夺冠，此时的皇马除去永不松懈的亨托之外，依赖的是新一代球员。他们的打法更加“投入”……

贝拉斯克斯（左二）在一旁看着队友阿曼西奥（左三）单挑拉绍维奇，阿曼西奥在第70分钟为皇马扳平。

冠军杯刚开始时，评论家们很为难，因为热门太多了。有三支球队囊括了前10届冠军杯的9次冠军：皇家马德里、本菲卡和卫冕冠军国际米兰；还有曼联，慕尼黑空难7年之后的曼联，依靠一帮劫后余生的人才马特·巴斯比、博比·查尔顿、格雷格、福克斯重新在欧洲出头；还有安德莱赫特，比利时冠军希望用其让对手窒息的造越位防守征服欧洲。

这届冠军杯没有冷门，几大热门全部杀入八强，另外三支是东欧球队。国际米兰在梅阿查4:0大胜匈牙利的费伦茨城，又在客场的8万名观众面前1:1逼平对手，顺利晋级。在布拉格，斯巴达4:1大胜贝尔格莱德游击队，此前还没有球队能在冠军杯中扳回3球劣势，因此布拉格斯巴达的球迷已经在狂欢。但回到主场后，贝尔格莱德游击队主帅盖吉奇谋划了一个简洁的方案：上半场力挽狂澜。队员们超额完成了任务，不到35分钟，他们就4:0领先，科瓦切维奇独中两元，瓦索维奇和哈萨纳吉奇各进一球，下半场他们又打入第5球。这些南斯拉夫的才俊们之前淘汰了法国冠军南特和联邦德国冠军不来梅，他们真是无所不能。

曼联的里斯本大捷

本菲卡在和曼联的第一场比赛中，似乎站到了晋级的有利地位。他们在老特拉福德扛住了雷鸣般的气势，2:3仅仅输了1球。但回到主场，本菲卡被曼联出人意料地KO。比赛进行到第13分钟，势不可挡的贝斯特已打入2球，第15分钟，康奈利又入一球。这时才从梦游中醒来的本菲卡已经无力回天，曼联随后再入两球，最终5:1获胜，红魔的功绩在整个欧洲回响。

最后一场1/4决赛，安德莱赫特似乎比年轻的皇马要成熟。皇马主帅穆尼奥斯在这个赛季重新打造了球队：普斯卡什和圣马里亚离开了，球队百分百都是西班牙人，只有亨托或者说还有帕钦能让人想起过去的时光。新一代白衫战士中有24岁的塞伦纳、22岁的贝拉斯克斯和德菲利普、19岁的皮里、25岁的桑奇斯和21岁的格罗索，值得一提的是，格罗索接过了迪斯蒂法诺的9号。在马德里，人们对这批孩子宠爱有加，但球场上就不这么浪漫温柔了。在布鲁塞尔，范希姆斯特开场2分钟就打入一球。比赛非常艰难，比分也冻结了。回到马德里，气氛臻于疯狂。皇马采用了身体和精神上的双重侵犯，范希姆斯特被德菲利普贴身盯防，犯规和冲突层出不穷。比利时后卫孔内利斯被罚出场。西班牙人上半场结束时2:0领先，下半场他们一度4:0领先，最后安德莱赫特扳成了2:4，但已经晚了。

皇马接下来的障碍就是国际米兰。在主场，皮里的进球让皇马1:0获胜，但在意大利人超强的现实主义足球面前，这并不保险。皇马将士在梅阿查表现出色，他们将反击大师们纳入了自己的节奏，阿曼西奥第20分钟进球，国

决赛

1966年5月11日，布鲁塞尔海瑟尔球场　　主裁判:鲁道夫·克赖特林(联邦德国)

2 : 1

皇家马德里 (424)			贝尔格莱德游击队 (424)
阿拉基斯塔因	门将	门将	绍什基奇
帕钦	后卫	后卫	优素菲
德菲利普			瓦索维奇
索科			拉绍维奇
桑奇斯			米哈伊洛维奇
皮里	中场	中场	科瓦切维奇
贝拉斯克斯			贝切亚茨
塞伦纳	前锋	前锋	巴伊奇
阿曼西奥			哈萨纳吉奇
格罗索			加利奇
亨托			皮尔马杰尔

进球

	0:1	瓦索维奇 55'
70' 阿曼西奥	1:1	
76' 塞伦纳	2:1	

皇家马德里的获胜要感谢门将阿拉基斯塔因的出色发挥，除了第55分钟被对手破门外，阿拉基斯塔因的表现可以用完美来形容。

际米兰苦苦挣扎，却始终无法扳平。现代版本的皇马进入了决赛，第8次决赛。

亨托第六次捧杯

大多数人都认为皇家马德里在决赛的对手会是曼联，但实际上却是贝尔格莱德游击队。南斯拉夫人在贝尔格莱德2:0获胜，哈萨纳吉奇和贝切亚茨各入一球。曼联浪费了太多机会，不过巴斯比爵士不太担心，因为他们还有主场，曼联球员也是如此。贝尔格莱德游击队在老特拉福德遇到了例行轰炸，但其门将绍什基奇创造了奇迹，他只丢了1球。上半场没有破门，曼联的球员开始慌神了，劳、博比·查尔顿和赫德组成的锋线忙乱了90分钟也没有办法，曼联历史上第3次在半决赛中折戟沉沙。

决赛在布鲁塞尔进行。游击队方面，士兵加利奇受政府特许临时参加了比赛。尽管不是面对曼联，皇家马德里还是不敢掉以轻心，主教练穆尼奥斯提醒后防球员们："南斯拉夫人可不是专程到布鲁塞尔看我们捧杯的。"

决赛双方都表现出了恐惧和紧张，这种情况下，南斯拉夫人更经典的技术似乎可以制胜，尤其是瓦索维奇第55分钟先入一球。但年轻的西班牙人表现出了更多的激情和坚韧，他们没有让南斯拉夫人如愿，最后30分钟，皇家马德里靠速度和个人能力逆转，阿曼西奥和塞伦纳各入一球。亨托可以举起他的第6座冠军杯了。

下半场开始不久，贝尔格莱德游击队前锋瓦索维奇就接加利奇传球先下一城，皇马禁区人仰马翻。

1965/1966

亨托，超音速边锋

1966年，作为皇马五冠王时期的留守人物，亨托带领年轻的球队获胜，并且创造了不可思议的个人纪录：6次赢得冠军杯。

在皇马璀璨的群星当中，亨托并不出名。20世纪50年代初，皇马开始打造星阵，伟大的迪斯蒂法诺、聪明的里亚尔、坚强的圣马里亚，来自坎塔布里亚的亨托只能排在这些人后面。

最初，亨托在小俱乐部蒙塔纳练习足球和田径。他掌握了跑步的技巧，也开发了自己的速度，后来他相继来到了阿斯蒂列罗、坎塔布里亚、桑坦德竞技。1953年，亨托和皇马签约。

从1956年皇马首夺冠军杯开始，亨托一直是雷打不动的主力，还入选了西班牙国家队。1957年，皇马2:0战胜佛罗伦萨夺冠，亨托打入了锁定胜局的第二球。1958年，对米兰的决赛中，皇马加时赛3:2获胜，最后一球的作者就是亨托。1959年和1960年，亨托又连续捧起冠军杯。1962年和1964年，他也帮助皇马打入决赛，只是都输了。1966年，亨托还在，作为光荣岁月的最后一人，时隔8年之后，再次在海瑟尔捧起金杯。6次冠军杯冠军，这是一个球员在俱乐部能够梦想的最好成绩。

亨托成了皇马的象征，他为球队效力一直到1971年。这一年他已经38岁，皇马在优胜者杯决赛中输给了切尔西（1:1，重赛1:2）。在雅典的这两场决赛之后，亨托给自己漫长的职业生涯画上了句号：代表皇马761场比赛，253个进球，12次西甲冠军，43次代表国家队出场，进5球。

Gento

POSSIBLE : Quatre Spanghero dimanche à Tarbes, contre Lourdes

L'EQUIPE

UN REAL INDOMPTABLE S'OUVRE UNE ÈRE NOUVELLE

Les Madrilènes ont enlevé (2-1) leur 6e Coupe

A 1-0, Partizan paraissait avoir le match en main

SOSKIC A RUDE ÉPREUVE

LA VAISSE DES ENTRAINEURS A COMMENCÉ

DOMERGUE A L'O.M. LANGRAND AU L.O.S.C.

BERNARD GUYOT: NOUVEL EXPLOIT CONTRE LA MONTRE

DANCELLI (1er) ET AIMAR (2e) éclassés de la Flèche Wallonne

PIETRANGELI BATTU EN 3 SETS PAR ROCHE EN FINALE A ROME!

QUATRE JOURS DE DUNKERQUE

Huysmans émerge d'un sprint massif d'expression belge

原声

■《队报》特派记者让 - 菲利普 · 雷塔克尔

1966 年 5 月 11 日

昨晚在海瑟尔，个人才能最终为集体的努力定上最终的调子。皇马在下半场奠定胜局，依赖的是前锋塞伦纳和阿曼西奥的两次个人表演。而游击队整体场面占优，控球优势明显，尤其是在上半场掌控大局。

两队在上半场都特别谨慎。虽然皇马并不像游击队那样依赖混凝土式防守，但在争夺中场的控制权上，两队是一致的。皇马打的是四后卫（索科盯防加利奇，德菲利普负责哈萨纳吉奇），中场 2 人是皮里和贝拉斯克斯，剩下的是 4 前锋。游击队打的也是四后卫，瓦索维奇和拉绍维奇是中卫；中场是科瓦切维奇和贝切亚茨，边锋皮尔马杰尔后撤提供支持。

下半场一开始，游击队领先了，双方的战术体系随之变化。从此，索科更多地助攻。这一举措让皇马在前场找回了人数的平衡，前锋更好地进入了射程，找好了角度。

全景

普斯卡什的最后一课

年届38岁的普斯卡什在贝拉斯克斯等新鲜血液注入皇家马德里后，逐渐失去了主力位置。但他在冠军杯资格赛次回合用4粒进球再次证明了自己的王者地位，皇马主场5:0狂胜费耶诺德，挽回了客场1:2的败局。“小钢炮普姆”，大家这么称呼这位左脚炮手。尽管已是巨星暮年，但普斯卡什没有让谢幕演出黯然失色。

不战而胜

1/8决赛，安德莱赫特在主场9:0狂胜北爱尔兰的德里城队。第二回合，北爱尔兰足总不批准德里城在主场作赛，认为其场地不达标，德里城认为此禁令背后有宗教原因，安德莱赫特代表在视察了球场后也认为该队可在此球场出战。但北爱尔兰足总坚持己见，要求德里城前往贝尔法斯特作赛，德里城予以拒绝，本场弃权。

头球帽子戏法

赫德在效力曼联的265场比赛中攻进145球，是慕尼黑空难后曼联复兴的功臣之一。他在当届冠军杯中屡屡上演好戏，曼联对阵柏林前进的1/8决赛次回合，在老特拉福德球场，他用精彩的头球帽子戏法将曼联队送入8强。

披头士第五人

当曼联球探比绍在贝尔法斯特看到贝斯特踢球时，他就下了这样的结论：“我们遇到了一个天才。”几周后，巴斯比爵士将贝斯特带到了老特拉福德。很快，贝斯特便靠着他在足球场上无人能及的天分获得了如同贝利一样的赞誉。他在本菲卡主场的表演更是让球迷将他称为“披头士第五人”，但年轻的天才很快沉湎于灯红酒绿，不能自拔。

8 年后重返贝尔格莱德

博比·查尔顿、格雷格和福克斯这三位慕尼黑空难的生还者，在悲剧发生8年后再次来到贝尔格莱德。曼联球星追忆罹难的队友，却不能将胜利献给他们。在乔治·贝斯特因伤缺阵的情况下，曼联队在半决赛首回合0:2败比。

害怕皇马

当卫冕冠军国际米兰与皇马在半决赛相遇时，国际主帅埃雷拉却表示：“我们害怕皇马就像害怕瘟疫一样。”赛前说这种话示弱可能是别有用心，但在第34分钟皇马门将贝当古股肉拉伤后，国际米兰仍然未能从中觅得机会。早早攻入一球的皇马全面退防，将领先优势化为胜果。最终阿曼西奥的进球把上两届冠军送回了家，也让皇马第8次挺进冠军杯决赛。

马德里披头士

8次进入冠军杯决赛，6次夺冠，皇马和当时红及全球的披头士乐队一样站在了世界之巅。皇马几名球员戴着假发，装扮成“披头士”的样子被人拍了下来，却在皇马夺冠之后才公之于众，让披头士和皇马的粉丝都激动不已。功勋教练穆尼奥斯在伯纳乌将冠军奖杯展示给世人时感慨：“我们给足球上了一课。”

16强战图

射手榜

1	阿尔伯特（费伦茨城）	7球
	尤西比奥（本菲卡）	7球
3	康奈利（曼联）	6球
	哈萨纳吉奇（贝尔格莱德游击队）	6球
5	阿曼西奥（皇家马德里）	5球
	阿斯帕鲁霍夫（索非亚列夫斯基）	5球
	莫拉斯（布拉格斯巴达）	5球
	普斯卡什（皇家马德里）	5球
	赫德（曼联）	5球

夏日记事

■英格兰首夺世界杯

英格兰在本土举行的1966年世界杯上夺冠，卫冕冠军巴西运气糟糕，球王贝利伤退，受到打击的巴西连小组赛都没有出线，朝鲜在小组赛送意大利回家则让世界震惊，他们接下来输给了尤西比奥领衔的葡萄牙，英格兰在决赛对阵联邦德国的那粒争议进球至今仍饱受非议，赫斯特却成了至今唯一世界杯决赛上演帽子戏法的球员。

■大耳朵杯诞生

欧足联将冠军杯奖杯更换为“大耳朵杯”，这也是今天我们熟悉的奖杯，原先的冠军奖杯被奖励给成绩卓著的皇家马德里永久保存，西班牙豪门前10届冠军杯8进决赛，6次夺冠。

■贝尔格莱德游击队大逃亡

贝尔格莱德游击队在1965/1966赛季冠军杯决赛的失利很让人惋惜，他们在先入一球的情况下惜败给血气方刚的皇家马德里，不过这支球队却不能让人报以希望，因为队内的球星在夏天竞相散去。

■欧冠的第一支苏联球队

莫斯科鱼雷队成为第一支参加欧洲冠军杯的苏联球队。

1966/1967 >>

1966 1985

1966/1967	凯尔特人
1967/1968	曼联
1968/1969	AC 米兰
1969/1970	费耶诺德
1970/1971	阿贾克斯
1971/1972	阿贾克斯
1972/1973	阿贾克斯
1973/1974	拜仁慕尼黑
1974/1975	拜仁慕尼黑
1975/1976	拜仁慕尼黑
1976/1977	利物浦
1977/1978	利物浦
1978/1979	诺丁汉森林
1979/1980	诺丁汉森林
1980/1981	利物浦
1981/1982	阿斯顿维拉
1982/1983	汉堡
1983/1984	利物浦
1984/1985	尤文图斯

1967 年 3 月 7 日，克鲁伊夫和贝肯鲍尔交换队旗，这似乎象征着阿贾克斯和拜仁慕尼黑之间的朝代更替。

盎格鲁－撒克逊年代

冠军杯突然超脱出了狭窄的拉丁街区。1967年，11年来南欧球队交替统治冠军杯的年代结束了。来自欧洲北部的单调一些但是同样热烈的球风来了。发明足球的英国人开始加入争霸的行列，慕尼黑空难曾强行中止了曼联称霸欧洲的计划，但他们终于回归，并在1968年登基。利物浦、诺丁汉森林和阿斯顿维拉等球队也相继兴盛起来。但是夺取冠军杯的第一支英国球队却来自苏格兰，1967年，凯尔特人队击败国际米兰，揭开了“盎格鲁-撒克逊年代”的大幕。

苏格兰、英格兰、荷兰和德国要一直统治到1985年。这一年，因为海瑟尔惨案、英格兰球队被驱逐出了冠军杯，在接近20年的时间里，拉丁足球只有一次辉煌，那就是AC米兰在1969年夺冠，他们4:1大胜阿贾克斯，把阿贾克斯王朝的到来推迟了两年。

这一轮盎格鲁—撒克逊的统治中诞生了3个最伟大的王朝：利物浦的四个冠军、阿贾克斯和拜仁的三连冠。

REFEREE
F.I.F.A.

击败国际米兰后，凯尔特人队长麦克尼尔举起冠军奖杯，这是俱乐部历史上第一次也是唯一一次的冠军杯。

1966/ **1967**

凯尔特人旋风

凯尔特人是第一支打入冠军杯决赛的英国球队。主帅斯泰因是个唯美主义者，他率队 2:1 击败国际米兰，引发了一场真正的集体疯狂。这些苏格兰人是永远的“里斯本雄狮”。

伦诺克斯是球场上最勤奋的凯尔特人球员，但他的遗憾是没有取得决赛进球。

直到1967年春天，冠军杯依然是拉丁足球的后花园，没有任何一支英国球队能够打进决赛，凯尔特人队要打开这条道路。

一年前，英格兰击败联邦德国，夺得了世界杯，北方的力量开始改变欧洲足球的格局。俱乐部层面，苏格兰居功至伟。到了1967年夏天，凯尔特人打进了冠军杯决赛；他们的同城死敌流浪者队进入联盟杯决赛，被拜仁1:0击败；基尔马诺克则晋级优胜者杯四强，可惜被英格兰的利兹联淘汰。

为了在5月感受到里斯本的白色灯光，凯尔特人队付出了很大努力。欧洲冠军杯1/4决赛，对阵南斯拉夫的伏伊伏丁那，队长麦克尼尔最后时刻的头球才让凯尔特人出线（0:1，2:0）。他们的决赛对手国际米兰则在1/4决赛中以总比分3:0击败卫冕者皇家马德里。

国际米兰很熟悉决赛时刻。但即便意大利人有大赛经验，曾接连在1963/1964、1964/1965赛季夺冠，但他们的双腿已经跑不动了。主帅埃雷拉感觉到了这一点：“我们的球队太疲劳了。一个月以来，我们居然没有赢下任何一场联赛。”他手下没有苏亚雷斯，也没有雅伊尔。凯尔特人教头斯泰因一点都不喜欢链式防守。决赛前一天，他说：“防守战术摧毁了足球的形象。这项运动被发明出来不是为了不被击败或者阻止取胜，而就是为了好好踢球，然后取胜。”

伟大的斯泰因

斯泰因是传奇人物。他最早是矿工，20世纪60年代成为一支天主教球队的清教徒主帅。那个年代，格拉斯哥宗教和体育的分界很严格，但凯尔特人球迷却把斯泰因奉为神灵。

斯泰因在1965年入主凯尔特人俱乐部。在球队的80年历史上，他居然只是第4位教练。斯泰因建立了一支能够征服欧洲的球队，而且这支球队很有特色：凯尔特人的球员全部出生

决赛

1967年5月25日，里斯本国家体育场　　主裁判:辰谢尔（联邦德国）

2：1

凯尔特人 (424)			国际米兰 (433)
辛普森	门将	门将	萨尔蒂
克雷格	后卫	后卫	布尔尼奇
麦克尼尔			瓜尔内里
克拉克			皮基
格默尔			法切蒂
默多克	中场	中场	贝丁
奥尔德			马佐拉
约翰斯通	前锋		比奇克利
华莱士		前锋	多门奇尼
查默斯			卡佩利尼
伦诺克斯			科尔索

进球

凯尔特人	比分	国际米兰
	0:1	马佐拉（点）7'
63' 格默尔	1:1	
84' 查默斯	2:1	

在格拉斯哥方圆30公里的范围内，这是一个奇迹。在这场里斯本的决赛之前，斯泰因说：“我们不仅仅想要捧杯，而且要踢得漂亮，让人们愿意回忆起我们。”

里斯本的国家体育场和城市一样高大，只有3个看台，这是为了给球迷们留出看峡谷地平线的视野。这天晚上，在更衣室的出口，发生了一幕轻喜剧。很久之后，凯尔特人身高只有1.55米的左边锋约翰斯通说了出来：“在通道里，国际米兰的球员们都很帅，皮肤古铜色，打着发胶，头发都往后梳，笑得很灿烂。而我们，我们缺少牙齿。当他们冲我们微笑的时候，我们也报之以微笑，他们肯定认为我们是从马戏团出来的。”

凯尔特人与国际米兰一战异常胶着，双方球员都显得格外紧张。

第 63 分钟，凯尔特人终于攻破了国际米兰的混凝土防守，格默尔把比分扳为 1:1。

里斯本雄狮

面对两届冠军杯得主，凯尔特人毫无畏惧，当然，开场之后他们也没有时间去想这个问题。国际米兰很快就领先了，马佐位第7分钟打入一粒点球。

这种剧本是意大利人所喜爱的，但是接下来剧情就不受他们控制了。真正的绿白旋风来了。数据是惊人的：凯尔特人2粒进球，2次击中横梁，15次打到门框以内，17次被挡住或者打偏。而国际米兰呢？只有一个可怜的角球。

后卫法切蒂如此描述他的无能为力：“我有10次尝试压上，但是每一次足球都不会回来。我们是在5打11。”虽然意大利球队的四后卫拼尽全力地保护着门将萨尔蒂，萨尔蒂依然做出了13次关键扑救。但是面对格默尔第63分钟和查默斯第85分钟的打门，他终于无能为力了。凯尔特人的统治地位太明显了，进多少球都很正常。

终场哨响，1万名苏格兰球迷冲进了草坪。36岁的门将辛普森曾在1948年代表英国队打了奥运会，但是直到1967年才第一次入选苏格兰队。观众欢庆时，辛普森拼命冲向自己的球门。冠军门将在2004年因为心脏病去世。在他的葬礼上，麦克尼尔讲述了这段轶事：“他必须冲回球门去找他的帽子。因为里面放着假牙，他的假牙，他的几个队友的假牙……”

最终，凯尔特人能够拍照时笑开怀。麦克尼尔说：“一切都很完美。我们得从更衣室出来去领奖杯，但是人群冲散了我们。我独自一个人摸索到奖杯前，那种感觉太棒了。如果非要有一件要改变的事情的话，我希望就是这个，我希望大家一起去领奖杯。”

在一起，凯尔特人的球员们这个赛季获得了五冠王：欧洲冠军杯、联赛冠军、联赛杯和苏格兰杯，以及格拉斯哥杯，这个奖杯也不是那么容易拿的，毕竟格拉斯哥流浪者也打入了联盟杯决赛。凯尔特人还是欧洲足球史上第一支包揽联赛、足协杯和欧冠的三冠王。

在一起，他们很有爱。他们从来没有被授勋，连斯泰因也没有。斯泰因最后死在工作岗位上，1985年秋天，他带领苏格兰队在威尔士加的夫打比赛时，死于心脏病。但是这支凯尔特人是永远的“里斯本雄狮”，拥有漂亮的绿色球衣做纪念，还度过了那么多美好的庆祝宴会和团聚晚会。

格默尔，清教徒

在凯尔特人这支天主教练队中，主帅斯泰因并不是唯一的清教徒——格默尔也是一名虔诚的清教徒。格默尔外号叫“Big Tam”，这来源于他射门时的巨大声音。格默尔家的送奶工也是清教徒，不过是流浪者队的球迷，每天早上他把奶放到格默尔家奶篮中的时候，都会来一句歌：“格默尔是垃圾。”

不过在凯尔特人球迷看来，格默尔却是珍宝。出生于1943年10月的格默尔是一名左后卫，自从1961年10月转会凯尔特人后，他就注定成为这支球队的传奇：他在1966/1967赛季成为球队的欧战最佳射手，冠军杯决赛，是格默尔为凯尔特人射入了扳平一球，帮助球队捧杯；3年后，他再次为球队在欧洲冠军杯决赛射入一球，但这次凯尔特人没有成为冠军——不过这足以使他成为历史上仅有的两个在两届欧洲冠军杯决赛都有进球的英国球员（另一名是利物浦的尼尔）。

在凯尔特人的10年间，格默尔代表凯尔特人出场418次，进球64粒。格默尔罚点球的技术高超：他37次主罚点球，只有3次射失。1971年12月，格默尔离开了凯尔特人。1976年，退役后的格默尔成为邓迪队主帅，他的梦想是执掌老东家凯尔特人，但这个愿望始终没有成为现实。

Gemmell

L'EQUIPE

LE VIEIL HOMM ET LA MER

croit en Foré

Un événement : premi victoire britan en Co e d'Europe

SARTI NE FAIT QU RECULER L'INÉVITABLE DÉF ITE (2-1)

DE L'INTER DEV NT UN CELTIC AD I- RABLE D'ÉNER IE

RUDI ALTIG RÉAGIT ET GAGNE A P LERME

COUP DUR P UR MONTAUBAN

Daynes et Delcros bless s hier à l' traînement

Bernard Thébault victime d'u e angine

Son Championn t de France avec Roux reporté

LA COUPE EST SSAISE

NOS NAGEUSES SE DISTINGUENT A MOURENX

DOMINIQUE MOLLIER PULVÉRISE LE RECORD DE FRANCE DU 1 500 MÈTRES

NOS RUBRIQUES

24 HEUR

SPORTS

原声

■《队报》特派记者让·科尔努

1967 年 5 月 26 日

欧洲冠军杯的决赛场地上从来没出现过这样的盛大场面。凯尔特人的球员们被 1 万名疯狂的球迷绑架、扒光和淹没。

冠军杯决赛也从来没有如此一边倒，也没有如此难以拿下。

国际米兰在第 7 分钟就由马佐拉打进点球，但是他们没想到比赛接下来如此沉重。他们完全被压制、扰乱和制服。苏格兰人刚开始长传冲吊，这是错误的。下半场开始，他们调整了战术，非常聪明。国际米兰的门将萨尔蒂做出了精彩的扑救，但是这只能推迟崩盘的时间：国际米兰的失利不可避免。凯尔特人的进球来了，第 63 分钟，格默尔精彩射门得分：第 85 分钟，默多克的射门碰到了查默斯入网。

凯尔特人成为第一支夺得冠军杯的英国球队，而十个月之前，英格兰刚刚夺得世界杯。

全景

卖主场赚钱

慕尼黑1860队在主场8:0横扫塞浦路斯的尼科西亚奥莫尼亚。出线既无希望，客队选择在德国完成“主场”比赛，以达到盈利的目的。于是第二轮比赛便在离慕尼黑仅150公里的Pocking进行，奥莫尼亚尽管1:2失利，但却收益了40000德国马克。

不道德进球

苏格兰凯尔特人队在第一轮首回合2:0轻松击败瑞士的苏黎世队，并最终夺冠，但他们在主场的第一粒进球却引起了骚乱。当麦克布莱德踩踏对方门将腹部导致后者受伤倒地时，后卫格默尔却没有理会，径直将足球踢进大门。

另一个普斯卡什

L.普斯卡什和马德里的同姓球星完全不相干，不过这个沃绍什前锋也有辉煌战绩：他代表匈牙利队参加了1966年世界杯，当届冠军杯的第一回合打入3球，1/8决赛对阵国际米兰，沃绍什的唯一进球也是他攻入的。

凯尔特人变阵

斯泰因的凯尔特人并没有固定阵形，球队经常在424、433或1423之间快速转换，以达到进可攻、退可守的程度。他们正是凭借灵活的战术转换，在决赛完成了对国际米兰钢铁防守的破解。比赛结束后，意大利媒体一针见血地指出国际防守足球的必败命运。“没有苏亚雷斯，国际就是支三流球队。足球的目的不是不失球，而是尽力去争取进球和胜利。一支强队应该去进攻，但国际米兰给人的感觉不是这样。”

可怕的奥卡奇和懈怠的马竞

当南斯拉夫的伏伊伏丁那与马德里竞技在1/8决赛两回合战平时，出于经济考虑，伏伊伏丁那将加赛场地放在了马德里竞技的主场。马德里竞技前5分钟便攻入2球，球队有些松懈。但南斯拉夫人突然发力，小个子奥卡奇攻入反超一球后，马德里竞技球员如梦方醒，但为时已晚。伏伊伏丁那在被罚下两人的情况下坚持到了比赛结束，在对方主场成功晋级。

大不列颠岛的首个冠军杯

决赛后，苏格兰的凯尔特人队长麦克尼尔从葡萄牙总统手中接过欧洲冠军的新象征——大耳朵杯，也向世界宣告来自现代足球发源地的英国球队终于获得了这一欧洲俱乐部的最高荣誉。

身披 14 号球衣的魔法师

约翰·克鲁伊夫10岁进入阿贾克斯少年队训练，很快他的天赋便被发掘，17岁首次代表阿贾克斯出战荷甲联赛便攻入一球。本赛季冠军杯16强战，荷兰劲旅主场5:1大胜利物浦，克鲁伊夫有一球进账，此后，他又把安菲尔德球场变成了个人表演的舞台，独力攻入2球。赛后，利物浦球星亨特评价道：“阿贾克斯不是一支技术出众的球队，但他们凭借顽强有效的防守以及那个叫克鲁伊夫的年轻人战胜了我们。我永远不会忘记他的名字。”

16强战图

射手榜

1	范希姆斯特（安德莱赫特）	6 球
2	波尔（戈尼克）	5 球
	托马斯（林菲尔德）	5 球
	查默斯（凯尔特人）	5 球
5	格默尔（凯尔特人）	4 球
	阿拉贡内斯（马德里竞技）	4 球
	德夫林特（安德莱赫特）	4 球
	科涅茨卡（慕尼黑 1860）	4 球
	莫拉斯（布拉格杜克拉）	4 球
	L. 普斯卡什（布达佩斯沃绍什）	4 球
	菲尔·斯科特（林菲尔德）	4 球

夏日记事

■阿根廷竞技称霸世界

阿根廷的竞技俱乐部异军突起，他们一举获得南美解放者杯和洲际杯两项冠军。洲际杯两回合，阿根廷人与欧洲冠军杯得主凯尔特人总比分战成 2:2，附加赛中 1:0 取胜。

■米兰换位

米兰城，十年河东、十年河西。国际米兰经过数年辉煌后已近暮年，他们曾在 1964、1965 年连续两届成为欧洲冠军，但是，随着老将们的退役，大国际时代开始成为历史名词，名帅埃雷拉也谋划重新换血。沉寂数年的 AC 米兰却依靠一群新人逐渐崛起，他们在曾随米兰问鼎 1963 年冠军杯的里维拉和特拉帕托尼的带领下，重新向欧洲发起冲击。

■英格兰足球流氓

英格兰足球流氓问题日趋严重，国内联赛中球迷斗殴现象严重，依靠自行解决和舆论监督已不能阻止愈来愈盛的足球暴力事件，这也预示着此后一系列足球悲剧的上演。

1967/ 1968

十年之后，曼联之泪

曼联经过加时，4:1 战胜了本菲卡。很少能有比这更让人感动的胜利。曼联的领袖是马特·巴斯比和博比·查尔顿，两个 1958 年空难的幸存者……

1968年5月29日的决赛开始前，曼联队长博比·查尔顿（左）和本菲卡的科卢纳交换队旗。

决赛场地温布利算不上曼联主场，但也是在家门口。曼联和一段无与伦比的历史有个约会：残酷而又美丽，悲惨而又浪漫。我们在这里不谈1968年5月震晃了欧洲的事件，也不谈“布拉格之春”引起的紧张，而是在说那支马特·巴斯比麾下期待征服欧洲的球队，1958年的慕尼黑空难摧毁了他们，当时他们正从贝尔格莱德打完客场比赛回国。

决赛

1968.5.29-伦敦温布利球场　　主裁判：贝洛（意大利）

4 : 1

曼联（325）			本菲卡（424）
斯特普尼	门将	门将	恩里克
布伦南	后卫	后卫	阿道弗
福克斯			温贝托
邓恩			雅辛托
施兰特	中场		克鲁斯
斯泰尔斯		中场	格拉萨
贝斯特	前锋		科卢纳
基德		前锋	奥古斯托
博比·查尔顿			托雷斯
萨德勒			尤西比奥
阿斯顿			西蒙斯

进球

曼联	比分	本菲卡
53’ 博比·查尔顿	1:0	
	1:1	格拉萨 79’
92’ 贝斯特	2:1	
94’ 基德	3:1	
99’ 博比·查尔顿	4:1	

伯纳乌的反击战

决赛到来时，马特·巴斯比已然是曼联的领袖。10年前，他正在生死之间挣扎：躺在医院的床上，做临终祷告的牧师已经来过两次。决赛阵容中还有两位慕尼黑空难的幸存者、老“巴斯比宝贝”：队长福克斯和世界冠军博比·查尔顿。

抵达温布利前，曼联过五关斩六将，一路淘汰了爱尔兰人（主场4:0，客场0:0）、萨拉热窝FK（主场2:1，客场0:0）、波兰的戈尔尼克（主场2:0，客场0:1），一直到半决赛遇到皇家马德里。

第一回合，曼联在老特拉福德1:0获胜。对于这一结果，曼联球员不会满意，因为曼联的欧战客场能力在该赛季极其糟糕，前三个客场，曼联两平一负，而且居然没有一粒进球！结果曼联在伯纳乌打出了一场不可思议的比赛。上半场从第31至第45分钟的14分钟内连进3球，皇家马德里一只脚踏进了决赛，但神勇的曼联却把比分扳成3:3。

曼联的决赛对手是本菲卡。本菲卡在该赛季中途更换了主教练，费尔南多·列拉被奥托·格洛里亚代替。本菲卡已经是10年内第5次打入冠军杯决赛，但自从1962年光荣地5:2战胜皇马之后，他们始终与好运无缘。

本菲卡能来到伦敦靠的是严密的防守，5轮10场欧战一共只丢了两球。不过第一轮面对实力不济的北爱尔兰的格伦托兰，葡萄牙人就胜得很险：客场1:1，主场0:0，乔治·贝斯特对本菲卡不会陌生：两年前冠军杯1/4决赛，曼联曾在里斯本5:1大胜本菲卡。

三个金球奖的进攻阵容

这场决赛首先是一个俱乐部和其命运的约会。这不是复仇，只是一段痛苦而感动的历史的延续。10年前，巴斯比离开医院后第一次来到老特拉福德，公众们轻轻地鼓掌，害怕惊到亡灵。1968年的5月，巴斯比已经59岁。从1945年10月退役起，他就是球队的主帅。博比·查尔顿解释说：“他对清洁女工说‘女士，你好’和在管理会议上说‘这就是俱乐部现状’带着同样的尊重。”巴斯比创造了三名金球奖得主组成的锋线：劳、查尔顿、贝斯特。贝斯特是其中最难以捉摸的，他说：“我们很大胆、聪明、危险和无法预测。”

慕尼黑空难之后10年，曼联的胜利似乎已经注定，但过程充满悬念。查尔顿在第53分钟头球得分，第79分钟，格拉萨将比分扳平。

曼联前锋基德在决赛中很活跃，他频繁威胁本菲卡门将恩里克的大门。第94分钟，他的努力终于有了结果，禁区前的射门把比分改写为3:1。

温布利的观众们充满着热情和对过去的回忆，现在则有些对能否迎接胜利不那么确定了。尤西比奥是1966年世界杯最佳射手（9球），这一赛季在葡萄牙联赛中打入44球。终场前3分钟，他错失了反超比分的机会。他没能战胜曼联门将斯特普尼，后者在这一天疯狂地对后卫吼叫，下巴都脱了臼。博比·查尔顿感觉到了命运的气息：“尤西比奥的机会好到几乎不可能。至于我的那个头球，我知道如果我的头发再多一点，足球就会高出。”

比赛进入了加时，这是一个风轻月净的夜晚，必将驱散往事的阴霾。年轻一代的偶像乔治·贝斯特在第92分钟进球。布莱恩·基德在2分钟后也进球了，并且在第99分钟助攻查尔顿得分。基德刚刚19岁，他和查尔顿这两代人的配合似乎将慕尼黑和温布利联系起来了。凶猛、坚强的斯泰尔斯面向观众跪了下来，两年前英格兰夺得世界杯的那个夜晚，他曾在女王面前大跳吉格舞。

恩里克目送博比·查尔顿（右二）射出的足球入网，这是曼联队的第四球，也是查尔顿的第二球。

温布利全场为基德高唱《生日快乐》。马特·巴斯比缓缓走进了温布利的草地。贝斯特说：“我们整个赛季都在想这场比赛。这是我们最后一次将其献给巴斯比爵士的机会。我永远不能忘记我的进球，也不能忘记比赛结束后巴斯比爵士的脸。他当时没有哭，眼泪后来才来，但他的身边似乎有一个光环，就像画上的圣人一样。”

百感交集。马特·巴斯比如此描述：“当博比·查尔顿捧起了冠军杯，我觉得得到了清洗，我的负罪感减轻了。当年是我要带球队去

贝斯特，第五披头士

他在曼联有一个令人惊奇的职业生涯开端，他踢球有着不可思议的优雅，这位北爱尔兰人成为一代人的偶像。

开端是完美的。贝尔法斯特的男孩促使一位球探给曼联教头马特·巴斯比发了一封电报："我觉得我找到了一个天才。"巴斯比从此成了贝斯特的精神之父，唯一给他指路的人，唯一劝他不要外出的人。1963年加盟曼联后，北爱尔兰人一直是出色的带球者，有着魅力十足的优雅。他四处乱跑，那些下午，他经常被人威胁要像兔子一样射杀，追他的人可能是爱尔兰共和军，也可能是被戴了绿帽子的丈夫……

1968年，贝斯特荣获金球奖，也夺得了欧洲冠军杯冠军，他到达了职业生涯的顶峰。顶峰之后就要走下坡路了，而这时贝斯特也只有22岁。他职业生涯中最出色的表演莫过于1966年在里斯本的那个夜晚。冠军杯四分之一决赛，曼联5:1狂胜本菲卡。此前曼联在老特拉福德3:2险胜对手，巴斯比要求将士们来到客场要克制，在前15分钟稳守；结果开场12分钟，贝斯特已经打入2球。

还有1967年，北爱尔兰队在苏格兰踢比赛，每当贝斯特触球，全场观众就如同一个人一样全部起立，像是被过了电，而电流就是贝斯特的才华和创造力。

巅峰时期的贝斯特每周收到2000封信，并且每天早饭前喝4杯酒。他自称结识过上千名女性——这标志着他已经开始健忘了。他是世界上第一个成为流行明星的球员。他当时的外号是"第五披头士"，他在那些没有意义的酒吧和没有明天的征服中燃烧自己的才华和生命。"这缩短了我的职业生涯，甚至是我的生命，但如果说我后悔的话，那我就在撒谎。"贝斯特总是具有自毁倾向，80年代末期，他出没于各个夜总会放纵流浪。这些夜总会依然相信天才能够战胜酒精。"五六年之内，我就从'披头士'先生变成了'酒鬼'……"贝斯特的职业辉煌确实可以延续更长时间。

征战欧洲（1958年的贝尔格莱德）。我找到了宽慰。"博比·查尔顿那天晚上睡得很早。庆典在伦敦市中心的一家酒店进行，但他没有参加。他感觉很不好，累坏了，"这条路太长了。慕尼黑之后整整10年，我情不自禁……"这种感情被全欧洲分享。

对于温布利决赛，《队报》没有进行任何报道。时值1968年5月风暴，包括《队报》在内的全法国媒体都在罢工。

George Best

全景

首轮热点

由克鲁伊夫领衔的阿贾克斯队首轮即遭淘汰，他们的对手是卷土重来的皇家马德里，同样遭到厄运的还有卫冕冠军凯尔特人。

由传奇教练巴斯比带队的曼联则轻松闯过首轮，毕竟这是一支两代传奇巨星查尔顿和贝斯特共同组成的球队，丹尼斯·劳贡献两球。

巨星闯天关

1/8决赛中，强队纷纷受到强势阻击，此时巨星发挥巨大作用，力保球队晋级，他们有波兰戈尔尼克的卢班斯基、本菲卡的尤西比奥、曼联的乔治·贝斯特以及尤文图斯的瑞典人马格努松。

不老的博比·查尔顿

慕尼黑空难幸存者之一的博比·查尔顿在伯纳乌球场不停地奔跑，格罗索很难从他的脚下抢到球。曼联在客场最终3:3逼平皇马，晋级决赛。

比赛结束时，一名激动的曼联球迷甚至冲进场内，想从英格兰队长的身上把球衣扒下来当作纪念，博比·查尔顿的狼狈样令人印象深刻。

本菲卡临阵换帅

本菲卡的冠军杯之旅堪称奇迹。智利主帅费尔南多·列拉因薪水迟迟不发与俱乐部闹翻，解约离队，他的继任者是格洛里亚。

尽管临阵换帅，本菲卡还是依靠尤西比奥和托雷斯的无敌组合闯过了沃绍什这一关，并在半决赛战胜尤文图斯，晋级决赛。

好事不过三

尤西比奥作为那个时代最伟大的射手，数次获得冠军杯金靴，也曾跟随本菲卡在1960/1961、1961/1962赛季两次在冠军杯决赛称雄。

不过1968年，时隔6年重新进入决赛的尤西比奥却很背：他多次丧失进球良机，作为当届冠军杯最佳射手的他没有进球。葡萄牙人的第三次欧冠决赛经历以失败告终。

迟到十年的收获

经历了慕尼黑空难，曼联在十年间疗伤止痛，最终完成重建并继续十年前未完的征程。空难的幸存者以及新时代的缔造者见证了历史。

“冠军杯是十年一剑的成果。”虽然在回到老特拉福德拿着大耳朵杯摆造型时，巴斯比笑容满面，但决赛当晚他却是老泪纵横。

1967/1968

16强战图

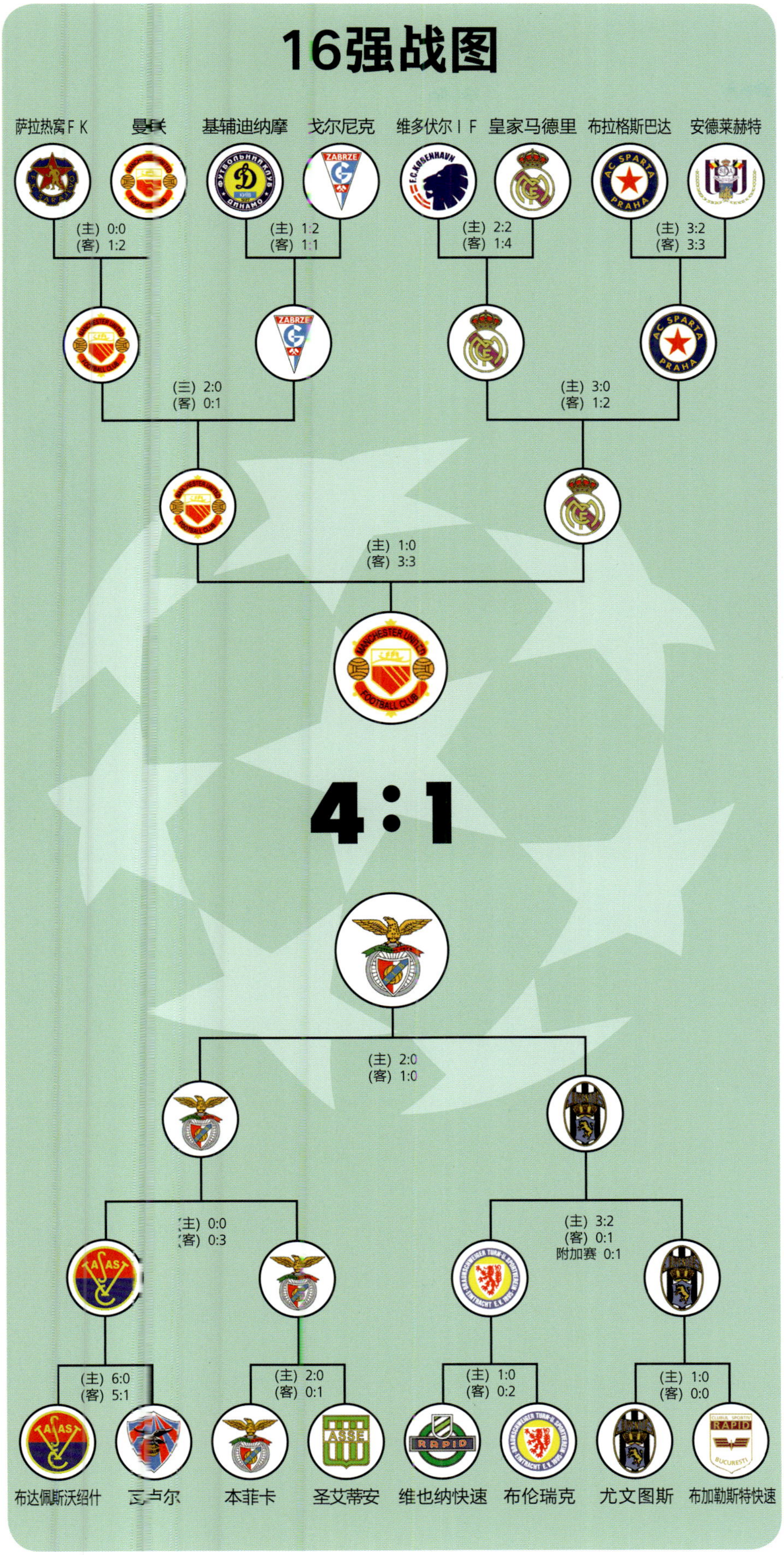

射手榜

1	尤西比奥（本菲卡）	6 球
2	亨托（皇家马德里）	5 球
	马谢克（布拉格斯巴达）	5 球
	范希姆斯特（安德莱赫特）	5 球
5	阿曼西奥（皇家马德里）	4 球
	卢班斯基（戈尔尼克）	4 球
	贡纳松（雷克雅未克瓦卢尔）	4 球

夏日记事

■巴斯比封爵

1968 年，曼联主教练巴斯比把一支遭遇空难的球队在十年间调教成为欧洲冠军，因而被英国皇室授勋为爵士。31 年后，弗格森成为第二位被封为爵士的曼联主帅。

■西班牙“黑哨”

西班牙裁判在欧洲饱受争议。先是在 1968 年欧洲杯决赛中，意大利队在西班牙裁判门蒂比尔的帮助下战胜南斯拉夫队，取得冠军，因而发生著名的“终场瓶子雨”，然后是西班牙国王杯决赛，当值裁判里格的判罚再次引发球迷不满，赛后草坪一片狼藉。西班牙裁判遭遇信任危机。

■广告登陆球衣

球衣上印制广告司空见惯，但在 20 世纪 60 年代末的世界足坛还是新鲜事。法国球队在 1968/1969 赛季开始在球衣上印广告。圣艾蒂安、马赛和巴斯蒂亚三家俱乐部成了吃螃蟹者，首先将球衣变成广告宣传品，与今天价值千金的代理费不同，他们为矿泉水品牌代言收费不高。

■足球规则改变

为了适应现代足球的发展，国际足联修改了比赛规则。每支球队可以在比赛中更换两名球员，大大改善了比赛质量和战术运用。欧洲冠军杯也有了改变，严格的比赛日程被引进，欧洲冠军杯的两回合比赛在隔周的星期三进行，客场进球规则适用于全部比赛。

1968/1969 >>

1968/ 1969

米兰中兴

在北方球队垄断冠军杯的背景下，里维拉和普拉蒂的 AC 米兰先后淘汰了凯尔特人和曼联，在决赛中击败了前途无量但尚显稚嫩的阿贾克斯（4:1）。

米兰大帅罗科踌躇满志，1968/1969 赛季的决赛胜利使他夺得了个人的第二座欧洲冠军杯。

决赛

1969年5月28日，马德里伯纳乌球场　　主裁判:门迪比尔(西班牙)

4 : 1

AC 米兰（433）			阿贾克斯（433）
库迪奇尼	门将	门将	巴尔斯
安奎莱蒂	后卫	后卫	46' 苏比尔
罗萨托			瓦索维奇
施内林格			许尔斯霍夫
马拉特拉西			范迪温博德
特拉帕托尼	中场	中场	斯沃特
里维拉			46' 赫罗特
洛代蒂			普龙克
哈姆林	前锋	前锋	丹尼尔松
索尔马尼			克鲁伊夫
普拉蒂			凯泽尔
替补			
			46' 穆勒
			46' 努尼加
进球			
8' 普拉蒂	1:0		
40' 普拉蒂	2:0		
	2:1		60' 瓦索维奇
67' 索尔马尼	3:1		
75' 普拉蒂	4:1		

1969年是英雄主义的一年。时代的底色是盎格鲁-撒克逊，欧洲足球被北方球队统治。但在此时，还有最后一次拉丁风情。在马德里进行的冠军杯决赛中，AC米兰4:1击败了阿贾克斯。看上去像是一个转折点，但其实这是链式防守的最后火焰。罗科的米兰比往常更加平衡，踢得并不消极。

红黑军团一路上淘汰了前两届的冠军：1967年的凯尔特人（主场0:0，客场1:0）和1968年的曼联（主场2:0，客场0:1）。AC米兰依然是盯人防守战术的拥趸，依然有自由人马拉特拉西，但米兰也有真正的进攻欲望，他们拥有极其优雅的里维拉。

克鲁伊夫已经起飞

阿贾克斯能杀进决赛本身就让人惊讶，虽然现在的阿贾克斯已经成为传奇，但当时他们还是一支在欧洲并不起眼的球队，没有人预感到米歇尔斯在阿姆斯特丹的革命已经到来了。

阿贾克斯在1/4决赛淘汰本菲卡就已经让欧洲惊艳。首回合，葡萄牙人在客场3:1获胜，谁也没想到，回到里斯本，克鲁伊夫开始发威，反给了对方一个3:1。当时还没有引进加时赛制度，双方只能在巴黎进行附加赛。令人大跌眼镜的是，这两支以攻击见长的球队，居然会在90分钟里踢成0:0。米歇尔斯说里斯本的防守"由四个只有一条腿的人组成"，但本菲卡多年来横行欧洲，难道靠的是假腿吗？

进入加时赛，6.3万名观众大饱眼福，克鲁伊夫第92分钟首开纪录，丹尼尔松在第104和第109分钟又梅开二度，阿贾克斯3:0大胜。

罗科1963年曾离开AC米兰，就是在当年冠军杯决赛2:1战胜本菲卡之后。1967年，罗科又回到米兰，并给米兰带来了一座欧洲优胜者杯和一座意甲冠军作为见面礼。人们把罗科叫作"的里雅斯特屠夫"，这完全是指他之前的职业，而与其为人无关。其实人们更可以叫他"的里雅斯特小丑"，他实在是很幽默。在到达马德里伯纳乌时，罗科说："谁害怕了，就留在车里。"然后他就立即坐下了，引发了所有人的哄笑。

罗科花了大量时间来研究阿贾克斯，他的间谍名叫切萨雷·马尔蒂尼，前AC米兰队长，未来的意大利队教头。罗科说："他跟我说阿贾克斯是一支随时准备爆发的球队，而爆发点就是克鲁伊夫。"米兰更加平稳，而且还有上

索尔马尼（小图米兰球员）非常活跃，此次阿贾克斯门将巴尔斯封堵了他的头球攻门，却无法阻止索尔马尼第 67 分钟把比分扩大为 3:1，另一名进球功臣普拉蒂（大图右二）对索尔马尼的表现也很开心。

进心。罗科说：“我们不能把注意力全都集中在保护球门上，而忘记了进攻，我们毕竟有里维拉和普拉蒂。”但他依然坚守链式防守的精髓，在赛前宣言中，他说：“当对手控球和进攻的时候，是我们最舒服的时候。”

杀手、天才和魔鬼

这一天属于“鼠疫”普拉蒂。1968/1969赛季，他在联赛中打入20球。1/4决赛对阵凯尔特人，也是他打入唯一进球。决赛属于普拉蒂。场面上看来，中锋是索尔马尼，普拉蒂是左边锋，但这只是为了更好地隐藏，然后在关键时刻杀出。不过，普拉蒂也没怎么躲藏：他第一分钟就打中门柱，然后连入3球。法国记者让·埃斯克纳兹第二天写道：“这就好比读了一本侦探小说，第一页就写明了杀手的名字：‘普拉蒂’。”

罗科也说：“普拉蒂不可阻挡，因为他骗了所有人。大家觉得他又慢又笨，其实他懂得加速，而且能够顶住压力。”里维拉是决赛的另一位英雄，普拉蒂的第二个进球就是他的脚后跟助攻。罗科说：“如果有钱的话，我会把里维拉买下来让他在后院踢球，纯粹是为了乐趣。”还有瑞典人哈姆林，他在左翼的盘带和左脚的畸形，让他得到了“瘸子魔鬼”的外号。里维拉事后回忆说：“这场决赛是我们最容易的比赛。当我们淘汰了凯尔特人和曼联，就基本赢得了冠军杯。”

阿贾克斯革命还在等待。没有人感觉到一个足球流派正在升起，全攻全守足球在一个失败的夜晚签下了出生证明。米歇尔斯说：“AC米兰是一架完美的机器，我们还处在学习阶段，但我们会记得这一课。”他没有食言。

1968/1969

里维拉，意大利金童

金童托蒂？金童卡萨诺？里维拉听到后总会不自觉地撇撇嘴，因为他才是意大利足球历史上的第一个金童。1959年6月2日，里维拉第一次在意甲出场，对手是国际米兰，他年仅15岁；16岁时，AC米兰付出20万美元得到了他，这是当时的转会纪录；18岁的他就获得了第一座意甲冠军；19岁，里维拉和AC米兰获得了第一座欧洲冠军杯，但当时的主角是阿尔塔菲尼。

里维拉迷恋拉丁足球，他的球风在整个意大利都是另类。米兰并不是第一个注意里维拉的豪门，尤文图斯的主席老阿涅利错过了买里维拉的机会，“如果我想把里维拉邀请到我的客厅里踢球，我当然要出大价钱。但是在球场上，里维拉要面对太多艰苦而放肆的对手，这就迫使我重新考虑。”很显然，老阿涅利的重新考虑是多余的，里维拉用表现证明了这一点。当时人们提起AC米兰，总是面露不屑：“一支防守球队……”但他们得在后面加上一句：“除了里维拉。”这名瘦小的意大利人用优雅的控球和广阔的视野征服了欧洲，到了后期，他甚至还学会了防守。

1963年AC米兰夺得冠军杯后开始沉寂，但里维拉没有，年纪轻轻的他赢得了球迷的尊重。到了1967年，名帅罗科重回AC米兰时，里维拉开始了狂飙，他和罗科一起赢得了意甲冠军和优胜者杯冠军，到了1969年登顶欧洲时，里维拉已是俱乐部元老，1969年的金球奖实在是对里维拉的最好奖励。10年后，在带领AC米兰赢得联赛冠军后，里维拉选择了退役，随后他一度担任米兰的副主席，现在则是一名政治家。

Gianni Rivera

LE BOURGET 1969 : un tournant dans le transport aérien

L'EQUIPE

LA PLEINE FORME ! avec chambourcy

Schweppes INDIAN TONIC

MILAN ET PRATI A L'ECHELLE MONDIALE

LE COURAGE D'AJAX N'A PAS SUFFI (1-4)

Bien aidé par Sormani et Rivera, Prati, le superbe, a marqué 3 buts

● Saint-Etienne se méfie quand même de son match de dimanche contre les Girondins

● Bordeaux a tiré un trait sur sa saison 68-69

24 HEURES DE SPORT

La voie étroite

THEILLIÈRE RENAIT BRACKE RÉSISTE

Le Clermontois gagne détaché à Annecy, devant Van Neste, Bracke, Pingeon, Poulidor à ...

Anquetil a « craqué » dans le dernier col, ainsi que Janssen et Aimar

GIRO. — 2e victoire au sprint de Basso devant Reybroeck. Schiavon toujours en rose

PRATI BOURREAU D'AJAX

MAITRISE D'EDUCATION PHYSIQUE ou DIPLOME D'ETAT

COURCOL A POUSSÉ ASHE A JOUER CINQ SETS

Elimination de Bungert de Riessen et de Jauffret battu par Mulligan

NOS RUBRIQUES

BALLY

José Broissard a reçu l'Oscar du ...

原声

■《队报》特派记者罗贝尔·维尔涅

1969 年 5 月 29 日

昨天晚上的伯纳乌没有惊喜。没过多久，米兰的优势就转变成了切实的进球。意大利人按照其惯常的做法，让对手放开进攻，而用自己犀利的反击攫取比赛的胜果。

第 8 分钟，米兰就进球了，我们甚至不想这么早就看到进球。因为这么早就领先似乎鼓励他们更加强调防守，从而削弱了比赛的观赏性。悬念其实也有一点，第 60 分钟，瓦索维奇的点球之后，阿贾克斯将比分扳成了 1:2。但米兰太强了，荷兰人输了也没什么好遗憾的。

比赛其实只有两节，每节 7 分钟。第一节是从开场到普拉蒂的帽子戏法中的第一个进球，第二节是从阿贾克斯进球到米兰的第三个进球。两次 7 分钟，加起来只有一刻钟，这就是一场欧洲冠军杯决赛。不过，谁让我们没得选择……

全景

东西方冷战影响冠军杯

由于1968年8月华约军队进驻捷克斯洛伐克参与政治事件，西欧俱乐部普遍抵制与东欧球队交手，特别是英国的曼联和凯尔特人。

8月30日，欧足联召开紧急会议，决定通过第二次抽签，将东西阵营的球队分开。这直接导致包括基辅迪纳摩在内的5支东欧球队退出比赛，但捷克斯洛伐克仍将自己的俱乐部特尔纳瓦斯巴达克留在了杯赛，并一路杀到半决赛。

金靴丹尼斯·劳

巴斯比爵士斥巨资将天才横溢的苏格兰人丹尼斯·劳从都灵带到了曼联，与博比·查尔顿与乔治·贝斯特组成了无坚不摧的进攻线。

尽管劳没能参加上一届决赛，但到了本届杯赛，仅第一轮对阵爱尔兰的沃特福德联，苏格兰射手就用7个球奠定了当届金靴的基础。

新规则将皇马淘汰

当届冠军杯比赛采用了很多新规则，使比赛更加公平，例如总比分战平的情况下，客场进球占优者晋级。维也纳快速便是这一新规则的受益者，他们在1/8决赛主场1:0战胜皇马。到了伯纳乌客场，维也纳快速尽管1:2落败，皇马还是只能接受被淘汰的命运。

米兰和本菲卡不战而胜

由于东欧5支球队基辅迪纳摩、科索夫、索菲亚列夫斯基、费伦茨城和耶拿退出，1/8决赛时只剩下14支参赛队，所以只需进行6场淘汰赛。通过抽签，米兰和本菲卡幸运地直接晋级1/4决赛。

阿贾克斯的全攻全守

阿贾克斯完成了革命性创举。米歇尔努力调动整支球队的战斗力，并称之为全攻全守战术，这让球队像机器一样运转。

费内巴切不幸成为这一创新战术的牺牲品，阿贾克斯第二轮总比分4:0淘汰了他们。即使是费内巴切泥泞不堪的主场，也未能阻止阿贾克斯2:0完胜。

抓住仅有的机会

1/4决赛第一回合，米兰的圣西罗主场天降大雪，双方就像在冰激淋上踢球一样，很难创造出机会，米兰与凯尔特人战成0:0。第二回合，AC米兰依靠普拉蒂在客场抓住的唯一机会，淘汰了凯尔特人，普拉蒂赛后回忆那粒至关重要的进球，“我从中场把球抢下，埋头狂带40米，我知道背后有人在追。守门员出击时，我将球射进了。我们之后再没获得机会，但却将优势化为胜果。”

两年三冠军

瑞典人哈姆林最早成名于1958年世界杯，瑞典一路过关，在决赛中负于巴西。他在AC米兰虽然仅仅效力了两个赛季，却随队获了一座欧洲冠军杯、一座优雅者杯和一个意甲联赛冠军，胜过了大多数球员一生所能取得的荣耀。

普拉蒂的荣誉之夜

普拉蒂当届决赛完成帽子戏法，让AC米兰第二次捧起了欧洲冠军杯。“这是我职业生涯最辉煌的时刻。开场不久我打中门柱时，我想今天一定运气不好。但没想到一下进了三个。”普拉蒂赛后回忆道。阿贾克斯主帅米歇尔斯则表示自己的球队“输在缺乏经验”。尽管如此，阿贾克斯还是向全世界展示了荷兰足球的强大实力。

16强战图

射手榜

1	丹尼斯·劳（曼联）	9球
2	克鲁伊夫（阿贾克斯）	6球
	普拉蒂（AC米兰）	6球
4	阿达麦茨（特尔纳瓦斯巴达克）	5球
	什韦茨（特尔纳瓦斯巴达克）	5球
	托雷斯（本菲卡）	5球

夏日记事

■足球战争

1969年夏，在中美洲的洪都拉斯和萨尔瓦多之间，爆发了一场因足球引发的战争。生活在洪都拉斯的30万萨尔瓦多居民因受到政治歧视而长期与当地居民关系不和，比赛后形势激化。两国在7月宣战，3000人死于这场持续6天的军事冲突。

■列强革新

欧洲各大俱乐部都在酝酿革新，包括更换球员阵容和教练。一方面是适应不断更新的足球规则，另一方面是为1970年世界杯做准备。战术理念和青年培养走在前列的荷兰足球逐渐崛起。

■人工草皮的运用

西汉姆联和邓迪联在人工草足球场上进行了一场革新性的职业足球赛。赛后西汉姆联射手赫斯特、博比·穆尔等球星称在新式球场上的感觉很好。这种新式草皮是由美国波特兰的3M纺织公司制造的。

■巴斯比第一次退休

1969年6月，60岁的巴斯比爵士从曼联帅位离任，成为俱乐部董事。巴斯比推荐助手麦金尼斯接任主帅，但这是灾难性的，麦金尼斯和球员关系太好，没有威信，俱乐部战绩节节下降，巴斯比不得不于1970年底回来救火，并在该赛季结束后再次退休。在曼联的14年，巴斯比为球队带来了5座联赛冠军奖杯、2座足总杯和1座欧洲冠军杯。

1969/1970 >>

1969/ 1970

费耶诺德，荷兰第一

鹿特丹的俱乐部为荷兰带回了第一座冠军杯奖杯，之后就是阿贾克斯的三连冠。不管是米兰还是凯尔特人都拦不住费耶诺德。决赛中，费耶诺德通过加时赛 2:1 战胜了凯尔特人。

费耶诺德主教练恩斯特·哈佩尔是美丽足球的崇拜者，但费耶诺德的战术以实用为主。

1970年，荷兰依然没有进入欧洲一流足球强国的行列。阿贾克斯虽然在1969年打入了冠军杯决赛，却毫无强队风范，被AC米兰4:1血洗；荷兰国家队也没能晋级墨西哥世界杯决赛圈，费耶诺德的胜利成为荷兰足球登堂入室的标志。

这支鹿特丹球队的主帅是前奥地利国脚恩斯特·哈佩尔。他的哲学？“我在维也纳快速踢过球，我为美丽足球的消失而痛心，但人要适应时代。在费耶诺德，我努力在竞技足球和聪明战术中间找到一个平衡。”费耶诺德的成功并非偶然，它的优点在于广泛的群众支持（主场场均观众人数是4.5万），非常整体的战术体系，还有荷兰国内和阿贾克斯的常年对抗让其随时进步。

在通向决赛场地圣西罗的道路上，费耶诺德先在1/4决赛淘汰了圣西罗的主人AC米兰。接下来面对柏林前进和华沙莱吉亚，费耶诺德自然轻松。虽然费耶诺德在两个客场一平一败，但回到主场均能获胜，确保了一张决赛的入场券。

决赛

1970年5月6日，米兰圣西罗球场　　主裁判:贝洛(意大利)

费耶诺德	2 : 1		凯尔特人
（433）			（433）
彼得斯-赫拉夫兰	门将	门将	E.威廉姆斯
罗梅伊吉恩 107'	后卫	后卫	海
伊斯拉埃尔			麦克尼尔
拉塞隆斯			布罗根
迪温博德			格默尔
哈西尔	中场	中场	默多克
扬森			77' 奥尔德
范哈内亨			J.休斯
韦里	前锋	前锋	约翰斯通
欣德瓦尔			华莱士
穆利吉恩			伦诺克斯
替补			
哈克 107'			77' 康纳利
进球			
	0:1		格默尔 29'
31' 伊斯拉埃尔	1:1		
117' 欣德瓦尔	2:1		

幸运的凯尔特人

决赛的另一支队伍凯尔特人是抽签的幸存者。1/8决赛中，凯尔特人和本菲卡打平。当时还不存在点球决胜，于是进行了抽签，凯尔特人成为幸运儿。苏格兰人的运气很好，在本菲卡之前的对手巴塞尔和之后的佛罗伦萨都没有让他们费太大的劲。尤其是面对意甲冠军佛罗伦萨，凯尔特人主场3:0让第二回合失去了悬念，其强大的攻击力让人赞叹：意大利人的链式防守可不是马奇诺防线！

半决赛是一场不列颠内战，凯尔特人的对手是英格兰的冠军利兹联。1968/1969赛季，利兹联获得了俱乐部历史上第一个顶级联赛冠军，也获得了第一次参加冠军杯的资格。作为新丁，利兹联在欧洲赛场上并不怯场，他们大打攻势足球，在遭遇凯尔特人前的6场比赛，打进对方24球，而他们的城门多少次失守呢？0次！凯尔特人的锋线面临考验。不过哈佩尔并不担心：“遇到英格兰的球队，苏格兰人还不拼尽全力？”正如哈佩尔所料，凯尔特人的小伙子们确实很努力，他们客场1:0战胜利兹联，前锋康纳利开场1分钟就打破了利兹联的不破金身，在场的球迷大多数都没有看到进球，因为他们正忙着找座位！随后利兹联疯狂反扑，凯尔特人门将E.威廉姆斯发挥出了该赛季最出色的状态，利兹联只有让对手带着胜利离开。

回到格拉斯哥，凯尔特人临时决定把主场定在汉普顿公园球场，观众人数高达13.4万人，这创造了冠军杯上座人数的新纪录。因为这场比赛要淘汰的是英格兰人，我们甚至能看

决赛中，凯尔特人的格默尔第29分钟任意球首开纪录，成为第一位在两届欧冠决赛都有进球的英国人。

到凯尔特人死敌流浪者的蓝色围巾。新教的流浪者的支持者们赶来支持自己的天主教邻居，这是前所未有的场面。不过利兹联中场布雷姆纳首先打破僵局让现场观众惊出一身冷汗，幸亏J.休斯和默多克挽救了球队，最终凯尔特人2:1获胜。第二天，《苏格兰每日快报》写道：“我们的英格兰同行们头大了，这让我们很快乐。”但不能忽视的是，这已是利兹联在本赛季的第61场比赛，太多了！

第一场盎格鲁-撒克逊决赛

1970年5月6日，米兰机场迎来了前所未有的空中芭蕾，2.5万名荷兰人和2.5万名苏格兰人以和平方式占领城市。圣西罗球场内，气氛无与伦比，让人疯狂，这更让米兰球迷伤心了，因为在他们的地盘上，做主的并不是红黑色，居然是荷兰人和苏格兰人。冠军杯创立以来，米兰已经第6次承办决赛，这仅次于马德里的8次。这场决赛也是第一场百分百的盎格鲁-撒克逊球队之间的较量，但人们感觉不到这一点。两队踢得很小心，不像北方球队，也不像拉丁足球或者说意大利足球的算计。费耶诺德和凯尔特人在门前都竖起了防守铁幕，大家都想先守住然后再进攻。

开场前的最后时刻，哈佩尔放弃了首发门将特雷杰特尔，而是让36岁的老将彼得斯-赫拉夫兰上场。第29分钟，凯尔特人后卫格默尔任意球得分。1967年冠军杯决赛，格默尔就曾经进球，他也成为欧洲冠军杯历史上第一位在两届决赛进球的英国人。在这种气氛紧张的一场定胜负的决赛中，领先往往意味着胜利。但凯尔特人的欢乐并没有持续太久，仅仅两分钟之后，费耶诺德的伊斯拉埃尔已扳平了比分，将决赛拉回起跑线。有趣的是，进球的两个人都是后卫。

最终，冠军杯决赛第9次出现先进球一方输球的一幕。双方以1:1进入加时赛。第117分钟，瑞典小个前锋欣德瓦尔进球了，他吊高球过了威廉姆斯，整场表现神勇的威廉姆斯毫无办法。三分钟后，荷兰人开始欢庆胜利。

在荷兰，欢庆的气氛无法形容。彻夜未眠之后，成千上万名球迷涌到鹿特丹球场接机。这迫使新科欧洲冠军们的飞机不得不转飞到阿姆斯特丹降落。未来三年，阿姆斯特丹的机场将持续接受考验。

（上图）加时赛的终场哨响后，两队心理落差极大，凯尔特人球员难掩浓浓的失落情绪。
（下图）费耶诺德球员则相拥欢庆他们获得的首座冠军杯。

Le Football a fait sa révolution

L'ÉQUIPE

Division I à 20 clubs
Plus de Division II
CHAMPIONNAT NATIONAL DE TROIS GROUPES DE 16

Feyenoord confirme la montée hollandaise

IL TERRASSE LE CELTIC (2-1) DURANT LA PROLONGATION

Les Espoirs français à Saint-Sébastien

ALLECHANTE REPETITION DU GIRO EN ROMANDIE

Mantes : la fête du javelot

24 HEURES DE SPORT

UNE LOURDE SUCCESSION

原声

■《队报》特派记者让 - 菲利浦 · 雷塔克尔

1970 年 5 月 7 日

有各种各样的有利因素，足以让这场比赛成为令人难忘的美妙足球节日。盎格鲁 - 撒克逊的健康提供了这一切。一种精神上的强健，大批球迷如此移动让人不得不正视：一种体育上的强健，凯尔特人和费耶诺德的球员们毫不松懈地拼杀了两个小时，战斗到最后一刻，即便加时赛让人筋疲力尽。

气氛无法形容，无与伦比：不管是皇家马德里还是国际米兰来这里比赛，都无法引起如此的热情和疯狂。双方的打法都现代化、有活力，在残酷和坚强中表现出了足球之美。大多数球员都是在强调力量和投入的足球流派中成长，但他们还是闪现了一些精彩的瞬间：比如约翰斯通、穆利吉恩和范哈内亨的灵光闪现。

戏剧的高潮由费耶诺德的小个瑞典人欣德瓦尔带来。第 117 分钟，他祭出了最后一击，如同一个持剑斗牛士。

全景

费耶诺德震惊欧洲

没有人看好费耶诺德，包括AC米兰、皇家马德里、利兹联和红星队在内的欧洲列强都有希望染指大耳杯。但费耶诺德在第一轮便让整个欧洲震惊，他们在主场以12:2的悬殊比分狂胜冰岛的雷克雅未克KR队，追平了欧洲冠军杯历史单场进球纪录。

查尔顿动物园表演

当年的英国赛场出现了有趣的一幕。在查尔顿的山谷球场，包括大象、骆驼在内的当地动物园明星在比赛休息时为球迷表演献艺。不过来自英国的两支球队凯尔特人和利兹联队可用不着靠这个吸引眼球，他们在冠军杯上的表演足够精彩。

阿根廷足球之耻

在与费耶诺德交手前，AC米兰先与阿根廷的大学生队进行了国际杯决赛，并以3:0夺冠。输球的阿根廷人恼羞成怒，合力攻击米兰球员。法国球员孔班被打得倒地不起，血流如注。次日阿根廷《体育画报》头版头条用“阿根廷足球黑暗的一页”来形容国人对此事的不齿。

拉丁足球唯一的奖励

半决赛是冠军杯历史上第一次没有拉丁语国家球队参加的半决赛。AC米兰和皇家马德里早早出局，欧洲金靴也被罗森博格的挪威射手伊韦尔森摘走，唯一的安慰是米兰球星里维拉获得了金球奖。

至少一个法国人晋级了

“至少有一个法国人晋级了。”当圣艾蒂安在第二轮被淘汰，而列日标准战胜皇家马德里晋级时，法国球员们如是说。列日标准主帅豪斯是法国人，他曾多次身披法国队的13号球衣，“穿上它是为了躲开厄运。”列日标准在当届杯赛成功杀入半决赛，是继安德莱赫特后又一创造历史的比利时球队。

信心百倍的备战

由于半决赛的风头被“不列颠战争”抢光，费耶诺德对阵列日标准的比赛便沦为鸡肋。但费耶诺德主席考文博格先生对球队晋级决赛信心百倍，他在半决赛前就早早向欧足联购买了30000张决赛门票。列日标准也在国内最后一场比赛中派出替补参赛，以保存实力做最后努力。

两个连续打击

“不列颠大战”最终以凯尔特人获胜告终。利兹联在客场遭遇了不幸的一刻，他们的守门员斯布雷克在第48分钟与对方前锋休斯的冲撞中手受伤，而接替他的替补哈尔威所做的第一件事就是在3分钟后把球从门里捡出来。突然的事故和闪电失球击垮了利兹联。

过于轻敌的结果

“赛前乔克（凯尔特人主帅斯泰因）让我们相信，我们的对手只是一支二流球队。”凯尔特人队员格默尔决赛后责怪道。但现在方知轻敌已晚，之前费耶诺德与阿贾克斯一场3:3的比赛给了苏格兰人错误的印象。“我想我们从比赛一开始就输掉了比赛，球员们在赢得‘不列颠大战’后觉得自己已经赢得了冠军。”凯尔特人主席凯利赛后如是说。

16强战图

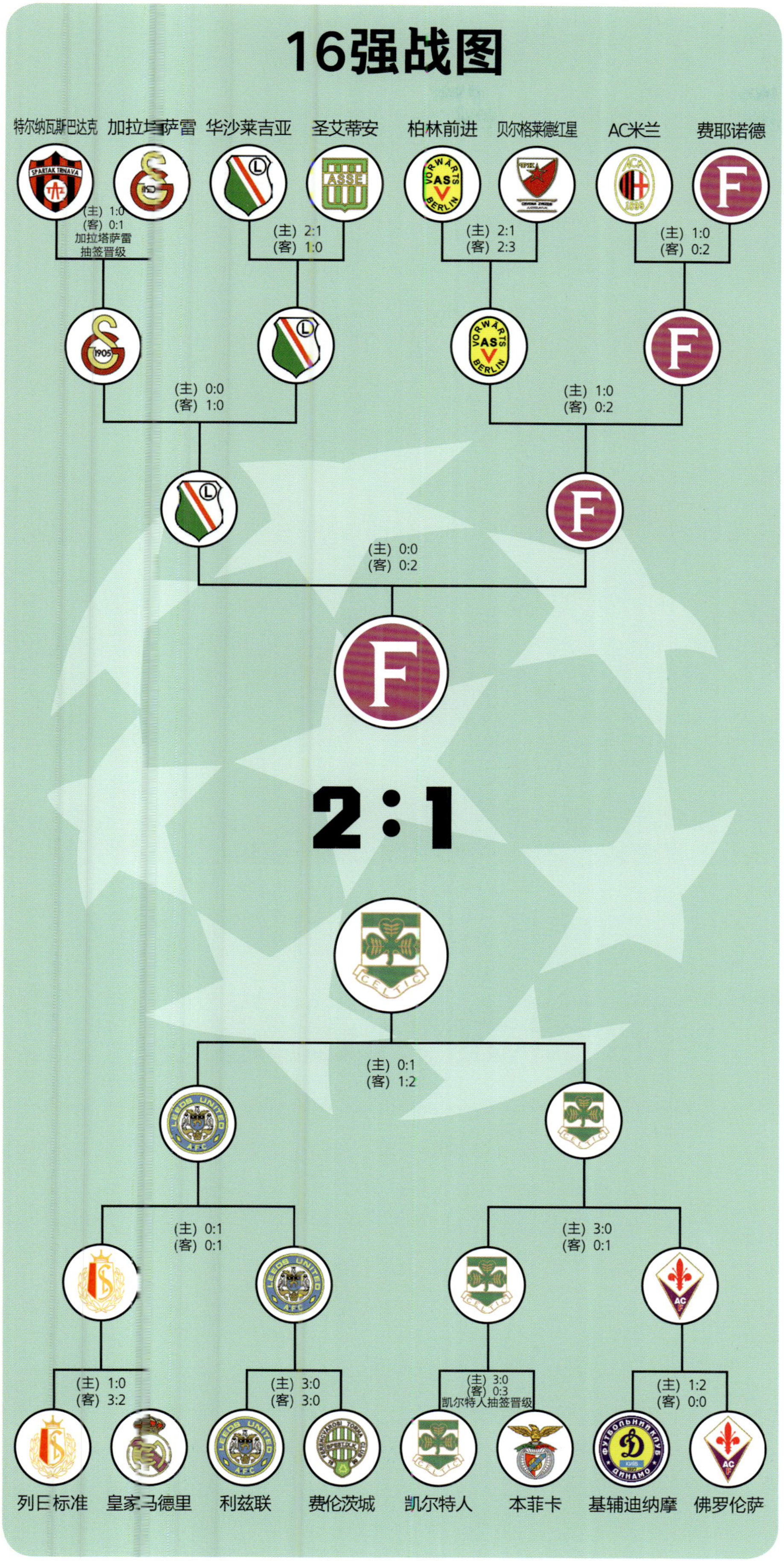

射手榜

1 琼斯（利兹联）	8 球
2 欣德瓦尔（费耶诺德）	7 球
3 戈尔斯（费耶诺德）	6 球
4 卡拉西（贝尔格莱德红星）	5 球
安东尼耶维奇（贝尔格莱德红星）	5 球
6 阿达梅茨（特尔纳瓦斯巴达克）	4 球
尤西比奥（本菲卡）	5 球
布里奇茨（华沙莱吉亚）	4 球
贾尔斯（利兹联）	4 球
范哈内亨（费耶诺德）	4 球
德皮勒（列日标准）	4 球

夏日记事

■伟大时代的结束

曾经辉煌的国际米兰分崩离析，球星苏亚雷斯在不知情的情况下被俱乐部卖给了桑普多利亚。国际米兰事后的解释是意大利电话公司罢工导致这种尴尬局面的出现。

■南美解放者杯球场暴乱

南美解放者杯暴力事件循环上演，早在20世纪70年代即有先例：博卡青年对水晶体育的比赛中，球员互殴。裁判总共出示了19张红牌以平息事端，最终只有两队门将和博卡的中场门德斯“幸免遇难”。赛后博卡主席阿曼多向全世界道歉，并承诺将重罚本队球员。

■伊布罗斯惨剧

苏格兰联赛后，水火不容的凯尔特人和格拉斯哥流浪者相遇。凯尔特人原本一直领先，眼看比赛就要结束，部分凯尔特人球迷开始离场，然而格拉斯哥流浪者在比赛的最后时刻打进一球，将比分扳平，伊布罗斯看台上的流浪者球迷欢呼起来。过道里的凯尔特人球迷想回来看看怎么回事，然而此时场内球迷已经开始退场，两队球迷言语不和，发生混战。球场东看台的第13排出现球迷拥挤踩踏的惨剧。66人死于这场浩劫，140余人受伤。

■皇家马德里首次缺席冠军杯

冠军杯历史上屡创奇迹的皇家马德里又创造了一项历史，1970/1971赛季，皇家马德里缺席了冠军杯赛事，这也是西班牙贵族首次无缘冠军杯。除了皇家马德里，曾两次登顶欧洲的老牌劲旅本菲卡也错过了当届冠军杯。

1970/1971 >>

1970/ 1971

阿贾克斯革命

克鲁伊夫是盘带和突破的大师，他在温布利大球场率领阿贾克斯以 2:0 击败帕纳辛奈科斯，举起了冠军杯三连冠中的第一座奖杯。

米歇尔斯，全攻全守战术的发明者，将被永久铭记的足球大师。荷兰人因为他的发明而备感骄傲。

"全攻全守"战术是最简单也是最新颖的。一群年轻的长发小伙子正是依托这种战术登上了欧洲之巅。他们的领袖是里努斯·米歇尔斯和克鲁伊夫——他们的足球精神同宗同源，如同血脉传承的姓氏。直至今天，全攻全守依旧是最先进的战术；或许正是由于它的简单发现了足球艺术的精髓所在。

白色球衣、红色间条、长发、红润的面庞、有力的双脚……欧洲足球的空气中飘过了一阵清新的气味。阿贾克斯似乎就是为了启动20世纪70年代而存在的。米歇尔斯已经在阿贾克斯工作了5年，细致钻研战术革新。全攻全守没错，但是依然需要天才去完成：凯泽尔的影响力和克鲁伊夫的才华率领阿贾克斯所向披靡，米歇尔斯倚重自由人瓦索维奇在防线上贯彻造越位战术。和1969年如出一辙，阿贾克斯又出现在欧洲冠军杯的决赛中：在温布利大球场，面对希腊兵团帕纳辛奈科斯。众所周知，这是米歇尔斯启程前往巴塞罗那执教前的最后一战。

普斯卡什的巨额奖金

在抵达温布利大球场之前，阿贾克斯在主场折磨了所有对手，要么是3:0（巴塞尔、凯尔特人、马德里竞技），要么是2:0（地拉那）。相反，他们的邻居和对手费耶诺德则在第一轮就被罗马尼亚阿拉德联队淘汰出局（1:1，0:0）。

这也是首次没有皇家马德里参加的冠军杯。这支冠军杯历史上的巨无霸缺席了，但是皇马的代表性球员普斯卡什却出现在了决赛中：匈牙利人一年前刚刚拿到教练证书，在众多的工作邀请中他接受了第一份邀请——来到雅典的帕纳辛奈科斯开始教练生涯。在和帕纳辛奈科斯主管们的前几次谈判中，普斯卡什就认真提出了如果他带队打入冠军杯决赛，他希望得到的奖金数额。这在当时看起来是不现实的，普斯卡什的要求立刻得到了满足。当决赛就在眼前，希腊俱乐部突然发现他们要给匈牙利人一大笔奖金。

决赛

1971.6.2-伦敦温布利大球场　　主裁判：泰勒（英格兰）

2 : 0

阿贾克斯 (433)			帕纳辛奈科斯 (433)
斯特伊	门将	门将	奥伊孔诺莫普罗斯
苏尔比尔	后卫	后卫	托马拉斯
瓦索维奇			苏尔比斯
许尔斯霍夫			卡普西斯
内斯肯斯			弗拉霍斯
赖因德斯 46'	中场		埃莱夫泰拉基斯
穆赫伦		中场	卡拉马斯
克鲁伊夫			多马佐斯
施瓦特 46'	前锋	前锋	弗拉克里斯
范戴克			安东尼阿迪斯
凯泽尔			格拉莫斯

替补

布兰肯堡 46'

阿里·汉 46

进球

5' 范戴克	1:0
87' 阿里·汉	2:0

帕纳辛奈科斯奇迹

普斯卡什当时的身形严重发胖（当然他年轻时也谈不上苗条），已经不复全盛时期之勇，但在射门训练中，他的射门依然让门将胆战心惊：他可以随心所欲地射门，指哪打哪。普斯卡什对温布利很熟悉。1953年，匈牙利队就是在温布利结束了英格兰队的主场不败神话（6:3）。

帕纳辛奈科斯打进决赛的历程近乎神迹。

范戴克的漂亮头球打开了胜利之门，最终阿贾克斯 2:0 斩落帕纳辛奈科斯，问鼎欧洲。

半决赛首回合，他们1:4输给贝尔格莱德红星，次回合居然3:0翻盘。

南斯拉夫的神奇左脚扎伊奇因在1/4决赛中对主裁吐口水而被禁赛4场。在贝尔格莱德的马拉卡纳，10万名观众涌进球场。第70分钟，红星已经4:1领先，普斯卡什两分钟后用替补门将康斯坦迪努换下了主力门将奥伊孔诺莫普罗斯，但未能力挽狂澜。回到雅典，安东尼阿迪斯和卡拉马斯将希腊人送入了决赛。卡拉马斯是后卫，也是律师，他在工作之余参加训练。

范戴克的漂亮头球

曼联光荣登顶之后仅仅3年，冠军杯再次在温布利举行。阿贾克斯很疲劳 他们刚刚把联赛冠军头衔输给了费耶诺德。冠军杯决赛的第5分钟，阿贾克斯就凭借范戴克的头球幸运领先，之后，他们想努力保住这个领先优势。但是上半场，荷兰人错过了太多的机会，以至于米歇尔斯提前变阵：中场休息时就把阿里·汉和布兰肯博格替换上场，对于一个比分领先的教练来说这种变阵很少见。

虽然阿贾克斯换上生力军，但挑战者帕纳辛奈科斯依然不屈不挠地反扑。很可惜，安东尼阿迪斯这一天没有运气了。第87分钟，卡普西斯打入了乌龙球（这球后来算在了射门的阿里·汉头上）。普斯卡什很遗憾地说：“帕纳辛奈科斯打了70分钟好球，但是没能弥补刚开始时犯下的错误。”

阿贾克斯没有秀出最好的自己，没有淋漓尽致地展示掀翻整个欧洲的战术革命。不过这个冠军也算是对米歇尔斯和他的队伍的最好肯定。此前的1969/1970赛季博览会杯（联盟杯前身）半决赛，阿贾克斯被阿森纳淘汰（1:3），未能向欧洲展示他们强大且极富攻击性的战术。这一次，没有任何力量能站在阿贾克斯的对立面。

冠军杯三连冠中的第一座奖杯来之不易。米歇尔斯完全可以在离开阿贾克斯之前完成一个伟大的三冠王——阿贾克斯在1970至1972年间完成了荷兰杯三连冠，不过1971年的荷甲冠军却被费耶诺德截获。但是此后阿贾克斯没给老对手机会，无论是国内赛场还是欧战，阿贾克斯都搞起了大包大揽。在国家队，阿贾克斯也是绝对的主流，克鲁伊夫和内斯肯斯联袂撑起了橙衣军团的脊梁。不仅如此，荷兰飞人克鲁伊夫更是因为阿贾克斯的崛起而收获了自己职业生涯中的首个金球奖。

克鲁伊夫，初试莺啼

克鲁伊夫是一个很难定义的人物。1970/1971赛季的冠军杯既是克鲁伊夫的第一次，也是阿贾克斯的第一次。由于此前费耶诺德刚刚在1969/1970赛季夺取冠军杯，所以阿贾克斯和克鲁伊夫本人称霸欧洲的愿望都非常强烈。尽管克鲁伊夫少年成名，在夺取冠军杯之前已经拿到了4次荷甲冠军和2次荷兰杯冠军，但是1970/1971赛季率队登顶冠军杯还是对克鲁伊夫有着非同寻常的意义。阿贾克斯的成功让全欧洲认识了全攻全守的惊人威力，也同样向欧洲展示了克鲁伊夫的巨大魅力。克鲁伊夫的外号很多，除了“飞翔的荷兰人”，还有阿姆斯特丹王子、皇帝约翰十六世等等，不一而足。这皆因克鲁伊夫球技高超且性格复杂。

单就球场角色而言，克鲁伊夫也不是一个纯粹的射手。虽然他夺得过1966/1967赛季的荷甲最佳射手，但是更多的时候他的跑位和摆脱更令人称道。克鲁伊夫在1970/1971赛季冠军杯中的进球仅有1个！甚至不如边卫苏尔比尔和范戴克，但克鲁伊夫灵动的风格完美地诠释了全攻全守的精髓，像内斯肯斯和凯泽尔（阿贾克斯当赛季冠军杯最佳射手）这样了不起的球员和克鲁伊夫站在一起简直成了幕布。他们勤奋又好胜，但是克鲁伊夫独特的气质还是很容易从他们当中脱颖而出。客观地讲，克鲁伊夫在1970/1971赛季冠军杯中的表现不能算十全十美，特别是在需要他发挥的决赛中消失更是不能容忍，但克鲁伊夫依然是当届最耀眼的球员，他实在太特别了。与其说众人在褒奖他，倒不如说欧洲在为阿贾克斯惊叹。

1970/1971

Johan cruyff

DANS LE "MIDI LIBRE"

L'EQUIPE

Schweppes

AJAX: couronnement sans éclat

PANATHINAIKOS A VENDU CHÈREMENT SA PEAU (2-0)

原声

■《队报》特派记者 雅克 · 埃蒂安

1971.6.3

如果说这不是一场伟大的决赛，那么它至少是一场两面的比赛。两支球队各控制了半场比赛，不过阿贾克斯的运气使其获胜：开场不久的进球最后被证明是决定性的。这个进球很漂亮，向前冲的苏尔比尔长传给左边的凯泽尔，后者传中，范戴克一记非常漂亮的头球，攻破了奥伊孔诺莫普罗斯把守的大门。

两支球队表现出来的价值都让人称道，但是要说，阿贾克斯多少有点让人失望。荷兰人的下半场表现太软弱了，荷兰人首先想的是保住一球的领先优势。帕纳辛奈科斯踢得非常好，捍卫了挑战者的尊严。其实，在上半场，阿贾克斯也没怎么表现出实力优势。

克鲁伊夫的拿球、摆脱和过人依然是那么适当和漂亮，所有人都期望下半场能够产生变数。大家都希望希腊人的不停努力能够得到报答。他们最后的压迫让人感动。但在比赛还剩下 3 分钟时，阿里 · 汉一脚打门被卡普西斯碰进了自家大门，希腊人就此无望，付出了惨痛的代价。向失败者致敬！

全景

卫冕冠军首轮即遭淘汰

费耶诺德首轮即被名不见经传的罗马尼亚阿拉德联队淘汰出局，令球迷大跌眼镜。1969/1970赛季冠军杯决赛，凯尔特人因为轻敌败走麦城；没想到3个月之后，费耶诺德犯下同样的错误。与阿根廷大学生队争夺洲际杯（丰田杯前身）导致的疲劳也是失利的主要原因。赛后，费耶诺德主教练哈佩尔向35名罗马尼亚记者表示，罗马尼亚人完成了“世界第八大奇迹”。

希腊奇迹

帕纳辛奈科斯队中很多球员都属半职业，队员中有学生、律师、医生。队长多马佐斯也是一名公司职员，就连当届最佳射手安东尼阿迪斯的本行也是保险代理商。正就是这样一支半职业球队却一路杀进了冠军杯决赛。安东尼阿迪斯后来出任希腊职业球员工会主席，左图为2006年9月7日他从贝利手中接过表彰他毕业成就的金靴奖杯。

特别禁令

第一轮首回合，阿尔巴尼亚政府居然宣布不允许阿贾克斯到地拉那进行客场比赛，原因是阿贾克斯队中有球员留长发。这项决定让荷兰人既愤慨又无奈。阿尔巴尼亚政府甚至不允许球员的妻子过境，因为她们穿超短裙。图为施瓦特在帕纳辛奈科斯右路形成射门。在当时的阿贾克斯，施瓦特的发型属于最短的，不过阿尔巴尼亚政府还是觉得他的发型太前卫了。

少一人失全局

贝尔格莱德红星战胜来自民主德国的卡尔蔡司耶拿晋级半决赛，却失去了他们的核心球员扎伊奇。这位南斯拉夫连续五年的最佳球员因停赛四轮而错过剩余比赛。当扎伊奇在看台上观看比赛时，《法国足球》公开发表支持他的言论：“如果红星队能闯进决赛，欧足联就应该允许他参赛。他们不能将一位足球艺术家放在看台上。”

克鲁伊夫的风格

克鲁伊夫并不是阿贾克斯的全部，他在后几场比赛里的表现并不出色。但这并不影响荷兰球队的整体发挥，这就体现出了整体作战的优势。克鲁伊夫在决赛中的花哨动作让希腊人感到受辱，他的有些假动作并不实用且极为夸张，颇具挑衅意味，但这是他的风格。“有一次我的好友凯泽尔因此责备我，但我觉得这样做有两方面好处。一是我秀出了风格，二是我会使对手的意志消沉。”

普斯卡什续写辉煌

帕纳辛奈科斯尽管在决赛中失利，但教练普斯卡什却续写了自己在球场上的辉煌。他让一支半职业球队10年间6次获得希腊甲级联赛冠军，并把希腊足球提升到前所未有的高度。这场决赛是匈牙利人第3次出现在温布利球场。第一次是他代表匈牙利队6:3重创英格兰，第2次是他参加英足总成立100周年庆典。

引入红黄牌规则

鉴于1970年世界杯引入了红黄牌制度，1970/1971赛季冠军杯也开始使用红黄牌规范球员行为。和红黄牌一起进入冠军杯历史的是点球决战。冠军杯历史上首例通过互射点球决定晋级资格的比赛发生在门兴和埃弗顿之间——两队在第2轮相遇，主客场皆1:1战平，最终埃弗顿在点球大战中幸运胜出。

射手榜

1	安东尼阿迪斯（帕纳辛奈科斯）	10 球
2	菲利波维奇（贝尔格莱德红星）	6 球
	阿拉贡内斯（马德里竞技）	6 球
	奥斯托伊奇（贝尔格莱德红星）	6 球

夏日记事

■球队换脑

带领阿贾克斯崛起并勇夺联赛和冠军杯冠军的米歇尔斯，在事业巅峰之时选择离开荷兰，去西班牙的巴塞罗那开辟新事业。米歇尔斯是加入红蓝军团的首位荷兰人，并给这个俱乐部带来了不可估量的影响。而后米歇尔斯又执教了荷兰队。带领国际米兰创造辉煌的埃雷拉也选择了离开，去罗马寻找新天地。米歇尔斯离开阿贾克斯两年后，克鲁伊夫也追随恩师去了西班牙。米歇尔斯和克鲁伊夫的友谊一直延续到足球场外。

■巨星暮年

皇马巨星、冠军杯传奇前锋亨托在赛季初静静退役，和他一起离开皇马的还有功勋老将桑奇斯以及贝坦科特。已过而立之年的贝利本有机会去欧洲展示技艺，巴黎圣日耳曼愿出1000万美元的高额转会费拥有球王，俱乐部主席克雷森甚至为此特地去了趟巴西。不过桑托斯俱乐部生怕放走贝利会导致公众不满，于是这桩可能永载史册的转会交易最终不了了之。

■雅辛退役

列夫・雅辛代表世界明星队与意大利国家队踢完职业生涯的最后一场比赛。尽管2:4输了比赛，但在这支由诸多昔日巨星组成的球队里，雅辛获得了观众的最热烈掌声。大家对这位足球史上最优秀的门将依依惜别。

1972/1973 >>

在对球的争夺中，布兰肯堡明显比本菲卡门将恩里克斯跳得更高。

1971/ 1972 全攻全守的凯旋

1971/1972 赛季开始，执教阿贾克斯的换成了施特凡 科瓦奇，他延续了阿贾克斯的统治地位。阿贾克斯的王牌依然是精良的战术和克鲁伊夫的才华。国际米兰的防守不错，但不得不屈服。

福格茨VS马佐拉（左），门兴格拉德巴赫VS国际米兰，两支非常有才华的球队在第二轮淘汰赛早早相遇。结果在争议声中，国际米兰幸运晋级。

1971年秋天，阿贾克斯拒绝参加洲际杯（丰田杯前身）。当时的欧洲冠军都将造访美洲视为一项大大的苦差。1968年凯尔特人远征美洲，遭遇暴力事件，其教练斯泰因说：“如果足球变成这样，我宁愿希望足球死去。”不过欧洲并不总是楷模，即便是扫清门前雪也很困难。一个风雨交加的夜晚，门兴格拉德巴赫把国际米兰从成年队打成了少年队，7:1。可惜意大利前锋博宁塞尼亚在比赛快结束时抱怨说，被看台飞下的瓶子击中了头部，实际上他是被击中了脖子。肇事者是一名22岁的司机，看台上的德国国脚克雷莫斯正坐在他身后，轻而易举地发现了他。

博宁塞尼亚被担架抬出球场，这成为国际米兰最后的机会。因为他们在球场上已经被彻底羞辱。欧足联一方面习惯站在大俱乐部一方，一方面想证明自己面对恶性事件并不缺乏决断能力。欧足联终于做出判决，这场比赛在中立场地重赛。接下来，国际米兰在主场4:2取胜，西洛夫在最后时刻犯错。

牺牲品门兴格拉德巴赫

中立场地柏林进行的重赛让人无法呼吸，门兴被逼成0:0，犯错的又是西洛夫，他罚丢了点球。从所有观察家的视角看来，门兴无疑是当时欧洲最好的球队，堪与阿贾克斯比肩。可惜门兴格拉德巴赫的辉煌到此为止，国际米兰的前进道路则会延续。他们依靠的是现实主义的防守足球，以及中场核心马佐拉的才华——无论哪种战术，都需要一两名决定性的球员以其才华决定比赛走向。

不过门兴主场“掷瓶事件”折射了整个欧洲（意大利除外）对国际米兰功利足球的不满。尽管有人指责门兴应该为球场安全问题埋单（即直接被判出局或立即重赛），但也有不少球迷因为国际米兰的惨痛失败幸灾乐祸。欧洲足坛对国际米兰谨小慎微、慢刀杀人的踢法很不待见，其态度和1973/1974赛季不满马德里竞技颇有几分相似。

无论有多少人为7:1的胜果被宣布作废感到遗憾，门兴格拉德巴赫的冠军杯之路还是就此中止了。德国人失去了和阿贾克斯在欧洲之巅掰手腕的机会

决赛

1972年5月31日，鹿特丹德库伊普球场　　主裁判:罗贝尔·埃莱斯(法国)

2 : 0

阿贾克斯（433）			国际米兰（433）
斯特伊	门将	门将	博登
苏尔比尔	后卫	后卫	法切蒂
布兰肯堡			贝片吉
许尔斯霍夫			12' 朱贝托尼
克罗尔			布尔基尼
阿里·汉	中场	中场	奥里亚利
穆赫伦			贝丁
内斯肯斯			马佐拉
克鲁伊夫	前锋	前锋	弗卢斯塔卢皮
施瓦特			博宁塞尼亚
凯泽尔			56' 雅伊尔

替补

12' 贝尔蒂尼
56' 佩利扎罗

进球

47' 克鲁伊夫	1:0	
76' 克鲁伊夫	2:0	

事实上，虽然拜仁慕尼黑在20世纪70年代完成了惊人的冠军杯三连霸，但在国内赛场，门兴始终和他们势均力敌。门兴缺少的只是一些运气，譬如1977年他们终于跻身冠军杯决赛，却输给了可怕的利物浦。不过在整个70年代，门兴4次进入联盟杯决赛，2次捧杯；外加5次德甲冠军，门兴格拉德巴赫创造了一个属于自己的时代。

半决赛的4场比赛，一共只打入了1粒进球，凯泽尔的任意球帮助阿贾克斯淘汰本菲卡（1:0，0:0）。国际米兰则通过点球淘汰了凯尔特人，功利是意大利人的标签。

阿贾克斯赢得并不轻松。在去里斯本比赛之前，克鲁伊夫嗓子痛，但是接替米歇尔斯的罗马尼亚人科瓦奇坚持让他上场，在左路游弋。科瓦奇认定克鲁伊夫可以吸引对方后卫的注意力。果然，本菲尔后卫们时刻紧盯着克鲁伊夫飘忽的跑位，没发现他其实只是自己的影子，却给了凯泽尔更多自由发挥的空间。这个判断失误是致命的。

克鲁伊夫锐不可当，上半场热身完毕后，荷兰传奇在下半场爆发，国际米兰无法抗拒失败的命运。

克鲁伊夫一世登基

决赛，国际米兰对抗阿贾克斯，马佐拉对抗克鲁伊夫，这有点像老家伙和新一代的对决。意大利之外的欧洲眼中，这场比赛是新英雄与过于精打细算而人气不高的老家伙之间的对决。或许是历史的讽刺使然，决赛地点居然安排在鹿特丹，这正是阿贾克斯死敌费耶诺德的主场。

国际米兰人的目标当然是克鲁伊夫。但在科瓦奇的推动下，阿贾克斯14号的打法已经有了发展，不仅仅是进攻核心。克鲁伊夫一世已经和阿贾克斯签了新的7年合同，其形象也显得越来越高大。

1972年5月31日，国际米兰派上了19岁的奥里亚利紧盯克鲁伊夫。上半场的45分钟里，奥里亚利的努力卓有成效，阿贾克斯的核心没能对球队产生任何影响；但是下半场克鲁伊夫破茧而出，他在第47分钟和第76分钟各进一球。2:0，他彻底把国际米兰和意大利人的保守送进了坟墓。

数万名阿贾克斯球迷连夜从鹿特丹赶回阿姆斯特丹，一路狂欢。他们睡得很晚：这也是阿姆斯特丹城市历史上第一次酒吧彻夜开门，直到清晨。

如日中天

1970年代是一个天才辈出的时代，众多艺术家和运动员气质汇合的大师级人物驰骋赛场。在这样的时代称雄无疑更有帝王般的威严感，而阿贾克斯就是属于1970年代初的欧洲帝王。门兴格拉德巴赫、本菲卡、阿森纳、凯尔特人，一批极具传奇色彩的球队匍匐在了阿贾克斯脚下。

米歇尔斯和科瓦奇的舵手交替丝毫没有影响球队的战斗力，阿贾克斯众望所归地加冕，科瓦奇的地位也就此奠定。幽默、博学、敏感、雄辩，只有科瓦奇这样的教练能驾驭阿贾克斯。尽管和前任的治军风格迥异，科瓦奇却把阿贾克斯带到了更高的高度。

科瓦奇，顶级教练

罗马尼亚主帅科瓦奇给我们留下了很多东西，首先就是一个表达方式“顶级”（Top Niveau）。这是他的发明，用英语和法语混起来说的效果出人意料。现在这个单词已经被所有的字典收录。科瓦奇的外在是快乐和想象力，内心是能力、深度和博学。他给我们留下了一个世纪末的最多产和最雄辩的教练形象。科瓦奇在东欧的体育学院里接收了严格的理论教育，之后又从法国、意大利和德国吸收了很多养分，成了万事通。1971年6月，科瓦奇到达阿姆斯特丹。这还是他第一次离开祖国执教。阿贾克斯前教练米歇尔斯当时已经被巴塞罗那“绑走”。阿贾克斯高层在众多候选人中选定了科瓦奇。科瓦奇面临的环境并不容易，球员们都已经习惯了米歇尔斯永不妥协的指挥棒，科瓦奇必须用极大的灵活性、真本领和自我牺牲来让所有人接受他，然后被他吸引。米歇尔斯给阿贾克斯带来了一个冠军杯，而科瓦奇带来了两个。

1975年，科瓦奇在巴黎出了一本自传《科瓦奇，全攻全守》，详细记载了他在阿贾克斯的两个赛季。伟大的阿贾克斯，克鲁伊夫、凯泽尔、内斯肯斯、阿里·汉、许尔斯霍夫的阿贾克斯，也是科瓦奇的阿贾克斯。他们收获了太多冠军：联赛、冠军杯、洲际杯。科瓦奇是一名精英教练，敏捷、刻苦、思索、心理学和科学精神。他在合同和自豪的驱使下，不停地攫取一个又一个冠军，直到筋疲力尽。科瓦奇坚定了前任米歇尔斯在阿贾克斯种下的战术体系，那就是全攻全守。“这种所有人都参加进攻和防守的思想，我在布加勒斯特星的时候就有了。但是阿贾克斯这块试验场是完美的。这种程式，现在我觉得，是不可逆转的……”如果到了今天，科瓦奇会怎样想？我们有没有在他离世的时候，给他足够的敬意？

Stefan Kovacs

SUCCÈS TROP FACILE DU XV DE FRANCE

PROISY A PRIS UN SET A KODES

L'EQUIPE

CRUYFF DYNAMITE L'INTER

PINGEON ressuscité EN TETE!

Alexeiev à l'honneur

原声

■《队报》特派记者让－菲利浦·雷塔克尔

1970 年 5 月 7 日

阿贾克斯捍卫了手中的欧洲冠军杯荣誉，这也是公平的：国际米兰明显没有给阿贾克斯造成足够的威胁。上半场，阿贾克斯的压迫进攻持续不断，但是荷兰人并没能破除国际米兰的密集防守，马佐拉也一直没有放弃给雅伊尔和博宁塞尼亚制造机会。第 23 分钟，克罗尔的可怕射门击中了门柱。中场休息之后，整个阿贾克斯队都压上进攻。苏尔比尔传中，奥里亚利没能拦截。克鲁伊夫毫不费力地就晃过了博登射门得分。这是第 47 分钟。领先之后，阿贾克斯依然没有放弃自己的品性，漂亮地进攻。

这就是克鲁伊夫的一天，这位欧洲最佳球员，阿贾克斯最佳球员。第 78 分钟，他接凯泽尔开出的角球头球得分。他的头顶脚踢都威力巨大，说明他是一位非常全面的球员。在跳起来庆祝的时候，他的脚有些轻微扭伤。幸好，这对比赛结果没有产生任何影响。

于是，这一年的欧洲冠军杯再次被发到了阿贾克斯队长凯泽尔的手中。物归原主，阿贾克斯当之无愧。

全景

阿贾克斯拒赛

阿贾克斯拒绝与乌拉圭民族队进行洲际杯比赛。此举让乌拉圭足协感觉受辱，于是向国际足联请求公道。甚至连与阿贾克斯站在同一条阵线的马赛也未能幸免，受到南美足坛的抵制和仇视。

火爆场面

阿贾克斯对阵马赛的比赛相当紧张。荷兰媒体对马赛俱乐部主席莱克雷尔克进行人身威胁，阿贾克斯则抱怨马赛主场的环境太差。在马赛进行的比赛的下半场，主队球迷开始向场内投掷杂物和爆竹。尽管这样，法国人还是没能摆脱被淘汰的命运，主场关闭一场是对马赛球迷鲁莽举动的惩罚。

只进一球的半决赛

半决赛的4场比赛中，以攻击见长的四支劲旅总共只打入一球，国际米兰和凯尔特人的比赛更是使用点球决定胜负，这是半决赛的第一次。

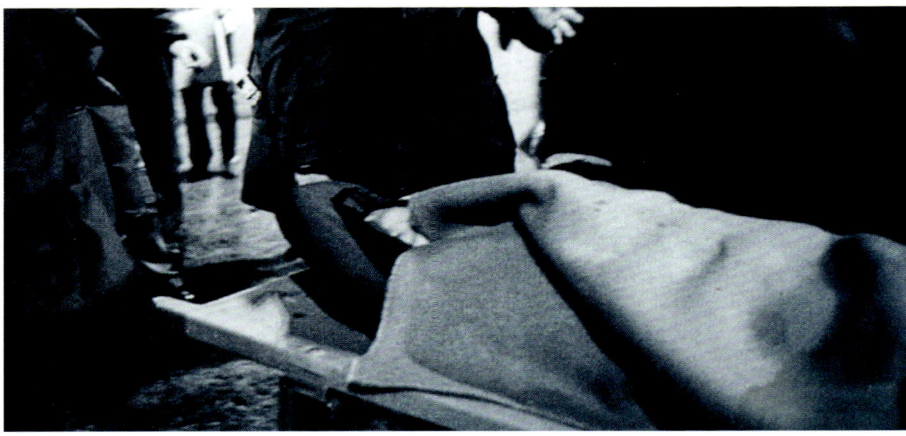

掷瓶事件

门兴格拉德巴赫的主场也出现了不和谐音符，一个从看台上飞下的瓶子击中了国际米兰球员博宁塞尼亚的头部。赛后，国际米兰上诉欧足联，然而欧足联还是要求国际米兰先打完主场第二回合比赛后再去德国进行客场重赛。这是前所未有的丑闻，两场比赛均在怪异的气氛下进行。欧足联的这一决定引起了巨大反响，这一事件也被称为当时体育界的最大丑闻。

苏格兰王者

凯尔特人在当时的苏格兰足坛是一个神话。1965年，斯泰因君临凯尔特人开始执教，他率领球队连夺6个联赛冠军、5个杯赛冠军和5个联赛杯，总共21个冠军机会中的17个！而他们的死敌流浪者只在7年中获得了2个杯赛冠军。

化敌为友

回到主场，国际米兰球员尽可能地缓和“掷瓶事件”造成的双方紧张情绪。他们印发了若干传单给对手：国际米兰欢迎德国冠军，贵队球员不应承担责任。这个方法取得了相当不错的效果。

战术过时

阿贾克斯卫冕欧洲冠军，反映出这支讲求整体战术发挥到极限的球队日臻完美。不但有克鲁伊夫这样的金球奖得主，科瓦奇的成功接手也让荷兰人忘记了他的前任米歇尔斯。这不但是实力上的超越，更是战术上的进步。国际米兰仍在设置盯人中卫来限制对方的个人发挥，但对付讲究整体打法的阿贾克斯完全不适用。

欧足联主席突然去世

1972年6月，第3任欧足联主席，瑞士人古斯塔夫·韦德克猝然去世，其工作由执行主席巴尔奇代理。1973年进行的重新选举中，巴尔奇输给了意大利人阿特米奥·弗兰基，弗兰基从1973年至1983年间执掌欧足联，对欧洲足球发展做出了巨大贡献。

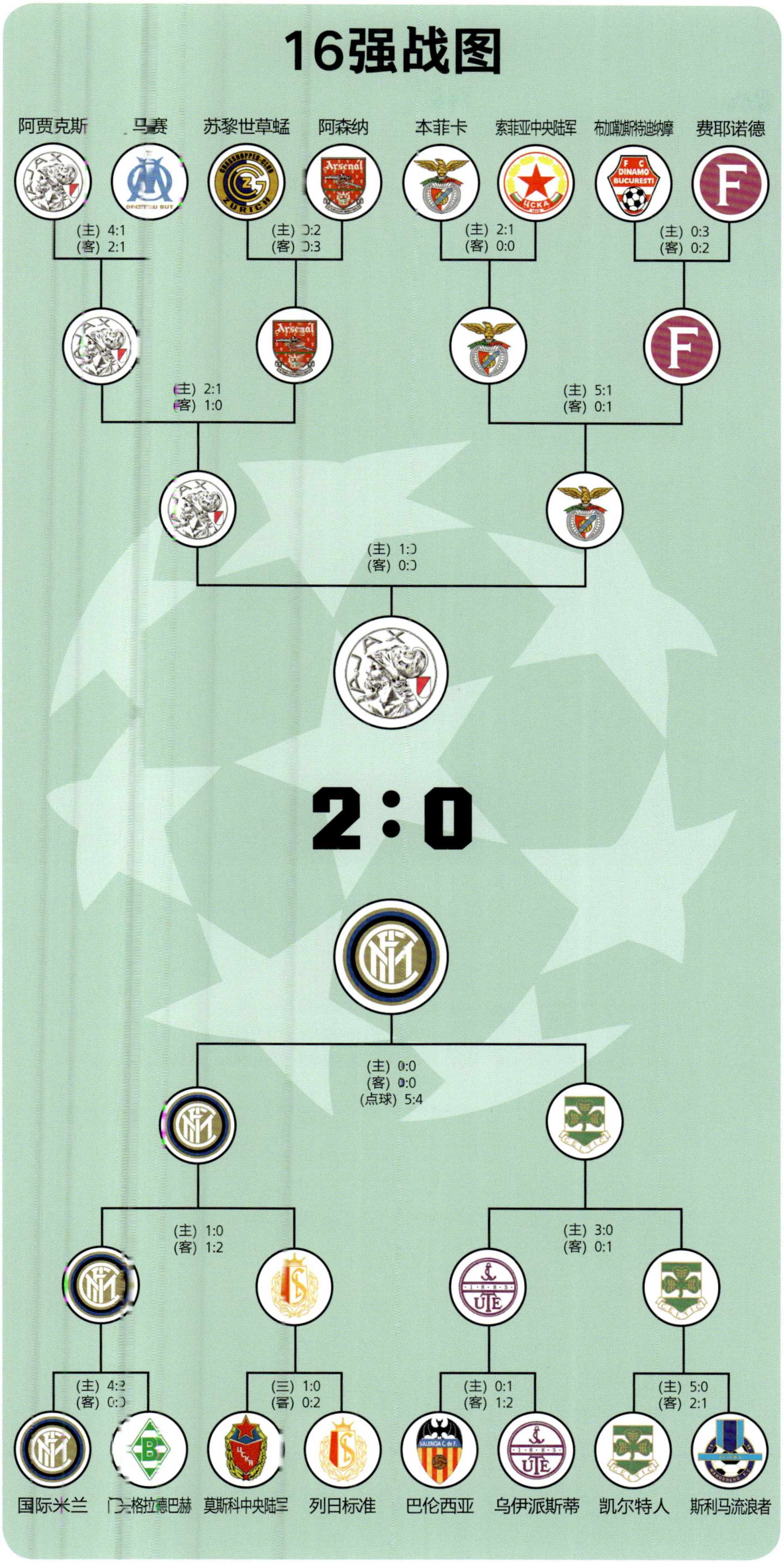

射手榜

1	马卡里（凯尔特人）	5 球
	塔卡奇（列日标准）	5 球
2	克鲁伊夫（阿贾克斯）	4 球
	R. 肯尼迪（阿森纳）	4 球
	K. 穆勒（苏黎世草蜢）	4 球
	伊斯拉埃尔（费耶诺德）	4 球
	舍恩马克（费耶诺德）	4 球
	科克斯（斯利马流浪者）	4 球
	范哈内亨（费耶诺德）	4 球
	阿图尔·若热（本菲卡）	4 球
	多瑙伊（乌伊派斯蒂）	5 球

夏日记事

■拜仁慕尼黑来了

联邦德国在 1972 年夏天的欧洲杯决赛中 3:0 击败苏联，登上欧洲之巅（图为维默尔在欧洲杯决赛中打进第 2 球）。两年后，德国队又在本土举起了大力神杯，成为第一支夺得欧洲杯后接着夺取世界杯的球队。德国国内俱乐部的水平，也随着德国队的逐渐强大提升到一个前所未有的高度。拜仁慕尼黑继阿贾克斯之后，成为欧洲足坛无可争议的王者。

■奥林匹克荣耀

1972 年 8 月，第 20 届奥林匹克运动会在联邦德国慕尼黑举行。实力强大的匈牙利队一路杀进决赛，志在完成奥运会足球冠军帽子戏法（匈牙利在奥运会之前的战绩是惊人的 16 胜 2 平）。但德伊内率领的波兰队破坏了匈牙利人的计划，决赛中，在先失一球的情况下，波兰队在 3 万名观众面前和匈牙利大打对攻，最终凭借德伊内的两粒进球以 2:1 逆转对手。这是波兰足球史上唯一的奥运会金牌，首席功臣德伊内更是凭借 9 粒进球成为射手王。

■尤文图斯招募老将

在这个夏天，尤文图斯从那不勒斯引进了冠军杯传奇射手阿尔塔菲尼和意大利足球史上最伟大的门将佐夫。前者已是 34 岁老将，功成名就之余想再造辉煌；后者则在尤文图斯度过了自己俱乐部生涯的最辉煌时期。在尤文图斯，佐夫打破了意甲几乎所有的纪录，演绎了意大利式的“钢筋混凝土防守”。

1972/ 1973

阿贾克斯三连冠

阿贾克斯在 1/4 决赛中击败了正在崛起的拜仁慕尼黑，接下来又在决赛中战胜缺乏经验的尤文图斯，连续第 3 次捧起冠军杯。但是，来自西班牙的呼唤正逐渐拆散这艘伟大的荷兰战舰……

1/4 决赛，阿贾克斯和拜仁慕尼黑狭路相逢。虽然阿贾克斯顺利淘汰了贝肯鲍尔领军的拜仁慕尼黑，但改朝换代的潮流已不可阻挡。

一个帝国到另一个。整个赛季的经典大战并不一定是决赛，冠军杯亦然。1973年春天发生的事就是这样。冠军杯1/4决赛，阿贾克斯对阵拜仁慕尼黑。荷兰人明显还不愿意把旗帜交给其继任者。1973年3月7日的首回合，荷兰人在主场4:0横扫对手。拜仁门将迈尔必须对其中两球负责。这是冠军杯50年历史中最美丽、最激烈的会战之一。

阿贾克斯在客场也是2:1取胜，但是王朝衰落的信号恰恰在这时出现了。而下一个足球帝国就是当时的失败者拜仁慕尼黑。克鲁伊夫拒绝去慕尼黑踢这场比赛，俱乐部主席范普拉赫对此非常不满。克鲁伊夫宣称自己膝盖里有积水，俱乐部队医为他做了透视，没有发现任何东西。但克鲁伊夫在私人医生的支持下，断言决不会登上去慕尼黑的飞机，“过去6场比赛，我只完成了3场，有时还是依靠注射坚持。我要停下来。”

未来“婚变”的根源这时已经埋下。西班牙已经向外国球员敞开了大门，对阿贾克斯这些已经统治欧洲数年的精英来说，这一点能够激发无尽的想象。克鲁伊夫拒绝去慕尼黑踢比赛，却在积极地为接下来的赛季做着准备。

“决赛后，我们都去西班牙”

半决赛，阿贾克斯淘汰了皇马。伯纳乌球场爆满，当时的国际足联主席斯坦利·劳斯勋爵感慨道：“经历了这一切，我可以肯定地说，足球的末日绝不会在明天到来。”

决赛本身并不非常完美，在贝尔格莱德，阿贾克斯迎来了尤文图斯。这是尤文图斯的首次冠军杯决赛经历。阿尔塔菲尼于1958年首次来欧洲踢球，当时他还是代表巴西队来参加瑞典世界杯。1963年，他代表AC米兰参加了冠军杯决赛。十年之后的1973年，他又代表尤文图斯参赛。这时阿尔塔菲尼已经35岁了，与之相反的是，尤文图斯却是赛事中平均年龄最小的球队。

当时的尤文图斯确实还很青涩，他们在决赛中表现得很安静，而卫冕者阿贾克斯却很激动。比赛前一天晚上和当天，经纪人都集中在酒店大堂里，有时甚至在球员房间里。主帅科瓦奇说：“球员们都在做算术，算出在西班牙踢3年球挣的钱抵得上在荷兰踢10年。我可吃尽了苦头。比赛当天，我把球员们都封锁到酒店第8层，让他们把注意力集中到决赛上。”科瓦奇甚至用一句俏皮话表达了自己尴尬的处境：“胜利之后，如果你们愿意的话，我们一起去西班牙。”科瓦奇也不会留在阿姆斯特丹，罗马尼亚当局已在召唤他回国。

决赛

1973年5月30日，贝尔格莱德红星球场　　主裁判:米利沃耶·古古洛维奇(前苏联)

阿贾克斯	1:0		尤文图斯
（433）			（433）
斯特伊	门将	门将	佐夫
苏尔比尔	后卫	后卫	马尔凯蒂
布兰肯堡			莫里尼
许尔斯霍夫			朗哥布科
克罗尔			萨尔瓦多雷
阿里·汉	中场	中场	78' 考西奥
穆赫伦			富里诺
内斯肯斯			卡佩罗
克鲁伊夫	前锋	前锋	安纳斯塔西
雷普			63' 贝特加
凯泽尔			阿尔塔菲尼
替补			
			63' 哈勒
			78' 库库雷杜
进球			
4' 雷普	1:0		

尤文图斯似乎对0:1很满意

决赛中，意大利人很谨慎，但是没有把握好节奏。第5分钟，长发飘逸天使面容的雷普就抓住门将佐夫的失误得分。即便如此，比赛场面却波澜不惊。尤文图斯的捷克教头维克帕莱克承认：“这是一粒愚蠢的丢球，自从我执教尤文图斯以来，还是第一次看到这样的丢球。”其实整个赛季佐夫都表现得非常出色。

还不止于此。尤文图斯主席博尼佩尔蒂坦率承认：“我们这场踢得很糟糕。”很久之后，雷普又谈起这场比赛：“尤文图斯很谨慎小心。我们对此很吃惊。他们是一支很好的球队，但是他们什么都没干。尤文图斯似乎对0:1很满意。我们等着他们来攻，但是到最后他们也没来。我担心公众们会认为这不是一场伟大的比赛。”

1972/1973

内斯肯斯（右）压制住了桑蒂利亚纳，曾经的冠军杯超霸不得不向阿贾克斯屈膝。荷兰人开创了一个全新的时代。半决赛阿贾克斯 3:1 淘汰皇家马德里。

显然克鲁伊夫的见识更深一筹，他说："人们会很快忘记我们没有进攻，他们只会津津乐道于我们的三连冠。"毫无疑问，此时的荷兰人还有很深厚的潜力，阿贾克斯王朝的气数其实不应该就此耗尽。

还有一些其他的数字可以证明阿贾克斯王朝的财富和荣耀：在3个赛季中，阿贾克斯冠军杯主场14场比赛胜利，不管是在他们自己的小球场德梅尔（de Meer），还是在阿姆斯特丹的奥林匹克体育场，他们打入了34个进球，只丢了3个球。他们的法宝就是那老调重弹的战术哲学：全攻全守。

克鲁伊夫走了，一切都走了

既然西班牙已经打开了边界，克鲁伊夫就要去巴塞罗那了，阿贾克斯王朝就此熄灭。在这个历史性的3连冠夜晚，就连科瓦奇都不再是阿贾克斯真正的主教练：当他离开贝尔格莱德球场的时候，所有人都已经走了。这位罗马尼亚人抵达庆功宴的时候已经迟到了1小时，因为他最后只找到一辆警车载他去和球队会合。此后他离开了阿贾克斯，成为法国国家队主帅。

阿贾克斯队因为满足以及对金钱的渴望而离心离德，那支横扫欧洲的荷兰劲旅居然在一夜之间就分崩离析，这真是一场悲剧。失去了克鲁伊夫的阿贾克斯没有了灵魂，而荷兰飞人即便是在巴塞罗那，也没能复制他在家乡球队时写下的传奇。

（右图）克鲁伊夫带领阿贾克斯举起冠军奖杯，赛季结束后，他将加盟巴塞罗那。

克鲁伊夫，全面天才

克鲁伊夫是个象征，身后是伟大的阿贾克斯，战术革命、自由的一代。克鲁伊夫肯定是欧洲有史以来最有魅力的球员，可能是欧洲有史以来最伟大的球员。在克鲁伊夫之前，球员们身披从1到11的号码，各司其职，老老实实。是克鲁伊夫开辟了新大陆。他的14号是一个历史的错误，他最初是阿贾克斯的中锋，也就和所有人一样，身披9号。但是后来他长期受伤，他就把9号球衣让给了穆赫伦。复出之后，他选择了14号，然后就开始了自己的传奇。克鲁伊夫的传奇首先是一种命运。他家距离阿贾克斯的老球场德梅尔只有两步远。他的父亲是种菜的，12岁起克鲁伊夫就只跟母亲生活在一起，亲眼看着母亲为别人家和阿贾克斯球场做工来养活全家。后来，克鲁伊夫就被母亲注册到了阿贾克斯。

1963年，克鲁伊夫16岁，他是一个早熟的少年，这一年他和阿贾克斯签了第一份合同。1964年11月15日，他在职业队首发出场，而且打入一球。两年之后，他入选了荷兰国家队，第2场比赛的时候，他就成为荷兰队有史以来被罚出场的最年轻队员。在足球中，个性和才华总是成正比的。克鲁伊夫代表了优雅、自负、效率、和谐，以及米歇尔斯设计的全攻全守中的精华时刻。他带领阿贾克斯取得了冠军杯三连冠。本届比赛克鲁伊夫的进球数提升到了3个，不过他的价值无法用数字衡量。和拜仁慕尼黑的首回合较量展现了克鲁伊夫超人的战术意识。在阿贾克斯的主场，飞翔的荷兰人放弃了进攻，像盯人中卫一样缠住了贝肯鲍尔，让拜仁的进攻无法顺畅发起。结果拜仁上半场还能坚守城池不失，下半场却全面崩溃输了个0:4。克鲁伊夫打败了贝肯鲍尔，在1973年的金球奖评选中，克鲁伊夫同样战胜了这位重量级的对手。

Johan Cruyff

Barrau à Agen

L'EQUIPE

AJAX POUR LA TROISIEME FOIS MAIS SANS ECLAT

NANTES A FÊTÉ SES CHAMPIONS

GUIMARD ATTAQUE [illegible] GALIBIER DEVANT ZOETEMELK [illegible] OCANA !

CES PIEDS QUI VONT SOUFFRIR

原声

■《队报》特派记者 罗贝尔．维尔涅

1973 年 5 月 31 日

冠军杯的第 16 场决赛表现出了应有的水准，不管是在竞技方面还是两队战术的对立方面。卫冕冠军阿贾克斯以高姿态出现，第 4 分钟就给对手重大打击．雷普接布兰肯堡的传中射门成功。尤文图斯必须进攻了，这并不是他们习惯的打法。比赛的前半个小时由卫冕冠军操控，但是之后尤文图斯渐渐找到了自己的力量和企盼的理由。阿尔塔菲尼和贝特加的射门都很有威胁。可是他们总是欠缺一点运气（或许是因为他们的对手是阿贾克斯）。阿贾克斯进球后也没有收缩。他们在控制和调度对手中消耗时间。这正是顶级强队的特质。

时间在流逝。意大利人的心气并没有产生切实的效果。他们面对的是一座真正的坚城。科瓦奇的球队完全有机会再打入第 2 球，他们实力确实高出一筹。这场决赛非常引人注目。如果荷兰人没有早早得分，它将会更有趣。领先优势让阿贾克斯更放松，也稀释了他们的进取心。从观赏的角度来看，这么好的两支球队踢成这样多少有些遗憾。但足球就是这样，即便我们选择了演员，我们也无法规定剧情。

金靴穆勒

拜仁射手盖德．穆勒获得了1972年的欧洲金靴奖，不过这一荣誉于1973年被葡萄牙巨星尤西比奥夺走。当时，穆勒在国家队赛事的进球数已经超越了席勒，而且在德甲联赛创下了34场比赛攻入40球的新纪录。穆勒还是1970年世界杯的最佳射手。退役后穆勒（右图）进入拜仁业余队担任助理教练，负责前锋球员的培养。

不幸的出局

第一轮帕纳辛奈科斯对索非亚中央陆军比赛中点球大战的丑闻让欧足联成为焦点。点球大战进行到第4轮，希腊人2:3落后。正当保加利亚人准备罚4粒点球时，主裁利帕诺夫居然因为计算错误而直接判希腊人出局。事实上，帕纳辛奈科斯尚有机会挽回败局。希腊人向欧足联投诉并迫使重赛，但这回他们没能抓住机会，还是被中央陆军淘汰。

另类前锋

在当时崇尚长传冲吊高空轰炸的英格兰足坛，赫克托不是一个“好”前锋。头球不是赫克托的强项，但他还是被认作那个时代英格兰最好的中锋之一。这个小个子前锋效力德比郡14年，486场比赛打进155球，还曾入选过英格兰队。德比郡历史上仅有的两次英格兰顶级联赛冠军（1972、1975）都是赫克托在队时期夺得的。图为德比郡全队在1972/1973赛季开始前向外界展示他们的联赛冠军奖杯。

阿贾克斯的秘诀

阿贾克斯的成功让人们看清了打造世界强队的秘诀所在：

1.丰厚的球员待遇。虽然薪金普遍不高，但丰厚的比赛奖金使球员在场上竭尽全力；个人奖金的差别在合同里有体现，比如克鲁伊夫的奖金高于阿里・汉。

2.长期合同保证了球队的完整。队内主要球员的合同都签到了1976年，这样一支依靠整体打法的球队非常依赖球员间的默契合作。

3.允许球员参与各种商业活动。

4.大部分球员从小就在一起训练。除了几个嫡系弟子，其他大部分球员也在不同程度上有着从小就开始合作的经验。

5.严格的训练。训练时间严格与荷兰联赛的比赛时间匹配。每周二还要加训一场。

6.主帅科瓦奇始终坚持三点原则，即传球的精确、整体的速度和失去球权后的变阵。著名的网式足球训练就源于阿贾克斯。

疑似丑闻

半决赛被尤文图斯淘汰的德比郡对出局并不服气。首回合德比郡客场1:3输掉比赛后，德比郡主教练克拉夫就指责尤文图斯和裁判携手设置了一个“预谋已久的骗局”。首回合结束后，德国主裁舒勒贝克因为和尤文的德国球员哈勒一起走出赛场而引起猜测。第二回合之前，又爆出尤文图斯试图贿赂主裁的传言。这似乎更佐证了克拉夫的怀疑。不过尤文并未受到影响，依然淘汰对手晋级决赛。

前途未定

克鲁伊夫（右图）因左膝伤势没有参加对战拜仁的比赛。但一代巨星和阿贾克斯主席间的问题似乎更大，足球商业化让一切变得不可预知。尽管阿贾克斯第3次问鼎欧洲冠军，但他们的旗手已经开始计划离开球队。在1973/1974赛季前的转会市场开放时，克鲁伊夫“如愿以偿”地出国淘金去了。西甲联赛重开外援转会，以克鲁伊夫、凯塔、索蒂尔和阿亚拉为代表的群星降临西班牙赛场。

16强战图

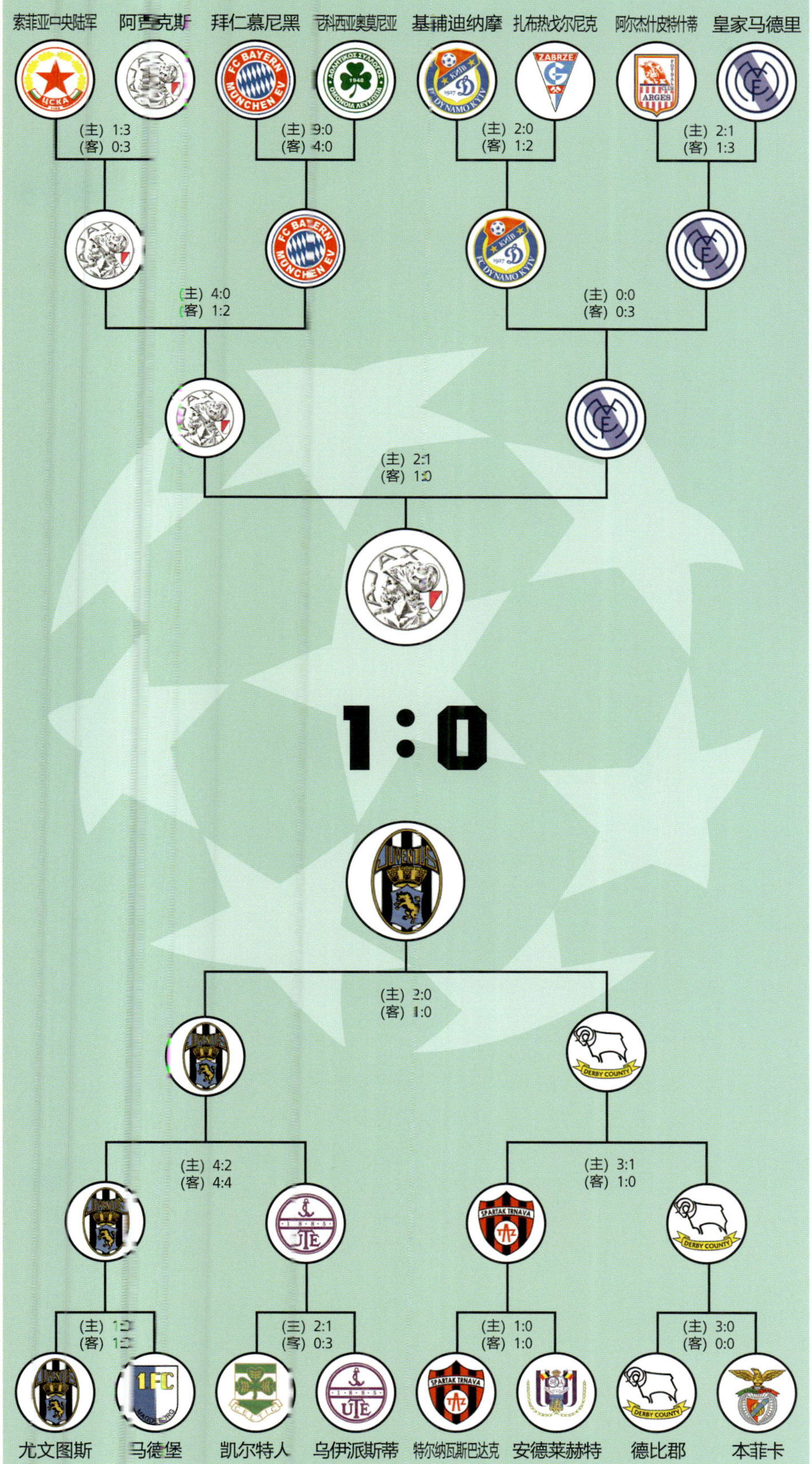

射手榜

1	穆勒（拜仁慕尼黑）	11 球
2	拜奈（乌伊派斯蒂）	6 球
3	卢班斯基（扎布热戈尔尼克）	5 球
	桑蒂利亚纳（皇家马德里）	5 球

夏日记事

■班克斯退役

班克斯号称英格兰足球史上最伟大的门将，这与他英格兰世界杯冠军队主力门将的身份不可分割。班克斯绰号银行，一是因为他的姓和英语中的银行（Bank）谐音，二是他扑救稳健，有他镇守的球门就如同放在银行里的存款一样保险。班克斯代表英格兰队出场 73 次只丢了 57 个球，更有 35 场比赛保持零失球。不过班克斯的退役是悲剧性的。因为一次车祸，班克斯右眼视力受损，不得不提前结束了自己的职业生涯。

■埃雷拉重回国际米兰

埃雷拉在与国际米兰决裂并走出罗马后再次君临国际米兰。埃雷拉重返梅阿查球场的新闻发布会上表示，他的梦想就是要打造一支和阿贾克斯一样注重整体的球队。

■内策尔远赴西班牙

在和门兴一起书写了一系列辉煌后，德国历史上最富才华的球星内策尔也决定远走西班牙。内策尔拥有世界杯、欧洲杯、西甲以及德甲冠军等一系列荣誉。但这个放荡不羁的天才一直没能获得真正的承认，在国家队和整个德国足球历史上，他不幸地与贝肯鲍尔处于同一时代。所以当内策尔决定改换门庭时，他拒绝了拜仁的橄榄枝，而是选择了皇家马德里。退役后，内策尔在打理个人产业的同时也涉足媒体行业，成为德国电视一台足球节目的特约评论员。

1973/1974 >>

拜仁慕尼黑 4:0 击败马德里竞技，夺冠庆祝。

1973/ 1974 拜仁慕尼黑来了

冠军杯历史上唯一的决赛重赛，却标志着拜仁的昌盛。第 1 场决赛，拜仁在第 120 分钟不可思议地扳平；第 2 场比赛大胜（4:0）。经过如此多的坎坷和幸运，拜仁慕尼黑终于放倒了马德里竞技。

乌利·赫内斯的突破非常犀利。当然，退役后他也是一个特别精明的总经理。拜仁的运气真不错。

决赛

1974年5月17日，布鲁塞尔海瑟尔球场　　主裁判:阿尔弗雷德·德尔古(比利时)

4 : 0　首场1:1

拜仁慕尼黑（433）			马德里竞技（442）
迈尔	门将	门将	雷纳
汉森	后卫	后卫	梅洛
施瓦岑贝克			埃雷迪亚
贝肯鲍尔			B. 欧塞维奥
布莱特纳			卡彭
罗特	中场	中场	61' 阿德拉多
卡佩尔曼			阿拉贡内斯
措贝尔			萨尔塞多
乌利·赫内斯	前锋		65' 阿尔贝托
穆勒		前锋	加拉特
托尔斯滕松			贝塞拉
替补			
			61' 贝内加斯
			65' 乌法特
进球			
28' 乌利·赫内斯	1:0		
56' 穆勒	2:0		
69' 穆勒	3:0		
82' 乌利·赫内斯	4:0		

拜仁慕尼黑称霸欧洲有其必然性。赢得1967年欧洲优胜者杯的班底依然健全，1972年，这帮人还帮助联邦德国赢得了欧洲杯。迈尔、盖德·穆勒、贝肯鲍尔、施瓦岑贝克、布莱特纳都出身于拜仁青年队，或者就是巴伐利亚人。他们一起长大，又一起征服了欧洲。

拜仁的成长简史

和凯尔特人以及阿贾克斯一样，拜仁的第一桶金来自百年不遇的青训奇迹。贝肯鲍尔因为一个耳光而放弃了那时名头更大的慕尼黑1860，转投拜仁慕尼黑，这个故事早已耳熟能详。少年时的穆勒也不是拜仁球迷，他追随的是当时风头无两的纽伦堡，可惜他身材不高遭到纽伦堡青年队的拒绝，才被一个友好的理发师介绍去了拜仁。在汇集了贝肯鲍尔、施瓦岑贝克、迈尔和穆勒之后，时任拜仁主席的诺伊德克请来了克罗地亚人柴可夫斯基。在柴可夫斯基的名师指点下，拜仁进步神速；1964/1965赛季进入德甲联赛（地区联赛36场进球146个）。和拜仁同年进入德甲的还有门兴格拉德巴赫。门兴的崛起和拜仁相似，以内策尔为代表的一批年轻球员具备了相当高的水平。所以在拜仁称雄冠军杯的同期，俱乐部并未获得国内赛事的统治地位。

门兴才华横溢，但球风受内策尔影响过于追求唯美，主帅魏斯魏勒也奉行“宁输5:6不赢1:0”的思想，所以在欧洲赛场战绩不及拜仁。拜仁建立在球员超强个人能力上的整体战术，因为更讲求效率而威力巨大。贝肯鲍尔以自由人的角色参与攻防，更是足球史上的里程碑。这套独特的战术以及贝肯鲍尔无法复制的战术意识和领袖能力奠定了拜仁的豪门地位。1973/1974赛季问鼎欧洲，不过是他们迟到的“发言”——球队1967年夺得优胜者杯，已经显示了强大的战斗力。

马竞险些被驱逐

拜仁晋级决赛之路非常艰难。先是大战瑞典的阿特维达堡（3:1、1:3、点球战4:3）之后是邻居德累斯顿迪纳摩（4:3、3:3）。半决赛却非常容易，他们淘汰了匈牙利白乌伊派斯蒂。

马竞晋级决赛的道路充满了愤怒和丑闻。格拉斯哥，马竞客场对阵凯尔特人，虽然比赛打成了0:0，却成为历史上最暴力的一场比赛，土耳其裁判巴巴坎罚下了3名马竞队员——阿亚拉、迪亚斯和基克。马竞露出了如此丑恶的嘴脸，以至于欧足联想把他们驱逐出冠军杯。最终欧足联胆小地退缩了，杀鸡儆猴的机会溜走了，凯尔特人的机会也溜走了，他们客场0:2输给了马德里竞技被淘汰。他们保持了尊严，但是缺少复仇精神。

接下来的决赛更是非比寻常。这是历史上第一次也是唯一一次决赛重赛。拜仁慕尼黑和马德里竞技在布鲁塞尔的海瑟尔球场3天之内大战两场。少了3名主力的马竞表现得老实多了，反而差点赢了第1场决赛；他们在第2场决赛中遭遇了彻底的失败。

施瓦岑贝克意外救主

5月15日，一场紧凑而有趣的大战。第71分钟，穆勒的进球被判无效；第114分钟，路易斯·阿拉贡内斯任意球得分，马竞已经触到了天堂的大门。但是天堂属于一个并不引人注

目的球员：施瓦岑贝克。他不管是在国家队还是拜仁慕尼黑都活在贝肯鲍尔的阴影之下。25年之后，当这一代球员全部进入拜仁的管理层乃至领导层，他却只是开着一个小咖啡馆，并且贩卖办公设备到奥林匹克球场。但是这天晚上，他是真的英雄。第120分钟，他在30米外以精彩绝伦的射门得分。

贝肯鲍尔交叉双臂，眼睛望着天空。主帅拉特克说："这是个奇迹，所有人都清楚。施瓦岑贝克的进球让我们活了下来。他把马德里人击倒出局。我希望马竞不会很快恢复。"

伟大的穆勒苏醒了

5月17日，两队再战。马竞主教练洛伦索煞费苦心地让队员们恢复状态，带着他们去电影院，请人来演奏吉他，在吃饭的时候放家乡的歌曲。马竞抓紧每一分钟从整个赛季的疲劳中恢复。后卫埃雷迪亚说："我们把穆勒看得和尤西比奥一样伟大。"这位德国前锋在第一场决赛中几乎是透明的。但是第2场比赛，他和乌利·赫内斯都飞了起来，带动了整个拜仁。拜仁有着幸存者的胃口和逃逸者的轻灵。

穆勒和赫内斯各进两球，最后比分4:0 干净利落。拜仁走得很远，欧洲足球进入德国和拜仁的时间。冠军权杖从阿贾克斯移交给拜仁，还伴随一次标志性的大赛：1974年世界杯决赛，联邦德国2:1击败了荷兰。

拜仁的首次冠军杯问鼎历程充满了艰险和传奇色彩，所有的挫折令这段历史看来更加迷人。不过对于拜仁来说，没能在冠军杯中亲自干掉阿贾克斯或许是种遗憾。教练拉特克夺冠后就说："很遗憾，我本以为这次我们可以兑现诺言呢！"拉特克的诺言早在1973年3月就已宣布，他在与阿贾克斯交手之前（1972/1973赛季）宣称要灌卫冕冠军阿贾克斯一个5:0，可惜吞下苦果的是拜仁（客场0:4）。等到拜仁风光无限的1973/1974赛季，阿贾克斯却早早出局了……

盖德·穆勒，拜仁驱动器

1970年代的欧洲足坛群雄并起，单就球员个体而言也是如此。在贝肯鲍尔和克鲁伊夫之外，盖德·穆勒也应占有一席之地。贝肯鲍尔和克鲁伊夫的共同点是优雅，这一点在盖德·穆勒身上比较罕见，这个男人似乎总是跌跌撞撞，却总能保持平衡。穆勒惊人的平衡能力是他超高进球率的保障，虽然和克鲁伊夫一样都是攻击手，但穆勒的手段更为直接——将球送进对方球网。和贝肯鲍尔与生俱来的领袖气质一样，穆勒的门前感觉也是一种天赋。他在门前冷酷得就像一个杀手，无论用何种方式，穆勒的目的只有一个，就是将球射进，所以也有了“穆勒式进球”的说法。穆勒式进球是指穆勒射门从不在乎是用什么部位，第一时间接触到球的部位，就是他的射门武器。穆勒对敌手来说是致命的，而对于拜仁来说，他和贝肯鲍尔一样都是无价之宝。贝肯鲍尔是拜仁的舵手，盖德·穆勒则是球队的推进器。盖德·穆勒帮助球队的方法就是进球，以至于他当初创下的各种纪录许多至今无人能破。

1973/1974赛季冠军杯，穆勒打进8球，独享了最佳射手荣誉。如果不是决赛补赛的那两粒进球，他就必须和兰伯特以及队友托尔斯滕松分享这一荣誉了。也正是这两粒进球，凸显了穆勒在拜仁阵中的重要地位。几乎所有的比赛穆勒都争取进球，而且一般都会进球；他不光屠戮弱小的对手，面对强敌也从不手软。比如1975/1976赛季半决赛拜仁淘汰皇马的两回合较量中，他大开杀戒，包办3球。在盖德·穆勒的火力面前，阿曼西奥和桑蒂利亚纳等顶级射手也黯然失色。足球史上的顶级射手不在少数，但像穆勒这么特殊的还是属于少数，他是顶级射手中的现象级人物。

Gerd Mueller

3e chance pour Bertier ?

TOUR MOTO: GOUGY CONFIRME

Les réponses de Mitterrand et de Giscard

L'EQUIPE

BAYERN-ATLETICO (1-1) SERA REJOUE DEMAIN

MERCKX ENIGME DU GIRO

LE RETOUR DES TROIS FRÈRES

原声

■《队报》特派记者 罗贝尔·维尔涅

1974 年 5 月 16 日和 18 日

拜仁继承了阿贾克斯的皇冠。经过了 210 分钟的刺刀见红和为期两天的“中场休息”，这给传奇的欧洲冠军杯添上了非常特殊的一笔。并不是要抹杀德国人的胜利意义，他们赢得干净利落。只有西班牙人的失利多少有些窝囊，不能真实地反映比赛情况。

马德里竞技在比赛中没能抓住进球的机会，最终沦为裁判判罚的牺牲品。拜仁 2:0 领先时，马竞本应得到一个很容易辨别的点球，但裁判德尔古拒绝给点球。之后第 71 分钟，明显处在越位位置的穆勒打进了拜仁的第 3 球。这多少给冠军杯抹黑，使其高度没能达到我们在 3 个多小时的时间内期望的那样。第 83 分钟，赫内斯为拜仁打入第 4 球。这是压倒马竞的最后一根稻草，马竞真的有些可惜。

决赛第一场的比分和场面证明，马德里竞技拥有和拜仁相当的技术和战斗实力。不过第二场较量的结果多少有些出人意料。马竞似乎没有走出疲惫，而德国人过人的体力帮助他们轻而易举地取得胜利。

全景

两场决赛

令人难以置信的是，决赛进行了两场。后来出任西班牙队主帅的阿拉贡内斯在加时赛的第114分钟打入一粒精彩的任意球，马竞取得领先。正当西班牙人欢呼即将到手的冠军奖杯时，施瓦岑贝克（右图）在终场哨响前（第120分钟）用同样令人瞠目的世界波为拜仁扳平了比分。这粒30米开外的远射让马竞的冠军梦顿成泡影。

阿根廷人的马德里竞技

1974年的那支马竞或许更应该被称为“布宜诺斯艾利斯竞技”。率领这支球队的是被称为“托托”的阿根廷人洛伦索，他曾是1966年世界杯阿根廷队的主教练。队中主力阿亚拉、埃雷迪亚、奥维赫罗、卡布雷罗、帕纳德罗、迪亚斯都是阿根廷人，甚至连西班牙球员加特拉也是在布宜诺斯艾利斯地区出生。两个大陆的联合成就了一支神奇的马德里竞技。

拜仁的点球运

点球一直是拜仁的隐痛。“轰炸机”盖德·穆勒在联赛罚失若干点球后决定不再担任点球手。但队友对他表示信任，1/4决赛对索非亚中央陆军，大家又鼓励穆勒站在了点球点前，然而他再次罚失。之后几天后阵汉诺威，罗特也罚失了。于是主帅拉特克决定让布莱特纳担任点球手，这位称职的拜仁点球手，在1974年世界杯决赛上罚入了扳平比分的点球，帮助联邦德国队最终夺冠（左图）。

马竞的暴力战术

凯尔特人和马德里竞技在半决赛相遇，两队的第一回合出现很大争议，比赛异常艰难。马竞为了阻止凯尔特人的疯狂攻势采取了一切可用手段。阿亚拉、迪亚斯和基克相继因恶劣犯规被罚下场。凯尔特人的约翰斯通再次遭受黑脚受伤下场，引发了球员、助理教练和警察间的冲突。苏格兰人控告当值主裁判巴巴坎纵容球场暴力并向欧足联提出上诉。整个欧洲的强烈反应让欧足联不得不重罚马德里竞技。

两德大战

民主德国的德累斯顿迪那摩和联邦德国的拜仁慕尼黑在冠军杯1/8决赛相遇。双方上演对攻大战，最终拜仁在主场4:3获胜晋级。在随后进行的1974年世界杯上，两德国家队又同分在A组，这场代两德足球最高水平的俱乐部比赛如同一场热身。只不过在世界杯上，民主德国队在小组赛中1:0战胜了联邦德国队。

欧洲强烈谴责马竞

凯尔特人主帅斯泰因：“对马德里竞技的第二回合，我们只提出一个条件——我们应该踢足球。”

英国教练罗尼·艾伦：“西班牙人很过分，但过错在裁判。要是巴巴坎有更多经验，事情也不至于到这个地步。”

《法国足球》：“冠军杯死于格拉斯哥？赛事的未来取决于欧足联的决定。”

黑豹退出欧洲赛场

驰骋冠军杯赛场十余载的“黑豹”尤西比奥未能用进球挽救本菲卡第2轮出局的命运。这是尤西比奥的最后一届冠军杯，他在次年参加完优胜者杯的比赛后告别本菲卡。在他的告别赛上，云集了贝斯特、凯泽尔、班克斯和博比·查尔顿等一批足坛名宿。

射手榜

1	穆勒（拜仁慕尼黑）	8 球
2	兰伯特（布鲁日）	6 球
	托尔斯滕松（拜仁慕尼黑）	6 球
3	杰奥尔杰斯库（布加勒斯特迪那摩）	5 球
	乌利·赫内斯（拜仁慕尼黑）	5 球
	希斯菲尔德（巴塞尔）	5 球

夏日记事

■联邦德国称霸世界杯

以拜仁为班底的联邦德国队在决赛中后来居上，战胜了巨星云集的荷兰队，彻底结束了荷兰人在欧洲的辉煌年代，同时也让橙衣军团在距离冠军最近的地方与奖杯擦肩而过，最终被扣上了无冕之王的帽子。

西班牙联赛仍是夏季的转会焦点。刚刚获得两项冠军的拜仁球员布莱特纳转会皇马，成为皇马对抗死敌巴塞罗那阵中荷兰人内斯肯斯和克鲁伊夫的利器。图为布莱特纳在世界杯决赛中利用稳健的点球为德国队扳平比分。

■反面典型拉齐奥

由于在 1973/1974 赛季的联盟杯中多次挑起事端，拉齐奥被欧足联驱逐出 1974/1975 赛季的冠军杯，即便他们贵为意甲联赛冠军也毫不留情。鉴于意大利人在冠军杯历史上劣迹斑斑，欧足联没让任何一支意大利球队作为替补进入杯赛，以儆效尤。

■香克利退休

香克利决定退休！他率领利物浦从二级联赛升至欧洲顶级水准，完成足球史上最成功的执教范例。这条消息惊动了世界足坛。没人相信世界上最成功的教练会放弃自己的事业。人们慢慢接受了这个现实，因为香克利的继任者佩斯利完成了香帅也没有做到的事情——率利物浦登上了欧洲之巅。不过香克利对利物浦影响深远，比如靴室制度以及他的名言“足球不是生死，足球高于生死”。今天在安菲尔德球场外，依然可以见到伟大的香克利——他的雕像已经成为俱乐部的标志性景观。

1974/1975 >>

1974/ 1975 拜仁的地狱决赛

拜仁慕尼黑 2:0 击败了利兹联，巴伐利亚人的胜利异常苦涩：比赛中充斥着判罚失误和暴力。巴黎王子公园球场和欧洲一起发现了足球流氓的丑恶嘴脸。

进军决赛的道路上，利兹联淘汰了巴塞罗那。洛里默的点球帮助了利兹联，客场取得1:1对于英国人来说足够了。

决赛

1975年5月28日，巴黎王子公园球场　　主裁判:米歇尔·科塔布让(法国)

2 : 0

拜仁慕尼黑（433）			利兹联（433）
迈尔	门将	门将	斯特瓦特
迪恩伯格	后卫	后卫	雷内
施瓦岑贝克			梅德利
贝肯鲍尔			亨特
安德松			F. 格雷
罗特	中场	中场	布雷姆纳
卡佩尔曼			吉尔斯
措贝尔			80' 约拉思
乌利·赫内斯	前锋	前锋	洛里默
穆勒			乔丹
托尔斯滕松			克拉克
替补			
			80'E. 格雷
进球			
71' 罗特	1:0		
83' 穆勒	2:0		

1975年是冠军杯的又一个重大生日，1955年由《队报》创建的冠军杯20岁了。这是释放自我的年华，也是回味过去的时刻。拜仁慕尼黑和利兹联成为庆典的主角。对卫冕冠军拜仁慕尼黑来说，这多少有些奇迹的味道。但是在其欧洲历史当中，这几乎是个常态。

拜仁开始1974/1975赛季时，拥有5位世界冠军：迈尔、贝肯鲍尔、施瓦岑贝克、乌利·赫内斯和盖德·穆勒。第6个布莱特纳转会去了皇马。在很长一段时间内，拜仁好像失去了胃口。到了冬歇期，他们仅仅在德甲中排名第16。一名记者用如此可怕而又滑稽的语言描述这种坠落："拜仁和泰坦尼克唯一的区别就是泰坦尼克还有一个交响乐团。"

在沉没的中心，1974年底，教练拉特克下课了。他用一种幽默又心酸的语气祝愿自己的继任者"懂得游泳"。1975年1月，克拉默到任。俱乐部主席诺伊德克发话说，如果拜仁从冠军杯出局，所有人的薪酬都要减半。

在这么大的压力下，拜仁找回了自我。1/8决赛，穆勒打入了球队所有的5粒进球，淘汰了马德堡，"轰炸机"欧战45场攻进45球。接下来的两支球队都没能阻挡慕尼黑人迈向巴黎决赛场的脚步。

布雷姆纳，铁人兼硬汉

这一年的亮点是圣艾蒂安。1/8决赛，他们在斯普利特被打成了1:4，回到主场居然5:1翻盘，特里安塔菲罗斯在加时赛打入最后一球。

这一年的污点属于巴萨。阿特维达堡把自己卖给了巴萨，收到7.5万美元的保证金后，他们同意把两场1/4决赛都放在诺坎普，放弃了自己的主场。欧足联对此无动于衷，只是说两支球队同意就可以，这就意味着即便在冠军杯中也可以买比赛。这种情况下，巴萨轻松过关。但是加泰罗尼亚人止步于半决赛。

另一名打进王子公园的决赛者来自英格兰，很凶猛。利兹联是支可怕的战斗队伍。把他们打造成型的是唐·里维，不过他6个月前成了英格兰队主帅，后来者是阿姆费尔德。

利兹联的领袖是布雷姆纳，人们说他在威士忌中洗脚。布雷姆纳的经历和穆勒相似，身材矮小的他（1.70米）对足球充满热情，却因为"看起来不够强壮有力"而接连被阿森纳和切尔西拒绝。利兹联发现布雷姆纳的时候，心灰意懒的小家伙正在校园里踢球。利兹联没有犹豫，1959年，利兹联和17岁的布雷姆纳签下正式合同。布雷姆纳不高大，但他的风格令人生畏。有人传说他可以在宿醉一整夜之后立即去参加比赛，而且生猛过人。

布雷姆纳还是个铁人，从1960年正式代表利兹联参赛开始，除了偶尔受伤和被停赛，唐·里维从不换布雷姆纳。除了强硬的球风，布雷姆纳超强的奔跑能力和相当不错的得分能力（以及运气）都帮助他树立了领袖地位。他曾在各类杯赛的半决赛中4次打进制胜球。

利兹联在半决赛中淘汰了克鲁伊夫的巴塞罗那。利兹中场约拉思做了很多出格的动作，但是逃脱了惩罚；麦克奎因打了克拉雷斯一耳光而被罚出场。布雷姆纳如此评论克鲁伊夫的才能："把球队的赌注押到一个人身上是非常危险的。"

足球面临更大的危险。巴黎王子公园球场本来应该庆祝冠军杯的20岁生日，但是蜡烛被火药代替，礼物被愤恨取代。装点背景的是黄色的塑料块，这是被利兹球迷掀起的座椅残骸。球场成了废墟。

最坏的对手

英格兰球迷的行为像小混混。他们没有

辩词，但是有一个解释。法国主裁判科塔布让夺走了利兹联可能的胜利。他首先将洛里默的有效进球判为无效。当时，边裁先是判洛里默越位，随后又后悔，跑到场中宣布进球有效。但是科塔布让维持原判。尤其是科塔布让没有吹罚贝肯鲍尔在上半场对克拉克的明显犯规，面对着清晰的录像画面，科塔布让依然坚称：“我当时距离他们就3米远，没有犯规。”

安德松和赫内斯都在上半场受伤了，并且被迫离场。不过现实主义者拜仁的耐心和能量最终在下半场有了收获，罗特和穆勒分别在第71分钟和第81分钟进球。利兹球迷离开王子公园的时候怒气冲天，他们没有去老实睡觉。球场周围地区成了被蹂躏的地方。庆典和节日自然完蛋了，有的只是数千名英格兰球迷、廉价酒精和通宵达旦开业的酒吧！

拜仁虽然胜利了，但是他们的算计和冷冰冰的现实主义让他们没有得到太多的支持。国际米兰也曾受到过同样的待遇。虽然足球场尊重强者，但华丽的风格总能赢得更多好感。

不过利兹联就算不计他们球迷的不良行为，也算不上什么白马骑士。他们球员的行为让人愤怒，约拉思第4分钟就伤害了安德松。主裁判科塔布让在这一点上也有错误，他本应立即把英国人罚出场，让利兹联在整场决赛中都10人应战。

贝肯鲍尔说：“这是我职业生涯中所遇到的最坏的对手。有些利兹联球员用肆无忌惮的态度寻求伤害对手。”当他站在王子公园的主席台上接受冠军杯奖杯的时候，一定能够看到有一面看台已经被摧毁，而且空无一人。荒诞的生日庆典，确实！

贝肯鲍尔，凯撒级

防守队员，的确比进攻队员更强势。极具魅力的男人，出众的斗士，贝肯鲍尔在足球运动上刻下了自己的印记。他生来行事正直，但不固执；总是进取，而且看得比别人深远。球员、教练、国家队主帅、管理层，所有的焦点，所有的光荣都向贝肯鲍尔汇聚。凯撒是毫不夸张的外号。拜仁是贝肯鲍尔的珠宝匣。这绝不是偶然，因为贝肯鲍尔走过的每一步都符合伟大人物的命运。和拜仁一样，贝肯鲍尔从乙级冲向了欧洲的巅峰。1966年世界杯最大的发现之一就是贝肯鲍尔作为防守型中场的优雅从容、简洁有效。之后贝肯鲍尔又退了一步，他更是一个中卫、一个先驱、一个杰出的防反者。1970年墨西哥世界杯将贝肯鲍尔塑造成了英雄，半决赛中他胳膊吊着绷带，和意大利周旋到传奇的加时赛，最后3:4惜败。1974年世界杯上，贝肯鲍尔成为赢家。在慕尼黑，就在他的家门口。他强制疏远了内策尔，用拜仁的势力压倒了门兴的影响。舍恩是德国队主教练，但贝肯鲍尔才是老板。

帮助拜仁拿下了3个冠军杯，贝肯鲍尔身上积聚的威望足以抵消掉人们对拜仁的厌倦。之后他去纽约宇宙队踢了3年，仅仅是享受踢球的简单乐趣。雷哈格尔执教过不来梅、凯泽斯劳滕和拜仁，2004年欧洲杯率领希腊夺冠，他如此总结“凯撒”的光辉：“如果有一天，贝肯鲍尔说足球是方的，那么所有人都会热情地回应‘终于有人有勇气说出真相了……’”

Beckenbauer

C'était le jour du Bayern...

...mais Leeds et le football méritaient mieux

L'ÉQUIPE

Violence et antijeu appellent des réformes

原声

■《队报》特派记者 维克托·西内
1975 年 5 月 29 日

拜仁不是征服了冠军杯，因为冠军杯本来就在他们手中。他们只是在昨天晚上费尽全力保住了它，而且仅仅只是保住了它。这支在其他时期非常聪明的球队没能向我们表现出坚定的面孔。他们只是打起了反击，而且命运两次冲他们微笑了。他们很幸运地拥有一位超凡脱俗的球员：贝肯鲍尔。贝肯鲍尔用他的视野和细腻的触球在很多时候力挽大局。这场决赛留下了很多苦涩的味道。第 36 分钟，贝肯鲍尔对克拉克明显犯规，主裁视而不见。第 67 分钟洛里默将球送入球网，这本应成为利兹联的第一球，却被主裁吹掉了。此后，罗特用一次精彩的打门帮助拜仁取得了领先。

瓶子和拆下的椅子从利兹球迷看台上飞出，像雨点一样飞行。法国宪兵队出动了，这时比赛进行到第 81 分钟，穆勒接卡佩尔曼的精彩传球得分了。利兹联被击败了，但他们依然是进攻最多的球队、表现出最多获胜欲望的球队。只不过运气还是站到了拜仁一边。去年冠军杯，拜仁打了两场决赛。今年，他们又在幸运女神的眷顾下卫冕。

全景

首轮即诞生最佳射手

耶烈万阿拉拉特队射手马尔卡罗夫在首轮过后便攻入5球，尽管球队没能进入半决赛，而且马尔卡罗夫也未能在接下来的比赛中有所建树，但这并不影响他和盖德·穆勒分享了当届冠军杯的金靴奖。

短命教练

尽管利兹联队轻松淘汰苏黎世晋级，但他们的功勋教练唐·里维（左图）却响应英足总召唤，成了英格兰队的新任主教练。而唐·里维的继任者克拉夫只执掌了44天利兹教鞭便被赶下台，因为他的带队方法让球员很不满，而且战绩极为糟糕。紧接着第三位主帅阿姆费尔德走马上任。阿姆费尔德以极具亲和力的带队方法赢得了队员的支持和配合，并用自己的战术理念使利兹联变得更加强大，直至闯进冠军杯决赛。

拜仁换帅

拜仁在联赛中的颓势影响到了他们在冠军杯的表现。主席诺伊德克宣布解除拉特克（左图）的教练职务。拉特克下课并非只因成绩不佳，最重要的还在于他对贝肯鲍尔的能力理解失误。经过与教练组和主要球员的商议，俱乐部高层决定炒掉拉特克，起用名不见经传的克拉默执教。这位被人尊称为“教授”的教练在当时的德国毫无名气。不管怎么说，球队在他的带领下虽然在联赛中没能继续称霸，但在冠军杯上的成绩却载入史册。

电视转播干预比赛

费耶诺德和巴塞罗那那场1/8决赛凸显了电视转播的影响力。根据费耶诺德与荷兰NOS电视台签署的合同，其主场比赛应在周二进行，以避免和阿贾克斯对特温特的联赛重量级碰撞发生冲突。然后天逢大雨，场地被雨水浸泡，裁判本应将比赛推迟到周三进行，却慑于电视转播的压力，不得不如期比赛。于是两队在费耶诺德泥泞不堪的主场踢了个0:0作罢。

冠军之争

冤家路窄，卫冕冠军拜仁慕尼黑在冠军杯的第一个对手就是民主德国球队马德堡。这不但是世界杯赛后东联邦德国球队的又一次顶级碰面，而且还是冠军杯冠军和优胜者杯冠军的王者之争。尽管拜仁在赛季前期的表现不如人意，甚至出现了危机，但还是在主客场都赢得了比赛。

充满争议和暴力的决赛

过分纵容暴力的裁判。法国主裁科塔布让面对决赛场上暴力横行的场面，却只出示了3张黄牌。心慈手软让场面更加失控：开场仅4分钟，约拉思便对拜仁后卫安德松犯规并把他“送”下了场；然后乔丹的肘击让贝肯鲍尔的眉骨血流如注；接着便是在半决赛用“暴力防守”看死克鲁伊夫的布雷姆纳继续上演“铁血”中场。施瓦岑贝克报复性地干倒乔丹时，却逃过了裁判的第2张黄牌。

主动让出主场

瑞典球队阿特维达堡因上届冠军杯首轮将最后的冠军拜仁慕尼黑拖入点球大战而名声大噪。1974/1975赛季他们成功闯入了1/4决赛，这次瑞典人面对的是拥有克鲁伊夫和内斯肯斯的巴塞罗那。他们似乎对继续前进或者夺取冠军不抱希望，于是便将主场权利让给了巴萨，因而获利75000美元。在这两场“主场”比赛中，从一开始便赢得主动的巴塞罗那轻松晋级。

庆典变悲剧

这是第20场冠军杯决赛。争取到主办权的法国人准备为全欧洲足球的最高荣誉办一场庆典，却被因输球而狂怒不已的利兹球迷搅黄了。洛里默的进球被判无效后，南看台上的英国球迷突然爆发，他们开始把椅子扔下看台并冲进场内，保安人员和警察将闹事的球迷拖出场地，才让比赛得以继续。

射手榜

1	穆勒（拜仁慕尼黑）	5 球
	马尔卡罗夫（耶烈万阿拉拉特）	5 球
2	阿尔姆奎斯特（阿特维达堡）	4 球
	克拉雷斯（巴塞罗那）	4 球
	洛里默（利兹联）	4 球
	H. 雷韦利（圣艾蒂安）	4 球
	雷克萨奇（巴塞罗那）	4 球
	舍恩马克（费耶诺德）	4 球
	艾伦・克拉克（利兹联）	4 球
	耶尔科维奇（斯普利特）	4 球
	克罗伊茨（费耶诺德）	4 球

夏日记事

■贝阿尔佐特执掌意大利

贝阿尔佐特入主意大利国家队。上任伊始，贝阿尔佐特对欧洲和拉美各派的打法做了全面分析，形成了一种崭新的打法：防守反击。1976 年贝阿尔佐特率队与 10 个国家的球队过招，取得了 7 胜 3 负的成绩。意大利人看到了希望。贝阿尔佐特继承了瓦尔卡雷吉和贝尔纳迪尼的班底，将意大利足球推上了一个新的高度，并把意大利带上了 1982 年世界杯的冠军领奖台。

■三冠争雄

1974/1975 赛季的欧洲三大杯赛冠军——冠军杯王者拜仁慕尼黑，联盟杯冠军门兴格拉德巴赫以及优胜者杯冠军基辅迪纳摩——汇聚到了 1975/1976 赛季的冠军杯赛场，上演了三冠争雄的好戏。

■欧洲新贵

德比郡和圣艾蒂安成为欧洲赛场的新面孔。德比郡在英国逐渐崛起，1972 年曾在克拉夫的带领下闯入冠军杯半决赛。如今这支德比郡队，是由“铁人”迈凯带队的英格兰冠军。圣艾蒂安则在主教练埃尔班的带领下准备向欧洲冠军发起冲击。1972 年，年仅 33 岁的埃尔班出任圣艾蒂安主帅，当时他尚未退役。这位当时欧洲最年轻的教头敢于起用新人，把圣艾蒂安打造成了一支天不怕地不怕的青年军。

1975/1976 >>

狡猾的贝肯鲍尔、幸运的罗特、倒霉的圣艾蒂安，这就是 1976 年冠军杯决赛的全部。当罗特的任意球穿越圣艾蒂安人墙时，拜仁的三连冠伟业进入了史册。

1975/ 1976 拜仁是方的

“绿色狂飙”没能拿下拜仁慕尼黑，0:1 。圣艾蒂安人直到现在依然在思索：如果格拉斯哥的门柱是圆的，会造成怎样的结果？

赫内斯、贝肯鲍尔走向进球的穆勒。穆勒的两个进球让拜仁在主场干掉了皇家马德里，再次闯进决赛。

决赛

1976年5月12日，格拉斯哥汉普顿公园球场　　主裁判：帕洛塔伊(匈牙利)

拜仁慕尼黑（433）		1:0		圣艾蒂安（433）
迈尔	门将		门将	丘尔科维奇
汉森	后卫		后卫	让维昂
施瓦岑贝克				皮亚扎
贝肯鲍尔				洛佩斯
霍斯曼				雷佩利尼
罗特	中场		中场	巴特内
卡佩尔曼				拉奎
迪恩伯格				桑蒂尼
乌利·赫内斯	前锋		前锋	P. 雷韦利
穆勒				H. 雷韦利
鲁梅尼格				82' 萨拉马戈纳
		替补		
				82' 罗什托
		进球		
57' 罗特		1:0		

在争取冠军杯三连冠的道路上，在名垂史册的进程中，拜仁先在半决赛淘汰了皇马，同时送走了两名德国球星内策尔和布莱特纳。有一个插曲，在马德里双方战成1:1的比赛中，一名球迷冲进球场，先袭击了裁判利纳迈尔，后打了盖德·穆勒。在慕尼黑，拜仁2:0取胜。37岁的阿曼西奥在第90分钟被罚出场，这也是他的最后一次欧战……

“我经历过的最好比赛”

马德里人在这届冠军杯中其实起到了清道的作用，他们淘汰了英格兰冠军德比郡，此后又将门兴踢出局。皇马和德比郡的两回合较量，查理·乔治两场打进4球，他的帽子戏法帮助德比郡主场4:1取胜。次回合，皇马和德比郡打成5:1的比赛堪称经典。皇马的德国中场布莱特纳说：“尽我一生，这是我见过的俱乐部比赛中最棒的。”

不过还是拜仁打进了决赛，在格拉斯哥对阵圣艾蒂安。当时圣艾蒂安已经刮起了绿色风暴。作为法国冠军，圣艾蒂安在1/4决赛淘汰了基辅迪纳摩，布洛欣表现出色，但是独木难支。在半决赛，圣艾蒂安淘汰了埃因霍温。

距离决赛还有3天，圣艾蒂安在法甲中损兵折将。对尼斯一战，法里森和克里斯蒂安·西约格尔双双受伤，而多米尼克·罗什托大腿伤势加重，也几乎不能踢球。这时法国人的失利浪漫主义出现了，队员们说：“我们可能输掉决赛，但是我们一定不会错过。”

决战前夕，圣艾蒂安前锋拉尔盖来到了汉普顿公园球场，不知他有否注意到门柱是方的？这几乎是独一无二的情况。在此之后，这里的门柱也改成了圆柱体，但对圣艾蒂安来说，为时已晚。

巴特内和桑蒂尼双双击中横梁

这场比赛圣艾蒂安占有优势，尤其在上半场。先是多米尼克·巴特内一脚远射击中横梁，球最终被拜仁门将迈尔拿到。之后萨拉马戈纳传中，桑蒂尼头球攻门，再次击中横梁。接下来数年，无数学生和学者都在计算。结论是如果格拉斯哥的门柱是圆的，那这两个球都进了。

下半场，奥斯瓦尔多·皮亚扎被判犯规，理由是侵犯穆勒。真的犯规了吗？阿根廷人一直矢口否认。当裁判往后推人墙的时候，贝肯鲍尔狡猾地把球推给罗特，罗特的射门穿越了夜空和门将的警觉。罗特成为巴伐利亚的英雄。他的外号叫“公牛”，1967年优胜者杯决赛对流浪者，罗特就打入了唯一进球；1975年冠军杯决赛2:0胜利兹联时，罗特也进球了。罗特虽然不是射手，他扮演的是中场之肺的角色，但是确实很有进球运。

圣艾蒂安最后的反攻号角是罗什托上场。时间还剩下8分钟，罗什托展开盘带功夫，左冲右突，徒劳无功。主帅埃尔班说：“是不是应该让罗什托早些上场呢？要记得他随时都可能倒下，而且还是有打加时的可能？”说什么都晚了，剩下的只有拜仁的胜利巡游。

“圣艾蒂安比皇马强”

决赛结束后的第2天，欧洲媒体都选择了自己的阵营。很明显，这支拜仁慕尼黑并不是历史上人气最高的。事实上，欧洲对德国霸主从来都是敬畏多过佩服。虽然拜仁慕尼黑也像皇马和阿贾克斯一样实现了欧冠三连霸，但评论家们不太情愿给他们同样热情的溢美之词。

西班牙的《马卡》报写着：“不是最好的球队赢下了锦标。”《阿斯》的标题是“拜仁慕尼黑，假冠军！”英格兰的媒体则更加尖刻，《每日邮报》用了“小偷”的字眼。《太阳报》的意思也差不多，“拜仁从法国人手中偷走了冠军”。

第 57 分钟，罗特的头球攻门，圣艾蒂安的门将鞭长莫及，场上比分改写为 1:0。

但是德国人看得更多的是穆勒的一个进球因为越位被吹无效，虽然越位不是特别明显。而且丘尔科维奇曾连续3次奋力扑出赫内斯的射门，那个球几乎就要越过门线。赫内斯说："双方都有运气不好的时候，现在留给我的，就只有拜仁的胜利了。"

德国教练克拉默捧着奖杯，总结出一个招牌性的哲学理念："在足球的法则中，有些时候产出比质量重要。在让人信服之前，先要取得胜利。"这更明确了拜仁慕尼黑的足球理念。

但是拜仁慕尼黑也应该向对手致敬，毕竟圣艾蒂安踢出了少有的美感。贝肯鲍尔自发地做了这一点："在我们击败的3个决赛对手中，圣艾蒂安是最难对付的，他们比我们在半决赛中淘汰的皇马还要强。"

输家在香榭丽舍大街巡游

拜仁慕尼黑被载入了史册，但是没有太大的轰动。比赛第2天，巴伐利亚甚至没有举行任何庆祝活动。只是在接下来的周六，联赛结束后，举行了一次晚宴。强队的真正气质，就是再大的胜利也只是平常的事情。不过许多年后德国人可能会后悔，因为这是他们在欧洲一个时代的终结，他们却并未进行特别的纪念。

法国足球刚刚从漫漫长夜中走出来。法国人还没有漠视强者的文化，相反是拥抱光荣的输家。失利的第2天，输了球的法国人来到香榭丽舍大街，整整10万法国人簇拥着他们巡游，持续了一个小时。从星形广场一直到共和国总统宫，就像胜利者一样。

拜仁中场球星罗特在第 57 分钟一锤定音，帮助球队第 3 次夺冠，为德国足球的辉煌写下浓重一笔。

1975/1976

贝肯鲍尔，最后的征服

拜仁慕尼黑的三连冠伟业确立了其德甲俱乐部旗帜的地位，也造就了贝肯鲍尔的一世威名。1975/1976赛季的冠军杯中出现了许多状态极佳的世界级球星，高水平球员的集中爆发让冠军杯更加精彩。然而夺冠的还是拜仁，正如同我们无法选择贝肯鲍尔之外的其他人选作为最佳球员一样。作为冠军球队的队长，贝肯鲍尔配得上一切荣誉。盖德·穆勒也是拜仁的重要球员，但是当贝肯鲍尔不在的时候，他的重要性才愈发凸显。拜仁的1975/1976赛季并不好熬，因为汉森、穆勒和赫内斯缺阵了，幸好有贝肯鲍尔独撑大局，他带领着崭露头角的鲁梅尼格继续前进。

虽然一直有伤，特别是腹股沟拉伤的困扰，但贝肯鲍尔始终在坚持，他的风格更加抽象简练。对方球员几乎无法获得和他身体接触的机会，他就已经把球处理出去了，无论是精确的短传还是准到毫厘的长传，贝肯鲍尔一个人就折磨垮了对手整支球队。

拜仁慕尼黑晋级冠军杯决赛的过程也是贝肯鲍尔逐步压垮同时代杰出球星的过程，海因克斯、邦霍夫、西蒙森（门兴格拉德巴赫）和桑蒂利亚纳（皇家马德里）以及内内（本菲卡）都是有着惊人技艺的杰出球星，但他们最终都倒在了征服的路途中。被贝肯鲍尔直接打败的桑蒂利亚纳和内策尔始终生活在贝肯鲍尔的阴影下。前者是皇家马德里的头号射手，后者更是堪比贝肯鲍尔的天才，他的50米长传落点需要以厘米计算误差。不过贝肯鲍尔始终压制着内策尔，半决赛更是直接淘汰了对手。决赛中贝肯鲍尔又直接干掉了圣艾蒂安的拉奎和桑蒂尼，帝王的背景需要仰视。这也是贝肯鲍尔在冠军杯最后的辉煌，此后一个赛季拜仁止步于冠军杯1/4决赛，再往后“凯撒”去了美国。内策尔、鲁梅尼格，其他天才终于有了争夺王位的机会。

Beckenbauer

0-1 L'EQUIPE

ILS ONT TOUT TENTE !...

原声

■《队报》特派记者 雅克·费朗

1976 年 5 月 13 日

拜仁慕尼黑被看作最大热门，但是没能表现出应有的优势。可以说，他们对圣艾蒂安的畏惧一点不亚于圣艾蒂安对他们的畏惧。他们更满足于小心翼翼，圣艾蒂安人则是积极主动。或许，这也是德国人的一种策略。法国人的进攻威力毋庸置疑，半场结束之前，多米尼克·巴特内和雅克·桑蒂尼的两次尝试就验证了这一点。两次射门都被门将迈尔把守的大门横梁挡出。

虽然赫内斯的射门也很有威胁，全靠丘尔科维奇的神勇才化险为夷，但这些都无法抵消这两记射门的精彩和留给球迷的深刻印象。法国人证明了擒下拜仁并不是不可能完成的任务。但拜仁这头巨兽在打盹的时候才最危险。慕尼黑熊继续坚强的防守，然后挥爪一抹就足以致命。这就是命中注定的那记任意球，盖德·穆勒创造，罗特以一个老将的狡猾将其打进。

这粒进球撼动了法国人的信心之墙，拜仁一下子占到了上风，更强更可怕，就像那些已经挥出重拳的老拳手，他们还懂得一件事情，取胜！

全景

争议裁判再引争议

巴赫拉莫夫是1996年世界杯决赛赫斯特那粒争议进球的当值边裁，正是他的坚持，那粒进球才被判有效。德国人一直记恨这次判罚。而这次巴赫拉莫夫与主裁伊万诺夫在客场再次判给英国人一个点球，并将皮里的有效入球吹掉。这让皇马队中的两名德国人布莱特纳和内策尔在赛后大发牢骚。右图为赫斯特爵士站在巴克拉莫夫的雕像前。

西班牙克星执法决赛

皇马没有进入决赛也并不算坏事，因为当届冠军决赛的主裁判是匈牙利人帕洛塔伊。他是欧足联在20世纪70年代及80年代初的重量级名哨。帕洛塔伊有个特点，就是西班牙球队在他主裁的比赛中总是输球，尤其是皇马。所以他得了个“西班牙克星”的外号。

拿破仑·克拉默

1975年6月1日，拜仁主教练克拉默在奥林匹克球场装扮成法国征服者拿破仑的样子，以表示自己准备第3次征服欧洲冠军杯的决心。巧合的是，他们在冠军杯的对手真的是法国人，不过他还真的做到了！

特别汽车牌号

基辅当地政府为了表彰基辅迪纳摩击败拜仁慕尼黑夺取欧洲超级杯，为球员们订制了特别的汽车牌号。比如获得1975年金球奖的球星布洛欣，他的伏尔加轿车上的车牌就是0001，而他的队友也就是0002或0003。30年后，布洛欣成就了更伟大的事业，将乌克兰队带进了世界杯八强（右图）。这是乌克兰人的世界杯决赛圈首演，感谢布洛欣！

伯纳乌裁判遭袭

皇马在半决赛被拜仁慕尼黑淘汰还不算丢人，而在伯纳乌球场，当值主裁被冲入场内的球迷袭击就很严重了。一个名叫海梅的极端球迷冲入场内，先是将拜仁球星盖德·穆勒（右图）打翻在地，接着便冲向当值的奥地利主裁利纳迈尔。皇马俱乐部代表普鲁登和拜仁守门员迈尔将海梅制服，警察随后赶到终止了这场闹剧。

阿曼西奥黯然离去

皇马在客场0:2负于拜仁，失去了晋级决赛的希望。1966年夺冠功臣，即将退役的老将阿曼西奥在终场死球的情况下，懊恼地将球踢飞，领到了第二张黄牌。他也就此黯然离开了欧洲赛场。

兴师动众

1/4决赛，乌克兰人并没有将主场安排在基辅，而是在黑海滨城、克里米亚首府辛菲罗波尔。当地政府动用了坦克来除雪，有14000人参与到准备工作中。比赛前奏两国国歌，圣艾蒂安主帅罗切尔还因为他演绎《马赛曲》时的样子而变得小有名气。

射手榜

	球员	进球
1	海因克斯（门兴格拉德巴赫）	6 球
2	穆勒（拜仁慕尼黑）	5 球
	卢布塞（埃因霍温）	5 球
	桑蒂利亚纳（皇家马德里）	5 球
	R. 马丁内斯（皇家马德里）	5 球
	内内（本菲卡）	5 球
	尊古尔（斯普利特）	5 球
8	拉奎（圣艾蒂安）	4 球
	L. 舒斯特尔（拜仁慕尼黑）	4 球
	西蒙森（门兴格拉德巴赫）	4 球
	范德库伊伦（埃因霍温）	4 球
	查理・乔治（德比郡）	4 球
	苏里亚克（斯普利特）	4 球

夏日记事

■球衣上的名字

美国职业联盟的俱乐部球衣上除了号码，率先出现了球员的姓名。这是为了并不关心足球的美国观众能够很快熟悉球员而想出来的办法。太多暮年巨星在美国踢球却得不到应有的掌声，比如贝利和尤西比奥。尤西比奥在这一年回到了葡萄牙联赛，但东家并不是他所熟悉的本菲卡，而是布拉加体育。

■帕年卡的勺子

帕年卡在欧洲杯决赛上，用自己独创的勺子踢法骗过了联邦德国门将迈尔，并赢得点球大战，把捷克斯洛伐克推上了欧洲冠军的宝座。他这个技巧性十足、对精神力要求极高的点球踢法，也成为后人竞相效仿的商标动作。

■都灵重返欧洲赛场

时隔 27 年后，都灵队回到了欧洲赛场。遭遇了苏佩加空难后，都灵队跌进了历史的低谷，但那个时代的意大利人仍将他们视为国家的骄傲，他们成了球迷二战后的精神寄托。

“公牛”都灵队依靠“锋线双子星”格拉齐亚尼、普利奇以及贝特加等名将夺回了意甲联赛冠军宝座。不过遗憾的是，这是他们俱乐部历史上最后一尊意甲冠军奖杯。

1976/1977 >>

1976/ 1977

请为利物浦起立

凯文·基冈率领的红军坚强不屈地一直向上攀登，最终登上了欧洲足坛的巅峰。在罗马奥林匹克球场进行的决赛中，他们完全控制了局面，最终 3:1 击败了德国的门兴格拉德巴赫。

1/4 决赛客场 0:1 负于圣艾蒂安的比赛中，利物浦后卫尼尔（2号）奋勇争先。

比尔·香克利锻造了伟大的利物浦，给了它一个不屈的灵魂。两个赛季之前，他把缰绳交给了鲍勃·佩斯利，他的老伙伴和长期忠心为俱乐部服务的人。香克利知道佩斯利不会让他失望。而且，他深知利物浦正在走向成熟，他们以高质量的传球、跑位和控球为基础的打法将会取得成功。他相信利物浦必将征服欧洲，而且将统治一段时间。

上个赛季，红军刚刚在决赛中两回合击败了布鲁日（3:2，1:1），夺得了他们的第二个欧洲联盟杯。在这赛季的冠军杯中，他们一路上大胜北爱尔兰红十字军队（2:0，5:0）和土耳其的特拉布宗体育（0:1，3:0），并在1/4决赛中淘汰了上届冠军杯的亚军圣艾蒂安。第一回合，利物浦客场0:1失利；回到主场后，一直到下半场开始，比分还是1:1。但在这个激烈紧张的夜晚，胜利最终属于利物浦人。费尔克拉夫最后时刻的破门将比分定格在3:1。费尔克拉夫是利物浦的超级替补，他在比赛结束前一刻钟才替换托沙克上场。

拉丁球队的惨败

1/4决赛战罢，从1974年以来垄断冠军杯的拜仁慕尼黑陷入了基辅迪纳摩的漩涡（1:0，0:2）。而且，冠军杯中也没有一支拉丁球队了。英格兰人冲击命运巅峰的大门逐渐敞开。半决赛中，他们横扫苏黎世FC（3:1，3:0），有史以来第一次打入冠军杯决赛。但更多人看好他们的对手，来自德国的门兴格拉德巴赫。拉特克的球队淘汰了基辅（1:2，2:0），而且锋线大将海因克斯也回归了。他们对自己的密集防守和反击都充满信心，“英国人在战斗，而我们在踢球。”不过后卫福格茨则在怀念魏斯魏勒时代，当时门兴的打法非常赏心悦目。他说：“我们只懂得进攻，不懂得其他的打法。我们应该踢得更有节奏，而不是单纯地等待结果。”此时，他还没有想到他的球队会成为决赛的过客。

利物浦看上去被漫长的赛季耗尽了体力，他们赢得了第10个联赛冠军，但是在温布利举行的足总杯决赛中输给了曼联（1:2）。而这时距离在罗马进行的冠军杯决赛只剩下4天，他们的体力成了最大的短板。佩斯利强调说：

决赛

1977年5月25日，罗马奥林匹克球场　　主裁判：沃茨（法国）

利物浦 3 : 1 门兴格拉德巴赫

利物浦（442）			门兴格拉德巴赫（442）
克莱门斯	门将	门将	克奈
尼尔	后卫	后卫	福格茨
琼斯			克林克哈默
汤米·史密斯			维特坎普
休斯			舍菲尔
凯斯	中场	中场	79' 沃勒斯
肯尼迪			24' 维默
卡拉汉			施蒂利克
麦克德莫特			邦霍夫
基冈	前锋	前锋	西蒙森
海韦			海因克斯

替补

利物浦	门兴格拉德巴赫
	24' 库利克
	79' 汉内斯

进球

利物浦	比分	门兴格拉德巴赫
29' 麦克德莫特	1:0	
	1:1	西蒙森 50'
67' 汤米·史密斯	2:1	
85' 尼尔（点）	3:1	

“四周之内进行17场比赛，这太多了。”利物浦队长埃姆林·休斯承认：“我一生中从来没这么累过。”

决赛中，利物浦锋线上少了脚踝有伤的托沙克，后防上少了受伤多时的菲尔·汤普森。虽然饱受评论家诟病，但佩斯利依然排出用了很多场的442阵型。“我们的战术一直到现在都很成功，我看不出来有任何失灵的迹象。而且我们的前锋完全可以摆脱对手的盯防，拉开空间，我们的中场也可以冲上来得分。”

基冈（中）和福格茨（左）的较量成为这场冠军杯决赛的主旋律之一。

基冈的告别礼物

这是凯文·基冈在利物浦的最后一场比赛，之后他就要去汉堡了。他觉得没有搞砸自己的告别，没有让教练失望，在和福格茨的对决中也是赢家。他说："我喜欢福格茨的风格，我喜欢主动出击的后卫。我们可以很轻松地搞定他们。"虽然门兴对基冈进行了残酷的盯防限制，但基冈依然是场上的王者，虽然他没有得分，但是在第82分钟赢得了点球，尼尔将球罚进，彻底为比赛盖上了封印。在这个点球之前，利物浦占有很大优势，他们利用头球屡屡创造机会。第27分钟，麦克德莫特头球得手，第64分钟，海韦开出角球，中卫汤米·史密斯再度头球建功。利物浦确实无懈可击，佩斯利对胜利非常骄傲，"这是利物浦足球俱乐部历史上最伟大的夜晚。"

利物浦前锋海韦回忆道："当我走出球员通道，我听到数万名球迷的歌声，我的头发都竖起来了，整个身体像针扎一样警醒。"

在告别的时候，基冈说道："这场比赛算不上我为利物浦踢得最好的10场比赛之一。我和福格茨的对决不是决定胜负的关键，虽然很多人都这么认为。将来，我只会记得胜利和福格茨在赛后宴会上到我的桌子前向我祝贺。这很让人敬佩，这种姿态我是做不到的。

基冈征服了欧洲，接下来也要去德国了。很多利物浦球迷对此非常生气，认为基冈背叛了利物浦。凯文王回答说："我把生命中的6年献给了利物浦，在这段时间内，我可能是球队的最佳球员。

击败门兴后，利物浦队长埃姆林·休斯高高举起了欧洲冠军杯。

基冈，完美告别

基冈是个身高只有1.68米的小个子，他职业生涯初期的薪水也很微薄，每周50先令。但他此后成了伟大的利物浦的主人，在转会汉堡发展之前将红军带上了巅峰。

1977年，基冈决定离开英国，勇敢地去德国的汉堡闯荡。这一决定给他带来了很多荣誉，比如1978年和1979年的金球奖。他的银行账户也急剧膨胀。但他的成名和获得最初的荣誉都是在利物浦。

1971年5月的一天，基冈来到了利物浦。当时他每周只挣30先令。在和香克利的谈判中，基冈很礼貌要求“每周多加20先令”，香克利当然是一口答应。这位利物浦的传奇老板说：“基冈的父亲以前也是一个矿工，和我一样。我们很快就聊得很投缘。之后，我们付的价钱确实少得有些可笑。基冈只有20岁，但他洋溢着能量和热情。他是天生的赢家。”基冈是真正的斗士，很受安菲尔德观众的喜爱，他自己也说：“我生来就是踢足球的料。”

利物浦招人基冈本来是想让他顶替中场卡拉汉，后者正在渐渐老去，但后来又坚持踢了7年。基冈一上来就用自己的活动、盘带、精准的射门赢得了地位，和高大的威尔士人托沙克组成了锋线搭档。另外，基冈的足球智慧和天才创造性丰富了英国足球的风景。3次联赛冠军、1次足总杯冠军和两次联盟杯冠军、4次俱乐部最佳射手（一共进了整整100球），1976年当选英格兰足球先生，成为国家队的队长。“凯文王”别无选择，他必须在罗马取得历史性的胜利，他做到了。

Kevin Keegan

L'EQUIPE
LA “ROUTE DU RHUM”: TRANSAT A LA FRANÇAISE
EUROPE 77 CAPITALE LIVERPOOL
JAUNES - VERTS : la Coupe explose !
Moser en rose
Les Catalans sont mûrs

原声

■《队报》特派记者雅克·费朗

1977年5月26日

这就是利物浦，毫无疑问，那支承载了所有希望的利物浦。他们一上来就控制住了决赛，而且没有松手。

德国冠军其实更加被人看好，但这支利物浦只留给了他们罗马的美味佳肴。这支利物浦很完美、不知疲惫，很大气很清晰，充满勇气而又保持冷静。

这支利物浦充满骄傲地将银杯展现给上万名热情的球迷，然后在罗马炎热的夜里，接受了完全被征服的人群的鼓掌。虽然几天前的足总杯决赛中，他们看上去变钝了。但是在奥林匹克体育场他们重新变得锋利。至于门兴的德国人，他们毫无希望地不停跟着碰不到的对手奔跑，完全被对手的团结和从容搞晕了，这个夜晚不属于他们。很长时间内，我们都在想是什么原因导致德国战车如此的完全失灵。

如果说这场决赛留下的印象不如其他决赛深刻，但英国人绝对的优势使其没有丝毫争议。这毫无疑问是一场高水平的冠军杯决赛。

全景

从轻发落皇马

皇家马德里本应为上届冠军杯的“裁判遭袭”事件付出最沉重的代价——禁止参加欧洲赛事，但鉴于皇马为欧洲足球做出的巨大贡献，以及这家豪门在冠军杯历史上深远的影响力，欧足联决定大事化小，只是让皇马将主场远远迁离马德里两场了事。

瑞士球队全线开花

瑞士三支球队在欧洲赛场全面告捷。苏黎世击败了格拉斯哥流浪者晋级冠军杯1/8决赛，巴塞尔则在优胜者杯晋级，草蜢队在联盟杯晋级。最值得一提的当然是苏黎世，在联赛创造了35场不败的纪录后，他们又在冠军杯过关斩将闯入了半决赛。前多特蒙德射手柯涅茨卡作为主帅将苏黎世带到了历史最高点。

欧洲霸主联赛惨败

由于失去了几名核心球员，此前连续三个赛季称霸欧洲冠军杯的拜仁慕尼黑颓势尽显，冠军杯中，他们被基辅迪纳摩踢出了八强，联赛中，“南部之星”则0:7惨败给沙尔克04。

KOP 的激情

KOP的全称是“Spion KOP”，在南非语中是“观察哨”的意思，是第二次布尔战争中一次惨烈战役的战场。利物浦的死忠球迷将安菲尔德的西南一侧看台称为“KOP”，以此纪念在战斗中死去的乡亲父老。KOP看台一直是安菲尔德球场最具激情的地方，在那里亲历利物浦的辉煌是每一名红军球迷的理想。

都灵的暴力足球

本届冠军杯，意大利都灵队的暴力踢法引发了很大争议，但是这种风格没能帮助他们走得更远，他们在客场比赛中被罚下三人，最终被德国冠军门兴格拉德巴赫在1/8决赛中淘汰。

超级替补

虽然天赋不及基冈，坚韧不及托沙克，但年轻的费尔克拉夫总是能在有限的上场时间内有所建树。利物浦对阵圣艾蒂安，佩斯利在第72分钟派费尔克拉夫上场，紧接着他便攻进确保晋级的一球。当时BBC的足球评论员森斯泰德喊道：“超级替补又进球了！”

最清醒的两个人

佩斯利并没有被香克利的辉煌成就压垮，他带领利物浦走上了欧洲冠军的领奖台。当球队在罗马击败门兴格拉德巴赫，开始庆祝这一伟大胜利时，佩斯利却冷静得像一块冰：“我什么也不喝，我只想细细品味这个冠军的滋味。此时此刻，整个罗马最清醒的两个人应该是教皇和我了。”

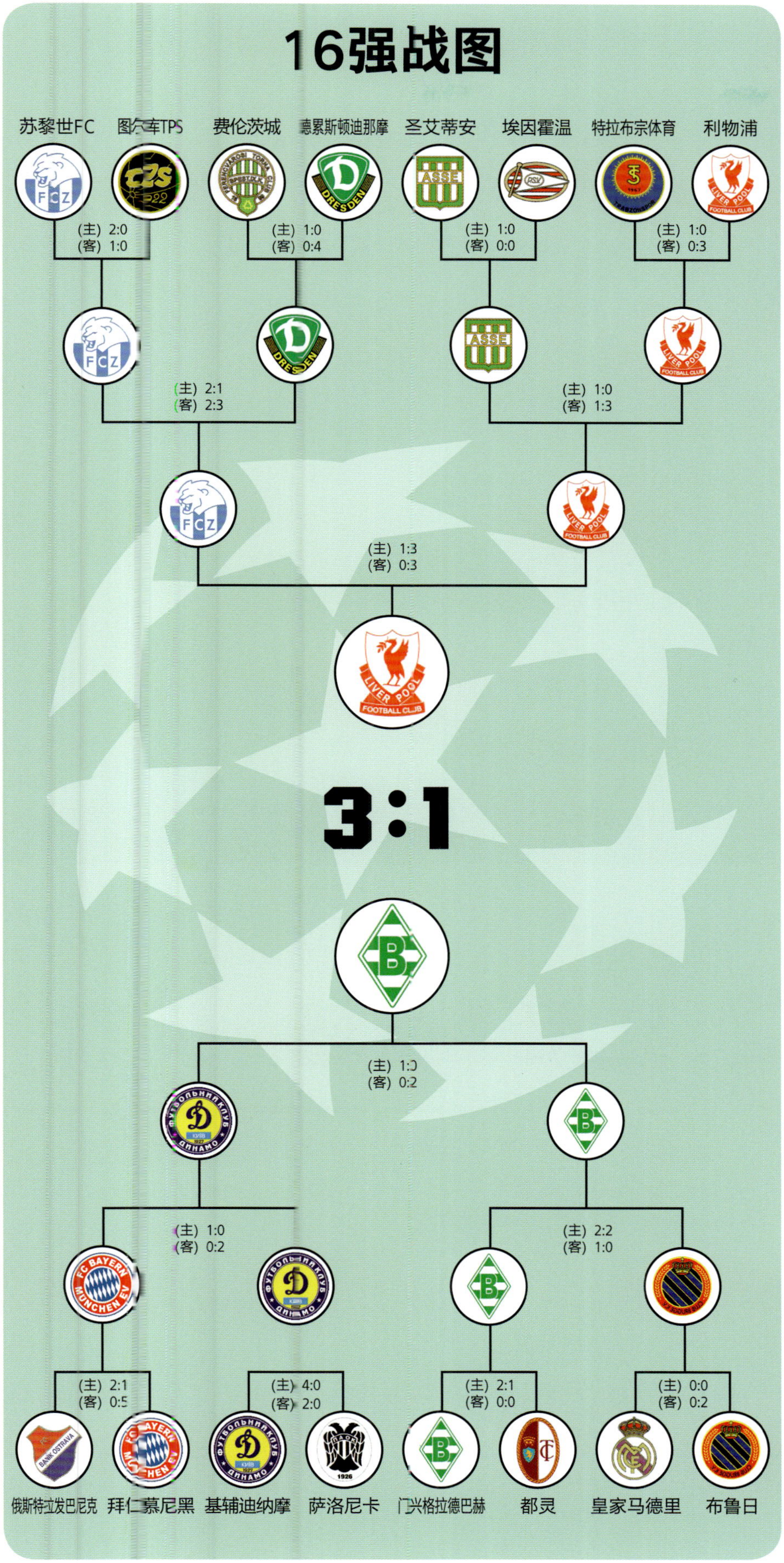

射手榜

名次	球员	进球
1	库奇诺塔（苏黎世 FC）	5 球
	盖德·穆勒（拜仁慕尼黑）	5 球
3	范德科克霍夫（PSV）	4 球
	尼尔（利物浦）	4 球
	基冈（利物浦）	4 球
	尼洛希（费伦茨瓦罗斯）	4 球
	托尔斯滕松（拜仁慕尼黑）	4 球
8	海韦（利物浦）	3 球
	约翰逊（利物浦）	3 球
	克赖舍（基辅迪纳摩）	3 球
	里希（苏黎世 FC）	3 球
	布里亚克（基辅迪纳摩）	3 球
	斯洛博江（基辅迪纳摩）	3 球

夏日记事

■基冈离开欧洲冠军

基冈离开了刚刚获得欧洲冠军的利物浦，来到德甲汉堡继续寻找辉煌。但他的德国之行并不顺利。相比之下，他的老东家利物浦在当家球星离开后并不着慌，很快找到了基冈的替代者——苏格兰射手达格利什。

■皇马缺席欧洲赛事

虽然在上一赛季逃脱了欧足联的严惩，但皇家马德里还是为糟糕透顶的球场安全付出沉重代价。欧足联决定禁止皇马参加新赛季的欧洲俱乐部比赛，这是史上第一次皇马被禁止参加欧洲赛事。

■里维拉炮轰意甲联赛

作为意甲冠军的都灵队在冠军杯上丢尽颜面，他们的粗野打法成为全欧洲指责的对象，而且在 16 强阶段就被淘汰出局。新赛季开始前，AC 米兰老将里维拉炮轰了意甲联赛：“意大利和荷兰一样，都是明日黄花了。现在意大利球队只知道找身体强壮的球员，而不是有足球天赋的人。”

■里维离开英格兰帅位

在位仅仅 3 年，留下 14 胜 8 平 7 负的平庸战绩后，不断轮换球员、饱受争议的前利兹主帅唐纳德·里维被英格兰队解职。虽然格林伍德（下图）勇敢地接下了里维留下的烂摊子，但他依然没能带领英格兰队杀入 1978 年阿根廷世界杯决赛圈。

1977/1978 >>

卫冕成功后，利物浦主将埃姆林·休斯忘情欢呼。

1977/1978 红军“主场”问鼎

比分非常接近，但在温布利这个“主场”，利物浦表现得非常轻松。他们就像在球场上散步一样，1:0 擒下了比利时的布鲁日，成为第一支蝉联冠军杯的英国球队。

利物浦前锋海韦（右）第63分钟替补登场，1分钟后，达格利什就打入了全场唯一进球。

决赛

1978.5.10-伦敦温布利大球场　　主裁判：科沃尔（荷兰）

1：0

利物浦（442）			布鲁日（442）
克莱门斯	门将	门将	延森
尼尔	后卫	后卫	巴斯泰因斯
汤普森			利肯斯
A. 汉森			克里格
E. 休斯			70' 马斯
凯斯 63'	中场	中场	库斯
麦克德莫特			范德埃肯
R. 肯尼迪			60' 库
索内斯			德屈伯尔
达格利什	前锋	前锋	西蒙
费尔克拉夫			索伦森
替补			
海韦 63'			60' 桑德斯
			70' 沃尔德尔斯
进球			
64' 达格利什	1:0		

1977年夏天，凯文·基冈已经去了汉堡，但利物浦并没有因此手忙脚乱。苏格兰人肯尼·达格利什来了，他是一个全面的前锋和可怕的终结者。佩斯利没有把他仅仅当作基冈的替身，他信心满满地说：“45年来，他是我在利物浦见到的最好的球员。他拥有出类拔萃的个人才华，而且能把身边队友的状态全都提升起来。”

当时的苏格兰出产了一批天才球员，除了达格利什，佩斯利还从那里寻找到一个年轻的中卫来接替汤米·史密斯的位置，他就是此后见证了红军无数辉煌的阿兰·汉森。最后，1978年1月，他找到最后一块拼图，签下了索内斯，一个勇猛、充满洞察力而且契合利物浦战术体系的中场选手。

再遇门兴

在英格兰国内赛场上，利物浦被诺丁汉森林拉下神坛，先后丢掉了联赛冠军和联赛杯，但在冠军杯中，卫冕冠军还是得心应手。利物浦没有打第一轮比赛，接下来就像翻煎饼一样，6:3搞定了民主德国的德累斯顿迪纳摩（5:1，1:2），然后轻取葡萄牙冠军本菲卡（2:1，4:1），在半决赛中，他们遇到了另一支夺冠热门门兴格拉德巴赫。

首回合，德国人2:1取胜，这让佩斯利感到很困惑，“相比上赛季在罗马的决赛，门兴本赛季的实力要强很多，而我们失去了基冈，并引进了几个新队员，还没有完全度过磨合期。能够指望的，就是完美的主场一战。”

利物浦人在怀念基冈，而对于基冈来说，他在德国的首个赛季过得也很艰难，迟迟无法融入球队影响了他的心情，1977年12月的一场友谊赛，基冈和对手一名球员上演全武行，被处以禁赛8场的重刑，虽然在3月份回归后，基冈帮助球队连胜几场，但最终赛季结束时，汉堡队只排名联赛第10位。

进军决赛

半决赛第二回合，利物浦回到了安菲尔德，红军的队员们又一次为主帅佩斯利挣足了脸面。他们没有给对手任何机会，干净利索地解决了比赛（3:0），只用了不到一个小时就完成了任务，进球的是肯尼迪、达格利什和凯斯。进军决赛后，让利物浦感到更加兴奋的是，这一年的决赛在温布利球场进行，他们蝉联冠军的希望因此增大不少。

布鲁日其实对利物浦并不感到陌生，两队在两年前的联盟杯决赛中就交过手，布鲁日以总比分3:4（2:3，1:1）失利。而且对于本次决赛来说，布鲁日似乎也没有足够的力量在利物浦的地盘上撼动其优势地位。不过布鲁日也值得尊敬，他们一路上让很多高贵的头颅低了下来，比如四分之一决赛中的马德里竞技（2:0，2:3），还有半决赛通过加时击败尤文图斯（0:1，2:0）。

这也是主教练哈佩尔的荣誉，他曾带领费

决赛中，利物浦后防大将休斯突破对手的防守。

耶诺德在1970年捧起过冠军杯。但奥地利人时运不济，他手下两名最好的球员都不能上场：中场的库朗特和锋线的兰伯特，这让球队在挑战利物浦时缺乏足够的自信。

达格利什的胜利

和往常一样，利物浦关心的仍然只是自己的发挥，他们对集体的力量非常有信心，佩斯利的球队相信只要发挥出自己的水平，他们便会横扫整个欧洲。

尼尔、汤姆森、汉森、休斯组成的防线密不透风，凯斯、麦克德莫特、索内斯、肯尼迪的中场更是能永不停歇地给对手制造压力，当然，还有射手肯尼·达格利什在禁区威胁着对手的球门。

“肯尼王”是安菲尔德的新宠，在老乡索内斯的协助下，他在第64分钟打入了全场唯一进球。此后，落后的布鲁日一直在尝试反扑，但他们的力量在此时显得有些过于弱小了。对于这个缺少悬念的夜晚，佩斯利评论道：“对不起，虽然观众们期望我们能在决赛中跳一曲探戈，但别忘了，这种舞蹈必须要两个人配合才能上演。”

已经步入职业生涯黄昏的队长休斯说：“大陆的球队在我们面前堆砌成一座山，却不敢上来挑战，害怕被摧毁。我们运气好，他们活该。”难道只有另一支英格兰球队才能打破这种垄断吗？”

打入决赛唯一进球的达格利什举杯和队友们庆祝胜利。

达格利什，利物浦新王

1977年夏天，佩斯利花了44万英镑引进了达格利什。在此以前，达格利什已经拥有了不错的职业生涯。他在苏格兰队和凯尔特人都表现不错，他是传奇人物斯泰因的接班人。

26岁的达格利什已经是全面的强力前锋。达格利什的爆发力或许不如基冈，甚至射门欲望和头球也略逊于后者，但达格利什拥有太多的足球美德，他总是踢得非常合理。达格利什后来说：“在利物浦训练的第一天我就被球队接受了。来到利物浦后，我觉得就像在家里一样。利物浦和格拉斯哥是同样的城市、同样的两大俱乐部竞争，同样的球队内部友情。”达格利什成了利物浦战术体系中最重要的元素。斯泰因对佩斯利说过：“肯尼是所有主教练的活生生的梦想。他不抽烟不喝酒，夜间不外出寻欢。来到这里后的5年，他把生活全部献给了足球。”

利物浦队长埃姆林·休斯也对达格利什心服口服，“不管是在训练还是比赛中，肯尼总是不停地移动，总在跑位要球，我不知道他哪里来的体力。”达格利什在利物浦的第一个赛季，就帮助球队战胜布鲁日赢得了第二座冠军杯。他说：“这是我职业生涯中最美好的时刻之一。”

3年之后，利物浦在巴黎战胜皇马，赢得了第三座冠军杯。接下来，在1985年海瑟尔惨案第二天，他同意接替突然离职的费根，出任主帅，然后还时不时地上场帮球队踢比赛。他为球队又赢得了三次英格兰联赛冠军（1986、1988、1990）和一些杯赛冠军。达格利什一直对利物浦效忠到1991年2月才因健康问题离职，身后留下了172个进球。

Kenny Dalglish

DALGLISH SIGNE LE DOUBLÉ DE LIVERPOOL

L'EQUIPE

FRANCE-IRAN : LE POINT FIXE !

Duel de géants

AU GIRO : REVOILA JOHAN DE MUYNCK

VÉRITÉ PREMIÈRE

原声

■《队报》特派记者 热拉尔·埃尔诺

1978 年 5 月 11 日

去年在罗马，利物浦队长埃姆林·休斯已经从欧足联主席弗兰基手中接到过一次欧洲冠军杯的奖杯。那场比赛，利物浦扼杀了门兴格拉德巴赫。接过荣誉的埃姆林说：“还没有英格兰球队蝉联过冠军杯冠军，所以明年我们还得赢一次。”

昨天晚上，利物浦成为英格兰第一支两夺冠军杯的球队。比赛并不特别激烈，布鲁日没有足够的实力和利物浦拼个你死我活。英国球队占有天时地利人和，温布利是最好的球场，而布鲁日一路上替利物浦扫清了太多强敌。

利物浦的胜利货真价实。这场胜利将红军放到了欧洲冠军杯一个重要历史周期的顶峰上。这场胜利也让整个国家心中的苦涩略有减轻——一个月之后世界杯就将进行，而他们只能作壁上观。

全景

球员猝死

本赛季意甲联赛，佩鲁贾球员库里在对阵尤文图斯的比赛中，在没有发生对抗的情况下突然倒地不起，随后经医生诊断核实，库里在倒地后便当场猝死，这一事件震动了意大利乃至整个欧洲足坛。国际足球的领导们不得不开始认真思考，如何保护职业球员的健康。

重罚毫不手软

冠军杯1/8决赛列夫斯基斯巴达和阿贾克斯的比赛中，列夫斯基球员帕夫洛夫用恶劣的语言和肢体动作对一名边裁进行侮辱和恐吓。事后，欧足联并未因受腿伤困扰长期缺阵而姑息他的错误，并对其进行了重罚——禁止参加欧洲比赛长达三年之久。

点球罚失和批评声

冠军杯1/8决赛，法国冠军南特迎来了马德里竞技。南特门将兰曼斯虽然扑出了鲁卡·卡诺的点球，但球队最终还是被淘汰出局。法国媒体在赛后对马竞进行了批评和嘲讽，说西班牙人把比赛踢得“肮脏且野蛮”。比赛中，马竞总是有3名球员留守在本方禁区防守，他们也正是如此才守住了胜利。

贝利挂靴

作为当时世界上无可争议的第一球王，贝利在美国结束了职业足球生涯。在1977年的新泽西巨人体育场里，贝利参加了一场特别的告别赛，对阵双方是纽约宇宙队和其母队巴西桑托斯。比赛中，贝利攻入了职业生涯第1281粒入球，结束了其辉煌传奇的足球生涯。

造越位专家

奥地利传奇教练哈佩尔精心设计的造越位战术起了奇效，这种新颖的打法最终帮助布鲁日一路力克强敌闯入决赛。根据哈佩尔的布置，每当自由人位置上的克列格通过大喊命令后防线前压时，他的队友们就会一齐压上造越位。半决赛中，尤文图斯显然对这样的现代派战术毫无办法，最终输掉了比赛。

“意大利新娘”

尤文图斯当时被称为“意大利新娘”，因为在这个喜欢防守和破坏的国家，他们并不能像埃雷拉当年的那支国际米兰一样，有着打不垮、拖不烂的防守体系。但批评家们很快忘记了这个绰号，因为那支拥有考西奥、贝特加和博宁塞尼亚的尤文图斯队的进攻更加让人着迷。

独眼将军

汉内斯是门兴格拉德巴赫的一员大将，也是当时世界上最好的中后场球员之一。令他更加传奇的是，他其实是个“独眼龙”，他的一只眼睛在小时候的一次事故中失明了，不过在整个职业生涯中，他的开阔视野却一直被人称道。

连失双冠

布鲁日队的教练哈佩尔还有另一个身份，这就是荷兰队的主教练，冠军杯决赛中，这个战术大师未能把实力稍逊一筹的布鲁日队带上欧洲王座，一个月后的世界杯上，他率领的荷兰队又一次在决赛中输给了阿根廷队。短短几个月，连续丢掉了两个足球世界中最重量级的奖杯，哈佩尔抱憾终生。

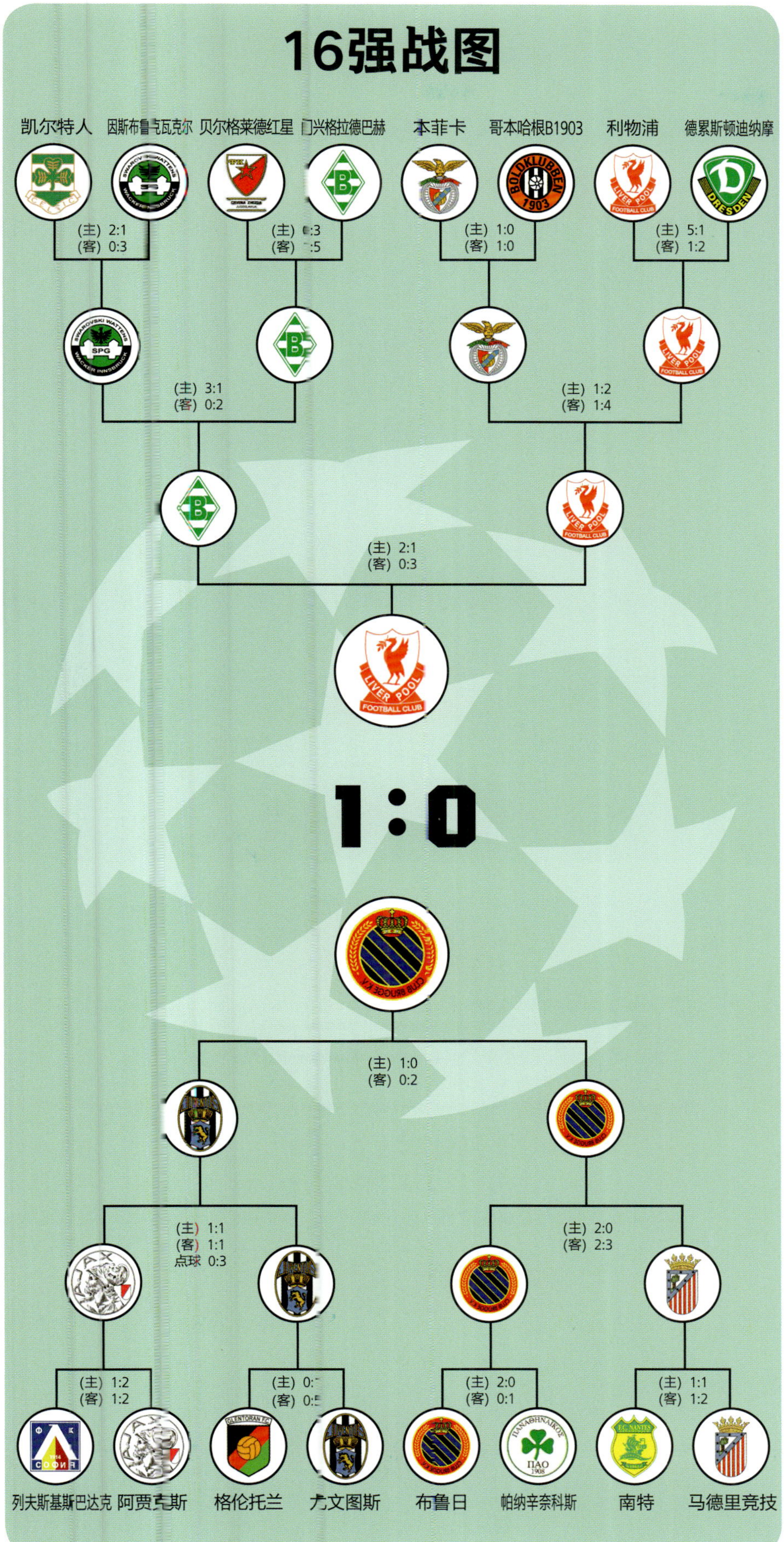

射手榜

1	西蒙森（门兴格拉德巴赫）	5 球
2	凯斯（利物浦）	4 球
	戴维斯（布鲁日）	4 球
	维尔迪斯（尤文图斯）	4 球
	海因克斯（门兴格拉德巴赫）	4 球
6	克雷格（凯尔特人）	3 球
	达格利什（利物浦）	3 球
	海尔斯（阿贾克斯）	3 球
	拉灵（阿贾克斯）	3 球
	米拉诺夫（列夫斯基斯巴达克）	3 球
	帕尼夫（列夫斯基斯巴达克）	3 球
	韦尔茨尔（因斯布鲁克）	3 球
	库尔斯（布鲁日）	3 球
	范德雷肯（布鲁日）	3 球

夏日记事

■萨莫拉去世

西班牙传奇门将萨莫拉在巴塞罗那去世，享年 77 岁。他曾效力过巴萨、西班牙人和皇马等豪门，也是西班牙国家队的主力门将。后来，每年西甲联赛的最佳门将奖项就以他的名字命名为“萨莫拉奖”，颁给每个赛季丢球最少的门将，因为在 1928 年的首届西甲联赛中，丢球最少的门将正是这位传奇人物。

■诺丁汉森林火箭飙升

1975年，诺丁汉森林还在英乙联赛中徘徊，但那年新任主教练克拉夫到来后，当年就升入了甲级。1977/1978 赛季，升入甲级后的第二年，诺丁汉森林便在克拉夫的率领下勇夺联赛冠军。1978 年夏天，克拉夫和他的绿林好汉们已经开始憧憬新赛季的冠军杯之旅了。

■西班牙第一高薪

阿根廷夺取 1978 年世界杯的巨大效应，迅速反映在那些效力于欧洲球队的冠军球员身上，效力于巴伦西亚的肯佩斯是当时西甲薪水最高的球员，年收入高达 2500 万比塞塔。列在第二位的是当时在巴萨效力的内斯肯斯。这位世界亚军 1800 万比塞塔的身价显然逊色了不少。当时皇马收入最高的皮里仅以 800 万比塞塔年薪排在第 8 位。

■弗朗西斯的价值

特雷弗・弗朗西斯从伯明翰转会到诺丁汉森林，成为首位转会身价超过百万英镑的球员。然而严重的脚伤让这位“第一身价”射手随后几乎错过了整个赛季。正在整个欧洲都觉得森林做了一笔亏本的买卖时，奇迹出现了。克拉夫让弗朗西斯在冠军杯决赛中登场，弗朗西斯也用一粒制胜球证明了自己的价值。

1978/1979 >>

诺丁汉森林前锋伯特尔斯在对方数名防守球员的注视下跃起争顶。

1978/ 1979

诺丁汉走出森林

一出手就淘汰了蝉联两届冠军的利物浦，红脸汉布莱恩·克拉夫的战士们延续了英格兰对欧洲足球的统治，他们从此一路走得很稳，决赛 1:0 击败了瑞典的马尔默夺冠。

依靠门将希尔顿的神勇发挥，森林首轮比赛就将卫冕冠军利物浦淘汰出局（右为利物浦前锋达格利什）。

决赛

1979.5.30-慕尼黑奥林匹克球场　　主裁判:利内迈尔(奥地利)

1 : 0

诺丁汉森林（442）			马尔默（442）
希尔顿	门将	门将	穆勒
V. 安德森	后卫	后卫	R. 安德森
劳埃德			M. 安德森
巴姆斯			容松
F. 达克			埃兰德松
麦戈文	中场	中场	普里茨
弗朗西斯			34' 塔珀
鲍耶			永贝里
罗伯逊			欣瓦尔
伯特尔斯	前锋	前锋	82' 汉森
伍德库克			塞维诺
替补			
			34' 马尔姆贝里
			82'T. 安德森
进球			
45' 弗朗西斯	1:0		

1978年9月13日，卫冕冠军利物浦在冠军杯首轮就碰上了英格兰的新科冠军诺丁汉森林，一场英格兰内战就此展开，而这纯粹是抽签的天意。

首回合，加里·伯特尔斯和科林·巴雷特各进一球，利物浦客场0:2败北。第二回合，利物浦丰富的欧冠经验和安菲尔德的魔力也没有显示出威力，诺丁汉森林顽强地把0:0的比分保持到终场，英伦新霸主在征服欧洲的道路上迈出了梦幻的第一步。

利物浦队长埃姆林·休斯赛后承认："我们只犯了一个错误，那就是把和诺丁汉森林的比赛当成了联赛，而不是欧洲冠军杯，这让我们付出了惨痛的代价。"

不可思议的八强

布莱恩·克拉夫的球队是第一次参加欧洲冠军杯，但他们突然间发现，征服欧洲的道路就摆在自己眼前。虽然一切看得还不是那么清楚，但这种感觉已经浮上了每个诺丁汉人的心头。克拉夫豪情万丈地表示："人们早晚会承认我们的实力，说可我们是支真正的强队，他们现在这种惊异的感觉早晚会褪去。

利物浦并不是唯一被早早淘汰的热门球队，这届冠军杯似乎成了冷门的温床。除了卫冕冠军，尤文图斯和皇家马德里也都没能熬过冬天，这一届欧冠产生的八强名单史无前例，诺丁汉森林vs苏黎世草蜢，科隆vs格拉斯哥流浪者，克拉科夫维斯拉vs马尔默，维也纳奥地利人vs德累斯顿迪纳摩，没有一个拉丁系球队。

诺丁汉森林依然一路势如破竹，英国人先是吞掉了雅典AEK（2:1，5:1），又轻松绞碎了草蜢（4:1，1:1），在半决赛中遇到了来自德国的科隆。这是英国球队连续第三年在最后阶段遭遇德国球队。和森林队有些类似，科隆人此前也不是最大热门之一。但是在1/4决赛中，他们却淘汰了八强中此前唯一取得过欧洲赛事冠军的格拉斯哥流浪者队，这让人们不得不对德国球队刮目相看。

首回合，在诺丁汉泥泞不堪的场地上，彼得·希尔顿的球门频频失守，3:3的比分似乎注定诺丁汉森林丧失了晋级的机会。但克拉夫依然嘴硬，他讽刺科隆主教练魏斯魏勒时说道："我可不喜欢有他现在的处境。"

克拉夫是对的。第二回合，诺丁汉森林用高空轰炸战术冲垮了科隆的防线，最终依靠伊恩·鲍耶的头球，森林1:0取胜，进入决赛。

马尔默，不速之客

如果说，赛季前没有人能想到诺丁汉森林会打入慕尼黑决赛，那就更不可能有人会猜到，他们的决赛对手会是一支来自瑞典的球队。马尔默能够杀入决赛，靠的就是永不放弃的拼搏精神。他们的造越位战术很完美，防守的韧性和稳定性也值得称道。他们一路上战胜了摩纳哥（1:0，0:0）、基辅迪纳摩（0:0，

决赛进行到第 45 分钟，弗朗西斯的头球打破了马尔默门将穆勒的十指关。

2:0）、克拉科夫维斯拉（1:2，4:1），半决赛中，倒在瑞典人脚下的则是奥地利维也纳（0:0，1:0）。

决赛前夜，马尔默的英国主帅博比·霍顿如此回击人们对球队极端防守战术的抨击：“这就是我们的打法。别人也都可以这么打，我们不会阻拦，更不会说三道四。”几十年后，霍顿依然对那次欧冠之旅记忆犹新：“对于马尔顿来说，这是一次伟大的进步。在你整个执教生涯中，第一份工作是最令人难忘的。马尔默是我教练生涯的起点，那时的记忆至今仍停留在我脑海里。”

克拉夫的球队两年前还在乙级厮混，作为这家俱乐部的精神领袖，他对自己球队的长处心知肚明。而且在此前的冠军杯比赛中，诺丁汉未曾在任何一场比赛中输球，他们拥有自己的理念，骄傲的战士和几个星光四射的天才，比如托尼·伍德库克和约翰·罗伯逊。虽然根米尔和马丁·奥尼尔将很遗憾缺席决赛，但克拉夫准备了一个新武器：特雷弗·弗朗西斯（Trevor Francis）。

打入决赛全场唯一进球的弗朗西斯是森林队捧杯的最大功臣。

弗朗西斯物有所值

弗朗西斯以100万英镑的价格从伯明翰转会到诺丁汉，这也创下了英国的转会费纪录。虽然饱受伤病困扰，但这位年轻的前锋最终证明了自己。他参加了决赛，并且将这个夜晚的奥林匹克球场变成了属于他自己的舞台。上半场结束前，罗伯逊传中，弗朗西斯头球破网，

诺丁汉森林凭借此球击败了马尔默，将冠军杯连续第三年留在了英格兰。克拉夫长出了一口气，“这是我们这个赛季的第66场比赛，现在终于可以庆祝了。”

诺丁汉人的兴奋可以理解，要知道，这只是他们第一次参加欧洲冠军杯。或许，只有克拉夫这样一个传奇主帅，才能创造如此不可思议的惊世创举。1977年，克拉夫带领诺丁汉森林升入当时的英格兰顶级联赛，随即夺取英甲冠军，次年又称雄了欧洲冠军杯，并在第二年卫冕。在此期间，克拉夫还率领初出茅庐的诺丁汉森林创造了42场顶级联赛不败的英格兰纪录，直到26年后，温格麾下的阿森纳才以49场刷新了克拉夫和弟子们创下的纪录。

克拉夫带领的“绿茵罗宾汉”涌现出一大批著名球员，从早期的罗伯逊、马丁·奥尼尔、韦弗·安德森、特雷弗·弗朗西斯到后来的皮尔斯、罗伊·基恩和谢林汉姆。他统领着诺丁汉森林俱乐部的一切，没有人能违抗他的命令。执教森林18年，他一直住在德比，平时甚至很少管球队训练，基恩回忆说，他在森林训练时，如果看到一条牧羊犬跑出来，然后听到有人吹口哨时，就会极其紧张，“因为老板来了。”克拉夫就是这样溜着狗来看训练的。不过，后来成为英伦名帅的马丁·奥尼尔承认：“虽然布莱恩很少管训练，可是他只要来一次，指挥上25分钟，那就会让你终生受用。”

ZOETEMELK : REPOS

UNIORS : BILLET OUR LA FINALE?

Platini en vert: officiel vendredi?

L'EQUIPE

LE QUOTIDIEN DU SPORT ET DE L'AUTOMOBILE

2,00

Trevor Francis sacre Nottingham

STRASBOURG CHAMPION : SEPT CHANCES SUR DIX

UN COUP DE TÊTE POUR UN TITRE

KERSAUSON ATTAQUE

ET SI BORG NE LEUR FAISAIT PLUS PEUR...

原声

■《队报》特派记者 热拉尔·埃尔诺

1979 年 5 月 31 日

上半场补时已经 2 分钟了，诺丁汉森林一直无法攻破马尔默的大门。电光火石间，弗朗西斯的进球为英格兰人打开了荣誉之门，他们赢得了第 24 届冠军杯的冠军。

罗伯逊的传中，弗朗西斯的头球，终于在裁判的中场哨响起前，给他们 45 分钟的狂轰滥炸画上了完美的句号。

这戏剧性的一幕彻底扭转了决赛的走向。即使是在弗朗西斯触球的一秒钟之前，瑞典人的表现还让人相信，他们能够坚持很长时间。

下半场，诺丁汉森林开始有意识地放慢节奏，保持来之不易的领先优势。马尔默似乎没有潜力可以发挥，他们没法给诺丁汉的防线制造难题。最终，诺丁汉森林继利物浦在 1977 年和 1978 年夺得冠军杯后，又一次延续了英格兰足球在欧洲的统治地位。

全景

休斯的预言

诺丁汉森林首轮便遭遇卫冕冠军且是“同乡”的利物浦，但欧洲新贵毫不手软，在冠军杯上演了真刀真枪的“改朝换代”。利物浦队长休斯在主场比赛结束后，接受了被淘汰的结果，而且做出了历史性的预言：“我很坚信诺丁汉森林队会最终取得冠军杯。我看整个（欧洲）大陆没有任何球队比他们更好，他们欠缺的只是一些经验罢了。”

赢了球就去度假

诺丁汉主帅总是自信得让人恐慌。当球队在1/8决赛淘汰雅典AEK晋级时，克拉夫请了假，与妻子一同去到西班牙马洛卡岛的阳光海滩上享受假日。随后，他甚至了连对阵伊普斯维奇的联赛都没有出席，结果克拉夫这次又赢了，诺丁汉森林在助理教练的带领下1:0获胜。

华尼托的火爆脾气

皇马球员华尼托的火爆脾气是他在球场上最大的敌人。他第一次在冠军杯上惹事，是在本届1/8决赛对阵草蜢队的比赛上。皇马在客场被对手攻入两球后出线无望，华尼托认定是当值主裁普罗科夫从中作梗，于是在比赛结束后上前连推带搡。欧足联事后裁定，华尼托两年间不许代表俱乐部和国家队参加任何欧洲赛事。

手球门将

瑞典马尔默队的门将穆勒（Moller）有着近两米的身高，在正式成为职业足球运动员之前，他曾是名出色的手球运动员，这名身材高大的门神反应迅捷无比，扑点球也是他的秘密武器之一。这支并不起眼的北欧小球队凭借坚固的防守一路杀入决赛，穆勒居功至伟。

另一个穆勒

科隆挤掉了拜仁慕尼黑和门兴格拉德巴赫，成为代表联邦德国的冠军杯参赛球队。科隆队中有位与拜仁“轰炸机”同姓的球员：迪特·穆勒。此穆勒虽非彼穆勒，但表现一点也不逊色于那个声名显赫的同名“兄弟”。迪特·穆勒的5粒进球不但让他在本届冠军杯的射手榜上名列第三，也帮助科隆队成功杀入半决赛。

格雷格的赛前调查

格拉斯哥流浪者主教练约翰·格雷格是最早一批喜欢赛前调查对手底细的教练之一。淘汰尤文图斯后，他们又碰上了荷兰劲旅埃因霍温，格雷格一点没觉得害怕。他对每名荷兰球员的跑动、弱点以及应对方法都做了研究，结果球队获益匪浅，顺利出线。有趣的是，格雷格年轻时并不想去流浪者，是他父亲说服他去了那里。结果他终生效力于彼，并执教5年。

第一个日本人

奥寺康彦成为第一位参加冠军杯的日本人。在科隆客场挑战诺丁汉森林的比赛中，奥寺康彦第80分钟替补出场，此时科隆以2:4落后，替补上场的奥寺斗志昂扬，第83分钟，他在30米外突然远程发炮，打进了亚洲人在冠军杯历史上的第一球，而这次进攻还是他上场后的第一次触球。

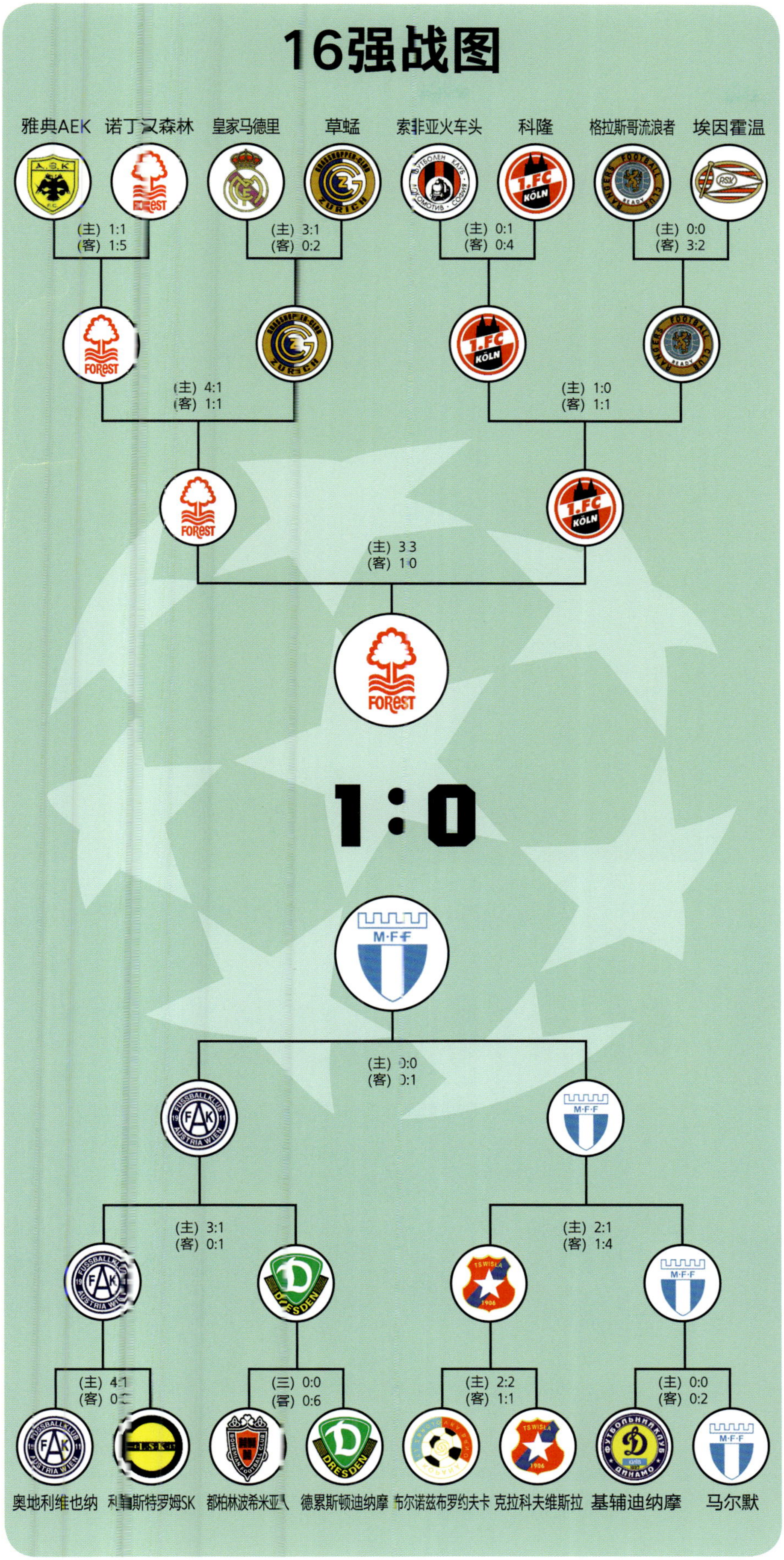

射手榜

1	苏尔泽（草蜢）	11 球
2	伯特尔斯（诺丁汉森林）	6 球
3	D. 穆勒（科隆）	5 球
	沙赫纳（维也纳奥地利人）	5 球
5	范德库伊林（埃因霍温）	4 球
	克梅齐克（克拉科夫维斯拉）	4 球

夏日记事

■意大利重开欧洲转会市场

意大利足协宣布，将在下一个赛季（1980/1981）重新允许各队引进外援，每队限额两名。意大利队在 1966 年世界杯上被朝鲜淘汰后，意大利足协曾规定各俱乐部此后 5 年不许引进其他国家的球员。这一规定没有按时解除，而是一直持续下去，这也被认为是意大利俱乐部此间十几年欧战成绩差劲的一大原因。

■冠军杯决赛落户马德里

欧足联决定，将 1979/1980 赛季的冠军杯决赛安排在皇家马德里的主场伯纳乌球场进行，这一决定是为了纪念 1978 年 6 月去世的皇马前主席伯纳乌先生，他至今仍被认为是皇马历史上最伟大的主席。此举也是为了表彰皇马为冠军杯的推广和普及做出的突出贡献。皇马过去两年因安全问题屡遭欧足联严厉处罚，这一决定多少也有些找平衡的因素。

■巴西取消黄牌

为了用终极手段解决球员和裁判间的问题，巴西足协决定，在国内比赛中取消了在比赛中出示黄牌警告的决定，而是一律以红牌解决问题。虽然直接出示红牌更具威慑力，不过这项举措并没有坚持多久便宣告夭折。

■美国足球的发展

在北美大陆，足球有了长远的发展，继球王贝利之后，第二位具有世界影响力的球星内斯肯斯来到了纽约宇宙队。劳德代尔打击队则引进了名气更大的"轰炸机"盖德·穆勒，随后，金球奖得主乔治·贝斯特和秘鲁名将库比利亚斯也来到这里，他们三人组成了这支球队的超豪华攻击线。

1979/1980 >>

1979/ 1980 时代风中的森林

凯文·基冈率领的汉堡在半决赛中 5:1 狂胜皇马，在决赛中遇到了实而不华的诺丁汉森林，森林显然更加关注结果，而不是比赛本身，最终，他们也如愿以偿。

中场伊恩·鲍耶（左）让汉堡巨星基冈无所作为。

出其不意的黑马时代已经成为过去，诺丁汉森林必须找到其他的制胜法宝，来打败觊觎欧洲冠军杯的众多对手，保住手中的荣誉，延续英格兰足球的辉煌。

球队本身没有太大变化，抽签结果又好到极致，诺丁汉森林就这样平静地一路走来。英格兰人先后战胜了瑞典的奥斯特队（2:0，1:1），罗马尼亚的阿尔杰什—皮特什蒂（2:0，2:1），以及民主德国劲旅柏林迪纳摩（0:1，3:1）……似乎没有什么是他们不能逾越的困难。

冷门赛季

诺丁汉森林能够如此轻松地杀入半决赛，对手实力不足是一个不可忽视的重要原因。但是其他一些豪门就没有这种“冠军级”的好运了。虽然利物浦在国内赛场已经夺回了被诺丁汉森林抢走的联赛冠军（森林以冠军杯卫冕冠军身份进入本届比赛），但是他们在欧洲的胜利权杖显然已经被诺丁汉人“窃走”。在冠军杯首轮同苏联冠军第比利斯迪纳摩的两回合比赛中，两年前的欧冠霸主2:4败走麦城。

利物浦人并不是唯一的倒霉蛋，同样是在冠军杯首轮，AC米兰在客场被0:0被波尔图逼平，回到主场后红黑军团随即又吃到了20年来的首场欧洲赛事主场失利。

不过波尔图人的好运也到此为止，他们在第二轮遇到了皇家马德里。由于本赛季决赛安排在伯纳乌球场，皇马将士总能发挥出预料之外的高水准。击败波尔图（1:2，1:0）后，他们又有惊无险地淘汰了曾在欧洲舞台上叱咤风云的苏格兰凯尔特人队（0:2，3:0），跻身四强之列。

时代的更迭

半决赛来临了，对阵形势是诺丁汉森林vs阿贾克斯，皇家马德里vs汉堡。

决赛

1980.5.25-马德里伯纳乌球场　　主裁判：加里多（葡萄牙）

诺丁汉森林 1 : 0 汉堡

诺丁汉森林（442）			汉堡（433）
希尔顿	门将	门将	卡尔古斯
V. 安德森	后卫	后卫	卡尔茨
劳埃德			诺格利
伯恩斯			雅克布斯
F. 格雷 84'			布连
奥尼尔	中场	中场	46' 希罗尼曼斯
麦戈文			马加特
米尔斯 68'			梅莫林
鲍耶			赖曼
伯特尔斯	前锋	前锋	基冈
罗伯逊			米莱夫斯基
替补			
奥赫尔 68'			46' 赫鲁贝什
冈恩 84'			
进球			
19' 罗伯逊	1:0		

所有人都期待阿贾克斯和皇马会师决赛，结束英格兰队三年来的统治，让欧洲大陆足球也能喘一口气。但布莱恩·克拉夫肯定不是这么想的。他的战术洞察力依然强悍、对球员的管理也是如此，而阿贾克斯虽然有鲁迪·克罗尔坐镇后防，但他们已经不再是那支曾在冠军杯三连冠的强大球队了。克罗尔对此也很清楚：“你们还都沉浸在对伟大的阿贾克斯的回忆中，但那支球队已经不存在了，而且也不会回来。我们是一支不错的球队，仅此而已。”

面对基冈

半决赛首回合，弗朗西斯和罗伯逊的进球让荷兰人在客场0:2败下阵来，此前已在本届冠军杯打入30球的阿贾克斯似乎用光了射门的运气。回到主场后，莱尔比利用一个角球破门，给他们带来了20分钟的短暂希望，但克拉夫打造的完美机器还是扑灭了这种可能。诺丁汉森林再次杀进决赛。

诺丁汉森林将要在决赛场地伯纳乌面临的对手汉堡实力强大。球队中有1978年和1979

年连获两届金球奖的凯文·基冈，有空战魔鬼之称的前锋赫鲁贝什，出色的中卫卡尔茨，以及球队领袖马加特。半决赛中，他们不可思议地5:1大胜皇马。主帅泽贝茨说：“淘汰皇马后，我们别无选择，只能在马德里奉献一场伟大的比赛，向皇马的球迷致敬。”

第25届冠军杯的决赛，克拉夫手下缺少了脚踵受伤的特雷弗·弗朗西斯，泽贝茨则少了中场的黑特维希，赫鲁贝什脚踝有伤，泽贝茨不得不把他放在替补席上，汉堡的进攻威力因此大打折扣。

克拉夫刚刚拒绝了球队续约3年的要求，他知道自己的目标，也知道球队的优势所在。他自信地说：“我们是卫冕冠军。挑战者是汉堡，而不是我们。我们实在是没有什么理由畏惧汉堡。”同时，克拉夫忠实的助理教练彼得·泰勒也说：“如果下注，我会压森林1:0战胜汉堡。”

泰勒看得很准。门将希尔顿如有神助，对手开场后的凶猛攻势被他一一轻松化解。开场仅仅21分钟，罗伯逊的射门就打开了局面。此后，诺丁汉森林倾力防守，他们的韧性十足。下半场，汉堡队派上了赫鲁贝什做最后一搏，但这位空霸也无计可施。泽贝茨埋怨说：“英国人配不上冠军头衔，他们没有为胜利付出什么。”但还是克拉夫笑到了最后。他说：“做好防守和积极组织进攻同样可贵。”

传奇主帅克拉夫是诺丁汉森林连续两年获得冠军杯的总导演。

希尔顿，森林守护者

1977年，刚刚升入甲级的诺丁汉森林以当时创门将身价纪录的25万英镑引进了希尔顿。这笔交易再一次体现了克拉夫对门将位置的极端重视。克拉夫总是表示，他不理解为何门将不能卖到与前锋一样高的身价。在他的足球理论中，自己失球少一个，等于必须攻进对方的球就少了一个。克拉夫用实践遵循了这套理论。

1977/1978赛季，诺丁汉森林在42场联赛中25胜14平仅负3场积64分，希尔顿在参加的37场比赛中仅失18球。克拉夫和他的菜鸟军团在众人惊诧的目光中捧起了联赛的冠军奖杯。此后，森林队能创造42轮不败的纪录（已被阿森纳打破），关键环节也是防守。这42轮，森林队仅攻入53球。此后两个赛季的两次冠军杯决赛中，希尔顿都力保城门不失，为森林队登顶立下了汗马功劳，而这两次夺得冠军杯的经历，也让诺丁汉森林成了唯一联赛夺冠次数少于冠军杯夺冠次数的神奇球队。

为森林队出场202次的希尔顿不仅是俱乐部历史上最伟大的门将，也是20世纪八九十年代英格兰最优秀的门将。他是代表英格兰队出场次数最多的球员，自1970年11月25日在温布利大球场首次代表英格兰队出战民主德国并以3:1获胜后，他总共代表英格兰队出场了125次，踢了三届世界杯、两届欧洲杯，换了8家俱乐部，1996年，已经47岁的希尔顿还在代表莱顿东方队出场。在他的整个职业生涯中，总共踢了1005场比赛。

Peter Shilton

CAUJOLLE DU CIEL EN ENFER
NOAH EN POSITION D'ATTENTE

L'EQUIPE

NOTTINGHAM SAUVE SA COURONNE

Paschek 8,36 m en longueur
Panzo et Rega bien placés

J.-P. Soisson : Le CNOSF dans la logique sportive

Bertin et Van Calster: deux sprints pour rien

原声

■《队报》特派记者 热拉尔 · 埃尔诺

1980 年 5 月 29 日

第 25 届欧洲杯决赛，诺丁汉森林 1:0 战胜了汉堡，完成了自己的既定任务，保住了去年在慕尼黑战胜马尔默后夺得的冠军杯。这次冠军到手后，诺丁汉森林也与国际米兰、本菲卡。AC 米兰和利物浦并肩，成为这一最具威望赛事的传奇球队。它现在要追逐的，是连续三次夺冠的阿贾克斯和拜仁慕尼黑，不过距离 6 次夺冠的伟大皇马，英国人还有很大差距。

这种满足感远远不是柏拉图式的空想。作风略显滑稽的布莱恩 · 克拉夫获得的一切帮他赢得了王室的勋章，而在 1979 年，他和这项荣誉还擦肩而过。因为当年的决赛令所有的观察家都持保留态度，他们认为克拉夫不过是撞了一次大运。

这次情况则不一样，英格兰球队在实力可能超过自己的对手面前，表现出了团结、机敏和许多可贵的品质，从而在一场激烈的对抗中获胜。这场比赛也永远留在了人们的记忆中。另外值得一提的是，欧洲冠军杯已经连续四年被英格兰球队统治，现在看来，英格兰人的优势似乎是永恒的。

全景

特殊条款和人员更新

尽管诺丁汉森林轻松闯过冠军杯第一轮，但上届决赛的英雄弗朗西斯并不在队内。他当时还在美国联赛的底特律快速队赚外快。在他与俱乐部的合同中，规定他每年夏天有三个月时间可以去任意一家俱乐部效力。诺丁汉夏天有两个主力位置的人员做了调整，主教练克拉夫不敢怠慢。夏天0:5惨败给拜仁的热身赛给卫冕冠军敲响了警钟。

红军心有不甘

利物浦首轮便被鱼腩第比利斯迪纳摩淘汰，爆出当届最大冷门。这是1977和1978年的冠军连续第二年在首轮出局，为此，利物浦球迷和顺风顺水的同乡诺丁汉森林怄气也可以理解。球队核心索内斯和主教练佩斯利都挖苦克拉夫的打法保守，“要是我们也这样在主场打，球迷肯定嘘声四起。”

克拉夫对俱乐部高层开炮

作为球队的直接领导者，克拉夫带领诺丁汉森林俱乐部开创了前所未有的辉煌。但他却对某些高层人士非常不爽：“我们球队的主席德莱德先生非常英明。可他周围的一些人，自己无所作为，却总想靠着足球发家致富。我要警告这些人，别想踩着我往上爬。”

迪克西埃·迪恩去世

1980年3月，英格兰足坛名宿迪克西埃·迪恩在做完右腿截肢手术后不久与世长辞。这位成名于埃弗顿的前锋一生完成了37个帽子戏法，他还一直保持着英西塞德德比进球最多的纪录，不过此后被拉什超过。1927年至1933年代表英格兰出场的16场比赛中，迪恩为“三狮军团”攻入18球。

决赛看台空空

被安排在伯纳乌进行的决赛本应热闹非凡，但西班牙球迷却因皇马在半决赛被淘汰而兴致大减，因而决赛门票仅仅卖出了一半。另一个让球迷不愿入场的原因是对恶名昭彰的英国足球流氓的恐惧，历史上最冷清的冠军杯决赛便这样发生了。

基冈宣布离去

尽管汉堡一路向前并顺利进入半决赛，但汉堡球迷却怎么都高兴不起来。他们的偶像、英格兰巨星基冈宣布赛季结束后会离开，回到英格兰加盟南安普敦队，他甚至在二月份就已经公布出穿着新俱乐部球衣的照片。无论汉堡球迷如何在看台上打出“基冈，我们爱你”、“不要离开汉堡”的标语，也无法挽回“浪子”的叛逃。

德国球队全线告捷

这个赛季，德国球队在欧洲赛场上全面开花，共有6支球队在各项杯赛中高歌猛进。该国杂志《踢球者》用“全面胜利”做标题，来庆祝汉堡、斯图加特、拜仁慕尼黑、门兴格拉德巴赫、凯泽斯劳滕和法兰克福在欧洲赛场中的伟大胜利，后5支球队都杀入了联盟杯八强，并包揽了四强席位。

莱尔比的纪录

冠军杯1/8决赛，阿贾克斯在主场以10:0狂胜奥莫尼亚晋级8强。前锋莱尔比虽然还不是铁定主力，但他在4场比赛中攻入8球却创下一项纪录。这8球分别是在首轮阿贾克斯两个8:1横扫对手的比赛中攻入3球，以及在这场10:0中攻入5球。最终，莱尔比也以10个进球成为本赛季冠军杯最佳射手。

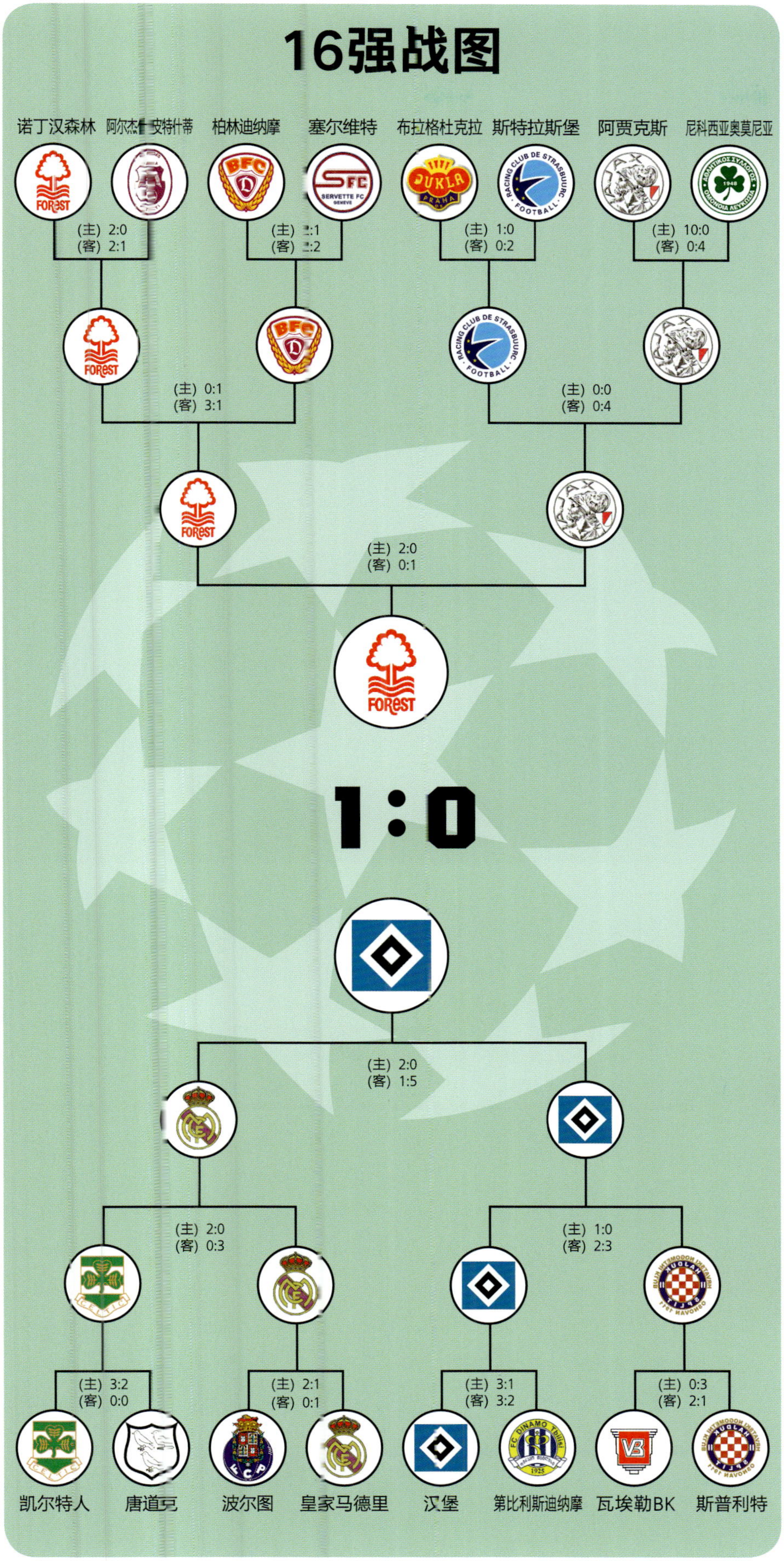

射手榜

1	莱尔比（阿贾克斯）	10 球
2	布兰克尔（阿贾克斯）	7 球
	赫鲁贝什（汉堡）	7 球
4	卡亚法斯（奥莫尼亚）	6 球

夏日记事

■巨星涌动

1980 年夏天，欧洲几大豪门发生了重大的人事变动。皇家马德里的球星皮里离开西班牙，重返故乡巴西联赛终老；拜仁旧将布莱特纳也离开皇马回到德国；巴萨则将德国新星舒斯特尔招入帐下，而两届金球奖得主凯文·基冈离开汉堡回到英格兰，加盟了南安普敦。

■重返冠军杯

国际米兰经过艰难蜕变，终于击败尤文图斯，夺取了 1979/1980 赛季意甲联赛冠军，回到了欧洲冠军杯。时隔 24 年，匈牙利爱国者队也回到了欧洲赛场，他们曾是 1955/1956 赛季第一批参加冠军杯的球队。

■博斯科夫的名言

新赛季前的热身赛中，皇马 1:9 惨败给同样处于复兴时期的拜仁慕尼黑，但皇马主教练、南斯拉夫人博斯科夫却不以为然：“被人灌进 9 个，也 :0:1 输球，自己 1 个球都没进要强。”在接下来的赛季里，博斯科夫这种大力鼓励进攻的战术思想收到了回报，皇马最终杀进决赛。

■联邦德国称霸欧洲

在意大利进行的第 6 届欧洲杯成为德国人的舞台，他们和比利时人进入最后决赛，凭借赫鲁贝什的两粒进球，联邦德国捧杯，一举洗刷了上届决赛中被捷克斯洛伐克点球击败的耻辱。在联邦德国 3:2 战胜荷兰的小组赛，前锋阿洛夫斯还上演了欧洲杯的第一个帽子戏法。

1980/1981 >>

决赛终场哨响后，利物浦门将克莱门斯兴奋异常。

1980/ **1981**

利物浦归来

第一次夺得冠军杯后 25 年，皇马来到了巴黎，希望重新举起欧洲的火炬。但坚强不屈的利物浦没有给对手机会，他们最终 1:0 战胜皇马，5 年之内第三次夺冠。

打入决赛唯一进球后，阿兰·肯尼迪激情欢呼。

卫冕冠军诺丁汉森林在冠军杯首轮就被淘汰了，他们输给了保加利亚的索菲亚中央陆军（0:1，0:1）。这让人震惊。

诺丁汉森林的辉煌终结了，一段冒险历程就此结束。当欧洲列强摩拳擦掌时，他们发现另一支英格兰球队利物浦又回来了，他们夺回了英格兰联赛锦标，现在要接过英格兰足球的大旗，并告诉欧陆列强："你们造反的时代还没到来。"

拜仁的骄兵之败

鲍勃·佩斯利吸取了前两年征战冠军杯失利的教训（1978年第一轮输给了诺丁汉森林，1979年输给了基辅迪纳摩）。和1978年在温布利战胜布鲁日夺冠时相比，利物浦的阵容没什么变化，只是左后卫阿兰·肯尼迪和中场的红发小个子萨米·李进入了主力阵容。利物浦延续着同样的战术，挺进半决赛的路程非常轻松，淘汰了芬兰的奥卢PS（1:1，10:1），苏格兰的阿伯丁（1:0，4:0）和索菲亚中央陆军（5:1，1:0），利物浦把每个对手都撕成了碎片。半决赛的两场对阵都是星光闪耀。可说是当时欧洲顶级的四强阵容，利物浦、拜仁慕尼黑、皇家马德里和国际米兰四支球队此前共赢得过25次冠军杯中的13次。

利物浦在半决赛遇到的是拜仁慕尼黑。首回合双方在安菲尔德打成了0:0，布莱特纳当即宣称："我很乐观，从这个结果来看，英国人踢得不够聪明。"毫无疑问，布莱特纳说错话了。

来到慕尼黑之后，利物浦保持了冷静，而且把握住了机会，完全压制住对手，并且在比赛还剩下7分钟结束时进球了。立功的是大卫·约翰逊。德国人也不放弃，第88分钟由鲁梅尼格扳平。不过已是太晚了，1:1的比分让英国人又一次打入冠军杯决赛。鲁梅尼格承认："拜仁犯了不可饶恕的自大错误。"

前两次夺冠，利物浦分别击败了门兴格拉德巴赫和布鲁日，这两支球队都非传统豪门，这一次，他们终于迎来了皇马，一个决赛舞台上的老角色。

决赛

1981.5.27-巴黎王子公园球场　　主裁判：保洛陶伊（匈牙利）

利物浦		1 : 0		皇家马德里
（442）				（433）
克莱门斯	门将		门将	阿古斯丁
尼尔	后卫		后卫	87' 科尔特斯
汤普森				萨维多
A. 汉森				纳瓦哈斯
A. 肯尼迪				卡马乔
李	中场		中场	安赫尔
麦克德莫特				博斯克
索内斯				施蒂利克
R. 肯尼迪			前锋	华尼托
达格利什 87'	前锋			桑蒂利亚纳
约翰逊				坎宁安
		替补		
凯斯 87'				87' 皮内达
		进球		
82'A. 肯尼迪		1:0		

皇马从1966年以来一直没再打入过决赛，阔别这个舞台已经15年。而且皇马这一代队员也不如当年那一代出类拔萃，不过他们也还不错，半决赛淘汰了国际米兰（2:0，1:1）。以德国人施蒂利克为核心的防守体系十分稳固，中场年轻富有活力，总能打出犀利的反击，再加上队长桑蒂利亚纳的射手本能，依然让他们压倒利物浦成为热门。决赛的场地巴黎王子公园体育场，正是皇马第一次夺取冠军杯的地方。

备受赞美的皇马

利物浦经历的整个赛季比前几年更累，他们的体能成为大问题。过载的日程表影响了球队成绩。利物浦在联赛中只得到了第五名，很多人都记不得这是红军多久以来的最差成绩。

利物浦三员大将索内斯、达格利什、阿兰·汉森（左至右）共庆胜利。

在决赛前夜，佩斯利还在精打细算：“我没有抱怨伤病的习惯，但这次真的是……这个赛季，费尔克拉夫缺席149天，汤普森107天，约翰逊73天，达格利什66天，汉森65天，阿兰·肯尼迪56天，索内斯33天。这太过分了。不过还好，在整个赛季的最后一场比赛，我的所有队员都到齐了。”

来看看利物浦的首发阵容吧，门将克莱门斯，这是他最后一次为球队出场，后防线由尼尔、汤普森、阿兰·汉森、肯尼迪组成，李、麦克德莫特、索内斯和肯尼迪坐镇中场，达格利什和约翰逊顶在前面，这是利物浦的最强阵容了。

与此同时，皇马教头博斯科夫表现得非常高调：“我们在体力、技术和精神上都做好了准备。我们的球队已经一起战斗了很久，并且跨越了许多难关。球员们对利物浦非常熟悉，不管是其战术还是每个队员。”但博斯科夫同样也说：“现在，谁能少错过机会，谁就是赢家。”

角落里的英雄

虽然决赛对阵双方实力均衡，如赛前所预料的那样在中场反复争夺，但比赛本身并不是特别激烈。作为皇家马德里称霸欧洲时期的领军人物，迪斯蒂法诺、普斯卡什和科帕都坐到了王子公园球场的看台上，但是他们的继承者没能让他们满意。

相比之下，更为放松、更有耐心、效率更高的球队是利物浦。第82分钟，皇马后卫科尔特斯犯下致命错误，利物浦边后卫阿兰·肯尼迪一击致命。这个进球的时机恰到好处，皇马已经来不及扳回比分，肯尼迪也成为最出乎意料的英雄。

佩斯利由此成为夺取冠军杯次数最多的教练（3次），他对球队的表现很满意：“此前，我们制造过很多精彩的比赛，但是在赛季的这个决战阶段，面对采用了严密人盯人防守的对手，我们也难以打出好看的比赛，这时取胜才是最重要的……”

毫无疑问：一场未输捧起冠军杯，利物浦人再次用事实告诉整个欧洲：“我们真的回来了！”

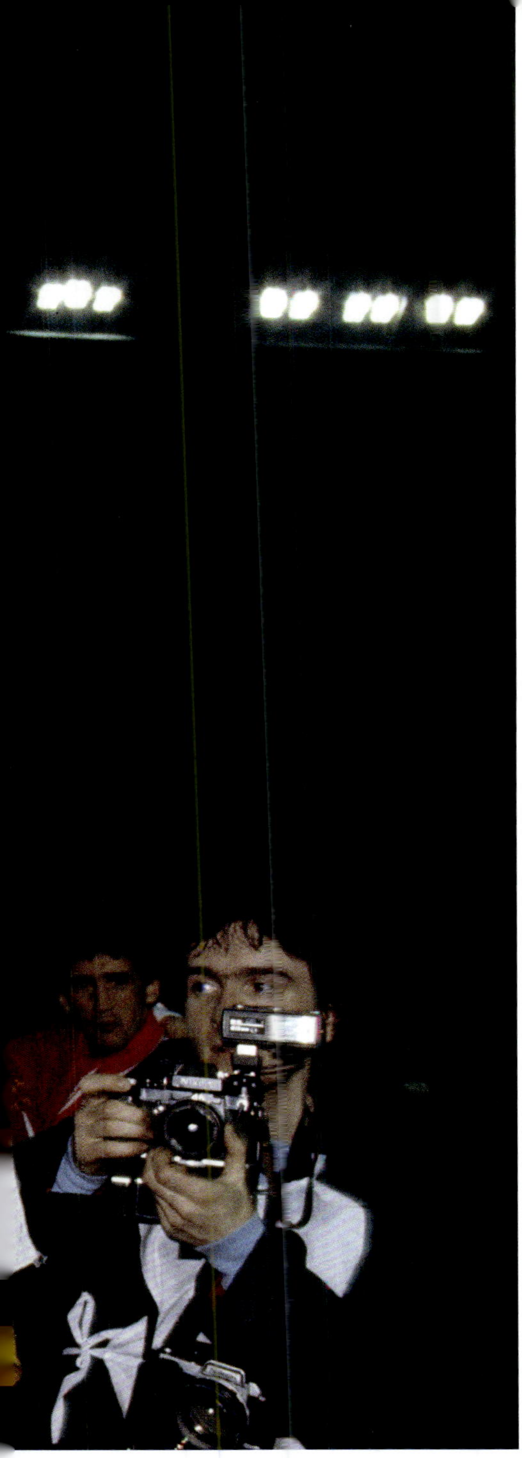

1980/1981

佩斯利，冠军之王

佩斯利从小便是利物浦死忠，二战前就在球队踢球，还当过队长，1945/1946赛季，英格兰足球联盟建立临时的南方联赛和北方联赛，佩斯利回到利物浦。在战后，他最大的成就是帮助利物浦夺得1947年英甲冠军。佩斯利训练刻苦，性格坚强，深得队友敬重。他曾经如此形容自己对球队的感情：“这家俱乐部就是我的生命。就算俱乐部要我去扫街，我也会为给利物浦俱乐部扫街而感到无比自豪。”

最初他并不欢迎香克利的到来，但苏格兰人的热情和敬业很快消除了他的敌意，两个人从此开始了15年的漫长合作。此后，由于香克利的辞职太过突然，而当时1974/1975赛季开始不久，中途换帅几乎没有候选人。从1938年开始就为利物浦服务的佩斯利终于被推上前台。55岁的佩斯利接任时幽默地表示：“这就像让伊丽莎白女王在10级大风中掌舵。”

第一个赛季是过渡期，利物浦联赛中输给德比，获得亚军。1975/1976赛季，佩斯利拿到他的第一个联赛冠军，并捧得一座联盟杯。从1975/1976赛季到1980/1981赛季中的6年中，利物浦赢得4个联赛冠军，并将三座冠军杯和一座联盟杯送回安菲尔德，利物浦王朝享誉欧洲。

“利物浦的秘诀在于队员们永不疲倦地奔跑与战斗，在安菲尔德，我们坚信队员会互相支持并专注于控球。不管你愿不愿意，你总不能老想着往前冲。这就是我们将整个欧洲大陆玩弄于股掌的诀窍。”几十年后，佩斯利解释了当年红军横扫欧洲的秘密。

Bob Paisley

L'EQUIPE

BASKET : L'ESPOIR RENAIT

LIVERPOOL REPREND SON SCEPTRE

YCAZA SORT GERULAITIS

LA RÉGULARITÉ D'ANDERSON

原声

■《队报》特派记者 热拉尔·埃尔诺

1981 年 5 月 28 日

昨天晚上，利物浦 1:0 击败皇马，继 1977 年和 1978 年之后，第三次赢得欧洲冠军杯。这一次获胜在三部曲当中明显是最艰难的。

有幽默感的英国人或许会出于感激之情，给西班牙边卫科尔特斯建立一座雕塑，因为科尔特斯在第 82 分钟友情十足地送给了阿兰·肯尼迪那个进球，完成了英国人的夺冠宏愿。

一直到科尔特斯失误前的一刻，利物浦还和皇马杀得难解难分，看不出谁更有优势。甚至，如果采取拳击中的点数定胜负规则的话，皇马或许比利物浦还要强一点。

这就是我们对决赛的第一观感。这场比赛一直到最后胜负难分，一直不缺少悬念，但也不是特别激烈。简单说，和以前的那些决赛差不多，依然是悬念第一。

古老的英格兰球队是不是有天使保佑？如果你问到这个问题的话，我只能告诉你：“我们也不知道。”

全景

中场“双子星”

麦克德莫特（左图）和索内斯（右图）在利物浦效力多年，但让他们搭档成为中场动力核心，却是佩斯利采用新战术的结果。兼具战术和身体的二人在冠军杯首轮便联袂上演好戏，各完成一次帽子戏法。外表极为相似的“双子星”连留着的小胡子都一模一样，让人很难区分。最终这对绝妙搭档不但帮助利物浦夺冠，两人还与拜仁的鲁梅尼格一同分享了当届杯赛金靴。

“加西亚”皇马

皇家马德里在决赛0:1惜败于利物浦，阿兰·肯尼迪的进球让马德里人欲哭无泪，但这支“加西亚”军却给历史留下了一段趣话。在当年的皇马队中，至少有9名球员的名字叫做加西亚，超过了全队的半数。其中包括加西亚·雷蒙、加西亚·佩雷斯、加西亚·纳瓦哈斯等诸多绝对主力。

皇马又见“西班牙克星”

皇马时隔数年再次进入冠军杯决赛，但不幸的是他们再次遇上了有“西班牙克星”之称的匈牙利裁判保洛陶伊，他是当时执法水平最高的裁判之一，保洛陶伊并不是有意与西班牙球队作对，但西班牙球队的官员可不这么认为。令人称奇的是，他也是极少数在球员时代获得成功的“改行者”。他曾经作为主力球员获得了匈牙利联赛的冠军，还代表匈牙利奥运队夺得了1960年和1964年的奥运会冠军。

弗格森的第一次亮相

曼联继巴斯比爵士后的伟大教练弗格森（右图），终于第一次出现在欧洲足球视野中，只不过这第一次亮相并不是跟随着红魔，而是他起步的地方——苏格兰的阿伯丁俱乐部。当时的少帅弗格森带领苏格兰小球队闯过了第一轮，却在1/8决赛遭遇了强大的利物浦，欧战处子游到此止步。

又惹是非

国际米兰球员在与皇马的半决赛中不断煽动观众，而当主队被对手淘汰出局后，喜欢惹事的蓝黑球迷又开始作怪。当比赛结束时，各种杂物从梅阿查球场的各个看台四面八方地砸向场内，使得皇马球员长时间不能退场（左图为西班牙人在警察的盾牌和担架保护下狼狈离去）。

国际米兰的一项纪录

国际米兰在1/4决赛遭遇贝尔格莱德红星，客场比赛，穆拉罗的进球确保国际米兰顺利进入半决赛。这场胜利创造了意大利球队的一项纪录：国际米兰前6次参加冠军杯，全部打入了半决赛。

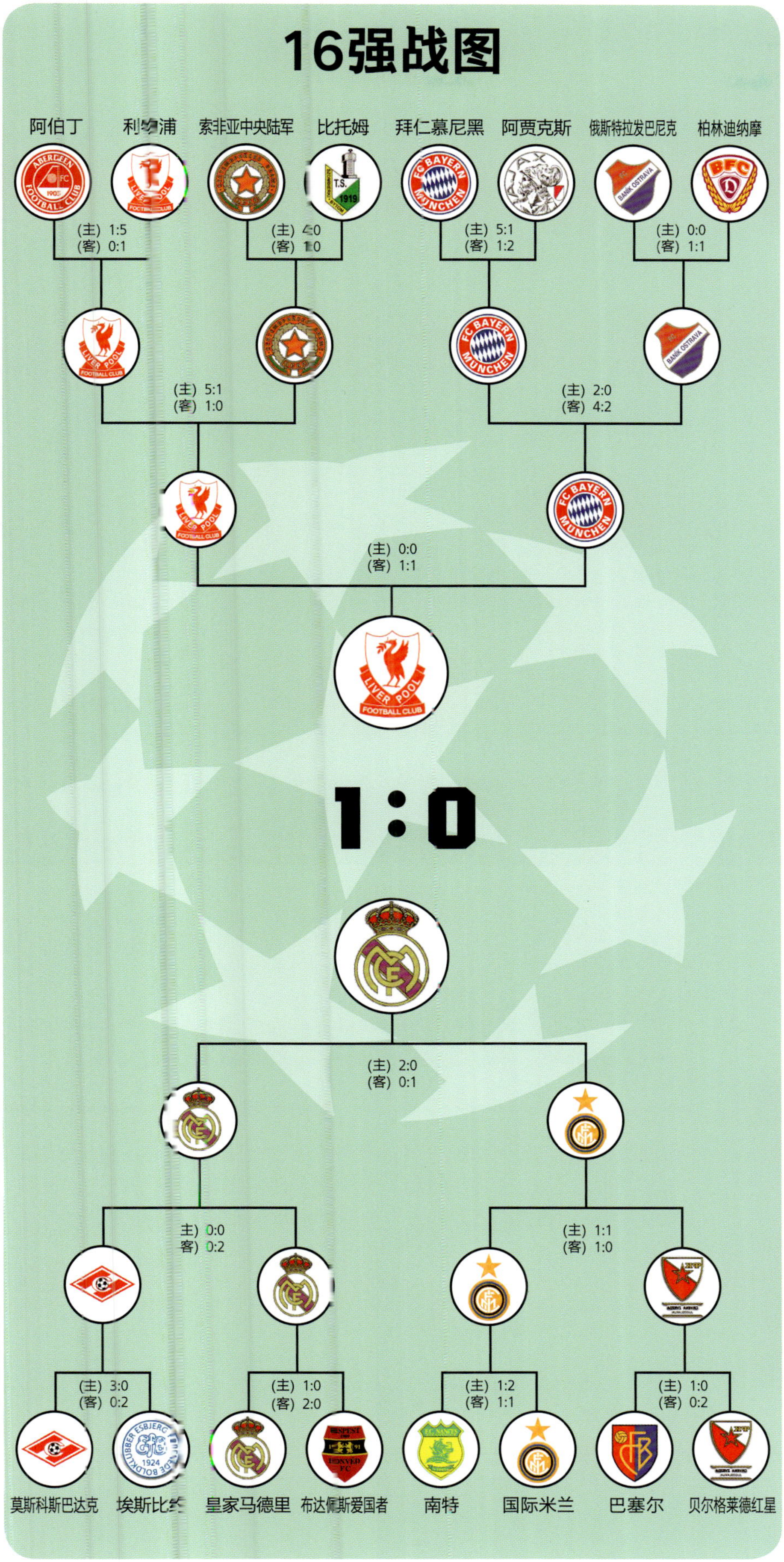

射手榜

1	鲁梅尼格（拜仁慕尼黑）	6 球
	索内斯（利物浦）	6 球
	麦克德莫特（利物浦）	6 球
4	约奇夫（索非亚中央陆军）	5 球
5	阿尔托贝利（国际米兰）	4 球
	加夫里洛夫（莫斯科斯巴达克）	4 球
	D. 赫内斯（拜仁慕尼黑）	4 球
	桑蒂利亚纳（皇家马德里）	4 球

夏日记事

■新星危机

意大利金童罗西因打假球被停赛两年，意大利队对他赶上世界杯几乎不抱希望，因而表现出色的贝特加帮助意大利队完成了预选赛征程，将球队送入决赛圈。

舒斯特尔也因与老大哥布莱特纳冲突而被教练德瓦尔轰出德国队。德瓦尔说：“到此为止吧，我再不想在国家队里见到舒斯特尔。”

■新教练思维

英格兰队继任主帅格林伍德里有着自己的一套教练思维，他认为应该放手给球员自主权，“一个专制的教练会毁了球员。当比赛开始时，球员能够且只有球员能够承担比赛的指挥权。”这番话，让 10 年未能参加世界杯的英格兰人看到了希望，并且最终使三狮军团重返世界最高殿堂的梦想成真。

■将星陨落

对利物浦球迷来说，两年后再夺大耳杯的感觉妙不可言，但指引他们走向成功之路的奠基人香克利，却于 1981 年 9 月永远离开了人世（下图为香克利塑像）。同时陨落的还有匈牙利足坛传奇人物贝拉・古特曼。他曾带领本菲卡夺取 1961 和 1962 年两届冠军杯冠军，并且挖掘出一代巨星“黑豹”尤西比奥，给葡萄牙足球的辉煌留下自己的烙印。

第一次参加冠军杯就凯旋而归，阿斯顿维拉成为伯明翰市的英雄。在凯旋庆典上，主教练托尼·巴顿（左）和队长莫蒂默高举大耳朵杯接受球迷的致敬。

1981/1982

维拉延续英伦统治

利物浦在 1/4 决赛中被淘汰，来自伯明翰市的阿斯顿维拉则出人意料地放倒了拜仁慕尼黑（1:0），为英格兰赢得连续第六座欧洲冠军杯，并把它献给了尊贵的英国女王。英格兰对欧洲足球的霸权毋庸置疑。

怀特一击制胜，帮助阿斯顿维拉首次，也是唯一一次夺得冠军杯。

英格兰足球永远不缺乏枪支弹药。本赛季有两支英格兰球队争夺大耳朵杯：卫冕冠军利物浦和1980/1981赛季的英甲冠军阿斯顿维拉。1982年3月17日，保加利亚首都索非亚一个春天的夜晚，利物浦在1/4决赛中输给了中央陆军（0:2），以总比分1:2惨遭淘汰。这时，半年前刚夺得英格兰联赛冠军的阿斯顿维拉接过了接力棒，就像前两个赛季的诺丁汉森林一样，继续对抗整个欧洲。

题外话，在欧洲赛场上受辱的利物浦把愤怒发泄在了国内对手身上。被索非亚中央陆军淘汰后，他们在英甲联赛取得了惊人的10连胜，包括在默西塞德德比中客场3:1战胜埃弗顿，以领先第二名伊普斯维奇4分的优势称雄联赛。

回到正题，除了阿斯顿维拉的少数球迷，没有人能相信冠军杯新军维拉可以代表英格兰，他们当时处于危机中。你能想象一个冠军球队居然会在赛季中更换教练吗？阿斯顿维拉就是这样，而且他们最终还赢得了欧洲冠军。功勋教练桑德斯在阿斯顿维拉任职8载，把这支在英格兰已经被遗忘的元老级球队带到了联赛第一的位置，阿斯顿维拉上一次夺冠是什么时候？1909/1910赛季！

他们对第一次欧洲冠军杯之旅并不适应，阿斯顿维拉在冠军杯中的道路险些在1/8决赛就终结了。他们首回合在东柏林幸运地战胜了柏林迪纳摩（2:1），前锋莫利梅开二度。但回到主场，阿斯顿维拉却让人惊出一身冷汗。杰尔列茨基在前15分钟就为民主德国冠军进球（0:1），维拉晋级的前景就这样一直悬着，幸亏他们的客场进球多，直到主裁判的哨声响起，维拉球迷才敢庆祝。

不过阿斯顿维拉在该赛季注定充满戏剧性。2月9日，俱乐部宣布了一个惊人的决定：由于俱乐部的财政危机，以及联赛成绩和上一赛季没法比，教练桑德斯被炒了鱿鱼。但媒体披露，桑德斯的解雇理由并不像俱乐部的官方声明这么冠冕堂皇，实际上是桑德斯和主席有了矛盾，此后20多年，桑德斯再也没有踏入过维拉公园球场一步。内部矛盾激化，让阿斯顿维拉的欧洲之旅一片暗淡。

决赛

1982.5.26-费耶诺德库伊普球场　　主裁判：乔治·康拉特（法国）

1 : 0

阿斯顿维拉（433）			拜仁慕尼黑（442）
里默 10'	门将	门将	穆勒
斯威姆	后卫	后卫	德雷姆勒
麦克诺特			奥根塔勒
埃文斯			魏纳
G. 威廉姆斯			霍斯曼
考恩斯	中场	中场	52' 马蒂
D. 布雷姆纳			布莱特纳
莫蒂默			79' 克劳斯
加里·肖	前锋		杜恩博格
怀特		前锋	鲁梅尼格
莫利			D. 赫内斯
替补			
斯平克 10'			52' 屈特勒
			79' 尼德迈尔
进球			
67' 怀特	1:0		

一场半决赛，受伤15人

桑德斯的继任者是托尼·巴顿，之前7年他一直是桑德斯的助理教练。很显然，一个助理教练是不能令俱乐部高层和球迷满意的，巴顿的上台是无奈之举：阿斯顿维拉和冠军级教头博比·罗布森和克拉夫联系过，但无奈囊中羞涩，而且赛季过半，有实力的教练也不愿充当救火队员，因此巴顿上任了，一名维拉高层在私下里腼腆地解释：“至少巴顿能够叫得出所有球员的名字。”巴顿被贴上了救火教练的标签。

不过阿斯顿维拉的高层和球迷发现，与独裁的桑德斯相比，巴顿的执教方法似乎更柔和，更容易被接受。在巴顿的带领下，阿斯顿维拉渐渐找回了整体的平衡、防守的坚韧、纪律和野心。或者说，阿斯顿维拉已经准备好了

在1/4决赛中迎战基辅迪纳摩。在苏联的辛菲罗波尔，双方打成0:0。乌克兰战术大师洛巴诺夫斯基都觉得英格兰球员比自己的球员“更聪明”。回到主场，阿斯顿维拉自然不能让对阵柏林迪纳摩的旧事重演，肖开场仅4分钟就洞开了对方的球门，麦克诺特第44分钟锦上添花，维拉2:0取胜。苏联人对比赛过程没有任何不满，但他们却对比赛场地嗤之以鼻——维拉公园球场的场地上全是积水。

半决赛也是如此，阿斯顿维拉总比分1:0淘汰了安德莱赫特。比利时的冠军安德莱赫特战术明确、防守坚强。在维拉公园打成1:0，莫利进球，在阿斯特里德公园，安德莱赫特的前锋白忙活了90分钟，也不能使比分改变。这场比赛出现了污点，比利时警察和英国球迷一共有15人受伤，比赛也中断了7分钟。阿斯顿维拉就这样杀进了决赛，而他们在英格兰联赛中排名仅仅第10。

和前几年的冠军杯一样，拉丁球队早早就被淘汰：皇家社会第一轮就输给了索非亚中央陆军（0:1，0:0），在1/4决赛中，尤文图斯输给了安德莱赫特（1:3，1:1），本菲卡输给了拜仁慕尼黑（0:0，1:4）。和往常一样，拜仁慕尼黑也趟平了一切障碍，杀进决赛。他们战胜了罗马尼亚的冠军克拉约瓦大学（2:0，1:1），以及索非亚中央陆军（3:4，4:0）。当他们来到鹿特丹时，主帅切尔瑙伊表现得比周围的人都要谨慎：“我看过阿斯顿维拉踢球，我研究了他们半决赛两场比赛的录像带。他们是非常好的球队，很有组织，节奏轻易不乱。我们不能觉得自己是热门，胜率应该是五五开。”

替补门将主宰决赛

阿斯顿维拉在第9分钟就失去了主力门将里默，他因伤无法坚持比赛，顶替他的是默默无闻的斯平克。里默是一名悲剧门将，这位前曼联替补门将一直生活在[illegible]克斯、希尔顿和克莱门斯这些门神的阴影下，这回他又与成就冠军的时刻擦肩而过，里默后来以守门员教练的身份执教过大连实德队。就连老实人巴顿都为里默的受伤心烦，不要以为斯平克是替补就会有机会，要知道桑德斯在夺冠的1980/1981赛季，在国内联赛只用了14名球员！23岁的斯平克是一名预备队门将，自从5年前从切尔姆斯福德转会维拉后，他只代表维拉参加了一场正式比赛，这样一名菜鸟门将，居然出现在了冠军杯决赛赛场……

不过拜仁慕尼黑的门将也非第一人选。这

位与俱乐部传奇射手盖德·穆勒同姓的曼弗雷德·穆勒，只能算是一颗流星。尽管顶替容汉斯出阵决赛的他表现出色，但当比利时门神普拉夫来到拜仁后，曼弗雷德·穆勒只能悄悄退出人们视线。

维拉并没有因为里默的受伤而失去对决赛的掌控权。中卫搭档麦克诺特和埃文斯牢牢看守住了鲁梅尼格，中场考恩斯、布雷姆纳、莫蒂默没有给巴伐利亚人留下一点空间，锋线肖、怀特、莫利则最终一锤定音。第67分钟，莫利左侧传中，怀特一个人守在后门柱，将球打进。救火门将斯平克的左扑右挡则多次让鲁梅尼格绝望，阿斯顿维拉也因此成了继曼联、利物浦和诺丁汉森林之后，第四支笑傲欧洲的英格兰球队。

还有一件事值得一提：阿斯顿维拉的胜利是全面的。虽然球队可能只辉煌了这一个夏天，但托尼·巴顿已经充分显示了他的勇气、战斗精神和技术优势，他说：“我们为何不能再享受如此一天的快乐呢？”实际上，巴顿在阿斯顿维拉一直待到1984年，在他离去时，他已经知道自己注定会被记入俱乐部的历史：他是阿斯顿维拉历史上第一位也是唯一一位捧得冠军杯的主教练。

（左图）阿斯顿维拉球员怀特第 67 分钟首开纪录，这也是全场唯一进球，维拉球员陷入狂欢。
（下图）鲁梅尼格（中）和布莱特纳是拜仁的两大进攻核心，两人共在 1981/1982 赛季的冠军杯打入 11 球，可惜未能在决赛中建功。

LE GRAND COMBAT DE COURTEAU
L'EQUIPE
ASTON VILLA ENTRE DANS LA LEGENDE !
BAS LES MASQUES
Pétrissans: oui ... our

原声

■《队报》特派记者热拉尔·埃尔诺

1982 年 5 月 27 日

欢庆在继续。英格兰总是有很多话对世界说，而今天他们继续如此，放情庆祝阿斯顿维拉的胜利。来自伯明翰的球队为英国带回了第 7 座欧洲冠军杯，也是连续第 6 座。

昨天晚上在荷兰，阿斯顿维拉战胜了拜仁慕尼黑。把自己加入了一部光荣的剧集，最早是利物浦在 1977 年和 1978 年，然后是诺丁汉森林在 1979 年和 1980 年，利物浦在 1981 年，直到现在，我们看不到这一剧集将在何时结束。

英格兰在欧洲巅峰上的优异表现一再证明了英格兰足球的生命力，往往能够置之死地而后生。比如维拉在决赛之前几乎快过不下去了，熬不过冬天。额外提一句，这让人想起即将举行的西班牙世界杯法国和英格兰碰上的情况。

维拉的成功一方面来自出其不意的战术，当人们觉得他们会屯重兵防守的时候，他们却在进攻上投入很多，另一方面，拜仁慕尼黑确实让人失望。德国球队几乎完全依赖赫内斯和鲁尼格两个人，似乎没有更好的办法。

全景

助理教练的欧洲冠军

阿斯顿维拉绝对是个火药库。因为球队一度成绩不理想，球队断然炒掉了主教练桑德斯，并且期望能够招揽名帅执教于此。但由于囊中羞涩，像克拉夫和博比·罗布森这样的冠军教头没法到位，球队就由助理教练托尼·巴顿代为管理，直到获得欧洲冠军，为冠军杯历史增添了一则趣事。

弱队门将难当

对于马耳他门将博内洛，参加国际大赛是绝对痛苦的经历。他代表保拉爱尔兰人参加冠军杯，第一轮便被红星队在客场灌了8个球。他代表马耳他队出战西班牙，又见证了1:12的惨败，而他在赛前曾经说过，如果被灌进11个球，就不回国了，但他食言了。

迈尔好人难做

由于在联赛中被法兰克福攻入4球，拜仁年轻门将容汉斯的能力再遭质疑。于是拜仁慕尼黑冠军队的传奇门将迈尔主动要求给容汉斯亲授技艺，并且分文不取。但迈尔的热情却被主教练切尔瑙伊一盆凉水泼了回来：“我们不需要第三位教练。”原因是当时拜仁慕尼黑已经盯上了比利时门将普法夫。

香克利的葬礼

1981年10月，67岁的前利物浦主帅香克利去世时，基冈、约翰、克莱门斯、埃姆林·休斯、托沙克和伊茨等6位得意门生抬着他的灵柩，把他的骨灰撒在了安菲尔德球场的草坪上。

命中注定

由于在1/4决赛遭遇打法蛮横的罗马尼亚克拉约瓦大学队，拜仁慕尼黑为他们的晋级门票付出了沉重代价：开场仅5分钟，鲁梅尼格在和对方门将的冲撞中拉伤了韧带，布莱特纳和德雷姆勒也相继受伤。到决赛时，众多伤兵勉强上场，拜仁尽管占尽场上优势，最终只得接受注定的失败命运。

东欧时刻

东欧球队展现了强大的实力，共有四支球队进入八强，其中有布洛欣领衔的基辅迪纳摩、从低谷走出重回强队行列的贝尔格莱德红星、杀入半决赛的索非亚中央陆军以及令拜仁吃到苦头的罗马尼亚克拉约瓦大学队。其中保加利亚冠军更是在这之后被人称作英伦杀手。因为中央陆军淘汰了上届冠军利物浦闯入半决赛，而在上届杯赛中保加利亚人同样淘汰了此前的冠军诺丁汉森林队，他们时年37岁的少帅尼科迪莫夫因此留名史册。

不亚于巨星的球员们

格罗贝拉在淘汰阿尔克马尔的比赛以神一般的表现证明了自己，主帅佩斯利给予他极高评价：“23岁的布鲁斯比当年的克莱门斯更出色。”

当安德莱赫特创下当届杯赛最大冷门淘汰尤文图斯进入八强后，教练伊维奇不无自豪地夸赞：“如果马拉多纳是世界上最好的球员，我们该如何评价洛萨诺？”这位生于塞维利亚的天才本已被巴萨相中，却选择了安德莱赫特，成为比利时冠军的旗手。

新一代巨星的处子表演

普拉蒂尼第一次出现在冠军杯赛场上，他的圣艾蒂安需要和民主德国的柏林迪纳摩在资格赛中碰面，结果实力大不如6年前那支亚军队的圣艾蒂安被早早淘汰。在德国人的主场，普拉蒂尼包办了全场两粒入球，却有一球进了自家大门，葬送好局。而时年18岁的米歇尔·劳德鲁普也崭露头角，无奈他所在的哥本哈根KB实力有限，1/8决赛被克拉约瓦大学队淘汰。

16强战图

射手榜

排名	球员	进球
1	迪特·赫内斯（拜仁慕尼黑）	7球
2	鲁梅尼格（拜仁慕尼黑）	6球
3	布莱特纳（拜仁慕尼黑）	5球
	戈茨（安德莱赫特）	5球
5	克纳普（俄斯特拉发巴尼克）	4球
	莫利（阿斯顿维拉）	4球
	D. 萨维奇（贝尔格莱德红星）	4球

夏日记事

■马拉多纳空降巴萨

在经历了一届失败的西班牙世界杯后，马拉多纳加盟了巴塞罗那。他创下了转会费纪录：为了购入阿根廷球星，巴萨破费12亿比塞塔之巨。当时的俱乐部主席努涅斯日后承认，在这笔巨大支出中，只有8亿比塞塔打进了阿根廷博卡青年队的账户。

■三冠王意大利

在第一阶段小组赛三连平后，当时几乎没有人看好贝阿尔代佐特率领的意大利会最终赢得1982年世界杯。但在第二阶段小组赛中，意大利开始发威。凭借詹蒂莱对马拉多纳的凶猛盯防，他们击败了阿根廷，随后又将巴西拉下马，最终在决赛3:1战胜联邦德国，第三次高举世界杯，罗西也以6球成为最佳射手。

■普拉蒂尼投入尤文怀抱

这一赛季，1982年世界杯上最出风头的两名球星都投奔到尤文图斯帐下。普拉蒂尼告别圣艾蒂安来到都灵，随后他在那里也有王者般的表现，扫清了此前人们对像他这样个性的球员能否在严格的意大利赛场上取得成功的怀疑。在世界杯上以4粒进球将波兰队带到世界第三的博涅克，则是这一赛季“老妇人”的另一桩伟大签约。

■迪斯蒂法诺接过皇马教鞭

在人们的无限期待中，迪斯蒂法诺成为皇马主帅，这位给皇马带来最多胜利的伟大球员，从此开始坐在教练席上体味自己的皇马人生。所有人都翘首以待，想见识一下这支由俱乐部历史最佳球员调教的球队会是什么样子。

1982/1983 >>

1983 年 5 月 25 日，汉堡队历史上第一次，也是唯一一次赢得欧冠奖杯，罗尔夫和韦迈尔赛后举杯庆祝。

1982/ 1983

汉堡插曲

英格兰球队在 1/4 决赛就全部被淘汰，但时运还没有轮到尤文图斯或普拉蒂尼，他们在决赛中被汉堡的密集防守和汉堡中场罗尔夫的坚强不屈扼住了喉咙。

汉堡主教练哈佩尔是冠军杯的传奇人物，他曾三次带领三支不同的球队闯入决赛，并两次捧杯。

1983年3月16日晚，对于英格兰人来说是一场噩梦。冠军杯1/4决赛第二回合后，英格兰球队全军覆没。卫冕冠军阿斯顿维拉输给尤文图斯（1:2，1:3），利物浦在安菲尔德面对波兰的罗兹维泽夫也没能力挽狂澜（0:2，3:2）。7年以来第一次，通向欧洲巅峰的道路对欧陆诸强打开了。过去6年，欧洲被3支英格兰球队所统治：利物浦（1976/1977、1977/1978、1980/1981赛季）、诺丁汉森林（1978/1979、1979/1980赛季）和阿斯顿维拉（1981/1982赛季）。但到了1982/1983赛季的半决赛，欧洲大陆的球队发现，冠军杯已经没有英格兰人的事了。淘汰了卫冕冠军的尤文图斯希望最大，他们还没有拿过冠军杯，他们非常想在这一年成功。

尤文图斯阵容强大，有6名世界冠军（佐夫、西雷阿、詹蒂莱、卡布里尼、塔尔代利和罗西），还有1982年夏天转会过来的法国人普拉蒂尼和波兰人博涅克，他们堪称那个时代的银河舰队，而且尤文图斯主帅特拉帕托尼是世界上最好的教练之一。

在通向决赛的路上，尤文图斯没有遇到丝毫抵抗，半决赛去打第二回合就算是最激烈的了，波兰人一度2:1领先，但普拉蒂尼第82分钟的点球宣告了罗兹维泽夫反扑失败。尤文图斯淘汰了丹麦的维多伦尔IFKB（4:1，3:3）、比利时的列日标准（1:2，2:0）、阿斯顿维拉（1:1，2:0）、波兰的罗兹维泽夫（2:0，2:2），罗兹维泽夫也是博涅克原来的俱乐部。尤文图斯的火力足够强大，罗西（6球）、普拉蒂尼（5球）在决赛前排名射手榜前两位，很难看出还有什么能阻挡尤文图斯问鼎冠军。

决赛

1983.5.25-雅典奥林匹克球场　　主裁判：古拉·赖内亚（罗马尼亚）

1 : 0

汉堡（433）			尤文图斯（433）
施泰因	门将	门将	佐夫
卡尔茨	后卫	后卫	詹蒂莱
雅各布斯			布里奥
希罗尼穆斯			西雷阿
韦迈尔			卡布里尼
罗尔夫	中场	中场	博尼尼
马加特			普拉蒂尼
格罗			塔尔代利
米莱夫斯基	前锋	前锋	博涅克
赫鲁贝什			57' 罗西
巴斯特鲁普 56'			贝特加
替补			
冯黑森 56'			57' 马罗基诺
进球			
9' 马加特	1:0		

哈佩尔三进决赛

但冠军杯决赛多年以来有个魔咒，拉丁球队往往输球，这种情况已经延续了15年。尤文图斯在雅典的对手汉堡也有自己的王牌，这家德国俱乐部的战术体系让人捉摸不透，他们一路淘汰了民主德国的柏林迪纳摩（主场2:0，客场1:1）、奥林匹亚科斯（主场1:0，客场4:0），基辅迪纳摩（主场1:2，客场3:0），只是在晋级已成定局的情况下，才在1/4决赛的主场输给了基辅迪纳摩。半决赛中，年轻人托马斯·冯黑森一记有越位嫌疑的进球淘汰了西班牙冠军皇家社会（1:1，2:1）。面对尤文图斯，汉堡主教练恩斯特·哈佩尔胸有成竹。他找出了尤文图斯可能的弱点，准备摧毁他们的雄心，恩斯特·哈佩尔曾带领荷兰闯进了1978年阿根廷世界杯决赛，他在更衣室的口

在尤文图斯球员詹蒂莱（2号）、西雷阿（6号）、贝特加的紧张防守下，汉堡球员雅各布斯奋力进球。

头禅是："先生们，2分（当时获胜一场得2分）。"恩斯特·哈佩尔已经参加过两次冠军杯决赛。第一次是1970年和费耶诺德一起，经过加时2:1击败了凯尔特人；第二次是1978年和布鲁日一起，0:1输给了利物浦。决赛经验丰富的哈佩尔决不会轻易对尤文图斯低头。

当然特拉帕托尼也不会低估汉堡，虽然汉堡的中场平衡器哈特维希已经禁赛。特拉帕托尼害怕汉堡的集体组织、战斗精神和决斗中的勇敢，他也知道哈佩尔是出色的战术大师和扑克牌高手。决赛前夜，尤文图斯的新国王普拉蒂尼还是很乐观的，"我们的球队比汉堡好，不管纸上谈兵还是潜力上都是如此。从战术上讲，尤文图斯也很先进。我们唯一的问题就是如何摧毁赫鲁贝什。但这个问题由'先生'（特拉帕托尼）负责……"

普拉蒂尼：德国人吃了我们

第9分钟，马加特就射门得分了。前阿贾克斯和法国队教练、罗马尼亚人斯特凡·科瓦奇说："这是德国人最精准的射门之一。"在1976—77赛季欧洲优胜者杯决赛汉堡夺冠时，马加特也射入了一球。意大利人被汉堡的排兵布阵搞蒙了，他们很快发现碰到一个无法解决的问题，那就是破不了对方的密集防守。罗尔夫寸步不离地跟着普拉蒂尼。防守四人组卡尔茨、雅各布斯、希罗尼穆斯、韦迈尔表现非常出色，区域防守和造越位都无懈可击。中场格罗、罗尔夫和马加特让对手窒息。罗马尼亚主裁判赖内亚在第73分钟没有吹罚汉堡门将施泰因对普拉蒂尼的犯规。汉堡将领先一直保持到了最后，博涅克、普拉蒂尼、贝特加的轮番轰炸对施泰因没有效果。

特拉帕托尼承认："我的整支球队都无能为力。"普拉蒂尼说："德国人吃了我们。"最后的话还是由哈佩尔来说："比赛早就开始了。早上，我就跟队员们交代了比赛的关键，那就是精细的战术。就是这样。"到此为止，盎格鲁-撒克逊人总是占着道理。值得一提的是，哈佩尔是第一位带领不同球队夺得冠军杯的教练，希斯菲尔德直至2001年才重复了他的辉煌，但哈佩尔显然比后者更伟大：他是仅有的一位带领三支不同球队闯进冠军杯决赛的主教练。

马加特，汉堡暴君

汉堡人的偶像是神射手席勒，不过马加特在20世纪70年代末到80年代中期也是汉堡队的标志性人物之一。1982/1983赛季马加特达到了个人事业的巅峰，在对尤文图斯的冠军杯决赛中，马加特打进制胜一球，汉堡拥有了俱乐部历史上唯一冠军杯奖杯。

除了在德乙萨尔布吕肯起步的那两年，马加特将全部青春贡献给了汉堡。在汉堡的10年间，马加特在306场德甲比赛中贡献了46个进球，帮助汉堡三夺联赛冠军。除了帮助汉堡夺得1982/1983赛季的冠军杯，在1976/1977赛季的优胜者杯决赛中，马加特也有一球斩获，帮助汉堡2:0击败安德莱赫特举起奖杯。伴随着俱乐部的成功，马加特在国家队也大红大紫，他追随德国获得了1982和1986年世界杯的亚军以及1980年欧洲杯的冠军。

场内场外的马加特办事总是雷厉风行，这可能跟其出身有关系：马加特的母亲是东普鲁士人，父亲则是一名军人，在美军驻德基地工作。这种作风在足球场上能形成领袖风范，但在马加特成为教练之后带来不少麻烦，由于他对球员要求颇为苛刻，落下了“暴君”这一称号。很多德国人都知道马加特的名言，一次球队大胜，记者问马加特，球员是不是能放松一下，马加特回答说：“当然能休息一下，到明早8点之前。”

经过在汉堡以及法兰克福的锤炼，马加特终于在斯图加特获得了成功，最终成为拜仁主帅，带领球队连续两年获得德甲和德国杯的双冠王，这是前人从未达到过的高度。

Felix Magath

La France à l'heure de l'euro-basket

L'EQUIPE

LEMOULT CONTRE LES BELGES

HAMBOURG NOUVEAU ROI D'EUROPE

MAGATH : MERCI L'ARTISTE

MAC TREBUCHE... CLERC S'ETALE !

INQUIETUDES POUR HINAULT

原声

■《队报》特派记者 热拉尔·埃尔诺

1983 年 5 月 26 日

汉堡战胜了尤文图斯，欧洲冠军杯再一次落到了盎格鲁 - 撒克逊人手中。这已是连续第 14 年，冠军杯冠军在荷兰人、英国人和德国人的手中轮流转。15 年来无一例外，无以复加。甚至，我们在这里看到 2000 年，似乎都没有改变的希望。

尤文图斯已经是最有实力结束盎格鲁 - 撒克逊统治的球队了。但意大利球队太相信自己的个人才华、灵感发挥和运气对决赛的影响力，高估了获胜的可能性。可怜的尤文图斯，始终无法给自己披上欧洲冠军的华服。他们无力在雅典奥林匹克球场，将自己代表的理念通过双脚清晰地表达出来。他们的脑子和双腿都输给了对手。

德国人赢得当之无愧，他们的表现确实不逊色于意大利人。而且他们也有运气的眷顾、裁判没有吹点球，不然可能会抵消掉马加特的进球，将比赛带入加时。

全景

卫冕冠军关门比赛

1981/1982赛季，在维拉与安德莱赫特的冠军杯半决赛中，由于维拉球迷寻衅滋事，与球场警察和安德莱赫特球迷发生严重冲突，造成数人受伤。这个赛季维拉夺得冠军，但在1982/1983赛季的冠军杯中，他们只得在空无一人的维拉公园球场开始卫冕征程，最终以3:1战胜土耳斯贝西克塔斯。

列日标准的血检门

1/8决赛对尤文图斯，比利时冠军列日标准队教练没能安排麾下最重要的两名球员——队长埃里克·格雷茨和中场沃尔特·梅乌斯出战。两人在血检中未能过关，欧足联禁止他们参加欧战赛事，足球禁药问题开始露出冰山一角。

大脑萨莫拉

本届冠军杯，西班牙的皇家社会无疑是一匹大黑马，而指挥这支球队在冠军杯中横冲直撞的中场萨莫拉更是引人注目。1980年欧洲杯后，萨莫拉便被视为欧洲最好的中场之一。尽管在1982年世界杯上的发挥并不光彩，但在皇家社会，萨莫拉依然是不二的领袖。技术细腻，40米开外长传准确，萨莫拉的身影至今深深留在皇家社会球迷的脑海当中。

意大利之王

冠军杯1/4决赛，尤文图斯凭借罗西和博涅克的进球在首回合较量中就搞掂了卫冕冠军阿斯顿维拉。第二回合，阿斯顿维拉则倒在了普拉蒂尼的脚下，法国球星独中两元。从那开始，普拉蒂尼开始被人们叫作“意甲的新国王”。

佐夫想着完美告别

40岁时，佐夫随意大利夺得了1982年世界杯冠军。他表示1982/1983赛季将是自己职业生涯的最后一个赛季，雄心勃勃的他憧憬着可以在为俱乐部捧得一项大赛冠军后告退。在半决赛客场与罗兹维泽夫队比赛中的精彩扑救，让佐夫距离冠军杯夺冠梦想又近了一步。

10 号的较量

汉堡和尤文图斯之间的决赛，是两个伟大10号之间的较量。1982年世界杯半决赛中，普拉蒂尼和马加特就代表各自的国家队在场上相遇过了。这一次胜出的还是马加特。第9分钟，马加特一脚导弹般的重炮，轰开佐夫把守的大门。意大利门将带着最痛苦的感觉退役，而赛后普拉蒂尼也留下了伤心的泪水。

破坏者克兰克尔

克兰克尔继续随维也纳快速在球场上大开杀戒，这位1977年欧洲金靴奖得主用场上表现证明了自己仍是欧洲最优秀的前锋之一。在与卢森堡鱼腩阿文尼尔贝根的比赛中，克兰克尔打入3球，这让他进一步巩固了在维也纳快速俱乐部历史上的伟大球星地位。为快速出战366场，克兰克尔打进266球。

政治性弃权

尽管身属社会主义阵营，阿尔巴尼亚却在1961年与苏联关系破裂。该国的地拉那11月17日俱乐部拒绝与基辅迪纳摩交手，后者不战而胜晋级1/4决赛。

加勒和他的助理裁判

半决赛第二回合汉堡与皇家社会的比赛中，瑞士主裁加勒的一次判罚惹出巨大争议。中场休息时，加勒的一名助理裁判因受伤被换下。第83分钟，汉堡前锋冯黑森破门，所有皇家社会队员都抗议此球越位在先，但加勒和从观众席上临时找来的替补助理裁判却判定此球有效。皇家社会因此球客场1:2告负，遗憾地以总比分2:3结束冠军杯征程。

射手榜

1	罗西（尤文图斯）	6 球
2	普拉蒂尼（尤文图斯）	5 球
	肖（阿斯顿维拉）	5 球
4	巴斯特鲁普（汉堡）	4 球
	克兰克尔（维也纳快速）	4 球
	乌拉尔德（皇家社会）	4 球
	特沃金斯基（罗兹维泽夫）	4 球

夏日记事

■“快乐的火箭鸟”飞走了

1983 年 1 月 20 日，“跛腿天使”加林查因酗酒过度离开了人世。这位曾用灵活的双腿带着足球一起跳舞的巴西人，为巴西赢得了 1958 年和 1962 年两座世界杯。在很多巴西人心中，加林查比贝利更优秀，因为在巴西足球历史上，从来没有人能像加林查一样，用极具艺术美感的过人取悦所有观众。人们说，加林查是整个巴西民族的快乐。

■白贝利不去豪门

不是皇马、不是巴萨、不是尤文，最终得到白贝利济科的，是乌迪内斯。为了欢迎巴西球星的到来，乌迪内斯球迷为他准备了一面宽 10 米、长 60 米的巨大旗帜，以让济科有宾至如归的感觉。闯荡意甲的第一个赛季，尽管是为一支小球队踢球，济科仍然打入 19 球。

■弗朗西斯科利加盟巴黎竞技

本赛季，导弹生产企业马特拉收购了法国竞技俱乐部，并与巴黎俱乐部合并。完成这一系列动作后，马特拉开始雄心勃勃地计划将球队打造为欧洲顶尖球队，乌拉圭球星弗朗西斯科利加盟巴黎竞技。

■塞雷佐罗马淘金

巴西球员在意甲的登陆潮也波及罗马。本赛季，米内罗竞技俱乐部的塞雷佐来到意大利首都。塞雷佐随巴西队在西班牙世界杯上发挥出色。尽管上赛季罗马以较大优势赢得了意甲冠军，但时任主帅利德霍尔姆还是希望技术和力量都十分出众的塞雷佐让罗马更上一层楼。日后塞雷佐果然与同胞法尔考组成了威震一方的搭档。

1983/1984 >>

1983/ **1984**

利物浦，罗马之王

罗马的步兵方阵在自己的土地上被击败，没能阻挡英格兰回到欧洲的巅峰。这是冠军杯有史以来第一场点球定胜负的决赛（1:1，点球4:2）。神奇门将格罗贝拉给利物浦带来了第四座冠军杯。

1984年5月30日的决赛开始前，罗马队长迪巴尔托洛梅（左）和利物浦的索内斯交换了队旗。

卫冕冠军汉堡这次闪了腰。他们把中锋赫鲁贝什放给了比利时标准列日，汉堡人觉得可以不需要他，但恶果很快显现：他们在1/8决赛就被布加勒斯特迪纳摩淘汰。在客场，德国人干净利落地输了个0:3，回到主场，坚强的汉堡在第62分钟把总比分追成3:3，但是塔尔纳第85分钟的进球让汉堡球迷欲哭无泪，穆尔泰斯库90分钟的破门结束了这场跌宕起伏的比赛，德国人把道路让给了继任者们。

罗马在意大利联赛中压倒尤文图斯夺冠。他们知道决赛在其主场罗马奥林匹克体育场进行，于是格外卖命，毕竟主场优势是巨大的。罗马的打法也很好看，强于大多数意大利球队，这要归功于主帅利德霍尔姆。

利德霍尔姆曾随瑞典队夺得1948年奥运会足球金牌，后来无论作为球员还是教练，都在AC米兰留下了光辉的一页。利德霍尔姆还是第一个注重体能的主教练，他在训练中有意识地强化球员们的体能储备，因此其球员往往在90分钟内飞奔，让对手气喘吁吁。

罗马的进攻队员个个是好手：布鲁若·孔蒂、格拉齐亚尼、普鲁佐。中场也很完备：两个巴西人塞雷佐和法尔考，还有队长迪巴尔托洛梅。如果说法尔考和塞雷佐是一对出色的中场搭档，那么格拉齐亚尼与普鲁佐便是一对互补的锋线组合。在法尔考和塞雷佐这两名巴西中场的策划下，格拉齐亚尼和普鲁佐总能在反击中让对方闻风丧胆。普鲁佐可以在比赛中大部分时间里都不接触足球，但只要他一碰球，就肯定进球。106球的傲人成绩，让普鲁佐在当时成为罗马俱乐部历史上在意甲进球最多的球员。当普鲁佐退役时，罗马球迷曾深情地打出了"106次感谢"的标语。

本届冠军杯，罗马一路前进，主场堪称魔鬼：3:0胜IFK哥德堡，1:0胜索非亚中央陆军，3:0胜柏林迪纳摩，2:0胜邓迪联。这让人相信罗马在奥林匹克球场是不可战胜的。

决赛

1984.5.30-罗马奥林匹克球场　　主裁判：埃里克·弗雷德里克松（瑞典）

1 : 1　点球4:2

利物浦（442）			罗马（433）
格罗贝拉	门将	门将	坦克雷迪
尼尔	后卫	后卫	纳皮
汉森			博内蒂
劳伦森			里盖蒂
肯尼迪			内拉
索内斯	中场	中场	115' 塞雷佐
李			法尔考
惠兰			迪巴尔托洛梅
约翰斯顿 72'		前锋	孔蒂
达格利什 94'	前锋		64' 普鲁佐
拉什			格拉齐亚尼
替补			
尼科尔 72'			64' 基耶里科
罗宾逊 94'			115' 斯特鲁凯利
进球			
15' 尼尔	1:0		
	1:1		普鲁佐 44'
点球决战			
尼科尔 ×			迪巴尔托洛梅
尼尔			× 孔蒂
索内斯			里盖蒂
拉什			× 格拉齐亚尼
肯尼迪			

乔·费根，靴室的继承者

素食了两年之后，利物浦又恢复了捕猎者的血性。1983年夏天，乔·费根接过了佩斯利的教鞭。作为前队长的佩斯利执教球队长达九载，在他的带领下，利物浦完成了征服欧洲的过程。在利物浦的最后一个赛季，佩斯利完成了联赛杯三连冠，以及一座联赛冠军奖杯——这也是佩斯利为利物浦夺得的第21座奖杯。

佩斯利因为身体不好，早就决定在1982/1983赛季结束后退休，俱乐部本想找个年富力强的教练，但佩斯利告诉董事会："不要忘了'烟鬼'费根。他了解俱乐部的一切，擅长倾

听意见，不会给球队添乱，而且经验丰富。让他试试吧。”费根当时已经62岁，不过他有优势——费根是利物浦靴室传统的继承人，就像佩斯利继承香克利的衣钵一样。这时利物浦也有了一些新人：津巴布韦门将布鲁斯·格罗贝拉、中卫马克·劳伦森、中场惠兰和前锋伊恩·拉什。

但红军的战术原则没有改变，他们并不关心对手，只是坚持实践这么多年来积攒的宝贵经验。在晋级决赛的道路上，利物浦所向无敌，毫无悬念地大胜欧登塞后（客场1:0，主场5:0），红军迎来了毕尔巴鄂竞技。西班牙冠军表现顽强，他们在安菲尔德球场居然能全身而退，而且没有失球，这就意味着利物浦的客场之旅最好是一场胜利。伊恩·拉什完成了费根的心愿，第66分钟的进球使得利物浦总比分1:0惊险淘汰毕尔巴鄂。

到了1/4决赛，利物浦的主场照样不能让球迷放心，凭借拉什第66分钟的进球，红军仅仅1球小胜，但到了客场，利物浦却让随队的球迷大呼过瘾，惠兰开场9分钟就打入一球，约翰斯顿第33分钟锦上添花，尽管主队的内内在74分钟扳回一球，但拉什和惠兰的进球摧毁了葡萄牙人，利物浦最终总比分5:1大胜。

半决赛中，利物浦客场与布加勒斯特迪那摩的第二回合较量，被英格兰媒体形容为“布加勒斯特战役”。在首回合比赛中，利物浦艰难地1:0小胜。此前，汉堡队已经在布加勒斯特体会到了地狱的感觉，被淘汰出局。但这一次，利物浦顶住了巨大压力，拉什先声夺人，尽管奥拉克追平比分，但在终场前4分钟，拉什利用反击锁定决赛入场券。

利物浦第四次杀入冠军杯决赛，而之前三次，利物浦全部取胜。本届杯赛7胜1平，进15球丢2球，不管罗马人多么嘴硬，面对如此对手还是心惊胆战。

第一支在主场失利的球队

面对决赛两队有一队是主场作战的情况，欧足联并不开心，不管是从体育精神角度还是实际操作角度（门票、安全），这都有些不合适。此前，1957年，皇马在马德里捧杯；1965年，国际在梅阿查夺冠。但利物浦人并不在乎，他们去了以色列，在阳光下安静地训练，既不钟情于啤酒也不钟情于女人。决赛前夜，乔·费根说：“我们总是非常尊敬对手，但如果我们踢出了擅长的东西，世界上还没有球队能拦住我们。”

决赛很有戏剧性，兴冲冲的罗马球迷早已在主场准备好了夺冠庆祝仪式。第15分钟，菲尔·尼尔就射门得分了，奥林匹克球场在那一刹那寂静得可怕。菲尔·尼尔也是1977年在罗马3:1击败门兴格拉德巴赫夺杯的那支利物浦硕果仅存的一员。领先的利物浦觉得大功即将告

成，但这种感觉导致了严重的错误。罗马通过普鲁佐的头球在第44分钟扳平。此后的比赛进行得非常艰难，利物浦也无力控制局面，双方鏖战到了点球决战，这也是冠军杯历史上第一次点球决战。

格罗贝拉登场了，他扬名立万。虽然利物浦首名出场的球员尼科尔把点球射飞，但格罗贝拉凭只手之力挽救了利物浦，孔蒂和格拉齐亚尼都没能踢进点球，利物浦4:2取胜。在离家出走一年之后，冠军杯又回到了英格兰。而且费根在这一年已经带队夺得了联赛冠军和联赛杯冠军，他说："在120分钟比赛之后依然保持着冷静，这本身就是优秀的表现。"

利德霍尔姆则在这场比赛后告别了罗马，他很苦涩地说："历史会记住我们是第一支在主场输掉冠军杯决赛的球队。"

（左图）罗马的前锋格拉齐亚尼成了球队的罪人，第四个出场主罚点球的他心理压力过大，罚失了点球。

（下图）很难想象，决赛中的第一个进球者居然是后卫。第15分钟，利物浦的尼尔打破场上僵局。

Liverpool : le sacre au bout de la nuit

L'ÉQUIPE

Noah: ballottage favorable?

J.O. : volley, water-polo, handball, c'est non

Bernard optimiste : « Je battrai Montero »

原声

■《队报》特派记者 热拉尔·埃尔诺

1984年5月31日

利物浦在罗马的主场取胜了，战胜了周围完全敌对的气氛，这种力量足以载入欧洲冠军杯的史册。英国人撑过了加时赛的考验就占据了上风，将对手打倒在地。这是冠军杯历史上第一次通过点球决出胜负。两年之前，点球决胜规则才被写入冠军杯规则手册。

利物浦的荣誉室里已经装下了4座欧洲冠军杯（1977，1978，1981，1984），他们正在追赶皇家马德里。皇家马德里依然保持着6次夺冠的纪录（1956，1957，1958，1959，1960和1966）。通过有效的组织、才华以及战斗精神，利物浦再次确认，他们是这个时代最好的球队。一二次向利物浦致敬！

全景

达格利什的纪录

1/16决赛，凭借客场对垒欧登塞时的一粒进球，以及主场又两破对方大门，利物浦前锋达格利什由此超越丹尼斯·劳（14球），成为在冠军杯中进球最多的英国人（15球）。

毕尔巴鄂归来

时隔26年，毕尔巴鄂竞技第二次出现在冠军杯赛场上。前锋萨拉维亚是毕尔巴鄂的核心人物。他射门能力突出，门前感觉冷静，过人本领也十分高超。16强战中，毕尔巴鄂最终输给了后来的冠军利物浦。

范巴斯滕处子秀

在荷兰乌得勒支踢球时，范巴斯滕被阿贾克斯的球探发现，来到了阿姆斯特丹，这时他只有15岁。一年后，范巴斯滕为阿贾克斯首次出场便打入一球，他已经取代了老去的克鲁伊夫。不过直到本赛季，范巴斯滕才迎来冠军杯处子秀，遗憾的是，1/16决赛中，阿贾克斯意外地被奥林匹亚科斯淘汰。

罗马的第八位国王

本赛季冠军杯，汇集了不少球星的罗马被视为夺冠大热门。在球队的明星阵容中，巴西中场法尔考引人注目。作为巴西历史上最典雅的中场之一，在场上风度翩翩的法尔考给罗马球迷留下了永恒的回忆。由于为俱乐部奉献了众多奖杯，人们将法尔考称作“罗马的第八位国王”。

邓迪联队媲美利物浦

闯进1/4决赛的苏格兰邓迪联队继续创造着历史。人们甚至拿这支由麦克林执教的球队与当时的利物浦相比，因为这支邓迪联摒弃了英伦球队长传冲吊的直接打法，而是走起了地面短传的细腻路线。这样的技术风格，没有让邓迪联队吃亏，1/4决赛淘汰维也纳快速后，苏格兰球队挺进半决赛。

转折点达格利什

1/4决赛，在老特拉福德受伤后痊愈的达格利什，终于在利物浦主场迎战本菲卡的首回合较量中重新亮相。达格利什在下半场开始后不久替补出场，他的出现不仅引来安菲尔德球迷的阵阵欢呼，更为士气高涨的球队打开了胜利的大门。在队友惠兰和阿兰·肯尼迪的漂亮配合后，拉什头球打入全场唯一进球。次回合，拉什再度破门，最终利物浦昂首过关。

普鲁佐伟大的一天

另一场半决赛的首回合，邓迪联出人意料地主场2:0击败罗马。双方在罗马奥林匹克球场再度过招前，邓迪联队主帅麦克林称意大利人为“杂种”，为本场比赛增添许多敌对气氛。但这却是普鲁佐伟大的一天。在这场生死大战中，他为罗马攻入前两球，并创造了点球。最终，罗马3:0获胜。赛后，一些意大利球员跑到麦克林所坐的教练席，把“杂种”的称号回馈给了他。

格罗贝拉的舞蹈

1981年，前英格兰国门克莱门斯已经开始走下坡路，利物浦教练佩斯利将目光转向当时还在克鲁效力的门将格罗贝拉。起初，格罗贝拉在场上那些跑出禁区外的行为，让他并不怎么受安菲尔德观众的欢迎。但在一次次完成不可思议的扑救后，利物浦球迷还是接受了这位特立独行的门将。决赛中对罗马的点球大战，格罗贝拉上演的大腿舞迷惑了孔蒂和格拉齐亚尼，最终帮助利物浦在点球大战中胜出。

射手榜

排名	球员	进球
1	索科尔（明斯克迪纳摩）	6 球
2	拉什（利物浦）	5 球
	普鲁佐（罗马）	5 球
4	米尔恩（邓迪联）	3 球
	阿纳斯托普洛斯（奥林匹亚科斯）	3 球
	奥古斯丁（布加勒斯特迪纳摩）	3 球
	达格利什（利物浦）	3 球
	多兹（邓迪联）	3 球
	M. 费尔南德斯（本菲卡）	3 球
	穆尔特斯库（布加勒斯特星）	3 球
	恩斯特（柏林迪纳摩）	3 球
	帕年卡（维也纳快速）	3 球

夏日记事

■普拉蒂尼称王

第 7 届欧洲杯在法国举行。东道主在普拉蒂尼率领下高歌猛进，对阵西班牙的决赛，西班牙表现一直神勇的门将阿科纳达没能封住普拉蒂尼的射门，愚蠢地让足球从腋下滚进大门，此后替补上场的贝洛内再入一球，法国队 2:0 取胜，普拉蒂尼以 9 粒进球领取了金靴奖。

■意甲，淘金天堂

意甲继续展示“百万富翁联赛”的本色。如果说那不勒斯签约马拉多纳的消息是个重磅炸弹的话，那么善用脚后跟传球的苏格拉底投奔佛罗伦萨一事，也在全世界引起了轰动。索内斯也加盟了佛罗伦萨，维罗纳则得到了当时欧洲最佳左后卫布里格尔和丹麦强力前锋埃尔克耶尔，AC 米兰拥有了哈特利和威尔金斯，都灵则买下了同样很出色的左后卫里奥・儒尼奥尔，国际米兰购入了布拉迪。

■克鲁伊夫退役

在重返阿贾克斯并与俱乐部主席反目成仇后，克鲁伊夫于 1983/1984 赛季转会阿贾克斯的世敌费耶诺德。克鲁伊夫为费耶诺德带来了联赛冠军和杯赛冠军，并在赛季结束后选择挂靴。费耶诺德特意安排了一场告别赛，以纪念克鲁伊夫为荷兰足球做出的巨大贡献。

1984/1985 >>

海瑟尔惨案发生瞬间，1985 年 5 月 29 日注定是足球历史上最惨痛的一天。惨案面前，决赛已无太大意义！

1984/1985 地狱之夜

1985 年 5 月 19 日，布鲁塞尔，冠军杯庆祝 30 周年生日，却请来了魔鬼。在破败的海瑟尔球场，尤文图斯对利物浦的决赛开场前一小时，足球流氓的疯狂和凶残夺去了 39 名无辜者的生命。比赛照常进行，尤文图斯取胜。

1985 年 5 月 29 日决赛开始前，利物浦的队长尼尔和尤文图斯的西雷阿交换了队旗。

决赛

1985.5.29-布鲁塞尔海瑟尔球场　　主裁判：安德烈·达伊纳（瑞士）

尤文图斯	1 : 0	利物浦
（442）		（442）
塔科尼	门将	格罗贝拉
法维罗	后卫	尼尔
布里奥		阿兰·汉森
西雷阿		4' 劳伦森
卡布里尼		贝格林
博尼尼	中场	尼科尔
塔尔代利		惠兰
普拉蒂尼		46' 沃尔什
布里亚斯基 85'		沃克
保罗·罗西 89'	前锋	达格利什
博涅克		拉什
替补		
普兰德利 85'		4' 吉莱斯皮
维尼奥拉 89'		46' 约翰斯顿
进球		
58' 普拉蒂尼（点）	1:0	

1985年5月29日，是1955年4月2日之后，冠军杯历史上最具标志性的日子。1955年，冠军杯诞生。1985年，冠军杯濒临死亡。

1982年，在布鲁塞尔，安德莱赫特对阿斯顿维拉的半决赛第二回合已经有暴力事件出现，肇事的正是英国足球流氓。比赛长时间中断，27人被送进医院，对英格兰俱乐部进行的罚款只是敷衍。欧洲足球当局非常害怕再看到类似事件。1984年5月，第29届冠军杯决赛在罗马进行，罗马对阵利物浦，欧足联决定空置2000个座位，避免双方球迷混到一起。

1985年5月的布鲁塞尔，尤文图斯对阵利物浦。两周之前，在鹿特丹，欧洲优胜者杯决赛顺利进行，埃弗顿3:1击败了维也纳快速。欧足联也向冠军杯决赛组织者承诺，比利时当局和英国警察都会协助办好冠军杯决赛。

决赛前夜，英格兰球迷成批抵达，飞机、铁路、汽车，全方位到达布鲁塞尔。布鲁塞尔市中心的所有酒吧都满座，上万升啤酒被吞下。各种各样小的事端开始发生，街头斗殴、大广场的珠宝店遭窃……

欧足联下发的安全手册没有得到严格执行。在海瑟尔球场内外执勤的只有300名警察，而不是预定的2000名。在利物浦球迷聚会的Y看台和“中立看台”Z看台之间也没有拉任何的警戒线。Z看台上有数百名尤文图斯球迷，他们要么自己来比利时买票，要么托人买票，都进入了会场。海瑟尔球场很破旧了，水泥都已经脱落，隔栏破败不堪。这确实不能满足如此重大赛事的要求。

“这是战争场面”

预定开球前1小时，看台上突然发生骚动。英格兰足球流氓们第一次冲击Z看台上的意大利球迷，然后是第二次，并且用手上的各种东西袭击他们，如砖块、啤酒瓶、石子。在他们的压力下，隔栏倒下了，第一道墙也倒下了。在现场负责安全的指挥官弗朗索瓦·布瓦洛说：“我们看到的是战争场面。”

混乱场面持续了不到3分钟，比利时警察就明白了事件的严重性，开始呼叫支援。布鲁塞尔的消防大队进入紧急状态，一个宪兵骑兵连赶到了现场，数百名安保人员保卫了看台。直升机在天空盘旋，将最严重的伤者拉走。海瑟尔球场内一片混乱，场面始终得不到控制。

这时已经晚上8点了。谣言四起，10人丧生，20人，30人……尤文图斯的球员非常不安，先是一名欧足联官员通知了他们，更衣室旁边也有不寻常的动静。他们走出了球员通道，听到了球迷们对他们的呐喊。球迷们抱怨：“不要踢了。”但欧足联和其主席法国人雅克·乔治施加了压力。乔治曾是洛林联赛的主席，在普拉蒂尼小时候就认识他。他在第二天解释说：“知道发生的事情之后，普拉蒂尼

2 年前，第一次参加冠军杯决赛的普拉蒂尼品尝了失败的苦果。2 年后，在海瑟尔球场，他的一粒点球帮助尤文图斯获得了冠军杯，当时欢庆的他并不知道惨案的发生情况。

不想踢了。但我向他说了管理层的决定，他屈服了。如果比赛不能进行，那我们面对的就不是40人丧命，而是 400人。”主裁判瑞士人安德烈·达伊纳的说法更加直截了当：“恢复平静比尊重死者重要。”

没有环场庆祝

两队队长西雷阿和尼尔通过麦克风喊话，让球迷们安静下来。这时人们还在搬运一动不动的身体、伤者和依然压在下面的人。球场外，尸体被排列在中场看台的附近，旁边是红十字会匆匆立起的帐篷。

晚上9点37分，开场哨吹响了。后来尼尔承认：“比赛的前30分钟，我们根本没法集中注意力。上半场每当我们进攻时，都会看到对面出事的看台。我们怎么能不去想它？”最终，尤文图斯1:0获胜，但没有庆祝，也没有

绕场一周，也没有喜形于色。雅克·乔治很低调地把奖杯递给普拉蒂尼，心不在焉。球员们知道发生的事情吗？只知道个大概。他们踢比赛了，因为他们来这里就是干这个的。即便赢家高兴得跳起来，也没有人去责备他们。不过球员们都表现得很有同情心。普拉蒂尼总是说这个夜晚给他的生命留下了阴影。而雅克·乔治更是如此，直到他在2004年以84岁的年龄去世，海瑟尔惨案都如同他心中一个豁开的伤口，永远不会愈合。

欧洲足球在举丧。英足总决定不将其球队注册下一赛季的欧冠，但欧足联想得更远：对英格兰球队实行欧洲赛场禁赛5年的惩罚。英格兰的统治结束了，代表了霸权的利物浦也离开了。等它再回来，已经是200[illegible]年，而冠军杯已经变成了冠军联赛。

普拉蒂尼，无所不能的艺术

在球员时代的巅峰期，普拉蒂尼在意大利和法兰西之间来回穿梭，不停地更换着球衣，但他的体育个性和人文个性却没有丝毫改变，他无与伦比的天才也来回震惊着阿尔卑斯山两麓。逝去的每一个赛季都在延长普拉蒂尼的荣誉榜单，1985年，两个重要的荣誉添了上去，分别是冠军杯冠军和洲际杯冠军。

先说冠军杯，普拉蒂尼的胜利使他成为科帕之外唯一获得冠军杯的法国人。但是我们都不愿意有这次悲惨的回忆，普拉蒂尼和他的尤文图斯队友也都希望忘记，也希望自己被人忘记。

但是事实已经产生了，耐心地、冷静地、坚持地，普拉蒂尼一砖一瓦地打造起了自己的荣誉金字塔，足以跻身世界历史上最伟大球员的行列。他只缺一个世界杯就能赶上贝肯鲍尔、查尔顿、卡布里尼、西雷阿、塔尔代利这些拥有所有王冠的传奇人物。

不过荣誉毕竟是虚幻的。普拉蒂尼的球和人都有了进一步的提升。他的性格力量更加强大，影响力铺得更广大。这从他在俱乐部和法国队的领袖地位可以看得出来，在场下他也过上了货真价实的明星生活，同时还是商人，这多重角色并不是那么容易扮演的。

普拉蒂尼现在已经是整个欧洲足球的10号，2007年出任欧足联主席后，他改造着整个欧洲足球的组织架构。他的理念正如他的风格：优雅而平衡。不变的依然是普拉蒂尼的组织、传切和寻找机会，别看他面临很多困难，但只要机会来临，他会摘取最后的胜利。

Michel Platini

HINAULT, MAITRE DU GIRO

L'EQUIPE

JEUDI 30 MAI 1985

4,20 F

LE FOOTBALL ASSASSINE

Révoltant

Bien sûr, la Juventus a remporté la trentième Coupe des Clubs champions, pour la première fois de son histoire, et Platini, buteur de la finale, est devenu le deuxième Français vainqueur de la C 1 après Kopa.

Mais quelle importance, après cette affreuse soirée de violence et de folie qui a fait plus de quarante morts ?

PLATINI, APRÈS L'HORREUR

Ils ont mérité de sabler le KRITER de la victoire

LOTO SPORTIF 004

Faites valider vos bulletins aujourd'hui et demain, aux lieux et heures habituels du Loto.

PEDALE LOOK L'INNOVATION QUI GAGNE.

原声

■《队报》特派记者 热拉尔·埃尔诺

1985 年 5 月 30 日

这是一件很难衡量的事情。为了应急处理，不让惨剧扩大，我们放弃了对死者的致敬，没有停止比赛，到底是对是错，恐怕没有人说得清楚。

海瑟尔变成了让人毛骨悚然的刑场，我们的比赛让人想起古代被扔到竞技场中间的奴隶和狮子。

奇怪的是比赛的激烈程度没有受到影响，似乎是人们对球员们掩盖了事情的严重性。其实并非如此，西雷阿就曾经亲自用麦克风对球迷喊话，呼吁大家恢复平静。

不过确实没有人能全心投入，两队草草结束了比赛。尤文图斯获胜，第一次捧起了冠军杯。这多亏了最没道理得到的点球和最没道理不吹的点球。不管怎样，普拉蒂尼将球打进。

全景

面包师克林斯曼

本赛季，克林斯曼从斯图加特踢球者队加盟斯图加特，当年其父母正是定居斯图加特后开起了面包店。1/16决赛，20岁的克林斯曼代表斯图加特迎战索非亚列夫斯基，金色轰炸机首次在冠军杯中亮相。遗憾的是，克林斯曼并没有展现出射手风范，斯图加特被淘汰出局。

古力特首演

在冠军杯舞台上缺席了9年之后，1970年冠军杯得主费耶诺德终于重回冠军杯赛场。

这一次，伴随着费耶诺德归来的，还有一位苏里南后裔的横空出世，他就是古力特。早在1982年加盟费耶诺德时，古力特就被视为欧洲最有前途的新秀之一。

波尔多的芭蕾

本届冠军杯，波尔多的艺术足球让整个欧洲都为之侧目。而指挥这支球队的，是小个子中场吉雷瑟。当年，普拉蒂尼曾这样评价同胞，“吉雷瑟是法国队闯进1982年世界杯半决赛和夺得1984年欧洲杯的核心功臣。”在这支艺术感十足的波尔多阵中，蒂加纳和巴蒂斯通的表现也十分引人注目。

普拉蒂尼泥地也风流

成为尤文图斯的绝对领袖后，已经没有人怀疑普拉蒂尼驾驭整个意甲的能力了。法国球星总能在关键时刻扮演栋梁角色。1/4决赛首回合，尤文图斯主场迎战布拉格斯巴达，在泥泞得犹如沼泽的场地上，虽然普拉蒂尼没有进球，他却用精彩的指挥率领球队3:0大胜，为出线奠定了坚实基础。

洛巴诺夫斯基兵团

作为前左边锋，退役后的洛巴诺夫斯基于1969年开始执教第聂伯。只用了3个赛季，第聂伯便升入甲级。1973年，洛巴诺夫斯基前往基辅迪纳摩执教，但他留给第聂伯的财富却继续闪耀着光芒。在洛巴诺夫斯基离开后10年，第聂伯赢得联赛冠军，获得参加本届冠军杯的资格。

安菲尔德的 39 条竖线

挂在安菲尔德球场外墙上的一块石板，纪念着39位在海瑟尔惨案中不幸遇难的生灵。石板上的每一条竖线，都代表着在惨案中丧生的38名意大利球迷和1名比利时球迷。利物浦俱乐部挂起这块石板，是为了提醒人们这样的事情永远都不应也不要再发生。

美男子卡布里尼

半决赛中，尤文图斯以总比分3:2惊险淘汰波尔多。尤文图斯左后卫卡布里尼（右图）在两场比赛中的精彩表现，进一步提升了他在广大意大利女性心中的人气。他在左路的积极助攻，就像他英俊的面孔一样，让无数意大利女孩为之心醉。而长相俊美的卡布里尼也与詹蒂莱、西雷阿和博尼尼一道，组成了尤文图斯的钢铁后卫四人组。

普拉蒂尼梦圆冠军杯

在1983年与汉堡的雅典决战中失利后，普拉蒂尼为冠军杯的旁落而失声痛哭……但这一次，法国人终于等到了决赛胜利。当年，“老妇人”签下他的目的就是夺取冠军杯，而在这场与利物浦的决赛中，普拉蒂尼完成了这一职责，他罚进的点球帮助尤文图斯圆梦冠军杯。进球后，普拉蒂尼疯狂地庆祝，当时他还不清楚看台上发生了怎样的惨剧。在获得这座冠军杯后，尤文图斯收齐了冠军杯、联盟杯和优胜者杯三大杯。

死亡的雪崩

决赛当天19点一刻，利物浦的足球流氓们开始向Z看台发起攻击。该看台恰好位于比分牌下，且是尤文图斯球迷的“领地”。在英国足球流氓的攻击下，意大利球迷开始纷纷逃窜。但是球场栅栏却挡住了他们的出路，人群开始爆发混乱，踩踏事件开始出现。由于现场安保措施不力，冠军杯历史上最黑暗的一页就这样诞生了。

16强战图

射手榜

1 T. 尼尔松（IFK 哥德堡）	7 球
普拉蒂尼（尤文图斯）	7 球
3 罗西（尤文图斯）	5 球
拉什（利物浦）	5 球
沃克（利物浦）	5 球
6 弗雷德里克松（IFK 哥德堡）	3 球
亚尼亚宁（贝尔格莱德红星）	3 球
利托夫琴科（第聂伯）	3 球
D. 穆勒（波尔多）	3 球
彼得松（IFK 哥德堡）	3 球
普罗哈斯卡（奥地利维也纳）	3 球
萨拉瓦科斯（帕纳辛奈科斯）	3 球
汤姆（柏林迪纳摩）	3 球
沃尔什（利物浦）	3 球
布里亚斯基（尤文图斯）	3 球
杰里・卡尔松（IFK 哥德堡）	3 球
拉孔布（波尔多）	3 球
波尔斯特（奥地利维也纳）	3 球

夏日记事

■巴塞罗那回归

时隔 10 年，巴塞罗那重返冠军杯赛场。1984/1985 赛季，巴塞罗那在维纳布尔斯麾下赢得西甲冠军。那支球队不可避免地带上了极为明显的英国色彩：由亚历山科和米格利领衔的后防线前提、中场采用极富侵略性的压迫式打法。

■猛男三人组

凭借着出色的运作手腕，刚刚当选皇马主席的门多萨在本赛季免费从贝蒂斯和里斯本竞技签来了戈迪略和马塞达。此外，他还花费 2 亿比塞塔购进墨西哥球星乌戈・桑切斯。三人组成日后闻名遐迩的“猛男三人组”。初出茅庐的布特拉格诺也赢得那一年的“欧洲金童奖”。率领这支全新球队的主帅是莫洛尼。

■巴西球星返乡潮

在意甲效力的三名巴西球星相继返回祖国。法尔考帮助罗马赢得 1983 年意甲冠军后，风光地告别球队加盟圣保罗。不过，苏格拉底和济科可不是体面地离开。苏格拉底既没有适应意甲的高强度对抗，也没能适应亚平宁北方的寒冷气候；济科在乌迪内斯的第二个赛季也黯淡无光，两人因此携手转会弗拉门戈。

■克鲁伊夫执掌阿贾克斯

尽管重返阿贾克斯后的经历并不愉快，后来投奔了阿贾克斯的死对头费耶诺德，但本赛季，克鲁伊夫又接下了调教阿贾克斯的挑战。这一决定让阿贾克斯俱乐部受益匪浅，涌现出了一批杰出的球星，代表人物是范巴斯滕和里杰卡尔德。

1985/1986 >>

1985
1997

1985/1986	布加勒斯特星
1986/1987	波尔图
1987/1988	埃因霍温
1988/1989	AC 米兰
1989/1990	AC 米兰
1990/1991	贝尔格莱德红星
1991/1992	巴塞罗那
1992/1993	马赛
1993/1994	AC 米兰
1994/1995	阿贾克斯
1995/1996	尤文图斯
1996/1997	多特蒙德

动荡的年代

后海瑟尔时代的欧洲冠军杯进入了群雄混战的时期。

英格兰俱乐部被全面禁止参加欧战，极大地刺激了其他国家球队争霸欧洲的野心。在此期间，除了那支传奇的AC米兰，没有任何俱乐部能在欧洲建立起自己的王朝。这座珍贵的奖杯在整个欧洲穿梭，它到过罗马尼亚，问候过葡萄牙，抵达过荷兰和意大利，也曾光临南斯拉夫，它甚至还回到过自己的摇篮法国……除了AC米兰两次以4:0大胜对手之外，冠军杯决赛都以最小的差距决出胜负。

或许是想让冠军杯的故事情节更富理性，欧足联在1991/1992赛季改革赛制，在决赛之前设置小组赛。起初，这只是一次简单的赛制改革，目的是为了增加比赛和收入。显然，豪门俱乐部很快就从中获得了好处。但是，真正的革命随后才到来，1995年12月《博斯曼法案》正式生效，而从1997年开始，一些国家的非联赛冠军球队也跨进了冠军杯的门槛。

从 1986 年开始，冠军杯出现了许多令人意外的赢家，当年罗马尼亚的冠军布加勒斯特星队就是凭借着门将杜卡达姆和自由人贝洛德迪奇的神奇表演笑到最后，巴萨队长亚历山科以及队友米格利、马科斯等人均无力攻破对手的球门。

1985/ 1986 太阳在布加勒斯特升起

凭借传奇英雄、门将赫尔穆特·杜卡达姆在120分钟以及点球大战中不可征服的表演，罗马尼亚的布加勒斯特星队成为东欧第一家夺得欧洲冠军杯的俱乐部。巴塞罗那在家门口表现得很有气势，但运气显然不在他们这边。

大量巴塞罗那球迷涌入塞维利亚，在这个主场里，球迷的疯狂支持并不足以帮助巴塞罗那夺取冠军。

在很长一段时间里，赫尔穆特·杜卡达姆都是默默无闻的，甚至连他的姓氏拼写都被媒体混淆出了好几种。但这位罗马尼亚门神在这一天的塞维利亚却抓住了一次千载难逢的机会。尤其是在最后时刻的点球大战里，让自己在欧洲足球的历史上留下了短暂但难以置信的一笔，成为横亘在西班牙人面前的一道永远找不到缝隙的铁墙。

由于杜卡达姆在决赛中连续扑出了巴塞罗那球员的前4个点球，让西班牙人甚至没有机会去罚第5个，在家门口与欧洲王冠擦肩而过。但此后的杜卡达姆很快就从欧洲足球的舞台上消失了，传闻是他遭人报复而身受重伤。

还是忘记那血腥的回忆，回到比赛中来吧。在比赛的前120分钟，杜卡达姆就已经有了神奇的演出，而更神奇的还在后头。在双方互射点球时，杜卡达姆第一次扑向自己的右侧，第二次继续向右侧，第三次还是右侧，因为他知道对方的射手会认为自己将改变扑救方向。第四次，他扑向了左侧……巴萨的球员竟然在这场心理战中遭遇全败。

杜卡达姆：我很走运

“我非常幸运地猜对了第一个点球的方向，剩下的就全是心理较量了。似乎任何一个门将都会以这样的方式去思考和反应……”杜卡达姆很谦虚，要知道这可是在冠军杯决赛中，此前他已经在120分钟的时间里让西班牙人无功而返。即使是在点球决胜中，他都没有让对手成功破门。

至今，这种如同中了魔咒般的感觉依旧困扰着一些巴塞罗那人：他们忙碌了整场，却连一个看似无比简单的点球都没有踢进。这不是活见鬼吗？在这次巴塞罗那重返欧洲劲旅行列的冠军杯征程中，他们也几乎经历了所有可以遇到的磨难。

由于英格兰球队被禁赛，海瑟尔惨案后的第一届冠军杯形势显得异常混乱。媒体最早预测会有3支球队是为争夺英格兰“丢失的王冠”的热门候选，没想到大热倒灶。首先是拜仁慕尼黑，他们在1/4决赛中鬼使神差地被安德莱赫特淘汰（2:1和0:2），尽管他们在第二回合完全占据场上优势。然后是尤文图斯，巴塞罗那在1/4决赛中幸运地淘汰了意大利代表。第三个，自然就是太过倒霉的巴塞罗那了。

在半决赛中，西班牙人首回合就在瑞典哥德堡遭遇了噩梦般的0:3，随后凭借无名射手皮奇·阿隆索抓住的三次机会在诺坎普扳成3:3

决赛

1986.5.7-塞维利亚皮斯胡安球场　　主裁判：米歇尔·沃特罗（法国）

0 : 0

点球2:0

布加勒斯特星 (442)			**巴塞罗那 (442)**
杜卡达姆	门将	门将	乌鲁蒂
约万	后卫	后卫	赫拉尔多
本贝斯库			米格利
贝洛德迪奇			亚历山科
巴尔布列斯库			胡利奥·阿尔贝托
巴兰 72'	中场	中场	维克托
马热亚鲁			84' 舒斯特尔
博洛尼			佩德拉萨
巴林特			马科斯
勒克图什	前锋	前锋	111' 阿奇博尔德
皮楚尔克 112'			卡拉斯科
替补			
约尔德内斯库 72'			84' 莫拉塔利亚
拉杜 112'			111' 皮奇·阿隆索
点球决战			
× 马热亚鲁			亚历山科 ×
× 博洛尼			佩德拉萨 ×
勒克图什			皮奇·阿隆索 ×
巴林特			马科斯 ×

布加勒斯特星队主教练埃梅里奇·热内伊手下的这些年轻人，完美地控制了120分钟的比赛。他有理由得到球迷们的掌声。

平。巴萨门将乌鲁蒂科切亚在点球大战中成为英雄，他先是自己主罚将比分扳成4:4，随后扑出了瑞典人的第5个点球，帮助球队挺进决赛。经历了如此荡气回肠的半决赛，巴萨似乎应该能够适应任何离奇的战局了，可他们这一次却成了点球大战的失败者。

由于决赛早早就确定在西班牙的塞维利亚进行，所以巴塞罗那和主场作战几乎没有区别，而且对手是此前从未在冠军杯上有过作为的东欧代表布加勒斯特星队。数万名巴塞罗那球迷乘坐火车、汽车、轮船赶来为本队加油，声势浩大。

相比巴塞罗那，星队的晋级过程就显得非常顺利了，这和他们一路上遇到的对手这弱有关。布达佩斯爱国者和拉赫蒂库叙西队本来就实力平平，只有淘汰了拜仁慕尼黑的安德莱赫特队水平不低，布加勒斯特星队最终以3:1的总比分淘汰对手。

属于东欧的一年

在那个年代，来自社会主义阵营的球队实力逐渐变得强大，开始挑战欧洲锦标，一批足够年轻而且实力强劲的球员推动着这些球队的前进。当然这也与没有了英格兰球队的竞争有关。这一年的欧洲优胜者杯，苏联的基辅迪纳摩就在决赛中3:0大胜马德里竞技夺冠。

布加勒斯特星队则在冠军杯中以顽强的集体战术令世人震惊。与巴塞罗那的决赛之前，他们似乎早早做好了准备死守等着罚点球。

很佩服罗马尼亚人的高瞻远瞩。据透露，为了这届冠军杯，罗马尼亚人已经着手准备了两年时间，他们甚至趁着联赛冬歇期的时候专门聘请了一名空手道教练负责球队的体能训练，收到了非常好的效果，经常看到场上的一些球员整整90分钟里都在不停地奔跑。在与巴塞罗那的艰苦决赛里，他们又是这样狂跑了120分钟。

布加勒斯特星队也拥有一大批技术出众的年轻球员，比如贝洛德迪奇、巴林特、勒克图什和皮楚尔克，不足的只是在中场缺少一位组织能力强的指挥官。尽管加泰罗尼亚人在决赛中制造了非常大的压力，但这根本吓不到罗马尼亚的年轻人们。博洛尼控制节奏的能力得到一致赞扬，让人们忘记了对阵的战术大师斯托伊卡。

作为第一支夺得冠军杯的东欧球队，回到布加勒斯特的罗马尼亚人得到了国家的嘉奖。他们每人都获得了一份价值不菲的冠军奖金，以及长达7年的公务员高薪合同。杜卡达姆和他的队友显然配得上这一切。

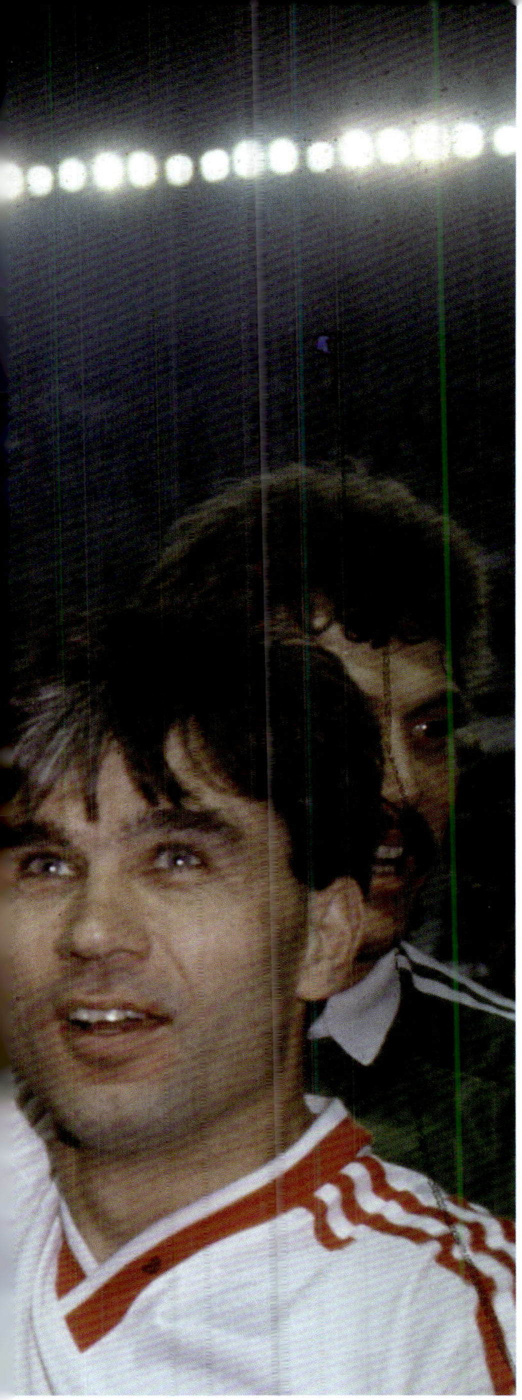

杜卡达姆，早退的门神

1985/1986赛季的冠军杯决赛，既见证了东欧黑马布加勒斯特星队的崛起，也推出了一位此前默默无闻的门将杜卡达姆。他不仅可以在这场“客场”比赛里保持120分钟大门不失，更重要的是在点球大战中又接连四次扑出了巴塞罗那队的点球，几乎凭着一己之力将球队送上了冠军杯的最高领奖台。

与杜卡达姆的神奇表现同样具有传奇色彩的，是他在这场决赛之后不久就突然从职业足坛消失，悄无声息地退役。到了年底的丰田杯时，星队的门将已经换成了其他人。这次早退的背后，是一连串的悲剧故事。

1986年的夏天到底发生了什么？至今没有人能确切说清楚。

总而言之，肢体残疾的杜卡达姆被迫离开球场。在进行了多次恢复性手术之后，痊愈的他投身政坛，加入推翻齐奥塞斯库统治的斗争当中，并获得成功。他的遭遇换来了无数罗马尼亚人的同情。他不仅成为政坛英雄，当年在足坛取得的成就也依旧令人怀念，至今还能在互联网上找到星队球迷为他制作的网站。

1985/1986

Duckadam

Régis Simon échappe aux filets d'Hinault | XV : [illegible]NTREMETS FRAN[illegible]-RUSSE | Thierry Tulasne s'est mis en huit

4,50 F

L'ÉQUIPE

STEAUA ENTRE DANS L'HISTOIRE

Le club de Bucarest est le premier d'Europe de l'Est à inscrire son nom au palmarès de la Coupe d'Europe des clubs champions. Un exploit réussi au terme d'une finale de médiocre qualité qui ne bascula que lors des [illegible] au but (0-0). Après le triomphe de Kiev en Coupe des Coupes, il s'agit d'une nouvelle distribution des cartes européennes en l'absence des Anglais.

原声

■《队报》特派记者 热拉尔 · 埃尔诺

1986 年 5 月 8 日

如同 1984 年一样，今年的冠军杯决赛需要通过点球决胜来确定王冠归属。和两年前在罗马作客的利物浦一样，客队（比赛在西班牙塞维利亚举行，球场里几乎全部都是巴塞罗那支持者）最终凭借其门将杜卡达姆的神奇表现获胜。杜卡达姆连续扑出西班牙人的 4 个点球（亚历山科、佩德拉萨、皮奇 · 阿隆索和马科斯），将冠军杯带给了罗马尼亚人。

布加勒斯特星的战术原则有值得商讨的地方，但比赛的过程依旧非常精彩，整场都充满了紧张的气氛和感情，星队的胜利也是符合逻辑的。他们冷静而且组织良好，对比赛充满了激情，而巴塞罗那无力破门。

这场总体水平一般的决赛，却是欧洲俱乐部赛事的一个历史性时刻。自 1956 年创立以来，冠军杯第一次走向了东欧国家，这个伟大的第一次或许应该部分归功于英格兰球队被禁赛。欧洲足球在这一刻真正迎来了命运的转折。

全景

缺席之憾

海瑟尔惨案后，欧足联对利物浦及其他英格兰俱乐部的处罚开始生效。当时，包括时任英国首相撒切尔夫人在内的众多欧洲人士，一致赞同这一严厉的处罚。英格兰球队从此开始进入了漫长的隔离期。然而，就在英格兰球队为足球流氓的暴力行径而反思时，人们也遗憾地在欧洲赛场上错过了许多英国杰出球星的表演：巴恩斯、马克·休斯、维尼·琼斯……他们的缺席，是所有热爱足球的人的失利。

晚熟的自家人

维纳布尔斯到来后，巴塞罗那的引援政策发生了天翻地覆的改变。此前10年，主席努涅斯不停地签下世界最好的内外援。维纳布尔斯上任后，却以一名水平中上等的外援阿奇博尔德为基础，大量使用巴萨青训营培养出的自家人。克洛斯、罗霍以及卡尔德雷三名年龄早已不是青年队级别的球员终于被提升至一队。三人得以大放异彩。

阿贾克斯的刽子手

第一轮，克鲁伊夫挂帅的阿贾克斯惨遭淘汰。让荷兰劲旅意外出局的是阿图尔·若热麾下的波尔图。当时，一支强大的波尔图已经初具雏形，他们在一年后便赢得了俱乐部历史上的第一座冠军杯。在淘汰阿贾克斯的比赛中，葡萄牙著名球星富特雷完成了冠军杯处子秀。

芬兰也有厉害的足球

尽管在欧洲足球圈内默默无闻，国内当时也没有成型的职业联赛，但来自芬兰的拉赫蒂库叙西俱乐部给了所有人一个惊喜。1/8决赛，他们淘汰了列宁格勒泽尼特队，成为第一支跻身冠军杯八强的芬兰球队。

意大利德比

在改制前的冠军杯，某国能有两支参赛队已经很难得了，两支球队碰到一起的概率就更低。可偏偏这个赛季的两支意大利参赛队在第二轮碰面了。尤文图斯是卫冕冠军，意外获得上赛季意甲冠军的维罗纳则是一副黑马姿态。特拉帕托尼率领的尤文图斯拥有普拉蒂尼和大劳德鲁普等多员大将，维罗纳则以埃尔克耶尔和布里格尔等优秀外援领衔。最终尤文图斯以总比分2:0出线。

诡异的大停电

第二轮，巴塞罗那客场对阵波尔图。抵达波尔图后，尽管按欧足联规定，巴萨可以在赛前进行场地适应训练，但安塔斯球场诡异的停电事件却让巴萨的训练泡了汤。等球队回到酒店后，停电问题再次不期而至，更让巴萨哭笑不得的是，当他们离开酒店准备参加比赛时，酒店却来电了。这场比赛，波尔图的巴西前锋茹阿里大演帽子戏法，但最终西班牙球队还是凭借客场进球多的优势涉险过关。

空手道备战

1/4决赛前，布加勒斯特星队利用国内联赛冬歇期的机会，前往意大利进行了冠军杯“迷你备战”。备战期间，球队居然聘请了一位空手道高手来训练球队的体能。但是，在与芬兰拉赫蒂库叙西的两回合交手中，星队的表现都如履薄冰，最终以总比分1:0惊险晋级。

星队的光荣

听起来简直不可思议，但布加勒斯特星队确实在半决赛中淘汰了热门球队安德莱赫特，成为第一支参加冠军杯决赛的罗马尼亚球队。“这可不是巧合，星队更美好的日子即将到来。”晋级决赛后，星队主帅热内伊自信满满地表示。

主场英雄

与哥德堡的半决赛开始前，巴萨前锋皮奇·阿隆索只在冠军杯上打过5分钟，参加了19场西甲，只有8次是主力。但就是这样一位普通的替补，却在主力前锋阿奇博尔德受伤的情况下，抓住了维纳布尔斯给予的首发机会，在诺坎普上演帽子戏法。最终，巴萨通过点球大战，25年后再度闯进冠军杯决赛。

舒斯特尔提前逃离

在与星队的决赛中，巴萨大将舒斯特尔在被维纳布尔斯换下后，对教练和队友表示十分不满。德国人提前离场，并没有观看加时赛和点球大战。这样的态度以及失败的结局，让巴萨时任主席努涅斯大为光火。他随即对舒斯特尔处以与全队隔离的处罚，并在接下来一个赛季没有为德国人在职业联盟注册，这让舒斯特尔整整一年无球可踢。

16强战图

射手榜

1	T. 尼尔松（IFK 哥德堡）	7 球
2	德塔里（布达佩斯爱国者）	5 球
	柳斯（拉赫蒂库叙西）	5 球
	皮楚尔克（布加勒斯特星）	5 球
	塞雷纳（尤文图斯）	5 球
6	安德雷乌（奥莫尼亚）	4 球
	波尔斯特（奥地利维也纳）	4 球
	埃尔克耶尔（维罗纳）	4 球

夏日记事

■阿根廷称雄世界杯

第 13 届世界杯足球赛于 1986 年 5 月至 6 月在墨西哥举行，24 支球队鏖战 52 场。这是一届冷门不多的比赛，只有卫冕冠军意大利队止步 16 强稍微有些意外。但这又是一届制造英雄的赛事，迭戈・马拉多纳成为整届比赛的话题人物，特别是与英格兰一战中的连过五人进球以及“上帝之手”实在难忘。6 月 29 日的阿兹台克球场，在阿根廷对联邦德国的决赛中，经过了荡气回肠的 90 分钟较量，阿根廷队凭借布鲁查加在终场前的进球以 3:2 胜出，第二次捧起世界杯。

■贝卢斯科尼入主米兰

1986 年 3 月，贝卢斯科尼接手正处财政危机的 AC 米兰，并在这年夏天开始了大刀阔斧的改革，优秀球员多纳多尼从亚特兰大的加盟是改革的第一步，他转会 AC 米兰后不久就获得了意大利队的征召。由于俱乐部重新趋于稳定，AC 米兰成绩迅速提升，这才有了 1988 年的联赛冠军以及随后王朝时代的开创。

■皇马更换舵手

1985 年入主皇家马德里的新主席门多萨为俱乐部带来了长达 10 年的快乐时光，而门多萨时代的黄金期是从 1986 年夏天开始的，荷兰教头本哈克起初不被看好，但他在此后几年给皇马带来了漂亮的足球。同样是在这个夏天，皇马从塞维利亚俱乐部引进了著名门将帕科・布约，后来他成为皇马俱乐部历史上的传奇门将。

1986/1987 >>

1986/ **1987**

波尔图的疯狂一脚

强大的“魔鬼”拜仁统治了这一年的冠军杯。直到决赛的最后15分钟，一次天才的脚后跟射门才让波尔图以 2:1 笑到最后。这个动作也永远被冠以“Madjer（马杰尔）”——这正是那个天才进球的作者的名字。

整个80年代，马杰尔无论是在阿尔及利亚国家队还是波尔图队，都用进球证明了自己的价值。

决赛

1987.5.27-维也纳普拉特球场　　主裁判：亚历克西斯·波内（比利时）

2 : 1

波尔图 (442)			拜仁慕尼黑 (433)
姆维纳尔奇克	门将	门将	普法夫
安德烈	后卫	后卫	埃德尔
爱德华多·路易斯			纳赫特韦赫
塞尔索			温克尔赫费尔
若昂·平托			普夫吕格尔
J. 马加良斯	中场	中场	82' 弗利克
伊纳西奥 65'			马特乌斯
基姆 46'			布雷默
索萨		前锋	迪特·赫内斯
富特雷	前锋		小鲁梅尼格
马杰尔			克格尔
替补			
茹阿里 46'			82' 伦德
弗拉斯科 65'			
进球			
	0:1		克格尔 25'
78' 马杰尔	1:1		
80' 茹阿里	2:1		

作为莱比锡教练学校的毕业生，阿图尔·若热也喜欢写诗。也就是说，这名葡萄牙教练的执教方式融合了科学和直觉。从德国人那里得到的证书，并不妨碍阿图尔·若热控制好自己和手下的心理状态。

这名当时默默无闻的波尔图主帅非常喜欢“保持让人们吃惊的能力”。他也是最先使用后来被称为“轮换制”的几位欧洲教练之一。他被称为“压力平衡器”，因此他坚持让球队中的26名球员在整个赛季中疯狂轮换。同时，他也是用数据来观察和控制球员状态的先驱，他所信任的数学教授内托参与了球队战术设计的工作。

正是凭借着这些新点子和新气象，留着大胡子的若热在失去了英格兰人参与的欧洲赛场上爆冷夺冠，他的手下则按照既定战术踢出了以短传为主、充满活力的技术足球。

作为欧洲拉丁足球的代表，波尔图是上届欧洲冠军杯得主布加勒斯特星队最合适的“爆冷继承者”，这两支球队的相继夺冠也拉开了欧洲足球革命的新时代。而卫冕冠军星队在1/8决赛中被安德莱赫特淘汰，让波尔图接过了自己的黑马角色。

在当年冠军杯的四强之中，葡萄牙人要面对的是欧洲足球新的“恐怖分子”基辅迪纳摩，另一对则是冠军杯永恒的豪门拜仁慕尼黑和皇马。皇马在第一轮与尤文图斯的较量斗得难分难解，直到点球决战才幸运过关，而1/8决赛淘汰贝尔格莱德红星更是惊心动魄：他们首回合在客场39分钟已经0:3落后，经过不懈努力才扳成2:4。回到主场作战，他们凭借米歇尔和布特拉格诺的两个进球惊险过关。然而，经历了连续苦战的皇马在半决赛中不敌已经完成更新换代的拜仁慕尼黑，德国人在那个赛季的德甲联赛中只输了一场比赛。

拜仁不可抑制的上升

在拉特克、奥根塔勒、布雷默和马特乌斯的带领下，拜仁慕尼黑踢出了一种难以抵抗的力量式足球。德国人在淘汰埃因霍温（主场2:0，客场0:0）、奥地利维也纳（主场2:0，客场1:1）时还不显山露水，他们的真正威力在比利时冠军身上才得到体现。拜仁慕尼黑在1/4决赛的两回合中一共打入安德莱赫特队7球，

大胡子教练若热和队员马杰尔（赤膊者）、队长若昂·平托欢庆胜利。

第一回合主场的5:0就已经让客队绝望。半决赛首回合，他们又一举打入皇马4球，以4:1奠定了晋级优势，那场比赛皇马还被罚下了两名球员——米诺和华尼托。回到马德里，在伯纳乌狂热的气氛中，拜仁慕尼黑的比利时超级门将普法夫只让西班牙人挽回了1球，1:0的比分根本不够帮助皇马挺进决赛。

另一场半决赛，当年的大热门、布洛欣率领的基辅迪纳摩拼尽全力，却在主客场比赛中均以1:2失利，值得一提的是第二回合，双方的三粒进球在前15分钟内就已完成。来自乌克兰的苏联冠军征服欧洲的野心就此打住，而阿图尔·若热的波尔图不再怀疑自己夺冠的能力。

“为什么我们不敢？”

在决赛的上半场，拜仁慕尼黑确实实现了绝对的统治。他们在对抗中给了对手足够压力，在全场每一寸草皮上进行的压迫式足球令葡萄牙人不知所措，克格尔在第24分钟帮助拜仁取得领先。

中场休息时，若热问自己的球员：“为什么我们不敢（还击）？”主帅的激将法收到了效果，他几乎“放任自由”的战术理念深深影响了球员们，若昂·平托、安东尼奥·索萨、拉巴赫·马杰尔、富特雷和茹阿里开始让足球流畅地滚动起来，比赛也有了更多的活力。

一个我们此前还从来没有看见过的进球在第77分钟终于到来，并改变了比赛的进程。曾效力过意甲的巴西人茹阿里在中场休息时替补登场，他的传中让普法夫扑空，马杰尔此后的动作令人永远无法忘怀：他将足球让过，然后用脚后跟内侧将球弹入拜仁的大门。

第80分钟，又是马杰尔，由于此前受伤出场接受治疗，他向主裁判示意希望入场，随后他立刻接到足球，然后传中帮助茹阿里凌空射门反超比分。记分牌上，2:1的比分令葡萄牙人骄傲。

在那一瞬间，阿尔及利亚和巴西球员的足球天分，从那次脚后跟射门上得到了结合和升华。“足球显示出我们能够以不同的才能获胜，这非常重要。”获胜后的若热微笑着说。

尤西比奥之后、菲戈之前，富特雷是葡萄牙足球的顶梁柱。

马杰尔，疯狂的脚后跟

就是这样一个前所未见的动作，让这名波尔图队的阿尔及利亚球员进入了欧洲冠军杯的历史。他在决赛中完成的脚后跟进球也永远以他的名字命名。

拉巴赫·马杰尔可能是故意选择德国人作为展示自己天分的对手。1982年世界杯上，一声惊雷突袭：阿尔及利亚居然在小组赛中2:1击败了强大的联邦德国队，而马杰尔当场打入了制胜球。5年后，这名阿尔及利亚前锋又在冠军杯决赛中与德甲巨人拜仁相逢，而他几乎是机缘巧合才披上波尔图球衣的。“我在加盟波尔图之前对它几乎一无所知。”马杰尔日后谈起自己的离奇命运时笑道。

1958年2月15日，马杰尔出生在阿尔及利亚，作为一名前锋的他，被认为是阿尔及利亚历史上最伟大的球员。从1978年到1992年，他为阿尔及利亚国家队效力14载，参加了1982年和1986年世界杯。直到现在，他还是阿尔及利亚历史上进球最多的国脚，87场比赛打入了40球。

本来，他在1982年世界杯上的爆发能够确保他在欧洲找到一家合适的俱乐部，但他却到快28岁时才出现在欧洲赛场。起初，巴黎竞技俱乐部希望他带领球队成为巴黎地区的老大，然而马杰尔没有成功，巴黎竞技也只能满足于在1984年升上法甲，从此便立即沉沦。在经历了长期受伤后，马杰尔曾被短期租借到巴伦西亚，但在主帅若热的坚持下，他很快回到了波尔图。

大胡子教练若热说：“为了这样一名球员，你要做好发疯的准备！”对拜仁的冠军杯决赛证实他说得没错，因为被他吓呆的人群中不仅有德国人，还有若热——他居然用后脚跟击败了德国人！

“我当时并没有马上意识到自己干了什么。我只是在比赛结束后听到若热对我说，‘如果你再尝试做同样的事情，那你肯定是疯了！’我做出那个动作时头脑中只想着，如何将足球放入拜仁的球网中。之所以选择用脚后跟，是因为我认为那是达到目标的最好方法……”

马杰尔当时显然不曾想象这次“疯狂的脚后跟”带来的影响——20年后，在波尔图的巨龙球场，当年那个神奇进球的大幅照片依旧贴在最醒目的地方。而曾在1958年世界杯对瑞典的决赛打入一粒凌空球的球王贝利也对此球赞不绝口，他说：“如果马杰尔当时真的没有回头看的话，那绝对是我所见过的最伟大的进球。”

马杰尔绝非仅仅凭借这一球扬名立万，随后他又在同乌拉圭佩纳罗尔的丰田杯赛中攻入制胜入球。在这个疯狂的1987年年底，他成为非洲金球奖得主，随后又在1990年进行的非洲国家杯上带领阿尔及利亚夺冠，为自己的荣誉录里增添了一项锦标。1987/1988赛季，他又随波尔图捧得了联赛冠军，1991年，他离开了波尔图，在卡塔尔SC队短暂效力后退役。

现在，马杰尔只欠缺在教练领域的承认，他曾经三次成为阿尔及利亚队主教练，遗憾的是每次都以辞职告终，其教练史上最荣耀的一页，应该是在非洲全明星队挑战世界全明星队时，他当上非洲全明星队的主教练。不过，“神奇的脚后跟”依旧是他的同胞们最喜爱的天才。

第 78 分钟，马杰尔的脚后跟进球，让德国人目瞪口呆，比分变为 1:1。图为波尔图队球员庆祝进球。

VRAIMENT UN PORTO-FLIP !

L'EQUIPE

BRAVO LES P'TITS FRANÇAIS !

Bagot atteint un sommet
Cornillet monte en grade

KRITER

LES RENDEZ-VOUS MANPOWER

FÊTE LES VAINQUEURS

原声

■《队报》特派记者 让·菲利普·勒塔克

1987 年 5 月 28 日

很幸运，这场冠军杯决赛体现了攻势足球和冒险精神。在足球比赛越来越少冒险的今天，比赛提供了高质量的观赏性。1987 年的决赛将给观众尤其是教练们留下美好的回忆，这得归功于两支在 90 分钟比赛里踢出了丰富内容的球队。比赛的强度很高，所有球员都在不停地战斗，但这不妨碍他们寻求用技术来控制比赛和进行创造性的表演。

以最经典的方式，拜仁在上半场控制了比赛，他们经常变换整体节奏：波尔图则在半场过后踢得更加大胆，这使得他们在最后时刻颠覆了场上形势。

同样，我们也要特别歌颂马杰尔所作出的贡献，这名右边锋上半时在自己的位置上就完成了不错的工作，下半时则变成了创造者和华丽的终结者。

全景

意大利呼啸开局

第一轮，意大利人的开局都很美妙。尤文图斯轻松地淘汰了冰岛雷克雅未克瓦卢尔队。首回合在都灵的交手中，尤文7:0大胜，大劳德鲁普上演帽子戏法。客场出击时，丹麦人又有两球斩获，助尤文4:0获胜。同期，罗马、佛罗伦萨、那不勒斯等其他意甲球队也在欧战赛事中纷纷用胜利迎来开门红，意大利媒体打出了“意大利17，欧洲0”的标题。可惜意大利人这一次只是开局好而已……

民主德国的明星

尽管通过了第一轮，但民主德国的柏林迪纳摩还是以微小差距负于丹麦的布隆德比，未能闯入冠军杯八强。本届冠军杯上有进球的柏林迪纳摩球员安德烈斯·汤姆，几年后成为两德统一后第二位身披德国队球衣出战的前民主德国球员。1990年，在德国与瑞士的比赛中，汤姆替补登场，完成了这个历史性时刻。而被他换下的正是第一位为两德统一后的德国队参赛的前民主德国球员——萨默尔。

四星布约

皇马与尤文图斯的1/8决赛进行得十分惨烈。双方均在主场1:0取胜，皇马最终通过点球大战才淘汰尤文。在送“老妇人”出局的过程中，皇马门将布约起到了决定性作用。第二回合在都灵的比赛结束后，《阿斯》报为布约打出了极为罕见的四星高分。终场前2分钟，布约扑出了普拉蒂尼近距离的必进射门。赛后，法国巨星始终都未回过神来，“他怎么就能把我的射门扑出来呢？”

从布洛欣到别拉诺夫

基辅迪纳摩继续用他们的快速足球震惊整个欧洲。1/4决赛，他们以压倒性优势淘汰了贝西克塔斯，前锋别拉诺夫也在与布特拉格诺的紧张较量中胜出，赢得了1986年的欧洲金球奖。当时在基辅阵中，老将布洛欣还在与别拉诺夫并肩作战，他在11年前也曾高高举起过金球。

皇马锋变

1/4决赛首回合战罢贝尔格莱德红星队之后，皇马返回马德里的行程风波不断。除了球队客场2:4输球，巴尔达诺还被查出患有肝炎，这让阿根廷球星不得不匆匆言退。而另一起爆炸性事件的主角则是乌戈·桑切斯。墨西哥人声称自己在皇马并没有得到应有的经济待遇，并宣布立刻离开。在与桑切斯进行了一番“晚餐会谈”后，时任皇马主席的门多萨接受了墨西哥人提出的涨薪要求。

踹向马特乌斯的头

皇马与拜仁慕尼黑在半决赛中杀得天昏地暗。皇马作客德国时，马特乌斯曾用一脚飞铲让皇马球员琴多疼得满地打滚。路见不平一声吼，华尼托愤怒得立刻飞奔了半场，一脚狠狠地在马特乌斯的头上来了一下。“我当时真不知自己干了什么。”事后，华尼托后悔地表示。

奥根塔勒的斗牛

皇马与拜仁慕尼黑的第二回合交手也不消停。在伯纳乌，因为袭击乌戈·桑切斯，奥根塔勒被罚下场。在走向更衣室的路上，德国人嘲讽地对所有伯纳乌观众摆出了斗牛的造型。

化干戈为玉帛

“脚踹头部”事件发生后，华尼托数次在媒体上表示了对马特乌斯的歉意。而这一次，双方也借《阿斯》报的牵线搭桥握手言和。在《阿斯》报办公室，作为赔罪，华尼托送给了马特乌斯一柄斗牛士的佩剑，以及一件披风。事后，有媒体评论说，“当华尼托头脑发热时，他就是一座活火山；而他当冷静时，他又是一位超级好人。”

富特雷功成名就

决赛中，富特雷导演了最佳一幕。当时，他在距离禁区20多米的边路得球后开始狂突，一系列的过人动作相继将扑上来的拜仁球员一一晃过。尽管这次突破没有化为进球，但富特雷如此神奇的表演让整个欧洲都为之沸腾，也让他自己在年仅21岁时完成了从新秀到巨星的蜕变。不久，正为竞选马竞主席做准备的老希尔看上了这笔葡萄牙的财富，而富特雷也在帮助老希尔如愿当选主席后加盟马竞。

射手榜

1	茨韦塔科维奇（贝尔格莱德红星）	7 球
2	布洛欣（基辅迪纳摩）	5 球
	布特拉格诺（皇家马德里）	5 球
	耶夫图申科（基辅迪纳摩）	5 球
	费尔南多·戈麦斯（波尔图）	5 球
	大劳德鲁普（尤文图斯）	5 球
7	安德烈（波尔图）	4 球
	马特乌斯（拜仁慕尼黑）	4 球
	沃尔法特（拜仁慕尼黑）	4 球

夏日记事

■普拉蒂尼退役

这个夏天没有什么事情要比一颗巨星告别绿茵场更值得铭记了。年仅 32 岁的普拉蒂尼，将 1987 年 5 月 17 日的最后一轮意甲作为自己的最后一场正式比赛，“我走，是因为我的发动机里已经没有油了……”这位连续三届金球奖的得主说。

■群星涌向意甲

在英格兰足球遭遇禁赛的日子里，实力飞速提升的意甲联赛向着小世界杯的方向发展，而联赛实力提升的标志就是球星的涌入。虽然普拉蒂尼退役了，意甲的含金量却在提升。尤文图斯请来了拉什，但威尔士前锋的这个赛季表现并不出色。巴西前锋卡雷卡到了那不勒斯，成为马拉多纳的绝佳搭档。奥地利高产射手波尔斯特加盟都灵，比利时技术大师希福转会国际米兰，沃勒尔则去了罗马队。

■ AC 米兰王牌阵容

入主 AC 米兰的贝鲁斯科尼终于在这个夏天开始了他的大手笔，荷兰双雄范巴斯滕和古力特分别从阿贾克斯与费耶诺德前来投奔，安切洛蒂则从罗马队转会而来。当然，只有名将是不行的。也是在这个夏天，萨基来到 AC 米兰，再算上俱乐部原有的球星巴雷西、马尔蒂尼和多纳多尼等人，王牌阵容已经初步呈现。

■希尔打造西甲第三极

1987 年 3 月，马德里竞技俱乐部主席卡尔德隆先生心脏病突发去世，他的好友希尔接手了俱乐部，并立志在这里大干一场。在那个皇马巴萨轮流在西甲夺冠的年代，希尔的高额投入换来了稳定的战绩，马竞由此成为西甲第三强。希尔这个夏天带来了阿根廷名帅梅诺蒂和葡萄牙球星富特雷，并相继挖来了其他西甲俱乐部的优秀球员，如戈伊科切亚、帕拉、马科斯等人。

1987/1988 >>

点球决战第 6 轮，埃因霍温替补前锋扬森一蹴而就，为球队锁定胜局。

1987/ 1988 平局冠军埃因霍温

一台看似无敌的荷兰“足球机器”实现了欧洲冠军杯、荷甲联赛和荷兰杯赛的“三冠王”伟业。然而他们在冠军杯中的夺冠却非常令人失望，从 1/4 决赛开始的 5 场比赛中他们全部踢平，决赛更是在 0:0 之后的点球决战中击败本菲卡，这被认为是冠军杯历史上最乏味的故事之一。

罗纳德·科曼在攻防中都是埃因霍温的核心球员。

决赛

1988.5.25-斯图加特内卡河体育场　　主裁判：菲利浦·托恩（英格兰）

埃因霍温		0:0 点球6:5		本菲卡
(442)				(442)
范布勒克伦	门将		门将	西尔维诺
格雷茨	后卫		后卫	维洛佐
尼尔森				迪托
罗纳德·科曼				莫泽尔
海因策				阿尔瓦罗
范阿里	中场		中场	希基尼奥
范恩博格				谢乌
林斯肯斯				埃尔索
莱尔比				帕切科
基夫特	前锋		前锋	112' 马格努松
吉尔豪斯 70'				57' 鲁伊·阿瓜斯
替补				
扬森 70'				57' 万多
				112' 勒杜安·阿日里
点球决战				
罗纳德·科曼				埃尔索
基夫特				迪托
尼尔森				勒杜安·阿日里
范恩博格				帕切科
莱尔比				莫泽尔
扬森				维洛佐 ×

在强劲的“阿贾克斯飓风”最后席卷欧陆之后15年，在荷兰国家队夺得1988年欧洲杯前的一个月，埃因霍温代表这个低地国再度征服欧洲，并进入欧洲豪门的行列。但这支埃因霍温距离“全攻全守”的标尺实在差得太远，他们也完全无法和当年夏天令整个欧洲痴迷的古力特-范巴斯滕组合相比。郁金香？风车？不，埃因霍温的荷兰人给大家留下的印象远远没有那么浪漫。

希丁克当时还不为人知，但已经是一名很成熟的教练，他在战术上的要求几乎是机械式的，那就是全队紧紧抱成一团。这支球队展现了令人恐怖的效率，和一种冷酷的美。从1/4决赛开始，他的埃因霍温就没有赢得过一场比赛，5场比赛只打入了2球，可见希丁克将现实主义发挥到了何等的极致。

科曼的风格

在1/4决赛中，法国波尔多成了第一支为埃因霍温的精确计算和顽强付出代价的球队。双方的两回合分别战成1:1和0:0，波尔多因客场没有进球而被淘汰。荷兰人吉尔豪斯利用一次肮脏的铲球导致蒂加纳受伤，却得到了罗纳德·科曼的支持。科曼在那个赛季是现象级的人物，作为中卫的他打入21球，随俱乐部夺得三冠，随即又在欧洲杯称王。“这致命的一铲代表了我们的风格！”科曼因为这句有些血腥的讲话在半决赛被禁赛一场，这令他感到非常吃惊和冤枉。

尽管他缺席了一场半决赛，但对手皇家马德里却依旧掉入了格雷茨、海因策、莱尔比和范恩博格设下的陷阱中。荷兰人在西班牙被皇马前锋桑切斯率先破门，但他们凭借林斯肯斯的进球扳平。

回到主场，将肌肉和体能优势发挥到极限的埃因霍温活活将对手闷死，0:0确保他们进入决赛。皇家马德里的出局很让人遗憾，因为他们走到半决赛的路上经历了太多的恶战，老天应该更眷顾他们一些才对。

第二轮，皇马在主场封闭的情况下迎战那不勒斯，马拉多纳毫无作为的表现导致意大利人0:2完败，轻易丢掉晋级机会，媒体揶揄这场比赛唯一的观众就是球王。随后，皇马以两个2:1淘汰了卫冕冠军波尔图。同拜仁的1/4决赛是场恶战，首回合他们直到终场前5分钟还0:3

落后，最终幸运地扳回两城，回到主场2:0取胜惊险过关。经历了连番苦战后，也不难理解西班牙人为何在半决赛中倒在强硬的埃因霍温脚下了。队长米歇尔说：“我们已经不知道如何去击败对手了！”

精彩，决赛的最大缺失

几番两回合淘汰赛，埃因霍温队都牢牢地控制着晋级的形势，因此在决赛面对本菲卡时他们的心理和战术更加成熟。本菲卡依旧融合了巴西球员的细腻技术，但要论乏味和顽强，他们和埃因霍温确实棋逢对手。一路晋级下来，他们总共只丢了1球，这也得益于前几轮对手实在不是一个档次。

半决赛中，曾经当过洗衣机销售员、夺得过全国排球冠军的鲁伊·阿瓜斯打入两球，帮助本菲卡淘汰了1986年的冠军布加勒斯特星

埃因霍温队的中场球员莱尔比捧杯庆祝。

（2:0和0:0）。人们都在等待着这支葡萄牙球队能在决赛中给同样严谨的埃因霍温制造足够的麻烦。

可惜由于缺少巴西前锋迪亚曼蒂诺，本菲卡无法在决赛里展开他们习惯的细腻进攻，而埃因霍温则一如往常地坚守自己的阵地，希望在软磨硬泡中杀死对手。

这场在斯图加特进行的决赛实在是乏味，不但没有一个进球，精彩的场面也寥寥无几。紧张、激烈、忙乱，但唯独缺乏精彩的120分钟比赛后，人们只记得莱尔比高举起的双臂，以及本菲卡球员安东尼奥·维托在面对范布勒克伦罚失的第6个点球。

也许这是一场激烈的战斗，但属于足球的成分实在太少了。

科曼，被哄抢的自由人

罗纳德·科曼绝对是一位传奇后卫，他拥有强壮的身体、完美的防守技术，以及比前锋还强的得分能力；在荣誉上，他曾在几个月里连拿联赛、杯赛、冠军杯和欧洲杯4项冠军。他又是那些先后代表两家俱乐部捧起欧洲冠军杯的传奇球员之一。同样传奇的还有他的职业生涯，他在荷甲的三大死敌俱乐部都效力过至少两个赛季，成为教练后又分别在阿贾克斯和埃因霍温执教过。

回到1988年，这是科曼最辉煌的一年，但也就是在这一年，他因为说错了话而遭到欧足联的重罚。这位性格直爽的汉子在决赛复出后，马上重新成为埃因霍温的定海神针，不仅让本菲卡队先后换上的4位前锋均无进球，还在点球决战中第一个出场，干净利落地罚入点球。如果说埃因霍温的这届冠军杯在夺冠道路上遭遇的5场平局并不那么令人信服，至少罗纳德·科曼是绝对具备王者相的。这个赛季的荷甲联赛，科曼还以惊人的21球成为最佳射手。他的右脚仿佛被施了魔法，不仅长传精准，其商标式的大力任意球轰门每一次都令对方的防守球员胆寒。

这样一个超级自由人自然吸引了豪门的疯狂追逐，本哈克想把他挖到伯纳乌，在巴萨挂帅的克鲁伊夫则想将其带到诺坎普。科曼在埃因霍温又停留了一个赛季后，终于决定去巴塞罗那追随克鲁伊夫，并成为“梦之队”的核心之一。

Ronald Koeman

Eindhoven au bout de l'ennui

Le club néerlandais a remporté la Coupe d'Europe des champions à l'issue de la séance de tirs au but (0-0, 6 tirs à 5). Conclusion d'une finale contre Benfica d'une médiocrité quasi constante. (Page 7)

L'EQUIPE

JEUDI 26 MAI 1988 — LE QUOTIDIEN DU SPORT ET DE L'AUTOMOBILE — 4,90 F

NOAH À L'ARRACHÉ

Le Français a dû appuyer sur l'accélérateur pour lâcher Mattar. Deux têtes sont tombées. Celles de Mayette et de Gomez, écarté par Agenor. (Pages 2 à 6)

Roland-Garros en couleurs (page 16)

Les Espoirs sont sortis de l'enfer

Les jeunes Bleus ont confirmé leurs qualités mentales exceptionnelles. (Page 8)

Daniel Dubroca Parc et Pumas

Le capitaine du quinze de France ira bien en tournée en Argentine après sa cinquième finale contre Tarbes, samedi soir. (Page 12)

Lazare sur son caillou

Reebok

Le face-à-face MANPOWER L'EQUIPE Aujourd'hui

ATHLÉTISME BAMBUCK STARTER

原声

■《队报》特派记者 维克托`西内

1988年5月26日

埃因霍温在不可避免的点球决胜中6:5击败本菲卡夺冠了。从比赛一开始，人们就预测比赛会以这种方式结束，因为场面实在过于沉闷。到了加时赛，疲劳使双方更少了进攻的欲望。从整体上说，这场决赛很平庸，缺少基本的创造力和技术含量。双方风格上的对立并没有在比赛细节中体现出来，人们会非常怀念缺席的拜仁和皇马，尤其是被埃因霍温闷杀的皇马。1987/1988赛季的冠军杯决赛，无论如何还是尽快忘记它吧……

比赛直到最后时刻才分出胜负很正常，这是双方的战术选择直接导致的，两支球队在战术组织上过于谨慎，双方的均势贯彻比赛的始终。在埃因霍温一方，如同大家预计的一样，希丁克派出了两名盯人中卫，看死了葡萄牙的两名前锋；本菲卡则满足于用高空球骚扰对手，基本没有大胆地走出自己的半场。在这种方式的交锋中，埃因霍温控制足球的机会更多，但他们从来没有创造出真正的机会。

全景

吉尔豪斯蓄意伤害

埃因霍温在1/4决赛淘汰波尔多后几天，科曼便大曝家丑：“我们赛前都知道，波尔多最棒的球员蒂加纳有伤在身。所以，比赛中我们对他一拥而上，吉尔豪斯在“搞掂”他一事上干得非常完美。”科曼还毫不掩饰地表示，埃因霍温球员将在接下来客场对皇马的半决赛中，努力挑衅已有黄牌在身的皇马球员。科曼如此口无遮拦，欧足联决定对他停赛一场。

马拉多纳，唯一的观众

由于在1986/1987赛季冠军杯主场与拜仁慕尼黑的半决赛中，部分伯纳乌观众朝场内投掷杂物，欧足联勒令皇马本届赛事第一场的主场比赛封闭进行。但就是在这场没有一名观众的比赛里，皇马完全压倒了马拉多纳领衔的那不勒斯。皇马后卫琴多对阿根廷球星的盯防成为盯人的经典案例。意大利媒体赛后都打出了这样的标题——“本场比赛的唯一观众，就是马拉多纳”。

向伟大的希尔顿学习

在埃因霍温夺冠的道路上，门将范布勒克伦无疑扮演了重要的角色。1976年，成长于BVC俱乐部的范布勒克伦转会乌得勒支。1982年，他加盟诺丁汉森林开始体会英国足球。在诺丁汉，范布勒克伦遇到了伟大的英国门将希尔顿，从英国传奇门神身上学到了许多技巧，在日后成为荷兰历史上最出色的门将之一。

糟糕的客场之旅

在上赛季华尼托怒踹马特乌斯头部之后，皇马与拜仁慕尼黑又在本届冠军杯1/4决赛中狭路相逢。就当皇马试图为上赛季被德国球队淘汰而复仇时，慕尼黑奥林匹克球场糟糕的草皮质量，却让他们束手无策。比赛只进行了47分钟，皇马就已经0:3落后。幸好布特拉格诺和乌戈·桑切斯及时出手扳成2:3，次回合取胜后，皇马惊险晋级。

洗衣机商人力助本菲卡

与布加勒斯特星的半决赛首回合较量前，本菲卡主帅托尼·奥利维拉设计好了防守反击战术，葡萄牙球队如愿在客场守成0:0。回到家门口，本菲卡开始发威。打入两球的鲁伊·阿瓜斯成为晋级决赛的头号功臣。鲁伊·阿瓜斯可谓大器晚成的足球明星，因为他先前是排球选手，甚至还做过销售洗衣机的行当。但就是这样一位洗衣机商人，帮助本菲卡第六次冲进了冠军杯决赛。

欧洲金靴落户土耳其

本赛季，土耳其射手科拉克爆发了，这位加拉塔萨雷前锋在联赛中打入39球，成为土耳其历史上赢得欧洲金靴奖荣誉的第一人。不过，科拉克绝佳的个人状态并未让加拉塔萨雷在冠军杯上走得太远。本届欧冠第一轮，尽管科拉克攻入埃因霍温一球，但加拉塔萨雷还是以总比分2:3被淘汰出局。

尴尬的第十二人

速度和过人，是皇马左边锋帕科·略伦特最擅长的两项技巧。1/8决赛首回合，马杰尔第58分钟为客队波尔图先入一球，略伦特旋即被换上，并以其边路强突助攻两球，皇马2:1反超，欧洲媒体赛后一致称赞：“这位前皇马巨星亨托的侄子，让叔叔重新复活了。”尽管如此，略伦特在几任皇马主帅手下都只是第十二人的角色。只有当球队遇到麻烦，或教练们希望彻底摧毁对方疲惫不堪的边后卫时，略伦特才会得到出场机会。

新人的胜利

尽管只执教了埃因霍温一年——此前四年一直在队中出任助理教练，希丁克却成功率队站在欧洲之巅。在结束了在埃因霍温的执教生涯后，希丁克先后辗转于费内巴切、巴伦西亚和荷兰国家队。1998年世界杯，他率领荷兰队进入四强。1998年，他又率皇马拿到了丰田杯冠军。此外，贝蒂斯和韩国国家队都有他留下的身影。

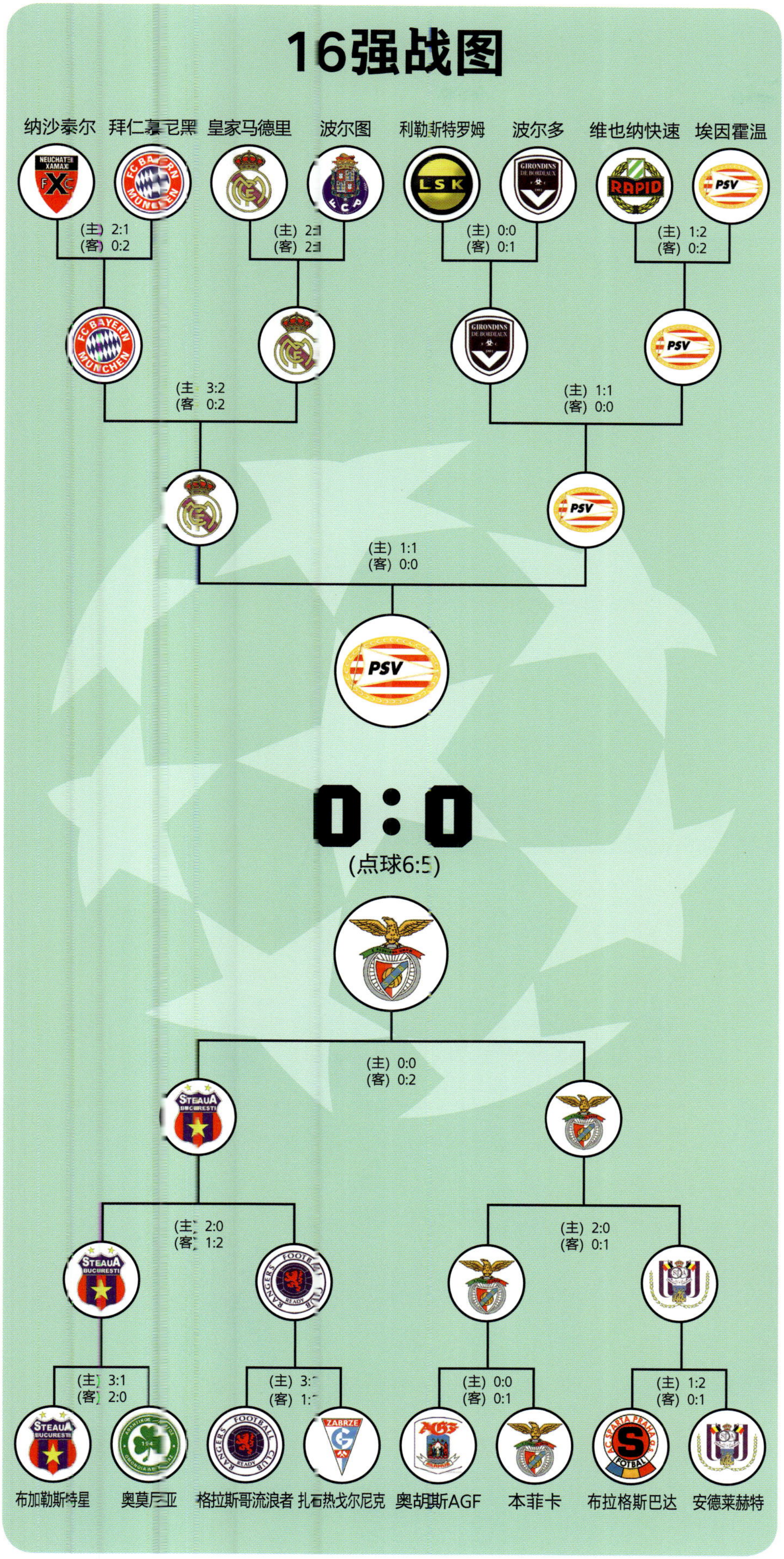

射手榜

1 哈吉（布加勒斯特星）	4 球
马杰尔（波尔图）	4 球
米歇尔（皇家马德里）	4 球
鲁伊・阿瓜斯（本菲卡）	4 球
诺瓦克（布拉格斯巴达）	4 球
范德盖普（纳沙泰尔）	4 球
麦科伊斯特（格拉斯哥流浪者）	4 球

夏日记事

■克鲁伊夫回到巴萨

这一次，克鲁伊夫以教练身份返回巴塞罗那。为了签下荷兰人，时任巴塞罗那俱乐部主席努涅斯开出了 1.2 亿比塞塔的年薪，这让他成为当时世界上薪金最高的教练。气冲云霄的克鲁伊夫甫抵巴塞罗那便牛气十足地表示：“引援工作全部由我来完成。”

■荷兰人的米兰

里杰卡尔德的到来，让 AC 米兰的荷兰三剑客组成完毕。此前，里杰卡尔德在葡萄牙里斯本竞技效力，该队后来将其租借到西班牙萨拉戈萨，但在那里，“黑天鹅”并未发挥出真正的水平。和他的许多国家队队友一样，1988 年欧洲杯后里杰卡尔德的实力得到了更多人的认可，萨基签下了他，安排其与在同一赛季加盟米兰的安切洛蒂组成双后腰。至此，一支伟大的球队组建完毕。

■荷兰队漂亮地赢得欧洲杯

荷兰国家队终于用 1988 年欧洲杯证明了进攻打法的魅力。在俱乐部层面，费耶诺德、阿贾克斯此前在欧战赛场上的成功也证明了这一点。那一届的荷兰国脚中明星层出不穷，古力特、里杰卡尔德、范巴斯滕、科曼……他们所有人最低都有 8 分水准，而且很多人都可以打 10 分满分。那是一支集合了艺术家与蓝领球员的完美球队。

荷兰双雄古力特和范巴斯滕手捧冠军杯。

1988/ 1989 优雅米兰触动欧洲

继半决赛以 6:1 的总比分狂扫皇马（1:1，5:0）之后，AC 米兰又在决赛中 4:0 大胜罗马尼亚的布加勒斯特星队，这支有着古力特、里杰卡尔德、范巴斯滕和巴雷西的球队闪耀欧洲。

他依旧被视为一个成功的商人，在地产和建筑领域的成功得到了普遍认可，但当贝卢斯科尼1986年入主AC米兰时仍被看作是一个毫无经验的新手。不过他有新的想法，善于周旋和应酬，拥有电视这个强力媒介，更重要的是他有钱，所有这些客观条件联合起来，使他有了迅速成功的基础。只用了3年，作为“足球工业”的领头羊，贝卢斯科尼已经构建了一支堪称“前银河舰队”的超级球队，在连续被冷门和黑马袭击的欧洲冠军杯中，AC米兰开始创造自己的时代。

贝卢斯科尼买下的AC米兰，令所有人如痴如醉，使人们几乎忘记了它来自‘链式防守’大流行的国度。对于老板来说，他决定让自己的观念“足球是一个节日”得到更好的实践。他经常强调：“踢球是为了取悦观众。”他确信AC米兰必须依靠一些顶级艺术家的天分，踢出压迫式的漂亮足球，不仅要达到成绩上的巅峰，更要获得竞技风格上的胜利。

魔幻三人组

在这种原则的指引下，贝卢斯科尼首先进行了自己最得意的操作，请来在意乙赛场带领帕尔马表现出色的教练萨基。在决心改革的老板和目标远大的主教练的合力推动下，一声惊雷迅速降临意大利，AC米兰很快在1988年夺得了9年不曾染指的意甲冠军。对于这个荣誉，贝卢斯科尼只是简单地评价说：“我知道他（萨基）和我对于比赛有着同样的理解。”

AC米兰的球迷们肯定不会忘记1950年代著名的瑞典进攻三人组，他们被称为“GreNoLi”（格伦、诺达尔、利德霍尔姆），而贝卢斯科尼则用三个荷兰人重现了这一辉煌，并且干得更好。1987年，他买入了正处在上升期的范巴斯滕和古力特，给球队的攻击线注入了足够的强势。一年后，两位荷兰人身后又加入了里杰卡尔德。后防线上有巴雷西坐镇，以及刚刚开始伟大职业生涯的保罗·马尔蒂尼，再加上本土球员安切洛蒂、多纳多尼，人们终于在意大利看到了由古力特的前辈们发明的全攻全守。一大批天才聚集在一起，意大利版“全攻全守”在技术和灵动上几近完美，整体流畅，也不失力量之美。

皇马最惨重的失败

当然，这种完美的计划中并不是没有阴影。有时候，荷兰球星们似乎和他们的教练并不能想到一起去。古力特受伤后，范巴斯滕抱怨在前面缺少支持，另一方面里杰卡尔德经常被当作中卫使，而不是踢他最喜欢的后腰。有时候，对手设下的陷阱也让他们一筹莫展。1/8决赛，AC米兰首回合在主场只与贝尔格莱德红星1:1踢平，第二回合在贝尔格莱德他们一度走到被淘汰的边缘。球队0:1落后，维尔迪斯还被罚下场。就在此时，上天挽救了意大利人，贝尔格莱德漫天的大雾侵入球场，双方只能于翌日以0:0开始进行重赛。结果在1:1踢平后，

决赛

1989.5.24-巴塞罗那诺坎普球场　　主裁判：特里奇勒（联邦德国）

4 : 0

AC米兰 (442)			布加勒斯特星 (442)
G. 加利	门将	门将	伦格
塔索蒂	后卫	后卫	雷斯库
巴雷西			本贝斯库
科斯塔库塔 75'			约万
马尔蒂尼			温古雷亚努
科隆博	中场	中场	斯托伊卡
里杰卡尔德			米内亚
安切洛蒂			哈吉
多纳多尼			46' 罗塔里尤
古力特 60'	前锋	前锋	勒克图什
范巴斯滕			皮楚尔克
替补			
维尔德斯 60'			46' 巴林特
F. 加利 75'			

进球	比分
18' 古力特	1:0
28' 范巴斯滕	2:0
38' 古力特	3:0
46' 范巴斯滕	4:0

AC米兰凭借点球过关。接下来对阵不来梅，主裁多斯桑托斯在上半场的5分钟里取消了两队各一个进球，而第27分钟里杰卡尔德的进球本应有效。最终萨基在客场获得了一张白卷，回到圣西罗尽管浪费了大把机会，最终仍凭借范巴斯滕的一个点球成功晋级。

半决赛迎战皇马，是米兰时代的奠基之作。此前在1/4决赛中，皇马同罗马里奥领衔的埃因霍温杀得难解难分。

AC米兰同皇马的首回合比赛在伯纳乌球场进行，在现场令人厌恶的气氛中，双方1:1战平。尽管AC米兰看上去更加成熟，组织更良好。“不善于在恰当的时候作出决定是我们最大的缺点之一，这很奇怪，”里杰卡尔德分析

道，他的话队友能听进去吗？而回到圣西罗，AC米兰变得极度“现实”，他们漂亮的整体移动和流畅的进攻，为观众献上了冠军杯历史上最精彩的演出之一。皇马遭受了他们在冠军杯中最惨痛的失利：0:5！安切洛蒂、里杰卡尔德、古力特、范巴斯滕和多纳多尼先后进球完成了屠杀。AC米兰将拉丁足球的细腻和荷兰人的理念完美地结合在一起，他们在空中和地面的争夺中全面处于上风。

以同样无可抗拒的方式，AC米兰这无敌舰队在决赛里仅用了47分钟就令布加勒斯特星队缴械投降，古力特和范巴斯滕都梅开二度。刚刚在4月进行了手术的古力特无处不在，他的无私让队友受益。

在球场的另一侧，另一名伟大中场哈吉在带领布加勒斯特星做着顽强但又无谓的抗争。他们的法宝是坚强的整体、稳固的后防和犀利的攻击。在决赛前的8场比赛中，罗马尼亚人一共打入22球，连续以3球以上的优势击败布拉格斯巴达、哥德堡、加拉塔萨雷和莫斯科斯巴达克。然而在这个5月的夜晚，布加勒斯特星的球员们成为红黑王朝登基的第一批观众。

1988年的金球奖评选中，范巴斯滕（中）、古力特（右）和里杰卡尔德依次获得前三名。

1988/1989

范巴斯滕十全十美

从第一轮的对手索非亚维托沙，到决赛对手布加勒斯特星，所有出现在AC米兰通关路上的对手，都无法挡住神奇的荷兰人范巴斯滕。在AC米兰夺冠道路上的5轮共9场比赛里，高大的荷兰人打进10球。继一届完美的欧洲杯之后，范巴斯滕又有了一届完美的冠军杯。1988年底，范巴斯滕夺得《法国足球》的金球奖时，还有4位评委没有在选票上把他列为首位，倘若把评选放在1989年5月底，相信荷兰人会以135分（27人均把他放在第一位）完成大满贯。

这是范巴斯滕在AC米兰的第二个赛季，之前的1987/1988赛季，伤病成了他最大的敌人。但一届美妙的欧洲杯经历助范巴斯滕完成了蜕变。这届冠军杯是AC米兰继1979/1980赛季后第一次参加这项赛事，荷兰中锋则保持着从夏天开始的极佳竞技状态。第一轮，在与保加利亚索非亚维托沙（现索非亚列夫斯基）的第二回合较量中，范巴斯滕在圣西罗一人独进四球！尽管此后几轮，对手都派出专人盯防荷兰人，但这并不妨碍范巴斯滕的进球表演。在决赛中再次梅开二度后，范巴斯滕在本届冠军杯上的进球数正好达到10个。

范巴斯滕是绝无仅有的前锋，也许他就是足球史上最高贵的射手。尽管身材高大，但荷兰人的控球能力也十分出众。在背对对方门将时，范巴斯滕总能想到办法摆脱后卫后射门。而且，他的脚头奇准，头球功夫也非常出色。

Van Basten

PHENOMENAL MILAN !

L'EQUIPE

OM - Auxerre on se retrouve

Toulon prêt à l'abordage

Agassi a oublié tous ses soucis

CRÉTEIL CHAMPION

MAUVAIS DÉPART

原声

■《队报》特派记者 维克托 · 西内

1989 年 5 月 25 日

萨基的 AC 米兰，继米兰传奇教练内雷奥 · 罗科 20 年前登基欧洲之后，赢得了俱乐部历史上第 3 座欧洲冠军杯。在昨夜巴塞罗那那种难以描述的气氛中，他们获得了一场非典型意大利人的胜利。

这是一场值得称赞的超级胜利。首先应该归功于 11 个月前已经征服了欧洲杯的 3 个荷兰“魔鬼”，当然还有整支球队，过去一年中他们让意大利足球有了新气象。“诺坎普没有决赛”，之所以这么说，是因为 AC 米兰在各个层次的争夺中全面处于上风，他们很快用自己超强的实力谋杀了那一点点悬念，他们的效率实在太惊人了。

当看到古力特率领的红黑军团奋勇前进时，人们认为布加勒斯特星根本无力阻挡对手从自己身上碾过去。在如此凶猛的进攻面前，你根本无力还击。在诺坎普燃烧的红黑地狱中，罗马尼亚冠军显然无力和来自另一个世界的 AC 米兰对抗。

全景

载入史册的加拉塔萨雷

在淘汰了由温格执教的摩纳哥后，加拉塔萨雷昂首进入四强。1/4决赛第一回合，科拉克的制胜进球帮助土耳其球队从摩纳哥1:0凯旋。那场比赛过后，温格自嘲地表示：“科拉克还留在土耳其干什么？”第二回合在德国科隆进行，共有6万观众现场观看了比赛，大部分是居住在德国的土耳其移民。最终，加拉塔萨雷成为第一支跻身冠军杯四强的土耳其球队。

普罗辛内茨基才华初显

第一轮两回合，贝尔格莱德红星大胜爱尔兰的唐道克俱乐部（3:0和5:0）。率领红星队高奏凯歌的是一位19岁的巴尔干青年，普罗辛内茨基（右图）的表现引起欧洲各大豪门球探的注意。1987年，普罗辛内茨基曾帮助南斯拉夫赢得世青赛冠军，正是从那时开始，一颗东欧足球新星开始冉冉升起。

孝子瑟勒芒斯

在缺席了7个赛季后，布鲁日重返冠军杯赛场。球队的领军人物是扬·瑟勒芒斯，一位正处在职业生涯巅峰期的比利时国脚。这位意识出众、拼抢能力杰出、头球功夫十分了得的中场球员，一度几乎加盟AC米兰。但是，瑟勒芒斯最终还是没有离开比利时，因为他不想让自己的母亲孤单地一个人生活（右图为瑟勒芒斯代表比利时队比赛）。

黑马刺客科拉克

在那个土耳其足球水平相当平庸的年代，加拉塔萨雷杀进冠军杯四强称得上奇迹，该队前锋科拉克则跻身射手榜前列。这位1987年欧洲金靴奖得主曾向《法国足球》这样讲述自己破门的秘密：“我出道时踢的是后卫，所以我知道后卫们面对前锋时，每一个时刻的反应是什么。利用这点，我可以感觉到自己应该在什么时间出脚。”

斯托伊科维奇闪耀光芒

在圣西罗，AC米兰为贝尔格莱德红星队的表现感到大吃一惊。那场比赛，斯托伊科维奇表现有如神助，并帮助球队先声夺人。斯托伊科维奇是位技术十分精湛的中场选手，而且任意球功夫十分高超。不过和哈吉类似，有时他显得太过个人英雄主义。为米兰扳平的是老将维尔迪斯，他与红星队门将一对一，冷静捅射得手。

拯救米兰的大雾

AC米兰与红星队的第二回合，由于大雾不得不在第55分钟中断。当时，红星队凭借萨维切维奇的进球1:0领先，米兰处在被淘汰的边缘。第二天，在恢复比赛上充满了争议。红星队要求两队只踢完余下的35分钟，且此前已被罚下的维尔迪斯和累积两张黄牌的安切洛蒂不得上场。欧足联却决定双方以11人出战重踢90分钟。范巴斯滕在重赛中进球，最终两队通过点球大战才分出胜负。

皇马人的恐惧之脸

主场5:0大胜皇马后，古力特表示：“皇马球员走进圣西罗时，我们可以清楚地在他们脸上看到惧怕我们的表情。”为皇马效力的舒斯特尔也承认：“在看到了米兰球员们的热身情况后，我们就已经预感到接下来会发生什么了。当时，他们在热身中疯狂地快速跑圈，每个人都显得十分专注。也正是从那时起，我就知道他们可以痛击我们。”

哈吉的个人英雄主义

时隔3年，布加勒斯特星队再次杀入冠军杯决赛。这一次，星队的阵容与3年前别无二致，但哈吉却让这支星队显得与众不同。“喀尔巴阡山的马拉多纳”是一位喜欢玩球的中场，也正是因此有人批评他“太过个人英雄主义”。即便如此，谁也无法否认哈吉是位伟大的中场。他与队友杜米特雷斯库的配合相当默契，为后者送上了许多助攻。1990年，哈吉以巨星身份转会皇马。

16强战图

射手榜

1	范巴斯滕（AC 米兰）	10 球
2	勒克图什（布加勒斯特星）	7 球
3	哈吉（布加勒斯特星）	6 球
4	乌戈·桑切斯（皇家马德里）	5 球
	科拉克（加拉塔萨雷）	5 球
6	布特拉格诺（皇家马德里）	4 球
	杜米特雷斯库（布加勒斯特星）	4 球
	古力特（AC 米兰）	4 球
	斯托伊科维奇（贝尔格莱德红星）	4 球

夏日记事

■巴萨新空气

1989 年夏天，巴塞罗那主帅克鲁伊夫引入了两位关键球员：罗纳德·科曼和米歇尔·劳德鲁普，这两人日后成为克鲁伊夫缔造的巴萨“梦之队”的核心成员。引进重要球员的同时，荷兰教头也在进行清洗行动。继上赛季送走维克托后，这个夏天克鲁伊夫又处理掉了英格兰人莱因克尔，后者被前巴萨主帅维纳布尔斯执教的托特纳姆热刺签下。

■巴西南美无敌

让巴西国家队在家门口举行的赛事里失去冠军，除非发生 1950 年世界杯决赛那样的奇迹。这届美洲杯足球赛在巴西举行，拉扎罗尼率领的队伍自然是夺冠大热门。不过在小组赛中，巴西队无法打出漂亮足球，连续与秘鲁、哥伦比亚互交白卷，引发了球迷们的不满。幸好在马拉卡纳球场举行的四强循环赛中，巴西队找回状态，三战全胜且不失一球，罗马里奥在与乌拉圭的决赛里顶入头球。

■日耳曼三驾马车

在同城球队夺得冠军杯的阴影笼罩下，眼馋的国际米兰将目光投向了德甲联赛。和 AC 米兰专注于荷兰的情况相类似，国际米兰寄希望在德国找到合适的球员，组成球队的中轴线。“金色轰炸机”克林斯曼与布雷默、马特乌斯一道，在国际米兰阵中组成了日耳曼三驾马车。

1989/1990 >>

1989/ 1990 米兰，昨日重现

同样一支 AC 米兰拼到了最后一刻，用他们从意大利足球那里继承来的遗产，1:0 击败本菲卡捍卫了欧洲冠军杯；本菲卡则悲惨地承受了冠军杯决赛的五连败。

贝卢斯科尼笑迎冠军杯，成功来自他商人般的精明和政治家式的狡猾。

一年前疯狂的决赛表演之后，还有谁比AC米兰自己更有资格夺取冠军杯？这支意大利球队是如此的强大与和谐，看上去没有任何人能阻止他们再度征服欧洲。然而他们虽然赢得了决赛，但和一年前的优雅相比，这支米兰是用最意大利的方式取胜的。一支超级球队，是不是总有几副面孔？

导致红黑军团发生这一变化的原因，或许是因为他们的后院起火了：马拉多纳领衔的那不勒斯夺得意甲冠军，尤文图斯则称霸意大利杯，使得夺取冠军杯成为贝卢斯科尼这个赛季唯一的救命稻草。过多的比赛和压力或许让这支以往战无不胜的球队筋疲力尽，而对手们似乎发现这支不可战胜的神秘球队也并非无懈可击。环伺的敌人让意大利人神经衰弱。

瓦塔的手球惩罚了马赛

在欧洲的新生势力中出现了一家法国俱乐部——马赛，他们正在追随AC米兰的脚步，成长为欧洲豪门。马赛的主席塔皮也是一名成功商人，和电视台联系紧密，简直就是“法国版的贝卢斯科尼”。大胆投入、球星、漂亮的足球，这一切此前只有在米兰才可以看到。“在马赛身上，法国人将看到一支他们以前从来没有看到过的球队。”塔皮的豪言不虚，他的球队中充斥着各国好手，巴西人卡洛斯·莫泽尔、德国人弗尔斯特、乌拉圭“王子”弗朗西斯科利、英格兰人沃德尔，以及数位已经成名的法国球星，阿莫罗、蒂加纳和帕潘——又一支无与伦比的球队横空出世。

“新马赛”立刻展示出强大的战斗力，他们先后淘汰了布隆德比、雅典AEK和索非亚中央陆军，然后在半决赛中迎来了本菲卡。马赛在主场赢得了2:1的优势，但如果马赛人未卜先知，一定会后悔让利马·佩雷拉打进那个看似微不足道的进球。开场仅10分钟，作客马赛的葡萄牙人就取得领先，不过索泽和帕潘的进球让马赛上半场就反超了比分。法国球迷毫不怀疑他们将赶赴维也纳观看冠军杯决赛。直到第二回合的第84分钟，法国人还在幻想着决赛的情景。然而本菲卡的安哥拉球员瓦塔却用手将足球打入了马赛的球门，使马赛球员的努力化为乌有。法国人对比利时主裁判抱怨了很久，但这位“黑衣人”表示自己什么都没有看到。从慢动作回放来看，主裁判所处的位置非常有利于他作出正确的判罚。这次判罚的影响也许非常深远，自认为受到不公正待遇的塔皮或许就此动了收买裁判的念头，才有了后来的锒铛入狱，马赛队也被打入万劫不复的深渊。

最终，代表欧洲挑战AC米兰的是本菲卡，而不是倒霉的马赛。一年前优雅疯狂的AC米兰已经变了，他们成了真正的“意大利人”，开始用最现实的小胜达到晋级的目的。和前一赛

决赛

1990.5.23-维也纳普拉特球场　　主裁判：赫尔穆特·科尔（奥地利）

1 : 0

AC 米兰 (442)			本菲卡 (442)
G. 加利	门将	门将	西尔维诺
塔索蒂	后卫	后卫	若泽·卡洛斯
科斯塔库塔			里卡多
巴雷西			阿尔代尔
马尔蒂尼			萨穆埃尔
科隆博	中场	中场	特恩
安切洛蒂 67'			59' 帕切科
里杰卡尔德			赫尔纳尼
埃瓦尼			瓦尔多
古力特	前锋	前锋	76' 维克托·帕内拉
范巴斯滕			马格努松
替补			
马萨罗 67'			59' 布里托
			76' 瓦塔
进球			
68' 里杰卡尔德	1:0		

本菲卡的里卡多拼尽全力防守同样筋疲力竭的米兰人，然而他最终也无力阻止安切洛蒂蝉联冠军。

季一样，他们又淘汰了皇马，不过这次他们赢球的方式没有那么光彩夺目（2:0和0:1）。1/4决赛中对阵毫不知名的比利时球队梅赫伦，双方在前两个90分钟比赛里全部交了白卷，这样一支球队都证明自己有能力和卫冕冠军掰掰手腕。以至于米兰主帅萨基叹道：“我从来没有见过一支球队如此倚重整体战术。”

最后是范巴斯滕和马尔科·西蒙尼在加时赛的两个进球帮助AC米兰走出了泥潭。半决赛对阵拜仁，AC米兰更应该感到幸运，首回合在主场他们凭借范巴斯滕终场前的一个点球1:0取胜，次回合他们在加时赛与对手战成1:2，以客场进球多幸运晋级。

本菲卡的巴西-瑞典组合

决赛由瓦塔的本菲卡队对阵卫冕冠军，本菲卡主帅埃里克森非常了解意大利足球。这支葡萄牙球队是巴西和瑞典球员的结合体，队中拥有瓦尔多、阿尔代尔和里卡多数名巴西球员，以及约纳斯·特恩和马特斯·马格努松两位瑞典悍将。一路上他们连续用大比分淘汰了几支弱旅，随后又用“上帝之手”送走了马赛。以黑马姿态晋级的本菲卡希望一扫球队多年来在冠军杯上的郁闷，此前他们已经连续输掉了4场冠军杯决赛，俱乐部的荣誉室本该更加光彩夺目。

然而和过去几次一样，在维也纳这块3年前见证了波尔图夺冠的球场上，本菲卡无力获得最后的胜利。作为球队的主力前锋，在葡萄牙联赛中打入33球的瑞典人马格努松被AC米兰新的“链式防守”废掉。尽管瓦尔多也曾给意大利人的后防制造麻烦，范巴斯滕甚至在场上公开批评里杰卡尔德的传球不够精确，本菲卡似乎也有可能利用AC米兰不多的漏洞，但惩罚很快来临了。

由于多纳多尼、马萨罗和后卫加利的缺阵，米兰人没有采取荷兰人所擅长的踢法。由于被里卡多盯死，范巴斯滕没有得到机会，但还是协助里杰卡尔德破门得分，AC米兰1:0夺冠。“和上赛季相比，这次夺冠我更加高兴，因为我们受了更多苦，”贝卢斯科尼高兴地评价道，“我们在意甲改变了精神状态，因为其他人开始想尽各种办法来限制我们，但今天我们证明了自己能在最高水平比赛中用自己的风格获胜。”

不知是不是因为“AC米兰效应”，意大利足球完全统治了欧洲。AC米兰夺取冠军杯，桑普多利亚在优胜者杯中称雄，尤文图斯则击败佛罗伦萨夺取联盟杯。意大利球队实现了欧洲大满贯，这是历史上唯一一次。

古力特，荷兰飞人

作为那个年代最昂贵的球员，这名真正的运动员是AC米兰和荷兰国家队获得一切荣誉的基石。青少年时代的古力特总是用零花钱去买哑铃，他甚至去独立组装一些健身器械，来帮助自己获得真正运动员的身材。不久后，他开始放任头发的生长，于是从外形上看他更像摇滚歌星。

年轻时的锻炼使他能够覆盖球场的四个角落，同时也拥有出众的技术。他很快就适应了意大利，人们称他为“旋风”，因为他能轻易摧毁对方的防守。1987年从埃因霍温转投AC米兰时，他成为当时世界上最昂贵的球员，贝卢斯科尼为他花费了850万欧元，不过在这位日后金球奖得主身上的投资完全值得。这个苏里南孩子当初选择了从哈勒姆转会费耶诺德，是因为他害怕进入阿贾克斯竞争激烈的青训营，从而断送自己的职业生涯。但他知道自己想要什么，后来转会埃因霍温。在米兰，古力特的职业生涯开始了真正的转折。“这就如同我登上了一辆飞驰的列车，一切开始快速前进，如梦一般……”

第一年他就赢得了意甲冠军，随后连续两年夺得欧洲冠军杯，以及在1988年和荷兰队一起夺得欧洲杯。经常受伤的古力特也在同伤病的斗争中展示了自己的“天赋”，他经常能够非常迅速地恢复，比如1989年冠军杯决赛前，他只用了一个月就从手术中恢复并在决赛中打入两球。古力特在职业生涯的后期与锦标不怎么投缘，而且在教练生涯中也颇为不顺，不过不管怎么说，古力特都是欧洲足坛1990年代无法回避的伟大名字。

Ruud Gullit

MILAN RESTE LE ROI

Au terme d'une finale décevante, le Milan [illegible], en disposant de Benfica (1-0), a conservé son titre de champion d'Europe. [illegible] succès qui permet à l'Italie [illegible] réaliser un triplé historique en compétition européenne. (Pages 3 et 4)

L'EQUIPE

JEUDI 24 MAI 1990 — LE QUOTIDIEN DU SPORT ET DE L'AUTOMOBILE — [illegible] ANNÉE — N° 13 780 — 4,90 F

EXCLUSIF ! Avant les [illegible] du Grand Prix de Monaco, le champion brésilien a ouvert la porte de sa résidence monégasque à *L'Equipe*. Il a aussi ouvert largement son cœur. Senna voit grand ! (Page 13)

Senna chez lui

原声

■《队报》特派记者 维克托 · 西内

1990 年 5 月 24 日

“米兰组合”“米兰一代”“外星人米兰”，人们在用各种称谓来表达对 AC 米兰的嫉妒。然而在国内联赛中遭遇困境的红黑军团却开始用最功利的方式获得胜利，他们回到了地面。一句话，他们重新变成了“意大利人”。

实际上，和去年那支令人炫目的 AC 米兰相比，这支球队变得更加现实，而葡萄牙人出人意料地展示了活力、创造性和组织性。运气曾帮助本菲卡在半决赛中淘汰马赛，然而运气今天却抛弃了他们，在维也纳这个最糟糕的时刻。3 年前，波尔图曾在这里获胜，而里斯本的球队却不幸输掉了比赛，他们也缺少高质量的前锋。里杰卡尔德一个“小小的进球”让本菲卡再次倒在冠军杯决赛场上。

意大利足球在欧洲实现了“三冠王”，他们夺得了历史性的大满贯，亚平宁半岛都在为此欢呼。你也高喊“Forza Italia（意大利加油）”了吗？

全景

埃里克森重返本菲卡

瑞典教头埃里克森当时已经在欧洲有了不小的名气，不过自1984年离开葡萄牙后，他在意甲过得并不开心，执教罗马和佛罗伦萨的几个赛季，只随罗马获得了一次意大利杯。1989年夏，他重返本菲卡。球队不仅在接下来的赛季杀入冠军杯决赛，也拿到了联赛冠军。

马拉多纳大婚

没了冠军杯任务的马拉多纳，终于找到了完成终身大事的机会。1989年11月7日，马拉多纳与克劳迪娅在布宜诺斯艾利斯完婚。尽管此后和老马分分合合，但这位金发女子还是成了老马一生的伴侣。婚礼当天，各界名流纷纷到场祝贺。

罗马里奥，3+3

在第一轮对瑞士卢塞恩的两回合较量中为埃因霍温打入3球后，迅速适应了荷兰球队打法的罗马里奥继续在1/8决赛中逞威。布加勒斯特星队在本届赛事中雄心勃勃，但他们在罗马里奥面前碰了壁，门前嗅觉极为灵敏的巴西前锋在第二回合上演帽子戏法。这6粒入球足以使罗马里奥并列成为这届冠军杯的最佳射手。

瓦塔手球力助本菲卡

半决赛首回合客场1:2负于马赛，让本菲卡将士比较满意，因为凭借客场进球，回到主场的他们翻盘可能性很大。第二回合，本菲卡前锋瓦塔（右图16号）在第83分钟打入这粒让本菲卡球迷望眼欲穿的进球，但它却是一个地道的手球杰作。可惜，比利时主裁范兰根霍维对马赛人的抗议置若罔闻。

罗马里奥无奈早退

有大喜自然难逃大悲，1/4决赛对拜仁慕尼黑的首回合前3天，已成为埃因霍温当家射手的罗马里奥在荷甲联赛中受伤。这次意外不仅让巴西球星错过了冠军杯，也让他不得不提前和本赛季说再见。没有了罗马里奥的埃因霍温没能闯过拜仁这一关，以总比分1:3告负。

乱成一锅粥

皇马主场与AC米兰的1/8决赛第二回合比赛完全可以用“乱糟糟”来形容。是役，皇马球员在进攻中显得毫无章法，先后20余次陷入越位陷阱。前锋略伦特还在比赛中肩部脱臼，最后时刻不得不在简单包扎后端着肩膀踢完了比赛。皇马后卫桑奇斯也因野蛮侵犯范巴斯滕而被罚下。

门神奥曼险阻米兰

半决赛首回合，在圣西罗球场称王的不是AC米兰阵中的任何一名球员，而是拜仁慕尼黑的门将奥曼。他的神奇发挥避免了德国球队被“屠杀”，直到比赛结束前13分钟，AC米兰才依靠一粒很勉强的点球，由范巴斯滕将比分锁定在1:0。

功夫不负有心人

尽管膝部严重受伤，古力特还是在决赛中重返主力阵容。当时，米兰队医一致认为荷兰球星复出风险极大，稍有不慎就会旧伤复发。但古力特不愿错过这样一场伟大的比赛，他与范巴斯滕组成的锋线搭档始终在努力寻找破门机会。这样的付出也换回了巨大的回报，凭借同胞里杰卡尔德的进球，AC米兰1:0小胜，古力特如愿与队友们一道举起了梦寐以求的奖杯。

不溃败就有奖金

在一般情况下，球队都会在获胜的时候发放奖金，但卢森堡体育在与皇马进行第一轮的第一回合较量前，俱乐部高层却向队员们做了一个奇怪的奖金承诺：只要在主场不被皇马灌3球以上，每名队员便可以得到相当于90欧元的奖金。实际上，因为本俱乐部的主场达不到欧洲赛事的使用要求，卢森堡体育不得不把主场设在了德国的萨尔布吕肯，几乎享受不到什么主场待遇，但顽强的球员们还是在比赛中不多不少地以0:3告负，如愿拿到奖金。第二回合，卢森堡体育在伯纳乌0:6惨败。

射手榜

1	帕潘（马赛）	6球
	罗马里奥（埃因霍温）	6球
3	马格努松（本菲卡）	4球
	帕库尔特（因斯布鲁克蒂罗尔）	4球
	瓦塔（本菲卡）	4球

夏日记事

■德国问鼎世界杯

尽管世界杯前许多人都认为本届赛事的冠军极有可能落在东道主意大利手中，但阿根廷人在半决赛中打碎了蓝衣军团的夺冠梦想。在决赛中，德国人笑到了最后，凭借布雷默罚进的点球，克林斯曼、马特乌斯、沃勒尔、哈斯勒等一干球员站在了世界之巅，而在他们身后悄然哭泣的是失意的马拉多纳。这是一届激情不足的世界杯，战术最功利的两支球队最终闯入决赛。

■欢迎英格兰回归

在因海瑟尔惨案而招致欧足联5年禁赛（利物浦6年）的处罚后，英格兰球队终于得以重返欧洲赛场。这个赛季，曼联将代表英格兰参加优胜者杯，他们最终在决赛中2:1击败巴塞罗那夺冠；阿斯顿维拉则角逐联盟杯。然而，作为上赛季英格兰联赛冠军的利物浦还无法参加冠军杯，作为海瑟尔惨案的主角，他们的禁赛期更长，所以冠军杯暂时还看不到英格兰球队的影子。

■意甲继续揽星

世界杯后，欧洲各大豪门开始在夏季转会市场上争相追逐在该届大赛中表现出众的球员。和以往一样，意甲作为球员第一首选联赛，继续在转会市场上扮演着“第一推动者”的角色。尤文图斯签下了罗伯特·巴乔、儒利奥·塞萨尔和哈斯勒；罗马则在最后时刻成功从皇家马德里手中抢来了巴西中卫阿尔代尔。教练席上也有不少变化，最引人注目的是博比·罗布森入主埃因霍温，埃因霍温功勋教头希丁克接受了来自土耳其的邀请，加盟了费内巴切。

1990/1991 >>

1990/ 1991 红星撕裂马赛的心

当法国人确信他们能第一次夺得冠军杯时，马赛却意外输掉了一场决赛。120 分钟互交白卷，点球战 5:3，首次闯入决赛的贝尔格莱德红星队幸福地笑到了最后。

金球奖得主帕潘在巴里经历了他神奇的1991年中最痛苦的时刻。

决赛

1991.5.29-巴里圣尼古拉球场　　主裁判：图利奥·拉内塞（意大利）

0：0

点球5:3

贝尔格莱德红星（442）			马赛（442）
斯托扬诺维奇	门将	门将	奥尔梅塔
萨巴纳卓维奇	后卫	后卫	阿莫罗
贝洛德迪奇			博利
奈多斯基			莫泽尔
马罗维奇			112' 迪梅科
尤戈维奇	中场	中场	热尔曼
普罗辛内茨基			卡索尼
萨维切维奇 86'			沃德尔
米哈伊洛维奇			78' 富尼耶
潘采夫	前锋	前锋	帕潘
比尼奇			阿贝迪·贝利
替补			
斯托西奇 86'			78' 韦克吕斯
			112' 斯托伊科维奇
点球决战			
普罗辛内茨基			阿莫罗 ×
比尼奇			卡索尼
贝洛德迪奇			帕潘
米哈伊洛维奇			莫泽尔
潘采夫			

1990年世界杯书写传奇后，德国队主帅贝肯鲍尔信守承诺离职而去。1990年9月22日，凯撒大帝接受了马赛主席塔皮的邀请。在贝肯鲍尔的带领下，马赛继续壮大。

法国冠军相继淘汰了阿尔巴尼亚的地拉那迪纳摩以及波兰冠军波兹南莱赫。但是由于不满主席塔皮僭越职权，“凯撒大帝”选择了离去。继任者是比利时人雷蒙·戈塔尔斯（Raymond Goethals），他率领法国人继续征程。首个对手是1/4决赛对阵AC米兰。这似乎是欧洲霸权的交接仪式。在经历了1989/1990赛季的半决赛挫折后，马赛似乎有理由更进一步了。

平庸的AC米兰

在圣西罗，马赛凭借其号称“PaPeWa（帕潘、阿贝迪·贝利、沃德尔）”的攻击三角和严谨的战术包围，获得了1:1的平局。次回合，AC米兰在客场完全压制了马赛，但先进球的是法国人，沃德尔第74分钟的反击再次刺穿了卫冕冠军的盾牌。最锋利的尖刀范·巴斯滕因伤缺阵，形势朝着不利于米兰人的方向发展。比赛结束前2分钟，韦洛德罗姆球场的灯光突然熄灭，加利亚尼授意球队停止比赛、退场，灯光恢复后也拒绝出场。半决赛次回合戛然而止。如此重要的场合以如此荒唐的理由罢赛（希望马赛被欧足联处罚判负），米兰像一个被惯坏了的孩子。欧足联则判AC米兰0:3告负，并在欧洲三大杯赛事中禁赛一年。

半决赛中，马赛遇到了当届冠军杯的头号“黑马”莫斯科斯巴达克，后者在1/8决赛中靠点球淘汰了马拉多纳领衔的那不勒斯，随后苏联人又令人吃惊地干掉了西班牙巨人皇家马德里，他们在伯纳乌3:1获胜。这甚至是一次令人难以置信的逆转，开场9分钟就落后的情况下，拉德琴科和什马罗夫的爆发令来自东欧的球队淘汰了对手。

然而苏联联赛漫长的冬歇期让莫斯科斯巴达克付出了代价，苏联人碰到的马赛队已经4个月不知失利是什么滋味，结果莫斯科斯巴达克队以两回合2:5的总比分，让马赛进入了梦寐以求的冠军杯决赛。赛后伊万诺夫抱怨说：“我花了整场比赛也找不到踢球的感觉（事实上，两场比赛伊万诺夫都是只踢了50多分钟就被换下场）。”

全法国都等待着塔皮的球队为这个冠军杯诞生的国度赢得第一次锦标。在兰斯和圣艾蒂安分别闯入冠军杯决赛32年和15年后，欧洲俱乐部赛事的最高荣誉对这个国家来说是那么重要，以至于法国总统特意将法德峰会的晚餐提前，以便能够赶到现场观战。然而，这场决赛的精彩程度或许会让他有些失望，而比赛结果更甚。

1/4 决赛中，沃德尔帮助马赛击败了保罗・马尔蒂尼的 AC 米兰——过去两届的冠军。

面对最后的对手贝尔格莱德红星——同样来自一个从未获得过冠军杯的国家，法国人笨拙地控制着比赛。他们在打定主意踢点球的南斯拉夫人面前毫无办法，比赛成为双方扼杀对方攻击能力的竞争：布鲁诺・热尔曼盯死了萨维切维奇，帕潘周围也满是“贴身保镖”，他也错过了为数不多的几次机会。红星清道夫贝洛德迪奇在队友的配合下主宰了比赛的所有关键时刻。现场球迷也拿不出太多激情。加时赛的30分钟过得太慢，因为两支球队都无力创造得分机会。

阿莫罗罚失点球

点球大战正中红星下怀，马努埃尔・阿莫罗一脚将足球射入了对方门将斯托扬诺维奇的怀中，马赛的第一个点球即告失手，也预言了法国球队再次错过冠军杯的悲剧性结局。在潘采夫罚中最后一个点球后，冠军杯飞向了南斯拉夫，或许也飞向了塞尔维亚、马其顿、黑山和克罗地亚……不管怎么说，这是斯拉夫人的胜利，普罗辛内茨基、潘采夫和萨维切维奇组成了攻击三人组，后面则由贝洛德迪奇护航。还是这个贝洛德迪奇，1986年曾代表布加勒斯特星夺得过冠军杯，方式也是点球大战，当时的受害者是巴塞罗那。两年后他以政治避难的名义逃离了罗马尼亚。现在，他又随贝尔格莱德红星登顶欧洲。

荣誉也属于教练彼得罗维奇，在同拜仁的半决赛中，红星队首回合2:1取胜，次回合却靠着一个乌龙球最后时刻才扳成2:2幸运过关。从那一刻起，他和队员们都深信自己将夺得冠军杯。在最后时刻闷杀马赛前，他们已经实现了这个伟大的梦想。

与马赛的决赛开始前，“红星大帅”彼得罗维奇在更衣室里要求队员们全力防守，并对对方的核心进攻球员严加看管。听到这样的指示后，有队员问：“如果我们死守，那该怎样才能赢得胜利？”彼得洛维奇答曰：“点球决战中，我们的门将斯托扬诺维奇会扑出一次他们射出的点球。”一语中的，点球大战中马赛第一个主罚的球员阿莫罗踢出的足球就被斯托扬诺维奇扑出。也正是凭借这一次的超级扑救，红星登顶欧洲。

1990/1991

潘采夫，欧洲金靴

决赛的点球大战进行到最后一轮，贝尔格莱德红星队3:2领先，潘采夫出场。马赛队的球迷看台上静得出奇，他们一致祈祷着这位未满26岁的前锋射丢这个点球，给马赛队起死回生的机会。但潘采夫显然不会那么大方，他稳稳地将球踢入了马赛队的网窝，贝尔格莱德红星成为新的欧洲之王。

确实，以那几个赛季潘采夫的状态来说，让他把点球踢丢是件很难的事。1990/1991赛季的南斯拉夫甲级联赛，他打进了34球。这本应是一个可以获得欧洲金靴奖的成绩，可来自塞浦路斯的消息却说那里有一位射手全赛季打入40球，与该国联赛的官方记录不符。所以欧洲金靴奖的主办方《法国足球》宣布这届评选无效，直到2006年8月，在经过核实之后，官方才真正承认潘采夫获得15年前的欧洲金靴奖，并专程请普拉蒂尼、斯托伊科维奇和扎伊奇三位名将一起前往马其顿，为潘采夫举行了一个颁奖仪式。

1990/1991赛季的冠军杯上，红星队在进攻方面的表现相当一般，但潘采夫还是多次打入关键进球。他在这届比赛的总进球数应该是四粒，但欧足联只承认其中的三个，因为在客场与德累斯顿迪纳摩的比赛中发生了球迷骚乱，尽管他有一球进账，但因为欧足联最后直接判定红星队3:0获胜，导致潘采夫最终没能跻身赛事射手榜前列。

潘采夫是最适合红星队的射手，因为队中的豪华中场对这位机会主义型前锋的帮助很大。但在夺得冠军杯一年之后，潘采夫选择去了意甲加盟国际米兰。悲剧发生了，在亚平宁赛场上，潘采夫失去了射门灵感，一个赛季只为国际米兰出场12次打进1球，被媒体称为意甲历史最差外援。此后他的职业生涯在频繁的租借中走到了尽头，于1997年在瑞士联赛退役。后来潘采夫在马其顿足协工作，同时也是他的出道俱乐部瓦达尔的竞技主管。

Darko Pancev

L'EQUIPE

LE RÊVE BRISÉ

原声

■《队报》特派记者 维克托 · 西内

1991 年 5 月 30 日

法国依旧没能夺得欧洲冠军杯！在兰斯和圣艾蒂安分别倒在冠军杯决赛之后，马赛也在巴里输掉了最后的机会。说他们是相继失败，是因为法国的冠军们屡次眼睁睁地看着他们抚摸冠军杯的机会从眼前飞走，而且是在经过数个月的热切期盼后在最后几秒钟错失。南斯拉夫前锋潘采夫和他的四个队友一样罚入了点球，这个点球使贝尔格莱德红星成为历史上第 18 家夺得冠军杯的俱乐部，也使南斯拉夫成为第 9 个获得欧洲俱乐部最高王冠的国家。

如同 1984 年的利物浦 - 罗马和 1988 年的埃因霍温 - 本菲卡一样，前《法国足球》总编加布里埃尔 · 阿诺开创的冠军杯再一次需要通过点球决胜来确定归属。这场决赛激烈但缺少观赏性，一如一年前在意大利举行的世界杯，这就是我们今天的足球。

至于马赛，在阿莫罗罚失的第一个点球后，已经被历史扔在了一边。很遗憾，因为他们和贝尔格莱德红星一样配得上第 36 届冠军杯。巴里的“足球峰会”不会长久留在欧洲人的记忆里，更不会留在法国人的记忆里。除去结果，这只是一场过程空洞的决赛。

全景

坎通纳搭档帕潘

坎通纳返回马赛，顶替转会意大利卡利亚里的弗朗西斯科利，马赛队由此拥有了坎通纳-帕潘这条令人恐怖的锋线。首轮主场对地拉那迪纳摩队的较量中，这对组合小试牛刀。帕潘上演帽子戏法，而奋勇拼争的坎通纳也有1球入账。虽然坎通纳在加盟马赛之初进球率极高，但赛季前半段的膝盖伤势让他早早休战，未能在此后的冠军杯征途中出力。

哭泣的那不勒斯

1/8决赛两回合较量后，那不勒斯不得不与莫斯科斯巴达克通过互射点球决出胜负。当时，球队领袖马拉多纳已被佐拉换下，失去阿根廷球星的那不勒斯也失去了主心骨，被对手5:3淘汰。冠军杯出局的伤口还未愈合，1991年3月17日，在与巴里的比赛结束后，马拉多纳在尿检中被查出可卡因呈阳性。阿根廷人被处以禁赛16个月的处罚，那不勒斯也将其开除出队。一代球王的职业生涯开始走向低谷。

又一个贝利解决问题

与莫斯科斯巴达克的半决赛两回合较量中，马赛队的加纳前锋阿贝迪·贝利大出风头，他与帕潘的配合相当有杀伤力。马赛队首回合远征莫斯科，阿贝迪·贝利先声夺人，帕潘随后开张。次回合又是这位黑人前锋先拔头筹，保送马赛闯进决赛。

停电事件送米兰回家

谁能料到，卫冕冠军竟会被“停电”淘汰，1/4决赛首回合，米兰出场与马赛1:1战平。客场比赛行将结束时，米兰仍以0:1落后，韦洛德罗姆球场部分照明设施突然出现故障，AC米兰以“没有光亮无法比赛，且安全得不到保证”为由离场。这种仿佛在耍赖的做法显然得不到支持，米兰人不可能再获得当年在贝尔格莱德那样的重赛机会。震怒之下，欧足联判米兰本场0:3告负。

贝尔格莱德的地狱氛围

为了迎接拜仁慕尼黑的到访，贝尔格莱德红星队的球迷们在半决赛第二回合打响前，将主场用红色的焰火装扮成了一个绚丽的舞台，但对德国人来说，这确实一个不折不扣的地狱。奥根塔勒为拜仁进球，本德尔随后的破门一度让德国球队看到了翻盘的希望。但比赛最后一分钟，奥根塔勒却送出乌龙球大礼，帮助红星与马赛会师决赛。

双主帅也帮不了马赛

本赛季，为了让马赛更加强大，俱乐部主席塔皮（图右）特意聘请了贝肯鲍尔出任俱乐部体育经理，而德国人确实为马赛的崛起做出了巨大贡献。为了感谢贝肯鲍尔的功劳，与红星队的决赛中，塔皮安排他履行主帅职能，与正牌主帅雷蒙德·戈塔尔斯一起在教练席上指挥球队。双主帅还是未能帮助马赛实现夺冠梦想，继上赛季半决赛败倒本菲卡脚下后，马赛又在决赛中屈居亚军。

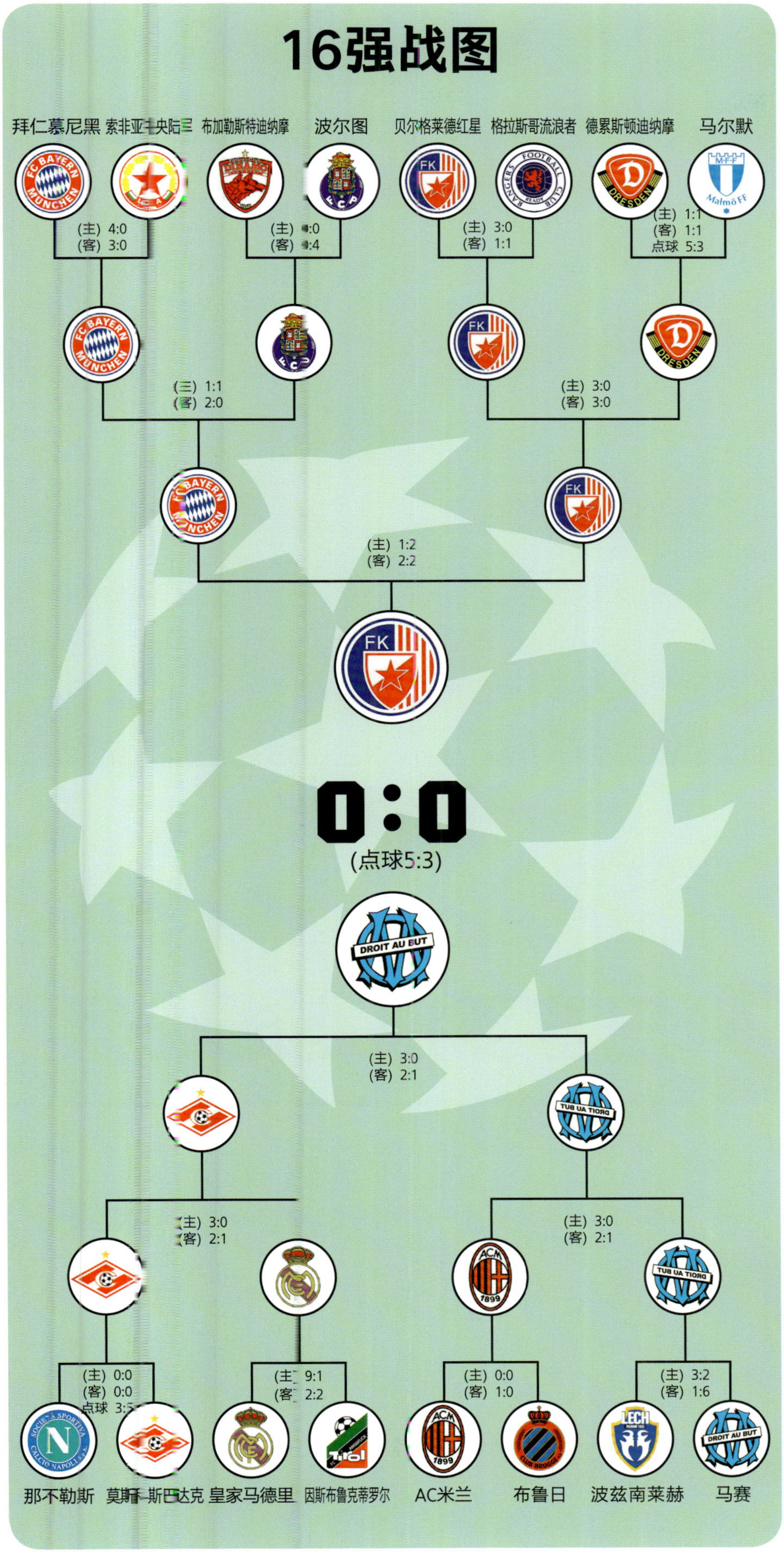

射手榜

1	帕库尔特（因斯布鲁克蒂罗尔）	6 球
	帕潘（马赛）	6 球
3	约翰斯顿（格拉斯哥流浪者）	5 球
	洛萨达（皇家马德里）	5 球
	乌戈·桑切斯（皇家马德里）	5 球
	韦克吕斯（马赛）	5 球
	居乔夫（德累斯顿迪纳摩）	5 球
	潘采夫（贝尔格莱德红星）	5 球

夏日记事

■最后的“两个德国”

虽然民主德国与联邦德国已经在 1990 年 10 月 3 日重归一体，但在足球场上还没有。1991 年 5 月，最后一届民主德国联赛落幕，作为赛事的冠军，汉莎罗斯托克在接下来的赛季虽然要参加德甲联赛，却仍然保持着参加冠军杯的资格，与上届联邦德国联赛冠军凯泽斯劳滕一起征战新赛季的冠军杯。但就当罗斯托克球迷们尽情地享受着足球的快乐时，一些队员却承受着巨大的压力。因为在踢球的同时，他们居然还要扮演间谍角色，据媒体披露，这些罗斯托克球员曾为民主德国情报部门工作。

■坎通纳闯荡英格兰

这个夏天，坎托纳告别法国前往英格兰发展，加盟利兹联队，并率队获得了英甲（英超的前身）冠军，这也是球队时隔 18 年后再度品尝英甲冠军的滋味。坎通纳也成为第一位夺得英甲冠军的法国球员。

■意甲的超级搭档

在维亚利和曼奇尼这对锋线搭档的帮助下，桑普多利亚在 1990/1991 赛季夺得了俱乐部历史上第一座意甲冠军奖杯。这支热那亚球队在联赛中仅输了 3 场，而维亚利和曼奇尼联手打进了 31 球，成为欧洲知名的锋线搭档。

■巴蒂斯图塔走红美洲杯

没有马拉多纳，阿根廷队还是在美洲杯上称雄。由巴西莱执教的阿根廷仅有卡尼吉亚和西蒙尼两名在海外效力的球员，但还是在 7 场比赛中打入 16 球，巴蒂斯图塔攻入 6 球成为最佳射手。他迅速成为欧洲俱乐部追逐的目标，不久他就在意甲登陆，加盟佛罗伦萨。

1991/1992 >>

1991/ 1992 巴塞罗那终成正果

巴塞罗那奥运会开幕前一个月，这座城市最好的足球俱乐部在欧洲冠军杯决赛中1:0击败桑普多利亚，得到了他们唯一缺少的奖杯。“梦之队”也成了欧冠实行小组赛制后的第一个赢家。

对战术的掌控以及对比赛的专注，让克鲁伊夫成为巴塞罗那不断胜利的最大功臣。

决赛

1992.5.20-伦敦温布利大球场　　主裁判：阿隆·施密德胡贝尔（德国）

1 : 0

巴塞罗那 (442)			桑普多利亚 (442)
苏比萨雷塔	门将	门将	帕柳卡
费雷尔	后卫	后卫	曼尼尼
罗纳德·科曼			维尔乔沃德
南多			卡塔尼奇
胡安·卡洛斯			兰纳
欧塞维奥	中场	中场	隆巴多
瓜迪奥拉 113'			帕里
巴克罗			塞雷佐
大劳德鲁普			72' 博内蒂
萨利纳斯 64'	前锋	前锋	100' 维亚利
斯托伊奇科夫			曼奇尼
替补			
戈伊科切亚 64'			72' 因维尔尼齐
亚历山科 113'			100' 布索
进球			
112' 罗纳德·科曼	1:0		

约翰·克鲁伊夫，一位光辉夺目的主教练，他以自己的名字和一种不可模仿的风格，取得了一场特别的胜利，这个天赋异禀的“专制君主”，天生就是带领巴塞罗那夺得改制后首届冠军杯的最佳人选吗？

那个赛季，在欧洲多家豪门要求增加收入的压力下，欧足联重新修改了赛制，并在一年后将其命名为‘冠军联赛’，更重要的是，这种改变颠覆了多年来一直坚持的完全“主客场淘汰制”。在两轮主客场淘汰赛后，8强被分为两个小组，经过6场小组赛后，排名第一的两支球队进入最后的决赛。

如此改革的目的，是为了增加电视转播费和门票收入——八强或多或少都有增收。这些欧洲最富有的俱乐部，比如AC米兰、皇马和埃因霍温，使尽各种方法来施加压力迫使欧足联就范。他们不是威胁要自己组织一个“欧洲超级联赛”吗？这显然是欧足联主席约翰松所不愿看到的，他解释道：“不能让这个大家庭分裂，小球队需要和大球队对阵来衡量自己，但也需要理解大球队的现实情况。”

赫内斯：我害怕这会谋杀悬念

面对这些改革家，这种希望将冒险降低到最低程度、增大强队最终捧杯机会的赛制，已经将欧足联“大家庭”分裂了！人们对此褒贬不一，怀旧派立即指出旧赛事是值得保留的精华，同时也对新赛事第一次尝试的结果持怀疑态度。即使是在豪门俱乐部内部，也有很多人对此投来了批评的目光。

“这多出来的第三个主场比赛能给我们带来什么？”拜仁俱乐部总经理赫内斯自问，“对此我并不感到兴奋，我害怕这会谋杀悬念。贝卢斯科尼和塔皮只是在寻找最大限度的安全！如果出线名额已经提前确定，剩下的比赛不是也会冒着没有观众的危险吗？在这种赛事下，令人惊心动魄的冒险和悬念还会产生吗？”

欧足联秘书长艾格纳也表示了自己的担心，不过时任法国国家队教练普拉蒂尼对此倒是充满了信心：‘这是一个令人充满兴趣的计划！这样改革是好的，因为它更有代表性，更加尊重豪门的价值。我是赞成派，对此充满了期待，我们应该去看更加精彩的比赛。”普拉蒂尼可能没有想到，在15年后自己竞争欧足联主席时，竟然又开始反对这种只有豪门参与的赛制了。

那么，实际情况又如何呢？答案似乎是积极的——这届冠军杯的场均进球数达到2.33个。而那些认为新赛制的红地毯会自动在自己面前铺开的豪门俱乐部，或许忘记了参与条件是“必须是国内锦标的保持者”，而且必须通过前两轮淘汰赛。AC米兰被禁赛（前一年与马赛比赛时退场），拜仁和皇马在联赛中分别位列凯泽斯劳滕和巴塞罗那之后屈居亚军，他们都失去了体验新赛制的机会。

至于其他一些强队，也纷纷在先期的淘汰赛中失利。埃因霍温在输掉了同安德莱赫特的“低地德比”后消失了，马赛也在大好形势下因客场进球劣势被布拉格斯巴达淘汰。即使是后来的冠军巴塞罗那，也在1/8决赛中经历了

胜利大逃亡：在主场2:0的优势下，客场直到最后时刻还0:3落后于凯泽斯劳滕，最终他们凭借巴克罗的进球勉强过关。

“我不愿在教练席上无聊”

最后的8强开始体验新赛制，尽管现场观众人数下降到了场均36700人，但24场比赛只出现了4场白卷，而且出线悬念都被保持到了最后。更为重要的是，最好的两支球队出现在了决赛中。桑普多利亚1989年曾闯入优胜者杯决赛，输给的正是巴塞罗那（0:2），1990年，他们又闯入优胜者杯决赛，2:0战胜安德莱赫特夺杯。1992年冠军杯是他们4年内的第3场欧洲三大杯决赛。在主帅博斯科夫和锋线双雄维亚利—曼奇尼带领下，桑普多利亚成为意甲联赛的豪门之一。

巴塞罗那更加渴望这个俱乐部唯一还缺少的重量级奖杯，他们也希望本俱乐部“荷兰-加泰罗尼亚”的组合，能帮助他们击碎无缘冠军杯的魔咒。克鲁伊夫于1988年上任，采用了荷兰人特有的433阵型，而罗纳德·科曼、劳德鲁普和斯托伊奇科夫则保证了他的战术能够顺利执行。

荷兰重炮手科曼（左）和丹麦天才大劳德鲁普是巴萨群星中最耀眼的两颗明星。

巴塞罗那只有一个目标：尽可能地去冒险。克鲁伊夫说：“如今的足球太谨小慎微了，人们很少去冒险，我可不愿意在教练席上感到无聊。”他是球队的至高领袖，无论是难缠的主席努涅斯，还是自我主义的保加利亚人斯托伊奇科夫，都要听他的。

尽管如此，克鲁伊夫的赢球机器依然要依靠一次在加时赛中的定位球，以最微弱的优势获得冠军。比赛中，桑普多利亚队中场隆巴多的光头似乎更加闪亮，而巴萨的防线提前后，才渐渐取得控制权。斯托伊奇科夫射中门柱不久，罗纳德·科曼终于以谁也没有想到的方式为巴塞罗那赢得了锦标。这是他们追逐了多年的冠军：1961年决赛中他们输给了本菲卡，1986年又点球不敌布加勒斯特星队。

当比赛进行到第112分钟时，意大利后卫因维尔尼齐一次不那么明显的犯规，导致裁判给了巴塞罗那一个离门25米的任意球，科曼以一记恐怖的大力轰门得分。

一名不可战胜的后卫，一台导弹发射器……这个金发荷兰人曾经在荷兰联赛中打入过105球，但这枚导弹肯定是最珍贵的。“在全球范围内，我比巴塞罗那更有名。”克鲁伊夫日后这样说。至少在那个温布利之夜，“荷兰飞人”说得似乎有些道理。

雅克·费朗

杯赛如何变成了联赛

冠军杯，自从设计和面世的那天起，在35年的时间内一直保持着自己的赛制。它的正式名称为欧洲俱乐部冠军杯，只有前一年度获得了本国联赛冠军的球队能够参加，再加上前一年度的冠军杯卫冕冠军（若同时卫冕了联赛，联赛亚军没有顶替的资格）。所以，参赛球队都是货真价实的冠军。从第一轮到半决赛，都采取主客场的两回合淘汰赛。

从体育竞技的层面上说，这种赛制代表了绝对的公平。每一个比赛日都意味着征服或者灭亡，因此比赛的精彩程度得到了保证。由于只有每个国家的联赛冠军能够参赛，因此这是联赛冠军进一步获得荣誉的最好舞台。参加冠军杯对于每一支球队来说都是奢侈的荣誉，是获得额外锦标和名誉的机会。由于当时冠军杯的比赛场数有限，因此俱乐部不用像如今这样不断增加高水平球员的数量。此外，由于只有冠军能参赛，也使得另两项欧洲俱乐部赛事（优胜者杯和联盟杯）得以招揽各国联赛中足够强大的球队，因此其水平和观赏程度都得到了最大程度的保证。

对杯赛赛制的攻击

自1990年开始，更改赛制的要求就被欧洲一些豪门俱乐部提了出来，相信这也是为了应对当时糟糕的经济形势。他们认为既有的赛制不能保证俱乐部更多获益，而且看到许多豪门球队只踢了一两轮就告别冠军杯，确实是一种浪费。值得注意的是，正是在旧制度下获得过最多次锦标的皇马俱乐部，率先提出了改制要求。皇马主席拉蒙·门多萨于1991年向刚刚当选为欧足联主席的约翰松提议，将冠军杯进行革命性的重组，使其变成一个真正的联赛：双循环小组赛再加上一场决赛。皇马代表说：“我们再也不能忍受这样一个从体育竞技和经济上都不公正的赛制了！”

当时从英格兰和意大利也发来了威胁，即如果欧足联没有接受他们的建议，或许这些豪门俱乐部真的要创建一个“欧洲超级联赛”。这和如今的欧洲篮球联赛有何区别呢？

冠军杯的改制，让斯托伊奇科夫这样的球星和巴塞罗那这样的强队有了更多的表现空间和经济收入。

欧足联当然可以无视这些要求，但这样一来，他们就必须冒险，看到一些欧洲豪门俱乐部放弃各自的联赛和足协自娱自乐，这显然是他们所不愿看到的。于是，欧足联的领导们，从前主席雅克·乔治到在位的约翰松、艾格纳，都认为是时候让豪门俱乐部“更好地从自己的投资中收到回报”了，一切都是为了“让欧洲足球大家庭不至于分裂”。

“欧足联接受重商主义赛制”

真正公开反对改制的毕竟是少数，于是从1991/1992赛季开始，1/4决赛和半决赛被两个小组赛的循环赛所取代，小组第一参加决赛，于是这项赛事也失去了最初的名称，被更名为“冠军联赛”。《法国足球》时任主编雅克·蒂贝尔写道：“在用这个新赛制向欧洲超强球队让步后，欧足联保持了自己的权威，也控制了现代化运动的进程。然而这是一种重商主义（或许更确切的说法是唯利是图）的赛制，其论据都是不可接受的。”

确实，欧足联因此卷入了难以摆脱的漩涡中。接下来许多年，我们看到俱乐部、足协和欧足联经常发生难以调解的矛盾。尽管付出了巨大的代价，但他们希望保持权威的希望并没有实现。而俱乐部变得越来越贪婪，越来越难以管制。

Courier intraitable

Forget mate Edberg

L'ÉQUIPE

BARCELONE GRAND D'EUROPE

C1

Le Barça a battu la Sampdoria de Gênes (1-0 après prolongation) hier soir à Wembley. Il remporte ainsi la première C 1 de son histoire. (Pages 3 et 4)

Bernard : non au Giro

Déjà 105 élus pour les JO

原声

■《队报》特派记者 让 - 菲利普 · 雷塔克尔

1992 年 5 月 20 日

这是属于巴塞罗那的一年，在即将举办奥运会前的一个月，这座加泰罗尼亚城市陷入了无尽的自豪中，他们看见自己的足球队赢得了欧洲的最高王冠——欧洲俱乐部冠军杯，这是他们最渴望的锦标。自 1966 年皇马夺冠后，整个西班牙一直等待着这个冠军，为了实现这个目标，他们耐心地等待了 26 年和那么漫长的 120 分钟。

这是一场战术至上的比赛，起初的一个小时更是如此，这场比赛并没有达到欧洲冠军杯决赛应有的水平。120 分钟时间里，比赛始终处在对足球控制的争夺中，头球和任意球变得至关重要。加时赛结束前 8 分钟，任意球专家科曼一次绝妙的示范，让巴塞罗那艰难取胜。

桑普多利亚同样拥有夺杯的实力，但维亚利将自己的决赛搞砸了。于是巴塞罗那在温布利成为第 37 届冠军杯的得主，也是新赛制下的第一个赢家。桑普多利亚需要赢得冠军来挽救这个在国内赛场并不成功的赛季，但最后笑着离开的，是西班牙人。

全景

巴克罗奇迹

1/8决赛第二回合客场对凯泽斯劳滕，终场哨即将吹响时，巴塞罗那还在被淘汰的边缘。但奇迹发生了：科曼任意球吊入，巴克罗靠住对方后卫头球攻门，足球在角度极小的情况下飞进远角。凭借这粒宝贵的进球，巴萨得以晋级，正在联赛中被皇马甩在身后而饱受指责的巴萨主帅克鲁伊夫也松了一口气。尽管不如“梦之队”其他球星那样如雷贯耳，巴克罗的名字还是在巴塞罗那的历史上留下了深深的印记。巴克罗勇士般的性格以及对巴萨的热爱，都让他深得红蓝球迷的爱戴，他的这粒关键进球，也标志着一支传奇球队的正式发端。

大雪阻碍桑普

本赛季，冠军杯赛制发生了变化。进入1/4决赛后，8支球队分成两组开展双循环，小组排名第一者进入决赛。桑普多利亚势头强劲，在6场双循环比赛中，只有在客场对垒帕纳辛奈科斯时没有进球，严寒和覆盖在球场上的积雪严重阻碍了意大利球队的发挥。在这场被迫使用橙色比赛用球的较量中，有伤在身的前锋曼奇尼虽然并未出场，但他还是随队前往雅典，为球队助威。

鲁伊·科斯塔亮相

尽管本菲卡在本赛季冠军杯中的表现并无太多精彩之处，但一位年轻中场开始频繁地出现在这支葡萄牙冠军队的主力名单之中，他就是鲁伊·科斯塔。作为由菲戈、若昂·平托等人组成的葡萄牙“黄金一代”的重要代表人物，鲁伊·科斯塔开始在欧洲足坛崭露头角，并在日后成为一代中场巨星。

无家可归的红星

身为卫冕冠军，贝尔格莱德红星在本赛季的冠军杯中走得并不顺利：进入小组赛，队中大将比尼奇受伤，而奈多斯基又在与安德莱赫特的比赛中袭击博斯曼而被罚下。更夸张的是，在6场小组赛里，红星球员内德尔伊科维奇和瓦西里耶维奇还分别攻人乌龙球。为什么会如此反常？由于当时国内政局动荡，红星队所有的主场比赛不得不安排在匈牙利或保加利亚进行，无家可归的感觉令红星队球员很难在场上集中精力。

维亚利耍性子

决赛进入加时后，桑普多利亚前锋维亚利被主帅博斯科夫换下。对于这样的决定，意大利国脚前锋感觉很是不爽，离场前故意用脚后跟将足球挑起，以示对教练的不满。

加斯帕特说到做到

“如果巴塞罗那能在决赛中获胜，那我就跳进泰晤士河洗澡！”与桑普多利亚的决赛打响前，时任巴塞罗那副主席加斯帕特这样说道。最终，凭借着科曼的制胜进球，巴萨历史上第一次捧起了冠军杯。处于高度兴奋下的加斯帕特（下图最前方）没有食言：赛后他穿着内裤纵身一跃，跳进了冰冷的泰晤士河当中。

两位荷兰人让巴萨加冕

毫无疑问，在巴塞罗那击败桑普多利亚的冠军杯决赛中，主帅克鲁伊夫和球员罗纳德·科曼成了那一晚巴萨球迷心中最大的功臣。两名荷兰人也凭此伟业被永远记入巴塞罗那的史册。除了捧杯，巴萨在本届赛事中踢出了以控球打法为核心的攻势足球，让他们在全欧洲得到了毫无异议的认同。

16强战图

射手榜

1	帕潘（马赛）	7球
	尤兰（本菲卡）	7球
3	尼利斯（安德莱赫特）	6球
	潘采夫（贝尔格莱德红星）	6球
	维亚利（桑普多利亚）	6球
6	伊萨亚斯（本菲卡）	5球
7	塞萨尔·布里托（本菲卡）	4球
	曼奇尼（桑普多利亚）	4球
	德格里瑟（安德莱赫特）	4球
	隆巴多（桑普多利亚）	4球
	米哈伊洛维奇（贝尔格莱德红星）	4球
	史密斯（阿森纳）	4球
	斯托伊奇科夫（巴塞罗那）	4球

夏日记事

■丹麦，意外的冠军

本来被南斯拉夫淘汰的丹麦已经无缘1992年的瑞典欧洲杯，但由于联合国对战乱中的南斯拉夫予以制裁，丹麦意外地获得了替补资格。而这样的小意外又成就了一个大意外——在决赛阶段，持“外卡”参赛的丹麦人居然连克强敌，最终捧走冠军奖杯。

■让人愤怒的广告

这年夏天，法国球星坎通纳的一则广告让他成为“全英公敌”。在这则广告的招贴画上，有这样一句标语：“对于英国足球来说，1966年是伟大的一年，因为埃里克（坎通纳名）诞生了。”这种将英格兰夺得1966年世界杯冠军与坎通纳出生日期联系在一起的做法，在英国民众当中引起了极大的愤慨和不满。

■红星“解体”

由于贝尔格莱德红星队因战乱制裁无缘1992/1993赛季冠军杯，队内大批优秀球员纷纷前往国外踢球，萨维切维奇和潘采夫去了意大利，普罗辛内茨基基则加盟了皇马。

■西班牙的年轻空气

奥运会足球比赛开始允许职业球员参加，竞技水平和精彩程度大大提升，最终汇集了众多青年才俊的西班牙借主场之利在决赛中3:2险胜波兰，获得金牌。瓜迪奥拉、阿马维斯卡、路易斯·恩里克和阿方索等人都是主力成员。

1992/1993 >>

1992/ 1993 马赛，光荣与耻辱

面对强大的 AC 米兰，马赛为法国俱乐部赢得了 60 年冠军杯历史上第一座，也是迄今唯一金杯。博利在决赛中的进球，成了法国体育历史上的宝贵遗产。

永远都叼着香烟的戈塔尔斯更像是一位充满想象力的小说作家。在他的笔下，一切故事都有可能变成传奇，一切传奇都有可能变得伟大。

1993年5月27日凌晨三点，在慕尼黑附近的若特阿赫-埃根（Rottach-Egern）一家酒店中，举行了一个盛大的派对，不过当晚本应成为主角、从菲律宾远道而来的Tropics乐队歌手们，却“技术性失业”了——因为当晚马赛后卫博利也在场，这个刚刚在几个小时前帮助马赛夺得欧洲冠军杯的黑小子，吸引了所有人关注的目光。

两年前，在意大利巴里圣尼古拉球场举行的冠军杯决赛结束后，人们看到了一个泪流满面的博利，当时马赛在决赛的120分钟里没有让南斯拉夫人进球，但是他们却输了。此时，人们看到了一个欢天喜地的博利，这次马赛又阻止了强大的米兰人进球，博利还用一记强劲的头球为法国足球送上了第一座欧洲冠军杯。导演这一切的，是一位嘴里总是叼着香烟的老者——雷蒙·戈塔尔斯。尽管在胜利之后，他依然显得那么沧桑和冷漠，但是从他吐出的香烟中，人们很容易会嗅到几分得意的味道。餐厅里，几名球员还在品尝那个没有吃完的蛋糕，谁也不愿挖去中间最大的那一块——因为上面写着“马赛1:0AC米兰”。

戈塔尔斯理应好好享受这一切。在夹杂着甜蜜和愤怒的32个月里，在两次冠军杯决赛之后，这位已经72岁的比利时教练终于选择退休。此刻，他眼里是止不住的热泪和无尽的幸福。早些时候，这个老者找到马赛主席塔皮，并对他说：“现在你该去和谁吵架呢？”现在，他评价起了这场属于他的决赛：“当你击败了世界上最好的球队夺冠后，一切都变得更加美妙了！”

戈塔尔斯的永恒回归

一切开始于一年前的夏天，当时马赛队主帅是让·费尔南德斯。那时的法甲王者已经淘汰了北爱尔兰冠军格伦托兰，两回合比分是5:0和3:0。随后在1/8决赛中，马赛又击败了布加勒斯特迪纳摩。博克西奇的两个进球让球队顺利进军小组赛。随后，叼着烟卷的戈塔尔斯宣布回归——那本来就是他的球队。此后，一切都变得不同了。

决赛

1993.5.26-慕尼黑奥林匹克球场　　主裁判：阿图尔·勒特利斯博格（瑞士）

1 : 0

马赛 (433)			AC 米兰 (442)
巴特斯	门将	门将	罗西
安格洛马 61′	后卫	后卫	塔索蒂
德塞利			科斯塔库塔
博利			巴雷西
迪梅科			马尔蒂尼
索泽	中场	中场	53′ 多纳多尼
德尚			阿尔贝蒂尼
埃德利耶			里杰卡尔德
博克西奇	前锋		伦蒂尼
沃勒尔		前锋	85′ 范巴斯滕
阿贝迪·贝利 78′			马萨罗

替补

马赛	AC 米兰
迪朗 61′	58′ 帕潘
托马斯 78′	86′ 埃拉尼奥

进球

进球	比分
44′ 博利	1:0

直到现在，法国人都还记得1992年11月25日，刚刚改制为冠军联赛的8强小组赛第一场，马赛客场对阵苏格兰冠军格拉斯哥流浪者。法国《队报》翌日的标题是“狂野而美丽”，这是那晚在伊布罗斯公园球场发生的一切的真实写照。马赛的全场压迫使流浪者球员十分难堪，博克西奇和沃勒尔在比赛进行了一个小时后各入一球，胜利似乎已经到手。但也许是疲惫、大意和放松，最后15分钟，年仅20岁的门将巴特斯失手了，最终比分定格在了2:2。实际上，如果不看比分，当时马赛队无论是个人技术还是整体表现，都大大领先对手一个档次，也许一个平局背后，同样能够酝酿一

AC米兰用巴雷西、阿尔贝蒂尼、塔索蒂和科斯塔库塔限制了克罗地亚前锋博克西奇，但他们却阻止不了一支强大的马赛赢得比赛胜利！

支伟大球队的诞生。

客场拿回1分后，马赛开始赢球了。回到主场面对流浪者之前，他们取得了两胜一平，并在积分上领先苏格兰人。尽管小组赛第5轮1:1再次踢平顽强的流浪者或许不那么美妙（这也是韦洛德罗姆球场14场欧洲赛事连胜后的首个平局），但最后一轮马赛人还可以自己掌握命运（净胜球领先格拉斯哥）。最后一轮客场对阵布鲁日、戈塔尔斯的目标很明确：拿下对手！比赛的悬念只持续了2分13秒，就被博克西奇用当年他在冠军杯中的第6球解开了，随后他甚至差点完成了帽子戏法——两次头球击中门柱。

“马赛是米兰的克星！”

3胜3平，马赛以不败战绩拿到了决赛门票，加上之前4场淘汰赛的结果，戈塔尔斯的球队取得6胜4平，但是这样的成绩，在他们即将面对的对手AC米兰面前，实在微不足道——意大利冠军在那个赛季冠军杯的前10场，取得了惊人的全胜！更让人恐怖的是，只有当时效力于埃因霍温的“独狼”罗马里奥，攻破过罗西把守的球门！

1993年5月26日的慕尼黑奥林匹克，迎来了冠军杯历史上最强势的对决：两支“不败之师”只能有一支以完美的方式结束这个赛季。面对三年后再次杀回冠军杯决赛的红黑军团，面对保罗·马尔蒂尼。巴雷西、里杰卡尔德和范巴斯滕等人组成的全明星阵容（也不能忘了帕潘这位昔日马赛射手），马赛人选择如何应对？不妨听听米兰主席贝卢斯科尼赛后的总结，“我不能接受失败，但我不得不承认，米兰是意大利球队的克星，而马赛是米兰的克星。”

“贝总理”口中的“克星”货真价实。因为在那场90分钟的表演中，马赛人攻守两方面都表现出了高水平。博利在第44分钟接到贝利罚出的角球，完成了一个足以将马赛球迷送入天堂的头球，也完成了一个足以震动整个法国的头球。接下来45分钟，轮到巴特斯表演了。当时还留着一头秀发的法国国门，总是在最关键的时刻作出最关键的扑救，并赢得了同范巴斯滕和马萨罗的三次“单挑”——此时谁还在乎他在格拉斯哥的那两次失误？奥林匹克球场的时钟指向22时10分，德尚举起了“大耳朵杯”！在主席塔皮的怀抱里，硬汉队长流下来激动的泪水。戈塔尔斯？他建立了一座属于自己的永恒的雕像，“谁能在两年时间里3次对阵AC米兰保持不败，而且只丢一球？”当然，只有戈塔尔斯的马赛！转过身，他又点燃了一支香烟。

博利，屠夫与杀手

看过1991年冠军杯决赛的人，都会对马赛中卫博利在赛后的号啕大哭印象深刻，那只是他来到马赛的第一个赛季，但这个黑大汉却博得了无数法国球迷的好感。两年后，马赛队再次进入冠军杯决赛，这一次博利的强劲头球直接为马赛队带来了梦寐以求的欧洲冠军杯。这位生于科特迪瓦首都阿比让的法国国脚成了当时最幸福的人，他甚至还在比赛结束后不久与队友沃德尔一起录制了一首歌。作为身体素质极为出色的中后卫，利用出色的弹跳和头球攻破球门是博利的撒手锏之一，他在马赛效力的4个赛季，打进了20个联赛进球。

但这场冠军杯决赛也是令博利背上无数骂名的比赛，因为他的飞铲正中范巴斯滕脚踝，就此导致一个伟大的超级球星提前退役。任何一个喜欢范巴斯滕的球迷，都将最恶毒的诅咒用到了博利身上。虽然也有人为博利辩护说，范巴斯滕当时身上已经小伤遍布，博利的一脚只是个导火索，但这样的解释实在苍白。

1993年是博利最幸福的一年，但这场冠军杯决赛后，博利所遇到的却是一连串失意——也许球迷的诅咒发挥了作用。同年年底，法国队在世界杯预选赛中被保加利亚在最后关头绝杀，博利是输球的见证者之一，年仅26岁的他就此绝缘国家队。1994年，马赛因假球案被迫降级，博利并没有获得欧洲豪门的青睐。在格拉斯哥流浪者与摩纳哥队短暂效力后，他跑到日本打拼两年，并草草结束了职业生涯。

Basile Boli

L'EQUIPE

LE JOUR DE GLOIRE

L'Olympique de Marseille, victorieux [illegible] Milan AC (1-0), hier soir à Munich, offre à la France sa première Coupe d'Europe de football. Un succès historique. (Pages 2 à 8)

原声

■《队报》特派记者 帕特里克·于尔比尼

1993年5月27日

现在是22时10分，在慕尼黑奥林匹克球场的酷热中。我们不再是做梦：是德尚，而不是巴雷西。他登上了球场中央的领奖台，接过法国足球界苦苦等待了37年的这座欧洲冠军杯。总是能够击败AC米兰的马赛，凭借博利在上半场最后时刻的一个头球惊险获胜。现在他们可以高唱“我们是冠军”，而米兰儿女只能低着头离开。

马赛在决赛中的表现和两年前对阵贝尔格莱德红星时完全不一样，他们完美地控制了比赛，并一直坚持到最后。他们这次不想再留下遗憾，更不想输给AC米兰。他们没有错失这场决赛，一切都按照预计的那样运转。

我们看到了巴特斯的信心和马萨罗的笨拙，在那个进球来临后，马赛队成功遏制了这支被自己的球星们“出卖”的AC米兰。充沛的体能和必胜的决心，帮助马赛人笑到了最后。战胜米兰之后，马赛已经成了一家欧洲豪门，尽管我们从来没有怀疑过他们。

全景

以色列球队首演欧洲赛场

本赛季，欧洲赛场上又出现了一个新成员：以色列。特拉维夫马卡比和哈波尔蒂克瓦队成了代表以色列征战欧洲赛场的“先锋球队”。前者参加了冠军杯，后者则角逐优胜者杯。冠军杯资格赛对阵马耳他瓦莱塔，马卡比以客场2:1和主场1:0过关。但到了第一轮，以色列人被比利时的布鲁日两回合4:0血洗。

米兰惊魂

启程前往慕尼黑参加与马赛的冠军杯决赛前，AC米兰在米兰马尔蓬萨机场遭遇了一次惊魂。当时机场突然发生爆炸事件，将卡佩罗的弟子们吓了一跳。

阿莫卡奇，欧冠第一球

尽管1991/1992赛季就有了冠军杯的八强小组循环赛，但直至本赛季的小组双循环赛开始，冠军杯才正式更名为“冠军联赛”。而在重新命名后这项赛事中，布鲁日前锋阿莫卡奇打进了冠军联赛历史上的第一球。这位尼日利亚球员曾在美国深造，拥有律师头衔，身材高大的他绰号“野牛”。在主场对中央陆军的比赛中，阿莫卡奇第17分钟的右脚劲射叩开了著名门将哈林把守的大门。

罗马里奥帽子戏法

1/8决赛首回合主场1:0小胜埃因霍温后，雅典AEK球迷对球队晋级充满了希望。但罗马里奥次回合的帽子戏法打碎了他们的幻想。“独狼”在第5、第51、第74分钟连进三球。远征的AEK球迷目瞪口呆，愤怒不已，在看台上与埃因霍温观众发生了冲突。

莫斯科人“搬家”到德国

1/8决赛淘汰了卫冕冠军巴塞罗那后，莫斯科中央陆军在小组赛中将三个主场比赛全部安排在德国。因为天寒地冻的俄罗斯实在不适合举办比赛，而且俱乐部还认为将比赛设在德国可以提高上座率。因此，波鸿和柏林先后成为中央陆军的临时主场。但球队却没在德国获得好运：3个“主场比赛”中央陆军1平2负，过低的主场上座率也让俱乐部领导大跌眼镜。“主场”对马赛一战吸引的观众最多，但也只有1.5万。

范巴斯滕，最后的伟大夜晚

小组赛主场对哥德堡，米兰前锋范巴斯滕成为冠军联赛历史上第一位单场打进4球的球员，第三粒进球是一记相当精彩的吊射。这些进球也是范巴斯滕留给冠军联赛的最后杰作，与马赛的决战是他最后一次为AC米兰队在正式比赛中披挂上阵。尽管他在AC米兰一直待到1995年，但由于脚踝严重受伤，他只能不断在看台上感受比赛，并最终选择退役。

倒霉的帕潘

AC米兰在决赛中输给马赛之后，最难过的应该算是刚刚从马赛加盟的法国前锋帕潘。尽管技术出众，帕潘却始终未能捧起过冠军杯。1991年，为马赛而战的他在决赛中输给了贝尔格莱德红星。两年后，已是米兰队员的他又在决赛中输球，而击败他的正是老东家。

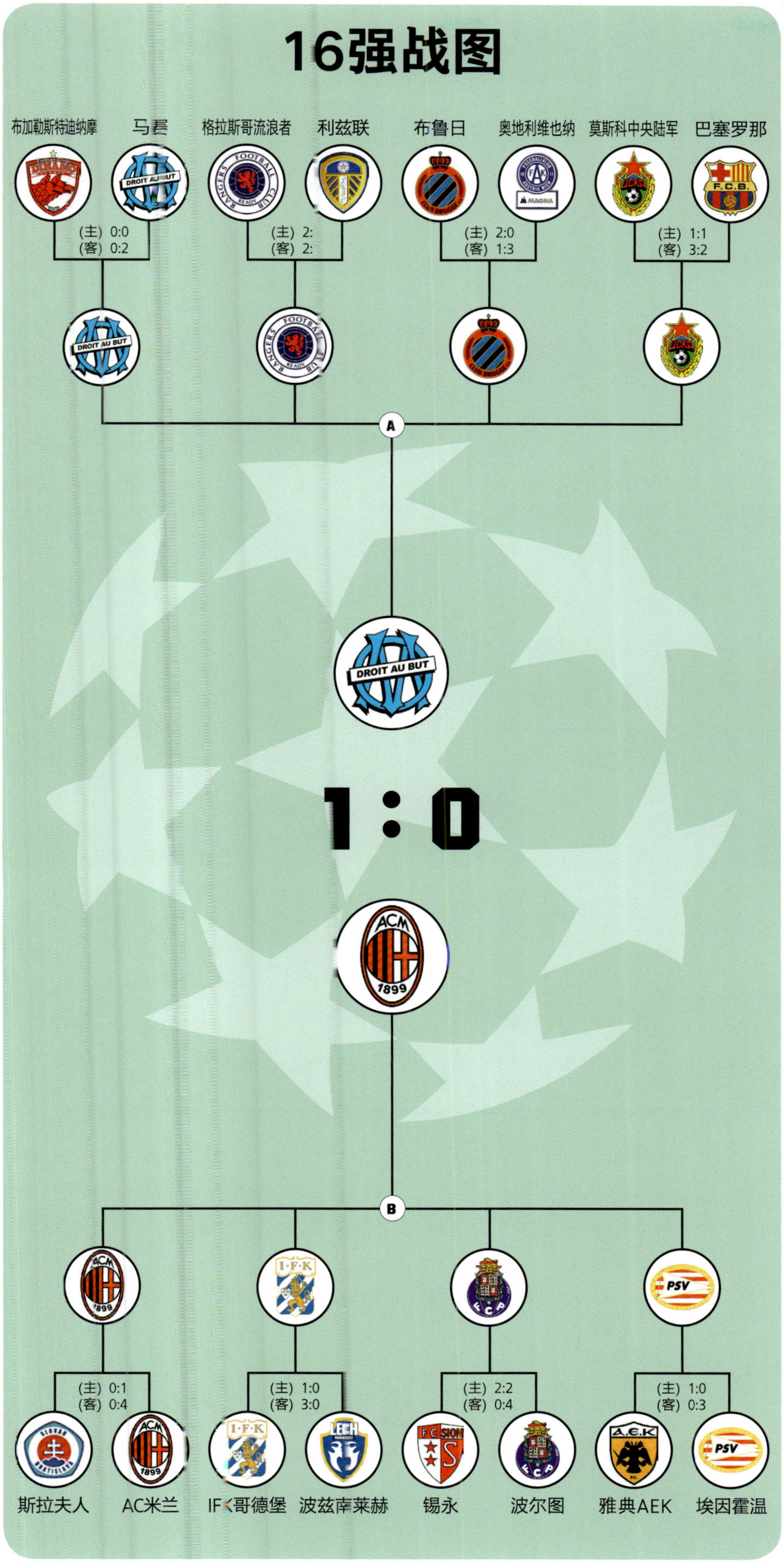

射手榜

1	罗马里奥（埃因霍温）	7 球
2	博克西奇（马赛）	6 球
	索泽（马赛）	6 球
	范巴斯滕（AC 米兰）	6 球
5	埃克斯特伦（IFK 哥德堡）	5 球
6	泽·卡洛斯（波尔图）	4 球
	西蒙尼（AC 米兰）	4 球
	图利奥（锡永）	4 球
	韦尔海恩（布鲁日）	4 球
	科斯塔迪诺夫（波尔图）	4 球

夏日记事

■ “三剑客”分手

从 1993/1994 赛季开始，曾经在米兰辉煌一时，并帮助球队在 1989 年和 1990 年两夺冠军杯的“荷兰三剑客”开始解体。里杰卡尔德返回了荷兰，加盟阿贾克斯；从膝伤中恢复的古力特被租借至桑普多利亚踢了一个赛季，后来他转会去了切尔西；由于脚踝伤势，范巴斯滕始终没有再为米兰登过场，尽管他在米兰一直待到 1995 年。

■ 塔皮行贿曝光

为了让马赛成为一支笑傲欧洲的俱乐部，时任马赛主席塔皮费尽了心思，他最终也让球队捧起了冠军杯奖杯。但就当球队刚刚到达巅峰时，一桩巨大的丑闻却将马赛狠狠地摔下神坛。经调查，塔皮在上赛季对莫斯科中央陆军的比赛中，曾向对手行贿以控制比赛。而在法甲联赛中，塔皮也向瓦朗榭讷队的几名球员提供过“好处费”。为此，马赛被强行降入乙级，并被驱逐出本赛季冠军联赛，他们留下的名额被摩纳哥获得。虽然他们获得的冠军杯没有被剥夺，但当年的丰田杯却是冠军杯亚军 AC 米兰替补参赛。

■ 众星改换门庭

这个夏天的转会市场热闹非凡。皇马买入了心仪已久的毕尔巴鄂中卫阿尔科塔，巴塞罗那向埃因霍温支付了 5.15 亿比塞塔后，得到了巴西射手罗马里奥。刚抵达巴塞罗那，罗马里奥便表示，巴萨主帅克鲁伊夫为自己的到来“做出了巨大努力”。在阿贾克斯获得成功后，博格坎普加盟国际米兰。佐拉也告别那不勒斯，穿上了帕尔马的战袍。

1993/1994 >>

1993/ **1994**

美妙的米兰音乐会

所有人都对克鲁伊夫的巴塞罗那“梦之队”报以期待，然而最终结果却是卡佩罗的 AC 米兰依靠神奇的团队表演，4：0 血洗加泰罗尼亚人。他们以一次完美无缺的征程，赢得了俱乐部历史上的第 5 座欧洲冠军杯。

当年在AC米兰叱咤风云的锋线杀手马萨罗，在与“梦之队”巴塞罗那的决赛中率先打进两球。

这个赛季，人们没有在冠军杯的起跑线上看到卫冕冠军，这是欧冠近40年历史上的第一次。由于“马赛假球案”东窗事发，法国冠军被欧足联禁赛，他们没法捍卫自己的头衔了。更让人感到不可理解的是，1992/1993赛季法甲联赛第二名巴黎圣日耳曼不屑于接下这块“染了病毒的蛋糕”。本来应该参加联盟杯的联赛季军摩纳哥幸运顶替马赛，得以参加这项“欧洲最高水平的俱乐部赛事”。

不过摩纳哥主帅温格得知这个消息时并不怎么兴奋，“我不能确定是否真的有必要为马赛找一个替代者。但从赛程安排上说，我们的确吃了苦头。我们本应去西班牙挑战特内里费（原定摩纳哥的联盟杯第一轮对手，随后欧塞尔成为替补），但是现在，我们却要去希腊，对阵雅典AEK。”

但是摩纳哥并没有让人怀疑法国联赛的水平，拥有克林斯曼、希福和德约卡夫等球星的他们顺利通过第一轮，随后一直打入小组赛并成功出线。只是在半决赛中，摩纳哥客场0:3输给了冠军AC米兰 半决赛一场定胜负，小组第一拥有主场优势，这是那年冠军杯的新生事物。

德塞利：米兰只害怕自己

虽然此时荷兰前锋范巴斯滕的脚踝严重受伤，但AC米兰称霸欧洲的信心并没有因此减弱。相比之下，英超历史上的第一个冠军曼联就没有那么好运了，他们在第二轮淘汰赛中竟然被弱小的加拉塔萨雷驱赶出局。

主场13分钟连下两城之后，红魔突然失去了对比赛的控制力，被瑞士国脚蒂尔克耶尔马兹和土耳其前锋阿里夫逆转了战局，如果不是坎通纳在最后时刻将比分扳平，老特拉福德甚至将在奥斯曼铁蹄下沦陷。但在作客伊斯坦布尔的比赛中，坎通纳没法再拯救球队了 脾气暴躁的他因为谩骂裁判而被罚下，曼联90分钟只能与对手互交白卷，最终因客场进球少被淘汰——弗格森的球队最终为自己的不冷静付出了代价。

意大利冠军在另一边则安静地通过了一道道关卡，再次杀入决赛。如同往常一样，他们依然是以最慢、最稳定的节奏开始赢球步伐：先是以最微弱的优势击败了瑞士球队阿劳（两回合总比分只是1:0，法国前锋帕潘完成绝杀，略有惊险），然后大比分击败丹麦冠军哥本哈根，随后的小组赛，他们也完全控制了局面，虽然2胜4平的战绩看上去不那么美妙，但足以

决赛

1994.5.18-雅典奥林匹克球场　　主裁判：菲利浦·托恩（英格兰）

AC米兰 4:0 巴塞罗那

AC米兰 (442)			巴塞罗那 (433)
罗西	门将	门将	苏比萨雷塔
塔索蒂	后卫	后卫	费雷尔
F. 加利			纳达尔
马尔蒂尼 83'			R. 科曼
帕努奇			72' 塞尔吉
多纳多尼	中场	中场	瓜迪奥拉
德塞利			巴克罗
阿尔贝蒂尼			阿莫尔
博班		前锋	斯托伊奇科夫
萨维切维奇	前锋		罗马里奥
马萨罗			51' 贝吉里斯坦

替补

AC米兰	巴塞罗那
纳瓦 83'	72' 埃斯特瓦兰斯
	51' 欧塞维奥

进球

时间	进球者	比分
22'	马萨罗	1:0
45'	马萨罗	2:0
47'	萨维切维奇	3:0
58'	德塞利	4:0

一场 4:0 的大胜，平时很少进球的防守型中场德塞利也有所斩获，难怪一年之前曾代表马赛获得冠军杯的他，这次显得格外兴奋。

保证他们以小组头名进入半决赛，并在半决赛中拥有主场优势。

塔索蒂、巴雷西、科斯塔库塔，还有马尔蒂尼，这四位后场悍将将组成的坚固防线，再加上两位防守型中场阿尔贝蒂尼和德塞利的保护，AC米兰的自卫工作变得更加具体和细致。他们的防守反击策略，曾经受到很多人质疑，但这种科学的战术和米兰人丰富的欧冠经验，却总能让红黑军团在激烈残酷的竞争中取胜。如同刚刚从马赛加盟的德塞利，在半决赛面对摩纳哥之前所说的那样：“我们AC米兰只害怕自己！”

是役，科斯塔库塔在第40 分钟被红牌罚下，在大半场以10人对抗11人的情况下，米兰人依旧3:0轻松击败摩纳哥——德塞利、阿尔贝蒂尼和马萨罗各进一球。当听到诸如“AC米兰的比赛不如以前那么精彩”的评论时，卡佩罗立刻回应道：“确实，我们可能没有再压得那么靠上，这是因为我们需要培养耐心。AC米兰绝不是一支防守型球队，这只是一支非常擅长防守的球队！仅此而已。”

克鲁伊夫从未如此自信

米兰人小心翼翼地杀进决赛，而克鲁伊夫的“梦之队”则是以近乎疯狂的方式来到了决赛地雅典。难以置信的攻击火力，完全以攻击为目标的比赛风格，使他们成了AC米兰的最佳决赛对手。尽管巴塞罗那在第一轮淘汰赛对阵基辅迪纳摩时也像AC米兰那样经历了一点 恐慌（客场1:3，主场4:1），但随后加泰罗尼亚人马上进入状态，并控制了他们参加的每一场赛事：11场比赛打入26球，包括半决赛3:0大胜波尔图。

当一个决赛之前打进26球的进攻机器，遇到一个决赛之前只失2球的防守高手，会发生什么？所有人都对此充满期待。

冠军杯决赛之前的气氛其实早已影响到双方球员。克鲁伊夫特意提前一周就来到雅典考察场地，因此对于决赛获胜，他从未表现得如此肯定。

“真正的AC米兰是拥有萨基和‘荷兰三剑客’的那支球队！而卡佩罗，他只喜欢用德塞利这样的球员来构筑阵容……”同时荷兰飞人补充说，“我们唯一要担心的，就是AC米兰曾经的成功，意大利人的信心也许会给我们带来不利的影响。”

米兰人没有去反驳，因为此时他们很高兴看到一个傲慢的巴萨。卡佩罗清楚，AC米兰联赛中提前两轮获得冠军，因而比对手的体能状态更好，球队强大的凝聚力和钢铁一般的防守成绩，给了球员无限信心。红黑色的米兰人只

把目光集中于一个目标：获胜。卡佩罗仔细研究了巴萨的比赛，并成功找到了突破口。同时他也在巴雷西和科斯塔库塔这对中卫"绝对主力组合"停赛的情况下，找到了最合适的替代者——菲利波·加利和保罗·马尔蒂尼。

在卡佩罗的战斗计划中，首先要熄灭罗纳德·科曼、瓜迪奥拉和巴克罗这三人组成的进攻枢纽，然后要依靠后卫线的协防限制罗马里奥和斯托伊奇科夫的个人发挥，迫使对手转入防守，不能按照自己的方式比赛。而决赛上半场结束时，人们不但发现AC米兰依靠自己的力量成功限制了巴塞罗那的火力，同时还由马萨罗打入两球，这几乎让他们一只手触摸到了冠军杯。

下半场，米兰人的反击更加游刃有余。刚刚开始2分钟，获得"决赛最佳"的萨维切维奇在前场右路断球后，马上起脚攻门，完成了欧冠决赛历史上最精彩的一次吊射得分。3:0之后，"梦之队"彻底崩溃，德塞利第58分钟锦上添花，为这场集体作战的杰作画上了完美的句号。

赛后，卡佩罗抑制不住自己的感情：他称赞德塞利是"世界上最伟大的中场"，宣扬"决赛结果证明了只有最好的球队才能获胜，也证明了最伟大的战术智慧。我认为今天晚上我们达到了完美"。萨维切维奇则认为这是他"生命中最美好的比赛"，德塞利也在1993年随马赛夺冠后，"卫冕"了冠军杯，他以胜利者的姿态反击了"梦之队"赛前的狂妄，"我认为巴塞罗那人有点轻视我们。"

作为失败者，克鲁伊夫只能带着酸楚、"故作优雅"地承认："米兰人赢得了所有对抗，我们无法按照自己的习惯去完成比赛。"

不错，这正是AC米兰胜利的原因。

在决赛中，顶替停赛的巴雷西出任球队中卫的马尔蒂尼和前卫阿尔贝蒂尼在防守中尽职尽责，成功限制了巴塞罗那"独狼"罗马里奥。

Courier espère encore

L'EQUIPE

MILANISSIMO !

原声

■《队报》特派记者 维克托·西内

1994 年 5 月 18 日

来自西班牙和意大利的 6 万多名球迷使这场决赛变成了一场拉丁德比。同时，我也看到了一支梦幻而杰出的米兰！在这场理想中的决赛之前，米兰并不是热门，但他们完全将比赛纳入了自己的轨道。起初人们都认为卡佩罗的球队无力对抗巴萨的纯粹足球——因为巴塞罗那决赛之前的表现是那么出色，那么不可抵抗，整个欧洲都在不断歌颂克鲁伊夫的攻势足球。

但最终结果让人们大吃一惊！ 4:0，如同 1989 年在巴塞罗那诺坎普球场击败布加勒斯特星时那样！过去 6 年一直走在欧洲前沿的 AC 米兰，从来没有像今天这样完美，他们完全是横扫对手，要知道，巴塞罗那队中可是充满了斯托伊奇科夫、罗马里奥和科曼这样的人物。

还必须提及的是，这场美妙的胜利为 AC 米兰带来了第 5 座欧洲冠军杯，他们从此超越利物浦，成为夺得冠军杯次数第二多的俱乐部，仅仅落后于在 20 世纪五六十年代 6 次夺冠的皇马。今年也是米兰城双雄第一次在同一年夺得两座欧战奖杯（国际米兰夺得欧洲联盟杯）。现在，我们可以说，米兰是欧洲足球之都。

全景

第比利斯迪纳摩被罚出局

尽管在资格赛中两回合3:2淘汰了林菲尔德，格鲁吉亚冠军第比利斯迪纳摩还是被欧足联赶出了本届欧冠。根据调查，第比利斯俱乐部一名官员曾试图在资格赛主场对北爱尔兰林菲尔德的比赛之前，向执法比赛的土耳其裁判埃曼·托尔奥卢行贿。震怒之下，欧足联对第比利斯迪纳摩进行了严惩，不但禁止他们继续参加本赛季的冠军联赛（林菲尔德顶替他们参加了随后的淘汰赛），并且禁止他们在两年之内参加任何欧洲赛事。当时，格鲁吉亚最优秀的阿尔韦拉泽三兄弟（右图为后来名气最大的小阿尔韦拉泽）一起在第比利斯迪纳摩效力，因为禁赛令让他们无缘向欧洲展示自己的才华，不久，三人陆续离开了球队。

漫长的点球大战

里加斯孔托（拉脱维亚）和卢布尔雅那奥林匹亚（斯洛文尼亚）之间的资格赛，两支弱旅两回合总比分战成1:1，加时赛亦无破门。但正是这场波澜不惊的较量，创造了冠军杯历史上最漫长的异常点球大战。双方一共互射11轮才分出胜负，里加斯孔托11:10险胜晋级。

任性的萨维切维奇

萨维切维奇是前南斯拉夫足球史上最杰出的球星之一，精湛的技术和超强的大局观，让他拥有“天才”这个绰号。但“天才”总会有缺点，萨维切维奇在时任AC米兰主帅卡佩罗眼中，有着“不够投入，太过自我”的缺陷。小组赛首场作客安德莱赫特之前，萨维切维奇曾拒绝随队出征比利时，因为他提前知道自己无法首发。在贝卢斯科尼和加利亚尼的调和下，萨维切维奇才与卡佩罗化干戈为玉帛。

硬汉布鲁斯

史蒂夫·布鲁斯首次为曼联出征欧冠，便赢得了红魔球迷的爱戴。第一轮第二回合主场对匈牙利冠军布达佩斯爱国者，布鲁斯与对手拼抢中撞断了鼻梁骨，但他坚持带伤参赛，并且在下半场9分钟之内连进两球，为曼联晋级立下头功。被换下场时，布鲁斯听到了老特拉福德所有球迷的热烈掌声。

老特拉福德梦碎

第二轮淘汰赛，也是本赛季欧冠最大的冷门，莫过于曼联被加拉塔萨雷淘汰。第一回合，主场作战的曼联一度2:0领先，但土耳其球队却神奇地3:2完成反超，曼联勉强由坎通纳将比分扳平。第二回合作客伊斯坦布尔，坎通纳成了名副其实的“负面主角”，因指责主裁偏袒主队而被罚下。吃到红牌后，面露狰狞的坎通纳一度拒绝离场，这样的冲动换来了被欧足联停赛4场的罚单。

苏比萨雷塔“丢盔卸甲”

赛前绝对没有人会想到，在与AC米兰的冠军杯决赛中，“梦之队”巴塞罗那竟然会以0:4惨败。比赛结束后，表现不佳的门将队长苏比萨雷塔，在球队回国的飞机上向俱乐部领导宣布了希望离队的决定。

不败双雄会师决赛

小组赛开始后，第一轮淘汰赛惊险出线的巴塞罗那开始展现出强大实力。在克鲁伊夫指挥下，由罗马里奥、科曼、斯托伊奇科夫等人组成的“梦之队”在6场小组赛中4胜2平保持不败，打进13球仅失3球，昂首挺进四强。另一边，AC米兰也以小组赛不败战绩成功出线，只是他们2胜4平的成绩比巴萨略逊。两支球队会师决赛，AC米兰4:0获胜，以赛季不败战绩（7胜5平）登顶欧洲。

射手榜

1	罗纳德·科曼（巴塞罗那）	8球
	鲁弗（不来梅）	8球
3	尼利斯（安德莱赫特）	7球
	斯托伊奇科夫（巴塞罗那）	7球
5	霍布施（不来梅）	5球
	卡尔平（莫斯科斯巴达克）	5球

夏日记事

■巴西四冠王

1994年夏天，美国世界杯成为万众瞩目的焦点。经过残酷的点球大战，强大的巴西在决赛中击败了巴乔领衔的意大利，第四次捧起大力神杯。本届赛事，巴西主帅佩雷拉别出心裁地排出了“中场三后腰”阵型，正是马津霍、毛罗·席尔瓦与邓加三位中场的稳定发挥，帮助巴西一路连胜强敌。马拉多纳因药检呈阳性而被驱逐出本届世界杯，一代球王以不光彩的形象告别了国家队。

■罗纳尔多登陆欧洲

仅在克鲁塞罗踢了一个赛季，18岁的罗纳尔多便以超级新秀的身份随巴西参加了1994年世界杯。世界杯之后，罗纳尔多以折合550万欧元的价格加盟埃因霍温。埃因霍温向来都以盛产前锋而闻名：罗马里奥、范尼、凯日曼等射手都是通过在这里的精彩表现登上了更高的舞台。而罗纳尔多无疑是这一连串名单中最为耀眼的。登陆欧洲的第一个赛季，罗纳尔多便为新东家打进30球，成为荷甲最佳射手。

■日本人加盟意甲

1994年夏天，三浦知良成了第一位在意甲效力的日本球员。三浦知良曾在巴西接受过训练，拥有亚洲球员特有的速度优势以及出色的门前嗅觉，在日本建伍电器公司（KENWOOD）的资助下，他成功登陆“小世界杯”加盟热那亚，与捷克球星斯库赫拉维并肩作战。不幸的是，三浦知良没有获得太多的出场机会，还见证了球队在保级附加赛中不敌帕多瓦，不幸降级。

1994/1995 >>

这一夜的维也纳属于年轻人！充满活力的阿贾克斯在冠军杯决赛中击败了老气横秋的 AC 米兰，打进制胜一球的 18 岁小将克鲁伊维特，成了万众瞩目的焦点。

1994/ 1995 阿贾克斯新生

在一次绝妙冠军杯征程的最后一站，阿贾克斯凭借 18 岁天才克鲁伊维特的致命一击，1:0 击败 AC 米兰，时隔 22 年后再次获得欧洲冠军杯。伟大的荷兰俱乐部，依靠着“巨星加工厂”培养出来的杰出一代，重新统治欧洲。

疯狂的打法　疯狂的教练，疯狂的阿贾克斯主帅范加尔用最具激情的方式演绎了一段欧冠传奇。

决赛

1995.5.24-维也纳恩斯特・哈佩尔球场　　主裁判：克拉丘内斯库（罗马尼亚）

阿贾克斯	1 : 0		AC米兰
(343)			(442)
范德萨	门将	门将	罗西
雷齐格	后卫	后卫	帕努奇
布林德			科斯塔库塔
弗兰克・德波尔			巴雷西
西多夫 53'	中场		马尔蒂尼
里杰卡尔德		中场	多纳多尼
戴维斯			阿尔贝蒂尼
罗纳德・德波尔			德塞利
菲尼迪・乔治	前锋		86' 博班
利特马宁 68'		前锋	M. 西蒙尼
奥维马斯			90' 马萨罗
替补			
卡努 53'			86' 伦蒂尼
克鲁伊维特 68'			90' 埃拉尼奥
进球			
84' 克鲁伊维特	1:0		

1995年的春天，阿姆斯特丹吹来一股清新之风。AC米兰依旧是那支人人渴望击败的球队，他们在各项赛事中都是最大热门。然而，在1/4个世纪前引领欧洲足球战术革命后，阿贾克斯在个性主帅范加尔的带领下再次受到了关注。这里集中了太多天才球员：戴维斯、西多夫、克鲁伊维特、利特马宁、雷齐格……他们的存在和成长使得阿贾克斯一点点攀登高峰，证实着自己的志向。

出于对传统价值的深深依恋，此时的阿贾克斯是当年那支横扫欧洲的劲旅的历史传承。他们的比赛充满了进攻激情，身体与技术并重。同时，这支阿贾克斯也呈现了其他一些优点：年轻、快速、善于控球。该队还拥有真正的领袖，比如德波尔兄弟、布林德，还有回来养老的里杰卡尔德，他们为球队带来了至关重要的经验。

阿贾克斯打入冠军杯决赛的过程令人信服，10场比赛6胜4平，还包括小组赛中两次击败AC米兰。1/4决赛淘汰克罗地亚冠军斯普利特海杜克，以及半决赛大胜拜仁（客场0:0，主场5:2），都坚定了他们夺冠的信念。

卡佩罗：我的球员都是老水手

一年前在决赛中被AC米兰羞辱的巴塞罗那"梦之队"，这次没能走得太远，在1/4决赛中被维阿领衔的巴黎圣日耳曼淘汰。范加尔与克鲁伊夫同为荷兰名帅，但与克鲁伊夫的自大不同，范加尔显得更聪明，他的话语总是很低调，喜欢将球队隐藏在黑马的外衣中。

范加尔深知自己球队的优势，他从来没有怀疑过手下的球员和既定的战术，但在飞往决赛地维也纳争夺第40届冠军杯之前，他却恭维起了对手，"米兰比我们拥有更多的决赛经验，而且意大利人也更善于应对压力，他们喜欢压力，也能够克服他们……"

而在另一方，AC米兰主教练卡佩罗则显得异常高调："荷兰人不了解真正的AC米兰，他们去年秋天打败的那支米兰已经不存在了。而且，我的球员经验丰富，他们都是老水手，知道在决赛这样的场合下应该干什么。"

看起来，什么都无法阻止意大利人卫冕。由于在同萨尔茨堡的小组赛中发生球迷骚乱，米兰球迷向场内投掷的矿泉水瓶打中了对方门将，AC米兰被欧足联罚掉了2个积分，但这并不妨碍他们小组出线，随后圣西罗被禁赛两场也没有难倒他们。至于1/4决赛的对手本菲卡和半决赛的对手巴黎圣日耳曼，都无力阻止红黑军团连续第3次挺进决赛。

在重新面对阿贾克斯时，卡佩罗只担心两件事情，一是进攻领袖萨维切维奇因为左大腿受伤缺阵，二是对手的实力。“阿贾克斯没弱点。我甚至感觉到，如今作为新人冒出来的好球员，好像都出生在荷兰。“

致命“孩子王”

决赛开始了！和往常一样，阿贾克斯依旧展示出了对足球的高超控制技巧。然而比赛前45分钟，范加尔并不满意，因为AC米兰基本没有受到什么威胁，对此范加尔特意在中场休息时做出了调整。

“中场休息时，我告诉球员们，我们踢得如此糟糕还能保持0:0，这是我们将赢得比赛的信号。我让里杰卡尔德改变了位置，让他后撤盯住博班，为中场打开空间。随后，我又让卡努和克鲁伊维特这两个18岁的孩子出场，正是他们改变了比赛。”

下半场阿贾克斯果然控制了米兰，意大利人看上去只能疲于应付。终于，在比赛结束前5分钟，疲惫的米兰用尽了所有的阻挡能力，曾经的“三剑客”之一里杰卡尔德，用一记准确的传球让晚辈克鲁伊维特完成致命一击！阿贾克斯重新登上了欧洲巅峰，沉浸在意外打击中的卡佩罗，充满遗憾地表示：“我们真的不该就这样失利。”

在看台高处观看了整场比赛的范加尔，此时有一丝复仇成功的感觉：对曾经小看他们的战术家复仇，以及为攻势足球复仇。他丝毫不掩饰自己赢球后的快乐，“足球就应该是这个样子。”

过去两年都获得欧洲冠军杯的AC米兰中场德塞利承认：“阿贾克斯非常强大，年轻而快速，他们前程似锦。”

（上图）当年的“荷兰三剑客”之一、曾为AC米兰在冠军杯赛场立下汗马功劳的里杰卡尔德（左），如今告老还乡回到阿贾克斯，并阴差阳错地成了狙击米兰的中坚力量。
（下图）克鲁伊维特被派上场仅仅6分钟就攻进本场唯一进球，帮助阿贾克斯时隔2[illegible]年后重新捧杯，他的优异表现也为自己打开了赴米兰淘金的道路。

巴雷西，红黑领袖

作为一名优雅的自由人、快速的后卫和绝无仅有的战术大师，巴雷西在20世纪80年代开始的20年里一直占据着AC米兰主力中卫的位置，同时AC米兰也是他一生中唯一的俱乐部，他在这里获得的荣誉数不胜数。没有人能像巴雷西那样完美地诠释萨基和卡佩罗的战术精神，他的才能和比赛风格，与严谨、力量、优雅、艺术、持久和高效等词语紧密地联系在了一起。

AC米兰在维也纳与阿贾克斯争夺冠军杯，这是巴雷西最后一次参加冠军杯决赛，当时巴雷西已经35岁，职业生涯马上要到尽头了。但这位米兰中卫依旧是球队的灵魂：他对比赛的阅读和精准传球一如往昔，在所有人眼中，他依旧是值得尊重的队长和领袖。

巴雷西不到18岁就进入米兰一线队。1987年春天对维罗纳的比赛，巴雷西第一次身穿AC米兰球衣，开始了荣誉和胜利之旅。在这支等同于他生命的俱乐部中，巴雷西赢得了3次冠军杯——不过1994年4:0 大胜巴塞罗那那场比赛，他因为禁赛没有出场。此外他还获得了6次意甲冠军和3次欧洲超级杯，但由于后卫位置的局限，以及球队中同样出众的古力特、范巴斯滕等进攻球员，他非常遗憾地错过了金球奖——那也是他职业生涯的唯一缺陷。

然而在1995年5月24日的维也纳，巴雷西实在无力阻挡年轻得可以当他儿子的克鲁伊维特。这一次，米兰人的越位陷阱失效了，巴雷西的操控指挥也失灵了。在1993年决赛不敌马赛后，巴雷西又一次输掉了冠军杯决赛。而这一次，他可以永远对冠军杯说再见了。

Franco Baresi

Un mois de grand rugby

L'ÉQUIPE

GÉNÉRATION AJAX

原声

■《队报》特派记者 帕特里克 · 于尔比尼

1995 年 5 月 25 日

在贝尔格莱德 1:0 击败尤文图斯夺冠后 22 年，阿贾克斯昨夜以同样比分击败了另一支意大利球队，重新夺得欧洲冠军杯。这是他们获得的第 4 座冠军杯，也是最艰难的一次，因为对手 AC 米兰在前 45 分钟控制了比赛。意大利人似乎不应该以这样的方式输球，但是萨维切维奇的缺阵确实令他们感到痛苦。

然而这或许就是历史的讽刺，米兰人掉入了自己设下的陷阱。在这支平均年龄只有 25 岁的球队面前，卡佩罗的球队不如对手“现实”。巴雷西和队友们最终只能接受失败。“大孩子”克鲁伊维特的进球为阿贾克斯带来胜利，尽管这场“1:0”的小胜，与他们此前的比赛风格不那么相符。冠军杯奖给了最有活力的球队，年轻、战斗精神、雄心壮志，这是阿贾克斯所拥有的，他们让人看到了攻势足球重新崛起的希望。更重要的是，这支球队一路走来，从未遭受一场失利。冠军，他们当之无愧。

全景

令人头疼的双子星

小组赛阶段，巴塞罗那前锋罗马里奥和斯托伊奇科夫一直与主帅克鲁伊夫处于不睦状态：前者因为在里约热内卢与亲朋好友庆祝巴西世界杯夺冠，迟到归队，受到荷兰教头的严厉批评；后者则由于性格太过暴躁，时常被克鲁伊夫指责。但是这对个性极强的锋线双人组却在主场4:0大胜曼联的比赛中联袂上演精彩表现：保加利亚人梅开二度，巴西球星也有一球进帐。克鲁伊夫真是哭笑不得！

卫冕冠军的主场闹剧

AC米兰的卫冕之路走得格外艰难。小组赛首个主场对垒萨尔茨堡，米兰尽管3:0取胜，但圣西罗球迷却在比赛中朝场内投掷水瓶，击中萨尔茨堡门将奥托·康拉德（Otto Konrad）（右一，当时他被斯特罗帕攻破大门），迫使其不得不在下半场退场。欧足联对AC米兰做出扣除2分、主场关闭两轮的处罚。这让红黑军团不得不将主场移至意大利东北部城市的里雅斯特。

幸运的 3 号门将

1/4决赛之前，由于主力门将卡恩韧带撕裂，拜仁慕尼黑在与哥德堡的比赛中不得不排出二号门将朔伊尔出战，拜仁主场0:0战平对手。但在客场与瑞典球队过招时，刚刚尝到主力滋味的朔伊尔又被罚下，拜仁只得遣上第三门将戈斯波达雷克出战。尽管拜仁在最后10分钟被主队连进两球，德国人还是凭借两个宝贵的客场进球晋级。戈斯波达雷克不但没有因此成为罪人，还获得了半决赛第一回合出战阿贾克斯的机会。这次他表现出色，力保球门不失。

亲密的敌人

在小组赛首场比赛中，AC米兰作客阿姆斯特丹挑战阿贾克斯。米兰阵中的古力特与昔日队友里杰卡尔德在球场上重逢，这是里杰卡尔德回到荷兰后首次面对旧主，他帮助阿贾克斯2:0获胜。有趣的是，当初两人都在荷甲踢球时，为埃因霍温效力的古力特也曾与阿贾克斯的里杰卡尔德对阵。

阿贾克斯三灭米兰

最后的决赛，是本赛季AC米兰与阿贾克斯在冠军杯中的第三次交手。此前小组赛两回合碰面，阿贾克斯均告获胜。决战中，凭借克鲁伊维特的破门，范加尔再次笑到最后。这支球队的许多年轻球员，都在日后成为活跃欧洲足坛的球星。而在决赛失利后，老龄化AC米兰开始了换血过程，卡佩罗也告别了米兰。

射手榜

1	维阿（巴黎圣日耳曼）	7 球
2	利特马宁（阿贾克斯）	6 球
3	M. 西蒙尼（AC 米兰）	4 球
	埃尔林马克（哥德堡）	4 球
5	巴克罗（巴塞罗那）	3 球
	罗马里奥（巴塞罗那）	3 球
	斯托伊奇科夫（巴塞罗那）	3 球
	卡尼吉亚（本菲卡）	3 球
	内林格尔（拜仁慕尼黑）	3 球
	绍尔（拜仁慕尼黑）	3 球
	列奥年科（基辅迪纳摩）	3 球

夏日记事

■西甲扩军

1995 年 8 月 1 日，西班牙职业联盟体育和金融委员会宣布，由于未按规定缴纳本赛季俱乐部预算的 5% 作为资金担保，塞维利亚和塞尔塔被强行降入乙级。他们留下的空缺，由巴拉多利德和阿尔瓦塞特顶替。但 2 周后，经过谈判和协商，职业联盟大会决定在未来两个赛季将西甲扩军至 22 支球队，塞维利亚和塞尔塔得以幸运留在甲级，巴拉多利德和阿尔瓦塞特同样可以参加西甲。

■全新的规则

从本赛季开始，欧冠逐渐采用一系列新规则：每胜一场获 3 分；每队可有 3 个换人名额；球员的参赛号码必须固定；门将不允许用手接队友的故意回传球。据悉，在 1991/1992 赛季联盟杯都灵与皇马的半决赛中，都灵门将马切吉亚尼在接到队友回传球后，故意浪费比赛时间长达 5 分钟，这一事件直接迫使欧足联决定采取一系列新规则。

■范巴斯滕退役，维阿称王

两年无法参赛，7 次进行右脚踝手术后，无力继续坚持的范巴斯滕终于宣布退役。荷兰人离开后，AC 米兰立刻从巴黎圣日耳曼引进了利比里亚超级射手维阿。加盟米兰的第一年，表现出色的维阿便赢得金球奖，后来他将这座奖杯送给了恩师温格。

1995/1996 >>

飘逸的长发，写意的尤文图斯。点球击败阿贾克斯成为欧冠王者之后，索萨、托里切利和帕多瓦诺（从左至右）三位球员赋予了金杯无数浪漫色彩。

1995/ 1996 无比强大的“斑马”

尽管同阿贾克斯的决赛比分很接近（90 分钟 1:1，点球决赛 4:2），但是尤文图斯还是以较大的场面优势，取得了俱乐部自海瑟尔惨案以来第一座冠军杯，重新登上欧洲之巅——这是对他们一个赛季以来不断创造辉煌成绩的奖励，也是对他们长期以来坚持不懈的回报。

点球大战让两队球员都陷入了紧张状态，阿贾克斯老队长布林德（左二）甚至蹲在地上不敢睁眼。最终尤文图斯成了胜利者，荷兰人黯然神伤。

决赛

1996.5.22-罗马奥林匹克球场　　主裁判：曼努埃尔·贝加（西班牙）

尤文图斯 1 : 1 阿贾克斯

点球4:2

尤文图斯			阿贾克斯
(433)			(442)
佩鲁齐	门将	门将	范德萨
托里切利	后卫	后卫	西洛伊
费拉拉			布林德
维尔乔沃德			69' 弗兰克·德波尔
佩索托			菲尼迪·乔治
孔蒂 44'	中场	中场	91' 罗纳德·德波尔
保罗·索萨 58'			戴维斯
德尚			博加德
拉瓦内利 77'	前锋	前锋	46' 穆桑帕
皮耶罗			卡努
维亚利			利特马宁
替补			
尤戈维奇 44'			69' 斯霍尔滕
迪利维奥 58'			91' 沃特尔
帕多瓦诺 77'			46' 克鲁伊维特
进球			
13' 拉瓦内利	1:1		利特马宁 42'
点球决战			
费拉拉			戴维斯 ×
佩索托			利特马宁
帕多瓦诺			斯霍尔滕
尤戈维奇			西洛伊 ×

自从1986/1987赛季以来，尤文图斯不但一直没有获得欧洲冠军杯，甚至还因贝卢斯科尼入主AC米兰和马拉多纳驾临那不勒斯而慢慢消沉，从1986年到1994年，尤文图斯长达8年无缘联赛冠军，连年错过这项当时只有“冠军”才能参加的至尊赛事。1986年11月5日，尤文图斯在1/8决赛中被皇马点球淘汰。将近10年后，“老妇人”以新手的身份开始了第一次“冠军联赛”征程，而立誓重新成为冠军的他们，又遇到了当年的老对手……

小组赛首场，尤文图斯就证明了自己的实力——他们客场3:1击败了德国冠军多特蒙德。随后，斑马军团又在布加勒斯特星身上获得4分，并两次大比分击败格拉斯哥流浪者。提前两轮小组出线后，他们剩下的只有耐心地等待，等待在1/4决赛中与皇马相遇。

当年的小组赛也成了一些“强队”的滑铁卢：英格兰冠军布莱克本被莫斯科斯巴达克，华沙莱吉亚和罗森博格等“弱旅”折磨得死去活来，最终只能小组垫底。基辅迪纳摩的出局更加丑陋：他们在第一场小组赛主场对帕纳辛奈科斯时试图收买西班牙裁判涅托，结果被无情驱逐，顶替他们出战的是丹麦球队奥尔堡。

皇马、南特兵败城下

皇马对尤文，这场对决毋庸置疑成了1/4决赛中最引人关注的焦点。“老妇人”在首回合的客场比赛中保持了很好的心态，没有因为急功近利而掉入西班牙人的进攻陷阱。虽然比赛以劳尔偷袭得手，皇马1:0获胜告终，但当半个月之后，双方来到阿尔卑球场时，一切都发生了变化。

主力射手、“白头翁”拉瓦内利因为禁赛缺阵，但尤文图斯的表现没有让意大利球迷失望。面对一心只想着不要输球的对手，斑马从比赛一开始，就发起了疯狂的进攻突击，皮耶罗和帕多瓦诺在上下半场相继得分，帮助球队以总比分2:1顺利晋级。里皮重新给予了这支球队胜利的头脑和风格，他总是自信地说：“在最重要的时刻，尤文图斯永远都能获胜！”

尤文半决赛的对手，是三年内第三支闯入冠军联赛半决赛的法国球队南特，但无论从实力还是效率来说，马克莱莱领军的南特都无力阻止尤文前进，尤其是卡雷姆布和洛科两位主力相继转会，主力前锋、法国国脚佩德罗斯又因伤缺阵，更是让这个法国西部的港口城市球队难有作为。里皮的部队顺利杀入决赛，这也是1985年海瑟尔惨案后的第一次。值得一提的是，在半决赛第一回合尤文主场2:0胜南特的比赛中，英格兰主裁加拉格尔（Dermot Gallaghrer）（此君目前是英超裁判中资历最

尤文图斯与阿贾克斯的决赛格外激烈，双方球员为了争夺一个球杀得昏天暗地。

深的几位之一）由于几次愚蠢的判罚，受到了主场球迷的热烈“喝彩”。

决战阿贾克斯的时刻到了！这个一年前击倒AC米兰的劲旅足够强大，但尤文图斯也相信自己的优势。压迫、精神、体能、速度，依靠拉瓦内利、维亚利、皮耶罗的前场三人组寻求得分机会，依靠尤戈维奇和德尚这样出色的中场创造绝杀，当然，也要依靠老后卫维尔乔沃德的经验控制对手。在绝对领袖维亚利的带领下，尤文图斯在决赛前三周就充足了电——他们明白冠军杯决赛的意义。

阿贾克斯损兵折将

作为球队的战术大脑，德尚非常清楚这场比赛的关键所在，“阿贾克斯对他们的比赛风格和343阵型非常自信。从整体上说，他们能控制比赛。从技术上讲，他们也强于我们。但如果我们能踢出自己的风格，大胆压上，尽可能将比赛节奏加快，减少他们的控球时间，迫使他们防守，将危险留在前场……运气好的话，希望我们还能限制布林德和利特马宁。假如上述条件我们都做到了，那么获胜就不成问题……”

此时阿贾克斯和一年前并非完全一样。虽然里杰卡尔德已经退役，上赛季夺冠的功臣西多夫又被桑普多利亚买走，但是荷兰王者依旧保持自己的比赛哲学，那就是进攻，进攻，再进攻！小组赛两胜皇马和匈牙利冠军费伦茨城，5胜1平保持不败，随后又在1/4决赛和半决赛淘汰多特蒙德和帕纳辛奈科斯，几场比赛荷兰人的发挥都相当出色。

但是决赛之前，范加尔遇到了麻烦，雷齐格和奥维马斯因伤缺阵。弗兰克·德波尔决赛之前刚从一个月的养伤期中恢复过来。同时范加尔不得不将1995年的决赛英雄克鲁伊维特放在替补席上，因为他也遭受着伤病的困扰。但范加尔确信，尤文图斯不会排出三前锋，而他的阿贾克斯，将继续用攻势足球猛锤对手，“尤文的后场球员体力充沛，中场组织良好，前锋个人能力也很强。但是，我们依旧对自己充满信心。”

然而到了球场上，却是另一番景象。尤文图斯完全按照自己的想法控制了比赛，刚开场13分钟，拉瓦内利就利用弗兰克·德波尔和门将范德萨的误会，在几乎零角度的情况下，将快出底线的足球用自己不擅长的右腿扫入大门，在罗马“主场”作战的意大利人取得领先。不过阿贾克斯也没有示弱，他们在半场结束前扳平，进球来自球队的最佳射手利特马宁。芬兰人是最令尤文图斯头痛的球员，他有足够的技巧、体能以及战术意识，他忽前忽

后，将“老妇人”的中场搅得七零八落。里皮不得不在下半场相继用尤戈维奇、迪利维奥和帕多瓦诺换下孔蒂、保罗·索萨和拉瓦内利，尤文图斯因生力军的出场，在下半场以及加时赛中重新占据了场面优势。

120分钟结束，点球大战开始，此时实力已经不是决定冠军的唯一因素。阿贾克斯率先主罚，但戴维斯显然没有思想准备，他的点球被佩鲁齐候个正着。接下来利特马宁和替补斯霍尔滕相继踢进，在点球第四轮之前，荷兰人将比分咬在2:3，但是第4个出场的“雷齐格替身”西洛伊再次重复了戴维斯的动作……而尤文图斯这边，费拉拉、佩索托、帕多瓦诺和尤戈维奇弹无虚发，荷兰门神范德萨只能眼看着意大利人在四次射穿了自己的球门之后，忘情欢庆。

里皮将这场胜利称为“团结的杰作”，这是他在尤文图斯两年来辛苦工作的成果，这也是维亚利在尤文图斯的最后一场比赛，即将远赴英伦加盟切尔西的他很高兴地享受着“被无尽快乐所淹没”的感觉。作为尤文图斯的支持者和观众，普拉蒂尼评价道：“我从来没有见过这样充满压迫式的打法！”而这场经典比赛和冠军的创作者之一德尚则兴奋说：“我很高兴，因为我能经常赢得重量级冠军！”——这是他的第二座冠军杯。当然，他最棒的成就随后在法国队相继到来。

« Jaja » prophète en son pays

ROLAND-GARROS
Becker casse Seles parle

BASKET
Villeurbanne doit réagir

L'ÉQUIPE

LA JUVE NE L'A PAS VOLÉ

原声

■《队报》特派记者 帕特星克·于尔比尼

1996 年 5 月 22 日

虽然比赛一直等到了点球决胜，尤文图斯最终依靠佩鲁齐的两次扑救才战胜了卫冕冠军阿贾克斯，但是斑马军团自 1985 年海瑟尔惨案以来再次拿下冠军杯，也的确至名归——意大利人完全控制了比赛。

这也是德尚 4 年内的第二座冠军杯，法国中场带领着他的队友们，将比赛纳入自己的轨道，让荷兰人无可奈何。这一次，德尚终于获得了一座“干净”的冠军杯！

尤文图斯获胜的原因，在于他们贯彻了赛前的战略部署——就是尽量加快比赛节奏，让阿贾克斯不能适应。同时，尤文图斯总是尽可能地压缩对手的空间，运用前场三名前锋的力量速战速决：即使不进球，也能给对手形成足够威胁，迫使荷兰人防守。防守是范加尔的球队所不擅长的，而这却是尤文图斯的优势。因此罗马之夜理所应当地属于“主场作战”的意大利人。

全景

基辅迪纳摩贿赂裁判

一名西班牙裁判向基辅迪纳摩亮了红牌！这位名叫安东尼奥·洛佩斯·涅托的西班牙裁判主动向欧足联报告：基辅迪纳摩俱乐部的两名官员在晚餐中递给他一张纸条，希望他能帮助球队在小组赛第一轮与帕纳辛奈科斯的比赛中获胜。“安东尼奥（涅托名），3万美元，基辅赢球。”纸条上这样写道。最终，基辅迪纳摩因为这次行贿企图而被逐出本届冠军杯，空出的名额被丹麦冠军奥尔堡所取代。

皮耶罗溜冰

皮耶罗终于在本届冠军杯中爆发了，这位21岁的尤文图斯前锋在小组赛中一口气打进5球，唯一没有让“斑马王子”进球的球队来自罗马尼亚。12月6日，小组赛最后一场尤文客场挑战布加勒斯特星，寒冷的天气和恶劣的场地极大限制了两队的发挥。由于球场上严重结冰，双方队员甚至很难保持平衡，很多人都因为停球或转身而滑倒，皮耶罗也不[illegible]上一次“马前失蹄”。最终双方0:0战平。

主席辞职，劳尔火爆

1995年11月20日19点34分，门多萨宣布辞去皇马主席职务。这时欧冠小组赛已打完前4场。然而主席的离去并没有让皇马球员消沉。1/4决赛首回合主场迎战尤文图斯，只有18岁的劳尔表现活跃，他不但接劳德鲁普的传球为本队拿下胜利，而且还表现生猛：一次拼抢之后，愤怒的他甚至和可以当他爸爸的尤文老将维尔乔沃德发生了肢体冲突。

意想不到的打架事件

布莱克本在本赛季冠军杯上丢尽了英格兰足球的脸！他们不但小组垫底出局，还在客场对垒莫斯科斯巴达克的比赛中发生了内讧。大卫·巴蒂传球给勒索时出现失误，这两位后来代表英格兰参加了1998年世界杯的球星发生口角，情绪失控的巴蒂居然在比赛重新开始后故意扳倒勒索，随即二人在球场上大打出手，尽管主裁并没有向两人出示红牌，但是那场比赛还是以布莱克本0:3败北而尴尬收场。

奖杯献给福图纳托

安德雷·福图纳托是当年尤文图斯阵中一名颇有前途的左边卫。但就在里皮出任尤文图斯主帅的同一天，他却被查出患有白血病。1995年4月25日，年仅24岁的福图纳托不幸去世。一年后，他的尤文图斯队友们在冠军杯决赛中通过点球大战击败阿贾克斯，用冠军奖杯告慰了福图纳托的在天之灵。随后，尤文图斯还把俱乐部的一块训练场地命名为“福图纳托”。

失利惹事

本届赛事，希腊冠军帕纳辛奈科斯成绩斐然，一路杀入四强，半决赛首回合又客场1:0力克卫冕冠军阿贾克斯，但在第二回合，他们在主场被阿贾克斯3:0击败，总比分1:3遗憾出局。这样的打击让胸怀信心的希腊球迷陷入了深深的失望，一些失去理智的球迷赛后在场内不断投掷杂物，很多人甚至冲入球场企图袭击球员。幸好希腊警察及时行动，这起事件才没有造成人员伤亡。

蒙头庆祝

决赛中，拉瓦内利为尤文图斯率先破门。进球后，“白头翁”上演了标志性的蒙头庆祝动作，据悉，这样的庆祝方式来自一次他与主帅里皮间的冲突。当赛季的一场意甲联赛，拉瓦内利没有首发，他替补登场后不久破门，阻止“斑马军团”落败。进球后，拉瓦内利激动地跑向教练席对里皮大喊：“现在你还想怎样？”第二天，里皮与拉瓦内利进行了会谈，并告诉他“尤文图斯是家很严肃的俱乐部，你那样做很不理智，下次你最好还是把头蒙上”。没想到拉瓦内利欣然“遵命”，以后每次破门，他都会上演“蒙头庆祝”的好戏。

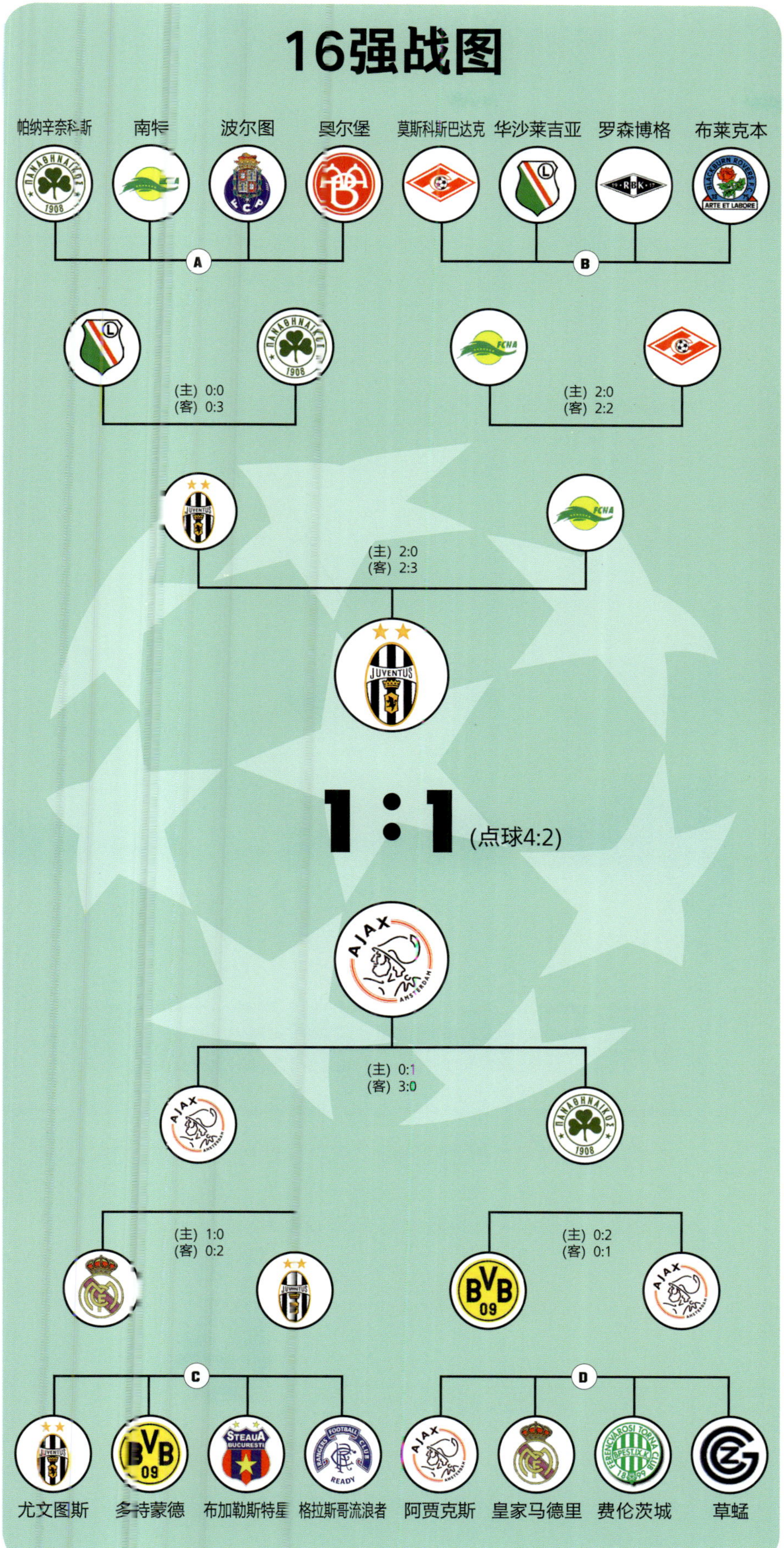

射手榜

1	利特马宁（阿贾克斯）	9 球
2	皮耶罗（尤文图斯）	6 球
	瓦齐哈（帕纳辛奈科斯）	6 球
	劳尔（皇马）	6 球
5	克鲁伊维特（阿贾克斯）	5 球
	尼基福罗夫（莫斯科斯巴达克）	5 球
	韦德克（南特）	5 球
	拉瓦内利（尤文图斯）	5 球

夏日记事

■金球欢腾德国

1996 年夏天最重要的赛事就是在英格兰举办的欧洲杯，尽管东道主英格兰实力强劲，黑马捷克气势逼人，齐达内领衔的法国队也极具竞争力，但是坚韧的德国人还是笑到最后，这座金杯不但让德国成为欧洲杯历史上夺冠最多的球队（3 次），且让当年那一批杰出的德国球员达到了一个美妙的终点。1990 年，这批球员为德国赢得了世界杯；1992 年，又是他们让德国在欧洲杯中获得亚军。这一次，以克林斯曼为首的球星们又赢得了一个伟大的荣誉。比埃霍夫在对捷克的决赛中金球制胜，成了世界足坛实行“金球制”后第一个幸运儿。

■博斯曼法案

1995 年 12 月 15 日，欧盟司法法庭宣布了一项名为“博斯曼法案”的判决。这项由比利时球员博斯曼与前东家 RFC 列日的纠纷引发的判决，在整个足球界引起轩然大波。审判法官认为，当时在俱乐部之间实行的转会系统，与“欧盟劳动者可以自由流动”的法规相悖，同时宣布，在某一支球队中限制欧盟球员数目的做法是非法的。从这一宣判公布的那一刻起，足球俱乐部变成了“跨国公司”。博斯曼法案生效后，欧洲各家俱乐部开始大规模采购，而不是培养本土球员，那些喜欢培养新人的球队，变成了最大的受害者。

1996/1997 >>

继 1990 年世界杯、1993 年联盟杯（当时效力于尤文图斯）和 1996 年欧洲杯后，尤尔根·科勒收获了又一个重量级冠军。

1996/ 1997 黑马多特蒙德现身

齐达内和德尚领衔的尤文图斯，气势汹汹地连续第二次进入欧冠决赛。然而在慕尼黑奥林匹克球场的碰撞中，拥有“主场之利”的多特蒙德，用三次突然袭击让卫冕冠军轰然倒地……

此前一年刚刚获得金球奖的多特蒙德绝对领袖萨默尔，在终场哨吹响后庆祝胜利。不久萨默尔因伤退役，这座冠军杯成了他职业生涯最后一个荣誉。

德国球队已经14年未曾染指冠军杯了（上一次是1983年的汉堡），而且10年来，甚至没有一支德国球队出现在冠军杯决赛中（上一次是1987年的拜仁）。尽管决赛是在多特蒙德球员所熟悉的巴伐利亚州举行，但希斯菲尔德的球队起初并没有被当成热门。事实证明，人们错误地低估了这支作风顽强的球队。一年前，他们已经打入了8强，而且慢慢地构造了一支具备很强竞争力的球队。

希斯菲尔德的"532阵型"起初受到很多德国媒体的怀疑。然而"萨默尔-科勒-保罗·索萨-穆勒"的钢铁组合，使球队的中路防守异常坚固。别忘了他们还有两名高效前锋——曾在意甲拉齐奥效力的里德尔和当时瑞士最大牌的球星查普伊萨特。当时多特蒙德队拥有多名国脚，他们看上去已经习惯了这种最高水平的比赛。

在1996年秋天进行的小组赛中，德国冠军轻松获得了出线权，虽然是小组第二，但他们仅仅以净胜球劣势位列西甲冠军马德里竞技之后。当1/4决赛对阵抽签开始时，人们意外地发现，8支球队居然不包括AC米兰——1996年12月4日，AC米兰与挪威冠军罗森博格在小组赛最后一轮会战圣西罗，比赛开始前48小时，曾经的功勋主帅萨基突然"复辟"，红黑军团士气大振。

比赛中，虽然AC米兰先失球，但齐达内最好的哥们杜加里在半场结束前扳平。1分足以帮助红黑军团进入8强，但是罗森博格的挪威国脚后卫亨根还是抢走了米兰人通向晋级之路的车票。此时卫冕冠军尤文图斯很得意，因为他们看到那个最危险的对手死于非命。

坎通纳一怒退役

当赛季，刚刚以3500万欧元从波尔多加盟的齐达内给了尤文图斯很多进攻的灵感，

决赛

1997.5.28-慕尼黑奥林匹克球场　　主裁判：普尔（匈牙利）

3 : 1

多特蒙德 (442)			尤文图斯 (442)
克洛斯	门将	门将	佩鲁齐
科勒	后卫	后卫	46' 波里尼
萨默尔			费拉拉
克雷			蒙特罗
罗伊特			尤利亚诺
兰伯特	中场	中场	迪利维奥
保罗·索萨			尤戈维奇
海因里希			德尚
A. 穆勒 89'			齐达内
里德尔 67'	前锋	前锋	88' 博克西奇
查普伊萨特 70'			73' 维耶里
	替补		
赫利希 67'			46' 皮耶罗
里肯 70'			73'N. 阿莫鲁索
佐尔克 89'			88' 塔奇纳迪
	进球		
29' 里德尔	1:0		
34' 里德尔	2:0		
	2:1		皮耶罗 66'
71' 里肯	3:1		

"老妇人"的防守也比一年前更加坚固，他们看上去肯定会卫冕成功——1990年的"萨基王朝"之后，再也没有哪支球队完成"欧冠连庄"的壮举。1/4决赛对手换成了罗森博格而不是AC米兰，使得尤文轻松晋级四强。随后，"斑马军团"又在半决赛中踏平了去年决赛中的手下败将阿贾克斯（客场2:1，主场4:1）。尽管"冠军联赛无卫冕"的魔咒令人记忆深刻（1995年的AC米兰和1996的阿贾克斯都曾有希望卫冕，但他们在决赛中先后失利），但人

们都确信，尤文图斯是与众不同的。

看看决赛之路另一面的多特蒙德。德国人在晋级决赛的过程中遭遇了艰难险阻：在1/4决赛对欧塞尔的死亡游戏中，由于西班牙裁判吹掉了对方前锋拉斯朗德的进球，多特蒙德才得以带着3:1的优势回到主场；次回合，20岁神童里肯又打出一脚25米的精彩远射，德国冠军顺利过关。

半决赛对曼联，多特蒙德更是应该庆幸上天保佑。两回合比赛，英格兰人都是完全控制了局面，但“弗格森宝贝”流畅的进攻屡屡在门前化为乌有，坎通纳等大牌球星更是缺乏效率，两回合都是0:1告负，红魔显然不会服气。弗爵爷后来证实：“在被残酷的现实不公正地淘汰后，坎通纳第二天就来找我谈话，主题是他想在赛季末退役。”

历尽千辛万苦，多特蒙德终于可以伴着5月的莺歌燕舞去慕尼黑“旅游”了。他们知道，自己有机会同尤文图斯对抗，即便对手看上去更加强大、更具天赋、更有经验。尽管在进军决赛的场面和数据上，多特蒙德没有占到多少优势。但他们在此前5场冠军联赛中取得全胜，而且很少失球。希斯菲尔德不会忘记，上一次“意大利PK德国”的冠军杯决赛就是德国人笑到最后：1983年，普拉蒂尼的尤文图斯输给了马加特的汉堡，比分0:1。

德尚未卜先知

就在5月28日决战欧冠之前10天，尤文图斯刚刚锁定意甲冠军，因此银狐里皮有理由充满信心，“我的球员永远都充满了对荣誉的饥饿感，我们有许多伟大的战士，他们知道，比赛中永远都要集中注意力，但我也清楚，多特蒙德同样能踢出高水平的比赛。”

即将参加个人第三次冠军杯决赛的德尚（1993年马赛，1996年尤文）补充道：“想击败多特蒙德，必须出现一支伟大的尤文图斯。德国人有资本在体力上与我们对抗，同时也能抵挡我们的压迫。另外，和去年同时期相比，我们的体能好像没有那么充沛了……”

希斯菲尔德同样对决赛和冠军充满期待，他强调：“德国球员总是能在需要的时候爆发。”比赛开始后，他的首发11人很好地抵挡了尤文图斯开场时的猛烈进攻，也限制着关键人物齐达内的发挥。更重要的是，一年前帮助德国力捧欧洲杯的安迪·穆勒扮演了“德国齐达内”的角色。他在左侧罚出的两个角球，都被里德尔转化成了进球，而且前后只隔5分

里德尔开场不久就左脚破门，随后又头球得分，让胜负的天平完全倾向多特蒙德。

钟——意大利国脚费拉拉和乌拉圭硬汉蒙特罗这对保险铁闸罕见地失误了。正如德尚所担心的那样，尤文图斯在体能上确实不济，也不够走运，齐达内两次击中门柱，维耶里一次被动手球后的进球被吹罚无效。

里皮在中场休息时进行了战术调整，重新为意大利人注入了活力，尤文再次控制了比赛，并由下半场替补上场的皮耶罗用脚后跟杂耍般扳回一球。不过意大利人看上去还不够耐心，多特蒙德很快扼杀了比赛悬念——同样是替补上场，里肯用另一种方式为多特蒙德锁定胜局：上场仅仅17秒，他就将穆勒的传球变成一脚精彩的吊射破门。

在首次夺得冠军杯的那个夜晚，希斯菲尔德难以抑止激动的心情：“前20分钟，我们踢得很辛苦，因为我们找不到自己的节奏。但幸运的是，我们没有失球。今晚我们踢出了一场世界级的比赛，当然，我还要感谢‘超级里德尔’。”

多特蒙德也借此战成为足球史上“实用主义”的典范：命中门框以内的射门只有3次，但全部完成了进球。“没有比这更美妙的了！”赛后许久，希斯菲尔德还没有收起他那满是皱纹的笑脸。

被对手牢牢看死，同时还缺乏一点运气的齐达内，一年内第二次在欧战决赛中败给德国球队。1995/1996 赛季联盟杯决赛，他效力的波尔多输给了拜仁。

Tranquille, ce 2e tour

Et maintenant les demis ?

L'EQUIPE

COMME DANS UN RÊVE

原声

■《队报》特派记者 樊尚·迪吕克

1997 年 5 月 28 日

昨夜的慕尼黑，多特蒙德历史上第一次成为欧洲冠军杯王者。被黄色和黑色所淹没的奥林匹克球场，变成了歌声和啤酒的海洋。从萨默尔、穆勒到里德尔。多特蒙德球员的经验帮助他们赢得了这个最重要的锦标。尤其是 31 岁的里德尔。他几乎一个人决定了比赛的胜负。

在这场高水平的较量中，尤文图斯其实有很多进球机会，但是他们两次射中门框，运气显然不在卫冕冠军一边——德国人的高效率使“老妇人”变成了一个充满浪漫念头的孩子。尽管尤文图斯实施了他们擅长的压迫式打法，但他们并没有真正控制比赛。5 分钟内的两次定位球击碎了意大利人连续称王的梦想。

多特蒙德在今年春天的 5 场冠军联赛中取得全胜，他们成了一个美丽的欧洲冠军。这是自 1988 年以来，意大利队第二次没能在欧洲三大杯中拿到一个冠军，同时这也是冠军杯历史上，德国球队第一次拥有三个名额入围下赛季（1997/1998）冠军杯，除了卫冕冠军多特蒙德，还有 1996/1997 赛季的德甲冠军拜仁和亚军勒沃库森。

全景

德尼奥传奇

在整个职业生涯中，托马斯·德尼奥（Thomas Deniaud）一直都是标准的替补型球员。但是，这位出身于法国军人足球队的中锋，却凭借为欧塞尔打入的两个进球，一跃成为俱乐部历史中的“伟人”。小组赛第2轮欧塞尔客场2:1击败格拉斯哥流浪者，德尼奥梅开二度，那也是欧塞尔在冠军杯中的第一粒和第二粒进球。要知道，当德尼奥在冠军杯中破门时，他在法甲的进球记录还是一个“鸭蛋”。

维阿袭人，禁赛6场

AC米兰客场与波尔图的比赛，因为一出暴力事件而变了味道。赛后在更衣室通道里，对1:1的结果十分不满的维阿用“铁头功”袭击了对方中卫若热·科斯塔。据说，一向温和的利比里亚球星之所以会丧失冷静，是因为科斯塔用带有种族歧视色彩的言语辱骂他。而在双方首回合较量中，科斯塔还曾故意用脚去踩维阿的手。最终，“正面伤人”的维阿被欧足联停赛6场。

齐达内欧冠首舞

从波尔多加盟尤文图斯后，齐达内终于在本赛季首次登上冠军杯舞台。来到意大利前，曾有人怀疑法国中场能否适应意甲的风格与节奏，齐达内也确实花了几个月的工夫，才在意大利足球气氛中找到感觉。但这位阿尔及利亚后裔进入状态后，马上用实际行动帮助尤文杀进欧冠决赛，证明了自己可以在足球史上书写新篇章。

在卡尔德隆球场沦为小丑

22年后，马德里竞技重返冠军杯，在1/4决赛中没能闯过阿贾克斯这道关卡。在主场的第二回合，马竞的阿根廷前锋埃斯奈德本有机会将球队送进半决赛。终场前15分钟，马德里竞技获得点球良机，但埃斯奈德踢得糟糕至极，被范德萨轻松扑出。英雄与罪人，刹那之间分出了界线。

“国王”的告别演出

本届欧冠，是曼联球迷心中的“国王”坎通纳最后一次出现在这个舞台上。那个赛季结束后的夏天，法国球星宣布退役。1/4决赛曼联主场首回合4:0大胜波尔图的比赛中，坎通纳为曼联打入的第二球，也成了“国王”的最后一粒冠军杯进球；而半决赛第二回合以曼联队长身份客场挑战多特蒙德，也是他最后一场冠军联赛。

阿贾克斯坠落

阿贾克斯在与尤文图斯的半决赛首回合中主场告负，证明了外界关于“荷兰球队凶多吉少”的预测。因“博斯曼法案”分崩离析的阿贾克斯虽然基本控制了比赛，但防守滴水不漏的尤文图斯充分利用反击机会打入两粒关键进球。“荷兰战斗机”再一次撞上意大利城墙，开始坠落。

“空气”的梦

因为头球功夫一流，多特蒙德前锋里德尔被队友们亲切地称为“空气”。在与尤文图斯的决赛中，“空气”向人们展示了他天赋异禀的预测能力，“比赛前那一晚，我梦到了自己会在决赛中打进两个球，一个是头球破门，另一个是左脚得分。我发誓！”决赛中，里德尔确实在第29和第34分钟先后用左脚和脑袋攻破了尤文图斯大门。

很有人情味的里德尔还在赛前赞助了一支特别的球迷团——曼联在1958年遭遇慕尼黑空难时的幸存者。博比·查尔顿、杰基·布兰切弗劳尔、比尔·福克斯、哈里·格雷格、肯斯坎隆、丹尼斯·维奥莱特和雷·伍德，6位老人受欧足联之邀，在里德尔的赞助下，来到慕尼黑观看了这场属于“里德尔的决赛”。

16强战图

射手榜

1	潘蒂奇（马德里竞技）	5 球
2	N. 阿莫鲁索（尤文图斯）	4 球
	博克西奇（尤文图斯）	4 球
	皮耶罗（尤文图斯）	4 球
	贾德尔（波尔图）	4 球
	里肯（多特蒙德）	4 球
	里德尔（多特蒙德）	4 球
	西蒙尼（马德里竞技）	4 球
	M. 西蒙尼（AC 米兰）	4 球
	维耶里（尤文图斯）	4 球
	阿图尔（波尔图）	4 球

夏日记事

■罗纳尔多远走意甲

在缴纳了 2790 万美元的解约金后，刚刚被全世界球迷所熟悉和喜爱的“外星人”罗纳尔多离开巴塞罗那，来到意大利加盟了国际米兰。原因是巴塞罗那主席努涅斯拒绝兑现为罗尼加薪的承诺。让巴西人感到自己被欺骗了。不过罗纳尔多在意大利的生活同样和快乐无关：先是 1998 年与尤文图斯争夺冠军时因裁判的争议判罚和意甲锦标擦肩而过，随后噩梦一般的膝伤更是几乎断送了他的职业生命。2002 年，顽强复出的罗尼又在罗马奥林匹克球场用泪水洗去了那个本可能属于自己的联赛冠军。直到 2002 年世界杯，罗纳尔多才重新站起。

■伤感的告别

罗纳德·科曼和巴雷西是 20 世纪八九十年代最出色的防守球员，1997 年夏天，他们依依不舍地告别了绿茵场。费耶诺德成了科曼职业生涯的句号，巴雷西则让圣西罗球场的 6 号球衣永远封存。球员时代的科曼和巴雷西都在球场内外展现出了出色的球技和人格魅力，他们的告别让无数球迷伤感不已——尤其是巴雷西通过新闻发布会宣布自己不会穿着球鞋返回球场的那一刻，惋惜的泪水在米兰城的每个红黑色角落喷涌而出。同时，在得到好友、时任阿贾克斯主帅奥尔森的热情邀请后，33 岁的米歇尔·劳德鲁普决定从日本返回，加盟红白军，一年之后，大劳德鲁普也宣布退役。

1997/1998 >>

1997 2005

1997/1998	皇家马德里
1998/1999	曼联
1999/2000	皇家马德里
2000/2001	拜仁慕尼黑
2001/2002	皇家马德里
2002/2003	AC 米兰
2003/2004	波尔图
2004/2005	利物浦

商业年代

自1991年起，最初的冠军杯赛制遭遇多次改革。但最引人注目的变革既不是名称的改变，也不是联赛赛制的引入，而是这个以前只属于各国联赛冠军的欧洲赛事，于1997年向部分国家的联赛亚军敞开了大门，1999年起，季军和第四名也有机会参加欧冠了，尽管某些参赛球队在本国依旧被视为“失利者”。

新赛制聚集了几乎所有欧洲最强大的球队。同一时间，博斯曼法案的施行使得欧洲范围内球员可以自由流动。大国联赛球队的实力不断增强。此举对于欧洲足球小国的冠军球队产生了重大影响，它们成为新赛季的第一批牺牲品。

皇家马德里在1998年的夺冠便利了这种赛制继续推行。然而在1998年至2005年间产生的8个欧洲冠军中，其中4个既不是本国联赛冠军，也不是冠军联赛卫冕者——曼联（1999），皇马（2000）、AC米兰（2003）、利物浦（2005）。但所有这些冠军都是欧洲豪门，手中挥舞着没有上限的支票本。

2002 年，处于技术巅峰的齐达内是皇马主席弗洛伦蒂诺巨星政策的最好代表。皇马击败德国球队勒沃库森，第 9 次举起冠军杯。

1997/ **1998**

皇马惊奇

出乎大多数人的意料，决赛中面对经验极为丰富的尤文图斯，马德里人夺回了失去 32 年之久的欧洲冠军杯。然而和这项赛事的新赛制相比，皇马夺冠也没什么可令人吃惊的了。

半决赛中，德尚的尤文图斯淘汰了国家队队友巴特斯率领的摩纳哥，输球了也没必要生气。

这是“再度现代化”后的首届赛事，组织者们运气不错，最后的冠军是前一年度的该国联赛冠军，就连亚军尤文图斯也是如此。向大国联赛的亚军敞开大门，对比赛进程产生了深刻的影响。预选赛从一轮增加到两轮，进入小组赛的球队从16支增加到24支，小组从4个增加到6个。各小组第1加上成绩最好的两个小组第2进入1/4淘汰赛。

新赛制需要计算小分来选出晋级球队，巴黎圣日耳曼因为净胜球少排在拜仁之后列小组第2未能晋级，而尤文图斯以成绩第二好的小组第2的身份晋级。法国人能打入小组赛是因为在淘汰赛中创造了奇迹，他们在客场0:3不敌布加勒斯特星的情况下，主场5:0翻盘成功，但这种奇迹到了小组赛变得稀有。

小球队全军覆没

与拜仁、尤文、勒沃库森、基辅迪纳摩、皇马和摩纳哥一同晋级八强的，还有曼联和卫冕冠军多特蒙德，他们的小组赛成绩最出色，均为5胜1负。改制后的第一年，3支德国球队一起进入1/4决赛，这看上去多少有些新鲜。

“小球队”毫无例外地全军覆没。前一赛季客场击败AC米兰小组出线的挪威球队罗森博格，这次分别击败了小组赛中的3个对手皇马、奥林匹亚科斯和波尔图，这已是难得的成绩，但最终名列小组第2无缘晋级。1/4决赛中唯一的冷门，当属摩纳哥依靠客场进球多淘汰大热门曼联，特雷泽盖在老特拉福德的进球精彩至极。但到了半决赛，传统还是得到了尊重：从来没有一支法国球队能在欧洲赛事中淘汰尤文图斯。

海因克斯离职提前曝光

另一场半决赛，在1/4决赛淘汰了勒沃库森的皇马，遭遇另一支德国球队多特蒙德，多特蒙德此前则淘汰了同胞拜仁。在伯纳乌获得2:0的优势后，皇马在威斯特法伦与卫冕冠军展开了激烈的拉锯战，0:0使得皇马进军决赛，也使得希帅随后被意大利人斯卡拉取代。取胜的一方也不平静，皇马主教练海因克斯赛季末离去的消息，在决赛前被公布。

决赛在两年前揭幕的阿姆斯特丹竞技场举行。这是一座未来风格的球场，顶棚可以在20分钟内关闭或折叠。这场对决也是史无前例的，尽管两家传统豪门在欧洲赛事中已经相遇7次，但从未在1/4决赛以后相逢。

这也是尤文图斯连续第4次参加欧洲赛事决赛，连续第3年打入冠军联赛决赛：1995年“老妇人”举起联盟杯，1996年夺取冠军杯，1997年则决赛不敌多特蒙德。连续三年率队参加欧冠决赛，也使得主教练里皮追上了当年卡佩罗在AC米兰的成就。

决赛

1998.5.20-阿姆斯特丹竞技场　　主裁判：赫尔穆特·克鲁格（德国）

1 : 0

皇家马德里 (442)			尤文图斯 (442)
伊尔格纳	门将	门将	佩鲁齐
帕努奇	后卫	后卫	托里切利
耶罗			尤利亚诺
桑奇斯			蒙特罗
罗伯托·卡洛斯			46' 迪利维奥
卡雷姆布	中场	中场	77' 德尚
雷东多			戴维斯
西多夫			66' 佩索托
劳尔 90'			齐达内
莫伦特斯 81'	前锋	前锋	因扎吉
米亚托维奇 89'			皮耶罗
替补			
海梅 81'			46' 塔奇纳迪
苏克 89'			66' 丰塞卡
阿马维斯卡 90'			77' 孔蒂
进球			
66' 米亚托维奇	1:0		

米亚托维奇（右一）一次轻灵的闪动，一次睿智的射门，比赛的胜负就此分出。幸运女神再次向皇马露出微笑，而意大利人又一次扮演了失意者的角色。

桑奇斯追上父亲

齐达内、德尚、皮耶罗、大因扎吉和戴维斯是都灵人的灵魂。但这天晚上，除了齐达内踢出了正常水平，其他人都演砸了这场本应属于他们的大戏。这也成就了马德里球迷的巨大幸福，其中一些人为此已经等待了32年。皇家马德里的第6座，也是上一座冠军杯，还要追溯到1966年。当时皇马阵中也有一人名叫桑奇斯，当年32岁的他是如今这支球队的队长马诺罗・桑奇斯的父亲。

桑奇斯身旁也有很多球星：德国门将伊尔格纳、从AC米兰转会而来的帕努奇，还有耶罗、罗伯托・卡洛斯、莫伦特斯、刚满20岁的天才劳尔、在阿贾克斯与戴维斯当过队友的西多夫，以及卡雷姆布——法国人的经历非常奇特，他本来将错过和法国队一起举起1998年世界杯的机会。为了转会皇马，他不惜与桑普多利亚决裂。当时桑普多利亚主席曼托瓦尼更希望卡雷姆布转会巴塞罗那，为此法国人从1997年6月到12月坐了半年板凳。冬歇期如愿加盟皇马后，他在1/4决赛和半决赛中打入3球，是皇马打人决赛的绝对英雄。

米亚托维奇的光荣时刻

但决赛之夜的伟大人物是米亚托维奇。罗伯托・卡洛斯的传中落到了这名前南球星的脚下，他背对球门，离球门线只有5.5米。一次漂亮的盘带后，米亚托维奇晃过了意大利门将佩鲁齐，打入全场唯一进球！马德里成为天使之城，“佩亚”则成为英雄！那年米亚托维奇已经29岁，他出道于布杜诺斯特，先后效力过贝尔格莱德游击队和巴伦西亚，还当选过西甲最佳球员。11年前在智利，他和普罗辛内茨基、博班、苏克、米哈伊洛维奇、萨维切维奇等一批南斯拉夫球星举起了世青赛冠军资杯。

1996/1997赛季，米亚托维奇帮助皇马夺得第27座西甲冠军，在1997年的金球奖评选中名列第2。当时没人能想到，前三名中的另外两人（第一名罗纳尔多、第三名齐达内）有朝一日也披上了皇马球衣。而在帮助皇马夺得欧冠的一年后，米亚托维奇加盟了佛罗伦萨。

赛制频繁变更的反思

欧洲冠军杯在36年间几乎毫无变化，但从1991/1992赛季开始，走入了不断变化的动荡时代。改革的扳机是俱乐部自己扣动的，它们对原有赛制不满，直接淘汰赛不能保证他们获得足够的、持续的收益。欧足联害怕这种不满

情绪最终演变为集体反抗，而且原有赛制也不能让他们的收入增加，于是他们决定将赛事的某一部分改为小组赛。这样一来，冠军杯就不再是杯赛，而成为“联赛”。

这种改变，与商业重于竞技的逻辑是一致的，随后衍生出一系列变革，至今也看不到头。一旦开此先例便不可收拾，为了找到一种理想的赛制，欧足联不断修补，从1991年到1996年，冠军联赛的赛制就发生了3次改变。然而冠军杯诞生后最具决定性意义的转变，当属1997年发生的这次。让一些欧洲足球大国拥有两个席位，欧足联改变了这项赛制最基本的原则。它不再是各国联赛的一种简单附属，而变成了一项必不可少的大型赛事。

改制的第一后果便是给其他欧洲俱乐部赛事带来了灭顶之灾：优胜者杯于两年后消失，联盟杯则在困境中挣扎。此外，看到自己创办的冠军联赛迎来的却不只是联赛冠军，还有被视为“失败者”的亚军，欧足联的领导们不会感到难堪吗？前欧足联主席约翰松评价道：“不，因为这是一种折中的处理。欧足联不是银行，也需要找钱。停留在原来的直接淘汰赛赛制很简单，但我们必须适应时代。没有变化也就没有了生命力。”

但这并不能满足最贪婪的胃口，比赛场次逐渐增多，而且多数是小组赛，冠军联赛的总收入也从12亿法郎增加到43亿法郎。球迷是否更喜欢新赛制呢？一家调查机构的结果显示，“比赛泛滥成了电视转播的现实问题。”越来越多的比赛成为走过场，而不像当年那样场场都是生死战。

欧足联曾认为，至少到2006年不用再改变赛制，但到了2002年，他们不得不作出紧急决定，从2003/2004赛季开始，将第二阶段小组赛改为直接淘汰赛。这也是受到欧洲大牌俱乐部希望增加电视转播收入的威胁，从2000年开始，已经出现了一个为豪门俱乐部利益服务的G14组织。这是冠军杯第5次更改赛制，但谁敢保证这个赛制能长时间持续下去？

L'EQUIPE

AU SEPTIÈME CIEL

原声

■《队报》特派记者樊尚·迪吕克

1997年5月21日

皇马巨大的荣誉陈列室里，终于有了一座没有丁点灰尘的欧洲冠军杯了。距上一次夺得“大耳朵杯”的32年后，这家西班牙豪门终于在阿姆斯特丹再次抡元。他们凭借的是某些天才的绝妙表演，但更多是依靠顽强的防守组织。

这场高水平的决赛中，米亚托维奇的进球宣判尤文图斯连续第2次看着冠军联赛奖杯从自己面前溜走。可怜的齐达内连续第3次在欧洲赛事决赛中失利，这对于同一名球员来说也太多了。和德尚、卡雷姆布一样，齐达内拼尽了全力，但他需要更长的时间来治疗伤痕。

当尤文图斯似乎要重新成为决赛主宰之时，米亚托维奇这位当晚最伟大的球员，改变了皇马的命运，也送给了卡雷姆布第一座欧洲赛事冠军奖杯。这是皇马第7次夺冠（1956、1957、1958、1959、1960、1966、1998）。当皮耶罗和大因扎吉全无状态时，意大利人的失利在情理之中。阿姆斯特丹之夜见证了一家传奇俱乐部的再度加冕，以及几名天才球员的个人爆发。对天赋的尊崇已经成为皇马历史的一部分。

全景

皮耶罗闪电进球

1997/1998赛季，皮耶罗的状态异常出色。小组赛“老妇人”客场挑战曼联的恶战中，皮耶罗（右图）开场后不久便闪电般敲开了舒梅切尔的十指关。此时，记分牌上的时钟才走了20秒。1997/1998赛季，皮耶罗在冠军杯中打进10球，荣膺最佳射手，另一个令人惊诧的是雷布罗夫，乌克兰射手以8球成为当届杯赛的二号射手。

舍甫琴科小荷才露尖尖角

1997/1998赛季的舍甫琴科对于欧洲球迷来说还是一个来自东欧的陌生角色，但在小组赛基辅迪纳摩客场挑战巴塞罗那的比赛中，舍甫琴科凭借“帽子戏法”摧毁了巴塞罗那的夺冠梦想。1998/1999赛季的冠军杯1/4决赛，乌克兰核弹头更是在和皇马的两回合较量中包办了本队的3粒进球，以一己之力淘汰皇马。从那时起，乌克兰前锋成为欧洲各大豪门竞相追逐的目标。

绍尔与父亲重逢

冠军杯小组赛拜仁客场与贝西克塔斯的较量，对于拜仁中场绍尔有着非常特殊的意义。借这次机会，绍尔在时隔20年后终于在土耳其重新见到了父亲埃尔金·于克塞尔。绍尔只有5岁时，父亲抛弃他离家出走。见面后，于克塞尔向绍尔索要了签名，绍尔后来则回忆说：“我一下就认出了他，并对他说‘你好，爸爸’。”

奥克塔伊与手榴弹

1997/1998赛季的冠军杯中，奥克塔伊成为贝西克塔斯的核心球员，本队6球中的4球由他贡献。然而奥克塔伊曾一度因为要服兵役而险些无缘冠军杯。更离奇的是，在一次军事演习中，一枚手榴弹在距离奥克塔伊很近的地方爆炸。获悉这一消息后，时任贝西克塔斯主帅的托沙克气得脸色发青，毫不犹豫地抨击了土耳其军方。

马德里之耻

冠军杯1/4决赛，皇马主场与多特蒙德的对决，因为一起事故而成为皇马球迷心中一段不光彩的回忆。赛前，伯纳乌球场南看台的部分球迷推倒了一道防护栏。由于这一防护栏与挂起球网的绳索相连，球门也突然倒塌，比赛推迟了75分钟才开始。事后，欧足联除了对皇马进行了高额罚款，还判处皇马的下一个主场比赛在封闭状态下进行。

丰收女神广场的庆祝

冠军杯决赛第66分钟，在尤文图斯连续几次破坏后，足球落到米亚托维奇脚下，黑山人拉球晃过佩鲁齐后左脚将球送入空门，为皇马时隔32年后再度捧起冠军杯。从20世纪80年代后期开始，皇马开始形成在丰收女神广场庆祝胜利的传统。1998年问鼎欧洲的庆祝仪式，也是皇马第一次在这座喷泉广场进行欧冠冠军欢庆，共有50万球迷赶到广场，为从阿姆斯特丹载誉归来的英雄们欢呼。

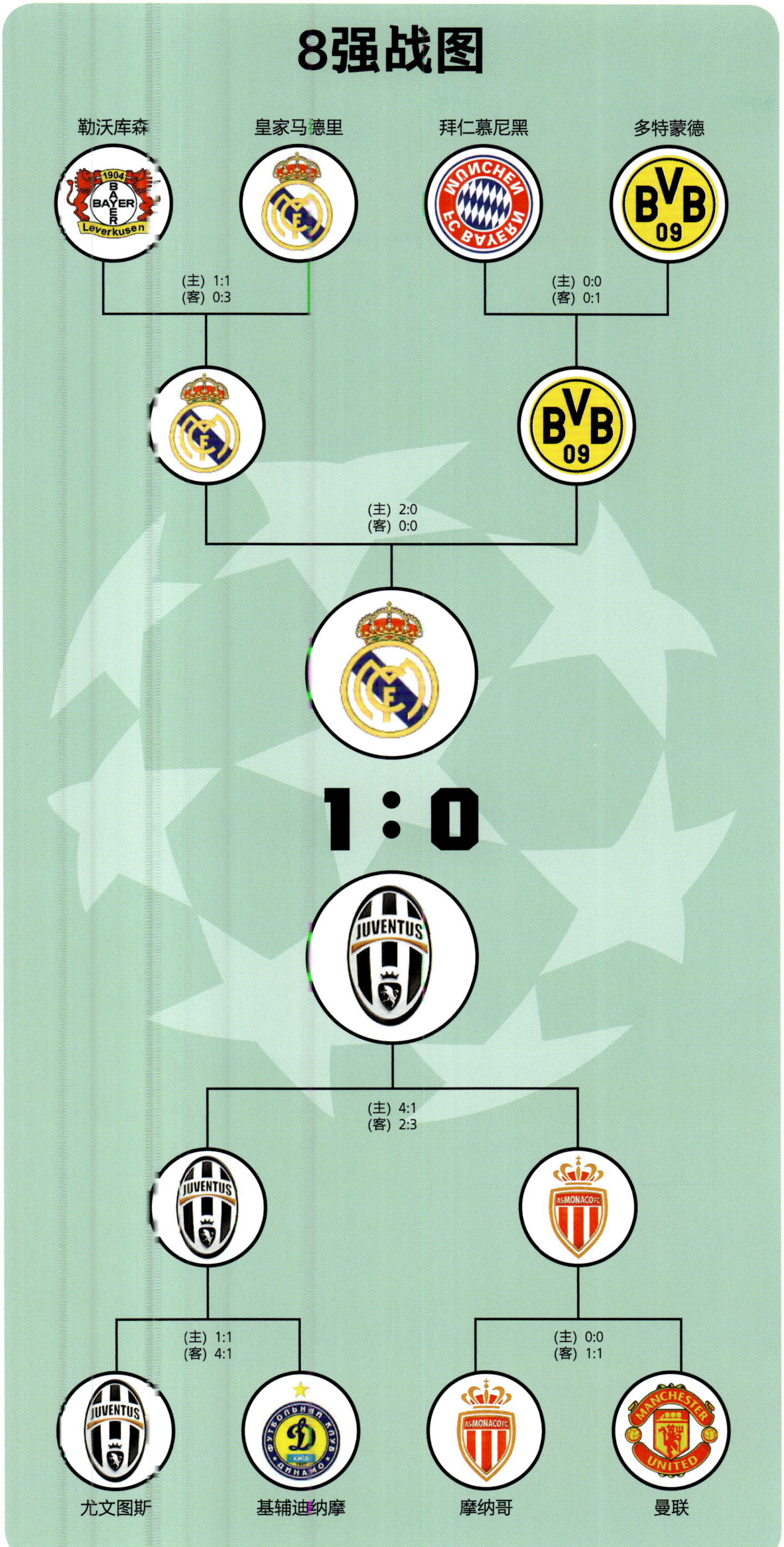

射手榜

1	皮耶罗（尤文图斯）	10 球
2	亨利（摩纳哥）	7 球
3	菲利波·因扎吉（尤文图斯）	6 球
	雷布罗夫（基辅迪纳摩）	6 球

夏日记事

■齐达内法兰西登顶

阿姆斯特丹之夜的齐达内是失落的，因为他又一次眼睁睁地看着冠军奖杯溜走。不过齐达内没有更多的时间感伤，世界杯等待着法国中场去征服。53 天后，齐达内用两粒头球撼动了法兰西大球场（准确地说是全世界），法国队在世界杯决赛中 3:0 完胜巴西捧杯——上帝终于开始亲吻齐达内的秃顶。法兰西大球场对齐达内来说意义重大。1998 年 1 月，齐达内打进了法兰西大球场竣工后的首粒进球，帮助法国队 1:0 击败西班牙，法国世界杯决赛，齐达内的进球奠定了他的巨星地位。2006 年 5 月 28 日，依然是在法兰西大球场，齐达内完成了在法国国家队的第 100 场表演。

■ 23 天的皇马主帅

海因克斯离开皇马帅位后，时任皇马主席的桑斯签下了前皇马球员卡马乔。不过卡马乔只在皇马主帅的宝座上坐了 23 天便拂袖离去，因为俱乐部董事会无法接受他为教练组成员开出的工作条件。随即，希丁克走马上任。2004 年卡马乔还是获得了指挥银河战舰的机会。可惜这次的皇马之旅依旧短命。卡马乔只在帅位上坐了 5 个月就黯然下课。

■泽曼控诉意甲

捷克教练泽曼执教过福贾、拉齐奥和罗马，他在 1998 年夏天用一句极具破坏性的话语，在意大利足球界引发了一场风暴，“足球必须从药店和金融单位的办公室里走出来，因为这不是足球的力量。”这样的表态立刻使意大利足球禁药丑闻曝光，并引发了一系列大规模调查。皮耶罗、罗纳尔多、维亚利、马尔蒂尼、基耶萨、德尚、齐达内……一连串球星被迫接受法官们的盘问。

1998/1999 >>

谢林汉姆在决赛第 91 分钟将比分扳成 1:1，两分钟后，索尔斯克亚给了拜仁更致命的一击。

1998/ 1999 上帝是英格兰人

两次击中门框，终场前还 1:0 领先，在一场拜仁慕尼黑完全统治的比赛中，曼联补时阶段连进两球，夺取了俱乐部第 2 座冠军杯，同时也创造了英超、足总杯和冠军杯的三冠王伟业。

马特乌斯（10号）、贝克汉姆和科利纳. 他们是决赛中的明星。不过德国老将成了最后的失意者。

决赛

1999.5.26-巴塞罗那诺坎普球场　　主裁判:科利纳（意大利）

2 : 1

曼联 (442)			拜仁慕尼黑 (343)
舒梅切尔	门将	门将	卡恩
加里·内维尔	后卫	后卫	80' 马特乌斯
斯塔姆			库福尔
约翰森			林克
丹尼斯·欧文		中场	巴贝尔
贝克汉姆	中场		耶雷梅斯
巴特			埃芬博格
布洛姆奎斯特 67'			塔纳特
吉格斯		前锋	89' 巴斯勒
约克	前锋		71' 齐克勒
科尔 81'			扬克尔
替补			
谢林汉姆 67'			71' 绍尔
索尔斯克亚 81'			80' 芬克
			89' 萨利哈米季奇
进球			
	0:1		巴斯勒 6'
91' 谢林汉姆	1:1		
93' 索尔斯克亚	2:1		

《难以置信，但这是事实》，此乃英格兰一档非常出名的电视节目，这也是曼联在冠军联赛决赛中不可思议地终场前翻盘后，很多媒体的标题。这是事实，只是我们此前从未看过！1999年5月26日的巴塞罗那诺坎普球场，比赛已经进入补时阶段，工作人员开始在球场边布置领奖台，场边的媒体工作者也做好了冲入球场记录这个历史性时刻的准备。

比赛进入补时阶段，希斯菲尔德理了理领带。几分钟后，他就将再次触摸到大耳朵杯——两年前他曾带领多特蒙德夺冠。此前曾带领两家不同的俱乐部夺得过冠军杯的教练只有一位：奥地利人恩斯特·哈佩尔，他于1970年和1983年分别带领费耶诺德和汉堡抡元。

和哈佩尔不同，希斯菲尔德不是一名伟大的球员，他的整个球员生涯几乎都在瑞士度过，然后在瑞士的阿劳开始教练生涯。在希斯菲尔德的第二次足球生命中，他赢得了一系列荣誉：两次瑞士联赛冠军和3次杯赛冠军、3次德甲冠军，还有两年前带领萨默尔、里德尔和查普伊萨特夺得的冠军杯。

看上去没有什么能够阻止历史的车轮，阻止拜仁夺得俱乐部历史上第4座、23年来的首座冠军杯。德国人从比赛的第6分钟起就领先了，巴斯勒的任意球帮助拜仁很快就控制了比赛。德国人还曾两次击中门框，而门将卡恩直到第82分钟才做出第一次真正的扑救。

马特乌斯唯一欠缺的奖杯

终场前，主帅决定让一些功勋球员提前下场，接受全场起立鼓掌的奖励，比如进球功臣巴斯勒，以及"纪念碑"马特乌斯。马特乌斯是整个欧洲拥有冠军头衔最多的球员之一，他在德国队赢得了一切：1980年欧洲杯，1990年世界杯，参加过5次世界杯、出场25次，这都是前无古人的纪录。他当时已经135次入选德国队（退役时这个数字增加到150次）。俱乐部赛事中，他赢得了两次联盟杯、6次德甲冠军、2次德国杯，还随国际米兰赢得1次意甲冠军。他获得过1990年金球奖、1991年国际足联世界 足球先生。尽管当时他已经年满38岁，比队友库福尔大了整整18岁，但他甚至还在1999年当选德甲最佳球员。

此前马特乌斯已经输过一次决赛了：1987

年拜仁意外败给波尔图（1:2），惨遭大逆转，葡萄牙人是在最后12分钟内打入两球翻盘的。这种不幸，难道还会在巴塞罗那这场决赛的最后几秒上演吗？

希斯菲尔德从未输给过曼联

如同英格兰射手莱因克尔曾说过的，足球不就是“11个人对11个人，最终德国人获胜的运动”吗？迷信的人也在不断寻找各种规律来证明拜仁必胜，比如希斯菲尔德执教的球队从来没有输给过曼联，弗格森在执教生涯中从来没有赢得过一次点球决胜！即使曼联能够扳平，对他们来说又有什么用呢？

这样的经验之谈还有很多：自1987年波尔图逆转夺冠以来，在决赛中首开纪录的球队最终都成功捧杯。最近20年的冠军杯决赛，有12支取得1:0的球队笑到了最后，其中4场踢了点球……

此刻，人们似乎都忘记了一句来自田径界的古话：英国人从来不会在终点处被打败。意大利裁判科利纳示意要补时3分钟，1分钟很快过去了。曼联在左侧获得了一个角球，贝克汉姆主罚。这是曼联“最后的机会”。足球准确地飞入了禁区，经过马特乌斯的替补芬克碰撞，改变了方向……

谢林汉姆，最棒的老家伙

威尔士左边锋吉格斯射门却打偏了，但“老家伙”谢林汉姆出现了适当的位置，33岁的谢老经常坐替补席，但每次登场都会作出些贡献。几天前2:0打败纽卡斯尔的足总杯决赛中，他打入1球并助攻斯科尔斯破门。“超级替补”此刻出现在右侧门柱，他没有错过这个机会。难以置信，但是事实！德国人有些泄气，看来要面对即将开始的加时赛了，至少他们心里是这样想的……

索尔斯克亚，天使降临

在扳平比分后的第三秒，科利纳给了曼联最后一次角球。看上去刚才的情景不会再发生了。贝克汉姆再次罚出角球，谢林汉姆头球摆渡，足球被索尔斯克亚轻轻一垫，飞进了卡恩把守的大门。挪威前锋在第81分钟才替补出场，他是曼联的另一个“超级替补”，他的进球几乎全部是在替补上场后攻入的。

31年过去了，曼联在一场结局最惊心动魄的决赛中击败拜仁，重新夺得了冠军杯。唯一能和这场比赛的结尾相比的，是2004年欧洲杯

奖杯在手，弗格森和球迷们一同庆祝。他让谢林汉姆（10号）和索尔斯克亚替补入场，导演了曼联最后的爆发。

法国同英格兰的比赛。新科欧洲冠军不是前一年度的联赛冠军，但在过去7年中，曼联5次夺取英超冠军，自1998年12月以来，“红魔”已经连续33场不败。

这是弗格森治下的曼联9年内举起的第13座奖杯。苏格兰人1986年入主老特拉福德，花了4年拿到第一座足总杯，花了7年拿到第一个联赛冠军，如今，他成了欧洲之王。

继1967年的凯尔特人，1972年的阿贾克斯和1988年的埃因霍温之后，已夺得足总杯和英超冠军的曼联，成为历史上第四支完成三冠王伟业的俱乐部。“红魔”也是四大联赛中的第一家！

两分钟神奇掩盖一切

决赛最后时刻的神奇效应，使得第44届冠军杯的其余部分都失去了应有的光彩，比如巴塞罗那、阿贾克斯和埃因霍温在小组赛就宣告出局，奥林匹亚科斯意外出线，克罗地亚萨格勒布和罗森博格的出色表现，还有皇家马德里的意外出局——他们被神勇的舍甫琴科所击败。决赛最后两分钟的神奇掩盖了一切，不会有更神奇的故事了。

曼联神奇逆转。

Hingis en patronne
L'EQUIPE
RENVERSANT !

原声

■《队报》特派记者樊尚·迪吕克

1999 年 5 月 26 日

或许我们需要理性地解释，在长时间统治比赛、两次击中门框后，拜仁慕尼黑是如何在最后两分钟被逆转，“帮助”曼联夺得俱乐部历史上第 2 座冠军杯的。但这没有丝毫理性可言。这段足以进入足球史的传奇，只有神奇，或者魔咒，还有贝克汉姆两次魔术般的角球所代表的英格兰足球的传统。那么是哪颗神奇的星星唤醒了曼联？在 90 分钟里，拜仁依靠他们的力量和控制能力完全统治了比赛，希斯菲尔德在最后时刻的换人是为了让巴斯勒和马特乌斯来一次完美的凯旋。但替换马特乌斯的芬克没能将贝克汉姆的角球解围，成全了谢林汉姆的扳平，曼联也实现了冠军杯决赛中前所未有的翻盘。

上帝是英格兰人，他可能还有点苏格兰血统，因为弗格森派上的两个替补——谢林汉姆和索尔斯克亚，在这次历史性的胜利中扮演了主角。联赛、足总杯和冠军联赛抡元，曼联成为实现历史性三冠王的第一家英格兰俱乐部。拜仁在冠军杯三连冠（1974、1975、1976）之后，又连续 3 次输掉了冠军杯（1982、1987、1999），他们简直没有一点运气。

全景

阿森纳在温布利作战

1998/1999赛季，阿森纳的所有冠军杯主场比赛都在温布利举行。从热情如火的海布里到气氛冷漠的温布利，阿森纳的主场变更没有给球队带来好运。在这里，他们只战胜了帕纳辛奈科斯，并言和了基辅迪那摩。希曼（右图）成了最大的受害者，他不断地从球网里检球，甚至朗斯也在客场1:0击败了阿森纳。

超级搭档舍瓦 & 雷布罗夫

基辅迪纳摩与皇马的1/4决赛中，舍甫琴科与雷布罗夫搭档，包办了两回合的3粒进球，皇马在卫冕道路上就此停步。

罗纳尔多欧冠第一球

小组赛客场对垒皇马的比赛中，为国际米兰披挂上阵的罗纳尔多首次在冠军杯中亮相。此后，在国际米兰主场迎战莫斯科斯巴达克的比赛中，罗尼打入了个人冠军杯首粒进球，国际米兰2:1小胜对手。

布莱恩·迪恩的球裤

1998年，布莱恩·迪恩空降本菲卡，这位身高1.93米，体重80公斤的强力前锋，在与埃因霍温的比赛中匪夷所思地被当值主裁黄牌警告，因为他若无其事地当着观众们的面更换球裤。

三冠王

经过31年的漫长等待，曼联终于重新赢回冠军杯。这次夺冠，也为曼联这一堪称完美的赛季画上了圆满的句号。不过，博比·查尔顿等人在赛后只能孤单地享受这场胜利，因为当比赛结束时，球场上已没剩下几名曼联球迷了。赛后，英媒体表示“那个让球队完成逆转的禁区很值得人们进去转一转”。弗格森的球队还赢得了当年的丰田杯。

巴伐利亚力量

第2轮资格赛对阵奥比利奇，尽管拜仁慕尼黑在主场费了不少力气才打破僵局，但迟到的进球打开了进攻的阀门，巴伐利亚球队15分钟内连入4球。这一次为拜仁打开胜利之门的是他们的队长埃芬博格（右图左）。第二回合客场的比赛中，球场内曾闯进一只悠闲漫步的小老虎，最终1:1从容过关。

约克遮蔽了罗尼的光芒

冠军杯1/4决赛主场对国际米兰，特立尼达和多巴哥射手约克为曼联打进两球，完全遮盖了罗纳尔多的光芒。次回合，巴西球星也未能挽回国际米兰被淘汰的命运，曼联客场1:1过关。

8强战图

射手榜

1	舍甫琴科（基辅迪纳摩）	8 球
	约克（曼联）	8 球
3	扎霍维奇（波尔图）	7 球
4	菲利波·因扎吉（尤文图斯）	6 球

夏日记事

■阿内尔卡加盟皇马

在向阿森纳支付了 3300 万欧元后，皇马得到了法国前锋阿内尔卡。时任皇马主席桑斯非常得意，“我们完成了皇马历史上最大的疯狂，这是一次让人着迷的疯狂。”虽然日后在皇马过得并不开心，但阿内尔卡到来之初，确实引发了外界疯狂的追逐，法国总统希拉克和时任西班牙首相阿斯纳尔甚至还专门手举阿内尔卡的皇马球衣为其作秀。

■默多克试图收购曼联

澳大利亚传媒巨子默多克试图以 10 亿欧元的价格收购曼联俱乐部。但是，在研究了一份由反垄断委员会递交的报告之后。英国政府拒绝了默多克的收购申请，该报告指出，默多克的收购可能会让英国足球的质量受损。

■发给马拉多纳的警告

2000 年 1 月，马拉多纳因为吸毒并发症被送往布宜诺斯艾利斯的医院急救。出院后，球王前往古巴的一家戒毒所进行治疗，期间与媒体几次发生不快。戒毒期马拉多纳体重飙升，过度肥胖给他的心脏带来了极大负担，新的健康问题又出现了。

■墨西哥本土捧杯

1999 年的联合会杯冷门迭爆，最大的冷门当属东道主在决赛中 4:3 战胜巴西夺冠。美国以及沙特闯进联合会杯半决赛也令人跌碎眼镜。墨西哥对美国的半决赛靠布兰科的金球分出胜负，巴西和沙特的半决赛出现了 8:2 的惊人比分。不过国际大赛第 4 的成绩对于沙特来说已经非常不错了。

在香槟雨中，莫伦特斯、埃尔格拉、劳尔、萨尔加多和卡西利亚斯等人庆祝皇马的第 8 个冠军杯。

1999/2000 皇马永不过时

引入第 2 阶段小组赛，增加比赛数量以满足俱乐部增加收入的要求，使得西班牙球队在半决赛中占据 3 席。决赛更是由西班牙俱乐部包圆，最终皇马登天，他们在决赛中击败了可怜的巴伦西亚。

伯纳乌一战，曼联和皇马都很拘谨。曼联全力防守，皇马也只是借助球员的个人能力进行零星的快速反击，0:0的比分合情合理。

又改赛制了？没错！两年前刚刚对冠军联赛赛制进行了改革后，这项赛事变得越来越像联赛。这一次，小组赛从一次增加到两次。和比赛数量一起增加的是收入，但观众的反应是冷淡的：公众面对没有任何意义的比赛选择放弃，很多比赛基本上无关大局。冠军联赛的历史上，我们第一次看到没有坐满的看台，哪怕是在对足球最为狂热的国家。球迷们每天都在接触足球，但是这项运动的确可能死于过分庞大。过多的比赛就像掺了水的美酒，球迷得不到想象中激动人心的画面，对比赛的需求在荒谬的气氛中迅速黯淡下去。

决赛

2000.5.24-圣丹尼斯法兰西大球场　　主裁判：布拉斯基（意大利）

3：0

皇家马德里（442）			巴伦西亚（442）
卡西利亚斯	门将	门将	卡尼萨雷斯
萨尔加多 85'	后卫	后卫	安格洛马
卡兰卡			久基奇
坎波			佩莱格里诺
罗伯托·卡洛斯			赫拉尔多
麦克马纳曼	中场	中场	门迭塔
雷东多			69' 赫拉德
埃尔格拉			法里诺斯
劳尔			基利·冈萨雷斯
莫伦特斯 72'	前锋	前锋	安古洛
阿内尔卡 80'			克劳迪奥·洛佩斯
替补			
萨维奥 72'			69' 伊利耶
桑奇斯 80'			
耶罗 85'			
进球			
39' 莫伦特斯	1:0		
67' 麦克马纳曼	2:0		
75' 劳尔	3:0		

米兰没利用好赛制

这种赛制对精于计算的球队，尤其是大俱乐部有利，他们能够避免过早被淘汰。但即使如此，也不能做到绝对保险：1999/2000赛季，AC米兰，这支曾5次举起冠军杯的伟大球队，在第一阶段小组赛就停下了脚步。他们在H组中名列切尔西、柏林赫塔和加拉塔萨雷之后垫底，意大利巨人甚至连一张联盟杯的门票都没有捞到。冗长的联赛式体制让赛会制晋级高手AC米兰不适应，他们在主场经常被逼平（2次），客场又失败过多（2次），所以最后只能在沉默中衰败。AC米兰只要获得小组第3就能继续征战联盟杯，而优胜者杯此时已经成为历史名词。公众很难理解，在总共96场第1阶段小组赛后，为什么只淘汰8支球队（16支晋级冠军联赛，8支晋级联盟杯）。

AC米兰向欧洲说再见了，阿森纳和多特蒙德则要集中精力攻击联盟杯，还有一直想获得这座奖杯的加拉塔萨雷。

提前上演的决赛

法国冠亚军波尔多和马赛都通过了第一关，但却在第2阶段小组赛垫底，尽管他们曾打败卫冕冠军曼联和切尔西。在经过39场资格赛和144场两阶段小组赛后，终于迎来了1/4决赛。人们已经盼望直接淘汰赛很久了，对阵形势是切尔西VS巴塞罗那、巴伦西亚VS拉齐奥、皇马VS曼联、波尔图VS拜仁。3支西班牙球队进入1/4决赛，而且还一起晋级：前一赛季的西甲冠军巴塞罗那、亚军皇马，以及第四名巴伦西亚！

皇马淘汰曼联的过程惊心动魄（0:0，3:2），这被认为是提前上演的决赛。随后他们淘汰了另一家打入前一赛季决赛的俱乐部，拜仁慕尼黑（2:0，1:2），阿内尔卡在向球队和领导人公开道歉后，在伯纳乌打入两球，成为击败拜仁的最大英雄。

实际上，人们如今很少能回忆起那个赛季的皇马曾多么难堪。1999年秋天，皇马居然历史上第一次接近降级区！11月，威尔士教练托沙克被博斯克取代。“博斯克了解皇马就像了

到了客场，皇马突然变脸。凌厉的攻势带来了一个客场胜利（3:2），西班牙战舰挺进半决赛。

解自己的口袋一样”，他曾是这里的球员，还参加过1981年冠军杯决赛。

在他的领导下，皇马更衣室立刻恢复了平静。他平息了球星之间的争端，逐渐弃用一些老将比如桑奇斯和耶罗，让俱乐部的青训球员、18岁的卡西利亚斯成为主力门将。于是皇马战车又开始前进，但博斯克拿桀骜不驯的阿内尔卡还是没什么办法，从赛季初一直到赛季末，法国前锋一直是更衣室里最危险的人物。

阿内尔卡建功

主席桑斯在买进阿内尔卡时可谓一掷千金（3300万欧元转会费，30万欧元的税后月薪），从来没有哪家西班牙俱乐部在一名球员身上花这么多钱，然而年仅21岁的阿内尔卡很快和俱乐部发生了冲突。

在他的正式加盟见面会上，阿内尔卡就公然拒绝了俱乐部的训练装，因为皇马的赞助商是阿迪达斯，而他和另一个品牌有约在身。一个月后，他宣称：“球队必须改变战术，让我能够适应。”随后他又拒绝踢右路，如同孩子一般任性，“所有人都知道我踢中锋，有人却把我放在右路。我不会改变自己的比赛风格，即使我整个赛季一个球都不进。”他直到2000年2月26日才打入首个联赛入球。

这还不是全部：在不满足于批评博斯克的战术选择后，他又遵守此前的“诺言”拒绝训练，他还宣称要“结束职业生涯，因为对踢球已经找不到乐趣”。这一次，俱乐部没有再向阿内尔卡妥协。惩罚是严厉的：3月13日，皇马对阿内尔卡禁赛45天，禁止比赛和训练，停发工资。幸好俱乐部总经理胡里奥森从中斡旋，加上法国前锋公开道歉，才让这个叛逆者重返球场，并打入两球帮助皇马进入决赛。

另一场半决赛则是百分百的西甲对决，巴伦西亚淘汰了巴塞罗那（4:1，1:2）。这是历史第一次由同一国家的球队包揽冠亚军。

法兰西大球场的4.8万西班牙人

继1998/1999赛季后，这是第2次出现冠军杯冠军不是前一年度的联赛冠军。更糟糕的是，如果说决赛前6个月皇马还处在保级区，那么巴伦西亚却是在西甲开打两个月后还垫底！对于巴伦西亚人来说，通往法兰西大球场的道路是漫长而艰辛的。海选赛轻松过关后，他们又在第一阶段小组赛名列小组第一，第二阶段小组赛排在曼联后位列第二出线。1/4决赛轻松淘汰拉齐奥（5:2，0:1），对于主教练

库珀来说是一次复仇，因为前一赛季他率领马洛卡打入了最后一届优胜者杯决赛，但最终输给了拉齐奥。

但这一次，库珀再次与冠军擦肩而过……在分成两个鲜明阵营的4.8万西班牙人面前，凭借莫伦特斯、麦克马纳曼和劳尔的进球，皇家马德里3:0大胜。如同他们的两名阿根廷球员基利·冈萨雷斯和克劳迪奥·洛佩斯一样，巴伦西亚在整个赛季的冠军联赛中都光辉四溢，但在决赛中却只能靠边站。对巴伦西亚来说，这样的结局多少有些不公平，不过足球场有时就是如此残酷，努力并不总是能得到相应的回报。

和两年前捧杯时的那支皇马相比，只有4名当时捧杯的球员出现在法兰西大球场的首发名单中：雷东多、罗伯托·卡洛斯、劳尔和莫伦特斯，他们赶上了又一段优美的时光，在巴黎品尝了俱乐部第8座冠军杯的滋味。当然耶罗和桑奇斯也收获了他们应得的荣誉。

唯一的遗憾

1999/2000赛季冠军联赛唯一的遗憾或许在于，决赛精彩纷呈，但整个赛事中缺少一个独占鳌头的英雄人物。巴塞罗那的攻击力令人震惊，可惜没能挺进决赛，里瓦尔多和菲戈都是可以凭借一己之力改变比赛进程的人；可惜面对门迭塔率领的巴伦西亚，他们消失得无声无息——那支逆转切尔西的巴塞罗那哪儿去了？巴伦西亚也遭遇了这样的尴尬，决赛中他们大失水准，以至于比赛场面很精彩，却没有悬念。缺少一个重量级的对手，皇马的胜利价值也打了折扣。皇马挺进决赛依靠的是阿内尔卡的两粒进球，但是让我们选这样一个性格乖僻的家伙作为最佳，太古怪了！

漫长的赛季结束，冠军赛事奉献了一系列英雄人物，但缺少了一头真正的狮子！

莫伦特斯（右）是皇马首开纪录的英雄，法国后卫安格洛马无法阻挡他。

Sommet autour de l'EPO

...emerre jusqu'en 2002

L'ÉQUIPE

LE REAL EST ÉTERNEL

原声

■《队报》特派记者 樊尚·迪吕克

2000 年 5 月 25 日

凭借着智慧和权威，以及技术优势，皇马迎来了俱乐部漫长而丰富的历史上，最轻松的一次夺冠经历。比赛的前 15 分钟，巴伦西亚还能创造些机会，让人们相信他们在这场 100% 的西班牙对决中有机会取胜，但是皇马通过整体表现成功地接管了比赛。

这是一场完胜，从后卫、中场到前场。而且皇马还在 1/4 决赛中淘汰了卫冕冠军曼联，半决赛淘汰去年的亚军拜仁，也就是说，除了提前出局的 AC 米兰，皇马几乎是在击败所有欧洲最强球队之后夺冠的。这样惊险而幸福的过程也让皇马球迷兴奋异常，第 8 座冠军杯的含金量令全欧洲侧目。在短暂告别舞台中心之后，皇马重新成为主角。

直到麦克马纳曼和劳尔在下半场为皇马彻底锁定胜利前，还没有哪场决赛的天平如此快地向一方倾斜。巴伦西亚失足了，他们今晚根本没有展示自己的真正实力，那支淘汰巴塞罗那的强力球队不见了。甚至有人抱怨说不如让巴塞罗那来完成这场西班牙内战。不过从比赛的进程和内容来讲，皇马夺冠实至名归。皇马不会过时。

全景

四球先生

西莫内·因扎吉，菲利波·因扎吉的弟弟，他在代表拉齐奥出战马赛的比赛中独中四元，成为冠军联赛历史上第2位单场打进四球的球员。第一次达成这一壮举的人是范巴斯滕。

疯狂的贾德尔

第二阶段小组赛，波尔图前锋贾德尔再次奉献精彩表演，尽管第一阶段他总共只进3球，但其中有2球是主场对阵巴塞罗那时的战果。最终波尔图还是2:4告负，赛后巴西前锋情绪激动地抱住当值主裁杜尔金的头，仿佛在质问：“我们为什么没有赢？”

女助理裁判

1999/2000赛季，内里·维耶诺成为了首位在冠军杯中执法的女助理裁判。莫尔德与皇马一役，维耶诺协助韦伊希尔执法比赛。此前，她已经在联盟杯中有过执法经历。

刺骨严寒

第2阶段小组赛中，皇马在与基辅迪纳摩和罗森博格的客场较量中，都领略了天寒地冻的感觉。西班牙媒体称“在这两场比赛里，皇马的敌人更得说是彻骨的寒冷。”最终，西班牙球队还是凭借技术优势，从这两个艰险的客场凯旋。

博斯克智取库珀

皇马与巴伦西亚在决赛的对决，是这个赛季冠军杯中最引人注目的西班牙德比，也是博斯克和库珀两位执教思路和足球理念截然不同的主帅间的较量。聪明的博斯克为巴伦西亚设计了不少陷阱，完全束缚住了对方的反击打法，并充分利用了劳尔的智慧和莫伦特斯的果敢。

雷东多的梦幻之夜

冠军杯1/4决赛皇马客场对决曼联，雷东多展示了他的惊世过人才华。阿根廷中场用一脚梦幻般的过人书写了历史：他在左边路先令人匪夷所思地脚后跟一磕，让足球从博格两腿间穿过，然后他转身晃过博格，随即从底线将球横敲，劳尔跟进打入皇马那场比赛的第3球，上帝对这位才华横溢的球星的奖赏是丰厚的，阿根廷人以队长身份举起了冠军杯。

代伊领导柏林赫塔

在拜仁效力时，伊朗前锋阿里·代伊（右图左）成为首位参加冠军杯比赛的伊朗球员。由于在拜仁机会不多，代伊转会去了柏林赫塔，成为该队的绝对领袖，第一阶段小组赛，他包办两球，帮助柏林赫塔主场2:1力克切尔西。

射手榜

1	贾德尔（波尔图）	10 球
	劳尔（皇家马德里）	10 球
	里瓦尔多（巴塞罗那）	10 球
4	小因扎吉（拉齐奥）	9 球
5	雷布罗夫（基辅迪纳摩）	8 球
	弗洛（切尔西）	8 球

夏日记事

■弗洛伦蒂诺抢走菲戈

2000 年夏天，皇马主席大选。作为竞选人之一的弗洛伦蒂诺表示。如果自己当选，将把已经成为巴塞罗那旗帜的葡萄牙球星菲戈带到皇马。弗洛伦蒂诺履行了承诺。2000 年 7 月 24 日，皇马支付了近 6000 万欧元转会费后，菲戈亮相伯纳乌。菲戈成了巴塞罗那人眼中的叛徒。丑化他的海报还是轻的，在诺坎普，巴塞罗那球迷甚至用飞降的打火机和硬币袭击他。

■法国，勇敢的冠军

2000 年欧洲杯，法国队以世界杯冠军的身份通过了第一个大考。这支集合了德尚、布兰克、齐达内等老将。以及亨利、特雷泽盖等新生代球星的法国队，令人信服地笑傲欧洲之巅。这也是法国在 1984 年问鼎欧洲杯后再度在该项赛事上夺魁。

■温布利的悲伤告别

作为全球最具传奇色彩的球场之一，5 次冠军杯决赛地和 2 次优胜者杯决赛地温布利被推倒，代替它的将是一座更现代化的球场。老温布利球场迎来的最后一场比赛在英格兰和德国之间上演，凭借哈曼的进球，德国 1:0 小胜。尽管深知这场比赛的重要含义，但英格兰国脚们还是未能用一场胜利向这座具有丰碑意义的足球圣殿言别。德国人又一次搅了英格兰人的好事。

2000/2001 >>

扑出佩莱格里诺的点球后，卡恩为这场胶着的比赛画上了句号。拜仁可以忘记 1999 年的噩梦了。

2000/2001 卡恩狂欢，拜仁加冕

在一个超级的欧洲赛季和一场似乎没完没了的决赛后，拜仁凭借门将卡恩的表现，在点球决战中击败巴伦西亚夺冠，这家德国俱乐部终于夺回了在 20 世纪 70 年代曾三次举起的冠军杯。

萨利哈米季奇 PK 门迭塔，两个人都在最后的点球大战中主罚命中，但赢家只有一个。

决赛

2001.5.23-米兰圣西罗球场　　主裁判：约尔（荷兰）

1 : 1

点球5:4

拜仁慕尼黑 **(343)**			**巴伦西亚** **(442)**
卡恩	门将	门将	卡尼萨雷斯
库福尔	后卫	后卫	安格洛马
安德森			90' 阿亚拉
林克			佩莱格里诺
萨尼奥尔 46'	中场		卡博尼
埃芬博格		中场	门迭塔
哈格里夫斯			巴拉哈
利扎拉祖			46' 艾马尔
绍尔 108'	前锋		基利·冈萨雷斯
埃尔伯 100'		前锋	卡鲁
萨利哈米季奇			66' 胡安·桑切斯
	替补		
扬克尔 46'			46' 阿尔贝尔达
齐克勒 100'			66' 扎霍维奇
保罗·塞尔吉奥 108'			90' 久基奇
	进球		
	0:1		门迭塔（点球）3'
50' 埃芬博格（点球）	1:1		
	点球决战		
保罗·塞尔吉奥 ×			门迭塔
萨利哈米季奇			卡鲁
齐克勒			× 扎霍维奇
安德森 ×			× 卡博尼
埃芬博格			巴拉哈
利扎拉祖			基利·冈萨雷斯
林克			× 佩莱格里诺

1/4个世纪！慕尼黑已经等待了25年……自从贝肯鲍尔、迈尔和盖德·穆勒的那支传奇球队完成三连冠（1974，1975，1976）后，拜仁曾三次打入冠军杯决赛（1982，1987，1999），但三次他们都输了……

两年前的最后一次尝试，他们面对曼联时，巴斯勒开场不久就攻破了舒梅切尔的十指关，整场比赛拜仁占据了明显优势，绍尔和扬克尔的攻门先后击中门框，但终场前，红魔凭借超级替补谢林汉姆和索尔斯克亚的进球上演了历史上最伟大的逆转。所以，虽然一直踢到了点球决胜，拜仁在圣西罗球场的成功，但还是给慕尼黑乃至全德国带来了难以描述的快乐，据说有100万疯狂的球迷来到机场，欢迎他们的英雄从米兰返航。

踩着曼联和皇马晋级

拜仁主席贝肯鲍尔在球员和教练生涯中经历了所有荣誉，但他说，2001年5月24日才是他“生命中最美好的一天”！

实际上，这个赛季的冠军联赛从一开始便充斥了冷门，在第一阶段小组赛出局的球队有：勒沃库森、格拉斯哥流浪者、摩纳哥、汉堡、尤文图斯、埃因霍温、基辅迪纳摩和巴塞罗那！随后又经过第二阶段小组赛，产出了最后八强。拜仁首先遇到的是困扰了他们两年的梦魇——在诺坎普之夜对他们上演了神奇逆转的曼联。

首回合，巴西人保罗·塞尔吉奥在终场前5分钟的进球让老特拉福德陷入死寂。第二回合，拜仁依旧强势。埃尔伯和绍尔上半时的两粒进球让全场球迷彻底陷入疯狂，吉格斯在下半时的破门只能为红魔挽回些许颜面。半决赛，德国人又迎来了卫冕冠军皇家马德里的挑战。比赛进程和之前的1/4决赛极为相似。拜仁先是依靠埃尔伯的进球从客场全身而退。接着、坐镇奥林匹克的“南部之星”又依靠埃尔伯和耶雷梅斯的进球锁定出线。经历了重重考验的德国冠军，迎来了在圣西罗艰难的加冕之夜。

17个点球的决战

巴伦西亚已经是连续第二次从资格赛一路杀到决赛，也是他们连续第二次输掉冠军杯决赛。决赛开始后，两支球队都选择了将进攻的主动权交给对手，自己则从禁区开始层层布防。120分钟里共出现3个点球，其中绍尔罚失了一个，而双方队长埃芬博格和门选塔则都经受住了考验，让两支球队最终进入了点球决战。

点球决战共进行了7轮，共14人站在点球点前，巴伦西亚的阿根廷后卫佩莱格里诺成了全场最倒霉的一个，他在第七轮罚失，将对手送上了领奖台。

拜仁的伟大门将卡恩成为决定胜负的关键，他三次扑出对手的点球，将巴伐利亚人渴望已久的冠军杯带给了拜仁球迷，这次终于可以高唱“伟大卡恩”了。对于希斯菲尔德来讲，这次胜利意义更加非凡，1997年他曾率多特蒙德夺冠，此次夺冠也使得他追平恩斯特·哈佩尔的成就，完成了带领两支不同球队夺取冠军杯的绝世伟业。

对于巴伦西亚教头库珀来说，这已是他连续第3年欧战决赛失利。这是阿根廷教头5年里的第7次决赛：阿根廷拉努斯1次、马洛卡3次、巴伦西亚3次，除了率领拉努斯夺得南美联盟杯，以及在马洛卡和巴伦西亚分别拿到一次西班牙超级杯，他输掉了另外4次决战，从此，库珀“千年老二”的外号不胫而走。本赛季后，他转而执教国际米兰。

在以队长身份率领法国队连续获得世界杯和欧洲杯后，效力于巴伦西亚的德尚本有机会再书写一项新的历史，如果他能在决赛中出场，就将成为第一名代表三支不同球队参加冠军杯决赛的球员，1993年和1996年，他已经分别穿着马赛和尤文图斯的球衣在决赛中出场。但顽固的主帅库珀没有给他哪怕是一分钟的机会。

两年后，荷兰人西多夫完成了这一壮举，还将这个纪录达到了完美的高度：随三支不同球队打入冠军杯决赛三次夺冠，分别是1995年随阿贾克斯1:0战胜AC米兰、1998年随皇马1:0击败尤文图斯，2003年随AC米兰点球击败尤文图斯。

卡恩，门神与野兽

拜仁取得联赛和冠军杯的双冠王，卡恩是头号功臣。在冠军杯决赛的点球大战中，他用双眼让对手胆怯。他不仅扑出了三个点球，还多次瓦解了对方的必进之球，卡恩也因此从贝利手中接过了当场最佳的奖杯。拜仁副主席鲁梅尼格赛后仍然心有余悸，“我们两次接近死亡，两次都是卡恩力挽狂澜。”

在当年德甲最后一轮联赛上，汉堡的巴巴雷茨在终场前攻入一球，当队友绝望地以为冠军属于沙尔克时，卡恩冲库福尔狂呼“继续”。他的精神感染全队，拜仁最终扭转乾坤。

欧冠决赛后，卡恩说：“这种压力简直令人疯狂。当然点球总是与运气在一起，你必须扑对一个角。我们一直处于落后，但我们没有放弃，这太让人难以置信了。”扎霍维奇、卡博尼和佩莱格里诺三个左脚球员的点球均被卡恩扑出，他的信念正是永不放弃。

卡恩在2000年被评为世界最佳门将，他同样也是德国最受欢迎的球员。暴躁的卡恩在比赛中激情四射，他曾在两年前对多特蒙德一役用腿顶对方前锋查普伊萨特。还是那场比赛中，卡恩还曾差点咬下赫利希的耳朵。德国著名心理医生韦舍曼说卡恩是狮子，一位电视台的主持人甚至讥讽卡恩为野兽，只有希斯菲尔德在保护卡恩，“他不会伤人，他只想踢球。”卡恩对此解释道，“门将的工作太憋屈，当你把球从网内拿出来时，你已被整个世界遗弃，这时没人能帮你，你唯一要做的只能是反击和重新开始。”

Oliver Kahn

L'ÉQUIPE

Un « Roland » sans Mary

LE BAYERN L'A BIEN MÉRITÉE

原声

■《队报》特派记者 樊尚 · 迪吕克

2001 年 5 月 24 日

两年前，拜仁丢掉了他们本认为肯定会拿到的冠军联赛冠军，昨夜，他们夺回了这份属于他们的荣誉。在米兰的夜幕下，他们与巴伦西亚一直打到点球决战。虽然在比赛中，德国球队并不表现得更加夺目，但他们自 1974 至 1976 年三连冠以来的首次夺冠，是对比赛中更有热情的球队的奖励。他们的英雄名叫卡恩，他扑出了 3 个点球。

这是一场“点球决赛”，120 分钟比赛里出现了 3 个点球。而在点球决战中，第一个主罚的侯罗 · 塞尔吉奥就搞砸了，但扎霍维奇、卡博尼先后失手使得拜仁第一次在点球决战中领先，当第 14 个出场的佩莱格里诺罚失后，拜仁球员终于实现了两年前擦肩而过的梦想。

巴伦西亚输了，而且是全方位的失败，因为他们对待比赛的唯一态度就是：防守就是胜利，但真正实现这一目标的是拜仁。

全景

被威胁的扎霍维奇

第一阶段小组赛首回合较量，巴伦西亚客场挑战希腊的奥林匹亚科斯。但是，新近加盟巴伦西亚的前锋扎霍维奇，却没能随新东家前往雅典对垒老东家。因为在这场比赛前，奥林匹亚科斯球迷向扎霍维奇发出了十分夸张的威胁。最终，为了避免弟子被狂热的希腊球迷袭击。时任巴伦西亚主帅库珀并没有将扎霍维奇的名字写进出征大名单。

尤文的糟糕球风

在第一阶段小组赛中，尤文图斯的踢球方式让人不敢恭维。6场比赛过后，“老妇人”居然有4名球员相继被罚下。齐达内一人就在2场比赛中分别领到红牌，其中一张是因头顶汉堡球员金茨。此外，戴维斯、范德萨和科瓦切维奇的红牌离场也曾让斑马军团陷入过人数劣势。

阿比亚蒂遇袭

第二阶段小组赛拉科鲁尼亚主场迎战AC米兰的比赛充满了火药味。AC米兰门将阿比亚蒂被里亚索看台上扔下的一根铁棍击中，拉科鲁尼亚俱乐部事后被欧足联罚款1万欧元。

利兹青年近卫军

本届赛事中，利兹联毫无疑问是异军突起的新贵。这支朝气十足的球队打法异常犀利，一路杀入半决赛，最终被巴伦西亚挡在决赛门外。在主帅奥利莱麾下，科威尔、里奥·费迪南德、哈特、罗宾逊、阿兰·史密斯、维耶和维杜卡等人构成了一支很难被击败的青年近卫军，在整个欧洲都成为人们的讨论热点。

劳尔之手

皇马主场与利兹联的第二阶段小组赛中，诞生了一粒以假乱真的进球。当时，劳尔抢在了利兹联门将罗宾逊前破门，将比分追平。皇马7号的这粒进球貌似是头球杰作，但实际却为手球伎俩。尽管遭遇利兹队员的集体抗议，波兰主裁还是判罚进球有效。

库珀又输了

克鲁伊夫总是说“要想在决赛中获胜，就得先在决赛中失利”。本届冠军杯决赛前，库珀曾先后3次带领马洛卡和巴伦西亚向不同的锦标发起过冲击，但遗憾的是这些夺冠努力全都白费了。点球大战开始前，巴伦西亚后卫佩莱格里诺曾和卡恩亲切握手，两人甚至还互相做了一个很亲密的动作，但阿根廷中卫却在面对德国门将时将关键的点球罚失。

12 人的曼联

在1/4决赛客场挑战拜仁慕尼黑前，一位英国男子居然打扮成球员模样混进了曼联的首发阵容，从容不迫地与其他队员一道在记者们的镜头前拍摄了全家福（右图）。当时，这位名叫帕沃的男子就站在球员的最右侧，另一头的队长基恩瞪大眼睛朝这边望了半天，也没有想起来这位新队友是谁。事后帕沃透露，他当时曾请求曼联队员不要揭发他，而他们也很配合，真的默不作声。

16强战图

射手榜

排名	球员	进球
1	劳尔（皇家马德里）	7 球
2	西蒙尼（摩纳哥）	6 球
	里瓦尔多（巴塞罗那）	6 球
	埃尔伯（拜仁）	6 球
	斯科尔斯（曼联）	6 球
	鲍耶（利兹联）	6 球
	埃尔格拉（皇家马德里）	6 球
	贾德尔（加拉塔萨雷）	6 球

夏日记事

■用餐巾纸签下齐达内

经过种种努力，皇马主席弗洛伦蒂诺终于签下了心仪已久的齐达内。当初，他曾在一张餐巾纸上写下：“你愿意在皇马踢球吗？”并将其递给了齐达内，在法国人递回来的餐巾纸上，只有一个简单明确的“yes”。得到这样的答复后，皇马花 7150 万欧元的天价签下了齐达内，齐祖也成为历史上转会费最高的球星。

■威胁坎贝尔

对托特纳姆热刺的球迷而言，索尔·坎贝尔是他们心中不折不扣的标志性球员。当热刺后卫决定转投同城死敌阿森纳时，引起所有热刺球迷的公愤。球迷高举的“犹大”标语牌不算什么，这位英格兰国脚甚至受到了死亡威胁。

■欧文振奋全英

2001 年 9 月 1 日，世界杯欧洲区预选赛，慕尼黑奥林匹克球场，英格兰客场 5:1 狂胜德国，迈克尔·欧文大演帽子戏法。加上他帮助利物浦夺得五项杯赛冠军，当年底，他成为 1997 年的罗纳尔多之外最年轻的金球奖得主。

2001/2002 >>

2001/2002 齐祖献杯

正值皇马庆祝俱乐部百年华诞之际，“银河舰队”依靠齐达内在决赛中一个技惊四座的进球击败了勒沃库森，夺取第 9 座冠军杯，挽救了这个赛季。德国人则在这个春天收获了一系列亚军。

巴拉克（13号）和勒沃库森本赛季一度飞得很高，但三次失利让他们品尝了巨大的痛苦。

决赛

2002.5.15-格拉斯哥汉普顿公园球场　　主裁判：迈尔（瑞士）

2：1

皇家马德里 (442)			勒沃库森 (442)
塞萨尔 68'	门将	门将	布特
萨尔加多	后卫	后卫	65' 塞贝岑
耶罗			济夫科维奇
埃尔格拉			90' 卢西奥
卡洛斯			普拉森特
菲戈 61'	中场	中场	B. 施奈德
马克莱莱 73'			拉梅洛
齐达内			巴斯图尔克
索拉里			巴拉克
劳尔	前锋	前锋	诺伊维尔
莫伦特斯			39' 布尔达里奇
替补			
麦克马纳曼 61'			39' 贝尔巴托夫
卡西利亚斯 68'			65' 基尔斯滕
弗拉维奥 73'			90' 巴比奇
进球			
8' 劳尔	1:0		
	1:1		卢西奥 14'
45' 齐达内	2:1		

这次我们看到了最为极端的现象：即将在2002年5月15日的汉普顿公园亮相、争夺欧洲冠军的德国球队勒沃库森，不仅不是德甲冠军的持有者，甚至从来没有拿到过这项头衔。在著名的拜尔医药公司的资助下，这支小球队得以与欧洲豪门为伍，但他们此前的荣誉簿上只有两条记录：1993年德国杯冠军，1988年联盟杯冠军。

那次联盟杯夺冠很有传奇色彩。在当时采取两回合淘汰赛的联盟杯中，勒沃库森首回合被西班牙人俱乐部3:0击败，结果回到他们只能容纳2万人的小球场，德国人3:0逆转，并在点球决战中3:2取胜。当时球队有韩国前锋车范根，教练是德国人里贝克，两人日后都成为国家队主教练，对手西班牙人的教练克莱门特也是如此。勒沃库森的那次爆发令人难忘，但毕竟已经过去14年了！

勒沃库森错过三冠

如今这支由托普穆勒率领的勒沃库森完成了一个奇妙的赛季，他们一度有望实现杯赛—联赛—冠军杯的三冠王梦想。在整个欧洲，也只有1967年的凯尔特人、1972年的阿贾克斯、1988年埃因霍温和1999年的曼联曾实现过，德甲中，他们在联赛还剩3轮时领先5分，但最终却以1分劣势将冠军拱手送给了多特蒙德。冠军杯决赛前一周的德国杯决赛中，勒沃库森在下半时崩溃，2:4不敌沙尔克04……巨大的失望使很多人回想起两年前丢掉的那次德甲冠军，当时勒沃库森在最后一轮输球，将拜仁送上领奖台。

拜尔的爆发

尽管在这场冠军杯决赛中缺少了巴西人泽·罗伯托以及队长诺沃特尼，但勒沃库森不缺少撒手锏，比如前锋诺伊维尔和中场核心巴拉克，以及他们精彩高效的进攻足球。本赛季勒沃库森58场比赛打入124球，场均2.14个！

德国人一路杀到决赛的过程也堪称完美，他们先后淘汰了英格兰冠军阿森纳、意大利冠军尤文图斯、法国冠军里昂，还曾打败过贝尔格莱德红星、巴塞罗那、拉科鲁尼亚、利物浦和曼联！数据统计表明，不管面对怎样的对手，勒沃库森的控球率都在50%以上。

卫冕冠军拜仁则在1/4决赛中输给了皇马，这是两支球队连续第三年碰面（前两年都是会师半决赛），按照过往经验，在这场对决中取胜的球队将最终夺冠。

皇马押宝冠军杯

皇马将在2002年庆祝俱乐部诞生100周年，但他们直到5月还什么都没有拿到：国王杯输了、联赛也只能排到第三。自从2000年夏天成为俱乐部的主席后，弗洛伦蒂诺只赢过

“这样的左脚射门，我以前从未尝试过……当时只是凭直觉那么做了。”齐达内很谦虚，但只有这样的天才方能完成如此美妙的进球。

2001年西甲冠军，但这还远远不够，尤其是考虑到俱乐部在购买球星上的巨额投入：赛季前以创纪录的7150万欧元收购齐达内，一年前买进菲戈花了6100万欧元……

在国内赛场中，“银河战舰”所表现出来的实力和他们的能力相去甚远，幸好他们在首要目标冠军联赛中一路顺风顺水。这又是一个冷门迭爆的赛季，第一阶段小组赛就送走了多特蒙德、基辅迪纳摩、埃因霍温、拉齐奥、里昂等球队，第二阶段后又不见了罗马、波尔图、阿森纳和尤文图斯。皇马两次名列小组第一，总共12场比赛仅输了1场。

1亿马德里拥趸

在1/4决赛淘汰拜仁后，皇马又在半决赛中干掉了死敌巴塞罗那。根据当时的统计，银河战舰在全世界的球迷估计至少有1亿！

在汉普顿公园，他们的前辈迪斯蒂法诺和普斯卡什曾创造过冠军杯历史上最辉煌的一次胜利：1960年决赛，皇马7:3击败了另一家德国球队法兰克福。虽然那一年皇马在场上的优势，其实没有两年前决赛3:0击败巴伦西亚时那么大。

中场休息时比分为2:1，罗伯托·卡洛斯两次看似并不成功的传球造成了两个进球：第一次是大力扔出界外球，球弹到勒沃库森球员身后，劳尔不停球，左脚扫射首开纪录；卢西奥扳平后，卡洛斯又在上半时结束前给齐达内传了一脚，球的轨迹显然不是他所想的，球飞得太高了，绝大多数球员很难直接射门。

但他可是齐达内。一次完美的左脚凌空抽射，将足球送入了擅长罚点球的德国门将布特的大门。这个精彩绝伦的进球让整个球场和电视机前数以百万计的球迷疯狂了，这个进球直接进入了历史传奇……

此后博斯克的“银河战舰”再难进球，他们在下半场还一度陷入劣势，多亏了第68分钟替补出场的卡西利亚斯做出了多次关键扑救。就这样，皇马第9次将自己的名字刻上了“大耳朵杯”！两年前替补出场的耶罗已经重新成为主力，他也得以第三次亲吻冠军杯，和他同样幸福的还有劳尔、卡洛斯、莫伦特斯……

德国人什么都输了——联赛、杯赛、冠军杯。但对于勒沃库森的某些球员来说，这种悲惨的命运还没有结束，巴拉克、诺伊维尔、施奈德和拉梅洛参加了一个月后在韩日举行的世界杯，德国队打入决赛，他们连续第四次获得亚军……

齐达内，王者归来

拥有神奇技术的齐达内，也知道在最重要的比赛中进球。1998年世界杯决赛中打入两球后4年，他又用一次魔术般的左脚凌空抽射在冠军杯决赛中造就传奇。

“传奇和5号一起继续：上帝！”皇马第九次夺得冠军杯翌日，西班牙《马卡》报以如此煽情的话语称赞了打入制胜进球的齐祖。这个进球正在环游世界，被人们看了又看，成为大家谈论的中心。而进球的主人依旧那么谦虚，他还在小心地避免争议：“这样的左脚射门，我此前从来都没有试过……当时只是凭直觉那么做了。”罗伯托·卡洛斯也不忘向齐达内的天才致敬：“我原本想给他传个地面球，看着球飞起来后，我想这次传中好像失败了。幸运的是，他是齐达内……”

在克莱枫丹，法国队正在准备与比利时的友谊赛，这是他们去亚洲参加世界杯前，在欧洲的最后一场热身赛，但人们谈论的是，齐达内成为继普斯卡什和盖德·穆勒之后，第3位世界杯决赛和冠军杯决赛中都有进球的球员。“那个球传得可不怎么样，”勒伯夫分析道，“它从高处落下，而且没什么力量。但齐达内的动作包含了一切，技术、判断、选位，和在那种情况下尝试的勇气！这是一个梦幻进球！”亨利补充道：“其他人在这种情况下肯定会用其他动作，但齐祖拥有柔韧性非常棒的髋关节和脚踝，他能够保持身体平衡等待球下落的位置。然后就是技术问题了，所有人都知道，他的技术是无人可比的……”

Zinedine Zidane

L'EQUIPE

FOOTBALL DES BLEUETS CONQUÉRANTS (Page 8)

0,80 €

LE REAL BÉNIT ZIDANE

Grâce notamment à un but somptueux de Zinédine Zidane, le Real Madrid a remporté hier la Ligue des champions en battant (2-1) le Bayer Leverkusen. Le club madrilène s'est ainsi adjugé la neuvième C 1 de sa carrière. (Pages 3, 4 et 18)

原声

■《队报》特派记者 帕特里克·于尔比尼

2002 年 5 月 16 日

皇马昨晚的胜利，是他们近半个世纪以来对冠军杯的第 9 次征服，也是 5 年内的第 3 次。比赛一度被德国人所统治，但这是竞技逻辑和经济逻辑的完美展现，皇马的取胜在意料之中。马德里人拥有最昂贵、最完整、最有天分也最有经验的阵容，在很多人看来都是热门，他们在这项赛事中拥有传奇般的历史，他们没有失去这种名声，依靠耐心夺取了最后的胜利。他们的比赛一度让我们非常担心，但皇马知道如何在困难的情况下掌控局势。尤其是以劳尔和齐达内为首的巨星们没有“背叛”俱乐部的传统，尽管本届赛事的最大发现勒沃库森曾在半场时间内占据主动。

3 周前还站在三冠王门前的德国人，最终只能双手空空地结束这个赛季。他们或许会自问，这样的机会是否有朝一日还能出现在自己面前。皇马在联赛中排在巴伦西亚和拉科鲁尼亚之后位列第 3，但他们在汉普顿公园成了本赛季的欧洲最佳球队，这挽救了他们的赛季……

全景

股东的特权

马洛卡与斯普利特上演了当届冠军杯中最火爆的一场资格赛。首回合客场出征中，马洛卡0:1告负。比赛结束后，克罗地亚国脚斯蒂马奇袭击了马洛卡的两名球员和一名教练。为此，欧足联对斯蒂马奇停赛6场。但由于是俱乐部股东之一，斯蒂马奇还是随队前往马洛卡观看了比赛。凭借埃托奥和卢克的进球，马洛卡翻盘成功。

“9·11”阴影笼罩冠军杯

在纽约发生了震惊世界的“9·11”事件后，冠军联赛首轮小组赛却在第二天继续进行，这引发了很多足坛人士的不满。卡佩罗便将罗马主场1:2负于皇马归咎于此。“发生那种事情后还要进行比赛，这表明我们还需要一些新的价值观。”在各方压力下，欧足联决定取消13日进行的冠军杯8场小组赛和14日举行的43场欧洲联盟杯第二轮比赛。这是欧足联46年来第一次取消全部欧洲赛事。

紧急迫降

在第一阶段小组赛中，菲戈是皇马发挥最出色的球员之一，他的进球和助攻，帮助球队顺利地以小组头名身份晋级。6场小组赛，皇马4胜1平1负，唯一失利发生在莫斯科，最后一场小组赛0:2不敌莫斯科火车头。返回马德里时，飞机起飞前与一只飞鸟相撞而导致发动机受损，并最终迫降。这让皇马队员惊出了一身冷汗。

皇马的尴尬庆典

1902年3月6日，20 世纪世界最伟大的俱乐部在马德里诞生。整整一百年后，皇家马德里在伯纳乌球场遇到拉科鲁尼亚。获得胜利的球队将赢得2001/2002赛季的西班牙国王杯。但百年华诞的压力让银河战舰的水手们深陷其中，塞尔吉奥和特里斯坦先后建功，劳尔的进球没能激发主队的斗志，皇马只能眼睁睁地看着拉科队长弗兰从西班牙国王胡安·卡洛斯的手里接过了国王杯。

受伤也进替补席

在小组赛拉科鲁尼亚主场1:1言和里尔的比赛中，拉科主力门将莫利纳本来因伤无缘这场比赛，但他还是坐上了替补席。因为这场比赛拉科只为他和第二门将努诺报了名，第三门将马洛没有资格参赛。

罗马丑闻

第二阶段小组赛，加拉塔萨雷在对利物浦和罗马的比赛中两次陷入争端的漩涡。发生在罗马奥林匹克球场的事件更为骇人听闻，比赛结束后，罗马球员利马在失去理智的情况下攻击了加拉塔萨雷球员，而球场防暴警察居然也参与到群殴中，围攻土耳其球员。这次丑闻甚至还引发了意土之间的外交冲突。

库佩玩火自焚

在小组赛里昂主场对巴塞罗那的比赛中，里昂门将库佩如同着了魔，无法控制自己的取胜欲望。在双方战成2:2，且比赛还有几分钟才结束的情况下，他居然“擅离职守”跑到对方禁区去试图接队友的角球攻门。遗憾的是，他并没有争到来球。他的同行、巴萨门将博纳诺得球后迅速展开反击，经过快速传递后，赫拉德从容地将球送进空门，巴萨戏剧性3:2告捷。

赛前的爆炸

皇马对巴塞罗那的半决赛，第二回合较量前4个小时，一辆汽车炸弹在距离伯纳乌120米处轰然炸响。这起由西班牙恐怖组织“埃塔”计划的恐怖事件造成了16人轻伤，也为赛前的马德里笼罩了恐怖气氛。半小时后，又有一辆汽车炸弹在马德里大使大街爆炸。不过，爆炸声后比赛如期举行，皇马主场1:1言和巴萨，以总比分3:1愉悦地晋级决赛。

第九冠的大英雄

在皇马第九次捧起冠军杯的决赛里，齐达内和卡西利亚斯无疑是球队登顶的最大英雄。法国人为皇马打入第二球，那条已经载入史册的进球轨迹被人们称为“电影般的轨道”。而在第68分钟顶替受伤的主力门将塞萨尔登场的卡西利亚斯，则用数次匪夷所思的扑救，帮助皇马将优势保持到了终场哨响。这场决赛让齐达内从伟大变得更加伟大，也让卡西利亚斯从默默无闻到一战成名。

16强战图

射手榜

排名	球员（球队）	进球
1	范尼斯特尔鲁伊（曼联）	10 球
2	特雷泽盖（尤文图斯）	8 球
3	索尔斯克亚（曼联）	7 球
	亨利（阿森纳）	7 球
5	康斯坦蒂努（帕纳辛奈科斯）	6 球
	劳尔（皇家马德里）	6 球
	特里斯坦（拉科鲁尼亚）	6 球
	巴拉克（勒沃库森）	6 球
	埃尔伯（拜仁慕尼黑）	6 球
	克鲁伊维特（巴塞罗那）	6 球

2001/2002

夏日记事

■罗纳尔多，皇马新成员

“外星人”回来了！ 2002 年的夏天对于罗纳尔多来说意味深长。5 月 5 日，在罗尼的涔涔泪水中，国际米兰错失意甲冠军，近 2 个月后，他以 8 个进球帮助巴西第五度问鼎大力神杯。带着世界杯冠军的头衔，罗纳尔多在这个夏天空降马德里。在拥有了菲戈、齐达内、劳尔等人之后，“银河战舰”正式组成完毕。

■皇马伯纳乌杯输给拜仁

继赛季中的百年庆典被拉科鲁尼亚搞砸后，皇马又在一场向俱乐部百年历史致敬的比赛中惨遭羞辱，而这场失利同样发生在伯纳乌。8 月 4 日的伯纳乌杯决赛中，新近加盟的巴拉克和萨利哈米季奇的进球帮助拜仁慕尼黑 2:1 反客为主，皇马只是依靠菲戈终场前 6 分钟的点球，才挽回了些许颜面。

■因为宗教而退出国家队

在长时间因为宗教问题而受到胁迫之后，北爱尔兰中场尼尔・伦农终因不堪重压而宣布永久退出国家队。伦农是位虔诚的天主教徒，这让他在新教徒占绝大多数的北爱尔兰饱受苛责。一次，在与塞浦路斯的比赛前，伦农甚至因为球迷的电话抗议而没能在比赛中登场。

■消失的佛罗伦萨

作为意大利第一支参加冠军杯决赛的队伍，佛罗伦萨在 2002 年 8 月 1 日消失了。由于无法还清 1.5 亿的巨额债务，意大利足协执委会宣布佛罗伦萨就此破产，只得参加地区联赛。为了挽救这支消失的老牌劲旅，人们想出了一个紧急措施：再创立一支佛罗伦萨就叫 Fiorentia Viola 1926。意甲另一支老牌球队国际米兰也深陷债务危机，世界杯后，队中核心维耶里主动将薪水降低 10%，希望与球队共渡难关。

2002/2003 >>

2002/2003 永恒米兰

在一场沉闷的决赛中击败尤文图斯后，AC 米兰夺取冠军杯标志着意大利球队重新回到欧洲前沿，他们获得了俱乐部历史上第 6 座冠军杯，也是后卫保罗·马尔蒂尼的第 4 座。

尤文图斯同AC米兰的决赛呈现更多的是这样的防守动作，内斯塔让萨拉耶塔毫无机会。

在雅典4:0狂扫"梦之队"巴塞罗那的9年后，AC米兰同尤文图斯相遇冠军杯决赛。标志着意大利足球开始收复被西班牙球队抢占的地盘。然而AC米兰的第6次加冕并不精彩，在老特拉福德的这个夜晚，安切洛蒂的球队没有获得进球，只是靠点球决战才赢得了这场意大利式比赛。

这种"意大利倾向"从赛事一开始就显现出来。和西班牙的4个代表一样，意甲4支球队尤文图斯、AC米兰、国际米兰和罗马也一齐闯入第二阶段小组赛。第一阶段小组赛，AC米兰前4场获得全胜，包括4:0大胜拉科鲁尼亚，客场2:1击败拜仁，导致德国人第一阶段后就出局了……

利物浦翻盘预演

虽然意大利人在淘汰赛阶段独领风骚，不过在小组赛阶段，最出色的球队当属巴塞罗那，他们居然6战全胜。2002年秋天，最吃惊的故事来自瑞士，巴塞尔同利物浦在第6轮进行了一场疯狂的比赛：巴塞尔一度3:0领先，最终却被利物浦追成了3:3——他们似乎在为两年后的决赛大翻盘预演。不过瑞士人还是松了口气，他们只需要一场平局就能淘汰利物浦出线。

本赛季是最后一届实行两阶段小组赛的冠军联赛。在第二阶段小组赛中，AC米兰复制了第一阶段的表现，开局就4战全胜锁定了一个8强名额。皇马则在最后一轮战胜莫斯科火车头，压倒多特蒙德紧随意大利人晋级。于是，一项让德国人脸上无光的数字诞生了——19年来，首次没有德国球队打入冠军杯8强。

皇马VS曼联的超级对决

第二阶段小组赛还有很多看点，如巴塞罗那3:0击败国际米兰，实现了冠军联赛中的11连胜。曼联也在2003年2月25日客场3:0击败了尤文图斯。

1/4决赛中，红魔遇到了皇马。在伯纳乌，西班牙人取得3:1的领先，随后的老特拉福德之战堪称经典。皇马很快获得领先，罗纳尔多完成了帽子戏法，但曼联做出了回应，贝克汉姆两度进球，使比分锁定了4:3。一场精彩的胜利，但不足以帮助曼联晋级。

AC米兰则在同阿贾克斯的1/4决赛中差点失手，首回合客场0:0战平后，安切洛蒂的球队在主场直到第90分钟还与对手2:2战平……但在比赛的最后时刻，丹麦前锋托马森将大因扎吉的挑射碰入网中！或许就是从那时起，AC米兰攻占欧洲的命运已经注定。

决赛

2003.5.28-曼彻斯特老特拉福德球场　　主裁判：默克（德国）

0 : 0

点球3:2

AC米兰 (442)			尤文图斯 (442)
迪达	门将	门将	布冯
科斯塔库塔 66'	后卫	后卫	图拉姆
内斯塔			42' 图多尔
马尔蒂尼			费拉拉
卡拉泽			蒙特罗
皮尔洛 71'	中场	中场	塔奇纳迪
加图索			66' 戴维斯
鲁伊·科斯塔 87'			46' 卡莫拉内西
西多夫			赞布罗塔
舍甫琴科	前锋	前锋	皮耶罗
因扎吉			特雷泽盖
替补			
罗克·儒尼奥尔 66'			42' 比林德利
塞尔吉尼奥 71'			46' 孔蒂
安布罗西尼 87'			66' 萨拉耶塔
点球决战			
塞尔吉尼奥			特雷泽盖 ×
西多夫 ×			比林德利
卡拉泽 ×			萨拉耶塔 ×
内斯塔			蒙特罗 ×
舍甫琴科			皮耶罗

这不是一场属于前锋的决赛，但对于舍甫琴科这样的胜利者来说，加冕的味道都是一样的。

半决赛的米兰德比

半决赛中，AC米兰碰到了他们的老对手——同城死敌国际米兰。皇马则遇到了尤文图斯。里皮的球队刚刚迈过了艰难的一关，在1/4决赛第二回合，萨拉耶塔在加时赛的进球终结了巴塞罗那冠军杯16场不败的纪录，意大利人昂首进入四强。

在马德里的首回合，皇马虽然依靠巴西双星罗纳尔多和罗伯托·卡洛斯的进球取得了胜利，但2:1的比分却不是个理想的结果，这意味着他们需要在客场全力抵挡意大利人的进攻，而防守一向是“银河战舰”最薄弱的一环。第二回合，尤文图斯打出了对他们来说难得一见的精彩足球，特雷泽盖、皮耶罗和内德维德帮助主队建立了3:0的领先优势，此后菲戈错过了一次点球良机，事后证明，这次失误对皇马来说是致命的，因为在第89分钟，齐达内的进球将比分变成了1:3。倘若菲戈的点球能够命中，那么最终前往老特拉福德的或许将是西班牙人。

虽然顺利晋级，但尤文图斯人依然是忧心忡忡。“老妇人”的中场核心、捷克人内德维德因为一次毫无必要的犯规吃到黄牌，不得不错过决赛。

另一场半决赛则有更多象征意义，自1959年皇马和马竞的马德里德比以来，冠军杯再次出现了两支同城球队争夺决赛名额的情景。国际米兰以为自己先客后主形势占优，然而在“客场”0:0战平后，他们在次回合上半场结束前被舍甫琴科破门。尽管马丁斯在第83分钟为国际米兰扳平，但为时已晚，米兰不会轻易放弃第9次进军冠军杯决赛的机会。历史证明，在欧洲赛事决赛中，AC米兰失利的次数要远比尤文图斯少。决赛前，尤文图斯主帅里皮宣称：“对于比赛质量，我什么都不能保证。”然而他的球队却在老特拉福德输掉了6年内的第3次冠军杯决赛，整场比赛他的手下只有一次射门射在对方门框以内……AC米兰多出5次，但也没能获得进球。

在比赛的最后时刻，出现了一名人们没有预料到的明星：AC米兰门将迪达，他扑出了尤文图斯的3个点球。比赛前夜，手指伤痛还曾使他的上场前景蒙上了阴影。

对于球员们来说，没有平庸的加冕。

马尔蒂尼，红黑之心

7次打入冠军杯决赛，4次捧杯，AC米兰永不满足也不可摧毁的后卫，建立了自己令人瞩目的欧洲荣誉室。优雅，但拒绝懈怠。当保罗·马尔蒂尼在2003年的老特拉福德获得个人第4座冠军杯时，你从他的脸上读不出任何暗示和信号，甚至都感觉不到他35岁的年龄。

他可能会想起自己的父亲。切萨雷·老马尔蒂尼当年也曾戴着AC米兰的队长袖标高举起冠军杯，那是在1963年的温布利，当时红黑军团击败了本菲卡。那是AC米兰获得的第一座欧洲冠军杯，就在保罗出生前5年。

从1989年到2003年，这位米兰后卫一共获得了4次冠军，除了这些在俱乐部的光辉时刻，他一度保持着意大利球员代表国家队的出场纪录（126次，直到后来才被卡纳瓦罗和布冯打破），也是参加欧洲俱乐部赛事最多的球员（173场）。作为现代球员状态稳定和忠诚的典范，他的周围一开始就有着一批出色的队友。他们曾一起完成丰田杯、冠军杯和欧洲超级杯的国际锦标大满贯。

他最初的队友有巴雷西、塔索蒂、科斯塔库塔和安切洛蒂，后者于2001年起成为马尔蒂尼的教练。当然还有荷兰三杰里杰卡尔德、古力特和范巴斯滕，对于最后一位，马尔蒂尼曾说过："与我同场竞技过的球员中，范巴斯滕是最棒的！"然而在1994年的雅典，4:0大胜克鲁伊夫"梦之队"的那场比赛中，他的队友来自前南地区，比如博班和萨维切维奇，这也是AC米兰在冠军杯中最辉煌的胜利。马尔蒂尼等待了9年后，在老特拉福德之夜，才重新品尝这样的胜利。

Paolo Maldini

LE GROS CŒUR D'AGASSI

FOOTBALL
MONACO EN LIGUE 1 !

L'EQUIPE

MILAN, SIXIEME EVEREST

原声

■《队报》特派记者 克里斯蒂安·豪雷纳
2003年5月30日

冠军杯在布罗基和加图索手中离开了老特拉福德，他们一人提着一个"大耳朵"。这是一种象征：布罗基根本没有参加决赛，加图索则是场沉闷的比赛中给人留下深刻印象的球员之一。布罗基和加图索，让AC米兰的漂亮足球失去了味道，他们是在战斗中获胜的。加图索说："终于，我举起冠军杯的照片也能摆放在米兰内洛了。"

如同马尔蒂尼父子、里维拉、古力特、范巴斯滕、巴雷西和其他一些伟大的冠军一样，加图索将在荣誉室里找到属于他的位置，当然还有舍甫琴科，决赛当夜的王子。正是他沉着地打入了最后一个点球，"我主动要求踢最后一个，我看布冯已经扑出了两个。我从中圈走向罚球点时十分平静，我甚至问自己为何这么冷静。我很早就决定了该如何罚这个点球，这是打败布冯的唯一办法。我看见足球进了网……我的上帝啊，我太累了，太累了，但非常幸福。昨天晚上，我达到了自己的巅峰，就如同我同时赢得了世界杯和欧洲杯一样。因为在乌克兰国家队，我永远都不可能赢得冠军。"

全景

任意球主罚 3 次

第一阶段小组赛，在费耶诺德主场迎战尤文图斯的比赛中，西班牙主裁涅托成为全场焦点。他让费耶诺德前锋范胡耶唐克连续3次主罚直接任意球，理由是尤文图斯排出的人墙距离足球不足9.15米，范胡耶唐克没有辜负涅托的执着，最终命中。

里克尔梅拿起指挥棒

里克尔梅无疑是2002年转会市场上的风云人物，阿根廷球星是在巴塞罗那奇缺巨星的情况下加盟的。在与华沙莱吉亚的比赛中，里克尔梅踢出了加盟后最精彩的比赛之一。除了打进一球外，阿根廷人还完全拿起了球队指挥棒。罗米进球后撩起上衣，他的T恤衫上写着“FLOPI，我爱你”的字样，照片上的小姑娘是他的女儿。这样的庆祝方式，从此成了里克尔梅标志的庆祝动作。

罗纳尔多征服老特拉福德

1/4决赛皇马与曼联的过招激情四射。次回合，罗纳尔多在老特拉福德大放异彩，巴西球星独中三元，虽然皇马3:4失利，但依然以6:5的总分晋级。当罗纳尔多被换下时，老特拉福德的观众竟然在曼联主帅弗格森的带领下集体为他鼓掌。而在当场的所有观众中，受到影响最深的或许是个叫作阿布拉莫维奇的俄罗斯人，正是这场比赛促使他随后买下了切尔西。

曼联与巴塞尔的问题之战

曼联主场与巴塞尔的比赛打响前，在获悉红魔将在本场尽遣替补登场的消息后，欧足联一度动了终止本场比赛的念头，因为他们担心曼联的态度会间接影响小组的走势。但最终，欧足联还是放弃了这一想法。随后，欧足联一位发言人出来打圆场：“球队有安排主力阵容的自由，首发的11人既可以是25岁以上的核心球员，也可以是1981年以后出生的毛头小伙，这不是问题。”

面具超人普约尔

普约尔是西甲出了名的“拼命三郎”，而这一次巴塞罗那中卫将这种精神带到了欧洲赛场。在客场0:0平国际米兰的比赛中，因为与对方相撞，普约尔眉骨骨折。为了不错过余下比赛，巴萨后卫决定带着守护面具参加训练和比赛。

马尔蒂尼棒起奖杯

尽管AC米兰与尤文图斯的这场决赛，因为双方大打防御足球而显得平淡无奇，但这却并未妨碍米兰人疯狂地庆祝这来之不易的冠军。马尔蒂尼以队长身份棒起了奖杯，这是他为米兰夺得的第四座冠军杯，而西多夫也成为第一位曾随三支不同球队棒起过冠军杯的球队。在米兰人欢呼时，尤文图斯则陷入深深的沉默，倒霉的皮耶罗第三次在冠军杯决赛中品尝了失利的苦涩。

演员基翁？

本届赛事中，卡佩罗麾下的罗马可谓表现苍白。在两阶段小组赛12场比赛里，他们居然只赢了3场。客场与阿森纳一役，托蒂在无意中撞倒了西甘后，引发不小的冲突，赶来“参战”的基翁最终痛苦倒地。而当值主裁以“攻击对手”的理由将托蒂红牌罚下。赛后，卡佩罗愤怒地表示：“基翁根本就是一位伟大的演员。英国人可不都是风度翩翩的绅士。”

射手榜

排名	球员	进球
1	范尼斯特尔鲁伊（曼联）	12 球
2	因扎吉（AC 米兰）	10 球
3	克雷斯波（国际米兰）	9 球
	马凯（拉科鲁尼亚）	9 球
	劳尔（皇家马德里）	9 球
6	科勒（多特蒙德）	8 球
7	亨利（阿森纳）	7 球
	萨维奥拉（巴塞罗那）	7 球
9	罗纳尔多（皇家马德里）	6 球
	希勒（纽卡斯尔）	6 球

夏日记事

■死亡直播

这一年的联合会杯不幸成为“死亡演播室”。在半决赛喀麦隆与哥伦比亚的比赛中，喀麦隆球员维维安·福由于突发心脏病而猝死球场，福的不幸去世引起了整个世界的震惊。在一片抗议声中，决赛还是如期举行，获胜的法国队把他们的进球献给了喀麦隆人。

■阿布入主切尔西

2003 年夏天，在破费 8500 万欧元后，俄罗斯富翁阿布拉莫维奇买下了切尔西 50.09% 的股份，接替了前任老板贝茨成为蓝军新主人。入主斯坦福桥后，阿布用金钱打造了一支极富竞争力的球队，而这一过程的第一步便是以 2400 万欧元的价格签下达夫，这笔转会的费用震惊了所有英超俱乐部。此后，马克莱莱、贝隆、乔·科尔等人陆续到来。阿布平静地表示：“这只是我的爱好而已。”

■小贝小罗西甲相会

在与弗格森彻底闹翻后，贝克汉姆转会皇马，这成就了 21 世纪最震惊世界足坛的一桩签约。大卫的到来，进一步巩固了皇马“银河战舰”的名号，而星光四射的皇马也带着明星开拓亚洲及北美市场。同时，巴塞罗那在那个夏天也签下了日后率领球队成功称霸欧洲的球星——罗纳尔迪尼奥。

2003/2004 >>

2003/2004 波尔图横扫欧陆

没有哪支球队能够找到有效的办法，阻止穆里尼奥的波尔图通往光荣之路。即使是这个赛季大爆发的摩纳哥，在决赛中也是0 3完败。

德尔莱（中间蓝衣者）在决赛中给摩纳哥制造了很多麻烦。

决赛

2004.5.26-盖尔森基兴傲赴沙尔克球场　　主裁判：尼尔森（丹麦）

3 : 0

波尔图			摩纳哥
(442)			(451)
巴亚	门将	门将	罗马
费雷拉	后卫	后卫	伊巴拉
若热·科斯塔			J. 罗德里格斯
卡瓦略			73' 吉韦
瓦伦特			埃夫拉
P. 门德斯	中场	中场	64'E. 西塞
科斯蒂尼亚			贝纳尔迪
马尼切			齐科斯
德科 85'			23' 久利
卡洛斯·阿尔贝托 60'	前锋		罗滕
德尔莱 78'		前锋	莫伦特斯

替补

波尔图	摩纳哥
阿列尼切夫 60'	23' 普尔绍
麦卡锡 78'	64' 农达
埃马努埃尔 85'	73' 斯奎拉奇

进球

进球	比分
39' 卡洛斯·阿尔伯托	1:0
71' 德科	2:0
75' 阿列尼切夫	3:0

2004年5月26日，在盖尔森基兴被刻上冠军杯的球队名字或许有些意外，但前一个赛季刚夺得联盟杯冠军的波尔图，此次登上领奖台却没有丝毫争议。整个赛季，“巨龙”毁灭了他们的每一个敌人，包括最后颇有些意外的决赛对手摩纳哥。

波尔图的取胜过程光彩夺目：讲究控球，控制空间，对抗中的成功率，以及在关键区域的效率。他们在每条线上都有天才球员，从卡瓦略到麦卡锡，还有两名出色的中场马尼切和德科，教练席上则坐着同样杰出的穆里尼奥。

波尔图和摩纳哥进行决赛，也是冠军联赛赛制再次改革带来的结果：取消第二阶段小组赛，从1/8决赛开始直接进行淘汰赛，增加了小球队爆冷的可能。在电视台的压力下，欧足联不得不改变冠军联赛的节奏，从而挽救这个可能逐渐失去观众的赛事，而且此前过于密集的赛事，也迫使俱乐部不得不花费巨资打造拥有多套阵容的豪华球队。

摩纳哥血洗拉科鲁尼亚

在决赛之前，摩纳哥是整个欧洲最受瞩目的球队。尤其是2003年11月5日对阵拉科鲁尼亚的比赛，才开场30分钟，摩纳哥就已经4:0领先了。尽管特里斯坦和斯卡洛尼扳回两球，但拉科鲁尼亚的后防线依旧在梦游，普尔绍在第45分钟将比分改写为5:2。中场休息时，拉科主帅伊鲁埃塔决定更换门将，这是非常罕见的选择，但也没有起到丝毫作用。摩纳哥最终8:3大胜，当天恰逢30岁生日的克罗地亚前锋普尔绍独进4球，追平了冠军联赛单场比赛进球纪录。

出彩的法国球队不止摩纳哥一支。小组赛，里昂先在客场2:1击败拜仁，随后又战胜凯尔特人获得出线权。马赛虽然在皇马、波尔图所在的小组名列第三，却在随后一路杀入联盟杯决赛。里昂、摩纳哥，再加上4支西班牙球队、3支英格兰球队、2支意大利和德国球队，以及莫斯科火车头、布拉格斯巴达和波尔图，组成了1/8决赛的阵容。

有好几支晋级队的表现很火爆。尤文图斯7:0打败奥林匹亚科斯，创造了1991年冠军杯改制以来的最大比分差距。阿森纳在开局不利的情况下，小组赛最后三轮全胜出线，包括客场5:1血洗国际米兰。

当然别忘了另一支英格兰霸主曼联，他们是小组赛阶段攻击力最强的球队。1/8决赛中，“红魔”与波尔图抽到了一起。未来的冠军凭借科斯蒂尼亚在老特拉福德最后一分钟的进球，让“红魔”心碎……

皇马撞上“岩石”

1/4决赛面对里昂，波尔图没有遇到很严峻的挑战，首回合主场2:0获胜，几乎宣告他们已经进入4强。人们将目光投向另一场1/4决赛，阿森纳在第二回合的最后时刻丢球，将同城对手切尔西送进下一轮。

首回合被皇马4:2击败后，摩纳哥回到主场

开始了一系列疯狂的冲击。整体攻防上的不平衡，再加上过多比赛带来的疲惫，齐达内的球队在下半场崩溃，从皇马租借到摩纳哥的前锋莫伦特斯建功，摩纳哥3:1获胜，翻盘成功。摩纳哥主帅德尚赛后不停高呼：“美妙至极！”

在拉科鲁尼亚，伊鲁埃塔也在发表获胜感言：“我们知道这是有可能的，而且我们做到了！”在首回合1:4兵败圣西罗后，拉科鲁尼亚居然在主场4:0大翻盘，用最不可思议的方式将卫冕冠军AC米兰赶出局。

伊鲁埃塔同样认为他们可以打进决赛，但他们没能淘汰波尔图。两场半决赛紧张而平淡，再次展现了穆里尼奥球队的顽强和冷血。次回合在拉科鲁尼亚的里亚索球场，德尔莱的点球将波尔图时隔17后再次送入冠军杯决赛，上一次他们在1987年凭借马杰尔的神奇表演捧杯。

葡萄牙人将遭遇另一场半决赛的胜者摩纳哥。摩纳哥的晋级之路依旧是那么惊心动魄，首回合主场在中场齐科斯被罚下的情况下，他们仍3:1获胜，莫伦特斯和农达在最后20分钟分别建功。

一周后来到斯坦福桥，蓝军在第44分钟就得到了足以让他们晋级的2:0，但法国人很幸运，他们凭借阿根廷后卫伊巴拉的“上帝之手”破门。随后，本赛季欧冠最佳射手莫伦特斯用进球彻底扑灭了切尔西晋级的希望。摩纳哥进入决赛是法国人的梦想，自1993年的马赛之后，终于又有一支法国球队进入决赛了。

17年的轮回

和摩纳哥晋级过程中的激情和疯狂相比，波尔图是一路四平八稳走过来的。他们知道如何利用对手的每一个弱点，这是葡萄牙人取胜的秘诀之一。

决赛后穆里尼奥指出：“久利的离场改变了比赛的进程。”他指的是第23分钟，摩纳哥队长久利因伤下场，卸去了葡萄牙人最大的担忧。右边锋久利拥有令对手窒息的速度，他和左边锋罗滕的两翼齐飞是本赛季摩纳哥狂飙突进的最大法宝。

随后波尔图完全控制了比赛，完成了3次高效的射门并3次得分。实际上，从阿尔贝托第39分钟打入第一球后，比赛就失去了悬念，波尔图很少失去这样的优势。德科和阿列尼切夫的进球只是彻底杀死了比赛。

德科被评为本场最有价值球员。几个月后，已经转会巴塞罗那的德科还收到了2003/2004赛季冠军杯MVP的至高荣誉。摩纳哥队主帅德尚在决赛前就承认，决赛能否取胜，关键在于是否能成功盯死德科。“德科在

波尔图队中起着决定性的作用，他能左右比赛结局。他的活动范围非常大，没有一个固定的活动区域。因此限制德科的发挥是我们本场比赛的关键。”

但与此相对应的是，穆里尼奥当然清楚如何发挥本队10号的作用，而且他还在这场比赛中特意布置了保护德科的战术。他在赛后有些得意地说：“德尚清楚德科的作用，但我比他更熟悉我自己的队员。我同德科共事两年半，了解他的价值，当然也知道在决赛中他将给我们带来什么。德尚要钳制他，而我则会想尽办法解放他。”显然，这次斗智是葡萄牙人占据了上风。

不过在比赛结束后，志得意满的少帅并没有参加队内的庆祝派对，也没返回波尔图参加隆重的庆典，而是去里斯本海滩，与自己的妻子和孩子一起享受阳光，这种做法曾遭到葡萄牙媒体的强烈抨击。穆里尼奥后来道出了实情：“比赛前，我曾经接到过一个死亡威胁电话。这让我很焦虑，虽然获得了冠军，但我当时只想和家人安全地待在一起。我实在没有参加派对的心情！”

一场3:0大捷也让波尔图成为继利物浦之后，第2支连续夺得联盟杯和冠军杯的球队（利物浦在1976年和1977年先后捧得欧洲联盟和冠军杯）。穆里尼奥可以开始收拾行囊，去切尔西闯荡新天地了。

MUTIS ÉCŒURE RODDICK

CYCLISME
LES PISTARDS SE COUVRENT D'OR

L'ÉQUIPE

ENVIE D'UNE DOSE DE PLAISIR ?

C'EST TROP DUR

3-0 : Monaco a subi une sévère défaite, hier soir, en finale de la Ligue des champions, face au FC Porto, qui a remporté à Gelsenkirchen le trophée pour la deuxième fois, après 1987. (Pages 2 à 5)

AU REVOIR, ET MERCI

PEUGEOT PERD SUR TAPIS VERT

HOULLIER S'EXPLIQUE

原声

■《队报》特派记者 让 - 皮埃尔 · 里瓦斯

2004 年 5 月 27 日

摩纳哥本赛季冠军联赛征程的结尾太可怕了。他们并没有缴械，但面对一支如此出色的波尔图，德尚的弟子们什么也做不了。他们遭遇了一场惨痛的失利，但或许他们不该如此惨败。继马赛兵败联盟杯决赛一周后，摩纳哥也倒在欧洲俱乐部赛事决赛中。这种方式太残酷了，太沉重了，尤其是考虑到他们一路打进盖尔森基兴的辉煌旅程。

波尔图的胜利为他们带来了冠军杯，如果说马杰尔 17 年前的爆发帮助球队逆转拜仁夺冠还有争议的话，那么今天的胜利无疑是实至名归。

凭借几名出色的球员，比如当选决赛 MVP 的德科，以及整个赛季都很稳固的后防，葡萄牙人完全控制了比赛，他们有着自己的逻辑，一种冷酷的现实足球。继 1992 年的优胜者杯后，摩纳哥连续第二次输掉欧洲赛事决赛，这种感觉太酸楚了。

过早失去了队长久利是主要败因，只有他能给对方防线制造麻烦，但一直伴随在他身边的运气这次没有了。

全景

两张红牌决定一切

半决赛中，来自与葡萄牙接壤的加利西亚省的拉科鲁尼亚遭遇波尔图。然而，伊鲁埃塔的球队在两回合交手中都没能以完整的11人结束比赛。首回合，拉科鲁尼亚后卫安德拉德玩笑般踢了好友德科一脚，却被裁判认真地红牌罚下，狡猾的德科当然也不会在场上为好友申辩。而在次回合较量中，奈贝特又吃到红牌。

从溃败到大胜

“才华可以胜过呆板”，这句话在1/4决赛首回合AC米兰主场对垒拉科鲁尼亚的比赛中，得到了最好的证明。尽管本场比赛拉科鲁尼亚踢得井然有序，但卡卡、舍甫琴科和皮尔洛的才华，却压倒了呆板的拉科。不过，当双方第二回合打响时，奇迹发生了。在里亚索，气势如虹的拉科45分钟过后就已经三破米兰大门，当弗兰在第75分钟锁定胜局后，整个拉科鲁尼亚沸腾了，米兰则彻底崩塌。

加拉塔萨雷移师德国

由于在5天内两次遭遇爆炸事件，欧足联认为伊斯坦布尔已不适合举办加拉塔萨雷主场与尤文图斯的比赛。为此欧足联决定将比赛移到德国多特蒙德的威斯特法伦球场进行。这座城市生活着许多土耳其移民。加拉塔萨雷2:0获胜，狂喜中的土耳其球迷则激动地冲进球场，这样的场面让欧足联担心了很久。

米哈伊洛维奇又闹事

极强的个性与攻击性人格，这一次又给任意球大师米哈伊洛维奇带来了麻烦。在拉齐奥主场0:4惨败给切尔西的比赛里，塞尔维亚人因为领到2张黄牌而被迫提前更衣。此外，他还在场上对穆图大吐口水，并用种族主义言论攻击对方。欧足联为他开出了停赛8场的罚单。

莫伦特斯反戈一击

1/4决赛摩纳哥与皇马的过招，因为莫伦特斯（左图为他对抗齐达内）而格外吊人胃口。这位本赛季初才被皇马租借到摩纳哥的失意前锋不负众望，成为最富戏剧性的主角。在伯纳乌，2:4的结果使得客队依然保存着希望。回到主场后，这位还拿着皇马薪水的前锋先助攻久利得分，随后又自己破门。一场3:1的胜利后，莫伦特斯的新球队以客场进球的优势将老东家淘汰出局。

奇迹教练崛起

2002年1月，穆里尼奥被任命为波尔图主帅。当时，葡萄牙劲旅正处在危机之中。而28个月过后，波尔图已经夺得了五项锦标：两座葡超冠军奖杯、一座葡萄牙杯、2003年的联盟杯以及本赛季的冠军杯。在决赛中3:0轻取摩纳哥后，波尔图时隔17年后重新登顶欧洲，穆里尼奥也一下跃进欧洲名帅行列。随后，俄罗斯大亨阿布把他带到了伦敦斯坦福桥。

巴亚完成大满贯

波尔图门将巴亚成为第7位完成欧战大满贯（联盟杯、优胜者杯和冠军杯）的球员。作为决赛中年龄最大的球员，34岁的波尔图门将巴亚是本赛季冠军联赛中仅有的四位打满全部13场比赛的球员。1997年，正值当打之年的巴亚在巴塞罗那夺得欧洲优胜者杯；2003年，他随波尔图夺得联盟杯；2004年5月26日，他在德国盖尔森基兴圆了大满贯梦想。

卡恩的“漏勺之夜”

1/8决赛首回合主场和皇马的比赛，让拜仁门将卡恩尝到了生不如死的感觉。卡洛斯30米外的一脚任意球怒射，从德国门将腋下漏过之后滚进网窝。这粒愚蠢的失球让皇马1:1扳平。卡恩赛后愤怒地把手套摔在了地上。然而，倒霉的事情还没完，就在卡恩为这粒丢球懊恼不已时，马特乌斯又出来添油加醋：“卡恩以后不会安宁的，此前他总是批评队友，现在他终于得到报应了。”

射手榜

1	莫伦特斯（摩纳哥）	9 球
2	普尔绍（摩纳哥）	7 球
3	马凯（拜仁慕尼黑）	6 球
	潘迪亚尼（拉科鲁尼亚）	6 球
5	德罗巴（马赛）	5 球
	哈坎·苏克（加拉塔萨雷）	5 球
	亨利（阿森纳）	5 球
	小儒尼尼奥（里昂）	5 球

夏日记事

■冠军会首英格兰

作为上赛季冠军杯冠军和联盟杯冠军的功勋教头，穆里尼奥和贝尼特斯分别告别波尔图和巴伦西亚，从伊比利亚半岛跨海登陆英超，前者执教切尔西，后者入主利物浦。一场欧洲足坛新锐少帅之间的比拼，由此正式展开。他们两人似乎也真是一对命中注定的敌人，自2004/2005 赛季开始，两人在俱乐部参加的所有赛事中均有过交手记录。

■希腊神话

凭借前锋查里斯特亚斯的唯一进球，希腊在欧洲杯决赛中 1:0 击败东道主葡萄牙，出乎所有人意料地捧起了冠军奖杯。自“凯泽斯劳滕奇迹”后，“奥托大帝”雷哈格尔又一次证明了自己点石成金的神奇功力，除了东道主，另两支夺冠热门法国和捷克也成了希腊人夺冠历程中的铺路石。这届赛事结束后，全世界都在说：“1992 年我们看到了丹麦童话，这一次我们又读到了希腊神话。”

■年度签约：鲁尼

向埃弗顿支付了近 3700 万欧元转会费后，曼联终于得到了年轻的天才鲁尼，这笔交易也让埃弗顿男孩成为 2004 年夏季签约的主角。不过，在本赛季的转会市场上，开销最大的要算切尔西。花掉了大把英镑后，蓝军相继请来了切赫、卡瓦略、费雷拉、蒂亚戈、罗本和德罗巴等一干实力派球星。而尤文图斯掏出 1900 万欧元，从阿贾克斯得到了伊布拉希莫维奇。

2004/2005 >>

2004/2005 疯狂的利物浦

第 50 届欧冠决赛，利物浦在中场休息时 0:3 落后，出乎所有人意料的是，他们在下半场上演大翻盘，重新成为欧洲冠军。这是他们第 5 座冠军杯，也是 21 年来的第一座。

决赛第 60 分钟，哈维・阿隆索利用点球补射成功，奇迹般地将比分扳成 3:3。

没有比这更加激动人心的故事了。AC米兰VS利物浦，在伊斯坦布尔举行的第50次欧冠决赛，喷涌着所有情绪：醉意、烟火、恐慌、狂喜、疯狂……这是一场传奇般的决赛。“红军”此前并不被人们看好，因为有很多球队看上去更加强大，比如巴塞罗那、切尔西、尤文图斯，还有AC米兰……

2005年5月25日这天，当AC米兰半场3:0领先时，没有人认为利物浦会起死回生……

奇迹不断

这个赛季从始至终，利物浦都展现出了拒绝失败的勇气。从预选赛开始，他们就是艰难地击败了格拉茨AK（客场2:0，主场0:1）。小组赛最后一轮，他们必须以两球以上的优势击败奥林匹亚科斯才可能出线。里瓦尔多在第27分钟就帮助希腊球队领先，也就是说，红军必须在下半场打入3球才能逃生。庞格勒在第47分钟率先扳回1球。而梅勒进球后，队长杰拉德又打入了一记25米的超级远射。3:1！第一个奇迹诞生了！

随后，英格兰人遇到了尤文图斯。上半场0:2落后的“老妇人”凭借卡纳瓦罗的进球挽回了部分损失，卡佩罗开始盘算在主场翻盘，但利物浦在客场顽强地守住0:0。与利物浦一起进入4强的，还有另一支“黑马”埃因霍温。

埃因霍温离决赛如此之近

半决赛中，埃因霍温差点就让AC米兰出局。在圣西罗，AC米兰获得2:0的优势，荷兰人回到主场，凭借朴智星和科库的进球在第65分钟就挽回了劣势。幸亏有安布罗西尼，他在补时第1分钟打入关键进球，让AC米兰吃下定心丸。当晚表现优异的埃因霍温一分钟后由科库再下一城，3:1取胜，但飞往伊斯坦布尔的却是AC米兰。

另一场半决赛中，利物浦对阵大热门切尔西。切尔西几周后就将加冕英超冠军，在联赛中领先“红军”多达37分。在淘汰巴塞罗那后，穆里尼奥以为已经赶走了最可怕的敌人。

决赛

2005.5.25-伊斯坦布尔阿塔图克奥林匹克球场　　主裁判：冈萨雷斯（西班牙）

3 : 3

点球3:2

利物浦 (442)			AC 米兰 (442)
杜德克	门将	门将	迪达
芬南 46’	后卫	后卫	卡福
海皮亚			斯塔姆
卡拉格			内斯塔
特劳雷			马尔蒂尼
科威尔 23’	中场	中场	85’ 西多夫
阿隆索			111’ 加图索
杰拉德			皮尔洛
里瑟			卡卡
加西亚	前锋	前锋	85’ 克雷斯波
巴罗什 85’			舍甫琴科

替补

利物浦	AC 米兰
斯米切尔 23’	85’ 塞尔吉尼奥
哈曼 46’	85’ 托马森
西塞 85’	111’ 鲁伊・科斯塔

进球

利物浦	比分	AC 米兰
	0:1	马尔蒂尼 1’
	0:2	克雷斯波 38’
	0:3	克雷斯波 43’
54’ 杰拉德	1:3	
56’ 斯米切尔	2:3	
60’ 阿隆索	3:3	

点球决战

利物浦	AC 米兰
哈曼	托马森
西塞	卡卡
里瑟 ×	× 塞尔吉尼奥
斯米切尔	× 皮尔洛
	× 舍甫琴科

两队在1/8决赛的鏖战惊心动魄，在诺坎普巴萨2:1取胜，回到主场后切尔西4:2取胜。那场比赛精彩至极：28次攻门，其中17次射在门框以内。比赛既展现了罗纳尔迪尼奥的天分，也显示了切尔西的强大，4个进球来自4个球员：古德约翰森、兰帕德、达夫和特里。然而在同利物浦的半决赛中，他们谁也没能得分。首回合在斯坦福桥交出白卷后，次回合安菲尔德的气氛令人窒息。

利物浦在第4分钟就取得了领先，那个进球是个谜案：路易斯·加西亚射出的足球被加拉救出，足球越过了门线吗？比赛结束后，穆里尼奥只能说："最好的球队输了……"他可不敢再批评裁判——由于对巴塞罗那的比赛后指责裁判弗里斯克，葡萄牙人已经被欧足联禁赛过。穆里尼奥的指责引来切尔西球迷对弗里斯克的死亡威胁，导致瑞典裁判决定退休……

意大利恶魔

让弗里斯克决定与球场说再见的，还有2004年11月15日的痛苦回忆：在罗马同基辅迪纳摩的比赛半场结束后，他血流满面地走回休息室，从罗马奥林匹克球场看台上扔下的硬币砸伤了他的脸……欧足联下达处罚令，罗马主场被迫关门比赛两场。没过多久，比此更重两倍的罚单又下来了，这次受罚的是国际米兰：在与AC米兰的1/4决赛次回合中，由于对裁判不满，国际米兰球迷在第72分钟大肆向场内投掷烟火，其中一枚正好砸在AC米兰门将迪达的肩膀上。比赛被迫就此终止。

被一系列意外事件所影响，2005年冠军联赛难免被蒙上一层阴影，但谁能想到在伊斯坦布尔的决赛能扫清所有阴霾？已经37岁的AC米兰队长马尔蒂尼，在第1分钟以一记右脚凌空扫射首开纪录，克雷斯波随后梅开二度，似乎已经为意大利人锁定了胜局。

半场休息时，伊斯坦布尔当地时间22时30分，米兰更衣室里一片欢庆的笑声。另一边，利物浦的西班牙教头贝尼特斯将阵型从451改为352，将杰拉德顶上锋线支持巴罗什。贝尼特斯大吼："你们可以做到！"

正当贝尼特斯鼓舞球队时，4万名红军球迷歌声打破了场内的沉寂——《你永远不会独行》。赛后，利物浦的芬兰中卫海皮亚回忆说："我们在更衣室里听到球迷的歌声，我们

希望至少扳回一球来感谢他们。”

第54分钟，红军队长杰拉德率先头球破门，斯米切尔在第56分钟远射破门。不可思议变成了不可预料，随后杰拉德在禁区内被加图索放倒，阿隆索的点球被迪达扑出，但西班牙人补射得分。利物浦在第60分钟将比分扳为3:3！

6分钟内，利物浦逆转了形势，将比赛引向了加时赛。“红军”的传统坚持到了最后，杜德克在第118分钟接连两次扑出舍甫琴科的射门，由此AC米兰已经在点球决战中失去了信心。塞尔吉尼奥射飞了，随后皮尔洛和舍甫琴科的射门成全了当晚的英雄杜德克。半场已经被“宣判死刑”的利物浦，成为了欧洲冠军！

一切仿佛是命中注定。1985年，利物浦与尤文图斯的冠军杯决赛前发生了海瑟尔惨案。利物浦逆转捧杯这天，离海瑟尔惨案的20周年纪念日只有4天。离开伊斯坦布尔时，利物浦中卫卡拉格高呼：“这应该是有史以来最伟大的决赛！”不是吗？

（左图）两年前，舍甫琴科用点球将欧冠奖杯带回米兰城。但面对利物浦门将杜德克，他未能成为米兰的救世主。
（下图）杰拉德作为红军队长，与另一队魂卡拉格深情地亲吻冠军杯。

RUGBY
PELOUS, OPÉRATION ET TROIS MOIS D'ARRÊT
TENNIS
GASQUET-NADAL, C'EST POUR DEMAIN
CYCLISME
LE MÉVEL, UN FRANÇAIS À L'HONNEUR SUR LE GIRO
BASKET
ET DE DEUX POUR SAN ANTONIO
L'ÉQUIPE
0,80 €
KOUROS
LIVERPOOL EST ÉTERNEL

原声

■《队报》特派记者 樊尚 · 迪吕克

2005 年 5 月 26 日

需要等上好一段时间，才能找到词语去描述这个欧洲从未经历过的决赛之夜：半场 0:3 落后的利物浦，6 分钟连入 3 球，最终在点球决胜中胜出。这是他们继 1977、1978、1981、1984 年之后，第 5 次夺取冠军杯，利物浦的复兴没有极限。红军昨夜在伊斯坦布尔献给了欧洲一场震撼性的决赛，红军球迷的眼睛里满是幸福的眼泪。这是一场颠覆性的决赛，甚至比 1999 年曼联最后关头逆转拜仁更具有颠覆性。

在 2001 年击败阿拉维斯夺得联盟杯后，利物浦再夺欧洲冠军，重新成为欧洲之王。他们的教练贝尼特斯和穆里尼奥一样，连续两年捧起联盟杯和冠军杯，只不过他是带领两家不同的俱乐部。欧洲不会忘记这场激动人心的决赛，第 50 场冠军杯决赛也让人们想起了当年的一些疯狂比赛：AC 米兰是不幸的，上一支在决赛中打入 3 球却失利的球队要追溯到 1962 年的本菲卡，他们 3:5 输给了皇马。

全景

被遗忘的卢卡

第三轮资格赛发生了一件非常有趣的事。萨洛尼卡中场卢卡曾在2000年的一场比赛过后受到欧足联的长期禁赛处罚。但不知是时间过得太久，还是俱乐部有意为之，4年后并未熬满禁赛“刑期”的卢卡竟然在主场与特拉维夫的比赛中大模大样地登场比赛。但萨洛尼卡未能瞒天过海，知道情况后，欧足联判萨洛尼卡0:3告负。

打火机流弹

当一个从看台上横空飞下的硬币击中弗里斯克时，瑞典主裁就知道这不是属于他的一天了。小组赛，罗马主场迎战基辅迪纳摩，中场休息时，正走回更衣室的弗里斯克收到了这份罗马球迷送出的特别“礼物”，头破血流被缝四针。事后，欧足联判罗马0:3告负。

弗爵爷千场

当弗格森开始执教曼联时，日历上的数字还是1986。近20年后，在冠军杯小组赛曼联主场对垒里昂的比赛中，弗格森迎来了带领曼联打的第1000场正式比赛。加里·内维尔和范尼的双进球，用2:1的胜利为爵爷送上绝妙的“千场大礼”。

并不友好的回应

海瑟尔惨案20年后，尤文图斯和利物浦这对冤家再度在冠军杯赛场上重逢。为了对当年的行为表示忏悔，安菲尔德的球迷在比赛开始前请求尤文图斯的原谅。然而部分尤文球迷却狭隘地背对认错的利物浦球迷，并竖起了中指。这样的场景，让这本该温馨感人的一幕突然间变得粗俗和龌龊。

圣西罗的烟火

1/4决赛中，AC米兰和国际米兰上演了同城德比大战。第二回合进行到第72分钟，主裁默克判坎比亚索进球无效。这引得国际米兰球迷极度不满，激动之下他们开始朝场内投掷杂物，一枚焰火直接砸中了迪达的肩膀。比赛中断了20分钟，但硝烟散去后不久，杂物又铺天盖地袭来，默克不得不宣布终止比赛，国际米兰被判0:3告负。

杜德克的舞步

这是一场极为经典的冠军杯决赛。从0:3落后到3:3扳平，利物浦无疑是这一晚最红的球队。点球大战中，利物浦门将杜德克接连在门线起舞，先后扑出皮尔洛和舍瓦的点球，塞尔吉尼奥此前又将球射偏。在疯狂的伊斯坦布尔之夜，时隔20年重返冠军杯决赛的利物浦疯狂地捧起了冠军奖杯，杜德克成为头号功臣。

穆里尼奥逼退弗里斯克

1/8决赛首回合，主场作战的巴塞罗那逆转切尔西。最引人注目的是切尔西主帅穆里尼奥对主裁弗里斯克的诽谤。赛后，葡萄牙人指责说“弗里斯克中场休息时在更衣室内与里杰卡尔德有接触”。种种证据表明，这种指控根本就是无中生有，但穆里尼奥这样的表态却让弗里斯克陷入了无休止的电话骚扰中，甚至受到了死亡威胁。不堪重压的弗里斯克宣布挂哨，以求安宁和家人平安。

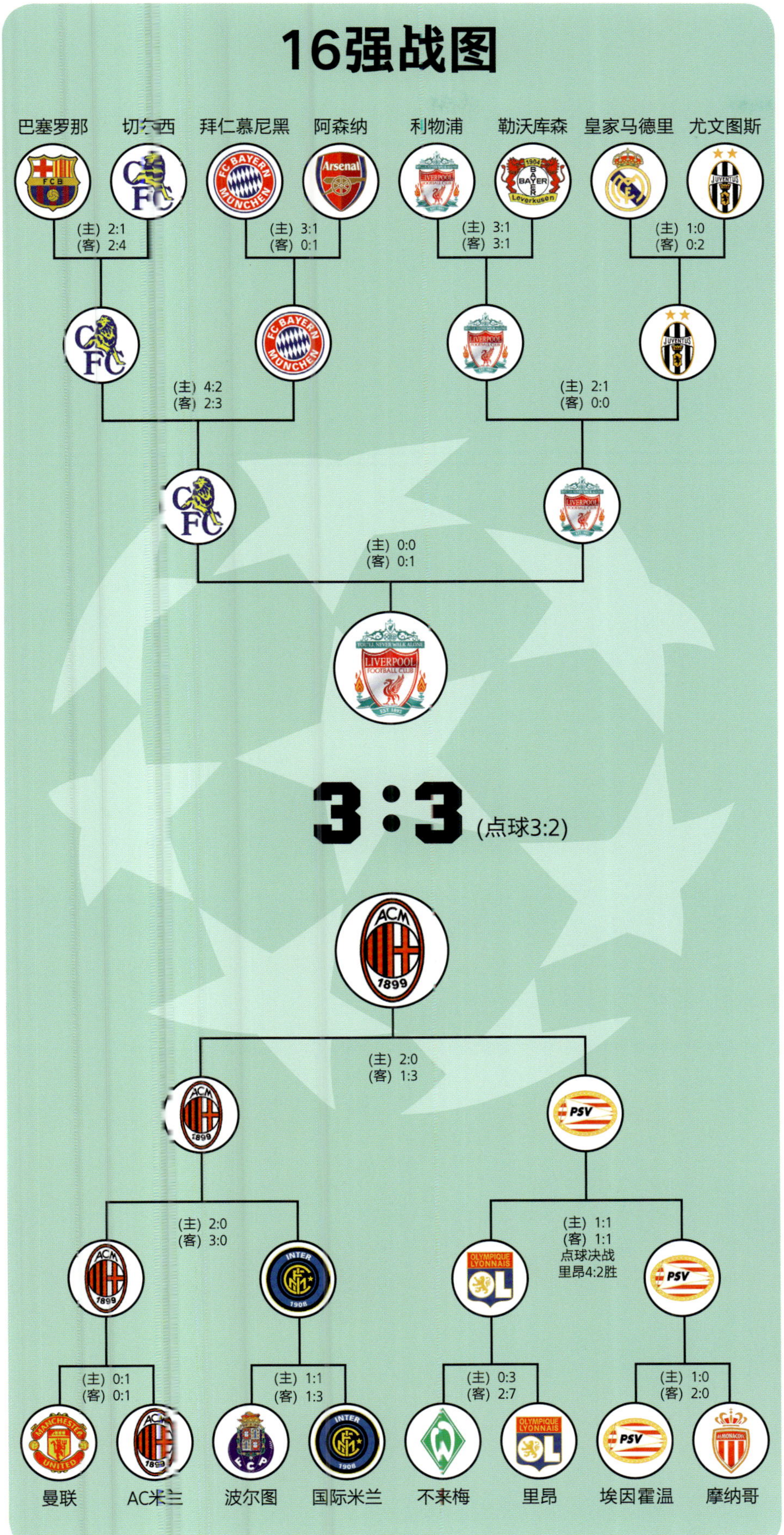

射手榜

排名	球员（球队）	进球
1	范尼斯特尔鲁伊（曼联）	8 球
2	马凯（拜仁慕尼黑）	7 球
	阿德里亚诺（国际米兰）	7 球
4	克雷斯波（AC 米兰）	6 球
	舍甫琴科（AC 米兰）	6 球
	维尔托德（里昂）	6 球
7	亨利（阿森纳）	5 球
	德罗巴（切尔西）	5 球
	马丁斯（国际米兰）	5 球
	路易斯·加西亚（利物浦）	5 球
	克拉什奇（不来梅）	5 球
	通恰伊（费内巴切）	5 球
	埃辛（里昂）	5 球

夏日记事

■维埃拉转投尤文图斯

2005 年 7 月 15 日，在阿森纳效力长达 7 年的队长维埃拉正式宣布离队。面对尤文图斯的邀约，阿森纳高层没有拒绝，心灰意冷的维埃拉无奈做出了转会决定。他离开后，亨利戴上了枪手的队长袖标。

■克劳奇来，巴罗什走

欧洲新科冠军在夏季进行了锋线调整，高个子中锋克劳奇从南安普敦来投。由于锋线球员过多，捷克前锋巴罗什被贝尼特斯放弃，新赛季开始后加盟阿斯顿维拉。

■利物浦夏季赛

由于未能在 2004/2005 赛季进入英超前 4，英足总原本没有让利物浦参加下赛季的冠军杯。但在舆论的一致压力下，欧足联决定网开一面，给利物浦一个参加 2005/2006 赛季欧冠资格赛的机会，但他们必须从资格赛第一轮打起。于是，在其他球队还在休假之时，红军提前踏上了卫冕征途。

■联合会杯巴西称王

作为德国世界杯的预演，联合会杯足球赛 6 月在德国开战。半决赛中，巴西 3:2 胜德国，阿根廷点球淘汰墨西哥。在一场经典的决战中，巴西人在雨中 4:1 击溃死敌，阿德里亚诺（下图）在本届杯赛中的表现堪称完美。

2005/2006 >>

2005
2015

2005/2006	巴塞罗那
2006/2007	AC 米兰
2007/2008	曼联
2008/2009	巴塞罗那
2009/2010	国际米兰
2010/2011	巴塞罗那
2011/2012	切尔西
2012/2013	拜仁慕尼黑
2013/2014	皇家马德里
2014/2015	巴塞罗那

三冠王盛世

2005至2015的10年间，巴塞罗那四入决赛四次捧杯。且继2008/2009赛季后，巴萨2014/2015赛季再次囊括欧冠、西甲和国王杯三项冠军，成为史上第一家两次成就“大三冠”伟业的欧洲俱乐部。2008至2015的欧洲足坛就产生了4次三冠王，追平整个20世纪的总量。从1967年的凯尔特人到1999年的曼联，跨越了33个赛季。而巴萨仅用7年就两次成就三冠伟业，其间还有国际米兰和拜仁载入史册。而且2009/2010和2014/2015都是“双重保险”，即进入欧冠决赛的两队决战前已是国内双冠王。

欧冠走过了整整60年，这是见证现代足球从纯粹到高度商业化的60年。第一支三冠王凯尔特人100%本土制造，1971/1972赛季的阿贾克斯也只有两名外援（主帅科瓦奇来自罗马尼亚）。但1987/1988赛季的埃因霍温外援已多达6人，且队长是比利时人格雷茨。之后的曼联、巴萨、国际、拜仁，人员的国别概念已彻底模糊化，本土球员不再享有20世纪六七十年代的绝对主导地位，这是足球商业化的重要表现，也是优秀人才和资源高度集中的体现，这正是三冠王变得不再稀缺的决定性因素。

2015 年 6 月 7 日，巴塞罗那大巴游行，庆祝的不仅仅是欧冠捧杯，更是一个三冠王的成功赛季。

2005/2006 美丽足球登顶

第一届欧冠决赛 50 周年之际，冠军杯回到了首届比赛的举办地巴黎，罗纳尔迪尼奥也回到了他曾经熟悉的城市。巴塞罗那是这个赛季整个欧洲最炙手可热的球队，阿森纳则是历史上首次打入冠军杯决赛。2:1，巴萨笑到最后。

巴塞罗那踢出了全欧洲最美丽的足球并最终捧杯（左图），他们的球迷也很是享受了一把。

这是巴塞罗那第5次打入冠军杯决赛，但此前他们只有1991/1992赛季成功夺冠。巴萨人曾3次被英格兰球队在桂冠决定战中击败，分别是1980年和1983年在欧洲超级杯中负于诺丁汉森林和阿斯顿维拉，1990/1991赛季则在欧洲优胜者杯决赛中不敌曼联。

这是一场戏剧性的比赛，第18分钟久利破门得分，但被判无效。阿森纳门将莱曼被红牌罚下，因为他之前用手抓住了埃托奥的脚踝。莱曼也成为第一位在冠军杯决赛中被罚下的球员。年轻的阿森纳并没有被吓倒，在第37分钟反而领先，由坎贝尔头球破门。不过巴塞罗那并不心甘情愿接受失败，在第76分钟埃托奥弥补了上半时的缺憾，小角度射门扳平比分，终结了阿森纳冠军杯连续1005分钟不失球的纪录。决定比赛的是不受重用的贝莱蒂，这位在第71分钟才替补上场的右后卫，在上场10分钟后以一记穿裆球将巴塞罗那送上了冠军的宝座。

据西班牙电视台公布的数据，1400万西班牙人观看了这场冠军杯决赛，超过了西班牙人口的1/4。13万加泰罗尼亚人走上街头欢迎他们的英雄凯旋。球迷们本准备在机场就地举行庆祝仪式，但当局考虑到安全因素取消了这一计划。但这并没有压抑加泰罗尼亚人的热情，参加欢迎仪式的球迷绵延数里，他们看到自己的球队在创造历史，并期待更伟大的明天。罗纳尔迪尼奥吐露了自己的心声："从加盟巴塞罗那的那一天，我就梦想着这一时刻，现在终于梦想成真。我唯一的希望是你们能够享受这座奖杯。"

决赛

2006.5.17-巴黎法兰西大球场　　主裁判：豪格（挪威）

巴塞罗那	2：1		阿森纳
(433)			(451)
巴尔德斯	门将	门将	莱曼
奥莱格 71'	后卫	后卫	埃布埃
普约尔			图雷
马克斯			坎贝尔
范布隆克霍斯特			阿什利·科尔
埃德米尔森 46'	中场	中场	85' 赫莱布
德科			永贝里
范博梅尔 61'			74' 法布雷加斯
久利	前锋		吉尔伯托
埃托奥			19' 皮雷
罗纳尔迪尼奥		前锋	亨利
替补			
伊涅斯塔 46'			19' 阿穆尼亚
拉尔森 61'			74' 弗拉米尼
贝莱蒂 71'			85' 雷耶斯
进球			
	0:1		坎贝尔 37'
76' 埃托奥	1:1		
81' 贝莱蒂	2:1		

曼联遭遇红灯

事先几乎没有人会料到，曼联连小组赛都未能过关。与他们同在一组的是比利亚雷亚尔、里尔和本菲卡，看起来没有人可以对曼联小组第一位置形成挑战。但事实上这个小组成为真正的死亡之组，平局连连，12场比赛仅有6场分出胜负。首轮红魔就看到了红色警报，对比利亚雷亚尔，鲁尼对裁判尼尔森的判罚不满，鼓掌以讽之，被红牌罚下，最终曼联只能与黄色潜水艇0:0战平；第3轮战里尔，吉格斯的欧战百场庆典同样以0:0尴尬结束，这次是斯科尔斯领两张黄牌被罚下。6轮小组赛曼联仅有3个入球，1胜3平2负小组垫底，自1995年之后第一次在圣诞节之后没有欧洲比赛可踢，弗格森失望地总结了失败的教训，"我们丢球总是显得很轻易，所以要怪只能怪我们自己。我们3个主场只拿到5分，这是问题所在。不过，曼联有个传统，总能从困境中奋起，我们现在就要重新振作。"

生死冤家

连续两个赛季，切尔西和巴塞罗那在1/8决赛中狭路相逢，这正好给了巴塞罗那报仇雪恨的机会。上赛季两队曾奉献出两场激动人

心的比赛，结果是切尔西技高一筹。在斯坦福桥，德尔奥尔诺开场后对梅西的恶意犯规让自己吃到了红牌，然而这并没有毁掉一场本该惊心动魄的比赛。莫塔的乌龙一度让蓝军领先，但罗纳尔迪尼奥的任意球让特里犯下了同样的错误。还是埃托奥，在最后时刻头球破门，锁定了客场2:1的胜利。

梅西无疑是首回合巴塞罗那最闪耀的球员，他一个人将切尔西的后防搅得鸡犬不宁，还直接制造德尔奥尔诺的红牌。但在主场，梅西没有那么好运，第24分钟就拉伤肌肉被换下场。失望的梅西在下场时一脸无奈。慈父般的里杰卡尔德紧紧将他抱在怀里。罗纳尔迪尼奥没让首回合的胜利果实被人偷走，第78分钟突破特里和兰帕德的防守，劲射球门。尽管兰帕德伤停补时阶段将功折罪，利用一个没有争议的点球扳平比分，但这无法阻止巴塞罗那以总比分3:2突围。

里杰卡尔德赛后认为，巴萨的成功在于战术执行得非常完美，成功克制了切尔西的打法。

攻陷伯纳乌

在伯纳乌，几乎没有人相信年轻的阿森纳会让欧洲第一球队如此难堪。1/8决赛对皇马首回合较量的第46分钟，亨利在中圈得球，带球直奔皇马的禁区，一路上先是罗纳尔多撞了一下，然后古蒂的倒地铲球也未能得逞，梅希亚的阻挡无法奏效，拉莫斯绝望地倒地封堵，仍无法阻止亨利王射门得分。人们再次开始谈论“亨利一人的球队”。亨利的神勇表现源于他作为队长的责任感。“我们上半场浪费了几次机会。所以当我拿球时，我对自己说，你必须冲上去，于是我就这么做了。”

次回合虽然0:0战平，但这足以让阿森纳过关。虽然失利，劳尔仍招呼队友一起来到皇马球迷所在的看台，向球迷们表示感谢。“明年再来！”皇马新任主席马丁向卡佩罗发出了召唤，“我对卡佩罗很欣赏，管理层会在一周内决定此事。我的主席任期至少到下个赛季结束，我想自己将和卡佩罗并肩作战。”

枪手变阵

在球迷心中，阿森纳始终是个外战外行的俱乐部。即使在国内联赛创造了49场不败的辉煌纪录，他们也无法在欧战中有所突破。但就在这个赛季，温格非常接近奇迹。依靠莱曼、弗拉米尼、图雷、森德罗斯和埃布埃组成的这条防线。枪手在1000多分钟的时间里保持一球不失。攻击专家以一种让人意想不到的方式淘汰了皇马、尤文图斯和比利亚雷亚尔。

在冠军杯中，阿森纳放弃了传统的442阵型，而是擎出了亨利为单箭头的451。雷耶斯和赫莱布活跃在边路，永贝里出任中场突前的位置。在阿什利·科尔和坎贝尔两位绝对主力长期受伤的情况下，这套阵容实现了攻守平衡。尽管这支年轻的枪手未能在决赛中坚持到最后，但亚军对他们而言已经是个了不起的成绩了。

欧足联的歉意

半决赛次回合AC米兰和巴塞罗那之战。舍甫琴科在第69分钟攻入一球，却被主裁判默克判为无效，他认为舍瓦射门前对普约尔犯规在先。这直接导致AC米兰以两回合0:1的比分出局。

赛后米兰副主席加利亚尼和教练安切洛蒂都抨击了这一判罚，舆论也认为这是误判。安切洛蒂说：“那是个好球，没人能理解，作为一个有经验的裁判，他为什么要在这时吹罚犯规。”

两天后，欧足联采取了补救措施，承认主裁判罚有误。他们通过研究录像，认为当时舍甫琴科和普约尔距离很近，双方并没有明显的犯规动作。而默克当时站在远处，没有做出判罚的充分理由。这样的道歉对米兰来说仅仅是心理上的安慰，因为比赛结果已无法更改。

（左图）罗纳尔迪尼奥在决赛中被永贝里死死纠缠。阿森纳的顽强阻击，让巴塞罗那一直到终场前才绽放光芒。（下图）虽然在半决赛的进球被判无效，但舍甫琴科在他米兰的最后一个赛季中仍旧留下辉煌。小组赛对阵费内巴切独进 4 球，让他可以和前辈范巴斯滕比肩。

L'EQUIPE

IMPITOYABLE BARÇA

原声

■《队报》特派记者 克劳德·德鲁桑

2006 年 5 月 18 日

比赛挽救了足球，巴塞罗那赢得了欧洲俱乐部赛事 50 年来的一场“五星级”决赛，而这仅仅是他们历史上第二次捧杯，考虑到这家加泰罗尼亚俱乐部悠久的历史和名誉，这似乎有些不公正。

是天才帮助巴萨笑到了最后，阿森纳的英勇不足以抵抗罗纳尔迪尼奥、埃托奥们的天分。克鲁伊夫的思想和哲学虽然那么久远，但毫无疑问深深影响着里杰卡尔德的这支球队。昨夜比赛结束的那一刻，克鲁伊夫这个活着的传奇，也感动得热泪盈眶。这场决赛意味深远：对于即将错过德国世界杯的久利说，冠军是一种安慰和奖赏；对于亨利则是无尽的遗憾，他在这场比赛中曾有几次机会将比分锁定为不可逆转的 2:0，这个晚上他估计要失眠了。

这场比赛是如此的有趣、重要和激动人心，即使是在距离德国世界杯还有 23 天就要开始的情况下……

全景

齐祖和亨利之争

皇马和阿森纳之战，也是齐达内和亨利的较量。在场下，两人同样争得不可开交。在对决之前，法国《队报》公布的该国2005年体育人物收入榜上，齐达内以1460万欧元的年收入占据榜首，亨利以970万欧元居第2，排第3的是收入780万欧元的维埃拉。

独中四元

13年前，范巴斯滕在对瑞典哥德堡的比赛中成为冠军联赛历史上第一个单场独中四元的球员。13年后同在AC米兰的舍甫琴科重复了这一辉煌。小组赛第5轮，在前一个赛季的伤心地伊斯坦布尔，AC米兰客场4:0战胜费内巴切，舍甫琴科包揽4球，成为冠军联赛历史上第5位单场进4球的球员，此前除了巴斯滕外，小因扎吉、普尔绍和范尼都曾实现了这一壮举。舍瓦最终也获得了本届杯赛的最佳射手。

疯狂因扎吉

拜仁最怕哪位前锋？是扎吉，几乎所有的AC米兰球迷都记得。当2002/2003赛季AC米兰以哀兵出战冠军杯死亡之组时，他两回合3个进球，打得拜仁毫无脾气。这个赛季，当AC米兰重遇拜仁，次回合又是因扎吉的两个进球将拜仁踢出冠军杯。

罗尼叛变

“我说过我不会呆在一个不受欢迎的地方。像罗纳尔迪尼奥在伯纳乌一样，我在曼彻斯特也受到过球迷的掌声。赛季结束后，我会考虑自己的将来。”主场迎战阿森纳之前，罗纳尔多暴露了自己和皇马的矛盾。这一炸弹被认为动摇了皇马的军心，外星人这场比赛也仅有1次射门，他与皇马的缘分自这时就已经断了。

温格的孩子们

赛季之初，如果有人预测阿森纳的青年军将进入本赛季冠军杯决赛，你一定认为他疯了。但结果证明，这是事实。正是靠这帮乳臭未干的小孩子，阿森纳历史性地闯入了冠军杯决赛。决赛中他们输给了巴塞罗那，但温格的孩子们赢得的是光明的未来。

主裁判下课

挪威主裁判伯尔根也许将为自己的过失遗憾终生。由于一不小心暴露了自己的巴塞罗那倾向，他被取消了执法在巴黎举行的冠军杯决赛资格。他在公开场合穿着巴塞罗那的球衣露面，这对欧足联和巴塞罗那的对手来说显然是不能容忍的。尽管伯尔根随即道歉，但也许是他人生最重要的一场执法机会，就这样溜走了。

抢球票的歹徒

欧冠决赛开战前48小时，欧洲黑市上决赛门票已经被炒到了3000欧元一张，是面值的20倍。5月15日，在巴黎郊区圣丹尼市市政厅前，两名蒙面的歹徒用枪指着议员们的脑袋，但他们不是为抢劫财钱，也不是绑票勒索，他们想要的只是一张欧冠决赛的球票。

莱曼的另类胜利

欧冠决赛对莱曼和阿森纳来说都是一个不愉快的经历。阿森纳丢掉的不仅是冠军，还有1005分钟不失球的冠军杯纪录。18分钟就得到红牌，对莱曼是一种打击，但也使他意外保住了个人的不失球纪录。也许正是这次意外和失利，激发了莱曼的斗志，他在随后的本土世界杯上成就了英雄般的表现。

16强战图

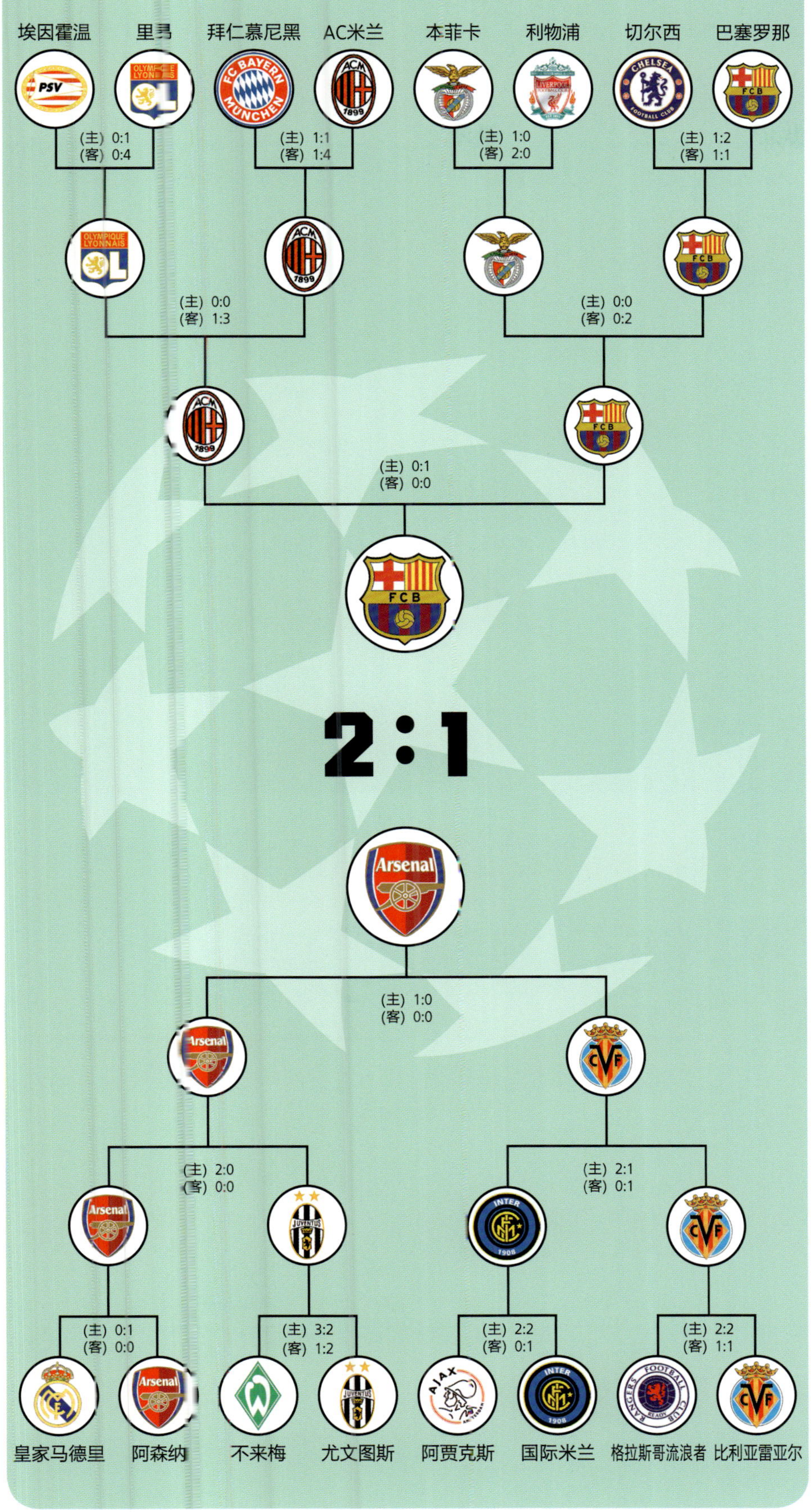

射手榜

1 舍甫琴科（AC米兰）	9球
2 罗纳尔迪尼奥（巴塞罗那）	7球
3 埃托奥（巴塞罗那）	6球
特雷泽盖（尤文图斯）	6球
5 亨利（阿森纳）	5球
卡卡（AC米兰）	5球
阿德里亚诺（国际米兰）	5球
米库（不来梅）	5球

夏日记事

■“国王”迷失在德国

连续两年世界足球先生，率领巴塞罗那夺得西甲和冠军杯双冠王，这个夏天，罗纳尔迪尼奥被认为将在德国世界杯上正式加冕时代球王。由罗纳尔多、阿德里亚诺、罗纳尔迪尼奥和卡卡组成的巴西前场攻击组合被拿来与贝利时代的“史上最强”巴西队相提并论，但结果是巴西队的表现成了这届世界杯的笑柄之一，尚未发威便成鱼肉，止步 8 强。罗纳尔迪尼奥黯淡无光，唯有罗纳尔多以 15 球打破盖德·穆勒保持的世界杯总进球纪录值得一书。

■AC米兰对意大利的启示

32 强聚师德国时，几乎没人奢望里皮的意大利队能夺得世界冠军，因为这支年轻的球队看起来缺乏足够的攻击力，经验缺乏，战术组织也不够严谨。但里皮成功复制了米兰的皮尔洛核心战略，使意大利队进可攻，退可守，整届世界杯，意大利只丢了一个点球和一个乌龙球，奉献了一届完美世界杯表现的队长卡纳瓦罗也因此包揽该年度世界足球先生和金球奖。

■意甲旧秩序崩盘

随着贝卢斯科尼率领的政治势力在意大利大选中失利，一场旷日持久的调查揭开了意大利乃至世界足球史上最令人震惊的黑幕。意大利足坛“三驾马车”的三角关系瞬间倒转，百年来屹立不倒的尤文图斯历史上第一次为乙级而战，一支明星球队随即分崩离析。AC米兰、拉齐奥等涉嫌参与假球的球队被处以不同程度的罚分，甚至国际米兰一度也牵涉其中。

■齐达内退役

齐达内和意大利后卫马特拉齐之间的肥皂剧成为这个夏天最令人津津乐道的饭后谈资。三届世界足球先生在世界杯决赛中对马特拉齐的那一头，折射出这位阿尔及利亚后裔人性中恶的一面。齐达内在这届世界杯后宣布退役，但是关于他与马特拉齐之间的争议，持续了整整一个夏天。

2006/2007 >>

2006/2007 复仇伊斯坦布尔

大难不死，必有后福，这句俗语可以最贴切地形容 2006/2007 赛季的 AC 米兰。“电话门”爆发后，红黑军团险些丢去了欧冠资格，却最终一路杀到雅典，复仇了 2005 年曾在伊斯坦布尔戏剧性抢走冠军的利物浦。马尔蒂尼高高举起了个人第七座欧冠奖杯，老板贝卢斯科尼也以 4 次夺冠仅次于皇马前主席伯纳乌的 6 次，他甚至说“以后 AC 米兰的主场就该以我的名字命名”。

2007年3月11日，加盟AC米兰的罗纳尔多在米兰德比中攻破国际米兰大门后做庆祝手势，尽管罗纳尔多本赛季没有资格为AC米兰出战欧冠，但他在联赛中频频闪光，使米兰内战无忧，专心对外。

决赛

2007.5.23-雅典奥林匹克球场　　主裁判：范德尔（德国）

AC米兰 2：1 利物浦

AC米兰（4321）			利物浦（4231）
迪达	门将	门将	雷纳
奥多	后卫	后卫	88’芬南
内斯塔			卡拉格
马尔蒂尼			阿格
扬库洛夫斯基 80’			里瑟
加图索	中场	中场	阿隆索
皮尔洛			78’马斯切拉诺
安布罗西尼			彭南特
西多夫 90+2’			杰拉德
卡卡			59’岑登
因扎吉 88’	前锋	前锋	库伊特
替补			
卡拉泽 80’			88’阿韦洛亚
法瓦利 90+2’			59’科威尔
吉拉迪诺 88’			78’克劳奇
进球			
45’因扎吉	1:0		
82’因扎吉	2:0		
	2:1		89’库伊特

扣30分，扣得妙

那是一个最差的时代，舍甫琴科离开、AC米兰7号穿在了一个叫里卡多·奥利维拉的无名之辈身上，鲁伊·科斯塔和斯塔姆等名腿也回了老家，“电话门”爆发后，尤文图斯降级，米兰双雄趁机抢购伊布，米兰落败，联赛被罚分，无力与国际米兰争雄。

那也是一个最好的时代，因扎吉的额头还没有皱纹，卡卡还是青葱少年、追风逐日，皮尔洛也是职业生涯正巅峰，内斯塔依然没有受到背伤的困扰，马尔蒂尼也爆发了职业生涯末期最后的辉煌，安切洛蒂至此坐稳了顶级主帅的宝座。

“电话门”于2005/2006赛季末爆发，但因世界杯暂时被“按住”。世界杯后开始审判程序，尤文图斯被罚降级，AC米兰被扣30分，这30分扣得妙，刚好扣得使原本亚军的AC米兰排名意甲第三，得到出战欧冠附加赛的资格。

那个夏天极其动荡，米兰根本不知道自己的命运，过不过得了附加赛都是问题，所以除了在8月31日才收购所谓“7号接班人”奥利维拉，再无其他重要转会，而马尔蒂尼和内斯塔还有伤在身，一切只能交给因扎吉和卡卡们。2006年8月9日，一天后过33岁生日的因扎吉打入全场唯一入球，1:0赢得附加赛首回合的胜利，对手是强悍的布加勒斯特星。第二回合，因扎吉再次打破僵局，西多夫锦上添花，2:1击败星队，AC米兰抢回了刚刚失去的欧冠门票。值得一提的是，2002/2003赛季的欧洲霸主红黑人，也是从资格赛开始一步步摘冠的。

唯一欧冠帽子戏法

小组赛中，AC米兰势如破竹。H组形势不错，里尔、安德莱赫特和雅典AEK都不是强队，安切洛蒂的球队虽然缺兵少将，前4场还得取得3胜1平的佳绩，提前两轮以小组第一出线。卡卡是第一功臣，小组赛AC米兰一共进8球，卡卡一个人就进了5个。尤其是两回合对安德莱赫特，客场在博内拉两黄被罚下的情况下，卡卡惊天远射救主，当时安布罗西尼正站在场下准备替换卡卡。主场再次面对安德莱赫特，AC米兰4:1大胜，卡卡上演了他在欧冠赛场唯一的帽子戏法。

冬季转会市场上，拉齐奥队长奥多以及外星人罗纳尔多相继加盟，罗纳尔多虽因资格问题无法出战欧冠，但在联赛中帮助球队分担了压力。淘汰赛中，米兰持续上演“后发制人”，决赛前的3轮淘汰赛首回合2平1负，都是靠次回合才成功出线。

1/8决赛对手是所谓的弱旅凯尔特人，结果两回合各90分钟后依然互交白卷，直到圣西罗之战的加时第3分钟，凯尔特人一次角球后被米兰反击，卡卡半场长途奔袭，打入了一个

决赛中，因扎吉梅开二度，激动不已，他是AC米兰夺冠最大功臣！

经典入球，巴西少年身上，充分展现了速度、腾挪、冲击力。

1/4决赛面对的是前一个赛季血洗过的拜仁，但圣西罗首战几乎折戟沉沙。皮尔洛第40分钟难得头球破门。第78分钟范比滕利用迪达扑球脱手追平，第84分钟卡卡点球再次领先，然而迪达补时又一次失误，还是范比滕，2:2，这可是在圣西罗，拜仁手握两个客场进球。马尔蒂尼赛后评价：“现在所有人都认为我们会被拜仁踢出局了，但我们去慕尼黑要的是胜利。”

安联球场的次回合是安切洛蒂时期的经典之战，开场后理应着急进球的客队却慢悠悠玩控球，结果拜仁大举压上，西多夫和因扎吉两次偷袭完成2:0的壮举，看台上高举雅典卫城图案（决赛地为雅典）的拜仁球迷格外尴尬。

三英战米兰

半决赛四强中有切尔西、利物浦和曼联三支英超劲旅，英格兰媒体大肆宣扬英格兰德比决赛的概念，前提就是红魔曼联淘汰AC米兰。因为此前曼联曾7:1屠戮罗马，所以当地警方一度担心意大利球迷闹事。

在老特拉福德，卡卡上演了荣获当年金球奖的加冕之战，实际上，整个2006/2007赛季的欧冠，堪称卡卡的登基大典。而在老特拉福德，他的梅开二度戏耍了曼联的后卫，一度为米兰2:1领先，尽管曼联最终3:2逆转，米兰还是取得一个很有利的客场比分。

次回合则彰显了红黑军团的霸气，瓢泼大雨中，加图索和奥多联合冻结了C罗，卡卡、西多夫和吉拉迪诺连下三城，老爵爷弗格森在场边愤怒又无奈地将“著名的”口香糖吐在

地上。

时隔两年，AC米兰与利物浦再次于决赛中相会。2005年在伊斯坦布尔，AC米兰从3:0到3:3，点球大战输掉奖杯，那是红黑历史上最惨痛的一幕，唯有奖杯才能洗刷那段屈辱。雅典，对米兰人来说更有1994年的回忆，那次4:0击败无敌之师巴塞罗那捧起冠军杯。

2007年5月23日的这场决赛谈不上精彩，AC米兰没有占据太多优势，双方的整体防守都非常出色，需要球星来解决问题，这时因扎吉挺身而出。半场结束前，皮尔洛的直接任意球被禁区幽灵因扎吉用身体挡入大门，1:0。庆祝进球时，因扎吉翻过广告牌一个趔趄，摔倒在地、就地一滚、再次跑向球迷看台，那一幕让无数球迷对因扎吉的激动感同身受。2005年的伊斯坦布尔，因扎吉比任何人都痛苦，他因为状态不佳被安切洛蒂发配到了看台上，在那里眼看米兰被大翻盘却无能为力。

第82分钟，他接到卡卡妙传，经典的一个因扎吉式反越位，蹚过雷纳，小角度扫射，2:0。这一次的庆祝是在角旗旁跪下，因扎吉扯动着角旗大声狂呼，这也被评为欧冠最经典的镜头之一。利物浦最后时刻由库伊特头球追回一分，但为时已晚，雅典的胜利者是AC米兰。马尔蒂尼再次将冠军杯举过头顶，而因扎吉在球场中独自高举红黑大旗不停奔跑的一幕，再次深深印刻在每名红黑球迷心中。

2007 年 4 月 24 日，卡卡在老特拉福德独中两元，光芒万丈，此战一举奠定年底卡卡荣获金球奖。

几天前，国际米兰刚刚夺下联赛冠军，这是电话门之后国际米兰第一次在场上赢得冠军。米兰城短短几天又迎来一次盛大的冠军庆典，小插曲是，加图索在花车上举起蓝黑色牌子“我已经42年没有赢了”，讽刺国际米兰42年没有赢过欧冠了。安布罗西尼更是接过了球迷递来的牌子，上面写着“把你们的联赛冠军塞到屁股里去吧”。事后米兰为此道歉，两年后国际米兰再次赢得联赛冠军的庆典上，国际球员也打出过“安布罗西尼，我们的屁股里还有位置”这样的讽刺牌子。

FOOTBALL
L'EURO 2008 SUR TF1 ET M6
TREZEGUET RAPPELÉ CHEZ LES BLEUS ?

RUGBY
MEHRTENS REJOINT GREGAN À TOULON

ATHLÉTISME
NIARÉ, UNE PERFORMANCE DE POIDS

BASKET
ROANNE ET NANCY RÊVENT DE BERCY

L'ÉQUIPE

LE QUOTIDIEN DU SPORT ET DE L'AUTOMOBILE

MILAN EST IMMORTEL

L'AC Milan a remporté la septième Coupe d'Europe de son histoire en battant Liverpool (2-1), hier soir à Athènes, grâce à un doublé de son attaquant « Pippo » Inzaghi. Incroyable dénouement d'une saison que les Italiens ont débutée dans le scandale. (Pages 3 à 6)

原声

2007 年 5 月 24 日

在雅典，AC 米兰凭借着“超级皮波”因扎吉的梅开二度，2:1 击败利物浦，历史上第 7 次夺得欧冠。在丑闻中开始新赛季的 AC 米兰，最终以不可思议的戏剧性收尾结束了这个赛季。

2005 年的伊斯坦布尔之夜，AC 米兰在欧冠史上最经典逆转中成为利物浦加冕的垫脚石。在经历创痛两年之后，米兰人以梦想中的方式完成了复仇。如今，米兰在欧冠奖杯总数上距离头名皇家马德里只有 2 冠差距。

全景

卡卡包揽大奖

卡卡以10个进球成为本届欧冠金靴，并当选最佳球员，这是卡卡职业生涯的巅峰之季，同年斩获金球奖和世界足球先生。2007年12月17日，卡卡出席世界足球先生颁奖典礼，与C罗、梅西一同合影，当年这三位年轻人包揽世界足球先生前三，掀起足坛青春风暴。

最悬殊比分

1/4决赛首回合曼联客场被罗马2:1击败，回到老特拉福德等待罗马人的是一场“屠杀”。红魔7:1狂胜罗马，在当时创造了1959年以来冠军杯1/4决赛的最大悬殊比分纪录。

英超强势

半决赛英超独占三席，是继2002/2003赛季意甲独占半决赛三席后又一国联赛如此“霸气”，也是英格兰人的第一次。更重要的是，从2006年至2009年的三届欧冠中，半决赛都有英超三强的身影。

圣西罗阴影

由于本赛季意甲西西里德比巴勒莫对卡塔尼亚的比赛中出现球迷暴乱，意大利政府开始对球场安全问题高度关注，并宣布圣西罗不安全，国际米兰vs巴伦西亚、AC米兰vs凯尔特人两战一度可能易地。最终国际米兰对阵巴伦西亚时，可容纳85000人的主场仅开放了36000个座位，直到AC米兰对凯尔特人的次回合，才宣布安全没有问题，圣西罗全开放。

国际米兰输球输人

1/8决赛次回合，巴伦西亚主场0:0战平国际米兰，凭借客场2:2的进球优势晋级，赛后双方爆发严重肢体冲突，冲突中巴伦西亚球员纳瓦罗对准国际米兰球员布尔迪索打了一拳，场面瞬间失控，多名国际米兰球员在场内狂奔，追逐纳瓦罗，打斗一直持续到通道、更衣室内，最终纳瓦罗被禁赛7个月，其他卷入冲突的球员也受到不同程度的处罚。

欧冠最快进球

1/8决赛次回合，拜仁主场2:1击败皇马，加上客场2:3，淘汰皇马晋级，此战开球后仅仅11秒，卡洛斯停球太大失误被断，萨利哈米季奇助攻马凯首开纪录，打破阿森纳球员吉尔伯托保持的20.07秒的欧冠最快进球纪录。

16强战图

射手榜

排名	球员	进球
1	卡卡（AC米兰）	10 球
2	克劳奇（利物浦）	6 球
	范尼斯特尔鲁伊（皇家马德里）	6 球
	莫伦特斯（巴伦西亚）	6 球
	德罗巴（切尔西）	6 球
6	劳尔（皇家马德里）	5 球
7	萨哈（曼联）	4 球
	鲁尼（曼联）	4 球
	皮萨罗（拜仁慕尼黑）	4 球
	因扎吉（AC米兰）	4 球
	大卫·比利亚（巴伦西亚）	4 球
	托蒂（罗马）	4 球
	迪卡（布加勒斯特星）	4 球

夏日记事

■亨利心愿得偿

2007 年 6 月 26 日，巴塞罗那宣布以 2400 万欧元收购阿森纳前锋亨利。而亨利泪洒告别阿森纳的一幕令人感动，8 年红白时光画上句号。不再是枪手大帝，亨利来到巴塞罗那后必须要面对小罗、埃托奥以及梅西等超级明星的竞争，各种数据有些下降，但最终能在 2008/2009 赛季称霸欧洲，得偿心愿。

■银河战舰二期失败

皇马同样疯狂收购，欲打造银河战舰第二期。斯内德、佩佩、德伦特和海因策等球员已经花掉了皇马 7000 多万欧元，而收官之作是从切尔西 3500 万拿下飞侠罗本。可惜 1.2 亿打造的银河战舰并不成功，除了佩佩，其他球星随后几年相继离队，斯内德和罗本则在新东家赢得了欧冠。

■贝克汉姆帝国启动

年仅 32 岁的贝克汉姆在 2007 年 1 月宣布将投奔美国大联盟，这在当时被很多人认为是不智之举。但因为小贝的积极训练，卡佩罗在下半赛季重新起用贝克汉姆，让小贝带着联赛冠军完成了自己的皇马岁月。2007 年 7 月，贝克汉姆携妻子维多利亚正式搬到洛杉矶，而英美两国电视台更是对此进行了全程实况转播。由于小贝的加盟，原本不为人所关注的美国职业大联盟开始成为焦点。多年过去，人们终于肯定了贝克汉姆的选择，那是他商业帝国最重要的一步。

■普埃尔塔猝死

2007 年 8 月 25 日的西甲揭幕战——塞维利亚主场对赫塔费的比赛中，普埃尔塔突然心脏病发，在球场上晕倒。队友德拉古蒂诺维奇及队医进行急救，避免吞掉舌头而出现呼吸困难。普埃尔塔一度苏醒，并可自行步行出场外。返回更衣室时，普埃尔塔再次出现多次心脏停顿，后送到市内医院抢救，2007 年 8 月 28 日当地时间下午 2 时 30 分不治。

2007/2008 >>

2007/2008 神佑红魔

1968 年曼联夺得队史首个欧冠时，适逢慕尼黑空难一周年；1999 年曼联第二次抢元时，适逢首冠主帅巴斯比爵士九一冥诞；2008 年曼联第三次胜出，则是慕尼黑空难五十周年——瓢泼大雨中，曼联苦战百二分钟与切尔西难分胜负，互射点球赌命，曼联笑到了最后。每次欧冠凯旋，曼联的命运都和前辈的英灵联系在一起。冥冥之中，总有幸运之神相伴。

1999年在诺坎普，曼联最后3分钟戏剧性地逆转拜仁，弗格森拿到了第一座欧冠，亲手栽培的一代红魔走到职业生涯的最高峰。随后9年，曼联屡屡和决赛缘悭一面，先后被勒沃库森和米兰拦住去路，期间更有逢皇马止步，频频遭弱旅劫道的折磨。

追随弗格森打江山的“红小鬼”们在9年里老去，但当曼联从切尔西手里夺回英超桂冠时，一个新的集体又诞生了。卡里克、哈格里夫斯、安德森、纳尼和特维斯（租借）五名强援分两批加盟，加上已在队内磨合多年的C罗、鲁尼、萨哈、维迪奇和埃夫拉，曼联再次具备冲击欧冠的实力。自20世纪90年代末签下谢林汉姆、斯塔姆、约克和布洛姆奎斯特，这是重磅引援最集中的一次，也是弗格森最后一次从英超之外搜罗高手。

法甲意甲均非对手

多个客观因素为曼联三登欧洲之巅埋下伏笔——多次阻挠曼联前进的皇马内乱不已，巴萨尚未变得狰狞，米兰双雄盛世不再，本季小组出线后被英超球队淘汰。最重要的是，和弗格森缠斗了三季的穆里尼奥，因与东家阿布关系恶化离职，弗格森的主要对手便是内战斗贝尼特斯、外战斗里杰卡尔德。

自90年代重返欧冠，曼联便是在和意甲对手交锋中逐步成长成熟起来，1999年半决赛力克尤文图斯被视为英超和意甲强弱势易的转折点。之前一季的八强战，曼联在主场7:1重创罗马，刷出欧冠改制之后八强阶段最悬殊比分，本季他们不仅又和罗马同组，鬼使神差，八强还被抽到一起。

迎战罗马前夕，C罗戏谑上赛季7:1大胜时，有罗马球员在场上哀求：“都领先6个了，就别再涮我们了好吗？！”媒体也好事，竟把求饶的罗马球员挖了出来——后卫帕努奇！弗格森于是担心罗马球员复仇心切，拼抢时动作上纲上线。最终4场比赛曼联都是点到为止，见好就收。

诺坎普夺冠后，曼联和马赛、波尔多、南特和里昂等法甲菁英交锋，录得8胜4平2负的佳绩，十六强战里昂轻松越过。半决赛战巴萨前，曼联未受挑战，决赛再战切尔西，知己知彼，一切尽在掌握。

金靴C罗无愧全球

回到小组赛，曼联的欧冠征程从作客里斯本竞技起步，因C罗和纳尼均为里斯本竞技所出，比赛看点便是两位葡萄牙球员衣锦还乡。C罗打进全场唯一进球，他的赛季第1球揭开了全季井喷42球的序幕，次回合在老特拉福德C罗又在射手榜留名，弑起旧主毫不留情。曼联直落5轮轻松晋级，末轮作客罗马并不恋战，由中卫小将皮克破门，终以1:1班师。皮克效力曼联4年，只在该季打进2球，且都是欧战中的斩获。

费迪南德和维迪奇的中卫组合几近完美，

决赛

2008.5.21-莫斯科卢日尼基体育场　　主裁判：卢博斯·米歇尔（斯洛伐克）

曼联 1：1 切尔西　点球6:5

曼联			切尔西
（442）			(433)
范德萨	门将	门将	切赫
韦斯·布朗 120+5’	后卫	后卫	埃辛
费迪南德			卡瓦略
维迪奇			特里
埃夫拉			阿什利·科尔
哈格里夫斯	中场	中场	120+4’ 马克莱莱
斯科尔斯 87’			巴拉克
卡里克			兰帕德
C. 罗纳尔多		前锋	99’ 乔·科尔
鲁尼 101’	前锋		德罗巴
特维斯			92’ 马卢达
替补			
吉格斯 87’			92’ 卡卢
纳尼 101’			99’ 阿内尔卡
安德森 120+5’			120+4’ 贝莱蒂
进球			
26’ C. 罗纳尔多	1:0		
	1:1		兰帕德 45’
点球			
特维斯√			√巴拉克
卡里克√			√贝莱蒂
C. 罗纳尔多 ×			√兰帕德
哈格里夫斯√			√阿什利·科尔
纳尼√			× 特里
安德森√			√卡卢
吉格斯√			× 阿内尔卡

布朗、奥谢、埃文斯等子弟兵难以上位，老将西尔维斯特都靠边站，皮克知道在曼联没前途，利用租借去萨拉戈萨的机会，疏通了返回母会巴塞罗那的道路。随曼联夺得欧冠后，皮克立刻回流，旋而在翌年代表巴萨在决赛中击败旧主，成为欧冠历史上少有的连续两季代表不同球会加冕的幸运儿之一。随后他又助巴萨夺得队史第4个欧冠，并随西班牙连夺世界杯和欧洲杯，职业生涯功勋卓著，春风得意，这是后话。

1999年夺得欧冠时，曼联锋线的“四大捕快”闻名遐迩，尤以约克和科尔的“黑风双煞”效率极高，赛季合共破门53次，谢林汉姆和索尔斯克亚两位“僚机”也很给力，产量接近主力的一半。9年后，曼联又装配了一条高

产、稳定的锋线，比前辈更犀利。

萨哈上场有限，进球数和当年谢林汉姆一样（5球），鲁尼和特维斯各进18和19球，火的是C罗，联赛进球31个，较之前一个赛季英超进球和总产都几乎翻倍。从小组首轮作客里斯本竞技开斋，到决赛先拔头筹，C罗在11场欧冠中打进8球，占全队四成，尽管半决赛和决赛先后罚失点球，仍不失为曼联夺冠的头号功臣，荣膺金球当之无愧。

特里一滑定江山

最大考验来自于半决赛对手巴塞罗那。和两年前在巴黎法兰西大球场逆转阿森纳相比，巴萨阵容老化，赛季颇为坎坷，西甲成绩比起前一季还倒退一步，只得第三，头号球星罗纳

C. 罗纳尔多高高跃起头球破门为曼联取得领先，不过葡萄牙人点球大战中罚丢，让红魔有了惊魂一刻。

切尔西的晋级历程和曼联相似，淘汰鱼腩奥林匹亚科斯和费内巴切之后，半决赛才遭遇劲敌利物浦。曼联在欧战中难得遇上国内对手，和热刺、埃弗顿分别在优胜者杯和博览会杯对垒远在20世纪60年代，且均顺利晋级。切尔西不然，欧战中频频同室操戈，12次对垒5胜5平2负，其中2平2负便拜利物浦所赐。穆里尼奥两进半决赛未能淘汰红军，继任格兰特一出手就做到了，两回合4:3闯入决赛。

莫斯科第一次承办欧冠决赛，对于切尔西东家阿布拉莫维奇有着特殊意义。这位俄国巨贾被曼联和皇马的欧冠经典战役迷醉投身足坛，如能在家门口目睹自己的球队捧杯，是对他巨大投入的得体回报。这场决赛还对另一位欧冠老兵意义重大，斯科尔斯9年前因累积黄牌无缘决赛，此番作为曼联进军莫斯科的头号功臣，终偿夙愿。

C罗头球破门后，蓝军中场兰帕德扳平，进入加时仍难分胜负，风云突变，切尔西中锋德罗巴情绪失控，掌掴维迪奇被逐，误了蓝军罚点球的大计。

特里滑倒错过一箭定江山，队友阿内尔卡最后一射又被范德萨扑出，曼联第3次成为欧冠盟主。弗格森没有像9年前那样感慨“足球啊，真该死！”但目睹这个结局，他会坚信：这是宿命，曼联一定会在慕尼黑周年以奖杯告慰前辈在天之灵。

切尔西队长特里在点球大战中滑倒，最终促成曼联夺冠。在莫斯科的大雨中，他懊悔地将头埋在双腿之间。

尔迪尼奥状态不佳，主帅里杰卡尔德逐渐失去对球队的控制，全力以赴欧冠，却奈何不了曼联的铜墙铁壁，若非C罗罚失点球，首回合巴萨就可能主场失守。回访老特拉福德，巴萨仍无起色，斯科尔斯上场后不久把握赞布罗塔失误远射为曼联领先，巴萨屯兵坚城之下，终以一球告负。

祸福相依，巴萨这场欧冠失利，结束了小罗的时代，却是梅西和瓜迪奥拉铸就极盛时期的滥觞。

曼联本有机会复刻9年前的三冠王壮举，惜乎足总杯阴沟翻船，主场不敌朴茨茅斯，最终将英超和欧冠收入囊中结束赛季。他们在英超和切尔西亦步亦趋，斗至末轮方分出胜负，欧冠也是如此。

0,85 € www.lequipe.fr

L'ÉQUIPE

LE QUOTIDIEN DU SPORT ET DE L'AUTOMOBILE

SACRÉE NUIT POUR MANCHESTER

Les Anglais de Manchester United sont devenus champions d'Europe pour la troisième fois, hier soir à Moscou, en dominant Chelsea dans l'épreuve des tirs au but (1-1, 6-5 aux t.a.b.). La frappe de Nicolas Anelka, dernier tireur londonien, a été détournée par le gardien de MU. (Pages 2 à 4)

原声

2008 年 5 月 22 日

在莫斯科的雨夜中，幸运女神选择了曼联，“红魔”在 1:1 战平切尔西之后，通过点球大战 6:5 取得了胜利，历史上第 3 次捧起欧冠奖杯。切尔西老板阿布拉莫维奇在故乡没能见到球队登临欧洲之巅。

点球大战中，此役首开纪录的 C. 罗纳尔多罚丢，但切尔西特里第 5 轮滑倒令点球战延续，切尔西第 7 个出场的阿内尔卡射门被曼联门将范德萨扑出，决定了冠军的归属。

全景

1/8 决赛次回合，法布雷加斯第 84 分钟致命远射首开纪录，阿森纳 2:0 淘汰卫冕冠军 AC 米兰。

英超的极盛时期

这是欧冠废除第二阶段小组赛后的第5季，英超迎来其在欧冠史上的极盛时期。不仅过去3年决赛都有英超代表——利物浦在伊斯坦布尔互射点球气走米兰，阿森纳在巴黎功败垂成，米兰和利物浦在雅典重逢报了一箭之仇——这一届的英超4队悉数打进八强，史无前例；并复刻前一赛季，又有3队跻身半决赛；切尔西和曼联将内战针锋相对复制到外战，会师决赛。2008/2009赛季，英超第三次实现了三队进四强的辉煌。

三狮无缘欧洲杯

按常理，如果俱乐部在外战成绩优异，从这些球队抽丁组成的国家队在大赛上理应水涨船高：意甲和意大利队、德甲和德国队、西甲和西班牙的情况均是如此。唯独英格兰不是，英超再强，三狮却总是马尾穿豆腐，英超将欧冠变成英格兰内战，三狮却在整整6个月前即无缘欧洲杯，主场不敌已经出线的克罗地亚，举国哗然。

拜仁降格打联盟杯

审视本季欧冠各国代表，你会发现少了一位常客：德甲班霸拜仁未到！这可是不亚于英格兰打不进欧洲杯的冷门。在欧冠废除第二阶段小组赛后的十年，拜仁届届亮相，唯缺本季。之前一季，魔鬼教练马加特带队一直挣扎在德甲第4（彼时德甲只有三个欧冠名额），董事会见势不妙，在新年之后将其撤职，代之以希斯菲尔德，但老帅也无能为力。经此打击，拜仁知耻后勇，此后一直保持小组晋级。

皇马仍然十六郎

自从2002/2003赛季皇马在半决赛中被尤文图斯淘汰后，该队随后7年不仅与四强绝缘，还陷入长达六季止步十六强的窘境，2005年至2010年，先后被尤文图斯、阿森纳、拜仁、罗马、利物浦、里昂等各国名旅羞辱，其中负于利物浦输得最惨。本赛季1/8决赛，皇马以两个1:2被罗马双杀。

英超全面压倒意甲

本季欧冠是英超和意甲的大会战，阿森纳和利物浦各在十六强淘汰米兰双雄，且都在对方主场告捷，曼联则在八强打发罗马回家。利物浦还间接把国际米兰主教练曼奇尼打下了课。温格后来还有机会在英超和安切洛蒂交手，但贝尼特斯则等不到曼奇尼就走了，去了哪里？国际米兰！

俄乌太客气

民谚有云：朋友来了有好酒，敌人来了有猎枪。好客之道，是宁愿让出卧榻也不愿让来宾受委屈，但俄罗斯和乌克兰的球队过了头。决赛定在莫斯科卢日尼基球场，这里是昔日奥运会的主赛场，但俄罗斯的唯一代表莫斯科中央陆军小组垫底，芳邻乌克兰不让俄罗斯“专美”，顿涅茨克矿工和基辅迪纳摩双双陪绑，三家都以小组垫底告别欧冠。

射手榜

排名	球员	进球
1	C. 罗纳尔多（曼联）	8 球
2	梅西（巴塞罗那）	6 球
	托雷斯（利物浦）	6 球
	德罗巴（切尔西）	6 球
	杰拉德（利物浦）	6 球
6	巴贝尔（利物浦）	5 球
	伊布（国际米兰）	5 球
	卡努特（塞维利亚）	5 球
	劳尔（皇家马德里）	5 球
	戴维德（费内巴切）	5 球
	库伊特（利物浦）	5 球

夏日记事

■西班牙勇夺欧洲杯

没有英格兰的欧洲杯往往场面悦目，精彩纷呈。上一次三狮军团缺席欧洲杯是 1984 年（同年欧冠利物浦点球击败罗马四度加冕），当届欧洲杯是赛事史上场均进球最多、场面最好看的一届，西班牙决赛不敌法国。2008 年，当两支英格兰球队通过互射点球决出欧冠冠军，英格兰队却再次缺席欧洲杯，这次西班牙又打进了决赛，一球力克德国，夺得队史第二座大赛锦标，开启长达六载的“金牛时代”。

■ C 罗投皇马未遂

C 罗为曼联双冠立下汗马功劳，背后另有动力。早在一年前随队访问澳门时，C 罗便向随行的西班牙电台透露：腻味了英超和曼彻斯特，希望加盟皇马。这一季的优异表现，终于吸引皇马出手，但弗格森不为所动，家访说服 C 罗多打一季，约定如皇马再邀，则天价放人。

■阿布扎比接管曼城

切尔西东家阿布拉莫维奇靠能源起家，却在莫斯科争冠折戟后，发现另一位能源大王闯入英超和他抢地盘。阿联酋的阿布扎比王室收购曼城，以更疯狂的方式开始烧钱，从皇马签下罗比尼奥，但在夏窗的最后一天未能从曼联手中抢下贝尔巴托夫。阿布烧钱十年后方有欧冠，阿布扎比烧到第七个年头，八强都没进过。

■国际罗马末轮争冠

英超争冠熬到末轮才见分晓，意甲也将悬念保留到最后，国际米兰一度领先 11 分之多，却在末轮只领先罗马 1 分，不过最终还是夺冠。

■瓜迪奥拉接掌巴萨

里杰卡尔德未能带队夺得任何冠军，其 5 年巴萨执教生涯画上句号。接替他的是巴萨二队教练、菜鸟瓜迪奥拉。瓜迪奥拉上任后立刻动手换血，将状态和斗志都走下坡路的罗纳尔迪尼奥、德科等人清理出队，一年后抢元大满贯，欧冠半决赛和决赛的对手，恰好是本季欧冠决赛双雄！

2008/2009 >>

2008/2009 瓜迪奥拉时代起航

37 岁的瓜迪奥拉一线队执教生涯第一站，便是在老东家巴塞罗那。很少有人看好这位菜鸟主帅，没想到他的执教处子赛季不仅从西甲两连冠的皇马手中抢回联赛冠军，还书写了三冠伟业，最重要的是，开启了 Tiki-taka 王朝。

2008/2009赛季开始时，欧冠还沉浸在英超时代的氛围中，上赛季，两支英超球队曼联和切尔西会师决赛，半决赛中更是有3支英超球队，另一支便是巴塞罗那。

2008年夏天，率领切尔西拿到3项亚军的以色列人格兰特离去，巴西名帅斯科拉里接过教鞭，蓝军功勋主帅穆里尼奥终于出山，接替曼奇尼执掌已经赢得3连冠的国际米兰，克林斯曼则入主德甲冠军拜仁。

夺冠赔率中，切尔西是头号热门，连续5年无缘8强的皇马竟列次席，卫冕冠军曼联排名第3，巴萨仅列第5。的确，赛季前没人看好巴萨，俱乐部起用了没有任何甲级联赛执教经验的菜鸟瓜迪奥拉出任主帅。

瓜帅上任后第一件事便是请求三巨头走人，罗纳尔迪尼奥去了AC米兰，德科去了切尔西，埃托奥因为没找到合适的下家被迫留队。巴萨以3400万西甲标王价引进巴西右后卫阿尔维斯和后腰凯塔，锋线上则没有投资，瓜迪奥拉的策略是挖掘梅西的潜力，阿根廷小将得到了小罗留下的10号球衣。

四大豪门沦落次席

因为没能跻身西甲前两名，巴萨参加了欧冠资格赛，对手是波兰的维斯拉。首回合4:0大胜后，巴萨客场0:1小负，维斯拉成为波兰足球史上第一支战胜巴萨的球队。

小组赛意外不少。A组中，夺冠头号大热切尔西没能在客场拿下较弱的波尔多和克卢日，对罗马也是1胜1负，只能排在罗马之后获次名晋级。B组中，穆里尼奥的国际米兰提前出线后末轮做客不来梅太过松懈，伊布都没首发，结果1:2败北，积分被滕卡特率领的帕纳辛奈科斯反超。G组中，阿森纳末轮大意，客场0:2不敌波尔图丢掉头名，温格让法布雷加斯和阿德巴约等主力轮休。皇马的表现也不符合高期望值，小组赛被经历“电话门”事件后重返意甲的尤文图斯双杀，仅列H组第2。

巴萨在C组表现出色，提前1轮锁定头名。曼联虽获E组第1，面对西甲球队依然吃力，与比利亚雷亚尔连交两张白卷。利物浦不败获得D组头名，该组的焦点话题出在马竞主场2:1击败马赛一役，西班牙警方逮捕闹事的马赛球迷，险些引起一场政治风波。

意英对决英超完胜

1/8决赛被视为意甲和英超的决战，4支英超球队有3支抽到意甲对手，结果全部晋级。

最难解难分的一场较量是罗马对阿森纳，双方各在主场1:0胜出，只好在罗马奥林匹克球场进行点球大战。阿森纳射手爱德华多最先出场便被扑出，但武齐尼奇的点球也被扑出，最终托内托踢飞，枪手惊险晋级。

国际米兰抽到曼联。穆里尼奥与弗格森重逢，两人在英格兰赛场交手7次，爵爷仅胜1场，然而这次他却赢了鸟帅，客场0:0、主场2:0。切尔西此时已经换帅，希丁克接替了斯科拉里，他率队总比分3:2淘汰尤文图斯。

另一支英超球队利物浦则双杀了皇马，出自皇马的贝尼特斯率领红军以总比分5:0晋级，这是皇马连续第5个赛季倒在1/8决赛。巴塞罗那则继续前进，因为门将巴尔德斯的低级失误，巴萨在客场被里昂1:1逼平，回到主场后5:2大胜。

1/4决赛的焦点战是利物浦与切尔西的英超德比。凭借伊万诺维奇的梅开二度，切尔西客场3:1拿下利物浦。回到斯坦福桥，蓝军一度

决赛

2009.5.27-罗马奥林匹克体育场　　主裁判：布萨卡（瑞士）

2 : 0

巴塞罗那 (433)			曼联 (433)
巴尔德斯	门将	门将	范德萨
普约尔	后卫	后卫	奥谢
皮克			费迪南德
亚亚·图雷			维迪奇
西尔维尼奥			埃夫拉
哈维	中场	中场	46’安德森
布斯克茨			卡里克
伊涅斯塔 90+2’			75’吉格斯
梅西	前锋	前锋	66’朴智星
埃托奥			C. 罗纳尔多
亨利 72’			鲁尼
	替补		
S. 凯塔 72’			46’特维斯
佩德罗 90+2’			66’贝尔巴托夫
			75’斯科尔斯
	进球		
10’埃托奥	1:0		
70’梅西	2:0		

2009 年 5 月 6 日半决赛次回合，伊涅斯塔在斯坦福桥远射扳平后脱下球衣狂奔庆祝。

0:2落后，但利物浦从未打出过可以晋级甚至只是打加时的比分，最终双方踢成疯狂的4:4，切尔西总比分7:5晋级。

巴萨首回合主场4:0横扫拜仁，拜仁防线遭遇伤病危机，卢西奥、范比滕、拉姆和中场克罗斯都无法出场。次回合战成1:1，巴萨轻松晋级。阿森纳主场3:0大胜比利亚雷亚尔，总比分4:1过关，曼联主场被波尔图2:2逼入绝境，但客场凭借C罗的超远程重炮晋级。

斯坦福桥奇迹

连续3个赛季，半决赛都是“三英战吕布”的格局，与2007/2008赛季相同，这次的唯一非英超球队还是巴萨，他们又与宿敌切尔西遭遇，从里杰卡尔德时代起，巴萨便与穆

决赛中，小个子梅西头球攻破了范德萨把守的大门。

里尼奥的切尔西结下太多恩怨。首回合在诺坎普，希丁克用极为保守的战法拿到一场白卷，瓜迪奥拉赛后破例抱怨裁判：“我们是一直都在进攻的球队，但最后得到的黄牌和对手一样多。巴拉克对伊涅斯塔的犯规应该得到第2张黄牌，却给了抗议的图雷黄牌。伊涅斯塔第一次犯规就吃到黄牌。裁判应该明白是谁愿意踢球，是谁只想打断比赛。”

次回合被称为“斯坦福桥奇迹”，埃辛第9分钟远射建功，此后切尔西再度祭出保守战法，巴萨后卫阿比达尔第66分钟还对阿内尔卡战术犯规吃到红牌。但巴萨攻势不减，直到补时第3分钟，梅西助攻伊涅斯塔远射扳平，巴萨凭借客场进球优势晋级罗马决赛。此战留下太多争议，希丁克声称裁判至少漏判了切尔西三四个点球。巴拉克和德罗巴激烈抗议裁判，德罗巴更对着转播镜头发怒地喊道：“这是个耻辱！”他因此被欧足联禁赛4场。

另一边英超内战中，曼联轻松淘汰阿森纳，首回合主场1:0小胜，次回合客场3:1大胜。2008年金球奖得主C罗贡献2球1助。温格批评了球员的态度，“我们还没开始比赛就输球了。”曼联左后卫埃夫拉则说：“这是一场成年人对孩子的比赛。”

红魔难奈传控足球

决赛于5月27日在罗马奥林匹克球场举行。巴萨在赛前已拿到西甲和国王杯冠军，剑指3冠王，曼联的目标是成为冠军联赛首个卫冕者，此役还被视为梅西和C罗两位天才的对抗。开场仅10分钟，伊涅斯塔助攻埃托奥首开纪录，此后面对巴萨的传控足球，曼联有劲使不出，下半场梅西接哈维传中头球锁定2:0胜局。最终，瓜迪奥拉率领巴萨捧起队史第3座冠军杯，巴萨成为西班牙足球史上首个3冠王。

弗格森承认：“更好的球队赢了，我们无能为力。”他认为太早丢球让曼联准备不足，而梅西回到中场组织也让曼联无能为力。梅西以9球成为当赛季欧冠最佳射手，并被评为欧战最佳球员和最佳前锋，哈维被评为最佳中场。

2009 年 5 月 27 日夺冠后，巴萨主帅瓜迪奥拉被众将高高抛起。

0,95 €

www.lequipe.fr

AU CINEMA LE 24 JUIN

TRANSFORMERS 2

L'EQUIPE

LE QUOTIDIEN DU SPORT ET DE L'AUTOMOBILE

ÊTES-VOUS PRÊTS ?

UN PUR BONHEUR

L'Europe peut être fière de posséder un champion comme Barcelone, qui a largement dominé Manchester United hier soir à Rome (2-0), remportant la troisième Ligue des champions de son histoire. Un titre qui conclut un parcours exemplaire construit sur le beau jeu. (Pages 2 à 5)

原声

2009 年 5 月 28 日

欧洲理当为能有巴塞罗那这样的冠军而感到幸福，在罗马进行的决赛中，巴塞罗那完全压制了曼联，最终 2:0 取胜，历史上第 3 次获得欧冠。这座锦标也为巴塞罗那建立在漂亮场面基础上的楷模般的赛季画上句号。

巴塞罗那在这场决赛前已经赢得了西甲和国王杯的冠军奖杯，这就意味着“三冠王”伟业的铸成——伟业的参与者包括法国前锋亨利。瓜迪奥拉执教巴萨一队的首个赛季，就取得了震古烁今的成就。

伯纳乌为皮耶罗鼓掌

小组赛中，皇马主场0:2负于尤文图斯，斑马王子皮耶罗梅开二度（上图为他做出招牌吐舌庆祝），伯纳乌球迷起立喝彩。皮耶罗赛后说：“我永远不会忘记伯纳乌的欢呼声。”尤文图斯主帅拉涅利说：“伯纳乌人是绅士，我曾亲眼看见他们为小罗鼓掌，现在则为皮耶罗鼓掌。”

西法险酿外交纠纷

马竞小组赛主场对阵马赛，因西班牙警察与马赛球迷赛前爆发冲突，欧足联对马竞处以主场禁赛3场的处罚，后经西班牙政府抗议，处罚减轻为1场关门进行。西班牙警方逮捕马赛球迷桑托斯，以袭警和破坏公共秩序的罪名，判处他3年6个月徒刑。在法国政府抗议下，次回合赛前，西班牙政府同意在缴纳6000欧元保释金后释放桑托斯，避免了马赛主场发生球迷暴动。马赛主席派私人飞机接走了这名球迷。

欧冠淘汰赛分差纪录

1/8决赛对阵里斯本竞技，拜仁首回合客场5:0、次回合主场7:1晋级，总比分12:1创下冠军联赛淘汰赛两回合最大分差。

皇马反被血洗

1/8决赛对阵利物浦前，皇马主席卡尔德隆因选举作弊辞职，继任者博鲁达扬言要血洗利物浦，最终结果却是皇马总比分0:5被利物浦血洗。博鲁达赛前真不该说大话，因为皇马此前已连续4个赛季倒在1/8决赛，利物浦此前4年则三入4强、两入决赛、一次捧杯。说错话的还有皇马主帅舒斯特尔，他因为说联赛不可能追上巴萨而被解职，胡安德·拉莫斯接替了他的位置。

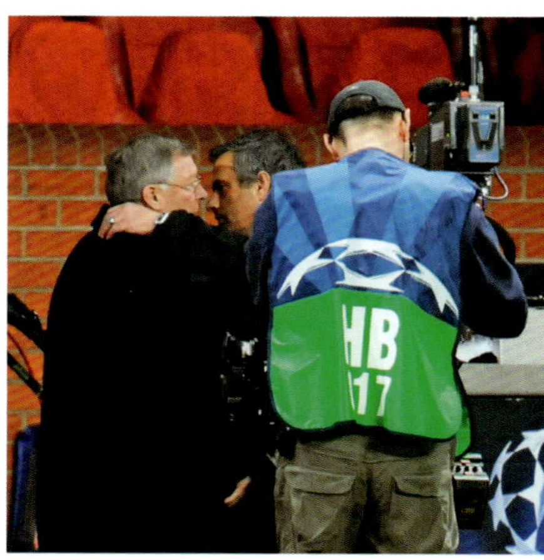

穆里尼奥送弗格森红酒

穆里尼奥和弗格森在英超赛场就常打嘴仗，爵爷说穆帅缺乏教养，穆里尼奥则说：“他不喜欢葡萄牙人的气氛，下次我送他葡萄牙红酒。”穆帅2007年被切尔西解职，弗格森说：“他还欠我一瓶红酒。”1/8决赛首回合国际米兰主场闷和曼联后（左图为赛后两人拥抱），弗格森承认收到了红酒，“我得到了穆里尼奥送的红酒，看看我们次回合比赛后能不能一起喝一杯。”

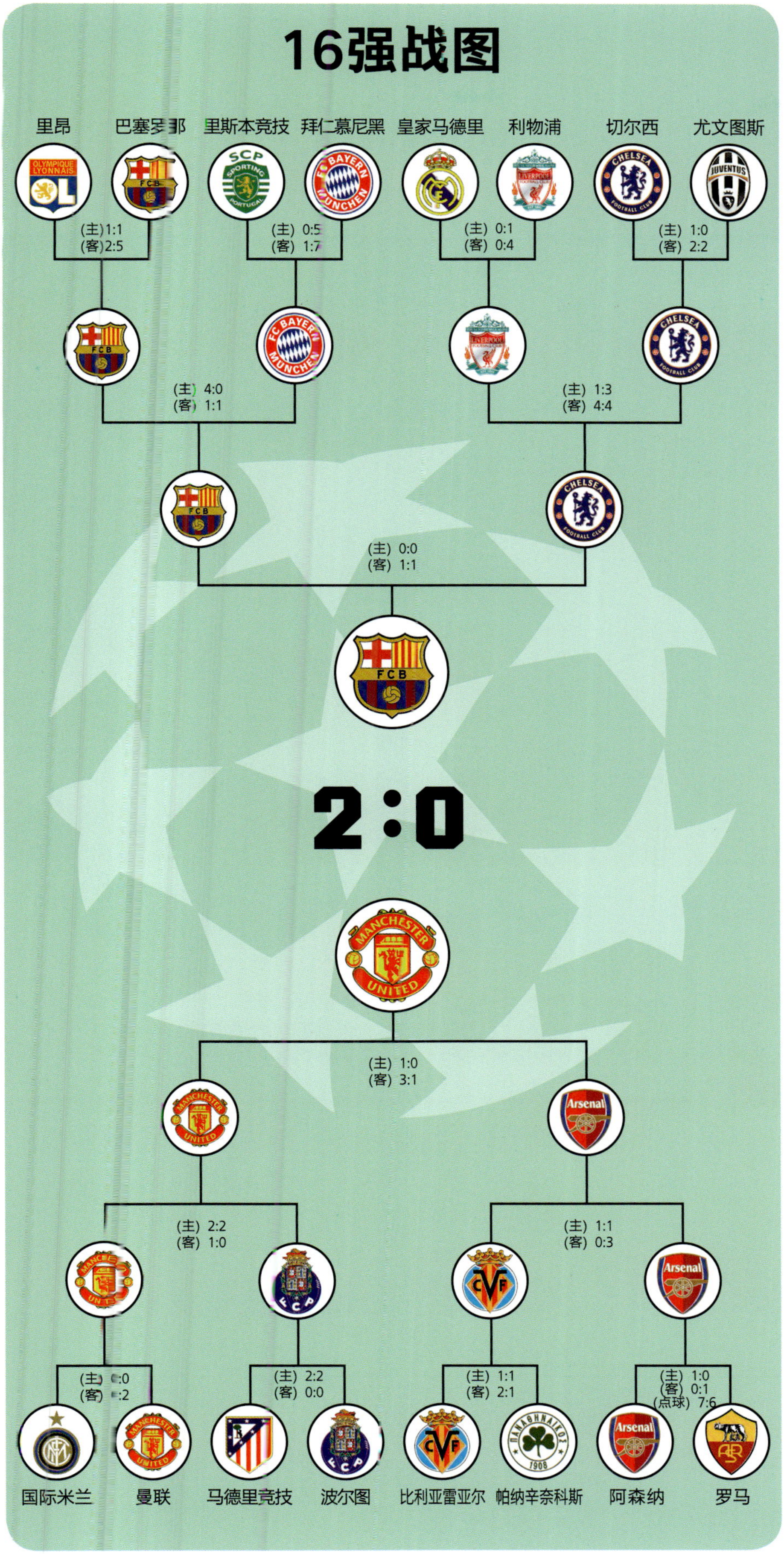

射手榜

排名	球员	进球
1	梅西（巴塞罗那）	9 球
2	杰拉德（利物浦）	7 球
	克洛泽（拜仁慕尼黑）	7 球
4	利桑德罗・洛佩斯（波尔图）	6 球
5	阿德巴约（阿森纳）	5 球
	皮耶罗（尤文图斯）	5 球
	德罗巴（切尔西）	5 球
	范佩西（阿森纳）	5 球
	亨利（巴塞罗那）	5 球
	本泽马（里昂）	5 球

夏日记事

■联合会杯巴西夺冠

欧洲冠军西班牙、南美冠军巴西和世界冠军意大利是三大夺冠热门。小组赛中，意大利不敌非洲冠军埃及和巴西被淘汰。西班牙在半决赛中被美国 2:0 爆冷，人们期待已久的西班牙对决巴西未能成真。决赛中，美国人没能继续上演黑马传奇，尽管一度 2:0 领先，最终被邓加率领的桑巴军团 3:2 逆转。决赛梅开二度的路易斯・法比亚诺以 5 球穿走金靴，卡卡当选赛事金球奖。

■银河战舰二期起航

2009 年的夏季属于皇马，弗洛伦蒂诺以唯一主席候选人身份重回伯纳乌。在全球经济危机的时代，皇马先后签下两位金球奖得主卡卡和 C 罗，卡卡耗资 6750 万欧元，C 罗则创下世界足坛转会费纪录 9400 万欧元。此外，皇马还花费 3500 万引进本泽马，3000 万引进阿隆索，成为转会市场最恐怖的买家。

■巴萨创纪录签伊布

3 冠王巴萨并未停下引援脚步，以创俱乐部纪录的 6950 万欧元从国际米兰签下意甲最佳球员伊布，其中埃托奥作价 2000 万加盟国际米兰。此外，巴萨还斥资 2500 万引进顿涅斯克矿工中卫奇格林斯基。

■国际米兰最会花钱

用卖掉伊布赚到的钱，国际米兰引进了斯内德、迭戈・米利托、蒂亚戈・莫塔、埃托奥、卢西奥等众多实用球星，为新赛季夺得 3 冠王打下坚实基础。然而，尤文图斯才是意甲花钱最多的球队，引进巴西人迭戈用了 2450 万欧元，另一个巴西人梅洛耗费 2050 万欧元。

■英超曼城最烧钱

曼城从邻居曼联处以 3500 万欧元购入特维斯，从阿森纳引进阿德巴约（2900 万），此外还购入莱斯科特（2800 万）、圣克鲁斯（2120 万），亚亚・图雷（1700 万）、巴里（1390 万）等球员。卖掉 C 罗和特维斯的曼联并未出手，仅花 1800 万引进厄瓜多尔边锋巴伦西亚。

2009/2010 >>

2009/2010 夺冠谢“穆”

运气也好，实力也罢，当国际米兰时隔 45 年重新站在欧洲之巅，成为三冠王时，每个人都应该明白，必须感谢穆里尼奥，甚至可以说，他在这支球队的价值已经远远超越了球队本身。

米利托决赛独中两元，体现了穆里尼奥的神奇用人。

逃离严寒，迎来春天

内强外弱，即便是在穆里尼奥来到国际米兰的第一个赛季，这支已经在国内称霸的球队还是未能摆脱这样的命运，2008/2009赛季欧冠淘汰赛输给曼联之后，穆里尼奥决定对这支球队进行手术。

伊布拉希莫维奇在国际米兰球迷眼中不堪大任，他本人也对国际米兰不再留恋，渴望着逃离恶魔岛，去世外桃源享受华丽足球的魅力。尽管穆里尼奥尝试着将他留下，但最终他等来的还是埃托奥。就这样，国际米兰彻底放弃了莫拉蒂时代的巨星政策，用卖伊布的成本换来了包括埃托奥、米利托、蒂亚戈·莫塔在内的多位实用级球员，而真正完成穆里尼奥版图的则是最后时刻斯内德的到来。

实际上，在很多人眼中，那一年的国际米兰就像一座机器，每个人都是这座机器的零部件，而斯内德成了润滑剂，在他的带领下，国际米兰踢出了与过去一年截然不同的足球，流畅的配合，相互间的团队协作，滴水不漏的防守，赛季开始后的几场比赛下来，人们有理由对国际米兰充满期待。

和卫冕冠军巴塞罗那分到一组，是对这支国际米兰最大的考验，穆里尼奥的球队因为夏天的重组，在欧冠初期让人仿佛又看到了过去的影子，小组赛首轮闷平巴塞罗那表现不尽如人意，但随后接连被两支东欧球队喀山红宝石（1:1）与基辅迪纳摩（2:2）逼平，国际米兰遭遇出线危机，随后第四轮小组赛客场再战基辅，球队上来便0:1落后，一旦输掉比赛便将小组出局，穆里尼奥绝境之下派上四前锋，终场前米利托与斯内德连入两球，起死回生。小组赛最后两轮，0:2输给巴塞罗那，球迷可以接受，2:0战胜喀山红宝石最终排名第二。

逃离俄罗斯的严寒之后，国际米兰迎来春天，俱乐部高层这个赛季实际上为球队制定的目标就是突破16强，而当抽中切尔西，外界认为蓝黑军团又将无法实现目标，但对切尔西了如指掌的穆里尼奥完全掐死了切尔西的进攻路线，两场完胜（主场2:1，客场1:0）让他们晋级八强。不难看出，这个赛季另一个一直围绕着国际米兰的关键词便是运气，从小组赛逆转

决赛

2010.5.22-伯纳乌　　主裁判：韦伯（英国）

拜仁慕尼黑 0 : 2 国际米兰

拜仁慕尼黑（4231）			国际米兰（433）
布特	门将	门将	塞萨尔
拉姆	后卫	后卫	麦孔
范比滕			卢西奥
德米凯利斯			萨穆埃尔
巴德施图伯			68’基伏
范博梅尔	中场	中场	萨内蒂
施魏因斯泰格			坎比亚索
罗本			斯内德
穆勒			埃托奥
阿尔滕托普 63’			90+2’米利托
奥利奇 74’	前锋	前锋	79’潘德夫
替补			
克洛泽 63’			68’斯坦科维奇
戈麦斯 74’			79’蒙塔里
			90+2’马特拉齐
进球			
	0:1		35’米利托
	0:2		70’米利托

基辅，到1/8决赛遇到熟悉的切尔西，再到1/4决赛遇到相对较弱的莫斯科中央陆军，国际米兰的球迷们也都开始对这支球队有更大的期待，顺利用两个1:0拿下中央陆军之后，国际米兰迎来了真正的巅峰对决，再遇小组赛对手兼卫冕冠军巴塞罗那。

三场防反，成就经典

没有人相信国际米兰还能幸运闯关。2009年巴塞罗那拿到欧冠冠军之后，人们都在谈论着这支球队将创造一个时代，瓜迪奥拉带出的传控风格，在当时的环境下被很多人看成无解，而1/4决赛巴塞罗那总比分6:3狂扫阿森纳

半决赛国际米兰作客巴塞罗那，莫塔开场不久就被红牌罚下。然而少打一人的国际米兰众志成城，坚守到最后淘汰了巴萨。

1er CAHIER
10 PAGES SPÉCIALES FOOT
+
GASQUET MATE VERDASCO
2e CAHIER
TOULOUSE TROP FORT POUR BIARRITZ
L'ÉQUIPE
L'INTER IMPÉRIALE
PAS DE MONDIAL POUR LASSANA DIARRA
TIGANA ENTRAINERA BORDEAUX
TOUT SUR LES TRANSFERTS

原声

2010 年 5 月 23 日

阿根廷人迭戈·米利托在伯纳乌梅开二度，帮助国际米兰 2:0 击败拜仁慕尼黑，历史上第 3 次夺得欧冠。穆里尼奥的球队还赢得了意甲和意大利杯的冠军，完成一个完美的“三冠王”赛季。穆里尼奥个人则是第二度登临欧洲之巅。

自“大国际时代”1964、1965 年冠军杯连冠后，蓝黑军团终于重温高举大耳朵杯的滋味，老板马西莫·莫拉蒂也复制了父亲的成就。

更是让人对他们的卫冕充满信心。但了解穆里尼奥的人都清楚，他的张狂来自性格深处，也来自他对国际米兰的信任，一支几乎没有意大利人的后防线，却用意大利式的防守成功限制了梅西的发挥，穆里尼奥用的是与巴塞罗那截然不同的经典防守反击。主场3:1的胜利让国际米兰奠定了晋级的基础，诺坎普之战也像首回合的翻版，蒂亚戈·莫塔被罚下之前，巴塞罗那甚至没有一次真正意义上的机会，尽管红牌让巴塞罗那找到了进球，但顽强的国际米兰人还是晋级决赛。

晋级决赛，拜仁慕尼黑与国际米兰都被证明是那个赛季欧洲最强的球队，他们此前都已在国内赛场取得双冠，这一战将决定谁才是三冠王。穆里尼奥依然坚持半决赛对阵巴塞罗那的打法，可以说，这一个赛季国际米兰走向巅峰的真正战役，就是从半决赛到决赛的三场

经典防反，占据场面优势的拜仁慕尼黑开始强攻，而后防线的问题就此暴露在国际米兰眼前，米利托梅开二度，成就了国际米兰45年后再次站在欧洲之巅。

狂人也有眼泪

三冠王的伟业让穆里尼奥终生难忘，但随后穆里尼奥也证实了外界几个月来的猜测，“是的，这将是我执教国际米兰的最后一场比赛，下赛季我将执教皇家马德里。我感谢意大利足球为我所做的东西。那里非常困难，每一场比赛都很艰苦，对于大俱乐部的主帅来说，那里的气氛是难以接受的，媒体甚至迫使我一天24小时处在压力之下。我感谢意大利足球，因为所有这些让我与来这里时相比，成了一位更好的主教练。过去三四个月，我一直在考虑我的下一步，在这场决赛之后，重要的是国际

（上图）穆里尼奥与马特拉齐赛后欣喜若狂，两人之间有着非凡的友谊。
（左图）赛后穆帅告别国际米兰时，与马特拉齐相拥而泣。

米兰拥有莫拉蒂、萨内蒂和埃托奥。”

需要感谢国际米兰，因为他们的存在，人们所期待的巴塞罗那王朝并没有能够建立，因为他们的存在，巴塞罗那人不再显得寂寞，欧洲足坛也不再单调。

同样需要感谢穆里尼奥，因为他的存在，国际米兰重回巅峰；因为他的存在，意大利足球在欧足联积分榜上也推迟一年才被德国人超越。人们同样不会忘记，夺冠之后的那个夜晚，在马德里的后巷，穆里尼奥与马特拉齐相拥而泣，用最华丽的方式谢幕，离开这支球队，穆里尼奥被所有的国际米兰球迷铭记于心，而他的泪水也让很多球迷明白，狂人虽狂，却也是性情中人。

全景

梅西大四喜

尽管巴塞罗那半决赛被国际米兰淘汰，但他们还是留下了经典——1/4决赛次回合，巴塞罗那主场4:1大胜阿森纳，梅西个人包办4球，这是梅西职业生涯“封神”的战役之一。

贝尼特斯最大尴尬

利物浦、尤文图斯、沃尔夫斯堡，这些被人们所看好的豪门纷纷在小组赛即遭淘汰，贝尼特斯的球队遭遇执教史上最尴尬的一次失败，5轮过后便已经小组出局，尤文图斯则在最后一轮主场失手遭到淘汰，随后陷入低谷，直到孔蒂入主后才再次起飞，沃尔夫斯堡贵为前一个赛季的德甲冠军，却不得不在欧冠赛场交上昂贵学费。

遭遇老东家

2009年的夏天，卡卡以高达6500万欧元的价格从AC米兰转会皇家马德里，而小组赛中两支球队又阴差阳错分到同一组，双方次回合交锋，恰恰是卡卡策动进攻，本泽马补射帮助球队一度取得1:0的领先。同样的情况还包括转会巴塞罗那的伊布遇到国际米兰，此外，切尔西阵中也有包括卡瓦略、费雷拉、德科等在内的波尔图旧将重回发迹地。

拜仁，最幸运之师

面对最后一轮打平即可出线的尤文图斯，拜仁4:1血洗对手，比赛结束后全队跪谢球迷。一路磕磕绊绊的拜仁走到了最后，1/8决赛与1/4决赛，拜仁两次通过客场进球淘汰佛罗伦萨与曼联，也让他们成为幸运之师，尤其罗本淘汰曼联的凌空抽射堪称世界波。

英超退位

自2003/2004赛季欧冠切尔西闯入半决赛之后，英超随后连续6年有球队闯入欧冠半决赛，随着这个赛季八强战曼联因客场进球少被拜仁慕尼黑淘汰，英超也结束了这段辉煌的历史，英超欧洲霸主的地位逐渐被西甲取代。

三零部队

小组赛中，A组的以色列球队海法马卡比6战全败，成为欧冠历史上，第一支小组全败、未得1分，甚至未进1球的球队。

射手榜

1	梅西（巴塞罗那）	8 球
2	C 罗（皇家马德里）	7 球
	奥利奇（拜仁慕尼黑）	7 球
4	米利托（国际米兰）	6 球
5	本特纳（阿森纳）	5 球
	鲁尼（曼联）	5 球
	沙马赫（波尔多）	5 球
8	欧文（曼联）	4 球
	约维蒂奇（佛罗伦萨）	4 球
	哲科（沃尔夫斯堡）	4 球
	法布雷加斯（阿森纳）	4 球
	法尔考（波尔图）	4 球
	佩德罗（巴塞罗那）	4 球
	罗本（拜仁慕尼黑）	4 球
	皮亚尼奇（里昂）	4 球
	伊布拉希莫维奇（巴塞罗那）	4 球
	克拉西奇（莫斯科中央陆军）	4 球

夏日记事

■西班牙捧起大力神杯

卫冕冠军意大利小组出局，欧洲杯冠军西班牙则在淘汰赛上以 4 个 1:0，第一次捧起大力神杯，成为历史上第 8 个拿到世界杯的国家。

■皇马之神离队

2010 年 7 月 26 日，在为皇家马德里效力 16 年之后，劳尔离开了这座伴随他成长的俱乐部，即便球迷们在网络上极力挽留，但现实总是残酷的，人们记下了劳尔在新闻发布会上擦拭眼泪随后强颜欢笑的画面，不舍离去却不得不离开，就这样，劳尔在沙尔克 04 重新开始了自己职业生涯的新篇章。

■伊布重回意大利

在巴塞罗那踢了一年却未能实现欧冠梦想，伊布又一次决定挪窝，而 AC 米兰成为他的新东家，这个夏天，伊布携手罗比尼奥加盟 AC 米兰，为这支球队带来了新的活力，也为他们在新赛季打破国际米兰五连冠的垄断，颠覆意甲电话门后的格局起到了至关重要的作用。

■比利亚转投巴塞罗那

这同样也是这个夏天最引人注目的转会之一，因为他的到来，巴塞罗那可以放弃伊布，重新制定战术，瓜迪奥拉的球队在 2010 年丢掉欧冠奖杯之后重建，比利亚也成为接下来那个赛季巴塞罗那重回欧洲之巅的重要一员。

2010/2011 红魔陪衬巴萨王朝

穆里尼奥来到了皇马，从此穆氏皇马与瓜氏巴萨的较量便成为世界足坛的焦点，西甲、国王杯决赛、欧冠半决赛都成为他们的战场。巴萨踏过皇马闯进决赛，3 年内第 2 次完胜曼联登顶，继续书写属于自己的时代传奇。

2011 年 5 月 3 日淘汰皇马后，瓜迪奥拉紧拥梅西忘情庆祝。

决赛

2011.5.28-伦敦温布利球场　　主裁判：考绍伊（匈牙利）

巴塞罗那		3：1		曼联
(433)				(442)
巴尔德斯	门将		门将	范德萨
阿尔维斯	后卫		后卫	69’ 法比奥
皮克				费迪南德
马斯切拉诺				维迪奇
阿比达尔				埃夫拉
哈维	中场		中场	巴伦西亚
布斯克茨				77’ 卡里克
伊涅斯塔				吉格斯
比利亚	前锋			朴智星
梅西			前锋	鲁尼
佩德罗 90+2’				哈维尔·埃尔南德斯
		替补		
S. 凯塔 86’				69’ 纳尼
普约尔 88’				77’ 斯科尔斯
阿费莱 90+2’				
		进球		
27’ 佩德罗		1:0		
		1:1		鲁尼 34’
54’ 梅西		2:1		
69’ 比利亚		3:1		

从赛季前的夺冠赔率可以看出，虽然巴萨在上赛季欧冠半决赛中被国际米兰淘汰，但他们仍是夺冠头号热门，人们把当时巴萨的失利看成冰岛火山灰引发的一场事故。2010年夏天，巴萨引进了西班牙队头号前锋比利亚，取代被租到AC米兰的伊布。

二号热门并非2010年决赛球队国际米兰或拜仁，而是皇马。成为三冠王后，穆里尼奥离开梅阿查来到伯纳乌，为皇马带来夺冠的希望。皇马引援投入一如既往的巨大，葡超最佳球员迪马里亚、世界杯表现出色的德国中场赫迪拉、厄齐尔纷纷来投。小组赛中，皇马就展现出强大实力，6战拿下16分，成为32强中积分最高的球队。巴萨的小组历程稍有坎坷，被喀山红宝石和哥本哈根逼平，但也拿到14分成为头名。

其他强队大都以小组第一身份出线，唯一意外是贝尼特斯率领的卫冕冠军国际米兰被首次参加欧冠的托特纳姆压制，仅获小组第2。莫德里奇和贝尔领导的热刺成为本届欧冠最大黑马，贝尔在梅阿查上演帽子戏法，可惜此前球队已连丢4球，不过回到白鹿巷，他奉献两次助攻帮助热刺3:1告捷。两回合中，贝尔靠速度生吃世界最佳右后卫麦孔易如反掌，由此确立了他在国际足坛的名声。

米兰兄弟捧出大黑马

1/8决赛，巴萨遭遇老对手阿森纳，他们的表现与头号热门的身份有些不符。首回合巴萨客场1:2告负，回到主场战成1:1时，枪手前锋范佩西因在裁判吹哨后踢球吃到第2张黄牌，这成为比赛转折点，最终巴萨3:1取胜。终场前本特纳还有机会扳成2:3，那样阿森纳将以客场进球优势晋级。赛后，客队主帅温格强烈批评了裁判布萨卡的表现。

穆里尼奥的皇马表现稳定淘汰里昂，打破连续6年倒在欧冠1/8决赛的尴尬记录。他的老东家国际米兰因为仅列小组次席，在首轮淘汰赛便遭遇此前赛季的决赛对手拜仁，莱昂纳多的球队首回合主场0:1告负，次回合又一度1:2落后，然而潘德夫最终将总比分扳成3:3，国际靠客场进球优势晋级。热刺继续着黑马表现，

2011 年 5 月 28 日决赛，梅西打入 2:1 之球。

凭借克劳奇在首回合客场的进球淘汰7届冠军得主AC米兰，首次跻身欧冠8强，但在1/4决赛中被皇马总比分5:0双杀。

1/4决赛中的焦点大战是国际米兰对阵沙尔克04。沙尔克是本届欧冠另一匹黑马，被穆里尼奥赶出皇马的劳尔让他们有了在欧冠赛场一争高下的底气，“矿工”总比分7:3双杀卫冕冠军晋级，劳尔打进两球后以71球领跑欧战射手榜。闯进4强是沙尔克队史最佳欧冠成绩，他们的欧战最佳成绩是1997年的联盟杯冠军，决赛背景板同样是国际米兰。在半决赛争夺中，沙尔克没能继续创造奇迹，总比分1:6被曼联双杀。红魔4年内第3次打进决赛，展现出超强实力。

穆里尼奥赢嘴仗惹祸

两场半决赛中，皇马与巴萨的欧冠世纪大战无疑更吸引眼球，这两支公认欧洲实力最强球队的交手，被视为提前进行的决赛。首回合前一周，皇马刚在国王杯决赛中加时1:0击败巴萨，这也是瓜迪奥拉出任巴萨主帅后皇马首次战胜巴萨，报了联赛首回合0:5惨败的仇。半决赛前火药味十足，穆里尼奥调侃瓜迪奥拉：“我第一次听说有教练批评裁判（国王杯决赛）正确的判罚。”忍让了一个赛季的瓜帅决定予以反击，他毫不客气地说：“穆里尼奥是新闻发布厅之王，他是这里的欧冠冠军，让我们比赛时见。”

皇马的状态和体能明显不如国王杯决赛时，巴萨完全控制了比赛，但想攻破对手的铁桶阵也不容易。争议出现在第61分钟，佩佩对阿尔维斯恶意犯规被直接罚下，此后梅西先是利用阿费莱突破马塞洛的下底传中抢点首开纪录，终场前又上演个人突破好戏连过3人进球，几乎一战锁定决赛门票。

穆里尼奥赛后对欧足联裁判提出了一系列批评，认为“（被罚下的）佩佩什么都没做”，称瓜迪奥拉的巴萨2009年夺得欧冠是耻辱，“因为斯坦福桥丑闻”，并称“如果今年巴萨夺冠，就是因为伯纳乌丑闻”。穆帅因不当言论被欧足联禁赛5场，后改为禁赛3场、缓刑2场。次回合没有奇迹发生，巴萨总比分3:1挺进温布利决赛。

巴萨打到弗格森手抖

巴萨再次遭遇曼联，这一战几乎就是两年前罗马决赛的重演。瓜迪奥拉的球队完全控制了比赛，曼联找不到办法遏制梅西和巴萨，MVP组合梅西、比利亚、佩德罗各进一球。鲁尼一度扳平，尽管助攻者吉格斯越位在先，但仍无法阻止巴萨第4次登上欧洲之巅。曼联

2011 年 5 月 28 日决赛后，瓜迪奥拉教练生涯第二次捧起冠军杯。

大势已去时，老帅弗格森坐在教练席上双手发抖，成为本场最令人难忘的画面。

赛后，弗格森承认巴萨很杰出，“巴塞罗那是我遇到过的最好球队，我们从未遭遇这样的打击。以这种方式结束让人失望，但输给巴塞罗那并不丢人。”瓜迪奥拉非常感谢爵爷的评价：“曼联是一支出色的球队，我们踢得要比2009年在罗马好。弗格森能这么评论巴萨，对我们而言是一份荣誉。梅西是我见到过最好的球员。”梅西当选决赛最佳球员，并以12球成为欧冠赛季最佳射手。

在赛后颁奖典礼上，巴塞罗那队长普约尔将队长袖标给了阿比达尔，让这位战胜癌症并且艰难复出的球员举起大耳朵杯。此时此刻，全球媒体对巴萨展示出的美丽足球给予了极高赞誉，法国《队报》甚至这样表述：“巴萨，欢迎来到地球。”

L'ÉQUIPE DIMANCHE

TROP BEAU

2e cahier

Montpellier, les «ados» en finale

Un nouveau Gasquet face à Djoko?

Vettel: sixième GP, cinquième pole

原声

2011 年 5 月 29 日

巴塞罗那在温布利大球场 3:1 力挫曼联，队史上第 4 次夺得欧冠冠军。经此一战，这支出类拔萃的球队以历史罕有的水准为这个赛季盖棺定论。三年两冠，也意味着瓜迪奥拉的巴萨王朝不可思议。

2009 年的决赛中，巴萨 2:0 击败曼联夺冠，这一次戏码也差不太多，不过巴萨的统治力更胜一筹，曼联主帅弗格森心服口服。两场比赛还有一个共同点：梅西都斩获了进球，球王地位不可动摇。

平托吹野哨被罚

小组赛第3轮主场2:0哥本哈根一战，巴萨门将平托吹口哨模仿裁判哨音，导致对方停止进攻，被欧足联停赛1场。哥本哈根主帅索尔巴肯称平托为巴萨队中的烂苹果，导致瓜迪奥拉第4轮赛后与他发生争执，拒绝握手。

金球奖争议

2010年，《法国足球》杂志创办的金球奖与国际足联的世界足球先生合并为“国际足联金球奖”。斯内德率领国际米兰成为3冠王，南非世界杯打进5球助荷兰闯进决赛，在记者的选票中他排名第一，但加上主帅和队长的投票后，他竟然无缘三甲，打进世界杯决赛唯一进球的伊涅斯塔也未能战胜梅西，引起了巨大争议。

加图索掐红黑名宿脖子

1/8决赛首回合，AC米兰主场0:1不敌托特纳姆，加图索与热刺助理教练乔·乔丹发生争执，掐了对方脖子。欧足联对加图索禁赛4场，乔丹停赛1场。加图索事后公开道歉。乔丹曾在1981年到1983年效力米兰，以凶悍著称。

欧冠最年长进球者萨内蒂

2010年10月20日小组赛第4轮主场4:3托特纳姆一战，为国际米兰首开纪录的队长萨内蒂，以37岁71天的年龄成为欧冠最年长进球者（右图为他庆祝进球），这是他职业生涯中的欧冠第2球。他的纪录后来被因扎吉、吉格斯和托蒂打破。

穆里尼奥策划洗牌被罚

皇马小组赛顺利获头名晋级，但也发生了事故：倒数第2轮客场4:0阿贾克斯一战，拉莫斯和阿隆索故意洗牌。主帅穆里尼奥让替补门将杜德克绕到球门后，将洗牌指令传递给卡西利亚斯，皇马门将再通知拉莫斯和阿隆索洗牌，整个过程被摄像机完整记录。欧足联处罚了参与洗牌的球员和教练，拉莫斯和阿隆索追加停赛1场，穆里尼奥停赛1场。

射手榜

1	梅西（巴塞罗那）	12 球
2	戈麦斯（拜仁慕尼黑）	8 球
	埃托奥（国际米兰）	8 球
4	阿内尔卡（切尔西）	7 球
5	本泽马（皇家马德里）	6 球
	索尔达多（巴伦西亚）	6 球
	C. 罗纳尔多（皇家马德里）	6 球
8	佩德罗（巴塞罗那）	5 球
	劳尔（沙尔克 04）	5 球

夏日记事

■乌拉圭捧起美洲杯

第 41 届美洲杯在阿根廷举行，东道主是头号热门，但由 2008 年奥运冠军主帅巴蒂斯塔率领的阿根廷队发挥欠佳，小组赛便被玻利维亚和哥伦比亚逼平，首场淘汰赛便在点球大战中败给拉普拉塔德比死敌乌拉圭。乌拉圭决赛 3:0 大胜巴拉圭夺冠，苏亚雷斯当选赛事金球（图为他亲吻冠军奖杯），这名前锋 2011 年初便从阿贾克斯加盟英超利物浦。当选最佳新人的乌拉圭中卫科亚特斯当年夏天也从乌拉圭国内豪门民族转会利物浦。东道主阿根廷无人入选最佳阵容。

■小法回家

尽管皇马和巴萨的实力早已是欧洲一流，但两队并未停下签约的脚步，巴萨从阿森纳以 2900 万欧元购回拉马西亚出品的法布雷加斯，连续上演了几个赛季的小法回家肥皂剧终于完结。巴萨还从乌迪内斯以 3000 万高价购入意甲当赛季最佳球员亚历克西斯·桑切斯。皇马花费 3000 万从本菲卡购入葡萄牙左后卫科恩特朗，并引进法国天才中卫瓦拉内。沙欣和大阿尔滕托普也来到皇马，但并未留下足迹。

■超级前锋中转站

马竞继续着引进超级射手的传统，以 4000 万欧元天价从波尔图购入欧联杯金靴法尔考。此前，马竞以 4500 万将阿圭罗卖给曼城，创下 2011 年夏天转会最高价。曼城还以 2400 万买入阿森纳中场纳斯里。曼联则以 2500 万得到马竞门将德赫亚。

2011/2012 >>

2011/2012 铁军不屈

据说，阿布为了襄助英格兰足球中兴的伟大事业，实现完善自我的梦想，不远万里来到伦敦，自带经费盘下濒临破产的切尔西，十年如一日，毫不利己，专门花钱，是受了曼联和皇马的欧冠八强经典对垒的蛊惑。他以为但凡强强对话都该如此，整个阵中星光灿烂，觉得那样花钱才值。可造化弄人，最终欧冠到手了，却不是以他想象中的方式夺得。

2012年4月24日，托雷斯在欧冠半决赛次回合的绝杀，彻底葬送了巴塞罗那晋级决赛的梦想。

决赛

2012.5.19-慕尼黑安联体育场　　主裁判：普罗恩萨（葡萄牙）

拜仁慕尼黑 1：1 切尔西　点球3:4

拜仁慕尼黑（4231）			切尔西（4231）
诺伊尔	门将	门将	切赫
拉姆	后卫	后卫	博辛瓦
热罗姆·博阿滕			大卫·路易斯
季莫什丘克			卡希尔
孔滕托			阿什利·科尔
施魏因斯泰格	中场	中场	米克尔
克罗斯			兰帕德
罗本			84' 卡卢
托马斯·穆勒 87'			马塔
里贝里 97'			73' 伯特兰
戈麦斯	前锋	前锋	德罗巴
	替补		
范比滕 87'			73' 马卢达
奥利奇 97'			84' 托雷斯
	进球		
83' 托马斯·穆勒	1:0		
	1:1		德罗巴 88'
	点球		
拉姆√			×马塔
戈麦斯√			√大卫·路易斯
诺伊尔√			√兰帕德
奥利奇×			√阿什利·科尔
施魏因斯泰格×			√德罗巴

阿布的切尔西既不像皇马曼联，也没有踢出当年米兰、如今巴萨的味道。砸了逾20亿大洋，切尔西仍是一部T34，做工不如豹式精致，但坚固耐用，2011/2012赛季，他们一路打到慕尼黑，在德国人的家门口，以德国人擅长的尾声发难追平了比分，以德国人擅长的点球轮盘赌赢了拜仁。

阿布对欧冠魂系梦萦，因为欧冠没打好，还把双料冠军主帅安切洛蒂炒了，结果竟是菜鸟教练迪马特奥完成了使命，始料未及，目睹意大利人挥拳高呼"我做到了"，阿布只是微笑，有人把欧冠奖杯塞到手里，他的反应只是惊喜，远没到"捧杯热泪满衣裳，挥舞围巾喜欲狂"的地步。

压倒巴萨唯有蓝军

阿布之前的切尔西，多少还有点华丽，阵中不乏意法名将、大赛冠军。一俟改朝换代，切尔西经穆里尼奥磨砺，脱胎换骨成为铁军，十年来最是能赢。这支铁军撑到2014/2015赛季，即将谢幕还夺回英超奖杯一座。

蓝军队徽数易其款，始终有只狮子，借自球会名誉主席卡杜甘侯爵七世的族徽。队史首次夺得甲级联赛冠军时，主帅德雷克坚持找个高大上的猛兽作为球会象征，撤了原始队徽里的退伍军人，换成狮子，意在百兽之王，君临天坛。可阿布的切尔西，终无狮王的威武霸气，而是充满幼狮的不屈。2011/2012赛季欧冠几次死里逃生，最终二克强敌，无一不是蓝军倔强的写照。

最能反映切尔西坚韧的，就是他们和巴萨之间的缠斗：欧冠交手凡12次，历经里杰卡尔德和瓜迪奥拉两代，愣是以总成绩4胜5平3负压倒巴萨（胜率1/3），得失球18对18。这有多不容易？皇马被誉为20世纪第一球会，而21世纪之初，足坛最佳必是其宿敌巴萨，尤以瓜迪奥拉2008年上任后首创中场多核控球，独步海内，业界咸以为师。慢说压倒，抗衡已属不易。压倒瓜迪奥拉的巴萨，唯有蓝狮。

切尔西战巴萨次数，多于其他英超欧冠代表，这还不算20世纪60年代在博览会杯（联盟杯前身）半决赛上的3场交手——双方各以两球拿下主场，中立场地重赛，切尔西净吞五蛋出局。曼联和巴萨欧冠打了8次，从克鲁伊夫打到瓜迪奥拉，只赢过一回（胜率1/8），

德罗巴的头球，为切尔西终场前扳平比分，击溃拜仁心理防线。点球大战中他更射入制胜一球，在离别前为蓝军送上冠军杯大礼。

对克鲁伊夫1平1负；对范加尔两回合高分打平；对里杰卡尔德，1平1胜；对瓜迪奥拉2次决赛完败。但在欧冠改制前，曼联曾在优胜者杯两遇巴萨，有逆转，有夺冠，成绩不错。阿森纳和巴萨对垒7次尽在欧冠，涵盖范加尔、里杰卡尔德和瓜迪奥拉三朝，只赢1次（胜率1/7），不曾淘汰对方，得失球惨不忍睹。只算欧冠，利物浦与巴萨对垒成绩仅次于切尔西，1胜1平2负（胜率1/4）。曼城则到现在还是夫子搬家，还不如早年的纽卡斯尔（1胜3负）。

再参照上述6队和西甲球队对战，还是切尔西成绩最好，胜率接近一半。至本季蓝军小组作客巴伦西亚之前，英格兰球队作客西甲111次，仅胜18场，切尔西却是其中异数，过去6次欧冠赴西班牙，2胜4平，软硬通吃，善打硬仗，不由你不服。

熬过巴萨，熬成豪门

切尔西斗巴萨，是两种风格和信念的较量，也是切尔西渐成欧洲豪门的过程，一如曼联约战尤文图斯八个回合，终于奠定其欧洲豪门俱乐部会员地位。皇马巴萨有如试金石，欧洲新贵不经这两家淬火考验成色不足。从穆里尼奥领军首战巴萨，到迪马特奥率队在诺坎普言和再进决赛，期间磨难重重，争议无数，瑞典人弗里斯克的裁判生涯提前止步，挪威裁判奥夫雷伯被德罗巴骂得狗血淋头。蓝军迈向欧洲之巅总有冤情，但他们不信邪，不以“等这帮天才老去散伙”的丧气话认输。

半决赛和巴萨的两回合，是蓝军以意志拼技术，以坚守抗围攻的巅峰之作。次回合上半场队长特里即犯规见红，蓝军以寡敌众近一小时，躲过了梅西的点球，熬过了多次险情，三年前伊涅斯塔的远射绝杀没有重现，出现的反

而是托雷斯带球直捣黄龙，天空体育台解说嘉宾、曼联名宿加里·内维尔不由呻吟惊叹，顿成网络笑谈。托雷斯以全英身价纪录加盟，却由之前的神射手堕入空门不进的深渊，受到各界耻笑，他在诺坎普的进球，多少弥补了一年半来的失意。

德罗巴逆转命运

决赛在安联，对手是拜仁，对方首发有7名德国国脚，耗到第83分钟穆勒进球，人们期待什么？期待蓝军投降。尾声绝杀，是德国人的招数，这一次，德罗巴用上了，接应角球头槌破关，切尔西全场第一次射门打在门框之内！加时遇上拜仁获判点球，人们期待什么？期待罗本欢呼。然切赫拯救了蓝军！之后点球决胜，首轮拉姆中鹄，马塔宴客，人们期待什么？期待德国人欢呼。但最后罚失的是施魏因斯泰格，罚进的是德罗巴！德国人罚点球闻名遐迩，拜仁最后时刻点球出丑，却无碍德甲依然是欧洲点球得分最高的赛事，当季命中率高达九成！

魔兽大场面又一次按时交货，力量、意志、拼搏，德罗巴是蓝军精神的体现。4年前在莫斯科，他一时鲁莽掌掴维迪奇吃了红牌，错过了本该属于他的点球，4年后，由他完成最后一击将“大耳朵”带回蓝桥；4年前，特里操刀时滑倒，切尔西失去主宰命运的机会，4年后，特里停赛连失误都没有机会，让人感慨命运的安排。

都说德国人擅长赢得“丑陋”，切尔西以其人之道还治其人之身，报了英格兰屡屡在大赛点球不敌德国的夙仇。和4年前淘汰赛仅有利物浦与之旗鼓相当不同，本季切尔西进入淘汰赛迭遇强敌，逆转那不勒斯，完胜本菲卡，力擒巴萨，最终气走拜仁，切尔西的铁军风范一展无遗。

又一次主帅接力

切尔西还沿用一个赛季两位主帅“接力”的模式，4年前格兰特接穆里尼奥的班打进决赛；随后是希丁克接替斯科拉里率队再进半决赛；博阿斯上任撑到2月让位给迪马特奥，切尔西又进了决赛。迪马特奥是蓝军旧将，踢球时就立志执教，带领西布朗升超后因保级不力被解职，蒙阿布召唤接管球队，殚精竭虑，以夺得足总杯和欧冠结束赛季，获阿布打赏75万英镑。

阿布换帅可没少赔钱，至迪马特奥，他已在换帅上花了6400多万英镑。迪马特奥后来也未能躲过被炒的命运，翌年带队卫冕竟然小组出局，创下卫冕冠军无缘淘汰赛的纪录，接替他的是贝尼特斯。直到穆里尼奥重返蓝桥，阿布换帅的频率才有所下降，总结他经营蓝桥十年，光是换帅就投入7000多万。

尽管欧冠意外抡元，却没有阻止阿布求贤的步伐。聘请博阿斯，侧面反映他仍希望蓝军复刻皇马曼联的场面，但在迪马特奥、贝尼特斯两任之后，瓜迪奥拉终究没来。穆里尼奥从皇马返回，是一个信号：还是成绩最重要，场面毕竟是风格的体现，既然切尔西是一块铁，那就继续打铁吧。

坐镇主场却惨遭点球失利，拜仁众将或瘫倒在地，或扶额叹惜。

Chelsea, c'est miraculeux !

1er CAHIER 12 pages football

2e CAHIER 12 pages

Lemaitre pressé par le temps

L'ÉQUIPE

BALLES DE MATCH

Olivier GIROUD

Javier PASTORE

Le trophée de la Ligue 1

原声

2012 年 5 月 20 日

全场比赛被巴伐利亚人压制，比分一度落后，但在点球大战中，伦敦人凭借着德罗巴英雄般的表现逆转了比赛。蓝军历史上第一次赢得了这项欧洲最重要赛事的冠军。

4 年前的莫斯科雨夜，切尔西倒在了点球点上，这次胜出似乎是命运在补偿蓝军那一次失意。马塔作为切尔西第一位主罚者就射丢，结果却笑到了最后。赛季中途上任救火的迪马特奥，救成了欧冠冠军。

全景

曼市双雄出糗

4年前曼联互射点球击败切尔西时，英超在欧冠的强势达到巅峰。翌年英超在欧冠依然出尽风头，3队打进半决赛，曼联闯入决赛被巴萨击败。盛极而衰，随后两季，英超虽仍保持4队小组突围，但半决赛只有一队，曼联与巴萨再战决赛，输得更彻底。本季，英超大幅滑坡，曼彻斯特双雄均未小组出线，曼城还可借口欧冠稚嫩，曼联小组竟只得第三。阿森纳则倒在八强之外，揭开连续五季“十六郎”的颓势。

特维斯闹情绪

曼城初战欧冠，经历却很不愉快。未能压倒比利亚雷亚尔或那不勒斯晋级已令人失望，特维斯在安联拒绝热身替补登场，更引发轩然大波。他和教练曼奇尼之间矛盾激化，后遭俱乐部停赛罚款，转会尤文图斯之前，特维斯没有为曼城在欧冠进过一球。所幸将帅最终和解，曼城奇迹般以净胜球优势压倒曼联英超加冕。

热刺遭蓝军挡道

切尔西意外闯入决赛点球抢元，英超却只得第六，间接导致热刺本季拿到英超第四仍被挤出欧冠。

热刺一度列英超第三，领先死敌阿森纳12分之多，但主教练雷德克纳普身陷税务官非，球队状态萎靡遭阿森纳反超。欧足联明文规定：一个联赛不得有5队参加欧冠，热刺无法仿效利物浦7年前借外卡重返欧冠（当时利物浦爆冷夺得欧冠却列英超第五，欧足联特批准其卫冕），主席利维一怒之下将老雷解职。

穆里尼奥失点

穆里尼奥执教皇马第二季，依然破不了四强互射点球魔咒，与拜仁两回合各胜2:1，点球决战1:3败阵。C罗继4年前决赛点球决胜失机，此次第一位操刀又告宴客。皇马只罚了4轮，卡卡、拉莫斯相继失误，施魏因斯泰格为拜仁罚进第5个点球，却不幸在决赛失手。

上一赛季皇马半决赛不敌巴萨，下一赛季半决赛又遭多特蒙德淘汰。穆里尼奥在国际米兰荣膺三冠，转教皇马横竖进不了决赛，但本季夺回西甲冠军。

瓜迪奥拉辞职休假

切尔西淘汰巴萨打进决赛，也宣告巴萨的瓜迪奥拉时代结束。瓜迪奥拉声称再无余力令巴萨进步，决定在赛季结束时辞职，并放一年长假。执教巴萨的四年，他在足坛掀起一股旋风，以其中场多核、控球无锋的打法刷新多项纪录，影响足坛深远，西班牙国家队亦照他的模板连夺世界杯和欧洲杯，梅西、哈维、伊涅斯塔成为西班牙足球的新“三圣一体”。

16强战图

射手榜

1 梅西（巴塞罗那）	14 球
2 戈麦斯（拜仁慕尼黑）	12 球
3 C. 罗纳尔多（皇家马德里）	10 球
4 本泽马（皇家马德里）	7 球
5 德罗巴（切尔西）	6 球
6 卡列洪（皇家马德里）	5 球
索尔达多（巴伦西亚）	5 球
戈米（里昂）	5 球
弗雷（巴塞尔）	5 球
敦比亚（莫斯科中央陆军）	5 球
希罗科夫（泽尼特）	5 球
卡瓦尼（那不勒斯）	5 球
伊布（AC 米兰）	5 球

夏日记事

■魔兽带着冠军告别

为切尔西夺得欧冠立下汗马功劳后，德罗巴告别蓝桥奔赴中超。他对切尔西感情深厚，甚至表示哪怕回来为球场剪草也在所不辞。“魔兽”在随后的赛季曾短暂返回蓝桥与队友相聚，馈赠与他一道夺冠的队友足金戒指。两年后，他响应穆里尼奥召唤，又加盟了切尔西。

■西班牙卫冕欧洲杯

欧洲杯不曾有卫冕记录，西班牙决赛 4:0 大胜残阵意大利，开创先河。两年前，西班牙历史性夺得世界杯，队内的多名巴萨国脚是西班牙盛极一时的中坚力量，国家队也照搬巴萨的打法，一时间巴萨的“宇宙流”被奉为足坛圭臬，世界各地竞相效仿。各国媒体议论纷纷：他们是不是史上最强大的集体？

■曼联再上市

经多方考察，曼联的美国东家格雷泽家族决定将俱乐部再次上市，地点选在纽约，只出让部分股权，仍握有绝对控制权。尽管走势并不令人满意，曼联仍以 23 亿英镑成为全球最有价值俱乐部。格雷泽家族只将部分所得资金用于投资球队，再次激起曼联球迷组织抗议。

■海因克斯留任

拜仁步 4 年前切尔西后尘，罕见地在三线赛事只得亚军，国内联赛和杯赛均不敌多特蒙德。更罕见的是拜仁并未炒掉主教练海因克斯。因未物色到合适继任，董事会让海因克斯继续带队一季，不料海因克斯知耻而后勇，第二年全线弥补损失，囊括主流锦标，为瓜迪奥拉继任留下丰厚遗产，也间接导致瓜迪奥拉在拜仁的两个赛季屡屡在与前任的对比中受到质疑。

■伊布投巴黎

伊布、蒂亚戈·席尔瓦、拉韦齐和维拉蒂等球星加盟易帜的巴黎圣日耳曼，揭开巴黎中兴的序幕。加盟第一季，巴黎圣日耳曼便重夺法甲，继续伊布每到一地、东家必有联赛冠军的模式。

2012/**2013**

三冠王！最伟大的告别

说起 2013 年夏天成就三冠王的拜仁，我们的话题要始于 2012 年 5 月 19 日那个悲伤的夜晚。拜仁在一周前刚刚在德国杯决赛惨败于多特蒙德脚下，原想利用难得的主场之利赢得欧冠决赛，却连续错失赛点让切尔西成为胜利者。当天夜里，赫内斯的电话挽留住海因克斯，第二天早上英国球迷在 HB 啤酒屋还不忘安慰东道主：“没关系，你们可以明年来温布利球场争夺欧冠。”

决赛中魏登费勒阻止罗本射门。但在终场前，罗本为拜仁绝杀，弥补了2012年决赛罚失点球之憾。

不满不是最强国安

当时谁也没有当真，但拜仁在一年后真的做到了。拜仁从三亚到三冠的转变从中国之行开始，当时丹特、曼朱基奇、沙奇里和皮萨罗等新援都已经随队来到北京。海因克斯对于球队要求的极度苛刻，让人留下了深刻印象。北京国安考虑到联赛压力，在和拜仁的热身赛没有派出最强阵容，这让海因克斯赛后非常不满。海因克斯还临时改变想法，要求球队在离开北京当天必须找到一块天然草足球场训练，之前的计划是直接在酒店健身房完成。

尽管当时有关海因克斯是否会和拜仁续约的传言不断，但或许老帅已经认定这会是自己执教的最后一个赛季，他渴望做到极致。俱乐部对于海因克斯的要求也尽可能满足，一个很好的例证便是在8月底转会窗口关闭前，直接启动马丁内斯的4000万欧元解约金条款，刷新了拜仁引援转会费纪录。时任俱乐部主席赫内斯的态度是：“球员的市场价值或许只有2500万欧元，但既然球队需要，那就没有问题。”

欧战第500球

拜仁在几条线都引进了强援，海因克斯本赛季用兵更加游刃有余。海因克斯身边的体育主管还从内林格尔换成了萨默尔，相比前任，被拜仁从德国足协挖来的萨默尔天生有胜利者基因，眼睛里从来容不得沙子。萨默尔认真观察拜仁的每一堂训练课，球队在联赛获得6连胜之后，萨默尔依然会在不来梅批评球队。

尽管海因克斯公开场合需要为球员辩护，但如今回过头看，萨默尔的提醒正是时候，因为球队在和不来梅的比赛中已经露出疲态，随后欧冠客场挑战白俄罗斯鲍里索夫爆冷输球。好在海因克斯又及时带领球队回到胜利轨道，这个赛季联赛只输给勒沃库森一场，而且打破了数不清的德甲纪录。

拜仁4月6日客场和法兰克福的比赛，施魏因斯泰格接拉姆传中脚后跟射门得分，不仅帮助球队1:0获胜，而且提前6轮锁定联赛冠军。欧冠赛场，拜仁则是状态越来越好。前3场小组赛，拜仁2胜1负，而且击败巴伦西亚和里尔都是一球险胜。值得一提的是，和里尔比赛的进球是由穆勒通过点球完成。罗本原来是拜仁头号点球手，但是在和切尔西的欧冠决赛失手后，穆勒顶替了他的角色。

回到主场再次面对里尔，拜仁终于迎来爆发，皮萨罗不仅完成拜仁欧战历史第500个进球，而且此役只用了一刻钟就上演帽子戏法，队长拉姆则上演助攻帽子戏法，拜仁最终6:1大获全胜，并以净胜球优势反超巴伦西亚排名第一。随后有惊无险在客场战平巴伦西亚后，拜仁锁定头名已经不是悬念，最后一轮轻松在安联球场4:1大胜鲍里索夫复仇。

受刺激，老帅猛冲

拜仁在1/8淘汰赛抽到阿森纳，这算不上是上签，但也没那么糟糕——至少拜仁球迷在首回合结束后是这么认为。拜仁刚踢了21分钟便已经取得两球领先，最终3:1的比分并不夸张，因为只要看了比赛进程就明白，拜仁此役完全可以在酋长球场赢得更多。

这场胜利让拜仁球迷吞下定心丸，因为就在后半程即将开始时，拜仁宣布了瓜迪奥拉将在下赛季接替海因克斯执掌帅印的消息。这一度让老帅很不高兴，甚至否认俱乐部关于他将在夏天退休的说法，这让大家担心这是否会影响到拜仁后半程的表现。但事实证明，这件事反而成为拜仁关键阶段全力冲刺的动力。

决赛

2013.5.23-温布利球场　　主裁判：里佐利（意大利）

多特蒙德（4231）		1:2		拜仁慕尼黑（4231）
魏登费勒	门将		门将	诺伊尔
皮什切克	后卫		后卫	拉姆
苏博蒂奇				热罗姆·博阿滕
胡梅尔斯				丹特
施梅尔策				阿拉巴
斯文·本德90+2'	中场		中场	哈维·马丁内斯
京多安				施魏因斯泰格
布拉什奇科夫斯基 90'				罗本
罗伊斯				穆勒
格罗斯克罗伊茨				90+1' 里贝里
莱万多夫斯基	前锋		前锋	90+4' 曼朱基奇
		替补		
沙欣 90+2'				90+1' 古斯塔沃
席伯 90'				90+4' 戈麦斯
		进球		
		0:1		60' 曼朱基奇
68' 京多安（点）		1:1		
		1:2		89' 罗本

（上图）夺冠后拜仁全队在场内欢庆，大家看着队内的“开心果”穆勒。
（右图）球员们将劳苦功高的老帅海因克斯高高抛起。

或许是首回合的客场胜利来得过于轻松，拜仁回到安联球场后反而打不起精神，0:2负于枪手，只是凭借客场进球多的优势杀入欧冠八强。但正是本场比赛让拜仁彻底清醒，之后一直到夺冠的5场欧冠比赛保持全胜。和尤文图斯八强战首回合结束后四天，拜仁创造了提前6轮夺冠的德甲纪录，一年后瓜迪奥拉又将纪录改写为提前7轮。

意大利足球总会成为德国人的苦主，但面对尤文图斯时，拜仁尽管赢得波澜不惊，两回合都是2:0取胜，却展现出对于比赛的强大控制力，“老妇人”完全没有机会。随后和巴萨的两回合比赛则堪称拜仁本赛季的经典之战，拜仁先主后客看似不利，但是首回合就4:0狂胜的比分，意味着拜仁在前往诺坎普球场之前，一只脚已经踏进决赛赛场。

属于德国的一年

这是属于德国足球的一个赛季，另一场半决赛，多特蒙德在首回合4:1痛击另一西甲豪门皇马，莱万上演了大四喜，让所有人都记住他的名字。过去两个赛季，多特蒙德总是在欧冠赛场表现不佳，如今克洛普和弟子们终于证明了黄黑军团不只是在德甲可以有好的表现。

拜仁和多特蒙德都以令人信服的方式进入温布利决赛，最终人们看到了一场质量极高的攻防大战，两支球队节奏快得让人眼花缭乱，诺伊尔和魏登费勒的出色表演避免了决赛成为高比分的进球大战。比赛的进程也是一波三折，拜仁率先进球后，京多安罚中点球扳平比分。“罗贝里”组合第89分钟突然发威，一年前颇为失落的罗本用闪电般的速度完成绝杀！一周之后，拜仁有惊无险击败斯图加特赢得德国杯，海因克斯终于实现了用三冠王作为告别礼物的愿望。

1,10 €
www.lequipe.fr

Le festival de Nadal?

Les stars ont rendez-vous à partir d'aujourd'hui à Paris. Le virtuose espagnol de la terre battue, Rafael Nadal, visera un huitième titre. Seul le Serbe Novak Djokovic semble en mesure de perturber ce scénario. (Pages 18 à 21)

TOP 14 (demi-finales)

CLERMONT - CASTRES : 9-25

Clermont recalé au Castres-test

(Pages 16 et 17)

L'ÉQUIPE DIMANCHE

LE QUOTIDIEN DU SPORT ET DE L'AUTOMOBILE

LIGUE DES CHAMPIONS (finale)

LE BAYERN AU NIRVANA

BORUSSIA DORTMUND - BAYERN MUNICH : 1-2

Wembley avait hier soir un goût de paradis. Dans les dernières minutes d'une finale à grand spectacle, le Bayern Munich, après douze ans d'attente, a décroché son cinquième titre de champion d'Europe. Franck Ribéry a été impliqué sur les deux buts bavarois. (Pages 2 à 4)

NOTRE CADEAU D'ANNIVERSAIRE

L'ÉQUIPE LE JOUR DE GLOIRE

«L'Equipe» du 27 mai 1993...

LIGUE 1

Dernière journée (21 heures)

LYON • SAINT-ETIENNE • LILLE

Un strapontin pour trois

(Pages 6 à 13)

原声

2013 年 5 月 27 日

昨夜的温布利大球场散发着天堂的味道，在一场精彩纷呈的决赛的最后时刻，等待了 12 年的拜仁慕尼黑击败同国球队多特蒙德，终于第 5 次捧起欧冠奖杯。比赛中罗本参与制造了两粒入球，第 89 分钟的进球直接促成了胜利。

此前一个赛季，拜仁在海因克斯率领下半个月内功亏一篑，成为“三亚王”，但球队坚持了下来，本赛季完美逆袭，加冕“三冠王”。此前一季关键时刻屡屡时运不济的罗本，与拜仁一道完成了涅槃。

全景

莱万多夫斯基大四喜

半决赛多特蒙德对皇家马德里，首回合在威斯特法伦，多特蒙德4:1大胜，莱万多夫斯基包办全部4球，成为史上第一位在欧冠半决赛中上演大四喜的球员（下图）。

史诗般的翻盘

尽管巴塞罗那半决赛被拜仁以7:0的总比分淘汰，他们依然留下经典——1/8对阵AC米兰，在首回合圣西罗0:2告负的情况下，次回合在诺坎普，巴塞罗那打出气势如虹的一战，以4:0大胜，逆转晋级，报了1994年欧冠决赛0:4惨败米兰的一箭之仇。

尤文，最大经济赢家

仅打入1/4决赛的尤文图斯，出人意料成为该赛季欧冠经济收入最高的球队。尤文图斯该赛季通过欧冠获得6500万欧元，超过了夺冠的拜仁慕尼黑，之所以出现这种现象，是因为意甲第3支打入欧冠的球队乌迪内斯，在附加赛中被布拉加淘汰，这样整个意甲欧冠电视转播奖池，就只有尤文图斯与AC米兰两家瓜分了，这令人意识到，强国联赛球队在资格赛提早出局，将使本国幸存球队获利大大增加。

会师决赛，四大联赛轮回

拜仁慕尼黑与多特蒙德会师决赛，这是德甲史上第一次，也是整个欧冠史上第4次出现同一国球队包揽决赛的情形。前3次分别是2000决赛，皇家马德里与巴伦西亚两支西甲队会师；2003决赛，尤文图斯与AC米兰两支意甲队会师；以及2008决赛，曼联与切尔西两支英超队会师。至此，四大联赛全部完成过“会师决赛”的壮举。

温布利致敬历史

决赛地点是温布利，上一次温布利举办决赛是2011年。之所以仅过两年温布利再度举行决赛，是为了庆贺英足总创立150周年，英足总是目前世界上历史最悠久的足球协会。

切尔西“第一”纪录

2011/2012赛季欧冠得主切尔西小组被淘汰，这是史上第一次出现卫冕冠军小组出局的情形。但切尔西随即夺得该赛季欧联杯，成为史上第一支第一年夺欧冠、第二年夺欧联杯的球队。

16强战图

射手榜

排名	球员（球队）	进球
1	C罗（皇家马德里）	12球
2	莱万多夫斯基（多特蒙德）	10球
3	伊尔马兹（加拉塔萨雷）	8球
	梅西（巴塞罗那）	8球
	穆勒（拜仁慕尼黑）	8球
6	奥斯卡（切尔西）	5球
	若纳斯（巴伦西亚）	5球
	阿兰（布拉加）	5球
	本泽马（皇家马德里）	5球
	拉韦齐（巴黎圣日耳曼）	5球

夏日记事

■爵爷小贝齐退

2012/2013赛季，注定不平凡，它见证了足坛一代伟人弗格森退休。执掌曼联整整22个年头后，弗格森将曼联一手打造成世上人气最旺、商业价值最高的俱乐部，如今他急流勇退，临走时还带着2012/2013赛季英超冠军。

同样，曼联出身、在弗格森调教下成名的贝克汉姆，也于该赛季末退役。贝克汉姆是现代足球商业、人气、竞技的完美结合，更是一个奇迹，一位单论球技并不能跻身超一流的球星，凭借容貌、商业头脑与敬业素养，打造出一个贝氏商业帝国。

同样在2013年夏挂靴的还有职业生涯末期效力曼联的前金球奖得主欧文。

■卡卡吃回头草

加利亚尼再创转会奇迹，利用在皇马并不如意的卡卡急需多打比赛、求战2014世界杯的心理，成功说服他接受大幅度减薪，重回AC米兰。无数红黑球迷欢迎他们的英雄回归，可惜卡卡虽个人极度努力，表现无可指责，米兰却在混乱中度过一个双输赛季，卡卡出战世界杯梦碎，米兰也失去欧战资格。

■联合会杯巴西三连冠

巴西队以5战全胜佳绩，夺得2013联合会杯冠军，这是桑巴军团连续第三次捧杯。但巴西队依然难逃联合会杯魔咒——凡是联合会杯冠军，通常在接下来第二年的世界杯上总是以失败告终。

■西甲两亿齐飞

内马尔以5100万欧元转会巴塞罗那，但巴塞罗那实际支出可能超过一亿，引发调查。皇家马德里则以9100万欧元搜罗热刺球星贝尔，打造“两亿齐飞”概念。

2013/2014 >>

2013/2014 同城德比见证十冠

里斯本光明球场见证了欧冠历史上第 5 场决赛同国德比，也是第 1 场决赛同城德比。皇马补时惊险扳平，成为第一支 10 次夺冠的俱乐部，安切洛蒂成为第 2 位 3 次捧杯的主帅；马竞加时溃不成军，像 40 年前一样功亏一篑。

2014年5月24日决赛打入2:1逆转之球后，亿元先生贝尔冲到场边狂喜庆祝。

2013/2014赛季的欧洲赛场，焦点终于从前几年的西班牙转移到德国，因为前一赛季德甲双雄拜仁和多特蒙德会师欧冠决赛，也因为被认为是这个时代最出色、最有影响力的两位名帅穆里尼奥和瓜迪奥拉都离开了西班牙。

赛季初期，欧冠夺冠热门只有一个，那就是拜仁，他们是新科3冠王，并在2013年欧冠半决赛面对昔日欧洲足坛统治者巴萨时，取得两回合7:0的压倒性胜利，这让人们相信，一个新的王朝就此诞生。而且昔日巴萨王朝的缔造者瓜迪奥拉转战慕尼黑，强强联手更让人看好拜仁的前景。欧冠亚军多特蒙德则损失了中场核心格策，他被拜仁启动解约金条款挖走，黄黑军团只能期待继续扮演黑马角色。

皇马挖来金牌教练

热度仅次于拜仁的两支球队自然是皇马和巴萨，尽管他们与卫冕冠军有一定差距。巴萨签下巴西天才内马尔，对攻击线助益颇多，但最为薄弱的防线和老化的中场都缺乏重要引援，新帅马蒂诺更是从南美直接空降欧洲，球队整体不够完善也不够平衡。

皇马此前已连续3个赛季打进欧冠半决赛，但主帅穆里尼奥与俱乐部决裂，于2012/2013赛季结束后离开。皇马斥资9100万欧元从托特纳姆引进威尔士边锋贝尔，更重要的签约是从巴黎圣日耳曼挖来安切洛蒂，作为穆里尼奥的继任者。在瓜迪奥拉和穆里尼奥的时代之前，安切洛蒂是欧洲足坛最成功的主帅，闯荡意甲、英超、法甲都拿到过联赛冠军，还率领AC米兰两夺欧冠。而且他善于处理更衣室关系，最适合收拾穆里尼奥给皇马留下的残局。

马竞早早露出黑马相

小组赛过后，拜仁、皇马、巴萨和多特蒙德如人们所料均以头名身份晋级，让人意外的是，马竞以16分与皇马一同成为成绩最好的小组第1，而拜仁则是15分，巴萨13分，多特蒙德只拿到12分，与同组的阿森纳、那不勒斯同分，靠小分优势才抢到头名。马竞此时已露出黑马相，此前的赛季，他们在国王杯决赛中加时2:1击败主场作战的皇马，终结14年德比不胜纪录。

1/8决赛完全是实力说话，几大热门顺利过关，其中皇马9:2淘汰沙尔克04的总比分最为悬殊。最重量级的对决是英超冠军曼城对抗西甲冠军巴萨，然而巴萨对于首次从小组赛晋级的曼城而言实在太过强大，他们双杀对手，总比分4:1过关。

决赛

2014.5.24-里斯本光明球场　　主裁判：克伊佩尔斯（荷兰）

4 : 1

皇家马德里 (433)			马德里竞技 (442)
卡西利亚斯	门将	门将	库尔图瓦
卡瓦哈尔	后卫	后卫	胡安弗兰
瓦拉内			米兰达
拉莫斯			戈丁
科恩特朗 59’			83’ 菲利佩
莫德里奇	中场	中场	66’ 劳尔·加西亚
赫迪拉 59’			蒂亚戈
迪马里亚			加比
贝尔	前锋		科克
本泽马 79’		前锋	9’ 迭戈·科斯塔
C. 罗纳尔多			比利亚

替补

皇家马德里	马德里竞技
马塞洛 59’	9’ 阿德里安
赫迪拉 59’	66’ 索萨
莫拉塔 79’	83’ 阿尔德韦雷尔德

进球

皇家马德里	比分	马德里竞技
	0:1	戈丁 36’
90+3’ 拉莫斯	1:1	
110’ 贝尔	2:1	
118’ 马塞洛	3:1	
120’ C. 罗纳尔多（点）	4:1	

（上图）2014 年 5 月 24 日决赛点球锁定 4:1 胜局后，C 罗脱下球衣怒吼秀肌肉。
（右图）赛后更衣室中，第三次夺取欧冠的安切洛蒂与助理教练齐达内共捧冠军杯庆祝。

巴萨终结光荣传统

很多人都认为，到了1/4决赛，欧冠才真正开始，顶级较量终于上演。两场备受关注的对决是皇马对多特蒙德、巴萨对马竞。2012/2013赛季半决赛，多特蒙德主场4:1大破皇马一战晋级，莱万多夫斯基成为欧冠对皇马上演大四喜的第一人。1年后再度交手，格策转会、莱万受伤的黄黑军团威风不再，皇马主场3:0复仇。但在客场，由于主将C罗因伤缺阵，皇马实力和信心大损，罗、伊斯梅开二度，最后时刻多亏卡西利亚斯连续扑出姆希塔良的射门，皇马才得以晋级。

巴萨在主场1:1扳平马竞，没占到任何便

宜，客场虽然只是2:1小负，但比赛完全被马竞控制。刚开场马竞就发起疾风骤雨般的进攻，科克第5分钟就首开纪录，此前阿德里安已命中横梁，此后比利亚头射中门柱，7个赛季以来首次无缘欧冠4强的巴萨输得心服口服。另两场对阵，拜仁两回合4:2逆转弗格森退休后由莫耶斯接手的曼联，穆里尼奥的切尔西则在主场上演绝地翻盘，巴黎圣日耳曼饮恨出局。

瓜迪奥拉受辱后道歉

皇马在淘汰赛中连续遇到3个德国对手，半决赛抽中拜仁被视为提前上演的决赛。但与最终结果不同的是，赛前大多数人都认为拜仁才是热门。这两回合尤其是皇马主场的首回合，堪称该赛季欧洲足坛最经典的战役。安切洛蒂设计了一场完美的防守反击，客队拜仁从比赛伊始就完全控制了中场，直到本泽马第18分钟反击进球前，皇马只越过3次中线，伯纳乌一片寂静，所有西班牙电视台和电台解说员都在着急，因为似乎拜仁的进球随时都会到来。

最终皇马带着1:0的优势来到慕尼黑，并以4:0大胜拜仁，拉莫斯和C罗分别梅开二度。这是拜仁欧冠淘汰赛主场最大比分失利，也是瓜迪奥拉教练生涯最大比分失利，他赛后向球员和高层道歉，承认犯了战术错误。该赛季此前比赛中，拜仁只有两次定位球失球，而这一战就被拉莫斯两次定位球头球得手。另一场对决中，马竞主场0:0战平切尔西，做客斯坦福桥却以3:1大胜，穆里尼奥称马竞是公平的比赛胜利者。

马竞又倒在终点线前

两支来自西班牙首都马德里的球队，在邻国葡萄牙的首都里斯本碰面了，这是欧冠决赛史上首次同城德比。马竞主帅西蒙尼冒险派上受伤病折磨的主力中锋迭戈·科斯塔，结果他只踢了8分钟便再次受伤，被阿德里安换下。马竞队长戈丁第36分钟头球首开纪录，随后马竞转为防守反击，拉莫斯再次成为皇马英雄，全场补时第3分钟扳平比分，方式又是头球。

加时赛中，体能耗尽且有多人受伤的马竞溃不成军，贝尔和马塞洛相继进球，最终C罗用点球锁定4:1，这是他本赛季欧冠第17球，刷新赛事纪录。12年后，皇马终于捧起了梦寐以求的第10座欧冠奖杯，安切洛蒂则以3冠1亚成为欧冠史上战绩最辉煌的主帅。马竞则再次倒在终点线前，1974年欧冠决赛，他们最后时刻被拜仁扳平，重赛0:4惨败成就了对手王朝的兴起。

2014年5月24日决赛刚开场9分钟，迭戈·科斯塔便伤势复发被阿德里安换下，马竞就此埋下失利的伏笔。

L'EQUIPE

LE QUOTIDIEN DU SPORT ET DE L'AUTOMOBILE

DIMANCHE

ROLAND-GARROS

DJOKOVIC, profil de patron

LES UNES MYTHIQUES

COUPE D'EUROPE

TOULON 23 6 SARACENS

LIGUE DES CHAMPIONS

REAL MADRID 4 1 ATLÉTICO MADRID

LES SEIGNEURS

原声

2014年5月25日

拥有C.罗纳尔多和贝尔的皇马，在里斯本光明球场鏖战至加时赛终于4:1获胜，历史上第10次夺得欧冠。决赛中马竞长时间处于比分领先的状态，却在补时第3分钟被拉莫斯头球扳平，并于加时赛中崩盘——贝尔、马塞洛和C罗连入三球，这也是C罗本赛季创纪录的欧冠第17球。

这场欧冠历史上第一次决赛同城德比的结果，令安切洛蒂追平佩斯利，成为史上仅有的两位三夺欧冠的主帅之一。

全景

那不勒斯，首支12分出局队

贝尼特斯率领的那不勒斯与上届亚军多特蒙德、传统劲旅阿森纳同分到死亡之组，该组另一支球队为马赛。直到最后一轮前，那不勒斯、阿森纳和多特蒙德都有机会晋级。伊瓜因第73分钟终于为主场作战的那不勒斯攻破阿森纳城池，此时多特蒙德对马赛仍是平局，这种局面下多特蒙德将被淘汰，结果格罗斯克罗伊茨第87分钟挽救了黄黑军团，此时那不勒斯必须净胜3球方可出线，可他们只赢了2:0。3队最终同积12分，都是双杀马赛、相互间1胜1负，最终比较小分，那不勒斯成为欧冠史上首支12分出局队。

尤文图斯补赛惨遭淘汰

意甲冠军尤文图斯与皇马、加拉塔萨雷同组，前5轮1胜3平1负，末轮客场不输给加拉塔萨雷方可晋级，否则对手晋级。意大利名帅曼奇尼赛季中途从特里姆手中接过加拉塔萨雷教鞭，欧冠首秀便在客场与宿敌尤文图斯战平。生死战进行到第32分钟，伊斯坦布尔突降暴雪，比赛被迫中断。次日比赛继续，场地条件糟糕，而且比赛中又出现暴雪，但裁判没再终止比赛，德罗巴第85分钟助攻斯内德绝杀老妇人（下图为两人在雪地中庆祝）。尤文图斯主帅孔蒂赛后抗议：“我们是在泥石流中踢的比赛。”

莫耶斯的欧冠续命稻草

弗格森退休后选中莫耶斯作为接班人，结果曼联成绩糟糕，在英超、足总杯、联赛杯中全线溃败，球迷甚至租用飞机在赛场上空挂出让莫耶斯下课的标语。唯一支撑着他的便是欧冠，曼联获小组头名出线，1/8决赛主场翻盘奥林匹亚科斯，跌跌撞撞闯进8强。1/4决赛首回合曼联主场1:1战平卫冕冠军拜仁，次回合客场埃夫拉先进1球，之后红魔惨遭3球逆转。赛季尾声，莫耶斯终于下课，吉格斯出任代理主帅至赛季末，之后将由范加尔执掌曼联。

葡萄牙为“黑豹”默哀

2014年1月5日，葡萄牙传奇前锋尤西比奥因心脏病离世。葡萄牙全国为其默哀3天，不少欧洲球队也在比赛时对他进行了悼念。尤西比奥绰号“黑豹”，是葡萄牙历史上最伟大的球员，帮助本菲卡夺得1962年欧冠冠军，帮助葡萄牙获得1966年世界杯季军并穿走金靴，1965年他还捧起了金球奖。

巴萨前主帅比拉诺瓦逝世

比拉诺瓦于2014年4月25日去世，他在2012/2013赛季率领巴萨西甲百分夺冠，另外他作为瓜迪奥拉的助手为巴萨夺得14项冠军，铸就了一个王朝。2013年夏天，比拉诺瓦因发现癌症复发而辞职，阿根廷人马蒂诺成为其接班人。比拉诺瓦去世正赶上欧冠半决赛，瓜迪奥拉执教的拜仁等俱乐部公开对他进行了哀悼。

巴萨主席辞职风波

2014年1月23日，巴萨主席罗塞尔宣布辞职，因为当地法官在内马尔转会案中对他展开调查，罗塞尔涉嫌瞒报内马尔转会的具体金额，内马尔的转会金额从最初公布的4500万上升到5700万，甚至可能过亿。罗塞尔在任时，巴萨夺得了2011年欧冠冠军，但此后的内马尔案和巴萨引进未成年球员被国际足联处以两个转会窗口禁令，被视为罗塞尔执政失败的证据。

16强战图

射手榜

1	C. 罗纳尔多（皇家马德里）	17 球
2	伊布（巴黎圣日耳曼）	10 球
3	迭戈·科斯塔（马德里竞技）	8 球
	梅西（巴塞罗那）	8 球
5	阿圭罗（曼城）	6 球
	莱万多夫斯基（多特蒙德）	6 球
	贝尔（皇家马德里）	6 球
8	内格雷多（曼城）	5 球
	比达尔（尤文图斯）	5 球
	托马斯·穆勒（拜仁慕尼黑）	5 球
	罗伊斯（多特蒙德）	5 球
	本泽马（皇马）	5 球

夏日记事

■迪斯蒂法诺逝世

2014 年 7 月 7 日，皇马荣誉主席迪斯蒂法诺去世，享年 88 岁。在梅西之前，迪斯蒂法诺与贝利、马拉多纳、克鲁伊夫并称为四大“世界球王”，他率领皇马在欧冠创立之初夺得 5 连冠，并在 5 场决赛中打进 7 球，与队友普斯卡什成为决赛进球最多的球员。

■德国夺世界杯，赠巴西 7:1

第 20 届世界杯从 6 月 12 日到 7 月 13 日在足球王国巴西举行，德国队第 4 次夺冠追平意大利，只落后于 5 冠巴西，并成为首支在美洲捧起世界杯的欧洲球队。决赛 90 分钟里，德国与阿根廷战成 0:0 进入加时赛，格策第 113 分钟打入制胜球。几乎以一己之力将阿根廷带入决赛的梅西当选赛事金球奖。

东道主巴西半决赛 1:7 惨败给德国震惊世界，这是世界杯半决赛最大比分，也是巴西队史上最大比分失利，此前的纪录是 1920 年 0:6 输给乌拉圭。卫冕冠军西班牙小组赛前两轮连败后提前出局，被认为是本届赛事最令人失望的球队之一。

■苏亚雷斯咬人后加盟巴萨

小组赛次轮，伤愈复出的苏亚雷斯梅开二度帮助乌拉圭 2:1 击败英格兰，末轮对意大利的生死战，苏亚雷斯咬了意大利后卫基耶利尼。这是苏牙职业生涯第 3 次咬人，国际足联开出超级罚单，禁止他参与足球活动 4 个月，并在国家队禁赛 9 场正式比赛。4 个月禁足令并未阻止巴萨以 8100 万欧元高价从利物浦引进苏亚雷斯，他与梅西、内马尔组成南美三叉戟。

■皇马引进世界杯巨星

皇马主席弗洛伦蒂诺向来有收购世界杯球星的习惯，本届杯赛后购入了冠军德国队中场指挥官克罗斯，并斥资 8000 万欧元从摩纳哥买下赛事金靴、哥伦比亚中场哈梅斯·罗德里格斯。1/8 决赛，J 罗对乌拉圭梅开二度，首开纪录的抽射被评为本届世界杯最佳进球。

2014/2015 >>

2014/2015 巴萨王朝中兴

巴萨新帅路易斯·恩里克在沿用瓜氏传控打法的同时，采用了一些更实用的战术，收获奇效。梅西、内马尔和苏亚雷斯的进攻组合无人能挡，巴萨第二次成为欧冠、西甲、国王杯“三冠王”。

梅西捧起大耳朵杯深情亲吻。

挫折中磨合出MSN

本赛季初到欧冠报到的巴萨有太多的不确定因素：阵中关键位置面临新老交替，防线依然存在人员短板。新帅恩里克缺乏欧战经验，梅西、内马尔经历世界杯鏖战，身体状况并不理想，苏亚雷斯长期禁赛，且复出后的竞技状态和融入程度难以预见。上赛季巴萨在1/4决赛遭遇马竞阻击，主帅马蒂诺失去统御力，赛季草草收场。西班牙国家队折戟于巴西，巴萨阵中国脚皆遭受批评。纵然巴萨仍在欧陆豪门之列，但相比投资巨大、势头强劲的皇马，已不是夺标最大热门。

小组赛首场，坐镇主场的巴萨仅凭借皮克的进球小胜鱼腩希腊人竞技，被捧作超新星的穆尼尔并无抢眼表现，只是恩里克临时找来凑数的年轻前锋。次轮，巴萨在巴黎的王子公园球场遭遇挫败。梅西和内马尔都贡献进球，但球队整体表现不佳，对抗充满斗志的巴黎并无优势。头两场比赛似乎印证了批评家们的预测：这支处在转型期的巴萨遭受到比上赛季更大的挫折。经理层的变动给恩里克的工作带来更多困难。巴萨一度受到内讧的威胁，甚至有梅西将离开巴萨前往切尔西的消息传出。

主场对阿贾克斯的比赛相当关键，巴萨必须取胜以确保小组出线主动掌握在自己手中。虽然场面上仍有诸多细节问题，但一场3:1的胜利让巴萨松了一口气。之后的路越走越顺。随着苏亚雷斯复出，梅西身边多了一位无私奉献、不惜力奔跑的队友，内马尔也被激活。在对阵阿贾克斯和希腊人竞技的次回合战中，梅西共打入5球，找回了球王的感觉。末轮主场对阵巴黎，MSN联袂奉献进球，分享彼此的天才球技，相得益彰。

嬗变的巴萨

回顾整个欧冠淘汰赛，巴萨的晋级之路最为险恶。他们先在1/8决赛遭遇英超冠军曼城，又在1/4决赛与法甲冠军巴黎再度相遇，而后在半决赛与瓜迪奥拉率领的德甲冠军拜仁争夺晋级资格，最终在决赛对阵意甲冠军尤文图斯。这让人不由想起欧冠建立之初，那项只有各国联赛冠军参加的精英赛事。只有击败其他冠军，才能成为真正的欧洲霸主。

貌似每轮都抽到下签的巴萨也有特别的好运相顾。这些冠军对手们，每每在对阵巴萨之前折损阵中主力，致使战术配备出现明显短板，无法全力应战。曾效力巴萨的亚亚·图雷因非洲杯缺席首轮对决，曼城主场告负；巴黎首回合迎战巴萨，但伊布和维拉蒂均无法出场，遭遇惨败；拜仁阵中伤兵满营，罗本、里贝里皆不能参战，难以与势头正劲的MSN相抗衡；而决赛开始前，尤文图斯主力中卫基耶利尼临阵伤退，只得作壁上观。反观巴萨阵中，淘汰赛阶段的7场比赛，除阿尔维斯、布斯克茨曾缺席个别场次，其他主力都未受到伤停影响，全勤出场。

相比其他豪门，巴萨的替补阵容实力并不突出，但三线作战始终保持着高昂的竞技

决赛

2015.6.6-柏林奥林匹克体育场　　主裁判：恰克尔（土耳其）

尤文图斯（442）		1:3		巴塞罗那（433）
布冯	门将		门将	特尔斯特根
利希斯泰纳	后卫		后卫	阿尔维斯
巴尔扎利				皮克
博努奇				马斯切拉诺
埃夫拉 89'				阿尔瓦
皮尔洛	中场		中场	布斯克茨
马尔基西奥				90+1' 拉基蒂奇
波巴				78' 伊涅斯塔
比达尔 79'			前锋	梅西
莫拉塔 85'	前锋			90+6' 苏亚雷斯
特维斯				内马尔
		替补		
罗伯托·佩雷拉 79'				78' 哈维
略伦特 85'				90+1' 马蒂厄
科芒 89'				90+6' 佩德罗
		进球		
		0:1		4' 拉基蒂奇
55' 莫拉塔		1:1		
		1:2		68' 苏亚雷斯
		1:3		90+7' 内马尔

决赛开场仅 4 分钟，拉基蒂奇就在禁区内射门首开纪录，尤文图斯阵中仅有的两位参加过 2002/2003 赛季欧冠决赛的球员布冯、皮尔洛只能目送足球入网。

状态。除了球星们自发律己，更科学的体能训练、应变性更强的战术让胜利来得更加轻松高效。

相对瓜迪奥拉时代的巴萨，球员时期曾效力皇马和巴萨两家的路易斯·恩里克不但受到过巴萨荷兰风格的影响，也对实用主义有相当见识。这是哈维在巴萨的最后一个赛季，也是出道以来首次失去主力地位。风格相对硬朗的克罗地亚中场拉基蒂奇取代了他的位置。巴萨很难再像过去10年那样通过控制中场来控制比赛节奏。但梅西、内马尔和苏亚雷斯组成的锋线使巴萨的攻击力空前强大，无论短传渗透、快速反击还是门前抢点都能创造出得分机会。

恩里克的助手翁苏埃在定位球攻防方面颇费心思，极大改进了球队这一软肋。遭遇拜仁、尤文等传统空战球队时，巴萨不再处于劣势。这些新开发出的特点和优势为巴萨最终问鼎提供了强大动力。决赛对阵尤文图斯，巴萨获得了全面的优势，拉基蒂奇首开纪录，MSN完成了3:1胜利的后两球。

西甲盛世略有遗憾

作为上届冠军，皇马是小组赛阶段唯一全胜出线的球队，展现了王者风范。然而进入2015年，皇马未能延续上半赛季惊人的连胜纪录，反而在关键场次屡有失常表现。1/8决赛中，皇马在客场2:0取胜的优势下，主场3:4负于沙尔克，总比分5:4惊险晋级。1/4决赛，皇马遭遇宿敌马竞。本赛季，马德里双雄先后在西班牙超级杯、西甲联赛、国王杯和欧冠总共交手8次。马竞在前7场德比战中保持不败，积累了巨大的心理优势。然而皇马依靠“小豌豆”埃尔南德斯的绝杀赢下了本赛季唯一一场，也是最关键的一场德比，挺进半决赛。

半决赛首回合在都灵开战，皇马1:2负于尤文图斯，但C罗攻入关键的客场进球将晋级希望留在了伯纳乌。不想，上赛季从皇马转会至尤文的年轻中锋莫拉塔在两回合都取得关键进球，将老东家逼上绝路。赛季中段，皇马中后场关键位置反复遭遇伤病，莫德里奇长期缺阵，兼之贝尔和本泽马状态不佳，皇马进攻效率低下。一方面，缺乏轮换导致主力阵容体能下降，另一方面，皇马在联赛和杯赛方面也接连受挫，技术层和更衣室感觉压力巨大。安切洛蒂在某些场次的战术配备缺乏针对性，也是皇马虎头蛇尾的重要原因。

马竞止步于1/4决赛，三是球队未正常发挥。曼朱基奇和格列兹曼的锋线效率不及迭戈·科斯塔一人。格列兹曼尽管在联赛收获不少进球，但在欧战强强对话中欠缺主导能力。马竞的战术仍以肉搏绞杀为主，而运动战中已

哈维赛后高举欧冠奖杯，他凸起的 T 恤内，装着此役的足球。这是哈维效力巴萨 17 个赛季的最后一战。

难打出上赛季的犀利反击，转而以高效率的定位球作为主要得分手段。球队的整体实力在经历一整年的鏖战后逐渐显露疲态，西蒙尼再三强调马竞不以争冠为目标，勉力而为即可。但如能突破皇马一关，或有希望再入决赛。

时隔16年后重返欧冠赛场的毕尔巴鄂并未创造历史，杀入淘汰赛。即便同组并无超级强队，毕尔巴鄂整体实力不算最弱，但球员普遍缺乏欧战经验，多个场上位置处于新老交替的尴尬时期，制约“雄狮”在欧冠大舞台上的表现。小组赛客场负于鲍里索夫，让球队失去了拿到晋级积分的机会。同一时期，毕尔巴鄂的联赛战绩同样不尽如人意，直到联赛中后期才调整状态，争取到较好名次。皇家社会和毕尔巴鄂两支巴斯克球队在欧冠连续两个赛季小组出局，牵扯了西甲军团的整体战绩。否则，以年年欧冠和欧联双线开花的成绩，西甲制霸欧洲的姿态将更加狂热。

NOUVELLE JAGUAR XE
L'ÉQUIPE
LE QUOTIDIEN DU SPORT ET DE L'AUTOMOBILE
DIMANCHE 7 JUIN 2015
JUVENTUS TURIN 1 3 BARCELONE
IMPÉRIAL
DJOKO pour l'his
ALTESS SERENAS
TOP 14
Clerm
cinq ans
FOOTBALL
Parfum d

原声

2015 年 6 月 7 日

在柏林，勇敢、令人生畏的尤文图斯整场比赛始终让巴塞罗那胆战心惊。不过加泰罗尼亚人最终第 5 次捧得欧冠奖杯，在夺冠次数上追上了拜仁和利物浦，仅逊于皇马（10 次）和 AC 米兰（7 次）。

拉基蒂奇开场 4 分钟就为巴萨取得领先，但尤文下半场的扳平令局势渐趋胶着，不过梅西、内马尔、苏亚雷斯组成的 MSN 组合的超强火力，还是让比赛在此后失去了悬念。恩里克执教第一季，巴萨即获得十年第 4 座欧冠，成为欧洲第一支两度加冕“三冠王”的球队，中场大师哈维完美谢幕。

全景

欧冠仍无卫冕

自1989、1990年的AC米兰以来，从无球队能在欧冠中卫冕，史上第一支将冠军头衔增至10座的皇马也不例外。在有着巴塞尔、利物浦和卢多戈雷茨的小组中6场全胜晋级后，皇马先是在1/8决赛中总比分5:4淘汰沙尔克04，随后在1/4决赛同城德比中，靠次回合第88分钟的绝杀1:0淘汰马竞。但在对尤文图斯的半决赛中，皇马先是客场1:2败阵，随后主场只获得1:1平局，皇马青训产品莫拉塔两回合各进一球，直接促成卫冕冠军被淘汰的命运。

英超又遭团灭

英超球队在欧冠赛场上早已告别4队半分8强乃至3队会师4强、8个赛季只有1次错过决赛的盛世，本赛季更是继1995/1996、2012/2013赛季之后，改制后第三次出现欧冠8强不见英超球队身影的局面。对此现象的探讨中，实力有限、内耗过剧、赛程过频、战术幼稚均被视为英超团灭的原因，争议不少。一件没有争议的事情是，依据欧战积分形势，英超作为欧洲第二联赛的地位已经难保，第三位的德国和第四位的意大利都在追赶中。

对阵频频昨日重现

本赛季欧冠的小组赛分组就是上赛季的昨日重现，如再次有4支德甲球队杀进正赛，且都是拜仁慕尼黑、多特蒙德、沙尔克04和勒沃库森，其中除了勒沃库森之外的三支都抽到了上赛季的英超对手。德甲4队集体晋级、意甲只剩一棵独苗、西甲4队中有3强夺得头名、只有一支巴斯克球队遭淘汰也都是复制上赛季的结果。1/8决赛抽签又频频复制粘贴上赛季：有三组对决是上赛季出现过的交锋，其中两组是直接拷贝了上赛季的1/8决赛。

瓜帅不敌老东家

拜仁慕尼黑上赛季在卫冕之路上止步于半决赛，不敌最后的冠军皇马，本赛季他们又被一支最终称冠的西班牙球队在半决赛淘汰，这一次是瓜迪奥拉的母队巴塞罗那。前两轮淘汰赛拜仁连续后来居上，7:0淘汰顿涅茨克矿工，7:4逆转波尔图，但半决赛对巴萨首回合就在诺坎普0:3败绩，阵容不整是重要原因，次回合3:2只能稍挽颜面。

三雄制霸四强

巴萨、皇马、拜仁三队空前强大的实力，令其制霸四强的场面近年屡见不鲜，最后一个名额往往留给实力明显不济的别国豪强。本赛季就是这一局面，剩下一个名额属于时隔12年再进决赛的尤文图斯。上赛季半决赛是皇马对决拜仁，另一对决则是马竞和切尔西；2012/2013赛季半决赛席位是三强加多特蒙德；2011/2012赛季是三强加切尔西；2010/2011赛季是西超双雄对决，外加曼联对沙尔克04；2009/2010赛季是拜仁对里昂，巴萨对国际米兰。

财务公平杀鸡儆猴

本赛季欧冠赛事是第一次在欧足联“财务公平政策”正式执行的背景下举行。经过三个赛季的试运行期/观察期之后，欧足联对多达9家俱乐部进行了不同程度的处罚，杀鸡儆猴，尤以处罚曼城和巴黎圣日耳曼两家石油军团最有震慑效果，两队的转会操作因此更显得“谨小慎微”。塞尔维亚联赛冠军贝尔格莱德红星更因违反政策，被直接褫夺参赛资格，亚军游击队递补。

射手榜

	球员	进球
1	内马尔（巴塞罗那）	10 球
	梅西（巴塞罗那）	10 球
	C. 罗纳尔多（皇家马德里）	10 球
4	路易斯·阿德里亚诺（顿涅茨克矿工）	9 球
5	杰克逊·马丁内斯（波尔图）	7 球
	托马斯·穆勒（拜仁慕尼黑）	7 球
	苏亚雷斯（巴塞罗那）	7 球
	特维斯（尤文图斯）	7 球
9	阿圭罗（曼城）	6 球
	本泽马（皇家马德里）	6 球
	卡瓦尼（巴黎圣日耳曼）	6 球
	莱万多夫斯基（拜仁慕尼黑）	6 球

夏日记事

■布拉特当选后辞职

5 月 29 日，布拉特在第 65 届国际足联大会上第 5 次当选 FIFA 主席，但 4 天后他就突然宣布辞职。其辞职引发诸多猜想，也让 FIFA 的地震更为强烈。大会前 2 天，应美国司法当局请求，瑞士警方突袭抓捕多名 FIFA 高官与前高官，将丑闻缠身的 FIFA 的更多黑幕曝光出来，有些传闻牵涉到了布拉特的副手瓦尔克，甚至直指他本人。

■安切洛蒂下课

上赛季安切洛蒂率领皇马夺得队史第 10 座欧冠，因此追平佩斯利，成为史上仅有的两位三夺欧冠的主帅之一。本赛季风云突变。皇马国王杯遭马竞淘汰，欧冠半决赛止步于尤文图斯脚下，西甲联赛又被巴萨抢走冠军，弗洛伦蒂诺遂痛下杀手。安帅卸任后拒绝了老东家 AC 米兰的邀请，宣布休息一年顺带做颈椎手术，他的继任者为曾在皇马 B 队踢球、执教的贝尼特斯。

■哈维告别巴萨

效力巴塞罗那 17 个赛季，出战 767 场比赛，获得 25 座冠军奖杯的哈维，在本赛季结束后挥别西甲，加盟卡塔尔萨德队。本赛季虽已成为替补，哈维仍为巴萨成为欧洲首支两建“三冠王”伟业的球队贡献了余热。第 4 次捧起欧冠奖杯，无疑是最完美的告别方式。

■双德告别英超

效力利物浦 17 个赛季，出战 710 场比赛，获得 10 座冠军奖杯的杰拉德，在本赛季结束后挥别英超，登陆美国加盟洛杉矶银河。终其红军生涯，杰拉德都未能助利物浦获得英超冠军，殊为可惜。与他并称“双德”的兰帕德此前一个夏天已经告别英超，却去而复返改披曼城球衣征战了一个赛季，季末终与杰拉德一道告别，两人有机会在美国重逢。同属“黄金一代”的费迪南德，则在效力女王公园巡游者一个赛季后宣布退役。

2015
2021

2015/2016	皇家马德里
2016/2017	皇家马德里
2017/2018	皇家马德里
2018/2019	利物浦
2019/2020	拜仁慕尼黑
2020/2021	切尔西

皇马三连冠VS德国教头三连冠

2015/2016赛季和2016/2017赛季，皇马接连两个赛季捧得欧冠冠军奖杯。欧冠改制后，此前尚无球队能够卫冕成功，皇马的卫冕可谓创造了历史。2015/2016赛季，皇马内部曾有动荡，贝尼特斯中途下课，此前尚无一队执教经历的菜鸟新手教头齐达内被扶正。欧冠1/4决赛首回合客场0比2败给沃尔夫斯堡之后，齐达内经历了一次较大的信任危机，但凭借着C罗次回合的帽子戏法，皇马挺过难关完成逆转。决赛再遇马竞，皇马浇灭了床单军团的复仇之火，在点球大战中胜出夺冠。

又一个赛季开始，顶着冠军光环的齐祖谦虚如故，并开始大力推行轮换政策，为的是劳模一般的C罗，赛季末期不再受伤病困扰。1/8决赛和1/4决赛，皇马火力全开，两回合内皆入6球，淘汰那不勒斯和拜仁。半决赛再遇马竞，皇马又在首回合奠定胜局。尤文坚固的防线，在决赛面对皇马时也显得不堪一击，银河战舰4比1大胜，成为改制后欧冠联赛的唯一卫冕成功者。

2017/2018赛季，皇马再次奉上令人惊叹的成绩。尽管在联赛中状态不佳，但皇马在欧冠联赛状态依然稳定。主力射手C罗6场小组赛皆有进球入账，1/8决赛与1/4决赛也都用进球帮助球队晋级。进入决赛前，皇马连续将法甲、意甲与德甲班霸斩落马下，气势如虹。决赛面对利物浦，卡里乌斯的低级失误与贝尔的惊天倒勾，成就了皇马的三连冠伟业。

2018/2019赛季，运气来到了上赛季决赛输家利物浦一边。又一次率队进军欧冠决赛的克洛普总算摘掉了千年老二的帽子，这也开启了德国教头的冠军旅程。接下来两个赛季，弗里克带领拜仁、图赫尔带领切尔西，继续了德国主帅在欧冠赛事上的强势表现。

EUROPÉENS
RESPECT

2015/2016

德比决赛皇马双杀

两个赛季前，马竞闯入欧冠决赛对阵同城死敌皇马。上半场就取得领先的马竞，在补时阶段丢球被扳平，加时赛彻底崩盘。两年后再次与皇马会师决赛，马竞先失球后扳平，最终还是倒在点球点，成就了皇马的 11 冠伟业。

决赛

2016.5.28-米兰圣西罗球场　　　　主裁判：克拉滕伯格（英格兰）

1 : 1 点球5:3

皇家马德里（433）			马德里竞技（442）
克洛尔·纳瓦斯	门将	门将	奥布拉克
卡瓦哈尔 52'	后卫	后卫	胡安弗兰
塞尔吉奥·拉莫斯			萨维奇
佩佩			戈丁
马塞洛			109' 菲利佩
莫德里奇	中场	中场	萨乌尔·尼格斯
卡塞米罗			加比
克罗斯 72'			46' 奥古斯托·费尔南德斯
贝尔	前锋		116' 科克
本泽马 77'		前锋	托雷斯
C.罗纳尔多			格列兹曼
替补			
达尼洛 52'			46' 费雷拉-卡拉斯科
伊斯科 72'			109' 卢卡斯·埃尔南德斯
卢卡斯·巴斯克斯 77'			116' 托马斯·帕蒂
进球			
15' 塞尔吉奥·拉莫斯	1:0		
	1:1		费雷拉-卡拉斯科 79'
点球			
卢卡斯·巴斯克斯√			√格列兹曼
马塞洛√			√加比
贝尔√			√萨乌尔·尼格斯
塞尔吉奥·拉莫斯√			×胡安弗兰
C.罗纳尔多√			

2016年5月28日欧冠决赛点球大战攻入致胜一球后，C罗脱衣庆祝，身后马竞门将奥布拉克郁闷擦汗。

小组赛唯曼联掉队

本赛季欧冠小组赛阶段，“黑马当道，豪门吃瘪”的态势，并未在总体上呈现出来。大部分小组中的豪门都顺利地晋级到淘汰赛，皇马、马竞、巴萨、切尔西、拜仁均以小组头名出线。上赛季亚军尤文图斯则在小组赛中被曼城压过一头，1/8决赛抽到了德甲班霸拜仁，最终止步十六强。

H组的竞争中，俄超的圣彼得堡泽尼特在小组赛中表现强势，锋霸久巴和当时的球队大腿胡尔克接连为球队建功，比利时的根特也成为黑马，与泽尼特一同出线。本组的两支五大联赛球队巴伦西亚和里昂不幸双双出局。D组的塞维利亚获得小组第三，虽未晋级欧冠淘汰赛，却又再次开启欧联杯的征程。塞维利亚在本赛季完成了欧联杯三连冠，将欧联杯踢成了“塞维利亚杯”，也是另一种赢家。

上赛季末范加尔接手曼联，却未曾想在本赛季欧冠遭遇打击。小组赛首战，曼联就客场负于埃因霍温。随后尽管奋起直追，但在末轮对阵沃尔夫斯堡时遗憾败北，埃因霍温也以2分优势进入淘汰赛。曼联的出局，与球队在赛季初遭遇的伤病有着密不可分的关系。后防线多名大将接连受伤，状态出色的左后卫卢克·肖在小组赛首战就遭遇断腿惨剧。中场卡里克和弗莱彻，不得不时而客串中卫，而能打后场多个位置的布林德也难称稳定。末战狼堡，马夏尔为曼联首开纪录，但红魔最终因防线不支，宣告出局。

狼堡险些咬死未来冠军

1/8决赛，皇马凭借主客场两个2比0的比分，兵不血刃地战胜了罗马，却险些在1/4决赛跌倒。小组赛阶段将曼联挤出淘汰赛的沃尔夫斯堡在战胜根特之后，首次闯入欧冠八强，在1/4决赛中面对皇马。面对皇马这样的对手，首回合开打之前，就连沃尔夫斯堡自家球员都显得有些底气不足。主场迎战皇马一役，狼堡给了皇马当头一棒，在上半场就取得两球领先，将优势并保留到了终场。BBC组合没能完成破门获得客场进球，本泽马还在本场比赛中伤退。赛季中途接手的齐达内，遭遇到了不小的信任危机。

从历史战绩来看，首回合0比2告负时，

次回合翻盘者着实不多，只有博彩公司对皇马依然看好。关键战役前，不少主帅都会发起号召，鼓励主队球迷来到主场为球队造势。这一次，皇马头牌C罗站了出来，在接受采访时表示，希望获得更多球迷的呐喊和支持。主场迎战狼堡，C罗率先打入两球将总比分扳平。或许是忌惮于本方没有客场进球，皇马在之后的比赛中有所收缩，不敢投入太多兵力大举进攻。

曾几何时，任意球是C罗的得分利器，也是他的拿手好戏。但在加盟皇马的最初几个赛季后，C罗任意球得分数量却有所下滑。离比赛结束不到15分钟时，莫德里奇前场得球后向禁区前插被绊倒，皇马获得了一个位置不错的前场任意球。C罗罚出的皮球穿过了人墙缝隙直入球门下角，皇马最终3比0完成大逆转晋级，C罗也完成了帽子戏法。

马竞再度功败垂成

在西蒙尼的率领下，马竞已经成为欧冠中的一支强大力量，两年前闯入欧冠决赛，马竞就险些登顶成功。本季欧冠，马竞以小组头名跻身淘汰赛，通过点球艰难淘汰埃因霍温之后，马竞与巴萨遭遇。首回合马竞1比2客场落败，托雷斯的客场进球为马竞留住了希望的种子。次回合较量，马竞当家球星格列兹曼终于爆发，他在上半场打入一粒头球，佐证了主帅西蒙尼“头球能力与身高无关”这一论断，此时，马竞已经占据主动。比赛结束前，格列兹曼罚入一粒点球，助球队晋级半决赛。

小将萨乌尔，成为马竞晋级决赛的功臣。半决赛首回合马竞坐阵主场迎战拜仁，萨乌尔在第11分钟一路突进，连过拜仁数名防守球员打入一记精彩绝伦的进球。之前一个赛季，萨乌尔就曾在联赛的马德里德比完成倒钩破门。再逢关键场次，拥有大心脏的萨乌尔戏耍了拜仁的中后场防守。次回合马竞客场1比2告负，最终凭借客场进球优势进入决赛。

两年之后再战皇马，马竞主帅西蒙尼仍在，锋线靠山已从迭戈·科斯塔，换成了格列兹曼。而皇马这一边，传奇球星齐达内已接过了皇马的教鞭，成为银河战舰的新掌舵人。在圣西罗球场进行的这场决赛，有众多马德里双雄球迷来到米兰城，期待见证球队夺冠。开场后不久，两年前决赛在最后时刻为皇马扳平比分的拉莫斯首开纪录。不过，拉莫斯的这粒进球有越位嫌疑。

丢球后的马竞阵脚并未慌乱，下半场伊始，马竞获得点球，格列兹曼却将球罚丢。第79分钟，马竞终于抓住机会，卡拉斯科接胡安弗兰横传抢点破门，将比分扳平。加时赛双

2016 年 5 月 28 日欧冠决赛，双方头牌 C 罗（右）与格列兹曼追逐皮球。

方均无建树，两队走入点球大战。此前助攻卡拉斯科得分的胡安弗兰，却在关键时刻掉了链子，将点球罚丢。随着C罗命中点球，皇马在决赛中再一次战胜马竞，夺得队史第十一座欧冠奖杯。

2015-16赛季，齐达内中途接手皇马一线队，夺得欧冠的成绩，令人感到惊喜，也令自己的一线队执教生涯，拥有了一个高光的开局。但这场失利对于马竞而言，也未免太过残酷。两年之前，马竞距离触摸欧冠奖杯，或许只差一分钟。再次与欧冠擦肩而过时，马竞熬到了点球大战，又输给了“俄罗斯轮盘赌”。罚丢点球的胡安弗兰赛后走向马竞看台，请求床单军团的拥趸原谅。而再次决赛折戟的西蒙尼，甚至因此一时间情绪消沉，萌生退意。好在西蒙尼最终决定留下，他与皇马在欧冠赛场上的恩怨，也将继续上演。

2016 年 5 月 28 日欧冠决赛后，皇马队长拉莫斯尝试将儿子放进奖杯中。

全景

托蒂谢幕战获伯纳乌掌声

伯纳乌的看台向来严苛，却也不吝将掌声，送给值得尊重的对手。带领球队在此获胜的小罗和皮耶罗，都曾获得伯纳乌的掌声。这个赛季，伯纳乌将掌声送给了一位年近不惑的老将。欧冠1/8决赛，皇马主客场两回合都以2比0的比分击败罗马，次回合来到伯纳乌，托蒂在下半场披挂上阵。托蒂登场之时，伯纳乌看台上的球迷全体起立，向这位罗马队魂表达敬意。

C罗淘汰赛首戴帽

1/4决赛对阵狼堡，皇马首回合客场2球落败。次回合回到主场，C罗用一记帽子戏法拯救了皇马，导演了这场大逆转好戏。同时，这也是C罗首次在欧冠淘汰赛中上演帽子戏法。

瓜氏拜仁连续3季止步4强

本季欧冠半决赛，瓜迪奥拉执掌的拜仁在半决赛中遭遇马竞。首回合客场，萨乌尔用一次单骑闯关进球耍了整条拜仁防线，次回合拜仁虽2比1获胜，但最终因客场进球劣势遭到淘汰。因此，瓜迪奥拉的拜仁已经连续三年止步欧冠半决赛，而淘汰拜仁的，分别是西甲三强：皇马、巴萨和马竞。

西蒙尼赛后视频连线儿子

半决赛次回合，马竞在客场1比2负于拜仁，凭借客场进球优势晋级决赛。这也是西蒙尼率领马竞，在3年内第二次进入欧冠决赛。比赛结束后，西蒙尼迫不及待地想要与家人分享这份喜悦，他在走回更衣室后，又出现在了看台上，拿出手机与自己的二儿子视频连线，十分开心。

马特拉齐决赛前夸齐达内

2006年世界杯决赛，齐达内一头顶翻了马特拉齐，蓝衣军团捧起了大力神杯，齐达内则就此结束了球员生涯。这个赛季，中途接手的齐达内带领皇马一路杀进了欧冠决赛。对于这位老对手，马特拉齐也在赛前称赞，“齐达内很出色，皇马在他的带领下也终于回归正轨。”而在决赛前发布会，当有记者向齐达内问起，是否听说过马特拉齐希望加入皇马教练组的传闻时，齐祖明确表示：“不需要！”

马竞女足门将贺皇马夺冠

本季欧冠决赛，皇马再次战胜马竞登顶，而床单军团则又一次遗憾地与冠军擦肩而过。决赛结束后，皇马球迷开始了疯狂的庆祝，马竞球迷则有黯然神伤。不过在欢庆的皇马球迷当中，却有一个身份有些特别的身影——马竞女足B队门将萨拉·埃斯克罗身着皇马球迷衫与好友庆祝皇马夺冠，并将照片发到了社交媒体。这一行为，也自然在随后遭到马竞球迷的激烈批评。

16强战图

射手榜

排名	球员（球队）	进球
1	C. 罗纳尔多（皇家马德里）	16 球
2	莱万多夫斯基（拜仁慕尼黑）	9 球
3	苏亚雷斯（巴塞罗那）	8 球
	托马斯·穆勒（拜仁慕尼黑）	8 球
5	格列兹曼（马德里竞技）	7 球
6	梅西（巴塞罗那）	6 球
	久巴（圣彼得堡泽尼特）	6 球
8	吉鲁（阿森纳）	5 球
	哈维尔·埃尔南德斯（勒沃库森）	5 球
	威廉（切尔西）	5 球
	伊布（巴黎圣日耳曼）	5 球

夏日记事

■葡萄牙欧洲杯夺冠

2016 年法国欧洲杯，葡萄牙小组赛表现不佳，依靠末战 3 比 3 战平匈牙利，葡萄牙才以小组第三的身份出线。由于同组的冰岛小组赛末轮战胜奥地利，葡萄牙幸运地分到了竞争相对较小的半区。淘汰赛阶段，葡萄牙先后战胜克罗地亚、波兰和威尔士，一路闯进决赛。另一边，东道主法国连克爱尔兰、冰岛和德国与葡萄牙会师决赛。C 罗在决赛中首发出战，但开场就伤退离场。回到更衣室经简单处理，C 罗回到场边为队友鼓劲，葡萄牙凭借埃德在加时赛的进球击败东道主法国，捧得欧洲杯冠军，C 罗也在国家队收获了冠军头衔。

■百年美洲杯智利再克阿根廷

2016 年适逢美洲杯百年，百年美洲杯比赛在美国举行。上一年的美洲杯比赛中，阿根廷与智利在决赛相遇，东道主智利在点球大战中胜出夺冠。此番两队再度会师决赛，阿根廷又一次倒在了点球大战。赛后心灰意冷的梅西，曾一度宣布退出国家队，好在经后来上任主帅包萨的努力，梅西最终回归。这次决赛失利后，阿根廷接连三年大赛决赛中告负。

■内马尔率巴西男足奥运摘金

2016 年里约奥运会，内马尔领衔巴西男足出战。作为足球王国，巴西此前却仍未在奥运会上摘得男足金牌。4 年前的伦敦，巴西在决赛中 1 比 2 负于墨西哥留下遗憾。这次主场作战，巴西男足由内马尔、热苏斯和加布里埃尔·巴尔博萨领衔锋线，桑巴军团在决赛中与德国 1 比 1 战平，点球大战巴西胜出，内马尔罚入制胜点球后喜极而泣。

■博格巴破纪录转会

2016 年 8 月，曼联宣布签下尤文图斯中场博格巴，这位出道于曼联的球员完成了回归。据英国媒体报道，博格巴的转会费达到了 8900 万英镑，约合 1.05 亿欧元，在当时刷新了国际足坛的转会身价纪录。

2016/2017 >>

2016/2017 皇马打破卫冕魔咒

此前 3 个赛季，皇马和巴萨包揽了欧冠冠军。到了 2016/2017 赛季，冠军依然属于西甲，皇马成为欧冠改制后首支卫冕成功的球队。

2017 年 6 月 3 日欧冠决赛夺冠后，皇马队长拉莫斯挂着金牌、抱着儿子在场内庆祝，儿子手里拿着一块剪下的球网。

巨头纷纷降档小组第二

欧冠附加赛罗马对阵波尔图，两队首回合1:1战平，次回合罗马主场对阵波尔图，红狼又握有一个客场进球，晋级形势原本大好。但刚开场，罗马就被攻入1球陷入被动，最终0:3出局。斯帕拉蒂没有给40岁的老队长托蒂，在主场披挂上阵拯救球队的机会，罗马队魂就此告别欧冠，留下一个身披替补背心，在场边煎熬热身的孤寂背影。

小组赛阶段，众家豪门并没有出现太多的意外，只有英超季军托特纳姆热刺折戟小组赛，被摩纳哥和勒沃库森挡在了十六强门外。巴萨与曼城被分在了同一小组，初入曼城的瓜迪奥拉再次面对巴萨，与恩里克率领的巴萨的两回合过招，结果两队各自在自己的主场取得胜利。由于小组赛遭遇三场平局，曼城最终位列小组第二。

由于罗马在附加赛出局，那不勒斯和尤文图斯就成了意甲的代表，两队的表现没有令拥趸失失望，各自以小组第一身份出线。反观巴黎圣日耳曼、拜仁和皇马三支豪强，虽然出线无虞，却都掉到了小组第二。这也使得1/8决赛的竞争变得悬念重重，更加激烈。与尤文图斯同组的塞维利亚从小组中突围，桑保利上任后，给这支安达卢西亚球队注入了新的活力，甚至在赛季中期一度排名西甲联赛次席。

本赛季欧冠的1/8决赛含金量颇高，皇马遭遇近几个赛季火力强悍的那不勒斯，巴萨与巴黎圣日耳曼狭路相逢，阿森纳力压巴黎获得小组第一，却不幸再次与拜仁抽到了一起。巴萨和拜仁　也成了兵工厂近几年欧冠的“老友”。2012/2013赛季，阿森纳小组赛就与拜仁同组止步八组赛，之后一个赛季，阿森纳与拜仁相遇十六强，兵工厂遭淘汰出局。2015/2016赛季，两队又被分在同组。

此番对阵拜仁，阿森纳输得几乎体无完肤，首回合客场就遭遇1:5的惨败。执教阿森纳多年，温格在这一赛季遭遇到了严重的信任危机。次回合坐镇主场，阿森纳铆足一口气志在翻盘，开场后便向拜仁发起猛烈进攻，但科斯切尔尼的红牌让阿森纳的希望破灭，莱万罚中点球，拜仁又开启了狂轰滥炸模式，在酋长球场再次给阿森纳送上了5:1的比分。

决赛

2017.6.3-加的夫千禧球场　　主裁判：布里希（德国）

1 : 4

尤文图斯（3412）			皇家马德里（4312）
布冯	门将	门将	克洛尔·纳瓦斯
巴尔扎利 66'	后卫	后卫	卡瓦哈尔
博努奇			塞尔吉奥·拉莫斯
基耶利尼			瓦拉内
阿尔维斯	中场		马塞洛
皮亚尼奇 71'		中场	莫德里奇
赫迪拉			卡塞米罗
阿莱士·桑德罗			89' 克罗斯
迪巴拉 78'			82' 伊斯科
伊瓜因	前锋	前锋	77' 本泽马
曼朱基奇			C. 罗纳尔多
替补			
夸德拉多 66'			77' 贝尔
马尔基西奥 71'			82' 阿森西奥
勒米纳 78'			89' 莫拉塔
进球			
	0:1		C. 罗纳尔多 20'
27' 曼朱基奇	1:1		
	1:2		C. 罗纳尔多 64'
	1:3		卡塞米罗 61'
	1:4		阿森西奥 90

巴萨完成史诗逆转

与阿森纳在首回合遭遇相似的，是恩里克麾下的巴萨。十六强抽签，当巴萨与巴黎被分到一起时，不少媒体和球迷感叹的，是大巴黎的时运不济。从2012/2013赛季，到2015/2016赛季，巴黎在1/8决赛中轮番遭遇巴萨和切尔西，其中只有2015/2016赛季战胜切尔西闯入下一轮。历史战绩不佳的巴黎圣日耳曼，首回合开打前并不被看好。

不过，上赛季冲破切尔西的巴黎，在首回合主场给出了一个令人吃惊的答案，4:0大胜巴

2017年6月3日欧冠决赛，阿莱士·桑德罗防守C罗。

萨。是役巴萨状态奇差，中后场配合衔接大失水准，给了主队以多次机会。虽然失去了伊布这个旗帜性锋霸，但巴黎阵中其他进攻手此战纷纷建功，迪马里亚独中两元，德拉克斯勒和卡瓦尼的进球锁定4球领先。终场前巴萨虽然奋起反击，但终究无果，未能斩获一粒保留希望的客场进球。

欧冠的惨败，也催动了巴萨的主帅更迭。客场惨败两周之后，巴萨在联赛中6:1大胜希洪竞技。不过在赛后例行记者会上，恩里克主动宣布，将在季末合同到期后，不再担任球队主帅。恩里克的离去决定，虽然此前已有多家媒体预测，但在欧冠1/8决赛次回合前宣布，时机也略显微妙。或许是宣布离职，让恩里克卸下了所有的包袱，次回合战前，恩里克在赛前新闻会上表示，逆转并非没有希望，考虑到对手也可能会打入一球，因此自己给球队设定的目标，是打入6粒进球。这样疯狂的想法，在赛前被当作天方夜谭一样看待，但最终，恩里克没有食言。

当地时间3月8日晚，一场在足球史上都堪称罕见的逆转就这样打响了。上半场结束前，巴萨凭借苏亚雷斯的进球和屈扎瓦的乌龙2:0领先。易边再战，梅西罚入点球，但卡瓦尼的进球，又将巴萨推向了悬崖边。之后的比赛，巴萨的进攻主导由内马尔正式接管，他在88分钟和补时第1分钟打入任意球和点球，将总比分扳为5:5平。由于巴黎握有客场进球优势，巴萨仍需再入一球。最后时刻巴萨全线压上，补时第4分钟，内马尔将球传入禁区，塞尔吉·罗伯托飞身垫射入网，巴萨就此完成惊天逆转。在欧冠这样的顶级舞台首回合0:4失利，却最终完成逆转，巴萨的这场胜利堪称史诗级别。

C罗摧毁马竞尤文钢铁防线

1/8决赛巴萨完成伟大逆转晋级八强，却在尤文图斯的主场再次遭遇惨败。首回合0:3失利的巴萨，这一次没能上演逆转奇迹，最终完败于尤文图斯。意甲班霸半决赛遭遇堪称黑马的摩纳哥，后者在本赛季的法甲联赛和欧冠中都扮演着挑战者的决赛，其阵中也涌现出了一众青年才俊，姆巴佩正是个中翘楚。面对老道的尤文图斯，摩纳哥没能像2003/2004赛季那般闯入决赛，而尤文图斯在进入决赛之前，在本季欧冠中仅失球三粒，决赛对阵皇马，堪称“矛盾大战”。

与尤文图斯防守功力可有一比的是马竞，但与尤文图斯相比，马竞的防线则更加依赖斯洛文尼亚门神奥布拉克的神勇发挥。半决赛中，马竞与皇马再次相遇。赛季初期，齐达内就在皇马推行轮换政策，一向出勤率不低的C罗也不得不在无伤病的情况下，缺席比赛，或是被提前换下。对于这一政策，C罗一开始颇有抵触，甚至在被换下时当着齐达内的

面发脾气。

可到了赛季后期，C罗应该能够懂得齐祖的良苦用心。此前几个赛季季末饱受伤病困扰的C罗，在本季末迎来了状态的大爆发。欧冠1/4决赛与拜仁狭路相逢，C罗在客场梅开二度，又在主场完成帽子戏法助球队晋级。半决赛遭遇老对手马竞，C罗又在主场上演帽子戏法，为皇马奠定胜局。而马竞则不得不面对另一个残酷的纪录：连续四个赛季在欧冠当中被皇马击败。

尤文图斯坚固的防线，在决赛当中却变得脆弱不堪。状态正佳的C罗为皇马打破僵局，曼朱基齐虽打入精彩倒钩，却无法帮助球队抵挡皇马的攻势。卡塞米罗、C罗和阿森西奥接连破门，布冯的欧冠梦想再次破灭。至此，皇马收获了队史第十二座欧冠冠军，也成为欧冠改制以来，首支卫冕成功的球队。

2017年6月3日欧冠决赛夺冠后，C罗接受西班牙首相拉霍伊（上图）和西班牙前国王胡安·卡洛斯一世（下图）祝贺。

全景

C 罗华沙情暖童心

2013年，一位波兰少年因车祸陷入昏迷。住院期间，少年的家人在有C罗的比赛里为他戴上耳机听比赛，希望能借此唤醒他。3个月后，葡萄牙在世预赛中对阵瑞典，当C罗打入第3球时，这位波兰少年终于苏醒。得知此事的C罗，随后要求他来伯纳乌观看欧冠比赛。本季欧冠皇马与波兰的华沙军团分在同组，赴客场作战时，C罗再次与这位波兰少年见面，与其合影留念。

皇马客战华沙遭遇空场

在此前对阵多特蒙德欧冠小组赛中，华沙军团的极端球迷在看台上燃放烟火、投掷杂物，并对多特蒙德阵中的部分球员进行种族主义攻击。欧足联纪律委员会遂决定处罚华沙军团，在与主场与皇马的比赛中关闭看台，禁止球迷入场。

多特蒙德大巴遇袭

1/4决赛首回合，多特蒙德主场对阵摩纳哥。在前往球场的路上，多特蒙德的球队大巴周围发生了3处爆炸。多特蒙德球员和工作人员随即撤离，球队中卫巴尔特拉手部受伤。两队首回合比赛被迫推迟一天进行，而多特蒙德球员的状态也明显受到了这次袭击的影响，主客场两回合皆发挥不佳，最终被摩纳哥淘汰。

C 罗欧冠淘汰赛连续戴帽

2016/2017赛季欧冠1/4决赛次回合和半决赛首回合，C罗在皇马对阵拜仁和马竞的比赛中连续两场完成帽子戏法，成为首位在欧冠淘汰赛阶段，连续两场完成帽子戏法的球员。

皇马马竞球迷 Tifo 互怼

欧冠半决赛，皇马与马竞再度相遇。首回合比赛在伯纳乌展开，皇马球迷在看台上挂出了巨型Tifo，其上绘有皇马此前11次夺得欧冠的城市地图，标语上则写道：你们告诉我，感受到了什么。对于皇马球迷的表态，马竞在次回合主场也用Tifo回击：感受到了什么？自豪！我们可不像你们！

曼联曲线入欧冠 伤兵虐心

穆里尼奥入主曼联的第一个赛季，球队在联赛中表现难以令人满意，欧联杯的比赛，成了穆里尼奥“曲线救队”跻身欧冠的唯一指望。欧联杯决赛，曼联击败阿贾克斯夺冠。赛后庆祝时，伊布、罗霍、阿什利·杨、卢克·肖和巴伊等此前受伤的球员拄拐走入球场，与球队人同庆胜利。这个赛季，伤兵满营的曼联以这样惨烈的方式，获得了下赛季欧冠的入场券。

射手榜

射手榜	
1 C. 罗纳尔多（皇家马德里）	12 球
2 梅西（巴塞罗那）	11 球
3 卡瓦尼（巴黎圣日耳曼）	8 球
莱万多夫斯基（拜仁慕尼黑）	8 球
5 奥巴梅杨（多特蒙德）	7 球
6 姆巴佩（摩纳哥）	6 球
格列兹曼（马德里竞技）	6 球
8 梅尔滕斯（那不勒斯）	5 球
法尔考（摩纳哥）	5 球
本泽马（皇家马德里）	5 球
伊瓜因（尤文图斯）	5 球

夏日记事

■联合会杯德国夺冠

2017 年联合会杯比赛，在 2018 年世界杯举办地俄罗斯开打。C 罗领衔的欧洲杯冠军葡萄牙志在夺冠，但在半决赛负于美洲杯冠军智利。决赛中，智利与世界杯卫冕冠军德国相遇。本次联合会杯，勒夫并未派遣全部主力，阵中不少实力小将又去参加了欧青赛。即便如此，德国队还是在决赛中 1:0 小胜智利，夺得联合会杯冠军。

■梅西大婚，C 罗收获龙凤胎

6 月 30 日，梅西与相恋多年的女友安东内拉终于完婚，两人在婚期已育有两子。梅西婚礼上，众多队友和好友出席。同在今年夏天，C 罗也迎来了人生中的一件大事：收获龙凤胎一双儿女。

■迭戈・科斯塔转会风波

赛季结束后，切尔西前锋迭戈・科斯塔在一场国家队比赛赛后向媒体透露，自己受到了孔蒂的短信，被告知自己不在新赛季计划之内。科斯塔与孔蒂、甚至切尔西俱乐部就此决裂，缺席了球队的整个夏季备战和季前热身。希望购回科斯塔的马竞此时介入，但在转会窗口结束前未能与切尔西达成协议。转会截止日过后，马竞与切尔西总算谈妥，科斯塔最终回归马竞。由于禁令原因，科斯塔在 2018 年 1 月 1 日后方可完成注册，为马竞出战。

■巴黎圣日耳曼 4 亿豪购

2017 年夏季最令人瞩目的转会，当属内马尔被巴黎签下。这桩转会最初由巴西媒体曝出，随后持续发酵，并最终得到证实。巴萨与内马尔的违约金为 2.22 亿欧元，巴黎最终出资拍下违约金，将内马尔签下，这一过程期间，西甲联盟曾出面阻拦，但没能阻止住这桩转会。2.22 亿欧元的身价，也让内马尔成为国际足坛历史身价最高的球员。上赛季涌现的摩纳哥新星姆巴佩也在这个夏天加盟巴黎，他将先以租借的身份为巴黎效力，巴黎需要在 2018 年夏天向摩纳哥支付总价达 1.8 亿欧元的转会费。凭借这一身价，姆巴佩也将成为足坛历史身价第二高的球员。

2017/2018 皇马3连冠再创历史

此前两个赛季，皇马在欧冠连续夺魁，成为欧冠改制后首支成功卫冕的俱乐部。2017-18 赛季，皇马在国内赛场状态不佳的情况下，仍能在欧冠赛场继续称雄，斩获冠军。实现欧冠三连冠的皇马，获得了队史第 13 个欧冠冠军，无愧于“欧冠之王”的称号。

2018 年 5 月 26 日欧冠决赛夺冠后，3 连冠功勋主帅齐达内抱着奖杯拍照，赛后不久他便宣布辞职。

老冤家马竞小组出局

此前连续4个赛季，马竞在欧冠中的表现都堪称优异，并两度闯入决赛。只可惜，马竞两次功败垂成，一次被拉莫斯读秒扳平，另一次倒在点球点。在这4个赛季的欧冠征程中，皇马都扮演了马竞终结者的角色，尽管马竞被皇马所克，但每当两队在欧冠中相遇，一番苦战总归难免。

到了2017-18赛季，马德里双雄则无缘在淘汰赛碰面，近几年在欧冠踢得风生水起的床单军团仅获1胜，小组出局。首战客平罗马之后，马竞在小组赛次战中又被切尔西绝杀；与卡拉巴赫连续两场战平后，马竞已然失去了出线主动权。不过，小组出局的马竞到是在欧联杯踢得顺风顺水，最终捧杯，与皇马会师欧洲超级杯比赛。

与罗马、切尔西落入同组的马竞，可谓身处"死亡之组"，而与马竞命运相似的，还有德甲劲旅多特蒙德。本季欧冠，"大黄蜂"与皇马和热刺同分在一组，本就状态不佳的多特蒙德小组赛仅收获两场平局，黯然出局。上季欧冠大黑马摩纳哥在阵容失血后没能保持神勇发挥，本季意甲险些抡元的那不勒斯，也没能在拥有曼城的小组中成功突围。

与此前两季的后程发力略有不同，C罗虽然在国内赛场状态起伏不定，但在欧冠赛场却又仿佛变了个人。小组赛6场比赛，C罗一共打入9粒进球，且每场比赛都有进球，创造欧冠纪录。从全队状态来看，皇马在小组赛的表现并不能令拥趸十分满意，在与热刺的两场背靠背比赛中，皇马主场战平客场告负，不得不以小组第二的身份出线。

2005年的伊斯坦布尔奇迹，至今仍为球迷津津乐道。本赛季欧冠，当年的奇迹创造者利物浦，却遇上对手复制了这一奇迹。小组赛客战塞维利亚，利物浦上半场就已3球领先，似已稳操胜券。中场休息时，主帅贝里索向全队告知了自己罹患癌症的消息。斗志被激发的塞维利亚，在下半场气势如虹连扳三球，没让利物浦带走一场胜利。小组出线的塞维利亚，在1/8决赛淘汰曼联，1/4决赛负于拜仁止步8强。

决赛

2018.5.286-基辅奥林匹克体育场　　主裁判：马日奇（塞尔维亚）

3 : 1

皇家马德里			利物浦
（442）			（433）
克洛尔·纳瓦斯	门将	门将	卡里乌斯
卡瓦哈尔 37'	后卫	后卫	亚历山大 - 阿诺尔德
瓦拉内			洛夫伦
塞尔吉奥·拉莫斯			范戴克
马塞洛			罗伯逊
莫德里奇	中场	中场	83' 米尔纳
卡塞米罗			亨德森
克罗斯			韦纳尔杜姆
伊斯科 61'		前锋	31' 萨拉赫
本泽马 89'	前锋		菲尔米诺
C. 罗纳尔多			马内
替补			
纳乔 37'			31' 拉拉纳
贝尔 61'			83' 埃姆雷·詹
阿森西奥 89'			
进球			
51' 本泽马	1:0		
	1:1		马内 79'
64' 贝尔	2:1		
83' 贝尔	3:1		

又见超级逆转！这次巴萨受害

2016-17赛季欧冠比赛中，最令人惊叹的比赛或许不是欧冠决赛，而是巴萨制造的神迹逆转。首回合0比4惨败后，巴萨次回合6比1获胜晋级。一年之后，巴萨在新帅巴尔韦德的率领下在西甲与国王杯比赛中一路高奏凯歌，一

2018 年 5 月 26 日欧冠决赛，贝尔倒钩破门助皇马再度超出

早奠定西甲夺冠基础。巴萨本季在1/4决赛再次成为逆转大戏的主角，所不同的是，巴萨这一次则是被逆转的一方。

1/8决赛淘汰掉老冤家切尔西之后，巴萨在1/4决赛与罗马相遇。状态极佳的巴萨，让舆论普遍认为这成了没什么悬念的两回合对决，而首回合的局面也印证了这一预判：巴萨主场4比1完胜罗马，马诺拉斯与功勋老臣德罗西双双乌龙送礼，几乎已将晋级名额拱手相让。

哲科首回合打入的一记客场进球，成为罗马翻盘逆转的星星之火。1/4决赛次回合，轮换缺乏深度的巴萨体能告急，而首回合的大胜，更是让来到客场的球队缺乏取胜欲望，场上状态全无。哲科开场不久后的进球，掀起了罗马的进攻浪潮，德罗西下半时罚入点球，更是让罗马距离奇迹仅剩一步之遥。第82分钟，同为首回合乌龙罪臣的马诺拉斯利用角球机会头球破门，帮助罗马将总比分扳平，并最终凭借客场进球优势完成神奇逆转，挺进四强。

皇马连克三大联赛冠军

与巴萨同病相怜的，还有瓜迪奥拉执掌的曼城。蓝月亮虽未遭遇逆转，但同样也是在竞争极为激烈的英超联赛一骑绝尘，打破多项纪录。2017-18赛季，曼城防线进一步得到巩固，攻击线集群威力爆发，锐不可当。1/4决赛英超内战上演，曼城遭遇到萨拉赫领衔的利物浦，赛前曼城大巴遭遇利物浦球迷攻击，或许是众将惊魂未定，曼城首回合0比3败北，次回合已无力翻盘。利物浦则一路奏凯，挺进决赛。

虽说C罗本季欧冠早早进入状态，但小组赛面对热刺时的全队表现，还是不免让人给卫冕冠军的状态打上问号。1/8决赛，力压拜仁获得小组第一的巴黎与皇马相遇，状态正佳的巴黎略微更被舆论看好。但上季被巴萨逆转的巴黎，这一次也没能打出翻身仗，两回合被皇马双杀，再次被西超球队淘汰止步16强。

1/4决赛皇马与尤文图斯的两回合对决，集结了多个戏剧性场景。首回合皇马3球完胜，C罗的惊世倒钩，让尤文图斯球迷也由衷地为他送上掌声。尤文球迷的礼遇，令C罗倍感欣喜，对尤文图斯好感度迅速上升的C罗，也在2018年夏天决定将尤文图斯定为自己的下一站。次回合较量，尤文图斯连追3球大有逆转之势，但在比赛最后阶段，巴斯克斯为皇马赢得点球，对判罚极为不满的布冯因对裁判不敬而被红牌罚下，英雄留憾，皇马惊险晋级。半决赛皇马遭遇拜仁，这也是皇马在本季欧冠淘汰赛中遭遇的第三个联赛班霸，首回合客胜之后，皇马次回合遭遇拜仁猛攻，但德甲巨人后防慷慨送礼，还是最终助皇马挺进决赛。

皇马与利物浦的决赛较量，与过往的欧冠决赛相比，戏剧性或许难以达到伊斯坦布尔奇迹的高度，但令人大跌眼镜的失误，却成为决定比分胜负的关键。下半场刚开始不久，卡里乌斯手抛球时太过大意，本泽马机敏一挡，为皇马首开纪录。马内随为皇马扳回一城，但挡不住贝尔的精彩倒钩与卡里乌斯的再次失误，皇马再次卫冕成功。

取得欧冠3连冠的皇马，以共计13座欧冠冠军笑傲欧陆群雄，成为当之无愧的“欧冠之王”。无论是历史总战绩，还是连续3个赛季夺冠、5年豪夺4届欧冠的近几年成绩，都让皇马成为这项顶级赛事中最为成功的球队。不过在夺冠登顶之后，C罗在接受采访时挑明离队意向，贝尔对出场时间过少明确表达不满，功勋主帅齐达内决赛几天后宣布离队，还是让皇马的欧冠3连冠神迹，蒙上了一层灰色。

2018年5月26日欧冠决赛两次低级失误导致利物浦输球，门将卡里乌斯哭成了泪人。

全景

C罗惊艳倒钩＋争议点球

欧冠1/4决赛，上赛季的决赛对手皇马与尤文图斯相遇，两回合较量过后留下不少争议与话题。首回合皇马客场3比0完胜尤文图斯，C罗用一记精彩至极的倒钩，让主场的尤文图斯球迷都不禁为他鼓掌。而到了次回合，尤文图斯在皇马主场还以颜色连追3球，终场前巴斯克斯禁区内被贝纳蒂亚放倒，裁判判罚点球，C罗主罚命中助皇马惊险晋级。尤文球员对这次点球判罚极为不满，布冯为此被红牌罚下。比赛结束后的一段时间内，围绕这次点球判罚的讨论一直持续，热度不减。

利物浦球迷袭击曼城大巴

1/4决赛，英超内战上演，本赛季在英超状态极佳的曼城与利物浦相遇。首回合赛前，坐镇主场的利物浦球迷为了给主队壮声势，在曼城大巴驶入安菲尔德的途中向车辆投掷杂物，曼城大巴车窗被砸破。经历此劫的曼城，首回合便以0比3失利，最终无力翻盘。曼城主帅瓜迪奥拉对此怒不可遏，但已无法改变出局的结果。

罗马＋欧足联官网剧透乌龙

欧冠决赛，卫冕冠军皇马与利物浦相遇，赛前欧足联官网的决赛海报闹出乌龙，将利物浦直接标注为冠军。尽管欧足联官网对此及时做出更正，但此事还是在社交媒体上引发了不小的讨论。无独有偶，欧冠半决赛抽签之前，罗马官网的售票系统直接将对手选定为利物浦，令人不由得浮想联翩。

萨拉赫决赛伤退

欧冠决赛第26分钟，拉莫斯与萨拉赫在前场争抢球权，两人倒地的同时，萨拉赫的手臂被拉莫斯勾住，埃及前锋因此肩部受伤提前离场。利物浦最终在决赛中负于皇马，而萨拉赫也因伤而险些错过世界杯。比赛结束后，利物浦球迷与埃及球迷向拉莫斯展开了口诛笔伐，纷纷指责皇马队长故意犯规，应遭受严惩。

门将连连惊天失误

欧冠决赛利物浦1比3负于皇马，而皇马3粒进球中的2粒，都来源于卡里乌斯的低级失误。本泽马首开纪录的进球，源自卡里乌斯送出手抛球时的漫不经心。在顶级赛事决赛出现如此失误，实属罕见。此前的半决赛次回合，拜仁门将乌尔赖希接队友回传时，第一时间没反应过来不能用手接球，待到准备用脚触球时，球已漏过，本泽马笑纳大礼。

齐达内功成身退

5月27日，皇马在欧冠决赛中击败利物浦，实现欧冠三连冠伟业。但就在几天之后，皇马突然召开新闻发布会，主帅齐达内正式宣布了辞职的决定，令人错愕。对于离任的原因，齐达内给出的解释是，皇马在连夺三届欧冠冠军之后，需要有一些改变。但根据西班牙媒体的分析，齐达内执教以来一直背负的巨大压力，以及同弗洛伦蒂诺之间的理念冲突，才是其决定辞职的根本原因。

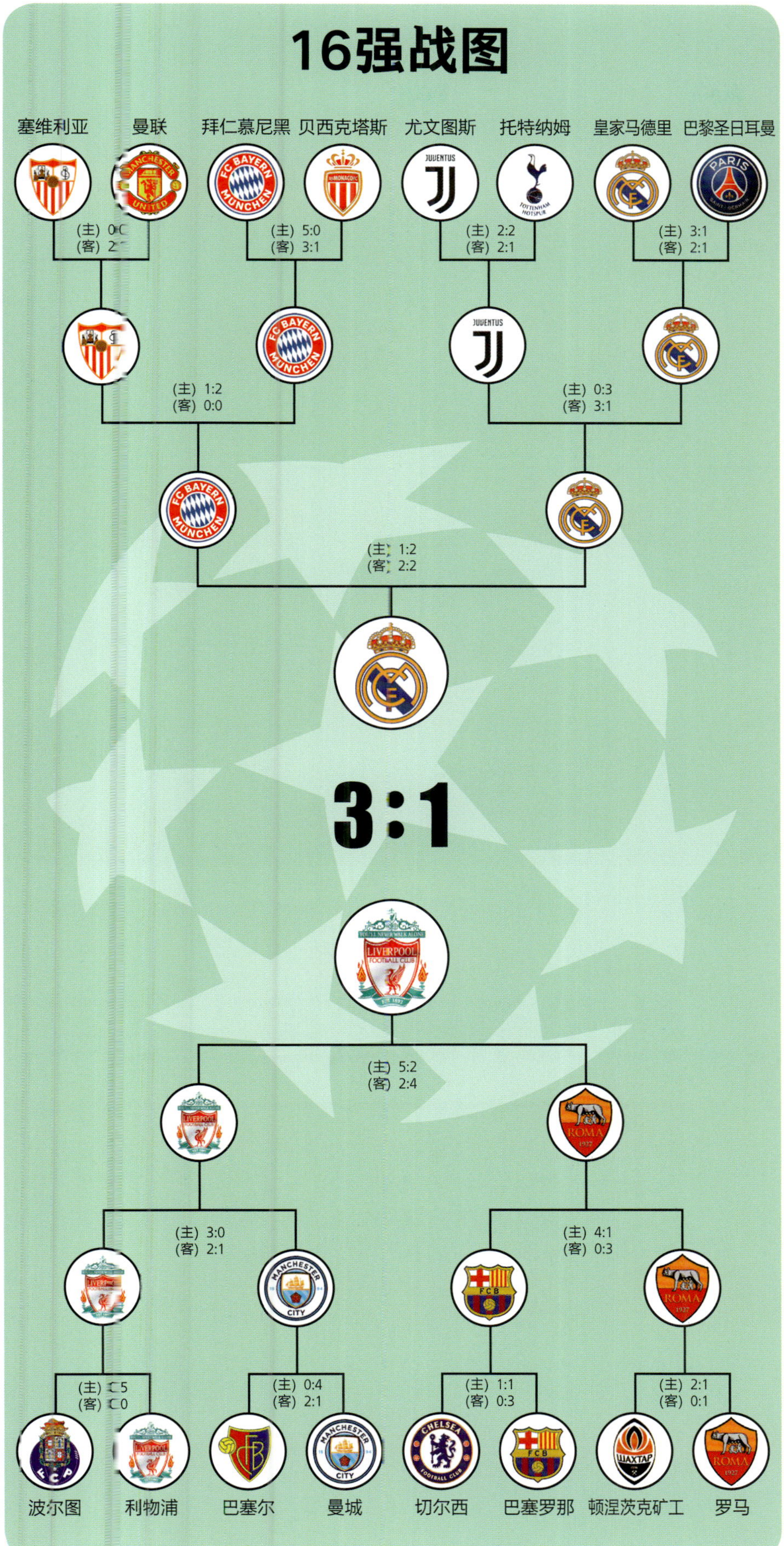

射手榜

1	C. 罗纳尔多（皇家马德里）	15 球
2	萨拉赫（利物浦）	10 球
	马内（利物浦）	10 球
	菲尔米诺（利物浦）	10 球
5	本·耶德尔（塞维利亚）	8 球
	哲科（罗马）	8 球
7	凯恩（托特纳姆）	7 球
	卡瓦尼（巴黎圣日耳曼）	7 球
9	内马尔（巴黎圣日耳曼）	6 球
	梅西（巴塞罗那）	6 球

夏日记事

■法国 20 年后再夺世界杯

第 21 届世界杯今夏在俄罗斯举办，赛前被视为夺冠大热门的法国队不负众望，一路过关斩将问鼎冠军。本届世界杯，卫冕冠军魔咒依旧延续，德国爆冷小组出局。而在 1/8 决赛中，实力强大的西班牙负于东道主俄罗斯，当今世界足坛两大巨星梅西与 C 罗所在的阿根廷与葡萄牙同样止步 16 强。非传统豪门克罗地亚跻身决赛，但最终没能让奇迹上演。本届世界杯是首次启用录像助理裁判的世界杯，判罚正确率提高的同时，VAR 的应用还是引发了一定程度的讨论与争议。在 VAR 的辅助下，俄罗斯世界杯的点球数与定位球得分数激增。

■ C 罗转会尤文图斯

欧冠决赛夜，C 罗在赛后语出惊人地透露出离开皇马的想法。结束俄罗斯世界杯征程后，C 罗转会大戏也随之落幕，葡萄牙球星从皇马转会至尤文图斯，签约 4 年。尽管 C 罗与皇马的违约金高达 10 亿欧元，但希望送走 C 罗的皇马并未以违约金设障，C 罗的转会费最终定在 1.12 亿欧元。在西班牙遭遇的税案以及皇马高层未兑现加薪承诺，是 C 罗执意离开的原因。而 C 罗的到来，令尤文图斯阵中增添一名巨星，舆论也普遍认为，C 罗带来的明星效应将使意甲受益。

■葡萄牙称雄 U19 欧青赛

2018 年 U19 欧青赛在芬兰举行，葡萄牙国青最终获得冠军。在决赛当中，葡萄牙与意大利战至加时，葡萄牙 4 比 3 胜出。本届比赛涌现出不少青年才俊，其中最为突出的，当属葡萄牙 7 号若昂·菲利佩，他在本届比赛中贡献了 5 粒进球和 4 次助攻。与 C 罗同为 7 号且风格相似的若昂·菲利佩，也被视为 C 罗的接班人。

■恩里克接手斗牛士

俄罗斯世界杯开赛前，皇马官方宣布西班牙主帅洛佩特吉世界杯后将成为皇马主帅，这一行为令西足协主席鲁维亚莱斯怒不可遏。世界杯开幕前一天，西足协宣布洛佩特吉下课，耶罗临时接手主帅一职，此事被西班牙媒体认为是西班牙国家队有史以来经历过的最大危机。世界杯出局后，西足协迅速敲定替代人选，前巴萨主帅恩里克成为新一任主帅。

2018/2019 >>

2018/**2019**

绝境杀出最强“红军”

小组出线形势一度岌岌可危、淘汰赛关键时刻三球落后最终逆转……利物浦的本赛季欧冠之路与其14年前格外神似，一次次逆境逼出了红军爆发最强战斗力，决赛屡屡折戟的克洛普也苦尽甘来，在英超内战中击败首入决赛的热刺第六次欧冠捧杯。

一年前，萨拉赫决赛伤退，对阵热刺他打进点球，帮助利物浦夺冠，一雪前耻。

决赛

2019.6.1-马德里万达大都会竞技场　　主裁判：斯科米纳（斯洛文尼亚）

托特纳姆热刺			利物浦
（4231）	0 : 2		（433）
洛里斯	门将	门将	阿利松
特里皮尔	后卫	后卫	亚历山大-阿诺德
阿尔德韦雷尔德			马蒂普
费尔通亨			范戴克
罗斯			罗伯逊
西索科	中场	中场	亨德森
温克斯			法比尼奥
阿利			维纳尔杜姆
埃里克森		前锋	萨拉赫
孙兴慜			菲尔米诺
凯恩	前锋		马内
替补			
66' 小卢卡斯			58' 奥里吉
74' 戴尔			62' 米尔纳
82' 费尔南多·略伦特			90' 乔·戈麦斯
进球			
	0:1		2' 萨拉赫（点）
	0:2		87' 奥里吉

意甲双雄险压决赛两队出线

本赛季欧冠小组赛相对波澜不惊，传统豪强大多顺利过关，五大联赛队包揽了16强中的14席。巴伦西亚与霍芬海姆签运不佳，连续失血的摩纳哥一度由球队名宿亨利执掌教鞭，但大帝的一线队这个赛季并不成功，2017/2018赛季还杀入半决赛的红白军连续两季惨遭小组垫底。

意甲时隔多年再次有四队出征欧冠小组赛，然那不勒斯与国际米兰却成为了英超球队幸运的背景板。本赛季对于英超球队堪称盛世固然不假，但最终会师决赛的热刺与利物浦的小组赛之路绝非平坦。与提前出线的曼市双雄相比，他们均在小组赛末轮才惊心动魄地踩着两支意甲队绝路问鼎。

饮恨基辅的利物浦被分入了不折不扣的死亡之组，同组中不仅有巴黎与安切洛蒂率领的那不勒斯，主场战斗力极强的贝尔格莱德红星也绝非善茬。小组赛半程战罢，红军积6分暂列第一，与红星的两回合背靠背让他们的出线形势看起来一片大好。然而第四轮作客塞尔维亚意外失利、第五轮败走王子公园却令渣叔的球队前景微妙起来。末轮唯有取胜那不勒斯方可出线。面对意甲劲旅，萨拉赫的灵光一现与阿利松的神勇帮助球队涉险过关，冥冥中开启了与2005相似的冠军出线之路。

另一支决赛队热刺的出线征途更加荆棘密布。小组赛头两战全败，此后战平本组最弱的埃因霍温，3战积1分的他们已被逼到了悬崖边上。北伦敦球队接下来取得主场两连胜，小组末轮由卢卡斯·莫拉终场前扳平已晋级的巴萨全身而退。幸而PSV成功阻击国米，热刺才以相互交锋中客场进球多的优势力压蓝黑军团惊险出线。

青年军+逆转颠覆“萨其马”格局

除去2012年切尔西在安联球场神奇夺冠外，近8个赛季的大耳朵杯无一例外被“萨其马”三队瓜分。随着欧洲足坛商业化愈发明显、阶层固化逐渐形成，谁能终结“萨其马”对欧冠的统治始终是舆论每个赛季津津乐道的话题。拜仁与皇马在1/8决赛的提前出局似乎预示着这一格局正遇到前所未有的挑战，利物浦与阿贾克斯两队以气贯长虹的方式终结了“萨其马”近年在欧冠的垄断。

作别解甲归田的海因克斯，迎来新帅科瓦奇的拜仁在赛季前半程状态起伏不定。尽管以不败战绩取得小组第一，但德甲班霸也仅仅在同组最强对手阿贾克斯身上拿到2分。淘汰赛首轮拜仁抽到利物浦，这也被外界认为是16进8最具看点的一组对决。首回合在安菲尔德全身而退之后，回到主场的“南大王”反倒有点患得患失，空有控球而无进攻效率，1比3完败于宿敌克洛普率领的红军。

卫冕冠军皇马也同样在16强战次回合遭遇滑铁卢。尽管小组赛遭遇小磕小绊，但他们还是顺利地提前头名出线。银河战舰1/8决赛抽到阿贾克斯也被舆论普遍认为是好签，首回合作客阿姆斯特丹2比1胜出似乎也印证了这一点，队长拉莫斯甚至还借此机会“洗牌”。蛰伏已久的阿贾克斯在次回合的伯纳乌掀起了炫目的青春风暴，荷兰青年军开场不到20分钟即打入两球彻底打乱皇马部署，最终以一场酣畅淋漓的4比1宣告自身王者归来。这场败局也直接导致了索拉里下课。

面对拜仁与皇马丝毫不落下风，曾经涌现过克鲁伊夫、巴斯滕等众多超巨的阿贾克斯再次收获了自家青训的硕果，德容、德里赫特等一干青年才俊成为了各大豪门觊觎的猎物。1/4决赛中迎战被认为是有能力作为“萨其马”拦路虎之一的尤文图斯，荷甲代表面对C罗全无畏惧，以1胜1平将阵容老化的斑马军团挡在4强门外。

进入半决赛的“萨其马”代表仅剩下了巴塞罗那，结果他们连续两年跌入了同一条河流，此番送给他们逆转的球队换成了利物浦。巴萨的形势甚至比去年战罗马更好：首回合3比0且没让对手觅得客场进球，折了菲尔米诺与萨拉赫的红军在次回合只能以残阵迎敌。巴萨上下反复强调“不可大意”，但面临绝境的红军在主场实现了不可能，奥里吉与维纳尔杜姆各自梅开二度让巴萨连续两年惨遭三球逆转，“萨其马”本赛季的欧冠之路在安菲尔德走到了尽头。

英超迎盛世，渣叔作别霉运

在西甲队包揽此前6季的5座欧冠后，英超终于迎来全面爆发。与上赛季五队全部出线但仅有两队闯入八强相比，2019年的四家英超球会全部杀入1/4决赛。16强战曼联首回合主场两球告负仍客场翻盘巴黎堪称经典，曼城屠杀沙尔克的晋级最为轻松，利物浦与热刺则与蓝月亮一道完成了对德甲球队的集体剿灭。若非曼城与热刺捉对厮杀，半决赛再现当年“三英战巴萨”的情景绝非妄谈。

1/4决赛次回合连续两年诞生了英超内战，热刺在伊蒂哈德球场上演了绝地求生的好戏。携1球优势来到曼市，波切蒂诺的弟子们尽管一度2比1领先，但退无可退的曼城此后连下三城，热刺若想晋级必须再入一球。VAR成为了尾声主角，分别两次介入决定性进球：略伦特争议破门被判有效，斯特林补时准绝杀经核定越位在先。两位老对手在欧冠留下了一场内战名局，蓝月亮连续两年倒在了本国对手脚下。

利物浦史诗般的翻盘使得欧冠格局在本赛季得到更新。上一次无“萨其马”任何一方参加的决赛还要追溯到2008年，当年决赛首度出现了英超内战。“红军”翻盘一天之后，热刺同样以神奇的方式让欧冠决赛第二次英超大战浮出水面。主场0比1负于晋级呼声相当高的阿贾克斯、来到阿姆斯特丹又半场0比2落后，缺少王牌凯恩、连续两个转会窗口未掷一文的伦敦代表没有放弃，小卢卡斯短时间内连入三球使热刺重现生机，伤停补时的巴西攻击手如神兵天降般读秒绝杀，天堂地狱瞬间倒转。

两支以小组第二晋级、淘汰赛完成惊天翻

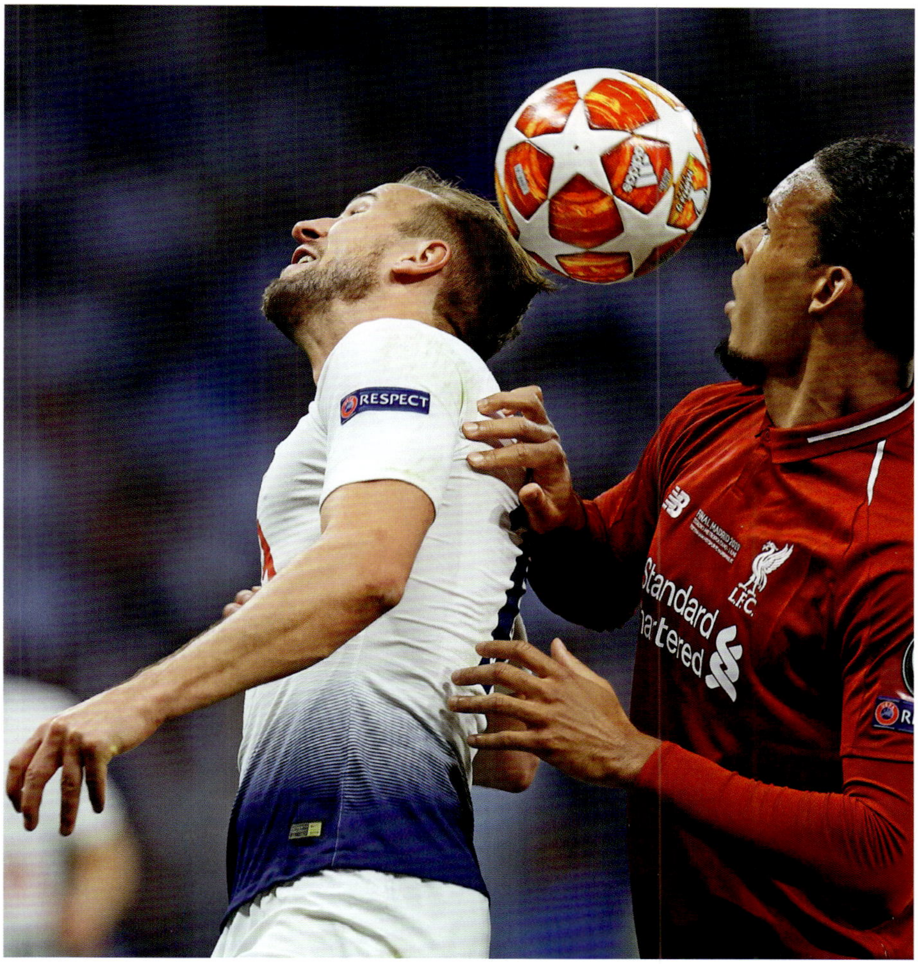

（上图）伤愈复出的凯恩决赛碌碌无为，被范戴克防得毫无办法。
（左图）赛季初加盟的阿利松决赛继续稳定表现，让热刺数次射门无功而返。

盘的英超球队最终会师决赛，这出乎了赛季前大多数人的意料，但对两队都是改写历史的不二良机。开场不到半分钟，马内制造了欧冠史上最快点球，萨拉赫一蹴而就。沉闷成为剩余比赛的基调，下半时末段顶住热刺的反扑后，利物浦依靠福将奥里吉个人赛季欧冠第3脚射门与第3粒进球彻底消除了悬念。

时隔14年夺冠的利物浦超越巴萨与拜仁独占欧冠冠军榜探花位置，英超球队也完成了第13次捧杯。加之切尔西与阿森纳会师欧联杯决赛，英超球队交出了一份近乎完美的成绩单。这场内战与11年前的红蓝对决相比难称名局，但它之于“红军”的意义不言而喻。2013德国杯后，克洛普率领的球队连续六场决赛失利，渣叔曾调侃自己是“赢得半决赛最多的教练”。捧起大耳朵杯意味着他在告别霉运的同时成为了史上第二位率国外球队捧起欧冠的德国教头，来年克洛普与瓜氏曼城、“萨其马”的分庭抗礼将更引人期待。

FOOTBALL Équipe de France amical France 21h Bolivie
Un Mbappé tout 9
ROLAND-GARROS
Paire et Monfils objectif quart
L'ÉQUIPE
GOD SAVE THE REDS
FOOTBALL Ligue des champions finale
Tottenham 0-2 Liverpool

原声

2019 年 6 月 2 日

冥冥之中，“红军”自有天佑。在史上第二场由英超球队直接交锋的欧冠决赛中，利物浦凭借萨拉赫罚入的点球与奥里吉的灵光一现，利物浦捧起了本队第 6 座欧冠奖杯，夺冠次数超越了巴萨与拜仁。

马内开场不到 30 秒制造了欧冠历史上最快的一粒点球，萨拉赫一蹴而就，之后的局面略显沉闷。下半时热刺展开大举反扑，阿利松神勇发挥力保城门不失，奥里吉终场前为红军锁定了胜局。2018 年饮恨基辅的红军终于卷土重来登上巅峰，主帅克洛普也一扫此前带队参加决赛 6 连亚的阴霾。

全景

C罗成首位欧冠100胜先生

2018年7月加盟尤文图斯的C罗继续扮演着纪录粉碎机的角色。11月28日，葡萄牙人随队在小组赛中一球小胜巴伦西亚。这场胜利使得C罗成为了历史上首位在欧冠中跟随球队获得100场胜利的球员，这一胜场数在当时超过了参加过欧冠的140队之中的136队。在此之前，葡萄牙巨星已成为了首位欧冠百球先生。

莫德里奇终结梅罗金球统治

赛季初接连获得欧足联最佳球员与FIFA年度最佳之后，上赛季发挥异常出色的莫德里奇成为了金球奖的有力争夺者。12月初结果揭晓，克罗地亚人力压C罗与格列兹曼捧起了金球奖，也终结了梅西与C罗长达10年对金球奖的垄断性统治（两人各获奖5次）。

穆帅下课成就布冯“乌鸦嘴”

12月18日，率曼联在欧冠以小组第二身份出线的穆里尼奥因内战元年不利与更衣室矛盾爆发被红魔高层解雇。在穆帅被解雇的前一天，曼联在欧冠1/8决赛抽到巴黎被法国媒体普遍认为是好签，布冯在接受采访时表示：这个签位只能算中等，因为“有的球队会换主教练或换队员”。翌日葡萄牙名帅果然下课，而巴黎也在首回合攻克老特拉福德的大好局面下在主场被索尔斯克亚的红魔翻盘。

VAR登上欧冠舞台

随着在联合会杯与世界杯、各国联赛得到应用，视频助理裁判登陆欧冠赛场已是大势所趋。欧足联原本的计划是在2019/2020赛季在欧冠中正式启用VAR，但本赛季小组赛阶段错漏判情况时常发生，欧足联在舆论压力下决定从淘汰赛起提前将VAR引入欧冠，这项技术也在淘汰赛阶段多次对裁判判罚起到了辅助作用。在2月13日阿贾克斯与皇马的比赛中，斯科米纳成为了欧冠历史上首位通过VAR判定进球无效的裁判。

逆转名局屡现淘汰赛

本赛季的欧冠淘汰赛注定将被一次次惊天逆转而被永载史册。1/8决赛阶段逆转晋级的球队多达4支，其中曼联与尤文图斯均为首回合落后两球，最终淘汰巴黎与马竞；两场半决赛次回合比赛都上演了史诗般的荡气回肠之作：利物浦在首回合三球负于巴萨且无客场进球的情况下三军用命打出一场4比0；热刺的形势更为凶险，他们主场0比1输球，作客又两球落后的局面下凭借卢卡斯·莫拉的帽子戏法让阿贾克斯饮恨主场，惊心动魄地实现了队史首入欧冠决赛的里程碑。

德甲遭英超团灭

此前九个赛季，德甲仅有一次无缘欧冠四强。本赛季在霍芬海姆小组出局之后，出线的其他三支德甲队在1/8决赛首轮皆与英超球队厮杀，然而全军覆没：拜仁次回合主场崩盘不敌利物浦，而多特蒙德与沙尔克04分别被热刺与曼城双杀，这是德甲球队13年后再次集体无缘欧冠八强。本赛季异常强势的英超球队最终由利物浦捧起大耳朵杯，英格兰球队以13次夺标超越了12次的意大利。

改制传言遭多方反对

近年来，有关大俱乐部主导的欧冠改制传闻始终喧嚣尘上。本赛季欧冠战至后半段，较为详细的方案流出，意在将欧冠改为4组、每组8队，32队中至少有24队可以直接获得下一赛季欧冠小组赛资格。这一由欧洲俱乐部轮值主席阿涅利推崇的改制方案将使欧冠更加封闭，中小球队凭借联赛通往欧冠的机会也将更加渺茫，因而受到了五大联赛大部分球队的抵制。

16强战图

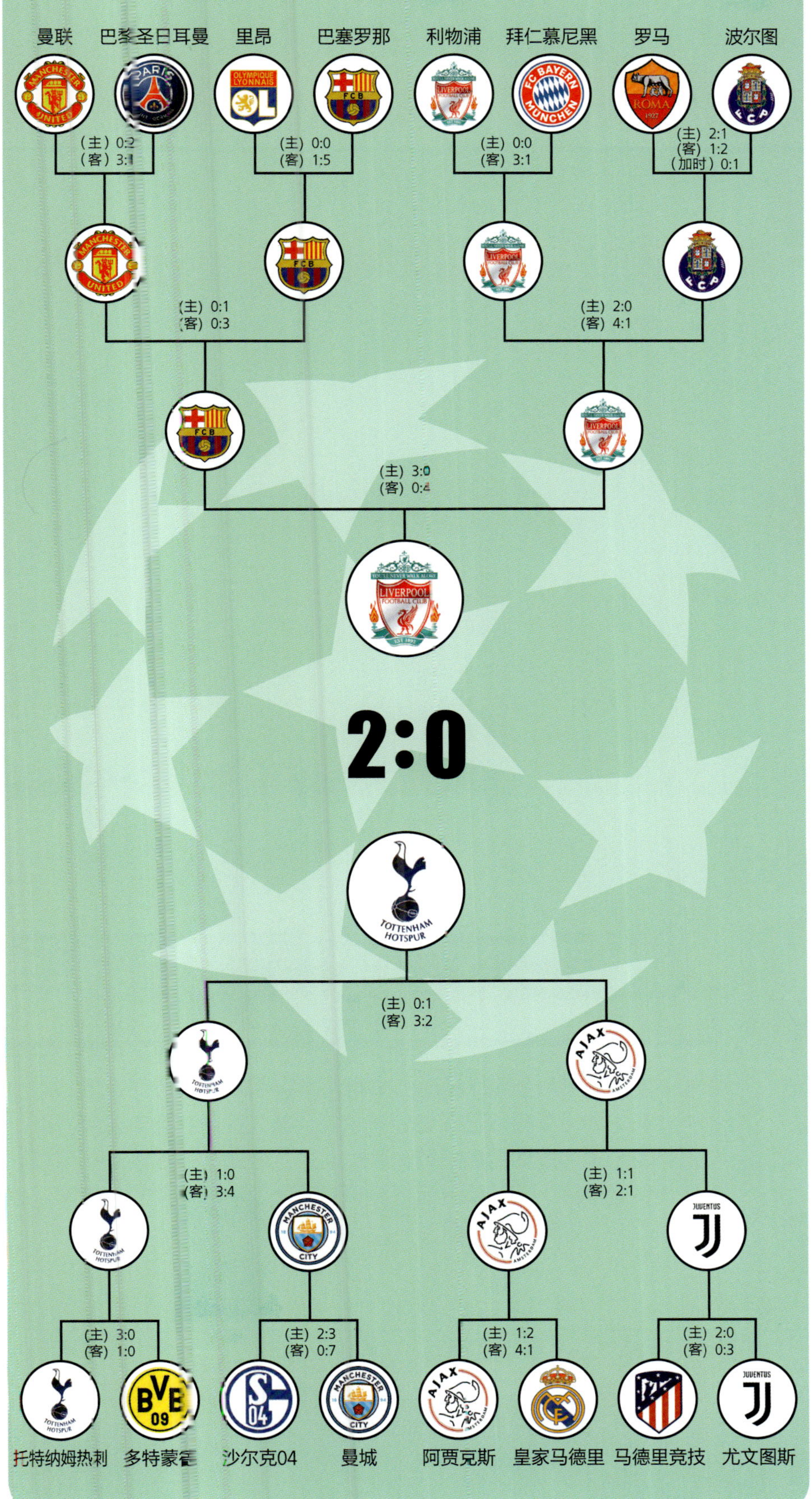

射手榜

名次	球员	进球
1	梅西（巴塞罗那）	12球
2	莱万多夫斯基（拜仁慕尼黑）	8球
3	C·罗纳尔多（尤文图斯）	6球
	塔迪奇（阿贾克斯）	6球
	马雷加（波尔图）	6球
	阿圭罗（曼城）	6球
7	内马尔（巴黎圣日耳曼）	5球
	凯恩（托特纳姆热刺）	5球
	卢卡斯·莫拉（托特纳姆热刺）	5球
	斯特林（曼城）	5球
	哲科（罗马）	5球
	克拉马里奇（霍芬海姆）	5球
	迪巴拉（尤文图斯）	5球

夏日记事

■3大洲际国家队赛事决出冠军

欧冠结束后一周，首届欧国联决赛周在葡萄牙开打，四强球队除东道主外分别为瑞士、荷兰与英格兰，C罗领衔的葡萄牙在决赛一球击败荷兰捧起这项新生赛事的首座桂冠；7月，另外三项洲际大赛也逐渐揭晓悬念，巴西队在家门口举办的美洲杯上最终连续击败阿根廷、秘鲁，时隔12年再度称霸南美；墨西哥与美国会师中北美及加勒比海地区金杯赛决赛，草帽军团第8次捧杯。

■乌克兰西班牙称雄世青欧青赛

两年一度的U20世界杯在波兰举行。这是一届冷门迭爆的世青赛，众多传统强国纷纷提前落马，四强球队只有意大利堪称传统劲旅。两支黑马乌克兰与韩国会师决赛，东欧青年军以3比1完胜捧杯。U21欧青赛在意大利打响，最终西班牙在决赛中击败德国夺冠。该届赛事也是明年东京奥运会预选赛，另两支四强球队法国、罗马尼亚也获得了奥运参赛资格。

■昔日欧冠得主解甲归田

每个赛季末告别老将是欧洲足坛的常态。数位前欧冠得主选择在这个夏天结束自己的职业生涯，其中包括随巴萨四夺欧冠的哈维、2012年为蓝军首夺欧冠的切赫、托雷斯与2013年完成救赎的罗本。

■兰帕德布冯回归老东家

作为曾经的球队名宿，两位留下众多经典的球星在今夏以不同身份回归了自己的成名地。此前执教德比郡的兰帕德正式出任切尔西主帅，去年离开尤文图斯加盟巴黎圣日耳曼的布冯在履行完一年的合同后回到斑马军团，他将在新赛季身披77号球衣。

2019/2020 >>

2019/2020 姗姗来迟的最强冠军

由于新冠疫情的全球性蔓延，本届欧冠冠军竟然破天荒的直到 2020 年 8 月下旬才宣告决出。好饭不怕晚，新人主帅弗里克带领的拜仁创下了全胜夺冠的无敌纪录。面对首次打进决赛的巴黎圣日耳曼，欧冠“老师傅”拜仁慕尼黑好好给对手上了一课。科芒的进球让德国巨人第 6 次捧起了冠军奖杯。

莱万多夫斯基毫无疑问是拜仁夺冠最大功臣。

决赛

2020.8.23-里斯本光明球场　　主裁判：奥萨托（意大利）

巴黎圣日耳曼 0：1 拜仁慕尼黑

巴黎圣日耳曼（433）			拜仁慕尼黑（4231）
纳瓦斯	门将	门将	诺伊尔
科雷尔	后卫	后卫	基米希
蒂亚戈·席尔瓦			25’ 热罗姆·博阿滕
金彭贝			阿拉巴
贝尔纳特 80’			戴维斯
安德尔·埃雷拉 72’	中场	中场	86’ 蒂亚戈
马尔基尼奥斯			格雷茨卡
帕雷德斯 65’			68’ 格纳布里
迪马里亚 80’	前锋		托马斯·穆勒
姆巴佩			68’ 科芒
内马尔		前锋	莱万多夫斯基
替补			
65’ 维拉蒂			25’ 聚勒
72’ 德拉克斯勒			68’ 佩里西奇
80’ 库尔扎瓦			68’ 库蒂尼奥
80’ 舒波-莫廷			86’ 托利索
进球			
	0:1		59’ 科芒

疫情令赛程破纪录延长

本届欧冠小组赛战况波澜不惊，唯一没能出线的传统强队当属国际米兰。孔蒂挂帅的这家意甲豪门由于近年欧冠成绩不佳，抽签分组时档位较低，又一次身陷死亡之组。面对巴塞罗那、多特蒙德的包围，不争气的国际米兰即便在小组最弱对手布拉格斯拉维亚身上也没能拿满积分，导致出线形势提早陷入被动。末轮对决，背水一战的国际米兰坐镇主场，却意外以1比2不敌已经提前出线、替补阵容出战的巴塞罗那，最终位列小组第三，降级进入欧联杯。

相比之下，拜仁慕尼黑发挥实属逆天。这支德甲豪门是唯一在小组赛阶段取得全胜的俱乐部。第二轮，拜仁客场远征伦敦，没想到在托特纳姆热刺的地盘取得了7比2的狂胜。随后，他们势如破竹，提前两轮就拿到了淘汰赛入场券，提前一轮锁定小组头名。最后一场小组赛，面对来访的热刺，拜仁依旧兵不血刃，3比1完胜对手。拜仁依靠着6战全取18分、打进24球且仅失5球的成绩，成为欧冠历史上小组赛成绩最好的球队。

和以往不同的是，本赛季欧冠16强全部来自五大联赛，这是欧冠联赛时代的第一次。西甲四强悉数晋级，英超四强也同样全部冲进淘汰赛，德甲和意甲则各有3队闯进16强，法甲占据了剩余两个席位。然而，如此高质量的一届欧冠淘汰赛却遗憾受到疫情的冲击。1/8决赛首回合自2020年2月19日开打，但疫情导致的长期休赛接踵而至，次回合所有比赛直到8月9日才终于踢完。

拜仁一如既往强势，两回合7比1把切尔西打得找不到北，而此前两届欧冠得主都在这一轮遭遇滑铁卢。皇家马德里遇上了瓜迪奥拉领衔的曼城，两回合2比4输得服服帖帖；利物浦则是被强敌马德里竞技挡在了8强门外，西蒙尼的球队依靠加时赛的出色发挥，让克洛普早早无缘卫冕。最让人意外的对决由里昂和尤文图斯奉献。面临阵容年轻化的里昂，尤文的中场其实并不占有优势，加之萨里的战术惹人诟病，“老妇人”步履维艰。次回合，尽管C罗上演梅开二度的好戏，其中还有一记惊天世界波，但依旧无法扭转尤文图斯出局的结果。

巴萨连续3年遭遇惨剧

由于疫情的全球性肆虐，欧足联不得不取消原定在伊斯坦布尔举办决赛的计划，将8强统一安排到葡萄牙里斯本进行单回合的赛会制对决。联赛长期中断影响状态，外加无观众中立场地的单场淘汰赛制，让本届欧冠冷门迭出。瓜迪奥拉的曼城再次功亏一篑，面对纸面实力明显不如自己的里昂，蓝月亮竟然1比3完败。莱比锡RB这支欧冠新军战胜大耳朵杯决赛常客马德里竞技同样让人吃惊。

1/4决赛之中，最为让人震撼的莫过于巴萨2比8惨败拜仁慕尼黑一战。单回合淘汰赛打出这样的大比分，让业内不少行家大跌眼镜，

前后五次捧杯的豪门巴萨也就此成了欧冠联赛历史上第一支淘汰赛单场丢8球的球队。

上半场拜仁已然4比1遥遥领先，而巴萨唯一的进球还来自于对方球员的乌龙。下半场德甲巨人乘胜追击，没给梅西领军的球队一点点面子。

这是巴萨连续第3个赛季遭遇欧冠惨案。2017-18赛季，尽管巴萨实现跨赛季连续43场联赛不败，提前4轮西甲夺冠，但在欧冠8强战中，却于首回合4比1取胜的情况下，次回合被罗马3比0惊天翻盘。2018-19赛季，联赛依旧顺风顺水的巴萨在欧冠再次翻车，首回合3比0取胜的情况下，他们被利物浦4比0逆转淘汰，无缘决赛。由于C罗领衔的尤文在这个赛季甚至没能打进8强，于是巴萨的出局也使得2004-05赛季以来，欧冠半决赛第一次少了梅西和C罗这对绝代双骄的身影。

要论精彩逆转，巴黎圣日耳曼淘汰亚特兰大的8强战堪称本赛季欧冠最佳。第一次进入欧冠联赛的亚特兰大险些一黑到底。帕萨利奇在第27分钟的进球帮助这支意甲劲旅抢得先机，并将1比0的优势一直保持到了终场前夕。而对面的法甲豪门后知后觉，突然展开绝地求生的戏码，巴西后卫马尔基尼奥斯在第90分钟将双方拉回到同一起跑线，3分钟之后舒波-莫廷的绝杀进球宣判了亚特兰大这支黑马的“死刑”。

作为上赛季的意甲季军，亚特兰大本赛季的欧冠之行起初并不被人看好。大打攻势足球的他们缺乏欧冠征战经验，甚至都没有符合欧足联条件的主场，只能被迫临时借用圣西罗球场作战。欧冠小组赛，亚特兰大前三场全败，可第4轮他们逼平曼城，随后两轮全胜，最终绝处逢生，奇迹般地杀进淘汰赛。16强战，亚特兰大两回合双杀欧战“老油条”巴伦西亚，单场大四喜的伊利契奇名震四海。8强战，面对“金元足球”王者大巴黎，小本经营的亚特兰大荡气回肠地战斗到最后一刻，已经足够出色。

超强拜仁杜绝一切冷门

英西意三大联赛球队集体缺席半决赛，还是欧冠联赛时代以来破天荒的头一遭。德法两国成为新赛制下的最大赢家，各有两支球队晋级4强。外界普遍认为，这和法甲德甲对疫情

（上图）主帅图赫尔赛后安慰哭红眼眶的内马尔，巴黎圣日耳曼当家球星本场表现平平。
（左图）科芒此役射入价值千金的决胜一球后，激情狂奔庆祝。

的积极应对不无关系。法甲直接宣告联赛提前结束，而德甲则是四大联赛中最先结束疫情休赛期，开始恢复比赛的。除去拜仁，其余入围欧冠半决赛的3支球队均没有捧杯经验。这届欧冠确实有点冷。

进入半决赛阶段，传统秩序得到恢复。巴黎圣日耳曼3比0战胜莱比锡RB后，拜仁又以相同比分战胜里昂。至此，两个半区的大热门顺利会师决赛。已经拿到德国国内双冠的拜仁，将向时隔7年的队史第二次三冠王发起冲击，而已经承包法国国内三项冠军的大巴黎，则希望完成卡塔尔投资者的夙愿——捧起大耳朵杯。

继2013年温布利的德国双雄会师之后，欧冠决赛再现德国籍主帅对决。一边是"新兵蛋子"弗利克，而另一边则是有着丰富执教经验的图赫尔。对于后者来说，带领巴黎圣日耳曼冲进决赛已是一大突破。面对欧冠王者拜仁慕尼黑，外界并没有看好大巴黎会创造奇迹。拜仁本届赛事兵强马壮，状态神勇。莱万带领的这支德甲豪门也成为1992-93赛季的AC米兰之后，第二支以全胜战绩晋级决赛的欧冠联赛球队，淘汰赛8比2完虐梅西领衔的巴萨，让世人震惊。

本届欧冠之前，最近6支首次参加欧冠决赛的球队，无一例外全部无缘冠军。内马尔和姆巴佩1/4决赛和半决赛全程哑火，球队面对黑马亚特兰大险些翻船，巴黎圣日耳曼可谓哀兵出战。然而他们却在决赛前段控制住了局面，一度让拜仁手忙脚乱。不过，姜还是老的辣，尽管弗利克执教经验不算丰富，但拜仁球员总体实力还是更胜巴黎一筹。第22分钟，本赛季冒出来的加拿大新秀戴维斯左路斜传，莱万12米外转身扫射，皮球击中左门柱。

面对拜仁一波又一波的进攻，蒂亚戈·席尔瓦领衔的大巴黎后防压力倍增。在这名巴西后卫第289次也是最后一次作为巴黎队长出场的比赛里，曾经并肩作战的科芒此番代表拜仁在下半时完成致命一击，反击老东家的同时，亦让德甲豪门品尝到了第6次欧冠称雄的喜悦。1970年8月23日，巴黎圣日耳曼俱乐部历史上首场比赛正式进行（法乙1比1平普瓦捷），50年后的同一天，大巴黎没能给自己送上最好的生日礼物。决赛终场哨响，在拜仁球员欢庆的背后，内马尔的泪水在飞。

全景

拜仁创纪录全胜夺冠

“菜鸟”主帅弗利克账下的拜仁慕尼黑成为欧冠联赛历史上最完美的冠军。他们从小组赛第一轮开始，直到决赛，居然全部获胜，11连胜夺冠前无古人。唯一会让仇恨者们念叨的，恐怕就是由于疫情，本届欧冠淘汰赛尽可能进行了单回合对决。这导致拜仁夺冠全程只踢了11场比赛，比以往队伍少踢了2场，一定程度上降低了全胜夺冠的含金量。

黑马亚特兰大闯进 8 强

在意大利赛场上大打攻势足球的亚特兰大，在自己的首次欧冠之旅上闯出一片天空。甚至连符合条件的欧冠主场都没有的他们（借用圣西罗球场作战），竟然能在欧冠小组赛绝处逢生，奇迹般地杀进淘汰赛。而后他们两回合双杀欧战“老油条”巴伦西亚，昂首晋级8强。面对巴黎圣日耳曼，亚特兰大荡气回肠地战斗到最后一刻，方才抱憾出局。

决赛易地里斯本进行

本赛季欧冠决赛原定在土耳其伊斯坦布尔进行，然而全球性疫情肆虐让欧足联不得不做出改变。欧冠8强齐聚里斯本，在这个葡萄牙名城以赛会制的方式，决出冠军。为什么选择里斯本？葡萄牙当时被认为是防疫做得最好的西欧国家，没有之一。而里斯本还拥有两座举办过2004年欧洲杯的顶级球场：本菲卡的光明球场、里斯本竞技的阿尔瓦拉德球场。

巴萨创造耻辱出局纪录

没有人能在这个赛季阻挡住拜仁的脚步，拥有梅西的巴萨亦然。在葡萄牙举行的单回合1/4决赛中，拜仁慕尼黑8比2狂胜巴萨。这使得巴萨成了欧冠淘汰赛历史上第一支单场丢8球的球队。上半场的5粒进球全部来自拜仁球员，穆勒梅开二度，佩里西奇、格纳布里和阿拉巴各入一球，只不过奥地利后卫攻破的是自家球门。下半场的巴萨魂不守舍，拜仁乘胜追击，毫不留情。巴萨的出局也让半决赛自2006-07赛季以来，第一次没有西甲球队参与。而自2004-05赛季以来，欧冠半决赛第一次少了梅西、C罗。

英西意球队无缘四强

伴随着里昂爆冷3比1击败曼城，英西意三大联赛球队集体缺席半决赛。这是欧冠联赛时代以来破天荒的第一次。纵观1/4决赛，单场决胜赛制下，意外频频。除去拜仁，其余3支球队均没有过捧杯经验。不过姜还是老的辣，拜仁最终没能给里昂、巴黎圣日耳曼以及莱比锡RB创造奇迹的机会。

莱万打破 C 罗梅西垄断

拜仁前锋莱万以15球获得本赛季的欧冠金靴，领先次名哈兰德5球，打破了C罗和梅西对欧冠金靴12年之久的垄断。莱万在小组赛阶段打进10球，其中客场对阵贝尔格莱德红星时上演大四喜。进入淘汰赛，莱万又在5场比赛里打进5球。值得一提的是，在最后一轮小组赛对阵热刺时，已经提前锁定小组头名的拜仁还让莱万轮休了一场。

新军入围决赛魔咒继续

巴黎圣日耳曼一球小负拜仁，遗憾错过捧杯良机，这不仅让大巴黎终结了连续34场欧冠进球的纪录（内马尔与姆巴佩从1/4决赛开始再无进球入账），还意味着法甲球队16次入围欧战决赛第14次输球（1993年欧冠冠军马赛、1996年优胜者杯冠军大巴黎）。1997年多特蒙德击败尤文图斯之后，近7支首次参加欧冠决赛的球队，全部与冠军失之交臂。

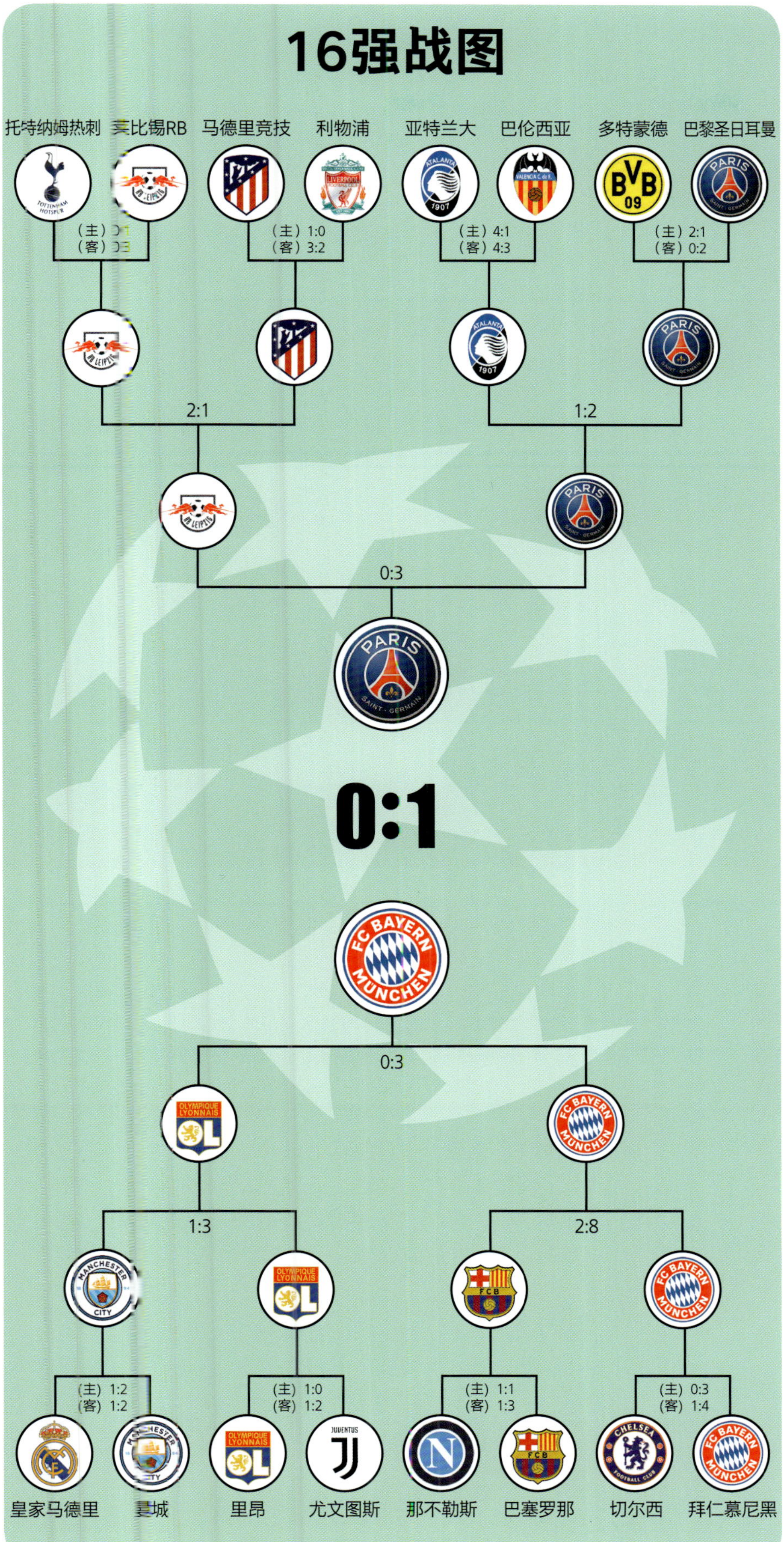

射手榜

1	莱万多夫斯基（拜仁慕尼黑）	15 球
2	哈兰德（萨尔茨堡红牛 / 多特蒙德）	10 球
3	格纳布里（拜仁慕尼黑）	9 球
4	哈里·凯恩（托特纳姆热刺）	6 球
	梅尔滕斯（那不勒斯）	6 球
	赫苏斯（曼城）	6 球
	德佩（里昂）	6 球
	斯特林（曼城）	6 球
9	孙兴慜（托特纳姆热刺）	5 球
	伊卡尔迪（巴黎圣日耳曼）	5 球
	伊利契奇（亚特兰大）	5 球
	劳塔罗·马丁内斯（国际米兰）	5 球
	路易斯·苏亚雷斯（巴塞罗那）	5 球
	本泽马（皇家马德里）	5 球
	姆巴佩（巴黎圣日耳曼）	5 球

夏日记事

■疫情导致欧洲杯延期

全球性的疫情肆虐让众多国际足球大赛被迫改期。原定2020年夏天在欧洲多国举办的欧洲杯整体延期一年，在2021年举行。另外，美洲杯以及奥运会同样改期至2021年进行。

■利物浦首夺英超冠军

克洛普手下的利物浦表现强势，提前多轮锁定英超冠军。这是利物浦时隔30年后，再一次获得英格兰顶级联赛冠军。带领球队拿到了欧冠冠军以及队史首个英超冠军的克洛普，已经成为利物浦俱乐部历史上最伟大的主帅之一。

■拜仁年度五冠王

本赛季欧冠冠军得主拜仁在2020年春风得意，弗利克的球队还收获了德甲、德国杯、德国超级杯、欧洲超级杯的冠军奖杯。如果不是世俱杯由于疫情调整了赛程，拜仁本有机会复制巴萨年度六冠王的神迹。

■传奇门将卡西利亚斯退役

8月4日，西班牙球星卡西利亚斯正式宣布退役。毫无疑问，他是皇马的传奇人物，也是欧冠有史以来最伟大的守门员之一。其职业生涯共赢得了1座世界杯、2座欧洲杯、3座欧冠、5座西甲冠军奖杯。同样在这个夏天退役的名将还有孔帕尼、许尔勒、巴罗什、皮萨罗等人。

2020/2021 >>

2020/2021

切尔西再度“德”意

对于切尔西来说，这是一个起起伏伏的赛季。不过，它们在最后一场比赛收获了最甜美的胜利果实。又一次中途换帅，又一次联赛交胯，但凭借德国籍主帅图赫尔和德国国脚哈弗茨的优异表现，蓝军1比0小胜瓜迪奥拉率领的曼城，时隔9年再度捧起了大耳朵杯。

德布劳内因伤离场，极大影响了比赛进程。

决赛

2021.5.29-波尔图巨龙球场　　主裁判：拉霍斯（西班牙）

0 : 1

曼城（433）			切尔西（343）
埃德松	门将	门将	爱德华·门迪
沃克	后卫	后卫	阿斯皮利奎塔
斯通斯			39' 蒂亚戈·席尔瓦
鲁本·迪亚斯			鲁迪格
津琴科		中场	里斯·詹姆斯
贝尔纳多·席尔瓦 64'	中场		若日尼奥
京多安			坎特
福登			奇尔韦尔
马赫雷斯	前锋	前锋	哈弗茨
德布劳内 60'			66' 韦尔纳
斯特林 77'			80' 芒特
替补			
60' 赫苏斯			39' 克里斯滕森
64' 费尔南迪尼奥			66' 普利西奇
77' 阿圭罗			80' 科瓦契奇
进球			
0:1			42' 哈弗茨

8强战前几乎没有意外

2020年的夏天，各家俱乐部都没能休息充分，赛程的过度紧密让本赛季各大联赛的开局阶段都出现了不少意外。西甲马竞一枝独秀，皇马和巴萨都丢分不断；英超卫冕冠军利物浦让人大跌眼镜，意甲王者尤文图斯和法甲班霸巴黎圣日耳曼都不复往日之勇……然而，在欧冠赛场上，五大联赛的名门俱乐部却都发挥极其稳定。

受疫情影响，2020-21赛季的欧冠联赛赛程同样不走寻常路。2020年10月21日，小组赛第一轮才正式开踢。这比起往年推迟了40天左右。第一个比赛日，卫冕冠军拜仁主场4比0大破西甲豪门马德里竞技，尽显王者之气。两个月前刚在决赛完成致命一击的科芒，此役梅开二度，没有辜负人们的期待，而拜仁也无愧被誉为本届欧冠奖杯最大热门。除去拜仁和马竞的交锋，本届小组赛还有不少强强对话，H组大巴黎遇上曼联，G组更有梅西的巴萨对上C罗的尤文。

欧冠小组赛几乎成了五大联赛球队的后花园，豪门的欧冠晋级过程一帆风顺。拜仁、巴萨、尤文图斯、曼城、切尔西、塞维利亚均提前两轮出线，最后一轮开打前已经有9队锁定16强席位。最终，16强里仅有波尔图一支五大联赛之外的球队。唯二给五大联赛拖了后腿的是近年来屡屡在欧冠赛场翻车的曼联和国际米兰。孔蒂执教的国际米兰更是连续3个赛季小组赛出局，队史首次排名欧冠小组垫底。而他们本来只要在末轮主场击败顿涅茨克矿工就能晋级……

1/8决赛同样显得波澜不惊，唯一的意外依然由意甲球队制造。贵为欧洲顶级豪门的尤文图斯面对波尔图，两回合对决完全落入下风，最终灰溜溜出局，实在让意大利足球人抬不起头。皮尔洛执教的球队至此成为本赛季唯一没能晋级欧冠8强的小组第一。葡萄牙老将佩佩领衔的波尔图后防展现出了极高水准，而C罗不仅没能像往常一样扛着球队前进，反倒是因为担任人墙时的疏忽，被外界骂得狗血喷头。同样在16强战发挥平平的还有梅西，面对姆巴佩和内马尔领衔的巴黎圣日耳曼，巴萨两回合都显得毫无办法。16年来，梅西和C罗首次双双无缘欧冠8强。这或许代表了一个时代的终结。

瓜帅曼城首次闯进4强

鉴于新冠疫情在欧洲得到一定程度的控制，本赛季欧冠8强阶段恢复往常两回合赛制。不过，由于各国政策的不同，某些比赛不得不作出赛场的调换。切尔西和波尔图的两回合比赛就均改在了西班牙塞维利亚俱乐部的主场进行。对于这里，切尔西并不陌生。本赛季小组赛，蓝军就和塞维利亚分到了一起，彼时切尔西的主帅还是名宿兰帕德。8强战对战波尔图，蓝军主帅已经变成了德国人图赫尔。切尔西没能给波尔图继续爆冷的机会，首回合便几乎锁定晋级名额。波尔图人次回合的惊天破门没能扭转局势，图赫尔帮助切尔西在2014年后首次迈入欧冠4强。

巴黎圣日耳曼和拜仁慕尼黑8强战阶段重逢，自然是焦点中的焦点。内马尔和姆巴佩势要报上赛季决赛一球小负之仇。本应势均力敌的交锋，因为莱万多夫斯基的伤缺让胜负的天平倾斜。代表波兰国家队征战期间，莱万不幸受伤，对阵巴黎的两回合都无缘出战，这让外界再一次大肆抨击了现今过于紧密的足球赛程。纵观两回合比赛，拜仁的整体实力由于莱万的缺席大受影响。如果不是因为这一意外因素的出现，巴黎恐怕就要为内马尔次回合无数次错失良机而捶胸遁地了……

首回合在并不被人视为绝对热门的情况下，取得3比1的完胜，令皇马拉到了不少仇恨。次回合赛前，大巴被利物浦球迷砸烂玻璃并没有让皇家马德里人乱了阵脚，在安菲尔德的一场0比0帮助齐达内的球队顺利跻身四强。在欧冠联赛时代，皇马14次打进半决赛，傲视群雄。而凭借着爱将福登的世界波怒射，曼城客场2比1逆转多特蒙德。尽管两回合的两个2比1，比赛过程都显得不那么完美（曼城其余3粒进球都有多特后防大将埃姆雷·詹的“鼎力相助”），但晋级才是硬道理。在2017年16强阶段早早被摩纳哥淘汰，随后3年连续止步于八强战后，瓜迪奥拉总算第一次把曼城带进了欧冠半决赛。瓜迪奥拉个人执教生涯则是第8次入围欧冠四强，这一纪录由他和穆里尼奥共同保持。

不曾想，4强决出后还不到一周时间，欧冠就遇上了恐怕是诞生六十余年来的最大危机。由大耳朵杯历史上最成功的俱乐部皇马（13冠）牵头，西班牙、英格兰和意大利的另外11支豪门队伍揭竿而起，势要组建欧洲超级联赛，抢的就是欧冠的饭碗！然而，这场起义迅速宣告失败，曼城和切尔西带头“叛变”，硬撑的皇马也不得不承认欧超计划破灭。而这一突发事件并没有影响欧冠，半决赛仍然如期进行。

图赫尔席尔瓦弥补遗憾

半决赛对阵看似势均力敌，却不曾想曼城和切尔西在各自的两回合比赛中都展现出了绝对的控制能力。拥有内马尔和姆巴佩的巴黎圣日耳曼，以及欧冠历史上最成功的球队皇家马德里，都被来自英格兰的球队玩得团团转。次回合末段，巴黎和皇马风度尽失，恶意犯规频出，输球又输人。两回合比赛，曼城发挥最为出色的自然是打进3球的马赫雷斯，切尔西这边则是靠着攻守兼备的全能战士支持。两位均

（上图）决赛官方最佳球员坎特赛后举起大耳朵杯。
（左图）哈弗茨过掉曼城门将后轻松破门，这是他职业生涯的欧冠首球。

是莱斯特城出品的优秀球员，且都自低级别联赛一路摸爬滚打，才来到了如今的至尊地位。

这是欧冠决赛史上第8次上演同联赛内战，也是英超球队第三次会师最后一战。和此前不同，此番英超内战更显得意义重大。曼城和切尔西本届欧冠征程中，队中最亮眼的球星都来自英格兰本土出产。瓜迪奥拉在曼城栽培出了福登这位进攻奇才，而赛季中途上任的图赫尔没有辜负兰帕德的苦心，帮助切尔西青训出品的芒特更上一层楼。回首2017年，英格兰U17代表队首次赢得世界杯冠军，福登赢得赛事金球奖，而英格兰U19代表队则首次赢得欧洲杯冠军，芒特同样被评为赛事最佳球员。4年后，两人均带领各自俱乐部挺进欧冠决赛，让英格兰球迷兴奋至极。

瓜迪奥拉作为主帅第三次站在了决赛场边，此前两次他都帮助巴萨登顶。图赫尔同样对大场面并不陌生，他成为了史上第一位连续两年带领不同俱乐部闯进欧冠决赛的主帅（2020年，巴黎负拜仁）。决赛前十余日，曼城四平八稳收获英超冠军，切尔西则先经历足总杯决赛输球的伤痛，再体验联赛末轮惊险收获下赛季欧冠正赛名额的惊魂时刻，情绪起落犹如坐上了过山车。

由于全球疫情形势仍然不甚乐观，欧冠决赛场地又一次临时调整，从土耳其伊斯坦布尔改到了葡萄牙波尔图。和去年不同，本场决赛允许球迷进场，尽管人数有所控制，但气氛确实远胜空场。可惜的是，决赛双方并没能奉献一场精彩绝伦的对决。瓜迪奥拉再次在大赛关键时刻使用新阵，曼城此役的发挥远低于其赛季平均水平，后腰缺乏硬度也让切尔西愈发得心应手。要不是韦尔纳上半场两次错失良机，曼城恐怕早就缴械投降。

蒂亚戈·席尔瓦和德布劳内先后伤退，令决赛星光黯淡，场面波澜不惊。补时阶段，马赫雷斯的射门高出横梁，曼城的全场努力彻底告终。凭借着哈弗茨个人欧冠生涯首球，切尔西时隔9年、队史第二次捧起了大耳朵杯。去年在巴黎圣日耳曼和奖杯擦肩而过的图赫尔、蒂亚戈·席尔瓦，这一次如愿弥补了遗憾。防守型中场坎特是当之无愧的蓝军英雄。继半决赛与皇马的两回合交锋之后，这位法国小个子又在决赛中揽获官方评选的当场最佳球员。

欧冠2024年起改制

在“反叛者”们宣布自立门户开设欧洲超级联赛后，欧足联立马正式宣布，从2024-25赛季起，欧冠将会扩军至36支球队，并采用新赛制，颠覆了现存规则。新赛制中，欧冠将不再分组抽签，小组赛不复存在。通过对球队进行分档，使得每队在第一阶段都能和不同档次的俱乐部进行交锋。这一赛制大大扩容了比赛场次，每支球队每赛季将至少踢10场欧冠，而不再是现如今的6场（如果小组赛被淘汰）。

意甲大军全线崩盘

本届赛事，意大利球队风光不再。小组赛阶段，国际米兰只要末轮主场击败顿涅茨克矿工就能晋级，但却达成连续3个赛季小组赛出局、史上首次欧冠小组垫底的黑色纪录。拉齐奥和连续2个赛季打进淘汰赛的亚特兰大16强战各自被强手淘汰并不让人意外，可贵为欧洲顶级豪门的尤文图斯却倒在了波尔图面前，实在让人大跌眼镜。

梅罗双双无缘8强

新人笑，故人哭。欧冠16强战里，姆巴佩和哈兰德可谓光芒四射。然而，“老一辈”的绝代双骄可就没那么好过了。16年来，梅西和C罗首次双双无缘欧冠8强。后防短板明显的巴塞罗那面对姆巴佩领衔的巴黎，即便手握梅西也无力回天。而皮尔洛执教的尤文则成为了唯一止步16强的小组第一，他们被波尔图治得服服帖帖，C罗也无计可施。

欧冠神锋莱万之憾

2020年12月中旬，世界足球先生颁奖典礼上，波兰前锋莱万多夫斯基当之无愧夺魁，多少弥补了他无缘金球奖的缺憾。上一赛季，莱万带领拜仁慕尼黑火力全开，欧冠全胜夺冠。然而《法国足球》早早决定因为全球疫情，取消2020年度金球奖颁发，使得足坛为之颇感遗憾。同样荣膺欧足联2020年度最佳球员的莱万新赛季依旧火力全开，可惜由于代表国家队时受伤，他没能出战拜仁和巴黎本赛季的8强战对决。卫冕冠军被上赛季决赛输家淘汰，莱万缺阵影响巨大。

德国籍主帅继续辉煌

上赛季，弗利克的拜仁击败图赫尔的巴黎圣日耳曼一举捧杯，2013年后欧冠决赛场边再次出现两名来自德国的主帅。本赛季，德国籍主帅继续辉煌。1/8决赛次回合战罢，切尔西（图赫尔）与拜仁（弗利克）成为最后2支晋级8强的球队。这使得1/4决赛出现了4位德国主教练的身影（还有多特的泰尔齐奇和利物浦的克洛普）。欧冠历史上，这还是首次有至少4名同国教练进入单届8强赛。

小组赛几无悬念

本届欧冠小组赛几乎成了五大联赛球队的后花园。不少豪门在国内战线遇挫的背景下，欧冠晋级过程却一帆风顺。拜仁、巴萨、尤文图斯、曼城、切尔西、塞维利亚均提前两轮出线，最后一轮开打前已经有9队锁定16强席位。仅有波尔图一支五大联赛之外的球队跨过门槛，打进1/8决赛。至于被淘汰的曼联和国际米兰，这似乎也算不上什么意外……

决赛上演第三次英格兰内战

曼城和切尔西在半决赛中均以令人信服的表现淘汰对手，傲然挺进伊斯坦布尔。曼城成为了第9支打进冠军杯/欧冠联赛决赛的英格兰球队，让英格兰联赛创造了新的纪录。这是欧冠决赛历史上第8次出现同一联赛的内战，也是英超球队第3次会师决赛（2008年，曼联胜切尔西；2019年，利物浦胜托特纳姆热刺），这一壮举追平了西甲此前创造的纪录。值得一提的是，切尔西还成为了史上首支同年度男队女队都打进欧冠决赛的俱乐部。

16强战图

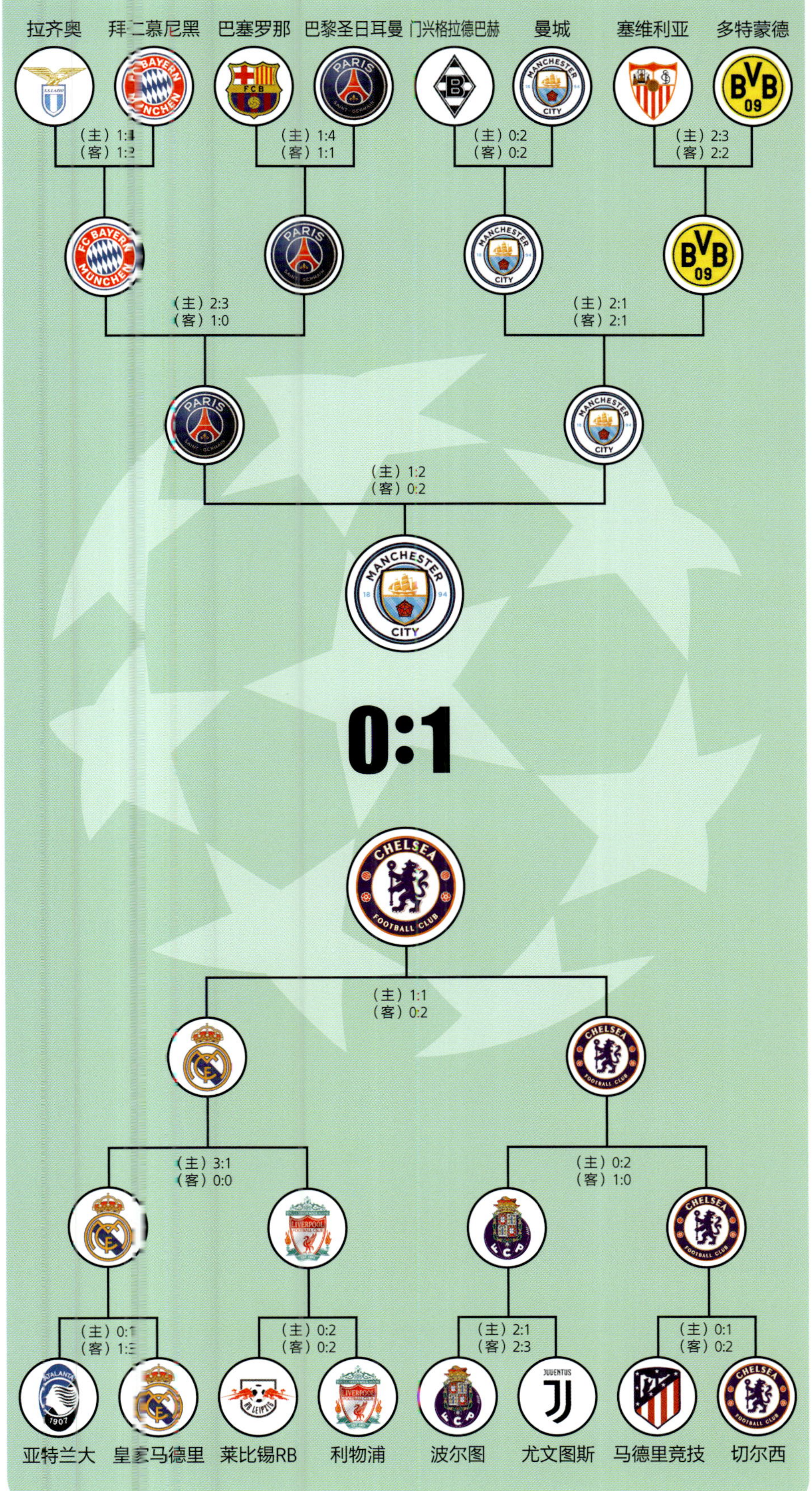

2020/2021

射手榜

排名	球员（球队）	进球
1	哈兰德（多特蒙德）	10 球
2	姆巴佩（巴黎圣日耳曼）	8 球
3	内马尔（巴黎圣日耳曼）	6 球
	莫拉塔（尤文图斯）	6 球
	萨拉赫（利物浦）	6 球
	吉鲁（切尔西）	6 球
	恩纳斯里（塞维利亚）	6 球
	拉什福德（曼联）	6 球
	本泽马（皇家马德里）	6 球
10	普莱阿（门兴格拉德巴赫）	5 球
	因莫比莱（拉齐奥）	5 球
	梅西（巴塞罗那）	5 球
	莱万多夫斯基（拜仁慕尼黑）	5 球
	塞尔吉奥·奥利维拉（波尔图）	5 球
15	贝里沙（萨尔茨堡红牛）	4 球
	C罗（尤文图斯）	4 球
	马赫雷斯（曼城）	4 球
	韦尔纳（切尔西）	4 球
	布鲁诺·费尔南德斯（曼联）	4 球
	若塔（利物浦）	4 球
	基耶萨（尤文图斯）	4 球
	费兰·托雷斯（曼城）	4 球
	舒波-莫廷（拜仁慕尼黑）	4 球
	卢卡库（国际米兰）	4 球

夏日记事

■沙尔克 04 意外降级

在客场0比1负于比勒菲尔德之后，曾经的德甲劲旅沙尔克04确定提前四轮从德甲降级。30场比赛后，沙尔克2胜7平21负积13分，“稳居”倒数第一。这是他们时隔33年之后，再一次从德甲联赛降级，同时也是第4次降级到德国次级联赛。值得一提的是，沙尔克04的主场曾在2004年举办过欧冠决赛。

■尤文意甲十连冠梦碎

本赛季，尤文名宿皮尔洛走马上任，可惜这位少帅没能展现出足以令人信服的执教能力。纵然队中有C罗、德里赫特、迪巴拉等实力战将，尤文还是早早丧失了争冠希望。意甲第34轮，由于亚特兰大未能全取3分，国际米兰凭借13分的领先优势，提前四轮锁定冠军，打破尤文对联赛的长期垄断。而率领国际米兰称雄意甲的主教练，正是尤文9连冠的奠基人孔蒂。

■莱万德甲 41 球破纪录

德甲末轮，早已夺冠的拜仁慕尼黑主场5比2大胜奥格斯堡，第89分钟，莱万门前补射，收获本赛季联赛第41球。至此，状态正盛的莱万成功打破了盖德·穆勒保持的德甲单赛季40球的伟大纪录，与此同时，他也成为了继1971-72赛季的穆勒之后，又一位获得欧洲金靴奖的拜仁球员。

历届欧洲三大杯、超级杯、洲际杯冠军

年份	欧冠	优胜者杯	欧联杯	欧洲超级杯	洲际杯
1956	皇家马德里（西班牙）	-	-	-	-
1957	皇家马德里（西班牙）	-	-	-	-
1958	皇家马德里（西班牙）	-	-	-	-
1959	皇家马德里（西班牙）	-	-	-	-
1960	皇家马德里（西班牙）	-	-	-	皇家马德里（西班牙）
1961	本菲卡（葡萄牙）	佛罗伦萨（意大利）	-	-	佩纳罗尔（乌拉圭）
1962	本菲卡（葡萄牙）	马德里竞技（西班牙）	-	-	桑托斯（巴西）
1963	AC米兰（意大利）	托特纳姆（英格兰）	-	-	桑托斯（巴西）
1964	国际米兰（意大利）	里斯本竞技（葡萄牙）	-	-	国际米兰（意大利）
1965	国际米兰（意大利）	西汉姆联（英格兰）	-	-	国际米兰（意大利）
1966	皇家马德里（西班牙）	多特蒙德（西德）	-	-	佩纳罗尔（乌拉圭）
1967	凯尔特人（苏格兰）	拜仁慕尼黑（西德）	-	-	竞技（阿根廷）
1968	曼彻斯特联（英格兰）	AC米兰（意大利）	-	-	大学生（阿根廷）
1969	AC米兰（意大利）	布拉迪斯拉发斯拉夫人（捷克斯洛伐克）	-	-	AC米兰（意大利）
1970	费耶诺德（荷兰）	曼彻斯特城（英格兰）	-	-	费耶诺德（荷兰）
1971	阿贾克斯（荷兰）	切尔西（英格兰）	-	-	民族（乌拉圭）
1972	阿贾克斯（荷兰）	格拉斯哥流浪者（苏格兰）	托特纳姆（英格兰）	阿贾克斯（荷兰）	阿贾克斯（荷兰）
1973	阿贾克斯（荷兰）	AC米兰（意大利）	利物浦（英格兰）	阿贾克斯（荷兰）	独立（阿根廷）
1974	拜仁慕尼黑（西德）	马德堡（东德）	费耶诺德（荷兰）	-	马德里竞技（西班牙）
1975	拜仁慕尼黑（西德）	基辅迪纳摩（苏联）	门兴格拉德巴赫（西德）	基辅迪纳摩（苏联）	-
1976	拜仁慕尼黑（西德）	安德莱赫特（比利时）	利物浦（英格兰）	安德莱赫特（比利时）	拜仁慕尼黑（西德）
1977	利物浦（英格兰）	汉堡（西德）	尤文图斯（意大利）	利物浦（英格兰）	博卡青年（阿根廷）
1978	利物浦（英格兰）	安德莱赫特（比利时）	埃因霍温（荷兰）	安德莱赫特（比利时）	-
1979	诺丁汉森林（英格兰）	巴塞罗那（西班牙）	门兴格拉德巴赫（西德）	诺丁汉森林（英格兰）	奥林匹亚（巴拉圭）
1980	诺丁汉森林（英格兰）	巴伦西亚（西班牙）	法兰克福（西德）	巴伦西亚（西班牙）	民族（乌拉圭）
1981	利物浦（英格兰）	第比利斯迪纳摩（苏联）	伊普斯维奇（英格兰）	-	弗拉门戈（巴西）
1982	阿斯顿维拉（英格兰）	巴塞罗那（西班牙）	哥德堡（瑞典）	阿斯顿维拉（英格兰）	佩纳罗尔（乌拉圭）
1983	汉堡（西德）	阿伯丁（苏格兰）	安德莱赫特（比利时）	阿伯丁（苏格兰）	格雷米奥（巴西）
1984	利物浦（英格兰）	尤文图斯（意大利）	托特纳姆（英格兰）	尤文图斯（意大利）	独立（阿根廷）
1985	尤文图斯（意大利）	埃弗顿（英格兰）	皇家马德里（西班牙）	-	尤文图斯（意大利）
1986	布加勒斯特星（罗马尼亚）	基辅迪纳摩（苏联）	皇家马德里（西班牙）	布加勒斯特星（罗马尼亚）	河床（阿根廷）
1987	波尔图（葡萄牙）	阿贾克斯（荷兰）	哥德堡（瑞典）	波尔图（葡萄牙）	波尔图（葡萄牙）
1988	埃因霍温（荷兰）	梅赫伦（比利时）	勒沃库森（西德）	梅赫伦（比利时）	民族（乌拉圭）
1989	AC米兰（意大利）	巴塞罗那（西班牙）	那不勒斯（意大利）	AC米兰（意大利）	AC米兰（意大利）
1990	AC米兰（意大利）	桑普多利亚（意大利）	尤文图斯（意大利）	AC米兰（意大利）	AC米兰（意大利）
1991	贝尔格莱德红星（南斯拉夫）	曼彻斯特联（英格兰）	国际米兰（意大利）	曼彻斯特联（英格兰）	贝尔格莱德红星（南斯拉夫）
1992	巴塞罗那（西班牙）	不来梅（西德）	阿贾克斯（荷兰）	巴塞罗那（西班牙）	圣保罗（巴西）
1993	马赛（法国）	帕尔马（意大利）	尤文图斯（意大利）	帕尔马（意大利）	圣保罗（巴西）
1994	AC米兰（意大利）	阿森纳（英格兰）	国际米兰（意大利）	AC米兰（意大利）	萨斯菲尔德（阿根廷）
1995	阿贾克斯（荷兰）	萨拉戈萨（西班牙）	帕尔马（意大利）	阿贾克斯（荷兰）	阿贾克斯（荷兰）
1996	尤文图斯（意大利）	巴黎圣日耳曼（法国）	拜仁慕尼黑（德国）	尤文图斯（意大利）	尤文图斯（意大利）
1997	多特蒙德（德国）	巴塞罗那（西班牙）	沙尔克04（德国）	巴塞罗那（西班牙）	多特蒙德（德国）
1998	皇家马德里（西班牙）	切尔西（英格兰）	国际米兰（意大利）	切尔西（英格兰）	皇家马德里（西班牙）
1999	曼彻斯特联（英格兰）	拉齐奥（意大利）	帕尔马（意大利）	拉齐奥（意大利）	曼彻斯特联（英格兰）
2000	皇家马德里（西班牙）	-	加拉塔萨雷（土耳其）	加拉塔萨雷（土耳其）	博卡青年（阿根廷）
2001	拜仁慕尼黑（德国）	-	利物浦（英格兰）	利物浦（英格兰）	拜仁慕尼黑（德国）
2002	皇家马德里（西班牙）	-	费耶诺德（荷兰）	皇家马德里（西班牙）	皇家马德里（西班牙）
2003	AC米兰（意大利）	-	波尔图（葡萄牙）	AC米兰（意大利）	博卡青年（阿根廷）
2004	波尔图（葡萄牙）	-	巴伦西亚（西班牙）	巴伦西亚（西班牙）	波尔图（葡萄牙）
2005	利物浦（英格兰）	-	莫斯科中央陆军（俄罗斯）	利物浦（英格兰）	圣保罗（巴西）
2006	巴塞罗那（西班牙）	-	塞维利亚（西班牙）	塞维利亚（西班牙）	国际（巴西）
2007	AC米兰（意大利）	-	塞维利亚（西班牙）	AC米兰（意大利）	AC米兰（意大利）
2008	曼彻斯特联（英格兰）	-	圣彼得堡泽尼特（俄罗斯）	圣彼得堡泽尼特（俄罗斯）	曼彻斯特联（英格兰）
2009	巴塞罗那（西班牙）	-	顿涅茨克矿工（乌克兰）	巴塞罗那（西班牙）	巴塞罗那（西班牙）
2010	国际米兰（意大利）	-	马德里竞技（西班牙）	马德里竞技（西班牙）	国际米兰（意大利）
2011	巴塞罗那（西班牙）	-	波尔图（葡萄牙）	巴塞罗那（西班牙）	巴塞罗那（西班牙）
2012	切尔西（英格兰）	-	马德里竞技（西班牙）	马德里竞技（西班牙）	科林蒂安（巴西）
2013	拜仁慕尼黑（德国）	-	切尔西（英格兰）	拜仁慕尼黑（德国）	拜仁慕尼黑（德国）
2014	皇家马德里（西班牙）	-	塞维利亚（西班牙）	皇家马德里（西班牙）	皇家马德里（西班牙）
2015	巴塞罗那（西班牙）	-	塞维利亚（西班牙）	巴塞罗那（西班牙）	巴塞罗那（西班牙）
2016	皇家马德里（西班牙）	-	塞维利亚（西班牙）	皇家马德里（西班牙）	皇家马德里（西班牙）
2017	皇家马德里（西班牙）	-	曼彻斯特联（英格兰）	皇家马德里（西班牙）	皇家马德里（西班牙）
2018	皇家马德里（西班牙）	-	马德里竞技（西班牙）	马德里竞技（西班牙）	皇家马德里（西班牙）
2019	利物浦(英格兰)	-	切尔西(英格兰)	利物浦(英格兰)	利物浦(英格兰)
2020	拜仁慕尼黑(德国)	-	塞维利亚(西班牙)	拜仁慕尼黑(德国)	拜仁慕尼黑(德国)
2021	切尔西(英格兰)	-	比利亚雷亚尔(西班牙)	?	?

注:1991/1992赛季冠军杯改制为冠军联赛。2009/2010赛季联盟杯改制为欧联杯。欧洲超级杯最初由欧冠冠军对阵优胜者杯冠军，2000年起改为欧冠冠军对阵联盟杯冠军。1980年洲际杯冠名为丰田杯，2005年丰田杯改制为世俱杯。两德1990年统一，但直到1991/1992赛季仍各自派队参加欧战。本书数据截止到2020/2021赛季。

欧冠冠亚军次数（按俱乐部）

皇家马德里	13冠3亚
AC米兰	7冠4亚
利物浦	6冠3亚
拜仁慕尼黑	6冠5亚
巴塞罗那	5冠3亚
阿贾克斯	4冠2亚
国际米兰、曼彻斯特联	3冠2亚
尤文图斯	2冠7亚
本菲卡	2冠5亚
切尔西	2冠1亚
诺丁汉森林、波尔图	2冠
凯尔特人、汉堡、布加勒斯特星、马赛、多特蒙德	1冠1亚
费耶诺德、阿斯顿维拉、埃因霍温、贝尔格莱德红星	1冠
马德里竞技	3亚
兰斯、巴伦西亚	2亚
佛罗伦萨、法兰克福、贝尔格莱德游击队、帕纳辛奈科斯、利兹联、圣埃蒂安、门兴格拉德巴赫、布鲁日、马尔默、罗马、桑普多利亚、勒沃库森、摩纳哥、阿森纳、托特纳姆热刺、巴黎圣日尔曼、曼彻斯特城	1亚

欧冠冠亚军次数（按联赛）

西甲	18冠11亚
英超	14冠10亚
意甲	12冠16亚
德甲	8冠10亚
荷甲	6冠2亚
葡超	4冠5亚
法甲	1冠6亚
苏超、罗马尼亚甲、塞尔维亚超	1冠1亚
希腊超、比利时甲、瑞典超	1亚

欧冠进4强次数

皇家马德里	30次
拜仁慕尼黑	20次
巴塞罗那	17次
AC米兰	13次
曼彻斯特联、尤文图斯	12次
利物浦	11次
阿贾克斯	9次
本菲卡、国际米兰、切尔西	8次
马德里竞技	6次
凯尔特人、贝尔格莱德红星、多特蒙德、摩纳哥	4次
汉堡、布加勒斯特星、马赛、帕纳辛奈科斯、基辅迪纳摩、利兹联、波尔图、埃因霍温、巴黎圣日尔曼	3次
兰斯、里昂、费耶诺德、圣埃蒂安、苏黎世、门兴格拉德巴赫、诺丁汉森林、索菲亚中央陆军、安德莱赫特、格拉斯哥流浪者、哥德堡、巴伦西亚、阿森纳、罗马、曼彻斯特城	2次
爱尔兰人、佛罗伦萨、沃绍什、伯尔尼年轻人、法兰克福、维也纳快速、标准列日、托特纳姆、邓迪、久尔ETO、贝尔格莱德游击队、布拉格杜克拉、特尔纳瓦斯巴达克、华沙莱吉亚、德比郡、乌伊佩斯、布鲁日、奥地利维也纳人、科隆、马尔默、阿斯顿维拉、皇家社会、罗兹维泽夫、布加勒斯特迪纳摩、邓迪联、波尔多、加拉塔萨雷、莫斯科斯巴达克、布拉格斯巴达、桑普多利亚、南特、勒沃库森、拉科鲁尼亚、比利亚雷亚尔、沙尔克04、托特纳姆热刺、RB莱比锡	1次

欧冠不败夺冠

利物浦2次：1980/1981赛季6胜3平、1983/1984赛季7胜2平
AC米兰2次：1988/1989赛季5胜4平、1993/1994赛季7胜5平
阿贾克斯2次：1971/1972赛季7胜2平、1994/1995赛季7胜4平
曼联2次：1998/1999赛季5胜6平、2007/2008赛季9胜4平
国际米兰1次：1963/1964赛季7胜2平
诺丁汉森林1次：1978/1979赛季6胜3平
贝尔格莱德红星1次：1990/1991赛季5胜4平
马赛1次：1992/1993赛季7胜4平
巴塞罗那1次：2005/2006赛季9胜4平
拜仁慕尼黑1次：2019/2020赛季11战全胜

连续参加欧冠纪录

冠军杯时代
15个赛季：皇家马德里1955/1956赛季至1969/1970赛季
冠军联赛时代
24个赛季：皇家马德里1997/1998赛季至2020/2021赛季

连续参加欧冠决赛纪录

冠军杯时代
5个赛季：皇家马德里1955/1956赛季至1959/1960赛季
冠军联赛时代
3个赛季：AC米兰1992/1993赛季至1994/1995赛季、尤文图斯1995/1996赛季至1997/1998赛季、皇家马德里2015/2016赛季至2017/2018赛季

欧冠正赛悬殊比分纪录

1957/1958赛季	1/4决赛皇家马德里8比0塞维利亚
2007/2008赛季	小组赛利物浦8比0贝西克塔斯
2015/2016赛季	小组赛皇家马德里8比0马尔默

冠军联赛淘汰赛悬殊比分纪录

2011/2012赛季	1/8决赛拜仁慕尼黑7比0巴塞尔
2014/2015赛季	1/8决赛拜仁慕尼黑7比0顿涅茨克矿工

欧冠决赛悬殊比分纪录

1959/1960赛季	皇家马德里7比3法兰克福
1973/1974赛季	重赛拜仁慕尼黑4比0马德里竞技
1988/1989赛季	AC米兰4比0布加勒斯特星
1993/1994赛季	AC米兰4比0巴塞罗那

欧冠淘汰赛两回合悬殊总比分纪录

2008/2009赛季	1/8决赛拜仁慕尼黑12比1里斯本竞技

欧冠1/4决赛两回合悬殊总比分纪录

冠军杯时代
1957/1958赛季皇家马德里10比2塞维利亚
冠军联赛时代
1998/1999赛季拜仁慕尼黑6比0凯泽斯劳滕

欧冠半决赛两回合悬殊总比分纪录

冠军杯时代
1959/1960赛季法兰克福12比4格拉斯哥流浪者
冠军联赛时代
2012/2013赛季拜仁慕尼黑7比0巴塞罗那

欧冠决赛同国德比

1999/1900赛季	皇家马德里3比0巴伦西亚（西甲）
2002/2003赛季	AC米兰0比0（点3比2）尤文图斯（意甲）
2007/2008赛季	曼彻斯特联1比1（点6比5）切尔西（英超）
2012/2013赛季	拜仁慕尼黑2比1多特蒙德（德甲）
2013/2014赛季	皇家马德里4比1马德里竞技（西甲）
2015/2016赛季	皇家马德里1比1（点5比3）马德里竞技（西甲）
2018/2019赛季	托特纳姆热刺0比2利物浦（英超）
2020/2021赛季	切尔西1比0曼彻斯特城（英超）

欧冠小组赛进球最多纪录

25球 2017/2018赛季巴黎圣日耳曼

欧冠小组赛进球最少纪录

0球
2004/2005赛季拉科鲁尼亚
2009/2010赛季海法马卡比
2016/2017赛季萨格勒布迪纳摩

欧冠小组赛失球最多纪录

24球
2014/2015赛季鲍里索夫
2016/2017赛季华沙莱吉亚

欧冠小组赛失球最少纪录

1球
1992/1993赛季AC米兰
1995/1996赛季阿贾克斯
1996/1997赛季/2004/2005赛季尤文图斯
2005/2006赛季比利亚雷亚尔、利物浦、切尔西
2010/2011赛季曼彻斯特联
2014/2015赛季摩纳哥
2015/2016赛季巴黎圣日耳曼
2017/2018赛季巴塞罗那
2020/2021赛季曼彻斯特城

欧冠小组赛失球最多纪录

24球
2014/2015赛季鲍里索夫
2016/2017赛季华沙莱吉亚

欧冠小组赛净胜球最多纪录

21球 2017/2018赛季巴黎圣日耳曼

欧冠小组赛净负球最多纪录

22球 2014/2015赛季鲍里索夫

欧冠小组赛6战全胜

1992/1993赛季	AC米兰
1994/1995赛季	巴黎圣日耳曼
1995/1996赛季	莫斯科斯巴达克
2002/2003赛季	巴塞罗那（第一阶段小组赛）
2011/2012赛季/2014/2015赛季	皇家马德里
2019/2020赛季	拜仁慕尼黑

欧冠小组赛6战全平

2002/2003赛季 雅典AEK

欧冠小组赛连续出线纪录

24个赛季 皇家马德里1997/1998赛季至2020/2021赛季

欧冠小组赛连续头名出线纪录

10个赛季 巴塞罗那2007/2008赛季至2016/2017赛季

欧冠连续进球纪录

34场 皇家马德里2010/2011赛季至2013/2014赛季

欧冠连胜纪录

15场 拜仁慕尼黑2019/2020赛季至2020/2021赛季

欧冠主场连胜纪录

16场 拜仁慕尼黑2014/2015赛季至2016/2017赛季

欧冠客场连胜纪录

7场
阿贾克斯1995/1996赛季至1996/1997赛季
拜仁慕尼黑2012/2013赛季至2013/2014赛季

欧冠连续不败纪录

25场 曼联2007/2008赛季至2008/2009赛季
20场 阿贾克斯1985/1986赛季至1995/1996赛季
19场 拜仁慕尼黑2000/2001赛季至2001/2002赛季

欧冠主场连续不败纪录

29场 拜仁慕尼黑1997/1998赛季至2001/2002赛季

欧冠客场连续不败纪录

16场 曼彻斯特联2007/2008赛季至2009/2010赛季

1955-56赛季

（赛制）本届比赛共有16支球队参加，不设资格赛。16支球队进行淘汰赛直至产生冠军。从第一轮到决赛，夺冠的球队需要进行7场比赛。

第一轮(1955.9.4-11.23)
贝尔格莱德游击队8:5里斯本竞技
(客)3:3 M.米卢蒂诺维奇45′,50′,博贝克73′/马丁斯14′,78′/阿尔梅达65′
(主)5:2 M.米卢蒂诺维奇15′,29′,64′,74′,若比克88′/瓦尔特49′,77′
布达佩斯MTK(匈牙利)10:4安德莱赫特
(主)6:3 希姆恰克8′,保洛塔什25′,59′,80′,希代古提28′,山多尔83′/范德威尔特7′,范·登伯施39′,79′
(客)4:1 希代古提25′,隆托什78′,保洛塔什85′,科瓦奇86′/范·登伯施3′
皇马7:0 塞尔维特(瑞士)
(客)2:0 穆尼奥斯74′,里亚尔89′
(主)5:0 迪斯蒂法诺29′,61′,霍塞伊托44′,里亚尔46′,莫洛尼54′
爱尔兰人(苏格兰)5:1红白埃森(西德)
(客)4:0 滕布尔35′,53′,雷利53′,奥蒙德81′
(主)1:1 布坎南5′/阿布洛梅特90′
尤尔加登(瑞典)4:1华沙护卫者(波兰)　(主)0:0
(客)4:1 埃里克森5′,17′,22′,松德贝里29′/波什凯维奇14′
兰斯4:2 奥胡斯(丹麦)
(客)2:0 格洛瓦奇7′,72′　(主)2:2 格洛瓦奇47′,布里亚尔60′/E.延森77′,比耶勒高83′
维也纳快速6:2埃因霍温
(主)6:1 A.科内恩12′,62′,82′,麦赫萨洛施55′,哈纳皮56′,普罗布斯特60′/弗兰森18′　(客)0:1 弗兰森9′
AC米兰7:5萨尔布吕肯(西德)
(主)3:4 弗里尼亚尼5′,斯基亚菲诺33′,达尔·蒙特37′/克里格5′,菲利普43′,斯基拉67′,马丁69′
(客)4:1 维亚利8′,77′,达夫75′(乌龙),贝拉尔多86′/宾克尔特32′

1/4决赛(1955.11.23-1956.2.12)
爱尔兰人4:1尤尔加登
(客)3:1 库姆18′,马尔克林49′,奥尔森86(乌龙)/埃克隆1′
(主)1:0 滕布尔70′(点球)
兰斯8:6布达佩斯MTK
(主)4:2 格洛瓦奇14′,勒布隆33′,57′,布里亚尔42′/索尔诺克34′,隆托什77′(点球)
(客)4:4 格洛瓦奇6′,布里亚尔20′,44′,坦普林52′/隆托什11′(点球),74′(点球),保洛塔什53′,82′
皇马4:3贝尔格莱德游击队
(主)4:0 卡斯塔尼奥斯12′,23′,亨托36′,迪斯蒂法诺70′
(客)0:3 M.米卢蒂诺维奇24′,87′(点球),米哈伊洛维奇46′(点球)
AC米兰8:3维也纳快速
(客)1:1 诺达尔20′/A.科尔纳26′(点球)
(主)7:2 马里亚尼15′,诺达尔23′,50′,里卡尼26′,63′,弗里尼亚尼56′,斯基亚菲诺75′/戈洛比奇35′,丁斯特59′

半决赛(1956.4.4-1956.5.1)
兰斯3:0爱尔兰人
(主)2:0 勒布隆67′,布里亚尔89′
兰斯阵容:雅凯/齐姆尼,容凯,希劳多/齐齐,夏特卡/伊达尔戈,格洛瓦奇,科帕,布里亚尔,坦普林
爱尔兰人阵容:扬格/麦克法尔兰,格兰特,帕特森/布坎南,汤普森/史密斯,库姆,雷利,滕布尔,奥蒙德
(客)1:0 格洛瓦奇57′
兰斯阵容:雅凯/齐姆尼,容凯,希劳多/齐齐,夏特卡/伊达尔戈,格洛瓦奇,科帕,布里亚尔,勒布隆
爱尔兰人阵容:扬格/麦克法尔兰,格兰特,帕特森/布坎南,汤普森/史密斯,库姆,雷利,滕布尔,奥蒙德
皇马5:4AC米兰
(主)4:2 里亚尔6′,霍塞伊托25′,奥尔森40′,迪斯蒂法诺62′/诺达尔9′,斯基亚菲诺30′
皇马阵容:阿隆索/纳瓦罗,马基托斯,莱斯梅斯/穆尼奥斯,萨拉加/霍塞伊托,奥尔森,迪斯蒂法诺,里亚尔,亨托
AC米兰阵容:布冯/马尔蒂尼,佩德罗尼,扎加涅/利德霍尔姆,冈泽尔/贝拉尔多,里卡尼,诺达尔,斯基亚菲诺,达尔·蒙特
(客)1:2 霍塞伊托65′/达尔·蒙特69′(点球),86′(点球)
皇马阵容:阿隆索/阿蒂恩萨,马基托斯,莱斯梅斯/穆尼奥斯,萨拉加/霍塞伊托,奥尔森,迪斯蒂法诺,里亚尔,亨托
AC米兰阵容:布冯/马尔蒂尼,佩德罗尼,扎加涅/利德霍尔姆,拉迪斯/马里亚尼,里卡尼,诺达尔,斯基亚菲诺,达尔·蒙特

决赛(1956.6.13,巴黎)
皇马4:3兰斯
迪斯蒂法诺14′,里亚尔30′,79′,马基托斯67′/勒布隆6′,坦普林10′,伊达尔戈62′
皇马阵容(325):阿隆索/阿蒂恩萨,马基托斯,莱斯梅斯/穆尼奥斯,萨拉加/霍塞伊托,马萨尔,迪斯蒂法诺,里亚尔,亨托
兰斯阵容(325):雅凯/齐姆尼,容凯,希劳多/勒布隆,夏特卡/伊达尔戈,格洛瓦奇,科帕,布里亚尔,坦普林

1956-57赛季

（赛制）本届比赛共有2支球队参加，10支球队直接进入16强，另外12支球队进行资格赛，决出另外6支队伍进入16强。16强球队进行淘汰赛直至产生冠军。夺冠的皇马最终参加了7场比赛。

第一轮(1956.8.1-9.30)
*多特蒙德5:5斯波拉(卢森堡)
(主)4:3 布拉赫特32′,尼埃皮埃科洛57′,普莱斯勒60′,78′/博鲁25′,35′,88′
(客)1:2 西默尔28′/菲德勒22′,莱施40′
*两回合两队战平,9月16日在多特蒙德举行加赛,多特蒙德7:0取胜,进入第二轮
布加勒斯特迪那摩4:3加拉塔萨雷
(主)3:1 沃伊卡10′,66′,埃内82′/梅丁·奥克塔伊68′
(客)1:2 苏鲁30′/埃塔什40′,梅丁·奥克塔伊90′
布拉迪斯拉发斯拉夫人(捷克斯洛伐克)4:2华沙莱吉亚(波兰)
(主)4:0 帕里基11′,68′,科瓦奇30′(点球),莫拉维西克40′
(客)0:2 科瓦尔52′,布里基齐62′
曼联12:0安德莱赫特
(客)2:0 维奥莱特27′,泰勒75′
(主)10:0 泰勒8′,20′,54′,维奥莱特26′,39′,40′,75′,惠兰63′,89′,巴里78′
尼斯6:2奥胡斯(丹麦)
(客)1:1 富瓦58′/E.延森14′
(主)5:1 富瓦2′,米拉佐27′,74′,费弗尔45′,60′/E.延森82′
毕尔巴鄂5:3波尔图
(客)2:1 盖恩萨6′,卡尼托84′/何塞·马利亚53′
(主)3:2 阿特切15′,81′(点球),83′/埃尔纳尼4′,亚布鲁20′

第二轮(1956.11.1-12.20)
曼联3:2多特蒙德
(主)3:2 维奥莱特10′,26′,佩格30′/卡皮土尔斯基70′,普莱斯勒77′　(客)0:0
索非亚CDNA10:4布加勒斯特迪那摩
(主)8:1 科莱夫12′,20′,56′,63′,帕纳伊奥托夫27′,66′,米兰诺夫64′,迪米特洛夫80′/G.博库70′(点球)
(客)2:3 斯托亚诺夫22′,亚内夫50′/尼科莱尔58′(点球)(点球),拉扎尔65′,内亚古82′
*尼斯3:3格拉斯哥流浪者
(客)1:2 费弗尔22′/穆雷40′,辛普森60′
(主)2:1 布拉沃51′,富瓦64′/哈巴德41′(点球)
*两回合两队战平,11月28日在巴黎举行加赛,尼斯3:1取胜,进入8强
草蜢(瑞士)2:1布拉迪斯拉发斯拉夫人
(客)0:1 莫拉维西克19′
(主)2:0 伍科萨夫列维奇75′,迪雷90′
*皇马5:5维也纳快速
(主)4:2 迪斯蒂法诺10′,22′,马萨尔61′,62′/丁斯特59′,吉塞尔89′
(客)1:3 迪斯蒂法诺60′/哈佩尔19′,39′(点球),42′
*两回合两队战平,12月12日在马德里举行加赛,皇马2:0取胜,进入8强
贝尔格莱德红星6:3JC海尔伦(荷兰)
(客)4:3 科斯蒂奇4′,74′,托普拉克38′,拉丁斯基81′/简森8′,毕晓普76′,塔希奇79′(乌龙)
(主)2:0 托普拉克33′,科斯蒂奇78′
佛罗伦萨2:1IFK北雪平(瑞典)
(主)1:1 比萨里15′/比尔德8′　(客)1:0 维尔吉利17′
毕尔巴鄂6:5布达佩斯爱国者(匈牙利)
(主)3:2 阿特切16′,马尔卡达27′,阿里埃塔84′/布达伊75′,柯奇士86′
(客)3:3 梅罗迪奥3′,71′,马尔卡达68′/布达伊6′,柯奇士81′,普斯卡什85′

1/4决赛(1957.1.16-3.14)
曼联6:5毕尔巴鄂
(客)3:5 泰勒48′,维奥莱特55′,惠兰85′/乌里韦3′,28′,马尔卡达43′,梅罗迪奥73′,阿特切78′
(主)3:0 维奥莱特41′,泰勒70′,巴里84′
佛罗伦萨5:3草蜢
(主)3:1 塞加托3′,塔科拉10′,12′/巴拉曼31′
(客)2:2 儒利尼奥8′,蒙图奥利51′/巴拉曼24′,伍科萨夫列维奇84′
皇马6:2尼斯
(主)3:0 霍塞伊托19′,马特奥斯50′,72′
(客)3:2 霍塞伊托45′,迪斯蒂法诺50′,80′/富瓦15′,费里83′(点球)
贝尔格莱德红星4:3索非亚CDNA
(主)3:1 科斯蒂奇7′,25′,波波维奇53′/亚内夫89′
(客)1:2 塔希奇29′(点球)/博日科夫22′(点球),帕纳伊奥托夫39′

半决赛(1957.4.3-4.25)
佛罗伦萨1:0贝尔格莱德红星
(客)1:0 普里尼88′
佛罗伦萨阵容:G.萨尔蒂/马吉尼,奥尔赞,塞尔瓦托/恰佩拉,塞加托/儒利尼奥,格拉通,维尔吉利,蒙图奥利,普里尼
红星阵容:科里沃库卡/波波维奇,斯帕伊奇,塞科维奇/米蒂奇,塔希奇/塞库拉拉茨,托普拉克,科斯蒂奇,拉丁斯基,科希奇
(主)0:0
佛罗伦萨阵容:G.萨尔蒂/马吉尼,奥尔赞,塞尔瓦托/恰佩拉,塞加托/儒利尼奥,格拉通,维尔吉利,蒙图奥利,普里尼
红星阵容:贝亚拉/托米奇,斯帕伊奇,塞科维奇/波波维奇,塔希奇/塞库拉拉茨,米蒂奇,科斯蒂奇,拉丁斯基,科希奇
皇马5:3曼联
(主)3:1 里亚尔61′,迪斯蒂法诺74′,马特奥斯84′/泰勒82′
皇马阵容:阿隆索/贝塞里尔,马基托斯,莱斯梅斯/穆尼奥斯,萨拉加/科帕,马特奥斯,迪斯蒂法诺,里亚尔,亨托
曼联阵容:伍德/弗尔克斯,布朗奇弗勒/布莱恩,科尔曼,埃德沃斯/巴里,惠兰,泰勒,维奥莱特,佩格
(客)2:2 科帕25′,里亚尔32′/泰勒52′,查尔顿87′
皇马阵容:阿隆索/M.托雷斯,马基托斯,莱斯梅斯/穆尼奥斯,萨拉加/科帕,马特奥斯,迪斯蒂法诺,里亚尔,亨托
曼联阵容:伍德/弗尔克斯,布朗奇弗勒/布莱恩,科尔曼,埃德沃斯/巴里,惠兰,泰勒,B.查尔顿,佩格

决赛(1957.5.30,马德里)
皇马2:0佛罗伦萨
迪斯蒂法诺70′,亨托76′
皇马阵容(325):阿隆索/M.托雷斯,马基托斯,莱斯梅斯/穆尼奥斯,萨拉加/科帕,马特奥斯,迪斯蒂法诺,里亚尔,亨托
佛罗伦萨阵容(325):G.萨尔蒂/马吉尼,奥尔赞,塞尔瓦托/斯卡拉穆奇,塞加托/儒利尼奥,格拉通,维尔吉利,蒙图奥利,普里尼

1957-58赛季

（赛制）本届比赛共有24支球队参加，8支球队直接进入16强，另外16支球队进行资格赛，决出8支队伍进入16强。16强球队进行淘汰赛直至产生冠军。夺冠的皇马最终参加了7场比赛。

第一轮(1957.9.4-10.30)
格拉斯哥流浪者4:3圣艾蒂安
(主)3:1 基琴布兰德19′,斯科特48′,辛普森83′/梅克洛菲12′
(客)1:2 威尔森70′/奥莱夏戈11′,费里埃87′
沃绍什SC(匈牙利)7:3索非亚CDNA
(客)1:2 本扎克54′/米兰诺夫2′,38′
(主)6:1 乔尔达什35′,38′,50′,贝伦迪42′,本扎克59′,G.西拉吉89′/帕纳伊奥托夫19′
贝尔格莱德红星14:1迪德朗热(卢森堡)
(客)5:0 科斯蒂奇11′,16′,托普拉克47′,54′,V.波波维奇89′
(主)9:1 乔基奇5′,37′,米特里奇10′,67′,科斯蒂奇17′,27′,29′,33′,托普拉克68′/龙戈尼31′
奥胡斯(丹麦)3:0格伦纳冯(北爱尔兰)
(客)0:0　(主)3:0 安德森13′,45′,J.延森40′
*卡尔·马克斯城(东德)4:4华沙护卫者(波兰)
(客)1:3 S.凯泽79′/波什凯维奇50′,莱万多夫斯基59′,加夫龙斯基87′
(主)3:1 M.凯泽,S.凯泽55′,74′/波什凯维奇60′
*两回合两队战平,10月15日在柏林举行加赛,双方经过加时赛仍1:1战平,通过抽签卡尔·马克斯城进入第二轮
塞维利亚3:1本菲卡
(主)3:1 帕埃48′,安东涅特59′,佩皮利奥78′/帕尔梅罗40′　(客)0:0
曼联9:2沙姆洛克流浪(爱尔兰)
(客)6:0 惠兰36′,51′,T.泰勒56′,80′,巴里85′,佩格86′
(主)3:2 维奥莱特6′,59′,佩格22′/麦卡恩55′,哈米尔顿68′
*AC米兰6:6维也纳快速
(主)4:1 格里洛1′,比恩8′,哈特尔74(乌龙),马里亚尼82′/丁斯特58′
(客)2:5 格里洛19′,比恩77′/扎尼耶耶30′(乌龙),丁斯特31′,贝尔塔兹57′,雷格勒59′,哈纳皮79′
*两回合两队战平,10月30日在苏黎世举行加赛,AC米兰4:2取胜,进入第二轮

第二轮(1957.10.31-12.29)
皇马8:1安特卫普
(客)2:1 迪斯蒂法诺13′,61′/巴克尔59′
(主)6:0 里亚尔1′,4′,42′,马萨尔53′,科帕80′,亨托89′
贝尔格莱德红星4:3IFK北雪平(瑞典)
(客)2:2 托普拉克88′,科斯蒂奇90′/霍坎森71′,卡尔格伦81′
(主)2:1 斯帕伊奇76′,80′/巴克曼16′
阿贾克斯4:1卡尔·马克斯城
(客)3:1 范德奎尔5′,62′,布莱恩博格16′/A.穆勒86′
(主)1:0 杜德兰特78′
沃绍什SC3:2伯尔尼少男孩(瑞士)
(客)1:1 乔尔达什90′/阿勒曼9′
(主)2:1 乔尔达什8′,12′/施内特90′
曼联3:1布拉格杜克拉(捷克斯洛伐克)
(主)3:0 韦伯斯特65′,T.泰勒75′,佩格78′
(客)0:1 德沃夏克17′
塞维利亚4:2奥胡斯
(主)4:0 安东涅特6′,32′,洛伦25′,52′
(客)0:2 E.延森40′,80′
*多特蒙德5:5布加勒斯特星
(主)4:2 普莱斯勒20′,25′,彼得斯61′,63′/尼埃皮埃科洛67′/F.扎沃达38′,康斯坦丁50′
(客)1:3 普莱斯勒12′/米沙莱克17′(乌龙),卡科韦亚努25′,塔塔鲁44′
**两回合两队战平,12月29日在博洛尼亚举行加赛,多特蒙德3:1取胜,进入8强
AC米兰6:1格拉斯哥流浪者
(客)4:1 格里洛75′,82′,巴鲁菲81′,比恩87′/穆雷32′
(主)2:0 巴鲁菲37′,加利48′

1/4决赛(1958.1.14-2.26)
曼联5:4贝尔格莱德红星
(主)2:1 R.查尔顿63′,科尔尼安81′/塔希奇35′
(客)3:3 维奥莱特2′,查尔顿15′,17′/科斯蒂奇47′,89′,塔希奇58′(点球)
皇马10:2塞维利亚
(主)8:0 迪斯蒂法诺10′,55′(点球),85′,89′,科帕37′,73′,马萨尔47′,亨托81′
(客)2:2 佩雷达49′,63′/帕约[illegible]埃28′
沃绍什SC6:2阿贾克斯
(客)2:2 本扎克75′,84′/杜德[illegible]30′,43′
(主)4:0 本扎克8′,G.西拉吉[illegible],乔尔达什2[illegible]
AC米兰5:2多特蒙德
(客)1:1 加利44′/贝尔加马[illegible]89′(乌龙)
(主)4:1 库基亚罗尼11′,利[illegible]尔姆21′,加利[illegible],格里洛86′/普莱斯勒37′

半决赛(1958.4.2-5.1[illegible]
皇马4:2沃绍什SC
(主)4:0 迪斯蒂法诺9′,43′,[illegible],马萨尔47′
皇马阵容:阿隆索/马基[illegible]斯,圣马里亚,莱斯梅斯/桑蒂斯特万,萨拉加/科[illegible]马萨尔,迪斯蒂法诺,里亚尔,亨托
沃绍什SC阵容:克瓦利克[illegible]寺莱基,孔萨,萨洛西/巴尔菲,贝伦迪/拉杜里,乔[illegible]达什,本扎克,西拉吉,伦凯伊
(客)0:2 本扎克30′,乔尔[illegible]53′(点球)
皇马阵容:阿隆索/马基[illegible]斯,圣马里亚,莱斯梅斯/穆尼奥斯,萨拉加/科帕[illegible]萨尔,迪斯蒂法诺,里亚尔,亨托
沃绍什SC阵容:卡马拉[illegible]持莱基,卡帕蒂,萨洛西/巴尔菲,贝伦迪/拉杜里,乔尔达什,本扎克,西拉吉,伦凯伊
AC米兰5:2曼联
(客)1:2 斯基亚菲诺24′/维[illegible]莱特39′,E.泰勒79′(点球)
AC米兰阵容:布冯/冯[illegible],C.马尔蒂尼,贝拉尔多/贝尔加马斯基,拉迪斯/[illegible]里亚尼,利德霍尔姆,斯基亚菲诺,布雷德森,库基[illegible]罗尼
曼联阵容:克莱格/弗尔[illegible]斯,科佩,格里夫斯/古德温,克劳瑟/莫甘斯,E.泰[illegible]韦伯斯特,维奥莱特,皮尔森
(主)4:0 斯基亚菲诺2[illegible],[illegible],利德霍尔姆[illegible](点球),达诺瓦67′
AC米兰阵容:布冯/冯[illegible],扎尼埃,贝拉尔多/贝尔加马斯基,拉迪斯/达诺[illegible]利德霍尔姆,斯基亚菲诺,布雷德森,库基亚罗尼
曼联阵容:克莱格/弗尔[illegible]斯,科佩,格里夫斯/古德温,克劳瑟/莫甘斯,E.泰[illegible]韦伯斯特,维奥莱特,皮尔森

决赛(1958.5.28,布[illegible]尔)
皇马3:2AC米兰
迪斯蒂法诺74′,里亚尔7[illegible]亨托107′/斯基亚菲诺69′,格里洛78′
皇马阵容(325):阿隆索/[illegible]蒂恩萨,圣马里亚,莱斯梅斯/桑蒂斯特万,萨拉加[illegible]科帕,霍塞伊托,迪斯蒂法诺,里亚尔,亨托
AC米兰阵容(325):索尔[illegible]冯塔纳,C.马尔蒂尼,贝拉尔多/贝尔加马斯基,拉[illegible]斯/达诺瓦,利德霍尔姆,斯基亚菲诺,格里洛,库[illegible]罗尼

195[illegible]59赛季

（赛制）本届比赛共有[illegible]支球队参加，4支球队直接进入16强，另外24[illegible]队进行资格赛，决出12支队伍进入16强。16[illegible]队进行淘汰赛直至产生冠军。夺冠的皇马最终[illegible]加了7场比赛。

第一轮(1958.9.3-10[illegible]5)
列日标准6:3哈茨(苏格[illegible]
(主)5:1 雅多30′,85′,皮[illegible]尔斯34′,邦加-邦加73′,豪夫78′/克劳夫德14′
(客)1:2 吉瓦尔德58′/鲍[illegible]德5′,5,65′
*沙尔克5:5哥本哈根
(主)5:2 克罗特26′,36′,[illegible]德洛夫斯基45′,若瓦克70′,布罗克72′/安德森54′,6[illegible]
(客)0:3 比尔克兰德32′,[illegible],克罗夫35′
*两回合两队战平,10月1[illegible]艾斯申德举行加赛,沙尔克3:0取胜,进入第二轮
布拉格杜克拉4:3萨格[illegible]迪那摩
(客)2:2 博罗维奇卡30′,[illegible]鲁莫夫斯基51′/利波亚诺维奇70′,74′
(主)2:1 德沃夏克29′,瓦[illegible]夫斯基73′/加斯博尔特44′
*哥德堡2:2埃斯克年青[illegible]卢森堡)
(客)2:1 N.约翰松20′,B.[illegible]翰松60′/梅22′
(主)0:1 梅20′
*两回合两队战平,10月[illegible]在哥德堡举行加赛,哥德堡5:1取胜,进入第二轮
兰斯10:3阿兹(北爱尔兰[illegible]
(客)3:1 方丹26′,38′,46′,[illegible]/劳里87′
(主)6:2 皮亚托尼10′,60′,[illegible]丹14′,16′,布里亚尔20′,74′/劳瑟11′,韦埃28′
*卡尔·马克斯城(东德[illegible]4普洛耶什青石油(罗马尼亚)
(主)4:2 特隆格25′,菲[illegible]尔39′,68′,S.凯泽70′/M.德里迪亚7′,82′
(客)0:2 弗罗尼亚37′,[illegible]内斯库79′
*两回合两队战平,10月[illegible]日在基伏举行加赛,卡尔·马克斯城4:0取胜,进入第二轮
马德里竞技13:1谢尔本[illegible]爱尔兰)
(主)8:0 佩罗3′,52′,瓦[illegible],61′,科利亚尔55′,75′,门东萨63′,67′
(客)5:1 科利亚尔16′,[illegible]20′,佩罗52′,75,瓦瓦64′/弗拉姆86′(点球)
布达佩斯MTK6:0比托[illegible]波兰人(波兰
(客)3:0 桑多尔46′,保[illegible]什73′,80′(点球)
(主)3:0 莫尔纳43′,保[illegible]什55′(点球),80′

维也纳体育8:3尤文图斯
(客)1:3 霍拉克8'/希沃里2',56',62'
(主)7:0 斯科尔兰24',哈默尔勒35',37',64',80',霍夫82'(点球),85'
*伯尔尼小男孩(瑞士)VS曼联
*曼联弃权,伯尔尼小男孩进入第二轮
里斯本竞技6:4乌得勒支
(客)4:3 伊弗森32',55'(点球),乌戈41',马丁斯49'/特明49'(点球),克罗莫尔91',87'
(主)2:1 伊弗森50',卡拉巴利奥77/范德林登83'
*贝西克塔斯VS奥林匹亚科斯
*奥林匹亚科斯弃权,贝西克塔斯进入第二轮
第二轮(1958.10.29—12.18)
列日标准6:2里斯本竞技
(客)3:2 佩申13',雅多68'/马兰特斯70',博尔泽23'(乌龙),门德斯78'
(主)3:0 佩申47',豪夫67',马兰特斯74'
维也纳体育3:2布拉格杜克拉
(主)3:1 霍夫21',哈默尔勒7',科诺尔57'/普卢斯凯82'
(客)0:1 马索普斯特57'
伯尔尼小男孩6:2布达佩斯MTK
(客)2:1 韦克塞尔贝尔格5',赞德30'/莫尔纳65'
(主)4:1 韦克塞尔贝尔格1',60',迈尔40',阿勒曼82'/莫尔纳86'
*马德里竞技2:2索非亚CDNA
(主)2:1 瓦瓦60',佩罗80'/米兰诺夫78'
(客)0:1 帕纳伊奥托夫6'
*两回合两队战平,12月18日在日内瓦举行加赛,马德里竞技3:1取胜,进入8强
卡尔·马克斯城6:2哥德堡
(客)2:2 塞弗特61',青克6'/奥尔森4',安德森31'
(主)4:0 青克23',82',S.凯泽50',62'
沙尔克4:3狼队
(客)2:2 西伯特23',科斯罗夫斯基83'/布罗德本特51',65'
(主)2:1 科尔代尔12',西伯特34'/杰克逊48'
皇马3:1贝西克塔斯
(主)2:0 桑蒂斯特万57',马帕84'
(客)1:1 桑蒂斯特万9'/卡瑟64'
兰斯7:0赫尔辛基HPS(芬兰)
(主)4:0 维森特22',35',83',夏特卡89'
(客)0:3 方丹2',10',林塔莫(乌龙)
1/4决赛(1959.2.4—4.7)
兰斯3:2列日标准
(客)0:2 雅多55',吉瓦尔德1'(点球)
(主)3:0 皮亚托尼63',方丹3',88'
马德里竞技4:1沙尔克
(主)3:0 瓦瓦48',米格尔73',佩罗89'(点球)
(客)1:1 瓦瓦88'/诺瓦克1'
皇马7:1维也纳体育　(客)0:0
(主)7:1 马特奥斯8',迪斯蒂法诺14',64',68',73',里亚尔66',亨托89'/霍拉克11'
*伯尔尼小男孩2:2卡尔·马克斯城
(主)2:2 迈尔22',雷88'/瓦格纳45',埃尔勒58'　(客)0:0
*两回合两队战平,4月1日在阿姆斯特丹举行加赛,伯尔尼小男孩2:1取胜,进入4强
半决赛(1959.4.13—5.13)
兰斯3:1伯尔尼小男孩
(客)0:1 迈尔15'
兰斯阵容:科罗纳/罗齐,吉凯,希劳多/庞沃尔尼,巴拉托/勒布隆,拉马丹,方丹,皮亚托尼,维森特
伯尔尼小男孩阵容:艾希、巴恩、斯蒂芬、比格勒/施奈德、施内特/阿勒曼、迈尔、韦克塞尔贝尔格、雷、弗吕基格
(主)3:0 皮亚托尼41',72',庞沃尔尼54'
兰斯阵容:科罗纳/罗齐,吉凯,希劳多/庞沃尔尼,贝拉尔/勒布隆,布里亚尔,方丹,皮亚托尼,维森特
伯尔尼小男孩阵容:艾希/巴里斯韦尔、斯蒂芬、比格勒/施奈德、施内特/阿勒曼、迈尔、韦克塞尔贝尔格、雷、热塞
*皇马2:2马德里竞技
(主)2:1 里亚尔16',普斯卡什33'(点球)/丘佐15'
皇马阵容:多明戈斯/米切,圣马里亚,萨拉加/桑蒂斯特万,鲁伊斯/普斯卡什,马特奥斯,迪斯蒂法诺,里亚尔,亨托
马德里竞技阵容:帕索斯/里维利亚,卡莱约,门迪昂多/丘佐,卡莱哈/米格尔,门东萨,瓦瓦,佩罗,科利亚尔
(客)0:1 科利亚尔43'
皇马阵容:多明戈斯/米切,圣马里亚,萨拉加/桑蒂斯特万,鲁伊斯/科帕,马特奥斯,迪斯蒂法诺,里亚尔,亨托
马德里竞技阵容:帕索斯/里维利亚,卡莱约,门迪昂多/丘佐,卡莱哈/米格尔,门东萨,瓦瓦,佩罗,科利亚尔
*两回合两队战平,5月13日在萨拉戈萨举行加赛,皇马2:1取胜,进入决赛
决赛(1959.6.3,斯图加特)
皇马2:0兰斯
马特奥斯2',迪斯蒂法诺47'
皇马阵容(325):多明戈斯/马基托斯,圣马里亚,萨拉加/桑蒂斯特万,鲁伊兹/科帕,马特奥斯,迪斯蒂法诺,里亚尔,亨托
兰斯阵容(325):科罗纳/罗齐,吉凯,希劳多/庞沃尔尼,勒布隆/拉马丹,布里亚尔,方丹,皮亚托尼,维森特

1959—60赛季

(赛制)本届比赛共有27支球队参加,5支球队直接进入16强,另外22支球队进行资格赛,决出11支队伍进入16强。16强球队进行淘汰赛直至产生冠军。夺冠的皇马最终参加了7场比赛。

第一轮(1959.8.26—10.7)
尼斯4:3谢尔本(爱尔兰)
(主)3:2 纽伦博格37'(点球),富瓦39',78'/哈米尔顿20',多希87'
(客)1:1 费弗尔25'/亨内希11'
巴塞罗那8:4索非亚CDNA
(客)2:2 塞加拉31',马丁内斯39'/拉卡罗夫16',科莱夫79'
(主)6:2 库巴拉7',13'(点球),43'(点球),埃瓦里斯托40',60',62'/帕纳伊奥托夫20',马丁诺夫58'
维也纳体育2:0普洛耶什蒂石油(罗马尼亚)
(主)0:0
(客)2:1 霍拉克25',27'/巴杜莱斯库55'
哥德堡7:3林菲尔德(北爱尔兰)
(客)1:2 奥尔森38'/米尔博恩25',30'
(主)6:1 奥尔森17',18',38',62',80',N.约翰松37'/迪克森19'
埃施青年(卢森堡)6:2罗兹
(主)5:0 泰斯6',梅24',沙克56',莫里斯81',87'
(客)1:2 雅恩42'/申博尔斯基62'(点球),85'
国际布拉迪斯拉发(捷克斯洛伐克)4:1波尔图
(主)2:1 高伊多亚20',谢勒79'/泰克赛拉31'
(客)2:0达科斯塔63'(乌龙),多林斯基81'
AC米兰5:3奥林匹亚科斯
(客)2:2 阿尔塔菲尼30',75'/帕帕佐格卢10',伊凡迪斯45'
(主)3:1 达诺瓦12',26',85'/伊凡迪斯6'
费内巴切4:3布达佩斯柴佩尔(匈牙利)
(主)1:1 巴图73'/基苏克斯基1'
(客)3:2 莱夫特尔21',塞雷特37'/阿维尼53',乌吉10',涅梅特34'
格拉斯哥流浪者7:2安德莱赫特
(主)5:2 斯科特1',米拉尔3',马休46',拜尔德73',80'(点球)/斯托克曼52',朱里昂65'
(客)2:0 马休66',麦克米兰75'
狼队3:2柏林前进(东德)
(客)1:2 布罗德本特15'/里泽25',科勒38'
(主)2:0 布罗德本特53',马森76'
*法兰克福VS库奥皮奥KUPS(芬兰)
*库奥皮奥KUPS弃权,法兰克福进入第二轮
第二轮(1959.10.21—12.23)
皇马12:2埃施青年
(主)7:0 迪斯蒂法诺25',普斯卡什35',63',85',埃雷拉43',78',马特奥斯52'
(客)5:2 贝达尔13',马特奥斯17',31',迪斯蒂法诺19',普斯卡什28'/梅10',沙克14'
维也纳体育5:2欧登塞(丹麦)
(客)3:0 科诺尔61',72',霍拉克80'
(主)2:2 霍夫46',56'/巴塞特40',博格54'
*鹿特丹斯巴达4:4哥德堡
(主)3:1 丹尼尔斯23',38',48'/N.约翰松83'
(客)1:3 席尔德71'/奥尔森40',海尔默58'(点球),L.安德森67'
*两回合两队战平,11月25日在不莱梅举行加赛,鹿特丹斯巴达3:1取胜,进入8强
巴塞罗那7:1AC米兰
(客)2:0 贝赫斯12',苏亚雷斯16'
(主)5:1 马丁内斯9',塞加拉17',库巴拉33',65',69'/费拉里奥39'
法兰克福5:2伯尔尼小男孩(瑞士)
(客)4:1 韦尔巴切尔4',施泰因75',鲍姆勒82'(点球),林德纳84'/迈尔20'
(主)1:1 鲍姆勒67'(点球)/施奈德90'
格拉斯哥流浪者5:4国际布拉迪斯拉发
(主)4:3 麦克米兰1',斯科特45',威尔森58',米拉尔87'/谢勒15',齐姆拉29',多林斯基68'
(客)1:1 斯科特70'/蒂希89'
狼队4:1贝尔格莱德红星
(客)1:1 科斯蒂奇37'/迪雷29'
(主)3:0 穆雷6',马森55',90'
*尼斯3:3费内巴切
(客)1:2 米拉佐40'/巴图37',谢雷夫79'
(主)2:1 富瓦65',费弗尔70'/莱夫特尔85'(点球)
*两回合两队战平,12月23日在日内瓦举行加赛,尼斯5:1取胜,进入8强
1/4决赛(1960.2.4—3.30)
皇马6:3尼斯
(客)2:3 埃雷拉14',里亚尔26'/纽伦博格52',68'(点球),84'
(主)4:0 佩皮利奥20',亨托38',迪斯蒂法诺50',普斯卡什52'
巴塞罗那9:2狼队
(主)4:0 比利亚韦德8',82',库巴拉16',埃瓦里斯托66'
(客)5:2 柯奇士29',44',60',73',比利亚韦德78'/穆雷35',马森77'
法兰克福3:2维也纳体育
(主)2:1 林德纳17',迈尔59'/斯科尔兰49'
(客)1:1 施泰因60'/霍夫29'
*格拉斯哥流浪者3:3鹿特丹斯巴达
(客)3:2 威尔森3',拜尔德33',穆雷65'/德·弗里斯37',88'
(主)0:1 范埃德34'
*两回合两队战平,3月30日在伦敦举行加赛,格拉斯哥流浪者3:2取胜,进入4强
半决赛(1960.4.13—5.8)
法兰克福12:4格拉斯哥流浪者
(主)6:1 林德纳28',71',82',普法夫53',58',施泰因86'/卡尔多29'(点球)
法兰克福阵容:罗伊/卢茨,埃根布罗特,霍夫尔/韦尔巴切尔,斯丁卡/科莱斯,林德纳,E.施泰因,普法夫,迈尔
流浪者阵容:尼文/卡尔多,帕特森、利特尔/拜尔德、史蒂文森/斯科特、麦克米兰、穆雷、米拉尔、威尔森
(客)6:3 林德纳8',普法夫20',78',科莱斯28',迈尔68',帕特森70'(乌龙)/麦克米兰11',64',威尔森73'
法兰克福阵容:罗伊/卢茨,埃根布罗特,霍夫尔/韦尔巴切尔,斯丁卡/科莱斯,林德纳,E.施泰因,普法夫,迈尔
流浪者阵容:尼文/卡尔多,帕特森、利特尔/戴维斯、史蒂文森/斯科特、麦克米兰、拜尔德、米拉尔、威尔森
皇马6:2巴塞罗那
(主)3:1 迪斯蒂法诺18',87',普斯卡什29'/马丁内斯35'
皇马阵容:多明戈斯/马基托斯,圣马里亚,帕钦/贝达尔,鲁伊兹/埃雷拉,德尔·索尔,迪斯蒂法诺,普斯卡什,亨托
巴塞罗那阵容:拉马莱斯/弗洛塔、罗德里、加西亚/塞加拉、詹萨纳/库尔、柯奇士、马丁内斯、苏亚雷斯、比利亚韦德
(客)3:1 普斯卡什25',74',亨托68'/柯奇士89'
皇马阵容:多明戈斯/米切,圣马里亚,帕钦/贝达尔,鲁伊兹/卡纳里奥,德尔·索尔,迪斯蒂法诺,普斯卡什,亨托
巴塞罗那阵容:拉马莱斯/弗洛塔、罗德里、加西亚/贝赫斯、詹萨纳/库尔、柯奇士、马丁内斯、苏亚雷斯、埃瓦里斯托
决赛(1960.5.18,格拉斯哥)
皇马7:3法兰克福
迪斯蒂法诺27',29',74',普斯卡什45',56'(点球),60',70'/科莱斯18',施泰因72',76'
皇马阵容(325):多明戈斯/马基托斯,圣马里亚,帕钦/贝达尔,萨拉加/卡纳里奥,德尔·索尔,迪斯蒂法诺,普斯卡什,亨托
法兰克福阵容(325):罗伊/卢茨,埃根布罗特,霍夫尔/韦尔巴切尔,斯丁卡/科莱斯,林德纳,E.施泰因,普法夫,迈尔

1960—61赛季

(赛制)本届比赛共有28支球队参加,不设资格赛。卫冕冠军皇家马德里,英格兰冠军伯恩利、西德冠军汉堡和希腊冠军帕纳辛奈科斯直接进入16强,另24支参赛队经过第一轮淘汰赛后产生12支出线队。16支球队继续进行淘汰赛直至产生冠军。从第一轮到决赛,夺冠的球队需要进行9场比赛。

淘汰赛第一轮(1960.8.31—10.5)
腓特烈斯塔(挪威)4:3阿贾克斯
(主)4:3 奥尔森35',61',克里斯托弗森49',佩特森59'/H.赫罗特25',斯沃特37',穆勒75'　(客)0:0
伯尔尼小男孩9:2利默瑞克(爱尔兰)
(客)5:0 施奈德54',70',迪尔75',迈耶83',韦克塞尔贝格尔88'
(主)4:2 阿勒曼40',克劳福德65'(乌龙),施耐德70',迪尔80'/莱纳姆35',奥莱利68'
马尔默(瑞典)5:2赫尔辛基HIFK(芬兰)
(客)3:1 奥洛夫松25',40',博格53'/坎科宁68'
(主)2:1 伦德奎斯特22',荣24'/基韦莱29'
兰斯11:1埃施青年(卢森堡)
(主)6:1 维森特4',59',鲁斯蒂凯利16',迪巴埃勒38',64',皮安托尼85'/梅乌里塞87'
(客)5:0维森特50',莫罗54',海宁60'(乌龙),鲁斯蒂凯利63',69'
维也纳快速4:1贝西克塔斯
(主)4:0 奥克塔伊10'(乌龙),丁斯特20',格莱希纳84'(点球),贝尔塔兰89'
(客)0:1厄泽卡11'
奥胡斯AGF(丹麦)3:1华沙莱吉亚(波兰)
(主)3:0 阿姆迪森32',谢尔—安德森54',J.延森75'
(客)0:1 H.诺瓦克29'
索非亚CDNA(保加利亚)4:3尤文图斯
(客)0:2 洛约迪切32',西沃里24'
(主)4:1 拉卡罗夫19',科瓦切夫56',帕纳约托夫68',奇内夫75'/尼科莱88'
巴塞罗那5:0利尔斯SK(比利时)
(主)2:0 齐博尔17',苏亚雷斯72'
(客)3:0 比利亚贝尔德10',78',埃瓦里斯托29'
乌伊派斯蒂(匈牙利)5:1贝尔格莱德红星
(客)2:1格勒奇35',库哈尔茨基68'/科斯蒂奇17'
(主)3:0 博尔沙尼70',帕塔基71',格勒奇87'
本菲卡5:1米德洛西安(苏格兰)
(客)2:1 阿瓜斯36',何塞·奥古斯托74'/扬80'
(主)3:0 阿瓜斯7',60',何塞·奥古斯托49'
*克拉洛韦斯巴达克(捷克斯洛伐克)—布加勒斯特CCA
*由于布加勒斯特CCA自动弃权,克拉洛韦不战晋级
*卡尔·马克思城(东德)—格莱纳翁(北爱尔兰)
*格莱那翁队由于签证问题无法进入东德,因此被视为弃权,卡尔·马克思城自动晋级
淘汰赛第二轮(1960.10.19—12.7)
奥胡斯AGF4:0腓特烈斯塔
(主)3:0 R.延森74',85',奥弗比83'
(客)1:0 奥弗比49'
马尔默2:1索非亚CDNA
(主)1:0 卡尔松78'　(客)1:1 奥洛夫松52'/奇内夫21'
汉堡8:3伯尔尼小男孩
(客)5:0 施蒂默尔24',50',乌韦·席勒34',38',奈斯纳73'
(主)3:3 施蒂默尔13',德费尔67',沃克尔85'/比格勒22',迈耶25',施奈德49'
克拉洛韦斯巴达克1:0帕纳辛奈科斯
(主)1:0 松卡89'　(客)0:0
本菲卡7:4乌伊派斯蒂
(主)6:2 科卢纳1',阿瓜斯5',11',桑塔纳16',28',何塞·奥古斯托88'/格勒奇70',帕塔基77'
(客)1:2 桑塔纳5'/哈拉皮55',苏萨61'
*维也纳快速3:3卡尔·马克思城
(主)3:1 丁斯特3',米拉诺维奇52',哈纳皮61'/瓦格纳17'
(客)0:2 巴姆贝格尔49',青克61'
*(中)1:0 弗勒格尔4'
*双方两回合3比3战平之后,12月21日在瑞士巴塞尔进行补赛,维也纳快速取胜晋级
巴塞罗那4:3皇马
(客)2:2 苏亚雷斯27',87'(点球)/马特奥斯2',亨托32'
(主)2:1 比达尔34'(乌龙),埃瓦里斯托82'/卡纳里奥85'
伯恩利4:3兰斯(1960.11.16—11.30)
(主)2:0 麦克罗伊25',J.罗布森40'
(客)2:3 J.罗布森33',康奈利57'/皮亚托尼50',罗齐克56',75'
1/4决赛(1961.1.18—4.3)
汉堡5:4伯恩利
(客)1:3 德费尔76'/皮尔金顿8',60',J.罗布森74'
(主)4:1 施蒂默尔9',乌韦·席勒43',75',德费尔48'/哈里斯55'
巴塞罗那5:1克拉洛韦斯巴达克
(主)4:0 特哈达10',60',埃瓦里斯托37',库巴拉90'(点球)
(客)1:1 苏亚雷斯24'/齐坎33'
本菲卡7:2奥胡斯AGF
(主)3:1 阿瓜斯20',60',何塞·奥古斯托50'(点球)/阿姆迪森52'
(客)4:1 何塞·奥古斯托2',42',阿瓜斯32',桑塔纳81'/格尔马诺77'(乌龙)
维也纳快速4:0马尔默
(主)2:0 丁斯特44',贝尔塔兰87'
(客)2:0 贝尔塔兰39',弗勒格尔83'
半决赛(1961.4.12—5.4)
巴塞罗那2:2汉堡
(主)1:0 埃瓦里斯托46'
(客)1:2 柯奇士90'/伍尔夫58',乌韦·席勒68'
*(中)1:0 埃瓦里斯托43'
*双方两回合2比2战平之后,5月3日在比利时布鲁塞尔进行补赛,巴塞罗那取胜晋级
本菲卡4:1维也纳快速
(主)3:0 科卢纳15',阿瓜斯25',卡维姆63'
(客)1:1 阿瓜斯66'/斯科契克70'
决赛(1961.5.30,伯尔尼)
本菲卡3:2巴塞罗那
阿瓜斯31',桑塔纳32',科卢纳55'/柯奇士21',齐博尔75'
本菲卡阵容(325):科斯塔·佩雷拉/若昂、格尔马诺、安杰洛/克鲁斯、内托/何塞·奥古斯托、桑塔纳、阿瓜斯、科卢纳、卡维姆
巴塞罗那阵容(325):拉马列茨/丰乔、加拉伊、格拉西亚/贝赫斯、让萨纳/库巴拉、苏亚雷斯、埃瓦里斯托、柯奇士、齐博尔

1961—62赛季

(赛制)本届比赛共有29支球队参加,不设资格赛。卫冕冠军本菲卡、土耳其冠军费内巴切和芬兰冠军哈卡直接进入16强。另26支参赛队经过第一轮淘汰赛后产生13支出线队,共16支球队继续进行淘汰赛直至产生冠军。从第一轮到决赛,夺冠的球队最多需要进行9场比赛,本菲卡用了7场。

淘汰赛第一轮(1961.8.23—9.28)
纽伦堡9:1德拉姆康德拉(爱尔兰)
(主)5:0 L.穆勒10',施特雷尔15',23',格廷格46',74'
(客)4:1 施特雷尔15',60',S.史密斯48'(乌龙),普罗莱65'(乌龙)/富拉姆16'
*柏林前进(东德)3:3林菲尔德(北爱尔兰)
(主)3:0 科勒10',38',维尔特52'　*(客)0:3
*林菲尔德队由于签证问题没有按时抵达柏林,因此柏林被盼3比0取胜,并直接晋级
格拉斯哥流浪者6:4摩纳哥
(客)3:2 巴克斯特9',斯科特25',85'/埃斯61',杜伊75'(点球)
(主)3:2 克里斯蒂47',68',斯科特84'/埃斯18',77'
布拉格杜克拉6:5索非亚CDNA
(客)4:4 马诺托夫36'(点球),库切拉42',博罗维茨卡52',阿达麦茨60'/兰科夫31',拉卡罗夫49',亚基莫夫63',罗马诺夫84'
(主)2:1 库切拉53',沙弗拉内克69'/兰科夫
费耶诺德11:2哥德堡(瑞典)
(客)3:0 鲍梅斯特31',本纳斯32',特明41'
(主)8:2 特明2',85',鲍梅斯特4',43',58',59',舍恩滕20',本纳斯65'/达尼埃尔松68',斯文松70'
塞尔维特(瑞士)7:1保拉爱尔兰人(马耳他)
(主)5:0 罗比亚尼2',30',涅梅特22',乔治56'(点球),71'
(客)2:1 维特里奇44',罗比亚尼78'/苏丹纳60'
列日标准(比利时)4:1腓特烈斯塔(挪威)
(主)2:1 迭伦东克5',佩申77'/佩德森52'
(客)2:0 克拉红白埃森68',85'
皇马5:1沃绍什(匈牙利)
(客)2:0 特哈达6',28'

(主)3:1 迪斯蒂法诺11',57',特哈达89' 马乔什10'
欧登塞(丹麦)15:2斯波拉(卢森堡)
(客)6:0 洛夫奎斯特6',雷米36'(乌龙),布伦37',拉斯姆森50',66',汉森55'
(主)9:2 O·安德森34'(点球),77',80',洛夫奎斯特44',59',61',87',89',拉斯姆森75' 舍尔10',莱泽尔29'
托特纳姆热刺10:5戈尔尼克(波兰)
(客)2:4 琼斯70',戴森73' 诺曼8'(乌龙),穆夏韦克20',维尔切克40',波尔48'
(主)8:1 布兰奇福勒10'(点球),琼斯20',26',36',史密斯38',71',戴森79',怀特90' 波尔28'
贝尔格莱德游击队3:1里斯本竞技
(客)1:1 卢西奥·斯卡雷斯87' 科瓦切维奇68'
(主)2:0 拉多维奇18',维斯拉夫斯基87'
尤文图斯3:2帕纳辛奈科斯
(客)1:1 莫拉45' 帕帕埃马努埃尔66'
(主)2:1 尼科莱20',罗萨诺26' 科莱瓦斯62(点球)
奥地利维也纳2:0布加勒斯特CCA(罗马尼亚)
(客)0:0 (主)2:0 施托茨38'(点球),涅梅茨41'

淘汰赛第二轮(1961.10.18—12.3)

皇马12:0欧登塞
(客)3:0 普斯卡什15',83',特哈达87'
(主)9:0 普斯卡什8',德尔索尔25',30',迪斯蒂法诺34',43',72',亨托55',57',伊西德罗88'
纽伦堡3:1费内巴切
(客)2:1 弗拉肯埃克尔53',施特雷尔56' 坎巴图65'
(主)1:0 维尔德2'
列日标准7:1哈卡
(主)5:1 迭伦东克20',克拉红白埃森33',61',70',佩申78' 坎普兰皮76'
(客)2:0 泽姆林78',麦蒂马基87'(乌龙)
本菲卡6:2奥地利维也纳
(客)1:1 何塞·奥古斯托31' 施塔雷克69'
(主)5:1 桑塔纳4',82',阿瓜斯36',44',尤西比奥68' H.费尔南德斯80'(乌龙)
托特纳姆热刺4:2费耶诺德
(客)3:1 戴森41',索尔47',76' 克雷耶尔马特62'
(主)1:1 戴森10' 本纳斯7'
布拉格杜克拉5:4塞尔维特
(客)3:4 阿达麦茨6',49',瓦采诺夫斯基37' 法滕24',67',88',罗比亚尼84'
(主)2:0 库切拉24',27'
尤文图斯7:1贝尔格莱德游击队
(客)2:1 尼科莱35',罗萨73' 瓦索维奇76'
(主)5:0 尼科莱1',莫拉36',55',罗萨61',斯塔基尼67'
格拉斯哥流浪者6:2柏林前进
(客)2:1 卡尔多夫25'(点球),布兰德43' 科勒26'
*(主)4:1 亨德森37',卡林克55'(乌龙),麦克米兰68',81' 卡尔多夫70'(乌龙)
*双方第二回合本于11月22日在瑞典马尔默进行,但是比赛进行半场之后出现浓雾,因此比赛被推迟到第二天重新开始

1/4决赛(1962.2.1—2.26)

本菲卡7:3纽伦堡
(客)1:3 卡维姆10' 弗拉肯埃克尔31',84',施特雷尔38'
(主)6:0 阿瓜斯1',尤西比奥4',54',科卢纳20',何塞·奥古斯托63',78'
列日标准4:3格拉斯哥流浪者
(主)4:1 克拉红白埃森7',克罗桑40',51',弗里尔斯56' 威尔逊18'
(客)0:2 布兰德28',卡尔多夫88'(点球)
托特纳姆热刺4:2布拉格杜克拉
(客)0:1 库切拉59'
(主)4:1 史密斯11',53',马凯15',54' 耶利内克44'
*皇马1:1尤文图斯
(客)1:0 迪斯蒂法诺79' (主)0:1 西沃里38'
*两队2月28日在巴黎进行了一场补赛,最终皇马3比1取胜晋级
(补)3:1 费洛1',德尔索尔65',特哈达82' 西沃里33'

半决赛(1962.3.21—4.12)

本菲卡4:3托特纳姆热刺
(主)3:1 西蒙斯6',何塞·奥古斯托20',64' 史密斯55'
(客)1:2 阿瓜斯16' 史密斯34',布兰奇福勒48'(点球)
皇马6:0列日标准
(主)4:0 迪斯蒂法诺23',特哈达37',68',卡萨多48'
(客)2:0 普斯卡什49',德尔索尔58'

决赛(1962.5.2,阿姆斯特丹)

本菲卡5:3皇马
阿瓜斯25',卡维姆33',科卢纳50',尤西比奥64'(点球),69' 普斯卡什18',23',39'
皇马阵容(325):阿拉基斯塔因/卡萨多、圣马里亚、米耶拉/费洛、帕钦/特哈达、德尔索尔、迪斯蒂法诺、普斯卡什、亨托
本菲卡阵容(325):科斯塔·佩雷拉/若昂、格尔马诺、安杰洛/卡维姆、克鲁斯/何塞·奥古斯托、尤西比奥、阿瓜斯、科卢纳、西蒙斯

1962-63赛季

(赛制)本届比赛共有30支球队参加,不设资格赛。卫冕冠军本菲卡和法甲冠军兰斯直接进入16强,另外28支参赛队经过第一轮淘汰赛后产生14支出线队。16支球队继续进行淘汰赛直至产生冠军。从第一轮到决赛,夺冠的球队最多需要进行9场比赛。

淘汰赛第一轮(1962.8.26—10.3)

北雪平IFK(瑞典)3:1地拉那11月17日(阿尔巴尼亚)
(主)2:0 比尔德55',罗桑德尔74'
(客)1:1 金德瓦尔9' 帕诺50'
沃绍什(匈牙利)11:1腓特烈斯塔(挪威)
(客)4:1 L.帕尔59',77',78',马乔什89' 阿斯11'
(主)7:0 L.帕尔11',13',福尔考什20',22',65',T.帕尔44',53'
埃斯比约(丹麦)2:1林菲尔德(北爱尔兰)
(客)2:1 克里斯蒂安森28',贝尔特森42' 迪克逊7'
(主)0:0
奥地利维也纳7:3赫尔辛基HIFK(芬兰)
(主)5:3 希姆施罗特16',涅梅奇40',87',施莱格尔55',菲亚拉89' 埃克曼6',维克30',坎科宁83'(点球)
(客)2:0 涅梅奇62',亚卡雷80'
邓迪(苏格兰)8:5科隆
(主)8:1 黑默斯巴赫10'(乌龙),威斯哈特11',罗伯逊12',吉尔琴26',63',66',史密斯45',彭曼49' 本特豪斯81'
(客)0:4 哈比希8'(点球),C.穆勒40',沙费尔47',蒂伦58'
安德莱赫特4:3皇马
(客)3:3 范希姆斯特37',延森斯42',斯托克曼80' 索科5',亨托30',迪斯蒂法诺48'
(主)1:0 朱里翁85'
加拉塔萨雷4:1布加勒斯特迪那摩
(客)1:1 梅廷53' 皮尔卡拉布72'(点球)
(主)3:0 梅廷13'(点球),塔里克52',77'
AC米兰14:0卢森堡联
(主)8:0 阿尔塔菲尼8',11',34',44',67',里维拉34',杰尔马诺43',73'
(客)6:0 罗萨诺7',39',阿尔塔菲尼34',42',90',皮瓦泰利57'
比托姆波兰人波兰人(波兰)6:2帕纳辛奈科斯
(主)2:1 波格泽巴28',尤伊维亚克70' 西奥法尼斯29'
(客)4:1 利贝尔达25',肯普尼44',47',波格泽巴70' 帕纳基斯38'
*费耶诺德4:4塞尔维特(瑞士)
(客)3:1 克勒伊维尔44',49',本纳斯71' 梅克鲁菲33'
(主)1:3 克尔库姆75'(点球) 梅克鲁菲18',50',亨利28'
*费耶诺德通过10月17日在德国杜塞尔多夫的补赛晋级
(补)3:1 克鲁伊维尔54',鲍米斯特91',范德海普98' 涅梅特33'
伊普斯维奇14:1弗洛里亚纳(马耳他)
(客)4:1 克劳福德7',48',菲利浦斯30',81' 博格87'
(主)10:0 莫兰8',52',菲利浦斯14',34'(点球),克劳福德28',39',44',60',80',埃尔斯沃西54'
里斯本竞技7:1谢尔本(爱尔兰)
(客)2:0 莫赖斯35',热奥80'
(主)5:1 卢西奥5'(点球),马斯卡伦哈斯8',70',何塞·卡洛斯48',莫赖斯61' 亨内西88'
索非亚CDNA(保加利亚)6:2贝尔格莱德游击队
(主)2:1 科列夫12',20'/科瓦切维奇34'(点球)
(客)4:1 沙内夫22',亚基莫夫47',科瓦切夫81'(点球),帕纳约托夫90'/加利奇70'
布拉格杜克拉(捷克斯洛伐克)4:0柏林前进(东德)
(客)3:0 阿达麦茨45',49',70' (主)1:0 阿达麦茨30'

淘汰赛第二轮(1962.10.18—11.28

兰斯(法国)7:3奥地利维也纳
(客)2:3 绍瓦热15'(点球),82'/亚卡雷80',希姆施罗特25',菲亚拉58'(点球)
(主)5:0 科帕12',68',夏特卡17',迪巴埃勒36',阿克斯比80'
邓迪4:2里斯本竞技
(客)0:1 热奥90'
(主)4:1 吉尔琴21',37',53',库赞62'/菲格雷多66'
安德莱赫特4:2索非亚CDNA
(客)2:2 朱里翁14',74'/科列夫10',亚基莫夫85'
(主)2:0 利庞38',50'
本菲卡6:2北雪平IFK
(客)1:1 尤西比奥31'/布约克伦德8'
(主)5:1 阿瓜斯1',尤西比奥16',35',85',科卢纳21' 布约克伦德62'
布拉格杜克拉5:0埃斯比约 (客)0:0
(主)5:0 汉森15'(乌龙),瓦采诺夫斯基50',68',马索普斯特57',布鲁莫夫斯基80'
加拉塔萨雷4:2比托姆波兰人波兰人
(主)4:1 塔里克19',梅廷27'(点球),50',53'/肯普尼43'
(客)0:1 尤伊维亚克20'
*费耶诺德3:3沃绍什
(主)1:1 范德海普23'/L.帕尔
(客)2:2 克勒伊维尔44',克尔库姆60'(点球) 马乔什36'(点球),38'(点球)
*费耶诺德凭借12月12日在安特卫普的补赛击败对手晋级
(补)1:0 本纳斯54'
AC米兰4:2伊普斯维奇
(主)3:0 巴里森8',13',萨尼64'
(客)1:2 巴里森62'/克劳福德79',布莱克伍德85'

1/4决赛(1963.1.23—3.13)

AC米兰8比1加拉塔萨雷
(客)3:1 莫拉34'(点球),巴里森39',阿尔塔菲尼76'/乌尔4'
(主)5:0 皮瓦泰利11',42',阿尔塔菲尼50',66',69'
费耶诺德2:1兰斯
(客)1:0 克雷耶尔马特27'
(主)1:1 克勒伊维尔40'/阿克斯比85'
邓迪6:2安德莱赫特
(客)4:1 吉尔琴1',18',库赞47',史密斯67'/利庞36'(点球)
(主)2:1 库赞47',史密斯53'/斯托克曼28'
本菲卡2:1布拉格杜克拉
(主)2:1 科卢纳54',85'/瓦采诺夫斯基63'
(客)0:0

半决赛(1963.4.10—5.8)

本菲卡3:1费耶诺德 (客)0:0
本菲卡阵容(325):科斯塔·佩雷拉/卡文、劳尔、克鲁斯/温贝托、科卢纳/何塞·奥古斯托、桑塔纳、阿瓜斯、尤西比奥、A.席尔瓦
费耶诺德阵容(325):格拉夫兰/克尔库姆、克赖、费尔德亨/克雷耶尔马特、克拉森斯/贝格霍尔茨、克勒伊维尔、范德海普、本纳斯、穆林
(主)3:1 尤西比奥20',何塞·奥古斯托43',桑塔纳62' 鲍梅斯特80'
本菲卡阵容(325):科斯塔·佩雷拉/卡文、劳尔、克鲁斯/温贝托、科卢纳/何塞·奥古斯托、桑塔纳、J.托雷斯、尤西比奥、西蒙斯
费耶诺德阵容(325):格拉夫兰/克尔库姆、克赖、费尔德亨/克雷耶尔马特、克拉森斯/贝格霍尔茨、克勒伊维尔、本纳斯、鲍梅斯特、穆林
AC米兰5:2邓迪
(主)5:1 萨尼3',巴里森47',76',莫拉51',82' 库赞23'
AC米兰阵容(325):盖齐/戴维、切萨雷·马尔蒂尼、特雷比/贝尼特斯、特拉帕托尼/莫拉、迪诺·萨尼、阿尔塔菲尼、里维拉、巴里森
邓迪阵容(325):斯莱特/汉密尔顿、尤尔、斯图尔特/塞思、威沙特/史密斯、彭曼、库赞、吉尔琴、休斯敦
(客)0:1吉尔琴89'
AC米兰阵容(325):盖齐/戴维、切萨雷·马尔蒂尼、特雷比/贝尼特斯、特拉帕托尼/莫拉、皮瓦泰利、阿尔塔菲尼、里维拉、巴里森
邓迪阵容(325):斯莱特/汉密尔顿、尤尔、斯图尔特/塞思、威沙特/史密斯、彭曼、库赞、吉尔琴、休斯敦

决赛(1963.5.22,伦敦)

AC米兰2:1本菲卡
阿尔塔菲尼58',69' 尤西比奥19'
AC米兰阵容(424):盖齐/戴维、切萨雷·马尔蒂尼、贝尼特斯、特雷比/迪诺·萨尼、特拉帕托尼/皮瓦泰利、阿尔塔菲尼、里维拉、莫拉
本菲卡阵容(325):科斯塔·佩雷拉/卡维姆、劳尔、克鲁斯/温贝托、科卢纳/何塞·奥古斯托、桑塔纳、J.托雷斯、尤西比奥、西蒙斯

1963-64赛季

(赛制)本届比赛共有31支球队参加.不设资格赛,卫冕冠军AC米兰直接进入16强,另30支参赛队经过第一轮淘汰赛后产生15支出线队,16支球队继续进行淘汰赛直至产生冠军,从第一轮到决赛,夺冠的球队需要进行9场比赛。

淘汰赛第一轮(1963.9.11—10.9)

苏黎士FC(瑞士)4:2唐道克(爱尔兰)
(客)3:0 费勒15',68',冯博格58'
(主)1:2 费勒75'/克罗斯20',黑斯蒂60'
贝尔格莱德游击队6:1阿诺索西斯(塞浦路斯)(1963.9.11—10.1)
(主)3:0 科瓦切维奇50'(点球),65',加利奇83'
(客)3:1 加利奇25',巴吉奇25',科瓦切维奇85'/科斯塔基斯20'
多特蒙德7:3利恩(挪威)
(客)4:2 埃梅里希16',66',76',施密特60'/博格22',斯塔夫伦23'
(主)3:1 科涅奇卡35',48',奇利亚克斯60'/斯塔夫伦63'
普罗夫迪夫斯巴达(保加利亚)3:2地拉那11月17日(阿尔巴尼亚)(阿尔巴尼亚)
(客)0:1 帕诺65'
(主)3:1 斯托亚诺夫9',迪索科夫37',迪耶夫67'/帕纳约特40'
加拉塔萨雷4:2费伦茨城(匈牙利)
(主)4:0 巴赫里28',梅廷50',84'(点球),塔里克61'
(客)0:2 奥尔贝特21'(点球),74
布拉格杜克拉(捷克斯洛伐克)8:0瓦莱塔FC(马耳他)
(主)6:0 库切拉1',61',71',沙弗拉内克8',布鲁莫夫斯基55',耶利内克60'
(客)2:0 盖莱陶74',耶利内克81'
布加勒斯特迪那摩3:0耶拿(东德)
(主)2:0 佩特鲁15',皮尔卡拉布65'
(客)1:0 蒂尔科维55'
国际米兰1:0埃弗顿
(客)0:0 (主)1:0 雅伊尔46'
*戈尔尼克1:1奥地利维也纳
(主)1:0 伦特纳71' (客)0:1 布热克46'
*双方10月9日在维也纳进行补赛,戈尼克2比1胜出晋级
(补)2:1 波尔6',穆夏韦克30'/盖尔70'
摩纳哥8:3雅典AEK
(主)7:2 科索9',31',42',57',杜伊17',87',迪布里尔22'/内斯托里迪斯80'
(客)1:1 泰奥89'(点球)/塞奥法尼迪斯60'
本菲卡8:3利斯本酿酒厂(北爱尔兰)
(客)3:3 塞拉菲姆15',60',尤西比奥88'/J.肯尼迪1',汉密尔顿35',埃利逊79'
(主)5:0 尤西比奥24',65',西蒙斯37',亚乌卡67',塞拉菲姆77'
北雪平IFK(瑞典)2:1列日标准(比利时)
(客)0:1 皮洛6'
(主)2:0 金德瓦尔41',马丁松60'
埃因霍温11:4埃斯比约(丹麦)
(客)4:3 特尼桑31',克尔克霍夫斯46',57',布吕塞勒斯67'/克里斯蒂安森4',弗兰德森8',贝特尔森54'
(主)7:1 克尔克霍夫斯4',36',特尼桑8',72',89',吉森22',69'/贝特尔森3'
皇马7:0格拉斯哥流浪者
(客)1:0 普斯卡什86'
(主)6:0 普斯卡什3',24',49',[illegible]里斯托10',亨[illegible]19',F.鲁伊斯78'
埃施青年(卢森堡)5:4哈卡[illegible]兰)
(主)1:4 泰斯10' 昆普兰皮[illegible]8',佩尔托宁[illegible]2',76'
(客)4:0 泰斯17',85',梅60',[illegible]格84'

淘汰赛第二轮(1963.11[illegible]—12.4)

多特蒙德6:2本菲卡
(客)1:2 沃萨布54' 西蒙斯[illegible]',尤西比奥67'
(主)5:0 科涅奇卡33',布龙[illegible]35',37',47',沃萨布58'
布拉格杜克拉4:3戈尔尼克[illegible]
(客)0:2 穆夏韦克5',卢班[illegible]49'
(主)4:1 库切拉18',48',马索[illegible]斯特19',耶利内克38' 索乌蒂希克56'
埃因霍温1:0普罗夫迪夫斯[illegible]达
(客)1:0 克尔克霍夫斯88' (主)0:0
皇马8:4布加勒斯特迪那[illegible]
(客)3:1 F.鲁伊斯20',迪斯[illegible]法诺43',亨托67' 蒂尔科维86'
(主)5:3 F.鲁伊斯3',迪斯[illegible]法诺15',阿曼西奥51',索科60',普斯卡什63' L.农[illegible]38',弗拉蒂拉47',皮尔卡拉布71(点球)
*苏黎士FC2:2加拉塔萨雷
(主)2:0 马蒂内利20',施[illegible]尔83'
(客)0:2 梅廷9'(点球),80'[illegible]球)
*双方12月11日在罗马进[illegible]补赛,2比2再次战平之后,苏黎士通过抽签幸运[illegible]级
(补)2:2 冯博格75',莱姆格[illegible]贝尔117' 梅廷85',乌尔92'
贝尔格莱德游击队7:4埃[illegible]年
(客)1:2 加利奇33' 梅19',[illegible]斯82'
(主)6:2 科瓦切维奇18',[illegible],66',77',切比纤茨45',加利奇57' 朗格20',巴赫6[illegible]
国际米兰4:1摩纳哥
(主)1:0 奇科洛
(客)3:1 马佐拉13',18',苏[illegible]雷斯90' 泰奥5[illegible](点球)
AC米兰6:3北雪平IFK
(客)1:1 福尔图纳托84' [illegible]奎斯特59'
(主)5:2 阿尔塔菲尼34',[illegible],77',努德奎斯特45'(乌龙),里维拉50' 马丁松3[illegible] 泰比88'(乌龙)

1/4决赛(1964.1.29—[illegible]18)

皇马4:3AC米兰
(主)4:1 阿曼西奥17',普[illegible]卡什44',迪斯[illegible]法诺59',亨托66'/洛代蒂73'
(客)0:2 洛代蒂7',阿尔[illegible]菲尼44'
国际米兰4:1贝尔格莱德[illegible]击队
(客)2:0 雅伊尔48',马佐[illegible]89'
(主)2:1 科尔索27',雅伊[illegible]3'/巴季奇68'
苏黎士FC3:2埃因霍温
(客)0:1 特尼桑78'
(主)3:1 布里齐2',18',施[illegible]尔46'/韦尔东克35'
多特蒙德5:3布拉格杜[illegible]
(客)4:0 布龙斯20',科涅[illegible]卡56',沃萨布[illegible]6'(点球),85'
(主)1:3 里莱维茨20'/[illegible]尔40',耶利内克68',87'

半决赛(1964.4.15—[illegible]9)

国际米兰4:2多特蒙德
(客)2:2 马佐拉3',科尔[illegible]2'/布龙斯24',23'
国际米兰阵容(325):G.[illegible]蒂/布尔尼奇、瓜尔内里、法切蒂/塔宁、皮基/雅伊[illegible]、马佐拉、希马尼亚克、苏亚雷斯、科尔索
多特蒙德阵容(325):蒂[illegible]科夫斯基/施图尔姆、盖斯勒、雷德/库拉特、布拉[illegible]特/沃萨布、施密特、布龙斯、科涅奇卡、埃梅里希
(主)2:0 马佐拉48',雅伊[illegible]76'
国际米兰阵容(325):G.[illegible]蒂/布尔尼奇、瓜尔内里、法切蒂/塔宁、皮基/雅伊[illegible]、马佐拉、米拉尼、苏亚雷斯、科尔索
多特蒙德阵容(325):蒂[illegible]科夫斯基/施图尔姆、盖斯勒、雷德/库拉特、布拉[illegible]特/沃萨布、施密特、布龙斯、科涅奇卡、埃梅里希
皇马8:1苏黎士FC
(客)2:1 迪斯蒂法诺16',[illegible]科25'/布里齐[illegible]'
皇马阵容(325):维森[illegible]/伊西德罗、圣[illegible]里亚、帕钦/索科、穆勒/阿曼西[illegible]、费洛、迪斯蒂法诺、亨托、普斯卡什
(主)6:0 索科9',费洛[illegible],穆勒16',普斯卡什70',迪斯蒂法诺79',阿曼西奥8[illegible]
皇马阵容(325):维森[illegible]/伊西德罗、圣马里亚、帕钦/索科、穆勒/阿曼西[illegible]、费洛、迪斯蒂法诺、亨托、普斯卡什

决赛(1964.5.27,[illegible]纳)

国际米兰3:1皇马
马佐拉43',米拉尼61',[illegible]佐拉76'/费洛7[illegible]'
国际米兰阵容(433):[illegible]蒂/布尔尼奇、瓜尔内里、皮基、法切蒂/塔宁、苏[illegible]雷斯、科尔索/雅伊尔、马佐拉、米拉尼
皇马阵容(424):维森[illegible]/伊西德罗、圣马里亚、索科、帕钦/费洛、穆勒/阿[illegible]西奥、迪斯蒂法诺、亨托、普斯卡什

19[illegible]-65赛季

(赛制)本届比赛[illegible]31支球队参加,不设资格赛,卫冕冠军国际[illegible]直接进入16强,另30支参赛队经过第一轮淘[illegible]后产生15支出线队。16支球队继续进行淘汰[illegible]至产生冠军。从第一轮到

决赛，夺冠的球队最多需要进行9场比赛。

淘汰赛第一轮(1964.[illegible]17–10.14)
利物浦11:1雷克雅未克KR(冰岛)
(客)5:0 华莱士3′、60′，亨特46′、88′，希斯纳尔89′
(主)6:1 伯恩13′，圣约翰[illegible]、75′，亨特50′，格雷厄姆65′，史蒂文森67′/菲利克松36′
沃绍什(匈牙利)6:2莱比锡
(客)2:0 凯格莱维奇64′，[illegible]尔索什67′
(主)4:2 保隆泰11′，凯格莱维奇21′、51′，欧罗斯62′，舍巴特85′，斯拉比88′
*格拉斯哥流浪者5:5贝尔格莱德红星
(主)3:1 布兰德12′、89′，福[illegible]斯特47′，科斯蒂奇58′
(客)2:4 格雷格40′，麦金[illegible]33′，普尔林切维奇42′、68′，科阿内65′，梅利奇77′
*补赛格拉斯哥流浪者3:[illegible]胜(11.4)
(伦敦)3:1 福里斯特13′、35′，布兰德75′，科普79′
*戈尔尼克(波兰)4:4布拉格杜克拉(捷克斯洛伐克)
(客)1:4 卢班斯基5′/瓦[illegible]若夫斯基22′，内多罗斯特56′、87′，马索普斯特84′
(主)3:0 波尔32′、60′，穆夏[illegible]克65′
*补赛(10.14)双方0比0战平(在德国杜伊斯堡)，最后杜克拉凭借抽签幸运晋级
拉绍德封(瑞士)4:3圣艾蒂安
(客)2:2 贝尔基32′、43′/梅[illegible]洛菲18′，居伊60′
(主)2:1 维莱迈尔48′，特里[illegible]林71′/居伊10′
科隆2:0地拉那游击队(阿尔巴尼亚)
(客)0:0　　(主)2:0 施图[illegible]姆77′，奥弗拉特88′
利恩(挪威)4:2拉赫蒂雷帕[illegible]雷帕斯(芬兰)
(客)1:2 斯塔弗伦26′/考托[illegible]25′，塔尔西60′
(主)3:0 席曼11′、51′，J.博格[illegible]
*安德莱赫特2:2博洛尼亚
(主)1:0 范希姆斯特49′
(客)1:2 斯托克曼89′/帕斯[illegible]蒂57′，内尔森75′
*补赛(10.14)双方0比0战平(在巴塞罗那)，最后安德莱赫特凭借抽签幸运晋级
索非亚火车头8:5马尔默(瑞典)
(主)8:3 科特科夫5′、7′、27′、[illegible]6′、47′，德巴斯基11′、31′，米列夫62′/埃克斯特伦13′，[illegible]尔森51′、63′
(客)0:2 拉尔森25′(点球)、3[illegible]
布加勒斯特迪那摩7:[illegible]施利马流浪者(马耳他)(1964.9.13–9.19)
(客)2:0 弗拉蒂拉4′，皮尔卡拉布40′
(主)5:0 皮尔卡拉布30′、42′，佩[illegible]鲁65′，弗拉蒂拉84′、86′
本菲卡10:2博纳沃耶(卢森堡)
(客)5:1 J.托雷斯15′、18′、35′、[illegible]，尤西比奥44′/霍夫曼
(主)5:1 尤西比奥23′、52′，西蒙斯57′，J.托雷斯69′，何塞·奥古斯托87′/施雷内尔[illegible]
帕纳辛奈科斯5:4格伦托兰(北爱尔兰)
(客)2:2 詹纳科普洛斯13′，帕普察西斯21′/特纳40′(点球)，汤普森58′
(主)3:2 卢卡尼迪斯17′(点球)、70′，帕普察西斯77′/特纳40′，帕维斯75′
维也纳快速5:0三叶草流浪者(爱尔兰)
(主)3:0 格莱赫纳28′、62′，努[illegible]克57′
(客)2:0 沃尔尼53′，弗洛格尔[illegible]
D.W.S.阿姆斯特丹(荷兰)4:1费内巴切
(主)3:1 赫尔特森45′、61′，霍兰德尔81′/比罗尔60′
(客)1:0 特明85′
皇马9:2欧登塞1909(丹麦)
(客)5:2 亨托3′、41′、65′，格罗[illegible]9′，普斯卡什70′/里希特15′，贝当古85′(乌龙)
(主)4:0 亨托9′、87′，格罗索28′，阿曼西奥78′

淘汰赛第二轮(1964.11.4–12.16)
D.W.S.阿姆斯特丹8:1利恩
(主)5:0 特明7′、77′，伦茨38′，[illegible]斯梅尔74′，博格斯80′
(客)3:1 赫尔特森60′，特明66′，霍兰德尔72′/席曼80′
本菲卡6:1拉绍德封
(客)1:1 J.托雷斯7′/安特南38′
(主)5:0 科卢纳37′，何塞·奥古斯托39′、67′，尤西比奥52′，J.托雷斯88′
科隆3:2帕纳辛奈科斯
(客)1:1 C.穆勒25′/帕普察西斯[illegible]4′
(主)2:1 蒂伦21′，C.穆勒75′/科[illegible]安尼蒂斯6′
国际米兰7:0布加勒斯特迪那摩
(主)6:0 雅伊尔12′、35′，马佐拉6′、78′，苏亚雷斯38′，米拉尼81′　　(客)1:0 多[illegible]尼57′
皇马6:2布拉格杜克拉
(主)4:0 阿曼西奥22′、78′、85′，格罗索32′
(客)2:2 费洛14′，阿曼西奥87′/[illegible]莱塔60′、72′
沃绍什8:7索非亚火车头
(主)5:3 哲尔菲32′、75′，科尔索什[illegible]，波瓦饶伊81′、86′/科特科夫41′、62′，拉扎罗夫67′
(客)3:4 哲尔菲19′，波瓦饶伊[illegible]，凯格莱维奇87′/德巴尔斯基18′、39′，基里洛夫29′，[illegible]列夫62′
格拉斯哥流浪者3:0维也纳快速
(主)1:0 威尔逊30′　(客)2:0 福里斯特[illegible]9′，威尔逊55′
利物浦4:0安德莱赫特
(主)3:0 圣约翰20′，亨特42′，耶[illegible]50′　(客)1:0 亨特89′

1/4决赛(1965.2.10–3.17)
*利物浦0:0科隆
(客)0:0　　(主)0:0
*双方在3月24日进行补赛，2比2战平之后，利物浦通过抽签幸运晋级
(补赛)2:2 圣约翰20′，亨特37′/[illegible]伦33′，勒尔
国际米兰3:2格拉斯哥流浪者
(主)3:1 苏亚雷斯48′，佩罗50′、[illegible]/福里斯特64′
(客)0:1 福里斯特7′
沃绍什2:1D.W.S.阿姆斯特丹
(客)1:1 科尔索什2[illegible]′/斯赫雷弗斯70′(点球)
(主)1:0 波瓦饶伊87′
本菲卡6:3皇马
(主)5:1 何塞·奥古斯托10′，尤西比奥13′、25′，西蒙斯74′，科卢纳87′/阿曼西奥57′
(客)1:2 桑奇斯41′(乌龙)/格罗索10′，普斯卡什70′

半决赛(1965.4.30–5.12)
本菲卡5:0沃绍什
(客)1:0 何塞·奥古斯托71′
本菲卡阵容(424)：科斯塔·佩雷拉/卡维姆、格尔马诺、劳尔、克鲁斯/佩里德斯、科卢纳/何塞·奥古斯托、J.托雷斯、尤西比奥、西蒙斯
(主)4:0 尤西比奥22′、42′，J.托雷斯36′、40′
本菲卡阵容(424)：科斯塔·佩雷拉/卡维姆、格尔马诺、劳尔、克鲁斯/佩里德斯、科卢纳/何塞·奥古斯托、J.托雷斯、尤西比奥、西蒙斯
国际米兰4:3利物浦
(客)1:3 马佐拉10′/亨特3′，卡拉汉33′，圣约翰74′
国际米兰阵容(424)：G.萨蒂/布尔尼奇、瓜尔内里、皮基、法切蒂/塔宁、苏亚雷斯/雅伊尔、马佐拉、佩罗、科尔索
利物浦阵容(235)：劳伦斯/劳勒、莫兰/斯特朗、耶茨、史蒂文森/卡拉汉、亨特、圣约翰、史密斯、汤普森
(主)3:0 科尔索8′，佩罗10′，法切蒂62′
国际米兰阵容(424)：G.萨蒂/布尔尼奇、瓜尔内里、皮基、法切蒂/贝丁、苏亚雷斯/雅伊尔、马佐拉、佩罗、科尔索
利物浦阵容(325)：劳伦斯/劳勒、莫兰、斯特朗/耶茨、史蒂文森/卡拉汉、亨特、圣约翰、史密斯、汤普森

决赛(1965.5.27，米兰)
国际米兰1:0本菲卡
雅伊尔43′
国际米兰阵容(433)：G.萨蒂/布尔尼奇、瓜尔内里、皮基、法切蒂/贝丁、苏亚雷斯、科尔索/雅伊尔、马佐拉、佩罗
本菲卡阵容(424)：科斯塔·佩雷拉/卡维姆、格尔马诺、劳尔、克鲁斯/内托、科卢纳/何塞·奥古斯托、J.托雷斯、尤西比奥、西蒙斯

1965–66赛季

（赛制）本届比赛共有31支球队参加，不设资格赛。卫冕冠军国际米兰直接进入16强，另30支参赛队经过第一轮淘汰赛后产生15支出线队。16支球队继续进行淘汰赛直至产生冠军。从第一轮到决赛，夺冠的球队需要进行9场比赛。

第一轮(1965.8.29–10.22)
费伦茨瓦罗斯(匈牙利)13:2凯夫拉维克IBK(冰岛)
*(客)4:1 内梅特27′，卡拉巴37′，沃尔高38′，阿尔伯特57′/尤利于松67′
(主)9:1 阿尔伯特7′、45′、77′、82′、89′，诺瓦克11′、22′，沃尔高23′、34′/约翰森36′
*比赛在冰岛的雷克雅未克进行。
德里城(爱尔兰)8:6林恩(挪威)
(客)3:5 R.伍德10′，吉尔伯特24′、34′/J.博格4′、32′，迪布瓦德–奥尔森19′(点球)、50′，斯塔夫伦62′
(主)5:1 威尔逊3′、17′，克罗桑49′，R.伍德67′，麦古71′/斯塔夫伦44′
安德莱赫特5:1费内巴切(土耳其)
(客)0:0 (主)5:1 范希姆斯特4′，斯托克曼34′、46′、76′，阿农86′/厄云84′
皇家马德里6:2费耶诺德
(客)1:2 瓦内克75′，克鲁伊弗85′/普斯卡什34′
(主)5:0 普斯卡什10′、20′、34′、84′，格罗索44′
基尔马诺克(苏格兰)1:0地拉那11月17日(阿尔巴尼亚)
(客)0:0　　(主)1:0 布莱克77′
索非亚列夫斯基(保加利亚)7:2尤尔加登(瑞典)
(客)1:2 索科洛夫8′/H.尼尔松40′、63′
(主)6:0 阿斯帕鲁霍夫15′、18′，伊莱夫34′、47′，尼科洛夫35′，阿巴吉耶夫58′
柏林前进(东德)3:1德拉姆康德拉(爱尔兰)
(客)0:1 莫里西65′
(主)3:0 福格特22′，贝格拉德51′，皮彭堡68′
扎布热戈尔尼克(波兰)5:2林茨ASK(奥地利)
(客)1:3 克格尔贝格尔61′/穆夏莱克19′，维尔切克22′、53′
*(主)2:1 波尔8′，绍尔蒂西克22′/利波希诺维奇33′(点球)
*比赛在波兰的霍茹夫进行。
布拉格斯巴达4:0洛桑体育(瑞士)
(客)0:0　　(主)4:0 莫拉斯21′、24′、77′，迪巴82′
曼联9:2赫尔辛基HJK
(客)2:3 波尔曼31′，佩尔托涅米71′/赫德1′，康奈利15′，丹尼斯·劳36′
(主)6:0 康奈利15′、47′、73′，贝斯特44′、52′，博比·查尔顿76′
贝尔格莱德游击队(南斯拉夫)4:2南特
(主)2:0 加利奇37′，哈萨纳吉奇48′
(客)2:2 科瓦切维奇42′，加利奇48′/马尼32′，布朗谢65′
帕纳辛奈科斯4:2施利马流浪(马耳他)
(主)4:1 萨克拉里迪斯5′，卢卡尼迪斯8′，多马佐斯32′，考毛拉什61′/奇尼36′
(客)0:1 米卡莱夫30′
布加勒斯特迪那摩7:2欧登塞(丹麦)
(主)4:0 埃内50′，盖尔格利75′，弗拉蒂拉85′、88′
(客)3:2 农韦勒8′，皮尔卡拉布12′，埃内44′/J.彼得森29′，A.汉森34′
本菲卡18:0迪德朗热(卢森堡)
(客)8:0 佩德雷斯15′、21′、78′，塞拉菲姆29′，布伦纳46′(乌龙)，亚卡59′、81′，桑塔纳85′
(主)10:0 尤西比奥9′、30′、32′、83′，奥古斯托11′、24′、60′，平托49′，格雷罗54′，托雷斯70′
不莱梅10:0尼科西亚阿波尔(塞浦路斯)
*(客)5:0 马蒂斯哈克14′、33′，波德利奇32′，舒尔茨45′，泽布罗夫斯基77′
(主)5:0 丹尼尔森31′、54′，费尔纳41′，霍特格斯64′、83′(点球)
*比赛在西德的汉堡进行。

第二轮(1965.11.9–12.15)
贝尔格莱德游击队3:1不莱梅
(主)3:0 优素菲69′，哈萨纳吉奇75′，皮尔马杰尔88′
(客)0:1 泽布罗夫斯基33′
费伦茨瓦罗斯3:1帕纳辛奈科斯　　(主)0:0
(客)3:1 卡拉巴8′，费尼韦希27′，阿尔伯特63′/多马佐斯48′
本菲卡5:4索非亚列夫斯基
(客)2:2 尤西比奥22′、66′/阿斯帕鲁霍夫4′，尼科洛夫58′
(主)3:2 尤西比奥5′，科卢纳28′，托雷斯42′/阿斯帕鲁霍夫3′、76′
皇家马德里7:3基尔马诺克
(客)2:2 皮里25′，阿曼西奥56′/麦克林21′(点球)，麦克纳利60′
(主)5:1 格罗索26′、37′，F.鲁伊斯28′，亨托60′，皮里89′/麦克洛伊24′
曼联5:1柏林前进
(客)2:0 丹尼斯·劳73′，康奈利80′
(主)3:1 赫德19′、39′、84′/皮彭堡82′
安德莱赫特12:0德里城
(主)9:0 朱里翁4′，范希姆斯特12′、66′，皮伊44′、85′，穆尔德46′、47′、65′，斯托克曼90′
*(客)3:0　　*德里城弃权
布拉格斯巴达5:1扎布热戈尔尼克
(主)3:0 克瓦什尼亚克36′(点球)，伊利科64′，弗拉纳78′
*(客)2:1 莫拉斯17′、67′/索尔蒂希克73′
*比赛在波兰的霍茹夫进行。
国际米兰3:2布加勒斯特迪那摩
(客)1:2 佩罗12′/弗拉蒂拉25′，哈伊杜51′
(主)2:0 马佐拉47′(点球)，法切蒂87′

1/4决赛(1966.2.2–3.9)
曼联8:3本菲卡
(主)3:2 赫德36′，丹尼斯·劳44′，福克斯58′/奥古斯托30′，托雷斯70′
(客)5:1 贝斯特6′、13′，康奈利15′，施兰特78′，博比·查尔顿89′/布伦南52′(乌龙)
国际米兰5:1费伦茨瓦罗斯
(主)4:0 雅伊尔8′，科尔索36′，佩罗55′、73′
(客)1:1 多门吉尼62′/诺瓦克31′(点球)
皇家马德里4:3安德莱赫特
(客)0:1 范希姆斯特2′
(主)4:2 阿曼西奥13′、35′，亨托60′、83′(点球)/朱里翁89′，皮伊90′
贝尔格莱德游击队6:4布拉格斯巴达
(客)1:4 哈萨纳吉奇16′/克沃纳克22′、57′(点球)、90′，马克3′
(主)5:0 哈萨纳吉奇4′、71′，瓦索维奇23′，科瓦切维奇29′、35′

半决赛(1966.4.13–4.20)
贝尔格莱德游击队2:1曼联
(主)2:0 哈萨纳吉奇40′，贝切亚茨59′
贝尔格莱德阵容(325)：绍什基奇/优素菲、拉绍维奇、米哈伊洛维奇/贝切亚茨、瓦索维奇/巴伊奇、科瓦切维奇、哈萨纳吉奇、姆拉迪诺维奇、皮尔马杰尔
曼联阵容(325)：克雷格/布伦南、福克斯、邓恩/施兰特、斯泰尔斯/贝斯特、劳、博比·查尔顿、赫德、康奈利
(客)0:1 绍什基奇72′(乌龙)
曼联阵容(325)：克雷格/布伦南、福克斯、邓恩/施兰特、斯泰尔斯/安德森、劳、博比·查尔顿、赫德、康奈利
贝尔格莱德阵容(235)：绍什基奇/优素菲、米哈伊洛维奇/贝切亚茨、拉绍维奇、瓦索维奇/巴伊奇、达维多维奇、哈萨纳吉奇、姆拉迪诺维奇、皮尔马杰尔
皇家马德里2:1国际米兰
(主) 1:0 皮里13′
皇家马德里阵容(424)：贝当古/帕钦、德菲利普、索科、桑奇斯/皮里、贝拉斯克斯/塞伦纳、阿曼西奥、格罗索、亨托
国际米兰阵容(433)：萨蒂/布尔尼奇、瓜梅里、皮基、法切蒂/兰迪尼、贝丁、苏亚雷斯/雅伊尔、马佐拉、佩罗
(客)1:1 阿曼西奥20′/法切蒂79′
国际米兰阵容(424)：萨蒂/布尔尼奇、兰迪尼、皮基、法切蒂/贝丁、苏亚雷斯/雅伊尔、马佐拉、佩罗、科尔索
皇家马德里阵容(424)：阿拉基斯塔因/帕钦、德菲利普、索科、桑奇斯/皮里、贝拉斯克斯/塞伦纳、阿曼西奥、格罗索、亨托

决赛(1966.5.11，布鲁塞尔)
皇家马德里2:1贝尔格莱德游击队
阿曼西奥70′，塞伦纳76′/瓦索维奇55′
皇家马德里阵容(424)：阿拉基斯塔因/帕钦、德菲利普、索科、桑奇斯/皮里、贝拉斯克斯/塞伦纳、阿曼西奥、格罗索、亨托
贝尔格莱德游击队阵容(424)：绍什基奇/优素菲、瓦索维奇、拉绍维奇、米哈伊洛维奇/科瓦切维奇、贝切亚茨/巴伊奇、哈萨纳吉奇、加利奇、皮尔马杰尔

1966–67赛季

（赛制）本届比赛共有33支球队参加，有4支球队参加资格赛决出2队。卫冕冠军皇家马德里直接进入16强，另30支参赛队经过第一轮淘汰赛后产生15支出线队，16支球队继续进行淘汰赛直至产生冠军，从资格赛到决赛，夺冠的球队需要进行10场比赛。

资格赛(1966.8.31–9.14)
柏林前进12:1沃特福德联(爱尔兰)
(客)6:1 皮彭堡5′、79′、83′，纳赫蒂加尔10′、38′，弗拉布多夫62′/林奇68′
(主)6:0 弗鲁克5′，穆勒22′、71′，皮彭堡63′、79′，格罗斯海姆78′
索非亚中央陆军6:1施利马流浪者(马耳他)
(客)2:1 亚基莫夫20′、54′(点球)/奇尼58′
(主)4:0 扎菲罗夫37′，亚基莫夫40′(点球)，尼科季莫夫55′，查内夫71′

第一轮(1966.9.7–10.26)
贝尔法斯特林菲尔德(北爱尔兰)9:4博纳沃耶(卢森堡)
(客)3:3 汉密尔顿33′，斯科特48′，帕维斯58′/赫格尔1′，霍夫曼60′，基尔恩斯68′
(主)6:1 托马斯8′、24′、70′，斯科特16′、82′，帕维斯81′/施赖纳83′
伏伊伏丁那(南斯拉夫)1:0维也纳阿德米拉(奥地利)
(客)1:0 塞凯雷80′　　(主)0:0
南特8:4雷克雅未克KR(冰岛)
(客)3:2 贡德尔6′、62′，西蒙10′/施拉姆43′(点球)、82′
(主)5:2 叙阿多8′，西蒙9′，马尼42′、65′，米歇尔63′/巴尔德温松58′，费利克松77′
安德莱赫特12:1哈卡(芬兰)
(客) 范希姆斯特5′、12′、28′、52′、58′，德夫林特16′、42′、75′，皮伊31′，尤尔埃拉40′/梅基莱4′
(主) 范希姆斯特25′，德夫林特61′
慕尼黑1860 10:1 尼科西亚奥莫尼亚(塞浦路斯)
(主)8:0 科涅茨卡5′、23′、55′、80′，屈佩尔斯8′、35′，科拉斯27′、64′
*(客)2:1 科拉斯33′，布鲁涅迈尔60′(点球)/哈拉兰巴斯79′
*比赛在西德的Pocking举行。
布拉格杜克拉6:0埃斯比约(丹麦)
(客)2:0 埃内马克63′(乌龙)，德沃拉克67′
(主)4:0 施特龙茨17′，瓦采诺夫斯基44′、57′，莫拉斯47′
阿贾克斯4:1贝西克塔斯(土耳其)
(主)2:0 凯泽尔16′，穆勒86′
(客)2:0 斯沃特61′，凯泽尔90′/法鲁克53′
凯尔特人5:0苏黎世FC(瑞士)
(主)2:0 格默尔61′，麦克布莱德69′
(客)3:0 格默尔22′、48′(点球)，查默斯39′
索非亚中央陆军(保加利亚)3:2奥林匹亚科斯(希腊)
(主)3:1 瓦西列夫59′，佩内夫64′，查内夫89′/帕帕佐格卢30′　　(客)0:1 西代里斯15′(点球)
*扎布热戈尔尼克(波兰)6:4柏林前进(东德)
(主)2:1 波尔38′(点球)、72′/弗拉布多夫58′
(客)1:2 卢班斯基35′/皮彭堡25′，诺尔德纳33′
(中)3:1 卢班斯基8′、55′，波尔24′/卡林克74′
*两队两回合战成3比3，附加赛在中立场地布达佩斯进行。
国际米兰1:0莫斯科鱼雷(苏联)
(主)1:0 沃罗内63′(乌龙)　　(客)0:0
*利物浦3:3普罗耶什蒂石油(罗马尼亚)
(主)2:0 圣约翰70′，卡拉汉77′
(客)1:3 亨特50′/V.德里代亚36′，博克59′，M.德里代亚65′
(中)2:0 圣约翰13′，托马森40′
*两队两回合战成3比3，附加赛在中立场地布鲁塞尔进行。
马德里竞技5:1马尔默(瑞典)
(客)2:0 卡多纳44′，路易斯·阿拉贡内斯45′
(主)3:1 路易斯·阿拉贡内斯19′，门多索56′，乌蒂亚加64′/斯万22′
沃绍什SC(匈牙利)7:0里斯本竞技
(主)5:0 鲍科什29′，福尔考什52′、64′，L.普斯卡什37′、89′
(客)2:0 帕尔80′，L.普斯卡什88′
*瓦勒伦加(挪威)–地拉那11月17日(阿尔巴尼亚)
*因地拉那11月17日弃权，瓦勒伦加自动晋级。

第二轮(1966.10.25–12.21)
贝尔法斯特林菲尔德5:2瓦勒伦加
(客)4:1 斯科特23′，帕维斯25′，托马斯27′(点球)，希尔茨33′/E.拉森8′
(主)1:1 托马斯20′/T.拉森82′
国际米兰4:1沃绍什SC
(主)2:1 索尔多59′，科尔索85′/L.普斯卡什82′
(客)2:0 马佐拉40′、67′
*伏伊伏丁那3:3马德里竞技
(主)3:1 塔卡奇3′，潘泰利奇74′(点球)，布尔齐奇86′/路易斯·阿拉贡内斯55′(点球)
(客)0:2 路易斯·阿拉贡内斯33′(点球)，阿德拉多43′
(中)3:2 奥卡奇28′、102′，拉多维奇65′/科利亚尔3′、6′
*两队两回合战成3比3，附加赛在马德里举行，伏伊伏丁那在加时赛胜出。
布拉格杜克拉6:2安德莱赫特
(主)4:1 马索普斯特27′，内多罗斯特43′、56′，莫拉斯48′/穆尔德15′
(客)2:1 内多罗斯特42′，莫拉斯69′/穆尔德59′
皇家马德里3:2慕尼黑1860
(客)0:1 屈佩尔斯39′

(主)3:1 格罗索21′、贝洛索33′、皮里52′ 布鲁默迈尔13′
索非亚中央陆军4:2扎布热戈尔尼克
(主)4:0 马拉什莱夫31′、45′、查内夫72′、瓦西列夫90′
(客)0:3 绍尔蒂西克1′、波尔26′、44′
凯尔特人6:2南特
(客)3:1 麦克布莱德25′、伦诺克斯50′、奥尔德66′ 马尼17′
(主)3:1 约翰斯通15′、查默斯57′、伦诺克斯78′ 若尔然43′
阿贾克斯7:3利物浦
(主)5:1 德沃尔夫3′、克鲁伊夫16′、努尼加38′、44′、赫罗特70′ 劳勒90′
(客)2:2 克鲁伊夫49′、71′ 亨特53′、86′

1/4决赛(1967.2.15－3.15)

国际米兰3:0皇家马德里
(主)1:0 卡佩利尼54′
(客)2:0 卡佩利尼23′、索科57′(乌龙)
布拉格杜克拉3:2阿贾克斯
(客)1:1 莫拉斯60′ 斯沃特50′
(主)2:1 施特龙茨53′(点球)、苏特库68′(乌龙) 斯沃特66′
凯尔特人2:1伏伊伏丁那
(客)0:1 斯坦尼奇70′
(主)2:0 查默斯58′、麦克尼尔90′
索非亚中央陆军3:2贝尔法斯特林菲尔德
(客)2:2 罗曼诺夫2′、63′ 汉密尔顿40′、希尔茨43′
(主)1:0 亚基莫夫54′

半决赛(1967.4.12－4.26)

凯尔特人3:1布拉格杜克拉
(主)3:1 约翰斯通27′、华莱士61′、67′ 施特龙茨43′
凯尔特人阵容(325):辛普森 克雷格、麦克尼尔、格默尔 默多克、克拉克 约翰斯通、华莱士、查默斯、奥尔德、休斯
布拉格杜克拉阵容(424):维克托 奇马拉达、兹洛哈、塔博尔斯基、诺瓦克 盖莱陶、施特龙茨 德沃拉克、马索普斯特、内多罗斯特、瓦采诺夫斯基
(客)0:0
布拉格杜克拉阵容(424):维克托 奇马拉达、兹洛哈、塔博尔斯基、诺瓦克 盖莱陶、施特龙茨 克内伯特、马索普斯特、内地罗罗斯特、瓦采诺夫斯基
凯尔特人阵容(325):辛普森 克雷格、麦克尼尔、格默尔 默多克、克拉克 约翰斯通、华莱士、查默斯、奥尔德、伦诺克斯
*国际米兰2:2索非亚中亚陆军
(主)1:1 法切蒂45′ 查内夫66′
国际米兰阵容(424):萨蒂 布尔尼奇、瓜梅里、皮基、法切蒂 贝丁、苏亚雷斯 雅伊尔、马佐拉、卡佩利尼、科尔索
索非亚中央陆军阵容(424):约尔丹诺夫 瓦西列夫、佩内夫、马林切夫、加甘内洛夫/斯坦科夫、赖科夫 查内夫、拉德列夫、亚基莫夫、尼科季莫夫
(客)1:1 法切蒂62′ 拉德列夫78′
国际米兰阵容(424):萨蒂/布尔尼奇、瓜梅里、皮基、法切蒂/贝丁、苏亚雷斯/多门奇尼、马佐拉、卡佩利尼、科尔索
索非亚中央陆军阵容(424):约尔丹诺夫/瓦西列夫、佩内夫、马林切夫、加甘内洛夫/斯坦科夫、阿塔纳索夫 查内夫、拉德列夫、亚基莫夫、尼科季莫夫
(中)1:0 卡佩利尼12′
国际米兰阵容(424):萨蒂/布尔尼奇、瓜梅里、皮基、法切蒂/贝丁、苏亚雷斯/多门奇尼、马佐拉、卡佩利尼、科尔索
索非亚中央陆军阵容(424):约尔丹诺夫/瓦西列夫、佩内夫、马林切夫、加甘内洛夫 斯坦科夫、赖科夫 查内夫、拉德列夫、亚基莫夫、尼科季莫夫
*两队两回合战成2比2,附加赛在意大利的博洛尼亚进行,国际米兰晋级。

决赛(1967.5.25，里斯本)

凯尔特人2:1国际米兰
格默尔63′、查默斯84′ 马佐拉7′(点球)
凯尔特人阵容(424):辛普森 克雷格、麦克尼尔、克拉克、格默尔/默多克、奥尔德 约翰斯通、华莱士、查默斯、伦诺克斯
国际米兰阵容(433):萨蒂 布尔尼奇、瓜梅里、皮基、法切蒂 贝丁、马佐拉、比奇克利 多门奇尼、卡佩利尼、科尔索

1967-68赛季

（赛制）本届比赛共有32支球队参加，不设资格赛。包括卫冕冠军凯尔特人在内的32支参赛队从第一轮开始进行淘汰赛直至产生冠军。从第一轮到决赛、夺冠的球队需要进行9场比赛。本届开始引入客场进球多淘汰制，但只在第一轮实行。

第一回合(1967.9.13－11.10)

维也纳快速(奥地利)4:0贝西克塔斯(土耳其)
(客)1:0 弗勒格尔2′
(主)3:0 赛特尔9′、格劳桑43′ 弗勒格尔75′
*本菲卡1:1格伦托兰(北爱尔兰)
(客)1:1 尤西比奥86′ 科尔雷10′(点球) (主)0:0
*本菲卡凭借客场进球多晋级
*雷克雅未克瓦卢尔(冰岛)4:4埃施青年(卢森堡)
(主)1:1 贡纳松38′/迪杰诺瓦25′
(客)3:3 R.约翰松10′、贡纳松36′、60′/赫纳托56′、迪杰诺瓦86′、朗热89′
*雷克雅未克瓦卢尔凭借客场进球多晋级
曼联4:0保拉爱尔兰人(马耳他)
(主)4:0 萨德勒12′、58′、丹尼斯·劳43′、62′ (客)0:0
扎布热戈尔尼克(波兰)4:0尤尔加登(瑞典)
*(主)3:0 卢班斯基43′、89′、伦特纳87′
(客)1:0 穆夏莱克33′
*比赛在波兰的霍茹夫进行。
布拉格斯巴达2:1奥斯陆斯凯德(挪威)
(客)1:0 莫拉斯7′ (主)1:1 莫拉斯58′ 舍贝里58′
圣艾蒂安5:0库奥皮奥KuPS(芬兰)
(主)2:0 埃尔班43′、雅凯47′
(客)3:0 埃尔班5′、博斯基耶25′、雷韦利84′(点球)
基辅迪那摩3:2凯尔特人
(客)2:1 普扎奇4′、贝绍韦茨29′ 伦诺克斯62′
(主)1:1 贝绍韦茨90′ 伦诺克斯60′
萨拉热窝FK(南斯拉夫)5:3尼科西亚奥林匹亚科斯(塞浦路斯)
(客)2:2 安蒂奇50′、58′ 克滕尼斯1′、泰尚43′(乌龙)
(主)3:1 安蒂奇33′、希利库特83′、84′ 克滕尼斯79′
尤文图斯2:0奥林匹亚科斯(希腊)
(客)0:0 (主)2:0 齐戈尼12′、梅尼凯利49′
沃绍什SC9:1唐道克(爱尔兰)
(客)1:0 科尔绍什67′
(主)8:1 维代斯10′、87′、福尔考什32′、35′、72′、科尔绍什43′、85′、莫尔纳68′ 豪赖25′
皇家马德里3:2阿贾克斯
(客)1:1 皮里35′ 克鲁伊夫17′
(主)2:1 亨托58′、贝洛索111′ 赫罗特69′
维多伏尔IF(丹麦)5:4巴塞尔(瑞士)
(客)2:1 拉森58′、索伦森80′ 豪泽17′
(主)3:3 汉森18′、索伦森39′、奥尔森58′ 豪泽2′、本特豪斯78′、温格85′
安德莱赫特5:2卡尔·马克思城(东德)
(客)3:1 穆尔德3′、35′、范希姆斯特38′ 施泰因曼41′
(主)2:1 贝里霍尔茨33′、范希姆斯特38′ 舒斯特11′
布加勒斯特快速(罗马尼亚)3:2普罗夫迪夫博特夫(保加利亚)
(客)0:2 德尔门齐耶夫54′(点球)、波波夫70′
(主)3:0 科德门亚努25′、72′、洛内斯库108′
*布伦瑞克(西德)－地拉那11月17日迪那摩(阿尔巴尼亚)
*地拉那11月17日迪那摩弃权,布伦瑞克出线

第二轮(1967.11.15－12.13)

皇家马德里6:3维多伏尔IF
(客)2:2 亨托39′、皮里50′ 汉森15′、J.彼得森75′
(主)4:1 贝拉斯克斯16′、格罗索19′、30′、亨托76′ J.彼得森28′
布伦瑞克2:1维也纳快速
(客)0:1 哈西尔54′
(主)2:0 格日布37′、绍博洛夫斯基41′
曼联2:1 萨拉热窝FK(南斯拉夫)
(客)0:0 (主)2:1 阿斯顿10′、贝斯特63′ 德拉利奇87′
沃绍什SC11:1雷克雅未克瓦卢尔
(主)6:0 贝格松5′(乌龙)、E.帕尔14′、拉迪斯37′、44′、50′、L.普斯卡什47′
*(客)5:1莫尔纳11′、帕尔13′、马特斯30′、瓦劳迪53′、科瓦奇2′/贡纳松85′
*比赛在匈牙利的瓦帕洛塔进行。
本菲卡2:1圣艾蒂安
(主)2:0 奥古斯托28′、尤西比奥59′(点球)
(客)0:1 贝雷塔10′
扎布热戈尔尼克3:2基辅迪那摩
(客)2:1 绍尔蒂西克15′、卢班斯基61′/奥莱克11′(乌龙)
*(主)1:1 绍尔蒂西克45′/图里安齐克40
*比赛在波兰的霍茹夫进行。
布拉格斯巴达6:5安德莱赫特
(主)3:2 马克25′、32′(点球)、62′/朱里翁35′、范希姆斯特55′
(客)3:3 马克30′、85′、莫拉斯89′/范希姆斯特60′、65′、德夫林特83′
尤文图斯1:0布加勒斯特快速
(主)1:0马格努松57′ (客)0:1

1/4决赛(1968.1.31－3.20)

*尤文图斯3:3布伦瑞克
(客)2:3 卡克10′(乌龙)、萨科82′/卡克28′、杜尔兹37′、贝格38′
(主)1:0 贝尔切利诺88′(点球)
(中)1:0 马格努松56′
*两队两回合战成3:3,附加赛在瑞士伯尔尼举行。
曼联2:1扎布热戈尔尼克
(主)2:0 弗洛连斯基60′(乌龙)、基德90′
*(客)0:1 卢班斯基70′
*比赛在波兰的霍茹夫进行。
本菲卡3:0布达佩斯沃绍什SC
(客)0:0 (主)3:0 尤西比奥48′、70′、托雷斯77′
皇家马德里4:2布拉格斯巴达
(主)3:0 阿曼西奥61′、62′、68′
(客)1:2 亨托58′ 克沃纳克38′、弗拉纳45′

半决赛(1968.4.24－5.15)

曼联4:3皇家马德里
(主)1:0 乔治·贝斯特37′
曼联阵容(325):斯特普尼 布伦南、萨德勒、伯恩斯/施兰特、斯泰尔斯/贝斯特、基德、博比·查尔顿、丹尼斯·劳、阿斯顿
皇家马德里阵容(325):贝当古/冈萨雷斯、孙苏内吉、桑奇斯/皮里、索科/米格尔·佩雷斯、何塞·路易斯、格罗索、贝拉斯克斯、亨托
(客)3:3 索科41′(乌龙)、萨德勒72′、福克斯78′/皮里31′、亨托39′、阿曼西奥43′
皇家马德里阵容(325):贝当古/冈萨雷斯、孙苏内吉、桑奇斯/皮里、索科/米格尔·佩雷斯、阿曼西奥、格罗索、贝拉斯克斯、亨托
曼联阵容(325):斯特普尼 布伦南、福克斯、邓恩 施兰特、斯泰尔斯 贝斯特、基德、博比·查尔顿、萨德勒、阿斯顿
本菲卡3:0尤文图斯
(主)2:0 托雷斯64′、尤西比奥70′
本菲卡阵容(424):恩里克 阿道弗、温贝托、桑托斯、克鲁斯 格拉萨、科卢纳 奥古斯托、托雷斯、尤西比奥、西蒙斯
尤文图斯阵容(235):安佐林 罗韦塔、卡斯塔诺 萨尔瓦多雷、贝尔切利诺、莱翁奇尼 马格努松、德尔·索尔、德·保利、萨科、齐戈尼
(客)1:0 尤西比奥66′
尤文图斯阵容(235):安佐林 罗韦塔、科拉米尼 萨尔瓦多雷、贝尔切利诺、莱翁奇尼 马格努松、德尔·索尔、德·保利、萨科、齐戈尼
本菲卡阵容(424):恩里克 阿道弗、温贝托、桑托斯、克鲁斯 格拉萨、科卢纳 奥古斯托、托雷斯、尤西比奥、西蒙斯

决赛(1968.5.29，伦敦)

曼联4:1本菲卡
博比·查尔顿53′、99′、贝斯特92′、基德94′ 格拉萨79′
曼联阵容(325):斯特普尼 布伦南、福克斯、邓恩 施兰特、斯泰尔斯 贝斯特、基德、博比·查尔顿、萨德勒、阿斯顿
本菲卡阵容(424):恩里克 阿道弗、温贝托、雅辛托、克鲁斯 格拉萨、科卢纳 奥古斯托、托雷斯、尤西比奥、西蒙斯

1968-69赛季

（赛制）本届比赛共有32支球队参加，不设资格赛。卫冕冠军曼联和其它31支球队一起进行淘汰赛直至产生冠军。从第一轮到决赛，夺冠的球队需要进行9场比赛。

第一轮(1968.9.18－10.2)

雅典AEK(希腊)5:3埃施青年(卢森堡)
(主)3:0 帕帕耶奥尔尤27′、57′(点球)、卡拉费斯科斯59′(点球)
(客)2:3文图里斯15′、35′ J.霍夫曼5′、德鲁埃45′、朗热87′
安德莱赫特5:2格伦托兰(北爱尔兰)
(主)3:0 贝里霍尔茨18′、佩特斯23′、诺达尔87′
(客)2:2 德夫林特24′、贝里霍尔茨58′ 莫罗27′、约翰斯顿55′
拉赫蒂雷帕斯(芬兰)3:1弗罗里亚纳(马耳他)
(客)1:1 阿尔托28′ 加利亚37′(点球)
(主)2:0 霍尔塔里56′、57′
AC米兰5:3马尔默(瑞典)
(客)1:2 里维拉58′、奥尔斯贝里45′、埃尔姆斯泰特50′
(主)4:1 普拉蒂32′、69′、索尔马尼62′、里维拉88′(点球) 永贝里16′
费内巴切2:1曼城 (客)0:0
(主)2:1 杰夫林48′、阿尔特帕尔马克76′ 科尔曼11′
阿贾克斯5:1纽伦堡(西德)
(客)1:1 克鲁伊夫80′ 福尔克特6′
(主)4:0 斯沃特22′、59′、赫罗特85′(点球)、克鲁伊夫90′
凯尔特人4:2圣艾蒂安
(客)0:2 基塔15′、雷韦利36′
(主)4:0 格默尔44′(点球)、克雷格59′、查默斯66′、麦克布莱德87′
特尔纳瓦斯巴达克(捷克斯洛伐克)5:3布加勒斯特星(罗马尼亚)
(客)1:3 库纳75′ 克雷伊尼恰20′、沃伊内亚30′、康斯坦丁51′
(主)4:0 什韦茨3′、阿达麦茨59′、76′、82′
维也纳快速(奥地利)6:4罗森博格(挪威)
(客)3:1 比耶勒高28′、卡尔滕布伦纳65′、格劳萨恩86′ 伊韦尔森16′
(主)3:3 林德曼10′、80′、卡尔滕布伦纳17′/伊韦尔森21′、34′、87′
本菲卡8:1雷克雅未克瓦卢尔(冰岛)
(客)0:0
(主)8:1 西蒙斯4′、雅辛托7′、托雷斯11′、47′、79′、尤西比奥20′、科利纳27′、奥古斯托48′ 贡纳松68′
曼联10:2沃特福德联(爱尔兰)
*(客)3:1 丹尼斯·劳8′、41′、55′/马修斯65′
(主)7:1 斯泰尔斯37′、丹尼斯·劳41′、47′、60′、71′、伯恩斯68′、查里滕84′/凯西69′
*比赛在爱尔兰的都柏林进行。
哥本哈根BK(丹麦)4:3苏黎世FC(瑞士)
(客)3:1 汉森22′、维贝格25′、彼得森62′ 维利格50′
(主)1:2 彼得森53′/孔斯利42′、80′
*皇家马德里12:0利马索尔太阳神(塞浦路斯)
(主)6:0 皮里11′、14′、62′、阿曼西奥17′、佩雷斯28′、布埃诺73′
(客)6:0 贝拉斯克斯7′、11′、何塞·路易斯10′、贝洛索83′、奥特加86′、孙苏内吉89′
*两回合比赛均在马德里举行
*贝尔格莱德红星－耶拿(东德)
*耶拿弃权,红星自动晋级
*基辅迪那摩(苏联)－霍茹夫运动
*两队均弃权
*索非亚列夫斯基(保加利亚)－费伦茨城
*两队均弃权

第二轮(1968.11.13－12.4)

雅典AEK2:0哥本哈根BK (主)0:0
(客)2:0 斯塔米蒂亚迪斯25′、帕帕约安努81′
曼联4:3安德莱赫特
(主)3:0 基德52′、丹尼斯·[illegible]′、78′
(客)1:3 萨尔托里8′ 穆尔[illegible]′、贝里霍尔茨38′、78′
凯尔特人6:2贝尔格莱德红[illegible]
(主)5:1 默多克3′、约翰斯[illegible]′、81′、伦诺克斯48′、华莱士74′ 拉扎列维奇39′
(客)1:1 华莱士72′ 奥斯托[illegible]奇90′
阿贾克斯4:0费内巴切
(主)2:0 努尼加14′、穆勒75′
(客)2:0 凯泽尔55′、努尼加[illegible]′
特尔纳瓦斯巴达克16:2拉[illegible]蒂雷帕斯
*(客)9:1 哈加拉14′、卡巴特[illegible]、30′、什韦茨2[illegible]′、61′、83′、马林科维奇46′、赫鲁塞茨基[illegible]′、阿达麦茨64′ 许丰里宁88′
(主)7:1 哈加拉15′、多比亚什[illegible]、49′(点球)、64′、库纳27′、阿达麦茨37′、赫鲁塞茨基[illegible] 尼斯卡科斯基75′
*比赛在奥地利的维也纳[illegible]行。
*维也纳快速2:2皇家马德[illegible]
(主)1:0 卡尔滕布伦纳55′
(客)1:2 比耶勒高48′ 贝[illegible]克斯41′、皮里83′
*维也纳快速客场进球多[illegible]级。
*AC米兰和本菲卡直接[illegible]

1/4决赛(1969.2.12－[illegible]12)

*阿贾克斯4:4本菲卡
(主)1:3 丹尼尔松47′ 雅[illegible]托30′(点球)、托雷斯35′、奥古斯托57′
(客)3:1 克鲁伊夫9′、31′、[illegible]尔松11′ 托雷斯70′
(中)3:0 克鲁伊夫92′、丹[illegible]松105′、109′
*两队两回合战成4比4,[illegible]场进球数一样,附加赛在巴黎举行。
AC米兰1:0凯尔特人
(主)0:0 (客)1:0 普[illegible]12′
曼联3:0维也纳快速
(主)3:0 贝斯特44′、70′、[illegible]根67′ (客)0:0
特尔纳瓦斯巴达克3:2[illegible]AEK
(主)2:1 姚拉拜克25′、卡[illegible]44′ 塞瓦斯托波洛斯61′
(客)1:1 什韦茨23′ 帕帕[illegible]安努72′

半决赛(1969.4.13－[illegible]5)

阿贾克斯3:2特尔纳瓦[illegible]达克
(主)3:0 克鲁伊夫7′、斯[illegible]特52′、凯泽尔66′
阿贾克斯阵容(424):巴[illegible] 苏比尔、许尔斯霍夫、普龙克、范·迪温博德 赫[illegible]特、穆勒 斯沃特(74′苏尔唐克)、丹尼尔松、克鲁[illegible]、凯泽尔
特尔纳瓦斯巴达克阵容([illegible]24):格里克(70′科津卡) 多比亚什、马耶尔尼克、姚[illegible]克、哈加拉/赫鲁塞茨基、库纳/马林科维奇、福[illegible]什、阿达麦茨、卡巴特
(客)0:2 库纳27′、49′
特尔纳瓦斯巴达克阵[illegible]424):科津卡 多比亚什、马耶尔尼克、姚拉拜克、[illegible]加拉 赫鲁塞茨基、库纳 马林科维奇、福尔考[illegible]、阿达麦茨、卡巴特
阿贾克斯阵容(433):巴[illegible]斯/苏比尔、瓦索维奇、许尔斯霍夫、范·迪温博德[illegible]龙克、穆勒/斯沃特、赫罗特、克鲁伊夫(22′丹尼[illegible])、凯泽尔(75′苏尔唐克)
AC米兰2:1曼联
(主)2:0 索尔马尼33′、[illegible]林49′
AC米兰阵容(433):库[illegible]尼/安奎莱蒂、罗萨托(马尔代拉)、马拉特拉西[illegible]内林格/特拉帕托尼、洛代蒂、里维拉/哈姆林、索[illegible]马尼、普拉蒂
曼联阵容(325):里默[illegible]伦南、福克斯、菲茨帕特里克/施兰特、斯泰尔斯([illegible]8′伯恩斯)/摩根、基德、博比·查尔顿、丹尼斯·劳[illegible]斯特
(客)0:1 博比·查尔顿[illegible]
曼联阵容(325):里默[illegible]伦南、福克斯、伯恩斯/施兰特、斯泰尔斯/摩根、[illegible]、博比·查尔顿、丹尼斯·劳、贝斯特
AC米兰阵容(523):库[illegible]尼/安奎莱蒂、罗萨托(46′桑廷)、马拉特拉西、马尔[illegible]、施内林格 洛代蒂、里维拉(22′福利)/哈姆林、索[illegible]尼、普拉蒂

决赛(1969.5.28，[illegible]德里)

AC米兰4:1阿贾克斯
普拉蒂8′、40′、75′、索[illegible]马尼67′/瓦索维奇60′(点球)
AC米兰阵容(433):库[illegible]奇尼 安奎莱蒂、罗萨托、施内林格、马拉特拉西[illegible]拉帕托尼、里维拉、洛代蒂 哈姆林、索尔马尼、[illegible]拉蒂
阿贾克斯阵容(433)[illegible]尔斯 苏比尔(45′穆勒)、瓦索维奇、许尔斯霍夫、范[illegible]温博德 斯沃特、赫罗特(46′努尼加)、普龙克/丹尼尔[illegible]、克鲁伊夫、凯泽尔

19[illegible]-70赛季

（赛制）本届比赛[illegible]有32支球队参加，仅有2支球队参加资格赛。[illegible]冠军AC米兰和其它31支球队一起进行淘汰赛[illegible]产生冠军。从资格赛到决赛，夺冠的球队最[illegible]要进行10场比赛。

资格赛(1969.8.2[illegible]－8.28)

哥本哈根KB(丹麦)[illegible]图尔库TPS(芬兰)
(客)1:0 斯科博格5[illegible]
(主)4:0 斯科博格4[illegible]、布拉格60′、普雷斯特86′

第一轮(1969.9.1[illegible]－9.30)

AC米兰8:0阿文尼[illegible]根(卢森堡)
(主)5:0 普拉蒂15′、[illegible] 里维拉59′(点球)、罗戈尼61′、孔班79′
(客)3:0 孔班19′、索[illegible]马尼73′、里维拉89′
费耶诺德(荷兰)16:[illegible]克雅未克KR(冰岛)
*(客)12:2 欣德瓦尔[illegible]33′、66′、罗梅金14′、迪温博德9′、韦里26′、戈尔斯35′[illegible]、74′、88′、范哈内亨42′、87′/巴尔德文松75′、比约恩[illegible]′

(主)4.0 戈尔斯11'、65'、欣德瓦尔18'、韦里5'
*比赛在荷兰的鹿特丹进行。
基辅迪那摩(苏联)5.2奥地利维也纳
(客)2.1 谢列布里安尼科夫[illegible]'、蒙蒂安58'、里德尔25'
(主)3.1 蒙特江48'、贝[illegible]茨85'、普扎奇89'、潘茨18'
凯尔特人(苏格兰)2.0巴塞尔(瑞士)
(客)0.0
(主)2.0 胡德1'、格默尔70'
圣艾蒂安(法国)3.2拜仁慕尼黑(西德)
(客)0.2 布伦宁格22'、罗[illegible]53'
(主)3.0 雷韦利2'、59'、凯[illegible]81'
本菲卡5.2哥本哈根KB(丹麦)
(主)2.0 尤西比奥39'、40'
(客)3.2 尤西比奥1'、20'、E.科斯塔4'、斯科博格29'、90'(点球)
贝尔格莱德红星12.2林菲尔德(北爱尔兰)
(主)8.0 卡拉西5'、30'、[illegible]拉扎列维奇9'、克伦科夫斯基25'、阿契莫维奇70'、[illegible]拉季奇71'、81'
(客)4.2 安东尼耶维奇44'、[illegible]、72'、75'、麦格劳19'、36'
费伦茨城(匈牙利)5.3索菲亚中央陆军(保加利亚)
(客)1.2 拉科西83'、热科夫[illegible]'、51'
(主)4.1 瑟凯4'、83'(点球)、[illegible]布劳尼科维奇14'、拉科西60'、马拉什莱夫27'
佛罗伦萨3.2奥斯特IF(瑞典)
(主)1.0 马拉斯基68'
(客)2.1 阿马里尔多43'、埃[illegible]波西托71'、菲约德斯丹3'
加拉塔萨雷(土耳其)5.2沃特福德联(爱尔兰)
(主)2.0 格克曼20'、43'
(客)3.2 乌尔29'、格克曼65'、[illegible]汉70'、巴克58'、莫利74'
利兹联(英格兰)16.0利恩(挪威)
(主)10.0 格雷迪1'、琼斯3'、10'、62'、克拉克20'、49'、贾尔斯35'、53'、布雷姆纳[illegible]'、88'
(客)6.0 贝尔菲特6'、20'、[illegible]、琼斯30'、希比特54'、洛里默67
特尔纳瓦斯巴达克(捷克斯洛伐克)6.2保拉爱尔兰人(马耳他)
*(客)2.2 阿达麦茨59'、[illegible]科维奇75'、卡萨尔57'、博内洛80'
(主)4.0 赫鲁塞茨基12'、阿达麦茨64'、84'、阿佐帕尔迪78'(乌龙)
*比赛在马耳他的瓦莱塔进行。
列日标准(比利时)4.1地拉那11月17日(阿尔巴尼亚)
(主)3.0 德皮鲁23'、43'、88
(客)1.1 加利奇60'、卡赞[illegible]'
柏林前进(东德)3.1帕纳辛奈科斯(希腊)
(主)2.0 皮彭堡54'、63'
(客)1.1 拉斯洛普82'、安东尼阿迪斯10'
华沙莱吉亚(波兰)10.1阿拉德联(罗马尼亚)
(客)2.1 兹米杰夫斯基66'、加多查75'、多米德7'
(主)8.0 B.布劳特51'、加多查70'、74'、布里奇茨73'、斯塔胡尔斯基78'、德厄纳8[illegible]'、兹米杰夫斯基83'、皮斯茨科85'(点球)
皇家马德里14.1尼科西亚奥林匹亚科斯(塞浦路斯)
*(客)8.0 阿曼西奥5'、亨托[illegible]'、54'、格罗索27'、弗莱塔斯48'、52'、格兰德61'、皮里[illegible]'
(主)6.1 德迭戈11'、74'、普[illegible]内利斯20'、格兰德42'、阿夫拉米迪斯51'(乌龙)、弗莱塔斯88'、克滕尼斯27'
*比赛在西班牙的马德里进行。

第二轮(1969.11.12—[illegible])

*凯尔特人3.3本菲卡
(主)3.0 格默尔2'、华莱士[illegible]'、胡德70'
(客)0.3 尤西比奥35'、格拉[illegible]40'、D.科斯塔90'
*两队在加时赛互交白卷后，最后凯尔特人凭借抽签幸运晋级
佛罗伦萨2.1基辅迪那摩
(客)2.1 基亚鲁吉36'、马[illegible]斯基69'、谢列布里安尼科夫57'　(主)0.0
利兹联6.0费伦茨城
(主)3.0 贾尔斯1'、琼斯13'、[illegible]'
(客)3.0 琼斯35'、87'、洛里默57'
华沙莱吉亚3.1圣艾蒂安
(主)2.1 皮斯茨科78'、德厄纳83'、雷韦利37'
(客)1.0 德厄纳85'
费耶诺德2.1AC米兰
(客)0.1 孔班9'　(主)2.0 扬森6'、范哈内亨81'
*加拉塔萨雷1.1特尔纳瓦斯巴达克
(客)0.1 卡巴特53'　(主)1.0 埃尔贡63'
*两队在加时赛互交白卷后，最后加拉塔萨雷凭借抽签幸运晋级
*柏林前进4.4贝尔格莱德红星
(主)2.1 弗拉多夫31'、贝格尔[illegible]67'、安东尼耶维奇15'
(客)2.3 贝格尔拉德12'、[illegible]、卡拉西35'、64'、阿契莫维奇60'
*柏林前进凭客场进球多晋级
列日标准4.2皇家马德里
(主)1.0 科斯特德41'
(客)3.2 反洛8'、德皮鲁24'、[illegible]列65'、贝拉斯克斯22'、亨托48'(点球)

1/4决赛(1970.3.4—3.[illegible])

凯尔特人3.1佛罗伦萨
(主)3.0 奥尔德30'、卡尔佩[illegible]蒂49'(乌龙)、华莱士89'
(客)0.1 基亚鲁吉37'
华沙莱吉亚3.1加拉塔萨雷
(客)1.1 布里奇茨37'、艾汉[illegible]'
(主)2.0 布里奇茨11'、55'
利兹联2.0列日标准
(客)1.0 洛里默70'
(主)1.0 贾尔斯80'(点球)
费耶诺德2.1柏林前进
(客)0.1 皮彭堡67'
(主)2.0 欣德瓦尔47'、韦里65'

半决赛(1970.4.1—4.15)

凯尔特人3.1利兹联
(客)1.0 康纳利1'
利兹联阵容(424)斯普拉克、林尼、梅德利、查尔顿、库珀、布雷姆纳(贝茨69')、贾尔斯、洛里默、克拉克、琼斯、格雷
凯尔特人阵容(424)E.威廉姆斯、海、麦克尼尔、格默尔、布罗根、默多克、华莱士、康纳利(J.休斯78')、奥尔德、约翰斯通、伦诺克斯
(主)2.1 J.休斯47'、默多克51'、布雷姆纳14'
凯尔特人阵容(325)E.威廉姆斯、海、麦克尼尔、布罗根、格默尔、默多克、约翰斯通、康纳利、J.休斯、奥尔德、伦诺克斯
利兹联阵容(424)斯普拉克(哈维48')、梅德利、查尔顿、亨特、库珀、布雷姆纳、贾尔斯、洛里默(贝茨70')、克拉克、琼斯、格雷
费耶诺德2.0华沙莱吉亚
(客)0.0
华沙莱吉亚阵容(433)格罗丁斯基、斯塔胡斯基、Z.布劳特、齐格蒙特、恰斯科夫斯基、戴厄纳、布里奇茨、B.布劳特、兹米杰夫斯基、皮斯茨科(马尔基维茨46')、加多查
费耶诺德阵容(433)特雷杰特尔、哈克、伊斯拉埃尔、拉塞隆斯、迪温博德、哈西尔(戈尔斯46')、范哈内亨、扬森、韦里、欣德瓦尔、穆利吉恩
(主)2.0 范哈内亨3'、哈西尔31'
费耶诺德阵容(424)特雷杰特尔、哈克、伊斯拉埃尔、拉塞隆斯、迪温博德、哈西尔、范哈内亨、扬森、韦里、欣德瓦尔、穆利吉恩
华沙莱吉亚阵容(433)格罗丁斯基、斯塔胡斯基、Z.布劳特、齐格蒙特、恰斯科夫斯基、戴厄纳、布里奇茨、B.布劳特、兹米杰夫斯基、皮斯茨科、加多查

决赛(1970.5.6，米兰)

费耶诺德2.1凯尔特人
伊斯拉埃尔31'、欣德瓦尔117'、格默尔29'
费耶诺德阵容(433)彼得斯、赫拉夫兰、罗梅伊吉恩(哈克107')、伊斯拉埃尔、拉塞隆斯、迪温博德、哈西尔、扬森、范哈内亨、韦里、欣德瓦尔、穆利吉恩
凯尔特人阵容(433)E.威廉姆斯、海、麦克尼尔、布罗根、格默尔、默多克、奥尔德(康纳利77')、J.休斯、约翰斯通、华莱士、伦诺克斯

1970-71赛季

（赛制）奥地利维也纳通过资格赛进入32强，32支球队经过第一轮淘汰赛后产生16支球队。16支球队继续进行淘汰赛直至产生冠军。从第一轮到决赛，夺冠的球队最多需要进行9场比赛。

资格赛

奥地利维也纳4.3索菲亚列夫斯基
(客)1.3 里德尔73'、米特科夫17'、阿斯帕鲁科夫52'、62'
(主)3.0 里德尔28'、西科斯贝格37'、49'

淘汰赛第一轮(1970.9.16—9.30)

门兴格拉德巴赫16.0利马索尔卡EPA(塞浦路斯)
(客)6.0 劳门6'、35'、科佩尔28'、48'、内策尔57'、海因克斯84'
(主)10.0 内策尔19'、维默尔30'、科佩尔35'、60'、迪特里希40'、西洛夫45'、劳门50'、56'、海因克斯73'、福格茨80'
*巴塞尔4.4莫斯科斯巴达克
(客)2.3奥德马特78'、本特豪斯83'、奥斯亚宁17'、66'、帕佩夫76'
(主)2.1 西根塔勒48'、巴尔默55'、侯赛因诺夫84'
*巴塞尔凭借客场进球多晋级
卡尔蔡司耶拿5.0费内巴切
(客)4.0 克劳泽44'、P.杜克70'、85'、沃热尔86'
(主)1.0 沃热尔43'
列日标准7.0罗森博格
(客)2.0 科斯特德42'、德皮罗伊克斯62'
(主)5.0 皮洛特3'、82'、茨维特莱尔6'、64'、德皮罗伊克斯'
里斯本竞技9.0瓦莱塔(马耳他)
(主)5.0 佩雷斯1'、洛伦索6'、E'、43'、61'
(客)4.0 内尔松30'、65'、蒂尼奥57'、托梅73'
布拉迪斯拉发4.3哥本哈根
(主)2.1 查普科维奇36'、兹洛哈90'(点球)、约翰森35'
(客)2.2 查普科维奇9'、57'、蒂格森78'(点球)、约翰森90'
*阿拉德联队(罗马尼亚)1.1费耶诺德
(客)1.1 杜米特雷斯库14'、扬森25'　(主)0.0
*阿拉德联队凭借客场进球多晋级
埃弗顿9.2凯夫拉维克IBK(冰岛)
(主)6.2 鲍尔39'、58'、67'、肯德尔41'、科伊勒51'、70'、韦斯特11'(乌龙)、拉格纳松78'
(客)3.0 惠特尔32'、罗伊尔38'、46'
华沙莱吉亚6.1哥德堡
(客)4.0 加多查45'、皮斯索科52'、斯塔胡斯基82'、87'
(主)2.1 戴厄纳36'、加多查37'、阿尔姆奎斯特26'
阿贾克斯4.2地拉那11月17日(阿尔巴尼亚)
(客)2.2 苏尔比尔15'、31'、卡赞西58'、黑加87'
(主)2.0 凯泽尔9'、施瓦特72'
马德里竞技4.1奥地利维也纳
(主)2.0 路易斯8'、加拉特54'
(客)2.1 路易斯42'、加拉特85'、克里格19'(点球)
贝尔格莱德红星4.2乌伊派斯蒂
(客)0.2 L.纳吉52'、多瑙伊81'
(主)4.0 菲利波维奇7'、58'、扎伊奇24'、奥斯托伊奇44'
卡利亚里3.1圣艾蒂安
(主)3.0 里瓦9'、70'、内内20'
(客)0.1 拉尔凯30'
凯尔特人14.0科科拉KPV
(主)9.0 胡德1'、23'、36'(点球)、休斯15'、麦克尼尔22'、约翰斯通38'、威尔森54'、70'、戴维森60'
(客)5.0 华莱士26'、45'、卡拉汉35'、戴维森51'、伦诺克斯72'
帕纳辛奈科斯7.1埃施青年(卢森堡)
(客)2.1 安东尼阿迪斯5'、埃尔夫特拉基斯36'、迪热诺瓦1'
(主)5.0 埃莱泰拉基斯16'、安东尼阿迪斯26'、29'、37'、51'
沃特福德4.1格伦杜兰(贝尔法斯特)
(客)3.1 哈尔3'、布赖恩50'、凯西75'、奥尼尔20'
(主)1.0 凯西57'

淘汰赛第二轮(1970.10.21—11.05)

华沙莱吉亚2.1列日标准
(客)0.1 皮洛特77'
(主)2.0 皮斯索科8'、兹米捷夫斯基20'
阿贾克斯5.1巴塞尔
(主)3.0 凯泽尔17'、范迪克23'、许尔斯霍夫63'
(客)2.1 赖因德尔69'、内斯肯斯72'、奥德马特36'(点球)
帕纳辛奈科斯4.2布拉迪斯拉发
(主)3.0 多马佐斯31'、安东尼阿迪斯55'、德利扬尼斯88'
(客)1.2 安东尼阿迪斯55'、梅德维德31'、查普科维奇59'
*门兴格拉德巴赫2.2埃弗顿
(主)1.1 福格茨35'、肯德尔47'
(客)1.1 劳门35'、莫里西1'
*埃弗顿在点球决战中以4.3淘汰对手，这也是冠军杯中首次通过点球决战决定晋级资格。
卡尔蔡司耶拿4.2里斯本竞技
(主)2.1 沃热尔51'、库布尤维特87'、马里尼奥67'
(客)2.1 P.杜克30'、库布尤维特36'、贡萨尔维斯79'
贝尔格莱德红星6.1阿拉德联队
(主)3.0 菲利波维奇17'、阿西莫维奇50'、克里沃库卡54'
(客)3.1 菲利波维奇49'、67'、扬科维奇79'、布罗索夫希57'
凯尔特人10.2沃特福德
(客)7.0 华莱士1'、54'、56'、马卡里9'、87'、默多克27'、38'
(主)3.2 休斯47'、约翰斯通56'、65'、麦克尼尔17'(乌龙)、马修32'
马德里竞技4.2卡利亚里
(客)1.2 路易斯78'、里瓦41'、格里斯45'
(主)3.0 路易斯33'、72'(点球)、89'

1/4决赛(1971.3.9—3.24)

*帕纳辛奈科斯1.1埃弗顿
(客)1.1 安东尼阿迪斯81'、约翰森90'　(主)0.0
*帕纳辛奈科斯凭借客场进球多晋级
*马德里竞技2.2华沙莱吉亚
(主)1.0 阿德拉多21'
(客)1.2 萨尔西多12'、皮斯索科25'、施塔胡斯基51'
*马德里竞技凭借客场进球多晋级
阿贾克斯3.1凯尔特人
(主)3.0 克鲁伊夫63'、许尔斯霍夫70'、凯泽尔89'
(客)0.1 约翰斯通27'
贝尔格莱德红星6.3卡尔蔡司耶拿
(客)2.3 扬科维奇42'、扎伊奇58'、施特伦佩尔16'、P.杜克21'、86'
(主)4.0 德约里奇15'(点球)、菲利波维奇30'、奥斯托伊奇60'、卡拉西70'

半决赛(1971.4.14—4.28)

阿贾克斯3.1马德里竞技
(客)0.1 伊鲁埃塔43'
阿贾克斯阵容(433)斯图伊、苏尔比尔、瓦索维奇、许尔斯霍夫、克罗尔、内斯肯斯、穆赫伦、赖因德尔、施瓦特(范迪克85')、克鲁伊夫(布兰肯博格75')、凯泽尔
马德里竞技阵容(424)罗德里、梅洛、奥韦赫罗、马丁内斯·哈约、卡列哈(卡彭66')、阿德拉多、伊鲁埃塔、乌法特、路易斯、加拉特、阿尔贝托
(主)3.0 凯泽尔8'、苏尔比尔76'、内斯肯斯85'
阿贾克斯阵容(424)斯图伊、苏尔比尔、瓦索维奇、许尔斯霍夫、布兰肯博格、内斯肯斯、赖因德尔、施瓦特、穆赫伦、克鲁伊夫、凯泽尔
马德里竞技阵容(433)罗德里、梅洛、奥韦赫罗、马丁内斯·哈约、奎克、伊鲁埃塔、B.尤西比奥、萨尔西多、乌法特、路易斯、阿尔贝托
*帕纳辛奈科斯4.4贝尔格莱德红星
*帕纳辛奈科斯凭借客场进球多晋级
(客)1.4 卡拉马斯56'、奥斯托伊奇14'、46'、89'、扬科维奇40'
帕纳辛奈科斯阵容(433)奥伊孔诺莫普罗斯(康斯坦迪努72')、卡拉马斯、托马拉斯、苏尔比斯、弗拉霍斯、埃莱泰拉基斯、卡普西斯、多马佐斯、费拉克里斯、格拉莫斯、安东尼阿迪斯
贝尔格莱德红星阵容(424)杜伊科维奇、克兰科夫斯基、帕夫洛维奇、博吉切维奇、德约利奇、诺夫科维奇、阿西莫维奇、扬科维奇、卡拉西、奥斯托伊奇、菲利波维奇
(主)3.0 安东尼阿迪斯1'、55'、卡拉马斯64'
帕纳辛奈科斯阵容(433)康斯坦迪努、卡拉马斯、托马拉斯、苏尔比斯、弗拉霍斯、卡普西斯、多马佐斯、卡利格里斯(安萨纳索普洛斯56')(哈奇安德雷奥86')、费拉克里斯、格拉莫斯、安东尼阿迪斯
贝尔格莱德红星阵容(424)杜伊科维奇、克兰科夫斯基、帕夫洛维奇、博吉切维奇、德约利奇、诺夫科维奇、阿西莫维奇、扬科维奇、卡拉西、奥斯托伊奇、菲利波维奇

决赛(1971.6.2伦敦)

阿贾克斯2.0帕纳辛奈科斯
范迪克5'、阿里·汉87'
阿贾克斯阵容(433)斯图伊、苏尔比尔、瓦索维奇、许尔斯霍夫、内斯肯斯、赖因德尔(布兰肯博格46')、穆赫伦、施瓦特(阿里·汉46')、克鲁伊夫、范迪克、凯泽尔
帕纳辛奈科斯阵容(433)奥伊孔诺莫普罗斯、托马拉斯、卡普西斯、苏尔比斯、弗拉霍斯、埃莱夫泰拉基斯、卡拉马斯、多马佐斯、费拉克里斯、格拉莫斯、安东尼阿迪斯

1971-72赛季

（赛制）瓦伦西亚通过资格赛进入32强，32支球队经过系一轮淘汰赛后产生16支球队。16支球队继续进行淘汰赛直至产生冠军。从第一轮到决赛，夺冠的球队最多需要进行9场比赛，

资格赛

瓦伦西亚4.1卢森堡联
(主)3.1 弗门特28'、克拉拉蒙特56'(点球)、巴尔德斯89'、希尔敷16'
(客)1.0 弗门特17'

淘汰赛第一轮(1971.9.15—9.29)

费耶诺德17.0奥林匹亚科斯
(主)8.0 迈瓦尔德3'、30'、范哈内格姆8'、舍恩马克25'、47'、49'、伊斯拉埃尔71'、施奈德86'
(客)9.0 范哈内格姆3'、70'、哈希尔15'、韦利22'、波斯蒂默斯23'、42'、伊斯拉埃尔47'、51'、57'
莫斯科中央陆军4.1加拉塔萨雷
(客)1.1 科佩金43'、艾登71'
(主)3.0 多洛费耶夫6'、75'、奥焦比85'
列日标准5.2林菲尔德(北爱尔兰)
(主)2.0 泽梅林33'、塔卡奇87'
(客)3.2 范默尔35'、塔卡奇52'、皮洛特86'(点球)
凯尔特人4.2哥本哈根
(客)1.2 马卡里18'、约翰森14'、24'
(主)3.0 华莱士23'、85'、卡拉汉79'
*布加勒斯特迪那摩2.2特尔纳瓦斯巴达克(斯洛伐克)
(主)0.0
(客)2.2 波佩斯库63'、88'、卡巴特42'、多比亚69'(点球)
*布加勒斯特迪那摩凭借客场进球多晋级
国际米兰6.4雅典AEK
(主)4.1 马佐拉20'、法切蒂35'、穆赫伦44'、博宁塞尼亚61'(点球)、波莫尼斯15'
(客)2.3 卡拉费斯科斯17'(乌龙)、博宁塞尼亚20'、文图里斯28'、帕帕约安努45'、尼古拉迪斯88'
马赛3.2萨比利斯(斯洛伐克)
(主)2.1 雷兹45'(乌龙)、斯科布拉78'、卢班斯基28'
(客)1.1 斯科布拉53'、安切索科32'
乌伊派斯蒂4.1马尔默
(主)4.0 多瑙伊17'、拜奈28'、64'、81'
(客)0.1 塔普尔11'(点球)
门兴格拉德巴赫7.1科克爱尔兰人(爱尔兰)
(客)5.0 沃拉卡6'、30'、海因克斯18'、勒费夫尔33'、40'
(主)2.1 西洛夫60'、维默尔80'、登内西32'
本菲卡7.1因斯布鲁克
(客)4.0 J.格拉萨19'、拉图尔·若热26'、80'、尤西比奥79'
(主)3.1 阿道夫36'、拉图尔·若热73'、西莫蒂尔德83'、亚拉79'
索非亚中央陆军4.0地拉那11月17日(阿尔巴尼亚)(阿尔巴尼亚)
(主)3.0 阿塔纳索夫17'、尼克蒂莫夫36'(点球)、马拉希列夫53'
(客)1.0 阿塔纳索夫57'
阿森纳7.1斯特勒姆戈塞特IF(挪威)
(客)3.1辛普森2'、沃尔纳20'(乌龙)、凯利81'、S.皮特森52'
(主)4.0 R.肯尼迪6'、拉德福德18'、58'、阿姆斯特朗78'
苏黎世草蜢9.1拉赫蒂雷帕斯(芬兰)
(客)1.1 奥尔豪伊泽63'、林德霍尔姆75'
(主)8.0 K.穆勒1'、39'、71'、85'、格罗比利31'、施内贝尔格45'、迈尔70'、迈耶77'
阿贾克斯2.0德累斯顿迪那摩
(主)2.0 施瓦特2'、凯泽尔24'　(客)0.0
*瓦伦西亚1.1斯普利特(克罗地亚)
(主)0.0
(客)1.1 J.克拉拉蒙特58'、佩雷兹14'(乌龙)
*瓦伦西亚凭借客场进球多晋级
什列马流浪者(马耳他)4.0阿克拉内斯IA(冰岛)
(客)0.0
(主)4.0 库克斯25'、57'、68'、E.阿奎利纳81'

第二轮(1971.10.20—12.01)

阿贾克斯6.2马赛
(客)2.1 凯泽尔37'、克鲁伊夫60'、格雷斯10'
(主)4.1 库埃库32'(乌龙)、施瓦特37'、克鲁伊夫64'、阿里·汉80'、库埃库17'
费耶诺德5.0布加勒斯特迪那摩
(客)3.0 维里38'、迈瓦尔德43'、施奈德50'
(主)2.0 农韦勒53'(乌龙)、舍恩马克68'
列日标准2.1莫斯科中央陆军
(客)0.1 科佩金27'　(主)2.0 塔卡奇7'、56'(点球)
阿森纳5.0苏黎世草蜢
(客)2.0 R.肯尼迪2'、格拉汉姆88'

(主)3.0 R.肯尼迪40'.乔治47'.拉德福德84'
凯尔特人7.1什列马流浪者(马耳他)
(主)5.0 格默尔16'.马卡里17'.41'.胡德69'.布罗冈78'
(客)2.1 胡德42'.伦诺克斯57' 库克斯1'
乌伊派斯蒂3.1瓦伦西亚 (客)1.0 赞博54'
(主)2.1 多瑙伊51'.53' 巴尔德斯56'
本菲卡2.1索非亚中央陆军
(主)2.1 罗德里格斯50'.拉图尔·若热62' 热科夫86'
(客)0.0
*国际米兰4.2门兴格拉德巴赫
(主)4.2 贝路吉10'.博宁塞尼亚13'.穆赫伦58'.吉奥90' 勒费夫尔38'.维特坎普89'
(客)0.0
*国际米兰4.2战胜门兴之前.双方曾在门兴主场交手.门兴7.1取胜 由于球迷闹事.比赛结果被宣布无效.重赛后国际米兰先打主场并最终晋级.

1/4决赛(1972.3.8–3.22)
阿贾克斯3.1阿森纳
(主)2.1 穆赫伦27'.74'(点球) R.肯尼迪15'
(客)1.0 格拉汉姆16'(乌龙)
凯尔特人3.1乌伊派斯蒂
(客)2.1 霍瓦特19'(乌龙).马卡里85' 霍瓦特64'
(主)1.1 马卡里62' 多瑙伊5'
本菲卡5.2费耶诺德
(客)0.1拉瑟罗姆斯47'
(主)5.1 内内6'.81'.92'.尤西比奥30'.若尔当90' 波斯蒂默斯75'
*国际米兰2.2列日标准
(主)1.0 雅伊尔80'
(客)1.2 马佐拉80' 茨韦特莱尔52'.塔卡奇85'
*国际米兰凭借客场进球多晋级

半决赛(1972.4.5–4.19)
阿贾克斯1.0本菲卡
(主)1.0 施瓦特64'
阿贾克斯阵容(433):斯图伊 苏尔比尔、布兰肯博格、许尔斯霍夫、克罗尔 阿里·汉(范迪克55')、内斯肯斯、穆赫伦 施瓦特、克鲁伊夫、凯泽尔
本菲卡阵容(433):何塞·恩里克斯 A.科雷亚、胡伯托·科埃略、梅西亚斯、阿道夫 格拉察、尤西比奥、托尼 内内、拉图尔·若热、若尔当(V.巴普蒂斯塔66')
(客)0.0
阿贾克斯阵容(433):斯图伊 苏尔比尔、布兰肯博格、许尔斯霍夫、克罗尔 阿里·汉、内斯肯斯(施利西尔90')、穆赫伦 施瓦特、克鲁伊夫、凯泽尔
本菲卡阵容(433):何塞·恩里克斯 A.科雷亚、胡伯托·科埃略、梅西亚斯、阿道夫/格拉察、尤西比奥、托尼(迪亚曼蒂诺82') 内内、拉图尔·若热(V.巴普蒂斯塔78')、若尔当
*国际米兰0.0凯尔特人
*国际米兰通过点球大战5比4晋级
(主)0.0
国际米兰阵容(442):维耶里 法切蒂、贝卢吉、奥利亚里、布尔尼奇 贝尔蒂尼、佩利扎罗(吉奥71')、马佐拉、弗卢斯塔卢皮 雅伊尔、博宁塞尼亚
凯尔特人阵容(2332):威廉姆斯/克雷格、布罗根(麦克拉斯基62') 默多克、麦克尼尔、康纳利/约翰斯通、达格利什、马卡里 卡拉汉、伦诺克斯
(客)0.0
国际米兰阵容(532):维耶里 法切蒂、贝卢吉、朱贝托尼、奥利亚里、布尔尼奇 马佐拉、贝丁、弗卢斯塔卢皮/雅伊尔、贝尔蒂尼(佩利扎罗63')
凯尔特人阵容(2332):威廉姆斯 克雷格、麦克拉斯基/默多克、麦克尼尔、康纳利/约翰斯通、达格利什(迪恩斯61')、马卡里 卡拉汉、伦诺克斯

决赛(1972.5.31鹿特丹)
阿贾克斯2.0国际米兰
克鲁伊夫47'.76'
阿贾克斯阵容(433):斯图伊 苏尔比尔、布兰肯博格、许尔斯霍夫、克罗尔 阿里·汉、内斯肯斯、穆赫伦 施瓦特、克鲁伊夫、凯泽尔
国际米兰阵容(532):博登 法切蒂、贝卢吉、朱贝托尼(贝尔蒂尼12')、布尔尼奇、奥利亚里 马佐拉、弗卢斯塔卢皮、贝丁 雅伊尔(佩利扎罗56')、博宁塞尼亚

1972–73赛季

（赛制）本届比赛共有30支球队参加，不设资格赛。特尔纳瓦斯巴达克和卫冕冠军阿贾克斯第一轮淘汰赛轮空，另外28支球队经过第一轮淘汰赛后产生14支出线队。16支球队继续进行淘汰赛直至产生冠军。阿贾克斯从淘汰赛第二轮到到最终决赛夺冠共参加了7场比赛。

第一轮淘汰赛(1972.9.13–9.27)
乌伊派斯蒂4.3巴塞尔
(主)2.0 霍瓦特57'.赞博60'
(客)2.3 拜奈46'.89' 巴尔纳75'.83'.哈斯勒65'
尼科西亚奥莫尼亚(塞浦路斯)3.2沃特福德
(客)1.2 洛菲德斯79' 哈勒4'.10'
(主)2.0 切列比斯18'.63'
安德莱赫特7.2瓦埃勒BK(丹麦)
(主)4.2 艾德斯特9'.伦森布林克59'.61'.范希姆斯特85'/F.约翰森64'(点球).67'
(客)3.0 沃尔特斯61'.伦森布林克85'.87'
拜仁慕尼黑7.1加拉塔萨雷
(客)1.1 穆勒66' 布伦特55'
(主)6.0 穆勒14'.78'.乌利·赫内斯29'.施奈德35'.贝肯鲍尔76'(点球).罗特88'

本菲卡4.2马尔默
(客)0.1 B.拉尔森11'
(主)4.1 若尔丹24'.西蒙内斯29'.尤西比奥43'(点球).60' 塔普尔89'
基辅迪那摩3.0因斯布鲁克
(客)1.0 普扎切89'
(主)2.0 普扎切25'.达明63'
马德堡9.1 图尔库TPS
(主)6.0 梅韦斯5'.珀莫伦克24'.79'.塞金30'.施帕瓦瑟45'.38'
(客)3.1 施帕瓦瑟52'.87'.亚洛宁72'(乌龙) 托伊沃拉73'
普洛耶什蒂石油石油(罗马尼亚)6.0博纳沃伊(卢森堡)
(客)2.0 特洛伊58'.多布林89'
(主)4.0 多布林4'.47'.拉杜14'.28'
扎布热戈尔尼克10.0什列马流浪者
(客)5.0 卢班斯基23'.27'.39'.巴纳卡82'.维尔采克87'
(主)5.0 索伊蒂斯科1'.卢班斯基31'.沙尔马赫62'.90'.奥斯利兹洛67'
德比郡4.1萨拉热窝泽尔热兹尼卡(波黑)
(主)2.0 麦克法兰德38'.格米尔53'
(客)2.1 辛顿9'.奥哈尔15' 斯普雷科60'
尤文图斯3.1马赛
(客)0.1 博内尔52'
(主)3.0 贝特加4'.37'.哈勒尔44'
凯尔特人5.2罗森博格
(主)2.1 马卡里15'.迪恩斯45' 维尔克拉55'
(客)3.1 马卡里55'.88'.胡德83' 克里斯蒂安森38'
皇家马德里4.0凯夫拉维克IBK(冰岛)
(主)3.0 桑蒂利亚纳15'.29'.格兰德90'
(客)1.0 韦尔杜戈90'
*索非亚中央陆军3.3帕纳辛奈科斯
(主)2.1 克莱夫25'(点球).施坦科夫71' 贝隆59'
(客)1.2 特兰科夫68' 贝隆18'.德梅洛20'
(重赛)2.0齐科夫5'.施坦科夫46'
*双方两回合3.3战平.点球决战中帕纳辛奈科斯3.2取胜 由于点球程序中出现问题.点球结果被取消.双方于1972.10.27重赛.索非亚中央陆军客场取胜后晋级.

第二轮淘汰赛(1971.10.24–11.29)
拜仁慕尼黑13.0尼科西亚奥莫尼亚
(主)9.0 穆勒14'.37'.54'.73'.74'.乌利·赫内斯25'.罗特42'.施奈德69'.82'
(客)4.0 罗特29'.穆勒42'.66'.W.霍夫曼50'
特尔纳瓦斯巴达克(斯洛伐克)2.0安德莱赫特
(主)1.0 卡巴特46' (客)1.0 马斯纳88'
基辅迪那摩3.2扎布热戈尔尼克
(主)2.0 穆特扬60'(点球).普扎切78'
(主)1.2 布洛欣25'/卢班斯基30'.戈尔甘62'
尤文图斯2.0马德堡
(主)1.0 安纳斯塔西66'
(客)1.0 库库雷杜51'
德比郡3.0本菲卡
(主)3.0 麦克法兰德7'.赫克托8'.麦克戈文39'
(客)0.0
乌伊派斯蒂4.2凯尔特人
(客)1.2 拜奈38'/达格利什60'.75'
(主)3.0 拜奈7'.24'.法泽卡什15'(点球)
皇家马德里4.3普洛耶什蒂石油石油
(客)1.2 安扎达42'/多布林25'(点球).普拉普雷戈65'
(主)3.1 桑图拉里亚18'.87'.格兰德47'/拉杜43'
阿贾克斯6.1索非亚中央陆军
(客)3.1 施瓦特12'.凯泽尔32'.阿里·汉52'/齐科夫27'
(主)3.0 克鲁伊夫18'.76'.布兰肯博格43'

1/4决赛(1973.03.07–03.21)
阿贾克斯5.2拜仁慕尼黑
(主)4.0 阿里·汉53'.69'.穆赫伦68'.克鲁伊夫89'
(客)1.2 凯泽尔8'/克罗尔30'(乌龙).穆勒39'
*尤文图斯2.2乌伊派斯蒂 (主)0.0
(客)2.2 阿尔塔菲尼30'.安纳斯塔西57'/拜奈1'.A.托特12'
*尤文图斯凭借客场进球多晋级
皇家马德里3.0基辅迪那摩 (客)0.0
(主)3.0 桑蒂利亚纳2'.阿吉拉尔35'.阿马内罗88'
德比郡2.1特尔纳瓦斯巴达克
(客)0.1 霍瓦特42' (主)2.0 赫克托40'.51'

半决赛(1973.4.11–4.25)
阿贾克斯3.1皇家马德里
(主)2.1 许尔斯霍夫67'.克罗尔77'/皮里83'
阿贾克斯阵容(433):斯图伊/苏尔比尔、布兰肯博格、许尔斯霍夫、克罗尔/阿里·汉、内斯肯斯、施利西尔(A.穆赫伦46')/雷普、克鲁伊夫、凯泽尔
皇家马德里阵容(433):加西亚·拉蒙/何塞·路易斯、本尼托、索科、图利诺/格兰德、皮里、贝拉斯克斯 阿曼西奥、桑蒂利亚纳、阿吉拉尔
(客)1.0 穆赫伦51'
阿贾克斯阵容(433):斯图伊/苏尔比尔、布兰肯博格、许尔斯霍夫、克罗尔/阿里·汉、内斯肯斯、G.穆赫伦/A.穆赫伦、克鲁伊夫、雷普
皇家马德里阵容(442):加西亚·拉蒙/何塞·路易斯、本尼托、索科、图利诺/格兰德、冈萨雷斯(马拉尼翁56')、皮里、贝拉斯克斯/阿曼西奥(安德烈斯74')、阿吉拉尔
尤文图斯3.1德比郡
(主)3.1 阿尔塔菲尼28'.83'.考西奥66'/赫克托29'
尤文图斯阵容(2332):佐夫/斯皮诺西、马切蒂/富里诺、莫里尼、萨尔瓦多雷/考西奥、库库雷杜(哈勒64')、卡佩罗/安纳斯塔西、阿尔塔菲尼
德比郡阵容(2332):博尔顿/韦伯斯特、尼西/杜尔班、麦克法兰德、托德/麦克戈文、赫克托、奥哈尔 盖米尔、鲍威尔
(客)0.0
尤文图斯阵容(2332):佐夫 斯皮诺西、马切蒂 富里诺、莫里尼、萨尔瓦多雷 考西奥、库库雷杜(朗哥布科67')、卡佩罗 安纳斯塔西、阿尔塔菲尼
德比郡阵容(2332):博尔顿 韦伯斯特、尼西 鲍威尔(杜尔班46')、丹尼尔(西姆斯69')、托德 麦克戈文、戴维斯、奥哈尔 赫克托、辛顿

决赛(1973.5.30贝尔格莱德)
阿贾克斯1.0尤文图斯
雷普4'
阿贾克斯阵容(433):斯图伊 苏尔比尔、布兰肯博格、许尔斯霍夫、克罗尔 阿里·汉、内斯肯斯、G.穆赫伦 雷普、克鲁伊夫、凯泽尔
尤文图斯阵容(433):佐夫 马切蒂、朗哥布科、莫里尼、萨尔瓦多雷 考西奥(库库雷杜78')、富里诺、卡佩罗 安纳斯塔西、贝特加(哈勒63')、阿尔塔菲尼

1973–74赛季

（赛制）本届比赛共有31支球队参加，不设资格赛。卫冕冠军阿贾克斯第一轮淘汰赛轮空，另外30支球队经过系一轮淘汰赛后产生15支出线队。16支球队继 续进行淘汰赛直至产生冠军。从第一轮到最终夺冠.拜仁慕尼黑共参加了9场比赛。

第一轮淘汰赛(1973.9.18–10.3)
巴塞尔11.2雷克雅未克弗拉姆(冰岛)
(客)5.0 库比拉斯2'.巴尔默21'.85'.哈斯勒75'.德马梅尔斯88'
(主)6.2 坦纳4'.56'.库比拉斯24'.盖尔松39'(乌龙).万普夫勒60'.施托莱66'(点球) 利夫松52'.埃利亚松78'
*拜仁慕尼黑4.4阿维达贝里斯(瑞典)
(主)3.1 穆勒3'.72'.奥尔森68'(乌龙) 迪恩贝尔格66'(乌龙)
(客)1.3 乌利·赫内斯75'/托尔斯滕松7'.72'.瓦林德15'
*拜仁慕尼黑通过点球决战4比3晋级
本菲卡2.0奥林匹亚科斯
(主)1.0 梅西亚斯53' (客)1.0 内内29'
乌伊派斯蒂6.2沃特福德
(客)3.2 赞博9'.法泽卡什64'.L.纳吉69' 柯比13'.奥尼尔90'
(主)3.0 E.多瑙伊9'.法泽卡什67'.L.纳吉86'
凯尔特人9.1图尔库TPS
(客)6.1 卡拉汉2'.88'.胡德22'.约翰斯通61'.康纳利78'(点球).迪恩斯86'/安德尔明17'(点球)
(主)3.0 迪恩斯20'.约翰斯通27'.53'
德累斯顿迪那摩4.3尤文图斯
(主)2.0 克莱舍29'.沙德42'
(客)2.3 劳24'.萨克塞75'/富里诺9'.阿尔塔菲尼25'.库库雷杜31'
贝尔格莱德红星3.1米莱克斯塔尔(波兰)
(主)2.1 佩特洛维奇2'.卡拉希67'/拉托46'
(客)1.0 拉扎雷维奇26'
布鲁日10.0瓦莱塔(马耳他)
(主)8.0 兰伯特5'.48'.55'.勒费夫尔20'.卡托伊斯34'.74'.霍瓦特39'.鲁斯曼43'
(客)2.0 蒂欧65'.霍瓦特85'
利物浦3.1埃施青年
(客)1.1 哈尔43'/杜塞尔88'
(主)2.0 蒙德47'(点球).托沙克57'
马德里竞技1.0加拉塔萨雷
(主)0.0 (客)1.0 萨尔特戈100'
特尔纳瓦斯巴达克(斯洛伐克)3.1斯塔万格维京(挪威)
(客)2.1 阿达麦茨13'.马丁科维奇36' 奎维亚59'
(主)1.0 马丁科维奇25'
瓦埃勒BK(丹麦)3.2南特
(主)2.2 马库森5'.伦德17' 郎皮永21'.库埃库60'
(客)1.0 诺尔高62'
索非亚中央陆军4.0因斯布鲁克
(主)3.0 马拉希列夫3'.齐科夫20'.德内夫34'
(客)1.0 齐科夫18'
布加勒斯特迪那摩12.0贝尔法斯特十字军(威尔士)
(客)1.0 杜米特雷斯库1'
(主)11.0 D.杰奥尔杰斯库5'.60'.71'.85'.杜米特雷斯库16'.蒂努27'.农韦勒43'.54'.64'.88'.贝克特52'(乌龙)
伏罗希洛夫格勒(前苏联)3.0阿普尔(塞浦路斯)
(主)2.0 贝卢索夫24'.V.库茨内特索夫27'
(客)1.0 库克索夫58'

第二轮淘汰赛(1973.10.24–11.7)
贝尔格莱德红星4.2利物浦
(主)2.1 扬克维奇39'.博吉切维奇48'/基冈72'
(客)2.1 拉扎雷维奇60'.扬克维奇90'/劳勒83'
凯尔特人1.0瓦埃勒BK
(主)0.0 (客)1.0 伦诺克斯33'
乌伊派斯蒂3.1本菲卡
(客)1.1 A.托特57'/尤西比奥69'
(主)2.0 拜奈67'.科拉70'
特尔纳瓦斯巴达克(斯洛伐克)1.0伏罗希洛夫格勒(前苏联)
(主)0.0 (客)1.0 马丁科维奇61'

巴塞尔7.6布鲁日
(客)1.2 奥德马特39'(点球)/卡[illegible]伊斯7'.蒂欧60'(点球)
(主)6.[illegible] 4鲁斯曼19'(乌龙).巴[illegible]默31'.万普夫勒37'.希斯菲尔德63'(乌龙).70'.87'/[illegible]伯特23'.46'(点[illegible]).68'.卡托伊斯28'
马德里竞技4.2布加勒斯特[illegible]那摩
(客)2.0 加拉特19'.尤西比[illegible]
(主)2.2 鲁塞斯库1'.D.杰[illegible]杰斯库11' 阿[illegible]拉9'.卡彭77'
索非亚中央陆军2.1阿贾克[illegible]
(客)0.1 穆尔德15'
(主)2.0 马拉希列夫69'.齐[illegible]115'
拜仁慕尼黑7.6德累斯顿迪[illegible]
(主)4.3 W.霍夫曼17'.杜恩[illegible]26'.罗特72'.穆勒83' 汉森13'(乌龙).萨克塞34'.海德[illegible]
(客)3.3 乌利·赫内斯10'.12'.[illegible]勒60' 瓦茨[illegible]希42'.沙德54'

1/4决赛(1974.2.27–3.[illegible]
凯尔特人6.5巴塞尔
(客)2.3 威尔逊21'.达格利什[illegible] 希斯菲尔德28'.64'(点球).奥德马特31'
(主)4.2 达格利什14'.迪恩[illegible].卡拉汉62'.穆雷114' 蒙杜西恩33'.巴尔默48'
拜仁慕尼黑5.3索非亚中央[illegible]
(主)4.1 托尔斯滕松8'.88'[illegible]肯鲍尔33'.穆勒65' 米哈伊洛夫24'
(客)1.2 布莱特纳30' 克莱[illegible]41'.德内夫48'
*乌伊派斯蒂2.2特尔纳瓦[illegible]达克
(客)1.1 托特70' 卡巴特11'
(主)1.1 费克特41' 阿达麦[illegible]6'
*乌伊派斯蒂通过点球决[illegible]比3晋级
马德里竞技2.0贝尔格莱[illegible]星
(客)2.0 路易斯9'.加拉特[illegible] (主)0.0

半决赛(1974.4.10–4.2[illegible]
拜仁慕尼黑4.1乌伊派斯蒂
(客)1.1 托尔斯滕松38'/法[illegible]卡什18'
拜仁慕尼黑(433):迈尔/[illegible]、贝肯鲍尔 施瓦岑贝格、布莱特纳/罗特(杜恩[illegible]格53')、卡佩尔曼、措贝尔/乌利·赫内斯、穆勒、托[illegible]斯滕松
乌伊派斯蒂阵容(352):[illegible]哈伊/诺斯科 哈尔沙尼、霍瓦特/凯尔纳、多瑙[illegible]费克特、托特、拜奈/法泽卡什、赞博
(主)3.0 托尔斯滕松33'.[illegible]特70'(乌龙).穆勒81'
拜仁慕尼黑(433):迈尔/[illegible]、贝肯鲍尔 施瓦岑贝格、布莱特纳 罗特(杜恩[illegible]格62')、卡佩尔曼、措贝尔/乌利·赫内斯、穆勒、托[illegible]斯滕松
乌伊派斯蒂阵容(352):[illegible]哈伊/诺斯科[illegible]费克特46')、哈尔沙尼、霍瓦特/[illegible]纳、多瑙伊、[illegible]、托特(海吉77')、拜奈/法泽卡什[illegible]赞博
马德里竞技2.0凯尔特人
(客)0.0
马德里竞技(442):雷纳/[illegible]、奥韦赫罗、贝[illegible]加斯.帕纳德罗·迪亚兹/阿德拉[illegible]雷迪亚、B.尤西比奥、伊鲁埃塔(阿尔贝托70')/加[illegible](奎克65')、阿[illegible]拉
凯尔特人阵容(352):康[illegible]/海、麦克尼尔、布罗根/穆雷、麦克拉斯基、约[illegible]通、胡德、迪恩斯(威尔逊70')/达格利什、卡拉汉
(主)2.0 加拉特77'.阿德[illegible]85'
马德里竞技(433):雷纳/[illegible]雷迪亚、阿德拉[illegible]多、奥韦赫罗、卡彭/B.尤西比奥、[illegible]埃塔、乌法特/加拉特(贝尔梅霍87')、路易斯([illegible]雷罗88')、贝塞拉
凯尔特人阵容(442):康[illegible]/海、麦克尼尔、麦克格雷恩、布罗根/穆雷、麦克[illegible]斯基、约翰斯通、胡德、/达格利什、卡拉汉

决赛(1974.5.15布[illegible])
*拜仁慕尼黑1.1马德里竞[illegible]
施瓦岑贝格120'/路易斯1[illegible]
拜仁慕尼黑阵容(433):[illegible]/汉森、贝肯鲍尔、施瓦岑贝格、布莱特纳/罗特、[illegible]佩尔曼、措贝尔/乌利·赫内斯、穆勒、托尔斯滕松([illegible]博格76')
马德里竞技阵容(433):[illegible]/梅洛、埃雷迪亚、阿德拉多、卡彭/路易斯、B.尤[illegible]比奥、伊鲁埃塔/乌法特(贝塞拉69')、加拉特、萨[illegible]多(阿尔贝托[illegible])
*双方决赛首次较量打满[illegible]分钟1比1不分胜负.2天后的附加赛中拜仁4比0[illegible]夺冠.
1974.5.17布鲁塞尔
拜仁慕尼黑4.0马德里竞[illegible]
乌利·赫内斯28'.82'.穆[illegible].69'
拜仁慕尼黑阵容(433):[illegible]/汉森、贝肯鲍尔、施瓦岑贝格、布莱特纳/罗特、[illegible]佩尔曼、措贝尔/乌利·赫内斯、穆勒、托尔斯滕松
马德里竞技阵容(433):[illegible]/梅洛、埃雷迪亚、阿德拉多(贝内加斯61')、卡彭/路易斯、B.尤西比奥、贝塞拉/阿尔贝托(乌法特65')[illegible]加拉特、萨尔西多

1974–[illegible]5赛季

（赛制）本届比赛共有[illegible]支球队参加，不设资格赛。马德堡和卫冕冠军[illegible]仁慕尼黑第一轮淘汰赛轮空，另外28支球队经[illegible]第一轮淘汰赛后产生14支出线队。16支球队继[illegible]进行淘太赛直至产生冠军。拜仁慕尼黑从淘汰[illegible]第二轮到最终夺冠共参加了7场比赛。

第一轮淘汰赛(1974.[illegible]8–10.3)
赫尔辛基HJK4.2瓦莱塔[illegible]耳他)
(客)0.1 马格罗6'
(主)4.1 拉赫亚8'.佩尔托[illegible]'.哈马莱宁3[illegible]'.[illegible]塞8'/吉

利奥89'
乌伊派斯蒂7:1索非亚列夫斯基(保加利亚)
(客)3:0 霍瓦特28'、拜奈[illegible]'、A.多瑙伊76'
(主)4:1 拜奈13'、70'、A.多瑙伊58'、65' 沃伊诺夫19'
利兹联5:3苏黎世
(主)4:1 克拉克15'、42'、洛里默25'(点球)、乔丹47' 卡蒂奇88'
(客)1:2 克拉克36' 卡蒂奇37'、图奇迈姆43'
霍茹夫运动(波兰)2:0哥本哈根
(客)0:0 (主)2:0 布拉[illegible]'、63' B.彼德森55'
巴塞罗那5:0林茨(奥地利) (客)0:0
(主)5:0 阿森西21'、克拉雷斯28'、30'、胡安·卡洛斯49'、雷克萨奇76'(点球)
*安德莱赫特5:5布拉迪斯拉发
(客)2:4 科克48'、范希[illegible]特70' 诺沃特尼1'、马斯尼29'、44'
(主)3:1 范希姆斯特10'、[illegible]12' 泰森89' 马斯尼54'
*安德莱赫特凭借客场进球多晋级
费耶诺德11:1科尔雷恩(北爱尔兰)
(主)7:0 舍恩马克23'、克罗伊茨27'、82'、86'、范哈内格姆35'、54'、雷塞尔60'
(客)4:1舍恩马克27'、44'、[illegible](点球)、克罗伊茨56'
费内巴切5:2埃施青年
(客)3:2 奥斯曼22'、塞米尔[illegible]8'、恩代尔72' 蒙德56'、朱利亚尼76'
(主)2:0 塞米尔31'、伊尔马[illegible]69'
奥林匹亚科斯3:1凯尔特人
(客)1:1 维埃拉16' 威尔逊[illegible]'
(主)2:0 克里提科普洛斯[illegible]' 斯达夫罗波洛斯24'
圣艾蒂安3:1里斯本竞技
(主)2:0 H.雷韦利15'、贝雷[illegible]58'
(客)1:1 H.雷韦利22'、亚扎[illegible]惠33'
耶烈万阿拉拉特(前苏联)[illegible]斯塔万格维京(挪威)
(客)2:0 马尔卡罗夫51'、8[illegible]'
(主)4:2 马尔卡罗夫29'、[illegible]、59'、邦达伦科83' 奥尼尔森41'、伯兰42'
阿维达贝里斯FF4:3克拉约瓦大学(罗马尼亚)
(客)1:2奥古斯特松6' 奥[illegible]蒙克15'、50'(点球)
(主)3:1 L.安德森19'、阿尔[illegible]奎斯特29'、87'(点球) 施特凡内斯库40'
斯普利特9:1卡夫拉维克(冰岛)
(主)7:1 岑德尔2'、苏尔雅[illegible]、耶尔科维奇、布连、布里亚特 S.约翰森
(客)2:0 德洛尼4'、米利亚[illegible]2'
*科克凯尔特人VS尼科西亚奥莫尼亚
*尼科西亚奥莫尼亚弃权,科克凯尔特人自动晋级第二轮

第二轮淘汰赛(1974.10.[illegible]—11.6)
巴塞罗那3:0费耶诺德 (客)0:0
(主)3:0 雷克萨奇34'、38'、[illegible]
霍茹夫运动(波兰)4:1费内巴切
(主)2:1 科皮切拉46'、贝尼吉尔61' 尼亚兹38'
(客)2:0 科皮切拉16'、贝尼吉尔42'
阿维达贝里斯FF4:0赫尔[illegible]
(客)3:0 阿尔姆奎斯特16'、[illegible]、哈塞尔贝格64'
(主)1:0 阿尔姆奎斯特90'
利兹联5:[illegible]乌伊派斯蒂
(客)2:1 洛里默7'、麦克奎恩[illegible]' 法泽卡什19'(点球)
(主)3:0 麦克奎恩28'、布雷姆纳46'、约阿特65'
圣艾蒂安6:5斯普利特
(客)1:4 H.雷韦利35' 耶尔科维奇29'、65'、岑德尔57'、米利亚茨81'
(主)5:1 拉奎36'、巴特内61'、贝雷塔71'(点球)、特里安塔菲罗斯82'、104' 约万诺维奇60'
耶烈万阿拉拉特(前苏联)[illegible]科克凯尔特人
(客)2:1 扎纳扎尼安25'、卡[illegible]里安65' 坦布林90'
(主)5:0 波戈斯扬29'、67'、[illegible]纳扎尼安54'、伊什托伊安62'、安德烈亚西安74'
拜仁慕尼黑5:3马德堡
(主)3:2 穆勒51'(点球)、68' 文德尔69' 汉森1'(乌龙)、施帕瓦瑟44'
(客)2:1 穆勒22'、55' 施帕瓦瑟56'
安德莱赫特5:4奥林匹亚科斯
(主)5:1 伦森布林克23'、3[illegible](点球)、59'(点球)、范德埃尔斯特25'、拉丁斯基70' [illegible]尔西迪斯27'(点球)
(客)0:3 加拉科斯18'、23'、8[illegible]

1/4决赛(1975.3.4—3.[illegible])
巴塞罗那5:0阿维达贝里斯FF
(主)2:0 M.马里尼奥24'、克[illegible]雷斯81'
(客)3:0 加列戈30'、阿森西[illegible]、M.马里尼奥68'
拜仁慕尼黑2:1耶烈万阿拉拉特(前苏联)
(主)2:0 乌利·赫内斯78'、托尔斯滕松83'
(客)0:1 安德烈亚西安35'
利兹联4:0安德莱赫特
(主)3:0 J.乔丹10'、麦克奎恩[illegible]、洛里默89'
(客)1:0 布雷姆纳74'
圣艾蒂安4:3霍茹夫运动(波兰)
(客)2:3 拉奎64'、特里安塔菲罗斯85' 马斯基科10'、贝尼吉尔37'、布拉46'(点球)
(主)2:0 让维昂2'、H.雷韦利3[illegible](点球)

半决赛(1975.4.9—4.23)
拜仁慕尼黑2:0圣艾蒂安
(客)0:0
拜仁慕尼黑阵容(433):迈尔、杜恩博格、贝肯鲍尔、施瓦岑贝格、安德松、罗特、卡佩尔曼、乌利·赫内斯、穆勒、托尔斯滕松、文德尔
圣艾蒂安阵容(433):丘尔科维奇、雷佩利尼、皮亚扎、洛佩斯、法尼松、让维昂(梅沙迪耶64')、拉奎、瑟纳格黑尔(巴特内57')、P.雷韦利、H.雷韦利、特里安塔菲罗斯
(主)2:0 贝肯鲍尔2'、杜恩博格69'
拜仁慕尼黑阵容(433):迈尔、杜恩博格、贝肯鲍尔、施瓦岑贝格、安德松、魏斯、卡佩尔曼、措贝尔、穆勒、托尔斯滕松、乌利·赫内斯
圣艾蒂安阵容(433):丘尔科维奇、梅沙迪耶(雷佩利尼87')、皮亚扎、洛佩斯、法尼松、巴特内、拉奎、瑟纳格黑尔(桑蒂尼87')、P.雷韦利、H.雷韦利、特里安塔菲罗斯
利兹联3:2巴塞罗那
(主)2:1 布雷姆纳10'、克拉克78' 阿森西65'
利兹联阵容(433):斯特瓦特、雷内、梅德利、麦克奎恩、F.格雷、W.布雷姆纳、吉尔斯、约拉特、E.格雷、乔丹、克拉克
巴塞罗那阵容(433):萨杜尔尼、马里尼奥、米格利、加列戈、德拉克鲁斯、内斯肯斯(胡安·卡洛斯78')、科斯塔斯(里菲65')、阿森西、雷克萨奇、克鲁伊夫、埃雷迪亚
(客)1:1 克拉雷斯69' 洛里默7'(点球)
利兹联阵容(433):斯特瓦特、谢里、梅德利、麦克奎恩、F.格雷、W.布雷姆纳、亨特、约拉特、洛里默、乔丹、克拉克
巴塞罗那阵容(433):萨杜尔尼、马里尼奥、米格利、加列戈、德拉克鲁斯、内斯肯斯、阿森西(里菲46')、克拉雷斯、雷克萨奇、克鲁伊夫、埃雷迪亚

决赛(1975.5.28,巴黎)
拜仁慕尼黑2:0利兹联
罗特71'、穆勒83'
拜仁慕尼黑阵容(433):迈尔、杜恩博格、贝肯鲍尔、施瓦岑贝格、安德松、罗特、卡佩尔曼、措贝尔、穆勒、乌利·赫内斯、文德尔
利兹联阵容(433):斯特瓦特、雷内、梅德利、亨特、F.格雷、W.布雷姆纳、吉尔斯、约拉特(E.格雷80')、洛里默、乔丹、克拉克

1975-76赛季

(赛制)本届比赛共有32支球队参加。不设资格赛。32支参赛队经过第一轮淘汰赛后产生16支出线队,16支球队继续进行淘汰赛直至产生冠军。从第一轮到 决赛夺冠的球队需要进行9场比赛。

第一轮淘汰赛(1975.9.16—10.1)
尤文图斯3:2索非亚中央陆军
(客)1:2 安纳斯塔西40' 德内夫80'、马拉希列夫89'
(主)2:0 富里诺39'、安纳斯塔西52'
乌伊派斯蒂5:5苏黎世
(主)4:0 法泽卡什10'、A.多瑙伊12'、A.托特56'(点球)、凯勒蒙78'
(客)1:5 L.纳吉57' 卡蒂奇2'、基西23'、38'、83'、库恩45'
乌伊派斯蒂凭借客场进球多晋级
皇家马德里42基辅迪那摩
(主)4:1 桑蒂利亚纳9'、88'、罗伯托·马丁内斯62'、内策尔73' 鲁塞斯库78'
(客)0:1 萨特马雷亚努33'
圣艾蒂安5:1哥本哈根
(客)2:0 P.雷韦利52'、拉奎71'
(主)3:1 罗什托7'、P.雷韦利32'、拉奎85' B.彼得森49'
格拉斯哥流浪者52都柏林波西米亚人(爱尔兰)
(主)4:1 法伊夫19'、伯克38'(乌龙)、奥哈尔50'、约翰斯通63' 弗拉纳根35'
(客)1:1 约翰斯通37' T.奥康诺56'
基辅迪那摩32奥林匹亚科斯
(客)2:2 克罗托夫27'、布里亚克30' 克里提科普洛斯35'、阿迪尼奥63'
(主)1:0 奥尼申科66'
德比郡3:1布拉迪斯拉发
(客)0:1 马斯尼58'
(主)3:0 伯恩40'、李78'、82'
霍茹夫运动7:2库奥皮奥(芬兰)
(主)5:0 马克斯6'、59'、布拉12'(点球)、贝尼吉尔27'、科皮切拉66'
(客)2:2 霍伊纳慈基12'、R.法贝尔75' 特姆罗斯55'、海斯卡宁60'
本菲卡7:1费内巴切
(主)7:0 谢乌22'、内内33'、43'、72'、若尔当60'、75'、84'
(客)0:1 恩金75'
埃因霍温10:1林菲尔德(爱尔兰)
(客)2:1 R.范德克霍夫3'、埃德斯特罗姆15' P.马龙35'
(主)8:0 卢布森12'、30'、达尔奎斯特36'、W.范德克霍夫39'、范德库伊伦41'、埃德斯特罗姆39'、Deacy70'、83'
拜仁慕尼黑8:1埃施青年
(客)5:0 措贝尔29'、35'、舒斯特尔63'、鲁梅尼格69'、78'
(主)3:1 舒斯特尔30'、83'、88' 茨瓦利86'
摩伦贝克(比利时)4:2维京斯塔万各(挪威)
(主)3:2 博斯坎普36'、托伊格尔斯55'、韦伦斯68' T.约哈伊梅森23'、奎维亚89'
(客)1:0 B.尼尔森48'
门兴格拉德巴赫7:2因斯布鲁克
(主)1:1 西蒙森83'(点球) 韦策尔43'
(客)6:1 斯蒂利克44'、西蒙森63'、海因克斯64'、68'、75'、88' B.弗林特23'
斯普利特8:0瓦莱塔(马耳他)
(客)5:0 岑德尔15'、61'、78'、布连50'、苏尔雅克53'
(主)3:0 布连26'、阿洛夫72'、乔尔杰维奇86'
马尔默3:3马德堡
(主)2:1 切尔温15'、B.拉尔森57'(点球) 霍夫曼50'
(客)1:2 C.安德森65' 霍夫曼30'、施特莱希81'
马尔默通过点球决战(21)晋级
阿克拉内斯IA(冰岛)5:2尼科西亚奥莫尼亚(塞浦路斯)
(客)1:2 阿尔弗雷德松42' 腓力49'、马夫里斯57'
(主)4:0 M.哈尔格里姆松16'、61'、T.托达尔松50'、K.托达尔松79'

第二轮淘汰赛(1975.10.22—11.5)
皇家马德里6:5德比郡
(客)1:4 皮里25' 乔治9'、15'(点球)、78'(点球)、尼希42'
(主)5:1 马丁内斯3'、尼希51'(乌龙)、桑蒂利亚纳55'、99'、皮里83' 乔治62'
拜仁慕尼黑21马尔默
(客)0:1 T.拉尔森27'
(主)2:0 杜恩博格59'(点球)、托尔斯滕松77'
斯普利特7:2摩伦贝克(比利时)
(主)4:0 岑德尔23'、罗利奇30'、苏尔雅克40'、米利亚茨73'
(客)3:2 苏尔雅克69'、岑德尔76'、约万尼奇85' 托伊格尔斯29'、尼尔森79'(点球)
基辅迪那摩5:0阿克拉内斯IA(冰岛)
(主)3:0 布里亚克27'、58'、奥尼申科31'
(客)2:0 奥尼申科5'、京勒伊格松65'(乌龙)
门兴格拉德巴赫42尤文图斯
(主)2:0 海因克斯27'、西蒙森36'
(客)2:2 丹纳70'、西蒙森88' 格里35'、贝特加62'
圣艾蒂安4:1格拉斯哥流浪者
(主)2:0 H.雷韦利28'、巴特内89'
(客)2:1 罗什托63'、H.雷韦利70' 麦克唐纳88'
本菲卡6:5乌伊派斯蒂
(主)5:2 谢乌16'、37'、维克托·巴普蒂斯塔31'、89'、托鲁75' A.多瑙伊20'、法泽卡什61'
(客)1:3 内内73' 拜奈3'、54'、L.纳吉65'
埃因霍温7:1霍茹夫运动
(客)3:1 卢布森57'、埃德斯特罗姆70'、R.范德克霍夫75' 布拉11'
(主)4:0 R.范德克霍夫12'、范德库伊伦22'、28'、卢布森69'

14决赛(1976.3.3—3.17)
圣艾蒂安3:2基辅迪那摩
(客)0:2 恐科夫21'、布洛欣54'
(主)3:0 H.雷韦利65'、拉奎73'、罗什托107'
皇家马德里33门兴格拉德巴赫
(客)2:2 R.马丁内斯45'、皮里61' 延森2'、维特坎普27'
(主)1:1 桑蒂利亚纳51' 海因克斯25'
皇家马德里凭借客场进球多晋级
埃因霍温3:2斯普利特
(客)0:2 米利亚茨8'、苏尔雅克31'
(主)3:0 达尔奎斯特61'、卢布森65'、范德库伊伦102'
拜仁慕尼黑5:1本菲卡
(客)0:0
(主)5:1 杜恩博格50'、55'、鲁梅尼格68'、穆勒73'、83' 巴罗什70'

半决赛(1976.3.31—4.14)
拜仁慕尼黑3:1皇家马德里
(客)1:1 穆勒42' R.马丁内斯7'
拜仁慕尼黑阵容(433):迈尔汉森、贝肯鲍尔、施瓦岑贝格、霍尔斯曼罗特、杜恩博格、卡佩尔曼鲁梅尼格、穆勒、乌利·赫内斯
皇家马德里阵容(433):米格尔·安吉尔索尔、本尼托、卢宾安、卡马乔博斯克、贝拉斯克斯(维克托利亚35')、内策尔阿曼西奥、桑蒂利亚纳、罗伯托·马丁内斯(盖里尼65')
(主)2:0 穆勒9'、31'
拜仁慕尼黑阵容(433):迈尔汉森、贝肯鲍尔、施瓦岑贝格、霍尔斯曼罗特、杜恩博格、卡佩尔曼鲁梅尼格、穆勒、乌利·赫内斯
皇家马德里阵容(433):米格尔·安吉尔索尔、本尼托、皮里、卡马乔博斯克、布莱特纳、内策尔阿曼西奥、桑蒂利亚纳(何塞·路易斯63')、盖里尼
圣艾蒂安10埃因霍温
(主)1:0 拉奎15'
圣艾蒂安阵容(433):丘尔科维奇让维昂、皮亚扎、洛佩斯、法尼松巴特内(雷佩利尼84)、拉奎、瑟纳格黑尔P.雷韦利、H.雷韦利、罗什托
埃因霍温阵容(433):范贝韦伦波尔特韦利特(迪亚西86')、克里吉、范科雷、戴科尔斯斯蒂文斯、W.范德克霍夫、范德库伊伦R.范德克霍夫、达尔奎斯特(卢布森46')、埃德斯特罗姆
(客)0:0
圣艾蒂安阵容(433):丘尔科维奇让维昂、皮亚扎、洛佩斯、法尼松巴特内、拉奎、瑟纳格黑尔P.雷韦利(桑蒂尼76')、H.雷韦利、罗什托(萨拉马戈纳55')
埃因霍温阵容(433):范贝韦伦波尔特韦利特、克里吉、范科雷、戴科尔斯斯蒂文斯、W.范德克霍夫、范德库伊伦R.范德克霍夫、卢布森(达尔奎斯特73')、埃德斯特罗姆(迪亚西46')

决赛(1976.5.12,格拉斯哥)
拜仁慕尼黑1:0圣艾蒂安
罗特57'
拜仁慕尼黑阵容(433):迈尔汉森、贝肯鲍尔、施瓦岑贝格、霍尔斯曼罗特、杜恩博格、卡佩尔曼鲁梅尼格、穆勒、乌利·赫内斯
圣艾蒂安阵容(433):丘尔科维奇让维昂、皮亚扎、洛佩斯、雷佩利尼巴特内、拉奎、桑蒂尼P.雷韦利、H.雷韦利、萨拉马戈纳(罗什托82')

1976-77赛季

(赛制)本届比赛共有32支球队参加,不设资格赛。从第一轮到决赛,夺冠的球队需要进行9场比赛。

第一轮(1976.9.14—9.29)
利物浦7:0十字军(北爱尔兰)
(主)2:0 尼尔19'(点球)、托沙克64'
(客)5:0基冈34'、麦克德莫特84'、约翰逊80'、89'、海威86'
皇家马德里3:1米莱克斯塔尔(波兰)
(客)2:1桑图拉里亚8'、博斯克52' 塞库斯基73'
*(主)1:0皮里64'
*比赛在西班牙的瓦伦西亚进行
费伦茨城(匈牙利)11:3埃施青年(卢森堡)
(主)5:1尼洛希14'、22'、毛焦尔35'、奥豪斯48'、埃拜德利79' 朱利亚尼11'
(客)6:2尼洛希2'、27'、普斯陶伊43'、90'、绍博65'、67'(点球) 茨瓦利45'、47'
圣艾蒂安1:0索非亚中央陆军(保加利亚)
(客)0:0 (主)1:0 皮亚佐28'
埃因霍温7:1唐道克(爱尔兰)
(客)1:1 范德库伊林75' 麦克杜格尔6'
(主)6:0 范德库伊林19'、波斯图马33'、R.范德科克霍夫38'、52'、59'、90'
门兴格拉德巴赫3:1奥地利维也纳
(客)0:1 道克斯巴赫尔23'
(主)3:0 施蒂利克39'、邦霍夫54'(点球)、海因克斯57'
德累斯顿迪那摩(东德)2:0本菲卡
(主)2:0 科特勒74'、里德尔78' (客)0:0
基辅迪那摩3:0贝尔格莱德游击队
(主)3:0 奥尼希琴科7'、特罗什金80'、布洛欣88'(点球) (客)0:0
苏黎世FC(瑞士)2:1格拉斯哥流浪者
(客)1:1 帕雷恩34' 库奇诺塔1'
(主)1:0 马蒂内利8'
拜仁慕尼黑7:1科治BK(丹麦)
*(客)5:0 托尔斯滕松3'、23'、G.穆勒19'、33'、迪恩博格63'
(主)2:1 贝肯鲍尔7'、托尔斯滕松74' S.鲍尔森34'
*比赛在丹麦的哥本哈根进行
布加勒斯特星3:2布鲁日(比利时)
(主)2:1 戴维斯51'、维尔希克84' 因特罗伊60'
(客)1:1 维古25' 兰伯特71'
萨洛尼卡萨洛尼卡(希腊)3:1尼科西亚奥莫尼亚(塞浦路斯)
(客)2:0 考达斯38'、萨拉菲斯87'
(主)1:1 萨拉菲斯72' 菲利波斯33'(点球)
都灵3:2马尔默(瑞典)
(主)2:1 莫齐尼44'、格拉齐亚尼90' H.容松87'
(客)1:1 永贝里57'(点球) P.萨拉3'
特拉布宗TSK体育(土耳其)6:3阿克拉内斯IA(冰岛)
*(客)1:3 斯文松56' 佩里克利35'、盖希85'、87'
(主)3:2 胡赛因8'、49'、恩金70' 珀尔加松18'、55'(点球)
*比赛在冰岛的雷克雅未克进行
俄斯特拉发巴尼克(捷克斯洛伐克)3:2维京(挪威)
(客)1:2 西亚尼81' 瓦莱13'、约翰内森28'
(主)2:0 沃亚切克28'、54'
*什列马流浪者流浪者(马耳他)2:2图尔库TPS(芬兰)
(主)2:1 阿吉利纳60'、76' 曼宁尼70'
(客)0:1 苏霍宁85'
*什列马流浪者流浪者凭客场进球多晋级

第二轮(1976.10.20—11.3)
利物浦3:1特拉布宗TSK体育
(客)0:1 杰米尔62'(点球)
(主)3:0 海威8'、约翰逊10'、基冈18'
德累斯顿迪那摩4:1费伦茨城
(客)0:1 奥豪斯34'
(主)4:0 海德勒42'、施默克52'、里德尔59'、科特勒73'
拜仁慕尼黑6:2俄斯特拉发巴尼克
(客)1:2 G.穆勒53' 洛伦茨11'、利奇卡27'
(主)5:0 G.穆勒15'、49'、鲁梅尼格37'、卡佩尔曼71'、托尔斯滕松74'
基辅迪那摩6:0萨洛尼卡萨洛尼卡
(主)4:0 布里亚克12'、22'、科洛托夫27'、斯洛博迪亚60'
(客)2:0 科洛托夫73'、布洛欣82'
门兴格拉德巴赫2:1都灵
*(主)2:1 福格茨28'、克林克哈默78' P.萨拉64'
(客)0:0
*比赛在德国的杜塞尔多夫进行
圣艾蒂安1:0埃因霍温
(主)1:0 皮亚佐62' (客)0:0
苏黎世FC3:0图尔库TPS
(主)2:0 库奇诺塔17'、沙伊维勒71'
(客)1:0 库奇诺塔70'
布鲁日2:0皇家马德里
*(客)0:0 (主)2:0 勒菲弗19'、卡马乔40'(乌龙)
*比赛在西班牙的马拉加进行

1/4决赛(1977.3.2—3.16)
基辅迪那摩2:1拜仁慕尼黑
(客)0:1 金克尔43'
(主)2:0 布里亚克83'(点球)、斯洛博迪亚88'
利物浦3:2圣艾蒂安
(客)0:1 巴瑟内79'
(主)3:1 基冈2'、R.肯尼迪58'、费尔克拉夫84' 巴瑟内51'
门兴格拉德巴赫3:2布鲁日
*(主)2:2 库利克43'、西蒙森63' 库斯23'、库兰特39'
(客)1:0 汉内斯82'

*比赛在德国的杜塞尔多夫进行。
*苏黎世FC4:4德累斯顿迪那摩
(主)2:1 库奇诺塔41′、里希90′/克赖舍77′
(客)2:3 库奇诺塔37′、里希64′/沙德18′(点球)、克赖舍54′、63′
*苏黎世FC凭客场进球多晋级。
半决赛(1977.4.6—4.20.)
门兴格拉德巴赫2:1基辅迪那摩
(客)0:1 奥尼希琴科71′
门兴阵容(442):克奈/福格茨、维特坎普、沃勒斯、克林克哈默/邦霍夫、库利克、施蒂利克、维默/海登利希、西蒙森
基辅迪那摩阵容(532):鲁达科夫/列什科、科恩科夫、马特维恩科、福缅科、特罗什金/蒙蒂安、奥尼希琴科、布里亚克/别列日诺伊(64′斯洛博迪亚)、布洛欣
*(主)2:0 邦霍夫21′(点球)、维特坎普82′
门兴阵容(442):克奈/福格茨、维特坎普、沃勒斯、克林克哈默/邦霍夫、库利克(汉内斯80′)、施蒂利克、维默/海登利希、西蒙森
基辅迪那摩阵容(442):鲁达科夫/列什科、科恩科夫、马特维恩科、福缅科/特罗什金、祖耶夫(蒙蒂安54′)、奥尼希琴科、布里亚克/别列日诺伊(斯洛博迪亚64′)、布洛欣
*比赛在德国的杜塞尔多夫进行。
利物浦6:1苏黎世FC
(客)3:1 尼尔13′、67′(点球)、海威48′/里希6′(点球)
利物浦阵容(442):克莱门斯/尼尔、史密斯、E.休斯、琼斯/凯斯、麦克德莫特、菲尔克拉夫、R.肯尼迪/基冈、海威
苏黎世FC阵容(433):格罗布/查普伊萨、黑尔、齐甘利格、菲施巴赫/鲁舒曼、库恩、博泰罗/韦勒、里希、舒韦勒
(主)3:0 肯斯32′、76′、基冈79′
利物浦阵容(442):克莱门斯/尼尔、史密斯、E.休斯、琼斯/凯斯、麦克德莫特、基冈、R.肯尼迪/约翰逊、海威
苏黎世FC阵容(433):格罗布/查普伊萨、黑尔、齐甘利格、菲施巴赫/韦勒、库恩、博泰罗/施蒂尔利、库奇塔诺、里希
决赛(1977.5.25,罗马)
利物浦3:1门兴格拉德巴赫
麦克德莫特28′、史密斯65′、尼尔83′(点球)/西蒙森51′
利物浦阵容(442):克莱门斯/尼尔、史密斯、E.休斯、琼斯/凯斯、麦克德莫特、卡尔汉、R.肯尼迪/基冈、海威
门兴格拉德巴赫(442):克奈/福格茨、维特坎普、F.舍菲尔、克林克哈默/邦霍夫、沃勒斯(汉内斯79′)、施蒂利克、维默(库利克24′)/西蒙森、海因克斯

1977-78赛季

(赛制)本届比赛共有31支球队参加,不设资格赛。卫冕冠军利物浦直接进入16强,另30支参赛队经过第一轮淘汰赛后产生15支出线队。16支球队继续进行 淘汰赛直至产生冠军。从第一轮到决赛,夺冠的球队需要进行9场比赛。

第一轮(1977.9.14—9.29)
尤文图斯5:0尼科西亚奥莫尼亚(塞浦路斯)
(客)3:0 贝特加34′、凡纳42′、维尔迪斯59′
(主)2:0 博宁塞尼亚11′、维尔迪斯25
布鲁日(比利时)9:2库奥皮奥KuPS(芬兰)
(客)4:0 范德埃肯49′、库斯50′、兰伯特64′、戴维斯78′
(主)5:2 戴维斯17′、35′、范德埃肯33′、西蒙47′、马斯85′/莫尼奥内20′、莱科内62′
凯尔特人11:1埃施青年(卢森堡)
(主)5:0 麦克唐纳15′、威尔森36′、克雷格33′、58′、麦克洛克姆83′
(客)6:1 伦诺克斯30′、66′、加尔万52′、麦格雷格56′、A.埃德瓦德松66′、76′/古力亚诺1′
贝尔格莱德红星6:0斯莱戈流浪者(爱尔兰)
(主)3:0 德拉吉奇54′、80′、耶利基奇67′
(客)3:0 菲力波维奇5′、60′、约万诺维奇43′
阿贾克斯4:2利勒斯特罗姆(挪威)
*(客)0:2 朗斯代尔2′、J.汉森14′
(主)4:0 比克隆6′(乌龙)、海尔斯32′、拉灵51′、83′
*比赛在挪威的奥斯陆进行。
门兴格拉德巴赫4:1布达佩斯华萨斯
(客)3:0 舍菲尔17′、西蒙森34′、沃勒斯45′
(主)1:1 西蒙森64′/伊若77′
因斯布鲁克瓦克尔(奥地利)3:2巴塞尔
(客)3:1 韦尔茨尔41′、47′(点球)、康斯坦丁尼50′/瓦特堡22′
*(主)0:1 迈森62′
*比赛在奥地利的萨尔茨堡进行。
哥本哈根2:1特拉布宗TSK体育
(客)0:1 内杰代特73′
(主)2:0 弗兰克尔39′、81′
*南特1:1布拉格杜克拉(捷克斯洛伐克)
(客)1:1 阿米斯35′/维泽克56′
(主)0:0
*南特凭借客场进球多晋级。
帕纳辛奈科斯5:1佛罗里安纳(马耳他)
(客)1:1 阿斯拉尼吉斯26′/舒埃雷布16′
(主)4:0 阿尔维斯24′、安东尼亚迪35′、40′(点球)、戈尼奥斯85′
*本菲卡0:0莫斯科鱼雷
(主)0:0
(客)0:0
*两队加时赛互交白卷后,本菲卡以点球4比1胜出。
德累斯顿迪那摩3:2哈姆斯塔德
(主)2:0 海德勒70′、沙德84′
(客)1:2 海德勒64′/约翰松17′、拉尔森89′
列夫斯基斯巴达(保加利亚)5:2弗罗茨瓦夫西里西亚(波兰)
(主)3:0 帕诺夫20′、米拉诺夫40′、42′
(客)2:2 帕诺夫29′、58′/帕沃夫斯基28′、科佩茨基75′
马德里竞技3:2布加勒斯特迪那摩
(客)1:2 佩雷拉57′/弗伦恰努14′、D.杰奥尔杰斯库74′
(主)2:0 贝内加斯67′、R.卡诺71′
格伦托兰(北爱尔兰)2:1雷克雅未克瓦卢尔(冰岛)
(客)0:1 博格斯38′
(主)2:0 罗布森18′、杰米森73′
第二轮(1977.10.19—11.2)
利物浦6:3德累斯顿迪那摩
(主)5:1 汉森14′、肯斯21′、58′、尼尔43′(点球)、R.肯尼迪66′/黑夫纳76′
(客)1:2 海威67′/科特47′、萨克塞52′
布鲁日2:1帕纳辛奈科斯
(主)2:0 戴维斯24′(点球)、库斯72′
(客)0:1 戈尼奥斯82′
阿贾克斯4:2列夫斯基斯巴达
(客)2:1 海尔斯30′、埃尔肯斯79′/沃伊诺夫80′(点球)
(主)2:1 莱尔比17′、海尔斯69′/米拉诺夫50′
门兴格拉德巴赫8:1贝尔格莱德红星
(客)3:0 舍菲尔15′、海因克斯45′、西蒙森75′
(主)5:1 西蒙森17′、32′、海因克斯60′、尼科利什61′(乌龙)、维特坎普86′/舒艾奇44′
尤文图斯6:0格伦托兰
(客)1:0 考西奥40′
(主)5:0 维尔迪斯10′、20′、博宁塞尼亚53′、凡纳70′、贝内蒂77′
因斯布鲁克4:2凯尔特人
(客)1:2 克里斯54′/克雷格48′、伯恩斯78′
*(主)3:0 韦尔茨尔4′、斯特林21′、奥勃赫尔27′
*比赛在奥地利的萨尔茨堡进行。
马德里竞技3:2南特
(客)1:1 马西亚尔42′/拉孔布47′
(主)2:1R.卡诺76′、佩雷拉80′/拉孔布30′
本菲卡2:0哥本哈根
(主)1:0 佩雷拉47′(点球)
(客)1:0 彼得拉49′
1/4决赛(1978.3.1—3.15)
*门兴格拉德巴赫3:3因斯布鲁克
(客)1:3 海因克斯60′/P.孔齐利亚10′、克里斯23′、施瓦泽26′
(主)2:0 邦霍夫18′(点球)、海因克斯32′
*门兴格拉德巴赫凭借客场进球多晋级。
布鲁日4:3马德里竞技
(主)2:0 库兰特43′、德屈伯尔53′
(客)2:3库斯55′、兰伯特68′/贝内加斯21′、马西亚尔31′、56′
*尤文图斯2:2阿贾克斯
(客)1:1 考西奥39′/范多德86′
(主)1:1 塔尔德利21′/拉灵76′
*两队在加时赛互交白卷后,尤文图斯队以点球3比0胜出。
利物浦6:2本菲卡
(客)2:1 肯斯36′、休斯71′/内内13′
(主)4:1 卡尔汉6′、达格利什17′、麦克德莫特76′、尼尔87′/内内25′
半决赛(1978.3.29—4.12)
利物浦4:2门兴格拉德巴赫
(客)1:2 约翰斯通89′/汉内斯28′、邦霍夫90′
利物浦阵容(442):克莱门斯/尼尔、汤普森、史密斯、E.休斯/凯斯、麦克德莫特(约翰逊62′)、卡拉汉、R.肯尼迪/达格利什、海威(74′索内斯)
门兴阵容(352):克莱夫/福格茨、沃勒斯、汉内斯/邦霍夫、维默、库利克、德尔海耶、尼尔森/列内(登纳71′)、海因克斯
(主)3:0 R.肯尼迪6′、达格利什35′、肯斯54′
利物浦阵容(433):克莱门斯/尼尔、汤普森、史密斯、E.休斯/凯斯、麦克德莫特、R.肯尼迪/达格利什、海威、索内斯
门兴阵容(352):克莱夫/福格茨、汉内斯、维特坎普/邦霍夫、沃勒斯(舍菲尔70′)、德尔海耶、维默(列内70′)、尼尔森/库利克、海因克斯
*布鲁日2:1尤文图斯
(客)0:1 贝特加86′
布鲁日阵容(442):扬森/巴斯泰因斯、利肯斯、克里格、沃尔德尔斯/库斯、范德埃肯、德屈伯尔、库兰特/维尔希克、索伦森
尤文图斯阵容(433):佐夫/库库雷杜、莫里尼、西雷阿、詹蒂莱/富里诺(卡布里尼50′)、塔尔代利、贝内蒂/考西奥、博宁塞尼亚、贝特加
(主)2:0 巴斯泰因斯3′、范德埃肯116′
布鲁日阵容(442):扬森/巴斯泰因斯、利肯斯(桑德斯60′)、克里格、沃尔德尔斯/库斯、范德埃肯、西蒙、兰伯特(马斯46′)/维尔希克、索伦森
尤文图斯阵容(433):佐夫/库库雷杜、西雷阿、詹蒂莱、卡布里尼/斯皮诺西、塔尔代利(富里诺91′)、贝内蒂/凡纳(106′博宁塞尼亚)、考西奥、贝特加
*布鲁日在加时赛打入一球后晋级。
决赛(1978.5.10,伦敦)
利物浦1:0布鲁日
达格利什64′
利物浦阵容(442):克莱门斯/尼尔、汤普森、A.汉森、E.休斯/凯斯(海威63′)、麦克德莫特、索内斯、R.肯尼迪/达格利什、费尔克拉夫
布鲁日阵容(442):扬森/巴斯泰因斯、利肯斯、克里格、马斯(沃尔德尔斯70′)/库斯、范德埃肯、库(桑德斯60′)、德屈伯尔/西蒙、索伦森

1978-79赛季

(赛制)本届比赛共有33支球队参加,摩纳哥经过资格赛淘汰布加勒斯特后,进入到正赛阶段。另外31支球队直接进入正赛,32支球队继续进行淘汰赛直至产生冠军。从正赛一轮到决赛,夺冠的球队需要进行9场比赛。

资格赛(1978.8.16—8.30)
摩纳哥3:2布加勒斯特星
(主)3:0 奥尼斯42′、佐尔泽托48′、诺吉斯60′
(客)0:2 特洛伊49′、75′
第一轮(1978.9.13—9.27)
皇家马德里12:0涅德科恩前进(卢森堡)
(主)5:0 扬森12′、华尼托30′、72′、博斯克40′、沃尔夫83′
(客)7:0 皮里10′、扬森19′、施蒂利克28′、桑蒂利亚纳46′、87′、G.埃尔南德斯65′、博斯90′(乌龙)
雅典AEK7:5波尔图
(主)6:1 巴耶维奇4′、18′、帕帕约安努16′、塔索斯39′、尼古劳38′、尼科洛迪亚60′/奥利维拉81′
(客)4:1 维塔尔63′、83′、特谢拉79′、戈麦斯88′/马夫罗斯32′
埃因霍温7:3费内巴切
(客)1:2 布兰茨23′/拉希特17′、厄宁43′
(主)6:1 范德库伊林10′、22′、71′、74′、戴尔肯斯49′、55′/拉希特87′
奥地利维也纳4:3维拉斯尼亚(阿尔巴尼亚)
(客)0:2 热加8′、巴利金55′
(主)4:1 潘什21′、沙赫纳35′、74′、萨拉48′/哈菲兹80′
布尔诺兹布罗约夫卡(捷克斯洛伐克)4:2乌伊派斯蒂(匈牙利)
(主)2:2 克劳帕72′、亚内奇卡77′/菲克特44′、特勒奇克67′
(客)2:0 多谢克11′、克劳帕35′
科隆5:2阿克拉内斯IA(冰岛)
(主)4:1 利特巴尔斯基12′、诺曼26′、39′、科诺普卡72′/哈德格里姆森30′
*(客)1:1 海因8′(乌龙)/范古尔72′
*比赛在冰岛的雷克雅未克进行。
格拉斯哥流浪者2:1尤文图斯
(客)0:1 维尔迪斯9′
(主)2:0 麦克唐纳19′、史密斯72′
诺丁汉森林2:0利物浦
(主)2:0 伯特尔斯26′、巴雷特87′ (客)0:0
华沙克拉科夫4:3布鲁日(比利时)
(客)1:2 卡普卡80′/瑟勒曼斯24′、库斯26′
(主)3:1 科梅切克26′、利普卡82′、克鲁平斯基89′/范德埃肯80′
草蜢(瑞士)13:3瓦莱塔(马耳他)
(主)8:0 庞特32′、35′、舒斯莱尔31′、46′、58′、62′、64′、韦尔利67′
(客)5:3 舒斯莱尔13′(点球)、庞特61′、特雷贝尔69′、78′、赫尔曼77′/阿久斯56′、塞切尔83′、N.法鲁亚86′
基辅迪那摩4:1哈卡(芬兰)
*(客)0:1 巴尔塔查74′
**(主)3:1 维列米夫31′、哈普萨里斯35′、布里亚克85′/龙凯宁71′
*比赛在芬兰的坦佩雷进行。
**比赛在前苏联的哈尔科夫进行。
马尔默(瑞典)1:0摩纳哥
(主)0:0 (主)1:0 欣瓦尔35′
都柏林波希米亚人(爱尔兰)2:2尼科西亚奥莫尼亚(塞浦路斯)
(客)1:2 奥康诺6′(点球)/卡纳里斯21′、菲利波斯51′
*(主)1:0 乔伊斯27′
*比赛在爱尔兰的科克进行。
索非亚火车头4:3欧登塞(丹麦)
(客)2:2 科列夫59′、韦利奇科夫67′/M.尼尔森32′、45′
(主)2:1 米哈伊洛夫26′、科斯托夫50′/埃里克森23′(点球)
利勒斯特罗姆SK(挪威)1:0贝尔法斯特林菲尔德(北爱尔兰)
(客)0:0 *(主)1:0 隆斯泰德12′
*比赛在挪威的奥斯陆进行。
*德累斯顿迪那摩(东德)2:2贝尔格莱德游击队
(客)0:2 普雷齐卡5′、久韦罗维奇47′
(主)2:0 多尔纳8′、韦伯38′
*两队在加时赛互交白卷后,德累斯顿迪那摩队以点球5比4胜出。
第二轮(1978.10.18—11.1)
*草蜢3:3皇家马德里
(客)1:3 舒斯莱尔59′/华尼托5′、G.埃尔南德斯65′、桑蒂利亚纳77′
(主)2:0 舒斯莱尔8′、86′
*草蜢凭客场进球多晋级。
德累斯顿迪那摩6:0都柏林波希米亚人
*(客)0:0
(主)6:0 特劳特曼39′、58′、施默克41′、里德尔48′、60′、科特75′(点球)
*比赛在爱尔兰的唐道克进行。
奥地利维也纳4:1利勒斯特罗姆
(主)4:1 加森利希25′、34′、萨拉36′、沙赫纳65′/多肯62′
*(客)0:0 *比赛在挪威的奥斯陆进行。
诺丁汉森林7:2雅典AEK
(客)2:1 麦戈文10′、伯特尔斯[illegible]/塔索斯59′(点球)
(主)5:1 尼德曼12′、伍德库[illegible]、安德森40′、[illegible]/巴耶维奇50′
格拉斯哥流浪者3:2埃因霍[illegible] (主)0:0
(客)3:2 麦克唐纳58′、约翰[illegible]66′/吕塞尔[illegible]8′、吕布斯1′、戴尔肯斯61′
马尔默2:0基辅迪那摩
*(客)0:0 (主)2:0 塞维诺[illegible]、欣瓦尔39′
*比赛在前苏联的哈尔科夫[illegible]行。
*华沙克拉科夫3:3布尔诺兹[illegible]罗约夫卡
(客)2:2 科梅切克37′、马库[illegible]维茨87′/皮斯[illegible]2′(点球)、克劳帕77′
(主)1:1 卡普卡54′/多谢克7[illegible]
*华沙克拉科夫凭客场进球[illegible]晋级。
科隆5:0 索非亚火车头
(客)1:0 齐默尔曼58′
(主)4:0 D.穆勒20′、79′、范[illegible]52′、格洛沃茨75′
1/4决赛(1979.3.6—3.2[illegible])
科隆2:1格拉斯哥流浪者
(主)1:0 D.穆勒58′
(客)1:1 D.穆勒48′/麦克莱[illegible]
奥地利维也纳3:2德累斯顿[illegible]那摩
(主)3:1 沙赫纳20′、90′、扎[illegible]6′/韦伯9
(客)0:1 里德尔42′(点球)
马尔默5:3华沙克拉科夫
(客)1:2 汉森13′/纳瓦勒卡[illegible]、科梅切克85′
(主)4:1 永贝里65′(点球)、72′、[illegible]′(点球)、塞维诺82′/科梅切克58′
诺丁汉森林5:2草蜢
(主)4:1 伯特尔斯31′、罗伯[illegible]47′(点球)、根米尔87′、劳埃德89′/舒斯莱尔11′
(客)1:1 舒斯莱尔33′(点球)/[illegible]尼尔38′
半决赛(1979.4.11/197[illegible].4.25)
诺丁汉森林4:3科隆
(主)3:3 伯特尔斯28′、鲍耶[illegible]、罗伯逊63′/范古尔6′、D.穆勒20′、奥寺康彦85′
诺丁汉森林阵容(442):希[illegible]顿/巴瑞特、劳埃德、格墨尔(克拉克44′)、尼德海[illegible]/麦戈文、鲍耶、奥尼尔、罗伯逊/伯特尔斯、伍德库[illegible]
科隆阵容(352):舒马赫/[illegible]普卡、舒斯特尔、齐默尔曼/格贝尔、普雷斯廷、[illegible]曼、格洛沃茨(奥寺康彦80′)、库尔曼/D.穆勒、范古尔
(客)1:0 鲍耶65′
诺丁汉森林阵容(442):希[illegible]顿/伯恩斯、劳埃德、安德森、克拉克/麦戈文、奥[illegible]尔、鲍耶、罗伯逊/伯特尔斯、伍德库克
科隆阵容(442):舒马赫/[illegible]曼、科诺普卡、施特拉克、齐默尔曼/舒斯特尔、[illegible]洛沃茨(奥寺康彦70′)、诺伊曼、普雷斯廷/D.穆[illegible]洛厄40′)、范古尔
马尔默1:0奥地利维也纳
(客)0:0 (主)1:0 汉森[illegible]
决赛(1979.5.30,慕尼[illegible])
诺丁汉森林1:0马尔默
弗朗西斯45′
诺丁汉森林阵容(442):希[illegible]顿/V.安德森、劳埃德、巴姆斯、F.达克/麦戈文、[illegible]西斯、鲍耶、罗伯逊/伯特尔斯、伍德库克
马尔默阵容(442):穆勒/[illegible]德森、M.安德森、容松、埃兰德松/普里茨、塔珀[illegible]尔姆贝里34′)、永贝里、欣瓦尔/汉森(T.安德森8[illegible])、塞维诺

1979-[illegible]0赛季

(赛制)本届比赛共有[illegible]支球队参加,[illegible]唐道克队经过资格赛淘汰林菲尔[illegible]后,进入到正赛阶段。另外31支球队直接进入[illegible]赛,32支球队继续进行淘汰赛直至产生冠军。[illegible]正赛第一轮到决赛,夺冠的球队需要进行9场比[illegible]。

资格赛(1979.8.29—9[illegible])
唐道克(爱尔兰)3:1贝尔法[illegible]特林菲尔德(北爱尔兰)
(主)1:1 迪瓦恩80′/芬尼[illegible]
(客)2:0 马克安14′、88′
第一轮(1979.9.19—1[illegible])
唐道克2:1瓦莱塔爱尔兰[illegible]马耳他)
(主)2:0 卡雷勒21′、迪瓦[illegible]8′
(客)0:1 维拉67′
阿尔杰什—皮特什蒂(罗[illegible]亚)3:2雅典AEK
(主)3:0 尼科莱49′、80′、[illegible]杜65′
(客)0:2 阿迪索格鲁12′、[illegible]迪克20′
皇家马德里3:0列夫斯基[illegible]巴达(保加利亚)
(客)1:0 罗伯托26′
(主)2:0 博斯克20′、坎宁[illegible]32′(点球)
波尔图1:0AC米兰
(主)0:0
(客)1:0 杜达60′
柏林迪那摩(东德)4:1霍[illegible]夫(波兰)
(主)4:1 涅茨3′、佩尔卡[illegible]、79′、里迪格[illegible]/维奇斯利克87′
(客)0:0
尼科西亚奥莫尼亚(塞[illegible]斯)7:3红色男孩(卢森堡)
(客)1:2 帕齐克斯35′/迪[illegible]尼科20′(点球)、[illegible]格纳69′
(主)6:1 卡亚法斯7′、45′([illegible]球)、70′(点球)、71′、卡纳里斯8′、菲利波斯40′/施[illegible]42′
斯普利特(南斯拉夫)2:[illegible]拉布宗TSK体育(土耳其)
(主)1:0 普里莫拉茨75′([illegible]球)
(客)1:0 乔尔杰维奇44′

汉堡5:1雷克雅未克瓦卢尔(冰岛)
(客)3:0 赫鲁贝什18′,2[illegible] 布连77′
(主)2:1 赫鲁贝什50′,丰[illegible]尔74′/A.埃德瓦德松89′
塞尔维特(瑞士)4:2贝维伦SK(比利时)
(主)3:1范延克滕2′(乌龙),[illegible]库塔65′,汉贝格80′/让森斯5′
(客)1:1 阿尔伯特18′(点球)/巴贝尔斯37′
瓦埃勒BK(丹麦)4:3奥地利维也纳
(主)3:2 安德森8′,拉斯[illegible]森10′,索伦森40′(点球)/鲍迈斯特38′,沙赫纳40′
(客)1:1 布雷尔35′/加森[illegible]51′
诺丁汉森林3:1奥斯特(瑞典)
(主)2:0 鲍耶63′,73′
(客)1:1 伍德库克79′/[illegible]格伦52′
斯特拉斯堡6:1克里斯[illegible]桑开端(挪威)
(客)2:1 皮亚塞茨基44′,7[illegible]/埃尔维克81′
(主)4:0 比安奇13′,39′,[illegible] 德卡斯特76′
凯尔特人4:2地拉那11月[illegible](阿尔巴尼亚)
(客)0:1 穆拉蒂35′
(主)4:1 麦克唐纳20′,[illegible]肯22′,44′,戴维森31′/斯内顿15′(乌龙)
阿贾克斯16:2赫尔辛基[illegible](芬兰)
(客)8:1 莱尔比6′,33′,[illegible]马塔20′,70′,阿内森37′,68′,克罗尔53′(点球),拉[illegible]3′/劳蒂艾宁50′
(主)8:1 克罗伊6′,68′(点[illegible]布兰克尔15′,53′,61′,88′,埃弗斯20′,莱尔比30′/托[illegible]天拉85′
布拉格杜克拉(捷克斯洛[illegible]克)4:3乌伊派斯斯蒂(匈牙利)
(客)2:3 盖杜谢克3′,内[illegible]58′/沙尔洛什42′,L.纳吉66′,法泽卡什71′(点球)
(主)2:0 维泽克24′,内[illegible]3′
第比利斯迪那摩(前苏联)[illegible]2利物浦
(客)1:2 切瓦泽33′/约翰[illegible]0′,肯斯45′
(主)3:0 古瑟夫55′,申格[illegible]75′,切瓦泽81′(点球)

第二轮(1979.10.24—11.7)

柏林迪那摩4:3塞尔维特
(主)2:1 佩尔卡8′,涅茨10′/[illegible]奇诺塔65′
(客)2:2 布里亚33′,捷尔[illegible]81′/汉贝格83′,巴贝尔斯90′
汉堡6比3第比利斯迪那摩
(主)3:1 卡尔茨37′,基冈53′,[illegible]特维希74′/基皮阿尼29′
(客)3:2 基冈34′,赫鲁贝[illegible]布连56′/古瑟夫5′,基皮阿尼45′
凯尔特人3:2唐道克
(主)3:2 麦克唐纳4′,麦[illegible]斯基31′/伯恩斯33′/马克安32′,劳勒6′ (客)0:0
*皇家马德里2:2波尔图
(客)1:2 坎宁安52′/戈麦斯[illegible]3′,40′(点球)
(主)1:0 贝尼托71′
*皇家马德里凭借客场进球多晋级。
斯普利特4:2瓦埃勒BK
(客)3:0 舒尔亚克4′,克尔[illegible]切维奇53′,沙洛夫65′
(主)1:2 I.武约维奇63′/布[illegible]21′,厄斯特高70′
阿贾克斯10:4尼科西亚奥莫尼亚
(主)10:0 莱尔比14′,28′,43′,7[illegible]4′,布兰克尔66′,81′,87′,阿内森59′,克罗尔53′(点球)
(客)0:4 奇科什10′,季米特[illegible]奥15′,卡亚法斯38′,56′
斯特拉斯堡2:1布拉格杜克拉
(客)0:1 维泽克10′(点球)
(主)2:0 皮亚塞茨基67′,德[illegible]斯特116′
诺丁汉森林4:1阿尔杰什皮特蒂
(主)2:0 伍德库克12′,伯特[illegible]16′
(客)2:1 鲍耶5′,伯特尔斯23′/[illegible]尔布列斯库60′(点球)

1/4决赛(1980.3.5—3.1[illegible])

诺丁汉森林3:2柏林迪那摩
(主)0:1 里迪格63′
(客)3:1 弗朗西斯15′,35′,罗[illegible]逊39′(点球)/捷尔列茨基49′(点球)
汉堡3:3斯普利特
(主)1:0 赖曼45′
(客)2:3 赫鲁贝什2′,希罗尼[illegible]斯24′/I.武约维奇21′,乔尔杰维奇49′,普里莫拉茨[illegible]
*汉堡凭借客场进球多晋级。
阿贾克斯4:0斯特拉斯堡 (客)0:0
(主)4:0 舍恩科尔35′,阿内森[illegible],莱尔比55′,拉灵90′
皇家马德里3:2凯尔特人
(客)0:2 麦克拉斯基52′,多[illegible]75′
(主)3:0 桑蒂利亚纳45′,施[illegible]克56′,华尼托86′

半决赛(1980.4.9—4.23)

诺丁汉森林2:1阿贾克斯
(主)2:0 弗朗西斯33′,罗伯[illegible](点球)
诺丁汉森林阵容(433):希尔[illegible]/V.安德森、劳埃德、伯恩斯、F.格雷/奥尼尔、麦[illegible]、鲍尔斯/伯特尔斯、弗朗西斯、罗伯逊
阿贾克斯阵容(442):斯赫雷[illegible]斯/韦恩博格、克罗伊、茨旺博恩、博埃瓦、阿内森、舍恩科尔、莱尔比、延森/拉灵(邦辛克58′)、塔哈马塔
(客)0:1 莱尔比65′
诺丁汉森林阵容(433):希尔[illegible]/V.安德森、劳埃德、伯恩斯、F.格雷/奥尼尔、麦[illegible]、鲍耶/伯特尔斯、弗朗西斯、罗伯逊
阿贾克斯阵容(442):斯赫雷[illegible]斯/莫伊斯泰格、韦恩博格、克罗伊、博埃瓦、阿内森、舍恩科尔、莱尔比、延森/拉灵、邦辛克
汉堡5:3皇家马德里
(客)0:2 桑蒂利亚纳67′,80′
汉堡阵容(433):卡尔古斯/卡尔茨、诺格利、雅克布斯、希代因/黑特维希、马加特、米莱夫斯基/基冈、赫鲁贝什、赖曼
皇马阵容(433):拉蒙/P.加西亚、皮里、萨维多、卡马乔/安赫尔、博斯克、施蒂利克/华尼托(马丁内斯88′)、桑蒂利亚纳、坎宁安
(主)5:1 卡尔茨10′,40′(点球),赫鲁贝什17′,45′,梅莫林90′/坎宁安31′
汉堡阵容(442):卡尔古斯/卡尔茨、诺格利、雅克布斯、希代因/布连、马加特、梅莫林、基冈/赖曼、赫鲁贝什
皇马阵容(433):拉蒙(32′M.安赫尔)/P.加西亚、皮里、贝尼托、卡马乔/安赫尔、博斯克、施蒂利克/华尼托(马丁内斯87′)、桑蒂利亚纳、坎宁安

决赛(1980.5.28,马德里)

诺丁汉森林1:0汉堡
罗伯逊19′
诺丁汉森林阵容(442):希尔顿/V.安德森、劳埃德、伯恩斯、F.格雷(冈恩84′)/奥尼尔、麦戈文、米尔斯(奥赫尔68′)、鲍耶/伯特尔斯、罗伯逊
汉堡阵容(433):卡尔古斯/卡尔茨、诺格利、雅克布斯、希代因/布连、希罗曼斯(赫鲁贝什46′)、马加特、梅莫林/赖曼、基冈、米莱夫斯基

1980-81赛季

(赛制)本届比赛共有33支球队参加,布达佩斯爱国者队经过资格赛淘汰瓦莱塔FC后,进入到正赛阶段,另外31支球队直接进入正赛,32支球队继续进行淘汰赛直至产生冠军。从正赛第一轮到决赛,夺冠的球队需要进行9场比赛。

资格赛(1980.8.16—9.3)

布达佩斯爱国者(匈牙利)11:0瓦莱塔FC(马耳他)
(主)8:0 邦多伊3′,洛尔巴4′,艾什泰哈齐25′,柯奇士43′(点球),道伊考83′,54′,瓦尔加83′,90′
(客)3:0 艾什泰哈齐16′,75′,邦多伊21′

第一轮(1980.9.16—10.1)

南特3:0贝尔法斯特林菲尔德(北爱尔兰)
*(客)1:0 阿米斯37′
(主)2:0 拉米永17′,特鲁斯洛60′
*比赛在荷兰的哈勒姆进行。
索非亚中央陆军2:0诺丁汉森林
(主)1:0 约奇夫70′
(客)0:1 克里莫夫34′
拜仁慕尼黑7:2奥林匹亚科斯
(客)4:2德雷姆勒22′,63′,鲁梅尼格57′,克劳斯66′/加拉考斯26′,阿迪索格鲁82′
(主)3:0 D.赫内斯2′,鲁梅尼格7′,扬松68′
皇家马德里7:2利默瑞克(爱尔兰)
*(客)2:1 华尼托71′(点球),皮内达85′/肯尼迪51′
(主)5:1 桑蒂利亚纳15′,华尼托31′,安赫尔68′,坎宁安70′,皮内达83′/肯尼迪43′
*比赛在爱尔兰的都柏林进行。
利物浦11:2奥卢TPS(芬兰)
(客)1:1 麦克德莫特15′/波蒂涅米81′
(主)10:1 索内斯5′,24′,53′(点球),麦克德莫特29′,41′,84′,费尔克拉夫68′,81′,李54′,R.肯尼迪66′/阿姆斯特朗47′
阿贾克斯3:0地拉那11月17日迪那摩(阿尔巴尼亚)
(主)2:0 阿内森69′,89′
(主)1:0 莱尔比80′(点球)
柏林迪那摩4:2阿尔西亚阿波尔(塞浦路斯)
(主)3:0 捷尔列茨基51′,特里洛夫72′,舒尔茨87′
(客)1:2 赛尔86′/海蒂斯39′,彼得罗夫48′
阿伯丁(苏格兰)1:0奥地利维也纳
(主)1:0 麦吉31′
(客)0:0
比利姆波兰人波兰人(波兰)4:2特拉布宗TSK体育
(客)1:2 锡南36′,图加伊54′/J.维乔雷克87′
(主)3:0 比伊17′,奥加扎尔80′,斯罗卡89′(点球)
埃斯比约3:2哈姆斯塔德 (客)0:0
(主)3:2 艾弗森9′,劳里森24′,尼尔森49′/约翰松31′,拉尔森89′
俄斯特拉发巴尼克(捷克斯洛伐克)2:1威斯文尼亚IBV(冰岛)
(客)1:1 达涅克42′/索尔莱夫松28′
(主)1:0 沃亚切克31′
莫斯科斯巴达克9:0埃施青年(卢森堡)
(客)5:0 加夫里洛夫1′,31′,68′,希迪亚图林43′,亚尔采夫84′
(主)4:0 皮戈15′(乌龙),罗季奥诺夫24′,加夫里洛夫40′,亚尔采夫88′
贝尔格莱德红星7:3维京(挪威)
(客)3:2 彼得罗维奇70′,布雷克77′(乌龙),雷普契奇80′/斯文森30′,萨博50′
(主)4:1 B.久罗夫斯基21′,亚尼亚宁24′,彼得罗维奇29′,斯塔门科维奇58′/布雷克58′(乌龙)
国际米兰3:1克拉约瓦大学(罗马尼亚)
(主)2:0 阿尔托贝利8′(点球),60′
(客)1:1 贝尔代亚努18′/穆拉罗8′
布达佩斯爱国者(匈牙利)3:0里斯本竞技
(客)2:0 邦多伊50′,纳吉65′
(主)1:0 道伊考38′
巴塞尔(瑞士)5:1布鲁日比利时)
(客)1:0 迈森65′
(主)4:1 坦纳尔14′,斯托尔尔48′(点球),瓦特堡55′,盖塞尔81′/瑟勒曼斯4′

第二轮(1980.10.22—11.5)

皇家马德里3:0布达佩斯爱国者(匈牙利)
(主)1:0 桑蒂利亚纳22′
(客)2:0 坎宁安26′,埃尔南德斯82′
利物浦5:0阿伯丁
(客)1:0 麦克德莫特5′
(主)4:0 米勒38′(乌龙),尼尔44′,达格利什58′,汉森72′
*俄斯特拉发巴尼克1:1柏林迪那摩
(主)0:0
(客)1:1 特罗帕58′(点球)/克纳普33′(点球)
*俄斯特拉发巴尼克凭借客场进球多晋级。
国际米兰3:2南特
(客)2:1 阿尔托贝利12′,普罗哈斯卡85′/里奥69′(点球)
(主)1:1 阿尔托贝利29′/阿米斯75′
索非亚中央陆军5:0比托姆波兰人波兰人
(主)4:0 约奇夫22′,58′,60′,兹德拉夫科夫75′
(客)1:0 杰夫佐夫52′
拜仁慕尼黑6:3阿贾克斯
(主)5:1 迪恩博格45′,鲁梅尼格51′,82′,D.赫内斯80′,90′/阿内森37′
(客)1:2 鲁梅尼格81′/韦格曼斯16′,里杰卡尔德18′
贝尔格莱德红星2:1巴塞尔
(客)0:1 劳舍尔33′
(主)2:0 雷普契奇6′,亚尼亚宁18′
莫斯科斯巴达克3:2埃斯比约
(主)3:0 海迪亚图林19′,70′,沙维奥39′
(客)0:2 劳里森47′,艾弗森72′

1/4决赛(1981.3.4—3.19)

拜仁慕尼黑6:2俄斯特拉发巴尼克
(主)2:0 扬松48′,布赖特纳90′(点球)
(客)4:2 D.赫内斯8′,克劳斯26′,罗贝尔32′,迪恩博格38′/涅梅茨69′,利奇卡71′
国际米兰2:1贝尔格莱德红星
(主)1:1 卡索44′/雷普契奇75′
(客)1:0 穆拉罗13′
利物浦6:1索非亚中央陆军
(主)5:1 索内斯16′,51′,79′,李45′,麦克德莫特65′/约奇夫60′ (客)1:0 约翰逊11′
皇家马德里2比0莫斯科斯巴达
*(客)0:0
(主)2:0 迪亚斯69′,皮内达78′
*比赛在前苏联的第比利斯进行。

半决赛(1981.4.8—4.22)

皇家马德里2:1国际米兰
(主)2:0 桑蒂利亚纳28′,华尼托47′
皇马阵容(433):阿古斯丁/伊西德罗(8′科尔特斯)、萨维多、纳瓦哈斯、卡马乔/安赫尔、博斯克、施蒂利克/华尼托、桑蒂利亚纳、皮内达(埃尔南德斯79′)
国际米兰阵容(442):博尔丹、贝尔戈米、卡努蒂、比尼、莫齐尼(帕西纳托60′)/巴雷西、卡索、普罗哈斯卡、马里尼、阿尔托贝利、穆拉罗
(客)0:1 比尼57′
皇马阵容(433):阿古斯丁/科尔特斯、萨维多、纳瓦哈斯、卡马乔/安赫尔、博斯克、施蒂利克(G.埃尔南德斯88′)/伊西德罗(皮内达71′)、华尼托、桑蒂利亚纳
国际米兰阵容(442):博尔丹/贝尔戈米、卡努蒂、比尼、帕西纳托/卡索、普罗哈斯卡、贝卡罗西、马里尼(潘凯里82′)/阿尔托贝利、穆拉罗
利物浦1:1拜仁慕尼黑
(主)0:0
利物浦阵容(442):克莱门斯/尼尔、汤普森、A.汉森、A.肯尼迪/李、麦克德莫特(海威46′)、达格利什、R.肯尼迪/凯斯、拉什
拜仁慕尼黑阵容(433):容汉斯/魏纳、德雷姆勒、奥根塔勒、霍斯曼/迪恩博格、克劳斯、布赖特纳/德尔海耶、D.赫内斯、鲁梅尼格
(客)1:1 R.肯尼迪83′/鲁梅尼格88′
利物浦阵容(442):克莱门斯/尼尔、马尼、A.汉森、埃尔文/李、麦克德莫特、索内斯、R.肯尼迪/达格利什(盖尔9′(肯斯71′)、约翰逊
拜仁慕尼黑阵容(433):容汉斯/魏纳、德雷姆勒、奥根塔勒、霍斯曼/迪恩博格(扬松57′)、克劳斯、布赖特纳/德尔海耶、D.赫内斯、鲁梅尼格
*利物浦凭借客场进球多晋级。

决赛(1981.5.27,巴黎)

利物浦1:0皇家马德里
肯尼迪82′
利物浦阵容(442):克莱门斯/尼尔、汤普森、A.汉森、A.肯尼迪/李、麦克德莫特、索内斯、R.肯尼迪/达格利什(肯斯87′)、约翰逊
皇马阵容(433):阿古斯丁/科尔特斯(皮内达87′)、萨维多、纳瓦哈斯、卡马乔/安赫尔、博斯克、施蒂利克/华尼托、桑蒂利亚纳、坎宁安

1981-82赛季

(赛制)本届比赛共有33支球队参加,设资格赛,仅有2支球队参加。另31支球队从第一轮淘汰赛直至产生冠军。从资格赛到决赛,夺冠的球队需要进行11场比赛。

资格赛(1981.8.25—9.1)

柏林迪那摩(东德)3:1圣艾蒂安(法)
(客)1:1 洛佩斯25′(乌龙)/洛佩斯75′
(主)2:0 内茨39′,里迪格83′

第一轮(1981.9.16—9.30)

*柏林迪那摩3:3苏黎世FC(瑞士)
(主)2:0 舒尔茨53′,里迪格59′
(客)1:3 乌尔里希47′/耶尔科维奇2′,22′,87′
*柏林迪那摩凭客场进球多晋级
尤文图斯2:1凯尔特人(苏格兰)
(客)0:1 麦克劳德65′
(主)2:0 维尔迪斯28′,贝特加40′
俄斯特拉发巴尼克(捷克斯洛伐克)5:3费伦茨瓦硕(匈牙利)
(客)2:3 利奇卡76′,克纳普78′(点球)/波加尼22′,40′(点球),索科洛伊47′
(主)3:0 什赖因纳7′,克纳普14′,56′(点球)
贝尔格莱德红星(南斯拉夫)10:2保拉爱尔兰人(马耳他)
(客)2:1 尤里亚伊奇72′,扬科维奇90′/贡齐38′
(主)8:1 戈拉奇诺夫1′,彼得罗维奇20′,41′,D.萨维奇43′,58′(点球),R.萨维奇62′,87′,舍斯蒂奇35′/贡齐69′
利物浦8:0奥卢TPS(芬兰)
(客)1:0 达格利什84′
(主)7:0 达格利什27′,麦克德莫特39′,74′,R.肯尼迪46′,约翰森60′,拉什68′,劳伦森73′
本菲卡(葡萄牙)4:0尼科西亚奥莫尼亚(塞浦路斯)
(主)3:0 内内54′,菲利波维奇67′,卡洛斯·曼努埃尔81′
(客)1:0 沙拉纳75′
奥地利维也纳3:2地拉那11月17日游击(阿尔巴尼亚)
(主)3:1 施泰因科格勒26′,加赛伊奇27′(点球),62′(点球)/托莫里21′
(客)0:1 博尔格吉尼31′
安德莱赫特6:2罗兹维泽夫(波兰)
(客)4:1 洛扎诺40′(点球),73′,汉森79′,彼得松90′/斯莫拉雷克82′
(主)2:1 布赖尔6′,戈茨58′/斯莫拉雷克65′
基辅迪那摩(苏联)2:1特拉布宗体育(土耳其)
(主)1:0 布洛欣74′
(客)1:1 别索诺夫56′/梅廷27′
阿尔克马尔(荷兰)3:2斯塔巴克(挪威)
(客)3:1 彼得斯16′,23′,基斯特48′/海于根79′
(主)1:0 托伊86′
阿斯顿维拉(英格兰)7:0雷克亚未克瓦卢尔(冰岛)
(主)5:0 莫利6′,怀特37′,68′,多诺万40′,69′
(客)2:0 肖25′,70′
贝尔法斯特格伦托兰(北爱尔兰)5:1尼德尔坎姆前进(卢森堡)
(客)1:1 克利里1′/默尼耶27′
(主)4:0 布莱克利奇30′,76′,詹姆森53′,曼利75′
*哥本哈根KB(丹麦)3:3阿思隆镇(爱尔兰)
(主)1:1 图内10′/奥康诺4′
(客)2:2 拉森15′,安德森53′/戴维斯73′,87′
*哥本哈根KB凭客场进球多晋级
拜仁慕尼黑(西德)6:0奥斯特IF(瑞典)
(客)1:0 鲁梅尼格75′
(主)5:0 D.霍内斯24′,58′,鲁梅尼格27′,68′,尼德迈尔31′
索非亚中央陆军(保加利亚)1:0皇家社会(西班牙)
(主)1:0 永切夫89′ (客)0:0
克拉约瓦大学(罗马尼亚)3:2奥林匹亚科斯(希腊)
(主)3:0 克尔楚6′,伊里梅斯库66′,齐克莱亚努89′
(客)0:2 米佐普洛斯36′,阿纳斯塔托普洛斯60′

第二轮(1981.10.21—11.4)

贝尔格莱德红星4:3俄斯特拉发巴尼克
(客)1:3 克尔姆波蒂奇51′/利奇卡2′,44′,克纳普88′(点球)
(主)3:0 B.久罗夫斯基16′,D.萨维奇50′,彼得罗维奇62′
安德莱赫特4:2尤文图斯
(主)3:1 戈茨24′,56′,韦科特朗88′/马罗基诺39′
(客)1:1 戈茨41′/布里奥79′
利物浦5:4阿尔克马尔
*(客)2:2 约翰森22′,李48′/基斯特59′,托伊86′
(主)3:2 麦克德莫特53′(点球),拉什68′,汉森84′/基斯特55′,汤普森73′(乌龙)
*比赛在荷兰的阿姆斯特丹进行。
索非亚中央陆军3:2格伦托兰(北爱尔兰)
(主)2:0 季米特洛夫8′,兹德拉夫科夫35′(点球)
(客)1:2 阿利奥查115′(乌龙)/克利里67′,曼利71′
克拉约瓦大学4:2哥本哈根KB
(客)0:1 波斯加8′
(主)4:1 克里尚8′,巴拉奇25′,贝尔代亚努54′,卡马塔卢72′/安德森74′
拜仁慕尼黑4:1本菲卡
(客)0:0
(主)4:1 D.霍内斯28′,36′,55′,布赖默82′/内内63′(点球)
基辅迪那摩2:1奥地利维也纳
(客)1:0 巴尔23′
(主)1:1 布里亚克37′(点球)/佩特科23′
*阿斯顿维拉2:2柏林迪那摩
(客)2:1 莫利5′,85′/里迪格50′
(主)0:1 杰尔列茨基15′
*阿斯顿维拉凭客场进球多晋级

1/4决赛(1982.3.3—3.17)

拜仁慕尼黑3:1克拉约瓦大学
(客)2:0 布莱特纳7′,鲁梅尼格20′
(主)1:1 D.霍内斯21′/杰奥尔高30′
安德莱赫特4:2贝尔格莱德红星
(主)2:1 戈茨27′,洛扎诺63′/B.久罗夫斯基52′
(客)2:1 赫夫肯斯33′,韦科特朗60′/D.萨维奇45′(点球)
阿斯顿维拉2:0基辅迪那摩
*(客)0:0
(主)2:0 肖4′,麦克诺特44′
*比赛在苏联的辛菲罗波尔进行。

索非亚中央陆军2.1利物浦
(客)0.1 惠兰65′
(主)2.0 姆拉德诺夫77′、101′

半决赛(1982.4.7－4.21)

拜仁慕尼黑7.4索非亚中央陆军
(客)3.4 杜恩博格27′、D.赫内斯82′、布莱特纳83′ G.季米特洛夫7′、永切夫13′、49′、兹德拉夫科夫18′
索非亚中央陆军阵容(433):韦利诺夫 贝齐斯基、D.季米特洛夫、托马诺夫(A.季米特洛夫46′)、G.季米特洛夫 伊利耶夫、克里莫夫(亚历山德罗夫37′)、兹德拉夫科夫 姆拉德诺夫、隆切夫、韦尔科夫
拜仁慕尼黑阵容(433):穆勒 尼德迈尔、拜尔洛泽尔、奥根塔勒、霍斯曼 杜恩博格、克劳斯(普夫卢格勒54′)、布莱特纳 西古文松(D.霍内斯17′)、德雷姆勒、鲁梅尼格
(主)4.0 布莱特纳41′、46′(点球)、鲁梅尼格64′、76′
索非亚中央陆军阵容(433):韦利诺夫 G.季米特洛夫、伊利耶夫、D.季米特洛夫、贝齐斯基 韦尔科夫、兹德拉夫科夫、亚历山德罗夫 姆拉德诺夫、隆切夫(克里莫夫70′)、杰维佐夫
拜仁慕尼黑阵容(433):容格汉斯 拜尔洛泽尔、魏纳、奥根塔勒、霍斯曼 杜恩博格(西古文松77′)、克劳斯(尼德迈尔77′)、布莱特纳 D.霍内斯、德雷姆勒、鲁梅尼格
阿斯顿维拉1.0安德莱赫特
(主)1.0 莫利27′
阿斯顿维拉阵容(433):里默 斯威姆、G.威廉姆斯、埃文斯、麦克诺特 D.布莱姆纳、莫蒂默、考恩斯 肖、怀特、莫利
安德莱赫特阵容(433):努纳隆 佩鲁佐维奇、布罗斯、洛扎诺、德赫罗特 韦斯特朗、德格雷夫、芬昆(约瓦尼奇46′) 佩图松(戈茨56′)、科克、克吕泰斯
(客)0.0
安德莱赫特阵容(433):努纳隆 佩鲁佐维奇、布罗斯、德赫罗特、德格雷夫 洛扎诺、科克、赫夫肯斯(约瓦尼奇53′) 戈茨(弗里曼汉森78′)、韦斯特朗、布赖尔
阿斯顿维拉阵容(433):里默 斯威姆、埃文斯、麦克诺特、G.威廉姆斯 莫蒂默、D.布莱姆纳、考恩斯 肖、怀特、莫利

决赛(1982.5.26，鹿特丹)

阿斯顿维拉1.0拜仁慕尼黑
怀特67′
阿斯顿维拉阵容(433):里默(斯平克10′) 斯威姆、麦克诺特、埃文斯、G.威廉姆斯/考恩斯、D.布莱姆纳、莫蒂默 肖、怀特、莫利
拜仁慕尼黑阵容(442):穆勒/德雷姆勒、奥根塔勒、魏纳、霍斯曼 马蒂(屈特勒52′)、布莱特纳、克劳斯(尼德迈尔79′)、杜恩博格 鲁梅尼格、D.赫内斯

1982-83赛季

（赛制）本届比赛共有33支球队参加，设资格赛，仅有2支球队参加。另31支球队从第一轮淘汰赛直至产生冠军。从资格赛到决赛，夺冠的球队需要进行11场比赛。

资格赛(1982.8.25－9.1)

布加勒斯特迪那摩(罗马尼亚)4.3瓦勒伦加(挪威)
(主)3.1 奥古斯丁38′、D.杰奥尔杰斯库45′、65′(点球)、格兰57′
(客)1.2 库斯托夫2′、雅各布森30′、戴维森59′

第一轮(1982.9.14－9.29)

利物浦5.1唐道克(爱尔兰)
(客)4.1 惠兰7′、26、拉什32′、霍奇森62′ 弗拉纳根75′
(主)1.0 惠兰65′
列日标准(比利时)5.3焦尔ETO(匈牙利)
(主)5.0 塔哈马特21′、达埃尔登31′、文特49′、哈恩67′、格雷奇86′
(客)0.3 森泰什38′、豪伊松57′、布尔乔68′
汉堡(西德)3.1柏林迪那摩(东德)
(客)1.1 米莱夫斯基37′ 里迪格17′
(主)2.0 哈特维希33′、赫鲁贝什88′
尤文图斯7.4维多伏尔IF(丹麦)
(客)4.1 普拉蒂尼44′、罗西54′、布里奥60′、卡布里尼73′ 延森78′
(主)3.3 博涅克34′、普拉蒂尼64′、罗西82′/彼得森78′、83′、汉森5′
基辅迪那摩(苏联)4.0草蜢(瑞士)
(客)1.0 赫尔曼84′(乌龙)
(主)3.0 布里亚克17′、90′、德米安年科36′
凯尔特人4.3阿贾克斯
(主)2.2 尼古拉斯15′、麦加维28′/奥尔森5′、Lerby18′
(客)2.1 尼古拉斯33′、麦克拉斯基52′/瓦嫩贝格61′
索非亚中央陆军2.0摩纳哥
*(客)0.0
(主)2.0兹德拉夫科夫103′(点球)、姆拉德诺夫114′
*比赛在法国的尼斯进行。
阿斯顿维拉3.1贝西克塔斯(土耳其)
(主)3.1 怀特6′、莫利9′、莫蒂默29′ 埃克希61′
(客)0.0
罗兹维泽尔(波兰)7.2保拉爱尔兰人(马耳他)
(客)4.1 特洛金斯基6′、菲利普恰克32′、62′、64′/J.舒埃雷布89′
(主)3.1 格雷波兹26′(点球)、马图夏克51′、86′/G.舒埃雷布16′
维也纳快速(奥地利)13.0阿文尼尔贝根(卢森堡)
(客)5.0 克兰克尔20′、26′、52′、帕年卡38′、维尔富特78′
(主)8.0 韦伯9′、克兰克尔20′、维尔富特21′、54′、凯格莱维奇34′、77′、加格49′、蒂尔70′(乌龙)
地拉那11月17日(阿尔巴尼亚)2.2贝尔法斯特林菲尔德(北爱尔兰)
(主)1.0 科拉74′
(客)1.2 明加28′ 安德森79′、吉布森83′
布加勒斯特迪那摩(罗马尼亚)3.2布拉格杜克拉(捷克斯洛伐克)
(主)2.0 穆尔泰斯库30′、D.杰奥尔杰斯库59′(点球)
(客)1.2 塔尔纳94′ 内霍达16′、30′
里斯本竞技(葡萄牙)3.1萨格勒布迪那摩(南斯拉夫)
(客)0.1 切林71′
(主)3.0 奥利维拉29′、37′、70′
皇家社会4.2雷克亚未克维京(冰岛)
(客)1.0 萨特鲁斯特吉15′
(主)3.2 乌尔拉德2′、27′、萨特鲁斯特吉54′ 索瓦达松1′、赫布斯特松70′
奥林匹亚科斯(希腊)2.1奥斯特IF(瑞典)
(主)2.0 阿纳斯托普洛斯10′、科科拉基斯46′
(客)0.1 哈伦80′
赫尔辛基HJK(芬兰)3.2尼科西亚奥莫尼亚(塞浦路斯)
(客)0.2 菲利波斯45′、克桑西洛斯87′
(主)3.0 拉西穆斯4′、伊斯莫尔61′、79′

第二轮(1982.10.20－11.3)

罗兹维泽尔(波兰)6.5维也纳快速
(客)1.2 特洛金斯基48′ 凯格莱维奇58′、基纳斯特71′
(主)5.3 沃希尼亚克15′、25′、罗兹博斯基29′、舒尔利特65′、弗拉加77′ 帕年卡33′(点球)、莱纳53′、格雷波兹88′(乌龙)
利物浦5.1赫尔辛基HJK
(客)0.1 伊斯莫尔43′
(主)5.0 达格利什27′、约翰斯顿30′、尼尔44′、R.肯尼迪61′、73′
尤文图斯3.1列日标准
(客)1.1 塔尔德利7′ 塔哈马特68′(点球)
(主)2.0 罗西13′、28′
阿斯顿维拉6.2布加勒斯特迪那摩
(客)2.0 肖11′、17′
(主)4.2 肖5′、52′、67′、沃尔特斯87′ 穆尔泰斯库30′、洛尔达切71′
皇家社会3.2凯尔特人
(主)2.0 萨特鲁斯特吉74′、乌尔拉德79′
(客)1.2 乌尔拉德26′ 麦克劳德30′、89′
汉堡5.0奥林匹亚科斯
(主)1.0 冯黑森56′
(客)4.0 马加特26′、赫鲁贝什51′、罗尔夫53′、巴斯特鲁普85′
*里斯本竞技2.2索非亚中央陆军
(客)2.2 M.费尔南德斯31′、沙维尔79′ 永切夫9′、博戈米洛夫75′
(主)0.0
*里斯本竞技凭客场进球多晋级
*基辅迪那摩—地拉那11月17日
*基辅迪那摩因地拉那11月17日弃权晋级

1/4决赛(1983.3.2－3.16)

汉堡4.2基辅迪那摩
*(客)3.0 巴斯特鲁普4′、52′、70′
(主)1.2 哈特维希61′/别索诺夫52′、叶夫图申科82′
*比赛在苏联的第比利斯举行。
皇家社会2.1里斯本竞技
(客)0.1 M.费尔南德斯89′
(主)2.0 拉腊尼亚加41′、贝克罗68′
罗兹4.3利物浦
(主)2.0 特洛金斯基49′、弗拉加80′
(客)2.3 特洛金斯基39′(点球)、斯莫拉雷克53′/尼尔16′(点球)、拉什80′、霍奇森90′
尤文图斯5.2阿斯顿维拉
(客)2.1 罗西1′、博涅克82′/考恩斯53′
(主)3.1 普拉蒂尼14′、68′、塔尔德利27′ 怀特81′

半决赛(1983.4.6－4.20)

尤文图斯4.2罗兹维泽尔
(主)2.0 塔尔德利8′、贝特加59′
尤文图斯阵容(433):佐夫/詹蒂莱、布里奥、西雷阿、卡布里尼 博尼尼、塔尔德利、普拉蒂尼/博涅克、罗西(马罗基诺77′)、贝特加
罗兹阵容(442):姆利纳奇卡/卡明斯基、格雷波兹、斯维亚特克、武伊齐茨基/特洛金斯基、弗拉加(梅斯林斯基77′)、舒尔利特、罗姆克/罗兹博斯基、斯莫拉雷克
(客)2.2 罗西32′、普拉蒂尼82′(点球)/舒尔利特54′、81′
罗兹阵容(442):姆利纳奇卡/卡明斯基、弗拉加(马图夏克74′)、梅斯林斯基、武伊齐茨基/特洛金斯基、菲利普恰克(梅日温斯基46′)、舒尔利特、罗姆克 罗兹博斯基、斯莫拉雷克
尤文图斯阵容(433):佐夫/詹蒂莱、布里奥(斯托尔加托87′)、西雷阿、卡布里尼/博尼尼、塔尔德利、普拉蒂尼 博涅克、罗西(普兰德利46′)、马罗基诺
汉堡3.2皇家社会
(客)1.1 罗尔夫58′/加哈特74′
皇家社会阵容(433):阿科纳达/塞拉耶塔、加哈特、戈里斯、苏维利亚加/迭戈·阿尔瓦雷斯、拉腊尼亚加、萨莫拉(奥韦戈索67′)/巴科罗、乌尔拉德、洛佩斯·乌法特
汉堡阵容(442):施泰因/卡尔茨、雅各布斯、希罗尼穆斯、韦迈尔/哈特维希、格罗、罗尔夫、马加特/赫鲁贝什、巴斯特鲁普(米莱夫斯基46′)
(主)2.1 雅各布斯75′、冯黑森84′/迭戈·阿尔瓦雷斯80′
汉堡阵容(433):施泰因 卡尔茨、格罗、雅各布斯、韦迈尔 哈特维希、罗尔夫、马加特 巴斯特鲁普、赫鲁贝什、冯黑森
皇家社会阵容(442):阿科纳达 塞拉耶塔、穆里略、戈里斯、奥莱索拉 迭戈·阿尔瓦雷斯、苏维利亚加、拉腊尼亚加、奥韦戈索 乌尔拉德(巴科罗69′)、洛佩斯·乌法特

决赛(1983.5.25，雅典)

汉堡1.0尤文图斯
马加特9′
汉堡阵容(433):施泰因 卡尔茨、雅各布斯、希罗尼穆斯、韦迈尔 罗尔夫、马加特、格罗 米莱夫斯基、赫鲁贝什、巴斯特鲁普(冯黑森56′)
尤文图斯阵容(433):佐夫 詹蒂莱、布里奥、西雷阿、卡布里尼 博尼尼、塔尔德利、普拉蒂尼 博涅克、罗西(马罗基诺56′)、贝特加

1983-84 赛季

（赛制）本届比赛共有31支球队参加，不设资格赛。卫冕冠军汉堡直接进入16强，另30支参赛队经过第一轮淘汰赛后产生15支出线队，15支球队继续进行淘汰赛直至产生冠军。从第一轮到决赛，夺冠的球队需要进行9场比赛。

第一轮(1983.9.14－9.28)

维也纳快速(奥地利)4.3南特(法国)
(主)3.0 帕年卡16′、38′、哈格迈尔49′
(客)1.3 巴龙凯利14′、里奥15′、D.穆勒68′(点球) 帕年卡40′
罗马4.2IFK哥德堡(瑞典)
(主)3.0 温琴齐51′、孔蒂63′、塞雷佐70′
(客)1.2 普鲁佐61′ 加德纳29′、霍姆格伦75′
毕尔巴鄂竞技(西班牙)4.2波兹南莱赫(波兰)
(客)0.2 涅维亚多姆斯基35′、奥孔斯基44′
(主)4.0 A.戈耶科切亚11′、索拉34′(点球)、诺列加53′、乌基亚加84′
本菲卡6.2贝尔法斯特林菲尔德(北爱尔兰)
(主)3.0 斯隆72′(乌龙)、内内83′、曼奇89′
(客)3.2 斯特龙伯格36′、75′、迪亚曼蒂诺39′ 迪亚曼蒂诺29′(乌龙)、沃尔什81′
明斯克迪那摩(苏联)3.2草蜢(瑞士)
(主)1.0 库尔嫩宁18′
(客)2.2 孔德拉特夫31′、索科尔84′ 蓬特20′、30′
列日标准(比利时)11.4阿斯隆城(爱尔兰)
(客)3.2 赫鲁贝施11′、范德斯米森41′、普勒塞尔斯60′(点球) 柯林斯43′、萨蒙63′
(主)8.2 耶利基奇1′、德尔布鲁克29′、普勒塞尔斯31′、69′、德尔登40′、范德斯米森47′、塔哈马特59′、温塔克64′/萨蒙53′、希契科克67′
奥林匹亚科斯(希腊)2.0阿贾克斯(荷兰)
(客)0.0
(主)2.0 阿纳斯托普洛斯95′、118′
利物浦6.0欧登塞(丹麦)
(客)1.0 达格利什14′
(主)5.0 罗宾逊15′、70′、达格利什33′、40′、格劳斯55′(乌龙)
索非亚中央陆军4.4尼科西亚奥莫尼亚(塞浦路斯)
(主)3.0 姆拉德诺夫52′、永切夫55′、斯拉夫科夫61′
(客)1.4 永切夫22′/萨维迪斯42′、阿尔索夫48′、坎季洛斯82′、格雷戈里89′
焦尔ETO(匈牙利)4.1雷克亚未克维京(冰岛)
(主)2.1 毛焦尔27′、布尔乔34′/索瓦德松28′
(客)2.0 毛焦尔58′、塞派希86′
贝尔格莱德游击(南斯拉夫)5.1维京(挪威)
(主)5.1 迪米特里耶维奇27′、38′、普雷卡齐44′、济夫科维奇82′、85′/古德柴尔德36′
(客)0.0
邓迪联(苏格兰)6.0哈姆伦斯巴达(马耳他)
(客)3.0 莱利2′、班农22′、斯特罗克55′
(主)3.0 米尔恩28′、46′、柯克伍德43′
柏林迪那摩(东德)6.1埃施青年(卢森堡)
(主)4.1 格茨35′、舒尔茨39′、恩斯特77′、内茨86′ 斯库托18′
(客)2.0 乌尔里希32′(点球)、诺亚克50′
布拉格波希米亚(捷克斯洛伐克)5.0费内巴切(土耳其)
(客)1.0 赫鲁阿卡76′
(主)4.0 泽伦斯基20′、诺瓦克56′、86′、哈劳普卡71′
布加勒斯特迪那摩(罗马尼亚)4.0拉赫蒂雷帕斯(芬兰)
(客)1.0德拉格内亚49′
(主)3.0莫维勒48′、奥古斯丁70′、穆尔泰斯库90′

第二轮(1983.10.19－11.2)

本菲卡3.1奥林匹亚科斯
(客)0.1 阿纳斯托普洛斯21′
(主)3.0 菲利波维奇17′、迪亚曼蒂诺28′、曼尼切75′
利物浦1.0毕尔巴鄂竞技
(主)0.0
(客)1.0 拉什66′
布加勒斯特迪那摩5.3汉堡
(主)3.0 奥古斯丁27′、穆尔泰斯库60′、奥拉克81′
(客)2.3 塔尔纳85′、穆尔泰斯库90′/雅各布斯45′、54′、冯黑森62′
维也纳快速2.2布拉格波希米亚
(客)1.2 凯格莱维奇45′/亚内奇卡26′、涅梅茨90′
(主)1.0 克兰克尔6′
明斯克迪那摩9.4焦尔ETO
(客)6.3 索科尔3′、10′、42′、库[illegible]20′、戈茨马诺夫55′、伦巴季斯70′ 汉尼希13′(点球)、[illegible]什63′、绍博84′
(主)3.1 索科尔41′、62′、孔德[illegible]夫63′ 汉尼希31′(点球)
邓迪联4.0列日标准
(客)0.0
(主)4.0 米尔恩26′、44′、赫加[illegible]51′、多兹68′
罗马2.0索非亚中央陆军
(客)1.0 法尔考63′
(主)1.0 格拉齐亚尼80′
柏林迪那摩2.1贝尔格莱德[illegible]
(主)2.0 格茨1′、恩斯特37′
(客)0.1 普雷卡齐28′

1/4决赛(1984.3.7－3.2[illegible]

*邓迪联2.2维也纳快速
(主)2.1 斯塔克30′ 哈格迈[illegible]5′、克拉尼察37′
(客)0.1 多兹23′
*邓迪联凭借客场进球多晋[illegible]
罗马4.2柏林迪那摩
(主)3.0 格拉齐亚尼67′、普[illegible]75′、塞雷佐30′
(客)1.2 奥迪56′ 托恩76′、[illegible]特86′
布加勒斯特迪那摩2.1明斯[illegible]迪那摩
*(客)1.1 雷德尼克88′ 古[illegible]维奇1′
(主)1.0 奥古斯丁10′
*比赛在苏联的第比利斯[illegible]
利物浦5.1本菲卡
(主)1.0 拉什66′
(客)4.1 惠兰9′、88′、约翰斯[illegible]33′、拉什78′ 内内74

半决赛(1984.4.11－4.[illegible]

罗马3.2邓迪联
(客)0.2 多兹47′、斯塔克6[illegible]
邓迪联阵容(433):麦卡尔[illegible] 斯塔克、马尔帕斯、高夫、赫加蒂 纳雷、班农、米[illegible]恩/柯克伍德、斯特罗克(科因83′)、多兹
罗马阵容(433):坦克雷迪 [illegible]迪、马尔代拉、里盖蒂、内拉 塞雷佐、迪巴尔托罗[illegible]、基耶里科 孔蒂、普鲁佐、格拉齐亚尼
(主)3.0 普鲁佐23′、40′、迪[illegible]尔托罗梅58′(点球)
罗马阵容(433):坦克雷迪 [illegible]皮、马尔代拉、里盖蒂、内拉 塞雷佐(奥迪86′)、[illegible]考、迪巴尔托罗梅/孔蒂、普鲁佐(基耶里科79′)、[illegible]拉齐亚尼
邓迪联阵容(433):麦卡尔[illegible] 斯塔克(霍尔特46′)、马尔帕斯、高夫、赫加蒂/纳[illegible] 班农、米尔恩 柯克伍德、斯特罗克(克拉克80′[illegible]兹
利物浦3.1布加勒斯特迪[illegible]
(主)1.0 李25′
利物浦阵容(433):格罗贝[illegible] 尼尔、劳伦森、阿兰·汉森、肯尼迪/李、索内斯、[illegible]/达格利什 拉什、约翰斯顿
布加勒斯特迪那摩阵容[illegible]3):莫拉鲁/雷德尼克、尼古拉、马林、斯特内斯库 [illegible]维勒(穆尔泰斯库72′)、安多涅、德拉格内亚/塔[illegible]纳、奥古斯丁 奥拉克(亚曼迪84′)
(客)2.1 拉什11′、84′/奥拉[illegible]39′
布加勒斯特迪那摩阵容[illegible]3):莫拉鲁/默尔吉内安(亚曼迪77′)、马林、尼古[illegible] 斯特内斯库/雷德尼克、德拉格内亚、奥古斯丁/[illegible]尔纳、图尔库、奥拉克(库斯托夫67′)
利物浦阵容(433):格罗贝[illegible]/尼尔、劳伦森、阿兰·汉森、肯尼迪/李、索内斯、惠[illegible]/达格利什(尼科尔74′)、拉什、约翰斯

决赛(1984.5.30，罗[illegible]

利物浦5.3罗马
尼尔15′/普鲁佐44′
利物浦阵容(433):格罗贝[illegible]/尼尔、汉森、劳伦森、肯尼迪/索内斯、李、惠兰/[illegible]格利什(罗宾逊94′)、拉什、约翰斯顿(尼科尔72′)
罗马阵容(433):坦克雷[illegible] 纳皮、博内蒂、里盖蒂、内拉/塞雷佐(斯特鲁凯利[illegible])、法尔考、迪巴尔托罗梅/孔蒂、普鲁佐(基耶里科[illegible])、格拉齐亚尼
点球(0.0)尼科尔(射飞)、[illegible]迪巴尔托罗梅、1.1尼尔、(1.1)孔蒂(扑住)、2.1索内斯、2.[illegible]盖蒂、3.2拉什、(3.2)格拉齐亚尼(扑住)、4.2肯尼迪

198[illegible]-85 赛季

（赛制）本届比赛共有3[illegible]球队参加，不设资格赛。卫冕冠军利物浦和31支球[illegible]一起进行淘汰赛直至产生冠军。从第一轮到决赛，[illegible]的球队需要进行9场比赛。

第一轮(1984.9.19－[illegible].3)

*索非亚列夫斯基—斯[illegible]达克(保加利亚)3.3斯图加特(西德)
(主)1.1 库尔多夫64′/[illegible]特63′
(客)2.2乌伊夫29′、茨韦[illegible]夫60′/阿尔格韦尔14′、38′
*索非亚列夫斯基—斯[illegible]克凭借客场进球多晋级
*柏林迪那摩(东德)3.[illegible]白丁(苏格兰)
(客)1.2 舒尔茨83′/布[illegible]33′、68′
(主)2.1 汤姆50′、恩斯[illegible]/安格斯68′
*两队在加时赛互交白[illegible]，柏林迪那摩以点球5比4胜出。
布加勒斯特迪那摩([illegible]尼亚)5.3尼科西亚奥莫尼亚(塞浦路斯)
(主)4.1 奥拉克25′、3[illegible]尔巴28′、塔尔纳33′/萨维迪斯17′
(客)1.2 莫维拉84′/杰[illegible]夫54′、马夫里斯60′
尤文图斯6.1坦佩雷(芬[illegible]
(客)4.0 罗西12′、21′、8[illegible]普拉蒂尼37′(点球)

(主)2:1 普拉蒂尼58′、66′,库尔瓦嫩18′
帕纳辛奈科斯(希腊)2:1费耶诺德(荷兰)
(客)0:0
(主)2:1 马夫里迪斯41′,萨查43′,雷普69′
奥地利维也纳8:0瓦莱塔FC(马耳他)
(主)4:0 普罗哈斯卡18′,波尔斯特27′,德拉比茨44′、64′
(客)4:0 德·格奥尔基8′,施泰因克格勒51′,奥格里斯65′、66′
IFK哥德堡(瑞典)17:0阿文尼尔贝根(卢森堡)
*(客)8:0 卡尔松5′、63′,尼尔松20′、48′、76′,弗雷德里克松22′、72′(点球),安德森85′
(主)9:0 彼得松25′、29′,尼尔松28′、37′,霍姆格伦51′,弗雷德里克松64′,加德纳70′、81′,卡尔松74′
*比赛在卢森堡进行。
利物浦5:0 波兹南莱赫(波兰)
(客)1:0 沃克62′
(主)4:0 沃克13′、19′、84′,沃尔什33′
波尔多3:2毕尔巴鄂竞技
(主)3:2 D.穆勒30′,巴蒂斯通58′,拉孔贝79′/恩迪卡32′,J.萨利纳斯33′(点球)
(客)0:0
草蜢(瑞士)4:3布达佩斯爱国者(匈牙利)
(主)3:1 亚拉30′,M.穆勒71′、79′/道伊考29′
(客)1:2 蓬特14′/道伊考44′,瓦热52′(点球)
布拉格斯巴达5:3瓦勒伦加(挪威)
(客)3:3 普罗哈兹卡16′、48′,霍瓦内茨33′(点球)/雅各布森30′、88′,贝格斯文德80′
(主)2:0 登克43′,斯特拉达44′
第聂伯3:1特拉布宗体育(土耳其)
(客)0:1 哈桑7′
*(主)3:0 利托夫琴科46′、57′,尼古拉蒂89′(乌龙)
*比赛在苏联的克里沃罗格(今乌克兰)举行。
贝韦伦(比利时)7:2阿克拉内斯IA(冰岛)
*(客)2:2 阿尔伯特53′,克里斯蒂安54′/索尔达松73′,哈科纳尔森80′
(主)5:0 阿尔伯特25′,舍恩贝里耶33′,特尼斯48′,克里斯蒂安72′,戈雷87′
*比赛在冰岛的雷克雅未克进行。
*贝尔法斯特林菲尔德(北爱尔兰)1:1三叶草流浪者(爱尔兰)
(主)0:0
(客)1:1 杰弗里14′/埃科尔斯56′
*贝尔法斯特林菲尔德凭借客场进球多晋级。
林比(丹麦)6:0爱尔巴桑拉比诺蒂(阿尔巴尼亚)
(客)3:0 维尔马尔52′,马尼福德62′,沙费尔80′
(主)3:0 克里斯滕森59′,索伦森61′,斯庞斯伯格90′
本菲卡4:3贝尔格莱德红星
(客)2:3 艾斯纳27′(乌龙),E.亚曼蒂诺42′/亚尼亚宁56′(点球)、75(点球)、78′
(主)2:0卡洛斯·曼努埃尔74′、80′

第二轮(1984.10.24—11.7)

布拉格斯巴达2:1林比
(主)0:0
*(客)2:1 普罗哈兹卡81′,格里加88′/维尔马尔26′
*比赛在丹麦的哥本哈根运行。
维也纳快速5:4柏林迪那摩
(客)3:3 施泰因克格勒36′,潘克斯特42′,尼拉斯60′/汤姆7′、52′,帕斯托尔88′
(主)2:1 普罗哈斯卡6′(点球),尼拉斯65′/特里洛夫46′
帕纳辛奈科斯5:4贝尔法斯特林菲尔德
(主)2:1豪劳隆比迪斯43(点球),塔拉西斯87′/图蒂20′
(客)3:3萨拉瓦科斯29′,罗查33′,安东尼乌63′/麦戈伊6′、28′(点球),马克斯韦尔10′
*第聂伯3:3索非亚列夫斯基—斯巴达克
*(客)1:3 利托夫琴科23′/韦尔夫31′,比尔切夫45′,西拉科夫66′
**(主)2:0 塔兰11′,V.库兹涅佐夫24′
*第聂伯凭借客场进球多晋级。
**比赛在苏联的克里沃罗格(今乌克兰)举行。
利物浦3:2本菲卡
(主)3:1 拉什44′、71′、77′/迪亚曼蒂诺51′
(客)0:1 曼尼切5′(点球)
波尔多2:1布加勒斯特迪那摩
(主)1:0 D.穆勒34′
(客)1:1 拉孔贝113′/德拉格内亚9′
*IFK哥德堡2:2贝韦伦
(主)1:0 尼尔松49′
(客)1:2 彼得松100′/克勒夫16′,戈雷101′(点球)
*IFK哥德堡凭借客场进球多晋级。
尤文图斯6:2草蜢
(主)2:0 维诺拉26′,罗西27′
(客)4:2 布里亚斯奇21′,维诺拉40′,普拉蒂尼56′、86′(点球)/科勒30′,沙利鲍姆71′

1/4决赛(1985.3.6—3.20)

*波尔多2:2第聂伯
(主)1:1 拉孔贝10′/柳特43′
**(客)1:1 蒂索75′/利先科12′
*两队在加时赛互交白卷后,波尔多以点球5比3胜出。
**比赛在苏联的克里沃罗格(今乌克兰)举行。
尤文图斯3:1布拉格斯巴达
(主)3:0 塔尔德利35′,罗西64′,布里亚斯奇82′
(客)0:1 博格77′(点球)
利物浦5:2奥地利维也纳
(客)1:1 尼科尔86′/波尔斯特23′
(主)4:1 沃尔什15′、51′,尼科尔32′,奥伯迈尔46′(乌龙)/普罗哈斯卡64′

帕纳辛奈科斯3:2IFK哥德堡
(客)1:0萨拉瓦科斯50′(点球)
(主)2:2 迪莫波洛斯44′,萨拉瓦科斯78′(点球)/T.尼尔松10′,霍尔拉格伦53′
半决赛(1985.4.10—4.24)
尤文图斯3:2波尔多
(主)3:0 博涅克28′,布里亚斯奇68′,普拉蒂尼71′
尤文图斯阵容(433):博蒂尼/法维罗、博尼尼、西雷阿、卡布里尼/卡里科拉、普拉蒂尼、塔尔德利/博涅克、罗西、布里亚斯奇
波尔多阵容(442):德罗普西/罗尔、蒂索、施佩希特、巴蒂斯通/吉拉尔(图弗内尔32′)、吉雷瑟、蒂加纳/沙拉纳、拉孔贝、穆勒
(客)0:2 D.穆勒24′,巴蒂斯通80′
波尔多阵容(442):德罗普西/图弗内尔、蒂索、施佩希特、巴蒂斯通/吉拉尔、罗尔(沙拉纳56′)、吉雷瑟、蒂加纳/拉孔贝、穆勒
尤文图斯阵容(433):博蒂尼/法维罗、博尼尼、西雷阿、卡布里尼/卡里科拉、普拉蒂尼、塔尔德利/博涅克、罗西(普兰德利66′)、布里亚斯奇(皮奥利88′)
利物浦5:0帕纳辛奈科斯
(主)4:0 沃克35′,拉什48′、49′,贝格林84′
利物浦阵容(442):格罗贝拉/尼尔、劳伦森、汉森、贝格林/李、麦克唐纳、沃克、惠兰/拉什、达格利什
帕纳辛奈科斯阵容(433):拉夫奇斯/卡劳利尔斯、杰罗索多洛斯、东塔斯、基拉斯塔斯/安东尼乌(利瓦西诺斯54′)、罗查、萨耶奇/萨拉瓦科斯、马夫里迪斯、迪莫波洛斯(卡沃拉斯80′)
(客)1:0 劳伦森61
帕纳辛奈科斯阵容(442):拉夫奇斯/塔拉西斯、卡劳利尔斯、基拉斯塔斯、萨耶奇(帕帕瓦斯利乌77′)/马夫里迪斯、萨拉瓦科斯、安东尼乌、豪劳隆比迪斯/罗查、迪莫波洛斯(卡沃拉斯69′)
利物浦阵容(433):格罗贝拉/尼尔、汉森、劳伦森、贝格林/尼科尔、惠兰、吉莱斯皮/达格利什、沃尔什(约翰斯顿69′)、沃克

决赛(1985.5.29,布鲁塞尔)

尤文图斯1:0利物浦
普拉蒂尼58′(点球)
尤文图斯阵容(442):塔科尼/法维罗、布里奥、西雷阿、卡布里尼/博尼尼、普拉蒂尼、塔尔代利、布里亚斯奇(普兰德利84′)/罗西(维诺拉89′)、博涅克
利物浦阵容(433):格罗贝拉/尼尔、阿兰·汉森、劳伦森(吉莱斯皮4′)、贝格林/尼科尔、惠兰、沃尔什、沃尔什(约翰斯顿46′)/达格利什、拉什、沃什

1985—86赛季

(赛制)本届比赛共有31支球队参加,其中意大利有两支参赛队(含卫冕冠军尤文图斯)。不设资格赛,安德莱赫特队首轮轮空。以淘汰赛的方式逐步产生冠军。从第一轮到决赛,夺冠的球队需要进行9场比赛。

第一轮(1985.9.18—10.2)

IFK哥德堡(瑞典)5:3普罗夫迪夫博特夫(保加利亚)
(主)3:2 拉尔森14′,霍尔姆格伦61′,尼尔松73′/西莫夫33′,科斯塔迪诺夫90′(点球)
(客)2:1 彼得松25′,埃里克松88′/戈斯波迪诺夫44′
奥地利维也纳4:1柏林迪那摩(东德)
(客)2:0 乌尔里希4′(乌龙),波尔斯特12′
(主)2:1 尼洛希60′,施泰因科格勒82′/舒尔茨90′
费内巴切3:2波尔多
(客)3:2 塞尔丘克21′,塞诺尔59′,胡赛因78′/帕斯卡尔55′,哈尼尼75′
(主)0:0
*巴塞罗那2:2布拉格斯巴达
(客)2:1 克洛斯50′、70′/卡尔塔7′
(主)0:1 格里加8′
*巴塞罗那凭借客场进球多晋级
波尔图2:0阿贾克斯
(主)2:0 劳雷塔6′,塞尔索59′
(客)0:0
尤文图斯9:1埃施青年(卢森堡)
(客)5:0 大劳德鲁普21′,卡布里尼35′,昂塔诺42′(乌龙),塞雷纳80′、83′
(主)4:1 普拉蒂尼23′,平50′,塞雷纳52′、64′(点球)/吉约67′
阿伯丁(苏格兰)7:2IA阿克拉内斯IA(冰岛)
(客)3:1布莱克52′,休伊特58′,斯塔克60′/英欧利松37′
(主)4:1 辛普森5′,休伊特63′,斯蒂芬·格雷65′,福尔克纳67′/约翰松31′
拜仁慕尼黑6:2扎布热戈尔尼克(波兰)
(客)2:1 沃尔法特20′,迪特·赫内斯81′/保拉斯32′
(主)4:1 温克尔霍费尔23′,哈特曼55′、73′,迪特·赫内斯85′/马伊卡17′
日内瓦塞尔维特(瑞士)4:3林菲尔德(北爱尔兰)
(客)2:2 M.马格努松18′、44′/安德森1′,麦基翁89′
(主)2:1 M.马格努松43′,雅卡尔50′/安德森22′
列宁格勒泽尼特(苏联)4:0瓦勒伦加(挪威)
(主)2:0 季米特里耶夫54′,热卢德科夫75′(点球)
(客)2:0 季米特里耶夫78′,维迪内夫83′
布加勒斯特星5:2瓦埃勒BK(丹麦)
(客)1:1 拉杜88′/巴内特61′
(主)4:1 皮楚尔克8′,博洛尼33′,巴林特51′,斯托伊卡73′/西蒙森37′
尼科西亚奥莫尼亚(塞浦路斯)10:0拉巴特阿贾克斯(马耳他)
(客)5:0 萨维迪斯16′,坎蒂洛斯49′、55′(点球),科雷斯74′(乌龙),希亚拉尔86′
(主)5:0 奇科什4′,赫里斯托菲12′,泰奥法诺斯45′、68′,坎蒂洛斯68′
拉赫蒂雷帕斯库叙西(芬兰)4:2NK萨拉热窝(南斯拉夫)
(主)2:1 赫德10′,科萨51′/泰亚克雷德利奇42′
(客)2:1 柳斯13′、15′/武基切维奇32′(点球)
布达佩斯爱国者5:1三叶草流浪者(爱尔兰)
(主)2:0 道伊卡36′,德塔里67′
(客)3:1 德塔里69′、74′,切赫85′/科迪84′
维罗纳(意大利)5:2萨洛尼基萨洛尼卡(希腊)
(主)3:1 拉尔森15′、85′,沃尔帕蒂87′/斯卡尔塔多斯70′
(客)2:1 拉尔森29′、73′/瓦西拉科斯4′

第二轮(1985.10.23—11.7)

拉赫蒂雷帕斯库叙西4:3列宁格勒泽尼特
(客)1:2 柳斯7′/热卢德科夫76′(点球)、90′(点球)
(主)3:1 柳斯59′、69′,凯诺努尔米112′/克列缅泰夫60′
布加勒斯特星4:2布达佩斯爱国者
(客)0:1 德塔里33′
(主)4:1 皮楚尔克1′,勒克图什35′,巴尔布列斯库46′,马热亚鲁52′/德塔里64′(点球)
拜仁慕尼黑7:5奥地利维也纳
(主)4:2 马蒂2′、22′、57′,小鲁梅尼格13′/施泰因科格勒9′,波尔斯特73′
(客)3:3 沃尔法特37′,纳赫特韦赫80′,小鲁梅尼格88′/德拉比茨3′,波尔斯特71′、86′(点球)
安德莱赫特4:1尼科西亚奥莫尼亚
(主)1:0 范德贝赫43′
(客)3:1 弗里曼17′、34′,格林70′/坎蒂洛斯30′
阿伯丁1:0塞尔维特
(客)0:0
(主)1:0 麦克杜格尔23′
IFK哥德堡5:2费内巴切
(主)4:0 彼得松7′,T.尼尔松10′、70′、78′
(客)1:2 拉尔森64′/蒂费克奇61′,蒂津75′
尤文图斯2:0维罗纳
(客)0:0
(主)2:0 普拉蒂尼19′(点球),塞雷纳50′
*巴塞罗那3:3波尔图
(主)2:0 马科斯52′,舒斯特尔70′
(客)1:3 阿奇博尔德73′/茹阿里67′、70′、88′
*巴塞罗那凭借客场进球多晋级

1/4决赛(1986.3.5—3.19)

*IFK哥德堡2:2阿伯丁
(客)2:2 霍姆格伦43′,埃克斯特伦85′/米勒16′,休伊特79′
(主)0:0
巴塞罗那2:1尤文图斯
(主)1:0 胡利奥·阿尔贝托82′
(客)1:1 阿奇博尔德32′/普拉蒂尼44′
安德莱赫特3:2拜仁慕尼黑
(客)1:2 安德森72′/迪特·赫内斯13′,沃尔法特32′
(主)2:0 希福39′,弗里曼45′
布加勒斯特星1:0拉赫蒂雷帕斯库叙西
(主)0:0
(客)1:0 皮楚尔克86′

半决赛(1986.4.2—4.16)

巴塞罗那3:3IFK哥德堡(点球5:4)
(客)0:3 T.尼尔松24′、44′,托德·霍姆格伦39′
巴塞罗那阵容(433):乌鲁蒂/赫拉尔多、米格利、亚历山科、胡利奥·阿尔贝托/维克托、舒斯特尔、埃斯特万(弗拉德拉64′)/卡拉斯科(佩德拉萨54′)、阿马里利亚、马科斯
IFK哥德堡(442):维尔纳松/R.尼尔松、许松、拉尔松、弗雷德里克松/安德松(莫尔特78′)、彼得松、托米·霍姆格伦、托德·霍姆格伦(约翰松84′)/埃克斯特伦、T.尼尔松
(主)3:0 皮奇·阿隆索9′、63′、69′
巴塞罗那阵容(433):乌鲁蒂/桑切斯、米格利、亚历山科、胡利奥·阿尔贝托/维克托、舒斯特尔(佩德拉萨54′)、埃斯特万/卡拉斯科、皮奇·阿隆索(克洛斯75′)、卡尔德雷
IFK哥德堡(442):维尔纳松/R.尼尔松、斯文松(莫尔特50′)、拉尔松、弗雷德里克松/安德松、彼得松、托米·霍姆格伦、托德·霍姆格伦(约翰松114′)/埃克斯特伦、T.尼尔松
点球战
IFK哥德堡:彼得松1:0,维尔纳松2:1,拉尔松3:2,弗雷德里克松4:2,R.尼尔松(射失),莫尔特(射失)
巴塞罗那:亚历山科1:1,佩德拉萨2:2,卡拉斯科(射失),卡尔德雷4:3,乌鲁蒂4:4,维克托4:5
布加勒斯特星3:1安德莱赫特
(客)0:1 希福78′
布加勒斯特星阵容(442):杜卡达姆/约万、本贝斯库、贝洛德迪奇、巴尔布列斯库/巴林特(皮斯托尔86′)、斯托伊卡、博洛尼、马热亚鲁(巴兰77′)/勒克图什、皮楚尔克
安德莱赫特(442):韦克曼/德莫尔、佩鲁佐维奇、奥尔森、安德森/弗里曼、范德雷伊肯、希福、韦科特朗(格林38′)/洛扎诺、范德贝赫(A.古德约翰森86′)
(主)3:0 皮楚尔克4′、72′,巴林特23′
布加勒斯特星阵容(442):杜卡达姆/约万、本贝斯库、贝洛德迪奇、巴尔布列斯库(魏森巴赫尔89′)/巴兰、斯托伊卡、博洛尼、巴林特(拉杜87′)/勒克图什、皮楚尔克
安德莱赫特(442):韦克曼/格林、奥尔森、佩鲁佐维奇(德莫尔74′)、安德森/弗里曼、范德雷伊肯、希福、韦科特朗/洛扎诺(A.古德约翰森74′)、范德贝赫

决赛(1986.5.7,塞维利亚)

布加勒斯特星2:0巴塞罗那(点球)
布加勒斯特星阵容(442):杜卡达姆/约万、本贝斯库、贝洛德迪奇、巴尔布列斯库/巴兰(约尔达内斯库72′)、马热亚鲁、博洛尼、巴林特/勒克图什、皮楚尔克(拉杜112′)
巴塞罗那阵容(433):乌鲁蒂/赫拉尔多、米格利、亚历山科、胡利奥·阿尔贝托/维克托、舒斯特尔(莫拉塔利亚84′)、佩德拉萨/马科斯、阿奇博尔德(皮奇·阿隆索111′)、卡拉斯科
点球战
布加勒斯特星:马热亚鲁(射失),博洛尼(射失),勒克图什1:0,巴林特2:0
巴塞罗那:阿历山科(射失),佩德拉萨(射失),皮奇·阿隆索(射失),马科斯(射失)

1986—87 赛季

(赛制)本届比赛共有31支球队参加,不设资格赛。卫冕冠军布加勒斯特星直接进人16强,另30支参赛队经过第一轮淘汰赛后产生15支出线队。16支球队继续进行淘汰赛直至产生冠军。从第一轮到决赛,夺冠的球队需要进行9场比赛。

第一轮(1986.9.17—10.1)

维特科维采(捷克斯洛伐克)3:2巴黎圣日耳曼
(客)2:2 科瓦奇克8′,绍雷克′/哈利霍日奇19′,皮卢瓦热58′(点球)
(主)1:0 绍雷克68′
拜仁慕尼黑2:0埃因霍温
(客)2:0 马蒂80′、90′
(主)0:0
波尔图10:0拉巴特阿贾克斯(马耳他)
(主)9:0 戈麦斯20′、49′、69′、83′,埃洛伊25′,马杰尔54′,安德烈60′、65′,塞尔索80′
(客)1:0 索萨80′
奥地利维也纳6:0阿文尼尔贝根(卢森堡)
(客)3:0 德拉比茨14′,弗林德67′,波尔斯特71′
(主)3:0 奥格里斯42′,波尔斯特60′,施泰因科格勒78′
尤文图斯11:0雷克雅未克瓦卢尔(冰岛)
(主)7:0 大劳德鲁普19′、22′、65′,塞雷纳43′,卡布里尼60′,维尼奥拉77′,布里亚斯基78′
(客)4:0 普拉蒂尼10′、86′,大劳德鲁普31′、36′
贝尔格莱德红星4:2帕纳辛奈科斯
(主)3:0 穆塞米奇45′,茨韦塔科维奇55′,久罗夫斯基66′
(客)1:2 茨韦塔科维奇89′/萨拉瓦科斯8′,季莫普洛斯31′
基辅迪那摩3:1旧扎戈拉贝罗(保加利亚)
(客)1:1 米哈伊利琴科50′/邦切夫89′(点球)
(主)2:0 布洛欣7′,雅科文科46′
皇家马德里5:1伯尔尼小男孩(瑞士)
(客)0:1 巴默特2′
(主)5:0 桑蒂利亚纳36′,巴尔达诺72′,乌戈桑切斯78′,布特拉格诺80′、82′
安德莱赫特3:1扎布热戈尔尼克(波兰)
(主)2:0 古德约翰森26′,希福37′(点球)
(客)1:1 古德约翰森80′/齐龙56′
布隆德比6:3布达佩斯爱国者(匈牙利)
(主)4:1 延森13′,奥尔森56′,奥斯特加德59′,克里斯滕森82′/德塔里19′
(客)2:2 尼尔森66′,约根森88′/德塔里43′,科瓦奇60′
贝西克塔斯3:0地拉那11月17日迪那摩
(主)2:0 多安49′,恰勒姆巴伊74′(点球)
(客)1:0 梅廷7′
*尼科西亚阿波尔(塞浦路斯)3:3赫尔辛基HJK(芬兰)
(主)1:0 莫尔斯15′(点球)
(客)2:3 约安努35′/普罗科皮63′,瓦拉3′,里萨宁38′,瓦尔韦69′
*尼科西亚阿波尔凭借客场进球多晋级。
罗森博格2:1林菲尔德(北爱尔兰)
(主)1:0 布兰德豪格4′
(客)1:1 瑟尔洛特37′/麦基翁62′
柏林迪那摩(东德)7:3哥德堡奥格里特IS(瑞典)
(客)3:2 帕斯托尔19′,汤姆75′,多尔88′/赫尔斯特伦62′,萨穆埃尔松69′
(主)4:1 帕斯托尔10′,巴克S26′,索普65′,恩斯特82′/赫尔斯特伦35′
凯尔特人3:0三叶草流浪者(爱尔兰)
(客)1:0 麦克劳德82′
(主)2:0 约翰斯顿27′、62′

第二轮(1986.10.22—11.5)

波尔图3:1维特科维采
(客)0:1 绍雷克24′(点球)
(主)3:0 安德烈5′,塞尔索26′,富特雷82′
安德莱赫特3:1布加勒斯特星
(主)3:0 克尔恩塞维奇74′、86′,延森76′
(客)0:1 博洛尼58′
布隆德比3:2柏林迪那摩
(主)2:1 M.舒尔茨27′(乌龙),维尔福47′/罗德88′
(客)1:1 维尔福8′/恩斯特12′
拜仁慕尼黑3:1奥地利维也纳
(主)2:0 弗利克44′,马特乌斯73′(点球)
(客)1:1 沃尔法特34′/波尔斯特54′
贝尔格莱德红星7:1罗森博格
(客)3:0 姆尔凯拉12′,茨韦塔科维奇83′、87′
(主)4:1 茨韦塔科维奇8′、9′,姆尔凯拉23′、25′/瑟尔

洛特88'
基辅迪那摩4.2凯尔特人
(客)1.1 耶夫图申科17' 约翰斯顿80'
(主)3.1 布洛欣12',84' 雅科文科72' 耶夫图申科89' 麦吉49'
*皇家马德里1.1尤文图斯
(主)1.0 布特拉格诺21'
(客)0.1 卡布里尼9'
**两队在加时赛互交白卷后,皇马以点球3比1胜出。
*贝西克塔斯直接出线
尼科西亚阿波尔(弃权)
*由于土耳其与塞浦路斯两国关系紧张,尼科西亚阿波尔队曾希望将与贝西克塔斯队的两场比赛均放在中立场地,但遭到了欧足联的拒绝,最后塞浦路斯政府决定,让阿波尔队放弃参赛机会。
1/4决赛(1987.3.4—3.18)
拜仁慕尼黑7.2安德莱赫特
(主)5.0 小鲁梅尼格15',普夫吕格尔27',迪特·赫内斯69',87',沃尔法特89'
(客)2.2 沃尔法特56',马特乌斯88' 洛扎诺31',努伊斯72'
基辅迪那摩7.0贝西克塔斯
(客)5.0 别拉诺夫17',布洛欣41',51',耶夫图申科47',61'
(主)2.0 布洛欣50',耶夫图申科70'
*皇家马德里4.4贝尔格莱德红星
(客)2.4 乌戈·桑切斯66',87' 久罗夫斯基7',久罗维奇12',茨韦塔科维奇39',扬科维奇84'
(主)2.0 布特拉格诺17',米歇尔64'
*皇家马德里凭借客场进球多晋级
波尔图2.1布隆德比
(主)1.0 马杰尔71'
(客)1.1 茹阿里74' 斯特芬松36'
半决赛(1987.4.8—4.22)
拜仁慕尼黑4.2皇家马德里
(主)4.1 奥根塔勒11',马特乌斯30'(点球),50(点球),沃尔法特37'/布特拉格诺44'
拜仁慕尼黑阵容(433):普法夫/奥根塔勒,纳赫特韦赫,普夫吕格尔,布雷默/埃德尔,马特乌斯,多夫纳/小鲁梅尼格(伦德69'),迪特·赫内斯,沃尔法特
皇家马德里阵容(442):布约/琴多,加列戈,米诺,卡马乔/米歇尔,华尼托,桑奇斯,戈迪略/布特拉格诺(帕德萨90'),桑蒂利亚纳(索拉纳73')
(客)0.1 桑蒂利亚纳28'
拜仁慕尼黑阵容(433):普法夫/布雷默,奥根塔勒,纳赫特韦赫,普夫吕格尔/温克尔赫费尔,埃德尔,伦德/沃尔法特,迪特·赫内斯,克格尔
皇家马德里阵容(433):布约/琴多,加列戈,桑奇斯,卡马乔/米歇尔,巴斯克斯(帕德萨60'),戈迪略/布特拉格诺,乌戈·桑切斯,桑蒂利亚纳
波尔图4.2基辅迪那摩
(主)2.1 富特雷48',安德烈57'(点球)/雅科文科74'
波尔图阵容(442):姆维纳尔奇克/若奥·平托,利马·佩雷拉,塞尔索,爱德华多·路易斯/J.马加良斯(马杰尔82'),安德烈,索萨(茹阿里46'),基姆/戈麦斯,富特雷
基辅迪那摩阵容(442):恰诺夫/巴尔,巴尔塔恰,库兹涅佐夫,德米亚年科/雅科文科,米哈伊利琴科,扎瓦罗夫,拉茨/别拉诺夫(叶夫谢耶夫85'),布洛欣(莫罗佐夫73')
(客)2.1 塞尔索3',戈麦斯11'/米哈伊利琴科13'
波尔图阵容(442):姆维纳尔奇克/若奥·平托,利马·佩雷拉,塞尔索,爱德华多·路易斯,J.马加良斯,马杰尔,安德烈,基姆/戈麦斯,富特雷(茹阿里85')
基辅迪那摩阵容(442)恰诺夫/巴尔,巴尔塔恰(戈里利60'),别索诺夫,库兹涅佐夫,德米亚年科/雅科文科,米哈伊利琴科,扎瓦罗夫,拉茨/别拉诺夫(耶夫图申科71'),布洛欣
决赛(1987.5.27,维也纳)
波尔图2.1拜仁慕尼黑
马杰尔78',茹阿里80'/克格尔25'
波尔图阵容(442):姆维纳尔奇克/安德烈,爱德华多·路易斯,塞尔索,若奥·平托/J.马加良斯,伊纳西奥(弗拉斯科65'),基姆(茹阿里46'),索萨/富特雷,马杰尔
拜仁慕尼黑阵容(433):普法夫/埃德尔,纳赫特韦赫,温克尔赫费尔,普夫吕格尔/弗利克(伦德82'),马特乌斯,布雷默/迪特·赫内斯,小鲁梅尼格,克格尔

1987—88的赛季

(赛制)本届比赛共有32支球队参加,其中葡萄牙有两支参赛队(含卫冕冠军波尔图)。比赛不设资格赛,以两回合淘汰赛的方式先后产生16强、8强、4强和决赛参赛队。从第一轮到决赛,夺冠的球队需要进行9场比赛。

第一轮(1987.9.16—9.30)
*本菲卡7.0地拉那11月17日(阿尔巴尼亚)(阿尔巴尼亚)
(主)4.0 哈梅塔伊37'(乌龙),莫泽尔81',鲁伊·阿瓜斯86',90'
*(客)3.0
*由于在两队首回合比赛中,地拉那11月17日(阿尔巴尼亚)在下半场短时间内被罚下4人,欧足联取消了该队第二回合比赛的资格,判本菲卡3比0胜
维也纳快速7.0哈维伦斯巴达(马耳他)
(主)6.0 克拉尼察9'(点球),43',斯托亚迪诺维奇29',81',88',维尔富特78'
(客)1.0 H.韦伯70'
波尔图6.0斯科普里瓦达尔(马其顿)
(主)3.0 马杰尔12',84',戈麦斯·德索萨52'
(客)3.0 戈麦斯·德索萨38',马加良斯64',马杰尔66'
格拉斯哥流浪者2.1基辅迪那摩
(客)0.1 米哈伊利琴科74'(点球)
(主)2.0 法尔科25',麦考伊斯特50'
波尔多4.0柏林迪那摩(东德)
(主)2.0 比若塔47',费雷里58'
(客)2.0 武约维奇58',费雷里89'
拜仁慕尼黑5.0索非亚CFKA(保加利亚)
(主)4.0 韦格曼30',62',德尔默35',布雷默55'
(客)1.0 克格尔70'
布加勒斯特星4.2布达佩斯MTK—VM(匈牙利)
(主)4.0 哈吉11',27',博洛尼63',勒克图什82'
(客)0.2 希赖什18',塞贝特41'
安德莱赫特2.1马尔默(瑞典)
(客)1.0 费福尔特37'
(主)1.1 费福尔特30' 恩奎斯特62'
皇家马德里3.1那不勒斯
*(主)2.0 米歇尔8'(点球),德那波利76'(乌龙)
(客)1.1 布特拉格诺44' 弗兰奇尼9'
*由于在上赛季冠军杯上的球迷闹事,皇马本场比赛被要求关门进行。
纳沙泰尔(瑞士)6.2拉赫蒂雷帕斯库叙西(芬兰)
(主)5.0 范德海普9',20',75',海因茨·赫尔曼31',苏特50'
(客)1.2 尼尔森10' 路易斯7',科萨28'
埃因霍温3.2加拉塔萨雷
(主)3.0 吉尔豪斯52',罗纳德·科曼76',基夫特88'
(客)0.2 科拉克6',米尔萨特42'
布拉格斯巴达10.0雷克雅未克弗拉姆(冰岛)
(客)2.0 斯库赫拉维80',P.诺瓦克86'
(主)8.0 哈谢克7',77',P.诺瓦克14',56',65',格里加17',卡巴拉59',霍瓦内克73'
扎布热戈尔尼克(波兰)3.2奥林匹亚科斯
(主)2.1 克莱门斯26' 亚力克西乌19'
(客)1.1 齐龙24',伊万42' 科斯蒂斯科斯65'(点球)
尼科西亚奥莫尼亚(塞浦路斯)1.0三叶草流浪者(爱尔兰)
(客)1.0 塞奥法努斯10'
(主)0.0
奥胡斯AGF(丹麦)4.2埃施青年(卢森堡)
(主)4.1 贝克1',伦德奎斯特8',19',巴特拉姆43'(点球)/斯霍尔滕73'
(客)0.1泰斯7'
利勒斯特罗姆SK(挪威)5.3林菲尔德(北爱尔兰)
(主)1.1 奥尔森45'/巴克斯特75'
(客)4.2拉尔森24',78',豪贝格42',松奈80'/麦戈伊40',67'
第二轮(1987.10.21—11.4)
*皇家马德里4.2波尔图
*(主)2.1 乌戈·桑切斯81',桑奇斯90'/马杰尔59'
(客)2.1 米歇尔54',70'/索萨23'
*由于伯纳乌球场继续被禁赛,比赛在瓦伦西亚市的梅斯塔利亚球场进行。
波尔多1.0利勒斯特罗姆
(客)0.0
(主)1.0 费雷里41'
本菲卡1.0奥胡斯AGF
(客)0.0
(主)1.0 努涅斯38'
拜仁慕尼黑3.2纳沙泰尔
(客)1.2 马特乌斯47',吕特尼28',苏特50'
(主)2.0 普夫吕格尔87',韦格曼90'
布加勒斯特星5.1尼科西亚奥莫尼亚
(主)3.1 哈吉14'(点球),68',约万43'/西乌鲁帕斯38'
(客)2.0 克里斯托菲7'(乌龙),勒克图什34
埃因霍温4.1维也纳快速
(客)2.1 范阿里71',吉尔豪斯77'/克拉尼察47'(点球)
(主)2.0 莱尔比15',吉尔豪斯84'
格拉斯哥流浪者4.2戈尔尼克
(主)3.1 麦考伊斯特6',杜朗22',法尔科45'/乌尔班56'
(客)1.1 麦考伊斯特41'(点球)/奥热谢克63'
安德莱赫特3.1布拉格斯巴达
(客)2.1 费福尔特27',弗里曼50'/哈谢克10'
(主)1.0 尼利斯14'
1/4决赛(1988.3.2—3.16)
皇家马德里4.3拜仁慕尼黑
(客)2.3 布特拉格诺84',乌戈·桑切斯89'/普夫吕格尔40',埃德尔43',沃尔法特48'
(主)2.0 扬科维奇26',米歇尔41'
本菲卡2.1安德莱赫特
(主)2.0 M.马格努松15',希基尼奥19'
(客)0.1 古德约翰森63'
*埃因霍温1.1波尔多
(客)1.1 基夫特40'/杜尔21'
(主)0.0
*埃因霍温凭借客场进球多晋级。
布加勒斯特星3.2格拉斯哥流浪者
(主)2.0 皮楚尔克2',约万66'
(客)1.2 勒克图什3'/吉特16',麦考伊斯特30'(点球)
半决赛(1988.4.6—4.20)
*埃因霍温1.1皇家马德里
(客)1.1 林斯肯斯19'/乌戈·桑切斯5'(点球)
埃因霍温阵容(442):范布勒克伦/格雷茨,罗纳德·科曼,尼尔森,海因策/莱尔比,范阿里,范恩博格,林斯肯斯/基夫特,阿内森(扬森30')
皇家马德里阵容(442):布约/琴多,桑奇斯,滕迪略,卡马乔(加列戈75')/米歇尔,巴斯克斯,扬科维奇(略伦特65'),戈迪略/布特拉格诺,乌戈·桑切斯
(主)0.0
埃因霍温阵容(442):范布勒克伦/格雷茨,范德克尔克霍夫(科特66'),尼尔森,范阿里/林斯肯斯,范恩博格,莱尔比,海因策/基夫特,吉尔豪斯(阿内森73')
皇家马德里阵容(442):布约/琴多,桑奇斯,滕迪略(略伦特65'),戈迪略/米歇尔,巴斯克斯(桑蒂利亚纳73'),扬科维奇,加列戈/布特拉格诺,乌戈·桑切斯
*埃因霍温凭借客场进球多晋级
本菲卡2.0布加勒斯特星
(客)0.0
本菲卡阵容(442):西尔维诺/维洛佐,迪托,莫泽尔,阿尔瓦罗/埃尔索,迪亚曼蒂诺,谢乌,帕切科(沙拉纳70')/希基尼奥(马格努松70'),鲁伊·阿瓜斯
布加勒斯特星阵容(442):利利亚克/约万,本贝斯库,贝洛德迪奇,佩特雷斯库(科若卡鲁76')/哈吉,斯托伊卡,波佩斯库,巴林特(巴兰63')/勒克图什,皮楚尔克
(主)2.0 鲁伊·阿瓜斯22',32'
本菲卡阵容(442):西尔维诺/维洛佐,迪托,莫泽尔,阿尔瓦罗/埃尔索,迪亚曼蒂诺,帕切科(沙拉纳88')/希基尼奥,鲁伊·阿瓜斯,马格努松(安75')
布加勒斯特星阵容(442):利利亚克/约万,本贝斯库,贝洛德迪奇,温古雷亚努/斯托伊卡,巴林特(巴兰60'),哈吉,波佩斯库,马热亚鲁72')/勒克图什,皮楚尔克
决赛(1988.5.25,斯图加特)
埃因霍温6.5本菲卡(点球)
埃因霍温阵容(442):范布勒克伦/格雷茨,尼尔森,罗纳德·科曼,海因策/范阿里,范恩博格,林斯肯斯,莱尔比/基夫特,吉尔豪斯(扬森70')
本菲卡阵容(442):西尔维诺/维洛佐,迪托,莫泽尔,阿尔瓦罗/希基尼奥,谢乌,埃尔索,帕切科/马格努松(勒杜安·阿日里112'),鲁伊·阿瓜斯(万多57')
点球战
埃因霍温/罗纳德·科曼1.0,基夫特2.1,尼尔森3.2,范恩博格4.3,莱尔比5.4,扬森6.5
本菲卡/埃尔索1.1,迪托2.2,勒杜安·阿日里3.3,帕切科4.4,莫泽尔5.5,维洛佐(射失)

1988—89赛季

(赛制)本届比赛共有31支球队参加,不设资格赛。卫冕冠军埃因霍温直接进入16强,另30支参赛队经过第一轮淘汰赛后产生15支出线队。16支球队继续进行淘汰赛直至产生冠军。从第一轮到决赛,夺冠的球队需要进行9场比赛。

第一轮(1988.9.6—10.11)
摩纳哥2.1雷克雅未克瓦卢尔(冰岛)
(客)0.1 埃德瓦尔德松55'
(主)2.0 雷米·沃热尔15',威赫37'
不莱梅5.3柏林迪那摩(东德)
(客)0.3 多尔16',托恩62',帕斯托尔77'
(主)5.0 库措普23'(点球),赫尔曼55',里德尔62',布格斯米勒70',沙夫90'
*布鲁日2.2布隆德比(丹麦)
(主)1.0 贝塔诺88'
(客)1.2 布里尔70'/弗兰克36',克里斯滕森68'
*布鲁日凭借客场进球多晋级
贝尔格莱德红星8.0唐道克(爱尔兰)
(客)5.0 姆尔克拉伦48',穆塞米奇62',斯托伊科维奇65'(点球),斯托阿伊奇82',M.久罗维奇84'
(主)3.0 萨巴纳泽维奇3',姆尔克拉伦51',萨维切维奇67'
扎布热戈尔尼克(波兰)7.1埃施青年(卢森堡)
(主)3.0 瓦尔齐哈34',乌尔班45',73'
(客)4.1 科莫米茨基6',30',乌尔班67',扎古尔斯基83' 泰斯32'
地拉那11月17日(阿尔巴尼亚)3.2哈姆伦斯巴达(马耳他)
(客)1.2 谢格利8'/莱奥·雷法洛46',90'
(主)2.0 霍德亚66',约苏69'
凯尔特人4.1布达佩斯爱国者(匈牙利)
(客)0.1 福多尔8'
(主)4.0 斯塔克17',沃克73',麦卡文尼77',麦吉88'
IFK哥德堡(瑞典)7.2佩佐波里科斯(塞浦路斯)
(客)2.1 埃里克松18',A.拉维利55'/拉瓦西诺斯20'(点球)
(主)5.1 尼尔松6',赛特尔伦8',霍尔姆格伦27',弗勒贝里44',54'/拉瓦西诺斯37'
*纳沙泰尔(瑞士)3.3AE拉里萨(希腊)
(客)1.2 海因茨·赫尔曼59'/阿戈罗伊安尼斯5',米齐博纳斯90'
(主)2.1 拉维略62'(点球),吕蒂70'/卡拉皮亚利斯58'
*两队在加时赛互交白卷后,纳沙泰尔队以点球3比0胜出。
波尔图3.2赫尔辛基HJK(芬兰)
(主)3.0 马杰尔6',索萨22',鲁伊·阿瓜斯75'
(客)0.2 瓦拉53',卡内尔瓦84'
加拉塔萨雷3.2维也纳快速(奥地利)
(客)1.2 萨瓦斯81'/克拉尼察33',基纳斯特51'
(主)2.0 科拉克53',居内伊特67'
布加勒斯特星7.3布拉格斯巴达
(客)5.1 勒克图什29',45',哈吉[illegible]38',斯托伊卡86'/库克莱塔20'
(主)2.2 哈吉29',勒克图什7[illegible]/比莱克12',88'
莫斯科斯巴达克3.1贝尔法斯特格伦托兰(北爱尔兰)
(主)2.0 伊万诺夫52',沙利[illegible]夫68'
(客)1.1 切伦科夫90'/穆尔[illegible]
皇家马德里4.0莫斯FK(挪威)
(主)3.0 洛萨达19',滕迪略[illegible],布特拉格诺31'
(客)1.0 布特拉格诺39'
AC米兰7.2索非亚维托沙(保加利亚)
(客)2.0 维尔迪斯18',古力特[illegible]
(主)5.2 范巴斯滕2',13',4[illegible],维尔迪斯62'/纳切夫29',日利耶夫73'
第二轮(1988.10.26—11.[illegible])
不莱梅1.0凯尔特人
(客)1.0 沃尔特57'
(主)0.0
摩纳哥6.2布鲁日
(客)0.1 恩比比48'
(主)6.1 福法纳5',27',73',[illegible],何塞·杜尔24',30'/奥杜尔82'
IFK哥德堡4.0地拉那11月17[illegible]
(客)3.0 弗尔斯贝里31',因[illegible]松35',L.尼尔松83'
(主)1.0 弗尔斯贝里30'
加拉塔萨雷5.3纳沙泰尔
(客)0.3 吕蒂32',查索特8'[illegible]德卡斯特尔50'
(主)5.0 于古尔19',78',科[illegible]55',82',89'
*AC米兰2.2贝尔格莱德红[illegible]
(主)1.1 维尔迪斯48'/斯托[illegible]科维奇47'
**(客)0.1 萨维切维奇50'
(主)1.1 范巴斯滕34'/斯托[illegible]科维奇38'
*两队在加时赛互交白卷[illegible],AC米兰以点球4比2胜出。
**该场比赛在第61分钟[illegible]大雾而中断,欧足联取消了红星队1比0领先的[illegible],两队在两天后重新进行了比赛。
埃因霍温5.2波尔图
(主)5.0 基夫特15',埃勒[illegible],R.科曼42',5[illegible],延森51'
(客)2.0 鲁伊·阿瓜斯43',[illegible]明戈斯82'
布加勒斯特星5.1莫斯科[illegible]达克
(主)3.0 杜米特雷斯库[illegible]哈吉58',70'(点球)
(客)2.1 勒克图什11',巴林[illegible]90'/切伦科夫44'
皇家马德里4.2戈尔尼克
(客)1.0 乌戈·桑切斯66'([illegible])
(主)3.2 乌戈·桑切斯27',[illegible],布特拉格诺77'/耶戈尔41',巴兰54'
1/4决赛(1989.3.1—3.[illegible])
布加勒斯特星5.2IFK哥德[illegible]
(客)0.1 因格松55'
(主)5.1 勒克图什7',16',[illegible],杜米特雷斯库39',巴林特90'/赛特尔伦53'
AC米兰1.0不莱梅
(客)0.0
(主)1.0 范巴斯滕32'(点[illegible])
皇家马德里3.2埃因霍温
(客)1.1 布特拉格诺45'/[illegible]里奥52'
(主)2.1 乌戈·桑切斯7[illegible]点球),巴斯克斯105'/罗马里奥85'
加拉塔萨雷2.1摩纳哥
(客)1.0 科拉克20'
*(主)1.1 普雷卡齐50'/[illegible]65'
*比赛在西德的科隆进[illegible]
半决赛(1989.4.5—4.[illegible])
AC米兰6.1皇家马德里
(客)1.1 范巴斯滕77'/乌[illegible]桑切斯42'
AC米兰阵容(442):加[illegible]/[illegible]隆博,塔索蒂,巴雷西,马尔蒂尼(科斯塔库塔89'[illegible])多纳多尼,里杰卡尔德,安切洛蒂,埃瓦尼/古力特[illegible]尔迪斯76'),范巴斯滕
皇家马德里阵容(442):[illegible]约/琴多,桑奇斯,滕迪略,戈迪略/米切尔(略伦[illegible]2'),加列戈,舒斯特尔,巴斯克斯/布特拉格诺,乌[illegible]桑切斯
(主)5.0 安切洛蒂19',[illegible]杰卡尔德25',古力特45',范巴斯滕49',多纳多尼6[illegible]
AC米兰阵容(442):加[illegible]/塔索蒂,巴雷西,科斯塔库塔,马尔蒂尼/科隆博,[illegible]杰卡尔德,安切洛蒂,多纳多尼/古力特(维尔迪斯[illegible]6'),范巴斯滕
皇家马德里阵容(442)[illegible]约/琴多,桑奇斯,加列戈,戈迪略/米切尔,舒[illegible],巴斯克斯,略伦特/布特拉格诺,乌戈·桑切斯
布加勒斯特星5.1加拉[illegible]萨雷
(主)4.0 杜米特雷斯[illegible],哈吉40'(点球),佩特雷斯库68',巴林特72'
布加勒斯特星阵容(4[illegible]):伦格/佩特雷斯库,约万,本贝斯库,温古雷亚努,[illegible]林特64')/杜米特雷斯库,哈吉,斯托伊卡,罗塔[illegible]尤/勒克图什(巴兰86'),皮楚尔克
加拉塔萨雷阵容(442:[illegible]莫维奇/德米里兹,阿厄廷塔斯,坦曼,于瓦库[illegible]纳尔,德米尔(科瓦切维奇74'),科杰,普雷卡齐[illegible]科恰比伊克74')/于古尔,科拉克
(客)1.1 杜米特雷斯库[illegible]/坦曼36'
布加勒斯特星阵容([illegible])伦格/佩特雷斯库,约万,本贝斯库,温古雷亚努[illegible]斯托伊卡(米内乌59'),罗塔里尤(内格勒乌85'),[illegible]哈吉,杜米特雷斯库/巴林特,皮楚尔克
加拉塔萨雷阵容(442[illegible]莫维奇/厄纳尔,科克马兹,

于瓦库兰、德米里兹/科舍比尤克(科杰53′)、阿厄廷塔斯、科里莫格卢(蒂费克吉67′)、普雷卡齐/科瓦切维奇、坦曼

决赛(1989.5.24，巴塞罗那)

AC米兰4:0布加勒斯特星
古力特18′、39′，范巴斯滕28′、47′
AC米兰阵容(442)：加利/塔索蒂、巴雷西、科斯塔库塔(F.加利75′)、马尔蒂尼/科隆博、里杰卡尔德、安切洛蒂、多纳多尼/古力特(维尔迪斯60′)、范巴斯滕
布加勒斯特星阵容(442)：伦格/佩特雷斯库、本贝斯库、约万、温古雷亚努/斯托伊卡、米内亚、哈吉、罗塔里尤(46′巴林特)/勒克图什、皮楚尔克

1989-90赛季

（赛制）本届比赛共有32支球队参加，其中意大利有两支参赛队（含卫冕冠军AC米兰）。比赛不设资格赛，以两回合淘汰赛的方式先后产生16强、8强、4强和决赛参赛队。从第一轮到决赛，夺冠的球队需要进行9场比赛。

第一轮(1989.9.13-9.27)

皇家马德里9:0卢森堡体育
*(客)3:0 布特拉格诺25′，米歇尔67′(点球)、69′
(主)6:0 乌戈·桑切斯3′，埃斯特万35′，克雷默45′(乌龙)，洛萨达53′、69′，滕迪略87′
*比赛在德国萨尔布吕肯进行
布加勒斯特星5:0雷克雅未克弗拉姆(冰岛)
(主)4:0 佩特雷斯库30′，哈吉41′(点球)，巴林特73′，穆斯纳伊85′
(客)1:0 内格勒乌59′
索非亚CFKA(保加利亚)6:2霍茹夫鲁赫(波兰)
(客)1:1 佩内夫18′/谢夫奇克43′
(主)5:1 格奥尔基耶夫20′、49′，巴拉科夫25′，佩内夫80′，维塔诺夫90′/瓦尔舍87′
埃因霍温5:0卢塞恩(瑞士)
(主)3:0 基夫特4′，埃勒尔曼54′，罗马里奥81′
(客)2:0 罗马里奥25′、[illegible]
本菲卡6:1德里城(爱尔兰)
(客)2:1 特恩59′，里卡多·戈麦斯64′/卡莱尔73′
(主)4:0 M.马格努松32′，瓦塔6′，里卡多·戈麦斯69′，阿尔代尔80′
马尔默2:1国际米兰
(主)1:0 林德曼74′ (客)1:1 恩奎斯特80′/塞雷纳70′
拜仁慕尼黑3:1格拉斯哥流浪者
(客)3:1 克格尔28′，托恩46′(点球)，奥根塔勒66′/沃尔特斯26′(点球) (主)0:0
雅典AEK5:4德累斯顿迪那摩(东德)
(客)0:1 利贝拉姆75′
(主)5:3 托伊贝尔27′(乌龙)，奥孔斯基33′(点球)，萨维迪斯37′、60′，萨雷夫斯基3[illegible]′/居乔10′，利贝拉姆63′，明格85′
梅赫伦(比利时)5:0罗森博格(挪威) (客)0:0
(主)5:0 博斯曼15′、55′，奥乌纳56′、78′，塞韦雷因斯87′
AC米兰5:0赫尔辛基HJK(芬兰)
(主)4:0 斯特罗帕5′，马萨罗3[illegible]′、70′，埃瓦尼81′
(客)1:0 博尔戈诺沃2[illegible]′
因斯布鲁克蒂罗尔(奥地利)9:2奥莫尼亚(塞浦路斯)
(主)6:0 佩施尔8′，H.霍勒11′(点球)，韦斯特哈勒尔58′，帕库尔特72′、75′，霍特纳格尔80′
(客)3:2 鲍尔48′，韦斯特哈勒尔85′，帕库尔特90′/克西乌鲁帕斯10′，亚特罗[illegible]0′
马赛4:1布隆德比(丹麦)
(主)3:0 索泽62′，帕潘[illegible]7′，韦克吕斯81′
(客)1:1 帕潘64′/奥尔森54′
布拉格斯巴达5:2费内巴切
(主)3:1 察巴拉57′，比兰克74′(点球)、78′/哈坎19′
(客)2:1 哈谢克41′，诺瓦克90′/奥居兹83′
第聂伯3:1林菲尔德(北爱尔兰)
(客)2:1 库德里茨基5′、53′/穆尼88′(点球)
(主)1:0 索恩7′
地拉那11月17日(阿尔巴尼亚)5:1什列马流浪者(马耳他)
(客)0:1 瓦克尔59′
(主)5:0 科拉29′、34′(点球)，巴尔西39′，霍查51′，里扎56′
*布达佩斯爱国者2:2伏伊伏丁那(南斯拉夫)
(主)1:0 福多尔55′
(客)1:2 加切沙74′(乌龙)/S.米哈伊洛维奇26′，塔尼加47′
*布达佩斯爱国者凭借客场进球多晋级

第二轮(1989.10.18-11.1)

梅赫伦4:1马尔默 (客)0:0
(主)4:1 德维尔德18′、3[illegible]′，博斯曼46′，P.韦尔萨韦尔56′/林德曼59′
马赛3:1雅典AEK
(主)2:0 帕潘55′，马诺拉斯80′(乌龙)
(客)1:1 帕潘84′，萨雷夫斯基78′(点球)
索非亚CFKA5:2布拉格斯巴达
(客)2:2 斯托伊奇科夫3′，科斯塔迪诺夫57′/比克75′(点球)，斯库赫拉维84′
(主)3:0 斯托伊奇科夫45′、89′(点球)，科斯塔迪诺夫84′
AC米兰2:1皇家马德里
(主)2:0 里杰卡尔德9′，范巴斯滕14′(点球)
(客)0:1 布特拉格诺[illegible]′
第聂伯4:2因斯布鲁克蒂罗尔
(主)2:0 尤丁37′，索恩68′
(客)2:2 索恩5′，柳季30′/韦斯特哈勒尔30′，帕库尔特77′
拜仁慕尼黑6:1地拉那11月17日
(主)3:1 克格尔16′(点球)，R.米哈伊洛维奇26′、64′/明加30′
(客)3:0 施特伦茨45′，格拉哈默尔47′，多夫纳89′
埃因霍温5:2布加勒斯特星
(客)0:1 勒克图什18′
(主)5:1 埃勒尔曼21′、64′，罗马里奥47′、49′、86′/勒克图什17′
本菲卡9:0布达佩斯爱国者
(客)2:0 帕切科32′(点球)，瓦尔多86′
(主)7:0 塞萨尔·布里托15′、42′，阿贝尔36′，瓦塔62′、64′，M.马格努松86′、89′

1/4决赛(1990.3.7-3.21)

马赛4:1索非亚CFKA (客)1:0 蒂斯85′
(主)3:1 沃德尔25′，帕潘23′，索泽72′/乌鲁科夫84′
AC米兰2:0梅赫伦 (客)0:0
(主)2:0 范巴斯滕106′，西蒙尼117′
拜仁慕尼黑3:1埃因霍温
(主)2:1 沃尔法特75′，格拉哈默尔85′/波维尔森77′
(客)1:0 格雷茨90′(乌龙)
本菲卡4:0第聂伯
(主)1:0 M.马格努松7′(点球)
(客)3:0 利马·佩雷拉55′、60′，里卡多·戈麦斯86′

半决赛(1990.4.4-4.18)

*本菲卡2:2马赛
(客)1:2 利马·佩雷拉10′/索泽13′，帕潘44′
本菲卡阵容(442)：西尔维诺/若泽·卡洛斯、里卡多、阿尔代尔、维洛索/特恩(迪亚曼蒂诺75′)、赫尔纳尼、利马(帕切科64′)、瓦尔多/维克托·帕内拉、马格努松
马赛阵容(442)：卡斯塔内达/阿莫罗、莫泽尔、索泽、迪梅科(韦克吕斯58′)/热尔曼、蒂加纳、德尚、弗朗西斯科利/帕潘、沃德尔
(主)1:0 瓦塔82′
本菲卡阵容(442)：西尔维诺/若泽·卡洛斯、萨穆埃尔、阿尔代尔、维洛索/特恩(帕切科52′)、赫尔纳尼、利马(瓦塔52′)、瓦尔多/维克托·帕内拉、马格努松
马赛阵容(442)：卡斯塔内达/阿莫罗、莫泽尔、索泽、迪梅科(迪亚洛87′)/德尚、热尔曼、蒂加纳、弗朗西斯科利/帕潘、沃德尔(韦克吕斯77′)
*本菲卡凭借客场进球多晋级
*AC米兰2:2拜仁慕尼黑
(主)1:0 范巴斯滕77′(点球)
AC米兰阵容(442)：G.加利/塔索蒂、F.加利、巴雷西、马尔蒂尼/科隆博(斯特罗帕46′)、里杰卡尔德、埃瓦尼、西蒙尼(博尔戈诺沃70′)/范巴斯滕、马萨罗
拜仁慕尼黑阵容(433)：奥曼/罗伊特、科勒尔、奥根塔勒、普夫吕格尔/多夫纳、弗利克、本德尔(托恩82′)/克格尔、施特伦茨、麦金纳利
(客)1:2 博尔戈诺沃100′/施特伦茨59′，麦金纳利106′
AC米兰阵容(442)：G.加利/塔索蒂、科斯塔库塔、巴雷西(F.加利104′)、马尔蒂尼/斯特罗帕(博尔戈诺沃68′)、科隆博、里杰卡尔德、埃瓦尼/范巴斯滕、马萨罗
拜仁慕尼黑阵容(433)：奥曼/格拉哈默尔、科勒尔、奥根塔勒、普夫吕格尔/多夫纳、罗伊特、托恩(麦金纳利82′)/克格尔(本德尔97′)、沃尔法特、施特伦茨
*AC米兰凭借客场进球多晋级

决赛(1990.5.23，维也纳)

AC米兰1:0本菲卡
里杰卡尔德68′
AC米兰阵容(442)：G.加利/塔索蒂、科斯塔库塔、巴雷西、马尔蒂尼/科隆博、安切洛蒂(马萨罗67′)、里杰卡尔德、埃瓦尼/古力特、范巴斯滕
本菲卡阵容(442)：西尔维诺/若泽·卡洛斯、里卡多、阿尔代尔、萨穆埃尔/特恩、帕切科(布里托59′)、赫尔纳尼、瓦尔多/维克托·帕内拉(瓦塔76′)、马格努松

1990-91赛季

（赛制）本届比赛共有31支球队参加，其中意大利有两支参赛队（含卫冕冠军AC米兰）。不设资格赛，AC米兰直接进入16强，另30支参赛队经过第一轮淘汰赛产生15支出线队。16支球队继续进行淘汰赛直至产生冠军。从第一轮到决赛，夺冠的球队需要进行9场比赛。

第一轮(1990.9.18-10.3)

皇家马德里10:1欧登塞OB(丹麦)
(客)4:1 阿尔达纳18′，乌戈·桑切斯27′，比利亚罗亚83′，马克达88′/彼得森23′
(主)6:0 洛萨达13′、52′、73′，米歇尔35′，阿尔达纳46′、80′
格拉斯哥流浪者10:0瓦莱塔(马耳他)
(客)4:0 麦考伊斯特16′(点球)，哈特利58′，约翰斯顿75′、80′
(主)6:0 多兹5′，斯潘塞6′，约翰斯顿19′、37′、76′(点球)，麦考伊斯特75′
拜仁慕尼黑7:2尼科西亚阿波尔(塞浦路斯)
(客)3:2 罗伊特72′，麦金纳利87′，施特伦茨89′/戈吉奇5′，潘恰拉斯80′
(主)4:0 奥根塔勒43′，R.米哈伊洛维奇64′、89′、90′
波兹南莱赫(波兰)5:1帕纳辛奈科斯
(主)3:0 雅科采维奇1′(点球)、18′，热普卡62′
(客)2:1 帕赫尔斯基57′，莫什卡尔84′/萨拉瓦科斯45′
布加勒斯特迪那摩5:1圣帕特里克竞技(爱尔兰)
(主)4:0 多博什3′，M.达马斯金20′，马泰乌茨24′，凯雷吉81′
(客)1:1 马泰乌茨76′/芬隆37′
莫斯科斯巴达克4:0布拉格斯巴达
(客)2:0 沙利莫夫25′，什马罗夫58′
(主)2:0 佩雷帕登科33′，O.伊万诺夫51′
贝尔格莱德红星5:2草蜢(瑞士)
(主)1:1 比尼奇44′/克茨勒14′
(客)4:1 潘采夫12′，普罗辛内茨基49′(点球)、83′(点球)，拉迪诺维奇59′/克茨勒62′(点球)
布鲁日3:1利勒斯特罗姆SK(挪威)
(客)1:1斯塔伦斯2′/哈勒78′
(主)2:0 博伊2′，法里纳82′
波尔图13:1克雷加文波塔当(北爱尔兰)
(主)5:0 热拉尔多6′，派莱17′、77′，科斯塔迪诺夫32′，布兰科50′
(客)8:1 马杰尔9′、15′、33′、55′，塞梅多40′，派莱50′、79′，科托68′/弗拉瑟36′
德累斯顿迪那摩(东德)6:1卢森堡联盟
(客)3:1 居乔47′，比尔森斯78′，拉特克90′/莫罗库蒂45′
(主)3:0 耶尼希18′、45′，居乔34′
因斯布鲁克蒂罗尔7:1拉赫蒂雷帕斯库叙西(芬兰)
(主)5:0 戈罗西托29′，普鲁德洛35′，帕库尔特41′、60′、81′
(客)2:1 帕库尔特5′、50′(点球)/韦赫卡科斯基71′
马尔默(瑞典)5:4贝西克塔斯
(主)3:2 林德曼29′，松德斯特伦58′、62′/费亚兹52′、60′
(客)2:2 埃克黑姆53′，斯卡梅尔斯鲁德63′/阿里30′，费亚兹43′
索非亚中央陆军3:1阿库雷里KA(冰岛)
(客)0:1 布拉加松17′
(主)3:0 马拉什列夫19′、80′，格奥尔基耶夫48′
那不勒斯5:0乌伊派斯蒂(匈牙利)
(主)3:0 巴罗尼35′，马拉多纳43′、76′
(客)2:0 因科恰蒂13′，阿莱芒35′
马赛5:1地拉那11月17日迪那摩(阿尔巴尼亚)
(主)5:1 帕潘45′(点球)、68′、74′，坎托纳70′，韦克吕斯90′/塔希里89′(点球)
(客)0:0

第二轮(1990.10.23-11.7)

拜仁慕尼黑7:0索非亚中央陆军
(主)4:0 罗伊特3′、62′(点球)，沃尔法特28′，奥根塔勒54′
(客)3:0 沃尔法特16′，埃芬博格78′，麦金纳利84′
*德累斯顿迪那摩2:2马尔默
(主)1:1 居乔45′/恩奎斯特18′
(客)1:1 居乔19′/佩尔松72′(点球)
*在加时赛互交白卷后，德累斯顿迪那摩点球5比4胜出。
贝尔格莱德红星4:1格拉斯哥流浪者
(主)3:0 布朗8′(乌龙)，普罗辛内茨基65′，潘采夫74′
(客)1:1 潘采夫51′/麦考伊斯特76′
波尔图4:0布加勒斯特迪那摩
(客)0:0
(主)4:0 科斯塔迪诺夫2′、25′，热拉尔当48′(点球)，多明戈斯63′
*莫斯科斯巴达克0:0那不勒斯
(主)0:0
(客)0:0
*在加时赛互交白卷后，莫斯科斯巴达克以点球5比3胜出。
AC米兰1:0布鲁日
(主)0:0
(客)1:0 卡尔博内46′
皇家马德里11:3因斯布鲁克蒂罗尔
(主)9:0 布特拉格诺4′、31′、48′，乌戈·桑切斯7′、13′、73′、85′，耶罗37′，滕迪略79′/帕库尔特16′
(客)2:2 洛萨达34′、45′/赫特纳格尔14′，林茨迈尔90′
马赛8:4波兹南莱赫
(客)2:3 富尼耶8′，沃德尔64′/卢卡西克31′，帕赫尔斯基41′，尤斯科维亚克58′
(主)6:1 帕潘19′，韦克吕斯34′、45′、84′，蒂加纳89′，博利90′/雅科采维奇59′(点球)

1/4决赛(1991.3.6-3.20)

*贝尔格莱德红星6:0德累斯顿迪那摩
(主)3:0 普罗辛内茨基20′，比尼奇42′，萨维切维奇56′
*(客)2:1 萨维切维奇53′，潘采夫68′/居乔3′(点球)
*在第二回合比赛进行到第78分钟时，因为主场球迷骚乱而使比赛中断，赛后判这场比赛的结果为红星队3比0取胜。
莫斯科斯巴达克3:1皇家马德里
(主)0:0
(客)3:1 拉德琴科19′、36′，什马罗夫63′/布特拉格诺9′
拜仁慕尼黑3:1波尔图
(主)1:1 本德尔31′/多明戈斯65′
(客)2:0 齐格19′，本德尔71′
*马赛4:1AC米兰
(客)1:1 帕潘27′/古力特14′
*(主)1:0 沃德尔74′
*在第二回合比赛结束前两分钟，球场灯光熄灭，AC米兰在电力恢复后拒绝回到球场比赛，所以被欧足联判0比3告负。

半决赛(1991.4.10-4.24)

马赛5:2莫斯科斯巴达克
(客)3:1 阿贝迪·贝利27′，帕潘31′，韦克吕斯88′/沙利莫夫58′
马赛阵容(442)：奥尔梅塔/阿莫罗、卡索尼、博利、迪梅科/热尔曼、富尼耶、沃德尔、蒂加纳(韦克吕斯75′)/阿贝迪·贝利、帕潘
莫斯科斯巴达克阵容(352)：切尔切索夫/波兹尼亚科夫、巴祖列夫、波波夫/卡尔平、沙利莫夫、库尔科夫、莫斯托沃伊、伊万诺夫(佩雷帕登科54′)/什马罗夫、拉德琴科
(主)2:1 阿贝迪·贝利34′，博利48′/莫斯托沃伊58′(点球)
马赛阵容(442)：奥尔梅塔/阿莫罗、博利、莫泽尔、卡索尼/沃德尔(韦克吕斯83′)、迪梅科(富尼耶81′)、蒂加纳、热尔曼/阿贝迪·贝利、帕潘
莫斯科斯巴达克阵容(442)：切尔切索夫/波兹尼亚科夫、库尔科夫、巴祖列夫、波波夫/佩雷帕登科、沙利莫夫(布什马诺夫83′)、莫斯托沃伊、伊万诺夫(卡尔平52′)/什马罗夫、拉德琴科
贝尔格莱德红星4:3拜仁慕尼黑
(客)2:1 潘采夫45′，萨维切维奇70′/沃尔法特22′
贝尔格莱德红星阵容(442)：斯托扬诺维奇/拉迪诺维奇、奈多斯基、贝洛德迪奇、马罗维奇/普罗辛内茨基、尤戈维奇、萨维切维奇、米哈伊洛维奇(斯托西奇86′)/潘采夫、比尼奇(托西奇90′)
拜仁慕尼黑阵容(442)：奥曼/罗伊特、科勒尔、奥根塔勒、普夫吕格尔/施瓦布尔、埃芬博格、托恩(齐格77′)、本德尔(施特伦茨77′)/沃尔法特、小劳德鲁普
(主)2:2 米哈伊洛维奇25′，奥根塔勒90′(乌龙)/奥根塔勒65′，本德尔70′
贝尔格莱德红星阵容(442)：斯托扬诺维奇/拉迪诺维奇、贝洛德迪奇、萨巴纳卓维奇、马罗维奇/萨维切维奇、普罗辛内茨基、尤戈维奇、米哈伊洛维奇/潘采夫(斯托西奇90′)、比尼奇
拜仁慕尼黑阵容(442)：奥曼/施瓦布尔、罗伊特、奥根塔勒、格拉哈默尔/本德尔、施特伦茨、托恩、埃芬博格/沃尔法特、小劳德鲁普

决赛(1991.5.29，巴里)

贝尔格莱德红星5:3马赛(点球)
贝尔格莱德红星阵容(442)：斯托扬诺维奇/萨巴纳卓维奇、贝洛德迪奇、奈多斯基、马罗维奇/尤戈维奇、普罗辛内茨基、萨维切维奇(斯托西奇86′)、米哈伊洛维奇/潘采夫、比尼奇
马赛阵容(442)：奥尔梅塔/阿莫罗、博利、莫泽尔、迪梅科(斯托伊科维奇112′)/热尔曼、卡索尼、沃德尔、富尼耶(韦克吕斯78′)/帕潘、阿贝迪·贝利
点球战
贝尔格莱德红星：普罗辛内茨基1:0，比尼奇2:0，贝洛德迪奇3:1，米哈伊洛维奇4:2，潘采夫5:3
马赛：阿莫罗(射失)，卡索尼2:1，帕潘3:2，莫泽尔4:3

1991-92赛季

（赛制）由于英格兰解除了在欧洲范围内的禁赛，使本届冠军杯的参赛国又变成了32个。本届冠军杯第一次在比赛中出现了联赛的形态。32支球队进行两轮淘汰产生八强后，将8支球队分成两组，各自进行主客场双循环赛（2分制），两小组的第一名进入决赛产生冠军。最后夺冠的巴塞罗那队一共踢了11场比赛。

第一轮(1991.9.17-10.2)

贝尔格莱德红星8:0克雷加文波塔当(北爱尔兰)
(主)4:0 塔尼加15′，斯托西奇37′，S.米哈伊洛维奇77′、85′
(客)4:0 拉特科维奇19′、54′，潘采夫38′，拉迪诺维奇87′
凯泽斯劳滕3:1埃塔尔VT(保加利亚)
(主)2:0 丰克尔38′(点球)、73′
(客)1:1 德根90′/切尔文科夫43′
马赛10:0卢森堡联盟
(客)5:0 帕潘11′、32′、85′(点球)，舒埃雷布15′，索泽45′
(主)5:0 帕潘15′、47′，安格洛马56′，埃罗60′，舒埃雷布80′
布隆德比4:2卢宾扎格勒比
(主)3:0 克里斯托弗特53′(点球)，埃克伦德58′，奥克楚库61′
(客)1:2 韦尔福特28′/恰胡夫斯基60′，格列奇72′
布达佩斯爱国者3:1敦达克(爱尔兰)
(主)1:1 内格勒乌83′/麦克沃伊30′
(客)2:0 皮松特24′、29′
*布拉格斯巴达克2:2格拉斯哥流浪者
(主)1:0 涅梅茨20′
(客)1:2 尼斯比特97′(乌龙)/麦考尔48′、94′
*布拉格斯巴达凭借客场进球多晋级
巴塞罗那3:1罗斯托克(东德)
(主)3:0 大劳德鲁普25′、46′，戈伊科切亚76′
(客)0:1 施皮斯64′
利马索尔太阳神(塞浦路斯)3:2克拉约瓦大学
(客)0:2 A.波佩斯库21′(点球)，阿加利尤69′
(主)3:0 普塔克9′(点球)，贝希雷维奇56′、80′
IFK哥德堡(瑞典)1:1弗拉穆塔里SK(阿尔巴尼亚)
(主)0:0 (客)1:1 埃克斯特伦68′/达乌利亚26′
桑普多利亚7:1罗森博格(挪威)
(主)5:0 隆巴多11′、84′，多塞纳26′、57′，西拉斯76′
(客)2:1 维亚利85′，曼奇尼90′(点球)/斯特兰德83′
本菲卡10:0哈姆伦斯巴达(马耳他)
(客)6:0 帕切科30′，尤兰32′、35′、50′、83′，鲁伊·阿瓜斯75′
(主)4:0 伊萨亚斯52′，塞萨尔·布里托70′，尤兰73′，马德拉75′
阿森纳6:2奥地利维也纳
(主)6:1 利尼安38′，史密斯50′、52′、65′、66′，林帕尔79′/奥格里斯56′ (客)0:1 施特格尔68′(点球)
基辅迪那摩4:0赫尔辛基HJK(芬兰)
(客)1:0 科瓦列茨12′
(主)3:0 科瓦列茨28′，莫罗兹48′，格里特瑟纳72′
埃因霍温3:2贝西克塔斯

(客)1:1 埃勒尔曼27′/穆罕默德88′(点球)
(主)2:1 范恩博格24′,卡卢沙74′/梅廷4′
帕纳辛奈科斯2:2雷克雅未克弗拉姆(冰岛)
(客)2:2 克里斯托多洛38′、72′/拉格纳尔松57′,阿姆托尔松62′ (主)0:0
安德莱赫特4:1草蜢
(主)1:1 德格里瑟43′/内姆特索迪斯65′
(客)3:0 尼利斯8′、24′、81′

第二轮(1991.10.23—11.6)
贝尔格莱德红星5:1利马索尔太阳神
(主)3:1 潘采夫16′,卢基奇70′,萨维切维奇83′(点球)/普塔克41′
(客)2:0 萨维切维奇48′,卢基奇79′(点球)
基辅迪那摩2:1布隆德比
(主)1:1 萨连科77′(点球)/K.尼尔森12′
(客)1:0 雅科文科7′
帕纳辛奈科斯4:2IFK哥德堡
(主)2:0 萨拉瓦科斯27′,马兰戈斯49′
(客)2:2 萨拉瓦科斯60′、81′/斯文松24′,埃克斯特伦38′
安德莱赫特2:0埃因霍温 (客)0:0
(主)2:0 德格里瑟10′,博芬90′
桑普多利亚4:3布达佩斯爱国者
(客)1:2 塞雷佐56′/皮松特52′,切尔文卡伊72′
(主)3:1 隆巴多10′,维亚利27′、46′/帕里65′(乌龙)
布拉格斯巴达4:4马赛
(客)2:3 弗拉贝茨63′,库克莱塔78′(点球)/沃德尔33′,帕潘56′、59′
(主)2:1 弗里德克38′,西格尔69′/阿贝迪·贝利86′
巴塞罗那3:3凯泽斯劳滕
(主)2:0 贝吉里斯坦44′、52′
(客)1:3 霍蒂奇35′、49′,戈德贝克76′/巴克罗90′
本菲卡4:2阿森纳
(主)1:1 伊萨亚斯15′/坎贝尔19′
(客)3:1 伊萨亚斯38′、107′,库尔科夫99′/佩茨20′

小组赛/A组(1991.11.27—1992.4.15)

第1轮1991.11.27
安德莱赫特0:0帕纳辛奈科斯
桑普多利亚2:0贝尔格莱德红星
内德尔伊科维奇7′(乌龙),维亚利74′

第2轮1991.12.11/12
帕纳辛奈科斯0:0桑普多利亚
*贝尔格莱德红星3:2安德莱赫特
拉特科维奇19′,伊维奇70′,潘采夫88′/兰普提33′,尼利斯55′
*比赛在匈牙利布达佩斯举行

第3轮1992.3.4
帕纳辛奈科斯0:2贝尔格莱德红星
潘采夫70′、87′
安德莱赫特3:2桑普多利亚
德格里瑟53′,尼利斯66′、88′/维亚利26′、63′

第4轮1992.3.18
桑普多利亚2:0安德莱赫特
隆巴多33′,曼奇尼35′
*贝尔格莱德红星1:0帕纳辛奈科斯
S.米哈伊洛维奇53′(点球)
*比赛在保加利亚索非亚举行

第5轮1992.4.1
*贝尔格莱德红星1:3桑普多利亚
S.米哈伊洛维奇19′/卡塔内茨34′,瓦西里耶夫维奇41′(乌龙),曼奇尼76′
*比赛在保加利亚索非亚举行
帕纳辛奈科斯0:0

第6轮1992.4.15
桑普多利亚1:1帕纳辛奈科斯
曼奇尼36′/马兰戈斯27′
安德莱赫特3:2贝尔格莱德红星
奥利维拉3′,博斯曼44′,德格里瑟82′/潘采夫7′,丘拉80′

球队	胜	平	负	分	得失球
桑普多利亚	3	2	1	8	10:5
贝尔格莱德红星	3	0	3	6	9:10
安德莱赫特	2	2	2	6	8:9
帕纳辛奈科斯	0	4	2	4	1:4

B组(1991.11.27—1992.4.15)

第1轮1991.11.27
基辅迪那摩1:0本菲卡
萨连科31′
巴塞罗那3:2布拉格斯巴达
阿莫尔14′,大劳德鲁普34′,巴克罗61′/弗拉贝茨18′,内梅切克64′

第2轮1991.12.11
布拉格斯巴达2:1基辅迪那摩
内梅切克13′,弗拉贝茨22′/沙兰55′
本菲卡0:0巴塞罗那

第3轮1992.3.4
基辅迪那摩0:2巴塞罗那
斯托伊奇科夫32′,萨利纳斯67′
本菲卡1:1布拉格斯巴达
帕切科53′(点球)/诺沃特尼32′

第4轮1992.3.18
布拉格斯巴达1:1本菲卡
霍瓦内茨45′/塞萨尔·布里托29′
巴塞罗那3:0基辅迪那摩
斯托伊奇科夫59′、83′,萨利纳斯87′

第5轮1992.4.1
布拉格斯巴达1:0巴塞罗那
西格尔66′
本菲卡5:0基辅迪那摩
塞萨尔·布里托25′、63′,伊萨亚斯71′,尤兰81′、87′

第6轮1992.4.15
巴塞罗那2:1本菲卡
斯托伊奇科夫12′,巴克罗24′/塞萨尔·布里托28′
基辅迪那摩1:0布拉格斯巴达
萨连科83′

球队	胜	平	负	分	得失球
巴塞罗那	4	1	1	9	10:4
布拉格斯巴达	2	2	2	6	7:7
本菲卡	1	3	2	5	8:5
基辅迪那摩	2	0	4	4	3:12

决赛(1992.5.20,伦敦)
巴塞罗那1:0桑普多利亚
巴塞罗那阵容(442):苏比萨雷塔/费雷尔、罗纳德·科曼、南多、胡安·卡洛斯/尤西比奥、瓜迪奥拉(亚历山科113′)、巴克罗、大劳德鲁普/萨利纳斯(戈伊科切亚64′)、斯托伊奇科夫
桑普多利亚阵容(442)帕柳卡/曼尼尼、维尔乔沃德、卡塔内茨、兰纳/隆巴多、帕里、塞雷佐、博内蒂(因维尔尼齐72′)/维亚利(布索100′)、曼奇尼

1992—93赛季

(赛制)本届比赛第一次实现了“资格赛+淘汰赛+小组赛”的复杂赛制。由于东欧巨变,参加本届欧冠的参赛队已经达到40支,因此乌克兰、拉脱维亚等8队需要先进行一轮资格赛,4支获胜球队与另28支直接出线队进入32强。32支球队随后再进行两轮淘汰,产生八强后,将8支球队分成两组,各自进行主客场双循环赛(2分制),两小组的第一名进入决赛产生冠军。最后夺冠的马赛队一共踢了11场比赛。

资格赛(1992.8.19—9.2)
特拉维夫马卡比(以色列)3:1(1:0,2:1)瓦莱塔(马耳他)
里加斯孔托(拉脱维亚)6:1(3:0,3:1)克拉克斯维克KI(法罗群岛)
卢布尔雅那奥林匹亚(斯洛文尼亚)5:0(3:0,2:0)塔林诺尔马(爱沙尼亚)
辛菲罗波尔塔夫里亚(乌克兰)2:1(2:1,0:0)谢尔本(爱尔兰)

第一轮(1992.9.16—9.30)
*雅典AEK3:3尼科西亚阿波尔(塞浦路斯)
(主)1:1 亚历山德里斯41′/Hadjilukas72′
(客)2:2 萨巴纳措维奇30′,亚历山德里斯70′/戈吉奇77′,萨苏利蒂斯84′
*雅典AEK凭借客场进球多晋级
巴塞罗那1:0维京(挪威)
(主)1:0 阿莫尔86′ (客)0:0
奥地利维也纳5:4索非亚中央陆军(保加利亚)
(主)3:1 哈森许特尔16′,弗里德里卡斯82′,克格勒90′/希什科夫58′
(客)2:3 弗勒格尔26′,伊瓦瑙斯卡斯68′/梅特科夫4′,安多诺夫60′、72′(点球)
IFK哥德堡(瑞典)3:2贝西克塔斯
(主)2:0 埃斯科利宁72′,埃克斯特伦82′
(客)1:2 埃斯科利宁11′/梅廷25′,费亚兹73′
布加勒斯特迪那摩2:1拉赫蒂雷帕斯库叙西(芬兰)
(客)0:1 林内17′
(主)2:0 格斯登美尔63′,德莫利安116′
波兹南莱赫(波兰)2:0里加斯孔托
(主)2:0 切恰克26′,波德布罗兹内41′ (客)0:0
布鲁日4:0特拉维夫马卡比
(客)1:0 斯塔伦斯36′
(主)3:0 斯塔伦斯60′,韦尔海恩77′、85′
AC米兰7:0卢布尔雅那奥林匹亚
(主)4:0 范巴斯滕5′、49′,阿尔贝蒂尼7′,帕潘64′
(客)3:0 马萨罗31′,里杰卡尔德50′,塔索蒂85′
格拉斯哥流浪者3:0林比(丹麦)
(主)2:0 哈特利40′,赫斯特拉67′(客)1:0 达兰特84′
埃因霍温8:0维尔纽斯扎吉里斯(立陶宛)
(主)6:0 埃尔文·科曼24′,埃勒曼36′、59′、64′,基夫特68′,纽曼78′
(客)2:0 纽曼26′,罗马里奥39′
锡永(瑞士)7:2辛菲罗波尔塔夫里亚
(主)4:1 霍蒂格17′,图利奥31′、73′,阿西斯76′/舍甫琴科84′(点球)
(客)3:1 图利奥67′,卡洛斯·路易斯77′,多明戈斯88′/舍甫琴科69′(点球)
布拉迪斯拉发斯拉夫人(捷—斯)4:1费伦茨城(匈牙利)
(主)4:1 戈斯蒂奇19′,杜波夫斯基51′、53′,莫拉维奇83′/利普切伊75′ (客)0:0
波尔图9:1卢森堡联盟
(客)4:1 塞梅多41′,科托47′,托尼51′,多明戈斯89′/德维尔63′
(主)5:0 科斯塔迪诺夫16′、32′,托尼26′、61′,若泽·卡洛斯67′
马赛8:0格伦托兰(北爱尔兰)
(客)5:0 沃勒尔4′,巴斯克斯22′、29′,索泽42′,费雷里85′
(主)3:0 奥曼—比耶克6′,阿贝迪·贝利13′,博利72′
莫斯科中央陆军5:0雷克雅未克维京人(冰岛)
(客)1:0 科尔萨科夫75′
(主)4:0 谢尔盖耶夫24′,科尔萨科夫37′,格里辛44′,科列斯尼科夫89′
*利兹联5:4斯图加特
(客)0:3 沃尔特62′、68′,布克82′
(主)4:1 斯皮德18′,麦卡利斯特38′,坎托纳66′,查普曼80′/布克33′
(中立)2:1 斯特拉坎34′,舒特76′/戈尔克40′
*由于在客场与利兹联的比赛中,斯图加特使用了违反规定的4位外援,所以欧足联判定这场比赛为利兹联3比0获胜,双方总比分3比3战平,于是于10月9日在巴塞罗那进行了附加赛,利兹联最终胜出。

第二轮(1992.10.21—11.4)
埃因霍温3:1雅典AEK
(客)0:1 迪米特里亚迪斯53′
(主)3:0 罗马里奥5′、50′、84′
*布鲁日3:3奥地利维也纳
(主)2:0 韦尔海恩35′,博伊41′
(客)1:3 范德海登65′/扎克49′,弗里德里卡斯73′,伊瓦瑙斯卡斯90′
*布鲁日凭借客场进球多晋级
莫斯科中央陆军4:3巴塞罗那
(主)1:1 格里辛18′/贝吉里斯坦60′
(客)3:2 布赫马诺夫44′,马什卡林56′,科尔萨科夫60′/纳达尔12′,贝吉里斯坦31′
马赛2:0布加勒斯特迪那摩
(客)0:0 (主)2:0 博克西奇35′、69′
IFK哥德堡4:0波兹南莱赫 (主)1:0 本特松85′
(客)3:0 埃克斯特伦27′,尼尔松47′,米尔德83′
格拉斯哥流浪者4:2利兹联
(主)2:1 卢基奇21′(乌龙),麦考伊斯特37′/麦卡利斯特1′ (客)2:1 哈特利3′,麦考伊斯特59′/坎托纳85′
波尔图6:2锡永
(客)2:2 塞梅多80′,科托82′/奥兰多55′,阿西斯61′
(主)4:0 科斯塔50′,多明戈斯55′,科斯塔迪诺夫63′,马加良斯87′
AC米兰5:0布拉迪斯拉发斯拉夫人
(客)1:0 马尔蒂尼61′
(主)4:0 博班28′,里杰卡尔德29′,西蒙尼49′,帕潘71′

小组赛/A组(1992.11.25—1993.4.21)

第1轮1992.11.25
布鲁日1:0莫斯科中央陆军
阿莫卡奇17′
格拉斯哥流浪者2:2马赛
麦斯威甘76′,哈特利82′/博克西奇31′,沃勒尔55′

第2轮1992.12.9
莫斯科中央陆军0:1格拉斯哥流浪者
弗格森13′
马赛3:0布鲁日
索泽4′(点球),博克西奇10′、26′

第3轮1993.3.3
布鲁日1:1格拉斯哥流浪者
久宾斯基44′/赫斯特拉72′
*莫斯科中央陆军1:1马赛
法伊祖林55′/阿贝迪·贝利27′
*比赛在东德的柏林进行

第4轮1993.3.17
马赛6:0莫斯科中央陆军
索泽4′(点球)、34′、48′,阿贝迪·贝利42′,费雷里70′,德赛利78′
格拉斯哥流浪者2:1布鲁日
达兰特40′,尼斯比特71′/斯塔伦斯51′

第5轮1993.4.7
马赛1:1格拉斯哥流浪者
索泽18′/达兰特52′
*莫斯科中央陆军1:2布鲁日
谢尔盖耶夫18′/舍森斯43′,韦尔海恩83′
*比赛在柏林进行

第6轮1993.4.21
布鲁日0:1马赛
博克西奇2′
格拉斯哥流浪者0:0莫斯科中央陆军

球队	胜	平	负	分	得失球
马赛	3	3	0	9	14:4
流浪者	2	4	0	8	7:5
布鲁日	2	1	3	5	5:8
中央陆军	0	2	4	2	2:11

B组(1992.11.25—1993.4.21)

第1轮1992.11.25
AC米兰4:0IFK哥德堡
范巴斯滕33′、53′(点球)、61′、62′
波尔图2:2埃因霍温
马加良斯35′,若泽·卡洛斯75′/罗马里奥43′、60′

第2轮1992.12.9
IFK哥德堡1:0波尔图
埃里克松87′
埃因霍温1:2AC米兰
罗马里奥66′/里杰卡尔德19′西蒙尼62′

第3轮1993.3.3
埃因霍温1:3IFK哥德堡
纽曼7′/尼尔松19′,埃克斯特伦34′、44′
波尔图0:1AC米兰
帕潘71′

第4轮1993.3.17
IFK哥德堡3:0埃因霍温
尼尔松2′,埃克斯特伦44′,马丁松48′
AC米兰1:0波尔图
埃拉尼奥31′

第5轮1993.4.7
IFK哥德堡0:1AC米兰
马萨罗70′
埃因霍温0:1波尔图
若泽·卡洛斯77′(点球)

第6轮1993.4.21
AC米兰2:0埃因霍温
西蒙尼5′、18′
波尔图2:0IFK哥德堡
泽卡洛斯42′,蒂莫夫特56′

球队	胜	平	负	分	得失球
AC米兰	6	0	[illegible]	12	11:1
哥德堡	3	0	[illegible]	6	7:3
波尔图	2	1	[illegible]	5	5:5
埃因霍温	0	1	[illegible]	1	4:13

决赛(1993.5.26,慕尼黑[illegible])
马赛1:0AC米兰
博利44′
马赛阵容(433):巴特斯/安格[illegible]马(达兰特61′)、德赛利、博利、迪梅科/索泽、德尚[illegible]德利耶/博克西奇、沃勒尔(托马斯78′)、阿贝迪·[illegible]
AC米兰阵容(442):罗西/塔[illegible]科斯塔库塔、巴雷西、马尔蒂尼/多纳多尼(帕潘[illegible])、阿尔贝蒂尼、里杰卡尔德、伦蒂尼/范巴斯滕(埃[illegible]尼奥85′)、马萨罗

1993—94[illegible]季

(赛制)一共42支球队参赛[illegible]首先来自水平不高联赛的20个冠军球队捉对进[illegible]两回合的资格赛。10支胜出球队与其他22个[illegible]冠军球队进行淘汰赛第一轮,两回合比赛胜出[illegible]6支球队再进行第二轮淘汰赛,以决出8个晋[illegible]组赛的球队。进入小组赛之后,8支球队被分成[illegible]组。每支球队要与同组不同的对手进行主客场[illegible]比赛,每组前两名晋级半决赛。半决赛为交叉[illegible],即A组第一对B组第二,比赛只有一回合,[illegible]组赛中第一的球队拥有主场优势,最后决出冠[illegible]。从淘汰赛第一轮到决赛,最后夺冠AC米兰参[illegible]12场比赛。

资格赛(1993.8.18—9.1)
赫尔辛基HJK(芬兰)2比1塔林[illegible]马(爱沙尼亚)
(主)1:1 海诺拉15′/博里索夫1[illegible]
(客)1:0 贝洛霍斯托夫81′(乌龙[illegible]
萨格勒布(克罗地亚)11:0托夫[illegible]B68(法罗群岛[illegible]
(客)5:0 茨维塔诺维奇15′,莱[illegible]克32′,弗劳维奇44′,图尔科维奇84′,阿德利奇89′
(主)6:0 济夫科维奇17′,弗劳[illegible]53′、84′、88′、89′,哈利洛维奇74′
*科克城(爱尔兰)4:4Cwmbran T[illegible]n(威尔士)
(客)2:3 考尔菲尔德62′,巴克[illegible]/金4′(点球),福特(25′,27′) (主)2:1 莫利74′,[illegible]85′/麦克尼尔7′
*科克城客场进球多晋级
弗洛里亚纳(马耳他)2比0埃克[illegible]纳斯(立陶宛[illegible]
(客)1:0 布蒂吉格43′ (主)[illegible] 布蒂吉格60′
阿劳(瑞士)3:2尼科西亚(塞浦路[illegible])
(客)1:2 拉蒂尼奥62′/基济拉[illegible]利15′,61′
(主)2:0 施蒂尔6′,海尔德曼38[illegible]
罗森博格3:0阿文尼尔贝根(卢[illegible]堡)
(客)2:0 布拉格斯塔德9′,洛肯[illegible]
(主)1:0 斯卡梅尔斯鲁德70′
*里加斯孔托(拉脱维亚)1:1卢[illegible]雅那奥林匹克(斯洛文尼亚)
(主)1:0 米利诺维奇16′(客)0:1 [illegible]戈纳德日金斯85′
*双方两回合1比1战平,加时赛[illegible]进球,斯孔托在点球大战中以11比10获胜晋级
*第比利斯迪那摩(格鲁吉亚)3:[illegible]菲尔德(北爱尔兰)
(主)2:1 阿韦拉泽7′,伊那利什[illegible]66′/约翰斯顿56′
(客)1:1 阿韦拉泽46′,海洛克71[illegible]
*由于第比利斯迪那摩涉嫌贿[illegible]裁判,因此被取消晋级资格,林菲尔德替补晋级
耶路撒冷贝塔尔(以色列)3:1基[illegible]乌金布尔(摩尔多瓦)
(客)1:1 哈拉齐10′/雷夫达83′
(主)2:0 哈拉齐4′,格雷奇涅夫7[illegible]点球)
*阿克拉内斯(冰岛)3:0地拉那[illegible]队(阿尔巴尼亚[illegible]
(客)0:0
(主)3:0 霍纳森70′,古德约翰森[illegible]81′
*该场比赛第一回合延迟到8月[illegible]进行

淘汰赛第一轮(9.15—9.29)
*布加勒斯特星4:4萨格勒布
(主)1:2 潘杜鲁35′/茨维塔诺维[illegible]9′,耶赫契奇62′
(客)3:2 潘杜鲁14′,弗拉多尤4[illegible]/弗劳维奇7′,阿德利奇71′
*第二回合比赛9月28日举行,星[illegible]场进球多晋级
AC米兰1:0阿劳
(客)1:0 帕潘54′ (主)0:0
布拉格斯巴达2:1AIK(瑞典)
(客)0:1 利德曼36′ (主)2:0 [illegible]各尔15′,80′
费耶诺德3比1阿克拉内斯(冰岛[illegible]
(客)0:1 托尔达森75′
(主)3:0 雷弗斯25′,奥比库65′,[illegible]克尔83′
加拉塔萨雷3:1科克城
(主)2:1 蒂尔克耶尔马兹31′,阿里[illegible]51′/巴里62′
(客)1:0 蒂尔克耶尔马兹76′
安德莱赫特6:0赫尔辛基HJK
(客)3:0 博斯曼49′,韦尔萨维尔[illegible]博芬80′
(主)3:0 尼利斯16′,21′,42′
巴塞罗那5:4基辅迪那摩
(客)1:3 R.科曼29(点球)/什卡片[illegible],莱奥嫩科45′(点球),56′
(主)4:1 大劳德鲁普8′,巴克罗1[illegible]7′,R.科曼67′/雷布罗夫28′
曼联5:3布达佩斯爱国者(匈牙利[illegible]

(客)3:2基恩9′,43′,坎托纳44′/绍鲍多什40′,斯特凡诺夫70′
(主)2:1 布鲁斯55′,6′/绍洛伊78′
波兹南莱赫(波兰)7:2耶路撒冷贝塔尔
(主)3:0 莫斯卡尔6′,波德布罗兹尼32′(点球),切恰克60′
(客)4:2 武卡西克4′,切恰克24′,波德布罗兹尼31′,登宾斯基70′/奥哈纳11′,兹魏格72′
哥本哈根(丹麦)4:3林菲尔德
(客)0:3 海洛克38′,麦唐耐尔42′,约翰斯顿60′
(主)4:0 M.穆勒2′,M.约翰森26′,赫耶尔90′,米克尔森96′
摩纳哥2:1雅典AEK
(主)1:0 弗拉霍斯80′(乌龙)
(客)1:1 德约卡夫5′/斯利斯科维奇12′
波尔图2:0弗洛里亚纳
(主)2:0 科斯塔迪诺夫,塞梅多78′ (客)0:0
*索非亚列夫斯基4:4格拉斯哥流浪者
(客)2:3 博里米罗夫77′,毛多罗夫83′/麦克菲尔森43′,哈特利56′,79′
(主)2:1 西拉科夫36′,托多罗夫90′/迪朗44′
*列夫斯基客场进球多晋级
奥地利维也纳5:4罗森博格
(客)1:3 扎克33′(点球)/勒根23′(点球),莱昂哈德森35′,洛肯42′
(主)4:1 纳贝科瓦斯12′,施米德50′,扎克74′,科格勒81′/达尔乌姆32′
莫斯科斯巴达克9:0里加斯孔托
(客)5:0 波戈丁2′,39′,罗迪奥诺夫7′,41′,别斯查尼奇67′
(主)4:0 岑巴拉7′,40′,尼基雷夫15′,奥诺普科87′
*不莱梅6:3明斯克迪那摩(白俄罗斯)
(主)5:2 霍布施2′,32′,40′,鲁费尔55′,90′/格拉西梅茨52′,维申科77′
(客)1:1 鲁费尔80′(点球)/贝尔科维奇41′
*本场比赛首回合9月16日进行
淘汰赛第二轮(10.20—11.3)
AC米兰7:0哥本哈根
(客)6:0 帕潘1′,72′,M.西蒙尼6′,16′,小劳德鲁普44′,奥兰多61′ (主)1:0 帕潘45′
莫斯科斯巴达克7:2波兹南莱赫
(客)5:1 皮萨雷夫8′,62′,卡尔平10′,奥诺普科30′,53′/波德布罗兹尼44′(点球)
(主)2:1 卡尔平7′,赫列斯廷夫83′/登宾斯基30′
安德莱赫特5:2布拉格斯巴达
(客)1:0 尼利斯74′
(主)4:2 博斯曼′,尼利斯47′,73′,韦尔萨维尔87′/德维米克17′,69′
*加拉塔萨雷3:3曼联
(客)3:3 蒂尔克耶尔马兹31′,63′,阿里夫76′/B.罗布森2′,哈坎·云萨尔13′(乌龙),坎托纳81′ (主)0:0
*加拉塔萨雷凭借客场进球多晋级
不莱梅3:2索非亚列夫斯基
(客)2:2 博德50′,鲁费尔52′/扬科夫75′,根切夫90′
(主)1:0 巴斯勒73′
巴塞罗那5:1奥地利维也纳
(主)3:0 R.科曼37′(点球),巴克罗,埃斯特瓦兰斯88′
(客)2:1 斯托伊奇科夫6′/奥洛里斯40′
波尔图1:0费耶诺德
(主)1:0 多明戈斯90′ (客)0:0
摩纳哥4:2布加勒斯特星
(主)4:1 伊克佩巴50′,75′,克林斯曼52′,65′/杜米特雷斯库21′(点球)
(客)0:1 杜米特雷斯库84′
小组赛/A组(1993.11.24—1994.4.13)
第1轮1993.11.24
摩纳哥4:0莫斯科斯巴达克
克林斯曼17′,伊克佩巴41′,德约卡夫62′(点球),图拉姆90′/皮萨雷夫49′
加拉塔萨雷0:0巴塞罗那
第2轮1993.12.8
巴塞罗那2:0摩纳哥
贝吉里斯坦16′,26′
莫斯科斯巴达克0:0加拉塔萨雷
第3轮1994.3.2
摩纳哥3:0加拉塔萨雷
希福35′,德约卡夫40′,克林斯曼55′
莫斯科斯巴达克2:2巴塞罗那
罗迪奥诺夫77′,卡尔平88′/斯托伊奇科夫10′,罗马里奥66′
第4轮1994.3.16
加拉塔萨雷0:2摩纳哥
希福35′,尼亚科88′
巴塞罗那5:1莫斯科斯巴达克
斯托伊奇科夫33′,阿莫尔75′,R.科曼77′,80′,罗马里奥86′(点球)/卡尔平3′
第5轮1994.3.30
莫斯科斯巴达克0:0摩纳哥
巴塞罗那3:0加拉塔萨雷
阿莫尔21′,R.科曼70′,欧塞维奥76′
第6轮1994.4.13
摩纳哥0:1巴塞罗那
斯托伊奇科夫14′
加拉塔萨雷1:2莫斯科斯巴达克
吉哈特86′/奥诺普科54′,卡尔平82′

球队	胜	平	负	分	得失球
巴塞罗那	4	2	0	10	13:3
摩纳哥	3	1	2	7	9:4
莫斯科斯巴达克	1	3	2	5	6:12
加拉塔萨雷	0	2	4	2	1:10

B组(1993.11.24—1994.4.13)
第1轮1993.11.24
安德莱赫特0:0AC米兰
波尔图3:2不莱梅
多明戈斯7′,鲁伊·若热37′,何塞·卡洛斯/霍布施85′,鲁费尔86′
第2轮1993.12.8
AC米兰3:0波尔图
拉杜乔尤17′,帕努奇40′,马萨罗64′
不莱梅5:3安德莱赫特
鲁费尔66′,89′,布拉策特72′,霍布施80′,博德83′/阿尔伯特16′,博芬18′,33′
第3轮1994.3.2
AC米兰2:1不莱梅
马尔蒂尼48′,萨维切维奇68′/巴斯勒54′
安德莱赫特1:0波尔图
尼利斯88′
第4轮1994.3.16
波尔图2:0安德莱赫特
德鲁洛维奇9′,塞克雷塔里奥90′
不莱梅1:1AC米兰
鲁费尔52′(点球)/萨维切维奇74′
第5轮1994.3.30
AC米兰0:0安德莱赫特
不莱梅0:5波尔图
鲁伊·菲利佩11′,科斯塔迪诺夫34′,塞克雷塔里奥70′,多明戈斯74′,蒂莫伊特90′(点球)
第6轮1994.4.13
波尔图0:0AC米兰
安德莱赫特1:2不莱梅
博斯曼44′/博德33′,65′

球队	胜	平	负	分	得失球
AC米兰	2	4	0	8	6:2
波尔图	3	1	2	7	10:6
不莱梅	2	1	3	5	11:15
安德莱赫特	1	2	3	4	5:9

半决赛(1994.4.27)
AC米兰3:0摩纳哥
德塞利14′,阿尔贝蒂尼48′,马萨罗65′
AC米兰阵容(442):罗西/塔索蒂、科斯塔库塔、巴雷西、帕努奇/多纳多尼、德塞利、阿尔贝蒂尼、博班/萨维切维奇(87′M.西蒙尼)、马萨罗(84′伦蒂尼)
摩纳哥阵容(442):埃托里/布隆多(52′雷)、格里曼迪、迪马、珀蒂/皮埃尔(67′辛巴)、尼亚科、维奥、希福/德约卡夫、克林斯曼
巴塞罗那3:0波尔图
斯托伊奇科夫10′,35′,R.科曼73′
巴塞罗那阵容(433):苏比萨雷塔/费雷尔、纳达尔、R.科曼、塞尔吉(75′戈耶科切亚)/瓜迪奥拉、巴克罗、阿莫尔/斯托伊奇科夫、罗马里奥、贝吉里斯坦(40′伊万)
波尔图阵容(442):巴亚/若昂·平托、若热·科斯塔、阿洛伊西奥、科托/塞克雷塔里奥、安德雷(80′P.桑托斯)、鲁伊·菲利佩、德鲁洛维奇/科斯塔迪诺夫、福利亚(66′塞梅多)
决赛(1994.5.18,雅典)
AC米兰4:0巴塞罗那
马萨罗22′,45′,萨维切维奇47′,德塞利58′
AC米兰阵容(442):罗西/塔索蒂、F.加利、马尔蒂尼(83′诺瓦)、帕努奇/多纳多尼、德塞利、阿尔贝蒂尼、博班/萨维切维奇、马萨罗
巴塞罗那阵容(433):苏比萨雷塔/费雷尔、纳达尔、R.科曼、塞尔吉(22′埃斯特瓦兰斯)/瓜迪奥拉、巴克罗、阿莫尔/斯托伊奇科夫、罗马里奥、贝吉里斯坦(51′欧塞维奥)

1994—95赛季

(赛制)本届比赛共有24支球队参加,将决赛阶段的小组赛扩充为4个小组。卫冕冠军巴塞罗那、曼联、莫斯科斯巴达克、拜仁慕尼黑、本菲卡、安德莱赫特、阿贾克斯、AC米兰7支冠军球队直接进入小组赛。其他16个国家的球队实行一轮资格赛,产生8支出线球队晋级小组赛。16支球队分成4组,每组前两名进入8强淘汰赛,直至产生冠军。从第一轮到决赛,夺冠的阿贾克斯进行了11场比赛。

资格赛(1994.8.10—8.24)
雅典AEK3:0格拉斯哥流浪者
(主)2:0 萨拉瓦科斯45′,70′
(客)1:0 萨维夫斯基43′
加拉塔萨雷9:1阿维尼尔(卢森堡)
(客)5:1 蒂尔克耶尔马兹30′,萨费特35′,哈坎·苏克69′,阿里夫76′,89′/萨里茨基50′
(主)4:0 哈坎·苏克54′,70′,84′,萨费特64′
斯普利特海杜克(克罗地亚)5比0华沙莱吉亚
(客)1:0 拉帕伊奇22′
(主)4:0 阿萨诺维奇50′,武利奇64′,拉帕伊奇80′,埃尔采格89′
萨尔茨堡5:2海法马卡比(以色列)
(客)2:1 胡特82′,姆拉德诺维奇89′(点球)/雷维沃48′(点球)
(主)3:1 姆拉德诺维奇48′,53′,尤尔切维奇78′/哈赞89′
巴黎圣日耳曼5:1韦茨三星(匈牙利)
(主)3:0 里卡多29′,威赫17′/罗切82′
(客)2:1 姆博马20′,68′/菲莱31′
基辅迪那摩3:1西尔克堡(丹麦) (客)0:0
(主)3:1 什卡片科21′,科瓦莱茨28′,霍茹夫运动斯基90′/费尔南多斯74′
哥德堡2比1布拉格斯巴达
(客)0:1 杜德卡89′
(主)2:0 布洛姆奎斯特22′,雷恩64′
布加勒斯特星5:2塞尔维特(瑞士)
(主)4:1 迪埃1′,斯坦17′(点球),皮尔伏26′,勒克图什50′/诺伊维尔72′ (客)1:1皮尔伏61′/舍普尔15′
小组赛/A组(1994.9.14—1994.12.7)
第1轮1994.9.14
巴塞罗那2:1加拉塔萨雷
R.科曼31′,阿莫尔50′/蒂尔克耶尔马兹14′
曼联4:2哥德堡
吉格斯33′,65′,坎切尔斯基48′,李·夏普70′/彼德森27′,雷恩50′
第2轮1994.9.28
加拉塔萨雷0:0曼联
哥德堡2:1巴塞罗那
埃尔林马克74′,布洛姆奎斯特89′/斯托伊奇科夫10′
第3轮1994.10.19
哥德堡1:0加拉塔萨雷
埃尔林马克76′
曼联2:2巴塞罗那
马克·休斯18′,李·夏普80′/罗马诺34′,巴克罗49′
第4轮1994.11.2
巴塞罗那4:0曼联
斯托伊奇科夫9′,52′,罗马里奥45′,费雷尔88′
加拉塔萨雷0:1哥德堡
埃尔林马克86′
第5轮1994.11.23
加拉塔萨雷2:1巴塞罗那
哈坎·苏克71′(点球),阿里夫88′/罗马里奥15′
哥德堡3:1曼联
布洛姆奎斯特11′,埃尔林马克65′,谢马克72′(点球)/马克·休斯64′
第6轮1994.12.7
巴塞罗那1:1哥德堡
巴克罗81′/雷恩90′
曼联4:0加拉塔萨雷
戴维斯3′,贝克汉姆38′,罗伊·基恩49′,B.布伦特88′(乌龙)

球队	胜	平	负	分	得失球
哥德堡	4	1	1	9	10:7
巴塞罗那	2	2	2	6	11:8
曼联	2	2	2	6	11:11
加拉塔萨雷	1	1	4	3	9:3

小组赛
B组(1994.9.14—1994.12.7)
第1轮1994.9.14
基辅迪那摩3:2莫斯科斯巴达克
列昂年科48′,76′,雷布罗夫86′/皮萨雷夫12′,季霍诺夫39′
巴黎圣日耳曼2:0拜仁慕尼黑
威赫41′,布拉沃83′
第2轮1994.9.28
拜仁慕尼黑1:0基辅迪那摩
绍尔9′
莫斯科斯巴达克1:2巴黎圣日耳曼
拉希莫夫38′/勒冈56′,瓦尔多60′
第3轮1994.10.19
基辅迪那摩1:2巴黎圣日耳曼
列昂年科33′(点球)/介朗26′,威赫76′
莫斯科斯巴达克1:1拜仁慕尼黑
皮萨雷夫78′/巴贝尔90′
第4轮1994.11.2
拜仁慕尼黑2:2莫斯科斯巴达克
内林格尔29′,库福尔42′/季霍诺夫1′,阿列尼切夫33′
巴黎圣日耳曼1:0基辅迪那摩
威赫68′
第5轮1994.11.23
拜仁慕尼黑0:1巴黎圣日耳曼
威赫81′
莫斯科斯巴达克1:0基辅迪那摩
穆哈马德夫51′
第6轮1994.12.7
基辅迪那摩1:4拜仁慕尼黑
舍甫琴柯38′/内林格尔47′,帕潘57′,82′,绍尔87′
巴黎圣日耳曼4:1莫斯科斯巴达克
威赫28′,52′,吉诺拉42′,拉易59′/罗迪奥诺夫67′

球队	胜	平	负	分	得失球
巴黎圣日耳曼	6	0	0	12	12:3
拜仁慕尼黑	2	2	2	6	8:7
莫斯科斯巴达克	1	2	3	4	8:12
基辅迪那摩	1	0	5	2	5:11

C组(1994.9.14—1994.12.7)
第1轮1994.9.14
安德莱赫特0:0布加勒斯特星
斯普利特海杜克0:0本菲卡
第2轮1994.9.28
本菲卡3:1安德莱赫特
卡尼吉亚26′,41′,塔巴雷斯72′/保罗·马迭拉86′(乌龙)
布加勒斯特星0:1斯普利特海杜克
阿萨诺维奇88′
第3轮1994.10.19
本菲卡2:1布加勒斯特星
卡尼吉亚43′(点球),若昂·平托61′/米利塔鲁90′
斯普利特海杜克2:1安德莱赫特
普拉利亚34′,布托罗维奇86′/韦伯88′
第4轮1994.11.2
安德莱赫特0:0斯普利特海杜克
布加勒斯特星1:1本菲卡
潘杜鲁27′/埃尔德64′
第5轮1994.11.23
本菲卡2:1斯普利特海杜克
埃萨亚斯33′,若昂·平托77′/安德里亚塞维奇71′
第6轮1994.12.7
安德莱赫特1:1本菲卡
鲁切斯48′/埃迪尔松83′
斯普利特海杜克1:4布加勒斯特星
安德里亚塞维奇48′/A.伊利耶11′,32′,勒克图什23′,吉尔卡90′

球队	胜	平	负	分	得失球
本菲卡	3	3	0	9	9:5
斯普利特海杜克	2	2	2	6	5:7
布加勒斯特星	1	3	2	5	7:6
安德莱赫特	0	4	2	4	4:7

D组(1994.9.14—1994.12.7)
第1轮1994.9.14
阿贾克斯2:0AC米兰
罗纳德·德波尔59′,利特马宁67′
萨尔茨堡0:0雅典AEK
第2轮1994.9.28
雅典AEK1:2阿贾克斯
萨维夫斯基30′/利特马宁33′,克鲁伊维特63′
*AC米兰3:0萨尔茨堡
斯特罗帕40′,M.西蒙尼59′,64′
由于AC米兰圣西罗主场球迷在比赛中发生骚乱,导致萨尔茨堡门将受伤,欧足联决定扣除AC米兰2个积分,余下两个主场也都被安排在意大利东北部城市的里雅斯特。
第3轮1994.10.19
雅典AEK0:0AC米兰
萨尔茨堡0:0阿贾克斯
第4轮1994.11.2
阿贾克斯1:1萨尔茨堡
利特马宁85′/科西安63′
AC米兰2:1雅典AEK
帕努奇68′,74′/萨维夫斯基16′
第5轮1994.11.23
雅典AEK1:3萨尔茨堡
弗拉霍斯29′/普费芬贝格7′,9′,哈森许特尔76′
AC米兰0:2阿贾克斯
利特马宁2′,巴雷西66′(乌龙)
第6轮1994.12.7
阿贾克斯2:0雅典AEK
乌利达8′,79′
萨尔茨堡0:1AC米兰
马萨罗26′

球队	胜	平	负	分	得失球
阿贾克斯	4	2	0	10	9:2
AC米兰	3	1	2	5(−2)	6:5
萨尔茨堡	1	3	2	5	4:6
雅典AEK	0	2	4	2	3:9

1/4决赛1995.3.1—3.15
巴黎圣日耳曼3:2巴塞罗那
(客)1:1 威赫54′/科尔涅夫48′
(主)2:1 拉易72′,介朗83′/巴克罗49′
*拜仁慕尼黑2:2哥德堡 (主)0:0
(客)2:2 齐克勒64′,内林格尔72′/利延贝里79′,马丁松90′
*拜仁凭借客场进球多晋级
阿贾克斯3:0斯普利特海杜克 (客)0:0
(主)3:0 卡努39′,弗兰克·德波尔44′,67′
AC米兰2:0本菲卡
(主)2:0 M.西蒙尼63′,75′ (客)0:0
半决赛1995.4.5—4.19
阿贾克斯5:2拜仁慕尼黑
(客)0:0
阿贾克斯阵容(3313):范德萨/雷兹格尔、布林德、弗兰克·德波尔/西多夫、里杰卡尔德、罗纳德·德波尔(77′博加德)/利特马宁/菲尼迪·乔治、卡努(65′克鲁伊维特)、奥维马斯
拜仁慕尼黑阵容(442):戈斯波达雷克/巴贝尔、库福尔、海尔默(89′格林)、齐格/哈曼、舒普、绍尔、内林格尔/齐克勒、舒特
(主)5:2 利特马宁11′,47′,菲尼迪·乔治41′,罗纳德·德波尔45′,奥维马斯89′/维特切克36′,绍尔75′(点球)
阿贾克斯阵容(3313):范德萨/雷兹格尔、布林德、弗兰克·德波尔/西多夫、里杰卡尔德、罗纳德·德波尔/利特马宁/菲尼迪·乔治(88′戴维斯)、卡努(67′克鲁伊维特)、奥维马斯
拜仁慕尼黑阵容(442):朔伊尔/巴贝尔、库福尔、海尔默(42′克罗伊策)、齐格/内林格尔、弗赖、舒普、齐克勒(73′舒特)/绍尔、维特切克
AC米兰3:0巴黎圣日耳曼
(客)1:0 博班89′
AC米兰阵容(442):罗西/帕努奇、科斯塔库塔、巴雷西、马尔蒂尼/埃拉尼奥、德塞利、阿尔贝蒂尼、博班/萨维切维奇、M.西蒙尼(84′马萨罗)
巴黎圣日耳曼(442):拉马/利亚塞尔、里卡多·戈麦斯、罗谢、科博/布拉沃、勒冈、介朗、拉易/威赫、吉诺拉
(主)2:0 萨维切维奇21′,68′
AC米兰阵容(442):罗西/塔索蒂(15′F.加利)、巴雷西、马尔蒂尼、帕努奇/埃拉尼奥、德塞利、阿尔贝蒂尼、博班/萨维切维奇、M.西蒙尼(84′马萨罗)
巴黎圣日耳曼(442):拉马/科博(76′塞谢)、里卡多·戈麦斯、罗谢、科勒泰/布拉沃、勒冈、介朗、瓦尔多(69′努

马)/威赫.吉诺拉
决赛(1995.5.24，维也纳)
阿贾克斯1:0AC米兰
克鲁伊维特84′
阿贾克斯阵容(343):范德萨/雷兹格尔、布林德、弗兰克·德波尔/菲尼迪·乔治、西多夫(53′卡努)、里杰卡尔德、戴维斯/罗纳德·德波尔、利特马宁(68′克鲁伊维特)、奥维马斯
AC米兰阵容(442):罗西/帕努奇、科斯塔库塔、巴雷西、马尔蒂尼/多纳多尼、德塞利、阿尔贝蒂尼、博班(86′伦蒂尼)/M.西蒙尼、马萨罗(90′埃拉尼奥)

1995–96赛季

(赛制)本届比赛共有24支球队参加，卫冕冠军阿贾克斯，尤文图斯、南特、多特蒙德、皇家马德里、布莱克本、波尔图和莫斯科斯巴达克7支顶级联赛冠军球队直接进入小组赛，其他16个国家的球队实行一轮资格赛，产生8支出线球队晋级小组赛16支球队分成4组，每组前两名进入8强淘汰赛，直至产生冠军。从第一轮到决赛，夺冠的尤文图斯进行了11场比赛。

资格赛(1995.8.9–8.23)
苏黎世草蜢2:1特拉维夫马卡比(以色列)
(主)1:1 易卜拉欣50′/卡申采夫55′
(客)1:0 科米塞蒂4′
格拉斯哥流浪者1:0阿诺索西斯(塞浦路斯)
(主)1:0 迪里68′　(客)0:0
华沙莱吉亚3:1哥德堡
(主)1:0 波德布罗兹尼49′(点球)
(客)2:1 皮什74′,贝德纳茨90′/布洛姆奎斯特25′
布加勒斯特星1:0萨尔茨堡
(客)0:0　(主)1:0 A.伊利耶32′
*基辅迪那摩4:1奥尔堡(丹麦)
(主)1:0 波赫列巴耶夫82′(点球)
(客)3:1 卡利文采夫36′,舍甫琴柯49′,76′/拉斯姆森86′
*由于基辅迪那摩在随后的小组赛第一轮对帕纳辛奈科斯时贿赂裁判西班牙裁判涅托,因此被取消资格,奥尔堡顶替晋级
罗森博格4:3贝西克塔斯
(主)3:0 霍夫通22,斯特兰德27′,布拉特巴克75′
(客)1:3 布拉特巴克75′/昆茨8′,85′(点球),穆罕默德87′
费伦茨城(匈牙利)2比1安德莱赫特
(客)1:0孔蒂奇58′
*(主)1:1科普诺维奇50′/德比尔德65′
*第二回合比赛在匈牙利塞格德进行
*帕纳辛奈科斯1比1斯普利特海杜克(克罗地亚)
(主)0:0　*(客)1:1博雷利55′/斯蒂马奇4′
*帕纳辛奈科斯凭借客场进球多晋级,第二回合比赛在南斯拉夫里耶卡进行
小组赛/A组(1995.9.13–1995.12.6)
第1轮1995.9.13
南特0:0波尔图
*基辅迪那摩1:0帕纳辛奈科斯
霍茹夫运动斯基61′
*由于基辅迪那摩在该场比赛之前贿赂裁判西班牙裁判涅托,因此被取消资格,奥尔堡顶替晋级
奥尔堡2:1帕纳辛奈科斯
B.安德森7′,马德森89′/K.瓦齐察42′
第2轮1995.9.23
波尔图2:0奥尔堡
鲁伊·巴罗斯41′,62′
帕纳辛奈科斯3:1南特
H.耶奥贾迪斯17′,K.瓦齐察30′,46′/恩多兰88′
第3轮1995.10.18
南特3:1奥尔堡
韦德克5′,佩德罗斯55′,科塞茨基74′/B.安德森46′
波尔图0:1帕纳辛奈科斯
马科斯40′
第4轮1995.11.1
帕纳辛奈科斯0:0波尔图
奥尔堡0:2南特
居约10′,韦德克68′
第5轮1995.11.22
帕纳辛奈科斯2:0奥尔堡
阿莱克修迪斯1′,H.耶奥贾迪斯38′
波尔图2:2南特
德鲁洛维奇10′,何塞·卡洛斯56′/佩德罗斯3′,34′
第6轮1995.12.6
南特0:0帕纳辛奈科斯
奥尔堡2:2波尔图
B.安德森11′,马德森69′/埃莫森63′,75′

球队	胜	平	负	分	得失球
帕纳辛奈科斯	3	2	1	11	7:3
南特	2	3	1	9	8:6
波尔图	1	4	1	7	6:5
奥尔堡	1	1	4	4	5:12

B组(1995.9.13–1995.12.6)
第1轮1995.9.13
华沙莱吉亚3:1罗森博格
皮什64′,73′,R.斯塔涅克70′/雅各布森64′
布莱克本0:1莫斯科斯巴达克
尤兰41′
第2轮1995.9.27
莫斯科斯巴达克2:1华沙莱吉亚
尼基福罗夫13′(点球),尤兰52′/尤斯维亚克82′
罗森博格2:1布莱克本
勒肯29′,斯滕索斯86′/纽厄尔62′
第3轮1995.10.18
华沙莱吉亚1:0布莱克本
波德布罗兹尼26′
罗森博格2:4莫斯科斯巴达克
林肯2′,布拉特巴克44′/阿列尼切夫58′,尼基福罗夫61′,克钦诺夫76′,83′
第4轮1995.11.1
莫斯科斯巴达克4:1罗森博格
什马罗夫2′,尤兰9′,岑巴拉19′,季霍诺夫80′/勒肯90′
布莱克本0:0华沙莱吉亚
第5轮1995.11.22
莫斯科斯巴达克3:0布莱克本
阿列尼切夫28′,尼基福罗夫47′,马梅多夫54′
罗森博格4:0华沙莱吉亚
斯特兰德17′,布拉特巴克45′,雅各布森63′,亨根88′
第6轮1995.12.6
华沙莱吉亚0:1莫斯科斯巴达克
马梅多夫41′
布莱克本4:1罗森博格
希勒16′(点球),纽厄尔31′,37′,40′/伊弗森30′

球队	胜	平	负	分	得失球
莫斯科斯巴达克	6	0	0	18	15:4
华沙莱吉亚	2	1	3	7	5:8
罗森博格	2	0	4	6	11:16
布莱克本	1	1	4	4	5:8

C组(1995.9.13–1995.12.6)
第1轮1995.9.13
多特蒙德1:3尤文图斯
A.穆勒1′/帕多瓦诺12′,皮耶罗37′,孔蒂69′
布加勒斯特星1:0格拉斯哥流浪者
普罗丹85′
第2轮1995.9.27
格拉斯哥流浪者2:2多特蒙德
高夫64′,弗格森73′/赫利希19′,克雷68′
尤文图斯3:0布加勒斯特星
迪利维奥35′,皮耶罗40′,拉瓦内利49′
第3轮1995.10.18
多特蒙德1:0布加勒斯特星
里肯58′
尤文图斯4:1格拉斯哥流浪者
拉瓦内利15′,76′,孔蒂17′,皮耶罗23′/高夫79′
第4轮1995.11.1
格拉斯哥流浪者0:4尤文图斯
皮耶罗16′,托里切利65′,拉瓦内利88′,马罗基90′
布加勒斯特星0:0多特蒙德
第5轮1995.11.22
格拉斯哥流浪者1:1布加勒斯特星
加斯科因33′/A.伊利耶55′
尤文图斯1:2多特蒙德
皮耶罗90′/佐尔克29′,里肯65′
第6轮1995.12.6
多特蒙德2:2格拉斯哥流浪者
A.穆勒17′,里德尔48′/小劳德鲁普10′,迪里84′
布加勒斯特星0:0尤文图斯

球队	胜	平	负	分	得失球
尤文图斯	4	1	1	13	15:4
多特蒙德	2	3	1	9	8:8
布加勒斯特星	1	3	2	6	2:5
格拉斯哥流浪者	0	3	3	3	6:14

D组(1995.9.13–1995.12.6)
第1轮1995.9.13
阿贾克斯1:0皇马
奥维马斯14′
草蜢0:3费伦茨城
利斯泰什61′,温策81′,90′
第2轮1995.9.27
费伦茨城1:5阿贾克斯
尼洛什59′(点球)/利特马宁57′,79′(点球),87′,克鲁伊维特67′,弗兰克·德波尔84′
皇马2:0草蜢
萨莫拉诺69′,89′
第3轮1995.10.18
阿贾克斯3:0草蜢
克鲁伊维特12′,68′,菲尼迪·乔治87′
皇马6:1费伦茨城
劳尔24′,25′,84′,萨莫拉诺34′,47′,耶罗54′/科普诺维奇63′
第4轮1995.11.1
费伦茨城1:1皇马
奥尔贝特20′/劳尔73′
草蜢0:0阿贾克斯
第5轮1995.11.22
费伦茨城3:3草蜢
奥尔贝特20′,利斯泰什24′,尼洛什85′(点球)/舒比亚特21′,科米塞蒂47′,易卜拉欣64′
皇马0:2阿贾克斯
利特马宁64′,克鲁伊维特76′
第6轮1995.12.6
阿贾克斯4:0费伦茨城
奥维马斯17′,罗纳德·德波尔22′,利特马宁62′,66′
草蜢0:2皇马
劳尔55′,米歇尔67′

球队	胜	平	负	分	得失球
阿贾克斯	5	1	0	16	15:1
皇马	3	1	2	10	11:5
费伦茨城	1	2	3	5	9:19
草蜢	0	2	4	2	3:13

1/4决赛(1996.3.5–3.20)
阿贾克斯3:0多特蒙德
(客)2:0 戴维斯8′,克鲁伊维特83′(主)1:0 穆桑帕75′
帕纳辛奈科斯3:0华沙莱吉亚
(客)0:0　(主)3:0 K.瓦齐察34′,58′,博雷利72′
南特4:2莫斯科斯巴达克
(主)2:0 恩多兰28′,韦德克67′
(客)2:2 韦德克63′,86′/尼基福罗夫32′,38′
尤文图斯2:1皇马
(客)0:1 劳尔　(主)2:0 皮耶罗17′,帕多瓦诺54′
半决赛(1996.4.3–4.17)
阿贾克斯3:1帕纳辛奈科斯
(主)0:1 K.瓦齐察87′
阿贾克斯阵容(424):范德萨/雷兹格尔、布林德、弗兰克·德波尔、博加德/罗纳德·德波尔、戴维斯/菲尼迪·乔治、利特马宁(76′穆桑帕)、克鲁伊维特、卡努
帕纳辛奈科斯阵容(442):万齐克/阿波斯托拉基斯、乌祖尼迪斯、S.耶奥贾迪斯、卡利察基斯/科利齐达基斯、博雷利(83′马科斯)、马拉戈斯(60′H.耶奥贾迪斯)、卡保拉尼斯/K.瓦齐察(90′尼奥普利尔斯)、多尼斯
(客)3:0 利特马宁4′,77′,沃特尔86′
阿贾克斯阵容(4123):范德萨/雷兹格尔、布林德、弗兰克·德波尔、西洛伊(72′沃特尔)/罗纳德·德波尔/戴维斯(86′斯霍尔滕)、利特马宁/博加德、卡努、菲尼迪·乔治
帕纳辛奈科斯阵容(442):万齐克/阿波斯托拉基斯、马科斯(85′拉戈尼卡基斯)、H.耶奥贾迪斯、卡利察基斯/科利齐达基斯、博雷利、马拉戈斯(74′尼奥普利尔斯)、卡保拉尼斯/K.瓦齐察、多尼斯
尤文图斯4:3南特
(主)2:0 维亚利49′,尤戈维奇66′
尤文图斯阵容(433):佩鲁齐/费拉拉、维尔乔沃德(62′马罗基)、波里尼、佩索托/迪利维奥(75′隆巴多)、保罗·索萨(82′卡雷拉)、尤戈维奇/帕多瓦诺、皮耶罗、维亚利
南特阵容(442):卡萨格兰德/勒泽、德克鲁瓦、卡普龙、皮尼奥尔/科埃、费里、卡罗蒂、古韦内克(46′沙内莱)/科塞茨基(68′居约)、韦德克(86′佩尔拉德)
(客)2:3 维亚利17′,保罗·索萨50′/卡普龙44′,恩多兰69′,勒努82′
尤文图斯阵容(442):佩鲁齐/费拉拉、维尔乔沃德、卡雷拉、佩索托/迪利维奥、孔蒂、德尚、拉瓦内利(46′帕多瓦诺)/皮耶罗(46′保罗·索萨)、维亚利(79′尤戈维奇)
南特阵容(433):卡萨格兰德/沙内莱、德克鲁瓦、卡普龙、皮尼奥尔(88′佩尔拉德)/科埃、费里、马克莱莱/科塞茨基(62′勒努)、恩多兰、韦德克(38′古韦内克)
决赛(1996.5.22，罗马)
*尤文图斯1:1阿贾克斯
拉瓦内利13′/利特马宁42′
*尤文图斯点球4:2获胜
点球决战:

阿贾克斯	尤文图斯
戴维斯(射失)	费拉拉(射进)
利特马宁(射进)	佩索托(射进)
斯霍尔滕(射进)	帕多瓦诺(射进)
西洛伊(射失)	尤戈维奇(射进)

尤文图斯阵容(433):佩鲁齐/托里切利、费拉拉、维尔乔沃德、佩索托/孔蒂(44′尤戈维奇)、保罗·索萨(58′迪利维奥)、德尚/拉瓦内利(77′帕多瓦诺)、皮耶罗、维亚利
阿贾克斯阵容(352):范德萨/西洛伊、布林德、弗兰克·德波尔(69′斯霍尔滕)/菲尼迪·乔治、罗纳德·德波尔(91′沃特尔)、戴维斯、博加德、穆桑帕(46′克鲁伊维特)/卡努、利特马宁

1996–97赛季

(赛制)本届比赛共有24支球队参加，卫冕冠军尤文图斯，AC米兰、欧塞尔，多特蒙德，马德里竞技，阿贾克斯，曼联和波尔图7支顶级联赛冠军球队直接进入小组赛，其他16个国家的球队实行一轮资格赛，产生8支出线球队晋级小组赛16支球队分成4组，每组前两名进入8强淘汰赛，直至产生冠军。从第一轮到决赛，夺冠的多特蒙德一共踢了11场比赛。

资格赛(1996.8.3–8.21)
费内巴切2:1特拉维夫马卡比(以色列)
(客)1:0 凯末尔丁42′　(主)1:1 奥科查18′/德里克斯
格拉斯哥流浪者10:3弗拉季卡夫卡兹阿拉尼亚(俄罗斯)
(主)3:1 麦金尼斯50,麦考伊斯特60′,佩特雷79′/雅诺夫斯基9′
(客)7:2 雅诺夫斯基15′,苏雷马诺夫24′(点球)/麦考伊斯特1′,14′,19′,范沃森40′,小劳德鲁普55′,83′,米勒87′
罗森博格3:1帕纳辛奈科斯　(客)0:1 瓦齐察19′
(主)3:0 斯特兰德63′,伊弗森95′,亨根98′
哥德堡4:1费伦茨城(匈牙利)
*(主)3:0 布洛姆奎斯特37,S.彼得森,A.安德森
(客)1:1 F.霍瓦特15′/A.安德森
*第一回合在瑞典北雪平举行
苏黎世草蜢6:0布拉格斯拉维亚
(主)5:0 蒂尔克耶尔马兹11′、47′,埃斯波西托43,摩尔多万60′,科勒88′　(客)1:0 蒂尔克耶尔马兹60′
布加勒斯特星5:2布鲁日
(客)2:2 伊利耶44′,61′/A.内尔森25′,什佩哈尔55′
(主)3:0 伊利耶33′(点球),45′,纳吉55′
*罗兹(波兰)4:4布隆德比
(主)2:1 登宾斯基64′,马亚克74/比约尔75′
(客)2:3 奇特科56′,沃伊塔[illegible]/P.穆勒32′,比约尔44′,维尔福特48′
*罗兹队客场进球多晋级
维也纳快速6:2基辅迪那摩
(主)2:0 施通普夫8′,古吉89′
(客)4:2 T.伊万诺夫23′,42′,库[illegible]32′,恰茨克维[illegible]62′(乌龙)/卡利文采夫6′,马克西莫[illegible]
小组赛/A组(1996.9.11–1996.12.4)
第1轮1996.9.11
欧塞尔0:1阿贾克斯
利特马宁4′
草蜢3:0格拉斯哥流浪者
哈坎·雅金18′,蒂尔克耶尔[illegible]28′,79′
第2轮1996.9.25
阿贾克斯0:1草蜢
哈坎·雅金60′
格拉斯哥流浪者1:2欧塞尔
加斯科因71′/德尼奥55′,69′
第3轮1996.10.16
阿贾克斯4:1格拉斯哥流浪者
达尼25′,41′,巴班吉达83′,[illegible]尔90′/迪朗88′
欧塞尔1:0草蜢
德尼奥42′
第4轮1996.10.30
格拉斯哥流浪者0:1阿贾克斯
斯霍尔滕39′
草蜢3:1欧塞尔
摩尔多万17′,29′(点球),格[illegible]59′/格伦47′(乌龙)
第5轮1996.11.20
阿贾克斯1:2欧塞尔
巴班吉达44′/迪奥梅德1[illegible]马莱57′
格拉斯哥流浪者2:1草蜢
麦考伊斯特67′,73′(点球)/[illegible]贝格尔77′
第6轮1996.12.4
草蜢0:1阿贾克斯
克鲁伊维特32′
欧塞尔2:1格拉斯哥流浪者
拉斯朗德20′,马莱32′/[illegible]36′

球队	胜	平	负	分	得失球
阿贾克斯	4	0	2	12	8:7
欧塞尔	4	0	2	12	8:4
草蜢	3	0	3	9	8:5
格拉斯哥流浪者	1	0	5	3	5:13

B组(1996.9.11–1996.12.4)
第1轮1996.9.11
多特蒙德2:1罗兹
赫利希45′,68′/奇特科[illegible]
马德里竞技4:0布加勒斯特星
埃斯奈德32′,45′,D.西[illegible]64′,85′
第2轮1996.9.25
罗兹1:4马德里竞技
奇特科45′/潘蒂奇25′,[illegible]蒙尼32′,58′,[illegible]科60′
布加勒斯特星0:3多特蒙德
里肯6′,赫利希37′,查普[illegible]萨特77′
第3轮1996.10.16
布加勒斯特星1:0罗兹
博古什82′(乌龙)
马德里竞技0:1多特蒙德
罗伊特51′
第4轮1996.10.30
罗兹2:0布加勒斯特星
马亚克40′,切尔维茨4[illegible]
多特蒙德1:2马德里竞技
赫利希17′/罗伯托37′,[illegible]蒂奇42′
第5轮1996.11.20
罗兹2:2多特蒙德
登宾斯基15′,20′/兰[illegible]14′,科勒尔65′
布加勒斯特星1:1马德里竞技
S.伊列耶46′/潘蒂奇[illegible]
第6轮1996.12.4
马德里竞技1:0罗兹
潘蒂奇83′
多特蒙德5:3布加勒斯特星
查普伊萨特13′,22′,[illegible]楚克43′,里德尔63′,佐尔克65′/S.伊利耶17′(点球),[illegible]52′,克林79′

球队	胜	平	负	分	得失球
马德里竞技	[illegible]	1	1	13	12:4
多特蒙德	[illegible]	1	1	13	14:8
罗兹	[illegible]	1	4	4	6:10
布加勒斯特星	[illegible]	1	4	4	5:15

C组(1996.9.11–1996.12.4)
第1轮1996.9.11
尤文图斯1:0曼联
博克西奇34′
维也纳快速1:1费内[illegible]
施通普夫71′/博利[illegible]
第2轮1996.9.25
曼联2:0维也纳快速
索尔斯沙尔20′,贝[illegible]姆27′
费内巴切0:1尤文图斯
博克西奇22′
第3轮1996.10.1[illegible]
维也纳快速1:1尤文[illegible]斯
莱夏克20′/维耶里[illegible]
费内巴切0:2曼联
贝克汉姆55′,坎托[illegible]0′
第4轮1996.10.3[illegible]

曼联0:1费内巴切
博利奇78'
尤文图斯5:0维也纳快速
博克西奇5',59',蒙特罗[illegible]',皮耶罗29',75'
第5轮1996.11.28
费内巴切1:0维也纳快速
赫格76'
曼联0:1尤文图斯
皮耶罗35'(点球)
第6轮1996.12.4
尤文图斯2:0费内巴切
帕多瓦诺41',N.阿莫鲁索85'
维也纳快速0:2曼联
吉格斯24',坎托纳72'

球队	胜	平	负	分	得失球
尤文图斯	5	1	0	16	11:1
曼联	3	0	3	9	6:3
费内巴切	2	1	3	7	3:6
维也纳快速	0	2	4	2	2:12

D组(1996.9.11—1996.12.4)
第1轮1996.9.11
AC米兰2:3波尔图
M.西蒙尼15',威赫69'/阿图尔53',贾德尔76',82'
哥德堡2:3罗森博格
埃尔林马克38',49'/雅各布森32',伊弗森52',布拉特巴克64'
第2轮1996.9.25
罗森博格1:4AC米兰
索尔特韦特16'/M.西蒙尼23',25',威赫56'
波尔图2:1哥德堡
阿图尔27',51'/若热·科斯塔2'(乌龙)
第3轮1996.10.16
哥德堡2:1AC米兰
沃尔斯泰特75',亚历山大松[illegible]'/威赫53'
罗森博格0:1波尔图
贾德尔90
第4轮1996.10.30
AC米兰4:2哥德堡
博班4',阿尔贝蒂尼13'(点球),洛卡特利44',罗伯特·巴乔90'/布洛姆奎斯特[illegible]',A.安德森32'
波尔图3:0罗森博格
扎霍维奇2',德鲁洛维奇41',阿图尔50'
第5轮1996.11.28
波尔图1:1AC米兰
埃德米尔森71'/戴维斯55'
罗森博格1:0哥德堡
斯卡梅尔斯鲁德66'(点球)
第6轮1996.12.4
AC米兰1:2罗森博格
杜加里45'/布拉特巴克30',亨[illegible]70'
哥德堡0:2波尔图
贾德尔64',埃德米尔森90'

球队	胜	平	负	分	得失球
波尔图	5	1	0	16	12:4
罗森博格	3	0	3	9	7:11
AC米兰	2	1	3	7	13:11
哥德堡	1	0	5	3	7:13

1/4决赛1997.3.5—3.19
曼联4:0波尔图
(主)4:0 大卫·梅22',坎托纳3[illegible]',吉格斯61',安迪·科尔80' (客)0:0
尤文图斯3:1罗森博格
(客)1:1 维耶里52'/索尔特韦特[illegible]
(主)2:0 齐达内29',N.阿莫鲁索[illegible]'(点球)
多特蒙德4:1欧塞尔
(主)3:1 里德尔12',R.施奈德54',A.穆勒8[illegible]'/拉穆齐75'
(客)1:0 里肯61'
阿贾克斯4:3马德里竞技
(主)1:1 克鲁伊维特53'/埃斯奈[illegible]'
*(客)3:2 罗纳德·德波尔49',达尼[illegible]',巴巴吉达119'/基科29',潘蒂奇105'(点球)
*双方第二回合打成1比1,阿贾克斯通过加时赛胜出
半决赛1997.4.9—4.23
尤文图斯6:2阿贾克斯
(客)2:1 N.阿莫鲁索14',维耶里41'/利特马宁66'
尤文图斯阵容(442):佩鲁齐/波里尼、费拉拉、蒙特罗、佩索托/迪利维奥(68'塔奇纳迪)、尤戈维奇(85'隆巴多)、德尚、齐达内/维耶里、N.阿莫鲁索
阿贾克斯阵容(433):范德萨/梅尔奇奥特、布林德、弗兰克·德波尔、斯霍尔滕(76'沃特斯)/维茨赫格、利塔马宁、穆桑帕(27'博加德)/巴班吉达、罗纳德·德波尔、奥维马斯
(主)4:1 隆巴多34',维耶里36',N.阿莫鲁索79',齐达内81'/梅尔奇奥尔78'
尤文图斯阵容(442):佩鲁齐/迪利维奥、费拉拉、蒙特罗、尤利亚诺/塔奇纳迪、隆巴多、德尚、齐达内(83'孔蒂)/博克西奇、维耶里(67'N.阿莫鲁索)
阿贾克斯阵容(442):范德萨/梅尔奇奥特、布林德、博加德、斯霍尔滕(56'穆桑帕)/弗兰克·德波尔、维茨赫格(83'胡安)、利塔马宁、罗纳德·德波尔/巴班吉达、奥维马斯
多特蒙德2:0曼联
(主)1:0 特雷楚克76'
多特蒙德阵容(352):克洛斯/罗伊特、费尔辛格、克雷/里肯(90'弗罗因德)、保罗·索萨、A.穆勒、兰伯特、海因里希/赫利希(91'佐尔克)、特雷楚克(85'赖因哈特)
曼联阵容(442):范德胡/加里·内维尔、约翰森、帕利斯特、埃尔文/贝克汉姆、罗伊·基恩、巴特、吉格斯(83'斯科尔斯)/坎托纳、索尔斯沙尔(75'安迪·科尔)
(客)1:0 里肯6'
多特蒙德阵容(4312):克洛斯/罗伊特(23'特雷楚克)、费尔辛格、科勒尔、克雷/里肯(58'佐尔克)、兰伯特、海因里希/A.穆勒/里德尔(72'赫利希)、查普伊萨特
曼联阵容(442):施梅切尔/加里·内维尔、约翰森、帕利斯特、菲尔·内维尔/贝克汉姆、大卫·梅、巴特、坎托纳/索尔斯沙尔(56'吉格斯)、安迪·科尔
决赛(1997.5.28,慕尼黑)
多特蒙德3:1尤文图斯
里德尔29',34',里肯71'/皮耶罗66'
多特蒙德阵容(442):克洛斯/科勒尔、萨默尔、克雷、罗伊特/兰伯特、保罗·索萨、海因里希、A.穆勒/里德尔(67'赫利希)、查普伊萨特(70'里肯)
尤文图斯阵容(442):佩鲁齐/波里尼(46'皮耶罗)、费拉拉、蒙特罗、尤利亚诺/迪利维奥、尤戈维奇、德尚、齐达内/博克西奇(88'塔奇纳迪)、维耶里(73'N.阿莫鲁索)

1997–98赛季

(赛制)本届比赛开始施行"两轮资格赛中+预选赛+小组赛+淘汰赛"的复杂赛制。从1997–98赛季开始,参加欧冠的球队增加到56支。32支球队通过第1轮资格赛决出16个胜者,16个通过第1轮资格赛的球队与另外16支不参加首轮资格赛的球队进行主客场资格赛。最后的16支获胜球队和8支种子队分成6组进行小组赛。6个小组的头名和2个成绩最好的小组第2,共8支球队进入1/4决赛后捉对厮杀直至产生最终的冠军。最后夺冠的皇家马德里一共踢了11场比赛。

资格赛第1轮(1997.7.23—7.30)
科埃斯(乌克兰)3:0(3:0,1:0)阿克拉内斯IA(冰岛)
布达佩斯MTK6:3(2:0,4:3)埃里温(亚美尼亚)
马里博尔3:0(2:0,1:0)德利城(爱尔兰)
锡昂(瑞士)5:0(4:0,1:0)埃施青年
莫佐拉(白俄罗斯)4:2(1:1,3:2)基希讷乌(摩尔多瓦)
格拉斯哥流浪者11:0(5:0,6:0)吉哥塔(法罗群岛)
里加斯孔托(拉脱维亚)2:1(2:0,0:1)瓦莱塔(马耳他)
罗兹(波兰)10:0(2:0,8:0)内弗特奇(阿塞拜疆)
基辅迪那摩6:0(2:0,4:0)巴里城(威尔士)
萨格勒布克罗地亚人5:1(5:0,0:1)贝尔格莱德游击
谢斯波利(芬兰)3:0(2:0,1:0)塔林兰塔纳(爱沙尼亚)
第比利斯迪那摩8:2(3:1,5:1)贝尔法斯特十字军(威尔士)
布加勒斯特星5:3(3:3,2:0)索非亚中央陆军
耶路撒冷贝塔(以色列)3:1(0:1,3:0)克拉托沃(马其顿)
阿诺索西斯(塞浦路斯)4:1(3:0,1:1)希奥利埃卡雷达(立陶宛)
资格赛第2轮(1997.8.13—8.27)
科埃斯(乌克兰)2:1(2:1,0:0)莫斯科斯巴达克
贝西克塔斯(土耳其)3:1(0:0,3:1)马里博尔(斯洛文尼亚)
加拉塔萨雷8:2(4:1,4:1)锡昂(瑞士)
奥林匹亚科斯7:2(5:0,2:2)莫佐拉(白俄罗斯)
布拉格斯巴达3:0(0:0,3:0)萨尔茨堡(奥地利)
哥德堡4:1(3:0,1:1)格拉斯哥流浪者
巴塞罗那4:2(3:2,1:0)里加斯孔托(拉脱维亚)
帕尔马7:1(3:1,4:0)罗兹(波兰)
基辅迪那摩4:3(4:2,0:1)布隆德比(丹麦)
纽卡斯尔4:3(2:1,2:2)克罗地亚萨格勒布
费耶诺德8:3(6:2,2:1)谢斯波利(芬兰)
勒沃库森6:2(6:1,1:0)第比利斯迪那摩(格鲁吉亚)
巴黎圣日耳曼7:3(2:3,5:0)布加勒斯特星
里斯本竞技3:0(0:0,3:0)耶路撒冷贝塔(以色列)
利尔斯(比利时)3:2(0:2,3:0)阿诺索西斯(塞浦路斯)
罗森博格4:1(1:0,3:1)布达佩斯MTK
小组赛/A组(1997.9.17—12.10)
第1轮1997.9.17
布拉格斯巴达0:0帕尔马
加拉塔萨雷0:1多特蒙德
查普伊萨特74'
第2轮1997.10.1
帕尔马2:0加拉塔萨雷
森西尼24',克雷斯波39'
多特蒙德4:1布拉格斯巴达
海因里希20',查普伊萨特59',75',海因里希69',西格尔76'
第3轮1997.10.22
布拉格斯巴达3:0加拉塔萨雷
西格尔34',加布里埃尔66',奥贝丁'87
帕尔马1:0多特蒙德
克雷斯波62'
第4轮1997.11.5
多特蒙德2:0帕尔马
A.穆勒50',75'
加拉塔萨雷2:0布拉格斯巴达
图加伊58',86'
第5轮1997.11.27
多特蒙德4:1加拉塔萨雷
布特22',海因里希34',佐尔克48',86'(点球)/埃尔根87'
帕尔马2:2布拉格斯巴达
基耶萨22',90'(点球)/诺沃特尼87',奥贝丁89'
第6轮1997.12.10
布拉格斯巴达0:3多特蒙德
A.穆勒29',基洛夫斯尔特47',博特71'
加拉塔萨雷1:1帕尔马
A.希埃52'/基耶萨47'

球队	胜	平	负	分	得失球
多特蒙德	5	0	1	15	14:3
帕尔马	2	3	1	9	6:5
布拉格斯巴达	1	2	3	5	6:11
加拉塔萨雷	1	1	4	4	4:11

B组(1997.9.17—12.10)
第1轮1997.9.17
科埃斯0:3曼联
埃尔文30',博格61',科尔88'
尤文图斯5:1费耶诺德
皮耶罗3',11'(点球),因扎吉34',齐达内67',比林德利81'/范加斯特尔58'(点球)
第2轮1997.10.1
费耶诺德2:0科埃斯
范加斯特尔26'(点球),J.克鲁斯35'
曼联3:2尤文图斯
谢林汉姆38',斯科尔斯69',吉格斯90'/皮耶罗1',齐达内90'
第3轮1997.10.22
曼联2:1费耶诺德
斯科尔斯32',埃尔文72'(点球)/沃什83'
科埃斯0:1尤文图斯
皮耶罗34'
第4轮1997.11.5
费耶诺德1:3曼联
科梅夫88'/科尔31',44',75'
尤文图斯3:2科埃斯
皮耶罗43',阿莫鲁索59',冯塞卡61'/柳巴尔斯基66',费拉拉71'(乌龙)
第5轮1997.11.26
费耶诺德2:0尤文图斯
J.克鲁斯67',88'
曼联3:0科埃斯
科尔40',法克托85'(乌龙),谢林汉姆90'
第6轮1997.12.10
科埃斯0:1费耶诺德
范布隆克霍斯特81'
尤文图斯1:0曼联
因扎吉84'

球队	胜	平	负	分	得失球
曼联	5	0	1	15	14:5
尤文图斯	4	0	2	12	12:8
费耶诺德	3	0	3	9	8:10
科埃斯	0	0	6	0	2:13

C组(1997.9.17—12.10)
第1轮1997.9.17
埃因霍温1:3基辅迪那摩
琼克40'/马克西莫夫33',雷布罗夫47',舍甫琴柯90'
纽卡斯尔3:2巴塞罗那
阿斯普里拉22'(点球),31',49'/路易斯·恩里克73',费戈89'
第2轮1997.10.1
巴塞罗那2:2埃因霍温
路易斯·恩里克61',74'/科库70',P.穆勒86'
基辅迪那摩2:2纽卡斯尔
雷布罗夫4',舍甫琴柯28'/贝雷斯福德78',85'
第3轮1997.10.22
基辅迪那摩3:0巴塞罗那
雷布罗夫6',马克西莫夫32',卡利文采夫65'
埃因霍温1:0纽卡斯尔
琼克38'
第4轮1997.11.5
巴塞罗那0:4基辅迪那摩
舍甫琴柯9',32',44'(点球),雷布罗夫79'
纽卡斯尔0:2埃因霍温
尼利斯33',布林德90'
第5轮1997.11.26
巴塞罗那1:0纽卡斯尔
吉奥瓦尼17'
基辅迪那摩1:1埃因霍温
雷布罗夫19'/布林德65'
第6轮1997.12.10
埃因霍温2:2巴塞罗那
阿韦拉多54'(乌龙),布林德56'/阿韦拉多32',吉奥瓦尼67'
纽卡斯尔2:0基辅迪那摩
巴恩斯10',皮尔斯21'

球队	胜	平	负	分	得失球
基辅迪那摩	3	2	1	11	13:6
埃因霍温	2	3	1	9	9:8
纽卡斯尔	2	1	3	7	7:8
巴塞罗那	1	2	3	5	7:14

D组(1997.9.17—12.10)
第1轮1997.9.17
皇家马德里4:1罗森博格
帕努奇7',泽·罗伯托39',劳尔43',莫伦特斯83'/雅克布森22'
奥林匹亚科斯1:0波尔图
吉安纳科波洛斯6'
第2轮1997.10.1
波尔图0:2皇家马德里
耶罗14',劳尔78'
罗森博格5:1奥林匹亚科斯
布拉特巴克13',79',施特兰德33',43',拉什菲尔特56'/夸耶69'
第3轮1997.10.22
罗森博格2:0波尔图
拉什菲尔特10',布拉特巴克37'
皇家马德里5:1奥林匹亚科斯S
苏克尔33'(点球),67'(点球),莫伦特斯44',维克托86',罗伯特·卡洛斯90'/达比扎斯19'
第4轮1997.11.5
波尔图1:1罗森博格
贾德尔8'/施特兰德88'
奥林匹亚科斯0:0皇家马德里
第5轮1997.11.27
波尔图2:1奥林匹亚科斯
贾德尔29',52'/耶奥加托斯
罗森博格2:0皇家马德里
施特兰德42',布拉特巴克53'
第6轮1997.12.10
奥林匹亚科斯2:2罗森博格
马夫罗金尼蒂斯48',P.乔尔杰维奇88'/拉什菲尔特49',69'
皇家马德里4:0波尔图
耶罗6',苏克尔30',73'(点球),罗伯特·卡洛斯50'

球队	胜	平	负	分	得失球
皇家马德里	4	1	1	13	15:4
罗森博格	3	2	1	11	13:8
奥林匹亚科斯	1	2	3	5	6:14
波尔图	1	1	4	4	3:11

E组(1997.9.17—12.10)
第1轮1997.9.17
拜仁慕尼黑2:0贝西克塔斯
海尔默3',巴斯勒70'
巴黎圣日耳曼3:0哥德堡
N·戈蒂27',卢西奇51'(乌龙),拉易82'(点球)
第2轮1997.10.1
贝西克塔斯3:1巴黎圣日耳曼
奥克塔伊5',42',埃尔图鲁尔83'/西蒙尼66'
哥德堡1:3拜仁慕尼黑
卢西奇86'/扬克尔2',哈曼35',埃尔伯90'
第3轮1997.10.22
贝西克塔斯1:0哥德堡
奥克塔伊6'
拜仁慕尼黑5:1巴黎圣日耳曼
埃尔伯4',73',扬克尔21',47',海尔默51'/西蒙尼48'
第4轮1997.11.5
哥德堡2:1贝西克塔斯
彼德森18'(点球),R.安德森23'/奥克塔伊45'
巴黎圣日耳曼3:1拜仁慕尼黑
加瓦18',莫里斯73',勒鲁瓦75'/巴贝尔29'
第5轮1997.11.26
贝西克塔斯0:2拜仁慕尼黑
扬克尔5',海尔默31'
哥德堡0:1巴黎圣日耳曼
拉贝桑德拉塔纳88'
第6轮1997.12.10
拜仁慕尼黑0:1哥德堡
巴贝尔51'(乌龙)
巴黎圣日耳曼2:1贝西克塔斯
加瓦23',西蒙尼58'/穆罕默德37'

球队	胜	平	负	分	得失球
拜仁慕尼黑	4	0	2	12	13:6
巴黎圣日耳曼	4	0	2	12	11:10
贝西克塔斯	2	0	4	6	6:9
哥德堡	2	0	4	6	4:9

F组(1997.9.17—12.10)
第1轮1997.9.17
里斯本竞技3:0摩纳哥
奥切亚诺4',哈奇8',朗德罗65'
勒沃库森1:0利尔斯(比利时)
拜因里希40'(点球)
第2轮1997.10.1
利尔斯(比利时)1:1里斯本竞技
赫伊斯特拉88',朗德罗86'
摩纳哥4:0勒沃库森
亨利30',84',伊克佩巴74',90'
第3轮1997.10.22
摩纳哥5:1利尔斯(比利时)
亨利34',科林斯51',伊克佩巴66',特雷泽盖88',90'/范梅尔61'
里斯本竞技0:2勒沃库森
拜因里希70',埃莫森82'
第4轮1997.11.5
利尔斯(比利时)0:1摩纳哥
伊克佩巴74'
勒沃库森4:1里斯本竞技
埃莫森16',73',林克84',Frydek90'/哈奇44'
第5轮1997.11.26
摩纳哥3:2里斯本竞技
特雷泽盖66',亨利75',90'/路易斯·米格尔31',奥切亚诺38'(点球)
利尔斯(比利时)0:2勒沃库森
埃莫森54',基尔斯滕66'
第6轮1997.12.10
里斯本竞技2:1利尔斯(比利时)
拉米雷斯46',吉梅内斯67'/哈格杜伦28'
勒沃库森2:2摩纳哥
拜因里希29',迈耶57/皮尼奥尔63',亨利81'

球队	胜	平	负	分	得失球
摩纳哥	4	1	1	13	15:8
勒沃库森	4	1	1	13	11:7

里斯本竞技	2	1	3	7	9.11
利尔斯(比利时)	0	1	5	1	3.12

1/4决赛(1998.3.4—3.18)
皇家马德里4.1勒沃库森
(客)1.1 卡雷姆布74' 拜因利希18'
(主)3.0 卡雷姆布50',莫伦特斯57',耶罗90'(点球)
尤文图斯5.2基辅迪那摩
(主)1.1 因扎吉70' 古辛57'
(客)4.1 因扎吉29',65',73',皮耶罗88' 雷布罗夫54'
多特蒙德1.0拜仁慕尼黑
(客)0.0 (主)1.0 查普伊萨特109'
*摩纳哥1.1曼联
(主)0.0 (客)1.1 特雷泽盖5' 索尔斯沙尔53'
*摩纳哥凭借客场进球多晋级
半决赛(1998.4.1—4.15)
尤文图斯6.4摩纳哥
(主)4.1 皮耶罗34',45',62'(点球),齐达内88' 达科斯塔45'
尤文图斯阵容(442):佩鲁齐/托里切利(孔蒂58'),尤利亚诺,蒙特罗,佩索托(比林德利46')/德尚,戴维斯,迪利维奥(塔奇纳迪66'),齐达内/因扎吉,皮耶罗
摩纳哥阵容(532):巴特斯/萨尼奥尔,科尼奇,克里斯坦瓦尔,马丁(亨利67'),迪亚瓦拉/皮昆奥尔(达科斯塔40'),杰图,贝纳比亚(卡诺74')/特雷泽盖,伊克佩巴
(客)2.3 阿莫鲁索15',皮耶罗74' 莱昂纳多38',亨利50',斯佩哈尔83'
尤文图斯阵容(442):佩鲁齐/托里切利,尤利亚诺,迪马斯,比林德利/孔蒂,塔奇纳迪,齐达内(佩奇亚60'),佩索托/因扎吉(阿莫鲁索6',戴维斯72'),皮耶罗
摩纳哥阵容(442):巴特斯/莱昂纳尔(萨尼奥尔64'),克里斯坦瓦尔,马丁(亨利67'),迪亚瓦拉/杰图,贝纳比亚,科林斯,伊克佩巴(斯佩哈尔79')/特雷泽盖,亨利
皇家马德里2.0多特蒙德
(主)2.0 莫伦特斯25',卡雷姆布67'
皇家马德里阵容(442):伊尔戈纳/帕努奇,桑奇斯,F.桑斯,罗伯特·卡洛斯/卡雷姆布,雷东多,西多夫,劳尔/莫伦特斯(海梅87'),米亚托维奇(苏克尔52')
多特蒙德(532):克洛斯/赖因哈特,朱利奥·塞萨尔,罗伊特,宾茨,克雷/布特,里肯(佐尔克81'),弗洛伊德/查普伊萨特,赫利希(德切维尔46')
(客)0.0
皇家马德里阵容(442):伊尔戈纳/帕努奇,耶罗F.桑斯,罗伯特·卡洛斯/卡雷姆布,雷东多,西多夫(古蒂87'),阿马维斯卡/劳尔(海梅73'),莫伦特斯(维克托89')
多特蒙德(532):克洛斯/赖因哈特,朱利奥·塞萨尔,罗伊特,宾茨,克雷/布特,里肯(佐尔克81'),弗洛伊德/查普伊萨特,赫利希(德切维尔46')
决赛(1998.5.20阿姆斯特丹)
皇家马德里1.0尤文图斯
米亚托维奇66'
皇家马德里阵容(442):伊尔戈纳/帕努奇,耶罗,桑奇斯,罗伯特·卡洛斯/卡雷姆布,雷东多,西多夫,劳尔(阿马维斯卡90')/莫伦特斯(海梅81'),米亚托维奇(苏克尔89')
尤文图斯阵容(442):佩鲁齐/托里切利,尤利亚诺,蒙特罗,迪利维奥(塔奇纳迪46')/德尚(孔蒂77'),戴维斯,佩索托(冯塞卡66'),齐达内/因扎吉,皮耶罗

1998—99赛季

(赛制)本届比赛继续执行"两轮资格赛+预选赛+小组赛+淘汰赛"的复杂赛制。32支球队通过第1轮资格赛决出16个胜者,16个通过第1轮资格赛的球队与另外16支不参加首轮资格赛的球队进行主客场资格赛。最后的16支获胜球队和8支种子队分成6组进行小组赛。6个小组的头名和2个成绩最好的小组第2,共8支球队进入1/4决赛后捉对厮杀直至产生最终的冠军。最后夺冠的曼联一共踢了13场比赛。
资格赛第1轮(1998.7.22—7.29)
耶路撒冷贝塔(以色列)5.1(4.1,1.0)B36托沙芬
凯尔特人2.0(0.0,2.0)圣帕特里克
贝尔格莱德奥比利克4.1(2.0,2.1)韦斯文尼查(冰岛)
赫尔辛基HJK5.0(2.0,3.0)埃里温(亚美尼亚)
里特克斯3.2(2.0,1.2)哈姆斯塔德HBK
布加勒斯特星5.4(4.1,1.3)塔林弗洛拉(爱沙尼亚)
罗兹LKS7.2(4.1,3.1)甘贾克佩斯(阿塞拜疆)
马里博尔4.0(3.0,1.0)希奥利埃卡雷达(立陶宛)
斯库台夫拉兹尼亚(阿尔巴尼亚)3.2(0.1,3.1)第比利斯迪那摩
阿诺索西斯(塞浦路斯)8.0(2.0,6.0)瓦莱塔(马耳他)
布达佩斯乌伊佩斯特(匈牙利)3.2(0.1,3.1)津布鲁(摩尔多瓦)
苏黎世草蜢8.0(6.0,2.0)埃施青年
基辅迪那摩10.1(8.0,2.1)巴里城(威尔士)
布鲁日2.1(0.0,2.1)克拉托沃(马其顿)
科西斯(斯洛伐克)3.1(5.1,8.0)贝尔法斯特克利夫顿维尔
里加斯孔托(拉脱维亚)2.1(0.0,2.1)明斯克迪那摩
资格赛第2轮(1998.8.12—8.26)
罗森博格4.4(2.0,2.4)布鲁日
曼联2.0(2.0,0.0)罗兹LKS
莫斯科斯巴达克11.2(5.0,6.2)里特克斯(保加利亚)
加拉塔萨雷5.3(2.1,3.2)苏黎世草蜢
萨格勒布(克罗地亚)3.1(0.1,3.0)凯尔特人
埃因霍温5.3(1.2,4.1)马里博尔(斯洛文尼亚)
*基辅迪那摩1.1(0.1,1.0)布拉格斯巴达
*基辅迪那摩在点球决战中胜出
布隆德比(丹麦)2.1(2.0,0.1)科镁斯
国际米兰7.1(4.0,3.1)里加斯孔托(拉脱维亚)
奥林匹亚科斯6.3(2.1,4.2)阿诺索西斯(塞浦路斯)
本菲卡8.4(6.0,2.4)耶路撒冷贝塔(以色列)
*毕尔巴鄂竞技2.2(1.2,1.0)第比利斯迪那摩
*毕尔巴鄂竞技凭借客场进球多晋级
赫尔辛基HJK2.1(1.0,1.1)梅斯
拜仁慕尼黑5.1(4.0,1.1)贝尔格莱德奥比利奇
格拉兹7.2(4.0,3.2)布达佩斯乌伊佩斯特(匈牙利)
帕纳辛奈科斯8.5(2.2,6.3)布加勒斯特星
小组赛/A组(1998.9.16—12.9)
第1轮1998.9.16
波尔图2.2奥林匹亚科斯
扎霍维奇64',贾德尔85' 扬纳科普洛斯87',戈吉奇90'
萨格勒布克罗地亚人0.0阿贾克斯
第2轮1998.9.30
阿贾克斯2.1波尔图
鲁迪57',利特马宁86'(点球) 扎霍维奇69'
奥林匹亚科斯2.0萨格勒布克罗地亚人
亚历山德里斯22',戈吉奇81'
第3轮1998.10.21
亚历山德里斯38'
波尔图3.0萨格勒布克罗地亚人
多里瓦33',扎霍维奇43',75'
第4轮1998.11.4
阿贾克斯2.0奥林匹亚科斯
维茨赫格33',霍勒88'
萨格勒布克罗地亚人3.1波尔图
米基奇7',鲁卡维纳37',穆伊契61' 贾德尔39'
第5轮1998.11.25
西米奇68'
奥林匹亚科斯2.1波尔图
戈吉奇17',P.乔尔杰维奇55' 扎霍维奇76'
第6轮1998.12.9
萨格勒布克罗地亚人1.1奥林匹亚科斯
耶利契奇35' 扬纳科普洛斯64'
波尔图3.0阿贾克斯
扎霍维奇55',73',德鲁科维奇82'

球队	胜	平	负	分	得失球
奥林匹亚科斯	3	2	1	11	8.6
萨格勒布克罗地亚人	2	2	2	8	5.7
波尔图	2	1	3	7	11.9
阿贾克斯	2	1	3	7	4.6

B组(1998.9.16—12.9)
第1轮1998.9.16
毕尔巴鄂竞技1.1罗森博格
J.埃特克斯贝马5' 施特兰德66'
尤文图斯2.2加拉塔萨雷
因扎吉17',比林德利68' 哈坎·苏克42',达瓦拉63'
第2轮1998.9.30
加拉塔萨雷2.1毕尔巴鄂竞技
奥坎15',哈吉90' 乌尔塞斯16'
罗森博格1.1尤文图斯
斯卡梅尔斯鲁德69'(点球) 因扎吉27'
第3轮1998.10.21
毕尔巴鄂竞技0.0尤文图斯
罗森博格3.0加拉塔萨雷
拉什菲尔特68',86',90'
第4轮1998.11.4
加拉塔萨雷3.0罗森博格
哈坎·苏克55',74',阿里夫66'
尤文图斯1.1毕尔巴鄂竞技
拉萨68'(乌龙) 格雷罗44'
第5轮1998.11.25
罗森博格2.1毕尔巴鄂竞技
索伦森2',50' J.佩雷斯90'
加拉塔萨雷1.1尤文图斯
苏阿特90' 阿莫鲁索78'
毕尔巴鄂竞技1.0加拉塔萨雷
格雷罗44'
尤文图斯2.0罗森博格
因扎吉16',阿莫鲁索39'

球队	胜	平	负	分	得失球
尤文图斯	1	5	0	8	7.5
加拉塔萨雷	2	2	2	8	8.8
罗森博格	2	2	2	8	7.8
毕尔巴鄂竞技	1	3	2	6	5.6

C组(1998.9.16—12.9)
第1轮1998.9.16
皇家马德里2.0国际米兰
耶罗79'(点球),西多夫90'
格拉兹0.2莫斯科斯巴达克
蒂托夫62',岑巴拉64'
第2轮1998.9.30
国际米兰1.0格拉兹
德约卡夫90'
莫斯科斯巴达克2.1皇家马德里
岑巴拉72',蒂托夫78' 劳尔64'
第3轮1998.10.21
国际米兰2.1莫斯科斯巴达克
文托拉32',罗纳尔多59' 岑巴拉65'
皇家马德里6.1格拉兹
萨维奥12',90',劳尔22',贾尔尼60',79',波波维奇66'(乌龙) 韦斯蒂奇8'
第4轮1998.11.4
莫斯科斯巴达克1.1国际米兰
蒂霍诺夫68' 西蒙尼89'
格拉兹1.5皇家马德里
哈斯4' 帕努奇7',61',米亚托维奇35',西多夫57',苏克尔74'
第5轮1998.11.25
国际米兰3.1皇家马德里
萨莫拉诺50',R.巴乔86',90' 西多夫58'
莫斯科斯巴达克0.0格拉兹
第6轮1998.12.9
皇家马德里2.1莫斯科斯巴达克
劳尔33',萨维奥65' 克里斯托夫89'
格拉兹0.2国际米兰
萨内蒂64',R.巴乔80'

球队	胜	平	负	分	得失球
国际米兰	4	1	1	13	9.5
皇家马德里	4	0	2	12	17.8
莫斯科斯巴达克	2	2	2	8	7.6
格拉兹	0	1	5	1	2.16

D组(1998.9.16—12.9)
第1轮1998.9.16
布隆德比2.1拜仁慕尼黑
汉森88',拉文90' 巴贝尔75'
曼联3.3巴塞罗那
吉格斯17',斯科尔斯25',贝克汉姆64' 安德森47',吉奥瓦尼60'(点球),路易斯·恩里克71'(点球)
第2轮1998.9.30
巴塞罗那2.0布隆德比
安德森42',85'
拜仁慕尼黑2.2曼联
埃尔伯11',90' 约克30',斯科尔斯49'
第3轮1998.10.21
拜仁慕尼黑1.0巴塞罗那
埃芬博格44'
布隆德比2.6曼联
道高34',桑德90' 吉格斯2',21',科尔27',基恩54',约克59',索尔斯克亚61'
第4轮1998.11.4
巴塞罗那1.2拜仁慕尼黑
吉奥瓦尼29'(点球) 齐克勒48',萨利哈米季奇87'
曼联5.0布隆德比
贝克汉姆7',科尔13',P.内维尔16',约克28',斯科尔斯62'
第5轮1998.11.25
巴塞罗那3.3曼联
安德森1',里瓦尔多56',72' 约克25',67',科尔52'
拜仁慕尼黑2.0布隆德比
扬克尔51',巴斯勒57'
第6轮1998.12.9
布隆德比0.2巴塞罗那
费戈4',里瓦尔多34'
曼联1.1拜仁慕尼黑
基恩43' 萨利哈米季奇56'

球队	胜	平	负	分	得失球
拜仁慕尼黑	3	2	1	11	9.6
曼联	2	4	0	10	20.11
巴塞罗那	2	2	2	8	11.9
布隆德比	1	0	5	3	4.18

E组(1998.9.16—12.9)
第1轮1998.9.16
帕纳辛奈科斯2.1基辅迪那摩
米克兰三57',利贝罗波洛斯69' 雷布罗夫31'
朗斯1.1阿森纳
瓦伊雷勒90' 奥维马斯51'
第2轮1998.9.30
阿森纳2.1帕纳辛奈科斯
亚当斯65',基翁73' 毛罗88'
基辅迪那摩1.1朗斯
舍甫琴科61' 瓦伊雷勒62'
第3轮1998.10.21
阿森纳1.1基辅迪那摩
博格坎普74' 雷布罗夫90'
朗斯1.0帕纳辛奈科斯
埃洛伊80'
第4轮1998.11.4
基辅迪那摩3.1阿森纳
雷布罗夫27'(点球),霍洛夫柯62',舍甫琴柯72' M.休斯83'
帕纳辛奈科斯1.0朗斯
沃克洛斯53'
第5轮1998.11.25
阿森纳0.1朗斯
德贝夫73'
基辅迪那摩2.1帕纳辛奈科斯
雷布罗夫72',巴西纳斯79' 拉戈尼卡基斯35'
第6轮1998.12.9
朗斯1.3基辅迪那摩
斯米切尔78' 卡塔泽60',瓦斯丘克76',舍甫琴柯85'
帕纳辛奈科斯1.3阿森纳
西普尼夫斯基74' 阿萨诺维奇65'(点球),阿内尔卡80',博阿莫特86'

球队	胜	平	负	分	得失球
基辅迪那摩	3	2	1	11	11.7
朗斯	2	2	2	8	5.6
阿森纳	2	2	2	8	8.8
帕纳辛奈科斯	2	0	4	6	6.9

F组(1998.9.16—12.9)
第1轮1998.9.16
凯泽斯劳滕1.0本菲卡
瓦格纳41'
埃因霍温2.1赫尔辛基HJK
奥耶59',布鲁金克89' 科迪拉[illegible]
第2轮1998.9.30
本菲卡2.1埃因霍温
努诺·戈麦斯47',V.平托77' [illegible]达尔70'
赫尔辛基HJK0.0凯泽斯劳滕
第3轮1998.10.21
赫尔辛基HJK2.0本菲卡
莱赫科索19'(点球),科迪拉[illegible]
埃因霍温1.2凯泽斯劳滕
霍洛夫78' 里德尔63',里舍[illegible]
第4轮1998.11.4
本菲卡2.2赫尔辛基HJK
努诺·戈麦斯78',卡拉多[illegible] 明托3'(乌龙),路易斯·安东尼奥85'
凯泽斯劳滕3.1埃因霍温
里舍68',赖希77',赫里斯托[illegible] 范尼斯特鲁伊18'
第5轮1998.11.25
本菲卡2.1凯泽斯劳滕
努诺·戈麦斯31',V.平托69' 里舍90'
赫尔辛基HJK1.3埃因霍温
莱赫科索70'(点球) 范尼斯特鲁伊29',67',8'(点球)
第6轮1998.12.9
凯泽斯劳滕5.2赫尔辛基HJK
罗奇尔44',61',80',马绍[illegible],里舍85' 霍拉29',路易斯·安东尼奥68'
埃因霍温2.2本菲卡
霍洛夫41',范尼斯特鲁伊[illegible]88' 努诺·戈麦斯47'(点球),65'

球队	胜	平	负	分	得失球
凯泽斯劳滕	4	[illegible]	1	1[illegible]	12.6
本菲卡	2	[illegible]	2	[illegible]	8.9
埃因霍温	2	[illegible]	3	[illegible]	10.11
赫尔辛基HJK	1	2	3	5	8.12

1/4决赛(1999.3.3—3.[illegible])
拜仁慕尼黑6.0凯泽斯劳滕
(主)2.0 埃尔伯31',埃芬博格35'
(客)4.0 埃芬博格9',罗[illegible]尔22'(乌龙),扬克尔23',巴斯勒56'
尤文图斯3.2奥林匹亚科斯
(主)2.1 因扎吉38',孔蒂[illegible] 尼尼阿迪斯90'
(客)1.1 孔蒂85' 戈吉奇[illegible]
曼联3.1国际米兰
(主)2.0 约克7',45'
(客)1.1 斯科尔斯88' [illegible]拉63'
基辅迪那摩3.1皇家马德里
(客)1.1 米亚托维奇67' 舍甫琴柯55'
(主)2.0 舍甫琴柯62'(点球),79'
半决赛(1999.4.7—4.21)
拜仁慕尼黑4.3基辅迪那摩
(客)3.3 塔纳特45',埃芬博格78',扬克尔90' 舍甫琴柯16',43',霍茹夫运动斯基50'
拜仁慕尼黑阵容(442):卡恩/巴贝尔,马特乌斯,库福尔,斯特伦茨/耶雷米斯,埃芬博格,塔纳特,绍尔(齐克勒72')/萨利哈米季奇,扬克尔(阿里·代伊90')
基辅迪那摩阵容(442):绍夫科夫斯基/卢兹尼,瓦茨舒克,戈洛夫科夫,[illegible]泽/哈茨克维奇(基留希恩81'),古辛,比亚尔科夫[illegible],霍茹夫运动斯基/雷布罗夫,舍甫琴柯
(主)1.0 巴斯勒36'
拜仁慕尼黑阵容(442):卡恩/巴贝尔,马特乌斯,库福尔,林克/耶雷梅斯,[illegible]格,塔纳特(苏克84'),巴斯勒/齐克勒(萨利哈米季奇75'),扬克尔(阿里·代伊75')
基辅迪那摩阵容(442):绍夫科夫斯基/卢兹尼,瓦茨舒克,戈洛夫科夫,[illegible]泽,哈茨克维奇,古辛(卡尔达什82'),比亚尔科夫[illegible],霍茹夫运动斯基/雷布罗夫,舍甫琴柯
曼联4.3尤文图斯
(主)1.1 吉格斯90' [illegible]蒂25'
曼联阵容(442):施梅切尔/加里·内维尔,斯塔姆,博格(约翰森46'),欧文/贝克汉姆,基恩,斯科尔斯,吉格斯/约克,科尔(谢林汉姆67')
尤文图斯阵容(442):佩鲁齐/米尔科维奇,尤利亚诺,蒙特罗(费拉拉[illegible]),佩索托/德尚,孔蒂,戴维斯,齐达内/迪利维奥(塔奇纳迪72'),因扎吉
(客)3.2 基恩24',约克34',科尔84' 因扎吉5',10'
曼联阵容(442):施梅切尔/加里·内维尔,斯塔姆,约翰森,欧文/贝克汉姆,基恩,巴特,布罗姆奎斯特(斯科尔斯68')/约克,科尔
尤文图斯阵容(442):佩鲁齐/比林德利,阿莫鲁索46',费拉拉,尤利亚诺(蒙特罗46'),佩索托/德尚,孔蒂,戴维斯,齐达内,迪利维奥(冯塞卡79')/因扎吉
决赛(1999.5.26巴塞罗那)
曼联2.1拜仁慕尼黑
谢林汉姆91',索尔斯克亚93' 巴斯勒6'
曼联阵容(442):施梅切尔/加里·内维尔,斯塔姆,约翰森,欧文/贝克汉姆,巴特,布罗姆奎斯特(谢林汉姆67'),吉格斯/约克,科尔(索尔斯克亚81')
拜仁慕尼黑阵容(442):卡恩/巴贝尔,马特乌斯(芬克80'),库福尔,林克/耶雷梅斯,埃芬博格,塔纳特(苏克84'),巴斯勒/萨利哈米季奇89'/齐克勒(绍尔71'),扬克尔

1999—2000赛季

(赛制)冠军杯再次改制,"三轮资格赛+第一阶段小组赛+第二阶段小组赛+淘汰赛"的复杂

赛制开始施行。参加本届冠军杯的参赛队达到71支，经过3轮资格赛后，16支获胜球队与另外16支直接出线队进入32强。32支球队随后再进行两阶段小组赛，产生八强后，再开始进行主客场两回合的淘汰赛，最后的决赛则采用单场定胜负的赛制。最后夺冠的皇家马德里一共踢了17场比赛。

资格赛第1轮(1999.7.13–7.21)
瓦莱塔(马耳他)3:2(0:0,3:2)巴里城(威尔士)
里特克斯5:0(3:0,2:0)朴会杜兰(威尔士)
韦斯文尼查(冰岛)3:1(1:0,2:1)地拉那11月17日(阿尔巴尼亚)
*斯科普里斯洛加(马其顿)2:3(1:0,1:2)甘贾克佩斯(阿塞拜疆)
*斯科普里斯洛加(马其顿)凭借客场进球多晋级
贝尔格莱德游击10:1(6:0,4:1)塔林弗洛拉(爱沙尼亚)
哈卡(芬兰)7:1(1:1,6:0)HB托沙芬(法罗群岛)
里加斯孔托(拉脱维亚)10:0(2:0,8:0)埃施青年
津布鲁(摩尔多瓦)10:0(5:0,5:0)圣帕特里克
维尔纽斯(立陶宛)5:0(2:0,3:0)阿拉特(亚美尼亚)
资格赛第2轮(1999.7.28–8.4)
阿诺索西斯(塞浦路斯)3:2(2:1,1:1)布拉迪斯拉发
*哈普尔(1:1,0:0)贝西克塔斯
哈普尔凭借客场进球多晋级
莫尔德(挪威)4:2(0:2,4:0)莫斯科中央陆军
索尔纳AIK3:0(1:0,2:0)莫春拉维(波兰)
津布鲁(摩尔多瓦)3:2(1:2,2:0)第比利斯迪那摩
基辅迪那摩3:0(2:0,1:0)维尔纽斯(立陶宛)
格拉斯哥流浪者7:1(4:1,3:0)哈卡(芬兰)
*罗兹(波兰)5:5(1:4,4:1)里寺克斯
罗兹(波兰)在点球大战中3:2淘汰对手晋级
布达佩斯MTK5:1(2:0,3:1)韦斯文尼查(冰岛)
马里博尔5:4(5:1,0:3)根克(比利时)
贝尔格莱德游击6:1(3:1,3:0)里耶卡
里加斯孔托(拉脱维亚)5:4(3:3,2:1)布加勒斯特快速
维也纳快速5:0(3:0,2:0)瓦莱塔(马耳他)
布隆德比2:0(1:0,1:0)斯科普里斯洛加(马其顿)
资格赛第3轮(1999.8.10–8.25)
马里博尔3:0(1:0,2:0)里昂
佛罗伦萨5:1(3:1,2:0)罗兹(波兰)
多特蒙德2:0(1:0,1:0)特普里斯(捷克)
基辅迪那摩4:2(2:1,2:2)奥尔堡(丹麦)
加拉塔萨雷4:0(3:0,1:0)维也纳快速
莫斯科斯巴达克5:1(2:0,3:1)贝尔格莱德游击
*莫尔德(挪威)1:1(0:0,1:1)马洛卡
莫尔德(挪威)凭借客场进球多晋级
格拉斯哥流浪者2:1(2:0,0:1)帕尔马
切尔西3:0(3:0,0:0)里加斯孔托(拉脱维亚)
萨格勒布克罗地亚人2:0(0:0,2:0)布达佩斯MTK
埃因霍温2:0(0:0,2:0)津布鲁(摩尔多瓦)
瓦伦西亚4:0(2:0,2:0)哈普尔
柏林赫塔2:0(2:0,0:0)阿诺索西斯(塞浦路斯)
博阿维斯塔6:3(2:1,4:1)布隆德比
索尔纳AIK1:0(0:0,1:0)雅典AEK
格拉兹4:3(2:1,2:2)日内瓦塞维特(瑞士)
第一阶段小组赛/A组(1999.9.14–11.2)
第1轮1999.9.14
勒沃库森1:1拉齐奥
诺伊维尔14′/米哈伊洛维奇18′
基辅迪那摩0:1马里博尔
西蒙扎73′
第2轮1999.9.22
马里博尔0:2勒沃库森
济夫科维奇83′，基尔斯滕90′
拉齐奥2:1基辅迪那摩
内格罗70′，萨拉斯72′/雷布罗夫63′(点球)
第3轮1999.9.29
勒沃库森1:1基辅迪那摩
基尔斯滕52′/古辛71′
拉齐奥4:0马里博尔
S.因扎吉60′，孔塞桑62′，萨拉斯71′，76′
第4轮1999.10.19
基辅迪那摩4:2勒沃库森
霍茹夫运动斯基4′，沙茨基赫36′，霍洛夫科61′，瓦斯丘克89′/基尔斯滕12′，诺伊维尔43′
马里博尔0:4拉齐奥
米哈伊洛维奇36′，S.因扎吉40′，74′，D.斯坦科维奇63′
第5轮1999.10.27
拉齐奥1:1勒沃库森
内德维德1′/基尔斯滕43′
马里博尔1:2基辅迪那摩
巴拉季奇50′/雷布罗夫37′，34′(点球)
第6轮1999.11.2
勒沃库森0:0马里博尔
基辅迪那摩0:1拉齐奥
马梅多夫18′(乌龙)

球队	胜	平	负	分	得失球
拉齐奥	4	[illegible]	0	14	13:3
基辅迪那摩	2	[illegible]	3	7	8:8
勒沃库森	1	4	1	7	7:7
马里博尔	1	[illegible]	4	4	2:12

B组(1999.9.14–11.2)
第1轮1999.9.14
索尔纳AIK1:2巴塞罗那
诺瓦科维奇73′/阿韦拉多3′，达尼90′
佛罗伦萨0:0阿森纳
第2轮1999.9.22
阿森纳3:1索尔纳AIK
永贝里28′，亨利89′，苏克尔90′/诺丁53′
巴塞罗那4:2佛罗伦萨
费戈7′，路易斯·恩里克10′，里瓦尔多68′(点球)，70′/巴蒂斯图塔50′，基耶萨79′
第3轮1999.9.29
索尔纳AIK0:0佛罗伦萨
巴塞罗那1:1阿森纳
路易斯·恩里克16′/卡努81′
第4轮1999.10.19
阿森纳2:4巴塞罗那
博格坎普44′，奥维马斯85′/里瓦尔多15′(点球)，路易斯·恩里克16′，费戈56′，科库70′
佛罗伦萨3:0索尔纳AIK
巴蒂斯图塔5′，基耶萨32′，巴尔博86′
第5轮1999.10.27
巴塞罗那5:0索尔纳AIK
克鲁伊维特14′，32′，岑登42′，加布里53′，德乌85′
阿森纳0:1佛罗伦萨
巴蒂斯图塔75′
第6轮1999.11.2
索尔纳AIK2:3阿森纳
A.安德森41′，68′/奥维马斯17′，52′，苏克尔56′
佛罗伦萨3:3巴塞罗那
布雷桑14′，巴尔博56′，69′/费戈20′，里瓦尔多43′，74′

球队	胜	平	负	分	得失球
巴塞罗那	4	2	0	14	19:9
佛罗伦萨	2	3	1	9	9:7
阿森纳	2	2	2	8	9:9
索尔纳AIK	0	1	5	1	4:16

C组(1999.9.14–11.2)
第1轮1999.9.14
博阿维斯塔0:3罗森博格
索伦森8′，O.博格43′，施特兰德73′
费耶诺德1:1多特蒙德
范翁德伦67′/博比奇71′
第2轮1999.9.22
多特蒙德3:1博阿维斯塔
A.穆勒40′，博比奇53′，65′/本托44′
罗森博格2:2费耶诺德
卡鲁21′，24′/托马森12′，卡卢22′
第3轮1999.9.29
博阿维斯塔1:1费耶诺德
M.席尔瓦87′/博斯维尔特62′
罗森博格2:2多特蒙德
索伦森35′，卡鲁68′/巴巴雷茨11′，科勒22′
第4轮1999.10.19
费耶诺德1:1博阿维斯塔
托马森76′/蒂莫夫特83′(点球)
多特蒙德0:3罗森博格
索伦森17′，58′，文森内斯70′
第5轮1999.10.27
罗森博格2:0博阿维斯塔
O.博格62′，达卢姆
多特蒙德1:1费耶诺德
阿多45′/范沃森73′
第6轮1999.11.2
博阿维斯塔1:0多特蒙德
佩德罗·埃曼努艾尔16′
费耶诺德1:0罗森博格
索马利亚85′

球队	胜	平	负	分	得失球
罗森博格	3	2	1	11	12:5
费耶诺德	1	5	0	8	7:6
多特蒙德	1	3	2	6	7:9
波尔图	1	2	3	5	4:10

D组(1999.9.14–11.2)
第1轮1999.9.14
曼联0:0萨格勒布克罗地亚人
马赛2:0格拉兹
皮雷6′，拉瓦内利33
第2轮1999.9.22
格拉兹0:3曼联
基恩16′，约克31′，科尔33′
萨格勒布克罗地亚人1:2马赛
绍科塔64′/巴卡约克5′，佩雷斯77′
第3轮1999.9.29
曼联2:1马赛
科尔79′，斯科尔斯83′/巴卡约克41′
萨格勒布克罗地亚人3:0格拉兹
鲁卡维纳28′，绍科塔34′，58′(点球)
第4轮1999.10.19
马赛1:0曼联
卡拉斯69′
格拉兹1:0萨格勒布克罗地亚人
科齐扬40′
第5轮1999.10.27
萨格勒布克罗地亚人1:2曼联
普罗辛内茨基90′/贝克汉姆32′，基恩49′
格拉兹3:2马赛
迈里希17′，科齐扬62′，85′/杜加里51′，78′
第6轮1999.11.2
曼联2:1格拉兹
索尔斯克亚56′，基恩69′/韦斯蒂蒂奇88′(点球)
马赛2:2萨格勒布克罗地亚人
巴卡约克52′，迪亚瓦拉89′/穆伊契42′，米尔德84′

球队	胜	平	负	分	得失球
曼联	4	1	1	13	9:4
马赛	3	1	2	10	10:8
格拉兹	2	0	4	6	5:12
萨格勒布克罗地亚人	1	2	3	5	7:7

E组(1999.9.15–11.3)
第1轮1999.9.15
奥林匹亚科斯3:3皇家马德里
吉奥瓦尼11′，64′，扎霍维奇67′/萨维奥24′，罗伯特·卡洛斯32′，劳尔80′
莫尔德0:1波尔图
德科89′
第2轮1999.9.21
波尔图2:0奥林匹亚科斯
埃斯奇丁哈6′，贾德尔47′
皇家马德里4:1莫尔德
莫伦特斯27′，萨维奥60′，70′，古蒂81′/林德巴克80′
第3轮1999.9.28
皇家马德里3:1波尔图
莫伦特斯22′，埃尔格拉41′，耶罗68′(点球)/贾德尔23′
奥林匹亚科斯3:1莫尔德
吉奥瓦尼15′，69′，卢西亚诺77′/伦德58′
第4轮1999.10.20
波尔图2:1皇家马德里
贾德尔13′，35′/佩谢68′(乌龙)
莫尔德3:2奥林匹亚科斯
伦德55′，59′，博格赫斯塔德74′/马夫罗金尼蒂斯36′，扎霍维奇40′
第5轮1999.10.26
皇家马德里3:0奥林匹亚科斯
劳尔21′，莫伦特斯64′，罗伯特·卡洛斯83′
波尔图3:1莫尔德
德科1′，28′，贾德尔57′/博格·黑斯塔德82′
第6轮1999.11.3
奥林匹亚科斯1:0波尔图
扬纳科普洛斯56′
莫尔德0:1皇家马德里
卡雷姆布43′

球队	胜	平	负	分	得失球
皇家马德里	4	1	1	13	15:7
波尔图	4	0	2	12	9:6
奥林匹亚科斯	2	1	3	7	9:12
莫尔德FK	1	0	5	3	6:14

F组(1999.9.15–11.3)
第1轮1999.9.15
拜仁慕尼黑2:1埃因霍温
保罗·塞尔吉奥11′，69′/霍洛夫斯59′
瓦伦西亚2:0格拉斯哥流浪者
莫尔57′(乌龙)，冈萨雷斯74′
第2轮1999.9.21
格拉斯哥流浪者1:1拜仁慕尼黑
阿尔贝茨22′/塔纳特88′
埃因霍温1:1瓦伦西亚
范尼斯特尔鲁伊71′(点球)/C.洛佩斯4′
第3轮1999.9.28
拜仁慕尼黑1:1瓦伦西亚
埃尔伯5′/赫拉德80′
埃因霍温0:1格拉斯哥流浪者
阿尔伯特84′
第4轮1999.10.20
瓦伦西亚1:1拜仁慕尼黑
A.伊莱11′/埃芬博格18′(点球)
格拉斯哥流浪者4:1埃因霍温
阿莫鲁索19′，莫伊斯29′，80′，麦凯恩56′/范尼斯特尔鲁伊45′(点球)
第5轮1999.10.26
埃因霍温2:1拜仁慕尼黑
范尼斯特尔鲁伊40′，尼利斯57′/圣克鲁斯51′
格拉斯哥流浪者1:2瓦伦西亚
莫尔60′/门迭塔35′，C.洛佩斯45′
第6轮1999.11.3
拜仁慕尼黑1:0格拉斯哥流浪者
斯特伦茨33′(点球)
瓦伦西亚1:0埃因霍温
C.洛佩斯70′

球队	胜	平	负	分	得失球
瓦伦西亚	3	3	0	12	8:4
拜仁慕尼黑	2	3	1	9	7:6
格拉斯哥流浪者	2	1	3	7	7:7
埃因霍温	1	1	4	4	5:10

G组(1999.9.15–11.3)
第1轮1999.9.15
布拉格斯巴达0:0波尔多
威廉二世1:3莫斯科斯巴达克
阿特斯56′/蒂霍诺夫27′，37′，53′(点球)
第2轮1999.9.21
莫斯科斯巴达克1:1布拉格斯巴达
别兹罗德内伊73′/洛克文茨17′
波尔多3:2威廉二世
维克托利亚17′，拉斯朗德22′，费因多诺82′/阿卜杜勒-拉维40′，萨努70′
第3轮1999.9.28
波尔多2:1莫斯科斯巴达克
维尔托德9′，米库56′/别兹罗德内伊64′
布拉格斯巴达4:0威廉二世
诺沃特尼26′，普罗哈斯卡29′(点球)，罗西基41′，亚罗西克58′
第4轮1999.10.20
莫斯科斯巴达克1:2波尔多
蒂霍诺夫55′/米库21′，维尔托德76′
威廉二世3:4布拉格斯巴达
邦巴尔达1′，舒克夫6′，申宁50′/J.诺沃特尼17′，拉班特54′(点球)，90′，巴拉内克62′
第5轮1999.10.26
波尔多0:0布拉格斯巴达
莫斯科斯巴达克1:1威廉二世
别兹罗德内伊25′/萨努69′
第6轮1999.11.3
布拉格斯巴达5:2莫斯科斯巴达克
洛克文茨1′，66′，罗西基11′，富卡尔49′，拉班特63′(点球)/布拉托夫34′，别兹罗德内伊45′
威廉二世0:0波尔多

球队	胜	平	负	分	得失球
布拉格斯巴达	3	3	0	12	14:6
波尔多	3	3	0	12	7:4
莫斯科斯巴达克	1	2	3	5	9:12
威廉二世	0	2	4	2	7:15

H组(1999.9.15–11.3)
第1轮1999.9.15
切尔西0:0AC米兰
加拉塔萨雷2:2柏林赫塔
哈坎·苏克24′，哈吉86′/普雷茨13′，沃茨14′
第2轮1999.9.21
柏林赫塔2:1切尔西
阿里·代伊3′，70′/勒伯夫86′(点球)
AC米兰2:1加拉塔萨雷
莱昂纳多44′，舍甫琴柯45′/于米特50′
第3轮1999.9.28
AC米兰1:1柏林赫塔
比埃霍夫73′/阿里·代伊69′
切尔西1:0加拉塔萨雷
佩特雷斯库55′
第4轮1999.10.20
柏林赫塔1:0AC米兰
沃茨41′
加拉塔萨雷0:5切尔西
弗洛32′，49′，佐拉54′，怀斯79′，安布罗塞蒂88′
第5轮1999.10.26
AC米兰1:1切尔西
比埃霍夫74′/怀斯77′
柏林赫塔1:4加拉塔萨雷
雷克达尔35′(点球)/哈坎·苏克48′，66′，图加伊81′，奥坎90′
第6轮1999.11.3
切尔西2:0柏林赫塔
德尚11′，费雷尔44′
加拉塔萨雷3:2AC米兰
卡波内27′，哈坎·苏克87′，于米特90′(点球)/维阿20′，琼蒂51′

球队	胜	平	负	分	得失球
切尔西	3	2	1	11	10:3
柏林赫塔	2	2	2	8	7:10
加拉塔萨雷	2	1	3	7	10:13
AC米兰	1	3	2	6	6:7

第二阶段小组赛/A组(1999.11.23–2000.3.21)
第1轮1999.11.23
柏林赫塔—巴塞罗那1:1
米夏尔克33′/路易斯·恩里克14′
布拉格斯巴达0:2波尔图
德鲁科维奇77′，贾德尔84′
第2轮1999.12.8
波尔图1:0柏林赫塔
德鲁科维奇79′
巴塞罗那5:0布拉格斯巴达
克鲁伊维特44′，63′，路易斯·恩里克45′，76′，瓜迪奥拉60′
第3轮2000.3.1
柏林赫塔1:1布拉格斯巴达
法伊特45′/西格尔84′
巴塞罗那4:2波尔图
里瓦尔多16′，89′，弗兰克·德波尔23′，克鲁伊维特44′/贾德尔5′，79′
第4轮2000.3.7
波尔图0:2巴塞罗那
阿韦拉多37′，里瓦尔多59′
布拉格斯巴达1:0柏林赫塔
富卡尔90′
第5轮2000.3.15
巴塞罗那3:1柏林赫塔
哈维11′，加布里49′，克鲁伊维特83′/阿尔维斯7′
波尔图2:2布拉格斯巴达
若热·科斯塔16′，卡普舒64′/洛克文茨74′，富卡尔90′
第6轮2000.3.21
柏林赫塔0:1波尔图
克莱顿69′
布拉格斯巴达1:2巴塞罗那
斯沃博达18′/加布里52′，89′

球队	胜	平	负	分	得失球
巴塞罗那	5	1	0	16	17:5
波尔图	3	1	2	10	8:8
布拉格斯巴达	1	2	3	5	5:12
柏林赫塔	0	2	4	2	3:8

B组(1999.11.23–2000.3.21)

第1轮1999.11.23
佛罗伦萨2:0曼联
巴蒂斯图塔24′,巴尔博52′
瓦伦西亚3:0波尔多
法里诺斯60′,伊利耶68′,冈萨雷斯89′
第2轮1999.12.8
波尔多0:0佛罗伦萨
曼联3:0瓦伦西亚
基恩38′,索尔斯克亚47′,斯科尔斯70′
第3轮2000.3.1
曼联2:0波尔多
吉格斯42′,谢林汉姆84′
佛罗伦萨1:0瓦伦西亚
米亚托维奇20′(点球)
第4轮2000.3.7
波尔多1:2曼联
帕冯9′/基恩33′,索尔斯克亚84′
瓦伦西亚2:0佛罗伦萨
伊利耶35′,门迭塔90′(点球)
第5轮2000.3.18
曼联3:1佛罗伦萨
科尔16′,基恩20′,约克70′/巴蒂斯图塔16′
波尔多1:4瓦伦西亚
维尔托德54′/久基奇41′,门迭塔47′(点球),冈萨雷斯72′,桑切斯90′
第6轮2000.3.21
瓦伦西亚0:0曼联
佛罗伦萨3:3波尔多
基耶萨47′(点球),巴蒂斯图塔61′,鲁伊·科斯塔64′/维尔托德5′,扎内蒂87′,巴特勒90′

球队	胜	平	负	分	得失球
曼联	4	1	1	13	10:4
瓦伦西亚	3	1	2	10	9:3
佛罗伦萨	2	2	2	8	7:8
波尔多	0	2	4	2	5:14

C组(1999.11.24—2000.3.22)
第1轮1999.11.23
基辅迪那摩1:2皇家马德里
雷布罗夫86′(点球)/莫伦特斯17′,劳尔48′
罗森博格1:1拜仁慕尼黑
斯卡梅尔斯鲁德47′/扬克尔10′
第2轮1999.12.7
拜仁慕尼黑2:1基辅迪那摩
扬克尔6′,保罗·塞尔吉奥80′/雷布罗夫50′
皇家马德里3:1罗森博格
劳尔18′,萨维奥85′,罗伯特·卡洛斯90′/卡鲁48′
第3轮2000.2.29
基辅迪那摩2:1罗森博格
恰茨科维奇9′,雷布罗夫29′/雅克布森48′
皇家马德里2:4拜仁慕尼黑
莫伦特斯25′,劳尔48′/绍尔21′,埃芬博格24′,芬克39′,保罗·塞尔吉奥67′
第4轮2000.3.8
罗森博格1:2基辅迪那摩
O.博格38′/雷布罗夫32′,67′
拜仁慕尼黑4:1皇家马德里
绍尔4′,埃尔伯30′,齐克勒79′,90′/埃尔格拉69′
第5轮2000.3.14
拜仁慕尼黑2:1罗森博格
绍尔11′,保罗·塞尔吉奥40′/卡鲁64′
皇家马德里2:2基辅迪那摩
劳尔14′(点球),罗伯特·卡洛斯72′/恰茨科维奇42′,耶罗56′(乌龙)
第6轮2000.3.22
罗森博格0:1皇家马德里
劳尔3′
基辅迪那摩2:0拜仁慕尼黑
卡拉泽34′,杰梅特拉泽71′

球队	胜	平	负	分	得失球
拜仁慕尼黑	4	1	1	13	13:8
皇家马德里	3	1	2	10	11:12
基辅迪那摩	3	1	2	10	10:8
罗森博格	0	1	5	1	5:11

D组(1999.11.24—2000.3.22)
第1轮1999.11.24
马赛0:2拉齐奥
D.斯坦科维奇64′,孔塞桑77′
切尔西3:1费耶诺德
巴巴亚罗45′,弗洛67′,87′/克鲁斯90′
第2轮1999.12.7
费耶诺德3:0马赛
克鲁斯72′,90′,博斯维尔特83′
拉齐奥0:0切尔西
第3轮2000.2.29
拉齐奥1:2费耶诺德
贝隆37′/托马森78′,84′
马赛1:0切尔西
皮雷16′
第4轮2000.3.8
费耶诺德0:0拉齐奥
切尔西1:0马赛
怀斯27′
第5轮2000.3.14
费耶诺德1:3切尔西
卡卢59′/佐拉39′,怀斯64′,弗洛69′
拉齐奥5:1马赛
S.因扎吉17′,37′,38′,71′,博考伊82′/勒鲁瓦50′

第6轮2000.3.22
马赛0:0费耶诺德
切尔西1:2拉齐奥
波耶特44′/S.因扎吉56′,米哈伊洛维奇66′

球队	胜	平	负	分	得失球
拉齐奥	3	2	1	11	10:4
切尔西	3	1	2	10	8:5
费耶诺德	2	2	2	8	7:7
马赛	1	1	4	4	2:11

1/4决赛(2000.4.4—4.19)
拜仁慕尼黑3:2波尔图
(客)1:1 保罗·塞尔吉奥80′/贾德尔47′
(主)2:1 保罗·塞尔吉奥31′,林克90′/贾德尔89′
皇家马德里3:2曼联 (主)0:0
(客)3:2 基恩21′(乌龙),劳尔50′,52′/贝克汉姆64′,斯科尔斯88′(点球)
巴塞罗那6:4切尔西
(客)1:3 费戈64′/佐拉30′,弗洛34′,38′
(主)5:1 里瓦尔多24′,99′(点球),费戈45′,达尼83′,克鲁伊维特104′/弗洛60′
瓦伦西亚5:3拉齐奥
(主)5:2 安古洛2′,赫拉德4′,40′,80′,C.洛佩斯90′/小因扎吉28′,萨拉斯76′ (客)0:1 贝隆52′
半决赛(2000.5.2—5.10)
瓦伦西亚5:3巴塞罗那
(主)4:1 安古洛10′,43′,门迭塔45′(点球),C.洛佩斯90′/佩莱格里诺27′(乌龙)
瓦伦西亚阵容(442):卡尼萨雷斯/安格洛马,久基奇,佩莱格里诺,卡博尼/门迭塔,赫拉德(桑切斯83′),法里诺斯,基利·冈萨雷斯/安古洛(阿尔贝尔达73′),P.洛佩斯
巴塞罗那阵容(433):海斯普/普约尔(博加德46′),弗兰克·德波尔,雷齐格,加布里/里瓦尔多,科库,瓜迪奥拉/达尼(利特马宁59′),克鲁伊维特,岑登(西芒74′)
(客)1:2 门迭塔69′/弗兰克·德波尔78′,科库89′
瓦伦西亚阵容(442):卡尼萨雷斯/安格洛马(加拉多86′),久基奇,佩莱格里诺,卡博尼/门迭塔,赫拉德,法里诺斯(桑切斯92′),基利·冈萨雷斯(阿尔贝尔达73′)/安古洛,P.洛佩斯
巴塞罗那阵容(433):海斯普/雷齐格,阿韦拉多(利特马宁76′),弗兰克·德波尔,岑登(西芒61′)/哈维,瓜迪奥拉(塞尔吉68′),科库/费戈,克鲁伊维特,里瓦尔多
皇家马德里3:2拜仁慕尼黑
(主)2:0 阿内尔卡4′,耶雷梅斯33′(乌龙)
皇家马德里阵容(532):卡西利亚斯/萨尔加多,坎波,埃尔格拉,卡兰卡,罗伯特·卡洛斯/麦克马纳曼,雷东多,劳尔/莫伦特斯(萨维奥61′),阿内尔卡(巴利奇80′)
拜仁慕尼黑阵容(442):卡恩/巴贝尔,耶雷梅斯,林克,萨利哈米季奇/芬克,塔纳特(维辛格46′),利扎拉祖,绍尔/埃尔伯(扬克尔75′),保罗·塞尔吉奥
(客)1:2 阿内尔卡31′/扬克尔12′,埃尔伯34′
皇家马德里阵容(532):卡西利亚斯/格雷米,坎波,埃尔格拉,塞萨尔,罗伯特·卡洛斯/麦克马纳曼(巴利奇92′),雷东多,劳尔/萨维奥,阿内尔卡(桑切斯89′)
拜仁慕尼黑阵容(442):卡恩/巴贝尔(萨利哈米季奇60′),安德森,库福尔,利扎拉祖/保罗·塞尔吉奥,耶雷梅斯,芬克(圣克鲁斯78′),埃芬博格,绍尔/埃尔伯,扬克尔
决赛(2000.5.24圣丹尼斯)
皇家马德里3:0瓦伦西亚
莫伦特斯39′,麦克马纳曼67′,劳尔75′
皇家马德里阵容(442):卡西利亚斯/萨尔加多(耶罗85′),卡兰卡,坎波,罗伯特·卡洛斯/麦克马纳曼,雷东多,埃尔格拉,劳尔/莫伦特斯(萨维奥72′),阿内尔卡(桑切斯80′)
瓦伦西亚阵容(442):卡尼萨雷斯/安格洛马,久基奇,佩莱格里诺,加拉多/门迭塔,赫拉德(伊利耶69′),法里诺斯,基利·冈萨雷斯/安古洛,P.洛佩斯

2000—01赛季

(赛制)本届比赛延续"资格赛+第一阶段小组赛+第二阶段小组赛"的赛制。参加本届欧冠的参赛队达到71支,经过3轮资格赛后,16支获胜球队与另16支直接出线队进入32强。32支球队随后再进行两阶段小组赛,产生八强后,再开始进行主客场两回合的淘汰赛,决赛则采用单场定胜负的赛制。最后夺冠的拜仁慕尼黑队一共踢了17场比赛。

资格赛第一轮(2000.7.12—7.19)
雷克雅未克KR(冰岛)6:2(2:1,4:1)伯克尔卡拉(马耳他)
索菲亚列夫斯基(保加利亚)6:0(4:0,2:0)迪德朗热(卢森堡)
哈卡(芬兰)2:2(1:0,1:2)林菲尔德(北爱尔兰)
贝尔格莱德红星(南斯拉夫)5:0(3:0,2:0)科拉克斯维克奇(法罗群岛)
勒瓦迪亚(爱沙尼亚)6:2(2:2,4:0)TNS(威尔士)
波里索夫(白俄罗斯)3:2(1:1,2:1)舍拉克(亚美尼亚)
沙姆基尔(阿塞拜疆)5:3(1:2,4:1)里加(拉脱维亚)
爱尔兰人(爱尔兰)2:1(1:0,1:1)斯洛加加(马其顿)
津布鲁(摩尔多瓦)6:4(3:2,3:2)地拉那11月17日(阿尔巴尼亚)
考那斯(立陶宛)4:3(4:0,0:3)奇特鲁克(波黑)
资格赛第二轮(2000.7.26—8.2)
安德莱赫特(比利时)4:2(4:2,0:0)阿诺索西斯(塞浦路斯)
贝希克塔斯(土耳其)2:1(1:0,1:1)索非亚列夫斯基
布隆德比(丹麦)3:1(3:1,0:0)雷克雅未克KR(冰岛)

格拉斯哥流浪者4:1(4:1,0:0)考那斯
国际布拉迪斯拉发(斯洛伐克)1:0(0:0,1:0)哈卡(芬兰)
赫尔辛堡(瑞典)3:0(0:0,3:0)波里索夫贝特
贝尔格莱德红星4:2(4:0,0:2)库泰斯鱼雷(格鲁吉亚)
顿涅茨克矿工9:2(4:1,5:1)勒瓦迪亚
布拉格斯拉维亚(捷克)5:1(1:0,4:1)沙姆基尔
罗森博格(挪威)4:2(3:1,1:1)爱尔兰人
格拉茨飓风(奥地利)5:1(3:0,2:1)特拉维夫工人(以色列)
津布鲁2:1(2:0,0:1)马里博尔(斯洛文尼亚)
多瑙菲尔(匈牙利)4:2(2:0,2:2)斯普利特(克罗地亚)
资格赛第三轮(2000.8.9—8.23)
瓦伦西亚4:1(0:0,4:1)因斯布鲁克瓦克尔(奥地利)
布拉格斯巴达(捷克)2:0(1:0,1:0)津布鲁
汉堡2:0(2:0,0:0)布隆德比
赫尔辛堡1:0(1:0,0:0)国际米兰
贝希克塔斯6:1(3:0,3:1)莫斯科火车头
里昂4:2(2:1,2:1)国际布拉迪斯拉发
安德莱赫特1:0(1:0,0:0)波尔图
格拉斯哥流浪者6:0(3:0,3:0)赫尔弗格
基辅迪那摩1:1(0:0,1:1)贝尔格莱德红星
帕纳辛奈科斯4:3(2:2,2:1)华沙波兰人
利兹联3:1(2:1,1:0)慕尼黑1860
罗森博格4:3(2:2,2:1)多瑙菲尔
加拉塔萨雷4:3(2:1,2:2)圣加仑(瑞士)
AC米兰6:1(3:1,3:0)萨格勒布迪那摩
顿涅茨克矿工2:1(0:1,2:1)布拉格斯拉维亚
小组赛(2000.9.12—11.8)/A组
第1轮2000.9.12
莫斯科斯巴达克2:0勒沃库森
季托夫51′,别兹罗德内89′
里斯本竞技2:2皇家马德里
S.平托39′,A.克鲁斯42′/卡洛斯50′,R.若热76′(乌龙)
第2轮2000.9.20
勒沃库森3:2里斯本竞技
拉梅洛65′,布尔达里奇72′,诺伊维尔77′/A.克鲁斯12′,S.平托79′(点球)
皇家马德里1:0莫斯科斯巴达克
埃尔格拉51′
第3轮2000.9.27
勒沃库森2:3皇家马德里
施奈德27′,巴拉克44′/卡洛斯32′,75′,古蒂69′
莫斯科斯巴达克3:1里斯本竞技
马尔康67′,87′,罗布森43′/S.平托24′
第4轮2000.10.17
皇家马德里5:3勒沃库森
古蒂4′,65′,埃尔格拉24′,劳尔75′,费戈87′(点球)/布尔达里奇19′,基尔斯滕55′,林克78′
里斯本竞技0:3莫斯科斯巴达克
季托夫52′,67′,蒂霍斯16′(乌龙)
第5轮2000.10.25
勒沃库森1:0莫斯科斯巴达克
巴拉克52′
皇家马德里4:0里斯本竞技
古蒂12′,萨维奥42′,莫伦特斯62′,70′
第6轮2000.11.7
里斯本竞技0:0勒沃库森
莫斯科斯巴达克1:0皇家马德里
格雷米47′(乌龙)

球队	胜	平	负	分	得失球
皇家马德里	4	1	1	13	15:8
莫斯科斯巴达克	4	0	2	12	9:3
勒沃库森	2	1	3	7	9:12
里斯本竞技	0	2	4	2	5:15

B组/第1轮2000.9.12
顿涅茨克矿工0:3拉齐奥
C.洛佩斯27′,内德维德67′,小因扎吉78′
布拉格斯巴达0:1阿森纳
西尔维尼奥33′
第2轮2000.9.20
阿森纳3:2顿涅茨克矿工
维尔托德49′,基翁85′,90′/巴卡列夫26′,沃罗别伊29′
拉齐奥3:0布拉格斯巴达
小因扎吉35′,70′,西蒙尼57′
第3轮2000.9.27
阿森纳2:0拉齐奥
永贝里43′,55′
布拉格斯巴达3:2顿涅茨克矿工
罗西基55′,霍尔纳克70′,亚罗希克81′/祖博沃夫56′,霍尔纳克82′(乌龙)
第4轮2000.10.17
拉齐奥1:1阿森纳
内德维德27′/皮雷88′
顿涅茨克矿工2:1布拉格斯巴达
格莱韦卡斯35′,祖博沃夫88′(点球)/亚罗希克15′
第5轮2000.10.25
阿森纳4:2布拉格斯巴达
帕洛尔4′,E.迈尔6′,迪克逊34′,卡努50′/拉班特39′(点球),罗西基90′
拉齐奥5:1顿涅茨克矿工
C.洛佩斯48′,68′,90′,法瓦利54′,贝隆57′/沃罗别伊43′
第6轮2000.11.7
顿涅茨克矿工3:0阿森纳
阿特尔金34′,沃罗别伊57′,别利克66′
布拉格斯巴达0:1拉齐奥
拉瓦内利43′

球队	胜	平	负	分	得失球
阿森纳	4	1	1	13	[illegible]:8
拉齐奥	4	1	1	13	13:4
顿涅茨克矿工	2	0	4	6	10:15
布拉格斯巴达	1	0	5	3	6:13

C组/第1轮2000.9.12
里昂3:1海伦芬
S.安德森2′,豪图恩9′(乌龙),[illegible]58′/塔兰35′
瓦伦西亚2:1奥林匹亚科斯
巴拉哈35′,D.阿隆索44′/乔[illegible]维奇73′
第2轮2000.9.20
海伦芬0:1瓦伦西亚
C.冈萨雷斯38′
奥林匹亚科斯2:1里昂
瓦耶19′,吉奥瓦尼34′/福87′
第3轮2000.9.27
奥林匹亚科斯2:0海伦芬
吉奥瓦尼52′,68′
瓦伦西亚1:0里昂
扎霍维奇78′
第4轮2000.10.17
海伦芬1:0奥林匹亚科斯
D.扬森83′
里昂1:2瓦伦西亚
马莱90′/J.桑切斯45′,巴拉[illegible]
第5轮2000.10.25
海伦芬0:2里昂
马尔布兰克68′,马莱78′
奥林匹亚科斯1:0瓦伦西亚
乔尔杰维奇65′
第6轮2000.11.7
里昂1:0奥林匹亚科斯
莱格勒2′
瓦伦西亚1:1海伦芬
D.阿隆索9′/维尼马37′

球队	胜	平	负	分	得失球
瓦伦西亚	4	[illegible]	1	13	7:4
里昂	3	[illegible]	3	9	8:6
奥林匹亚科斯	3	[illegible]	3	9	6:5
海伦芬	1	[illegible]	4	4	3:9

D组/第1轮2000.9.12
加拉塔萨雷3:2摩纳哥
贾德尔16′,哈吉29′,卡波内80′/[illegible]达50′,西蒙尼62′(点球)
流浪者5:0格拉茨飓风
莫尔斯9′,R.德波尔19′,阿[illegible]特29′,范布隆克霍斯特71′,多兹84′
第2轮2000.9.20
摩纳哥1:0流浪者
范布隆克霍斯特8′
格拉茨飓风3:0加拉塔萨雷
尤兰32′,朔普64′,舒普81′
第3轮2000.9.27
加拉塔萨雷3:2流浪者
阿坎52′,H.云萨尔50′,贾[illegible]70′/坎切尔斯基72′,范布隆克霍斯特90′
摩纳哥5:0格拉茨飓风
西蒙尼13′,38′,41′,法尔梅[illegible]77′,农达84′
第4轮2000.10.17
流浪者0:0加拉塔萨雷
格拉茨飓风2:0摩纳哥
朔普39′,88′
第5轮2000.10.25
摩纳哥2:4加拉塔萨雷
西蒙尼21′,农达25′/孔特[illegible]拉斯6′,博纳[illegible]8′,H.云萨尔24′,科尔马斯63′
格拉茨飓风2:0流浪者
尤兰20′,普里拉斯尼格90′
第6轮2000.11.7
加拉塔萨雷2:2格拉茨飓风
埃尔金29′,贾德尔75′/尤[illegible]3′,H.云萨尔81′(乌龙)
流浪者2:2摩纳哥
米勒3′,莫尔斯52′/达科[illegible]39′,西蒙尼[illegible]8′

球队	胜	平	负	分	得失球
格拉茨飓风	3	[illegible]	2	10	9:12
加拉塔萨雷	2	[illegible]	2	8	10:13
流浪者	2	[illegible]	2	8	10:7
摩纳哥	2	[illegible]	3	7	13:10

E组/第1轮2000.9.13
汉堡4:4尤文图斯
耶博阿17′,马达维基亚6[illegible]布特72′(点球),N.科瓦奇82′/图多尔6′,大因扎吉3[illegible]52′,88′(点球)
帕纳辛奈科斯1:1拉科鲁尼亚
瓦兹扎29′/奈贝特84′
第2轮2000.9.19
拉科鲁尼亚2:1汉堡
潘迪亚尼43′,斯卡洛尼8[illegible]/巴巴雷茨53′
尤文图斯2:1帕纳辛奈科斯
尼科波利迪斯35′(乌龙),[illegible]雷泽盖83′/古马47′
第3轮2000.9.26
汉堡0:1帕纳辛奈科斯
纳希奥普洛斯36′
尤文图斯0:0拉科鲁尼亚
第4轮2000.10.18
拉科鲁尼亚1:1尤文图斯
维克托12′/大因扎吉10′
帕纳辛奈科斯0:0汉堡
第5轮2000.10.24

拉科鲁尼亚1:0帕纳辛奈科斯
潘迪亚尼83'
尤文图斯1:3汉堡
科瓦切维奇56'/普拉格尔23'、巴博阿48'、帕纳迪奇62'
第6轮2000.11.8
汉堡1:1拉科鲁尼亚
马达维基亚17'/马凯65'
帕纳辛奈科斯3:1尤文图斯
P.索萨6'、巴西纳斯59'(点球)、瓦兹扎75'/大因扎吉24'

球队	胜	平	负	分	得失球
拉科鲁尼亚	2	4	0	10	6:4
帕纳辛奈科斯	2	2	2	8	6:5
汉堡	1	3	2	6	9:9
尤文图斯	1	3	2	6	9:12

F组/第1轮2000.9.13
赫尔辛堡1:3拜仁慕尼黑
B.约翰森90'/绍尔7'、萨利哈米季奇48'、扬克尔55'
罗森博格3:1巴黎圣日耳曼
R.博格8'、F.约翰森62'、斯孔莫斯伦德90'/克里斯蒂安7'
第2轮2000.9.19
拜仁慕尼黑3:1罗森博格
扬克尔73'、埃尔伯77'、林克80'/索伦森38'
巴黎圣日耳曼4:1赫尔辛堡
阿内尔卡25'、罗伯特58'、克里斯蒂安81'、卡尔库里81'/B.约翰森45'
第3轮2000.9.26
巴黎圣日耳曼1:0拜仁慕尼黑
勒鲁瓦90'
罗森博格6:1赫尔辛堡
F.约翰森20'、29'、80'、施特兰德51'、52'(点球)、S.约翰森65'(乌龙)/普里卡90'
第4轮2000.10.18
拜仁慕尼黑2:0巴黎圣日耳曼
萨利哈米季奇2'、P.塞尔吉奥88'
赫尔辛堡2:0罗森博格
J.扬松32'、桑托斯77'
第5轮2000.10.24
拜仁慕尼黑0:0赫尔辛堡
巴黎圣日耳曼7:2罗森博格
德乌17'、克里斯蒂安25'、阿内尔卡35'、90'、卢欣46'、勒鲁瓦76'、罗伯特81'/乔治3'、33'
第6轮2000.11.8
赫尔辛堡1:1巴黎圣日耳曼
佩尔森70'/阿内尔卡33'
罗森博格1:1拜仁慕尼黑
F.约翰森27'/耶雷梅斯88'

球队	胜	平	负	分	得失球
拜仁慕尼黑	3	2	1	11	9:4
巴黎圣日耳曼	3	1	2	10	14:9
罗森博格	2	[illegible]	3	7	13:15
赫尔辛堡	1	2	3	5	6:14

G组/第1轮2000.9.13
埃因霍温2:1基辅迪那摩
卢修斯38'、布鲁金克53'/沙茨基赫3'
曼联5:1安德莱赫特
科尔15'、50'、72'、埃尔文29'(点球)、谢林汉姆42'/科勒55'
第2轮2000.9.19
安德莱赫特1:0埃因霍温
戴德纳79'
基辅迪那摩0:0曼联
第3轮2000.9.26
基辅迪那摩4:0安德莱赫特
胡辛52'、沙茨基赫80'、杰梅尔拉泽83'、90'
埃因霍温3:1曼联
鲍马17'、范博梅尔38'、凯日曼64'/斯科尔斯3'(点球)
第4轮2000.10.18
安德莱赫特4:2基辅迪那摩
瓦什丘克10'(乌龙)、拉津斯基25'、42'、斯托伊卡45'/杰梅特拉泽1'、贝尔凯维奇88'
曼联3:1埃因霍温
谢林汉姆8'、斯科尔斯82'、约克87'/范博梅尔75'
第5轮2000.10.24
安德莱赫特2:1曼联
拉津斯基15'、33'/埃尔文36'(点球)
基辅迪那摩0:1埃因霍温
奥耶45'
第6轮2000.11.8
埃因霍温2:3安德莱赫特
拉姆齐45'、45'/卡森9'、科勒35'、尤拉90'
曼联1:0基辅迪那摩
谢林汉姆18'

球队	胜	平	负	分	得失球
安德莱赫特	4	0	2	12	11:14
曼联	3	1	2	10	11:7
埃因霍温	3	0	3	9	9:9
基辅迪那摩	1	1	4	4	7:8

H组/第1轮2000.9.13
巴塞罗那4:0利兹联
里瓦尔多10'、F.德波尔20'、克鲁伊维特44'、83'
AC米兰4:1贝西克塔斯
科科36'、比埃霍夫44'、谢夫琴科47'、77'/塔伊富尔20'(点球)
第2轮2000.9.19
贝西克塔斯3:0巴塞罗那
杜尔孙37'、75'、诺马86'
利兹联1:0AC米兰
鲍耶88'
第3轮2000.9.26
巴塞罗那0:2AC米兰
科科45'、比埃霍夫71'
利兹联6:0贝西克塔斯
鲍耶7'、90'、维杜卡12'、马特奥22'、巴克70'、哈克比89'
第4轮2000.10.18
贝西克塔斯0:0利兹联
AC米兰3:3巴塞罗那
阿尔贝蒂尼25'、39'、J.马里45'/里瓦尔多18'、42'、68'
第5轮2000.10.24
贝西克塔斯0:2AC米兰
舍甫琴柯38'、J.马里43
利兹联1:1巴塞罗那
鲍耶5'/里瓦尔多90'
第6轮2000.11.8
巴塞罗那5:0贝西克塔斯
科库10'、L.恩里克17'、48'、里瓦尔多80'(点球)、加布里87'
AC米兰1:1利兹联
塞尔吉尼奥67'/马特奥45'

球队	胜	平	负	分	得失球
AC米兰	3	2	1	11	12:6
利兹联	2	3	1	9	9:6
巴塞罗那	2	2	2	8	13:9
贝西克塔斯	1	1	4	4	4:17

第二阶段小组赛(2000.11.21—2001.3.14)
A组/第1轮2000.11.21
曼联3:1帕纳辛奈科斯
谢林汉姆48'、斯科尔斯81'、90'/卡拉古尼斯64'
瓦伦西亚2:0格拉茨飓风
卡鲁44'、J.桑切斯47'
第2轮2000.12.6
帕纳辛奈科斯0:0瓦伦西亚
格拉茨飓风0:2曼联
斯科尔斯18'、吉格斯89'
第3轮2001.2.14
瓦伦西亚0:0曼联
格拉茨飓风2:0帕纳辛奈科斯
哈斯60'、科齐扬85'
第4轮2001.2.20
曼联1:1瓦伦西亚
科尔9'/布朗87'(点球)
帕纳辛奈科斯1:2格拉茨飓风
古马72'/朔普25'、哈斯42'
第5轮2001.3.7
帕纳辛奈科斯1:1曼联
西塔里迪斯25'/斯科尔斯90'
格拉茨飓风0:5瓦伦西亚
阿亚拉5'、卡鲁50'、K.冈萨雷斯60'、D.阿隆索88'、90'
第6轮2001.3.13
曼联3:0格拉茨飓风
巴特5'、谢林汉姆20'、基恩86'
瓦伦西亚2:1帕纳辛奈科斯
J.桑切斯39'、安格洛马75'/巴西纳斯28'(点球)

球队	胜	平	负	分	得失球
瓦伦西亚	3	3	0	12	10:2
曼联	3	3	0	12	10:3
格拉茨飓风	2	0	4	6	4:13
帕纳辛奈科斯	0	2	4	2	4:10

B组/第1轮2000.11.21
AC米兰2:2加拉塔萨雷
J.马里48'、舍甫琴柯73'(点球)/贾德尔39'、萨斯41'
巴黎圣日耳曼1:3拉科鲁尼亚
阿尔热诺36'/奈贝特64'、T.弗洛罗斯70'、马凯90'
第2轮2000.12.6
拉科鲁尼亚0:1AC米兰
赫尔维格43'
加拉塔萨雷1:0巴黎圣日耳曼
达瓦拉51'(点球)
第3轮2001.2.14
AC米兰1:1巴黎圣日耳曼
莱昂纳多27'/阿内尔卡30'
加拉塔萨雷1:0拉科鲁尼亚
苏阿特11'
第4轮2001.2.20
拉科鲁尼亚2:0加拉塔萨雷
维克托40'、德贾明哈73
巴黎圣日耳曼1:1AC米兰
罗伯特75'/J.马里90'
第5轮2001.3.7
加拉塔萨雷2:0AC米兰
哈吉10'、贾德尔86'
拉科鲁尼亚4:3巴黎圣日耳曼
潘迪亚尼57'、76'、84'、特里斯坦60'/奥科查29'、勒鲁瓦43'、55'
第6轮2001.3.13
AC米兰1:1拉科鲁尼亚
舍甫琴柯86'(点球)/德贾明哈74'(点球)
巴黎圣日耳曼2:0加拉塔萨雷
克里斯蒂安3'、27'

球队	胜	平	负	分	得失球
拉科鲁尼亚	3	1	2	10	10:7
加拉塔萨雷	3	1	2	10	6:6
AC米兰	1	4	1	7	6:7
巴黎圣日耳曼	1	2	3	5	8:10

C组
第1轮2000.11.22
拜仁慕尼黑1:0里昂
穆勒55'(乌龙)
莫斯科斯巴达克4:1阿森纳
马可29'、51'、季托夫67'、罗布森82'/西尔维尼奥2'
第2轮2000.12.5
阿森纳2:2拜仁慕尼黑
亨利3'、卡努55'/塔马尔56'、绍尔67'
里昂3:0莫斯科斯巴达克
马莱2'、S.安德森31'、41'
第3轮2001.2.13
拜仁慕尼黑1:0莫斯科斯巴达克
埃尔伯79'
里昂0:1阿森纳
亨利59'
第4轮2001.2.21
阿森纳1:1里昂
博格坎普33'/埃德米尔森90'
莫斯科斯巴达克0:3拜仁慕尼黑
绍尔17'、75'(点球)、P.塞尔吉奥87'
第5轮2001.3.8
阿森纳1:0莫斯科斯巴达克
亨利82'
里昂3:0拜仁慕尼黑
戈武13'、21'、莱格勒71'
第6轮2001.3.14
拜仁慕尼黑1:0阿森纳
埃尔伯10'
莫斯科斯巴达克1:1里昂
帕尔菲诺夫4'(点球)/S.安德森68'(点球)

球队	胜	平	负	分	得失球
拜仁慕尼黑	4	1	1	13	8:5
阿森纳	2	2	2	8	6:8
里昂	2	2	2	8	8:4
莫斯科斯巴达克	1	1	4	4	5:10

D组/第1轮2000.11.22
安德莱赫特1:0拉齐奥
拉津斯基83'
利兹联0:2皇家马德里
耶罗65'、劳尔67'
第2轮2000.12.5
拉齐奥0:1利兹联
A.史密斯80'
皇家马德里4:1安德莱赫特
莫伦特斯12'、费戈23'(点球)、埃尔格拉44'、卡洛斯73'/斯托伊卡88'
第3轮2001.2.13
利兹联2:1安德莱赫特
哈特74'、鲍耶87'/斯托伊卡65'
皇家马德里3:2拉齐奥
莫伦特斯32'、埃尔格拉82'、费戈89'(点球)/克雷斯波4'、戈塔尔迪84'
第4轮2001.2.21
拉齐奥2:2皇家马德里
内德维德4'、克雷斯波53'/索拉里32'、劳尔73'
安德莱赫特1:4利兹联
科勒76'/A.史密斯13'、38'、维杜卡34'、哈特81'(点球)
第5轮2001.3.8
拉齐奥2:1安德莱赫特
C.洛佩斯40'、巴罗尼奥77'/斯托伊卡49'
皇家马德里3:2利兹联
劳尔7'、60'、费戈41'/A.史密斯6'、维杜卡54'
第6轮2001.3.14
安德莱赫特2:0皇家马德里
丹当85'、古尔90'
利兹联3:3拉齐奥
鲍耶28'、威尔考克斯43'、维杜卡62'/拉瓦内利21'、米哈伊洛维奇29'(点球)、90'

球队	胜	平	负	分	得失球
皇家马德里	4	1	1	13	14:9
利兹联	3	1	2	10	2:10
安德莱赫特	2	0	4	6	7:12
拉齐奥	1	2	3	5	9:11

1/4决赛(2001.4.3—4.18)
皇家马德里5:3加拉塔萨雷
(客)2:3 埃尔格拉33'、马克莱莱43'/达瓦拉47'(点球)、萨斯66'、贾德尔75'
(主)3:0 劳尔15'、37'、埃尔格拉28'
拜仁慕尼黑3:1曼联
(客)1:0 P.塞尔吉奥86'
(主)2:1 埃尔伯5'、绍尔40'/吉格斯49'
利兹联3:2拉科鲁尼亚
(主)3:0 哈特26'、A.史密斯51'、费迪南德66'
(客)0:2 德贾明哈9'(点球)、特里斯坦73'
瓦伦西亚2:2阿森纳
(客)1:2 阿亚拉41'/亨利58'、帕洛尔60'
(主)1:0 卡鲁75'
半决赛(2001.5.2—5.9)
拜仁慕尼黑3:1皇家马德里
(客)1:0 埃尔伯55'
拜仁慕尼黑阵容(343):卡恩/库福尔、P.安德森、林克/萨尼奥尔、耶雷梅斯、埃芬博格、利扎拉祖/萨利哈米季奇、埃尔伯(扬克尔74')、绍尔(P.塞尔吉奥72')
皇家马德里阵容(442):卡西利尔斯/萨尔加多(穆尼蒂斯77')、卡兰卡、耶罗、卡洛斯/费戈、埃尔格拉、马克莱莱、麦克马纳曼/劳尔、古蒂(萨维奥54')
(主)2:1 埃尔伯8'、耶雷梅斯34'/费戈18'
拜仁慕尼黑阵容(343):卡恩/库福尔、P.安德森、林克/萨尼奥尔、耶雷梅斯(斯福扎70')、哈格里夫斯、利扎拉祖/萨利哈米季奇、埃尔伯(齐克勒85')、绍尔(圣克鲁斯59')
皇家马德里阵容(442):卡西利尔斯/萨尔加多、卡兰卡(莫伦特斯66')、耶罗、卡洛斯/费戈、埃尔格拉、马克莱莱、麦克马纳曼(萨维奥61')/劳尔、古蒂
瓦伦西亚3:0利兹联
(客)0:0
瓦伦西亚阵容(442):卡尼萨雷斯/安格洛马、阿亚拉、佩莱格里诺、卡博尼/门迭塔、阿尔贝尔达、巴拉哈、K.冈萨雷斯(维森特90')/J.桑切斯(扎霍维奇66')、卡鲁
利兹联阵容(442):马丁/迈尔斯、费迪南德、马特奥、哈特/鲍耶、达科特、巴蒂、科威尔/维杜卡、A.史密斯
(主)3:0 J.桑切斯15'、47'、门迭塔52
瓦伦西亚阵容(442):卡尼萨雷斯/安格洛马、阿亚拉、佩莱格里诺、奥雷利奥/门迭塔(安古洛73')、阿尔贝尔达、艾马尔(德尚71')、K.冈萨雷斯(维森特65')/卡鲁、J.桑切斯
利兹联阵容(442):马丁/迈尔斯、费迪南德、马特奥、哈特/巴克、达科特、巴蒂、科威尔/A.史密斯、维杜卡
决赛(2001.5.23,米兰)
拜仁慕尼黑1:1(5:4)瓦伦西亚
埃芬博格50'/门迭塔3'
拜仁慕尼黑阵容(352):卡恩/库福尔、安德森、林克/萨尼奥尔(46'扬克尔)、埃芬博格、哈格里夫斯、利扎拉祖/绍尔(108'P.塞尔吉奥)、埃尔伯(100'齐克勒)、萨利哈米季奇
瓦伦西亚阵容(442):卡尼萨雷斯/安格洛马、阿亚拉(90'久基奇)、佩莱格里诺、卡博尼/门迭塔、巴拉哈、艾马尔(46'阿尔贝尔达)、K.冈萨雷斯/卡鲁、J.桑切斯(66'扎霍维奇)
点球大战情况
拜仁慕尼黑:(P.塞尔吉奥)、萨利哈米季奇、齐克勒、(安德森)、埃芬博格、利扎拉祖、林克
瓦伦西亚:门迭塔、卡鲁、(扎霍维奇)、(卡博尼)、巴拉哈、K.冈萨雷斯、(佩莱格里诺)

注:括号内为没有罚中的球员。

2001-02赛季

(赛制)本届比赛延续“资格赛+第一阶段小组赛+第二阶段小组赛”的赛制。参加本届欧冠的参赛队达到72支，经过三轮资格赛后，16支获胜球队与另16支直接出线队进入32强。32支球队随后再进行两阶段小组赛，产生八强后，再开始进行主客场两回合的淘汰赛，最后的决赛则采用单场定胜负的赛制。最后夺冠的皇家马德里队一共踢了17场比赛。

资格赛第一轮(2001.7.11—7.18)
索菲亚列夫斯基(保加利亚)4:0泽尔热兹尼卡(波黑)
库泰斯鱼雷(格鲁吉亚)1:0(0:0,1:0)林菲尔德(北爱尔兰)
斯库台夫拉兹尼亚(阿尔巴尼亚)2:2雷克雅未克KR(冰岛)
斯洛加(马其顿)1:1(0:0,1:1)考那斯(立陶宛)
莫兹尔(白俄罗斯)5:0(0:0,5:0)瓦古尔(法罗群岛)
波希米亚人(爱尔兰)3:0(3:0,0:0)勒瓦迪亚(爱沙尼亚)
巴里城(威尔士)3:0沙姆基尔(阿塞拜疆)
哈卡(芬兰)5:0(0:0,5:0)瓦莱塔(马耳他)
里加(拉脱维亚)6:2(6:1,0:1)迪德朗热(卢森堡)
舍里夫(摩尔多瓦)3:0(1:0,2:0)耶烈万阿拉拉特(前苏联)
资格赛第二轮(2001.7.25—8.1)
安德莱赫特(比利时)6:1(4:0,2:1)舍里夫(摩尔多瓦)
顿涅茨克矿工4:2(3:0,1:2)卢伽诺(瑞士)
斯普利特(克罗地亚)0:0(0:0,0:0(5:4))费伦茨城(匈牙利)
哈姆斯塔德(瑞典)4:1(2:1,2:0)波希米亚人(爱尔兰)
哥本哈根FC(丹麦)4:2(1:1,3:1)库泰斯鱼雷(格鲁吉亚)
贝尔格莱德红星(南斯拉夫)3:2(1:1,2:1)尼科西亚奥莫尼亚(塞浦路斯)
*海法马卡比(以色列)3:1(0:1,3:0)哈卡(芬兰)
索菲亚列夫斯基1:1(0:0,1:1)白兰恩(挪威)
加拉塔萨雷(土耳其)6:1(2:0,4:1)斯库台夫拉兹尼亚(阿尔巴尼亚)
波尔图10:3(9:0,1:3)巴里城(威尔士)
布加勒斯特星5:1(3:0,2:1)斯洛加(马其顿)
华沙克拉科夫3:1(2:1,1:0)里加(拉脱维亚)
国际布拉第斯拉发(斯洛伐克)2:0(1:0,1:0)莫兹尔(白俄罗斯)
格拉斯哥流浪者6:1(3:0,3:1)马里博尔(斯洛文尼亚)
*在双方第二回合比赛中,海法马卡比本以0比4告负,但由于对手一名球员不具备比赛资格,最后欧足联改判海法马卡比3比0获胜。
资格赛第三轮(2001.8.8—8.22)
加拉塔萨雷(土耳其)3:2(2:1,1:1)索菲亚列夫斯基
勒沃库森3:0(0:0,3:0)贝尔格莱德红星
凯尔特人3:2(3:1,0:1)阿贾克斯
多特蒙德5:1(3:1,2:0)顿涅茨克矿工
巴塞罗那5:3(4:3,1:0)克拉科夫维斯拉
安德莱赫特4:3(3:2,1:1)哈姆斯塔德
波尔图5:4(2:2,3:2)草蜢(瑞士)
*莫斯科火车头3:2(3:1,0:1)因斯布鲁克瓦克尔(奥地利)
费内巴切2:1(0:0,2:1)格拉斯哥流浪者
罗森博格7:3(3:3,4:0)国际布拉迪斯拉发
帕纳辛奈科斯3:1(2:1,1:0)布拉格斯拉维亚
里尔2:1(2:0,0:1)帕尔马
基辅迪那摩5:3(4:2,1:1)布加勒斯特星
拉齐奥5:3哥本哈根(1:2,4:1)
利物浦9:1(5:0,4:1)哈卡

马洛卡2:1(0:1,2:0)斯普利特

*在双方首回合比赛中,莫斯科火车头本以1比0取胜,但由于该队一名球员在比赛中吃到两张黄牌而没有被罚下,本场比赛被裁定无效,双方在9月8日进行重赛,火车头0比1输球。

小组赛(2001.9.11—11.1)

(注:E至H小组的首轮比赛,由于9.11事件而被取消,延期至10月10日进行)

A组/第1轮2001.9.11

莫斯科火车头1:1安德莱赫特

马米诺夫18′/亨德里克斯15′

罗马1:2皇家马德里

托蒂73′(点球)/费戈50′,古蒂63′

第2轮2001.9.19

安德莱赫特0:0罗马

皇家马德里4:0莫斯科火车头

穆尼蒂斯39′,费戈64′(点球),卡洛斯81′,萨维奥87′

第3轮2001.9.26

皇家马德里4:1安德莱赫特

拉特德斯49′,劳尔51′,68′,索拉里79′/丹当33′

罗马2:1莫斯科火车头

丘盖诺夫69′(乌龙),托蒂79′/奥布拉多维奇59′

第4轮2001.10.16

安德莱赫特0:2皇家马德里

卡洛斯19′,麦克马纳曼35′

0莫斯科火车头0:1罗马

卡福78′

第5轮2001.10.24

皇家马德里1:1罗马

费戈75′(点球)/托蒂35′

安德莱赫特1:5莫斯科火车头

伊利奇2′/伊斯梅洛夫13′,先尼科夫28′,皮缅诺夫58′,布兹尼金63′,69′

第6轮2001.10.30

罗马1:1安德莱赫特

德尔维奇奥52′/莫尔纳11′

莫斯科火车头2:0皇家马德里

布兹尼金30′,切列维琴科50′

球队	胜	平	负	分	得失球
皇家马德里	4	1	1	13	13:5
罗马	2	3	1	9	6:5
莫斯科火车头	2	1	3	7	9:9
安德莱赫特	0	3	3	3	4:13

B组/第1轮2001.9.11

基辅迪那摩2:2多特蒙德

梅拉沙琴科15′,伊达霍尔45′/科勒56′,阿莫鲁索74′

利物浦1:1博阿维斯塔

欧文29′/席尔瓦3′

第2轮2001.9.19

多特蒙德0:0利物浦

博阿维斯塔3:1基辅迪那摩

桑切斯4′,席尔瓦11′,杜达30′/吉万尼5′

第3轮2001.9.26

博阿维斯塔2:1多特蒙德

席尔瓦23′,桑切斯39′/阿莫鲁索76′

利物浦1:0基辅迪那摩

利特马宁23′

第4轮2001.10.16

多特蒙德2:1博阿维斯塔

里肯50′,科勒68′/戈拉特33′

基辅迪那摩1:2利物浦

吉万尼59′/墨菲43′,赖特67′

第5轮2001.10.24

博阿维斯塔1:1利物浦

席尔瓦60′/墨菲17′

多特蒙德1:0基辅迪那摩

罗西基34′

第6轮2001.10.30

利物浦2:0多特蒙德

斯米切尔15′,赖特82′

基辅迪那摩1:0博阿维斯塔

梅拉沙琴科49′

球队	胜	平	负	分	得失球
利物浦	3	3	0	12	7:3
博阿维斯塔	2	2	2	8	8:7
多特蒙德	2	2	2	8	6:7
基辅迪那摩	1	1	4	4	5:9

C组/第1轮2001.9.11

沙尔克04 0:2帕纳辛奈科斯

弗拉奥维奇75′,巴西纳斯80′

马洛卡1:0阿森纳

恩贡加12′(点球)

第2轮2001.9.19

帕纳辛奈科斯2:0马洛卡

弗拉奥维奇25′,孔斯坦蒂努28′

阿森纳3:2沙尔克04

永贝里33′,亨利36′,47′(点球)/范胡格达伦43′,小姆彭萨59′

第3轮2001.9.26

帕纳辛奈科斯1:0阿森纳

卡拉古尼斯25′

沙尔克04 0:1马洛卡

埃托奥66′

第4轮2001.10.16

阿森纳2:1帕纳辛奈科斯

亨利23′,52′(点球)/奥利萨德贝50′

马洛卡0:4沙尔克04

范胡格达伦15′,海伊托22′(点球),阿萨莫阿77′,桑德84′

第5轮2001.10.24

帕纳辛奈科斯2:0沙尔克04

奥利萨德贝31′,孔斯坦蒂努60′

阿森纳3:1马洛卡

皮雷61′,博格坎普63′,亨利90′/诺沃74′

第6轮2001.10.30

沙尔克04 3:1阿森纳

穆尔德2′,韦尔曼特60′,穆勒64′/维尔托德71′

马洛卡1:0帕纳辛奈科斯

比亚吉尼57′

球队	胜	平	负	分	得失球
帕纳辛奈科斯	4	0	2	12	8:3
阿森纳	3	0	3	9	9:9
马洛卡	3	0	3	9	4:9
沙尔克04	2	0	4	6	9:9

D组/第1轮2001.9.11

南特4:1埃因霍温

安德烈5′,坎10′(点球),达尔马44′,韦希鲁阿75′/德容90′

加拉塔萨雷1:0拉齐奥

卡兰79′

第2轮2001.9.19

拉齐奥1:3南特

科托7′/法布里3′,阿尔芒63′,齐亚尼86′

埃因霍温3:1加拉塔萨雷(0)1

布鲁金克38′,法布尔53′,凯日曼90′/卡兰68′

第3轮2001.9.26

埃因霍温1:0拉齐奥

霍夫兰40′

南特0:1加拉塔萨雷

亚尔琴79′

第4轮2001.10.16

拉齐奥2:1埃因霍温

菲奥雷39′,C.洛佩斯55′(点球)/凯日曼56′

加拉塔萨雷0:0南特

第5轮2001.10.24

埃因霍温0:0南特

拉齐奥1:0加拉塔萨雷

斯坦科维奇76′

第6轮2001.10.30

南特1:0拉齐奥

安德烈72′

加拉塔萨雷2:0埃因霍温

亚尔琴26′,阿里夫50′

球队	胜	平	负	分	得失球
南特	3	2	1	11	8:3
加拉塔萨雷	3	1	2	10	5:4
埃因霍温	2	1	3	7	6:9
拉齐奥	2	0	4	6	4:7

E组/第2轮2001.9.18

罗森博格1:2波尔图

拉什菲尔特90′/佩纳10′,德科60′

第3轮2001.9.25

尤文图斯3:2凯尔特人

特雷泽盖43′,55′,阿莫鲁索90′(点球)/彼得罗夫67′,拉尔森86′(点球)

罗森博格1:1尤文图斯

斯孔莫斯伦德89′(点球)/皮耶罗85′

凯尔特人1:0波尔图

拉尔森36′

第1轮2001.10.10

凯尔特人1:0罗森博格

汤普森21′

波尔图0:0尤文图斯

第4轮2001.10.17

波尔图3:0凯尔特人

克莱顿1′,61′,席尔瓦40′

尤文图斯1:0罗森博格

特雷泽盖25′

第5轮2001.10.23

罗森博格2:0凯尔特人

布拉特巴克19′,36′

尤文图斯3:1波尔图

皮耶罗32′,蒙特罗47′,特雷泽盖73′/克莱顿13′

第6轮2001.10.31

波尔图1:0罗森博格

佩纳37′

凯尔特人4:3尤文图斯

瓦尔加仑24′,萨顿45′,64,拉尔森57′(点球)/皮耶罗19′,特雷泽盖51′,77′

球队	胜	平	负	分	得失球
尤文图斯	3	2	1	11	11:8
波尔图	3	1	2	10	7:5
凯尔特人	3	0	3	9	8:11
罗森博格	1	1	4	4	4:6

F组/第2轮2001.9.18

里昂0:1勒沃库森

基尔斯滕75′

费内巴切0:3巴塞罗那

克鲁伊维特25′,安德森28′,萨维奥拉66′

第3轮2001.9.25

费内巴切0:1里昂

德尔莫特89′

勒沃库森2:1巴塞罗那

巴斯图尔克52′,诺伊维尔69′/L.恩里克22′

第1轮2001.10.10

巴塞罗那2:0里昂

克鲁伊维特78′,里瓦尔多87′(点球)

勒沃库森2:1费内巴切

卢西奥36′,巴拉克90′/雷维沃6′

第4轮2001.10.17

巴塞罗那2:1勒沃库森

克鲁伊维特12′,L.恩里克38′/拉梅洛32′

里昂3:1费内巴切

戈武45′,卡里埃53′,德尔莫特68′/德雷利古鲁35′

第5轮2001.10.23

费内巴切1:2勒沃库森

德雷利古鲁40′/施奈德21′,基尔斯滕34′

里昂2:3巴塞罗那

卢西杜拉66′,卡里埃88′/克鲁伊维特9′,里瓦尔多30′,赫拉德90′

第6轮2001.10.31

巴塞罗那1:0费内巴切

里瓦尔多90′

勒沃库森2:4里昂

塞贝洛45′,贝尔巴托夫52′/卡里埃32′,38′,尼64′,戈武84′

球队	胜	平	负	分	得失球
巴塞罗那	5	0	1	15	12:5
勒沃库森	4	0	2	12	10:9
里昂	3	0	3	9	10:9
费内巴切	0	0	6	0	3:12

G组/第2轮2001.9.18

拉科鲁尼亚2:2奥林匹亚科斯

冈萨雷斯22′,贝莱隆90′/扬纳科波洛斯80′,奥福里夸耶83′

曼联1:0里尔

贝克汉姆90′

第3轮2001.9.25

拉科鲁尼亚2:1曼联

潘迪亚尼86′,奈贝特90′/斯科尔斯40′

里尔3:1奥林匹亚科斯

巴卡里33′,谢鲁44′,塔福罗79′/扬纳科波洛斯90′

第1轮2001.10.10

奥林匹亚科斯0:2曼联

贝克汉姆66′,科尔82′

里尔1:1拉科鲁尼亚

奥卢夫德87′/贝莱隆49′

第4轮2001.10.17

奥林匹亚科斯2:1里尔

亚历山迪斯53′,尼尼亚迪斯64′/巴沙尔38′

曼联2:3拉科鲁尼亚

范尼7′,40′/冈萨雷斯37′,特里斯坦39′,60′

第5轮2001.10.23

拉科鲁尼亚1:1里尔

特里斯坦14′(点球)/谢鲁20′(点球)

曼联3:0奥林匹亚科斯

索尔斯沙尔79′,吉格斯88′,范尼90′

第6轮2001.10.31

奥林匹亚科斯1:1拉科鲁尼亚

亚历山迪斯51′/卡普德维拉84′

里尔1:1曼联

谢鲁65′/索尔斯沙尔6′

球队	胜	平	负	分	得失球
拉科鲁尼亚	2	4	0	10	10:8
曼联	3	1	2	10	10:6
里尔	1	3	2	6	7:7
奥林匹亚科斯	1	2	3	5	6:12

H组/第2轮2001.9.18

莫斯科斯巴达克2:2费耶诺德

罗布森62′,别斯查尼奇69′/博斯维尔特12′,托马森59′

拜仁慕尼黑0:0布拉格斯巴达

第3轮2001.9.25

莫斯科斯巴达克1:3拜仁慕尼黑

巴拉诺夫64′/萨利哈米季奇16′,埃尔伯41′,74′

布拉格斯巴达4:0费耶诺德

哈尔蒂希24′,拉班特38′(点球),金茨尔71′,米哈利克74′

第1轮2001.10.10

费耶诺德2:2拜仁慕尼黑

范胡耶东克38′,托马森45′/埃尔伯13′,50′

布拉格斯巴达2:0莫斯科斯巴达克

金茨尔57′,西翁科88′

第4轮2001.10.17

拜仁慕尼黑5:1莫斯科斯巴达克

皮萨罗7′,22′,埃尔伯33′,52′,齐克勒90′/别斯查尼奇58′

费耶诺德0:2布拉格斯巴达

亚罗希克43′,诺沃提尼78′

第5轮2001.10.23

拜仁慕尼黑3:1费耶诺德

范戈贝尔12′(乌龙),圣克鲁斯30′,90′/埃尔曼德25′

莫斯科斯巴达克2:2布拉格斯巴达

罗布森4′,别斯查尼奇34′/霍卢布29′,巴比尼奇90′

第6轮2001.10.31

费耶诺德2:1莫斯科斯巴达克

托马森5′,埃尔曼德18′/别斯查尼奇14′

布拉格斯巴达0:1拜仁慕尼黑

诺沃提尼40′(乌龙)

球队	胜	平	负	分	得失球
拜仁慕尼黑	4	2	0	14	14:5
布拉格斯巴达	3	2	1	11	10:3
费耶诺德	1	2	3	5	7:14
莫斯科斯巴达克	0	2	4	2	7:16

第二阶段小组赛(2001.1[illegible]0—2002.3.[illegible])

A组/第1轮2001.11.20

拜仁慕尼黑1:1曼联

P.塞尔吉奥87′/范尼74′

博阿维斯塔1:0南特

桑切斯24′

第2轮2001.12.5

曼联3:0博阿维斯塔

范尼31′,62′,布兰克55′

南特0:1拜仁慕尼黑

P.塞尔吉奥65′

第3轮2002.2.20

博阿维斯塔0:0拜仁慕尼[illegible]

南特1:1曼联

摩尔多万9′/范尼90′

第4轮2002.2.26

拜仁慕尼黑1:0博阿维斯[illegible]

圣克鲁斯81′

曼联5:1南特

贝克汉姆18′,索尔斯沙尔[illegible]78′,西尔维斯特38′,范尼64′(点球)/德罗沙17′

第5轮2002.3.13

曼联0:0拜仁慕尼黑

南特1:1博阿维斯塔

摩尔多万43′/马泰利尼奥[illegible]

第6轮2002.3.19

博阿维斯塔0:3曼联

布兰克14′,索尔斯沙尔2[illegible]贝克汉姆51′(点球)

拜仁慕尼黑2:1南特

耶雷梅斯58′,皮萨罗87′/[illegible]马德54′

球队	胜	平	负	分	得失球
曼联	3	[illegible]	0	[illegible]	13:3
拜仁慕尼黑	3	[illegible]	0	[illegible]	5:2
博阿维斯塔	1	[illegible]	3	[illegible]	2:8
南特	0	[illegible]	4	[illegible]	4:11

B组/第1轮2001.11.[illegible]

加拉塔萨雷1:1罗马

普雷茨22′/埃莫森90′

利物浦1:3巴塞罗那

欧文27′/克鲁伊维特41′,[illegible]申巴克65′,奥维马斯84′

第2轮2001.12.5

罗马0:0利物浦

巴塞罗那2:2加拉塔萨雷

萨维奥拉49′,66′/卡兰[illegible]勒坎41′

第3轮2002.2.20

利物浦0:0加拉塔萨雷

巴塞罗那1:1罗马

克鲁伊维特82′/帕努[illegible]

第4轮2002.2.26

加拉塔萨雷1:1利物浦

尼古拉埃斯库71′/赫斯[illegible]79′

罗马3:0巴塞罗那

埃莫森61′,蒙特拉74′,[illegible]马西90′

第5轮2002.3.13

罗马1:1加拉塔萨雷

卡福52′/卡兰45′

巴塞罗那0:0利物浦

第6轮2002.3.19

利物浦2:0罗马

利特马宁7′(点球),赫[illegible]64′

加拉塔萨雷0:1巴塞罗[illegible]

L.恩里克58′

球队	胜	平	负	分	得失球
巴塞罗那	2	3	1	[illegible]	7:7
利物浦	1	4	1	[illegible]	4:4
罗马	1	4	1	[illegible]	6:5
加拉塔萨雷	[illegible]	5	1	[illegible]	5:6

C组/第1轮2001.1[illegible]21

帕纳辛奈科斯0:0波尔[illegible]

布拉格斯巴达2:3皇家[illegible]德里

米哈利克30′,西翁科[illegible]齐达内20′,莫伦特斯36′,74′

第2轮2001.12.4

波尔图0:1布拉格斯巴[illegible]

西翁科75′

皇家马德里3:0帕纳[illegible]科斯

埃尔格拉41′,劳尔66′[illegible]

第3轮2002.2.19

布拉格斯巴达0:2帕[illegible]奈科斯

卡拉古尼斯39′,孔斯[illegible]蒂努71′

皇家马德里1:0波尔[illegible]

索拉里83′

第4轮2002.2.27

帕纳辛奈科斯2:1布[illegible]斯巴达

孔斯坦蒂努14′,47′/[illegible]莱恩90′

波尔图1:2皇家马德[illegible]

卡普舒28′/索拉里[illegible]埃尔格拉20′

第5轮2002.3.12

波尔图2:1帕纳辛奈[illegible]斯

德科12′,佩纳54′/[illegible]卡65′

皇家马德里3:0布拉[illegible]斯巴达

索拉里60′,古蒂64′[illegible]维奥71′

第6轮2002.3.20

布拉格斯巴达2:0波[illegible]图

西翁科63′,亚罗希[illegible]

帕纳辛奈科斯2:2[illegible]马德里

利贝罗普洛斯9′,古[illegible]4′/莫伦特斯[illegible]波尔蒂略80′

球队	[illegible]	平	负	分	得失球

皇家马德里	5	1	0	16	14.5
帕纳辛奈科斯	2	2	2	8	7.8
布拉格斯巴达	2	0	4	6	6.10
波尔图	1	1	4	4	3.7

D组/第1轮2001.11.21—29

拉科鲁尼亚2.0阿森纳

马凯9′、特里斯坦25′

尤文图斯4.0勒沃库森

特雷泽盖8′、60′、皮耶罗57′、图多尔44′

第2轮2001.12.4

阿森纳3.1尤文图斯

永贝里21′、88′、亨利28′/特雷泽盖49′

勒沃库森3.0拉科鲁尼亚

泽·罗伯托64′、诺伊维尔67′、巴拉克79′

第3轮2002.2.19

尤文图斯0.0拉科鲁尼亚

勒沃库森1.1阿森纳

基尔斯滕90′/皮雷56′

第4轮2002.2.27

拉科鲁尼亚2.0尤文图斯

特里斯坦8′、费托扎77′

阿森纳4.1勒沃库森

皮雷5′、亨利7′、维埃拉43′、博格坎普83′/塞贝岑86′

第5轮2002.3.12

阿森纳0.2拉科鲁尼亚

贝莱隆30′、奈贝特40′

勒沃库森3.1尤文图斯

布特24′(点球)、布尔达里奇71′、巴比奇90′/图多尔61′

第6轮2002.3.20

尤文图斯1.0阿森纳

萨拉耶塔76′

拉科鲁尼亚1.3勒沃库森

特里斯坦75′/巴拉克34′、施奈德54′、诺伊维尔86′

球队	胜	平	负	分	得失球
勒沃库森	3	1	2	10	11.11
拉科鲁尼亚	3	1	2	10	7.6
阿森纳	2	1	3	7	8.8
尤文图斯	2	1	3	7	7.8

1/4决赛(2002.4.3—4.10)

巴塞罗那3.2帕纳辛奈科斯

(客)0.1 巴西纳斯72′(点球)

(主)3.1 L.恩里克23′、49′、萨维奥拉61′/孔斯坦蒂努8′

(客)1.2 格雷米11′/埃芬博格82′、皮萨罗88′

(主)2.0 埃尔格拉69′、古蒂85′

(客)2.0 贝克汉姆15′、范尼41′

(主)3.2 索尔斯沙尔23′、56′、吉格斯69′/布兰克45′(乌龙)、德贾明哈90′

勒沃库森4.3利物浦

(客)0.1 海皮亚44′

(主)4.2 巴拉克16′、64′、贝尔巴托夫67′、卢西奥84′/沙维尔42′、利特马宁78′

半决赛(2002.4.23—5.1)

皇家马德里3.1巴塞罗那

(客)2.0 齐达内55′、麦克马纳曼90′

皇马阵容(442):塞萨尔/萨尔加多、耶罗、帕文、卡洛斯/齐达内、埃尔格拉、马克莱莱、索拉里(孔塞桑89′)/古蒂(麦克马纳曼80′)、劳尔

巴塞罗那(3232):博纳诺/雷兹格尔(热奥瓦尼59′)、阿韦拉多(克里斯坦瓦尔73′)、F.德波尔/科库、莫塔(加布里82′)、罗申巴克、L.恩里克、奥维马斯/克鲁伊维特、萨维奥拉

(主)1.1 埃尔格拉48′/劳尔43′

皇马阵容(442):塞萨尔/萨尔加多、耶罗、埃尔格拉、卡洛斯/费戈(麦克马纳曼68′)、马克莱莱、齐达内(孔塞桑46′)、索拉里/劳尔、古蒂(帕文87′)

巴塞罗那阵容(442):博纳诺/普约尔、阿韦拉多、F.德波尔、科科(奥维马斯46′)/罗申巴克(热奥瓦尼67′)、哈维、恩里克、科库(塞尔吉75′)/萨维奥拉、克鲁伊维特

勒沃库森3.3曼联

(客)2.2 巴拉克62′、诺伊维尔75′/索尔斯沙尔29′、范尼67′(点球)

勒沃库森阵容(4411):布特/济夫科维奇、卢西奥、诺沃特尼(塞贝岑46′)、普拉森特/B.施奈德、巴拉克、拉梅洛、泽·罗伯托/巴斯图尔克(弗拉涅斯78′)/贝尔巴托夫(诺伊维尔72′)

曼联阵容(4411):巴特斯/G.内维尔(P.内维尔18′(埃尔文87′))、布兰克、布朗、西尔维斯特/贝隆、巴特、斯科尔斯(基恩82)、索尔斯沙尔/吉格斯/范尼

(主)1.1 诺伊维尔45′/基恩28′

勒沃库森阵容(4411):布特/济夫科维奇、卢西奥、诺沃特尼(塞贝岑10′)、普拉森特/B.施奈德、拉梅洛、巴拉克、泽·罗伯托/巴斯图尔克(弗拉涅斯79′)/诺伊维尔(贝尔巴托夫85′)

曼联阵容(451):巴特斯/布朗(福尔兰81′)、约翰森(埃尔文60′)、布兰克、西尔维斯特/斯科尔斯、基恩、巴特(索尔斯沙尔60′)、贝隆、吉格斯/范尼

决赛(2002.5.15,格拉斯哥)

皇家马德里2.1勒沃库森

劳尔8′、齐达内45′/卢西奥14′

皇家马德里阵容(442):塞萨尔(卡西利亚斯68′)/萨尔加多、耶罗、埃尔格拉、卡洛斯/费戈(麦克马纳曼61′)、马克莱莱(孔塞桑73′)、齐达内、索拉里/劳尔、莫伦特斯

勒沃库森阵容(442):布特/塞贝岑(基尔斯滕65′)、济夫科维奇、卢西奥(巴比奇90′)、普拉森特/B.施奈德、拉梅洛、巴斯图尔克、巴拉克/诺伊维尔、布尔达里奇(39′贝尔巴托夫)

2002-03赛季

（赛制）本届比赛延续“资格赛+第一阶段小组赛+第二阶段小组赛”的赛制。参加本届欧冠的参赛队达到72支，经过三轮资格赛后，16支获胜球队与另16支直接出线队进入32强。32支球队随后再进行两阶段小组赛，产生八强后，再开始进行主客场两回合的淘汰赛，最后的决赛则采用单场定胜负的赛制。最后夺冠的AC米兰队一共踢了19场比赛。

资格赛第一轮(2002.7.17—7.24)

普尼克(亚美尼亚)6.0(4.0,2.0)坦佩雷(芬兰)

里加(拉脱维亚)6.0(5.0,1.0)巴里城(威尔士)

贝尔辛纳(白俄罗斯)3.2(0.0,3.2)波塔当(北爱尔兰)

瓦达尔(马其顿)4.1(1.1,3.0)迪德朗热(卢森堡)

地拉那11月17日迪那摩(阿尔巴尼亚)3.2(3.2,0.0)考那斯(立陶宛)

尼科西亚阿波尔(塞浦路斯)1.0(0.0,1.0)塔林弗洛拉(爱沙尼亚)

泽尔热兹尼卡(波黑)4.0(3.0,1.0)阿克拉内斯IA(冰岛)

保拉爱尔兰人(马耳他)3.2(2.2,1.0)爱尔兰人(爱尔兰)

库泰斯鱼雷(格鲁吉亚)6.2(5.2,1.0)B36托沙芬(法罗群岛)

舍里夫(摩尔多瓦)4.4(2.1,2.3)阿斯塔纳(哈萨克斯坦)

资格赛第二轮(2002.7.31—8.7)

萨拉格斯泽吉(匈牙利)2.2(1.0,1.2)萨格勒布NK(克罗地亚)

布鲁日(比利时)4.1(3.1,1.0)布加勒斯特迪那摩

巴塞尔(瑞士)4.1(1.1,3.0)吉里纳(斯洛伐克)

索菲亚列夫斯基2.0(0.0,2.0)里加(拉脱维亚)

基辅迪那摩6.2(4.0,2.2)普尼克

布隆德比5.0(1.0,4.0)地拉那11月17日迪那摩

尼科西亚阿波尔(塞浦路斯)5.4马里博尔(斯洛文尼亚)

华沙莱吉亚4.2(3.1,1.1)瓦达尔(马其顿)

博阿维斯塔7.3(4.0,3.3)保拉爱尔兰人

海法马卡比5.0(4.0,1.0)贝尔辛纳

泽尔热兹尼卡(波黑)2.0(1.0,1.0)利勒斯特罗姆SK(挪威)

贝尔格莱德游击队5.1(1.1,0.4)哈马比(瑞典)

布拉格斯巴达5.1(3.0,2.1)库泰斯鱼雷(格鲁吉亚)

格拉茨AK(奥地利)6.1(4.1,2.0)舍里夫(摩尔多瓦)

资格赛第三轮(2002.8.14—28)

国际米兰2.0(0.0,2.0)里斯本竞技

AC米兰2.2(1.0,1.2)利贝雷茨(捷克)

罗森博格4.2(1.0,3.2)布隆德比

布鲁日2.2(1.1,1.1(4.1))顿涅茨克矿工

雅典AEK4.2(3.2,1.0)尼科西亚阿波尔

巴塞罗那4.0(3.0,1.0)华沙莱吉亚

基辅迪那摩2.0(1.0,1.0)索菲亚列夫斯基

纽卡斯尔5.0(4.0,1.0)泽尔热兹尼卡

拜仁慕尼黑6.1(3.0,3.1)贝尔格莱德游击队

根克(比利时)4.4(2.0,2.4)布拉格斯巴达

海法马卡比5.3(2.0,3.3)格拉茨飓风

巴塞尔3.3(1.3,2.0)凯尔特人

费耶诺德3.0(1.0,2.0)费内巴切

曼联5.1(0.1,5.0)萨拉格斯泽吉(匈牙利)

欧塞尔1.0博阿维斯塔(1.0,0.0)

莫斯科火车头5.3(2.0,3.3)格拉茨AK

小组赛(2002.9.17—11.13)

A组/第1轮2002.9.17

欧塞尔0.0埃因霍温

阿森纳2.0多特蒙德

博格坎普62′、永贝里77′

第2轮2002.9.25

埃因霍温0.4阿森纳

吉尔伯托1′、永贝里66′、亨利83′、90′

多特蒙德2.1欧塞尔

科勒6′、阿莫鲁索78′/本贾尼83′

第3轮2002.10.2

埃因霍温1.3多特蒙德

范德沙夫74′/科勒21′、罗西基69′、阿莫鲁索90′

欧塞尔0.1阿森纳

吉尔伯托48′

第4轮2002.10.22

多特蒙德1.1埃因霍温

科勒10′/布鲁金克47′

阿森纳1.2欧塞尔

卡努53′/卡波8′、法迪加27′

第5轮2002.10.30

埃因霍温3.0欧塞尔

布鲁金克34′、罗梅达尔48′、罗本64′

多特蒙德2.1阿森纳

吉尔伯托38′(乌龙)、罗西基63′(点球)/亨利18′

第6轮2002.11.12

阿森纳0.0埃因霍温

欧塞尔1.0多特蒙德

本贾尼76′

球队	胜	平	负	分	得失球
阿森纳	3	1	2	9.4	10
多特蒙德	3	1	2	8.7	10
欧塞尔	2	1	3	4.7	7
埃因霍温	1	3	2	5.8	6

B组/第1轮2002.9.17

瓦伦西亚2.0利物浦

艾马尔20′、巴拉哈38′

巴塞尔2.0莫斯科斯巴达克

H.雅金50′、罗西55′

第2轮2002.9.25

利物浦1.1巴塞尔

巴罗什34′/罗西42′

莫斯科斯巴达克0.3瓦伦西亚

安古洛6′、米斯塔71′、桑切斯85′

第3轮2002.10.2

利物浦5.0莫斯科斯巴达克

赫斯基7′、90′、谢鲁15′、海皮亚29′、迪奥81′

瓦伦西亚6.2巴塞尔

卡鲁9′、13′、奥雷利奥18′、巴拉哈28′、艾马尔57′、米斯塔59′/罗西46′、H.雅金90′

第4轮2002.10.22

莫斯科斯巴达克1.3利物浦

达尼舍夫斯基23′/欧文29′、70′、90′

巴塞尔2.2瓦伦西亚

埃尔吉奇32′、89′/巴拉哈36′、托雷斯73′

第5轮2002.10.30—11.5

利物浦0.1瓦伦西亚

鲁费特34′

莫斯科斯巴达克0.2巴塞尔

罗西18′、西门尼斯89′

第6轮2002.11.12

巴塞尔3.3利物浦

罗西2′、西门尼斯22′、阿图巴29′/墨菲61′、斯米切尔64′、欧文85′

瓦伦西亚3.0莫斯科斯巴达克

桑切斯38′、46′、奥雷利奥78′

球队	胜	平	负	分	得失球
瓦伦西亚	5	1	0	16	17.4
巴塞尔	2	3	1	9	12.12
利物浦	2	2	2	8	12.8
莫斯科斯巴达克	0	0	6	0	1.18

C组/第1轮2002.9.17

根克0.0雅典AEK

罗马0.3皇家马德里

古蒂41′、75′

第2轮2002.9.25

雅典AEK0.0罗马

皇家马德里6.0根克

佐科拉44′(乌龙)、萨尔加多45′、费戈55′(点球)、古蒂65′、塞拉德斯72′、劳尔75′

第3轮2002.10.2

雅典AEK3.3皇家马德里

察塔斯6′、马拉德尼斯26′、尼科莱迪斯28′/齐达内16′、40′、古蒂59′

根克0.1罗马

卡萨诺81′

第4轮2002.10.22

皇家马德里2.2雅典AEK

麦克马纳曼24′、43′/卡楚拉尼斯74′、森特诺86′

罗马0.0根克

第5轮2002.10.30

雅典AEK1.1根克

拉戈斯30′/松克22′

皇家马德里0.1罗马

托蒂27′

第6轮2002.11.12

罗马1.1雅典AEK

德尔维奇奥40′/森特诺90′

根克1.1皇家马德里

松克86′/托特21′

球队	胜	平	负	分	得失球
皇家马德里	2	3	1	9	15.7
罗马	2	3	1	9	3.4
雅典AEK	0	6	0	6	7.7
根克	0	4	2	4	2.9

D组/第1轮2002.9.17

罗森博格2.2国际米兰

卡拉达斯52′、65′/克雷斯波33′、79′

阿贾克斯2.1里昂

伊布拉希莫维奇11′、34′/S.安德森84′

第2轮2002.9.25

国际米兰1.0阿贾克斯

克雷斯波74′

里昂5.0罗森博格

卡里埃6′、韦雷尔斯26′、45′、S.安德森34′、卢因杜拉75′

第3轮2002.10.2

国际米兰1.2里昂

卡纳瓦罗73′/戈武21′、S.安德森60′

罗森博格0.0阿贾克斯

第4轮2002.10.22

里昂3.3国际米兰

S.安德森21′、75′、卡里埃44′/卡萨帕31′(乌龙)、克雷斯波56′、66′

阿贾克斯1.1罗森博格

伊布拉希莫维奇41′/埃纳利84′(点球)

第5轮2002.10.30

国际米兰3.0罗森博格

雷科巴31′、萨里宁52′(乌龙)、克雷斯波72′

里昂0.2阿贾克斯(1)2

皮纳尔7′、范德法特90′

第6轮2002.11.12

阿贾克斯1.2国际米兰

范德法特90′/克雷斯波51′、53′

罗森博格1.1里昂1

布拉特巴克70′/戈武85′

球队	胜	平	负	分	得失球
国际米兰	3	2	1	11	12.8
阿贾克斯	2	2	2	8	6.5
里昂	2	2	2	8	12.9
罗森博格	0	4	2	4	4.12

E组/第1轮2002.9.18

费耶诺德1.1尤文图斯

范胡耶唐克75′/卡莫拉内西31′

基辅迪那摩2.0纽卡斯尔

沙茨基赫17′、哈茨凯维奇62′

第2轮2002.9.24

尤文图斯5.0基辅迪那摩

迪瓦约14′、53′、皮耶罗22′、戴维斯67′、内德维德89′

纽卡斯尔0.1费耶诺德

帕尔多4′

第3轮2002.10.1

尤文图斯2.0纽卡斯尔

皮耶罗66′、81′

费耶诺德0.0基辅迪那摩

第4轮2002.10.23

纽卡斯尔1.0尤文图斯

格里芬62′

基辅迪那摩2.0费耶诺德

哈茨凯维奇16′、贝尔凯维奇47′

第5轮2002.10.29

尤文图斯2.0费耶诺德

迪瓦约4′、69′

纽卡斯尔2.1基辅迪那摩

斯皮德58′、希勒69′(点球)/沙茨基赫47′

第6轮2002.11.13

基辅迪那摩1.2尤文图斯

沙茨基赫50′/萨拉斯53′、萨拉耶塔61′

费耶诺德2.3纽卡斯尔

邦巴尔达65′、吕尔林71′/贝拉米45′、90′、维亚纳49′

球队	胜	平	负	分	得失球
尤文图斯	4	1	1	12.3	13
纽卡斯尔	3	0	3	6.8	9
基辅迪那摩	2	1	3	6.9	7
费耶诺德	1	2	3	4.8	5

F组/第1轮2002.9.18

曼联5.2海法马卡比

吉格斯10′、索尔斯沙尔35′、贝隆46′、范尼54′、福尔兰89′(点球)/卡坦8′、科亨85′

奥林匹亚科斯6.2勒沃库森

克莱恩27′(乌龙)、扬纳科波洛斯38′、乔尔杰维奇44′、64′(点球)、73′、Z.博格88′/埃莱夫塞普洛斯22′(乌龙)、施奈德78′(点球)

第2轮2002.9.24

*海法马卡比3.0奥林匹亚科斯

艾耶格贝尼27′(点球)、60、86

勒沃库森1.2曼联

贝尔巴托夫52′/范尼31′、44′

第3轮2002.10.1

*海法马卡比0.2勒沃库森

巴比奇31′、64′

曼联4.0奥林匹亚科斯

吉格斯19′、67′、贝隆26′、索尔斯沙尔76′

第4轮2002.10.23

勒沃库森2.1海法马卡比

巴比奇45′、胡安67′/普拉利亚53′

奥林匹亚科斯2.3曼联

乔托斯70′、乔尔杰维奇74′/布兰克21′、贝隆59′、斯科尔斯84′

第5轮2002.10.29

*海法马卡比3.0曼联

卡坦40′、祖陶塔斯56′、艾耶格贝尼78′(点球)

勒沃库森2.0奥林匹亚科斯

胡安14′、施奈德90′(点球)

第6轮2002.11.13

奥林匹亚科斯3.3海法马卡比

亚历山迪斯37′、尼尼亚迪斯49′、纳茨萨78′/巴迪尔9′、艾耶格贝尼11′、卡坦41′

曼联2.0勒沃库森

贝隆42′、范尼69′

*海法马卡比的主场比赛均在塞浦路斯的尼科西亚进行。

球队	胜	平	负	分	得失球
曼联	5	0	1	15	16.8
勒沃库森	3	0	3	9	9.11
海法马卡比	2	1	3	7	12.12
奥林匹亚科斯	1	1	4	4	11.17

G组/第1轮2002.9.18

拜仁慕尼黑2.3拉科鲁尼亚

萨利哈米季奇57′、埃尔伯64′/马凯12′、45′、77′

AC米兰2.1朗斯

大因扎吉57′、61′/莫雷拉75′

第2轮2002.9.18

拉科鲁尼亚0.4AC米兰

西多夫17′、大因扎吉33′、55′、62′

朗斯1.1拜仁慕尼黑

乌塔卡76′/林克22′

第3轮2002.10.1

拉科鲁尼亚3.1朗斯

马凯49′、卡普德维拉79′、塞萨尔84′/莫雷拉10′

拜仁慕尼黑1.2AC米兰

皮萨罗54′/大因扎吉52′、84′

第4轮2002.10.23

朗斯3.1拉科鲁尼亚

库利巴利61′、莫雷拉79′、托梅尔84′/马凯15′

AC米兰2:1拜仁慕尼黑
塞尔吉尼奥11′,大因扎吉64′/塔纳特23′
第5轮2002.10.29
拉科鲁尼亚2:1拜仁慕尼黑
维克托54′,马凯89′/圣克鲁斯77′
朗斯2:1AC米兰
莫雷拉41′,乌塔卡49′/舍甫琴柯31′
第6轮2002.11.13
AC米兰1:2拉科鲁尼亚
托马森34′/特里斯坦58′,马凯70′
拜仁慕尼黑3:3朗斯
N.科瓦奇6′,沃姆兹18′(乌龙),福伊尔纳87′/芬克20′(乌龙),巴卡里54′,布兰查德90′

球队	胜	平	负	分	得失球
AC米兰	4	0	2	12:7	12
拉科鲁尼亚	4	0	2	11:12	12
朗斯	2	2	2	11:11	8
拜仁慕尼黑	0	2	4	9:13	2

H组/第1轮2002.9.18
莫斯科火车头0:2加拉塔萨雷
萨尔72′,阿里夫81′
巴塞罗那3:2布鲁日
L.恩里克4′,门迭塔39′,萨维奥拉43′/西蒙斯22′,昂格勒贝83′
第2轮2002.9.24
加拉塔萨雷0:2巴塞罗那
克鲁伊维特27′,L.恩里克59′
布鲁日0:0莫斯科火车头
第3轮2002.10.1
加拉塔萨雷0:0布鲁日
莫斯科火车头1:3巴塞罗那
奥比奥拉56′/克鲁伊维特29′,萨维奥拉32′,49′
第4轮2002.10.23
布鲁日3:1加拉塔萨雷
梅尔滕斯45′,韦尔海恩72′,塞特恩斯90′/平托56′
巴塞罗那1:0莫斯科火车头
F.德波尔76′
第5轮2002.10.29
加拉塔萨雷1:2莫斯科火车头
萨斯73′/洛斯科夫70′,叶尔谢耶斯75′
布鲁日0:1巴塞罗那
里克尔梅64′
第6轮2002.11.13
巴塞罗那3:1加拉塔萨雷
达尼10′,赫拉德44′,热奥瓦尼56′/吉汉20′
莫斯科火车头2:0布鲁日
塞萨尔45′,洛斯科夫90′

球队	胜	平	负	分	得失球
巴塞罗那	6	0	0	18	13:4
莫斯科火车头	2	1	3	7	5:7
布鲁日	1	2	3	5	5:7
加拉塔萨雷	1	1	4	4	5:10

第二阶段小组赛(2002.11.26—2003.3.19)
A组/第1轮2002.11.27
勒沃库森1:2巴塞罗那
贝尔巴托夫39′/萨维奥拉48′,奥维马斯88′
纽卡斯尔1:4国际米兰
索拉诺72′/莫费奥2′,阿尔梅达42′,克雷斯波45′,雷科巴81′
第2轮2002.12.10
国际米兰3:2勒沃库森
迪比亚吉奥15′、27′,布特80′(乌龙)/济夫科维奇63′、弗兰卡90′
巴塞罗那3:1纽卡斯尔
达尼7′,克鲁伊维特35′,莫塔58′/阿梅奥比24′
第3轮2003.2.18
巴塞罗那3:0国际米兰
萨维奥拉8′,科库31′,克鲁伊维特68′
勒沃库森1:3纽卡斯尔
弗兰卡26′/阿梅奥比6′,16′,卢阿—卢阿33′
第4轮2003.2.26
国际米兰0:0巴塞罗那
纽卡斯尔3:1勒沃库森
希勒5′,11′,36′(点球)/巴比奇73′
第5轮2003.3.11
巴塞罗那2:0勒沃库森
萨维奥拉17′,克莱恩50′(乌龙)
国际米兰2:2纽卡斯尔
维耶里47′,科尔多瓦61′/希勒42′,49′
第6轮2003.3.19
勒沃库森0:2国际米兰
马丁斯36′,埃姆雷90′
纽卡斯尔0:2巴塞罗那
克鲁伊维特60′,莫塔75′

球队	胜	平	负	分	得失球
巴塞罗那	5	1	0	12:2	16
国际米兰	3	2	1	11:8	11
纽卡斯尔	2	1	3	10:13	7
勒沃库森	0	0	6	5:15	0

B组/第1轮2002.11.27
罗马1:3阿森纳
卡萨诺5′/亨利6′,70′,75′
瓦伦西亚1:1阿贾克斯
安古洛90′/伊布拉希莫维奇89′
第2轮2002.12.10
阿贾克斯2:1罗马
伊布拉希莫维奇11′,利特马宁66′/巴蒂斯图塔88′
阿森纳0:0瓦伦西亚
第3轮2003.2.18
阿森纳1:1阿贾克斯
维尔托德5′/德容17′
罗马0:1瓦伦西亚
卡鲁78′
第4轮2003.2.26
阿贾克斯0:0阿森纳
瓦伦西亚0:3罗马
托蒂24′,30′,埃莫森36′
第5轮2003.3.11
阿森纳1:1罗马
维埃拉12′/卡萨诺45′
阿贾克斯1:1瓦伦西亚
帕萨宁57′/M.冈萨雷斯28′(点球)
第6轮2003.3.19
罗马1:1阿贾克斯
卡萨诺23′/范德梅德1′
瓦伦西亚2:1阿森纳
卡鲁34′,57′/亨利49′

球队	胜	平	负	分	得失球
瓦伦西亚	2	3	1	9	5:6
阿贾克斯	1	5	0	8	6:5
阿森纳	1	4	1	7	6:5
罗马	1	2	3	5	7:8

C组/第1轮2002.11.26
AC米兰1:0皇家马德里
舍甫琴柯40′
莫斯科火车头1:2多特蒙德
伊格纳舍维奇31′/弗林斯33′,科勒43′
第2轮2002.12.11
多特蒙德0:1AC米兰
大因扎吉49′
皇家马德里2:2莫斯科火车头
劳尔21′、76′/奥比奥拉47′,姆努尼74′
第3轮2003.2.19
皇家马德里2:1多特蒙德
劳尔43′,罗纳尔多55′/科勒30′
AC米兰1:0莫斯科火车头
托马森61′
第4轮2003.2.25
多特蒙德1:1皇家马德里
科勒23′/波尔蒂略90′
莫斯科火车头0:1AC米兰
里瓦尔多34′(点球)
第5轮2003.3.12
皇家马德里3:1AC米兰
劳尔12′,57′,古蒂86′/里瓦尔多81′
多特蒙德3:0莫斯科火车头
弗林斯39′,科勒58′,阿莫鲁索66′
第6轮2003.3.18
AC米兰0:1多特蒙德
科勒80′
莫斯科火车头0:1皇家马德里
罗纳尔多35′

球队	胜	平	负	分	得失球
AC米兰	4	0	2	12	5:4
皇家马德里	3	2	1	8	9:6
多特蒙德	3	1	2	10	8:5
莫斯科火车头	0	1	5	1	3:10

D组/第1轮2002.11.26
巴塞尔1:3曼联
西门尼斯1′/范尼62′,63′,索尔斯沙尔69′
拉科鲁尼亚2:2尤文图斯
特里斯坦9′,马凯12′/比林德利38′,内德维德57′
第2轮2002.12.11
尤文图斯4:0巴塞尔
特雷泽盖3′,蒙特罗34′,塔奇纳迪43′,皮耶罗51′(点球)
曼联2:0拉科鲁尼亚
范尼7′,55′
第3轮2003.2.26
曼联2:1尤文图斯
布朗4′,范尼60′/内德维德90′
巴塞尔1:0拉科鲁尼亚
H.雅金30′
尤文图斯0:3曼联
吉格斯15′,41′,范尼63′
拉科鲁尼亚1:0巴塞尔
特里斯坦3′
曼联1:1巴塞尔
G.内维尔53′/西门尼斯14′
尤文图斯3:2拉科鲁尼亚
费拉拉12′,特雷泽盖63′,图多尔90′
巴塞尔2:1尤文图斯
坎塔卢皮38′,西门尼斯90′/塔奇纳迪10′
拉科鲁尼亚2:0曼联
维克托32′,吕谢47′(乌龙)

球队	胜	平	负	分	得失球
曼联	4	1	1	13	11:5
尤文图斯	2	1	3	7	11:11
巴塞尔	2	1	3	7	5:10
拉科鲁尼亚	2	1	3	7	7:8

1/4决赛(2003.4.9—4.23)
皇家马德里6:5曼联
(主)3:1 费戈11′,劳尔28′,49′/范尼51′
(客)3:4 罗纳尔多12′,51′,59′/范尼43′,埃尔格拉53′(乌龙),贝克汉姆71′,84′
(主)1:0 维耶里14′
(客)1:2 维耶里5′/艾马尔7′,巴拉哈51′
AC米兰3:2阿贾克斯
(客)0:0
(主)3:2 大因扎吉30′,舍甫琴柯65′,托马森90′/利特马宁63′,皮纳尔81′
尤文图斯3:2巴塞罗那
(主)1:1 蒙特罗16′/萨维奥拉78′
(客)2:1 内德维德53′,萨拉耶塔114′/哈维66′
半决赛(2003.5.7—5.13)
尤文图斯4:3皇家马德里
(客)1:2 特雷泽盖45′/罗纳尔多23′,卡洛斯73′
尤文图斯(4321):布冯/图拉姆、费拉拉、尤利亚诺(佩索托46′)、比林德利/赞布罗塔、孔蒂、图多尔(卡莫拉内西80′)/内德维德(迪瓦约82′)、皮耶罗/特雷泽盖
皇马(442):卡西利尔斯/萨尔加多、耶罗、埃尔格拉、卡洛斯/费戈、马克莱莱、古蒂、齐达内/莫伦特斯(索拉里79′)、罗纳尔多(波尔蒂略50′)
(主)3:1 特雷泽盖12′,皮耶罗43′,内德维德73′/齐达内89′
尤文图斯(4312):布冯/图拉姆、图多尔、蒙特罗、比林德利(佩索托60′)/赞布罗塔、塔奇纳迪、戴维斯(孔蒂89′)/内德维德/皮耶罗、特雷泽盖(卡莫拉内西77′)
皇马(4231):卡西利尔斯/萨尔加多、埃尔格拉、耶罗、卡洛斯/F.孔塞桑(罗纳尔多52′)、坎比亚索(麦克马纳曼76′)/费戈、劳尔、齐达内/古蒂。
AC米兰1:1国际米兰
(主)0:0
AC米兰(4312):迪达/科斯塔库塔、内斯塔、马尔蒂尼、卡拉泽/加图索(雷东多78′)、布罗基(塞尔吉尼奥74′)、西多夫/科斯塔/舍甫琴柯(里瓦尔多81′)、大因扎吉
国际米兰(442):托尔多/科尔多瓦、马特拉齐、卡纳瓦罗、科科(帕斯夸莱85′)/孔塞桑(古利66′)、萨内蒂、迪比亚吉奥、埃姆雷/克雷斯波、雷科巴(卡隆72′)
(客)1:1 马丁斯83′/舍甫琴柯45′
国际米兰(352):托尔多/科尔多瓦、马特拉齐、卡纳瓦罗/孔塞桑、萨内蒂、扎内蒂、迪比亚吉奥(达尔马46′)、埃姆雷/克雷斯波(卡隆71′)、雷科巴(马丁斯46′)
AC米兰(4312):阿比亚蒂/科斯塔库塔、内斯塔、马尔蒂尼、卡拉泽/加图索、皮尔洛(布罗基89′)、西多夫/R.科斯塔(安布罗西尼64′)/大因扎吉(塞尔吉尼奥80′)、舍甫琴柯
决赛(2003.5.28,老特拉福德)
AC米兰0:0(3:2)尤文图斯
AC米兰阵容(442):迪达/科斯塔库塔(R.儒尼奥尔66′)、内斯塔、马尔蒂尼、卡拉泽/加图索、皮尔洛(塞尔吉尼奥71′)、R.科斯塔(安布罗西尼87′)、西多夫/舍甫琴柯、因扎吉
尤文图斯阵容(442):布冯/图拉姆、图多尔(比林德利42′)、费拉拉、蒙特罗/塔奇纳迪、戴维斯(萨拉耶塔66′)、卡莫拉内西(孔蒂46′)、赞布罗塔/皮耶罗、特雷泽盖
点球大战情况
AC米兰:塞尔吉尼奥,(西多夫),(卡拉泽),内斯塔,舍甫琴柯
尤文图斯:(特雷泽盖),比林德利,(萨拉耶塔),(蒙特罗),皮耶罗

注:括号内为没有罚中的球员。

2003—04赛季

(赛制)本届比赛的赛制再度发生变革,参加本届欧冠的参赛队达到78支。经过三轮资格赛后,16支获胜球队与另16支直接出线队进入32强。32支球队随后只进行一轮小组赛,产生16强后,便开始进行主客场两回合的淘汰赛,直至产生最后的决赛球队。决赛则依旧采用单场定胜负的赛制,最后夺冠的波尔图队一共踢了13场比赛。

资格赛第一轮(2003.7.16—7.23)
普尼克(亚美尼亚)2:1(1:0,1:1)雷克雅未克KR(冰岛)
舍里夫(摩尔多瓦)2:1(1:0,1:1)塔林弗洛拉(爱沙尼亚)
考那斯(立陶宛)5:1(1:0,4:1)HB托沙芬(法罗群岛)
波希米亚人(爱尔兰)3:1(0:1,3:0)波里索夫贝特(白俄罗斯)
瓦达尔(马其顿)4:2(3:0,1:2)巴里城(威尔士)
莱奥塔尔(波黑)2:0(0:0,2:0)格里文马切尔(卢森堡)
赫尔辛基HJK(芬兰)1:0(0:0,1:0)格伦托兰(北爱尔兰)
什列马流浪者流浪者(马耳他)3:3(2:0,1:3)里加(拉脱维亚)
尼科西亚奥莫尼亚2:1(0:0,2:1)帕夫洛达尔埃尔蒂什(哈萨克斯坦)
地拉那11月17日(阿尔巴尼亚)3:3(0:3,3:0(4:2))第比利斯迪那摩(格鲁吉亚)
资格赛第二轮(2000.7.30—8.6)
布达佩斯MTK(匈牙利)3:2(3:1,0:1)赫尔辛基HJK
索菲亚中央陆军3:0(2:0,1:0)普尼克
凯尔特人5:0(4:0,1:0)考那斯
布拉格斯拉维亚4:1(2:1,2:0)莱奥塔尔(波黑)
顿涅茨克矿工2:0(0:0,2:0)舍里夫(摩尔多瓦)
吉里纳(斯洛伐克)2:1(1:0,1:1)特拉维夫马卡比
罗森博格5:0(1:0,4:0)波希米亚人(爱尔兰)
萨格勒布迪那摩3:2(1:1,2:1)马里博尔(斯洛文尼亚)
瓦达尔(马其顿)3:2(2:1,1:1)莫斯科中央陆军
安德莱赫特3:2(0:0,3:2)布加勒斯特快速
贝尔格莱德游击队3:3(1:1,2:2)尤尔加登(瑞典)
克拉科夫维斯拉7:4(5:2,2:2)尼科西亚奥莫尼亚
哥本哈根10:1(4:1,6:0)什列马流浪者流浪者
格拉茨AK7:2(5:1,2:1)地拉那11月17日
资格赛第三轮(2000.8.13—8.27)
布拉格斯巴达5:4(3:2,2:2)瓦[illegible]
凯尔特人5:0(4:0,1:0)布达佩[illegible]TK
格拉斯哥流浪者3:2(1:1,2:1)[illegible]哈根
马赛1:0(1:0,0:0)奥地利维也[illegible]
布鲁日3:3(2:1,1:2(4:2))多特[illegible]
莫斯科火车头3:2(0:1,3:1)顿[illegible]克矿工
拉齐奥4:1本菲卡(3:1,1:0)
基辅迪那摩5:1(3:1,2:0)萨格[illegible]迪那摩
拉科鲁尼亚1:0(0:0,1:0)罗森[illegible]
雅典AEK3:2(0:1,3:1)草蜢
切尔西5:0(2:0,3:0)吉里纳
塞尔塔3:2(3:0,0:2)布拉格斯[illegible]维亚
贝尔格莱德游击队1:1(0:1,1:[illegible]3))纽卡斯尔
加拉塔萨雷6:0(3:0,3:0)索[illegible]中央陆军
安德莱赫特4:1(3:1,1:0)克拉[illegible]维斯拉
阿贾克斯3:2(1:1,2:1)格拉茨[illegible]
小组赛(2003.9.16—12.[illegible]
A组/第1轮2003.9.17
里昂1:0安德莱赫特
小儒尼尼奥26′(点球)
拜仁慕尼黑2:1凯尔特人
马凯73′,86′/A.汤普森57′
第2轮2003.9.30
凯尔特人2:0里昂
L.米勒70′,萨顿78′
安德莱赫特1:1拜仁慕尼黑
莫尔纳53′/圣克鲁斯74′
第3轮2003.10.21
安德莱赫特1:0凯尔特人
丹当72′
里昂1:1拜仁慕尼黑
卢因杜拉88′/马凯25′
第4轮2003.11.5
凯尔特人3:1安德莱赫特
拉尔森12′,L.米勒17′,萨顿[illegible]/丹当77′
拜仁慕尼黑1:2里昂
马凯14′/小儒尼尼奥6′,埃[illegible]53′
第5轮2003.11.25
安德莱赫特1:0里昂
蒂希宁70′
凯尔特人0:0拜仁慕尼黑
第6轮2003.12.20
里昂3:2凯尔特人
埃尔伯6′,小儒尼尼奥52′[illegible](点球)/哈特森24′,萨顿76′
拜仁慕尼黑1:0安德莱赫[illegible]
马凯42′(点球)

球队	胜	平	负	分	得失球
里昂	3	[illegible]	2	10	7:7
拜仁慕尼黑	2	[illegible]	1	9	6:5
凯尔特人	2	[illegible]	3	7	8:7
安德莱赫特	2	[illegible]	3	7	4:6

B组/第1轮2003.9.17
基辅迪那摩2:0莫斯科火[illegible]
林孔83′,90′
阿森纳0:3国际米兰
克鲁兹21′,范德梅德24′,[illegible]丁斯41′
第2轮2003.9.30
国际米兰2:1基辅迪那摩
阿达尼23′,维耶里90′/费[illegible]夫34′
莫斯科火车头0:0阿森纳
第1轮2003.10.21
莫斯科火车头3:0国际米[illegible]
洛斯科夫2′,阿什维蒂亚[illegible],霍赫洛夫57′
基辅迪那摩2:1阿森纳
沙茨基赫27′,贝尔凯维奇[illegible]/亨利80′
第4轮2003.11.5
国际米兰1:1莫斯科火车[illegible]
雷科巴14′/洛斯科夫54′
阿森纳1:0基辅迪那摩
A.科尔88′
第5轮2003.11.25
莫斯科火车头3:2基辅迪[illegible]摩
布兹尼金28′,伊格纳舍[illegible]45′(点球),帕克斯89′/贝尔凯维奇37′,沙茨基赫64[illegible]
国际米兰1:5阿森纳
维耶里33′/亨利25′,85′,永[illegible]里49′,埃杜87′,皮雷89′
第6轮2003.12.10
基辅迪那摩1:1国际米兰
林孔86′/阿达尼69′
阿森纳2:0莫斯科火车头
皮雷12′,永贝里67′

球队	胜	平	负	分	得失球
阿森纳	3	[illegible]	2	9:5	10
莫斯科火车头	2	[illegible]	2	7:7	8
国际米兰	2	[illegible]	2	8:1	8
基辅迪那摩	2	[illegible]	3	8:3	7

C组/第1轮2003.9.1[illegible]
雅典AEK1:1拉科鲁尼亚
察塔斯89′/潘迪亚尼12′
埃因霍温1:2摩纳哥
鲍马65′/莫伦特斯31′,E[illegible]塞56′
第2轮2003.9.30
摩纳哥4:0雅典AEK
久利23′,莫伦特斯27′,5[illegible]普尔绍86′
拉科鲁尼亚2:0埃因霍温
塞尔吉奥20′,潘迪亚尼[illegible]点球)

第3轮2003.10.21
拉科鲁尼亚1.0摩纳哥
特里斯坦83'
雅典AEK0.1埃因霍温
卢修斯37'
第4轮2003.11.5
摩纳哥8.3拉科鲁尼亚
罗滕2',久利11',普尔绍2[illegible]29',45',49',普拉希尔47',E.西塞67'/特里斯坦39',52',[illegible]卡洛尼44'
埃因霍温2.0雅典AEK
鲍马5',罗本63'
第5轮2003.11.25
拉科鲁尼亚3.0雅典AEK
埃克托22',贝莱隆51',卢克70'
摩纳哥1.1埃因霍温
莫伦特斯34'/赫塞林克[illegible]
第6轮2003.12.10
雅典AEK0.0摩纳哥
埃因霍温3.2拉科鲁尼亚
德容14',90',罗本48'/卢克58',潘迪亚尼83'

球队	胜	平	负	分	得失球
摩纳哥	3	2	1	11	15.6
拉科鲁尼亚	3	1	2	10	12.12
埃因霍温	3	1	2	10	8.7
雅典AEK	0	2	4	2	1.11

D组／第1轮2003.9.17
尤文图斯2.1加拉塔萨雷
皮耶罗5',费拉拉73'/哈坎·苏克[illegible]
皇家社会1.0奥林匹亚科斯
科瓦切维奇80'(点球)
第2轮2003.9.30
奥林匹亚科斯1.2尤文图斯
斯托尔迪蒂斯11'/内德维德21',[illegible]
加拉塔萨雷1.2皇家社会
哈坎·苏克61'/科瓦切维奇[illegible],阿隆索72'
第3轮2003.10.21
加拉塔萨雷1.0奥林匹亚科斯
吉汉9'
尤文图斯4.2皇家社会
特雷泽盖3',63',迪瓦约[illegible]45'/图多尔(乌龙)67',德佩德80'
第4轮2003.11.5
奥林匹亚科斯3.0加拉塔萨雷
马夫罗耶尼迪斯6',卡斯[illegible]奥3[illegible],吉奥瓦尼90'
皇家社会0.0尤文图斯
第5轮2003.11.25—12.[illegible]
奥林匹亚科斯2.2皇家社会
斯托尔迪蒂斯59',卡斯[illegible]奥69'/加比隆多31',舒雷尔73'
*加拉塔萨雷2.0尤文图斯
哈坎·苏克47',90'
*比赛在德国的多特蒙德进行。
第6轮2003.12.10
尤文图斯7.0奥林匹亚科斯
特雷泽盖14',25',米科利19',马雷斯卡28',迪瓦约62',皮耶罗67',萨拉耶塔79'
皇家社会1.1加拉塔萨雷
德保拉51'/哈坎·苏克26'

球队	胜	平	负	分	得失球
尤文图斯	4	1	[illegible]	13	15.6
皇家社会	2	3	[illegible]	9	8.8
加拉塔萨雷	2	1	3	7	6.8
奥林匹亚科斯	1	1	4	4	6.13

E组／第1轮2003.9.16
格拉斯哥流浪者2.1斯图加特
内林格尔73',洛文克兰兹7[illegible]/库兰伊45'
曼联5.0帕纳辛奈科斯
西尔维斯特13',福琼14',索[illegible]斯沙[illegible]33',巴特40',杰姆巴83'
第2轮2003.10.1
帕纳辛奈科斯1.1格拉斯哥流浪者
孔斯坦蒂尼迪斯87'/埃莫森5'
斯图加特2.1曼联
绍比奇50',库兰伊52'/范尼[illegible](点球)
第3轮2003.10.22
斯图加特2.0帕纳辛奈科斯
绍比奇13',索尔多25'
格拉斯哥流浪者0.1曼联
P.内维尔5'
第4轮2003.11.4
帕纳辛奈科斯1.3斯图加特
孔斯坦蒂努59'/菲萨斯67'(乌龙),库兰伊75',辛克尔77'
曼联3.0格拉斯哥流浪者
福尔兰6',范尼43',60'
第5轮2003.11.26
斯图加特1.0格拉斯哥流浪者
文策尔45'
帕纳辛奈科斯0.1曼联
福尔兰85'
第6轮2003.12.9
格拉斯哥流浪者1.3帕纳辛奈科斯
莫尔斯28'/祖陶塔斯32',巴西纳斯62',[illegible]斯坦蒂努80'
曼联2.0斯图加特
范尼45',吉格斯58'

球队	胜	平	负	分	得失球
曼联	5	0	1	15	13.2
斯图加特	4	0	2	12	9.6
帕纳辛奈科斯	1	1	4	4	5.13
格拉斯哥流浪者	1	1	4	4	4.10

F组／第1轮2003.9.16
皇家马德里4.2马赛
卡洛斯29',罗纳尔多34',57',费戈61'(点球)/德罗巴26',范比滕83'
贝尔格莱德游击队1.1波尔图
德巴利什奇54'/科斯蒂尼亚21'
第2轮2003.10.1
波尔图1.3皇家马德里
科斯蒂尼亚7'/埃尔格拉28',索拉里37',齐达内66'
马赛3.0贝尔格莱德游击队
德罗巴62',68',84'
第3轮2003.10.22
马赛2.3波尔图
德罗巴24',马莱84'/马尼切31',德尔莱35',阿列尼切夫81'
皇家马德里1.0贝尔格莱德游击队
劳尔38'
第4轮2003.11.4
波尔图1.0马赛
阿列尼切夫21
贝尔格莱德游击队0.0皇家马德里
第5轮2003.11.26
马赛1.2皇家马德里
米多63'/贝克汉姆35',罗纳尔多73'
波尔图2.1贝尔格莱德游击队
麦卡锡25',50'/德巴利什奇90'
第6轮2003.12.9
皇家马德里1.1波尔图
索拉里9'/德尔莱35'(点球)
贝尔格莱德游击队1.1马赛
德巴利什奇79'/米多60'

球队	胜	平	负	分	得失球
皇家马德里	4	2	0	14	11.5
波尔图	3	2	1	11	9.8
马赛	1	1	4	4	9.11
贝尔格莱德游击队	3	3	3	3.8	

G组／第1轮2003.9.16
布拉格斯巴达0.1切尔西
加拉85'
贝西克塔斯0.2拉齐奥
斯塔姆37',菲奥雷7[illegible]'
第2轮2003.10.1
拉齐奥2.2布拉格斯巴达
小因扎吉46',60'(点球)/西翁科27',波波斯基35'
切尔西0.2贝西克塔斯
亚尔钦24',29'
第3轮2003.10.22
切尔西2.1拉齐奥
兰帕德57',穆图65'/小因扎吉38'
布拉格斯巴达2.1贝西克塔斯
泽伦卡58',波波斯基84'/潘库60'
第4轮2003.11.4
拉齐奥0.4切尔西
克雷斯波15',古德约翰森70',达夫75',兰帕德80'
贝西克塔斯1.0布拉格斯巴达
吉劳82'
第5轮2003.11.26
切尔西0.0布拉格斯巴达
拉齐奥1.1贝西克塔斯
穆齐56'/潘库45'
第6轮2003.12.9
布拉格斯巴达1.0拉齐奥
金茨尔90'
*贝西克塔斯0.2切尔西
哈塞尔巴因克77',布里奇85'
*比赛在德国的盖尔森基兴进行。

球队	胜	平	负	分	得失球
切尔西	4	1	1	13	9.3
布拉格斯巴达	2	2	2	8	5.5
贝西克塔斯	2	1	3	7	5.7
拉齐奥	1	2	3	5	6.10

H组／第1轮2003.9.16
AC米兰1.0阿贾克斯
因扎吉67'
布鲁日1.1塞尔塔
塞特恩斯84'/胡安弗兰48'
第2轮2003.10.1
塞尔塔0.0AC米兰
阿贾克斯2.0布鲁日
松克11',54'
第3轮2003.10.22
阿贾克斯1.0塞尔塔
伊布拉西莫维奇53'
AC米兰0.1布鲁日
门多萨33'
第4轮2003.11.4
塞尔塔3.2阿贾克斯
卢辛25'(点球),米洛舍维奇39',瓦格纳63'/松克53',范德法特82'
布鲁日0.1AC米兰
卡卡86'
第5轮2003.11.26
阿贾克斯0.1AC米兰
舍甫琴柯51'
塞尔塔1.1布鲁日
莫斯托沃伊74'/朗厄90'
第6轮2003.12.9
AC米兰1.2塞尔塔
卡卡41'/赫苏利42',伊格纳西奥71'
布鲁日2.1阿贾克斯
朗厄27',塞特恩斯84'/松克42'(点球)

球队	胜	平	负	分	得失球
AC米兰	3	1	2	10	4.3
塞尔塔	2	3	1	9	7.6
布鲁日	2	2	2	8	5.6
阿贾克斯	2	0	4	6	6.7

1/8决赛(2004.2.24—3.10)
切尔西1.0斯图加特
(客)1.0 梅拉12'(乌龙)
(主)0.0
波尔图3.2曼联
(主)2.1 麦卡锡29',78'/福琼14'
(客)1.1 科斯蒂尼亚90'/斯科尔斯32'
里昂2.0皇家社会
(客)1.0 舒雷尔18'(乌龙)
(主)1.0 小儒尼尼奥77'
阿森纳5.2塞尔塔
(客)3.2 埃杜18',58',皮雷80'/L.埃杜27',伊格纳西奥65' (主)2.0 亨利14',34'
皇家马德里2.1拜仁慕尼黑
(客)1.1 卡洛斯83'/马凯75' (主)1.0 齐达内32'
AC米兰4.1布拉格斯巴达 (客)0.0
(主)4.1 因扎吉45',舍甫琴柯66',79',加图索85'/尤恩59'
拉科鲁尼亚2.0尤文图斯
(主)1.0 卢克38' (客)1.0 潘迪亚尼12'
摩纳哥2.2莫斯科火车头
(客)1.2 莫伦特斯69'/伊斯梅洛夫32',马米诺夫59'
(主)1.0 普尔绍60'
1/4决赛(2004.3.24—4.6)
波尔图4.2里昂
(主)2.0 德科44',卡瓦略71'
(客)2.2 马尼切6',47'/卢因杜拉14',埃尔伯90'
摩纳哥5.5皇家马德里
(客)2.4 斯基拉奇43',莫伦特斯83'/埃尔格拉51',齐达内70',费戈77',罗纳尔多81'
(主)3.1 久利45',66',莫伦特斯48'/劳尔36'
切尔西3.2阿森纳
(主)1.1 古德约翰森53'/皮雷59'
(客)2.1 雷耶斯45'/兰帕德51',布里奇87'
拉科鲁尼亚5.4AC米兰
(客)1.4 潘迪亚尼11'/卡卡45',49',舍甫琴柯46',皮尔洛53'
(主)4.0 潘迪亚尼5',贝莱隆35',卢克44',弗兰76'
半决赛(2004.4.21—5.5)
摩纳哥5.3切尔西
(主)3.1 普尔绍16',莫伦特斯77',农达83'/克雷斯波22'
摩纳哥阵容(442):罗马/伊巴拉、J.罗德里格斯、吉韦、埃夫拉/贝纳尔迪、齐科斯、罗滕(普拉希尔89')/久利(农达83')、普尔绍(E.西塞57')、莫伦特斯
切尔西阵容(442):安布罗西奥/梅尔奇奥特(哈塞尔巴因克62')、德塞利、特里、布里奇/帕克(胡特69')、马克莱莱、兰帕德、格伦夏尔(贝隆46')/古德约翰森、克雷斯波
(客)2.2 伊巴拉45',莫伦特斯60'/格伦夏尔22',兰帕德44'
摩纳哥阵容(442):罗马/吉韦、J.罗德里格斯、斯基拉奇(普拉希尔46')、埃夫拉/伊巴拉、E.西塞、贝纳尔迪、罗滕/久利(普尔绍67')、莫伦特斯(农达81')
切尔西阵容(442):库迪奇尼/梅尔奇奥特(G.约翰逊64')、加拉、特里、布里奇/格伦夏尔、兰帕德、格雷米(帕克69')、乔·科尔/哈塞尔巴因克(克雷斯波69')、古德约翰森
波尔图1.0拉科鲁尼亚
(主)0.0
波尔图阵容(442):巴亚/费雷拉、J.科斯塔、卡瓦略、瓦伦特/马尼切、科斯蒂尼亚(P.门德斯46')、阿列尼切夫(扬科斯卡斯46')、德科/C.阿尔伯托、麦卡锡(M.费雷拉70')
拉科鲁尼亚阵容(442)::莫利纳/巴勃罗、安德拉德、奈贝特、罗梅罗/维克托(C.马丁88')、塞尔吉奥(杜舍尔79')、M.席尔瓦、卢克(弗兰44')/贝莱隆、潘迪亚尼
(客)1.0 德尔莱60'(点球)
波尔图阵容(451):巴亚/费雷拉、J.科斯塔、卡瓦略、瓦伦特/科斯蒂尼亚、P.门德斯(博辛瓦88')、马尼切、C.阿尔伯托(埃马努埃尔68')、德科/德尔莱(麦卡锡90')
拉科鲁尼亚阵容(4411):莫利纳/巴勃罗、塞萨尔、奈贝特、罗梅罗/维克托(斯卡洛尼55')、塞尔吉奥(特里斯坦67')、杜舍尔、卢克(弗兰72')/贝莱隆/潘迪亚尼
决赛(2004.5.26,傲赴沙尔克)
波尔图3.0摩纳哥
C.阿尔伯托39',德科71',阿列尼切夫75'
波尔图阵容:(442):巴亚/费雷拉、J.科斯塔、卡瓦略、瓦伦特/P.门德斯、科斯蒂尼亚、马尼切、德科(埃马努埃尔85')/C.阿尔伯托(阿列尼切夫75')、德尔莱(麦卡锡78')
摩纳哥阵容(442):罗马/伊巴拉、J.罗德里格斯、吉韦(斯基拉奇73')、埃夫拉/E.西塞(农达64')、贝纳尔迪、齐科斯、久利(普尔绍23')、罗滕/莫伦特斯

2004-05赛季

(赛制)本届比赛采用"资格赛+小组赛+淘汰赛"的赛制,通过资格赛的16支球队和其他16支直接进入小组赛的球队一起抽签,每小组的前两名出线,进入16强。16支队进行两回合淘汰赛,直至产生最后的冠军。

资格赛第一轮(2004.7.14—7.21)
爱尔兰人2.2(2.2,0.0)KR雷克雅未克(冰岛)*
斯科托恩(拉脱维亚)7.1(4.0,3.1)莱尔(威尔士)
哥里卡(斯洛文尼亚)7.3(4.2,3.1)弗洛拉(爱沙尼亚)
赫尔辛基2.0(1.0,1.0)林菲尔德(北爱尔兰)
普尼克(亚美尼亚)4.2(3.1,1.1)波比达(马其顿)
舍里夫(摩尔多瓦)2.1(2.0,0.1)埃施青年(卢森堡)
格鲁吉亚WIT5.3(5.0,0.3)HB托沙芬(法罗群岛)
考纳斯(立陶宛)6.1(2.0,4.1)什列马流浪者(马耳他)
SK地拉那11月17日(阿尔巴尼亚)2.1(2.0,0.1)戈美尔(白俄罗斯)
内弗特奇(阿塞拜疆)2.2(1.2,1.0)布里耶格斯洛奇(波斯尼亚)**
*爱尔兰人因客场进球多晋级
**内弗特奇因客场进球多晋级
资格赛第二轮(2004.7.28—8.4)
顿涅茨克矿工4.1(3.1,1.0)普尼克
布拉格斯巴达4.3(2.2,2.1)阿普尔
罗森博格4.1(2.1,2.0)舍里夫
贝尔格莱德红星5.2(2.2,3.0)伯尔尼小男孩
哥里卡6.2(1.2,5.0)哥本哈根
莫斯科中央陆军2.0(0.0,2.0)内弗特奇
布加勒斯特迪那摩2.0(1.0,1.0)吉里纳
特拉维夫马卡比1.0(0.0,1.0)赫尔辛基
特拉布宗体育4.1(1.1,3.0)斯科恩托
布鲁日6.0(2.0,4.0)莫斯科火车头
费伦茨城3.3(3.2,0.1)SK地拉那11月17日*
爱尔兰人4.3(2.3,2.0)斯普利特
尤尔加登2.0(0.0,2.0)考纳斯
维斯瓦克拉科夫11.2(8.2,3.0)格鲁吉亚WIT
资格赛第三轮(2004.8.11—8.25)
利物浦2.1(2.0,0.1)格拉茨AK
尤文图斯6.3(2.2,4.1)尤尔加登
布拉格斯巴达2.1(0.1,2.0)费伦茨城
罗森博格5.3(2.1,3.2)海法马卡比
勒沃库森6.2(5.0,1.2)巴尼克
莫斯科中央陆军3.2(2.1,1.1)格拉斯哥流浪者
顿涅茨克矿工6.3(4.1,2.2)布鲁日
基辅迪那摩3.2(1.2,2.0)特拉布宗体育
埃因霍温7.3(2.3,5.0)贝尔格莱德红星
曼联5.1(2.1,3.0)布加勒斯特迪那摩
国际米兰5.2(1.1,4.0)巴塞尔
安德莱赫特3.1(0.1,3.0)本菲卡
拉科鲁尼亚3.0(0.0,3.0)爱尔兰人
海法马卡比4.0(3.0,1.0)萨洛尼卡
摩纳哥9.0(3.0,6.0)哥里卡
皇马5.1(2.0,3.1)维斯瓦克拉科夫
小组赛(2004.9.14—12.8)
A组／第1轮2004.9.15
利物浦2.0摩纳哥
西塞22',巴罗什84'
拉科鲁尼亚0.0奥林匹亚科斯
第2轮2004.9.28
摩纳哥2.0拉科鲁尼亚
卡隆5',萨维奥拉10'
奥林匹亚科斯1.0利物浦
斯托尔蒂迪斯17'
第3轮2004.10.19
利物浦0.0拉科鲁尼亚
摩纳哥2.1奥林匹亚科斯
萨维奥拉3',切万顿10'/奥卡斯60'
第4轮2004.11.3
拉科鲁尼亚0.1利物浦
安德拉德14'(乌龙)
奥林匹亚科斯1.0摩纳哥
舒雷尔84'
第5轮2004.11.23
摩纳哥1.0利物浦
萨维奥拉55'
奥林匹亚科斯1.0拉科鲁尼亚
乔尔捷维奇68'
第6轮2004.12.8
拉科鲁尼亚0.5摩纳哥
E切万顿22',吉韦37',萨维奥拉39',麦孔55',阿德巴约76'
利物浦3.1奥林匹亚科斯
庞格勒47',梅勒80',杰拉德86'/里瓦尔多27'

球队	胜	平	负	分	得失球
摩纳哥	4	0	2	12	10.4
利物浦	3	1	2	10	6.3
奥林匹亚科斯	3	1	2	10	5.5
拉科鲁尼亚	0	2	4	2	0.9

*利物浦和奥林匹亚科斯同分,前者以相互之间成绩优而晋级。
B组／第1轮2004.9.15
勒沃库森3.0皇马
克日诺维克39',弗兰萨50',贝尔巴托夫55'
罗马0.3基辅迪那摩*
加夫兰齐奇29'
*因为球迷向主裁判弗里斯克投掷硬币导致后者

受伤,比赛在半场时被中断,欧足联判定罗马0:3输掉比赛.

第2轮2004.9.28

基辅迪那摩4:2勒沃库森

林孔30′,69′,塞尔纳特74′,90′/沃罗宁59′,诺沃特尼68′

皇马4:2罗马

劳尔39′,72′,费戈53′(点球),卡洛斯79′/德罗西3′,卡萨诺21′

第3轮2004.10.19

皇马1:0基辅迪那摩

欧文35′

勒沃库森3:1罗马

罗克·儒尼奥尔48′,克日诺维克59′,弗兰萨90′/贝尔巴托夫26′(乌龙)

第4轮2004.11.3

基辅迪那摩2:2皇马

尤苏夫13′,韦尔帕科夫斯基23′/劳尔38′,费戈44(点球)、

罗马1:1勒沃库森

蒙特拉90′/贝尔巴托夫82′

第5轮2004.11.23

皇马1:1勒沃库森

劳尔70′/贝尔巴托夫36′

基辅迪那摩2:0罗马

德拉斯73′(乌龙),沙斯基赫82′

第6轮2004.12.8

勒沃库森3:0基辅迪那摩

胡安51′,沃洛宁77′,巴比奇86′

罗马0:3皇马

罗纳尔多9′,费戈60′(点球),82′

球队	胜	平	负	分	得失球
勒沃库森	3	2	1	11	13:7
皇马	3	2	1	11	11:8
基辅迪那摩	3	1	2	10	11:8
罗马	0	1	5	1	4:16

C组

第1轮2004.9.15

阿贾克斯0:1尤文图斯

内德维德42′

特拉维夫马卡比0:1拜仁

马凯64′(点球)

第2轮2004.9.28

拜仁4:0阿贾克斯

马凯28′,44′,51′(点球),泽罗伯托55′

尤文图斯1:0特拉维夫马卡比

卡莫拉内西37′

第3轮2004.10.19

尤文图斯1:0拜仁

内德维德75′

阿贾克斯3:0特拉维夫马卡比

松克4′,德容21′,范德法特33′

第4轮2004.11.3

拜仁0:1尤文图斯

皮耶罗90′

特拉维夫马卡比2:1阿贾克斯

达戈49′,57′/里德尔88′

第5轮2004.11.23

尤文图斯1:0阿贾克斯

萨拉耶塔14′

拜仁5:1特拉维夫马卡比

皮萨罗12′,萨利哈米季奇37′,弗林斯44′,马凯70′,80′/达戈55′(点球)

第6轮2004.12.8

阿贾克斯2:2拜仁

加拉塞克38′,米特亚64′/马凯9′,巴拉克78′

特拉维夫马卡比1:1尤文图斯

达戈29′(点球)/皮耶罗71′

球队	胜	平	负	分	得失球
尤文图斯	5	1	0	16	6:1
拜仁	3	1	2	10	12:5
阿贾克斯	1	1	4	4	6:10
特拉维夫马卡比	1	1	4	4	4:12

D组

第1轮2004.9.15

费内巴切1:0布拉格斯巴达

范胡耶唐克16′

里昂2:2曼联克里斯35′,弗劳45′/范尼56′,61′

第2轮2004.9.28

曼联6:2费内巴切

吉格斯7′,鲁尼17′,28′,54′,范尼78′,贝利翁81′/诺布雷46′,通恰伊59′

布拉格斯巴达1:2里昂

尤恩7′/埃辛25′,维尔托德58′

第3轮2004.10.19

布拉格斯巴达0:0曼联

费内巴切1:3里昂

诺布雷68′/小儒尼尼奥55′,克里斯66′,弗劳87′

第4轮2004.11.3

曼联4:1布拉格斯巴达

范尼14,25(点球),60,90/泽伦卡53

里昂4:1费内巴切

埃辛22′,马卢达53′,尼尔马90′,90+′/沙辛14′,通恰伊73′

第5轮2004.11.23

布拉格斯巴达0:1费内巴切

拉多斯拉夫·科瓦奇20′(乌龙)

曼联2:1里昂

G.内维尔19′,范尼53′/迪亚拉40′

第6轮2004.12.8

费内巴切3:0曼联

通恰伊47′,62′,90′

里昂5:0布拉格斯巴达

埃辛7′,尼尔马19′,51′,伊当加83′,贝古纽90′

球队	胜	平	负	分	得失球
里昂	4	1	1	13	17:8
曼联	3	2	1	11	14:9
费内巴切	3	0	3	9	10:13
布拉格斯巴达	0	1	5	1	2:13

E组

第1轮2004.9.14

帕纳辛奈科斯2:1罗森博格

E.冈萨雷斯43′,79′/约翰森90′

阿森纳1:0埃因霍温

阿莱士41′(乌龙)

第2轮2004.9.29

埃因霍温1:0帕纳辛奈科斯

赫塞林克80′

罗森博格1:1阿森纳

斯特兰52′/永贝里6′

第3轮2004.10.20

罗森博格1:2埃因霍温

斯托尔弗洛尔42′/法尔范26′,德容86′

帕纳辛奈科斯2:2阿森纳

E.冈萨雷斯65′,奥利萨德贝82′/永贝里18′,亨利74′

第4轮2004.11.2

埃因霍温1:0罗森博格

比斯利10′

阿森纳1:1帕纳辛奈科斯

亨利16′(点球)/西甘75′(乌龙)

第5轮2004.11.24

罗森博格2:2帕纳辛奈科斯

赫尔斯塔德68′,76′/孔斯坦蒂努16′,斯卡采尔71′

埃因霍温1:1阿森纳

奥耶8′/亨利31′

第6轮2004.12.7

帕纳辛奈科斯4:1埃因霍温

帕帕多普洛斯30′,芒奇45′(点球),57′,桑马尔泰亚恩81′/比斯利37′

阿森纳5:1罗森博格

雷耶斯3′,亨利24′,法布雷加斯29′,皮雷41′(点球),范佩西84′/霍夫通38′

球队	胜	平	负	分	得失球
阿森纳	2	4	0	10	11:6
埃因霍温	3	1	2	10	6:7
帕纳辛奈科斯	2	3	1	9	11:8
罗森博格	0	2	4	2	6:13

F组

第1轮2004.9.14

凯尔特人1:3巴塞罗那

萨顿59′/德科20′,久利78′,拉尔森82′

顿涅茨克矿工0:1AC米兰

西多夫84′

第2轮2004.9.29

巴塞罗那3:0顿涅茨克矿工

德科15′,罗纳尔迪尼奥64′(点球),埃托奥89′

AC米兰3:1凯尔特人

舍甫琴柯8′,因扎吉89′,皮尔洛90′/瓦加74′

第3轮2004.10.20

AC米兰1:0巴塞罗那

舍甫琴柯31′

顿涅茨克矿工3:0凯尔特人

马图扎伦57′,62′,布兰当78′

第4轮2004.11.2

巴塞罗那2:1AC米兰

埃托奥37′,罗纳尔迪尼奥90′/舍甫琴柯17′

凯尔特人1:0顿涅茨克矿工

汤普森25′

第5轮2004.11.24

AC米兰4:0顿涅茨克矿工

卡卡52′,90′,克雷斯波53′,85′

巴塞罗那1:1凯尔特人

埃托奥24′/哈特森45′

第6轮2004.12.7

顿涅茨克矿工2:0巴塞罗那

阿加霍瓦14′,22′

凯尔特人0:0AC米兰

球队	胜	平	负	分	得失球
AC米兰	4	1	1	13	10:3
巴塞罗那	3	1	2	10	9:6
顿涅茨克矿工	2	0	4	6	5:9
凯尔特人	1	2	3	5	4:10

G组

第1轮2004.9.14

瓦伦西亚2:0安德莱赫特

维森特16′,巴拉哈45′

国际米兰2:0不莱梅

阿德里亚诺34′(点球),89′

第2轮2004.9.29

不莱梅2:1瓦伦西亚

克洛泽60′,查理斯特亚斯84′/维森特2′

安德莱赫特1:3国际米兰

巴塞焦90′/马丁斯9′,阿德里亚诺51′,斯坦科维奇54′

第3轮2004.10.20

安德莱赫特1:2不莱梅

威廉松26′/克拉什尼奇36′,59′

瓦伦西亚1:5国际米兰

艾马尔73′/斯坦科维奇47′,维耶里49′,范德梅德76′,阿德里亚诺81′,克鲁斯90′

第4轮2004.11.2

不莱梅5:1安德莱赫特

克拉什尼奇2′,16′,79′,克洛泽33′,延森90′/亚奇楚克30′

国际米兰0:0瓦伦西亚

第5轮2004.11.24

安德莱赫特1:2瓦伦西亚

威廉松24′/科拉迪19′,迪瓦约48′

不莱梅1:1国际米兰

伊斯梅尔49′(点球)/马丁斯55′

第6轮2004.12.7

瓦伦西亚0:2不莱梅

巴尔德斯83,90

国际米兰3:0安德莱赫特

克鲁斯33,马丁斯60,63

球队	胜	平	负	分	得失球
国际米兰	4	2	0	14	14:3
不莱梅	4	1	1	13	12:6
瓦伦西亚	2	1	3	7	6:10
安德莱赫特	0	0	6	0	4:17

H组

第1轮2004.9.14

巴黎圣日耳曼0:3切尔西

特里29′,德罗巴45′,76′

波尔图0:0莫斯科中央陆军

第2轮2004.9.29

莫斯科中央陆军2:0巴黎圣日耳曼

塞马克64′,洛夫77′(点球)

切尔西3:0波尔图

斯梅尔金7′,德罗巴50′,特里70′/麦卡锡68′

第3轮2004.10.20

切尔西2:0莫斯科中央陆军

特里9′,古德约翰森45′

巴黎圣日耳曼2:0波尔图

科里丹30′,保莱塔31′

第4轮2004.11.2

莫斯科中央陆军0:1切尔西

罗本24′

波尔图0:0巴黎圣日耳曼

第5轮2004.11.24

莫斯科中央陆军0:1波尔图

麦卡锡28′

切尔西0:0巴黎圣日耳曼

第6轮2004.12.7

巴黎圣日耳曼1:3莫斯科中央陆军

潘克拉特37′/塞马克28′,64′,70′

波尔图2:1切尔西

迭戈61′,麦卡锡86′/达夫34′

球队	胜	平	负	分	得失球
切尔西	4	1	1	13	10:3
波尔图	2	2	2	8	4:6
莫斯科中央陆军	2	1	3	7	5:5
巴黎圣日耳曼	1	2	3	5	3:8

1/8决赛(2005.2.22—3.9)

尤文图斯2:1皇马

(客)0:1 埃尔格拉30′

(主)2:0 特雷泽盖75′,萨拉耶塔116′

国际米兰4:2波尔图

(客)1:1 马丁斯24′/科斯塔61′

(主)3:1 阿德里亚诺5′,63′,87′/科斯塔69′

切尔西5:4巴塞罗那

(客)1:2 贝莱蒂33′(乌龙)/马克西67′,埃托奥73′

(主)4:2 古德约翰森8′,兰帕德17′,达夫19′,特里76′/罗纳尔迪尼奥7′(点球),39′

里昂10:2不莱梅

(客)3:0 维尔托德8′,迪亚拉77′,小儒尼尼奥80′

(主)7:2 维尔托德8′,55′,64′,埃辛17′,30′,马卢达60′,贝尔松80′(点球)/米库32′,伊斯梅尔57′(点球)

利物浦6:2勒沃库森

(主)3:1 路易斯·加西亚15′,里瑟36′,哈曼90′/弗兰萨90′

(客)3:1 路易斯·加西亚28′,32′,巴罗什67′/克日诺维克87′

埃因霍温3:0摩纳哥

(主)1:0 阿莱士8′

(客)2:0 赫塞林克27′,比斯利69′

AC米兰2:0曼联

(客)1:0 克雷斯波78′

(主)1:0 克雷斯波61′

拜仁3:2阿森纳

(主)3:1 皮萨罗4′,58′,萨利哈米季奇65′/杜尔88′

(客)0:1 亨利66′

1/4决赛(2005.4.5—4.13)

利物浦2:1尤文图斯

(主)2:1 海皮亚10′,路易斯·加西亚25′/卡纳瓦罗63′

(客)0:0

AC米兰5:0国际米兰

(主)2:0 斯塔姆45′,舍甫琴柯74′

*(客)3:0 舍甫琴柯30′

*由于国际米兰球迷闹事,比赛中断,欧足联判定AC米兰3:0取胜

*埃因霍温2:2里昂

(客)1:1 科库79′/马卢达12′

(主)1:1 阿莱士50′/维尔托德[illegible]

*两回合双方2:2战平,点球决[illegible]昂4:2胜

切尔西6:5拜仁

(主)4:2 乔·科尔4′,兰帕德60′[illegible]′/德罗巴81′/施魏因斯泰格52′,巴拉克90′(点球)

(客)2:3 兰帕德30′,德罗巴80′/[illegible]萨罗65′,格雷罗90′,绍尔90+5′

半决赛(2005.4.26—5.4)

利物浦1:0切尔西

(客)0:0

利物浦阵容:杜德克/芬南、[illegible]支亚、卡拉格/特劳雷/加西亚(93′+斯米切尔)、杰[illegible]德、比斯坎(87′科威尔)、阿隆索、里瑟/巴罗什(66′[illegible]塞)

切尔西阵容:切赫/约翰逊、[illegible]瓦略、特里、加拉/蒂亚戈(59′罗本)、兰帕德、马克[illegible]莱、乔·科尔(78′凯日曼)/德罗巴、古德约翰森

(主)1:0 路易斯·加西亚4′

利物浦阵容:杜德克/芬南、[illegible]支亚、卡拉格、特劳雷/加西亚(84′努涅斯)、杰拉[illegible]比斯坎、哈曼(73′科威尔)、里瑟/巴罗什(60′西塞)

切尔西阵容:切赫/格雷米([illegible]胡特)、卡瓦略、特里、加拉/蒂亚戈(68′凯日曼)、[illegible]德、马克莱莱、乔·科尔(68′罗本)/德罗巴、古德[illegible]森

*AC米兰3:3埃因霍温

(主)2:0 舍甫琴柯42′,托马[illegible]′

AC米兰阵容:迪达/卡福、[illegible]姆、卡拉泽、马尔蒂尼/加图索、卡卡、皮尔洛(72′[illegible]罗西尼)、西多夫(81′塞尔吉尼奥)/克雷斯波(64′托[illegible]森)、舍甫琴柯

埃因霍温阵容:戈麦斯/奥[illegible]莱士、科库、鲍马(46′卢修斯)/朴智星、范博梅尔、[illegible]尔、李荣杓/法尔范、比斯利(61′赫塞林克)

(客)1:3 安布罗西尼90+1′/[illegible]智星9′,科库6[illegible]′,90+2′

AC米兰阵容:迪达/卡福、[illegible]姆、内斯塔、马尔蒂尼(46′卡拉泽)/加图索、卡卡、[illegible]尔洛、安布罗西尼、西多夫(69′托马森)/舍甫琴[illegible]

埃因霍温阵容:戈麦斯/[illegible]斯、阿莱士、科库、鲍马(70′罗伯托)/朴智星、范博[illegible]尔、沃热尔、李荣杓/法尔范、赫塞林克

*AC米兰凭借客场进球多[illegible]级

决赛(2005.5.25,伊斯[illegible]尔)

*利物浦3:3AC米兰

*120分钟打成3:3,点球决[illegible]物浦3:2取胜

杰拉德54′,斯米切尔56′,[illegible]索60′/马尔蒂尼1′,克雷斯波38′,43′

利物浦阵容(442):杜德克/[illegible]南(46′哈曼),海皮亚,卡拉格,特劳雷/科威尔(23′[illegible]切尔),阿隆索,杰拉德,里瑟/路易斯·加西亚,巴[illegible](85′西塞)/

AC米兰阵容(442):迪达/[illegible]福,斯塔姆,内斯塔,马尔蒂尼/西多夫(85′塞尔吉[illegible]奥),加图索(′11′鲁伊科斯塔),皮尔洛,卡卡/克[illegible]波(85′托马森,舍甫琴柯/

2005—[illegible]6赛季

(赛制)本届比赛采用[illegible]"资格赛+小组赛+淘汰赛"的赛制,通过资格[illegible]16支球队和其他16支直接进入小组赛的球队一起抽签,每八组的前两名出线,进入16强。16[illegible]队进行淘汰赛,直至产生最后的冠军。

资格赛第一轮(2005.7[illegible]—7.20)

利物浦6:0(3:0,3:0)TNS([illegible])

哈卡3:2(1:0,2:2)普尼克([illegible])

迪德朗热(卢森堡)4:1(0:1—[illegible])兹林耶斯基(波黑)

考纳斯(Lit)8:2(4:2,4:0)HE[illegible]沙芬(法罗群岛

地比利斯迪那摩(格鲁[illegible])2:1(0:1,2:0)塔林勒瓦迪亚(爱沙尼亚)

SK地拉那11月17日(阿尔[illegible]亚)3:2(0:2,3:[illegible])哥里卡(斯洛文尼亚)

布拉迪斯拉发(斯洛伐[illegible]3(0:2,4:1)阿[illegible]马蒂凯拉特(哈萨克斯坦)

内弗特奇(阿塞拜疆)4:1[illegible],2:1)哈夫纳夫约杜尔(以色列)

拉波特尼奇6:1(6:0,6:1)斯[illegible]恩托(拉脱维亚)

爱尔兰人(爱尔兰)6:2(2:[illegible])格伦托兰

阿诺索西斯(塞浦路斯)[illegible]1,1:0)明斯克迪那摩(白俄罗斯)

舍里夫(摩尔多瓦)6:1(4:[illegible])什列马流浪者(马耳他)

资格赛第二轮(2005.[illegible]27—8.3)

利物浦5:1(3:1,2:0)考纳[illegible]

布隆德比5:1(2:0,3:1)地[illegible]斯迪那摩

贝尔格莱德游击队2:0([illegible]0)舍里夫

德布雷辛尼(匈牙利)8[illegible]0,5:0)斯普利特(克罗地亚)

布拉迪斯拉发5:4(3:0[illegible])凯尔特人

索非亚中央陆军4:0(2[illegible])SK地拉那1[illegible]月[illegible]7日

安德莱赫特5:1(5:0,0:1)[illegible]特奇

瓦勒伦加5:1(1:0,4:1)夏[illegible]

莫斯科火车头3:1(1:1,2[illegible])波特尼奇

维亚纳快速9:3(6:1,3:2[illegible])德朗热

图恩3:2(2:2,1:0)基辅迪[illegible]摩

马尔默5:4(3:2,2:2)海法[illegible]卡比

资格赛第三轮(2005[illegible].10—8.24)

不莱梅4:2(1:2,3:0)巴塞[illegible]

布拉迪斯拉发0:0(0:0,[illegible])贝尔格莱德游击队*

国际米兰3:1(2:0,1:1)顿[illegible]克矿工

罗森博格4:3(1:1,3:2)布[illegible]勒斯特星

曼联6:0(3:0,3:0)德布[illegible]辛尼

图恩4:0(1:0,3:0)马尔[illegible]

比利亚雷亚尔4.2(1.1,1.?)埃弗顿
利物浦3.2(3.1,1.0)索菲亚中央陆军
乌迪内斯4.2(1.0,3.2)里斯本竞技
布鲁日1.1(1.0,0.1)瓦勒伦加**
维也纳快速2.1(1.1,1.0)莫斯科中央陆军
安德莱赫特4.1(2.1,2.0)布拉格斯巴达
格拉斯哥流浪者4.1(2.?,?.0)阿诺索西斯
阿贾克斯5.3(2.2,3.1)布伦德比
贝蒂斯3.2(1.0,2.2)摩纳哥
帕纳辛奈科斯5.4(1.3,4.1)维斯瓦克拉科夫
*布拉迪斯拉发点球4.3取胜晋级
**布鲁日点球4.3取胜晋级

小组赛(2004.9.13—12.7)

A组

第1轮2005.9.14

维也纳快速0.1拜仁
格雷罗60′
布鲁日0.2尤文图斯
马通多85′/内德维德66′,特雷泽盖75′

第2轮2005.9.27

尤文图斯3.0维亚纳快速
特雷泽盖27′,穆图82′,伊布拉希莫维奇85′
拜仁1.0布鲁日
德米凯利斯32′

第3轮2005.10.18

拜仁2.1尤文图斯
代斯勒32′,德米凯利斯85′/伊布拉希莫维奇90′
维也纳快速0.1布鲁日
巴拉班75′

第4轮2005.11.2

布鲁日3.2维亚纳快速
波尔蒂略9′,巴拉班25′,韦尔海恩63′/金茨尔1′,霍夫曼81′
尤文图斯2.1拜仁
特雷泽盖62′,85′/代斯勒66′

第5轮2005.11.22

尤文图斯1.0布鲁日
皮耶罗80′
拜仁4.0维亚纳快速
代斯勒21′,卡里米54′,马凯72′,77′

第6轮2005.12.7

布鲁日1.1拜仁
波尔蒂略32′/皮萨罗21′
维亚纳快速1.3尤文图斯
金茨尔52′/皮耶罗35′,45′,伊布拉希莫维奇42′

球队	胜	平	负	分	得失球
尤文图斯	5	0	1	15	12.5
拜仁	4	1	1	13	10.4
布鲁日	2	1	3	7	6.7
维也纳快速	0	0	6	0	3.15

B组

第1轮2005.9.14

阿森纳2.1图恩(瑞士)
吉尔伯托51′,博格坎普90+′/费雷拉53′
布拉格斯巴达1.1阿贾克斯
马图索维奇66′/斯内德9′

第2轮2005.9.27

图恩1.0布拉格斯巴达
霍季奇89′
阿贾克斯1.2阿森纳
罗森贝里71′/永贝里2′,皮雷69′(点球)

第3轮2005.10.18

阿贾克斯2.0图恩
阿纳斯塔希乌36′,55′
布拉格斯巴达0.2阿森纳
亨利21′,74′

第4轮2005.11.2

阿森纳3.0布拉格斯巴达
亨利23′,范佩西82′,86′
图恩2.4阿贾克斯
卢斯特里内利56′,皮门塔尔?′/斯内德27′,阿纳斯塔希乌63′,德容90+′,布哈里90+′

第5轮2005.11.22

图恩0.1阿森纳
皮雷88′(点球)
阿贾克斯2.1布拉格斯巴达
德容68′,89′/彼得拉斯90′

第6轮2005.12.7

阿森纳0.0阿贾克斯
布拉格斯巴达0.0图恩

球队	胜	平	负	分	得失球
阿森纳	5	1	0	16	10.2
阿贾克斯	3	2	1	11	10.6
图恩	1	1	4	4	4.9
布拉格斯巴达	0	2	4	2	2.9

C组

第1轮2005.9.14

乌迪内斯3.0帕纳辛奈科斯
亚昆塔28′,73′,76′
不莱梅0.2巴塞罗那
德科13′,罗纳尔迪尼奥77′(点球)

第2轮2005.9.27

巴塞罗那4.1乌迪内斯
罗纳尔迪尼奥13′,32′,90′(点球),德科41′/菲利佩24′
帕纳辛奈科斯2.1不莱梅
E.冈萨雷斯5′(点球),曼乔斯?′/克洛泽41′

第3轮2005.10.18

帕纳辛奈科斯0.0巴塞罗那
乌迪内斯1.1不莱梅
迪纳塔莱86′/菲利佩64′(乌龙)

第4轮2005.11.2

不莱梅4.3乌迪内斯
克洛泽15′,鲍曼24′,米库51′,67′/迪纳塔莱54′,57′,舒尔茨60′(乌龙)
巴塞罗那5.0帕纳辛奈科斯
范博梅尔1′,埃托奥14′,40′,65′,梅西34′

第5轮2005.11.22

巴塞罗那3.1不莱梅
加布里14′,罗纳尔迪尼奥26′,拉尔森71′/博罗夫斯基22′(点球)
帕纳辛奈科斯1.2乌迪内斯
哈拉姆比德斯45+′/亚昆塔81′,坎德拉83′

第6轮2005.12.7

不莱梅5.1帕纳辛奈科斯
米库2′(点球),巴尔德斯28′,31′,克洛泽51′,弗林斯90+′/莫里斯53′
乌迪内斯0.2巴塞罗那
埃斯奎罗85′,伊涅斯塔90′

球队	胜	平	负	分	得失球
巴塞罗那	5	1	0	16	16.2
不莱梅	2	1	3	7	12.12
乌迪内斯	2	1	3	7	10.12
帕纳辛奈科斯	1	1	4	4	4.16

*不莱梅和乌迪内斯斯同分,前者以相互之间成绩优而晋级。

D组

第1轮2005.9.14

比利亚雷亚尔0.0曼联
本菲卡1.0里尔
米科利90+′

第2轮2005.9.27

里尔0.0比利亚雷亚尔
曼联2.1本菲卡
吉格斯39′,范尼85′/西芒58′

第3轮2005.10.18

曼联0.0里尔
比利亚雷亚尔1.1本菲卡
里克尔梅72′(点球)/费尔南德斯77′

第4轮2005.11.2

本菲卡0.1比利亚雷亚尔
塞纳81′
里尔1.0曼联
阿西莫维奇38′

第5轮2005.11.22

里尔0.0本菲卡
曼联0.0比利亚雷亚尔

第6轮2005.12.7

本菲卡2.1曼联
热奥瓦尼16′,贝托34′/斯科尔斯6′
比利亚雷亚尔1.0里尔
瓜伊雷67′

球队	胜	平	负	分	得失球
比利亚雷亚尔	2	4	0	10	3.1
本菲卡	2	2	2	8	5.5
里尔	1	3	2	6	1.2
曼联	1	3	2	6	4.6

E组

第1轮2005.9.13

埃因霍温1.0沙尔克
赫塞林克33′
AC米兰3.1费内巴切
卡卡18′,87′,舍甫琴柯89′/阿莱士63′(点球)

第2轮2005.9.28

沙尔克2.2AC米兰
S.拉尔森3′,大阿尔滕托普70′/西多夫1′,舍甫琴柯59′
费内巴切3.0埃因霍温
阿莱士40′(点球),68′,阿皮亚90+′

第3轮2005.10.19

费内巴切3.3沙尔克
卢西亚诺14′,诺布雷73′,阿皮亚79′/林肯59′,62′,库兰伊77′
AC米兰0.0埃因霍温

第4轮2005.11.1

埃因霍温1.0AC米兰
法尔范12′
沙尔克2.0费内巴切
库兰伊32′,桑德90+′

第5轮2005.11.23

沙尔克3.0埃因霍温
柯比亚什维利18′(点球),72′,79′(点球)
费内巴切0.4AC米兰
舍甫琴柯16′,52′,70′,76′

第6轮2005.12.6

埃因霍温2.0费内巴切
科库14′,法尔范85′
AC米兰3.2沙尔克
皮尔洛42′,卡卡52′,60′/波尔森44′,林肯66′

球队	胜	平	负	分	得失球
AC米兰	3	2	1	11	12.6
埃因霍温	3	1	2	10	4.6
沙尔克	2	2	2	8	12.9
费内巴切	1	1	4	4	7.14

F组

第1轮2005.9.13

奥林匹亚科斯1.3罗森博格
拉戈19′(乌龙)/谢尔布雷德42′,马夫罗耶尼迪斯49′(乌龙)
斯托尔弗洛尔90+′
里昂3.0皇马
卡鲁21′,小儒尼尼奥26′,维尔托德31′

第2轮2005.9.28

罗森博格0.1里昂
克里斯45+′
皇马2.1奥林匹亚科斯
劳尔9′,索尔达多86′/卡费斯48′

第3轮2005.10.19

皇马4.1罗森博格
伍德盖特48′,劳尔52′,埃尔格拉68′,贝克汉姆82′/斯特兰40′
里昂2.1奥林匹亚科斯
小儒尼尼奥4′,戈武89′/卡费斯84′

第4轮2005.11.1

奥林匹亚科斯1.4里昂
小巴班吉达3′/小儒尼尼奥41′,卡鲁44′,57′,迪亚拉55′
罗森博格0.2皇马
多尔辛26′(乌龙),古蒂41′

第5轮2005.11.23

罗森博格1.1奥林匹亚科斯
赫尔斯塔德88′/里瓦尔多25′
皇马1.1里昂
古蒂41′/卡鲁72′

第6轮2005.12.6

奥林匹亚科斯2.1皇马
埃罗尔50′,里瓦尔多87′/塞尔吉奥·拉莫斯7′
里昂2.1罗森博格
邦泽马33′,弗雷德90+′/布拉滕68′

球队	胜	平	负	分	得失球
里昂	5	1	0	16	13.4
皇马	3	1	2	10	10.8
罗森博格	1	1	4	4	6.11
奥林匹亚科斯	1	1	4	4	7.13

G组

第1轮2005.9.13

贝蒂斯1.2利物浦
阿尔苏51′/庞格勒2′,路易斯·加西亚14′
切尔西1.0安德莱赫特
兰帕德19′

第2轮2005.9.28

利物浦0.0切尔西
安德莱赫特0.1贝蒂斯
里卡多·奥利维拉69′

第3轮2005.10.19

安德莱赫特0.1利物浦
西塞20′
切尔西4.0贝蒂斯
德罗巴24′,卡瓦略44′,乔·科尔59′,克雷斯波64′

第4轮2005.11.1

贝蒂斯1.0切尔西
达尼28′
利物浦3.0安德莱赫特
莫伦特斯34′,路易斯·加西亚61′,西塞89′

第5轮2005.11.23

利物浦0.0贝蒂斯
安德莱赫特0.2切尔西
克雷斯波8′,卡瓦略15′

第6轮2005.12.6

贝蒂斯0.1安德莱赫特
肯帕尼44′
切尔西0.0利物浦

球队	胜	平	负	分	得失球
利物浦	3	3	0	12	6.1
切尔西	3	2	1	11	7.1
贝蒂斯	2	1	3	7	3.7
安德莱赫特	1	0	5	3	1.8

H组

第1轮2005.9.13

布拉迪斯拉发(斯洛伐克)0.1国际米兰
克鲁斯17′
格拉斯哥流浪者3.2波尔图
洛文克兰茨35′,普尔绍59′,基尔伊亚科斯85′/佩佩47′,71′

第2轮2005.9.28

国际米兰1.0格拉斯哥流浪者
克鲁斯17′
波尔图2.3布拉迪斯拉发
冈萨雷斯32′,迭戈39′/彼得拉什45′,科扎克54′,博尔贝伊74′

第3轮2005.10.19

波尔图2.0国际米兰
马特拉齐22′(乌龙),麦卡锡35′
格拉斯哥流浪者0.0布拉迪斯拉发

第4轮2005.11.1

布拉迪斯拉发2.2格拉斯哥流浪者
博尔贝伊8′,科扎克59′/普尔绍3′,汤普森44′
国际米兰2.1波尔图
克鲁斯75′(点球),82′/阿尔梅达16′

第5轮2005.11.23

国际米兰4.0布拉迪斯拉发
费戈28′,阿德里亚诺阿德里亚诺41′,59′,74′
波尔图1.1格拉斯哥流浪者
洛佩斯60′/麦克科马克83′

第6轮2005.12.6

布拉迪斯拉发0.0波尔图
格拉斯哥流浪者1.1国际米兰
洛文克兰茨38′/阿德里亚诺30′

球队	胜	平	负	分	得失球
国际米兰	4	1	1	13	9.4
格拉斯哥流浪者	1	4	1	7	7.7
布拉迪斯拉发	1	3	2	6	5.9
波尔图	1	2	3	5	8.9

1/8决赛(2006.2.21—3.8)

巴塞罗那3.2切尔西
(客)2.1 特里72′(乌龙),埃托奥80′/莫塔59′(乌龙)
(主)1.1 罗纳尔迪尼奥78′/兰帕德90+′(点球)
阿森纳1.0皇马
(客)1.0 亨利47′
(主)0.0
尤文图斯4.4不莱梅*
(客)2.3 内德维德73′,特雷泽盖82′/舒尔茨39′,博罗夫斯基87′,米库90+′
(主)2.1 特雷泽盖65′,埃莫森88′/米库13′
*尤文图斯凭借客场进球多而晋级
AC米兰5.2拜仁慕尼黑
(客)1.1 舍甫琴柯57′(点球)/巴拉克24′
(主)4.1 因扎吉8′,47′,舍甫琴柯25′,卡卡59′/伊斯梅尔35′
里昂5.0埃因霍温
(客)1.0 小儒尼尼奥65′
(主)4.0 蒂亚戈26′,45+′,维尔托德71′,弗雷德90′
国际米兰3.2阿贾克斯
(客)2.2 斯坦科维奇49′,克鲁斯86′/亨特拉尔16′,罗萨莱斯20′
(主)1.0 斯坦科维奇57′
本菲卡3.0利物浦
(主)1.0 路易松84′
(客)2.0 西芒36′,米科利89′
比利亚雷亚尔3.3格拉斯哥流浪者*
(客)2.2 里克尔梅7′(点球),迭戈福尔兰35′/洛文克兰茨22′,佩尼亚82′(乌龙)
(主)1.1 阿鲁阿巴雷纳49′/洛文克兰茨12′
*比利亚雷亚尔凭借客场进球多而晋级

1/4决赛(2006.3.28—4.5)

阿森纳2.0尤文图斯
(主)2.0 法布雷加斯40′,亨利69′
(客)0.0
AC米兰3.1里昂
(客)0.0
(主)3.1 因扎吉25′,88′,舍甫琴柯90+′/迪亚拉31′
比利亚雷亚尔2.2国际米兰*
(客)1.2 福尔兰1′/阿德里亚诺7′,马丁斯54′
(主)1.0 阿鲁阿巴雷纳58′
巴塞罗那2.0本菲卡
(客)0.0
(主)2.0 罗纳尔迪尼奥19′,埃托奥89′

半决赛(2006.4.18—4.26)

阿森纳1.0比利亚雷亚尔
(主)1.0 杜尔41′
阿森纳阵容:莱曼/埃布埃、森德罗斯、杜尔、弗拉米尼/赫莱布(80′博格坎普)、法布雷加斯、吉尔伯托、永贝里(81′范佩西)、皮雷/亨利
比利亚雷亚尔阵容:巴尔博萨/文塔、阿鲁阿巴雷纳、基克/索林(73′霍西科)、里克尔梅、塔奇纳迪、塞纳、阿尔苏/福尔兰(94′+卡列拉)、何塞·马里(55′佛朗哥)
(客)0.0
阿森纳阵容:莱曼/埃布埃、坎贝尔、杜尔、弗拉米尼(9′克利希)/赫莱布、法布雷加斯、吉尔伯托、永贝里、雷耶斯(69′皮雷)/亨利
比利亚雷亚尔阵容:巴尔博萨/文塔、阿鲁阿巴雷纳(82′罗杰·加西亚)、佩尼亚/索林、里克尔梅、基克、塞纳、霍西科(63′何塞·马里)/福尔兰、佛朗哥
巴塞罗那1.0AC米兰
(客)1.0 久利57′
巴塞罗那阵容:巴尔德斯/奥莱格(75′莫塔)、普约尔、马克斯、范布隆克霍斯特/埃德米尔森、范博梅尔、伊涅斯塔/久利(70′贝莱蒂)、埃托奥、罗纳尔迪尼奥(89′马克西)
AC米兰阵容:迪达/斯塔姆(77′卡福)、内斯塔、卡拉泽、塞尔吉尼奥/加图索(74′安布罗西尼)、卡卡、皮尔洛(67′马尔蒂尼)、西多夫/吉拉迪诺、舍甫琴柯
(主)0.0
巴塞罗那阵容:巴尔德斯/贝莱蒂、普约尔、马克斯、范布隆克霍斯特/德科、埃德米尔森、伊涅斯塔/久利(69′拉尔森)、埃托奥(89′范博梅尔)、罗纳尔迪尼奥
AC米兰阵容:迪达/科斯塔库塔(64′卡福)、斯塔姆、卡拉泽、塞尔吉尼奥/加图索(68′鲁伊科斯塔)、卡卡、皮尔洛、西多夫/因扎吉(79′吉拉迪诺)、舍甫琴柯

决赛(2006.5.17,巴黎)

巴塞罗那2.1阿森纳
埃托奥76′,贝莱蒂81′/坎贝尔37′
巴塞罗那阵容(433):巴尔德斯/奥莱格(71′贝莱蒂)、普约尔、马克斯、范布隆克霍斯特/埃德米尔森(46′伊涅斯塔)、德科、范博梅尔/久利(61′拉尔森)、罗纳尔迪尼奥、埃托奥
阿森纳阵容(451):莱曼/埃布埃、杜尔、坎贝尔、阿什利·科尔/吉尔伯托、法布雷加斯(74′弗拉米尼)、皮雷(19′阿穆尼亚)、赫莱布(85′雷耶斯)、永贝里/亨利

2006/2007赛季

资格赛第一轮（2006.7.11-7.19）

阿尔巴萨尼（阿尔巴尼亚）1:3[1:0,0:3] 埃克拉纳斯（立陶宛）
FC TVMK（爱沙尼亚）3:4[2:3,1:1]冰岛FH
利耶帕亚冶金（拉脱维亚）2:1[1:0,1:1]阿克纠宾（哈萨克斯坦）
迈帕（芬兰）2:0[1:0,1:0]新圣徒（威尔士）
科克城（爱尔兰）2:1[1:0,1:1]利马索尔（塞浦路斯）
西奥尼（格鲁吉亚）2:1[2:0,0:1]巴库（阿塞拜疆）
卢森堡F91 0:1[0:1,0:0]拉布尼基（马其顿）
萨利霍尔斯克矿工（白俄罗斯）0:2[0:1,0:1]布里耶格（波黑）
比尔基尔卡拉（马耳他）2:5[0:3,2:2]法罗群岛B36
林菲尔德（北爱尔兰）3:5[1:3,2:2]戈里察（斯洛文尼亚）
普尼克（亚美尼亚）0:2[0:0,0:2]舍里夫(摩尔多瓦)

资格赛第二轮（2006.7.25-8.2）

戈里察（斯洛文尼亚）0:5[0:2,0:3]布加勒斯特星（罗马尼亚）
索菲亚列夫斯基（保加利亚）4:0[2:0,2:0]西奥尼（格鲁吉亚）
苏黎世（瑞士）2:3[2:1,0:2]萨尔茨堡红牛（奥地利）
尤尔加登（瑞典）2:3[1:0,1:3]鲁容贝罗克（斯洛伐克）
德布勒森（匈牙利）2:5[1:1,1:4]拉布尼基（马其顿）
科克城（爱尔兰）0:4[0:1,0:3]贝尔格莱德红星（塞尔维亚）
费内巴切（土耳其）9:0[4:0,5:0]法罗群岛B36
姆拉达-博莱斯拉夫（捷克）5:3[3:1,2:2]瓦勒伦加（挪威）
舍里夫(摩尔多瓦)1:1[1:1,0:0]*莫斯科斯巴达克（俄罗斯）
利耶帕亚冶金（拉脱维亚）1:8[1:4,0:4]基辅迪纳摩（乌克兰）
冰岛FH 0:3[0:1,0:2]华沙莱吉亚（波兰）
哥本哈根（丹麦）4:2[2:0,2:2]迈帕（芬兰）
埃克拉纳斯（立陶宛）3:9[1:4,2:5]萨格勒布迪纳摩（克罗地亚）
哈茨（苏格兰）3:0[3:0,0:0]布里耶格（波黑）

第三轮资格赛（2006.8.8-8.23）

利贝雷茨（捷克）1:2[0:0,1:2]莫斯科斯巴达克（俄罗斯）
顿涅茨克矿工（乌克兰）4:2[1:0,3:2]华沙莱吉亚（波兰）
萨尔茨堡红牛（奥地利）1:3[1:0,0:3]巴伦西亚
索菲亚列夫斯基（保加利亚）4:2[2:0,2:2]切沃
哈茨（苏格兰）1:5[1:2,0:3]雅典AEK（希腊）莫斯科中央陆军（俄罗斯）5:0[3:0,2:0]鲁容贝罗克（斯洛伐克）
AC米兰3:1[1:0,2:1]贝尔格莱德红星（塞尔维亚）
加拉塔萨雷（土耳其）6:3[5:2,1:1]姆拉达-博莱斯拉夫（捷克）
列日标准（比利时）3:4[2:2,1:2]布加勒斯特星（罗马尼亚）
奥地利维也纳1:4[1:1,0:3]本菲卡
萨格勒布迪纳摩（克罗地亚）1:5[0:3,1:2]阿森纳哥本哈根（丹麦）3:2[1:2,2:0]阿贾克斯
汉堡*1:1[0:0,1:1]奥萨苏纳
基辅迪纳摩（乌克兰）5:3[3:1,2:2]费内巴切（土耳其）
利物浦3:2[2:1,1:1]海法马卡比（以色列）
里尔4:0[3:0,1:0]拉布尼基（马其顿）

小组赛（2006.9.12-12.6）

A组

第1轮 2006.9.12
切尔西2:0不来梅
埃辛24'、巴拉克68'（点球）
巴塞罗那5:0索菲亚列夫斯基
伊涅斯塔7'、久利39'、普约尔49'、埃托奥58'、罗纳尔迪尼奥93'

第2轮 2006.9.27
索菲亚列夫斯基1:3切尔西
奥格尼亚诺夫89'；德罗巴39'、52'、68'
不来梅1:1巴塞罗那
普约尔56'（乌龙）；梅西89'

第3轮 2006.10.18
不来梅2:0索菲亚列夫斯基
纳尔多45'、迭戈73'
切尔西1:0巴塞罗那
德罗巴47'

第4轮 2006.10.31
索菲亚列夫斯基0:3不来梅
米哈伊洛夫33'（乌龙）、鲍曼35'、弗林斯37'
巴塞罗那2:2切尔西
德科'、古德约翰森58'；兰帕德52'、德罗巴93'

第5轮 2006.11.22
不来梅1:0切尔西
默特萨克27'
索菲亚列夫斯基0:2巴塞罗那
久利5'、伊涅斯塔65'

第6轮 2006.12.5
切尔西2:0索菲亚列夫斯基
舍甫琴科27'、赖特-菲利普斯83'
巴塞罗那2:0不来梅
罗纳尔迪尼奥13'、古德约翰森18'

积分榜

球队	胜	平	负	分	进:失
切尔西	4	1	1	13	10:4
巴塞罗那	3	2	1	11	12:4
不来梅	3	1	2	10	7:5
索菲亚列夫斯基	0	0	6	0	1:17

B组

第1轮 2006.9.12
里斯本竞技1:0国际米兰
卡内拉64'
拜仁慕尼黑4:0莫斯科斯巴达克
皮萨罗48'、圣克鲁斯52'、施魏因斯泰格71'、萨利哈米季奇84'

第2轮 2006.9.27
莫斯科斯巴达克1:1里斯本竞技
博亚林采夫5'；纳尼59'
国际米兰0:2拜仁慕尼黑
皮萨罗81'、波多尔斯基91'

第3轮 2006.10.18
国际米兰2:1莫斯科斯巴达克
克鲁斯1'、9'；帕夫柳琴科54'
里斯本竞技0:1拜仁慕尼黑
施魏因斯泰格19'

第4轮 2006.10.31
莫斯科斯巴达克0:1国际米兰
克鲁斯2'
拜仁慕尼黑0:0里斯本竞技

第5轮 2006.11.22
莫斯科斯巴达克2:2拜仁慕尼黑
卡利尼琴科16'、科瓦奇72'；皮萨罗22'、39
国际米兰1:0里斯本竞技
克雷斯波36'

第6轮 2006.12.5
里斯本竞技1:3莫斯科斯巴达克
布埃诺31'；帕夫柳琴科7'、卡利尼琴科16'、博亚林采夫89'
拜仁慕尼黑1:1国际米兰
马凯62'；维埃拉91'

积分榜

球队	胜	平	负	分	进:失
拜仁慕尼黑	3	3	0	12	10:3
国际米兰	3	1	2	10	5:5
莫斯科斯巴达克	1	2	3	5	7:11
里斯本竞技	1	2	3	5	3:6

C组

第1轮 2006.9.12
加拉塔萨雷0:0波尔多
埃因霍温0:0利物浦

第2轮 2006.9.27
利物浦3:2加拉塔萨雷
克劳奇9'、52',加西亚14'；于米特59'、65'
波尔多0:1埃因霍温
韦于吕宁65'

第3轮 2006.10.18
波尔多0:1利物浦
克劳奇58'
加拉塔萨雷1:2埃因霍温
伊利奇19'；克隆坎普59'、科内72'

第4轮 2006.10.31
利物浦3:0波尔多
加西亚23'、76',杰拉德71'
埃因霍温2:0加拉塔萨雷
西蒙斯59'、科内84'

第5轮 2006.11.22
波尔多3:1加拉塔萨雷
阿隆索22'、拉斯朗德47'、福贝尔50'；稻本润一73'
利物浦2:0埃因霍温
杰拉德65'、克劳奇89'

第6轮 2006.12.5
加拉塔萨雷3:2利物浦
内贾蒂24'、奥坎28'、伊利奇79'；福勒22'、90'
埃因霍温1:3波尔多
阿莱士87'；福贝尔7'、达尔马25'、达谢维尔37'

积分榜

球队	胜	平	负	分	进:失
利物浦	4	1	1	13	11:5
埃因霍温	3	1	2	10	6:6
波尔多	2	1	3	7	6:7
加拉塔萨雷	1	1	4	4	7:12

D组

第1轮 2006.9.12
奥林匹亚科斯2:4巴伦西亚
康斯坦蒂努24'、卡斯蒂略66'；莫伦特斯34'、39'、90',阿尔比奥尔85'
罗马4:0顿涅茨克矿工
塔代伊67'、托蒂76'、德罗西79'、皮萨罗89'

第2轮 2006.9.27
顿涅茨克矿工2:2奥林匹亚科斯
马图扎伦34'、马里卡70'；孔斯坦蒂努24'、卡斯蒂略68'
巴伦西亚2:1罗马
安古洛13'、比利亚29'；托蒂18'（点球）

第3轮 2006.10.18
巴伦西亚2:0顿涅茨克矿工
比利亚31'、45'
奥林匹亚科斯0:1罗马
佩罗塔76'

第4轮 2006.10.31
顿涅茨克矿工2:2巴伦西亚
雅德松3'、费尔南迪尼奥28'；莫伦特斯18'、阿亚拉68'
罗马1:1奥林匹亚科斯
托蒂66'、塞萨尔19'

第5轮 2006.11.22
巴伦西亚2:0奥林匹亚科斯
安古洛45'、莫伦特斯46'
顿涅茨克矿工1:0罗马
马里卡61'

第6轮 2006.12.5
奥林匹亚科斯1:1顿涅茨克矿工
卡斯蒂略54'；马图扎伦27'
罗马1:0巴伦西亚
帕努奇13'

积分榜

球队	胜	平	负	分	进:失
巴伦西亚	4	1	1	13	12:6
罗马	3	1	2	10	8:4
顿涅茨克矿工	1	3	2	6	6:11
奥林匹亚科斯	0	3	3	3	6:11

E组

第1轮 2006.9.13
基辅迪纳摩1:4布加勒斯特星
雷布罗夫16'；吉奥内亚3'、巴代亚24'、迪卡43'、79'
里昂2:0皇家马德里
弗雷德11'、蒂亚戈31'

第2轮 2006.9.26
皇家马德里5:1基辅迪纳摩
范尼斯特尔鲁伊20'、70'（点球）,劳尔27'、61',雷耶斯45'；米列夫斯基47'
布加勒斯特星0:3里昂
弗雷德43'、蒂亚戈55'、本泽马89'

第3轮 2006.10.17
布加勒斯特星1:4皇家马德里
巴代亚64'；拉莫斯9'、劳尔34'、罗比尼奥56'、范尼斯特尔鲁伊76'
基辅迪纳摩0:3里昂
小儒尼尼奥31'、卡尔斯特伦38'、马卢达51'

第4轮 2006.11.1
皇家马德里1:0布加勒斯特星
尼科利察70'（乌龙）
里昂1:0基辅迪纳摩
本泽马14'

第5轮 2006.11.21
布加勒斯特星1:1基辅迪纳摩
迪卡69'；塞尔纳特29'
皇家马德里2:2里昂
迪亚拉39'、范尼斯特尔鲁伊83'；卡鲁11'、马卢达31'

第6轮 2006.12.6
基辅迪纳摩2:2皇家马德里
沙茨基赫13'、27'；罗纳尔多86'、88'（点球）
里昂1:1布加勒斯特星
迪亚拉12'；迪卡2'

积分榜

球队	胜	平	负	分	进:失
里昂	4	2	0	14	12:3
皇家马德里	3	2	1	11	14:8
布加勒斯特星	1	2	3	5	7:11
基辅迪纳摩	0	2	4	2	5:16

F组

第1轮 2006.9.13
曼联3:2凯尔特人
萨哈30'（点球）、40',索[illegible]斯克亚47'；海塞林克21'、中村俊辅43'
哥本哈根0:0本菲卡

第2轮 2006.9.26
本菲卡0:1曼联
萨哈60'
凯尔特人1:0哥本哈根
米勒30'（点球）

第3轮 2006.10.17
凯尔特人3:0本菲卡
米勒56'、66',皮尔逊90'
曼联3:0哥本哈根
斯科尔斯39'、奥谢46'、[illegible]德森83'

第4轮 2006.11.1
本菲卡3:0凯尔特人
卡德维尔10'（乌龙）、[illegible]·戈麦斯22'、卡亚卡76'
哥本哈根1:0曼联
奥尔巴克73'

第5轮 2006.11.21
凯尔特人1:0曼联
中村俊辅81'
本菲卡3:1哥本哈根
莱奥14'、米科利16'、3[illegible] 奥尔巴克89'

第6轮 2006.12.6
曼联3:1本菲卡
维迪奇45'、吉格斯61'、[illegible]哈75'；内尔松27'
哥本哈根3:1凯尔特人
哈钦森2'、格伦夏尔27'、[illegible]尔巴克57；亚罗西克75'

积分榜

球队	胜	平	负	分	进:失
曼联	4	0	2	12	10:5
凯尔特人	3	0	3	9	8:9
本菲卡	2	1	3	7	7:8
哥本哈根	2	1	3	7	5:8

G组

第1轮 2006.9.13
波尔图0:0莫斯科中央陆[illegible]
汉堡1:2阿森纳
萨诺戈90'；吉尔伯托1[illegible]（点球）、罗西基53'

第2轮 2006.9.26
莫斯科中央陆军1:0汉堡
杜杜59'
阿森纳2:0波尔图
亨利38'、赫莱布48'

第3轮 2006.10.17
莫斯科中央陆军1:0阿森[illegible]
卡瓦略24'
波尔图4:1汉堡
利桑德罗14'、81',卢乔[illegible]'（点球）、[illegible]波斯蒂加69'；特罗肖夫斯基8[illegible]

第4轮 2006.11.1
阿森纳0:0莫斯科中央陆[illegible]
汉堡1:3波尔图
范德法特62'；卢乔44[illegible]、利桑德罗61'、莫赖斯87'

第5轮 2006.11.21
莫斯科中央陆军0:2波尔[illegible]
夸雷斯马2'、卢乔61'
阿森纳3:1汉堡
范佩西52'、埃布埃83[illegible]、巴普蒂斯塔88'；范德法特4'

第6轮 2006.12.6
波尔图0:0阿森纳
汉堡3:2莫斯科中央陆军
贝里沙28'、范德法特[illegible]、萨诺戈90；奥利奇23'（点球）、日尔科夫65'

积分榜

球队	胜	平	负	分	进:失
阿森纳	3	[illegible]	1	11	7:3
波尔图	3	[illegible]	1	11	9:4
莫斯科中央陆军	2	[illegible]	2	8	4:5
汉堡	1	[illegible]	5	3	7:15

H组

第1轮 2006.9.13
安德莱赫特1:1里尔
帕雷哈41'；福韦盖80[illegible]
AC米兰3:0雅典AEK
大因扎吉17'、古尔[illegible]夫41'、卡[illegible]7'（点球）

第2轮 2006.9.26
雅典AEK1:1安德莱赫[illegible]
塞萨尔28'；弗鲁托斯[illegible]
里尔0:0AC米兰

第3轮 2006.10.17
里尔3:1雅典AEK
罗拜64'、居加82'、[illegible]恩91'；伊维奇68'
安德莱赫特0:1AC米兰
卡卡58'

第4轮 2006.11.1

雅典AEK1:0里尔
利贝罗普洛斯74'
AC米兰4:1安德莱赫特
卡卡7'（点球）、22'、56',吉拉迪诺88'；尤哈斯61'
第5轮 2006.11.21
里尔2:2安德莱赫特
奥德姆温吉28'、福高盖47'；姆蓬萨38'、48'
雅典AEK1:0AC米兰
塞萨尔32'
第6轮 2006.12.6
安德莱赫特2:2雅典AEK
范登博雷38'、弗鲁托斯63'；拉基斯75'、奇里洛81'
AC米兰0:2里尔
奥德姆温吉7'、凯塔67'
积分榜

球队	胜	平	负	分	进:失
AC米兰	3	1	2	10	8:4
里尔	2	3	1	9	8:5
雅典AEK	2	2	2	8	6:9
安德莱赫特	0	4	2	4	7:11

1/8决赛（2007.2.20-3.7）

波尔图2:3切尔西
[主]1:1 梅雷莱斯12'；舍甫琴科16'
[客]1:2 夸雷斯马15'；罗本48'、巴拉克78'
凯尔特人0:1AC米兰
[主]0:0
[客]0:1（加时）卡卡93'
埃因霍温2:1阿森纳
[主]1:0 门德斯61'
[客]1:1 阿莱士83'；阿莱士58'（乌龙）
里尔0:2曼联
[主]0:1 吉格斯83'
[客]0:1 拉尔森72'
罗马2:0里昂
[主]0:0
[客]2:0 托蒂22'、小曼奇尼44'
巴塞罗那2:2*利物浦
[主]1:2 德科14'；贝拉米43'、里瑟74'
[客]1:0 古德约翰森75'
皇家马德里4:4*拜仁慕尼黑
[主]3:2 劳尔10'、28',范尼斯特尔鲁伊34'；卢西奥23'、范博梅尔88'
[客]1:2 范尼斯特尔鲁伊83'（点球）；马凯1'、卢西奥66'
国际米兰2:2*巴伦西亚
[主]2:2 坎比亚索29'、麦孔76'；比利亚64'、大卫·席尔瓦86'
[客]0:0

1/4决赛（2007.4.3-4.11）

AC米兰4:2拜仁慕尼黑
[主]2:2 皮尔洛40'、卡卡84'（点球）；范比滕78'、93'
AC米兰阵容：迪达/马尔蒂尼、加图索、西多夫（古尔库夫85'）、吉拉迪诺（大因扎吉71'）、内斯塔、扬库洛夫斯基（卡拉泽87'）、皮尔洛、卡卡、安布罗西尼、奥多
拜仁慕尼黑阵容：卡辛/萨尼奥尔（皮萨罗68'）、卢西奥、范比滕、马凯（圣克鲁斯86'）、波多尔斯基（莱尔68'）、萨利哈米季奇、拉姆、哈格里夫斯、施魏因斯泰格、奥特尔
[客]2:0 西多夫27'、大因扎吉31'
AC米兰阵容：迪达/马尔蒂尼、加图索（卡福87'）、大因扎吉（吉拉尔吉尼奥70'）、西多夫（古尔库夫80'）、内斯塔、扬库洛夫斯基、皮尔洛、卡卡、安布罗西尼、奥多
拜仁慕尼黑阵容：卡恩/卢西奥、范比滕、马凯（皮萨罗61'）、波多尔斯基、范博梅尔、萨利哈米季奇、拉姆、哈格里夫斯、莱尔（格利茨77'）、奥特尔（圣克鲁斯46'）
埃因霍温0:4利物浦
[主]0:3 杰拉德27'、里瑟49'、克劳奇63'
埃因霍温阵容：戈麦斯/克隆坎普（费埃尔68'）、西蒙斯、韦于吕宁、科库、门德斯（克鲁伊维特51'）、达科斯塔、丘利纳、法尔范（孙祥46'）、萨尔西多、迭戈·塔尔德利
利物浦阵容：雷纳/芬南、阿格、里瑟（岑登66'）、杰拉德、奥雷利奥（马克·冈萨雷斯75'）、阿隆索、克劳奇（彭南特85'）、库伊特、马斯切拉诺、卡拉格
[客]0:1 克劳奇67'
埃因霍温阵容：戈麦斯/西蒙斯、韦于吕宁、科库、科内（范艾登72'）、丘利纳、法尔范（克鲁伊维特63'）、阿多、费埃尔（孙祥63'）、萨尔西多、马尔切利斯
利物浦阵容：雷纳/阿韦洛亚、海皮亚、阿格（帕莱塔79'）、里瑟、阿隆索（马克·冈萨雷斯72'）、克劳奇、彭南特、贝拉米（福勒17'）、西索科、岑登

罗马3:8曼联
[主]2:1 塔代伊44'、武齐尼奇67'；鲁尼60'
罗马阵容：多尼/帕努奇、威廉松（武齐尼奇62'）、梅克斯、托蒂、塔代伊（罗西82'）、基伏、德罗西、佩罗塔、小曼奇尼、卡塞蒂
曼联阵容：范德萨/海因策、里奥·费迪南德、布朗、C.罗纳尔多、鲁尼、吉格斯（萨哈77'）、卡里克、斯科尔斯、索尔斯克亚（弗莱彻72'）、奥谢
[客]1:7 德罗西69'；卡里克11'、60',史密斯17'、鲁尼19'、C.罗纳尔多44'、49',埃夫拉81'
罗马阵容：多尼/帕努奇、威廉松（罗西88'）、梅克斯、皮萨罗、托蒂、基伏、德罗西（法蒂86'）、武齐尼奇、小曼奇尼（奥卡卡90'）、卡塞蒂
曼联阵容：范德萨/海因策、里奥·费迪南德、布朗、C.罗纳尔多、鲁尼、吉格斯（索尔斯克亚61'）、史密斯、卡里克（理查德森73'）、奥谢（埃夫拉52'）、弗莱彻
切尔西3:2巴伦西亚
[主]1:1 德罗巴53'；大卫·席尔瓦30'
切尔西阵容：切赫/阿什利·科尔、卡瓦略、舍甫琴科、兰帕德、德罗巴、米克尔（乔·科尔75'）、巴拉克、迪亚拉、卡卢（赖特-菲利普斯75'）、特里
巴伦西亚阵容：卡尼萨雷斯/米格尔、德尔奥尔诺、阿亚拉、阿尔贝尔达、比利亚（洛佩斯93'）、维森特（安古洛58'）、华金（维亚纳87'）、阿尔比奥尔、大卫·席尔瓦、莫雷蒂
[客]2:1 舍甫琴科52'、埃辛90'；莫伦特斯32'
切尔西阵容：切赫/阿什利·科尔、埃辛、卡瓦略、舍甫琴科（马克莱莱93'）、兰帕德、迪亚拉（卡卢93'）、德罗巴、米克尔、巴拉克、迪亚拉（乔·科尔46'）、特里
巴伦西亚阵容：卡尼萨雷斯/米格尔、德尔奥尔诺、阿亚拉、阿尔贝尔达、比利亚、莫伦特斯（安古洛65'）、华金、阿尔比奥尔（维亚纳72'）、大卫·席尔瓦、莫雷蒂

半决赛（2007.4.24-5.2）

切尔西1:1（点球1:4）利物浦
[主]1:0 乔·科尔29'
切尔西阵容：切赫/阿什利·科尔、马克莱莱、卡瓦略、舍甫琴科（卡卢76'）、兰帕德、乔·科尔（赖特-菲利普斯85'）、德罗巴、米克尔、费雷拉、特里
利物浦阵容：雷纳/阿韦洛亚、阿格、里瑟、杰拉德、阿隆索（彭南特83'）、贝拉米（克劳奇53'）、库伊特、马斯切拉诺、卡拉格、岑登
[客]0:1 阿格22'
切尔西阵容：切赫/阿什利·科尔、马克莱莱（格雷米118'）、埃辛、兰帕德、乔·科尔（罗本98'）、德罗巴、米克尔、费雷拉、卡卢（赖特-菲利普斯107'）、特里
利物浦阵容：雷纳/芬南、阿格、里瑟、杰拉德、克劳奇（贝拉米106'）、彭南特（阿隆索78'）、库伊特、马斯切拉诺（福勒118'）、卡拉格、岑登
曼联3:5AC米兰
[主]3:2 C.罗纳尔多5'、鲁尼59'、91'；卡卡22'、37'
曼联阵容：范德萨/埃夫拉、海因策、布朗、C.罗纳尔多、鲁尼、吉格斯、卡里克、斯科尔斯、奥谢、弗莱彻
AC米兰阵容：迪达/马尔蒂尼（博内拉46'）、加图索（布罗基53'）、西多夫、吉拉迪诺（古尔库夫84'）、内斯塔、扬库洛夫斯基、皮尔洛、卡卡、安布罗西尼、奥多
[客]0:3 卡卡11'、西多夫30'、吉拉迪诺78'
曼联阵容：范德萨/海因策、布朗、C.罗纳尔多、鲁尼、吉格斯、维迪奇、卡里克、斯科尔斯、奥谢（萨哈77'）、弗莱彻
AC米兰阵容：迪达/卡拉泽、加图索（卡福84'）、大因扎吉（吉拉迪诺67'）、西多夫、内斯塔、扬库洛夫斯基、皮尔洛、卡卡（法瓦利86'）、安布罗西尼、奥多

决赛（2007.5.23）

AC米兰2:1利物浦
大因扎吉45'、82'；库伊特89'
AC米兰阵容（4411）：迪达/奥多、内斯塔、马尔蒂尼、扬库洛夫斯基（卡拉泽80'）/加图索、皮尔洛、安布罗西尼、西多夫（法瓦利92'）/卡卡/大因扎吉（吉拉迪诺88'）
利物浦阵容（4231）：雷纳/芬南（阿韦洛亚88'）、卡拉格、阿格、里瑟/阿隆索、马斯切拉诺（克劳奇78'）/彭南特、杰拉德、岑登（科威尔59'）/库伊特

2007/2008赛季

资格赛第一轮（2007.7.17-7.25）

Khazar Lenkoran（阿塞拜疆）2:4[1:1，1比3（加时）]萨格勒布迪纳摩（克罗地亚）
希腊人竞技（塞浦路斯）2:3[2:0，0:3（加时）]鲍里索夫（白俄罗斯）
舍里夫（摩尔多瓦）5:0[2:0，3:0]安道尔流浪者
冰岛FH 4:1[4:1，0:0]法罗群岛HB
新圣徒（威尔士）4:4[3:2，1:2]*文茨皮尔斯（拉脱维亚）
波佩达（马其顿）0:1[0:1，0:0]塔林莱瓦迪亚（爱沙尼亚）
鲁斯塔维冶金（格鲁吉亚）0:3[0:0，0:3]阿斯塔纳（哈萨克斯坦）
泽塔（黑山）5:4[3:1，2:3]考纳斯（立陶宛）
穆拉塔（圣马力诺）1:4[1:2，0:2]坦帕雷（芬兰）
卢森堡F91（卢森堡）5:7[1:2，4:5]日利纳（斯洛伐克）
林菲尔德（北爱尔兰）0:1[0:0，0:1]埃尔夫斯堡（瑞典）
德里城（爱尔兰）0:2[0:0，0:2]普尼克（亚美尼亚）
马尔萨什洛克（马耳他）1:9[0:6，1:3]萨拉热窝（波黑）
多明萨尔（斯洛文尼亚）3:1［1:0，2:1］地拉那（阿尔巴尼亚）

资格赛第二轮（2007.7.31-8.8）

普尼克（亚美尼亚）1:4[0:2，1:2]顿涅茨克矿工（乌克兰）
贝尔格莱德红星*2:2[1:0，1:2]塔林莱瓦迪亚（爱沙尼亚）
流浪者3:0[2:0，1:0]泽塔（黑山）
德布勒森（匈牙利）0:1[0:1，0:0]埃尔夫斯堡（瑞典）
Zaglebie Lubin（波兰）1:3[0:1，1:2]布加勒斯特星
亨克（比利时）2:2[1:2，1:0]*萨拉特窝（波黑）
文茨皮尔斯（拉脱维亚）0:7[0:3，0:4]萨尔茨堡红牛（奥地利）
阿斯塔纳（哈萨克斯坦）2:10[1:3，1:7]罗森博格（挪威）
冰岛FH 2:4[1:3，1:1]鲍里索夫（白俄罗斯）
哥本哈根（丹麦）2:1[1:0，1:1（加时）]耶路撒冷贝塔尔（以色列）
日利纳（斯洛伐克）0:0（点球3:4)[0:0，0:0]布拉格斯拉维亚（捷克）
坦帕雷（芬兰）2:0[1:0，1:0]索菲亚列夫斯基（保加利亚）
多明萨尔（斯洛文尼亚）2:5[1:2，1:3]萨格勒布迪纳摩（克罗地亚）
贝西克塔斯（土耳其）4:0[1:0,3:0]舍里夫（摩尔多瓦）

资格赛第三轮（2007.8.14-9.3）

鲍里索夫（白俄罗斯）2:4[2:2,0:2]布加勒斯特星
坦帕雷（芬兰）0:5[0:3，0:2]罗森博格（挪威）
莫斯科斯巴达克2:2（点球3:4）[1:1，1:1]凯尔特人
不来梅5:3[2:1，3:2]萨格勒布迪纳摩（克罗地亚）
萨尔茨堡红牛（奥地利）2:3[1:0，1:3]顿涅茨克矿工（乌克兰）
阿贾克斯1:3[0:1，1:2]布拉格斯拉维亚（捷克）
巴伦西亚5:1[3:0，2:1]埃尔夫斯堡（瑞典）
萨拉热窝（波黑）0:4[0:1，0:3]基辅迪纳摩（乌克兰）
费内巴切（土耳其）3:0[1:0，2:0]安德莱赫特（比利时）
流浪者1:0[1:0，0:0]贝尔格莱德红星（塞尔维亚）
图卢兹（法国）0:5[0:1，0:4]利物浦
本菲卡3:1[2:1，1:0]哥本哈根（丹麦）
拉齐奥4:2[1:1，3:1]布加勒斯特迪纳摩（罗马尼亚）
布拉格斯巴达（捷克）0:5[0:2，0:3]阿森纳
苏黎世（瑞士）1:3[1:1，0:2]贝西克塔斯（土耳其）
塞维利亚6:1[2:0，4:1]雅典AEK（希腊）

小组赛（2007.9.18-12.12）

A组
第1轮 2007.9.18
马赛2:0贝西克塔斯
罗德里格斯76'、西塞91'
波尔图1:1利物浦
卢乔8'（点球）；库伊特17'
第2轮 2007.10.3
利物浦0:1马赛
瓦尔比埃纳77'
贝西克塔斯0:1波尔图
夸雷斯马92'
第3轮 2007.10.24
贝西克塔斯2:1利物浦
海皮亚13'（乌龙）、波波82'；杰拉德85'
马赛1:1波尔图
尼昂70'；卢乔79'（点球）
第4轮 2007.11.6
利物浦8:0贝西克塔斯
克劳奇19'、89'，贝纳永32'、53'、56'，杰拉德89'、巴贝尔79'、81'
波尔图2:1马赛
塞克蒂乌伊27'、利桑德罗78'；尼昂47'
第5轮 2007.11.28
贝西克塔斯2:1马赛
特略27'、波波88'；塔伊沃65'
利物浦4:1波尔图
托雷斯19'、78'，杰拉德84'（点球）、克劳奇87'；利桑德罗33'
第6轮 马赛0:3利物浦
杰拉德4'、托雷斯11'、库伊特48'、巴贝尔91'
波尔图2:0贝西克塔斯
卢乔44'、夸雷斯马62'
积分榜

球队	胜	平	负	分	进:失
波尔图	3	2	1	11	8:7
利物浦	3	1	2	10	18:5
马赛	2	1	3	7	6:9
贝西克塔斯	2	0	4	6	4:15

B组
第1轮 2007.9.18
切尔西1:1罗森博格
舍甫琴科53'；科皮尔24'
沙尔克04 0:1巴伦西亚
比利亚63'
第2轮 2007.10.3
巴伦西亚1:2切尔西
比利亚9'；乔·科尔21'、德罗巴71'
罗森博格0:2沙尔克04
琼斯62'、库兰伊89'
第3轮 2007.10.24
罗森博格2:0巴伦西亚
科内53'、里塞特61'
切尔西2:0沙尔克04
马卢达4'、德罗巴47'
第4轮 2007.11.6
巴伦西亚0:2罗森博格
伊弗森31'、58'
沙尔克04 0:0切尔西
第5轮 2007.11.28
罗森博格0:4切尔西
德罗巴8'、20'，阿莱士40'、乔·科尔73'
巴伦西亚0:0沙尔克04
第6轮 2007.12.11
切尔西0:0巴伦西亚
沙尔克04 3:1罗森博格
阿萨莫阿12'、拉菲尼亚19'、库兰伊36'；科内23'
积分榜

球队	胜	平	负	分	进:失
切尔西	3	3	0	12	9:2
沙尔克04	2	2	2	8	5:4
罗森博格	2	1	3	7	6:10
巴伦西亚	1	2	3	5	2:6

C组
第1轮 2007.9.18
皇家马德里2:1不来梅
劳尔16'、范尼斯特尔鲁伊74'；萨诺戈17'
奥林匹亚科斯1:1拉齐奥
加莱蒂55'；扎乌里77'
第2轮 2007.10.3
不来梅1:3奥林匹亚科斯
阿尔梅达32'；斯托尔蒂迪斯72'、帕察措格卢82'、科瓦切维奇87'
拉齐奥2:2皇家马德里
潘德夫32'、75'；范尼斯特尔鲁伊8'、61'
第3轮 2007.10.24
不来梅2:1拉齐奥
萨诺戈28'、阿尔梅达54'；曼弗雷迪尼82'
皇家马德里4:2奥林匹亚科斯
劳尔2'、罗比尼奥68'、83'，巴尔博亚90'；加莱蒂8'、塞萨尔47'
第4轮 2007.11.6
拉齐奥2:1不来梅
罗基57'（点球）、68'；迭戈86'（点球）
奥林匹亚科斯0:0皇家马德里
第5轮 2007.11.28
不来梅3:2皇家马德里
罗森贝里4'、萨诺戈40'、亨特58'；罗比尼奥14'、范尼斯特尔鲁伊72'
拉齐奥1:2奥林匹亚科斯
潘德夫30'；加莱蒂35'、科瓦切维奇64'

第6轮 2007.12.11
皇家马德里3:1拉齐奥
巴普蒂斯塔13'、劳尔16'、罗比尼奥36'；潘德夫81'
奥林匹亚科斯3:0不来梅
斯托尔蒂迪斯12'、74'，科瓦切维奇70'

积分榜

球队	胜	平	负	分	进:失
皇家马德里	3	2	1	11	13:9
奥林匹亚科斯	3	2	1	11	11:7
不来梅	2	0	4	6	8:13
拉齐奥	1	2	3	5	8:11

D组
第1轮 2007.9.18
AC米兰2:1本菲卡
皮尔洛9'、大因扎吉24'；努诺·戈麦斯92'
顿涅茨克矿工2:0凯尔特人
布兰当5'、卢卡雷利8'
第2轮 2007.10.3
凯尔特人2:1AC米兰
麦克马纳斯62'、麦克唐纳90'；卡卡68'（点球）
本菲卡0:1顿涅茨克矿工
雅德森42'
第3轮 2007.10.24
AC米兰4:1顿涅茨克矿工
吉拉迪诺6'、14'，西多夫62'、69'；卢卡雷利51'
本菲卡1:0凯尔特人
卡多索87'
第4轮 2007.11.6
顿涅茨克矿工0:3AC米兰
大因扎吉66'、93'，卡卡72'
凯尔特人1:0本菲卡
麦吉迪45'
第5轮 2007.11.28
本菲卡1:1AC米兰
佩雷拉20'；皮尔洛15'
凯尔特人2:1顿涅茨克矿工
亚罗西克45'、多纳蒂92'；布兰当4'
第6轮 2007.12.4
AC米兰1:0凯尔特人
大因扎吉70'
顿涅茨克矿工1:2本菲卡
卢卡雷利30'（点球）；卡多索6'、22'

积分榜

球队	胜	平	负	分	进:失
AC米兰	4	1	1	13	12:5
凯尔特人	3	0	3	9	5:6
本菲卡	2	1	3	7	5:6
顿涅茨克矿工	2	0	4	6	6:11

E组
第1轮 2007.9.19
流浪者2:1斯图加特
亚当62'、达谢维尔75'（点球）；戈麦斯56'
巴塞罗那3:0里昂
克莱尔22'（乌龙）、梅西82'、亨利91'
第2轮 2007.10.2
斯图加特0:2巴塞罗那
普约尔58'、梅西66'
里昂0:3流浪者
麦卡洛克23'、库赞48'、比斯利66'
第3轮 2007.10.23
流浪者0:0巴塞罗那
斯图加特0:2里昂
桑托斯55'、本泽马79'
第4轮 2007.11.7
里昂4:2斯图加特
本阿尔法5'、37'，卡尔斯特伦15'、小儒尼尼奥90'；戈麦斯16'、56'
巴塞罗那2:0流浪者
亨利6'、梅西43'
第5轮 2007.11.27
斯图加特3:2流浪者
卡考45'、帕尔多62'、马里卡85'；亚当27'、弗格森70'
里昂2:2巴塞罗那
小儒尼尼奥7'、80'（点球）；伊涅斯塔4'、梅西58'（点球）
第6轮 2007.12.12
流浪者0:3里昂
戈武16'、本泽马85'、88'
巴塞罗那3:1斯图加特
多斯桑托斯36'、埃托奥57'、罗纳尔迪尼奥67'；达席尔瓦4'

积分榜

球队	胜	平	负	分	进:失
巴塞罗那	4	2	0	14	12:3
里昂	3	1	2	10	11:10
流浪者	2	1	3	7	7:9
斯图加特	1	0	5	3	7:15

F组
第1轮 2007.9.19
里斯本竞技0:1曼联
C.罗纳尔多62'
罗马2:0基辅迪纳摩
佩罗塔9'、托蒂70'
第2轮 2007.10.2
曼联1:0罗马
鲁尼70'
基辅迪纳摩1:2里斯本竞技
瓦斯丘克28'；托内尔14'、波尔加38'
第3轮 2007.10.23
罗马2:1里斯本竞技
胡安15'、武齐尼奇69'；列德森18'
基辅迪纳摩2:4曼联
林孔33'、班古拉79'；费迪南德10'、鲁尼18'、C.罗纳尔多41'、68'（点球）
第4轮 2007.11.7
里斯本竞技2:2罗马
列德森23'、65'；卡塞蒂4'、波尔加89'（乌龙）
曼联4:0基辅迪纳摩
皮克31'、特维斯37'、鲁尼76'、C.罗纳尔多88'
第5轮 2007.11.27
基辅迪纳摩1:4罗马
班古拉62'；帕努奇4'、久利32'、武齐尼奇36'、77'
曼联2:1里斯本竞技
特维斯61'、C.罗纳尔多92'；阿贝尔22'
第6轮 2007.12.12
罗马1:1曼联
小曼奇尼71'；皮克34'
里斯本竞技3:0基辅迪纳摩
波尔加35'（点球）、穆蒂尼奥67'、列德森89'

积分榜

球队	胜	平	负	分	进:失
曼联	5	1	0	16	13:4
罗马	3	2	1	11	11:6
里斯本竞技	2	1	3	7	9:8
基辅迪纳摩	0	0	6	0	4:19

G组
第1轮 2007.9.19
费内巴切1:0国际米兰
戴维德43'
埃因霍温2:1莫斯科中央陆军
拉佐维奇60'、佩雷斯80'；洛韦89'
第2轮 2007.10.2
莫斯科中央陆军2:2费内巴切
克拉西奇48'、洛韦53'（点球）；阿莱士9'、戴维德86'
国际米兰2:0埃因霍温
伊布拉希莫维奇15'（点球）、31'
第3轮 2007.10.23
埃因霍温0:0费内巴切
莫斯科中央陆军1:2国际米兰
若32'；克雷斯波52'、萨穆埃尔80'
第4轮 2007.11.7
费内巴切2:0埃因霍温
马塞利斯28'（乌龙）、塞米赫30'
国际米兰4:2莫斯科中央陆军
伊布拉希莫维奇32'、75'，坎比亚索34'、67'；若22'、洛韦31'
第5轮 2007.11.27
莫斯科中央陆军0:1埃因霍温
法尔范39'
国际米兰3:0费内巴切
克鲁斯55'、伊布拉希莫维奇66'、希门尼斯92'
第6轮 2007.12.12
埃因霍温0:1国际米兰
克鲁斯64'
费内巴切3:1莫斯科中央陆军
阿莱士32'、博拉尔45'、90'；德拉塞纳30'（乌龙）

积分榜

球队	胜	平	负	分	进:失
国际米兰	5	0	1	15	12:4
费内巴切	3	2	1	11	8:6
埃因霍温	2	1	3	7	3:6
莫斯科中央陆军	0	1	5	1	7:14

H组
第1轮 2007.9.19
阿森纳3:0塞维利亚
法布雷加斯28'、范佩西59'、爱德华多90'
布拉格斯拉维亚2:1布加勒斯特星
申克日克14'、贝莱德63'；戈扬33'
第2轮 2007.10.2
布加勒斯特星0:1阿森纳
范佩西76'
塞维利亚4:2布拉格斯拉维亚
卡努特9'、法比亚诺27'、埃斯库德58'、科内69'；普迪尔19'、卡利沃达90'
第3轮 2007.10.23
塞维利亚2:1布加勒斯特星
卡努特5'、法比亚诺18'；彼得雷64'
阿森纳7:0布拉格斯拉维亚
法布雷加斯5'、58'，许巴切克24'（乌龙）、沃尔科特41'、55'，赫莱布51'、本特纳89'
第4轮 2007.11.7
布加勒斯特星0:2塞维利亚
雷纳托25'、65'
布拉格斯拉维亚0:0阿森纳
第5轮 2007.11.27
塞维利亚3:1阿森纳
凯塔24'、法比亚诺34'、卡努特89'（点球）；爱德华多11'
布加勒斯特星1:1布拉格斯拉维亚
巴代亚12'；申克日克78'
第6轮 2007.12.12
阿森纳2:1布加勒斯特星
迪亚比8'、本特纳42'；扎哈里亚68'
布拉格斯拉维亚0:3塞维利亚
法比亚诺66'、卡努特69'，阿尔维斯87'

积分榜

球队	胜	平	负	分	进:失
塞维利亚	5	0	1	15	14:7
阿森纳	4	1	1	13	14:4
布拉格斯拉维亚	1	2	3	5	5:16
布加勒斯特星	0	1	5	0	4:10

1/8决赛（2008.2.19-3.11）
凯尔特人2:4巴塞罗那
[主]2:3 海塞林克16'、罗布森38'；梅西18'、79'，亨利52'
[客]0:1 哈维3'
里昂1:2曼联
[主]1:1 本泽马54'；特维斯87'
[客]0:1 C.罗纳尔多
沙尔克04 1:1（点球4:1）波尔图
[主]1:0 库兰伊4'
[客]0:1 利桑德罗86'
利物浦3:0国际米兰
[主]2:0 库伊特85'、杰拉德90'
[客]1:0 托雷斯64'
罗马4:2皇家马德里
[主]2:1 皮萨罗24'、小曼奇尼58'；劳尔8'
[客]2:1 塔代伊73'、武齐尼奇92'；劳尔75'
阿森纳2:0AC米兰
[主]0:0
[客]2:0 法布雷加斯84'、阿德巴约92'
奥林匹亚科斯0:3切尔西
[主]0:0
[客]0:3 巴拉克5'、兰帕德25'、卡卢48'
费内巴切5:5（点球3:2）塞维利亚
[主]3:2 凯日曼17'、卢加诺57'、塞米赫87'；埃杜23'（乌龙）、埃斯库德66'
[客]2:3 戴维德21'、80'；阿尔维斯6'、凯塔9'、卡努特41'

1/4决赛（2008.4.1-4.9）
罗马0:3曼联
[主]0:2 C.罗纳尔多39'、鲁尼66'
罗马阵容：多尼/帕努奇、梅克斯、皮萨罗、阿奎拉尼（埃斯波西托77'）、武齐尼奇、塔代伊（久利59'）、德罗西、托内托（西西尼奥68'）、小曼奇尼、卡塞蒂
曼联阵容：范德萨/埃夫拉、费迪南德、布朗、C.罗纳尔多、安德森（哈格里夫斯55'）、鲁尼（特维斯84'）、朴智星、维迪奇（奥谢33'）、卡里克、斯科尔斯
[客]0:1 特维斯70'
罗马阵容：多尼/帕努奇、胡安、梅克斯、皮萨罗（久利69'）、武齐尼奇、塔代伊（埃斯波西托81'）、德罗西、佩罗塔、小曼奇尼、卡塞蒂（托内托57'）
曼联阵容：范德萨/哈格里夫斯、费迪南德、布朗、安德森（加里·内维尔81'）、吉格斯（鲁尼74'）、朴智星、卡里克（奥谢74'）、皮克、西尔维斯特、特维斯
阿森纳3:5利物浦
[主]1:1 阿德巴约23'；库伊特26'
阿森纳阵容：阿穆尼亚/法布雷加斯、科洛·图雷、森德罗斯、加拉、范佩西（沃尔科特46'）、赫莱布、弗拉米尼、克利希、阿德巴约、埃布埃（本特纳67'）
利物浦阵容：雷纳/海皮亚、杰拉德、托雷斯（沃罗宁86'）、奥雷利奥、阿隆索（卢卡斯77'）、库伊特、巴贝尔（贝纳永58'）、马斯切拉诺、卡拉格、什克特尔
[客]2:4 迪亚比13'、阿德巴约84'；海皮亚30'、托雷斯69'、杰拉德85'（点球）、巴贝尔92'
阿森纳阵容：阿穆尼亚/迪亚比（范佩西72'）、法布雷加斯、科洛·图雷、森德罗斯、加拉、赫莱布、弗拉米尼（吉尔伯托·席尔瓦42'）、克利希、阿德[illegible]约、埃布埃[illegible]沃尔科特72'）
沙尔克04 0:2巴塞罗那
[主]0:1 博扬12'
沙尔克04阵容：诺伊尔/[illegible]斯特曼、柯比亚施维利、博登、恩斯特、[illegible]萨莫阿（拉尔森73'）、拉菲尼亚、阿尔[illegible]托普（洛文克兰斯89'）、克尔斯塔季奇[illegible]库兰伊（桑切斯60'）、潘德尔
巴塞罗那阵容：巴尔德斯/[illegible]G.米利托、普约尔、哈维、伊涅斯塔、[illegible]斯桑托斯[illegible]乔瓦尼82'）、赞布罗塔、亨[illegible]、阿比达尔[illegible]亚亚·图雷（马克斯73'）、[illegible]扬（西尔维尼奥86'）
[客]0:1 亚亚·图雷42'
沙尔克04阵容：诺伊尔/[illegible]特曼、柯比亚施维利（格罗斯米勒32'）、[illegible]登、恩斯特、琼斯、阿萨莫阿（桑切斯6[illegible]）、拉菲尼亚（拉尔森77'）、阿尔滕托普、[illegible]尔斯塔季奇、库兰伊
巴塞罗那阵容：巴尔德斯/[illegible]尔、哈维、伊涅斯塔、埃托奥、赞布罗塔[illegible]亨利（古德约翰森91'）、图拉姆、阿比达[illegible]、亚亚·图雷（马克斯81'）、博扬（多斯桑[illegible]斯73'）
费内巴切2:3切尔西
[主]2:1 卡齐姆-理查兹65[illegible]戴维德81'；戴维德13'（乌龙）
费内巴切阵容：沃尔坎/卢[illegible]若、韦德森、凯日曼（塞米赫72'）、奥雷[illegible]、图拉奇、阿莱士、博拉尔（卡齐姆-理[illegible]54'）、马尔多纳多、德拉切纳、戴维德
切尔西阵容：库迪奇尼/阿[illegible]利·科尔、马克莱莱、埃辛、卡瓦略、兰帕[illegible]（米克尔76'）、乔·科尔（阿内尔卡86[illegible]、德罗巴、巴拉克、马卢达、特里
[客]0:2 巴拉克4'、兰帕德[illegible]
费内巴切阵容：沃尔坎/卢[illegible]若、韦德森（阿里89'）、卡齐姆-理查兹、[illegible]雷利奥、阿莱士、塞米赫（博拉尔75'）、[illegible]尔多纳多（凯日曼60'）、德拉塞纳、格尼[illegible]戴维德
切尔西阵容：库迪奇尼/阿[illegible]利·科尔、马克莱莱、埃辛、卡瓦略、兰帕[illegible]、乔·科尔、德罗巴、巴拉克、卡卢（贝莱[illegible]58'）、特里

半决赛（2008.4.[illegible]2-4.30）
利物浦3:4切尔西
[主]1:1库伊特43'；里瑟[illegible]（乌龙）
利物浦阵容：雷纳/杰拉[illegible]托雷斯、奥雷利奥、阿隆索、阿韦洛亚、[illegible]伊特、巴贝尔（贝纳永76'）、马斯切拉诺[illegible]卡拉格、什克特尔
切尔西阵容：切赫/阿什利[illegible]科尔、马克莱莱、卡瓦略、兰帕德、乔·科[illegible]（卡卢63）、德罗巴、巴拉克（阿内尔[illegible]）、马卢达、费雷拉、特里
[客]2:3（加时）托雷斯[illegible]、巴贝尔1[illegible]；德罗巴33'、105'，兰帕德[illegible]（点球）
利物浦阵容：雷纳/里瑟、[illegible]拉德、托雷斯（巴贝尔98'）、贝纳永（彭[illegible]特78'）、阿隆索、阿韦洛亚、库伊特、马斯[illegible]拉诺、卡拉格、什克特尔
切尔西阵容：切赫/阿什利[illegible]科尔、马克莱莱、埃辛、卡瓦略、兰帕德[illegible]舍甫琴科1[illegible]）、乔·科尔（阿内尔卡9[illegible]、德罗巴、巴拉克、卡卢（马卢达70'）[illegible]特里

决赛（200[illegible].21）
曼联1:1切尔西（点球6:[illegible]）
C.罗纳尔多26'；兰帕德[illegible]

点球

特维斯√	巴拉克√
卡里克√	贝莱蒂√
C.罗纳尔多×	兰帕德√
哈格里夫斯√	阿什利[illegible]科尔√
纳尼√	特里×
安德森√	卡卢√
吉格斯√	阿内尔卡×

曼联阵容（442）：范[illegible]萨/布朗（安德森125'）、费迪南德、维[illegible]奇、埃夫拉/哈格里夫斯、斯科尔斯（吉格[illegible]87'）、卡里克、C.罗纳尔多/鲁尼（纳尼[illegible]1'）、特维斯
切尔西阵容（4141）：[illegible]赫/埃辛、卡瓦略、特里、阿什利·科尔[illegible]马克莱莱（贝莱蒂124'）/乔·科尔（阿内[illegible]卡99'）、巴拉克、兰帕德、马卢达（卡卢[illegible]）/德罗巴

2008/20[illegible]赛季
资格赛第一轮（2[illegible].7.15-7.23）
林菲尔德（北爱尔兰）[illegible]3[0:2，1:1]萨格勒布迪纳摩（克罗地亚）
瓦莱塔（马耳他）0:3[illegible]2，0:1]佩特萨尔卡（斯洛伐克）
第比利斯迪纳摩（格鲁[illegible]亚）3:1[3:0，0:1]法罗群岛NSI
圣科洛马（安道尔）2[illegible][1:4，1:3]考纳斯

（立陶宛）
穆拉塔（圣马力诺）0:9[0:5，0:4]哥德堡（瑞典）
拉内利（威尔士）1:4[1:0，0:4]文茨皮尔斯（拉脱维亚）
阿诺索西斯（塞浦路斯）3:0[1:0，2:0]普尼克（亚美尼亚）
巴库（阿塞拜疆）* 1:1[0:0，1:1]拉布尼基（马其顿）
坦帕雷（芬兰）3:2[2:1,1:1]波德戈里察（黑山）
卢森堡F91 0:3[0:1 0:2]多明萨尔（斯洛文尼亚）
地拉那迪纳摩（阿尔巴尼亚）1:4[0:2，1:2]莫德里察（波黑）
阿克纠宾（哈萨克斯坦）1:4[1:0,0:4]舍里夫（摩尔多瓦）
杜希达联（爱尔兰）3:1[2:1，1:0]莱瓦迪亚（爱沙尼亚）
鲍里索夫（白俄罗斯）3:0[2:0，1:0]Valur（冰岛）

资格赛第二轮（2008.7.29-8.6）

流浪者（苏格兰）1 2[0:0,1:2]考纳斯（立陶宛）
布兰恩（挪威）* 2:2[1:0,1:2]文茨皮尔斯(拉脱维亚）
巴库（阿塞拜疆）1 3［1:1，0:2］贝尔格莱德游击（塞尔维亚
坦帕雷（芬兰）3:7［1:3，2:4］佩特萨尔卡（斯洛伐克）
阿诺索西斯（塞浦路斯）4:3［3:0，1:3］维也纳快速（奥地利
多明萨尔（斯洛文尼亚）2:6［0:3，2:3］萨格勒布迪纳摩（克罗地亚）
帕纳辛奈科斯（希腊）3:0［3:0，0:0］第比利斯迪纳摩（格鲁吉亚）
哥德堡（瑞典）3:5［1:1，2:4］巴塞尔（瑞士）
舍里夫（摩尔多瓦）0:3[0:1,0:2]布拉格斯巴达（捷克
杜希达联（爱尔兰）3:4[1:2,2:2]基辅迪纳摩（乌克兰
安德莱赫特（比利时）3:4[1:2,2:2]鲍里索夫（白俄罗斯）
耶路撒冷贝塔尔（以色列）2:6[2:1,0:5]克拉科夫（波兰）
费内巴切（土耳其）7:0[2:0,5:0]MTK（匈牙利）
奥尔堡（丹麦）7:1[5:0,2:1]莫德里察（波黑）

资格赛第三轮（2008.8.12-8.27）

阿诺索西斯（塞浦路斯）3:1[3:0,0:1]奥林匹亚科斯（希腊）
吉马朗伊十（葡萄牙）1:2[0:0，1:2]巴塞尔（瑞士）
顿涅茨克矿工（乌克兰）5:1[2:0，3:1]萨格勒布迪纳摩（克罗地亚）
沙尔克04 1:4[1:0,0:4]马德里竞技
奥尔堡（丹麦）4:0[2:0，2:0]考纳斯（立陶宛）
巴塞罗那4:1[4:0，0:1]克拉科夫（波兰）
索菲亚列夫斯基（保加利亚）1:2[0:1，1:1]鲍里索夫（白俄罗斯）
列日标准（比利时）0:1[0:0,0:1 (加时）]利物浦
贝尔格莱德游击（塞尔维亚）3:4[2:2,1:2]费内巴切（土耳其）
特温特（荷兰）0:6[0:2，0:4]阿森纳
莫斯科斯巴达克（俄罗斯）2:8[1:4，1:4]基辅迪纳摩（乌克兰）
尤文图斯5:1[4:0,1:1]佩特萨尔卡（斯洛伐克）
布兰恩（挪威）1:3[0:1,1:2]马赛
佛罗伦萨2:0[2:0，0:0]布拉格斯拉维亚（捷克）
加拉塔萨雷（土耳其）2:3[2:2，0:1]布加勒斯特星（罗马尼亚）
布拉格斯巴达（捷克）1:3[1:2，0:1]帕纳辛奈科斯（希腊）

小组赛（2008.9.16-12.10）

A组

第1轮 2008.9.16

切尔西4:0波尔多
兰帕德14、乔·科尔30'、马卢达82'、阿内尔卡92'
罗马1:2克卢日
帕努奇17'；库利奥2?'、49'

第2轮 2008.10.1

克卢日0:0切尔西
波尔多1:3罗马
古尔库夫18'；武齐尼奇64'、巴普蒂斯塔71'、83'

第3轮 2008.10.22

波尔多1:0克卢日
卡杜54'（乌龙）
切尔西1:0罗马
特里77'

第4轮 2008.11.4

克卢日1:2波尔多
达尼9'；古尔库夫6'、文德尔38'
罗马3:1切尔西
帕努奇34'、武齐尼奇48'、58'；特里75'

第5轮 2008.11.26

波尔多1:1切尔西
迪亚拉83'；阿内尔卡60'
克卢日1:3罗马
科内30'；布里吉11'、64'，托蒂23'

第6轮 2008.12.9

切尔西2:1克卢日
卡卢40'、德罗巴71'；科内55'
罗马2:0波尔多
布里吉61'、托蒂79'

积分榜

球队	胜	平	负	分	进:失
罗马	4	0	2	12	12:6
切尔西	3	2	1	11	9:5
波尔多	2	1	3	7	5:11
克卢日	1	1	4	4	5:9

B组

第1轮 2008.9.16

帕纳辛奈科斯0:2国际米兰
小曼奇尼27'、阿德里亚诺85'
不来梅0:0阿诺索西斯

第2轮 2008.10.1

阿诺索西斯3：帕纳辛奈科斯
萨列吉11'（乌龙）、多布拉西诺维奇15'、哈瓦尔78'；萨尔皮吉季斯28'
国际米兰1:1不来梅
麦孔13'；皮萨罗62'

第3轮 2008.10.22

国际米兰1:0阿诺索西斯
阿德里亚诺44'
帕纳辛奈科斯2:2不来梅
曼齐奥斯36'、68'；默特萨克29'、阿尔梅达82'

第4轮 2008.11.4

阿诺索西斯3:3国际米兰
巴尔东31'、怕纳吉45'、弗洛索斯50'；巴洛特利13'、马特拉齐44'、克鲁斯80'
不来梅0:3帕纳辛奈科斯
曼齐奥斯58'、卡拉古尼斯70'、齐奥利斯83'

第5轮 2008.11.26

国际米兰0:1帕纳辛奈科斯
萨列吉69'
阿诺索西斯2:2不来梅
尼古劳62'、萨维奥68'；迭戈72'（点球）、阿尔梅达87'

第6轮 2008.12.9

帕纳辛奈科斯1:0阿诺索西斯
卡拉古尼斯69'
不来梅2:1国际米兰
皮萨罗63'、罗森贝里81'；伊布拉希莫维奇88'

积分榜

球队	胜	平	负	分	进:失
帕纳辛奈科斯	3	1	2	10	8:7
国际米兰	2	2	2	8	8:7
不来梅	1	4	1	7	7:9
阿诺索西斯	1	3	2	6	8:8

C组

第1轮 2008.9.16

巴塞尔1:2顿涅茨克矿工
亚伯拉罕93'；费尔南迪尼奥25'、雅德森45'
巴塞罗那3:1里斯本竞技
马克斯21'、埃托奥60'（点球）、哈维87'；托内尔72'

第2轮 2008.10.1

里斯本竞技2:0巴塞尔
罗马格诺里55、德尔莱86'
顿涅茨克矿工1:2巴塞罗那
伊尔西尼奥45；梅西87'、94'

第3轮 2008.10.22

顿涅茨克矿工0:1里斯本竞技
列德森76'
巴塞尔0:5巴塞罗那
梅西4'、布斯克茨15'、博扬22'、46'，哈维48'

第4轮 2008.11.4

里斯本竞技1:0顿涅茨克矿工
德尔莱73'
巴塞罗那1:1巴塞尔
梅西62'；德尔迪约克82'

第5轮 2008.11.26

顿涅茨克矿工5:0巴塞尔
雅德森32'、65'、72'，威廉50'、谢列兹尼奥夫75'
里斯本竞技2:5巴塞罗那
维洛索65'、列德森66'；亨利14'、皮克17'、梅西49'、卡内拉67'（乌龙）、博扬73'（点球）

第6轮 2008.12.9

巴塞尔0:1里斯本竞技
贾洛19'
巴塞罗那2:3顿涅茨克矿工
西尔维尼奥59'、布斯克茨83'；格拉德基31'、58'，费尔南迪尼奥76'

积分榜

球队	胜	平	负	分	进:失
巴塞罗那	4	1	1	13	18:8
里斯本竞技	4	0	2	12	8:8
顿涅茨克矿工	3	0	3	9	11:7
巴塞尔	0	1	5	1	2:16

D组

第1轮 2008.9.16

埃因霍温0:3马德里竞技
阿圭罗9'、36'，马尼切54'
马赛1:2利物浦
卡纳23'；杰拉德26'、32'

第2轮 2008.10.1

利物浦3:1埃因霍温
库伊特4'、基恩34'、杰拉德76'；库韦尔曼斯78'

第3轮 2008.10.22

马德里竞技1:1利物浦
西芒83'；基恩14'
埃因霍温2:0马赛
科韦尔曼斯71'、85'

第4轮 2008.11.4

利物浦1:1马德里竞技
杰拉德95'（点球）；马克西37'
马赛3:0埃因霍温
科内30'、尼昂63'、71'

第5轮 2008.11.26

马德里竞技2:1埃因霍温
西芒14'、马克西28'；库韦尔曼斯47'
利物浦1:0马赛
杰拉德23'

第6轮 2008.12.9

埃因霍温1:3利物浦
拉佐维奇36'；巴贝尔45'、列拉68'、恩戈77'
马赛0:0马德里竞技

积分榜

球队	胜	平	负	分	进:失
利物浦	4	2	0	14	11:5
马德里竞技	3	3	0	12	9:4
马赛	1	1	4	4	5:7
埃因霍温	1	0	5	3	5:14

E组

第1轮 2008.9.17

曼联0:0比利亚雷亚尔
凯尔特人0:0奥尔堡

第2轮 2008.9.30

奥尔堡0:3曼联
鲁尼22'、贝尔巴托夫55'、79'

第3轮 2008.10.21

比利亚雷亚尔6:3奥尔堡
罗西28'、卡普德维拉33'、略伦特67'、70'、84'，皮雷79'；萨加诺夫斯基19'、埃韦沃尔德森36'、约翰松77'
曼联3:0凯尔特人
贝尔巴托夫30'、51'，鲁尼76'

第4轮 2008.11.5

奥尔堡2:2比利亚雷亚尔
库尔特54'、迪尤81'；罗西41'、弗朗哥75'
凯尔特人1:1曼联
麦克唐纳13'；吉格斯84'

第5轮 2008.11.25

比利亚雷亚尔0:0曼联
奥尔堡2:1凯尔特人
卡卡73'、卡德维尔87'（乌龙）；罗布森53'

第6轮 2008.12.10

曼联2:2奥尔堡
特维斯3'、鲁尼52'；雅各布森31'、库尔特45'
凯尔特人2:0比利亚雷亚尔
马洛尼14'、麦吉迪45'

积分榜

球队	胜	平	负	分	进:失
曼联	2	4	0	10	9:3
比利亚雷亚尔	2	3	1	9	9:7
奥尔堡	1	3	2	6	9:14
凯尔特人	1	2	3	5	4:7

F组

第1轮 2008.9.17

布加勒斯特星0:1拜仁
范比滕15'
里昂2:2佛罗伦萨
皮基翁内73'、本泽马86'；吉拉迪诺12'、42'

第2轮 2008.9.30

佛罗伦萨0:0布加勒斯特星
拜仁慕尼黑1:1里昂
泽・罗伯托52'；德米凯利斯25'（乌龙）

第3轮 2008.10.21

拜仁慕尼黑3:0佛罗伦萨
克洛泽4'、施魏因斯泰格25'、泽・罗伯托90'
布加勒斯特星3:5里昂
阿图尔8'、戈扬11'、彼得雷45'；凯塔23'、本泽马33'、71'，弗雷德69'、92'

第4轮 2008.11.5

佛罗伦萨1:1拜仁慕尼黑
穆图11'；博罗夫斯基78'
里昂2:0布加勒斯特星
小儒尼尼奥44'、雷韦埃89'

第5轮 2008.11.25

拜仁慕尼黑3:0布加勒斯特星
克洛泽57'、71'，托尼61'
佛罗伦萨1:2里昂
吉拉迪诺45'；马库恩15'、本泽马27'

第6轮 2008.12.10

布加勒斯特星0:1佛罗伦萨
吉拉迪诺66'
里昂2:3拜仁慕尼黑
戈武52'、本泽马68'；克洛泽11'、37'，里贝里34'

积分榜

球队	胜	平	负	分	进:失
拜仁慕尼黑	4	2	0	14	12:4
里昂	3	2	1	11	14:10
佛罗伦萨	1	3	2	6	5:8
布加勒斯特星	0	1	5	1	3:12

G组

第1轮 2008.9.17

波尔图3:1费内巴切
利桑德罗10'、卢乔13'、利诺92'；古伊萨29'
基辅迪纳摩1:1阿森纳
班古拉64'（点球）；加拉88'

第2轮 2008.9.30

阿森纳4:0波尔图
范佩西31'、48'，阿德巴约40'、71'（点球）
费内巴切0:0基辅迪纳摩

第3轮 2008.10.21

费内巴切2:5阿森纳
西尔维斯特19'（乌龙）、古伊萨78'；阿德巴约10'、沃尔科特11'、迪亚比22'、宋49'、拉姆西94'
波尔图0:1基辅迪纳摩
阿利耶夫27'

第4轮 2008.11.5

阿森纳0:0费内巴切
基辅迪纳摩1:2波尔图
米列夫斯基21'；罗兰多69'、卢乔92'

第5轮 2008.11.25

费内巴切1:2波尔图
卡齐姆-理查兹63'；利桑德罗19'、28'
阿森纳1:0基辅迪纳摩
本特纳87'

第6轮 2008.12.10

波尔图2:0阿森纳
布鲁诺・阿尔维斯39'、利桑德罗54'
基辅迪纳摩1:0费内巴切
叶廖缅科20'

积分榜

球队	胜	平	负	分	进:失
波尔图	4	0	2	12	9:8
阿森纳	3	2	1	11	11:5
基辅迪纳摩	2	2	2	8	4:4
费内巴切	0	2	4	2	4:11

H组

第1轮 2008.9.17

尤文图斯1:0泽尼特
皮耶罗76'
皇家马德里2:0鲍里索夫
拉莫斯11'、范尼斯特尔鲁伊57'

第2轮 2008.9.30

泽尼特1:2皇家马德里
丹尼25'；胡博灿4'（乌龙）、范尼斯特尔鲁伊31'
鲍里索夫2:2尤文图斯
克里维茨17'、斯塔谢维奇23'；亚昆塔29'、45'

第3轮 2008.10.21

泽尼特1:1鲍里索夫
特克80'；涅哈伊奇克52'
尤文图斯2:1皇家马德里
皮耶罗5'、阿毛里49'；范尼斯特尔鲁伊66'

第4轮 2008.11.5

鲍里索夫0:2泽尼特
波格雷布尼亚克34'、丹尼94'

皇家马德里0:2尤文图斯
皮耶罗17'、67'
第5轮 2008.11.25
泽尼特0:0尤文图斯
鲍里索夫0:1皇家马德里
劳尔7'
第6轮 2008.12.10
尤文图斯0:0鲍里索夫
皇家马德里3:0泽尼特
劳尔25'、57'，罗本50'
积分榜

球队	胜	平	负	分	进:失
尤文图斯	3	3	0	12	7:3
皇家马德里	4	0	2	12	9:5
泽尼特	1	2	3	5	4:7
鲍里索夫	0	3	3	3	3:8

1/8决赛（2009.2.24-3.11）
切尔西3:2尤文图斯
[主]1:0 德罗巴12'
[客]2:2 埃辛45'、德罗巴83'；亚昆塔19'、皮耶罗74'（点球）
比利亚雷亚尔3:2帕纳辛奈科斯
[主]1:1 罗西67'（点球）；卡拉古尼斯59'
[客]2:1 伊巴加萨49'、略伦特70'；曼齐奥斯55'
里斯本竞技1:12拜仁慕尼黑
[主]0:5 里贝里42'、63'（点球），克洛泽57'、托尼84'、91'
[客]1:7 穆蒂尼奥42'；波多尔斯基7'、34'，波尔加39'（乌龙）、施魏因斯泰格43'、范博梅尔74'、克洛泽82'（点球）、穆勒90'
马德里竞技2:2*波尔图
[主]2:2 马克西3'、福兰45'；利桑德罗22'、72'
[客]0:0
里昂3:6巴塞罗那
[主]1:1 小儒尼尼奥7'；亨利67'
[客]2:5 马库恩44'、小儒尼尼奥48'；亨利25'、27'，梅西40'、埃托奥43'、凯塔95'
皇家马德里0:5利物浦
[主]0:1 贝纳永82'
[客]0:4 托雷斯16'、杰拉德28'（点球）、47'，多塞纳88'
阿森纳1:1（点球7:6）罗马
[主]1:0 范佩西37'（点球）
[客]0:1 胡安9'
国际米兰0:2曼联
[主]0:0
[客]0:2 维迪奇4'、C.罗纳尔多49'
1/4决赛（2009.4.7-4.15）
比利亚雷亚尔1:4阿森纳
[主]1:1 塞纳10'；阿德巴约66'
比利亚雷亚尔阵容：迭戈·洛佩斯/罗德里格斯、戈丁、卡普德维拉、埃古伦、卡尼（费尔南德斯46'）、伊巴加萨（佛朗哥78'）、略伦特（皮雷70'）、洛佩斯、塞纳、罗西
阿森纳阵容：阿穆尼亚（法比安斯基28'）/萨尼亚、法布雷加斯、科洛·图雷、纳斯里、加拉（朱鲁43'）、沃尔科特（埃布埃78'）、德尼尔森、宋、克利希、阿德巴约
[客]0:3 沃尔科特10'、阿德巴约60'、范佩西69'（点球）
比利亚雷亚尔阵容：迭戈·洛佩斯/罗德里格斯、戈丁、卡普德维拉、埃古伦、皮雷、卡尼（巴勃罗70'）、费尔南德斯（尼哈特64'）、洛佩斯、索里亚诺（伊巴加萨64'）、罗西
阿森纳阵容：法比安斯基/法布雷加斯、科洛·图雷、纳斯里、范佩西（迪亚比77'）、沃尔科特（德尼尔森77'）、宋、西尔维斯特、阿德巴约（本特纳83'）、埃布埃、吉布斯
曼联3:2波尔图
[主]2:2 鲁尼15'、特维斯85'；C.罗德里格斯4'、马里亚诺89'
曼联阵容：范德萨/埃夫拉、C.罗纳尔多、鲁尼、朴智星（吉格斯59'）、维迪奇、卡里克、斯科尔斯（特维斯72'）、奥谢、埃文斯（加里·内维尔72'）、弗莱彻
波尔图阵容：埃尔顿/布鲁诺·阿尔维斯、卢乔、利桑德罗、C.罗德里格斯（冈萨雷斯80'）、浩克、罗兰多、梅雷莱斯（托马斯·科斯塔79'、梅雷莱斯92'）、瑟普纳鲁、费尔南多、阿利·西索科
[客]1:0 C.罗纳尔多6'
曼联阵容：范德萨/埃夫拉、里奥·费迪南德、C.罗纳尔多、安德森（斯科尔斯78'）、贝尔巴托夫（纳尼68'）、鲁尼、吉格斯、维迪奇、卡里克、奥谢
波尔图阵容：埃尔顿/布鲁诺·阿尔维斯、卢乔（冈萨雷斯31'）、利桑德罗、C.罗德里格斯（法里亚斯64'）、浩克、罗兰多、梅雷莱斯、瑟普纳鲁（托马斯·科斯塔80'）、费尔南多、阿利·西索科

利物浦5:7切尔西
[主]1:3 托雷斯6'；伊万诺维奇39'、62'，德罗巴67'
利物浦阵容：雷纳/杰拉德、托雷斯、列拉（贝纳永68'）、奥雷利奥（多塞纳75'）、阿隆索、阿韦洛亚、库伊特、卢卡斯（巴贝尔79'）、卡拉格、什克特尔
切尔西阵容：切赫/伊万诺维奇、阿什利·科尔、埃辛、兰帕德、德罗巴（阿内尔卡80'）、巴拉克、马卢达、特里、阿莱士
[客]4:4 奥雷利奥19'、阿隆索28'（点球）、卢卡斯81'、库伊特83'；德罗巴51'、阿莱士57'、兰帕德76'、89'
利物浦阵容：雷纳/托雷斯（恩戈80'）、奥雷利奥、阿隆索、贝纳永、阿韦洛亚（巴贝尔85'）、库伊特、马斯切拉诺（列拉69'）、卢卡斯、卡拉格、什克特尔
切尔西阵容：切赫/伊万诺维奇、阿什利·科尔、埃辛、卡瓦略、兰帕德、德罗巴（迪桑诺94'）、巴拉克、马卢达、卡卢（阿内尔卡36'）、阿莱士
巴塞罗那5:1拜仁慕尼黑
[主]4:0 梅西9'、38'，埃托奥12'、亨利43'
巴塞罗那阵容：巴尔德斯/皮克、马克斯、普约尔、哈维、伊涅斯塔、埃托奥（博扬89'）、梅西、亨利（凯塔74'）、阿尔维斯、亚亚·图雷（布斯克茨81'）
拜仁慕尼黑阵容：布特/德米凯利斯、里贝里、阿尔滕托普（奥特尔46'）、托尼、泽·罗伯托（索萨77'）、范博梅尔、奥多、莱尔、施魏因斯泰格、布雷诺
[客]1:1 凯塔73'；里贝里47'
巴塞罗那阵容：巴尔德斯/皮克、普约尔、哈维、伊涅斯塔（赫莱布78'）、埃托奥、梅西、凯塔、阿尔维斯、阿比达尔、亚亚·图雷
拜仁慕尼黑阵容：布特/卢西奥、德米凯利斯、里贝里、托尼、泽·罗伯托（阿尔滕托普78'）、奥特尔、范博梅尔、索萨（博罗夫斯基78'）、拉姆、莱尔
半决赛（2009.4.28-5.6）
曼联4:1阿森纳
[主]1:0 奥谢17'
曼联阵容：范德萨/埃夫拉、里奥·费迪南德（埃文斯88'）、C.罗纳尔多、安德森（吉格斯67'）、鲁尼、维迪奇、卡里克、奥谢、弗莱彻、特维斯（贝尔巴托夫67'）
阿森纳阵容：阿穆尼亚/迪亚比、萨尼亚、法布雷加斯、科洛·图雷、纳斯里、沃尔科特（本特纳71'）、宋、西尔维斯特、阿德巴约（爱德华多83'）、吉布斯
[客]3:1 朴智星8'、C.罗纳尔多11'、61'；范佩西76'（点球）
曼联阵容：范德萨/埃夫拉（拉斐尔65'）、里奥·费迪南德、C.罗纳尔多、安德森（吉格斯63'）、鲁尼（贝尔巴托夫66'）、朴智星、维迪奇、卡里克、奥谢、弗莱彻
阿森纳阵容：阿穆尼亚/萨尼亚、法布雷加斯、科洛·图雷、纳斯里、范佩西（贝拉79'）、沃尔科特（本特纳63'）、宋、朱鲁、阿德巴约、吉布斯（埃布埃46'）
巴塞罗那*1:1切尔西
[主]0:0
巴塞罗那阵容：巴尔德斯/皮克、马克斯（普约尔52'）、哈维、伊涅斯塔、埃托奥（博扬82'）、梅西、亨利（赫莱布87'）、阿尔维斯、阿比达尔、亚亚·图雷
切尔西阵容：切赫/伊万诺维奇、埃辛、兰帕德（贝莱蒂71'）、德罗巴、米克尔、巴拉克（阿内尔卡95'）、马卢达、博辛瓦、特里、阿莱士
[客]1:1 伊涅斯塔93'；埃辛9'
巴塞罗那阵容：巴尔德斯/皮克、哈维、伊涅斯塔（古德约翰森96'）、埃托奥（西尔维尼奥97'）、梅西、凯塔、阿尔维斯、阿比达尔、亚亚·图雷、布斯克茨（博扬85'）
切尔西阵容：切赫/阿什利·科尔、埃辛、兰帕德、德罗巴（贝莱蒂72'）、巴拉克、马卢达、博辛瓦、特里、阿莱士、阿内尔卡
决赛（2009.5.27）
巴塞罗那2:0曼联
埃托奥10'、梅西70'
巴塞罗那阵容（433）：巴尔德斯/普约尔、亚亚·图雷、皮克、西尔维尼奥/哈维、布斯克茨、伊涅斯塔（佩德罗92'）/梅西、埃托奥、亨利（凯塔72'）
曼联阵容（433）：范德萨/奥谢、里奥·费迪南德、维迪奇、埃夫拉/安德森（特维斯46'）、卡里克、吉格斯（斯科尔斯75'）/朴智星（贝尔巴托夫66'）、C.罗纳尔多、鲁尼

2009/2010赛季

由本赛季开始，冠军杯资格赛分为两部分：冠军组和非冠军组。冠军组由第一轮资格赛开始，进入该组的俱乐部是那些赢得国内联赛冠军并且无法自动进入小组赛的球队。而非冠军组由第三轮资格赛开始，进入该组的是未赢得国内联赛冠军同时无法直接进入小组赛的俱乐部。同时，资格赛结束后将进入附加赛，附加赛分为由冠军组晋级的球队之间的比赛和非冠军组晋级的球队之间的比赛，最终两回合的胜利者进入小组赛。
第一轮资格赛（2009.6.30-7.8）
特雷菲奥里（圣马力诺）2:2（点球4:5）[1:1,1:1]圣朱利亚（安道尔）
爱尔兰人（马耳他）0:6[0:2,0:4]莫格伦（黑山）
第二轮资格赛（2009.7.14-7.22）
地拉那（阿尔巴尼亚）1:5[1:1,0:4]斯塔贝克（挪威）
WIT（格鲁吉亚）1:3[0:0,1:3]马里博尔（斯洛文尼亚）
法罗群岛EB 0:5[0:2，0:3]希腊人竞技（塞浦路斯）
哥本哈根（丹麦）12:0[6:0,6:0]莫格伦（黑山）
德布勒森（匈牙利）*3:3 [2:0，1:3]卡尔马（瑞典）
弗镂彼得罗夫（马其顿）0:4[0:2,0:2]鲍里索夫（白俄罗斯）
冰岛FH 0:6[0:4，0:2]阿克纠宾（哈萨克斯坦）
普尼克（亚美尼亚）0:3[0:0，0:3]萨格勒布迪纳摩（克罗地亚）
文茨皮尔斯（拉脱维亚）6:1[3:0,3:1]卢森堡F91
埃克拉纳斯（立陶宛）4:6[2:2,2:4]巴库（阿塞拜疆）
萨尔茨堡红牛（奥地利）2:1[1:1，1:0]波西米亚人（爱尔兰）
日林斯基（波黑）1:4[1:0，0:4]布拉迪斯拉发（斯洛伐克）
国际图尔库（芬兰）0:2[0:1，0:1]舍里夫（摩尔多瓦）
威尔士里尔 0:12[0:4，0:8]贝尔格莱德游击队（塞尔维亚）
克拉科夫（波兰）1:2[1:1，0:1]莱瓦迪亚（爱沙尼亚）
索菲亚列夫斯基（保加利亚）9:0[4:0,5:0]圣朱利亚（安道尔）
海法马卡比（以色列）10:0[6:0，4:0]格伦托兰（北爱尔兰）
第三轮资格赛（2009.7.28-8.5）
冠军组
萨尔茨堡红牛（奥地利）3:2[1:1，2:1]萨格勒布迪纳摩（克罗地亚）
布拉迪斯拉发（斯洛伐克）0:4[0:2，0:2]奥林匹亚科斯（希腊）
苏黎世（瑞士）5:3[2:3，3:0]马里博尔（斯洛文尼亚）
希腊人竞技（塞浦路斯）2:1[2:0，0:1]贝尔格莱德游击队（塞尔维亚）
舍里夫（摩尔多瓦）*1:1[0:0，1:1]布拉格斯拉维亚（捷克）
阿克纠宾（哈萨克斯坦）3:4[0:0，3:4]海法马卡比（以色列）
巴库（阿塞拜疆）0:2[0:0,0:2]索菲亚列夫斯基（保加利亚）
文茨皮尔斯（拉脱维亚）*2:2[1:0,1:2] 鲍里索夫（白俄罗斯）
莱瓦迪亚（爱沙尼亚）0:2[0:1,0:1]德布勒森（匈牙利）
哥本哈根（丹麦）3:1[3:1,0:0]斯塔贝克（挪威）
非冠军组
布拉格斯巴达（捷克）3:4[3:1,0:3]帕纳辛奈科斯（希腊）
顿涅茨克矿工（乌克兰）2:2[2:2，0:0]*蒂米索拉（罗马尼亚）
里斯本竞技*1:1[0:0，1:1]特温特（荷兰）
凯尔特人2:1[0:1,2:0]莫斯科迪纳摩（俄罗斯）
安德莱赫特（比利时）6:3[5:0,1:3]锡瓦斯体育（土耳其）
附加赛（2009.8.18-8.26）
冠军组
舍里夫（摩尔多瓦）0:3[0:2,0:1]奥林匹亚科斯（希腊）
萨尔茨堡红牛（奥地利）1:5[1:2,0:3]海法马卡比（以色列）
文茨皮尔斯（拉脱维亚）1:5[0:3，1:2]苏黎世（瑞士）
哥本哈根（丹麦）2:3[1:0，1:3]希腊人竞技（塞浦路斯）
索菲亚列夫斯基（保加利亚）1:4[1:2,0:2]德布勒森（匈牙利）
非冠军组
里昂8:2[5:1，3:1]安德莱[illegible]特（比利时）
凯尔特人1:5[0:2,1:3]阿森[illegible]
蒂米索拉（罗马尼亚）0:2[illegible]2,0:0]斯图加特
里斯本竞技3:3[2:2，1:1][illegible]罗伦萨
帕纳辛奈科斯（希腊）2:[illegible]:3,0:2]马德里竞技
小组赛（2009.9[illegible]-12.9）
A组
第1轮 2009.9.15
尤文图斯1:1波尔多
亚昆塔63'；普拉西尔75'
海法马卡比0:3拜仁慕尼黑
范比滕64'、穆勒85'、88'
第2轮 2009.9.30
拜仁慕尼黑0:0尤文图斯
波尔多1:0海法马卡比
恰尼83'
第3轮 2009.10.21
波尔多2:1拜仁慕尼黑
恰尼27'、普拉努斯40'；[illegible]6'（乌龙）
尤文图斯1:0海法马卡比
基耶利尼47'
第4轮 2009.11.3
拜仁慕尼黑0:2波尔多
古尔库夫37'、沙马赫90'
海法马卡比0:1尤文图斯
卡莫拉内西45'
第5轮 2009.11.25
波尔多2:0尤文图斯
费尔南多54'、沙马赫94'
拜仁慕尼黑1:0海法马卡比
奥利奇62'
第6轮 2009.12.8
尤文图斯1:4拜仁慕尼黑
特雷泽盖19'；布特30'（点球）、奥利奇52'、戈麦斯83'、季莫舒[illegible]2'
海法马卡比0:1波尔多
茹谢13'
积分榜

球队	胜	平	[illegible]	分	进:失
波尔多	5	1	[illegible]	16	9:2
拜仁慕尼黑	3	1	[illegible]	10	9:5
尤文图斯	2	2	[illegible]	8	4:7
海法马卡比	0	0	[illegible]	0	0:8

B组
第1轮 2009.9.15
沃尔夫斯堡3:1莫斯科中央陆军
格拉菲特36'、41'（点球）、87'；扎戈耶夫76'
贝西克塔斯0:1曼联
斯科尔斯77'
第2轮 2009.9.30
莫斯科中央陆军2:1贝西克塔斯
扎戈耶夫7'、克拉西奇61'；埃克雷姆92'
曼联2:1沃尔夫斯堡
吉格斯59'、卡里克78'；[illegible]56'
第3轮 2009.10.21
莫斯科中央陆军0:1曼联
瓦伦西亚56'
沃尔夫斯堡0:0贝西克塔斯
第4轮 2009.11.3
曼联3:3莫斯科中央陆军
欧文29'、斯科尔斯84'、[illegible]伦西亚92'；扎戈耶夫25'、克拉西奇31'、[illegible]祖茨基47'
第5轮 2009.11.25
莫斯科中央陆军2:1沃尔夫斯堡
内奇德58'、克拉西奇66'；[illegible]科19'
曼联0:1贝西克塔斯
特略20'
第6轮 2009.12.8
沃尔夫斯堡1:3曼联
哲科56'；欧文44'、83'、[illegible]
贝西克塔斯1:2莫斯科中央陆军
波波86'；克拉西奇41'、[illegible]尔多宁95'
积分榜

球队	胜	平	[illegible]	分	进:失
曼联	4	1	[illegible]	13	10:6
莫斯科中央陆军	3	1	[illegible]	10	10:10
沃尔夫斯堡	2	1	[illegible]	7	9:8
贝西克塔斯	1	1	[illegible]	4	3:8

C组
第1轮 2009.9.15
苏黎世2:5皇家马德里
马尔盖拉斯64'（点球）、艾格特65'；C.罗纳尔多27'、89'，劳尔3[illegible]、伊瓜因45'、古蒂94'
马赛1:2AC米兰
海因策49'；大因扎吉28'、[illegible]4'
第2轮 2009.9.30
AC米兰0:1苏黎世

蒂希宁10'
皇家马德里3:0马赛
C.罗纳尔多58'、64'，卡卡61'（点球）
第3轮 2009.10.21
皇家马德里2:3AC米兰
劳尔19'、德伦特76'；皮尔洛62'、帕托66'、68'
苏黎世0:1马赛
海因策69'
第4轮 2009.11.3
AC米兰1:1皇家马德里
罗纳尔迪尼奥35'（点球）；本泽马29'
马赛6:1苏黎世
艾格特3'（乌龙）、阿布里埃尔11'、尼昂51'、埃尔顿80'、谢鲁87'、布兰当90'；阿方斯31'
第5轮 2009.11.25
皇家马德里1:0苏黎世
伊瓜因21'
AC米兰1:1马赛
博列洛10'；卢乔16
第6轮 2009.12.8
苏黎世1:1AC米兰
加伊奇29'；罗纳尔迪尼奥64'（点球）
马赛1:3皇家马德里
卢乔11'；C.罗纳尔多5'、80'，阿尔比奥尔60'

积分榜

球队	胜	平	负	分	进:失
皇家马德里	4	1	1	13	15:7
AC米兰	2	3	1	9	8:7
马赛	2	1	3	7	10:10
苏黎世	1	1	4	4	5:14

D组
第1轮 2009.9.15
切尔西1:0波尔图
阿内尔卡48'
马德里竞技0:0希腊人竞技
第2轮 2009.9.30
希腊人竞技0:1切尔西
阿内尔卡18'
波尔图2:0马德里竞技
法尔考75'、罗兰多82'
第3轮 2009.10.21
波尔图2:1希腊人竞技
浩克33'、48'（点球）；佩雷拉22'（乌龙）
切尔西4:0马德里竞技
卡卢41'、52'，兰帕德69'、佩雷亚91'（乌龙）
第4轮 2009.11.3
希腊人竞技0:1波尔图
法尔考84
马德里竞技2:2切尔西
阿圭罗66'、91'；德罗巴82'、88'
第5轮 2009.11.25
波尔图0:1切尔西
阿内尔卡69'
希腊人竞技1:1马德里竞技
米罗斯拉夫列维奇5'；西塞52'
第6轮 2009.12.8
切尔西2:2希腊人竞技
埃辛19'、德罗巴26'；泽沃拉科夫6'、米罗斯拉夫列维奇87'
马德里竞技0:3波尔图
阿尔维斯2'、法尔考14'、浩克76'

积分榜

球队	胜	平	负	分	进:失
切尔西	4	2	0	14	11:4
波尔图	4	0	2	12	8:3
马德里竞技	0	3	3	3	3:12
希腊人竞技	0	3	3	3	4:7

E组
第1轮 2009.9.16
利物浦1:0德布勒森
库伊特45'
里昂1:0佛罗伦萨
皮亚尼奇76'
第2轮 2009.9.29
佛罗伦萨2:0利物浦
约维蒂奇28'、37'
德布勒森0:4里昂
卡尔斯特伦3'、皮亚尼亚13'、戈武24'、戈米51'
第3轮 2009.10.20
德布勒森3:4佛罗伦萨
茨维特科维奇2'、鲁道夫28'、库利巴利88'；穆图6'、20'，吉拉迪诺10'、桑塔纳37'
利物浦1:2里昂
贝纳永41'；戈纳隆72'、德尔加多91'
第4轮 2009.11.4
佛罗伦萨5:2德布勒森
穆图14'、达伊内利52'、蒙托利沃59'、马尔基奥尼61'、吉拉迪诺74'；鲁道夫38'、库利巴利70'
里昂1:1利物浦
利桑德罗90'；巴贝尔83'
第5轮 2009.11.24
德布勒森0:1利物浦
恩戈4'
佛罗伦萨1:0里昂
巴尔加斯28'（点球）
第6轮 2009.12.9
利物浦1:2佛罗伦萨
贝纳永43'；约根森63'、吉拉迪诺92'
里昂4:0德布勒森
戈米25'、巴斯托斯45'、皮亚尼奇59'、西素科76'

积分榜

球队	胜	平	负	分	进:失
佛罗伦萨	5	0	1	15	14:7
里昂	4	1	1	13	12:3
利物浦	2	1	3	7	5:7
德布勒森	0	0	6	0	5:19

F组
第1轮 2009.9.16
国际米兰0:0巴塞罗那
基辅迪纳摩3:1喀山红宝石
尤索夫71'、马格劳79'、胡谢夫85'；多明格斯25'
第2轮 2009.9.29
喀山红宝石1:1国际米兰
多明格斯11'；斯坦科维奇27'
巴塞罗那2:0基辅迪纳摩
梅西26'、佩德罗76'
第3轮 2009.10.20
巴塞罗那1:2喀山红宝石
伊布拉希莫维奇48'；梁赞采夫2'、格克代尼兹73'
国际米兰2:2基辅迪纳摩
斯坦科维奇35'、萨穆埃尔47'；米哈利克5'、卢西奥40'（乌龙）
第4轮 2009.11.4
喀山红宝石0:0巴塞罗那
基辅迪纳摩1:2国际米兰
舍甫琴科21'；米利托86'、斯内德89'
第5轮 2009.11.24
喀山红宝石0:0基辅迪纳摩
巴塞罗那2:0国际米兰
皮克10'、佩德罗26'
第6轮 2009.12.9
国际米兰2:0喀山红宝石
埃托奥31'、巴洛特利64'
基辅迪纳摩1:2巴塞罗那
米列夫斯基2'；哈维33'、梅西86'

积分榜

球队	胜	平	负	分	进:失
巴塞罗那	3	2	1	11	7:3
国际米兰	2	3	1	9	7:6
喀山红宝石	1	3	2	6	4:7
基辅迪纳摩	1	2	3	5	7:9

G组
第1轮 2009.9.16
斯图加特1:1流浪者
波格雷布尼亚克18'；布格拉77'
塞维利亚2:0乌尔济切尼
法比亚诺45'、雷纳托70'
第2轮 2009.9.29
乌尔济切尼1:1斯图加特
瓦尔加48'；塔斯奇5'
流浪者1:4塞维利亚
诺沃88'；孔科50'、阿德里亚诺64'、法比亚诺72'、卡努特74'
第3轮 2009.10.20
流浪者1:4乌尔济切尼
维拉幼2'（乌龙）；比拉什科32'、拉弗蒂49'（乌龙）、麦卡洛克59'（乌龙）、布兰丹65'
斯图加特1:3塞维利亚
埃尔森74'；斯奎拉奇23'、72'，纳瓦斯55'
第4轮 2009.11.4
乌尔济切尼1:1流浪者
奥诺弗拉斯88'；麦卡洛克79'
塞维利亚1:1斯图加特
纳瓦斯14'；库兹曼诺维奇79'
第5轮 2009.11.24
流浪者0:2斯图加特
鲁迪16'、库兹曼诺维奇59'
乌尔济切尼1:0塞维利亚
德拉古蒂诺维奇45'（乌龙）
第6轮 2009.12.9
斯图加特3:1乌尔济切尼
马里卡5'、特雷施8'、波格雷布尼亚克11'；塞梅多46'
塞维利亚1:0流浪者
卡努特8'（点球）

积分榜

球队	胜	平	负	分	进:失
塞维利亚	4	1	1	13	11:4
斯图加特	2	3	1	9	9:7
乌尔济切尼	2	2	2	8	8:8
流浪者	0	2	4	2	4:13

H组
第1轮 2009.9.16
奥林匹亚科斯1:0阿尔克马尔
托罗西迪斯79'
列日标准2:3阿森纳
曼加拉3'、约万诺维奇5'（点球）；本特纳45'、维尔马伦77'、爱德华多81'
第2轮 2009.9.29
阿森纳2:0奥林匹亚科斯
范佩西78'、阿尔沙文86'
阿尔克马尔1:1列日标准
哈姆达维48'；特劳雷91'
第3轮 2009.10.20
阿尔克马尔1:1阿森纳
达席尔瓦93'；法布雷加斯36'
奥林匹亚科斯2:1列日标准
米特罗格卢43'、斯托尔蒂迪斯93'；德卡马尔戈37'
第4轮 2009.11.4
阿森纳4:1阿尔克马尔
法布雷加斯25'、52'，纳斯里43'、迪亚比72'；伦斯82'
列日标准2:0奥林匹亚科斯
姆博卡尼31'、约万诺维奇88'
第5轮 2009.11.24
阿尔克马尔0:0奥林匹亚科斯
阿森纳2:0列日标准
纳斯里35'、德尼尔森45'
第6轮 2009.12.9
奥林匹亚科斯1:0阿森纳
莱昂纳多47'
列日标准1:1阿尔克马尔
博拉特95'；伦斯42'

积分榜

球队	胜	平	负	分	进:失
阿森纳	4	1	1	13	12:5
奥林匹亚科斯	3	1	2	10	4:5
列日标准	1	2	3	5	7:9
阿尔克马尔	0	4	2	4	4:8

1/8决赛（2010.2.16-3.17）

斯图加特1:5巴塞罗那
[主]1:1 卡考25'；伊布拉希莫维奇52'
[客]0:4 梅西13'、60'，佩德罗22'、博扬89'
奥林匹亚科斯1:3波尔多
[主]0:1 恰尼45'
[客]1:2 米特罗格卢65'；古尔库夫5'、沙马赫88'
国际米兰3:1切尔西
[主]2:1 米利托3'、坎比亚索55'；卡卢51'
[客]1:0 埃托奥78'
拜仁慕尼黑*4:4佛罗伦萨
[主]2:1 罗本45'（点球）、克洛泽89'；克罗尔德鲁普50'
[客]2:3 范博梅尔60'、罗本65'；巴尔加斯28'、约维蒂奇54'、64'
莫斯科中央陆军3:2塞维利亚
[主]1:1 冈萨雷斯66'；内格雷多25'
[客]2:1 内奇德39'、本田圭佑55'；佩罗蒂41'
里昂2:1皇家马德里
[主]1:0 马库恩47'
[客]1:1 皮亚尼奇75'；C.罗纳尔多6'
波尔图2:6阿森纳
[主]2:1 巴雷拉11'、法尔考51'；坎贝尔18'
[客]0:5 本特纳10'、25'、91'（点球），纳斯里63'、埃布埃66'
AC米兰2:7曼联
[主]2:3 罗纳尔迪尼奥3'、西多夫85'；斯科尔斯36'、鲁尼66'、74'
[客]0:4 鲁尼13'、46'，朴智星59'、弗莱彻88'

1/4决赛（2010.3.30-4.7）

里昂3:2波尔多
[主]3:1 利桑德罗10'、77'（点球），巴斯托斯32'；沙马赫14'
里昂阵容：洛里斯/克里斯、博德默、巴斯托斯（卡尔斯特伦65'）、皮亚尼奇（戈武65'）、利桑德罗、雷维埃、马库恩、德尔加多（戈纳隆86'）、西索科、图拉朗
波尔多阵容：卡拉索/恰尼、费尔南多、古夫朗（贝利翁84'）、文德尔（茹谢71'）、普拉西尔、沙来梅（恩里克82'）、萨内、特雷莫利纳、沙马赫
[客]0:1 沙马赫45'
里昂阵容：洛里斯/克里斯、布姆松（博德梅尔77'）、卡尔斯特伦、巴斯托斯（埃德森88'）、雷维埃、戈米（皮亚尼奇66'）、德尔加多、西索科、图拉朗、戈纳隆
波尔多阵容：卡拉索/恰尼、迪亚拉（沙尔梅70'）、古尔库夫、茹谢（古夫朗77'）、文德尔、普拉西尔、萨内、普拉努斯（卡维纳吉85'）、特雷莫利纳、沙马赫
拜仁慕尼黑*4:4曼联
[主]2:1 里贝里77'、奥利奇92'；鲁尼2'
拜仁慕尼黑阵容：布特/范比滕、德米凯利斯、里贝里、阿尔滕托普（克洛泽86'）、奥利奇、范博梅尔、拉姆、普拉尼奇（季莫舒克89'）、穆勒（戈麦斯73'）、巴德施图伯
曼联阵容：范德萨/加里·内维尔、埃夫拉、里奥·费迪南德、鲁尼、朴智星（贝尔巴托夫70'）、维迪奇、卡里克（瓦伦西亚70'）、纳尼（吉格斯82'）、斯科尔斯、弗莱彻
[客]2:3 奥利奇43'、罗本74'；吉布森3'、纳尼7'、41'
拜仁慕尼黑阵容：布特/范比滕、德米凯利斯、里贝里、罗本（阿尔滕托普76'）、奥利奇（普拉尼奇85'）、范博梅尔、拉姆、穆勒（戈麦斯46'）、巴德施图伯、施魏因斯泰格
曼联阵容：范德萨/埃夫拉、里奥·费迪南德、鲁尼（奥谢55'）、维迪奇、卡里克（贝尔巴托夫80'）、纳尼、拉斐尔、弗莱彻、瓦伦西亚、吉布森（吉格斯81'）
阿森纳3:6巴塞罗那
[主]2:2 沃尔科特69'、法布雷加斯85'（点球）；伊布拉希莫维奇46'、59'
阿森纳阵容：阿穆尼亚/迪亚比、萨尼亚（沃尔科特66'）、法布雷加斯、维尔马伦、纳斯里、加拉（德尼尔森44'）、宋、克利希、阿尔沙文（埃布埃27'）、本特纳
巴塞罗那阵容：巴尔德斯/阿尔维斯、皮克、普约尔、哈维、伊布拉希莫维奇（亨利77'）、梅西（G.米利托87'）、凯塔、布斯克茨、佩德罗、马克斯韦尔
[客]1:4 本特纳18'；梅西21'、37'、42'、88'
阿森纳阵容：阿穆尼亚/迪亚比、萨尼亚、维尔马伦、罗西基（爱德华多73'）、纳斯里、沃尔科特、德尼尔森、西尔维斯特（埃布埃63'）、克利希、本特纳
巴塞罗那阵容：巴尔德斯/阿尔维斯、马克斯、哈维、梅西、博扬（亚亚·图雷56'）、凯塔、布斯克茨、佩德罗（伊涅斯塔86'）、G.米利托、阿比达尔（马克斯韦尔53'）
国际米兰2:0莫斯科中央陆军
[主]1:0 米利托65'
国际米兰阵容：塞萨尔/萨内蒂、斯坦科维奇、埃托奥、斯内德、麦孔、坎比亚索、米利托、马特拉齐、萨穆埃尔、潘德夫（马里加94'）
莫斯科中央陆军阵容：阿金费耶夫/申贝拉斯、伊格纳舍维奇、A.别列祖茨基、马马耶夫（马克·冈萨雷斯73'）、克拉西奇、本田圭佑（扎戈耶夫70'）、阿尔多宁（拉西米奇76'）、V.别列祖茨基、先尼科夫、内奇德
[客]1:0 斯内德6'
国际米兰阵容：塞萨尔/萨内蒂、斯坦科维奇、卢西奥、埃托奥、斯内德（蒙塔里86'）、麦孔、坎比亚索、米利托（巴洛特利74'）、萨穆埃尔、潘德夫（基伏63'）
莫斯科中央陆军阵容：阿金费耶夫/申贝拉斯、伊格纳舍维奇、A.别列祖茨基、扎戈耶夫、马马耶夫、马克·冈萨雷斯、本田圭佑（拉西米奇77'）、V.别列祖茨基（奥迪亚14'）、舍尼科夫、内奇德（吉列尔梅71'）

半决赛（2010.4.20-4.28）

拜仁慕尼黑4:0里昂
[主]1:0 罗本69'
拜仁慕尼黑阵容：布特/范比滕、德米凯利斯、里贝里、罗本（阿尔滕托普85'）、奥利奇（季莫舒克46'）、拉姆、普拉尼奇（戈麦斯63'）、穆勒、孔滕托、施魏因斯泰格
里昂阵容：洛里斯/克里斯、卡尔斯特伦、皮亚尼奇（马库恩56'）、利桑德罗、埃德森（巴斯托斯70'）、雷维埃、德尔加多（戈武79'）、西索科、图拉兰、戈纳隆
[客]3:0 奥利奇26'、67'、78'
拜仁慕尼黑阵容：布特/范比滕（德米凯利斯46'）、阿尔滕托普、罗本（克洛泽76'）、奥利奇、范博梅尔、拉姆、穆勒、孔滕托、巴德施图伯、施魏因斯泰格（阿拉巴78'）
里昂阵容：洛里斯/克里斯、布姆松、巴斯托斯、利桑德罗（埃德森79'）、雷维埃、戈武、马库恩、德尔加多（皮亚尼奇67'）、西索科（戈米46'）、戈纳隆
国际米兰3:2巴塞罗那
[主]3:1 斯内德30'、麦孔48'、D.米利托61'；佩德罗19'
国际米兰阵容：塞萨尔/萨内蒂、卢西奥、蒂亚戈·莫塔、埃托奥、斯内德、麦孔（基伏73'）、坎比亚索、D.米利托（巴洛特利75'）、萨穆埃尔、潘德夫（斯坦科维奇56'）

巴塞罗那阵容：巴尔德斯/阿尔维斯、皮克、普约尔、哈维、伊布拉希莫维奇（阿比达尔62'）、梅西、凯塔、布斯克茨、佩德罗、马克斯韦尔

[客]0:1 皮克84'

国际米兰阵容：塞萨尔/萨内蒂、卢西奥、蒂亚戈·莫塔、埃托奥（马里加86'）、斯内德（蒙塔里66'）、麦孔、坎比亚索、D.米利托、萨穆埃尔、基伏

巴塞罗那阵容：巴尔德斯/阿尔维斯、皮克、哈维、伊布拉希莫维奇（63'博扬）、梅西、凯塔、布斯克茨（赫布伦63'）、佩德罗、G.米利托（马克斯韦尔46'）、亚亚·图雷

决赛（2010.5.22）

拜仁慕尼黑0:2国际米兰

米利托35'、70'

拜仁慕尼黑阵容（4231）：布特/拉姆、范比滕、德米凯利斯、巴德施图伯/范博梅尔、施魏因斯泰格/罗本、穆勒、阿尔滕托普（克洛泽63'）/奥利奇（戈麦斯74'）

国际米兰阵容（4231）：塞萨尔/麦孔、卢西奥、萨穆埃尔、基伏（斯坦科维奇68'）/萨内蒂、坎比亚索/埃托奥、斯内德、潘德夫（蒙塔里79'）/米利托（马特拉齐92'）

2010/2011赛季

资格赛第一轮（2010.6.29-7.7）

特雷菲奥里（圣马力诺）1:7[0:3,1:4]Rudar Pljevlja（黑山）

圣科洛马（安道尔）3:7[0:3,3:4]比尔基尔卡拉（马耳他）

资格赛第二轮（2010.7.13-7.21）

利耶帕亚冶金（拉脱维亚）0:5[0:3,0:2]布拉格斯巴达（捷克）

阿克纠宾（哈萨克斯坦）3:1[2:0,1:1]鲁斯塔维（格鲁吉亚）

莱瓦迪亚（爱沙尼亚）3:4 [1:1,2:3]德布勒森（匈牙利）

贝尔格莱德游击（塞尔维亚）4:1[3:1,1:0]普尼克（亚美尼亚）

巴库（阿塞拜疆）1:1（点球8:9）[0:1,1:0]波兹南（波兰）

萨格勒布迪纳摩（克罗地亚）5:4[5:1,0:3] Koper（斯洛文尼亚）

洛维奇（保加利亚）5:0[1:0,4:0]Rudar Pljevlja（黑山）

比尔基尔卡拉（马耳他）1:3[1:0，0:3]日利纳（斯洛伐克）

舍里夫（摩尔多瓦）3:2[3:1,0:1]地拉那（阿尔巴尼亚）

特拉维夫工人（以色列）6:0[5:0，1:0]铁路工人（波黑）

奥摩尼亚（塞浦路斯）5:0[3:0，2:0]雷诺瓦（马其顿）

萨尔茨堡红牛（奥地利）5:1[5:0，0:1]法罗群岛HB

波西米亚人（爱尔兰）1:4[1:0，0:4]新圣徒（威尔士）

鲍里索夫（白俄罗斯）6:1[5:1，1:0]冰岛FH

AIK（瑞典）1:0[1:0,0:0]Jeunesse Esch（卢森堡）

林菲尔德（北爱尔兰）0:2[0:0,0:2] 罗森博格（挪威）

埃克拉纳斯（立陶宛）1:2[1:0,0:2] 赫尔辛基（芬兰）

资格赛第三轮（2010.7.27-8.4）

冠军组

布拉格斯巴达（捷克）2:0[1:0,1:0]波兹南（波兰）

阿克纠宾（哈萨克斯坦）2:3[1:0,1:3]特拉维夫工人（以色列）

舍里夫（摩尔多瓦）2:2（点球6:5）[1:1，1:1]萨格勒布迪纳摩（克罗地亚）

洛维奇（保加利亚）2:4[1:1，1:3]日利纳（斯洛伐克）

德布勒森（匈牙利）1:5[0:2,1:3]巴塞尔（瑞士） AIK（瑞典）0:4[0:1,0:3]罗森博格（挪威）

贝尔格莱德游击（塞尔维亚）5:1[3:0,2:1]赫尔辛基（芬兰）

鲍里索夫（白俄罗斯）2:3[0:0,2:3]哥本哈根（丹麦）

新圣徒（威尔士）1:6[1:3,0:3]安德莱赫特（比利时）

奥摩尼亚（塞浦路斯）2:5[1:1,1:4]萨尔茨堡红牛（奥地利）

非冠军组

阿贾克斯*4:4[1:1，3:3] PAOK（希腊） 基辅迪纳摩（乌克兰）6:1[3:0，3:1]根特（比利时）

年青人（瑞士）3:2[2:2,1:0]费内巴切（土耳其）

布拉加（葡萄牙）4:2[3:0,1:2]凯尔特人

乌尔济切尼（罗马尼亚）0:1[0:0，0:1]泽尼特（俄罗斯）

附加赛（2010.8.17-8.25）

冠军组

萨尔茨堡红牛（奥地利）3:4[2:3，1:1]特拉维夫工人（以色列）

罗森博格（挪威）2:2[2:1，0:1]*哥本哈根（丹麦）

巴塞尔（瑞士）4:0[1:0，3:0]舍里夫（摩尔多瓦）

布拉格斯巴达（捷克）0:3[0:2,0:1]日利纳（斯洛伐克）

贝尔格莱德游击（塞尔维亚）4:4（点球3:2）[2:2,2:2]安德莱赫特（比利时）

非冠军组

年青人（瑞士）3:6[3:2，0:4]热刺

布拉加（葡萄牙）5:3[1:0,4:3]塞维利亚

不来梅5:4[3:1,2:3 (加时）]桑普多利亚

泽尼特（俄罗斯）1:2[1:0,0:2]欧塞尔

基辅迪纳摩（乌克兰）2:3[1:1,1:2]阿贾克斯

小组赛（2010.9.14-12.8）

A组

第1轮 2010.9.14

特温特2:2国际米兰

扬森20'、米利托30'（乌龙）；斯内德13'、埃托奥41'

不来梅2:2托特纳姆热刺

阿尔梅达43'、马林47'；帕萨宁12'（乌龙）、克劳奇18'

第2轮 2010.9.29

托特纳姆热刺4:1特温特

范德法特47'、帕夫柳琴科50'（点球）、64'（点球），贝尔85'；沙兹利56'

国际米兰4:0不来梅

埃托奥21'、27'、81'，斯内德34'

第3轮 2010.10.20

国际米兰4:3托特纳姆热刺

萨内蒂2'、埃托奥11'（点球）、35'，斯坦科维奇14'；贝尔52'、90'、91'

特温特1:1不来梅

延森75'；阿瑙托维奇80'

第4轮 2010.11.2

托特纳姆热刺3:1国际米兰

范德法特18'、克劳奇61'、帕夫柳琴科89'；埃托奥80'

不来梅0:2特温特

沙兹利81'、德容84'

第5轮 2010.11.24

国际米兰1:0

坎比亚索55'

托特纳姆热刺3:0

卡布尔6'、莫德里奇45'、克劳奇79'

第6轮 2010.12.7

特温特3:3托特纳姆热刺

兰扎特22'（点球）、罗萨莱斯56'、沙兹利64'；魏斯赫尔霍夫12'（乌龙）、迪福47'、59'

不来梅3:0国际米兰

普罗德尔39'、阿瑙托维奇49'、皮萨罗88'

积分榜

球队	胜	平	负	分	进:失
托特纳姆热刺	3	2	1	11	18:11
国际米兰	3	1	2	10	12:11
特温特	1	3	2	6	9:11
不来梅	1	2	3	5	6:12

B组

第1轮 2010.9.14

里昂1:0沙尔克04

巴斯托斯21'

本菲卡2:0特拉维夫工人

路易松21'、卡多索68'

第2轮 2010.9.29

特拉维夫工人1:3里昂

恩耶亚马79'（点球）；巴斯托斯7'（点球）、36'，皮亚尼奇94'

沙尔克04 2:0本菲卡

法尔范73'、亨特拉尔85'

第3轮 2010.10.20

沙尔克04 3:1特拉维夫工人

劳尔3'、58'，胡拉多68'；谢赫特尔93'

里昂2:0本菲卡

白里安21'、利桑德罗51'

第4轮 2010.11.2

特拉维夫工人0:0沙尔克04

本菲卡4:3里昂

阿兰20'、科恩特朗32'、67'，加西亚42'；古尔库夫74'、戈米85'、洛夫伦95'

第5轮 2010.11.24

沙尔克04 3:0里昂

法尔范13'、亨特拉尔20'、89'

特拉维夫工人3:0本菲卡

扎哈维24'、92'，道格拉斯·达席尔瓦74'

第6轮 2010.12.7

里昂2:2特拉维夫工人

利桑德罗62'、拉卡泽特88'；萨哈尔63'、扎哈维69'

本菲卡1:2沙尔克04

路易松87'；胡拉多19'、赫韦德斯81'

积分榜

球队	胜	平	负	分	进:失
沙尔克04	4	1	1	13	10:3
里昂	3	1	2	10	11:10
本菲卡	2	0	4	6	7:12
特拉维夫工人	1	2	3	5	7:10

C组

第1轮 2010.9.14

曼联0:0流浪者

布尔萨体育0:4巴伦西亚

T.科斯塔16'、阿杜里斯41'、巴勃罗68'、索尔达多76'

第2轮 2010.9.29

巴伦西亚0:1曼联

埃尔南德斯85'

流浪者1:0布尔萨体育

奈史密斯18'

第3轮 2010.10.20

流浪者1:1巴伦西亚

埃杜34'；埃杜46'（乌龙）

曼联1:0布尔萨体育

纳尼7'

第4轮 2010.11.2

巴伦西亚3:0流浪者

索尔达多33'、71'，T.科斯塔90'

布尔萨体育0:3曼联

弗莱彻48'、奥贝坦73'、贝贝77'

第5轮 2010.11.24

流浪者0:1曼联

鲁尼87'（点球）

巴伦西亚6:1布尔萨体育

马塔17'（点球）、索尔达多21'、55'，阿杜里斯30'、华金37'、多明格斯78'；巴塔拉69'

第6轮 2010.12.7

曼联1:1巴伦西亚

安德森62'；巴勃罗32'

布尔萨体育1:1流浪者

塞尔詹79'；米勒19'

积分榜

球队	胜	平	负	分	进:失
曼联	4	2	0	14	7:1
巴伦西亚	3	2	1	11	15:4
流浪者	1	3	2	6	3:6
布尔萨体育	0	1	5	1	2:16

D组

第1轮 2010.9.14

巴塞罗那5:1帕纳辛奈科斯

梅西22'、45'，比利亚33'、佩德罗78'、阿尔维斯93'；戈武20'

哥本哈根1:0喀山红宝石

恩多耶87'

第2轮 2010.9.29

喀山红宝石1:1巴塞罗那

诺博亚30'（点球）；比利亚60'（点球）

帕纳辛奈科斯0:2哥本哈根

恩多耶28'、温高37'

第3轮 2010.10.20

帕纳辛奈科斯0:0喀山红宝石

巴塞罗那2:0哥本哈根

梅西19'、92'

第4轮 2010.11.2

喀山红宝石0:0帕纳辛奈科斯

哥本哈根1:1巴塞罗那

克劳德米尔32'；梅西31'

第5轮 2010.11.24

喀山红宝石1:0哥本哈根

诺博亚45'

帕纳辛奈科斯0:3巴塞罗那

佩德罗27'、69'，梅西62'

第6轮 2010.12.7

巴塞罗那2:0喀山红宝石

丰塔斯51'、巴斯克斯83'

哥本哈根3:1帕纳辛奈科斯

温高26'、格伦夏尔50'（点球）、西塞73'（乌龙）；坎特92'

积分榜

球队	胜	平	负	分	进:失
巴塞罗那	4	2	0	14	14:3
哥本哈根	3	1	2	10	7:5
喀山红宝石	1	3	2	6	2:4
帕纳辛奈科斯	0	2	4	2	2:13

E组

第1轮 2010.9.15

拜仁慕尼黑2:0罗马

穆勒79'、克洛泽83'

克卢日2:1巴塞尔

拉达9'、特劳雷12'；施托[illegible]45'

第2轮 2010.9.28

巴塞尔1:2拜仁慕尼黑

弗雷18'；施魏因斯泰格5[illegible]点球）、8[illegible]'

罗马2:1克卢日

梅克斯69'、博列洛71'；[illegible]78'

第3轮 2010.10.19

罗马1:3巴塞尔

博列洛21'；弗雷12'、因[illegible]姆44'、卡布拉尔93'

拜仁慕尼黑3:2克卢日

卡杜32'（乌龙）、帕宁3[illegible]（乌龙）、戈麦斯77'；卡杜28'、库利奥8[illegible]

第4轮 2010.11.3

巴塞尔2:3罗马

弗雷69'、沙奇里83'；梅[illegible]16'、托蒂26（点球）、格雷科76'

克卢日0:4拜仁慕尼黑

戈麦斯12'、24'、71'，[illegible]90'

第5轮 2010.11.23

罗马3:2拜仁慕尼黑

博列洛49'、德罗西81'、托蒂84'（点球）；戈麦斯33'、39'

巴塞尔1:0克卢日

阿尔梅拉莱斯15'

第6轮 2010.12.8

拜仁慕尼黑3:0巴塞尔

里贝里35'、50'，季莫[illegible]37'

克卢日1:1罗马

特劳雷88'；博列洛21'

积分榜

球队	胜	[illegible]	负	分	进:失
拜仁慕尼黑	5	[illegible]	1	15	16:6
罗马	3	[illegible]	2	10	10:11
巴塞尔	2	[illegible]	4	6	8:11
克卢日	1	[illegible]	4	4	6:12

F组

第1轮 2010.9.15

马赛0:1莫斯科斯巴达[illegible]

阿斯皮利奎塔81'（乌[illegible]）

日利纳1:4切尔西

奥拉韦茨55'；埃辛1[illegible]、阿内尔卡24'、28'，斯图里奇48'

第2轮 2010.9.28

莫斯科斯巴达克3:0日[illegible]纳

阿里34'、61'，伊布[illegible]9'

切尔西2:0马赛

特里7'、阿内尔卡28'（点球）

第3轮 2010.10.19

莫斯科斯巴达克0:2切尔西

日尔科夫23'、阿内尔卡43'

马赛1:0日利纳

迪亚瓦拉48'

第4轮 2010.11.3

切尔西4:1莫斯科斯[illegible]达克

阿内尔卡49'、德罗[illegible]62'（点球）、伊万诺维奇66'、92'；巴热[illegible]86'

日利纳0:7马赛

吉尼亚克12'、21'、54'，海因茨24'、雷米36'、卢乔52'、63'

第5轮 2010.11.23

莫斯科斯巴达克0:[illegible]赛

瓦尔比埃纳18'、雷[illegible]54'、布兰当68'

切尔西2:1日利纳

斯图里奇51'、马卢[illegible]86'；贝洛19'

第6轮 2010.12.8

马赛1:0切尔西

布兰当81'

日利纳1:2莫斯科斯[illegible]达克

迈坦48'；阿莱士[illegible]、伊布森6[illegible]'

积分榜

球队	[illegible]	平	负	分	进:失
切尔西	[illegible]	0	1	[illegible]5	14:4
马赛	[illegible]	0	2	[illegible]2	12:3
莫斯科斯巴达克	[illegible]	0	3	9	7:10
日利纳	[illegible]	0	6	0	3:19

G组

第1轮 2010.9.1[illegible]

皇家马德里2:0阿[illegible]克斯

阿尼塔31'（乌龙）、伊瓜因73'

AC米兰2:0欧塞[illegible]

伊布拉希莫维奇[illegible]、69'

第2轮 2010.9.2[illegible]

欧塞尔0:1皇家[illegible]里

迪马里亚81'

阿贾克斯1:1AC[illegible]兰

哈姆达维23'；[illegible]拉希莫维奇37'

第3轮 2010.10[illegible]9

阿贾克斯2:1欧[illegible]尔

德泽乌7'、苏亚[illegible]斯41'；比尔萨56'

皇家马德里2:0[illegible]米兰

C.罗纳尔多13'、厄齐尔14'
第4轮 2010.11.3
欧塞尔2:1阿贾克斯
萨马里塔诺9'、朗贝34'；阿尔德韦雷尔德79'
AC米兰2:2皇家马德里
大因扎吉68'、78'；伊瓜因45'、莱昂94'
第5轮 2010.11.23
阿贾克斯0:4皇家马德里
本泽马36'、阿韦洛亚44'、C.罗纳尔多70'、81'（点球）
欧塞尔0:2AC米兰
伊布拉希莫维奇64'、罗纳尔迪尼奥91'
第6轮 2010.12.8
皇家马德里4:0欧塞尔
本泽马12'、72'、83，C.罗纳尔多
AC米兰0:2阿贾克斯
德泽乌57'、阿尔德韦雷尔德66'
积分榜

球队	胜	平	负	分	进:失
皇家马德里	5	1	0	16	15:2
国际米兰	2	2	2	8	7:7
阿贾克斯	2	1	3	7	6:10
欧塞尔	1	0	5	3	3:12

H组
第1轮 2010.9.15
阿森纳6:0布拉加
法布雷加斯9'（点球）、53'，阿尔沙文30'、沙马赫34'、贝拉69'、84'
顿涅茨克矿工1:0贝尔格莱德游击
斯尔纳71'
第2轮 2010.9.28
贝尔格莱德游击1:3阿森纳
克莱奥33'（点球）；阿尔沙文15'、沙马赫71'、斯奎拉奇82'
布拉加0:3顿涅茨克矿工
路易斯·阿德里亚诺8'、72'，道格拉斯·科斯塔92'（点球）
第3轮 2010.10.19
布拉加2:0贝尔格莱德游击
利马35'、马特乌斯90'
阿森纳5:1顿涅茨克矿工
宋19'、纳斯里42'、法布雷加斯60'（点球）、威尔希尔66'、沙马赫69'；爱德华多82'
第4轮 2010.11.3
贝尔格莱德游击0:1布拉加
莫伊塞斯35'
顿涅茨克矿工2:1阿森纳
奇格林斯基28'、爱德华多45'；沃尔科特10'
第5轮 2010.11.23
布拉加2:0阿森纳
马特乌斯83'、93'
贝尔格莱德游击0:3顿涅茨克矿工
斯捷帕年科52'、雅德松59'、爱德华多68'
第6轮 2010.12.8
阿森纳3:1贝尔格莱德游击
范佩西30'（点球）、沃尔科特73'、纳斯里77'；克莱奥52'
顿涅茨克矿工2:0布拉加
拉特78'、路易斯·阿德里亚诺83'
积分榜

球队	胜	平	负	分	进:失
顿涅茨克矿工	5	0	1	15	12:6
阿森纳	4	0	2	12	18:7
布拉加	3	0	3	9	5:11
贝尔格莱德游击	0	0	6	0	2:13

1/8决赛（2011.2.15-3.16）
罗马2:6顿涅茨克矿工
[主]2:3 拉特17'（乌龙）、梅内兹61'；雅德松29'、道格拉斯·科斯塔36'、路易斯·阿德里亚诺41'
[客]0:3 威廉18'、58'，爱德华多87'
AC米兰0:1托特纳姆热刺
[0:1] 80'克劳奇
[0:0]
巴伦西亚2:4沙尔克04
[主]1:1 索尔达多17'；劳尔64'
[客]1:3 R.科斯塔17'；法尔范40、94'，加夫拉诺维奇52'
国际米兰3:3拜仁慕尼黑
[主]0:1 戈麦斯90'
[客]3:2 埃托奥4'、斯内德63'、潘德夫88'；戈麦斯21'、穆勒31'
里昂1:4皇家马德里
[主]1:1 戈米83'；本泽马65'
[客]0:3 马塞洛37'、本泽马66'、迪马里亚76'
阿森纳3:4巴塞罗那
[主]2:1 范佩西78'、阿尔沙文83'；比利亚26'
[客]1:3 梅西45'、71'，哈维69'；布斯克茨53'（乌龙）
马赛1:2曼联
[主]0:0
[客]1:2 布朗82'（乌龙）；埃尔南德斯5'、75'
哥本哈根0:2切尔西
[主]0:2 阿内尔卡17'、54'
[客]0:0
1/4决赛（2011.4.5-4.13）
皇家马德里5:0托特纳姆热刺
[主]4:0 阿德巴约4'、57'，迪马里亚72'、C.罗纳尔多87'
皇家马德里阵容：卡西利亚斯/卡瓦略、佩佩、拉莫斯、C.罗纳尔多、马塞洛、哈维、迪马里亚（卡卡77'）、厄齐尔、赫迪拉（迪亚拉61'）、阿德巴约（伊瓜因75'）
托特纳姆热刺阵容：戈麦斯/贝尔、耶纳斯、范德法特（迪福46'）、加拉、莫德里奇、克劳奇、道森、乔尔卢卡（巴松80'）、桑德罗、埃克托
[客]1:0 C.罗纳尔多50'
皇家马德里阵容：卡西利亚斯/卡瓦略、拉莫斯（格拉内罗57'）、C.罗纳尔多（卡卡65'）、马塞洛、阿隆索（本泽马75'）、阿韦洛亚、阿尔比奥尔、厄齐尔、赫迪拉、阿德巴约
托特纳姆热刺阵容：戈麦斯/贝尔、赫德斯通（桑德罗71'）、伦农（迪福61'）、帕夫柳琴科、范德法特、加拉、莫德里奇（克拉尼察83'）、道森、乔尔卢卡、埃克托
切尔西1:3曼联
[主]0:1 鲁尼24'
切尔西阵容：切赫/伊万诺维奇、阿什利·科尔、埃辛、拉米雷斯、兰帕德、托雷斯、德罗巴（阿内尔卡70'）、博辛瓦（米克尔79'）、日尔科夫（马卢达70'）、特里
曼联阵容：范德萨/埃夫拉、里奥·费迪南德、鲁尼、吉格斯、朴智星（斯莫林94'）、埃尔南德斯（贝尔巴托夫78'）、维迪奇、卡里克、拉斐尔（奥谢51'）、巴伦西亚
[客]1:2 德罗巴77'；埃尔南德斯43'、朴智星78'
切尔西阵容：切赫/伊万诺维奇、阿什利·科尔、埃辛、拉米雷斯、兰帕德、托雷斯（德罗巴46'）、马卢达、特里、阿莱士（费雷拉82'）、阿内尔卡（卡卢61'）
曼联阵容：范德萨/埃夫拉、里奥·费迪南德、鲁尼、吉格斯、朴智星、埃尔南德斯、维迪奇、卡里克、纳尼（巴伦西亚75'）、奥谢
巴塞罗那6:1顿涅茨克矿工
[主]5:1 伊涅斯塔2'、阿尔维斯34'、皮克53'、凯塔61'、哈维86'；拉基茨基60'
巴塞罗那阵容：巴尔德斯/阿尔维斯、皮克、哈维、比利亚（佩德罗70'）、伊涅斯塔（阿费莱91'）、梅西、马斯切拉诺、凯塔、布斯克茨、阿德里亚诺（丰塔斯77'）
顿涅茨克矿工阵容：皮亚托夫/许布施曼（爱德华多82'）、雅德松（费尔南迪尼奥70'）、路易斯·阿德里亚诺、威廉（特谢拉75'）、道格拉斯·科斯塔、姆希塔良、拉特、伊先科、斯尔纳、拉基茨基
[客]1:0 梅西43'
巴塞罗那阵容：巴尔德斯/阿尔维斯、皮克（G.米利托70'）、哈维（佩德罗66'）、比利亚（赫弗伦75'）、梅西、马斯切拉诺、凯塔、布斯克茨、阿费莱、阿德里亚诺
顿涅茨克矿工阵容：皮亚托夫/许布施曼（费尔南迪尼奥75'）、雅德松、路易斯·阿德里亚诺（莫雷诺66'）、威廉、舍甫丘克、科宾、道格拉斯·科斯塔（爱德华多58'）、姆希塔良、伊先科、拉基茨基
国际米兰3:7沙尔克04
[主]2:5 斯坦科维奇1'、米利托34'；马蒂普17'、埃杜40'、75，劳尔53'、拉诺基亚57'（乌龙）
国际米兰阵容：塞萨尔/萨内蒂、斯坦科维奇（哈尔贾24'、科尔多瓦63'）、蒂亚戈·莫塔（长友佑都76'）、埃托奥、斯内德、麦孔、拉诺基亚、坎比亚索、米利托、基伏
沙尔克04阵容：诺伊尔/萨尔佩、赫韦德斯、劳尔、埃杜、鲍姆约翰（施密茨76'）、帕帕多普洛斯、法尔范、胡拉多（德拉克斯勒83'）、内田笃人、马蒂普
[客]1:2 蒂亚戈·莫塔49'；劳尔45'、赫韦德斯81'
国际米兰阵容：塞萨尔/萨内蒂、斯坦科维奇（潘德夫46'）、卢西奥、蒂亚戈·莫塔、埃托奥、斯内德（科蒂尼奥80'）、麦孔、拉诺基亚、米利托、长友佑都
沙尔克04阵容：诺伊尔/萨尔佩、赫韦德斯、劳尔、埃杜（查理斯特亚斯77'）、鲍姆约翰（德拉克斯勒73'）、帕帕多普洛斯、胡拉多（施米茨87'）、梅策尔德、内田笃人、马蒂普
半决赛（2011.4.26-5.4）
沙尔克04 1:6曼联
[主]0:2 吉格斯67'、鲁尼69'
沙尔克04阵容：诺伊尔/萨尔佩（埃斯库德罗73'）、劳尔、埃杜、鲍姆约翰（克卢格83'）、帕帕多普洛斯、法尔范、胡拉多（德拉克斯勒83'）、梅策尔德、内田笃人、马蒂普
曼联阵容：范德萨/埃夫拉、里奥·费迪南德、鲁尼、吉格斯、朴智星（安德森73'）、埃尔南德斯（斯科尔斯73'）、维迪奇、卡里克、法比奥、巴伦西亚
[客]1:4 胡拉多35'；巴伦西亚26'、吉布森31'、安德森72'、76'
沙尔克04阵容：诺伊尔/埃斯库德罗、赫韦德斯（亨特拉尔70'）、劳尔、鲍姆约翰（埃杜46'）、帕帕多普洛斯、法尔范（马蒂普75'）、胡拉多、梅策尔德、内田笃人、德拉克斯勒
曼联阵容：范德萨/安德森、贝尔巴托夫（欧文77'）、斯莫林、纳尼、斯科尔斯（弗莱彻73'）、拉斐尔（埃夫拉60'）、奥谢、埃文斯、巴伦西亚、吉布森
皇家马德里1:3巴塞罗那
[主]0:2 梅西76'、87'
皇家马德里阵容：卡西利亚斯/佩佩、拉莫斯、C.罗纳尔多、迪亚拉、马塞洛、阿隆索、阿韦洛亚、阿尔比奥尔、迪马里亚、厄齐尔（阿德巴约46'）
巴塞罗那阵容：巴尔德斯/阿尔维斯、皮克、普约尔、哈维、比利亚（罗伯托91'）、梅西、马斯切拉诺、凯塔、布斯克茨、佩德罗（阿费莱71'）
[客]1:1 佩德罗54'；马塞洛64'
皇家马德里阵容：卡西利亚斯/卡瓦略、C.罗纳尔多、卡卡（厄齐尔60'）、迪亚拉、马塞洛、阿隆索、阿韦洛亚、阿尔比奥尔、伊瓜因（阿德巴约55'）、迪马里亚
巴塞罗那阵容：巴尔德斯/阿尔维斯、皮克、普约尔（阿比达尔90'）、哈维、比利亚（凯塔74'）、伊涅斯塔、梅西、马斯切拉诺、布斯克茨、佩德罗（阿费莱92'）
决赛（2011.5.28）
巴塞罗那3:1曼联
佩德罗27'、梅西54'、比利亚69'；鲁尼34'
巴塞罗那阵容（433）：巴尔德斯/阿尔维斯（普约尔88'）、马斯切拉诺、皮克、阿比达尔/哈维、布斯克茨、伊涅斯塔/比利亚（凯塔86'）、梅西、佩德罗（阿费莱92'）
曼联阵容（4411）：范德萨/法比奥（纳尼69'）、里奥·费迪南德、维迪奇、埃夫拉/巴伦西亚、卡里克（斯科尔斯77'）、吉格斯、朴智星/鲁尼/埃尔南德斯

2011/2012赛季
资格赛第一轮(2011.6.28-7.6)
特雷菲奥里（圣马力诺）1:5[0:3，1:2]瓦莱塔（马耳他）
圣科洛马（安道尔）0:4[0:2,0:2]卢森堡F91
资格赛第二轮(2011.7.12-7.20)
海法马卡比（以色列）7:4[5:1，2:3]Borac Banja Luka（波黑）
莫格伦（黑山）1:5[1:2，0:3] 洛维奇利特克斯（保加利亚）
马里博尔（斯洛文尼亚）5:1[2:0，3:1] 卢森堡F91
斯坎德培（阿尔巴尼亚）0:6[0:2，0:4]希腊人竞技（塞浦路斯）
布拉迪斯拉发（斯洛伐克）3:1[2:0，1:1]Tobol Kostanay（哈萨克斯坦）
格拉茨（奥地利）4:3[2:0，2:3]Videoton（匈牙利）
Zestafoni（格鲁吉亚）3:2[3:0，0:2]基希纳乌（摩尔多瓦）
萨格勒布迪纳摩（克罗地亚）3:0[3:0，0:0]巴库（阿塞拜疆）
普尼克（亚美尼亚）1:9[0:4，1:5]比尔森胜利（捷克）
贝尔格莱德游击5:0[4:0，1:0]Skendija（马其顿）
瓦莱塔（马耳他）2:4[2:3:1]埃克拉纳斯（立陶宛）
马尔默（瑞典）3:1[2:0，1:1]托沙文（法罗群岛）
沙姆洛克流浪（爱尔兰）1:0[1:0，0:0]塔林弗洛拉（爱沙尼亚）
罗森博格（挪威）5:2[5:0，0:2]Breidablik（冰岛）
班戈城（威尔士）0:13[0:3，0:10]赫尔辛基（芬兰）
里加斯孔托（拉脱维亚）0:3[0:1，0:2]克拉科夫（波兰）
林菲尔德（北爱尔兰）1:3[1:1，0:2]鲍里索夫（白俄罗斯）
资格赛第三轮（2011.7.26-8.3）
冠军组
洛维奇利特克斯（保加利亚）2:5[1:2，1:3]克拉科夫（波兰）
海法马卡比（以色列）3:2[2:1，1:1]马里博尔（斯洛文尼亚）
赫尔辛基（芬兰）1:3[1:2，0:1]萨格勒布迪纳摩（克罗地亚）
希腊人竞技（塞浦路斯）2:0[0:0，2:0]布拉迪斯拉发（斯洛伐克）
哥本哈根（丹麦）3:0[1:0，2:0]沙姆洛克流浪（爱尔兰）
亨克（比利时）3:2[2:1，1:1]贝尔格莱德游击
罗森博格（挪威）2:4[0:1，2:3]比尔森胜利（捷克）
Zestafoni（格鲁吉亚）1:2[1:1，0:1]格拉茨（奥地利）
埃克拉纳斯（立陶宛）1:3[0:0，1:3]鲍里索夫（白俄罗斯）
流浪者（苏格兰）1:2[0:1，1:1]马尔默（瑞典）
非冠军组
标准列日（比利时）1:2[1:1，0:1]苏黎世（瑞士）
特温特（荷兰）2:0[2:0，0:0]Vaslui（罗马尼亚）
本菲卡（葡萄牙）3:1[2:0，1:1]特拉布宗（土耳其）
基辅迪纳摩1:4[0:2，1:2]喀山红宝石（俄罗斯）
奥登塞（丹麦）5:4[1:1，4:3]帕纳辛奈科斯（希腊）
附加赛（2011.8.16-8.24）
冠军组
克拉科夫（波兰）2:3[1:0，1:3]希腊人竞技
海法马卡比（以色列）3:3（点球1:4）[2:1，1:2]亨克（比利时）
萨格勒布迪纳摩（克罗地亚）4:3[4:1，0:2]马尔默（瑞典）
哥本哈根（丹麦）2:5[1:3，1:2]比尔森胜利（捷克）
鲍里索夫（白俄罗斯）3:1[1:1，2:0]格拉茨（奥地利）
非冠军组
欧登塞（丹麦）1:3[1:0，0:3]比利亚雷亚尔
特温特（荷兰）3:5[2:2，1:3]本菲卡（葡萄牙）
阿森纳3:1[1:0，2:1]乌迪内斯
拜仁慕尼黑3:0[2:0，1:0]苏黎世（瑞士）
里昂4:2[3:1，1:1]喀山红宝石（俄罗斯）
小组赛（2011.9.13-12.7）
A组
第1轮 2011.9.14
曼城1:1那不勒斯
科拉罗夫74'；卡瓦尼69'
比利亚雷亚尔0:2拜仁慕尼黑
克罗斯7'、拉菲尼亚76'
第2轮 2011.9.27
拜仁慕尼黑2:0曼城
戈麦斯38'、45'
那不勒斯2:0比利亚雷亚尔
哈姆西克15'、卡瓦尼17'（点球）
第3轮 2011.10.18
那不勒斯1:1拜仁慕尼黑
巴德施图伯39'（乌龙）；克罗斯2'
曼城2:1比利亚雷亚尔
马切达43'（乌龙）、阿圭罗93'；卡尼4'
第4轮 2011.11.2
拜仁慕尼黑3:2那不勒斯
戈麦斯17'、23'、42'；费尔南德斯45'、79'
比利亚雷亚尔0:3曼城
亚亚·图雷30'、71'，巴洛特利45'（点球）
第5轮 2011.11.22
那不勒斯2:1曼城
卡瓦尼17'、49'；巴洛特利33'
拜仁慕尼黑3:1比利亚雷亚尔
里贝里3'、69'，戈麦斯23'；德古斯曼50'
第6轮 2011.12.7
曼城2:0拜仁慕尼黑
席尔瓦36'、亚亚·图雷52'
比利亚雷亚尔0:2那不勒斯
因勒65'、哈姆西克76'
积分榜

球队	胜	平	负	分	进:失
拜仁慕尼黑	4	1	1	13	11:6
那不勒斯	3	2	1	11	10:6
曼城	3	1	2	10	9:6
比利亚雷亚尔	0	0	6	0	2:14

B组
第1轮 2011.9.14
里尔2:2莫斯科中央陆军

索乌44'、佩德雷蒂57'；敦比亚72'、90'
国际米兰0:1特拉布宗
切卢斯特卡 76'
第2轮 2011.9.27
莫斯科中央陆军2:3国际米兰
扎戈耶夫45'、洛韦77'；卢西奥6'、帕齐尼23'、萨拉特79'
特拉布宗1:1里尔
科尔曼75'（点球）；索乌30'
第3轮 2011.10.18
莫斯科中央陆军3:0特拉布宗
敦比亚29'、86'，曹尼亚76'
里尔0:1国际米兰
帕齐尼21'
第4轮 2011.11.2
特拉布宗0:0莫斯科中央陆军
国际米兰2:1里尔
萨穆埃尔18'、米利托65'；图利奥83'
第5轮 2011.11.22
莫斯科中央陆军0:2里尔
别列祖茨基49'（乌龙）、索乌64' 特拉布宗1:1国际米兰
阿尔滕托普23'；阿尔瓦雷斯18'
第6轮 2011.12.7
里尔0:0特拉布宗
国际米兰1:2莫斯科中央陆军
坎比亚索51'；敦比亚50'、别列祖茨基86'
积分榜

球队	胜	平	负	分	进:失
国际米兰	3	1	2	10	8:7
莫斯科中央陆军	2	2	2	8	9:8
特拉布宗	1	4	1	7	3:5
里尔	1	3	2	6	6:6

C组
第1轮 2011.9.14
巴塞尔2:1加拉茨
F.弗雷39'、A.弗雷84'（点球）；佩纳58'
本菲卡1:1曼联
卡多索24'；吉格斯42'
第2轮 2011.9.27
曼联3:3巴塞尔
韦尔贝克16'、17'，卢克·扬90'；F.弗雷58'、A.弗雷61'、76'（点球）
加拉茨0:1本菲卡
布鲁诺·塞萨尔40'
第3轮 2011.10.18
加拉茨0:2曼联
鲁尼64'（点球）、92'（点球）
巴塞尔0:2本菲卡
布鲁诺·塞萨尔20'、卡多索75'
第4轮 2011.11.2
曼联2:0加拉茨
巴伦西亚8'、瑟尔吉88'（乌龙）
本菲卡1:1巴塞尔
罗德里戈4'；胡格尔64'
第5轮 2011.11.22
加拉茨2:3巴塞尔
久尔久75'、安塔尔81'；F.弗雷10'、A.弗雷14'、施特雷勒37'
曼联2:2本菲卡
贝尔巴托夫30'、弗莱彻59'；琼斯3'（乌龙）、艾马尔61'
第6轮 2011.12.7
巴塞尔2:1曼联
施特雷勒9'、A.弗雷84'；琼斯89'
本菲卡1:0加拉茨
卡多索7'
积分榜

球队	胜	平	负	分	进:失
本菲卡	3	3	0	12	8:4
巴塞尔	3	2	1	11	11:10
曼联	2	3	1	9	11:8
加拉茨	0	0	6	0	3:11

D组
第1轮 2011.9.14
萨格勒布迪纳摩0:1皇家马德里
迪马里亚53'
阿贾克斯0:0里昂
第2轮 2011.9.27
里昂2:0萨格勒布迪纳摩
戈米23'、科内42'
皇家马德里3:0阿贾克斯
C.罗纳尔多25'、卡卡41'、本泽马49'
第3轮 2011.10.18
皇家马德里4:0里昂
本泽马19'、赫迪拉47'、洛里斯55'（乌龙）、拉莫斯81'
萨格勒布迪纳摩0:2阿贾克斯
伯里希特49'、埃里克森90'
第4轮 2011.11.2
里昂0:2皇家马德里
C.罗纳尔多24'、69'（点球）
阿贾克斯4:0萨格勒布迪纳摩
范德维尔20'、苏莱曼尼25'、德容65'、洛代罗92'
第5轮 2011.11.22
皇家马德里6:2萨格勒布迪纳摩
本泽马2'、66'，卡列洪7'、49'，伊瓜因9'、厄齐尔20'；贝契拉伊81'、托梅恰克90'
里昂0:0阿贾克斯
第6轮 2011.12.7
萨格勒布迪纳摩1:7里昂
科瓦契奇40'；戈米45'、48'、52'、70'，戈纳隆47'、利桑德罗64'、白里安75'
阿贾克斯0:3皇家马德里
卡列洪14'、92'，伊瓜因41'
积分榜

球队	胜	平	负	分	进:失
皇家马德里	6	0	0	18	19:2
里昂	2	2	2	8	9:7
阿贾克斯	2	2	2	8	6:6
萨格勒布迪纳摩	0	0	6	0	3:22

E组
第1轮 2011.9.13
切尔西2:0勒沃库森
大卫·路易斯67'、马塔92'
亨克0:0巴伦西亚
第2轮 2011.9.28
巴伦西亚1:1切尔西
索尔达多87'（点球）；兰帕德56'
勒沃库森2:0亨克
本德30'、巴拉克91'
第3轮 2011.10.19
勒沃库森2:1巴伦西亚
许尔勒52'、萨姆56'；若纳斯24'
切尔西5:0亨克
梅莱雷斯8'、托雷斯11'、27'、伊万诺维奇42'、卡卢72'
第4轮 2011.11.1
巴伦西亚3:1勒沃库森
若纳斯1'、索尔达多65'、拉米75'；基斯林31'
亨克1:1切尔西
沃森61'；拉米雷斯26'
第5轮 2011.11.23
勒沃库森2:1切尔西
德尔迪约克73'、弗里德里希91'；德罗巴48'
巴伦西亚7:0亨克
若纳斯10'、索尔达多13'、35'、39'，巴勃罗68'、阿杜里斯70'、科斯塔81'
第6轮 2011.12.6
切尔西3:0巴伦西亚
德罗巴3'、76'，拉米雷斯22'
亨克1:1勒沃库森
沃森30'；德尔迪约克79'
积分榜

球队	胜	平	负	分	进:失
切尔西	3	2	1	11	13:4
勒沃库森	3	1	2	10	8:8
巴伦西亚	2	2	2	8	12:7
亨克	0	3	3	3	2:16

F组
第1轮 2011.9.13
奥林匹亚科斯0:1马赛
卢乔51'
多特蒙德1:1阿森纳
佩里希奇88'；范佩西42'
第2轮 2011.9.28
阿森纳2:1奥林匹亚科斯
张伯伦8'、桑托斯20'；富斯特27'
马赛3:0多特蒙德
阿尤20'、69'（点球），雷米62'
第3轮 2011.10.19
马赛0:1阿森纳
拉姆齐92'
奥林匹亚科斯3:1多特蒙德
霍勒巴斯8'、杰布尔40'、莫德斯托78'；莱万多夫斯基26'
第4轮 2011.11.1
阿森纳0:0马赛
多特蒙德1:0奥林匹亚科斯
格罗斯克罗伊茨7'
第5轮 2011.11.23
马赛0:1奥林匹亚科斯
费特法齐季斯82'
阿森纳2:1多特蒙德
范佩西49'、86'；香川真司92'
第6轮 2011.12.6
奥林匹亚科斯3:1阿森纳
杰布尔16'、富斯特36'、莫德斯托89'；贝纳永57'
多特蒙德2:3马赛
布瓦什奇科夫斯基23'、胡梅尔斯32'（点球）；雷米45'、阿尤85'、瓦尔比埃纳87'
积分榜

球队	胜	平	负	分	进:失
阿森纳	3	2	1	11	7:6
马赛	3	1	2	10	7:4
奥林匹亚科斯	3	0	3	9	8:6
多特蒙德	1	1	4	4	6:12

G组
第1轮 2011.9.13
波尔图2:1顿涅茨克矿工
浩克28'、克莱伯51'；路易斯·阿德里亚诺
希腊人竞技2:1泽尼特
曼杜卡73'、埃尔顿75'；济里亚诺夫63'
第2轮 2011.9.28
泽尼特3:1波尔图
希罗科夫20'、63'，丹尼72'；哈梅斯·罗德里格斯10'
顿涅茨克矿工1:1希腊人竞技
雅德松64'；特里奇科维奇61'
第3轮 2011.10.19
顿涅茨克矿工2:2泽尼特
威廉15'、路易斯·阿德里亚诺45'；希罗科夫33'、法伊祖林61'
波尔图1:1希腊人竞技
浩克13'；埃尔顿19'
第4轮 2011.11.1
泽尼特1:0顿涅茨克矿工
隆巴尔茨45'
希腊人竞技2:1波尔图
埃尔顿42'（点球）、曼杜卡90'；浩克89'（点球）
第5轮 2011.11.23
泽尼特0:0希腊人竞技
顿涅茨克矿工0:2波尔图
浩克79'、莱特90'（乌龙）
第6轮 2011.12.6
波尔图0:0泽尼特
希腊人竞技0:2顿涅茨克矿工
路易斯·阿德里亚诺62'、谢列兹尼奥夫78'
积分榜

球队	胜	平	负	分	进:失
希腊人竞技	2	3	1	9	6:6
泽尼特	2	3	1	9	7:5
波尔图	2	2	2	8	7:7
顿涅茨克矿工	1	2	3	5	6:8

H组
第1轮 2011.9.13
巴塞罗那2:2AC米兰
佩德罗36'、比利亚50'；帕托1'、蒂亚戈·席尔瓦92'
比尔森胜利1:1鲍里索夫
巴科什45'；布雷桑69'
第2轮 2011.9.28
鲍里索夫0:5巴塞罗那
瓦拉哲科19'（乌龙）、佩德罗22'、梅西38'、56'，比利亚90'
AC米兰2:0比尔森胜利
伊布拉希莫维奇53'（点球）、卡萨诺66'
第3轮 2011.10.19
AC米兰2:0鲍里索夫
伊布拉希莫维奇33'、博阿滕70'
巴塞罗那2:0比尔森胜利
伊涅斯塔10'、比利亚82'
第4轮 2011.11.1
鲍里索夫1:1AC米兰
布雷桑55'（点球）；伊布拉希莫维奇22'
比尔森胜利0:4巴塞罗那
梅西24'（点球）、45'、92'，法布雷加斯72'
第5轮 2011.11.23
鲍里索夫0:1比尔森胜利
巴科什42'
AC米兰2:3巴塞罗那
伊布拉希莫维奇20'、博阿滕54'；范博梅尔14'（乌龙）、梅西31'、哈维63'
第6轮 2011.12.6
巴塞罗那4:0
罗伯托35'、蒙托亚60'、佩德罗63'、89'（点球）
比尔森胜利2:2AC米兰
比斯特隆89'、朱里什93'；帕托47'、罗比尼奥48'
积分榜

球队	胜	平	负	分	进:失
巴塞罗那	5	1	0	16	20:4
AC米兰	2	3	1	9	11:8
比尔森胜利	1	2	3	5	4:11
鲍里索夫	0	2	4	2	2:14

1/8决赛（2012.2.14-3.14）
里昂1:1（点球3:4）希腊人竞技
[主]1:0 拉卡泽特58'
[客]0:1 曼杜卡9'
那不勒斯4:5切尔西
[主]3:1 拉韦齐38'、65'，卡瓦尼45'；马塔27'
[客]1:4（加时） 因勒55' [illegible]德罗巴28'、特里47'兰帕德75'（点球）、[illegible]诺维奇105'
AC米兰4:3阿森纳
[主]4:0 博阿滕15'、罗比[illegible]38'、49' [illegible]伊布拉希莫维奇79'（点球）
[客]0:3 科斯切尔尼7'、[illegible]西基26'、[illegible]西43'（点球）
巴塞尔1:7拜仁慕尼黑
[主]1:0 施托克尔87'
[客]0:7 罗本11'、81' [illegible]勒42'、戈麦斯44'、50'、61'、67'
勒沃库森2:10巴塞罗那
[主]1:3 卡德莱茨52'；[illegible]斯41'、55，梅西88'
[客]1:7 贝拉拉比91'；[illegible]25'、43'、49'、58'、85'，特略55'、62'
莫斯科中央陆军2:5皇家[illegible]德里
[主]1:1 韦恩布卢姆93'；[illegible]罗纳尔多27'
[客]1:4 托希奇77'；伊[illegible]26'、C.罗纳尔多55'、94'，本泽马70'
泽尼特3:4本菲卡
[主]3:2 希罗科夫27'、[illegible]，谢马克7[illegible]；佩雷拉21'、卡多索87'
[客]0:2 佩雷拉45'、奥[illegible]拉93'
马赛*2:2国际米兰
[主]1:0 阿尤93'
[客]1:2 布兰当92'；米[illegible]75'、帕齐尼96'
1/4决赛（201[illegible]3.27-4.4）
希腊人竞技2:8皇家马[illegible]
[主]0:3 本泽马74'、90[illegible]卡卡82'
希腊人竞技阵容：希奥[illegible]/保罗·若热、马塞洛·奥利维拉（C.卡[illegible]3'）、普尔塞蒂德斯、埃尔顿、哈拉兰比[illegible]斯、特里奇科维奇、平托（索拉里72'）、[illegible]赖斯、亚历山德鲁（索萨46'）、博阿文[illegible]
皇家马德里阵容：卡[illegible]利亚斯/佩佩、拉莫斯、沙欣（格拉内罗[illegible]）、赫迪拉、C.罗纳尔多、本泽马、厄[illegible]、科恩特朗（卡卡64'）、阿韦洛亚、伊[illegible]（马塞洛64'）
[客]2:5 曼杜卡67'、[illegible]拉里82'（点球）；C.罗纳尔多26'、76'，[illegible]卡37'、卡列洪80'、迪马里亚84'
希腊人竞技阵容：帕[illegible]/保罗·若热、C.卡卡、普尔塞蒂德斯、[illegible]顿（索拉里70'）、哈拉兰比德斯、曼杜[illegible]阿多诺68'）、平托（萨特西亚斯78'）、[illegible]赖斯、马西尼奥、博阿文图拉
皇家马德里阵容：卡西[illegible]亚斯/佩佩、拉莫斯、沙欣、C.罗纳尔多、[illegible]、格拉内罗（阿尔比奥尔65'）、马塞洛（[illegible]列洪46'）、阿尔滕托普、瓦拉内、伊瓜因（[illegible]马里亚55）
马赛0:4拜仁慕尼黑
[主]0:2 戈麦斯44'、[illegible]69'
马赛阵容：埃林顿/[illegible]皮利奎塔、恩库鲁、迪亚拉（谢鲁71'）、雷米、莫雷尔、姆比亚、阿马尔菲塔诺（[illegible]兰当68'）、阿尤、法尼、瓦尔比埃纳
拜仁慕尼黑阵容：诺[illegible]尔/里贝里（普拉尼奇78'）、罗本、博阿[illegible]拉姆、穆勒（施魏因斯泰格70'）、阿尔[illegible]巴德施图伯、古斯塔沃、戈麦斯、克罗斯[illegible]季莫舒克63'）
[客]0:2 奥利奇13'、[illegible]
马赛阵容：芒当达/[illegible]皮利奎塔、恩克鲁、谢鲁、布兰当（吉[illegible]克74'）、雷米（卡博雷63'）、莫雷尔（[illegible]马尔菲塔诺46'）、姆比亚、阿尤、法尼、[illegible]比埃纳
拜仁慕尼黑阵容：诺[illegible]尔/里贝里、奥利奇（戈麦斯75'）、博阿滕、拉姆、穆勒（拉菲尼亚39'）、阿拉巴、巴[illegible]施图伯、古斯塔沃、克罗斯（普拉尼奇67'[illegible]季莫舒克
本菲卡1:3切尔西
[主]0:1 卡卢75'
本菲卡阵容：阿图[illegible]埃莫森、路易松、加西亚（诺利托81'）、[illegible]多索、塞萨尔（罗德里戈69'）、艾马尔（[illegible]蒂奇69'）、佩雷拉、盖坦、维采尔、贾德[illegible]
切尔西阵容：切赫/[illegible]什利·科尔、大卫·路易斯、拉米雷斯、托[illegible]、马塔、米克尔、梅莱雷斯（兰帕德68'）、费雷拉（博辛瓦80'）、卡卢（斯图里奇82'[illegible]、特里
[客]1:2 加西亚85'[illegible]兰帕德21'（点球）、梅莱雷斯93'
本菲卡阵容：阿图[illegible]埃莫森、加西亚、卡多索（奥利维拉57'）、[illegible]萨尔（罗德里戈72'）、艾马尔、佩雷拉、[illegible]坦（贾洛6[illegible]）、马蒂奇、维采尔、卡普[illegible]维拉
切尔西阵容：切赫[illegible]万诺维奇、阿什利·科尔、大卫·路易斯[illegible]拉米雷斯、兰帕德、托雷斯（德罗巴88'）[illegible]马塔（梅莱雷斯79'）、米克尔、卡卢、特里[illegible]卡希尔60'
AC米兰1:3巴塞[illegible]

[主]0:0
AC米兰阵容：阿比亚蒂/梅克斯、西多夫、伊布拉希莫维奇、内斯塔（梅斯巴75'）、诺切里诺、安布罗西尼、博内拉、博阿滕（埃马努埃尔森67'）、罗比尼奥（沙拉维52'）、安东尼尼
巴塞罗那阵容：巴尔德斯/阿尔维斯、皮克、普约尔、哈维、伊涅斯塔（特略65'）、桑切斯（佩德罗76'）、梅西、马斯切拉诺、凯塔、布斯克茨
[客]1:3 诺切里诺32'；梅西11'（点球）、41'（点球），伊涅斯塔53'
AC米兰阵容：阿比亚蒂/梅克斯、西多夫（阿奎拉尼61'）、伊布拉希莫维奇、内斯塔、阿巴特、诺切里诺、安布罗西尼、博阿滕（帕托'、马克西·洛佩斯83'）、罗比尼奥、安东尼尼
巴塞罗那阵容：巴尔德斯/阿尔维斯、皮克（阿德里亚诺75'）、法布雷加斯（凯塔78'）、普约尔、哈维（蒂亚戈63'）、伊涅斯塔、梅西、马斯切拉诺、布斯克茨、昆卡

半决赛（2012.4.17-5.25）

拜仁慕尼黑3:3（点球3:1）皇家马德里
[主]2:1 里贝里17'、戈麦斯90'；厄齐尔53'
拜仁慕尼黑阵容：诺伊尔/里贝里、罗本、博阿滕、拉姆、阿拉巴、巴德施图伯、古斯塔沃、施魏因斯泰格（穆勒91'）、戈麦斯、克罗斯
皇家马德里阵容：卡西利亚斯/佩佩、拉莫斯、赫迪拉、C.罗纳尔多、本泽马（伊瓜因84'）、厄齐尔（马塞洛69'）、阿隆索、科恩特朗、阿韦洛亚、迪马里亚（格拉内罗79'）
[客]1:2 罗本27'（点球）；C.罗纳尔多6'（点球）、14'
拜仁慕尼黑阵容：诺伊尔/里贝里（穆勒95'）、罗本、博阿滕、拉姆、阿拉巴、巴德施图伯、古斯塔沃、施魏因斯泰格、戈麦斯、克罗斯
皇家马德里阵容：卡西利亚斯/佩佩、拉莫斯、赫迪拉、C.罗纳尔多、本泽马（伊瓜因106'）、厄齐尔（格拉内罗111'）、马塞洛、阿隆索、阿韦洛亚、迪马里亚（卡卡75'）

切尔西3:2巴塞罗那
[主]1:0 德罗巴45'
切尔西阵容：切赫/伊万诺维奇、阿什利·科尔、拉米雷斯（博辛瓦88'）、兰帕德、马塔（卡卢74'）、德罗巴、米克尔、梅莱雷斯、卡希尔、特里
巴塞罗那阵容：巴尔德斯/阿尔维斯、法布雷加斯（蒂亚戈78'）、普约尔、哈维（昆卡87'）、伊涅斯塔、桑切斯（佩德罗66'）、梅西、马斯切拉诺、布斯克茨、阿德里亚诺
[客]2:2 拉米雷斯45'、托雷斯92'；布斯克茨35'、伊涅斯塔43'
切尔西阵容：切赫/伊万诺维奇、阿什利·科尔、拉米雷斯、兰帕德、马塔（卡卢58'）、德罗巴（托雷斯80'）、米克尔、梅莱雷斯、卡希尔（博辛瓦12'）、特里
巴塞罗那阵容：巴尔德斯/皮克（阿尔维斯26'）、法布雷加斯（凯塔74'）、普约尔、哈维、伊涅斯塔、桑切斯、梅西、马斯切拉诺、布斯克茨、昆卡（特略68'）

决赛（2012.5.19，慕尼黑安联球场）

拜仁慕尼黑1:1（点球3:4）切尔西
穆勒83'；德罗巴88'
拜仁慕尼黑点球:拉姆√戈麦斯√诺伊尔√奥利奇×施魏因斯泰格×
切尔西点球:马塔×大卫·路易斯√兰帕德√阿什利·科尔√德罗巴√
拜仁慕尼黑阵容（4231）：诺伊尔/拉姆、博阿滕、季莫舒克、孔蒂诺/施魏因斯泰格、克罗斯/罗本、穆勒（范比滕87'）、里贝里（奥利奇97'）/戈麦斯
切尔西阵容（4141）：切赫/博辛瓦、大卫·路易斯、卡希尔、阿什利·科尔/米克尔/卡卢（托雷斯84'）、马塔、兰帕德、伯特兰（马卢达73'）/德罗巴

2012-2013赛季

资格赛第一轮(2012.7.3-7.10)

卢森堡F91 11:0[7:0，4:0]特雷佩内（圣马力诺）
瓦莱塔（马耳他）9:0[8:0，1:0]卢西塔诺斯（安道尔）
林菲尔德（北爱尔兰）0:0（点球4:3）[0:0，0:0（加时赛）]托沙文（法罗群岛）

资格赛第二轮(2013.7.17-7.25)

斯坎德培（阿尔巴尼亚）1:3[1:0，0:3]德布勒森（匈牙利）
马里博尔（斯洛文尼亚）6:2[4:1，2:1]铁路工人（波黑）
日利纳（斯洛瓦克）1:2[1:0，0:2]Ironi Kiryat Shmona（以色列）
鲍里索夫（白俄罗斯）3:2[3:2，0:0]瓦达尔（马其顿）
利马索尔（塞浦路斯）3:0[3:0，0:0]林菲尔德（北爱尔兰）
沙姆洛克流浪（爱尔兰）1:2[0:0,1:2]埃克拉纳斯（立陶宛）
塔林弗洛拉（爱沙尼亚）0:5[0:2,0:3]巴塞尔
新圣徒（威尔士）0:3[0:0，0:3]赫尔辛堡（瑞典）
赫尔辛基（芬兰）9:1[7:0，2:1]冰岛KR
莫尔德（挪威）4:1[3:0，1:1]文茨皮尔斯（拉脱维亚）
卢森堡F91 *4:4[1:0，3:4] 萨尔茨堡红牛（奥地利）
利贝雷茨（捷克）2:1[1:0，1:1（加时赛）]卡拉干达矿工（哈萨克斯坦）
卢多戈雷茨（保加利亚）3:4[1:1，2:3]萨格勒布迪纳摩（克罗地亚）
巴库Neftchi（阿塞拜疆）5:2[3,0，2,2]Zestafoni（格鲁吉亚）
Ulisses（亚美尼亚）0:2[0:1，0:1]舍里夫（摩尔多瓦）
瓦莱塔（马耳他）2:7[1:4，1:3]贝尔格莱德游击（塞尔维亚）
波德戈里察（黑山）1:2[0:2，1:0]弗罗茨瓦夫斯拉斯克（波兰）

资格赛第三轮（2012.7.31-8.8）

冠军组
马里博尔（斯洛文尼亚）5:1[4:1，1:0]卢森堡F91
鲍里索夫（白俄罗斯）3:1[1:1，2:0]德布勒森（匈牙利）
克卢日（罗马尼亚）3:1[1:0，2:1]利贝雷茨（捷克）
安德莱赫特（比利时）11:0[5:0，6:0]埃克拉纳斯（立陶宛）
弗罗茨瓦夫斯拉斯克（波兰）1:6[0:3，1:3]赫尔辛堡（瑞典）
舍里夫（摩尔多瓦）0:5[0:1，0:4]萨格勒布迪纳摩（克罗地亚）
凯尔特人4:1[2:1，2:0]赫尔辛基（芬兰）
莫尔德（挪威）1:2[0:1,1:1]巴塞尔（瑞士）
Ironi Kiryat Shmona（以色列）6:2 [4:0，2:2]巴库Neftchi（阿塞拜疆）
利马索尔（塞浦路斯）2:0[1:0，1:0]贝尔格莱德游击（塞尔维亚）

非冠军组
费内巴切5:2[1:1，4:1] 瓦斯卢伊（罗马尼亚）
马瑟韦尔（苏格兰）0:5[0:2，0:3]帕纳辛奈科斯（希腊）
哥本哈根（丹麦）3:2[0:0，3:2]布鲁日（比利时）
基辅迪纳摩（乌克兰）3:1[2:1，1:0]费耶诺德（荷兰）

附加赛（2012.8.21-8.29）

冠军组
巴塞尔1:3（瑞士）[1:2，0:1]克卢日（罗马尼亚）
赫尔辛堡（瑞典）0:4[0:2,0:2]凯尔特人
鲍里索夫（白俄罗斯）3:1[2:0，1:1]Ironi Kiryat Shmona（以色列）
利马索尔（塞浦路斯）2:3[2:1,0:2]安德莱赫特（比利时）
萨格勒布迪纳摩（克罗地亚）3:1[2:1，1:0]马里博尔（斯洛文尼亚）

非冠军组
布拉加（葡萄牙）2:2 (点球5:4)[1:1，1:1 (加时)]乌迪内斯
莫斯科斯巴达克（俄罗斯）3:2[2:1，1:1]费内巴切（土耳其）
马拉加2:0[2:0，0:0]帕纳辛奈科斯（希腊）
门兴格拉德巴赫3:4[1:3，2:1]基辅迪纳摩（乌克兰）
哥本哈根（丹麦）1:2[1:0，0:2 (加时)]里尔

小组赛（2012.9.18-12.5）

A组
第1轮 2012.9.18
萨格勒布迪纳摩0:2波尔图
卢乔41'、德富雷92'
巴黎圣日耳曼4:1基辅迪纳摩
伊布拉希莫维奇19'（点球）、蒂亚戈·席尔瓦32'、阿莱士32'、帕斯托雷91'；维洛索87'
第2轮 2012.10.3
基辅迪纳摩2:0萨格勒布迪纳摩
胡谢夫3'、普里瓦里奇33'（乌龙）
波尔图1:0巴黎圣日耳曼
罗德里格斯83'
第3轮 2012.10.24
波尔图3:2基辅迪纳摩
巴雷拉15'、马丁内斯36'、78'；胡谢夫21'、伊德耶72'
萨格勒布迪纳摩0:2巴黎圣日耳曼
伊布拉希莫维奇33'、梅内43'
第4轮 2012.11.6
基辅迪纳摩0:0波尔图
巴黎圣日耳曼4:0萨格勒布迪纳摩
阿莱士16'、马图伊迪61'、梅内65'、瓦罗80'
第5轮 2012.11.21
波尔图3:0萨格勒布迪纳摩
卢乔20'、穆蒂尼奥67'、巴雷拉85'
第6轮 2012.12.4
萨格勒布迪纳摩1:1基辅迪纳摩
克尔斯塔诺维奇95'（点球）；亚尔莫连科45'
巴黎圣日耳曼2:1波尔图
蒂亚戈·席尔瓦29'、拉韦齐61'；马丁内斯33'

积分榜

球队	胜	平	负	分	进:失
巴黎圣日耳曼	5	0	1	15	14:3
波尔图	4	1	1	13	10:4
基辅迪纳摩	1	2	3	5	6:10
萨格勒布迪纳摩	0	1	5	1	1:14

B组
第1轮 2012.9.18
蒙彼利埃1:2阿森纳
贝尔汉达9'（点球）；波多尔斯基16'、热尔维尼奥18'
奥林匹亚科斯1:2沙尔克04
阿卜敦58'；赫韦德斯41'、亨特拉尔59'
第2轮 2012.10.3
沙尔克04 2:2蒙彼利埃
德拉克斯勒26'、亨特拉尔53'（点球）；阿伊-法纳13'、卡马拉90'
阿森纳3:1奥林匹亚科斯
热尔维尼奥42'、波多尔斯基56'、拉姆塞94'；米特罗格卢45'
第3轮 2012.10.24
阿森纳0:2沙尔克04
亨特拉尔76'、阿费莱86'
蒙彼利埃1:2奥林匹亚科斯
沙博尼耶49'；托罗西迪斯73'、米特罗格卢91'
第4轮 2012.11.6
沙尔克04 2:2阿森纳
亨特拉尔45'、法尔范67'；沃尔科特18'、吉鲁26'
奥林匹亚科斯3:1蒙彼利埃
马沙多4'、格雷科80'、米特罗格卢82'；贝勒汉达66'（点球）
第5轮 2012.11.21
阿森纳2:0蒙彼利埃
威尔希尔49'、波多尔斯基63'
沙尔克04 1:0奥林匹亚科斯
富克斯77'
第6轮 2012.12.4
蒙彼利埃1:1沙尔克04
埃雷拉59'；赫韦德斯56'
奥林匹亚科斯2:1阿森纳
马尼亚蒂斯64'、米特罗格卢73'；罗西基38'

积分榜

球队	胜	平	负	分	进:失
沙尔克04	3	3	0	12	10:6
阿森纳	3	1	2	10	10:8
奥林匹亚科斯	3	0	3	9	9:9
蒙彼利埃	0	2	4	2	6:12

C组
第1轮 2012.9.18
马拉加3:0泽尼特
伊斯科3'、76'，萨维奥拉
AC米兰0:0安德莱赫特
第2轮 2012.10.3
泽尼特2:3AC米兰
浩克45'、希罗科夫49'；埃马努埃尔森13'、沙拉维16'、胡博灿75'（乌龙）
安德莱赫特0:3马拉加
埃利塞乌45'、64'，华金57'（点球）
第3轮 2012.10.24
泽尼特1:0安德莱赫特
克尔扎科夫72'（点球）
马拉加1:0AC米兰
华金64'
第4轮 2012.11.6
安德莱赫特1:0泽尼特
姆博卡尼17'
AC米兰1:1马拉加
帕托73'；埃利塞乌40'
第5轮 2012.11.21
泽尼特2:2马拉加
丹尼49'、法伊祖林87'；博纳诺特8'、塞巴9'
安德莱赫特1:3AC米兰
德萨特78'；沙拉维47'、梅克斯71'、帕托91'
第6轮 2012.12.4
马拉加2:2安德莱赫特
杜达45'、61'；约万诺维奇50'、姆博卡尼89'
AC米兰0:1泽尼特
丹尼35'

积分榜

球队	胜	平	负	分	进:失
马拉加	3	3	0	12	12:5
AC米兰	2	2	2	8	7:6
泽尼特	2	1	3	7	6:9
安德莱赫特	1	2	3	5	4:9

D组
第1轮 2012.9.18
多特蒙德1:0阿贾克斯
莱万多夫斯基87'
皇家马德里3:2曼城
马塞洛76'、本泽马87'、C.罗纳尔多90'；哲科68'、科拉罗夫85'
第2轮 2012.10.3
曼城1:1多特蒙德
巴洛特利90'（点球）；罗伊斯61'
阿贾克斯1:4皇家马德里
莫伊桑德56'；C.罗纳尔多42'、79'、81'，本泽马48'
第3轮 2012.10.24
阿贾克斯3:1曼城
德容45'、莫伊桑德57'、埃里克森68'；纳斯里22'
多特蒙德2:1皇家马德里
莱万多夫斯基36'、施梅尔策64'；C.罗纳尔多38'
第4轮 2012.11.6
曼城2:2阿贾克斯
亚亚·图雷22'、阿圭罗74'；德容10'、17'
皇家马德里2:2多特蒙德
佩佩34'、厄齐尔89'；罗伊斯28'、阿韦洛亚45'（乌龙）
第5轮 2012.11.21
阿贾克斯1:4多特蒙德
胡森87'；罗伊斯8'、格策36'、莱万多夫斯基41'、67'
曼城1:1皇家马德里
阿圭罗73'（点球）；本泽马10'
第6轮 2012.12.4
多特蒙德1:0曼城
席佰57'
皇家马德里4:1阿贾克斯
C.罗纳尔多13'、卡列洪28'、88'，卡卡49'；伯里希特59'

积分榜

球队	胜	平	负	分	进:失
多特蒙德	4	2	0	14	11:5
皇家马德里	3	2	1	11	15:9
阿贾克斯	1	1	4	4	8:16
曼城	0	3	3	3	7:11

E组
第1轮 2012.9.19
顿涅茨克矿工2:0北日德兰
姆希塔良44'、76'
切尔西2:2尤文图斯
奥斯卡31'、33'；比达尔38'、夸利亚雷拉80'
第2轮 2012.10.2
尤文图斯1:1顿涅茨克矿工
博努奇25'；特谢拉23'
北日德兰0:4切尔西
马塔33'、82'，大卫·路易斯79'、拉米雷斯89'
第3轮 2012.10.23
北日德兰1:1尤文图斯
贝克曼50'；武齐尼奇81'
顿涅茨克矿工2:1切尔西
特谢拉3'、费尔南迪尼奥52'；奥斯卡88'
第4轮 2012.11.7
尤文图斯4:0北日德兰
马尔基西奥6'、比达尔23'、乔温科37'、夸利亚雷拉75'
切尔西3:2顿涅茨克矿工
托雷斯6'、奥斯卡40'、摩西94'；威廉9'、47'
第5轮 2012.11.20
北日德兰2:5顿涅茨克矿工
努德斯特兰德24'、洛伦岑29'；路易斯·阿德里亚诺26'、53'、81'，威廉44'、50'
尤文图斯3:0切尔西
夸利亚雷拉38'、比达尔61'、乔温科91'
第6轮 2012.12.5
顿涅茨克矿工0:1尤文图斯
库切尔56'（乌龙）
切尔西6:1北日德兰
大卫·路易斯38'（点球）、托雷斯45'、56'，卡希尔51'、马塔63'、奥斯卡71'；约翰46'
积分榜

球队	胜	平	负	分	进:失
尤文图斯	3	3	0	12	12:4
顿涅茨克矿工	3	1	2	10	12:8
切尔西	3	1	2	10	16:10
北日德兰	0	1	5	1	4:22

F组

第1轮 2012.9.16

里尔1:3鲍里索夫
谢鲁60'；沃洛季科6'、罗季奥诺夫20'、阿尔亚诺维奇43'
拜仁慕尼黑2:1巴伦西亚
施魏因斯泰格38'、克罗斯76'；巴尔德斯91'

第2轮 2012.10.2

巴伦西亚2:0里尔
若纳斯38'、75'
鲍里索夫3:1拜仁慕尼黑
帕夫洛夫23'、罗季奥诺夫78'、布雷桑94'；里贝里91'

第3轮 2012.10.23

鲍里索夫0:3巴伦西亚
索尔达多45'（点球）、55'、69'
里尔0:1拜仁慕尼黑
穆勒20'（点球）

第4轮 2012.11.7

巴伦西亚4:2鲍里索夫
若纳斯2'、索尔达多29'（点球）、费古利51'、86'；布雷桑53'、莫佐利夫斯基83'
拜仁慕尼黑6:1里尔
施魏因斯泰格5'、皮萨罗18'、28'、33'、罗本23'、克罗斯66'；卡卢57'

第5轮 2012.11.20

鲍里索夫0:2里尔
西迪贝14'、布鲁诺31'
巴伦西亚1:1拜仁慕尼黑
费古利77'；穆勒82'

第6轮 2012.12.5

里尔0:1巴伦西亚
若纳斯36'（点球）
拜仁慕尼黑4:1鲍里索夫
戈麦斯22'、穆勒54'、沙奇里65'、阿拉巴83'；菲利片科89'

积分榜

球队	胜	平	负	分	进:失
拜仁慕尼黑	4	1	1	13	15:7
巴伦西亚	4	1	1	13	12:5
鲍里索夫	2	0	4	6	9:15
里尔	1	0	5	3	4:13

G组

第1轮 2012.9.19

巴塞罗那3:2莫斯科斯巴达克
特略14'、梅西72'、80'；阿尔维斯29'（乌龙）、罗慕洛59'
凯尔特人0:0本菲卡

第2轮 2012.10.2

莫斯科斯巴达克2:3凯尔特人
埃姆尼克41'、48'；胡珀12'、孔巴罗夫71'（乌龙）、萨马拉斯90'
本菲卡0:2巴塞罗那
桑切斯6'、法布雷加斯55'

第3轮 2012.10.23

莫斯科斯巴达克2:1本菲卡
卡里奥卡3'、贾德尔43'（乌龙）；利马33'
巴塞罗那2:1凯尔特人
伊涅斯塔45'、阿尔瓦94'；萨马拉斯18'

第4轮 2012.11.7

本菲卡2:0莫斯科斯巴达克
卡多索55'、69'
凯尔特人2:1巴塞罗那
万亚马21'、瓦特83'；梅西91'

第5轮 2012.11.20

莫斯科斯巴达克0:3巴塞罗那
阿尔维斯16'、梅西27'、39'
本菲卡2:1凯尔特人
约翰7'、加雷71'；萨马拉斯32'

第6轮 2012.12.5

巴塞罗那0:0本菲卡
凯尔特人2:1莫斯科斯巴达克
胡珀21'、康芒斯81'（点球）;阿里39'

积分榜

球队	胜	平	负	分	进:失
巴塞罗那	4	1	1	13	11:5
凯尔特人	3	1	2	10	9:8
本菲卡	2	2	2	8	5:5
莫斯科斯巴达克	1	0	5	3	7:14

H组

第1轮 2012.9.19

曼联1:0加拉塔萨雷
卡里克7'
布拉加0:2克卢日
巴斯托斯19'、34'

第2轮 2012.10.2

克卢日1:2曼联
卡佩塔诺斯14'；范佩西29'、49'
加拉塔萨雷0:2布拉加
米歇尔27'、阿兰94'

第3轮 2012.10.23

加拉塔萨雷1:1克卢日
B.伊尔马兹77'；农克乌19'（乌龙）
曼联3:2布拉加
埃尔南德斯25'、75'、埃文斯62'；阿兰2'、20'

第4轮 2012.11.7

克卢日1:3加拉塔萨雷
苏古53'；B.伊尔马兹18'、61'、74'
布拉加1:3曼联
阿兰49'（点球）；范佩西80'、鲁尼84'（点球）、埃尔南德斯92'

第5轮 2012.11.20

加拉塔萨雷1:0曼联
伊尔马兹53'
克卢日3:1布拉加
鲁伊・佩德罗7'、15'、33'；阿兰17'

第6轮 2012.12.5

曼联0:1克卢日
阿尔伯托56'
布拉加1:2加拉塔萨雷
莫索罗32'；B.伊尔马兹58'、A.伊尔马兹78'

积分榜

球队	胜	平	负	分	进:失
曼联	4	0	2	12	9:6
加拉塔萨雷	3	1	2	10	7:6
克卢日	3	1	12	10	9:7
布拉加	1	0	5	3	7:13

1/8决赛(2013.2.12-3.13)

加拉塔萨雷4:3沙尔克04
[主]1:1 B.伊尔马兹12'；琼斯45'
[客]3:2 阿尔滕托普37'、B.伊尔马兹42'、布卢特95'；诺伊施泰特17'、巴斯托斯63'

凯尔特人0:5尤文图斯
[主]0:3 马特里3'、马尔基西奥77'、武齐尼奇83'
[客]0:2 马特里24'、夸利亚雷拉65'

阿森纳3:3*拜仁慕尼黑
[主]1:3 波多尔斯基55'；克罗斯7'、穆勒21'、曼朱基奇77'
[客]2:0 吉鲁3'、科斯切尔尼86'

顿涅茨克矿工2:5多特蒙德
[主]2:2 斯尔纳31'、道格拉斯・科斯塔68'；莱万多夫斯基41'、胡梅尔斯87'
[客]0:3 桑塔纳31'、格策37'、布瓦什奇科夫斯基59'

AC米兰2:4巴塞罗那
[主]2:0 博阿滕57'、蒙塔里81'
[客]0:4 梅西5'、40'、比利亚55'、阿尔瓦92'

皇家马德里3:2曼联
[主]1:1 C.罗纳尔多30'；韦尔贝克20'
[客]2:1 莫德里奇66'、C.罗纳尔多69'；拉莫斯48'（乌龙）

巴伦西亚2:3巴黎圣日耳曼
[主]1:2 拉米90'；拉韦齐10'、帕斯托雷43'
[客]1:1 若纳斯55'；拉韦齐66'

波尔图1:2马拉加
[主]1:0 穆蒂尼奥56'
[客]0:2 伊斯科43'、圣克鲁斯77'

1/4决赛（2013.4.2-4.10）

马拉加2:3多特蒙德
[主]0:0
马拉加阵容：卡瓦列罗/加梅斯、韦利格通、德米凯利斯、华金、图拉朗、萨维奥拉（波尔蒂略68'）、巴普蒂斯塔（圣克鲁斯76'）、伊图拉、伊斯科（杜达87'）、安图内斯
多特蒙德阵容：魏登费勒/舒波-莫廷、凯尔（斯文・本德80'）、京多安、莱万多夫斯基、格策（基尔希92'）、罗伊斯（席伯69'）、格罗斯克罗伊茨、皮什切克、桑塔纳、施梅尔策
[客]2:3 华金25'、埃利塞乌82'；莱万多夫斯基40'、罗伊斯91'、桑塔纳93'
马拉加阵容：卡瓦列罗/加梅斯、德米凯利斯、卡马乔、华金（波尔蒂略87'）、图拉朗、巴普蒂斯塔（圣克鲁斯83'）、杜达（埃利塞乌74'）、塞尔吉奥・桑切斯、伊斯科、安图内斯
多特蒙德阵容：魏登费勒/舒波-莫廷、斯文・本德（沙欣73'）、京多安（胡梅尔斯86'）、莱万多夫斯基、格策、罗伊斯、布瓦什奇科夫斯基（席伯72'）、皮什切克、桑塔纳、施梅尔策

皇家马德里5:3加拉塔萨雷
[主]3:0 C.罗纳尔多9'、本泽马29'、伊瓜因73'
皇家马德里阵容：迭戈・洛佩斯/瓦拉内、拉莫斯、科恩特朗、赫迪拉、C.罗纳尔多、本泽马（伊瓜因65'）、厄齐尔（莫德里奇80'）、阿隆索、埃辛、迪马里亚（佩佩86'）
加拉塔萨雷阵容：穆斯莱拉/阿尔滕托普（布卢特78'）、塞尔丘克、梅洛、里维拉（阿姆拉巴特83'）、德罗巴、诺克乌、斯内德（赞46'）、B.伊尔马兹、卡亚、埃布埃
[客]2:3 C.罗纳尔多7'、92'；埃布埃57'、斯内德70'、德罗巴72'
皇家马德里阵容：迭戈・洛佩斯/瓦拉内、佩佩、科恩特朗、赫迪拉、C.罗纳尔多、厄齐尔（阿尔比奥尔81'）、埃辛（阿韦洛亚31'）、莫德里奇、伊瓜因（本泽马73'）、迪马里亚
加拉塔萨雷阵容：穆斯莱拉/阿尔滕托普（阿姆拉巴特46'）、赞、塞尔丘克、梅洛、里维拉、德罗巴、斯内德、布卢特（萨布里63'）、卡亚、埃布埃（埃尔曼80'）

巴黎圣日耳曼3:3*巴塞罗那
[主]2:2 伊布拉希莫维奇79'、马图伊迪94'；梅西38'、哈维89'（点球）
巴黎圣日耳曼阵容：西里古/蒂亚戈・席尔瓦、拉韦齐（梅内66'）、阿莱士、马图伊迪、马克斯韦尔、伊布拉希莫维奇、雅莱、帕斯托雷（加梅罗76'）、卢卡斯、贝克汉姆（70'维拉蒂）
巴塞罗那阵容：巴尔德斯/阿尔维斯、皮克、哈维、比利亚（特略81'）、伊涅斯塔、桑切斯、梅西（法布雷加斯46'）、马斯切拉诺（巴尔特拉84'）、布斯克茨、阿尔瓦
[客]1:1 帕斯托雷50'；佩德罗71'
巴黎圣日耳曼阵容：西里古/蒂亚戈・席尔瓦、拉韦齐（加梅罗81'）、阿莱士、马克斯韦尔、伊布拉希莫维奇、维拉蒂（贝克汉姆83'）、雅莱（范德维尔88'）、帕斯托雷、蒂亚戈・莫塔、卢卡斯
巴塞罗那阵容：巴尔德斯/阿尔维斯、皮克、法布雷加斯（梅西62'）、哈维、比利亚（宋84'）、伊涅斯塔、布斯克茨、佩德罗、阿尔瓦、阿德里亚诺（梅西62'）

拜仁慕尼黑4:0尤文图斯
[主]2:0 阿尔瓦1'、穆勒63'
拜仁慕尼黑阵容：诺伊尔/丹特、范比滕、里贝里（沙奇里93'）、曼朱基奇（戈麦斯91'）、拉姆、穆勒、阿拉巴、古斯塔沃、施魏因斯泰格、克罗斯（罗本16'）
尤文图斯阵容：布冯/基耶利尼、马尔基西奥、佩鲁索（波巴75'）、巴尔扎利、博努奇、皮尔洛、比达尔、利希施泰纳、夸利亚雷拉（武齐尼奇65'）、马特里（乔温科65'）
[客]2:0 曼朱基奇64'、皮萨罗91'
拜仁慕尼黑阵容：诺伊尔/丹特、范比滕（博阿滕35'）、里贝里（古斯塔沃80'）、哈维・马丁内斯、曼朱基奇（皮萨罗83'）、罗本、拉姆、穆勒、阿拉巴、施魏因斯泰格
尤文图斯阵容：布冯/基耶利尼、波巴、马尔基西奥（贾凯里尼79'）、武齐尼奇、巴尔扎利、博努奇、帕多因（伊斯拉69'）、皮尔洛、阿萨莫阿、夸利亚雷拉（马特里66'）

半决赛（2013.4.23-5.1）

拜仁慕尼黑7:0巴塞罗那
[主]4:0 穆勒25'、82'，戈麦斯49'、罗本73'
拜仁慕尼黑阵容：诺伊尔/丹特、里贝里（沙奇里89'）、哈维・马丁内斯、罗本、博阿滕、拉姆、穆勒（皮萨罗83'）、阿拉巴、施魏因斯泰格、戈麦斯（古斯塔沃71'）
巴塞罗那阵容：巴尔德斯/阿尔维斯、皮克、哈维、伊涅斯塔、桑切斯、梅西、巴尔特拉、布斯克茨、佩德罗（比利亚83'）、阿尔瓦
[客]3:0 罗本49'、皮克72'（乌龙）、穆勒76'
拜仁慕尼黑阵容：诺伊尔/范比滕、里贝里、哈维・马丁内斯、曼朱基奇、罗本、博阿滕、拉姆（拉菲尼亚77'）、穆勒、阿拉巴、施魏因斯泰格（古斯塔沃66'）
巴塞罗那阵容：巴尔德斯/阿尔维斯、皮克、法布雷加斯、哈维（桑切斯55'）、比利亚、伊涅斯塔（蒂亚戈64'）、巴尔特拉（蒙托亚87'）、佩德罗、阿德里亚诺、宋

多特蒙德4:1皇家马德里
[主]4:1 莱万多夫斯基8'、50'、55'、66'（点球）；C.罗纳尔多43'
多特蒙德阵容：魏登费勒/舒波-莫廷、斯文・本德、京多安（席伯91'）、莱万多夫斯基、格策、罗伊斯、胡梅尔斯、布瓦什奇科夫斯基（凯尔82'）、皮什切克（格罗斯克罗伊茨83'）、施梅尔策
皇家马德里阵容：迭戈・洛佩斯/瓦拉内、佩佩、拉莫斯、科恩特朗、赫迪拉、C.罗纳尔多、厄齐尔、阿隆索（卡卡80'）、莫德里奇（本泽马68'）、伊瓜因（迪马里亚68'）
[客]0:2 本泽马83'、拉莫斯88'
多特蒙德阵容：魏登费勒/舒波-莫廷、斯文・本德（桑塔纳91'）、京多安、莱万多夫斯基（凯尔87'）、格策（格罗斯克罗伊茨14'）、罗伊斯、胡梅尔斯、布瓦什奇科夫斯基、皮什切克、施梅尔策
皇家马德里阵容：迭戈・洛[illegible]斯/瓦拉内、[illegible]拉莫斯、科恩特朗（卡卡57'[illegible]、C.罗纳尔多、厄齐尔、阿隆索（赫迪拉6[illegible]、埃辛、莫德里奇、伊瓜因（本泽马57'）[illegible]迪马里亚

决赛（2013.5.25，伦[illegible]温布利球场）

多特蒙德1:2拜仁慕尼黑
京多安68'（点球）；曼[illegible]奇60'、罗本39'
多特蒙德阵容（4231）[illegible]魏登费勒/皮什切克、舒波-莫廷、胡梅[illegible]斯、施梅尔策/斯文・本德（沙欣92'）、[illegible]多安/布瓦什奇科夫斯基（席伯90'）、罗伊[illegible]格罗斯克罗伊茨/莱万多夫斯基
拜仁慕尼黑阵容（4231）[illegible]诺伊尔/拉姆、博阿滕、丹特、阿拉巴/哈维[illegible]马丁内斯、施魏因斯泰格/罗本、穆勒、里[illegible]里（古斯塔沃91'）/曼朱基奇（戈麦斯94'）

2013/201[illegible]赛季

资格赛第一轮(20[illegible].7.2-7.9)

希拉克（亚美尼亚）3:1[illegible]0，0:1]特雷佩内（圣马力诺）
卢西塔诺斯（安道尔）[illegible][2:2，1:5]法罗群岛EB

资格赛第二轮(20[illegible]7.16-7.24)

巴库Neftchi（阿塞拜疆[illegible]1[0:0,0:1（加时)]斯坎德培（阿尔瓦尼亚）
布加勒斯特星5:1[3:0，[illegible]:1]瓦达尔（马其顿）
比尔森胜利（捷克）6:[illegible]4:3,2:1]铁路工人（波黑）
舍里夫（摩尔多瓦）6:1[illegible]:1，5:0]尼克希奇（黑山）
比尔基尔卡拉（马耳他）[illegible]:2[0:0,0:2]马里博尔（斯洛文尼亚）
斯莱戈流浪（爱尔兰）[illegible][0:1，0:2]莫尔德（挪威）
埃尔夫斯堡（瑞典）[illegible]:1[7:1[illegible]4:0]Daugava Daugavpils（拉脱维亚）
赫尔辛基（芬兰）1:2[[illegible]0，1:2]Nomme Kalju（爱沙尼亚）
埃克拉纳斯（立陶宛）1[illegible]0:1，1:2]冰岛FH
新圣徒（威尔士）1:4[1[illegible]，0:1]华沙莱吉亚（波兰）
克里夫通维尔（北爱尔兰[illegible]0:5[0:3，0:2]凯尔特人
Fola Esch（卢森堡）0[illegible]0:5，0:1]萨格勒布迪纳摩（克罗地亚）
Gyor（匈牙利）1－4[0[illegible]，1:2]特拉维夫马卡比（以色列）
鲍里索夫（白俄罗斯）[illegible][0:1，0:1]卡拉干达矿工（哈萨克斯坦）
希拉克（亚美尼亚）1:1[illegible]1，0:0]*贝尔格莱德游击（塞尔维亚）
布拉迪斯拉发（斯洛伐[illegible]2:4[2:1，0:3]卢多戈雷茨（保加利亚）
第比利斯迪纳摩（格鲁吉亚）9:2[6:1，3－1]法罗群岛EB

资格赛第三轮(20[illegible].7.30-8.7)

冠军组

巴塞尔（瑞士）4:3[1:0，3:3]特拉维夫马卡比（以色列）
莫尔德（挪威）1:1[1:[illegible]0:0]*华沙莱吉亚（波兰）
卢多戈雷茨（保加利亚[illegible]3:1[2:1，1:0]贝尔格莱德游击（塞尔维亚）
第比利斯迪纳摩（格鲁吉亚）1:3[0:2[illegible]1:1]布加勒斯特星（罗马尼亚）
希腊人竞技（塞浦路斯）[illegible]1[1:1，0:0] *马里博尔（斯洛文尼亚）
凯尔特人1:0[1:0，0:0]埃尔夫斯堡（瑞典）
卡拉干达矿工（哈萨克斯坦）5:3[3:0[illegible]2:3]斯坎德培（阿尔瓦尼亚）
奥地利维也纳（奥地利[illegible]:0[1:0，0:0]冰岛FH
Nomme Kalju（爱沙尼亚[illegible]2:10[0:4[illegible]2:6]比尔森胜利（捷克）
萨格勒布迪纳摩（克罗地亚）4:0[1:0[illegible]3:0]舍里夫（摩尔多瓦）

非冠军组

北日德兰（丹麦）0:6[[illegible]，0:5]泽尼特（俄罗斯）
萨尔茨堡红牛（奥地利[illegible]2:4[1:1，1:3]费内巴切（土耳其）
PAOK（希腊）1:3[0:2[illegible]1:1]哈尔科夫冶金（乌克兰）
埃因霍温（荷兰）5:0[illegible]:0，3:0]瓦勒海姆（比利时）
里昂2:0[1:0，1:0]草蜢（瑞士）

附加赛（2013[illegible]20-8.28）

冠军组

萨格勒布迪纳摩（克罗地亚）3:4[0:2[illegible]3:2]

奥地利维也纳（奥地利）
卢多戈雷茨（保加利亚）2:6[2:4，0:2]巴塞尔（瑞士）
比尔森胜利（捷克）4:1[3:1，1:0]马里博尔（斯洛文尼亚）
卡拉干达矿工（哈萨克斯坦）2:3[2:0，0:3]凯尔特人
布加勒斯特星（罗马尼亚）*3:3[1:1，2:2]华沙莱吉亚（波兰）

非冠军组

里昂0:4[0:2,0:2]皇家社会
沙尔克04 4:3[1:1，3:2]PAOK（希腊）
费雷拉（葡萄牙）3:8[1:4，2:4]泽尼特（俄罗斯）
埃因霍温（荷兰）1:4[1:1，0:3]AC米兰
费内巴切（土耳其）0:5[0:3，0:2]阿森纳

小组赛(2013.9.17-12.11)

A组

第1轮 2013.9.17

曼联4:2勒沃库森
鲁尼22'、70'，范佩西59'、巴伦西亚79'；罗尔费斯54'、托普拉克88'
皇家社会0:2顿涅茨克矿工
特谢拉65'、87'

第2轮 2013.10.2

顿涅茨克矿工1:1曼联
泰森76'；韦尔贝克18'
勒沃库森2:1皇家社会
罗尔费斯45'、黑格勒92'；贝拉52'

第3轮 2013.10.23

勒沃库森4:0顿涅茨克矿工
基斯林22'、72'，罗尔费斯50'（点）、萨姆57'
曼联1:0皇家社会
马丁内斯2'（乌龙）

第4轮 2013.11.5

顿涅茨克矿工0:0勒沃库森
皇家社会0:0曼联

第5轮 2013.11.27

勒沃库森0:5曼联
巴伦西亚22'、斯帕希奇30'（乌龙）、埃文斯66'、斯莫林77'、纳尼88'
顿涅茨克矿工4:0皇家社会
路易斯·阿德里亚诺37'、特谢拉48'、道格拉斯·科斯塔68'、87'

第6轮 2013.12.10

曼联1:0顿涅茨克矿工
琼斯67'
皇家社会0:1勒沃库森
托普拉克49'

积分榜

球队	胜	平	负	分	进:失
曼联	4	2	0	14	12:3
勒沃库森	3	1	2	10	9:10
顿涅茨克矿工	2	2	2	8	7:6
皇家社会	0	1	5	1	1:10

B组

第1轮（2013.9.17）

加拉塔萨雷1:6皇家马德里
布鲁特84'；伊斯科33'、本泽马54'、81'，C.罗纳尔多63'、66'、91'
哥本哈根1:1尤文图斯
约根森14'；夸利亚雷拉54'

第2轮（2013.10.2）

尤文图斯2:2加拉塔萨雷
比达尔78'（点）、夸利亚雷拉87'；德罗巴36'、布鲁特88'
皇家马德里4:0哥本哈根
C.罗纳尔多21'、65'，迪马里亚71'、91'

第3轮（2013.10.23）

皇家马德里2:1尤文图斯
C.罗纳尔多4'、29'（点）；略伦特22'
加拉塔萨雷3:1哥本哈根
梅洛10'、斯内德38'、德罗巴45'；克劳德米尔88'

第4轮（2013.11.5）

尤文图斯2:2皇家马德里
比达尔42'（点）、略伦特65'；C.罗纳尔多52'、贝尔60'
哥本哈根1:0加拉塔萨雷
布拉滕6'

第5轮（2013.11.27）

皇家马德里4:1加拉塔萨雷
贝尔37'、阿韦洛亚51'、迪马里亚63'、伊斯科81'；布鲁特38'
尤文图斯3:1哥本哈根
比达尔29'（点）、61'（点）、63'；梅尔贝里56'

第6轮（2013.12.10）

加拉塔萨雷1:0尤文图斯
斯内德85'
哥本哈根0:2皇家马德里
莫德里奇25'、C.罗纳尔多48'

积分榜

球队	胜	平	负	分	进:失
皇家马德里	5	1	0	16	20:5
加拉塔萨雷	2	1	3	7	8:14
尤文图斯	1	3	2	6	9:9
哥本哈根	1	1	4	4	4:13

C组

第1轮（2013.9.17）

本菲卡2:0安德莱赫特
杜尔西奇4'、路易松30'
奥林匹亚科斯1:4巴黎圣日耳曼
韦斯25'；卡瓦尼19'、莫塔68'、73'，马基尼奥斯86'

第2轮（2013.10.2）

巴黎圣日耳曼3:0本菲卡
伊布拉希莫维奇5'、30'，马基尼奥斯25'
安德莱赫特0:3奥林匹亚科斯
米特罗格卢17'、56'、72'

第3轮（2013.10.23）

安德莱赫特0:5巴黎圣日耳曼
伊布拉希莫维奇17'、22'、36'、62'；卡瓦尼52'
本菲卡1:1奥林匹亚科斯
卡多索83'；多明格斯29'

第4轮（2013.11.5）

巴黎圣日耳曼1:1安德莱赫特
伊布拉希莫维奇70'；德泽乌68'
奥林匹亚科斯1:0本菲卡
马诺拉斯13'

第5轮（2013.11.27）

安德莱赫特2:3本菲卡
姆贝巴18'、布鲁诺77'；马蒂奇34'、姆贝巴52'（乌龙）、罗德里戈90'
巴黎圣日耳曼2:1奥林匹亚科斯
伊布拉希莫维奇7'、卡瓦尼90'；马诺拉斯80'

第6轮（2013.12.10）

本菲卡2:1巴黎圣日耳曼
利马45'（点球）、盖坦58'；卡瓦尼37'
奥林匹亚科斯3:1安德莱赫特
萨维奥拉33'、58'，多明格斯95'（点球）；克列斯坦39'

积分榜

球队	胜	平	负	分	进:失
巴黎圣日耳曼	4	1	1	13	16:5
奥林匹亚科斯	3	1	2	10	10:8
本菲卡	3	1	2	10	8:8
安德莱赫特	0	1	5	1	4:17

D组

第1轮（2013.9.17）

拜仁慕尼黑3:0莫斯科中央陆军
阿拉巴4'、曼朱基奇41'、罗本68'
比尔森胜利0:3曼城
哲科48'、亚亚·图雷53'、阿圭罗58'

第2轮（2013.10.2）

莫斯科中央陆军3:2比尔森胜利
托西奇19'、本田圭佑29'、热兹尼克78'（乌龙）；赖托拉尔4'、巴科什91'

第3轮（2013.10.23）

莫斯科中央陆军1:2曼城
托西奇32'；阿圭罗34'、42'
拜仁慕尼黑5:0比尔森胜利
里贝里25'（点球）、61'，阿拉巴37'、施魏因斯泰格64'、格策91'

第4轮（2013.11.5）

曼城5:2莫斯科中央陆军
阿圭罗3'、20'，内格雷多30'、51'、92'；敦比亚45'、71'（点球）
比尔森胜利0:1拜仁慕尼黑
65'曼朱基奇65'

第5轮（2013.11.27）

莫斯科中央陆军1:3拜仁慕尼黑
本田圭佑62'；罗本17'、格策56'、穆勒65'（点球）
曼城4:2比尔森胜利
阿圭罗33'（点球）、纳斯里65'、内格雷多78'、哲科89'；霍扎瓦43'、特茨尔69'

第6轮（2013.12.10）

拜仁慕尼黑2:3曼城
穆勒5'、格策12'；大卫·席尔瓦28'、科拉罗夫59'（点球）、米尔纳62'
比尔森胜利2:1莫斯科中央陆军
科拉尔76'、瓦格纳90'；穆萨65'

积分榜

球队	胜	平	负	分	进:失
拜仁慕尼黑	5	0	1	15	17:5
曼城	5	0	1	15	18:10
比尔森胜利	1	0	5	3	6:17
莫斯科中央陆军	1	0	5	3	8:17

E组

第1轮（2013.9.18）

沙尔克04 3:0布加勒斯特星
内田笃人67'、博阿滕78'、德拉克斯勒85'
切尔西1:2巴塞尔
奥斯卡45'；萨拉赫71'、斯特雷勒81'

第2轮（2013.10.1）

巴塞尔0:1沙尔克04
德拉克斯勒54'
布加勒斯特星0:4切尔西
拉米雷斯20'、55'，格奥尔基耶夫斯基44'（乌龙）、兰帕德90'

第3轮（2013.10.22）

布加勒斯特星1:1巴塞尔
塔图88'；迪亚斯48'
沙尔克04 0:3切尔西
托雷斯5'、69'，阿扎尔87'

第4轮（2013.11.6）

巴塞尔1:1布加勒斯特星
西奥91'；皮奥瓦卡里17'
切尔西3:0沙尔克04
埃托奥31'、54'，登巴·巴83'

第5轮（2013.11.26）

布加勒斯特星0:0沙尔克04
巴塞尔1:0切尔西
萨拉赫87'

第6轮（2013.12.11）

沙尔克04 2:0巴塞尔
德拉克斯勒51'、马蒂普57'
切尔西1:0布加勒斯特星
登巴·巴10'

积分榜

球队	胜	平	负	分	进:失
切尔西	4	0	2	12	12:3
沙尔克04	3	1	2	10	6:6
巴塞尔	2	2	2	8	5:6
布加勒斯特星	0	3	3	1	2:10

F组

第1轮（2013.9.18）

马赛1:2阿森纳
阿尤93'（点球）；沃尔科特65'、拉姆塞83'
那不勒斯2:1多特蒙德
伊瓜因29'、因西涅67'；苏尼加87'（乌龙）

第2轮（2013.10.1）

多特蒙德3比0马赛
莱万多夫斯基19'、79'（点球），罗伊斯52'
阿森纳2:0那不勒斯
厄齐尔8'、吉鲁15'

第3轮（2013.10.22）

阿森纳1:2多特蒙德
吉鲁41'；姆希塔良16'、莱万多夫斯基82'
马赛1:2那不勒斯
阿尤86'；卡列洪42'、萨帕塔67'

第4轮（2013.11.6）

多特蒙德0:1阿森纳
拉姆塞62'
那不勒斯3:2马赛
因勒22'、伊瓜因24'、75'；阿尤10'、托万64'

第5轮（2013.11.26）

阿森纳2:0马赛
威尔希尔1'、65'
多特蒙德3:1那不勒斯
罗伊斯10'（点球）、布瓦什奇科夫斯基60'、奥巴梅杨78'；因西涅71'

第6轮（2013.12.11）

马赛1:2多特蒙德
迪亚瓦拉14'；莱万多夫斯基4'、格罗斯克罗伊茨87'
那不勒斯2:0阿森纳
伊瓜因73'、卡列洪93'

积分榜

球队	胜	平	负	分	进:失
多特蒙德	4	0	2	12	11:6
阿森纳	4	0	2	12	8:5
那不勒斯	4	0	2	12	10:9
马赛	0	0	6	0	5:14

G组

第1轮（2013.9.18）

奥地利维也纳0:1波尔图
卢乔55'
马德里竞技3:1泽尼特
米兰达40'、图兰64'、巴普蒂斯塔80'；浩克58'

第2轮（2013.10.1）

泽尼特0:0奥地利维也纳
波尔图1:2马德里竞技
马丁内斯16'；戈丁58'、图兰86'

第3轮（2013.10.22）

波尔图0:1泽尼特
克尔扎科夫86'
奥地利维也纳0:3马德里竞技
劳尔·加西亚8'、迭戈·科斯塔20'、53'

第4轮（2013.11.6）

泽尼特1:1波尔图
浩克28'；卢乔23'
马德里竞技4:0奥地利维也纳
米兰达11'、劳尔·加西亚25'、菲利佩45'、迭戈·科斯塔82'

第5轮（2013.11.26）

泽尼特1:1马德里竞技
阿尔德韦雷尔德74'（乌龙）；阿德里安58'
波尔图1:1奥地利维也纳
马丁内斯48'；基纳斯特11'

第6轮（2013.12.11）

奥地利维也纳4:1泽尼特
霍斯内尔44'、51'，尤恩48'、基纳斯特93'；克尔扎科夫35'
马德里竞技2:0波尔图
劳尔·加西亚14'、迭戈·科斯塔37'

积分榜

球队	胜	平	负	分	进:失
马德里竞技	5	1	0	16	15:3
泽尼特	1	3	2	6	5:9
波尔图	1	2	3	5	4:7
奥地利维也纳	1	2	3	5	5:10

H组

第1轮（2013.9.18）

AC米兰2:0凯尔特人
伊萨吉雷82'(乌龙)、蒙塔里86'
巴塞罗那4:0阿贾克斯
梅西22'、55'、75'，皮克69'

第2轮（2013.10.1）

阿贾克斯1:1AC米兰
登斯维尔90'；巴洛特利94'（点球）
凯尔特人0:1巴塞罗那
法布雷加斯76'

第3轮（2013.10.22）

凯尔特人2:1阿贾克斯
福里斯特43'（点球）、卡亚尔53'；舍恩94'
AC米兰1:1巴塞罗那
罗比尼奥9'；梅西23'

第4轮（2013.11.6）

阿贾克斯1:0凯尔特人
舍恩51'
巴塞罗那3:1AC米兰
梅西30'（点球）、83'，布斯克茨40'；皮克45'（乌龙）

第5轮（2013.11.26）

凯尔特人0:3AC米兰
卡卡13'、萨帕塔49'、巴洛特利60'
阿贾克斯2:1巴塞罗那
塞雷罗19'、胡森42'；哈维49'（点球）

第6轮（2013.12.11）

AC米兰0:0阿贾克斯
巴塞罗那6:1凯尔特人
皮克7'、佩德罗40'、内马尔44'、48'、58'，特略72'；萨马拉斯88'

积分榜

球队	胜	平	负	分	进:失
巴塞罗那	4	1	1	13	16:5
国际米兰	2	3	1	9	8:5
阿贾克斯	2	2	2	8	5:8
凯尔特人	1	0	5	3	3:14

1/8决赛（2014.2.18-3.19）

曼城1:4巴塞罗那

[主]0:2 梅西54'（点球）、阿尔维斯90'
[客]1:2 孔帕尼89'；梅西67'、阿尔维斯91'
奥林匹亚科斯2:3曼联
[主]2:0 多明格斯38'、坎贝尔55'
[客]0:3 范佩西25'（点球）、45'、53'

AC米兰1:5马德里竞技

[主]0:1 迭戈·科斯塔83'
[客]1:4 卡卡27'；迭戈·科斯塔3'、85'，图兰40'、劳尔·加西亚71'

勒沃库森1:6巴黎圣日耳曼

[主]0:4 马图伊迪3'、伊布拉希莫维奇39'（点球）、42'，卡巴耶88'
[客]1:2 萨姆6'；马基尼奥斯13'、拉韦齐53'

加拉塔萨雷1:3切尔西

[主]1:1 切朱65'；托雷斯9'
[客]0:2 埃托奥4'、卡希尔42'

沙尔克04 2:9皇家马德里

[主]1:6 亨特拉尔91'；本泽马13'、57'，贝尔21'、69'，C.罗纳尔多52'、89'
[客]1:3 霍格兰31'；C.罗纳尔多21'、73'，莫拉塔75'

泽尼特4:5多特蒙德

[主]2:4 沙托夫57'、浩克69'（点球）；姆希塔良4'、罗伊斯5'、莱万多夫斯基61'、71'
[客]2:1 浩克16'、隆东73'；凯尔38'
阿森纳1:3拜仁慕尼黑
[主]0:2 克罗斯54'、穆勒88'
[客]1:1 波多尔斯基57'；施魏因斯泰格55'

1/4决赛（2014.4.1-4.9）

巴塞罗那1:2马德里竞技

[主]1:1 内马尔71'；迭戈·科斯塔56'

巴塞罗那阵容：平托/皮克（巴尔特拉12'）、法布雷加斯（桑切斯68'）、哈维、伊涅斯塔、梅西、内马尔、马斯切拉诺、布斯克茨、阿尔瓦、阿尔维斯

马德里竞技阵容：库尔图瓦/戈丁、菲利佩、蒂亚戈、科克、比利亚（索萨71'）、图兰（罗德里格斯77'）、加比、迭戈·科斯塔（迭戈30'）、胡安弗兰、米兰达

[客]0:1 科克5'

巴塞罗那阵容：平托/法布雷加斯（桑切斯61'）、哈维、伊涅斯塔（罗德里格斯72'）、梅西、内马尔、马斯切拉诺、巴尔特拉、布斯克茨、阿尔瓦、阿尔维斯

马德里竞技阵容：库尔图瓦/戈丁、菲利佩、蒂亚戈、科克、洛佩斯（迭戈62'）、劳尔·加西亚、比利亚（罗德里格斯79'）、加比、胡安弗兰、米兰达

皇家马德里3:2多特蒙德

[主]3:0 贝尔3'、伊斯科27'、C.罗纳尔多57'

皇家马德里阵容：卡西利亚斯/佩佩、拉莫斯、科恩特朗、C.罗纳尔多（卡塞米罗80'）、本泽马（莫拉塔75'）、贝尔、阿隆索、卡瓦哈尔、莫德里奇、伊斯科（伊利亚拉门迪72'）

多特蒙德阵容：魏登费勒/凯尔（约伊奇74'）、姆希塔良（霍夫曼64'）、罗伊斯、胡梅尔斯、奥巴梅扬、沙欣、格罗斯克罗伊茨、帕帕斯塔索普洛斯、皮什切克（席伯67'）

[客]0:2 罗伊斯24'、37'

皇家马德里阵容：卡西利亚斯/佩佩、拉莫斯、科恩特朗、本泽马（瓦拉内91'）、贝尔、阿隆索、卡瓦哈尔、莫德里奇、迪马里亚（卡塞米罗73'）、伊利亚拉门迪（伊斯科46'）

多特蒙德阵容：魏登费勒/弗里德里希、莱万多夫斯基、姆希塔良、罗伊斯、约伊奇、胡梅尔斯、格罗斯克罗伊茨、基尔希、皮什切克（奥巴梅扬81'）、杜尔姆

巴黎圣日耳曼3:3*切尔西

[主]3:1 拉韦齐4'大卫·路易斯61'（乌龙）、帕斯托雷93'；阿扎尔27'（点球）

巴黎圣日耳曼阵容：西里古/蒂亚戈·席尔瓦、蒂亚戈·莫塔、卡瓦尼、伊布拉希莫维奇（卢卡斯69'）、阿莱士、马图伊迪、马克斯韦尔、拉韦齐（帕斯托雷85'）、维拉蒂（卡巴耶76'）、雅莱

切尔西阵容：切赫/伊万诺维奇、大卫·路易斯、拉米雷斯、奥斯卡（兰帕德72'）、许尔勒（托雷斯59'）、阿扎尔、威廉、卡希尔、特里、阿斯皮利奎塔

[客]0:2 许尔勒32'、登巴·巴87'

巴黎圣日耳曼阵容：西里古、蒂亚戈·席尔瓦、蒂亚戈·莫塔、卡瓦尼、阿莱士、马图伊迪、马克斯韦尔、拉韦齐（帕斯托雷73'）、维拉蒂（55'卡巴耶）、雅莱、卢卡斯（85'马基尼奥斯）

切尔西阵容：切赫/伊万诺维奇、大卫·路易斯、兰帕德（登巴·巴66'）、奥斯卡、（托雷斯81'）、阿扎尔（许尔勒18'）、威廉、卡希尔、特里、阿斯皮利奎塔、埃托奥

曼联2:4拜仁慕尼黑

[主]1:1 维迪奇58'；施魏因斯泰格67'

曼联阵容：德赫亚/菲尔·琼斯、里奥·费迪南德、吉格斯（香川真司4'）、维迪奇、卡里克、韦尔贝克（埃尔南德斯85'）、巴伦西亚、比特纳（卢克·扬）、费莱尼

拜仁慕尼黑阵容：诺伊尔/里贝里、哈维·马丁内斯、罗本、拉菲尼亚、博阿滕、拉姆、穆勒（曼朱基奇63'）、阿拉巴、施魏因斯泰格、克罗斯（格策74'）

[客]1:3 埃夫拉57'；曼朱基奇59'、穆勒68'、罗本76'

曼联阵容：德赫亚/埃夫拉、菲尔·琼斯、鲁尼、斯莫林、维迪奇、卡里克、韦尔贝克（亚努扎伊81'）、弗莱彻（埃尔南德斯74'）、巴伦西亚、香川真司

拜仁慕尼黑阵容：诺伊尔/丹特、里贝里、曼朱基奇、罗本、博阿滕、格策（拉菲尼亚65'）、拉姆、穆勒（皮萨罗84'）、阿拉巴、克罗斯

半决赛（2014.4.22-4.30）

皇家马德里5:0拜仁慕尼黑

[主]1:0 本泽马19'

皇家马德里阵容：卡西利亚斯/佩佩（瓦拉内73'）、拉莫斯、科恩特朗、C.罗纳尔多（贝尔73'）、本泽马、阿隆索、卡瓦哈尔、莫德里奇、迪马里亚、伊斯科（伊利亚拉门迪82'）

拜仁慕尼黑阵容：诺伊尔/丹特、里贝里（格策72'）、曼朱基奇、罗本、拉菲尼亚（哈维·马丁内斯66'）、博阿滕、拉姆、阿拉巴、施魏因斯泰格（穆勒74'）、克罗斯

[客]4:0 拉莫斯16'、20'，C.罗纳尔多34'、90'

皇家马德里阵容：卡西利亚斯/佩佩、拉莫斯（瓦拉内75'）、科恩特朗、C.罗纳尔多、本泽马（伊斯科80'）、贝尔、阿隆索、卡瓦哈尔、莫德里奇、迪马里亚（卡塞米罗84'）

拜仁慕尼黑阵容：诺伊尔/丹特、里贝里（皮萨罗72'）、曼朱基奇（哈维·马丁内斯46'）、罗本、博阿滕、拉姆、穆勒（皮萨罗72'）、阿拉巴、施魏因斯泰格、克罗斯

马德里竞技3:1切尔西

[主]0:0

马德里竞技阵容：库尔图瓦/戈丁、菲利佩、马里奥·苏亚雷斯（索萨79'）、科克、劳尔·加西亚（比利亚86'）、加比、迭戈·科斯塔、胡安弗兰、米兰达、迭戈（图兰60'）

切尔西阵容：切赫/阿什利·科尔、大卫·路易斯、拉米雷斯、兰帕德、托雷斯、米克尔、威廉（94'登巴·巴）、卡希尔、特里（73'许尔勒）、阿斯皮利奎塔

[客]3:1 阿德里安44'、迭戈·科斯塔60'（点球）、图兰72'；托雷斯36'

马德里竞技阵容：库尔图瓦/戈丁、菲利佩、马里奥·苏亚雷斯、蒂亚戈、科克、洛佩斯（劳尔·加西亚66'）、图兰（罗德里格斯84'）、迭戈·科斯塔（索萨76'）、胡安弗兰、米兰达

切尔西阵容：施瓦泽/伊万诺维奇、阿什利·科尔（埃托奥54'）、大卫·路易斯、拉米雷斯、托雷斯（登巴·巴67'）、阿扎尔、威廉（许尔勒77'）、卡希尔、特里、阿斯皮利奎塔

决赛(2014.5.24，里斯本光明球场)

皇家马德里4:1马德里竞技（加时）

拉莫斯93'、贝尔110'、马塞洛118'、C.罗纳尔多120'（点球）；戈丁36'

皇家马德里阵容（433）：卡西利亚斯/卡瓦哈尔、拉莫斯、瓦拉内、科恩特朗（马塞洛59'）/莫德里奇、赫迪拉（伊斯科59'）、迪马里亚/贝尔、本泽马（莫拉塔79'）、C.罗纳尔多

马德里竞技阵容（442）：库尔图瓦/胡安弗兰、米兰达、戈丁、菲利佩（阿尔德韦雷尔德83'）/劳尔·加西亚（索萨66'）、蒂亚戈、加比、科克/迭戈·科斯塔（9'洛佩斯）、比利亚

2014/2015赛季

资格赛第1轮（2014.7.1-7.8）

圣科洛马（安道尔）*3:3[1:0,2:3]班南特斯（亚美尼亚）

林肯红魔（直布罗陀）3:6[1:1,2:5]法罗群岛HB

拉菲奥里塔（圣马力诺）0:8[0:1,0:7]塔林莱瓦迪亚（爱沙尼亚）

资格赛第2轮（2014.7.15-7.23）

鲍里索夫（白俄罗斯）*1:1[0:0,1:1]斯坎德培（阿尔巴尼亚）

圣科洛马（安道尔）0:3[0:1，0:2]特拉维夫工人（以色列）

第比利斯迪纳摩（格鲁吉亚）0:4[0:1，0:3]阿克纠宾（哈萨克斯坦）

日林斯基（波黑）0:2[0:0，0:2]马里博尔（斯洛文尼亚）

舍里夫（摩尔多瓦）5:0[2:0,3:0]尼克希奇（黑山）

布拉格斯巴达（捷克）8:1[7:0，1:1]塔林莱瓦迪亚（爱沙尼亚）

马尔默（瑞典）1:0[0:0,1:0]文茨皮尔斯（拉脱维亚）

布拉迪斯拉发（斯洛伐克）3:0[1:0,2:0]新圣徒（威尔士）

冰岛KR 0:5[0:1,0:4]凯尔特人

克里夫通维尔（北爱尔兰）0:2[0:0,0:2]德布勒森（匈牙利）

贝尔格莱德游击（塞尔维亚）6:1[3:0,3:1]法罗群岛HB

华沙莱吉亚（波兰）6:1[1:1,5:0]圣帕特里克竞技（爱尔兰）

拉布尼基（马其顿）1:2[0:0，1:2]赫尔辛基（芬兰）

萨格勒布迪纳摩（克罗地亚）4:0[2:0，2:0]维尔纽斯扎尔吉里斯（立陶宛）

卢多戈雷茨（保加利亚）5:1[4:0,1:1]卢森堡F91

瓦莱塔（马耳他）0:5[0:1，0:4] Qarabag（阿塞拜疆）

斯特罗姆加斯特（挪威）0:3[0:1,0:2]布加勒斯特星（罗马尼亚）

资格赛第三轮（2014.7.29-8.6）

冠军组

Qarabag（阿塞拜疆）2:3[2:1,0:2]萨尔茨堡红牛（奥地利）

德布勒森（匈牙利）2:3[1:0，1:3]鲍里索夫（白俄罗斯）

布拉迪斯拉发（斯洛伐克）2:1[2:1,0:0]舍里夫（摩尔多瓦）

AaB（丹麦）2:1[0:1,2:0]萨格勒布迪纳摩（克罗地亚）

华沙莱吉亚（波兰）4:4[4:1,0:3] *凯尔特人

阿克纠宾（哈萨克斯坦）3:4[2:2，1:2]布加勒斯特星（罗马尼亚）

马里博尔（斯洛文尼亚）3:2[1:0，2:2]特拉维夫工人（以色列）

赫尔辛基（芬兰）2:4[2:2，0:2]希腊人竞技（塞浦路斯）

布拉格斯巴达（捷克）4:4[4:2,0:2]*马尔默（瑞典）

卢多戈雷茨（保加利亚）2:2[0:0，2:2]贝尔格莱德游击（塞尔维亚）

非冠军组

利马索尔（塞浦路斯）1:3[1:0,0:3]泽尼特（俄罗斯）

第聂伯（乌克兰）0:2[0:0,0:2]哥本哈根（丹麦）费耶诺德（荷兰）2:5[1:2，1:3]贝西克塔斯（土耳其）

草蜢（瑞士）1:3[0:2,1:1]里尔

列日标准（比利时）2:1[0:0,2:1]帕纳辛奈科斯（希腊）

附加赛（2014.8.19-8.27）

冠军组

马里博尔（斯洛文尼亚）2:1[1:1,1:0]凯尔特人

萨尔茨堡红牛（奥地利）2:4[2:1,0:3]马尔默（瑞典）

AaB（丹麦）1:5[1:1，0:4]希腊人竞技（塞浦路斯）

布加勒斯特星（罗马尼亚）1:1（点球5:6）[1:0，0:1]卢多戈雷茨（保加利亚）

布拉迪斯拉发（斯洛伐克）1:4[1:1，0:3]鲍里索夫（白俄罗斯）

非冠军组

贝西克塔斯（土耳其）0:1[0:0,0:1]阿森纳

列日标准（比利时）0:4[0:1，0:3]泽尼特（俄罗斯）

哥本哈根（丹麦）2:7[2:3，0:4]勒沃库森

里尔0:3[0:1，0:2]波尔图

那不勒斯2:4[1:1，1:3]毕尔巴鄂

小组赛（2014.9.16-12.10）

A组

第1轮 2014.9.16

奥林匹亚科斯3:2马德里竞技

马苏库13'、阿费莱31'、米特罗格卢73'；曼朱基奇38'、格列兹曼86'

尤文图斯2:0马尔默

特维斯59'、90'

第2轮 2014.10.1

马尔默2:0奥林匹亚科斯

罗森贝里42'、82'

马德里竞技1:0尤文图斯

图兰75'

第3轮 2014.10.22

马德里竞技5:0马尔默

科克48'、曼朱基奇61'、格列兹曼63'、戈丁87'、切尔奇93'

奥林匹亚科斯1:0尤文图斯

卡萨米36'

第4轮 2014.11.4

马尔默0:2马德里竞技

科克30'、加西亚78'

尤文图斯3:2奥林匹亚科斯

皮尔洛21'、罗伯托65'（乌龙）、波巴66'；博蒂亚24'、恩丁加61'

第5轮 2014.11.26

马德里竞技4:0奥林匹亚科斯

加西亚9'、曼朱基奇38'、62'、65'

马尔默0:2尤文图斯

略伦特49'、特维斯88'

第6轮 2014.12.9

奥林匹亚科斯4:2马尔默

富斯特22'、A.多明格斯63'、米特罗格卢65'、阿费莱90'；克龙59'、罗森贝里81'

尤文图斯0:0马德里竞技

积分榜

球队	胜	平	负	分	进:失
马德里竞技	4	1	1	13	14:3
尤文图斯	3	1	2	10	7:4
奥林匹亚科斯	3	0	3	9	10:13
马尔默	1	0	5	3	4:15

B组

第1轮 2014.9.16

利物浦2:1卢多戈雷茨

巴洛特利82'、杰拉德93'；阿瓦洛91'

皇家马德里5:1巴塞尔

苏希14'（乌龙）、贝尔30'、C.罗纳尔多、J.罗德里格斯37'、本泽马79'；德利斯·冈萨雷斯38'

第2轮 2014.10.1

巴塞尔1:0利物浦

施特雷勒52'

卢多戈雷茨1:2皇家马德里

马塞利尼奥6'；C.罗纳尔多24'（点球）、本泽马77'

第3轮 2014.10.22

卢多戈雷茨1:0巴塞尔

米内夫92'

利物浦0:3皇家马德里

C.罗纳尔多23'、本泽马30'、41'

第4轮 2014.11.4

巴塞尔4:0卢多戈雷茨

恩博洛34'、德利斯·冈萨雷斯41'、加希59'、苏希65'

皇家马德里1:0利物浦

本泽马27'

第5轮 2014.11.26

卢多戈雷茨2:2利物浦

阿瓦洛3'、特尔齐耶夫8'、兰伯特8'、亨德森37'

巴塞尔0:1皇家马德里

C.罗纳尔多35'

第6轮 2014.12.9

利物浦1:1巴塞尔

杰拉德81'；弗雷25'

皇家马德里4:0卢多戈雷茨

C.罗纳尔多20'（点球）、贝尔38'、阿韦洛亚80'、梅德兰88'

积分榜

球队	胜	平	负	分	进:失
皇家马德里	6	0	0	18	16:2
巴塞尔	2	1	3	7	7:8
利物浦	1	2	3	5	5:9
卢多戈雷茨	1	1	4	4	5:14

C组

第1轮 2014.9.16

摩纳哥1:0勒沃库森

穆蒂尼奥61'

本菲卡0:2泽尼特

浩克5'、维采尔22'

第2轮 2014.10.1

泽尼特0:0摩纳哥

勒沃库森3:1本菲卡

基斯林25'、孙兴民34'、恰尔汗奥卢64'（点球）；萨尔维奥62'

第3轮 2014.10.22

勒沃库森2:0泽尼特

多纳蒂58'、帕帕多普洛斯63'

摩纳哥0:0本菲卡

第4轮 2014.11.4

泽尼特1:2勒沃库森

龙东89'；孙兴民68'、73'

本菲卡1:0摩纳哥

塔利斯卡82'

第5轮 2014.11.26

泽尼特1:0本菲卡

丹尼79'

勒沃库森0:1摩纳哥

奥坎波斯72'

第6轮 2014.12.9

摩纳哥2:0泽尼特

阿卜杜努尔63'、法比尼奥89'

本菲卡0:0勒沃库森

积分榜

球队	胜	平	负	分	进:失
摩纳哥	3	2	1	11	4:1
勒沃库森	3	1	2	10	7:4
泽尼特	2	1	3	7	4:6
本菲卡	1	2	3	5	2:6

D组

第1轮 2014.9.16

加拉塔萨雷1:1安德莱赫特

伊尔马兹91'；普拉吉22'

多特蒙德2:0阿森纳

因莫比莱45'、奥巴梅扬48'

第2轮 2014.10.1

阿森纳4:1加拉塔萨雷

韦尔贝克22'、30'、52'，桑切斯41'；伊尔马兹63'（点球）

安德莱赫特0:3多特蒙德

因莫比莱3'、阿德里安·拉莫斯69'、79'

第3轮 2014.10.22

安德莱赫特1:2阿森纳

纳哈尔71'；吉布斯89'、波多尔斯基91'

加拉塔萨雷0:4多特蒙德

奥巴梅扬6'、18'、罗伊斯41'、阿德里安·拉莫斯83'

第4轮 2014.11.4

阿森纳3:3安德莱赫特

阿尔特塔25'（点球）、桑切斯29'、张伯伦

58'；范登博雷61'、73'（点球）、米特罗维奇90'
多特蒙德4:1加拉塔萨雷
罗伊斯39'、帕帕多普洛斯56'、因莫比莱74'；巴尔塔70'
第5轮 2014.11.26
安德莱赫特2:0加拉塔萨雷
姆本巴44'、86'
阿森纳2:0多特蒙德
萨诺戈2'、桑切斯57'
第6轮 2014.12.9
加拉塔萨雷1:4阿森纳
斯内德88'；波多尔斯基3'、92'，拉姆齐11'、29'
多特蒙德1:1安德莱赫特
因莫比莱58'；米特罗维奇84'
积分榜

球队	胜	平	负	分	进:失
多特蒙德	4	1	1	13	14:4
阿森纳	4	1	1	13	15:8
安德莱赫特	1	3	2	6	8:10
加拉塔萨雷	0	1	5	1	4:19

E组
第1轮 2014.9.17
罗马5:1莫斯科中央陆军
伊图尔韦6'、热尔维尼奥10'、31'，麦孔20'、伊格纳舍维奇50'（乌龙）；穆萨82'
拜仁慕尼黑1:0曼城
博阿滕90'
第2轮 2014.9.30
莫斯科中央陆军0:1拜仁慕尼黑
穆勒22'（点球）
曼城1:1罗马
阿圭罗4'（点球）；托蒂23'
第3轮 2014.10.21
莫斯科中央陆军2:2曼城
敦比亚65'、纳特霍86'（点球）；阿圭罗29'、米尔纳38'
罗马1:7拜仁慕尼黑
热尔维尼奥66'；罗本9'、30'，格策23'、莱万多夫斯基25'、穆勒36'（点球）、里贝里78'、沙奇里80'
第4轮 2014.11.5
曼城1:2莫斯科中央陆军
亚亚·图雷8'；敦比亚2'、34'
拜仁慕尼黑2:0罗马
里贝里38'、格策64'
第5轮 2014.11.25
莫斯科中央陆军1:1罗马
V.别列祖茨基93'；托蒂43'
曼城3:2拜仁慕尼黑
阿圭罗22'（点球）、85'、91'；阿隆索40'、莱万多夫斯基45'
第6轮 2014.12.10
罗马0:2曼城
纳斯里60'、萨巴莱塔86'
拜仁慕尼黑3:0莫斯科中央陆军
穆勒18'（点球）、罗本84'、格策90'
积分榜

球队	胜	平	负	分	进:失
拜仁慕尼黑	5	0	1	15	16:4
曼城	2	2	2	8	9:8
罗马	1	2	3	5	8:14
莫斯科中央陆军	1	2	3	5	6:13

F组
第1轮 2014.9.17
巴塞罗那1:0希腊人竞技
皮克28'
阿贾克斯1:1巴黎圣日耳曼
舍恩74'；卡瓦尼14'
第2轮 2014.9.30
巴黎圣日耳曼3:2巴塞罗那
大卫·路易斯10'、维拉蒂26'、马图伊迪54'；梅西12'、内马尔56'
希腊人竞技1:1阿贾克斯
曼杜卡31'（点球）；卢卡斯·安德森28'
第3轮 2014.10.21
希腊人竞技0:1巴黎圣日耳曼
卡瓦尼87'
巴塞罗那3:1阿贾克斯
内马尔7'、梅西24'、桑德罗94'；加齐88'
第4轮 2014.11.5
巴黎圣日耳曼1:0希腊人竞技
卡瓦尼1'
阿贾克斯0:2巴塞罗那
梅西36'、76'
第5轮 2014.11.25
希腊人竞技0:4巴塞罗那
苏亚雷斯27'、梅西38'、58'、87'
巴黎圣日耳曼3:1阿贾克斯
卡瓦尼33'、83'，伊布拉希莫维奇78'；克拉森67'
第6轮 2014.12.10
巴塞罗那3:1巴黎圣日耳曼
梅西19'、内马尔42'、苏亚雷斯77'；伊布拉希莫维奇15'
阿贾克斯4:0希腊人竞技
舍恩45'（点球）、50'，克拉森53'、米利克74'
积分榜

球队	胜	平	负	分	进:失
巴塞罗那	5	0	1	15	15:5
巴黎圣日耳曼	4	1	1	13	10:7
阿贾克斯	1	2	3	5	8:10
希腊人竞技	0	1	5	1	1:12

G组
第1轮 2014.9.17
切尔西1:1沙尔克04
法布雷加斯11'；亨特拉尔62'
马里博尔1:1里斯本竞技
扎霍维奇92'；纳尼80'
第2轮 2014.9.30
里斯本竞技0:1切尔西
马蒂奇34'
沙尔克04 1:1马里博尔
亨特拉尔56'；博哈尔37'
第3轮 2014.10.21
沙尔克04 4:3里斯本竞技
奥巴西34'、亨特拉尔51'、赫韦德斯60'；纳尼16'、阿德里安·席尔瓦64'（点球）、78'
切尔西6:0马里博尔
雷米13'、德罗巴23'（点球）、特里31'、维勒54'（乌龙）、阿扎尔77'（点球）、90'
第4轮 2014.11.5
里斯本竞技4:2沙尔克04
萨尔26'、热费尔森52'、纳尼72'、斯利马尼91'；苏莱曼17'（乌龙）、奥戈88'
马里博尔1:1切尔西
伊布赖米50'；马蒂奇73'
第5轮 2014.11.25
沙尔克04 0:5切尔西
特里2'、威廉29'、基希霍夫44'（乌龙）、德罗巴76'、拉米雷斯78'
里斯本竞技3:1马里博尔
马内10'、纳尼35'、苏莱曼65'；热费尔森42'（乌龙）
第6轮 2014.12.10
切尔西3:1里斯本竞技
法布雷加斯8'（点球）、许尔勒16'、米克尔56'；阿德里安·席尔瓦50'
马里博尔0:1沙尔克04
迈尔62'
积分榜

球队	胜	平	负	分	进:失
切尔西	4	2	0	14	17:3
沙尔克04	2	2	2	8	9:14
里斯本竞技	2	1	3	7	2:12
马里博尔	0	3	3	3	4:13

H组
第1轮 2014.9.17
波尔图6:0鲍里索夫
卜拉希米5'、32'、57'，马丁内斯37'、阿德里安61'、阿布巴卡尔76'
毕尔巴鄂0:0顿涅茨克矿工
第2轮 2014.9.30
顿涅茨克矿工2:2波尔图
阿莱士·特谢拉52'、路易斯·阿德里亚诺85'；马丁内斯89'（点球）、94'
鲍里索夫2:1毕尔巴鄂
波利亚科夫19'、卡尼茨基41'；阿杜里斯45'
第3轮 2014.10.21
鲍里索夫0:7顿涅茨克矿工
阿莱士·特谢拉11'、路易斯·阿德里亚诺28'（点球）、36'、40'、44'、82'（点球），道格拉斯·科斯塔35'
波尔图2:1毕尔巴鄂
埃雷拉45'、夸雷斯马75'；吉列尔莫58'
第4轮 2014.11.5
顿涅茨克矿工5:0鲍里索夫
斯尔纳19'、阿莱士·特谢拉48'、路易斯·阿德里亚诺58'（点球）、83'、93'
毕尔巴鄂0:2波尔图
马丁内斯56'、卜拉希米73'
第5轮 2014.11.25
鲍里索夫0:3波尔图
埃雷拉56'、马丁内斯65'、特略89'
顿涅茨克矿工0:1毕尔巴鄂
圣何塞68'
第6轮 2014.12.10
波尔图1:1顿涅茨克矿工
阿布巴卡尔87'；斯捷潘年科50'
毕尔巴鄂2:0鲍里索夫
圣何塞47'、苏塞塔88'
积分榜

球队	胜	平	负	分	进:失
波尔图	4	2	0	14	16:4
顿涅茨克矿工	2	3	1	9	15:4
毕尔巴鄂	2	1	3	7	5:6
鲍里索夫	1	0	5	3	2:24

1/8决赛（2015.2.17-3.18）
巴黎圣日耳曼*3:3切尔西
[主]1:1 卡瓦尼54'；伊万诺维奇36'
[客]2:2 大卫·路易斯86'、蒂亚戈·席尔瓦114'；卡希尔81'、阿扎尔96'（点球）
曼城1:3巴塞罗那
[主]1:2 阿圭罗69'；苏亚雷斯16'、30'
[客]0:1 拉基蒂奇31'
勒沃库森1:1（点球2:3）马德里竞技
[主]1:0 恰尔汉奥卢57'
[客]0:1 马里奥·苏亚雷斯27'
尤文图斯5:1多特蒙德
[主]2:1 特维斯13'、莫拉塔43'；罗伊斯18'
[客]3:0 特维斯3'、79'，莫拉塔70'
沙尔克04 4:5皇家马德里
[主]0:2 C.罗纳尔多26'、马塞洛79'
[客]4:3 富克斯20'、亨特拉尔40'、84'，萨内57'；C.罗纳尔多25'、45'，本泽马53'
顿涅茨克矿工0:7拜仁慕尼黑
[主]0:0
[客]0:7 穆勒4'（点球）、52'，博阿滕34'、里贝里49'、巴德施图伯63'、莱万多夫斯基75'、格策87'
阿森纳3:3*摩纳哥
[主]1:3 张伯伦91'；孔多比亚38'、贝尔巴托夫53'、卡拉斯科94'
[客]2:0 吉鲁36'、拉姆齐79'
巴塞尔1:5波尔图
[主]1:1 德利斯·冈萨雷斯11'；达尼洛79'（点球）
[客]0:4 卜拉希米14'、埃雷拉47'、卡塞米罗56'、阿布巴卡尔76'
1/4决赛（2015.4.14-4.22）
巴黎圣日耳曼1:5巴塞罗那
[主]1:3 马蒂厄82'（乌龙）；内马尔18'、苏亚雷斯67'、79'
巴黎圣日耳曼阵容：西里古/蒂亚戈·席尔瓦（大卫·路易斯21'）、卡巴耶、马基尼奥斯、卡瓦尼、马图伊迪、马克斯韦尔、拉韦齐、范德维尔、拉比奥（卢卡斯65'）、帕斯托雷
巴塞罗那阵容：特尔斯特根/蒙托亚（阿德里亚诺80'）、皮克、拉基蒂奇（马蒂厄74'）、布斯克茨、伊涅斯塔（哈维53'）、苏亚雷斯、梅西、内马尔、马斯切拉诺、阿尔瓦
[客]0:2 内马尔14'、34'
巴黎圣日耳曼阵容：西里古/卡巴耶（卡拉比齐80'）、马基尼奥斯、卡瓦尼（拉比奥80'）、伊布拉希莫维奇、马图伊迪（拉比奥80'）、马克斯韦尔、范德维尔、维拉蒂、帕斯托雷、大卫·路易斯
巴塞罗那阵容：特尔斯特根/皮克、拉基蒂奇、布斯克茨（罗伯托55'）、伊涅斯塔（哈维46'）、苏亚雷斯（佩德罗75'）、梅西、内马尔、马斯切拉诺、阿尔瓦、阿尔维斯
马德里竞技0:1皇家马德里
[主]0:0
马德里竞技阵容：奥布拉克/戈丁、西凯拉、马里奥·苏亚雷斯、科克（托雷斯83'）、格列兹曼（劳尔·加西亚77'）、曼朱基奇、图兰、加比、胡安弗兰、米兰达
皇家马德里阵容：卡西利亚斯/瓦拉内、拉莫斯、C.罗纳尔多、克罗斯、本泽马（伊斯科76'）、J.罗德里格斯、贝尔、马塞洛、卡瓦哈尔（阿韦洛亚85'）、莫德里奇
[客]0:1 埃尔南德斯88'
波尔图4:7拜仁慕尼黑
[主]3:1 夸雷斯马3'（点球）、10'，马丁内斯65'；蒂亚戈28'
波尔图阵容：法比亚诺/达尼洛、因迪、麦孔、卡塞米罗、夸雷斯马（埃万德罗84'）、卜拉希米（埃尔纳伊80'）、马丁内斯、埃雷拉、桑德罗、奥利弗·托雷斯（内韦斯75'）
拜仁慕尼黑阵容：诺伊尔/阿隆索（巴德施图伯74'）、丹特、蒂亚戈、莱万多夫斯基、拉菲尼亚、博阿滕、贝尔纳特、格策（罗德56'）、拉姆、穆勒
[客]1:6 马丁内斯73'；蒂亚戈14'、博阿滕22'、莱万多夫斯基27'、40'，穆勒36'、阿隆索88'
波尔图阵容：法比亚诺/因迪、麦孔、马卡诺、卡塞米罗、夸雷斯马（内韦斯46'）、卜拉希米（埃万德罗67'）、马丁内斯、达戈·雷耶斯（里卡多33'）、埃雷拉、奥利弗·托雷斯
拜仁慕尼黑阵容：诺伊尔/阿隆索、蒂亚戈（丹特90'）、莱万多夫斯基、拉菲尼亚（罗德72'）、博阿滕、贝尔纳特、格策（魏泽尔86'）、拉姆、穆勒、巴德施图伯
尤文图斯1:0摩纳哥
[主]1:0 比达尔57'（点球）
尤文图斯阵容：布冯/基耶利尼、马尔基西奥、莫拉塔（马特里83'）、特维斯、博努奇、皮尔洛（巴尔扎利74'）、比达尔、利希思泰纳、埃夫拉、罗伯托·佩雷拉（斯图拉罗87'）
摩纳哥阵容：苏巴希奇/法比尼奥、库尔扎瓦、阿卜杜努尔、卡瓦略、迪拉尔（贝尔纳多·席尔瓦51'）、穆蒂尼奥、费雷拉-卡拉斯科、孔多比亚、马夏尔（M.卡瓦略）、拉吉（贝尔巴托夫71'）
[客]0:0
尤文图斯阵容：布冯/基耶利尼、马尔基西奥、莫拉塔（略伦特69'）、特维斯、巴尔扎利、博努奇、皮尔洛、比达尔（佩雷拉77'）、利希斯泰纳、埃夫拉（帕多因89'）
摩纳哥阵容：苏巴希奇/法比尼奥、库尔扎瓦、阿布德努尔、穆蒂尼奥、贝尔纳多·席尔瓦、费雷拉-卡拉斯科（M.卡瓦略）、孔多比亚、马夏尔（热尔曼76'）、拉吉、图拉朗（贝尔巴托夫46'）
半决赛（2015.5.5-5.13）
巴塞罗那5:3拜仁慕尼黑
[主]3:0 梅西77'、80'，内马尔94'
巴塞罗那阵容：特尔斯特根/皮克、拉基蒂奇（哈维82'）、布斯克茨、伊涅斯塔（拉菲尼亚87'）、苏亚雷斯、梅西、内马尔、马斯切拉诺（巴特拉89'）、阿尔瓦、阿尔维斯
拜仁慕尼黑阵容：诺伊尔/阿隆索、贝纳蒂亚、蒂亚戈、莱万多夫斯基、拉菲尼亚、博阿滕、贝尔纳特、拉姆、穆勒（格策79'）、施魏因斯泰格
[客]2:3 内马尔15'、29'；贝纳蒂亚7'、莱万多夫斯基59'、穆勒74'
巴塞罗那阵容：特尔斯特根/皮克、拉基蒂奇（马蒂厄72'）、布斯克茨、伊涅斯塔（哈维75'）、苏亚雷斯（佩德罗46'）、梅西、内马尔、马斯切拉诺、阿尔瓦、阿尔维斯
拜仁慕尼黑阵容：诺伊尔/阿隆索、贝纳蒂亚、蒂亚戈、莱万多夫斯基、拉菲尼亚、博阿滕、贝尔纳特、拉姆（罗德68'）、穆勒（哈维·马丁内斯87'）、施魏因斯泰格（格策87'）
尤文图斯3:2皇家马德里
[主]2:1 莫拉塔8'、特维斯58'（点球）；C.罗纳尔多27'
尤文图斯阵容：布冯/基耶利尼、马尔基西奥、莫拉塔（略伦特78'）、特维斯（佩雷拉86'）、博努奇、皮尔洛、比达尔、利希斯泰纳、斯图拉罗（巴尔扎利64'）、埃夫拉
皇家马德里阵容：卡西利亚斯/瓦拉内、佩佩、拉莫斯、C.罗纳尔多、克罗斯、J.罗德里格斯、贝尔（赫塞86'）、马塞洛、卡瓦哈尔、伊斯科（埃尔南德斯63'）
[客]1:1 C.罗纳尔多23'（点球）；莫拉塔57'
尤文图斯阵容：布冯/基耶利尼、波巴（佩雷拉89'）、马尔基西奥、莫拉塔（略伦特84'）、特维斯、博努奇、皮尔洛（巴尔扎利79'）、比达尔、利希斯泰纳、埃夫拉
皇家马德里阵容：卡西利亚斯/瓦拉内、拉莫斯、C.罗纳尔多、克罗斯、本泽马（埃尔南德斯67'）、J.罗德里格斯、贝尔、马塞洛、卡瓦哈尔、伊斯科
决赛（2015.6.6）
尤文图斯1:3巴塞罗那
莫拉塔55'；拉基蒂奇4'、苏亚雷斯68'、内马尔97'
尤文图斯阵容（442）：布冯/利希斯泰纳、巴尔扎利、博努奇、埃夫拉（金斯利·科曼89'）/马尔基西奥、皮尔洛、比达尔（佩雷拉79'）、波巴/特维斯、莫拉塔（略伦特85'）
巴塞罗那阵容（433）：特尔斯特根/阿尔维斯、皮克、马斯切拉诺、阿尔瓦/拉基蒂奇（马蒂厄91'）、布斯克茨、伊涅斯塔（哈维78'）/梅西、苏亚雷斯（佩德罗96'）、内马尔

2015/2016赛季
资格赛第1轮（2015.6.30-7.7）
林肯红魔（直布罗陀）2:1[0:0,2:1]圣科洛马（安道尔）
克鲁萨德斯（北爱尔兰）*1:1[0:0,1:1]塔林莱瓦迪亚（爱沙尼亚）
叶里温凤凰（亚美尼亚）4:2[2:1,2:1]福尔戈雷（圣马力诺）
托沙文（法罗群岛）2:6[1:2,1:4]新圣徒（威尔士）
资格赛第2轮（2015.7.14-7.22）
爱尔兰人（马耳他）3:6[2:1,1:5]特拉维夫马

卡比（以色列）
希腊人竞技（塞浦路斯）*1:1[0:0,1:1]瓦尔达尔（马其顿）
卡拉巴赫（阿塞拜疆）1:0[0:0,1:0]普列夫利亚鲁达（黑山）
萨拉热窝（波黑）0:3[0:2,0:1]波兹南莱赫（波兰）
马里博尔（斯洛文尼亚）2:3[1:0,1:3]阿斯塔纳（哈萨克斯坦）
鲍里索夫（白俄罗斯）2:1[2:1,0:0]邓多克（爱尔兰）
文茨皮尔斯（拉脱维亚）1:4[1:3,0:1]赫尔辛基（芬兰）
中日德兰（丹麦）3:0[1:0,2:0]林肯红魔（直布罗陀）
莫尔德（挪威）5:1[5:0,0:1]叶里温凤凰（亚美尼亚）
马尔默（瑞典）1:0[0:0,1:0]维尔纽斯绿森林（立陶宛）
凯尔特人（苏格兰）6:1[2:0,4:1]加尔扎拜尔星（冰岛）
特伦钦（斯洛伐克）3:4[0:2,3:2]布加勒斯特星（罗马尼亚）
贝尔格莱德游击队（塞尔维亚）3:0[1:0,2:0]迪拉戈里（格鲁吉亚）
卢多戈雷茨（保加利亚）1:3[0:1,1:2]米尔萨米（摩尔多瓦）
萨格勒布迪纳摩（克罗地亚）4:1[1:1,3:0]埃施福拉（卢森堡）
科尔察（阿尔巴尼亚）6:4[4:1,2:3]克鲁萨德斯（北爱尔兰）
新圣徒（威尔士）1:2[0:1,1:1（加时）]维迪奥顿（匈牙利）

资格赛第3轮（2015.7.28-8.5）

冠军组
波兹南莱赫（波兰）1:4[1:3,0:1]巴塞尔（瑞士）
米尔萨米（摩尔多瓦）0:4[0:2,0:2]科尔察（阿尔巴尼亚）
赫尔辛基（芬兰）3:4[0:0,3:4]阿斯塔纳（哈萨克斯坦）
凯尔特人（苏格兰）1:0[1:0,0:0]卡拉巴赫（阿塞拜疆）
布加勒斯特星（罗马尼亚）3:5[1:1,2:4]贝尔格莱德游击队（塞尔维亚）
中日德兰（丹麦）2:2[1:2,1:0]*希腊人竞技（塞浦路斯）
特拉维夫马卡比（以色列）3:2[1:2,2:0]比尔森胜利（捷克）
萨格勒布迪纳摩（克罗地亚）*4:4[1:1,3:3]莫尔德（挪威）
维迪奥顿（匈牙利）1:2[1:1,0:1]鲍里索夫（白俄罗斯）
萨尔茨堡红牛（奥地利）2:3[2:0,0:3]马尔默（瑞典）

非冠军组
帕纳辛奈科斯（希腊）2:4[2:1,0:3]布鲁日（比利时）
伯尔尼年轻人（瑞士）1:7[1:3,0:4]摩纳哥
莫斯科中央陆军（俄罗斯）5:4[2:2,3:2]布拉格斯巴达（捷克）
维也纳快速（奥地利）5:4[2:2,3:2]阿贾克斯（荷兰）
费内巴切（土耳其）0:3[0:0,0:3]顿涅茨克矿工（乌克兰）

附加赛（2015.8.18-8.26）

冠军组
阿斯塔纳（哈萨克斯坦）2:1[1:0,1:1]希腊人竞技（塞浦路斯）
科尔察（阿尔巴尼亚）2:6[1:2,1:4]萨格勒布迪纳摩（克罗地亚）
凯尔特人（苏格兰）3:4[3:2,0:2]马尔默（瑞典）
巴塞尔（瑞士）3:3[2:2,1:1]*特拉维夫马卡比（以色列）
鲍里索夫（白俄罗斯）*2:2[1:0,1:2]贝尔格莱德游击队（塞尔维亚）

非冠军组
拉齐奥1:3[1:0,0:3]勒沃库森
曼联7:1[3:1,4:0]布鲁日（比利时）
里斯本竞技（葡萄牙）3:4[2:1,1:3]莫斯科中央陆军（俄罗斯）
维也纳快速（奥地利）2:3[0:1,2:2]顿涅茨克矿工（乌克兰）
巴伦西亚4:3[3:1,1:2]摩纳哥

小组赛（2015.9.15-12.9）

A组

第1轮 2015.9.15
巴黎圣日耳曼2:0马尔默
迪马里亚4'、卡瓦尼61'
皇家马德里4:0顿涅茨克矿工
本泽马30'、C.罗纳尔多55'（点球）、63'（点球）、81'

第2轮 2015.9.30
顿涅茨克矿工0:3巴黎圣日耳曼
奥里埃7'、大卫·路易斯23'、斯尔纳90'（乌龙）
马尔默0:2皇家马德里
C.罗纳尔多29'、90'

第3轮 2015.10.21
马尔默1:0顿涅茨克矿工
罗森贝里17'
巴黎圣日耳曼0:0皇家马德里

第4轮 2015.11.3
顿涅茨克矿工4:0马尔默
赫拉德基29'、斯尔纳48'（点球）、爱德华多55'、特谢拉73'
皇家马德里1:0巴黎圣日耳曼
纳乔35'

第5轮 2015.11.25
马尔默0:5巴黎圣日耳曼
拉比奥3'、迪马里亚14'、68'、伊布50'、小卢卡斯82'
顿涅茨克矿工3:4皇家马德里
特谢拉77'（点球）、88'、登蒂尼奥83'；C.罗纳尔多18'、70'、莫德里奇50'、卡瓦哈尔52'

第6轮 2015.12.8
巴黎圣日耳曼2:0顿涅茨克矿工
小卢卡斯57'、伊布86'
皇家马德里8:0马尔默
本泽马12'、24'、74'、C.罗纳尔多39'、47'、50'、59'、科瓦契奇70'

积分榜

球队	胜	平	负	分	进:失
皇家马德里	5	1	0	16	19:3
巴黎圣日耳曼	4	1	1	13	12:1
顿涅茨克矿工	1	0	5	3	7:14
马尔默	1	0	5	3	1:21

B组

第1轮 2015.9.15
沃尔夫斯堡1:0莫斯科中央陆军
德拉克斯勒40'
埃因霍温2:1曼联
埃克托·莫雷诺45+2'、纳尔辛57'；孟菲斯41'

第2轮 2015.9.30
曼联2:1沃尔夫斯堡
马塔34'（点球）、斯莫林53'；丹尼尔·卡利朱里4'
莫斯科中央陆军3:2埃因霍温
穆萨7'、敦比亚21'、36'（点球）；莱斯蒂耶纳60'、68'

第3轮 2015.10.21
莫斯科中央陆军1:1曼联
敦比亚15'；马夏尔65'
沃尔夫斯堡2:0埃因霍温
多斯特46'、克鲁泽57'

第4轮 2015.11.3
曼联1:0莫斯科中央陆军
鲁尼79'
埃因霍温2:0沃尔夫斯堡
洛卡迪亚55'、吕克·德容86'

第5轮 2015.11.25
莫斯科中央陆军0:2沃尔夫斯堡
阿金费耶夫67'（乌龙）、许尔勒88'
曼联0:0埃因霍温

第6轮 2015.12.8
沃尔夫斯堡3:2曼联
纳尔多13'、84'、维埃里尼亚29'；马夏尔10'、82'吉拉沃吉（乌龙）
埃因霍温2:1莫斯科中央陆军
吕克·德容78'、普罗珀86'；伊格纳舍维奇76'（点球）

积分榜

球队	胜	平	负	分	进:失
沃尔夫斯堡	4	0	2	12	9:6
埃因霍温	3	1	2	10	8:7
曼联	2	2	2	8	7:7
莫斯科中央陆军	1	1	4	4	5:9

C组

第1轮 2015.9.15
加拉塔萨雷0:2马德里竞技
格列兹曼18'、25'
本菲卡2:0阿斯塔纳
盖坦51'、米特罗格卢62'

第2轮 2015.9.30
阿斯塔纳2:2加拉塔萨雷
巴尔塔77'（乌龙）、卡罗勒89'（乌龙）；基萨31'、埃里克·马斯86'（乌龙）
马德里竞技1:2本菲卡
安赫尔·科雷亚23'；盖坦36'、格德斯51'

第3轮 2015.10.21
马德里竞技4:0阿斯塔纳
萨乌尔·尼格斯23'、杰克逊·马丁内斯29'、奥利弗·托雷斯63'、杰杰奇科89'（乌龙）
加拉塔萨雷2:1本菲卡
伊南19'（点球）、波多尔斯基33'；盖坦2'

第4轮 2015.11.3
阿斯塔纳0:0马德里竞技
本菲卡2:1加拉塔萨雷
若纳斯52'、路易松67'；波多尔斯基58'

第5轮 2015.11.25
阿斯塔纳2:2本菲卡
特武马西19'、阿尼契奇31'；劳尔·希门尼斯40'、72'
马德里竞技2:0加拉塔萨雷
格列兹曼13'、65'

第6轮 2015.12.8
加拉塔萨雷1:1阿斯塔纳
伊南64'；特武马西62'
本菲卡1:2马德里竞技
米特罗格卢75'；萨乌尔·尼格斯33'、别托55'

积分榜

球队	胜	平	负	分	进:失
马德里竞技	4	1	1	13	11:3
本菲卡	3	1	2	10	10:8
加拉塔萨雷	1	2	3	5	6:10
阿斯塔纳	0	4	2	4	5:11

D组

第1轮 2015.9.15
曼城1:2尤文图斯
基耶利尼57'（乌龙）；曼朱基奇70'、莫拉塔81'
塞维利亚3:0门兴格拉德巴赫
加梅罗47'（点球）、巴内加66'（点球）、科诺普良卡84'

第2轮 2015.9.30
门兴格拉德巴赫1:2曼城
施廷德尔54'；德米凯利斯65'、阿圭罗90'（点球）
尤文图斯2:0塞维利亚
莫拉塔41'、扎扎87'

第3轮 2015.10.21
尤文图斯0:0门兴格拉德巴赫
曼城2:1塞维利亚
拉米36'（乌龙）、德布劳内90+1'；科诺普良卡30'

第4轮 2015.11.3
门兴格拉德巴赫1:1尤文图斯
法比安·约翰逊18'；利希施泰纳44'
塞维利亚1:3曼城
特雷穆利纳斯25'；斯特林8'、费尔南迪尼奥11'、博尼36'

第5轮 2015.11.25
尤文图斯1:0曼城
曼朱基奇18'
门兴格拉德巴赫4:2塞维利亚
施廷德尔29'、83'、法比安·约翰逊68'、拉斐尔78'；比托洛82'、巴内加90+1'（点球）

第6轮 2015.12.8
曼城4:2门兴格拉德巴赫
大卫·席尔瓦16'、斯特林80'、81'、博尼85'；科布19'、拉斐尔42'
塞维利亚1:0尤文图斯
略伦特65'

积分榜

球队	胜	平	负	分	进:失
曼城	4	0	2	12	12:8
尤文图斯	3	2	1	11	6:3
塞维利亚	2	0	4	6	8:11
门兴格拉德巴赫	1	2	3	5	8:12

E组

第1轮 2015.9.16
勒沃库森4:1鲍里索夫
穆罕默迪4'、恰尔汗奥卢47'、76'（点球）、哈维尔·埃尔南德斯59'；米卢诺维奇13'
罗马1:1巴塞罗那
弗洛伦齐31'；苏亚雷斯21'

第2轮 2015.9.29
巴塞罗那2:1勒沃库森
塞尔吉·罗伯托80'、苏亚雷斯82'；帕帕多普洛斯22'
鲍里索夫3:2罗马
斯塔谢维奇8'、姆拉德诺维奇12'、30'；热尔维尼奥66'、托罗西迪斯82'

第3轮 2015.10.20
鲍里索夫0:2巴塞罗那
拉基蒂奇48'、64'
勒沃库森4:4罗马
哈维尔·埃尔南德斯4'（点球）、19'、坎普尔84'、穆罕默迪86'；德罗西29'、38'、皮亚尼奇54'、法尔克73'

第4轮 2015.11.4
巴塞罗那3:0鲍里索夫
内马尔30'（点球）、83'、[illegible]亚雷斯60'
罗马3:2勒沃库森
萨拉赫2'、哲科29'、皮亚[illegible]奇80'（点球）；穆罕默迪46'、哈维尔·埃[illegible]德斯51'

第5轮 2015.11.24
鲍里索夫1:1勒沃库森
戈尔杰伊丘克2'；穆罕默迪[illegible]'
巴塞罗那6:1罗马
苏亚雷斯15'、44'、梅[illegible]8'、60'、[illegible]克56'、阿德里亚诺77'；哲科[illegible]+1'

第6轮 2015.12.9
勒沃库森1:1巴塞罗那
哈维尔·埃尔南德斯23'；[illegible]20'
罗马0:0鲍里索夫

积分榜

球队	胜	平	负	分	进:失
巴塞罗那	4	2	[illegible]	14	15:4
罗马	1	3	[illegible]	6	1:16
勒沃库森	1	3	[illegible]	6	[illegible]:12
鲍里索夫	1	2	[illegible]	5	[illegible]:12

F组

第1轮 2015.9.16
萨格勒布迪纳摩2:1阿森纳
皮瓦里奇24'、儒尼奥尔·[illegible]尔南德斯5[illegible]；沃尔科特79'
奥林匹亚科斯0:3拜仁慕尼[illegible]
托马斯·穆勒52'、90+2'（点球）、格[illegible]39'

第2轮 2015.9.29
拜仁慕尼黑5:0萨格勒布迪[illegible]摩
道格拉斯·科斯塔13'、[illegible]万多夫斯基21'、28'、55'、格策25'
阿森纳2:3奥林匹亚科斯
沃尔科特35'、亚历克西[illegible]桑切斯65'；帕尔多33'、奥斯皮纳40'（乌[illegible]、芬博阿[illegible]66'

第3轮 2015.10.20
阿森纳2比0拜仁慕尼黑
吉鲁77'、厄齐尔90+4'
萨格勒布迪纳摩0:1奥林[illegible]科斯
79'伊德耶

第4轮 2015.11.4
拜仁慕尼黑5:1阿森纳
莱万多夫斯基10'、托马[illegible]·穆勒29'、[illegible]9'、阿拉巴44'、罗本55'；吉[illegible]69'
奥林匹亚科斯2:1萨格勒[illegible]纳摩
帕尔多65'、90'；霍季奇[illegible]

第5轮 2015.11.24
阿森纳3:0萨格勒布迪纳[illegible]
厄齐尔29'、亚历克西斯[illegible]切斯33'、69'
拜仁慕尼黑4:0奥林匹亚[illegible]
道格拉斯·科斯塔8'、[illegible]多夫斯基[illegible]、托马斯·穆勒20'、科芒69

第6轮 2015.12.9
萨格勒布迪纳摩0:2拜仁[illegible]黑
莱万多夫斯基61'、64'
奥林匹亚科斯0:3阿森纳
吉鲁29'、49'、67'（点[illegible]

积分榜

球队	胜	平	负	分	进:失
拜仁慕尼黑	5	0	1	15	19:3
阿森纳	3	0	3	9	[illegible]2:10
奥林匹亚科斯	3	0	3	9	6:13
萨格勒布迪纳摩	1	0	5	3	3:14

G组

第1轮 2015.9.16
基辅迪纳摩2:2波尔图
胡谢夫20'、布亚尔斯[illegible]89'；阿布巴卡尔23'、81'
切尔西4:0特拉维夫马卡[illegible]
威廉15'、奥斯卡45+4'（点球）、[illegible]·科斯塔58'、法布雷加斯7[illegible]

第2轮 2015.9.29
特拉维夫马卡比0:2基辅[illegible]纳摩
亚尔莫连科4'、儒尼奥[illegible]·莫赖斯50'
波尔图2:1切尔西
安德烈·安德烈39'、[illegible]52'；威廉45+2'

第3轮 2015.10.20
波尔图2:0特拉维夫马卡[illegible]
阿布巴卡尔37'、卜拉[illegible]41'
基辅迪纳摩0:0切尔西

第4轮 2015.11.4
特拉维夫马卡比1:3波[illegible]
扎哈维75'（点球）；[illegible]19'、安德[illegible]·安德烈49'、拉云72'
切尔西2:1基辅迪纳摩
德拉戈维奇34'（乌龙）[illegible]威廉83'；[illegible]拉戈维奇78'

第5轮 2015.11.24
波尔图0:2基辅迪纳摩
亚尔莫连科35'（点球[illegible]德利斯·[illegible]萨雷斯64'
特拉维夫马卡比0:4切[illegible]
加里·卡希尔20'、威[illegible]3'、奥斯[illegible]7'、祖

马90+1'

第6轮 2015.12.9

基辅迪纳摩1:0特拉维夫马卡比

哈尔马什16'

切尔西2:0波尔图

马卡诺12'（乌龙）、威廉52'

积分榜

球队	胜	平	负	分	进:失
切尔西	4	1	1	13	13:3
基辅迪纳摩	3	2	1	11	8:4
波尔图	3	1	2	10	9:8
特拉维夫马卡比	0	0	6	0	1:16

H组

第1轮 2015.9.16

巴伦西亚2:3圣彼得堡泽尼特

坎塞洛55'、安德烈·戈麦斯73'；浩克9'、44'、维策尔76'

根特1:1里昂

米利切维奇68'；费基尔58'

第2轮 2015.9.29

里昂0:1巴伦西亚

费古利42'

圣彼得堡泽尼特2:1根特

久巴35'、沙托夫67'；马东56'

第3轮 2015.10.20

圣彼得堡泽尼特3:1里昂

久巴3'、浩克56'、丹尼82'；拉卡泽特49'

巴伦西亚2:1根特

费古利15'、米特罗维奇42'（乌龙）；福凯40'

第4轮 2015.11.4

里昂0:2圣彼得堡泽尼特

久巴25'、57'

根特1:0巴伦西亚

库姆斯49'（点球）

第5轮 2015.11.24

圣彼得堡泽尼特2:0巴伦西亚

沙托夫15'、久巴74'

里昂1:2根特

费里7'；米利切维奇32'、卡利法·库利巴利90+5'

第6轮 2015.12.9

巴伦西亚0:2里昂

科尔内37'、拉卡泽特76'

根特2:1圣彼得堡泽尼特

德普瓦特18'、米利切维奇78'；久巴65'

积分榜

球队	胜	平	负	分	进:失
圣彼得堡泽尼特	5	0	1	15	13:6
根特	3	1	2	10	8:7
巴伦西亚	2	0	4	6	5:9
里昂	1	1	4	4	5:9

1/8决赛（2016.2.16-3.16）

根特2:4沃尔夫斯堡

[主]2:3 库姆斯80'、卡利法·库利巴利89'；德拉克斯勒44'、54'、克鲁泽60'

[客]0:1 许尔勒74'

罗马0:4皇家马德里

[主]0:2 C.罗纳尔多57'、赫塞86'

[客]0:2 C.罗纳尔多64'、哈梅斯·罗德里格斯68'

巴黎圣日耳曼4:2切尔西

[主]2:1 伊布39'、卡瓦尼78'；米克尔45+1'

[客]2:1 拉比奥16'、伊布67'；迭戈·科斯塔27'

阿森纳1:5巴塞罗那

[主]0:2 梅西71'、83'（点球）

[客]1:3 奈尼51'；内马尔18'、苏亚雷斯65'、梅西88'

尤文图斯4:6拜仁慕尼黑

[主]2:2 迪巴拉63'、斯图拉罗76'；托马斯·穆勒43'、罗本55'

[客]2:4（加时） 博格巴5'、夸德拉多28'；莱万多夫斯基73'、托马斯·穆勒90+1'、蒂亚戈108'、科芒110'

埃因霍温0:0（点球7:8）马德里竞技

[主]0:0

[客]0:0（加时）

本菲卡3:1圣彼得堡泽尼特

[主]1:0 若纳斯90+1

[客]2:1 盖坦85'、塔利斯卡90+6'；浩克69'

基辅迪纳摩1:3曼城

[主]1:3 布亚尔斯基59'；阿圭罗15'、大卫·席尔瓦40'、亚亚·图雷90'

[客]0:0

1/4决赛（2016.4.5-4.13）

沃尔夫斯堡2:3皇家马德里

[主]2:0 里卡多·罗德里格斯18'（点球）、阿诺尔德25'

沃尔夫斯堡阵容：贝纳利奥/维埃里尼亚、德拉克斯勒（马塞尔·舍费尔90+3'）、布鲁诺·恩里克（特雷施30'）、许尔勒（克鲁泽85'）、丹特、路易斯·古斯塔沃、吉拉沃吉、纳尔多、阿诺尔德、里卡多·罗德里格斯

皇家马德里阵容：克洛尔·纳瓦斯/佩佩、塞尔吉奥·拉莫斯、C.罗纳尔多、克罗斯（哈梅斯·罗德里格斯85'）、本泽马（赫塞41'）、贝尔、马塞洛、卡塞米罗、莫德里奇（伊斯科64'）、达尼洛

[客]0:3 C.罗纳尔多15'、17'、77'

沃尔夫斯堡阵容：贝纳利奥/维埃里尼亚、德拉克斯勒（克鲁泽32'）、布鲁诺·恩里克（丹尼尔·卡利朱里73'）、许尔勒、丹特、路易斯·古斯塔沃、吉拉沃吉（多斯特80'）、纳尔多、阿诺尔德、里卡多·罗德里格斯

皇家马德里阵容：克洛尔·纳瓦斯/佩佩、塞尔吉奥·拉莫斯、C.罗纳尔多、克罗斯、本泽马（赫塞84'）、贝尔、马塞洛、卡塞米罗、卡瓦哈尔、莫德里奇（瓦拉内90+2'）

拜仁慕尼黑3:2本菲卡

[主]1:0 比达尔2'

拜仁慕尼黑阵容：诺伊尔/蒂亚戈、里贝里、莱万多夫斯基、道格拉斯·科斯塔（科芒70'）、贝尔纳特、拉姆、比达尔、托马斯·穆勒（格策85'）、阿拉巴、基米希（哈维·马丁内斯90'）

本菲卡阵容：埃德松/费伊萨、盖坦、米特罗格卢（劳尔·希门尼斯70'）、林德勒夫、若纳斯（萨尔维奥83'）、埃利塞乌、皮齐（萨马里斯90+1）、雅德尔、安德烈·阿尔梅达、桑谢斯

[客]2:2 比达尔38'、52'托马斯·穆勒；劳尔·希门尼斯27'、塔利斯卡76'

拜仁慕尼黑阵容：诺伊尔/蒂亚戈、里贝里（格策90+2'）、哈维·马丁内斯、道格拉斯·科斯塔、哈维·阿隆索（贝尔纳特90'）、拉姆、比达尔、托马斯·穆勒（莱万多夫斯基84'）、阿拉巴、基米希

本菲卡阵容：埃德松/费伊萨、劳尔·希门尼斯、林德勒夫、萨尔维奥（塔利斯卡68'）、埃利塞乌（约维奇88'）、皮齐（格德斯58'）、雅德尔、安德烈·阿尔梅达、卡塞拉-冈萨雷斯、桑谢斯

巴塞罗那2:3马德里竞技

[主]2:1 苏亚雷斯63'、74'；托雷斯25'

巴塞罗那阵容：特尔斯特根/皮克、拉基蒂奇（拉菲尼亚63'）、布斯克茨（塞尔吉·罗伯托80'）、阿尔维斯、伊涅斯塔（阿尔达·图兰83'）、苏亚雷斯、梅西、内马尔、马斯切拉诺、阿尔瓦

马德里竞技阵容：奥布拉克/戈丁、菲利佩、科克、格列兹曼（托马斯·帕蒂76'）、托雷斯、加比、萨乌尔·尼格斯（安赫尔·科雷亚90'）、卢卡斯·埃尔南德斯、胡安弗兰、费雷拉-卡拉斯科（奥古斯托·费尔南德斯53'）

[客]0:2 格列兹曼36'、88'（点球）

巴塞罗那阵容 特尔斯特根/皮克、拉基蒂奇（阿尔达·图兰64'）、布斯克茨、阿尔维斯（塞尔吉·罗伯托64'）、伊涅斯塔、苏亚雷斯、梅西、内马尔、马斯切拉诺、阿尔瓦

马德里竞技阵容：奥布拉克/戈丁、菲利佩、科克、格列兹曼（安赫尔·科雷亚90'）、奥古斯托·费尔南德斯（萨维奇90+3'）、加比、萨乌尔·尼格斯、卢卡斯·埃尔南德斯、胡安弗兰、费雷拉-卡拉斯科（托马斯·帕蒂74'）

巴黎圣日耳曼2:3曼城

[主]2:2 伊布41'、拉比奥59'；德布劳内38'、费尔南迪尼奥72'

巴黎圣日耳曼阵容：特拉普/蒂亚戈·席尔瓦、蒂亚戈·莫塔、卡瓦尼、伊布、迪马里亚、马图伊迪、马克斯韦尔、奥里埃（范德维尔78'）、拉比奥（小卢卡斯78'）、大卫·路易斯

曼城阵容：乔·哈特/萨尼亚、费尔南多、阿圭罗（科拉罗夫90+3'）、赫苏斯·纳瓦斯、德布劳内（德尔夫77'）、芒加拉、大卫·席尔瓦（博尼88'）、克利希、费尔南迪尼奥、奥塔门迪

[客]0:1 德布劳内76'

巴黎圣日耳曼阵容：特拉普/蒂亚戈·席尔瓦、马尔基尼奥斯、蒂亚戈·莫塔（小卢卡斯44'）、卡瓦尼、伊布、迪马里亚、马克斯韦尔、奥里埃（帕斯托雷61'）、范德维尔、拉比奥

曼城阵容：乔·哈特/萨尼亚、费尔南多、阿圭罗（伊希纳乔90+3'）、赫苏斯·纳瓦斯、德布劳内（亚亚·图雷84'）、芒加拉、大卫·席尔瓦（德尔夫87'）、克利希、费尔南迪尼奥、奥塔门迪

半决赛（2016.4.26-5.4）

曼城0:1皇家马德里

[主]0:0

曼城阵容：乔·哈特/萨尼亚、孔帕尼、费尔南多、阿圭罗、赫苏斯·纳瓦斯（斯特林77'）、德布劳内、大卫·席尔瓦（伊希纳乔40'）、克利希、费尔南迪尼奥、奥塔门迪

皇家马德里阵容：克洛尔·纳瓦斯/佩佩、塞尔吉奥·拉莫斯、克罗斯（伊斯科90'）、本泽马（赫塞46'）、贝尔、马塞洛、卡塞米罗、卡瓦哈尔、卢卡斯·巴斯克斯、莫德里奇

[客]0:1 费尔南多20'（乌龙）

曼城阵容：乔·哈特/萨尼亚、孔帕尼（芒加拉10'）、费尔南多、阿圭罗、赫苏斯·纳瓦斯（伊希纳乔69'）、德布劳内、克利希、费尔南迪尼奥、奥塔门迪、亚亚·图雷（斯特林61'）

皇家马德里阵容：克洛尔·纳瓦斯/佩佩、塞尔吉奥·拉莫斯、C.罗纳尔多、克罗斯、贝尔、马塞洛、卡瓦哈尔、莫德里奇（科瓦契奇88'）、赫塞（卢卡斯·巴斯克斯56'）、伊斯科（哈梅斯·罗德里格斯67'）

马德里竞技*2:2拜仁慕尼黑

[主]1:0 萨乌尔·尼格斯11'

马德里竞技阵容：奥布拉克/菲利佩、科克、格列兹曼、托雷斯、奥古斯托·费尔南德斯、加比、萨维奇、萨乌尔·尼格斯（托马斯·帕蒂85'）、胡安弗兰、何塞·希门尼斯

拜仁慕尼黑阵容：诺伊尔/蒂亚戈（托马斯·穆勒70'）、哈维·马丁内斯、莱万多夫斯基、道格拉斯·科斯塔、哈维·阿隆索、贝尼亚特（贝纳蒂亚77'）、拉姆、比达尔、阿拉巴、科芒（里贝里64'）

[客]1:2 格列兹曼54'；哈维·阿隆索31'、莱万多夫斯基74'

马德里竞技阵容：奥布拉克/戈丁、菲利佩、科克（萨维奇90+3'）、格列兹曼（托马斯·帕蒂82'）、托雷斯、奥古斯托·费尔南德斯（费雷拉-卡拉斯科46'）、加比、萨乌尔·尼格斯、胡安弗兰、何塞·希门尼斯

拜仁慕尼黑阵容：诺伊尔/里贝里、哈维·马丁内斯、莱万多夫斯基、道格拉斯·科斯塔（科芒73'）、哈维·阿隆索、热罗姆·博阿滕、拉姆、比达尔、托马斯·穆勒、阿拉巴

决赛（2016.5.28，米兰圣西罗球场）

皇家马德里1:1（点球5:3）马德里竞技

塞尔吉奥·拉莫斯15'；费雷拉-卡拉斯科79'

皇家马德里点球：卢卡斯·巴斯克斯√马塞洛√贝尔√塞尔吉奥·拉莫斯√C.罗纳尔多√

马德里竞技点球：格列兹曼√加比√萨乌尔·尼格斯√胡安弗兰×

皇家马德里阵容（433）：克洛尔·纳瓦斯/卡瓦哈尔（达尼洛52'）、塞尔吉奥·拉莫斯、佩佩、马塞洛/莫德里奇、卡塞米罗、克罗斯（伊斯科72'）/贝尔、本泽马（卢卡斯·巴斯克斯77'）、C.罗纳尔多

马德里竞技阵容（442）：奥布拉克/胡安弗兰、萨维奇、戈丁、菲利佩（卢卡斯·埃尔南德斯109'）/萨乌尔·尼格斯、加比、奥古斯托·费尔南德斯（费雷拉-卡拉斯科46'）、科克（托马斯·帕蒂116'）/托雷斯、格列兹曼

2016/2017赛季

资格赛第1轮（2016.6.28-7.6）

塔林弗洛拉（爱沙尼亚）2:3[2:1,0:2]林肯红魔（直布罗陀）

新圣徒（威尔士）5:1[2:1,3:0]特雷佩内（圣马力诺）

瓦莱塔（马耳他）*2:2[1:0,1:2]托沙文（法罗群岛）

圣科洛马（安道尔）0:3[0:0,0:3]阿拉什科特（亚美尼亚）

资格赛第2轮（2016.7.12-7.20）

卡拉巴赫（阿塞拜疆）3:1[2:0,1:1]迪德朗日（卢森堡）

贝尔谢巴工人（以色列）3:2[3:2,0:0]警长（摩尔多瓦）

卢布尔雅那奥林匹亚（斯洛文尼亚）6:6[3:4,3:2]*特伦钦（斯洛伐克）

萨尔茨堡红牛（奥地利）3:0[1:0,2:0]利耶帕亚（拉脱维亚）

瓦尔达尔（马其顿）3:5[1:2,2:3]萨格勒布迪纳摩（克罗地亚）

新圣徒（威尔士）0:3[0:0,0:3]希腊人竞技（塞浦路斯）

兹里尼斯基（波黑）1:3[1:1,0:2]华沙军团（波兰）

卢多戈雷茨（保加利亚）5:0[2:0,3:0]波德戈里察青年（黑山）

第比利斯迪纳摩（格鲁吉亚）3:1[2:0,1:1]阿拉什科特（亚美尼亚）

维尔纽斯绿森林（立陶宛）1:2[0:0,1:2]阿斯塔纳（哈萨克斯坦）

地拉那游击队（阿尔巴尼亚）2:2（点球3:1）[1:1,1:1（加时）]费伦茨城（匈牙利）

鲍里索夫（白俄罗斯）4:2[2:0,2:2]赫尔辛基（芬兰）

瓦莱塔（马耳他）2:4[1:2,1:2]贝尔格莱德红星（塞尔维亚）

罗森博格（挪威）5:4[3:1,2:3]诺科平（瑞典）

邓多克（爱尔兰）*3:3[1:1,2:2]哈夫纳夫约杜尔（冰岛）

林肯红魔（直布罗陀）1:3[1:0,0:3]凯尔特人（苏格兰）

克鲁萨德斯（北爱尔兰）0:9[0:3,0:6]哥本哈根（丹麦）

资格赛第3轮（2016.7.26-8.3）

冠军组

罗森博格2:4[2:1,0:3]希腊人竞技（塞浦路斯）

萨格勒布迪纳摩（克罗地亚）3:0[2:0,1:0]第比利斯迪纳摩（格鲁吉亚）

奥林匹亚科斯（希腊）0:1[0:0,0:1]贝尔谢巴工人（以色列）

阿斯塔纳（哈萨克斯坦）2:3[1:1,1:2]凯尔特人（苏格兰）

特伦钦（斯洛伐克）0:1[0:1,0:0]华沙军团（波兰）

比尔森胜利（波兰）*1:1[0:0,1:1]卡拉巴赫（阿塞拜疆）

久尔久星（罗马尼亚）1:4[1:1,0:3]哥本哈根（丹麦）

鲍里索夫（白俄罗斯）1:3[1:0,0:3]邓多克（爱尔兰）

卢多戈雷茨（保加利亚）6:4[2:2,4:2（加时）]贝尔格莱德红星（塞尔维亚）

地拉那游击队（阿尔巴尼亚）0:3[0:1,0:2]萨尔茨堡红牛（奥地利）

非冠军组

阿贾克斯（荷兰）3:2[1:1,2:1]塞萨洛尼基（希腊）

布拉格斯巴达（捷克）1:3[1:1,0:2]布加勒斯特星（罗马尼亚）

顿涅茨克矿工（乌克兰）2:2（点球2:4）[2:0,0:2（加时）]伯尔尼年轻人（瑞士）

罗斯托夫（俄罗斯）4:2[2:2,2:0]安德莱赫特（比利时）

费内巴切（土耳其）3:4[2:1,1:3]摩纳哥

附加赛（2016.8.16-8.24）

冠军组

卢多戈雷茨（保加利亚）4:2[2:0,2:2]比尔森胜利（波兰）

凯尔特人（苏格兰）5:4[5:2,0:2]贝尔谢巴工人（以色列）

哥本哈根（丹麦）2:1[1:0,1:1]希腊人竞技（塞浦路斯）

邓多克（爱尔兰）1:3[0:2,1:1]华沙军团（波兰）

萨格勒布迪纳摩（克罗地亚）3:2[1:1,2:1（加时）]萨尔茨堡红牛（奥地利）

非冠军组

布加勒斯特星（罗马尼亚）0:6[0:5,0:1]曼城

波尔图（葡萄牙）4:1[1:1,3:0]罗马

阿贾克斯（荷兰）2:5[1:1,1:4]罗斯托夫（俄罗斯）

伯尔尼年轻人（瑞士）2:9[1:3,1:6]门兴格拉德巴赫

比利亚雷亚尔1:3[1:2,0:1]摩纳哥

小组赛（2016.9.13-12.7）

A组

第1轮 2016.9.13

巴黎圣日耳曼1:1阿森纳

卡瓦尼1'；亚历克西斯·桑切斯78'

巴塞尔1:1卢多戈雷茨

施特芬79'；若纳坦·卡富45'

第2轮 2016.9.28

卢多戈雷茨1:3巴黎圣日耳曼

纳塔纳埃尔16'；马图伊迪41'、卡瓦尼56'、60'

阿森纳2:0巴塞尔

沃尔科特7'、26'

第3轮 2016.10.19

阿森纳6:0卢多戈雷茨

亚历克西斯·桑切斯13'、沃尔科特42'、张伯伦47'、厄齐尔56'、83'、87'

巴黎圣日耳曼3:0巴塞尔

迪马里亚40'、小卢卡斯62'、卡瓦尼90+3'（点球）

第4轮 2016.11.1

卢多戈雷茨2:3阿森纳

若纳坦·卡富12'、凯谢吕15'；格拉尼特·扎卡20'、吉鲁42'、厄齐尔88'

巴塞尔1:2巴黎圣日耳曼

祖菲76'；马图伊迪43'、默尼耶90'

第5轮 2016.11.23

阿森纳2:2巴黎圣日耳曼
吉鲁45+1'（点球）、维拉蒂60'（乌龙）；卡瓦尼18'、伊沃比77'（乌龙）
卢多戈雷茨0:0巴塞尔
第6轮 2016.12.6
巴黎圣日耳曼2:2卢多戈雷茨
卡瓦尼61'、迪马里亚90+2'；米西詹15'、万德松69'
巴塞尔1:4阿森纳
敦比亚78'；卢卡斯·佩雷斯8'、16'、47'、伊沃比53'
积分榜

球队	胜	平	负	分	进:失
阿森纳	4	2	0	14	18:6
巴黎圣日耳曼	3	3	0	12	13:7
卢多戈雷茨	0	3	3	3	6:15
巴塞尔	0	2	4	2	3:12

B组
第1轮 2016.9.13
基辅迪纳摩1:2那不勒斯
哈尔马什26'；米利克36'、45+2'
本菲卡1:1贝西克塔斯
塞尔维12'；塔利斯卡90+3'
第2轮 2016.9.28
贝西克塔斯1:1基辅迪纳摩
夸雷斯马29'；齐汉科夫65'
那不勒斯4:2本菲卡
哈姆西克20'、梅尔滕斯51'、58'、米利克54'（点球）；格德斯70'、萨尔维奥86'
第3轮 2016.10.19
那不勒斯2:3贝西克塔斯
梅尔滕斯30'、加比亚迪尼69'（点球）；阿德里亚诺12'、阿布巴卡尔38'、86'
基辅迪纳摩0:2本菲卡
萨尔维奥9'（点球）、塞尔维55'
第4轮 2016.11.1
贝西克塔斯1:1那不勒斯
夸雷斯马79'（点球）；哈姆西克82'
本菲卡1:0基辅迪纳摩
萨尔维奥45+2'（点球）
第5轮 2016.11.23
贝西克塔斯3:3本菲卡
托松58'、夸雷斯马83'（点球）、阿布巴卡尔89'；格德斯10'、内尔松·塞梅多25'、费伊萨31'
那不勒斯0:0基辅迪纳摩
第6轮 2016.12.6
基辅迪纳摩6:0贝西克塔斯
贝谢金9'、亚尔莫连科30'（点球）、布亚尔斯基32'、德利斯·冈萨雷斯45+3'、瑟多尔丘克60'、儒尼奥尔·莫赖斯77'
本菲卡1:2那不勒斯
劳尔·希门尼斯87'；卡列洪60'、梅尔滕斯79'
积分榜

球队	胜	平	负	分	进:失
那不勒斯	3	2	1	11	11:8
本菲卡	2	2	2	8	10:10
贝西克塔斯	1	4	1	7	9:14
基辅迪纳摩	1	2	3	5	8:6

C组
第1轮 2016.9.13
巴塞罗那7:0凯尔特人
梅西3'、27'、60'、内马尔50'、伊涅斯塔59'、苏亚雷斯75'、88'
曼城4:0门兴格拉德巴赫
阿圭罗9'、28'（点球）、77'、伊希纳乔90+1'
第2轮 2016.9.28
门兴格拉德巴赫1:2巴塞罗那
托尔冈·阿扎尔34'；阿尔达·图兰65'、皮克74'
凯尔特人3:3曼城
穆萨·登贝莱3'、47'、斯特林20'（乌龙）；费尔南迪尼奥12'、斯特林28'、诺利托55'
第3轮 2016.10.19
凯尔特人0:2门兴格拉德巴赫
施廷德尔57'、哈恩77'
巴塞罗那4:0曼城
梅西17'、61'、69'、内马尔89'
第4轮 2016.11.1
门兴格拉德巴赫1:1凯尔特人
施廷德尔32'；穆萨·登贝莱76'（点球）
曼城3:1巴塞罗那
京多安39'、74'、德布劳内51'；梅西21'
第5轮 2016.11.23
凯尔特人0:2巴塞罗那
梅西24'、56'（点球）
门兴格拉德巴赫1:1曼城
拉斐尔23'；大卫·席尔瓦45+1'
第6轮 2016.12.6
巴塞罗那4:0门兴格拉德巴赫
梅西16'、阿尔达·图兰50'、53'、67'
曼城1:1凯尔特人
伊希纳乔8'；帕特里克·罗伯茨
积分榜

球队	胜	平	负	分	进:失
巴塞罗那	5	0	1	15	20:4
曼城	2	3	1	9	12:10
门兴格拉德巴赫	1	2	3	5	5:12
凯尔特人	0	3	3	3	5:16

D组
第1轮 2016.9.13
拜仁慕尼黑5:0罗斯托夫
莱万多夫斯基28'（点球）、托马斯·穆勒45+2'、基米希53'、60'、贝尔纳特90'
埃因霍温0:1马德里竞技
萨乌尔·尼格斯43'
第2轮 2016.9.28
马德里竞技1:0拜仁慕尼黑
费雷拉-卡拉斯科35'
罗斯托夫2:2埃因霍温
波洛兹8'、37'；普罗珀14'、吕克·德容45+1'
第3轮 2016.10.19
罗斯托夫0:1马德里竞技
费雷拉-卡拉斯科62'
拜仁慕尼黑4:1埃因霍温
托马斯·穆勒13'、基米希21'、莱万多夫斯基59'、罗本84'；纳尔辛41'
第4轮 2016.11.1
马德里竞技2:1罗斯托夫
格列兹曼28'、90+3'；阿兹蒙30'
埃因霍温1:2拜仁慕尼黑
阿里亚斯14'；莱万多夫斯基34'（点球）、74'
第5轮 2016.11.23
罗斯托夫3:2拜仁慕尼黑
阿兹蒙44'、波洛兹50'（点球）、诺沃亚67'；道格拉斯·科斯塔35'、贝尔纳特52'
马德里竞技2:0埃因霍温
加梅罗55'、格列兹曼66'
第6轮 2016.12.6
拜仁慕尼黑1:0马德里竞技
莱万多夫斯基28'
埃因霍温0:0罗斯托夫
积分榜

球队	胜	平	负	分	进:失
马德里竞技	5	0	1	15	7:2
拜仁慕尼黑	4	0	2	12	14:6
罗斯托夫	1	2	3	5	6:12
埃因霍温	0	2	4	2	4:11

E组
第1轮 2016.9.14
勒沃库森2:2莫斯科中央陆军
穆罕默迪9'、恰尔汗奥卢15'；扎戈耶夫36'、叶廖缅科38'
托特纳姆1:2摩纳哥
阿尔德韦雷尔德45'；贝尔纳多·席尔瓦15'、勒马尔31'
第2轮 2016.9.27
摩纳哥1:1勒沃库森
格利克90+4'；哈维尔·埃尔南德斯74'
莫斯科中央陆军0:1托特纳姆
孙兴民71'
第3轮 2016.10.18
莫斯科中央陆军1:1摩纳哥
拉西纳·特劳雷34'；贝尔纳多·席尔瓦87'
勒沃库森0:0托特纳姆
第4轮 2016.11.2
摩纳哥3:0莫斯科中央陆军
热尔曼13'、法尔考29'、41'
托特纳姆0:1勒沃库森
坎普尔65'
第5轮 2016.11.22
莫斯科中央陆军1:1勒沃库森
纳特霍76'（点球）；弗兰德16'
摩纳哥2:1托特纳姆
西迪贝48'、勒马尔53'；凯恩52'（点球）
第6轮 2016.12.7
勒沃库森3:0摩纳哥
尤尔琴科30'、布兰特48'、德桑克蒂斯82'（乌龙）
托特纳姆3:1莫斯科中央陆军
阿利38'、凯恩45+1'、阿金费耶夫77'（乌龙）；扎戈耶夫33'
积分榜

球队	胜	平	负	分	进:失
摩纳哥	3	2	1	11	9:7
勒沃库森	2	4	0	10	8:4
托特纳姆	2	1	3	7	6:6
莫斯科中央陆军	0	3	3	3	5:11

F组
第1轮 2016.9.14
皇家马德里2:1里斯本竞技
C.罗纳尔多89'、莫拉塔90+4'；布鲁诺·塞萨尔48'
华沙军团0:6多特蒙德
格策7'、帕帕斯塔索普洛斯15'、巴尔特拉17'、拉斐尔·格雷罗51'、冈萨洛·卡斯特罗76'、奥巴梅杨87'
第2轮 2016.9.27
多特蒙德2:2皇家马德里
奥巴梅杨43'、许尔勒87'；C.罗纳尔多17'、瓦拉内68'
里斯本竞技2:0华沙军团
布赖恩·路易斯28'、多斯特37'
第3轮 2016.10.18
里斯本竞技1:2多特蒙德
布鲁诺·塞萨尔67'；奥巴梅杨9'、魏格尔43'
皇家马德里5:1华沙军团
贝尔16'、约德沃维奇20'（乌龙）、阿森西奥37'、卢卡斯·巴斯克斯68'、莫拉塔84'；拉多维奇22'（点球）
第4轮 2016.11.2
多特蒙德1:0里斯本竞技
阿德里安·拉莫斯12'
华沙军团3:3皇家马德里
奥吉贾-奥福40'、拉多维奇58'、穆兰83'；贝尔1'、本泽马35'、科瓦契奇85'
第5轮 2016.11.22
里斯本竞技1:2皇家马德里
阿德里安·席尔瓦80'（点球）；瓦拉内29'、本泽马87'
多特蒙德8:4华沙军团
香川真司17'、18'、努里·沙欣20'、奥斯曼·登贝莱29'、罗伊斯32'、52'、帕斯拉克81'、热伊尼恰克90+2'（乌龙）；普里约维奇10'、24'、库哈尔奇克57'、尼科利奇83'
第6轮 2016.12.7
皇家马德里2:2多特蒙德
本泽马28'、53'；奥巴梅杨60'、罗伊斯88'
华沙军团1:0里斯本竞技
吉列尔梅30'
积分榜

球队	胜	平	负	分	进:失
多特蒙德	4	2	0	14	21:9
皇家马德里	3	3	0	12	16:10
华沙军团	1	1	4	4	9:24
里斯本竞技	1	0	5	3	5:8

G组
第1轮 2016.9.14
布鲁日0:3莱斯特城
奥尔布赖顿5'、马哈里兹29'、61'（点球）
波尔图1:1哥本哈根
奥塔维奥13'；科尔内留斯52'
第2轮 2016.9.27
哥本哈根4:0布鲁日
登斯维尔5'（乌龙）、德莱尼64'、桑坦德69'、马蒂亚斯·约根森90+2'
莱斯特城1:0波尔图
苏莱曼尼25'
第3轮 2016.10.18
莱斯特城1:0哥本哈根
马哈里兹40'
布鲁日1:2波尔图
福森12'；拉云68'、安德烈·席尔瓦90+3'（点球）
第4轮 2016.11.2
哥本哈根0:0莱斯特城
波尔图1:0布鲁日
安德烈·席尔瓦37'
第5轮 2016.11.22
莱斯特城2:1布鲁日
冈崎慎司5'、马哈里兹30'（点球）；伊斯基耶多52'
哥本哈根0:0波尔图
第6轮 2016.12.7
布鲁日0:2哥本哈根
梅赫莱8'（乌龙）、马蒂亚斯·约根森15'
波尔图5:0莱斯特城
安德烈·席尔瓦6'、64'（点球）、科罗纳26'、卜拉希米44'、若塔77'
积分榜

球队	胜	平	负	分	进:失
莱斯特城	4	1	1	13	7:6
波尔图	3	2	1	11	9:3
哥本哈根	2	3	1	9	7:2
布鲁日	0	0	6	0	2:14

H组
第1轮 2016.9.14
里昂3:0萨格勒布迪纳摩
托利索13'、费里49'、科尔内57'
尤文图斯0:0塞维利亚
第2轮 2016.9.27
塞维利亚1:0里昂
本·耶德尔53'
萨格勒布迪纳摩0:4尤文图[illegible]
皮亚尼奇24'、伊瓜因31'、[illegible]迪巴拉57'、阿尔维斯85'
第3轮 2016.10.18
萨格勒布迪纳摩0:1塞维利[illegible]
纳斯里37'
里昂0:1尤文图斯
夸德拉多76'
第4轮 2016.11.2
塞维利亚4:0萨格勒布迪纳[illegible]
别托31'、埃斯库德罗6[illegible]、恩宗齐8[illegible]'、本·耶德尔87'
尤文图斯1:1里昂
伊瓜因13'（点球）；托利[illegible]35'
第5轮 2016.11.22
萨格勒布迪纳摩0:1里昂
拉卡泽特72'
塞维利亚1:3尤文图斯
帕雷哈9'；马尔基西奥45+[illegible]'（点球）[illegible]博努奇84'、曼朱基奇90+4'
第6轮 2016.12.7
里昂0:0塞维利亚
尤文图斯2:0萨格勒布迪纳[illegible]
伊瓜因52'、鲁加尼73'
积分榜

球队	胜	平	负	分	进:失
尤文图斯	4	2	[illegible]	14	[illegible]1:2
塞维利亚	3	2		11	7:3
里昂	2	2	[illegible]	8	5:3
萨格勒布迪纳摩	0	0	[illegible]	0	0:15

1/8决赛（2017.[illegible]4-3.15）

曼城6:6*摩纳哥
[主]5:3 斯特林26'、阿圭[illegible]58'、71'、斯通斯77'、勒鲁瓦·萨内82'；[illegible]尔考32'、61'、姆巴佩40'
[客]1:3 勒鲁瓦·萨内71'[illegible]姆巴佩8'、法比尼奥29'、巴卡约科77'
皇家马德里6:2那不勒斯
[主]3:1 本泽马18'、克[illegible]斯49'、卡塞米罗54'；因西涅8'
[客]3:1 梅尔滕斯24'；[illegible]尔吉奥·拉莫斯52'、梅尔滕斯57'（乌龙[illegible]莫拉塔90+1'
本菲卡1:4多特蒙德
[主]1:0 米特罗格卢48'
[客]0:4 奥巴梅杨4'、61'[illegible]85'、普利希奇59'
拜仁慕尼黑10:2阿森纳
[主]5:1 罗本11'、莱万[illegible]夫斯基53'、蒂亚戈56'、63'、托马斯·[illegible]勒88'；亚历克西斯·桑切斯30'
[客]5:1 沃尔科特20'；[illegible]多夫斯基55（点球）、罗本68'、道格拉[illegible]科斯塔78、比达尔80'、85'
波尔图0:3尤文图斯
[主]0:2 皮亚察72'、阿尔[illegible]斯74'
[客]0:1 迪巴拉42'（点球[illegible]
勒沃库森2:4马德里竞技
[主]2:4 贝拉拉比48'、[illegible]奇68'（乌龙）；萨乌尔·尼格斯17'、[illegible]兹曼25'、加梅罗59'（点球）、托雷斯86
[客]0:0
巴黎圣日耳曼5:6巴塞罗[illegible]
[主]4:0 迪马里亚18'、5[illegible]德拉克斯勒40'、卡瓦尼72'
[客]1:6 卡瓦尼62'；苏[illegible]雷斯3'、库尔扎瓦40'（乌龙）、梅西50'（点[illegible]）、内马尔88'、90+1'（点球）、塞尔吉[illegible]罗伯托90+5'
塞维利亚2:3莱斯特城
[主]2:1 萨拉维亚25'、[illegible]·科雷亚[illegible]'；瓦尔迪73'
[客]0:2 韦斯·摩根27'、[illegible]尔布赖顿54'

1/4决赛（2017[illegible]11-4.19）

马德里竞技2:1莱斯特城
[主]1:0 格列兹曼28'（[illegible]）
马德里竞技阵容：奥布[illegible]克/戈丁、菲利佩、科克、格列兹曼、萨乌[illegible]·尼格斯、托雷斯（托马斯·帕蒂75'）、[illegible]雷拉-卡拉斯科（安赫尔·科雷亚65'）、加[illegible]、萨维奇、胡安弗兰
莱斯特城阵容：卡斯珀[illegible]舒梅切尔/德林克沃特、胡特、瓦尔迪（苏[illegible]曼尼77'）、奥尔布赖顿、丹尼·辛普森、[illegible]崎慎司（安迪·金46'）、恩迪迪、马哈[illegible]、克里斯蒂安·富克斯、贝纳卢昂
[客]1:1 萨乌尔·尼格斯[illegible]'；瓦尔迪61
马德里竞技阵容：奥布[illegible]克/戈丁、菲利佩（安赫尔·科雷亚74'）[illegible]科克、格列兹曼、萨乌尔·尼格斯、费雷[illegible]-卡拉斯科（托雷斯69'）、加比、萨维[illegible]、胡安弗兰（卢卡斯·埃尔南德斯55'）、[illegible]塞·希门尼斯
莱斯特城阵容：卡斯珀[illegible]舒梅切尔/德林克沃特、韦斯·摩根（阿马[illegible]34'）、瓦尔迪、奥

尔布赖顿、丹尼·兰普森、冈崎慎司（乌略亚46'）、恩迪迪、马哈里兹、克里斯蒂安·富克斯、贝纳卢昂（吉尔丰尔46'）

多特蒙德3:6摩纳哥

[主]2:3 奥斯曼·登贝莱57'、香川真司84'；姆巴佩19'、79'、斯文·本德35'（乌龙）

多特蒙德阵容：比尔基/斯文·本德（努里·沙欣46'）、奥斯曼·登贝莱、拉斐尔·格雷罗、奥巴梅杨、香川真司、帕帕斯塔索普洛斯、皮什切克、金特尔、施梅尔策（普利希奇46'）、魏格尔

摩纳哥阵容：苏巴希奇/法比尼奥、热梅尔松、穆蒂尼奥、法尔考（热尔曼85'）、贝尔纳多·席尔瓦（迪拉尔66'）、拉吉、格利克、勒马尔、姆巴佩、阿尔马米·图雷

[客]1:3 姆巴佩3'、法尔考17'、热尔曼81'；罗伊斯48'

多特蒙德阵容：比尔基/努里·沙欣（施梅尔策46'）、罗伊斯、拉斐尔·格雷罗（普利希奇72'）、奥巴梅扬、香川真司、帕帕斯塔索普洛斯、皮什切克、金特尔、魏格尔、杜尔姆（奥斯曼·登贝莱27'）

摩纳哥阵容：苏巴希奇/热梅尔松、穆蒂尼奥、法尔考（迪拉尔67'）、贝尔纳多·席尔瓦（拉吉90'）、巴卡约科、门迪、格利克、勒马尔、姆巴佩（热尔曼85'）、阿尔马米·图雷

拜仁慕尼黑3:6皇家马德里

[主]1:2 比达尔25'；C.罗纳尔多47'、77'

拜仁慕尼黑阵容：诺伊尔/蒂亚戈、里贝里（道格拉斯·科斯塔66'）、哈维·马丁内斯、罗本、哈维·阿隆索（贝尔纳特64'）、热罗姆·博阿滕、拉姆、比达尔、托马斯·穆勒（科芒81'）、阿拉巴

皇家马德里阵容：克洛尔·纳瓦斯/卡瓦哈尔、塞尔吉奥·拉莫斯、纳乔、C.罗纳尔多、克罗斯、本泽马（哈梅斯·罗德里格斯83'）、贝尔（阿森西奥59'）、马塞洛、卡塞米罗、莫德里奇（科瓦契奇90+1'）

[客]4:2（加时）C.罗纳尔多76'、105'、110'、阿森西奥112'；莱万多夫斯基53'（点球）、塞尔吉奥·拉莫斯78'（乌龙）

拜仁慕尼黑阵容：诺伊尔/胡梅尔斯、蒂亚戈、里贝里（道格拉斯·科斯塔71'）、莱万多夫斯基（基米希88'）、罗本、哈维·阿隆索（托马斯·穆勒75'）、热罗姆·博阿滕、拉姆、比达尔、阿拉巴

皇家马德里阵容：克洛尔·纳瓦斯/卡瓦哈尔、塞尔吉奥·拉莫斯、纳乔、C.罗纳尔多、克罗斯（科瓦契奇114'）、本泽马（阿森西奥64'）、马塞洛、卡塞米罗、莫德里奇、伊斯科（卢卡斯·巴斯克斯71'）

尤文图斯3:0巴塞罗那

[主]3:0 迪巴拉7'、22'、基耶利尼55'

尤文图斯阵容：布冯/基耶利尼、皮亚尼奇（巴尔扎利89'）、赫迪拉、夸德拉多（勒米纳73'）、伊瓜因、阿莱士·桑德罗、曼朱基奇、博努奇、迪巴拉（托马斯·林孔81'）、阿尔维斯

巴塞罗那阵容：特尔斯特根/皮克、拉基蒂奇、伊涅斯塔、苏亚雷斯、梅西、内马尔、马斯切拉诺、塞尔吉·罗伯托、安蒂蒂、马蒂厄（安德烈·戈麦斯55'）

[客]0:0

尤文图斯阵容：布冯/基耶利尼、皮亚尼奇、赫迪拉、夸德拉多（勒米纳84'）、伊瓜因（阿萨莫阿88'）、阿莱士·桑德罗、曼朱基奇、博努奇、迪巴拉（巴尔扎利75'）、阿尔维斯

巴塞罗那阵容：特尔斯特根/皮克、拉基蒂奇（阿尔卡塞尔58'）、布斯克茨、伊涅斯塔、苏亚雷斯、梅西、内马尔、阿尔瓦、塞尔吉·罗伯托（马斯切拉诺78'）、安蒂蒂

半决赛（2017.5.2-5.10）

皇家马德里4:2马德里竞技

[主]3:0 C.罗纳尔多10'、73'、86'

皇家马德里阵容：克洛尔·纳瓦斯/卡瓦哈尔（纳乔46'）、塞尔吉奥·拉莫斯、瓦拉内、C.罗纳尔多、克罗斯、本泽马（卢卡斯·巴斯克斯77'）、马塞洛、卡塞米罗、莫德里奇、伊斯科（阿森西奥68'）

马德里竞技阵容：奥布拉克/戈丁、菲利佩、科克、格列兹曼、萨乌尔·尼格斯（盖坦58'）、费雷拉-卡拉斯科（安赫尔·科雷亚68'）、加比、萨维奇、卢卡斯·埃尔南德斯、加梅罗（托雷斯57'）

[客]1:2 伊斯科42'；萨乌尔·尼格斯12'、格列兹曼16'（点球）

皇家马德里阵容：克洛尔·纳瓦斯/塞尔吉奥·拉莫斯、瓦拉内、C.罗纳尔多、克罗斯、本泽马（阿森西奥76'）、马塞洛、卡塞米罗（卢卡斯·巴斯克斯77'）、莫德里奇、伊斯科（莫拉塔88'）、达尼洛

马德里竞技阵容：奥布拉克/戈丁、菲利佩、科克（安赫尔·科雷亚76'）、格列兹曼、萨乌尔·尼格斯、托雷斯（加梅罗56'）、费雷拉-卡拉斯科、加比、萨维奇、何塞·希门尼斯（托马斯·帕蒂56'）

摩纳哥1:4尤文图斯

[主]0:2 伊瓜因29'、59'

摩纳哥阵容：苏巴希奇/法比尼奥、热梅尔松、迪拉尔、法尔考、贝尔纳多·席尔瓦（阿尔马米·图雷82'）、巴卡约科（穆蒂尼奥66'）、西迪贝、格利克、勒马尔（热尔曼67'）、姆巴佩

尤文图斯阵容：布冯/基耶利尼、皮亚尼奇（勒米纳89'）、马尔基西奥（托马斯·林孔81'）、伊瓜因（夸德拉多77'）、阿莱士·桑德罗、巴尔扎利、曼朱基奇、博努奇、迪巴拉、阿尔维斯

[客]1:2 姆巴佩69'；曼朱基奇33'、阿尔维斯44'

摩纳哥阵容：苏巴希奇/热梅尔松、穆蒂尼奥、法尔考、贝尔纳多·席尔瓦（勒马尔69'）、巴卡约科（热尔曼78'）、西迪贝、门迪（法比尼奥54'）、拉吉、格利克、姆巴佩

尤文图斯阵容：布冯/基耶利尼、皮亚尼奇、赫迪拉（马尔基西奥10'）、伊瓜因、阿莱士·桑德罗、巴尔扎利（贝纳蒂亚85'）、曼朱基奇、博努奇、迪巴拉（夸德拉多54'）、阿尔维斯

决赛（2017.6.3，加的夫千禧球场）

尤文图斯1:4皇家马德里

曼朱基奇27'；C.罗纳尔多20'、64'、卡塞米罗61'、阿森西奥90'

尤文图斯阵容（3412）：布冯/巴尔扎利（夸德拉多66'）、博努奇、基耶利尼/阿尔维斯、皮亚尼奇（马尔基西奥71'）、赫迪拉、阿莱士·桑德罗/迪巴拉（勒米纳78'）/伊瓜因、曼朱基奇

皇家马德里阵容（4312）：克洛尔·纳瓦斯/卡瓦哈尔、塞尔吉奥·拉莫斯、瓦拉内、马塞洛/莫德里奇、卡塞米罗、克罗斯（莫拉塔89'）/伊斯科（阿森西奥82'）/本泽马（贝尔77'）、C.罗纳尔多

2017/2018赛季

资格赛第1轮（2017.6.27-7.4）

戈塔维京人（法罗群岛）6:2[2:1,4:1]KF特雷普查（科索沃）

希伯尼恩斯（马耳他）3:0[2:0,1:0]英弗勒特（爱沙尼亚）

叶里温阿拉什科特（亚美尼亚）2:1[1:0,1:1]圣科洛马（安道尔）

新圣徒（威尔士）4:3[1:2,3:1]欧罗巴学院（直布罗陀）

林菲尔德（北爱尔兰）1:0[1:0,0:0]拉菲奥里塔（圣马力诺）

资格赛第2轮（2017.7.12-20）

希腊人竞技（塞浦路斯）2:0[1:0,1:0]迪德朗日（卢森堡）

萨尔基利斯（立陶宛）3:5[2:1,1:4]卢多戈雷茨（保加利亚）

卡拉巴赫（阿塞拜疆）6:0[5:0,1:0]森特尔迪亚（格鲁吉亚）

贝尔格莱德游击队（塞尔维亚）2:0[2:0,0:0]波德戈里察未来（黑山）

希伯尼恩斯（马耳他）0:6[0:3,0:3]萨尔茨堡红牛（奥地利）

谢里夫（摩尔多瓦）2:2[1:0,1:2]库克斯（阿尔巴尼亚）*

尤尔马拉斯巴达（拉脱维亚）1:2[0:1,1:1]阿斯塔纳（哈萨克斯坦）

鲍里索夫（白俄罗斯）4:2[1:1,3:1]叶里温阿拉什科特（亚美尼亚）

日利纳（斯洛伐克）3:4[1:3,2:1]哥本哈根（丹麦）

贝尔谢巴夏普尔（以色列）5:3[2:1,3:2]布达佩斯战士（匈牙利）

里耶卡（克罗地亚）7:1[2:0,5:1]新圣徒（威尔士）

马尔默（瑞典）2:4[1:1,1:3]瓦尔达尔（马其顿）

兹林尼斯基（波黑）2:3[1:2,1:1]马里博尔（斯洛文尼亚）

邓多克（爱尔兰）2:3[1:1,1:2]罗森博格（挪威）

哈夫纳夫约杜尔（冰岛）3:1[1:1,2:0]戈塔维京人（法罗群岛）

林菲尔德（北爱尔兰）0:6[0:2,0:4]凯尔特人（苏格兰）

IFK（芬兰）0:9[0:3,0:6]华沙军团（波兰）

资格赛第3轮（2017.7.26-8.3）

布拉格斯拉维亚（捷克）2:2[1:0,1:2]鲍里索夫（白俄罗斯）*

阿斯塔纳（哈萨克斯坦）3:2[3:1,0:1]华沙军团（波兰）

马里博尔（斯洛文尼亚）2:0[1:0,1:0]哈夫纳夫约杜尔（冰岛）

瓦尔达尔（马其顿）2:4[1:0,1:4]哥本哈根（丹麦）

凯尔特人（苏格兰）1:0[0:0,1:0]罗森博格（挪威）

贝尔谢巴夏普尔（以色列）*3:3[2:0,1:3]卢多戈雷茨（保加利亚）

维托鲁康斯坦萨（罗马尼亚）1:4[1:0,0:4]希腊人竞技（塞浦路斯）

萨尔茨堡红牛（奥地利）1:1[1:1,0:0]里耶卡（克罗地亚）*

卡拉巴赫（阿塞拜疆）2:1[0:0,2:1]谢里夫（摩尔多瓦）

贝尔格莱德游击队（塞尔维亚）3:5[1:3,2:2]奥林匹亚科斯（希腊）

布加勒斯特星（罗马尼亚）6:3[2:2,4:1]比尔森胜利（捷克）

尼斯（法国）*3:3[1:1,2:2]阿贾克斯（荷兰）

基辅迪纳摩（乌克兰）3:3[3:1,0:2]伯尔尼年轻人（瑞士）*

雅典AEK（希腊）0:3[0:2,0:1]莫斯科中央陆军（俄罗斯）

布鲁日（比利时）3:5[3:3,0:2]伊斯坦布尔（土耳其）

附加赛(2017.8.15-8.23)

冠军组

卡拉巴赫(阿塞拜疆)*2:2[1:0,1:2]哥本哈根(丹麦)

希腊人竞技(塞浦路斯)2:0[2:0,0:0]布拉格斯拉维亚(捷克)

奥林匹亚科斯(希腊)3:1[2:1,1:0]里耶卡(克罗地亚)

凯尔特人(苏格兰)8:4[5:0,3:4]阿斯塔纳(哈萨克斯坦)

贝尔谢巴工人(以色列)2:2[2:1,0:1]*马里博尔(斯洛文尼亚)

非冠军组

伊斯坦布尔(土耳其)3:4[1:2,2:2]塞维利亚

伯尔尼年轻人(瑞士)0:3[0:1,0:2]莫斯科中央陆军(俄罗斯)

那不勒斯4:0[2:0,2:0]尼斯

霍芬海姆3:6[1:2,2:4]利物浦

里斯本竞技5:1[0:0,5:1]布加勒斯特星(罗马尼亚)

小组赛

A组

第1轮 2017.9.12

本菲卡1:2莫斯科中央陆军

塞菲洛维奇50'；韦迪尼奥63'扎马拉吉诺夫71'

曼联3:0巴塞尔

费莱尼35'卢卡库53'拉什福德84'

第2轮 2017.9.27

巴塞尔5:0本菲卡

米夏埃尔·兰2'奥贝兰20'69'范沃尔夫斯文克尔59'利维洛斯76'

莫斯科中央陆军1:4曼联

库查耶夫90'；卢卡库4'26'马夏尔18'姆希塔良57'

第3轮 2017.10.18

莫斯科中央陆军0:2巴塞尔

扎卡29'奥贝兰90'

本菲卡0:1曼联

拉什福德64'

第4轮 2017.10.31

巴塞尔1:2莫斯科中央陆军

祖费32'；扎戈耶夫65'韦恩布鲁姆79'

曼联2:0本菲卡

斯维拉尔45'布林德78'

第5轮 2017.11.22

莫斯科中央陆军2:0本菲卡

什切尼科夫13'贾德尔56'

巴塞尔1:0曼联

兰89'

第6轮 2017.12.5

本菲卡0:2巴塞尔

埃尔尤努西5'奥贝兰65'

曼联2:1莫斯科中央陆军

卢卡库64'拉什福德66'；韦迪尼奥45'

积分榜

球队	胜	平	负	分	进:失
曼联	5	0	1	15	12:3
巴塞尔	4	0	2	12	11:5
莫斯科中央陆军	3	0	3	9	8:10
本菲卡	0	0	6	0	1:14

B组

第1轮 2017.9.12

拜仁慕尼黑3:0安德莱赫特

莱万12'蒂亚戈65'基米希90'

凯尔特人0:5巴黎圣日耳曼

内马尔19'姆巴佩34'卡瓦尼40'85'卢斯蒂格83'

第2轮 2017.9.27

巴黎圣日耳曼3:0拜仁慕尼黑

阿尔维斯2'卡瓦尼31'内马尔63'

安德莱赫特0:3凯尔特人

格里菲斯38'罗伯茨50'辛克莱尔93'

第3轮 2017.10.18

安德莱赫特0:4巴黎圣日耳曼

姆巴佩3'卡瓦尼44'内马尔66'迪马里亚88'

拜仁慕尼黑3:0凯尔特人

穆勒17'基米希29'胡梅尔斯51'

第4轮 2017.10.31

巴黎圣日耳曼5:0安德莱赫特

维拉蒂30'内马尔49'库尔扎瓦52'72'78'

凯尔特人1:2拜仁慕尼黑

麦克格雷戈74'；科芒22'哈维·马丁内斯77'

第5轮 2017.11.22

安德莱赫特1:2拜仁慕尼黑

阿尼63'；莱万51'托利索77'

巴黎圣日耳曼7:1凯尔特人

内马尔9'22'卡瓦尼28'79'姆巴佩35'维拉蒂75'阿尔维斯80'；登贝莱1'

第6轮 2017.12.5

拜仁慕尼黑3:1巴黎圣日耳曼

莱万8'托利索37'69'；姆巴佩50'

凯尔特人0:1安德莱赫特

西穆诺维奇62'

积分榜

球队	胜	平	负	分	进:失
巴黎圣日耳曼	5	0	1	15	25:4
拜仁慕尼黑	5	0	1	15	13:6
凯尔特人	1	0	5	3	5:18
安德莱赫特	1	0	5	3	2:17

C组

第1轮 2017.9.12

切尔西6:0卡拉巴赫

佩德罗5'扎帕科斯塔30'阿斯皮利奎塔55'巴卡约科71'巴舒亚伊76'82'

罗马0:0马德里竞技

第2轮 2017.9.27

卡拉巴赫1:2罗马

佩德罗·恩里克28'；马诺拉斯7'哲科15'

马德里竞技1:2切尔西

格列兹曼40'；莫拉塔59'巴舒亚伊94'

第3轮 2017.10.18

卡拉巴赫0:0马德里竞技

切尔西3:3罗马

路易斯11'阿扎尔37'75'；克拉罗夫40'哲科64'70'

第4轮 2017.10.31

马德里竞技1:1卡拉巴赫

帕蒂56'；米歇尔40'

罗马3:0切尔西

沙拉维1'36'佩罗蒂63'

第5轮 2017.11.22

卡拉巴赫0:4切尔西

阿扎尔21'威廉36'85'法布雷加斯73'

马德里竞技2:0罗马

格列兹曼69'85'

第6轮 2017.12.5

切尔西1:1马德里竞技

萨维奇75'；萨乌尔56'

罗马1:0卡拉巴赫

佩罗蒂53'

积分榜

球队	胜	平	负	分	进:失
罗马	3	2	1	11	9:6
切尔西	3	2	1	11	16:8
马德里竞技	1	4	1	7	5:4
卡拉巴赫	0	2	4	2	2:14

D组

第1轮 2017.9.12

巴塞罗那3:0尤文图斯

梅西45'69'拉基蒂奇56'

奥林匹亚科斯2:3里斯本竞技

帕尔多89'93'；敦比亚2'热尔松13'B费43'

第2轮 2017.9.27

里斯本竞技0:1巴塞罗那

科茨49'

尤文图斯2:0奥林匹亚科斯

伊瓜因69'曼朱基奇80'

第3轮 2017.10.18

尤文图斯2:1里斯本竞技

皮亚尼奇29'曼朱基奇84'；桑德罗12'

巴塞罗那3:1奥林匹亚科斯
尼古拉乌（乌龙）18'梅西61'迪涅64'；尼古拉乌89'
第4轮 2017.10.31
里斯本竞技1:1尤文图斯
费尔南德斯20'；伊瓜因79'
奥林匹亚科斯0:0巴塞罗那
第5轮 2017.11.22
尤文图斯0:0巴塞罗那
里斯本竞技3:1奥林匹亚科斯
多斯特40'66'费尔南德斯43'；奥夫86'
第6轮 2017.12.5
巴塞罗那2:0里斯本竞技
帕科59'马蒂厄91'
奥林匹亚科斯0:2尤文图斯
夸德拉多15'贝尔纳代斯基89'
积分榜

球队	胜	平	负	分	进:失
巴塞罗那	4	2	0	14	9:1
尤文图斯	3	2	1	11	7:5
里斯本竞技	2	1	3	7	8:9
奥林匹亚科斯	0	1	5	1	4:13

E组
第1轮 2017.9.13
马里博尔1:1莫斯科斯巴达克
博哈尔85'；萨梅多夫59'
利物浦2:2塞维利亚
菲尔米诺21'萨拉赫37'；本耶德尔5'科雷亚72'
第2轮 2017.9.26
塞维利亚3:0马里博尔
本耶德尔27'38'83'
莫斯科斯巴达克1:1利物浦
费尔南多23'；库蒂尼奥31'
第3轮 2017.10.17
莫斯科斯巴达克5:1塞维利亚
普罗梅斯18'90'梅尔加雷霍58'格卢沙科夫67'阿德里亚诺74'；克亚尔30'
马里博尔0:7利物浦
菲尔米诺4'54'库蒂尼奥13'萨拉赫19'39'张伯伦86'亚历山大-阿诺德90'
第4轮 2017.11.1
塞维利亚2:1莫斯科斯巴达克
朗格莱30'巴内加59'；泽·路易斯78'
利物浦3:0马里博尔
萨拉赫49'詹64'斯图里奇90'
第5轮 2017.11.21
莫斯科斯巴达克1:1马里博尔
泽·路易斯82'；梅萨诺维奇92'
塞维利亚3:3利物浦
本耶德尔51'60'皮萨罗93'；菲尔米诺2'30'马内22'
第6轮 2017.12.6
马里博尔1:1塞维利亚
塔瓦雷斯10'；甘索75'
利物浦7:0莫斯科斯巴达克
库蒂尼奥4'15'50'菲尔米诺18'马内47'76'萨拉赫86'
积分榜

球队	胜	平	负	分	进:失
利物浦	3	3	0	12	23:6
塞维利亚	2	3	1	9	12:12
莫斯科斯巴达克	1	3	2	6	9:13
马里博尔	0	3	3	3	3:16

F组
第1轮 2017.9.13
费耶诺德0:4曼城
斯通斯2'63'阿圭罗10'热苏斯25'
顿涅茨克矿工2:1那不勒斯
泰森15'费雷拉58'；米利克71'
第2轮 2017.9.26
那不勒斯3:1费耶诺德
因西涅7'梅尔滕斯49'卡列洪70'；阿姆拉巴特91'
曼城2:0顿涅茨克矿工
德布劳内48'斯特林90'
第3轮 2017.10.17
曼城2:1那不勒斯
斯特林9'热苏斯13'；迪亚瓦拉73'
费耶诺德1:2顿涅茨克矿工
博古伊斯7'；伯纳德24'54'
第4轮 2017.11.1
那不勒斯2:4曼城
因西涅21'若日尼奥62'；奥塔门迪34'斯通斯48'阿圭罗69'斯特林94'
顿涅茨克矿工3:1费耶诺德
费雷拉14'马洛斯17'68'；约根森12'
第5轮 2017.11.21
曼城1:0费耶诺德
斯特林88'
那不勒斯3:0顿涅茨克矿工
因西涅56'泽林斯基81'梅尔滕斯83'

第6轮 2017.12.6
费耶诺德2:1那不勒斯
约根森33'圣朱斯特91'；泽林斯基2'
顿涅茨克矿工2:1曼城
伯纳德26'伊思梅里32'；阿圭罗92'
积分榜

球队	胜	平	负	分	进:失
曼城	5	0	1	15	14:5
顿涅茨克矿工	4	0	2	12	9:9
那不勒斯	2	0	4	6	11:11
费耶诺德	1	0	5	3	5:14

G组
第1轮 2017.9.13
莱比锡RB1:1摩纳哥
福斯贝里32'；蒂勒曼斯34'
波尔图1:3贝西克塔斯
托希奇21'；塔利斯卡13'托松28'巴贝尔86'
第2轮 2017.9.26
贝西克塔斯2:0莱比锡RB
巴贝尔11'塔利斯卡43'
摩纳哥0:3波尔图
阿布巴卡尔31'69'拉云89'
第3轮 2017.10.17
摩纳哥1:2贝西克塔斯
法尔考30'；托松34'54'
莱比锡RB3:2波尔图
奥尔班8'福斯贝里37'奥古斯丁40'；阿布巴卡尔18'马尔卡诺44'
第4轮 2017.11.1
贝西克塔斯1:1摩纳哥
托松54'；洛佩斯45'
波尔图3:1莱比锡RB
埃雷拉13'佩雷拉61'93'；韦尔纳48'
第5轮 2017.11.21
贝西克塔斯1:1波尔图
塔利斯卡41'；费利佩29'
摩纳哥1:4莱比锡RB
法尔考43'；热默松6'韦尔纳9'31'凯塔45'
第6轮 2017.12.6
莱比锡RB1:2贝西克塔斯
凯塔87'；内格雷多10'塔利斯卡90'
波尔图5:2摩纳哥
阿布巴卡尔9'33'布拉希米45'塔莱斯65'迪基尼奥88'；格里克61'法尔考78'
积分榜

球队	胜	平	负	分	进:失
贝西克塔斯	4	2	0	14	11:5
波尔图	3	1	2	10	15:10
莱比锡RB	2	1	3	7	10:11
摩纳哥	0	2	4	2	6:16

H组
第1轮 2017.9.13
皇家马德里3:0希腊人竞技
C罗12'51'拉莫斯61'
托特纳姆3:1多特蒙德
孙兴慜4'凯恩15'60'；亚尔莫连科11'
第2轮 2017.9.26
多特蒙德1:3皇家马德里
奥巴梅扬54'；贝尔18'C罗49'79'
希腊人竞技0:3托特纳姆
凯恩39'62'67'
第3轮 2017.10.17
希腊人竞技1:1多特蒙德
波特62'；帕帕斯塔索普洛斯67'
皇家马德里1:1托特纳姆
C罗43'；瓦拉内（乌龙）28'
第4轮 2017.11.1
多特蒙德1:1希腊人竞技
格雷罗29'；波特51'
托特纳姆3:1皇家马德里
阿里27'56'埃里克森65'；C罗80'
第5轮 2017.11.21
希腊人竞技0:6皇家马德里
莫德里奇23'本泽马39'46'纳乔41'C罗49'54'
多特蒙德1:2托特纳姆
奥巴梅扬31'；凯恩49'孙兴慜76'
第6轮 2017.12.6
皇家马德里3:2多特蒙德
马约拉尔8'C罗12'巴斯克斯81'；奥巴梅扬43'48'
托特纳姆3:0希腊人竞技
略伦特20'孙兴慜37'恩库杜80'
积分榜

球队	胜	平	负	分	进:失
托特纳姆	5	1	0	16	15:4
皇家马德里	4	1	1	13	17:7
多特蒙德	0	2	4	2	7:13
希腊人竞技	0	2	4	2	2:17

1/8决赛（2018.2.13-3.14）

尤文图斯4:3托特纳姆
[主]2:2 伊瓜因2'、9'（点球）；凯恩35'、埃里克森71'
[客]2:1 伊瓜因64'、登贝莱67'；孙兴民39'
巴塞尔2:5曼城
[主]0:4 京多安4'、53'、贝尔纳多·席尔瓦18'、阿圭罗23'
[客]2:1 尤努西17'、米夏埃尔·朗71'；加布里埃尔·热苏斯8'
波尔图0:5利物浦
[主]0:5 马内25'、53'、85'、萨拉赫29'、菲尔米诺69'
[客]0:0
塞维利亚2:1曼联
[主]0:0
[客]2:1 本·耶德尔74'、78'；卢卡库84'
皇家马德里5:2巴黎圣日耳曼
[主]3:1 C.罗纳尔多45'（点球）、83'、马塞洛86'；拉比奥33'
[客]2:1 C.罗纳尔多51'、卡塞米罗80'；卡瓦尼71'
顿涅茨克矿工2:2*罗马
[主]2:1 法昆多·费雷拉52'、弗雷德71'；云代尔41'
[客]0:1 哲科52'
切尔西1:4巴塞罗那
[主]1:1 威廉62'；梅西75'
[客]0:3 梅西3'、63'、登贝莱20'
拜仁慕尼黑8:1贝西克塔斯
[主]5:0 托马斯·穆勒43'、66'、科芒53'、莱万多夫斯基79'、88'
[客]3:1 蒂亚戈18'、格尼尔46'（乌龙）、瓦格纳84'；洛韦59'

1/4决赛（2018.4.3-4.11）

巴塞罗那4:4*罗马
[主]4:1 德罗西38'（乌龙）、马诺拉斯55'（乌龙）、皮克59'、苏亚雷斯87'；哲科80'
巴塞罗那首发：1-特尔施特根、2-塞梅多、3-皮克、23-乌姆蒂蒂、18-阿尔巴、5-布斯克茨(67'15-保利尼奥)、4-拉基蒂奇、8-伊涅斯塔(85'6-德尼斯-苏亚雷斯)、20-罗贝托(83'21-安德烈-戈麦斯)、10-梅西、9-苏亚雷斯
罗马首发：1-阿利松、25-布鲁诺-佩雷斯、20-法西奥、44-马诺拉斯、11-科拉罗夫、6-斯特罗曼、16-德罗西(77'23-德弗雷尔)、7-洛伦佐-佩莱格里尼(60'21-戈纳隆)、24-弗洛伦齐(72'92-沙拉维)、8-佩罗蒂、9-哲科
[客]0:3 哲科6'、德罗西58'（点球）、马诺拉斯82'
罗马首发：1-阿利松、20-法西奥、5-胡安、44-马诺拉斯、11-科拉罗夫、16-德罗西、6-斯特罗曼、24-弗洛伦齐、4-纳因戈兰(77'92-沙拉维)、9-哲科、14-希克(72'17-云代尔)
巴萨首发：1-特尔施特根、2-塞梅多、3-皮克、23-乌姆蒂蒂、18-阿尔巴、5-布斯克茨、4-拉基蒂奇、8-伊涅斯塔、20-罗贝托、10-梅西、9-苏亚雷斯
塞维利亚1:2拜仁慕尼黑
[主]1:2 萨拉维亚31'；赫苏斯·纳瓦斯37'（乌龙）、蒂亚戈68'
塞维利亚首发：13-戴维-索里亚、18-埃斯库德罗、5-朗格莱、4-克亚尔、16-纳瓦斯、15-恩宗齐、14-吉多-皮萨罗、11-华金-科雷亚(78'99-桑德罗-拉米雷斯)、22-巴斯克斯、17-萨拉维亚、9-本耶德尔(80'20-穆里尔)
拜仁慕尼黑首发：26-乌尔赖希、14-贝尔纳特(46'13-拉菲尼亚)、5-胡梅尔斯、17-博阿滕、32-基米希、6-蒂亚戈、8-哈维-马丁内斯、23-比达尔(36'11-哈梅斯-罗德里格斯)、7-里贝里(79'10-罗本)、25-托马斯-穆勒、9-莱万多夫斯基
[客]0:0
拜仁慕尼黑首发：26-乌尔赖希、13-拉菲尼亚(87'4-聚勒)、5-胡梅尔斯、17-博阿滕、32-基米希、8-哈维-马丁内斯、7-里贝里(71'6-蒂亚戈)、11-哈梅斯-罗德里格斯、25-托马斯-穆勒、10-罗本、9-莱万多夫斯基(77'2-瓦格纳)
塞维利亚首发：13-戴维-索里亚、18-埃斯库德罗、5-朗格莱、25-梅尔卡多、16-纳瓦斯、15-恩宗齐、10-巴内加、11-华金-科雷亚、22-巴斯克斯(81'24-诺利托)、17-萨拉维亚(70'99-桑德罗-拉米雷斯)、9-本耶德尔(65'20-穆里尔)
尤文图斯3:4皇家马德里
[主]0:3 C.罗纳尔多3'、64'、马塞洛72'
尤文图斯首发：1-布冯、2-德西利奥、15-巴尔扎利、3-基耶利尼、22-阿萨莫阿(69'17-曼朱基齐)、6-赫迪拉(75'7-夸德拉多)、30-本坦库尔、11-道格拉斯-科斯塔(69'14-马图伊迪)、12-桑德罗、10-迪巴拉、9-伊瓜因
皇马首发：1-纳瓦斯、2-卡瓦哈尔、4-拉莫斯、5-瓦拉内、12-马塞洛、14-卡塞米罗、8-克罗斯、22-伊斯科(7 20-阿森西奥)、10-莫德里奇(82'23-科瓦契奇)、7-C罗、9-本泽马(58'17-巴斯克斯)
[客]3:1 曼朱基奇2'、37'、马图伊迪61'；C.罗纳尔多90+8'（点球）
皇马首发：1-纳瓦斯、2-卡瓦哈尔、3-巴列霍、5-瓦拉内、12-马塞洛、14-卡塞米罗(46'17-巴斯克斯)、10-莫德里奇(75'23-科瓦契奇)、8-克罗斯、22-伊斯科、11-贝尔(46'20-阿森西奥)、7-C罗
尤文图斯首发：1-布冯、2-德西利奥(17'26-利希施泰纳)、4-贝纳蒂亚、3-基耶利尼、12-阿莱士-桑德罗、5-皮亚尼奇、6-赫迪拉、14-马图伊迪、11-道格拉斯-科斯塔、17-曼朱基奇、9-伊瓜因(90'23-[illegible]斯尼)
利物浦5:1曼城
[主]3:0 萨拉赫12'、张伯伦21'、马内31'
利物浦首发：1-卡里乌斯、26-罗伯逊、4-范戴克、6-洛夫伦、66-阿诺德、7-米尔纳、14-亨德森、21-张伯伦(8[illegible]8-莫雷诺)、19-马内、11-萨拉赫(53'5-威纳尔杜姆)、9-菲尔米诺(71'29-索兰克)
曼城首发：31-埃德森-莫赖斯、14-拉波尔特、30-奥塔门迪、4-孔帕尼、2-凯尔-沃克、8-京多安(57'7-斯特林)、25-费尔南迪尼奥、17-德布劳内、19-萨内、21-大卫-席尔瓦、33-热苏斯
[客]2:1 萨拉赫56'、菲尔米诺77'；加布里埃尔·热苏斯2'
曼城首发：31-埃德森-莫赖斯、14-拉波尔特、30-奥塔门迪、2-凯尔-沃克、25-费尔南迪尼奥、21-大卫-席尔瓦(46'10-阿圭罗)、17-德布劳内、20-伯纳多-席尔瓦(74'8-京多安)、19-萨内、7-斯特林、33-热苏斯
利物浦首发：1-卡里乌斯、26-罗伯逊、6-洛夫伦、4-范戴克、66-阿诺德(82'2-克莱因)、7-米尔纳、5-威纳尔杜姆、21-张伯伦、19-马内、11-萨拉赫(89'28-丹尼-英斯)、9-菲尔米诺(81'17-克拉万)

半决赛（2018.4.24-5.2）

拜仁慕尼黑3:4皇家马德里
[主]1:2 基米希28'；马塞洛44'、阿森西奥57'
拜仁慕尼黑首发：26-乌尔赖希、13-拉菲尼亚、5-胡梅尔斯、17-博阿滕(34'4-聚勒)、32-基米希、8-哈维-马丁内斯(75'24-托利索)、7-里贝里、11-哈梅斯-罗德里格斯、25-托马斯-穆勒、10-罗本(3'6-蒂亚戈)、9-莱万多夫斯基
皇家马德里首发：1-纳瓦斯、12-马塞洛、4-拉莫斯、5-瓦拉内、2-卡瓦哈尔(67'9-本泽马)、8-克罗斯、14-卡塞米罗(83'23-科瓦契奇)、10-莫德里奇、22-伊斯科(46'20-阿森西奥)、17-巴斯克斯、7-C罗
[客]2:2 基米希3'、哈梅斯-罗德里格斯63'
皇家马德里首发：1-纳瓦斯、12-马塞洛、4-拉莫斯、5-瓦拉内、17-巴斯克斯、8-克罗斯、23-科瓦契奇(73'14-卡塞米罗)、10-莫德里奇、20-阿森西奥(88'纳乔)、7-C罗、9-本泽马(72'11-贝尔)
拜仁慕尼黑首发：26-乌尔赖希、27-阿拉巴、5-胡梅尔斯、4-聚勒、32-基米希、24-托利索(75'2-瓦格纳)、7-里贝里、11-哈梅斯-罗德里格斯(84'8-哈维-马丁内斯)、6-蒂亚戈、25-托马斯-穆勒、9-莱万多夫斯基
利物浦7:6罗马
[主]5:2 萨拉赫36'、45+1'、马内56'、菲尔米诺61'、69'；哲科81'、佩罗蒂85'（点球）
利物浦首发：1-卡里乌斯、26-罗伯逊、4-范戴克、6-洛夫伦、66-阿诺德、7-米尔纳、14-亨德森、21-张伯伦(1[illegible]5-威纳尔杜姆)、19-马内、11-萨拉赫(75'[illegible]-丹尼-英斯)、9-菲尔米诺(93'17-克拉万)
罗马首发：1-阿利松-贝克尔、5-胡安(67'8-佩罗蒂)、44-马诺拉斯、20-法西奥、11-科拉罗夫、6-斯特罗曼、16-德罗西(67'21-戈纳隆)、24-弗洛伦齐、4-纳因戈兰、17-云代尔(46'14-希克)、9-哲科
[客]2:4 马内9'、韦纳尔杜姆25'；米尔纳15'（乌龙）、哲科52'、纳因戈兰86'、90+4'（点球）
罗马首发：1-阿利松-贝克尔、11-科拉罗夫、20-法西奥、44-马诺拉斯、24-弗洛伦齐、4-纳因戈兰、16-德罗西(69'21-戈纳隆)、7-洛伦佐-佩莱格里尼(53'17-云代尔)、92-沙拉维(75'48-安东努奇)、14-希克、9-哲科
利物浦首发：1-卡里乌斯、26-罗伯逊、6-洛夫伦、4-范戴克、66-阿诺德(92'2-克莱因)、7-米尔纳、14-亨德森、5-威纳尔杜姆、19-

马内(83'17-克拉万)、11-萨拉赫、9-菲尔米诺(87'29-索兰克)

决赛（2018.5.26，基辅奥林匹克体育场）

皇家马德里3:1利物浦

本泽马51'、贝尔64'、83'；马内55'

皇家马德里首发 1-纳瓦斯；2-卡瓦哈尔(37'6-纳乔)、5-瓦拉内、4-拉莫斯、12-马塞洛；10-莫德里奇、14-卡塞米罗、8-克罗斯；22-伊斯科(61'11-贝尔)；9-本泽马(89'20-阿森西奥)、7-C罗

利物浦首发：1-卡里乌斯；66-阿诺德、6-洛夫伦、4-范戴克、26-罗伯逊；5-威纳尔杜姆、14-亨德森、7-米尔纳(83'23-埃姆雷-詹)；11-萨拉赫(31'20-拉拉纳)、9-菲尔米诺、19-马内

2018-2019赛季

初赛半决赛（2018.6.26）

拉菲奥里塔（圣马力诺）0:2林肯红魔（直布罗陀）

圣科洛马（摩尔多瓦）0:2德里塔（科索沃）

初赛决赛（2018.6.29）

林肯红魔（直布罗陀）1:4德里塔（科索沃）

资格赛第1轮（2018.7.10/7.18）

迪德朗日（卢森堡）2:3[1:1,1:2]维迪奥顿（匈牙利）

科克城（爱尔兰）0:4[0:1,0:3]华沙莱吉亚（波兰）

Shkendija（马其顿）5:4[5:0,0:4]新圣徒（威尔士）

苏杜瓦（立陶宛）3:2[3:1,0:1]希腊人竞技（塞浦路斯）

库克斯FK（阿尔巴尼亚）*1:1[0:0,1:1]瓦莱塔（马耳他）

卢多戈雷茨（保加利亚）9:0[7:0,2:0]十字军（北爱尔兰）

卢布尔雅那奥林匹亚（斯洛文尼亚）0:1[0:1,0:0]卡拉巴赫（阿塞拜疆）

瓦卢尔（冰岛）2:3[1:0,1:3]罗森博格（挪威）

塔林弗洛拉（爱沙尼亚）2:7[1:4,1:3]贝尔谢巴工人（以色列）

维京人（法罗群岛）2:3[1:0,1:3]赫尔辛基（芬兰）

德里塔（科索沃）0:5[0:3,0:2]马尔默（瑞典）

阿斯塔纳（哈萨克斯坦）3:0[1:0,2:0]尼克希奇（黑山）

尤尔马拉斯巴达（拉脱维亚）0:2[0:0,0:2]贝尔格莱德红星（塞尔维亚）

库塔伊西鱼雷（格鲁吉亚）2:4[2:1,0:3]舍里夫（摩尔多瓦）

特尔纳瓦斯巴达克（斯洛伐克）2:1[1:0,1:1]兹里尼斯基（波黑）

阿拉什科特（亚美尼亚）0:6[0:3,0:3]凯尔特人（苏格兰）

资格赛第2轮（2018.7.24/8.1）

冠军组

阿斯塔纳（哈萨克斯坦）2:1[2:1,0:0]中日德兰（丹麦）

卢多戈雷茨（保加利亚）0:3[0:2,0:1]维迪奥顿（匈牙利）

凯尔特人（苏格兰）3:1[3:1,0:0]罗森博格（挪威）

克卢日（罗马尼亚）1:2[0:1,1:1]马尔默（瑞典）

鲍里索夫（白俄罗斯）2:1[0:0,2:1]赫尔辛基（芬兰）

华沙莱吉亚（波兰）1:2[0:2,1:0]特尔纳瓦斯巴达克（斯洛伐克）

萨格勒布迪纳摩（克罗地亚）7:2[5:0,2:2]贝尔谢巴工人（以色列）

贝尔格莱德红星（塞尔维亚）5:0[3:0,2:0]苏杜瓦（立陶宛）

库克斯FK（阿尔巴尼亚）0:3[0:0,0:3]卡拉巴赫（阿塞拜疆）

Shkendija（马其顿）1:0[1:0,0:0]舍里夫（摩尔多瓦）

非冠军组

阿贾克斯（荷兰）5:1[3:0,2:1]格拉茨风暴（奥地利）

PAOK（希腊）5:1[2:1,3:0]巴塞尔（瑞士）

资格赛第3轮（2018.8.7/14）

冠军组

贝尔格莱德红星（塞尔维亚）3:2[1:1,2:1]特尔纳瓦斯巴达克（斯洛伐克）

卡拉巴赫（阿塞拜疆）1:2[0:1,1:1]鲍里索夫（白俄罗斯）

阿斯塔纳（哈萨克斯坦）0:3[0:2,0:1]萨格勒布迪纳摩（克罗地亚）

马尔默（瑞典）1:1[1:1,0:0]维迪奥顿（匈牙利）*

凯尔特人（苏格兰）2:3[1:1,1:2]雅典AEK（希腊）

萨尔茨堡红牛（奥地利）4:0[3:0,1:0]Shkendija（马其顿）

非冠军组

本菲卡（葡萄牙）2:1[1:0,1:1]费内巴切（土耳其）

布拉格斯拉维亚（捷克）1:3[1:1,0:2]基辅迪纳摩（乌克兰）

标准列日（比利时）2:5[2:2,0:3]阿贾克斯（荷兰）

PAOK（希腊）3:2[3:2,0:0]莫斯科斯巴达克（俄罗斯）

附加赛（2018.8.21/29）

冠军组

贝尔格莱德红星（塞尔维亚）*2:2[0:0,2:2]萨尔茨堡红牛（奥地利）

鲍里索夫（白俄罗斯）2:6[2:3,0:3]埃因霍温（荷兰）

伯尔尼青年人（瑞士）3:2[1:1，2:1]萨格勒布迪纳摩（克罗地亚）

维迪奥顿（匈牙利）2:3[1:2,1:1]雅典AEK（希腊）

非冠军组

本菲卡（葡萄牙）5:2[1:1,4:1]PAOK（希腊）

阿贾克斯（荷兰）3:1[3:1,0:0]基辅迪纳摩（乌克兰）

小组赛（2018.9.18/12.12）

A组

第1轮 2018.9.18

摩纳哥1:2马德里竞技

格朗西尔18'；迭戈·科斯塔31'、吉梅内斯45'

布鲁日0:1多特蒙德

普利西奇 85'

第2轮 2018.10.3

多特蒙德3:0摩纳哥

拉森51'、阿尔卡塞尔72'、罗伊斯90+2'

马德里竞技3:1布鲁日

格列兹曼28'、67'、科克90+3'；丹尤马39'

第3轮 2018.10.24

多特蒙德4:0马德里竞技

维特塞尔38'、拉斐尔·格雷罗73'、89'、桑乔83'

布鲁日1:1摩纳哥

39'韦斯利；32'西拉

第4轮 2018.11.6

马德里竞技2:0多特蒙德

萨乌尔33'、格列兹曼80'

摩纳哥0:4布鲁日

法纳肯12'、17'、韦斯利24'、福梅尔85'

第5轮 2018.11.28

马德里竞技2:0摩纳哥

科克2'、格列兹曼24'

多特蒙德0:0布鲁日

第6轮 2018.12.11

摩纳哥0:2多特蒙德

拉斐尔·格雷罗15'、88'

布鲁日0:0马德里竞技

积分榜

球队	胜	平	负	分	进:失
多特蒙德	4	1	1	13	10:2
马德里竞技	4	1	1	13	9:6
布鲁日	1	3	2	6	6:5
摩纳哥	0	1	5	1	2:14

B组

第1轮 2018.9.18

国际米兰2:1托特纳姆

伊卡尔迪86'、贝西诺90+2'；埃里克森53'

巴塞罗那4:0埃因霍温

梅西31'、77'、87'、奥斯曼·登贝莱74'

第2轮 2018.10.3

托特纳姆2:4巴塞罗那

凯恩52'、拉梅拉66'；库蒂尼奥2'、拉基蒂奇28'、梅西56'、90'

埃因霍温1:2国际米兰

罗萨里奥27'；纳英戈兰44'、伊卡尔迪60'

第3轮 2018.10.24

巴塞罗那2:0国际米兰

拉菲尼亚32'、阿尔瓦83'

埃因霍温2:2托特纳姆

洛萨诺29'、吕克·德容87'；卢卡斯·莫拉39'、凯恩54'

第4轮 2018.11.6

国际米兰1:1巴塞罗那

伊卡尔迪87'；83'马尔科姆

托特纳姆2:1埃因霍温

凯恩78、89'；吕克·德容2'

第5轮 2018.11.28

托特纳姆1:0国际米兰

埃里克森80'

埃因霍温1:2巴塞罗那

吕克·德容83'；梅西61'、皮克70'

第6轮 2018.12.11

巴塞罗那1:1托特纳姆

奥斯曼·登贝莱7'；卢卡斯·莫拉85'

国际米兰1:1埃因霍温

伊卡尔迪73'；洛萨诺13'

积分榜

球队	胜	平	负	分	进:失
巴塞罗那	4	2	0	14	14:5
托特纳姆	2	2	2	8	9:10
国际米兰	2	2	2	8	6:7
埃因霍温	0	2	4	2	6:13

C组

第1轮 2018.9.18

利物浦3:2巴黎圣日耳曼

斯图里奇30'、米尔纳36'、菲尔米诺90+2'；默尼耶40'、姆巴佩83'

贝尔格莱德红星0:0那不勒斯

第2轮 2018.10.3

那不勒斯1:0利物浦

因西涅90'

巴黎圣日耳曼6:1贝尔格莱德红星

内马尔20'、22'、81'、卡瓦尼37'、迪马里亚41'、姆巴佩70'；马林74'

第3轮 2018.10.24

巴黎圣日耳曼2:2那不勒斯

马里奥·鲁伊61'（乌龙）、迪马里亚90+3'；因西涅29'、梅尔滕斯77'

利物浦4:0贝尔格莱德红星

菲尔米诺20'、萨拉赫45'、51'、马内80'

第4轮 2018.11.6

那不勒斯1:1巴黎圣日耳曼

因西涅63'；贝尔纳特45+2'

贝尔格莱德红星2:0利物浦

帕夫科夫22'、29'

第5轮 2018.11.28

巴黎圣日耳曼2:1利物浦

贝尔纳特13'、内马尔37'；米尔纳45+1'

那不勒斯3:1贝尔格莱德红星

哈姆西克11'、梅尔滕斯33'、52'；本·纳鲍汉57'

第6轮 2018.12.11

贝尔格莱德红星1:4巴黎圣日耳曼

戈别尔吉奇56'；卡瓦尼9'、内马尔40'、马尔基尼奥斯74'、姆巴佩90+2'

利物浦1:0那不勒斯

萨拉赫34'

积分榜

球队	胜	平	负	分	进:失
巴黎圣日耳曼	3	2	1	11	17:9
利物浦	3	0	3	9	9:7
那不勒斯	2	3	1	9	7:5
贝尔格莱德红星	1	1	4	4	5:17

D组

第1轮 2018.9.18

沙尔克04 1:1波尔图

恩博洛64'；奥塔维奥75'

加拉塔萨雷3:0莫斯科火车头

加里·罗德里格斯9'、德尔迪约克67'、伊南90+4'

第2轮 2018.10.3

莫斯科火车头0:1沙尔克04

麦肯尼88'

波尔图1:0加拉塔萨雷

马雷加49'

第3轮 2018.10.24

加拉塔萨雷0:0沙尔克04

莫斯科火车头1:3波尔图

安东·米兰丘克38'；马雷加26'、埃克托·埃雷拉35'、赫苏斯·科罗纳47'

第4轮 2018.11.6

波尔图4:1莫斯科火车头

埃克托·埃雷拉2'、马雷加42'、赫苏斯·科罗纳67'、奥塔维奥90+3'；法尔范59'

沙尔克04 2:0加拉塔萨雷

布格施塔勒4'、乌特57'

第5轮 2018.11.28

波尔图3:1沙尔克04

米利唐52'、赫苏斯·科罗纳55'、马雷加90+4'；本塔莱卜89'

莫斯科火车头2:0加拉塔萨雷

东克43'（乌龙）、伊纳杰夫54'

第6轮 2018.12.11

沙尔克04 1:0莫斯科火车头

舍普夫90+1'

加拉塔萨雷2:3波尔图

费古利45+1'、德尔迪约克65'；费利佩17'、马雷加42'、塞尔吉奥·奥利维拉

积分榜

球队	胜	平	负	分	进:失
波尔图	5	1	0	16	15:6
沙尔克04	3	2	1	11	6:4
加拉塔萨雷	1	1	4	4	5:8
莫斯科火车头	1	0	5	3	4:12

E组

第1轮 2018.9.19

阿贾克斯3:0雅典AEK

塔利亚菲科46'、90+1'范德比克77'

本菲卡0:2拜仁慕尼黑

莱万多夫斯基10'、桑谢斯54'

第2轮 2018.10.2

拜仁慕尼黑1:1阿贾克斯

胡梅尔斯4'；马兹洛尔22'

雅典AEK2:3本菲卡

克洛纳里季斯53'、63'；6'、格里马尔多15'、塞梅多74'

第3轮 2018.10.23

雅典AEK0:2拜仁慕尼黑

哈维·马丁内斯61'、莱万多夫斯基63'

阿贾克斯1:0本菲卡

马兹洛尔90+2'

第4轮 2018.11.7

本菲卡1:1阿贾克斯

若纳斯29'；塔迪奇61'

拜仁慕尼黑2:0雅典AEK

莱万多夫斯基31'、71'

第5轮 2018.11.27

拜仁慕尼黑5:1本菲卡

罗本13'、30'、莱万多夫斯基36'、51'、里贝里76'；46'费尔南德斯

雅典AEK0:2阿贾克斯

塔迪奇68'、72'

第6轮 2018.12.12

阿贾克斯3:3拜仁慕尼黑

塔迪奇61'、82'、塔利亚菲科90+5'；莱万多夫斯基13'、87'、科芒90'

本菲卡1:0雅典AEK

格里马尔多88'

积分榜

球队	胜	平	负	分	进:失
拜仁慕尼黑	4	2	0	14	15:5
阿贾克斯	4	2	0	14	11:5
本菲卡	2	1	3	7	6:11
雅典AEK	0	0	6	0	2:13

F组

第1轮 2018.9.19

曼城1:2里昂

贝尔纳多·席尔瓦67'；科尔内26'、费基尔43'

顿涅茨克矿工2:2霍芬海姆

伊斯梅利27'、麦孔81'；格里利奇6'、诺尔特韦特38'

第2轮 2018.10.2

霍芬海姆1:2曼城

贝勒福迪1'；阿圭罗8'、大卫·席尔瓦87'

里昂2:2顿涅茨克矿工

穆萨·登贝莱70'、迪布瓦72'；莫赖斯44'、55'

第3轮 2018.10.23

霍芬海姆3:3里昂

克拉马里奇33'47'、若埃林通90+2'；贝特朗·特拉奥雷27'、恩东贝莱59'、孟菲斯67'

顿涅茨克矿工0:3曼城

大卫·席尔瓦30'、拉波尔特35'、贝尔纳多·席尔瓦70'

第4轮 2018.11.7

曼城6:0顿涅茨克矿工

大卫·席尔瓦13'、加布里埃尔·热苏斯24'、72'、90+2'斯特林48'、马赫雷斯84'

里昂2:2霍芬海姆

费基尔19'、恩东贝莱28'；克拉马里奇65'、卡德扎贝克90+2'

第5轮 2018.11.27

里昂2:2曼城

科尔内55'、81'；拉波尔特62'、阿圭罗83'

霍芬海姆2:3顿涅茨克矿工

克拉马里奇17'、祖贝尔40'；伊斯梅利14'、泰松15'、90+2'

第6轮 2018.12.12

曼城2:1霍芬海姆

萨内45+1'、61'；克拉马里奇16'
顿涅茨克矿工1:1里昂
莫赖斯22'；费基尔65'

积分榜

球队	胜	平	负	分	进:失
曼城	4	1	1	13	16:6
里昂	1	5	0	8	12:11
顿涅茨克矿工	1	3	2	6	8:16
霍芬海姆	0	3	3	3	11:14

G组

第1轮 2018.9.19
皇家马德里3:0罗马
伊斯科45'、贝尔58'、马里亚诺90+1'
比尔森胜利2:2莫斯科中央陆军
科尔蒙契克29'、41'；恰洛夫49'、弗拉什奇90+5'

第2轮 2018.10.2
莫斯科中央陆军1:0皇家马德里
弗拉什奇2'
罗马5:0比尔森胜利
哲科3'、40'、90+2'、云代尔64'、于斯廷·克鲁伊维特73'

第3轮 2018.10.23
罗马3:0莫斯科中央陆军
哲科30'、43'、云代尔50'
皇家马德里2:1比尔森胜利
本泽马11'、马塞洛55'；赫罗绍夫斯基79'

第4轮 2018.11.7
比尔森胜利0:5皇家马德里
本泽马20'、37'、卡塞米罗23'、贝尔39'、克罗斯67'
莫斯科中央陆军1:2罗马
西于尔兹松51'；马诺拉斯4'、洛伦佐·佩莱格里尼59'

第5轮 2018.11.27
罗马0:2皇家马德里
贝尔47'、卢卡斯·巴斯克斯59'
莫斯科中央陆军1:2比尔森胜利
弗拉什奇10'；普罗查卡53'、海达81'

第6轮 2018.12.12
比尔森胜利2:1罗马
科瓦里克62'、乔里72'；云代尔68'
皇家马德里0:3莫斯科中央陆军
恰洛夫37'、43'、西于尔兹松73'

积分榜

球队	胜	平	负	分	进:失
皇家马德里	4	0	2	12	12:5
罗马	3	0	3	9	11:8
莫斯科中央陆军	2	1	3	7	8:9
比尔森胜利	2	1	3	7	7:16

H组

第1轮 2018.9.19
伯尔尼青年人0:3曼联
博格巴35'、44'、马夏尔66'
巴伦西亚0:2尤文图斯
皮亚尼奇45'、51'

第2轮 2018.10.2
曼联0:0巴伦西亚
尤文图斯3:0伯尔尼青年人
迪巴拉5'、34'、69'

第3轮 2018.10.23
伯尔尼青年人1:1巴伦西亚
瓦罗5'；巴舒亚伊26'
曼联0:1尤文图斯
迪巴拉17'

第4轮 2018.11.7
尤文图斯1:2曼联
C·罗纳尔多65'；马塔86'、博努奇90'（乌龙）
巴伦西亚3:1伯尔尼青年人
桑蒂·米纳14'、42'、索莱尔56'；阿萨莱37'

第5轮 2018.11.27
曼联1:0伯尔尼青年人
90+1'费莱尼
尤文图斯1:0巴伦西亚
曼朱基奇59'

第6轮 2018.12.12
伯尔尼青年人2:1尤文图斯
瓦罗30'、68'；迪巴拉80'
巴伦西亚2:1曼联
索莱尔17'、菲尔·琼斯47'；拉什福德87'

积分榜

球队	胜	平	负	分	进:失
尤文图斯	4	0	2	12	9:4
曼联	3	1	2	10	7:4
巴伦西亚	2	2	2	8	6:6
伯尔尼青年人	1	1	4	4	4:12

1/8决赛（2019.2.12/3.13）

曼联*3:3巴黎圣日耳曼
[主]0:2 金彭贝52'、姆巴佩59'
[客]3:1 卢卡库2'、30'、拉什福德90+2'；贝尔纳特12'

罗马3:4波尔图
[主]2:1 扎尼奥洛70'、76'；阿德里安79'
[客]1:3 德罗西37'；索亚雷斯26'、马雷加52'、特莱斯117'

阿贾克斯5:3皇家马德里
[主]1:2 齐耶赫75'；本泽马60'、阿森西奥87'
[客]4:1 齐耶赫7'、内雷斯18'、塔迪奇62'、舍内72'；阿森西奥70'

托特纳姆4:0多特蒙德
[主]3:0 孙兴慜47'、费尔通亨83'、费尔南多·略伦特86'
[客]1:0 凯恩48'

里昂1:5巴塞罗那
[主]0:0
[客]1:5 图萨尔58'；梅西17'、78'、库蒂尼奥31'、皮克81'、奥斯曼·登贝莱86'

利物浦3:1拜仁慕尼黑
[主]0:0
[客]3:1 马内26'、84'、范戴克69'；马蒂普39'

马德里竞技2:3尤文图斯
[主]2:0 希门尼斯78'、戈丁83'
[客]0:3 C·罗纳尔多27'、49'、86'

沙尔克04 2:10曼城
[主]2:3 本塔莱卜38'、45'；阿圭罗18'、萨内85'、斯特林90'
[客]0:7 阿圭罗35'、38'、萨内42'、斯特林56'、贝尔纳多71'、福登78'、加布里埃尔·热苏斯84'

1/4决赛（2019.4.9/4.17）

托特纳姆*4:4曼城
[主]1:0 孙兴慜78'
托特纳姆阵容(4231)：洛里斯/特里皮尔、阿尔德韦雷尔德、费尔通亨、罗斯/西索科、温克斯(81'万亚马)/埃里克森、阿利(87'费尔南多·略伦特)、孙兴慜/凯恩(58'小卢卡斯)
曼城阵容(4231)：埃德松/沃克、奥塔门迪、拉波尔特、德尔夫/费尔南迪尼奥、京多安/马赫雷斯(89'萨内)、大卫·席尔瓦(89'德布劳内)、斯特林/阿圭罗(71'热苏斯)
[客]3:4 孙兴慜7'、10'、费尔南多·略伦特73'；斯特林4'、21'、贝尔纳多·席尔瓦11'、阿圭罗59'
托特纳姆阵容(4312)：洛里斯/特里皮尔、阿尔德韦雷尔德、费尔通亨、罗斯(90+1'桑切斯)/西索科(41'费尔南多·略伦特)、万亚马、阿利/埃里克森/孙兴慜、小卢卡斯(82'本·戴维斯)
曼城阵容(433)：埃德松/沃克、孔帕尼、拉波尔特、门迪(84'萨内)/德布劳内、京多安、大卫·席尔瓦(63'费尔南迪尼奥)/贝尔纳多·席尔瓦、阿圭罗、斯特林

利物浦6:1波尔图
[主]2:0 纳比·凯塔5'、菲尔米诺26'
利物浦阵容(433)：阿利松/亚历山大-阿诺德、范戴克、洛夫伦、米尔纳/法比尼奥、亨德森、纳比·凯塔/萨拉赫、菲尔米诺(81'斯图里奇)、马内(72'奥里吉)
波尔图阵容（4231）：卡西利亚斯/马克西·佩雷拉（77'费尔南多）、米利唐、费利佩、特莱斯/奥利弗·托雷斯（73'布鲁诺·科斯塔）、达尼洛·佩雷拉/科罗纳、奥塔维奥、马雷加/索亚雷斯（62'卜拉希米）
[客]4:1 马内26'、萨拉赫65'、菲尔米诺77'、范戴克84'；米利唐68'
利物浦阵容（433）：阿利森/亚历山大-阿诺德（65'乔·戈麦斯）、范戴克、马蒂普、罗伯逊（70'亨德森）/法比尼奥、米尔纳、维纳尔杜姆/萨拉赫、奥里吉（45'菲尔米诺）、马内
波尔图阵容（4231）：卡西利亚斯/米利唐、佩佩、费利佩、特莱斯/达尼洛·佩雷拉、埃克托·埃雷拉/科罗纳（78'费尔南多）、奥塔维奥（46'索亚雷斯）、卜拉希米（81'布鲁诺·科斯塔）/马雷加

阿贾克斯3:2尤文图斯
[主]1:1 内雷斯46'；C·罗纳尔多45'
阿贾克斯阵容（433）：奥纳纳/费尔特曼、德利赫特、布林德、塔利亚菲科/弗兰基·德容、范德比克、舍内（75'埃克伦坎普）/齐耶赫、塔迪奇、内雷斯
尤文图斯阵容（433）：什琴斯尼/坎塞洛、博努奇、鲁加尼、阿莱士·桑德罗/本坦库尔、皮亚尼奇、马图伊迪（75'迪巴拉）/贝尔纳代斯基（93'基迪拉）、曼朱基奇（60'道格拉斯·科斯塔）、C·罗纳尔多
[客]2:1 范德比克34'、德利赫特67'；C·罗纳尔多28'
阿贾克斯阵容（433）：奥纳纳/费尔特曼、德利赫特、布林德、马兹拉维（11'辛克赫拉芬82'马加里安）/舍内、范德比克、弗兰基·德容/齐耶赫（88'亨特拉尔）、塔迪奇、内雷斯
尤文图斯阵容（433）：什琴斯尼、德西利奥（64'坎塞洛）、鲁加尼、博努奇、阿莱士·桑德罗/埃姆雷·詹、皮亚尼奇、马图伊迪/贝尔纳代斯基（80'本坦库尔）、迪巴拉（46'基恩）、C·罗纳尔多

曼联0:4巴塞罗那
[主]0:1 卢克·肖（乌龙）12'
曼联阵容(352)：德赫亚/阿什利·扬、斯莫林、林德勒夫/达洛特(74'林加德)、麦克托米奈、弗雷德、博格巴、卢克·肖/拉什福德(85'佩雷拉)、卢卡库(68'马夏尔)
巴塞罗那阵容（433）：特尔斯特根/塞梅多、皮克、朗格莱、阿尔瓦/拉基蒂奇、布斯克茨(90+3'阿莱尼亚)、阿图尔(66'塞尔吉·罗伯托)/梅西、苏亚雷斯、库蒂尼奥(65'比达尔)
[客]0:3 梅西16'、20'、库蒂尼奥61'
曼联阵容(4312)：德赫亚/林德勒夫、斯莫林、琼斯、阿什利·扬/麦克托米奈、弗雷德、博格巴/林加德(80'桑切斯)/拉什福德(73'卢卡库)、马夏尔(65'达洛特)
巴塞罗那阵容（433）：特尔斯特根/塞尔吉·罗伯托(71'塞梅多)、皮克、朗格莱、阿尔瓦/拉基蒂奇、布斯克茨、阿图尔(75'比达尔)/梅西、苏亚雷斯、库蒂尼奥(81'奥斯曼·登贝莱)

半决赛（2019.4.30/5.8）

托特纳姆*3:3阿贾克斯
[主]0:1 范德比克15'
托特纳姆阵容（3142）：洛里斯/阿尔德韦雷尔德、桑切斯、费尔通亨(39'西索科)/万亚马/特里皮尔(80'福伊特)、埃里克森、阿利、罗斯(79'戴维斯)/费尔南多·略伦特、小卢卡斯
阿贾克斯阵容（4231）：奥纳纳/费尔特曼、德利赫特、布林德、塔利亚菲科/舍内(65'马兹拉维)、弗兰基·德容/齐耶赫(87'亨特拉尔)、范德贝克、内雷斯/塔迪奇
[客]3:2 德利赫特5'、齐耶赫35'；小卢卡斯55'、59'、90+6'
托特纳姆阵容（4312）：洛里斯/特里皮尔(81'拉梅拉)、阿尔德韦雷尔德、费尔通亨、罗斯(82'戴维斯)/西索科、万亚马(46'费尔南多·略伦特)、阿利/埃里克森/小卢卡斯、孙兴慜
阿贾克斯阵容（4231）：奥纳纳/马兹拉维、德利赫特、布林德、塔利亚菲科/舍内(60'费尔特曼)、弗兰基·德容/齐耶赫、范德比克(90'马加利安)、塔迪奇/多尔伯格(67'辛克赫拉芬)

巴塞罗那3:4利物浦
[主]3:0 苏亚雷斯26'、梅西75'、82'
巴塞罗那阵容（442）：特尔斯特根/塞尔吉·罗伯托(90+3'阿莱尼亚)、皮克、朗格莱、阿尔瓦/比达尔、拉基蒂奇、布斯克茨、库蒂尼奥(60'塞梅多)/苏亚雷斯(90+3'登贝莱)、梅西
利物浦阵容(4312)：阿利松/乔·戈麦斯、马蒂普、范戴克、罗伯逊/米尔纳(85'奥里吉)、法比尼奥、纳比·凯塔(24'亨德森)/维纳尔杜姆(79'菲尔米诺)/萨拉赫、马内
[客]0:4 奥里吉7'、79'、维纳尔杜姆54'、56'
巴塞罗那阵容（442）：特尔斯特根/塞尔吉·罗伯托、皮克、朗格莱、阿尔瓦/比达尔(75'阿图尔)、拉基蒂奇(80'马尔科姆)、布斯克茨、库蒂尼奥(60'塞梅多)/梅西、苏亚雷斯
利物浦阵容(433)：阿利松/亚历山大-阿诺德、马蒂普、范戴克、罗伯逊(46'维纳尔杜姆)/亨德森、法比尼奥、米尔纳/沙奇里(90'斯图里奇)、奥里吉(85'戈麦斯)、马内

决赛（2019.6.1，马德里万达大都会球场）

托特纳姆0:2利物浦
萨拉赫2'、奥里吉87'
托特纳姆阵容（4231）：洛里斯/特里皮尔、阿尔德韦雷尔德、费尔通亨、罗斯/西索科(74'戴尔)、温克斯(66'小卢卡斯)/阿利(82'费尔南多·略伦特)、埃里克森、孙兴慜/凯恩
利物浦阵容(433)：阿利松/亚历山大-阿诺德、马蒂普、范戴克、罗伯逊/亨德森、法比尼奥、维纳尔杜姆(62'米尔纳)/萨拉赫、菲尔米诺(58'奥里吉)、马内(90'乔·戈麦斯)

2019-20赛季

初赛半决赛（2019.6.25）
特里佩内（圣马力诺）0:1圣科洛马（安道尔）
菲罗尼克（科索沃）1:0 [illegible]青红魔（[illegible]罗陀）

初赛决赛（201[illegible].29）
菲罗尼克（科索沃）2:1圣[illegible]洛马（安道[illegible]）

资格赛第1轮（201[illegible]7.9–18）
诺梅卡尔尤（爱沙尼亚）[illegible][0:1,2:1][illegible]迪亚（马其顿）
苏杜瓦（立陶宛）1:2[0:[illegible]:2]贝尔格[illegible]红星（塞尔维亚）
阿拉特-亚美尼亚（亚美[illegible]）3:4[2:[illegible]:3] AIK（瑞典）
阿斯塔纳（哈萨克斯坦）[illegible]3[1:0,1:3][illegible]日（罗马尼亚）
费伦茨瓦罗斯（匈牙利）[illegible]3[2:1,3:2][illegible]多戈雷茨（保加利亚）
地拉拿柏迪辛尼（阿尔巴[illegible]亚）0:2[0[illegible]:2]卡拉巴赫（阿塞拜疆）
布拉迪斯拉发（斯洛伐克[illegible]2:2[1:1,1:1[illegible]3点球大战]尼卡斯克（黑山）
萨拉热窝（波黑）2:5[1:[illegible]:2]凯尔特[illegible]（苏格兰）
谢里夫（摩尔多瓦）3:[illegible]:3,3:1]萨[illegible]塔洛（格鲁吉亚）
迪德朗日（卢森堡）3:3[illegible]2,1:1]瓦莱[illegible]（马耳他）
林菲尔德（北爱尔兰）0[illegible]0:2,0:4]罗[illegible]博格（挪威）
瓦路尔（冰岛）0:5[0:3[illegible]2]马里博尔[illegible]斯洛文尼亚）
邓多克（爱尔兰）0:0[0[illegible]0:0,5:4点[illegible]大战]里加（拉脱维亚）
新圣徒（威尔士）3:2[2[illegible],1:0]菲罗尼[illegible]（科索沃）
HJK（芬兰）5:2[3:0,2[illegible]克拉斯维克[illegible]法罗群岛）
鲍里索夫（白俄罗斯）[illegible][1:1,2:1][illegible]斯特（波兰）

资格赛第2轮（20[illegible].7.23–27[illegible]
克卢日（罗马尼亚）3:[illegible]:2,1:0]特拉[illegible]夫马卡比（以色列）
鲍里索夫（白俄罗斯）[illegible][2:1,0:2][illegible]博格（挪威）
新圣徒（威尔士）0:3[[illegible],0:1]哥本[illegible]根（丹麦）
费伦茨瓦罗斯（匈牙利[illegible]4:2[3:1,1:[illegible]瓦莱塔（马耳他）
邓多克（爱尔兰）1:4[[illegible],0:3]卡拉[illegible]赫（阿塞拜疆）
第比利斯迪纳摩（格鲁[illegible]亚）0:5[0:[illegible]:3]萨格勒布迪纳摩（克罗地[illegible]
凯尔特人（苏格兰）7:[illegible]5:0,2:0]诺[illegible]卡尔尤（爱沙尼亚）
贝尔格莱德红星（塞[illegible]亚）3:2[[illegible],1:2] HJK（芬兰）
尼卡斯克（黑山）0:4[illegible]1,0:3]希[illegible]人竞技（塞浦路斯）
马里博尔（斯洛文尼亚[illegible]4:4[2:1,2:3[illegible]IK（瑞典）*
比尔森胜利（捷克）0[illegible]0:0,0:4]奥[illegible]匹亚科斯（希腊）
埃因霍温（荷兰）4:[illegible]:2,1:2]巴[illegible]尔（瑞士）*

资格赛第3轮（[illegible]19.8.6–13[illegible]
克卢日（罗马尼亚）[illegible][1:1,4:3][illegible]尔特人（苏格兰）
希腊人竞技（塞浦路[illegible]3:2[1:2,2[illegible]卡拉巴赫（阿塞拜疆）
PAOK（希腊）4:5[[illegible],2:0]阿贾[illegible]斯（荷兰）
萨格勒布迪纳摩（克[illegible]亚）5:1[1[illegible]1,4:0]费伦茨瓦罗斯（匈牙利）
贝尔格莱德红星（塞[illegible]亚）2:2[1[illegible]1:1,7:6点球大战]哥本哈根（[illegible]麦）
马里博尔（斯洛文尼[illegible]2:6[1:3,1[illegible]]罗森博格（挪威）
伊斯坦布尔（土耳其[illegible]:3[0:1,0:2[illegible]林匹亚科斯（希腊）
克拉斯诺达尔（俄罗[illegible]*3:3[0:1,3[illegible]]波尔图（葡萄牙）
布鲁日（比利时）4[illegible]1:0,3:3][illegible]迪纳摩（乌克兰）
巴塞尔（瑞士）2:5[1[illegible],1:3]林茨（[illegible]地利）

附加赛（201[illegible]9.20–9.28[illegible]

冠军组
萨格勒布迪纳摩（克[illegible]地亚）3:1[[illegible],1:1]罗森博格（挪威）
克卢日（罗马尼亚）[illegible]2[0:1,0:1][illegible]立格斯拉维亚（捷克）
伯尔尼青年人（瑞士[illegible]3:3[2;2,1:1[illegible]贝尔格莱德红星（塞尔维亚）
希腊人竞技（塞浦路[illegible]）0:2[0:0,[illegible]:2]阿贾克斯（荷兰）

非冠军组
林茨（奥地利）1:3[0:1,1:2]布鲁日（比利时）
奥林匹亚科斯（希腊）6:1[4:0,2:1]克拉斯诺达尔（俄罗斯）

小组赛（2019.9.17-12.11）

A组
第1轮 2019.9.19
布鲁日0:0加拉塔萨雷
巴黎圣日尔曼3:0皇家马德里
迪马里亚14'33'默尼耶90+1'
第2轮 2019.10.2
皇家马德里2:2布鲁日
拉莫斯55'卡塞米罗85'；丹尼斯9'39'
加拉塔萨雷0:1巴黎圣日尔曼
伊卡尔迪52'
第3轮 2019.10.23
布鲁日0:5巴黎圣日尔曼
伊卡尔迪7'63'姆巴佩61'79'83'
加拉塔萨雷0:1皇家马德里
克罗斯18'
第4轮 2019.11.7
巴黎圣日尔曼1:0布鲁日
伊卡尔迪21'
皇马6:0加拉塔萨雷
罗德里戈4'7'90+2'拉莫斯14'本泽马45'81'
第5轮 2019.11.27
加拉塔萨雷1:1布鲁日
比于克11'；迪亚塔90'
皇马2:2 巴黎圣日尔曼
本泽马17'79'；姆巴佩81'萨拉维亚83'
第6轮 2019.12.12
布鲁日1:3皇马
瓦纳肯55'；罗德里戈53'维尼修斯64'莫德里奇91'
巴黎圣日尔曼5:0加拉塔萨雷
伊卡尔迪32'萨拉维亚35'内马尔46'姆巴佩63'卡瓦尼84'
积分榜

球队	胜	平	负	分	进:失
巴黎圣日尔曼	5	[illegible]	0	16	17:2
皇家马德里	3	2	1	11	14:8
布鲁日	0	3	3	3	4:12
加拉塔萨雷	0	2	4	2	1:14

B组
第1轮 2019.9.19
奥林匹亚科斯2:2 热刺
博登斯44'瓦尔武埃纳54'；凯恩26'小卢卡斯30'
拜仁3:0红星
科芒34'莱万80'穆勒91'
第2轮 2019.10.2
红星3:1奥林匹亚克斯
维利奇62'米卢诺维奇87'博阿基耶90'；塞梅多37'
热刺2:7拜仁
孙兴慜12'凯恩61'；基米希15'莱万45'87'格纳布里53'55'83'88'
第3轮 2019.10.23
热刺5:0红星
凯恩9'72'孙兴慜16'44'拉梅拉57'
奥林匹亚克斯2:3拜仁
阿拉比23'吉列尔梅79'；莱万34'62'托利索75'
第4轮 2019.11.7
拜仁2:0奥林匹亚克斯
莱万69'佩里西奇89'
红星0:4热刺
洛赛尔索34'孙兴慜57'61'埃里克森85'
第5轮 2019.11.27
红星0:6拜仁
格雷茨卡14'莱万53'60'64'67'托利索89'
热刺4:2奥林匹亚克斯
阿里46'凯恩50'77'奥利耶73'；阿拉比6'塞梅多19'
第6轮 2019.12.12
奥林匹亚克斯1:0红星
阿拉比87'
拜仁3:1热刺
科芒14'穆勒45'库蒂尼奥64'；塞塞尼翁20'
积分榜

球队	胜	平	负	分	进:失
拜仁慕尼黑	6	0	0	18	24:5
托特纳姆热刺	3	1	2	10	18:14
奥林匹亚科斯	1	1	4	4	8:14
贝尔格莱德红星	1	0	5	3	3:20

C组
第1轮 2019.9.19
矿工0:3曼城
马赫雷斯24'京多安38'热苏斯76'
萨格勒布迪纳摩4:0亚特兰大
莱奥瓦茨10'奥尔西奇31'42'68'
第2轮 2019.10.2
亚特兰大1:2矿工
萨帕塔28'；莫拉莱斯41'所罗门92'
曼城2:0萨格勒布迪纳摩
斯特林66'福登91'
第3轮 2019.10.23
矿工2:2萨格勒布迪纳摩
科诺普良卡16'多多75'；奥尔莫25'奥尔西奇60'
曼城5:1亚特兰大
阿圭罗34'38'斯特林58'64'69'；马力诺夫斯基28'
第4轮 2019.11.7
萨格勒布迪纳摩3:3矿工
佩特科维奇25'伊万努舍茨83'阿代米89'；帕特里克13'莫拉斯91'泰特91'
亚特兰大1:1曼城
帕萨利奇49'；斯特林7'
第5轮 2019.11.27
曼城1:1矿工
京多安56'；所罗门69'
亚特兰大2:0萨格勒布迪纳摩
穆里尔27'戈麦斯47'
第6轮 2019.12.12
萨格勒布迪纳摩1:4 曼城
奥尔莫10'；热苏斯34'50'54'福登84'
矿工0:3亚特兰大
卡斯塔涅66'帕萨利奇80'戈森斯90'
积分榜

球队	胜	平	负	分	进:失
曼彻斯特城	4	2	0	14	16:4
亚特兰大	2	1	3	7	8:12
顿涅茨克矿工	1	3	2	6	8:13
萨格勒布迪纳摩	1	2	3	5	10:13

D组
第1轮 2019.9.19
勒沃库森1:2火车头
赫韦德斯25'；科雷霍维亚克16'巴里诺夫37'
马竞2:2尤文
萨维奇70'埃雷拉90'；夸德拉多48'马图伊迪65'
第2轮 2019.10.2
火车头0:2马竞
菲利克斯48'帕蒂58'
尤文3:0勒沃库森
伊瓜因17'贝尔纳代斯基61'C罗88'
第3轮 2019.10.23
马竞1:0勒沃库森
莫拉塔78'
尤文2:1火车头
迪巴拉77'79'；米兰丘克30'
第4轮 2019.11.7
火车头1:2尤文
米兰丘克12'；拉姆塞3'科斯塔93'
勒沃库森2:1马竞
帕蒂41'弗兰德55'；莫拉塔94'
第5轮 2019.11.27
火车头0:2勒沃库森
热马来季诺夫11'斯文·本德54'
尤文1:0 马竞
迪巴拉47'
第6轮 2019.12.12
马竞2:0火车头
菲利克斯17'费利佩54'
勒沃库森0:2尤文
C罗75'伊瓜因92'
积分榜

球队	胜	平	负	分	进:失
尤文图斯	5	1	0	16	12:4
马德里竞技	3	1	2	10	8:5
勒沃库森	2	0	4	6	5:9
莫斯科火车头	1	0	5	3	4:11

E组
第1轮 2019.9.18
那不勒斯2:0利物浦
梅尔滕斯82'略伦特90'
萨尔茨堡6:2亨克
哈兰德2'34'45'黄喜灿36'索博斯洛伊45'乌尔默66'；鲁库米40'萨玛塔52'
第2轮 2019.10.3
亨克0:0那不勒斯
利物浦4:3萨尔茨堡
马内9'罗伯逊25'萨拉赫36'69'；黄喜灿39'南野拓实56'哈兰德60'
第3轮 2019.10.24
亨克1:4利物浦
奥迪88'；张伯伦2'57'马内77'萨拉赫87'
萨尔茨堡2:3那不勒斯
哈兰德40'72'；梅尔滕斯17'64'因西涅73'
第4轮 2019.11.6
利物浦2:1亨克
维纳尔杜姆14'张伯伦53'；萨玛塔40'
那不勒斯1:1萨尔茨堡
洛萨诺43'；哈兰德11'
第5轮 2019.11.28
亨克1:4萨尔茨堡
萨玛塔85'；达卡43'南野拓实45'黄喜灿69'哈兰德87'
利物浦1:1那不勒斯
洛夫伦65'；梅尔滕斯21'
第6轮 2019.12.11
萨尔茨堡0:2利物浦
凯塔57'萨拉赫58'
那不勒斯4:0亨克
米利克3'26'38'梅尔滕斯74'
积分榜

球队	胜	平	负	分	进:失
利物浦	4	1	1	13	13:8
那不勒斯	3	3	0	12	11:4
萨尔茨堡	2	1	3	7	16:13
亨克	0	1	5	1	5:20

F组
第1轮 2019.9.18
国米1:1斯拉维亚
巴雷拉92'；奥莱因卡63'
多特0:0巴萨
第2轮 2019.10.3
斯拉维亚0:2多特
阿什拉夫35'89'
巴萨2:1国米
苏亚雷斯58'84'；马丁内斯2'
第3轮 2019.10.24
斯拉维亚1:2巴萨
博日尔50'；梅西3'奥莱因卡57'
国米2:0多特
马丁内斯22'坎德雷瓦89'
第4轮 2019.11.6
巴萨0:0斯拉维亚
多特3:2国米
阿什拉夫51'77'布兰特64'；马丁内斯5'贝西诺40'
第5轮 2019.11.28
斯拉维亚1:3国米
绍切克37'；马丁内斯19'88'卢卡库81'
巴萨3:1多特
苏亚雷斯29'梅西33'格列兹曼67'；桑乔77'
第6轮 2019.12.11
多特2:1斯拉维亚
桑乔10'布兰特61'；绍切克43'
国米1:2巴萨
卢卡库44'；佩雷斯23'法蒂86'
积分榜

球队	胜	平	负	分	进:失
巴塞罗那	4	2	0	14	9:4
多特蒙德	3	1	2	10	8:8
国际米兰	2	1	3	7	10:9
布拉格斯拉维亚	0	2	4	2	4:10

G组
第1轮 2019.9.18
里昂1:1泽尼特
德佩51'；阿兹蒙41'
本菲卡1:2莱比锡
塞费罗维奇84'；韦尔纳69'78'
第2轮 2019.10.3
泽尼特3:1本菲卡
久巴21'迪亚斯70'阿兹蒙78'；德托马斯85'
莱比锡0:2里昂
德佩11'泰利耶65'
第3轮 2019.10.24
莱比锡2:1泽尼特
赖默尔49'萨比策59'；拉基茨基25'
本菲卡2:1里昂
席尔瓦4'皮奇85'；德佩70'
第4轮 2019.11.6
泽尼特0:2莱比锡
德姆45+5'萨比策63'
里昂3:1本菲卡
安德森4'德佩33'特拉奥雷89'；塞费罗维奇76'
第5轮 2019.11.28
泽尼特2:0里昂
久巴42'奥兹多耶夫84'
莱比锡2:2本菲卡
福斯贝里90'91'；皮奇20'卡洛斯·维尼修斯59'
第6轮 2019.12.11
里昂2:2莱比锡
奥亚尔50'德佩82'；福斯贝里9'韦尔纳33'
本菲卡3:0泽尼特
赛尔维47'皮奇58'阿兹蒙79'
积分榜

球队	胜	平	负	分	进:失
莱比锡RB	3	2	1	11	10:8
里昂	2	2	2	8	9:8
本菲卡	2	1	3	7	10:11
圣彼得堡泽尼特	2	1	3	7	7:9

H组
第1轮 2019.9.18
切尔西0:1巴伦西亚
罗德里戈74'
阿贾克斯3:0里尔
普罗梅斯18'阿尔瓦雷斯50'塔利亚菲科62'
第2轮 2019.10.3
里尔1:2切尔西
奥斯梅恩33'；亚伯拉罕22'威廉77'
巴伦西亚0:3阿贾克斯
齐耶赫8'普罗梅斯34'范德贝克67'
第3轮 2019.10.24
阿贾克斯0:1切尔西
巴舒亚伊86'
里尔1:1巴伦西亚
伊科内95'；切里舍夫63'
第4轮 2019.11.6
切尔西4:4阿贾克斯
若日尼奥4'71'阿斯皮利奎塔63'詹姆斯74'；亚伯拉罕2'普罗梅斯20'凯帕35'范德贝克55'
巴伦西亚4:1里尔
帕雷霍66'索马奥罗82'孔多比亚84'费兰·托雷斯90'；奥斯梅恩25'
第5轮 2019.11.28
巴伦西亚2:2切尔西
索莱尔40'沃斯82'；科瓦契奇41'普利西奇50'
里尔0:2阿贾克斯
齐耶赫2'普罗梅斯59'
第6轮 2019.12.11
切尔西2:1里尔
亚伯拉罕19'阿斯皮利奎塔35'；雷米78'
阿贾克斯0:1巴伦西亚
罗德里戈24'
积分榜

球队	胜	平	负	分	进:失
巴伦西亚	3	2	1	11	9:7
切尔西	3	2	1	11	11:9
阿贾克斯	3	1	2	10	12:6
里尔	0	1	5	1	4:14

1/8决赛（2020.2.19-8.9）

托特纳姆热刺0:4莱比锡RB
[主]0:1 韦尔纳58'
[客]0:3 萨比策10'21'福斯贝里87'
多特蒙德2:3巴黎圣日耳曼
[主]2:1 哈兰德69'77'；内马尔75'
[客]0:2 内马尔28'贝纳尔特45+1'
皇家马德里2:4曼城
[主]1:2 伊斯科60'；赫苏斯78'德布劳内83'
[客]1:2 本泽马28'；斯特林9'赫苏斯68'
亚特兰大8:4巴伦西亚
[主]4:1 哈特波尔16'62'伊利契奇42'弗莱乌尔57'；切里舍夫66'
[客]4:3 伊利契奇3'43'71'82'；加梅罗21'51'托雷斯67'
马德里竞技4:2利物浦
[主]1:0 萨乌尔4'
[客]3:2 略伦特97'105+1'莫拉塔120+1'；维纳尔杜姆43'菲尔米诺94'
切尔西1:7拜仁慕尼黑
[主]0:3 格纳布里51'54'莱万多夫斯基76'
[客]1:4 亚伯拉罕44'；莱万多夫斯基10'84'佩里西奇24'托利索76'
里昂*2:2尤文图斯
[主]1:0 图萨尔31'
[客]1:2 德佩12'；C罗43'60'
那不勒斯2:4巴塞罗那
[主]1:1 梅尔滕斯30'；格里兹曼57'
[客]1:3 因西涅45+5'；朗格莱10'梅西23'苏亚雷斯45+1'

1/4决赛（2020.8.12-15）

曼城1:3里昂
德布劳内69'；科内特24'登贝莱79'87'
曼城首发：31-埃德森-莫赖斯、2-凯尔-沃克、50-加西亚、14-拉波尔特、27-坎塞洛、25-费尔南迪尼奥（56' 26-马赫雷斯）、16-罗德里-埃尔南德斯（84' 21-席尔瓦）、8-京多安、17-德布劳内、7-斯特林、9-热苏斯

里昂首发：1-安东尼-洛佩斯、14-杜波（74' 23-泰特）、6-马塞洛-安东尼奥、20-马萨尔、5-德纳伊尔、25-卡克雷、39-吉马良斯（72' 12-蒂亚戈-门德斯）、27-科尔内、8-奥亚尔、21-托科-埃卡姆比（86' 17-雷内-阿德莱德）、11-德佩（74' 9-穆萨-登贝莱）

莱比锡RB2:1马德里竞技

奥尔莫50' 亚当斯88'；菲利克斯71'

RB莱比锡首发：1-古拉西奇、16-克洛斯特曼、5-于帕梅卡诺、23-哈尔斯滕贝格、25-奥尔莫、27-莱默尔（72' 14-泰勒-亚当斯）、7-萨比策（92' 22-穆杰莱）、44-坎普尔、3-安赫利尼奥、25-奥尔莫（82' 21-希克）、9-波尔森、18-恩昆库（82' 8-阿马杜-海达拉）

马德里竞技首发：13-奥布拉克、23-特里皮尔、15-萨维奇、2-希门尼斯、12-雷南-洛迪、6-科克（92' 18-费利佩）、16-埃克托-埃雷拉（58' 7-若昂-菲利克斯）、8-萨乌尔、21-卡拉斯科、14-马科斯-略伦特、19-迭戈-科斯塔（72' 9-莫拉塔）；

巴塞罗那2:8拜仁慕尼黑

阿拉巴（乌龙）7' 苏亚雷斯57'；穆勒4' 31' 佩里西奇22' 格纳布里27' 基米希63' 莱万多夫斯基82' 库蒂尼奥85' 89'

巴塞罗那首发：1-特尔施特根、18-阿尔巴、15-朗格莱、3-皮克、2-塞梅多、20-罗贝托(46`17-格列兹曼)、5-布斯克茨(70`31-法蒂)、21-弗朗基-德容、22-比达尔、9-苏亚雷斯、10-梅西

拜仁慕尼黑首发：1-诺伊尔、19-阿方索-戴维斯(84`21-卢卡斯-埃尔南德斯)、27-阿拉巴、17-热罗姆-博阿滕(75`4-聚勒)、32-基米希、6-蒂亚戈、18-格雷茨卡(84`24-托利索)、22-格纳布里(75`10-库蒂尼奥)、14-佩里西奇(67`29-金斯利-科曼)、25-托马斯-穆勒、9-莱万多夫斯基

亚特兰大1:2巴黎圣日耳曼

帕萨利奇27'；马尔基尼奥斯90' 舒波-莫廷90+3'

巴黎首发：1-纳瓦斯（78`16-里科）、2-蒂亚戈-席尔瓦、3-金彭贝、4-蒂洛-科雷尔、5-马尔基尼奥斯、14-贝尔纳特、27-格耶（72`8-帕雷德斯）、19-萨拉维亚（59`7-姆巴佩）、10-内马尔、18-伊卡尔迪（79`17-舒波-莫廷）、21-埃雷拉（72`23-德拉克斯勒）

亚特兰大首发：57-斯波尔蒂耶洛、2-托洛伊、3-卡尔达拉、8-戈森斯（81`21-卡斯塔涅）、10-戈麦斯（58`18-马利诺夫斯基）、11-弗罗伊勒、15-德容恩、19-吉姆西蒂（59`6-帕洛米诺）、33-哈特鲍尔、88-帕萨利奇（69`9-穆里尔）、91-萨帕塔（81`20-达里瓦）

半决赛（2020.8.18–19）

莱比锡RB0:3巴黎圣日耳曼

马尔基尼奥斯13' 迪马里亚42' 贝尔纳特56'

巴黎首发：16-里科、14-贝尔纳特、3-金彭贝、2-蒂亚戈-席尔瓦、4-科雷尔、5-马尔基尼奥斯、21-埃雷拉(82'6-维拉蒂)、8-帕雷德斯(82'23-德拉克斯勒)、11-迪马利亚(87'19-萨拉维亚)、10-内马尔、7-姆巴佩(86'17-舒波-莫廷)

莱比锡首发：1-古拉西奇、3-安赫利尼奥、5-于帕梅卡诺、22-穆杰莱、16-克洛斯特曼(82'4-威利-奥尔班)、27-莱默尔(62'23-哈尔斯滕贝格)、44-坎普尔(64'14-泰勒-亚当斯)、25-奥尔莫(46'10-福斯贝里)、18-恩昆库(46'21-希克)、7-萨比策、9-波尔森

里昂0:3拜仁慕尼黑

格纳布里18' 33' 莱万多夫斯基88'

里昂首发：1-安东尼-洛佩斯、14-杜波（67' 23-泰特）、6-马塞洛-安东尼奥、20-马萨尔（72' 36-切尔基）、5-德纳伊尔、25-卡克雷、39-吉马良斯（46' 12-蒂亚戈-门德斯）、27-科尔内、8-奥亚尔、21-托科-埃卡姆比（67' 17-雷内-阿德莱德）、11-德佩（57' 9-穆萨-登贝莱）

拜仁慕尼黑首发：1-诺伊尔、32-基米希、17-热罗姆-博阿滕（46' 4-聚勒）、27-阿拉巴、19-阿方索-戴维斯、6-蒂亚戈（82' 24-托利索）、18-格雷茨卡（82' 5-帕瓦尔）、22-格纳布里（75' 10-库蒂尼奥）、25-托马斯-穆勒、14-佩里西奇（63' 29-金斯利-科曼）、9-莱万多夫斯基

决赛（2020.8.23）

巴黎圣日耳曼0:1拜仁慕尼黑

科芒59'

巴黎圣日耳曼首发：1-纳瓦斯、4-蒂洛-科雷尔、2-蒂亚戈-席尔瓦、3-金彭贝、14-贝尔纳特(80`20-库尔扎瓦)、5-马尔基尼奥斯、21-埃雷拉(73`23-德拉克斯勒)、8-帕雷德斯(65`6-维拉蒂)、11-迪马利亚(80`17-舒波-莫廷)、7-姆巴佩、10-内马尔

拜仁慕尼黑首发：1-诺伊尔、19-阿方索-戴维斯、17-热罗姆-博阿滕(25`4-聚勒)、27-阿拉巴、32-基米希、18-格雷茨卡、6-蒂亚戈(86`24-托利索)、25-托马斯-穆勒、29-金斯利-科曼(67`14-佩里西奇)、22-格纳布里(67`10-库蒂尼奥)、9-莱万多夫斯基

2020–21赛季

初赛半决赛（2020.8.8）

特费奥里（圣马力诺）0:2林菲尔德（北爱尔兰）

德利塔格尼拉内（科索沃）2:1伊斯卡尔德斯（安道尔）

初赛决赛（2020.8.11）

德利塔格尼拉内（科索沃）0:3林菲尔德（北爱尔兰）

资格赛第1轮（2020.8.8–21）

卡拉巴赫（阿塞拜疆）4:0施历斯（马其顿）

华沙军团（波兰）1:0林菲尔德（北爱尔兰）

布列斯特迪纳摩（白俄罗斯）6:3阿斯塔纳（哈萨克斯坦）

凯尔特人（苏格兰）6:0KR雷克雅未克（冰岛）

贝尔格莱德红星（塞尔维亚）5:0欧罗巴学院（直布罗陀）

阿拉特-亚美尼亚（亚美尼亚）0:1 奥莫尼亚（塞浦路斯）

莫尔德（挪威）5:0库普斯（芬兰）

科罗拉（爱沙尼亚）3:5苏杜瓦（立陶宛）

采列（斯洛文尼亚）3:0邓多克（爱尔兰）

第比利斯迪纳摩（格鲁吉亚）0:2 KF地拉那（阿尔巴尼亚）

特拉维夫马卡比（以色列）2:0里加（拉脱维亚）

费伦茨瓦罗斯（匈牙利）2:0佐加顿斯（瑞典）

康纳斯基（威尔士）0:2萨拉热窝（波黑）

谢里夫（摩尔多瓦）2:0埃施福拉（卢森堡）

波德戈里察未来（黑山）1:3卢多戈雷茨（保加利亚）

佛罗里亚纳（马耳他）0:2克卢日（罗马尼亚）

克拉斯维克（法罗群岛）3:0布拉迪斯拉发（斯洛伐克）

资格赛第2轮（2020.8.23–27）

塞萨洛尼基（希腊）3:1贝西克塔斯（土耳其）

KF地拉那（阿尔巴尼亚）0:1贝尔格莱德红星（塞尔维亚）

阿尔克马尔（荷兰）3:1比尔森胜利（捷克）

采列（斯洛文尼亚）1:2莫尔德（挪威）

卡拉巴赫（阿塞拜疆）2:1谢里夫（摩尔多瓦）

苏杜瓦（立陶宛）0:3特拉维夫马卡比（以色列）

萨格勒布火车头（克罗地亚）0:1维也纳快速（奥地利）

卢多戈雷茨（保加利亚）0:1中日德兰（丹麦）

华沙军团（波兰）0:2奥莫尼亚（塞浦路斯）

布列斯特迪纳摩（白俄罗斯）2:1萨拉热窝（波黑）

克卢日（罗马尼亚）7:8萨格勒布火车头（克罗地亚）

伯尔尼年轻人（瑞士）3:1克拉斯维克（法罗群岛）

凯尔特人（苏格兰）1:2费伦茨瓦罗斯（匈牙利）

资格赛第3轮（2020.9.15–16）

基辅迪纳摩（乌克兰）2:0阿尔克马尔（荷兰）

塞萨洛尼基（希腊）2:1本菲卡（葡萄牙）

根特（比利时）2:1维也纳快速（奥地利）

奥莫尼亚（塞浦路斯）5:3贝尔格莱德红星（塞尔维亚）

特拉维夫马卡比（以色列）1:0布列斯特迪纳摩（白俄罗斯）

费伦茨瓦罗斯（匈牙利）2:1萨格勒布火车头（克罗地亚）

卡拉巴赫（阿塞拜疆）5:6莫尔德（挪威）

中日德兰（丹麦）3:0伯尔尼年轻人（瑞士）

附加赛（2020.9.22–30）

冠军组

布拉格斯拉维亚（捷克）1:4[0:0,1:4]中日德兰（丹麦）

特拉维夫马卡比（以色列）2:5[1:2,1:3]萨尔茨堡红牛（奥地利）

奥林匹亚科斯（希腊）2:0[2:0,0:0]奥莫尼亚（塞浦路斯）

莫尔德（挪威）3:3[3:3,0:0]*费伦茨瓦罗斯（匈牙利）

非冠军组

克拉斯诺达尔（俄罗斯）4:2[2:1,2:1]塞萨洛尼基（希腊）

根特（比利时）1:5[1:2,0:3]基辅迪纳摩（乌克兰）

小组赛（2020.10.20–12.9）

A组

第1轮 2020.10.22

萨尔茨堡2:2火车头

多米尼克·索博斯莱45' 尤努佐维奇50'；埃德尔19' 维塔利75'

拜仁4:0马竞

科芒28' 72' 格雷茨卡41' 托利索66'

第2轮 2020.10.28

火车头1:2拜仁

安东·米兰楚克70'；格雷茨卡14' 基米希79'

马竞3:2萨尔茨堡

马科斯·略伦特29' 若昂·菲利克斯52' 85'；多米尼克·索博斯莱40' 贝里沙47'

第3轮 2020.11.4

火车头1:1马竞

安东·米兰楚克25'；吉梅内斯18'

萨尔茨堡2:6拜仁

贝里沙4' 奥川雅也66'；罗伯特·莱万多夫斯基21' 88' 尼森·克里斯滕森44' 博阿滕56' 萨内83' 埃尔南德斯90'

第4轮 2020.11.26

马竞0:0火车头

拜仁3:1萨尔茨堡

莱万多夫斯基41' 科曼56' 萨内67'；贝里沙72'

第5轮 2020.12.2

火车头1:3萨尔茨堡

安东·米兰丘克78'；贝里沙27' 40' 阿德耶米·卡里姆80'

马竞1:1拜仁

菲利克斯25'；穆勒85'

第6轮 2020.12.10

拜仁2:0火车头

聚勒62' 舒波-莫廷79'

萨尔茨堡0:2马竞

埃尔莫索38' 卡拉斯科85'

积分榜

球队	胜	平	负	分	进:失
拜仁慕尼黑	5	1	0	16	18:5
马德里竞技	2	3	1	9	7:8
萨尔茨堡	1	1	4	4	10:17
莫斯科火车头	0	3	3	3	5:10

B组

第1轮 2020.10.22

皇马2:3矿工

莫德里奇54' 维尼修斯59'；蒂特29' 瓦拉内33' 索罗门42'

国米2:2门兴

卢卡库49' 90'；63' 本瑟拜尼84' 乔纳斯·霍夫曼

第2轮 2020.10.28

矿工0:0国米

门兴2:2皇马

33' 59' 马库斯·图拉姆；88' 本泽马90' 卡塞米罗

第3轮 2020.11.4

矿工0:6门兴

8' 26' 78' 阿拉萨尼·普利亚17' 邦达尔44' 本瑟拜尼65' 斯廷德尔

皇马3:2国米

25' 本泽马33' 拉莫斯80' 罗德里戈；35' 劳塔罗·马丁内斯68' 伊凡·佩里西奇

第4轮 2020.11.26

门兴4:0矿工

16' 斯廷德尔33' 埃尔维迪45' 恩博洛76' 温特

国米0:2皇马

6' 阿扎尔58' 阿什拉夫

第5轮 2020.12.2

矿工2:0皇马

56' 登蒂尼奥81' 索罗门

门兴2:3国米

45' 74'普利亚；16' 达米安63' 72'卢卡库

第6轮 2020.12.10

国米0:0矿工

皇马2:0门兴

8' 31'本泽马

积分榜

球队	胜	平	负	分	进:失
皇家马德里	3	1	2	10	11:9
门兴格拉德巴赫	2	2	2	8	16:9
顿涅茨克矿工	2	2	[illegible]	8	5:12
国际米兰	1	3	[illegible]	6	[illegible]:9

C组

第1轮 2020.10.22

曼城3:1波尔图

20' 阿圭罗65' 京多安73' [illegible]兰·托雷斯；14' 路易斯·迪亚兹

奥林匹亚克斯1:0马赛

90' 阿米特·哈桑

第2轮 2020.10.28

波尔图2:0奥林匹亚克斯

11' 法比奥·维埃拉85' 塞[illegible]吉奥·奥利维拉

马赛0:3曼城

18' 费兰·托雷斯76' 京多[illegible]81' 斯特林

第3轮 2020.11.4

波尔图3:0马赛

4' 马里加28' 塞尔吉奥 [illegible]利维拉69' 路易斯·迪亚兹

曼城3:0奥林匹亚克斯

12' 费兰·托雷斯81' 热[illegible]90' 坎塞洛

第4轮 2020.11.26

奥林匹亚克斯0:1曼城

35' 福登

马赛0:2波尔图

38' 萨努西71' S.塞尔吉[illegible]

第5轮 2020.12.2

波尔图0:0曼城

马赛2:1奥林匹亚克斯

54' 74'帕耶；32' 穆罕[illegible]·马迪·卡

第6轮 2020.12.10

曼城3:0马赛

47' 费兰-托雷斯76' 阿[illegible]89' 阿尔瓦罗

奥林匹亚克斯0:2波尔图

9' 奥塔维尼奥76' 马特[illegible]·乌里韦

积分榜

球队	胜	平	负	分	进:失
曼彻斯特城	5	1	0	16	13:1
波尔图	4	1	1	13	10:3
奥林匹亚科斯	1	0	5	3	2:10
马赛	1	0	5	3	2:13

D组

第1轮 2020.10.22

阿贾克斯0:1利物浦

35' 塔里亚菲科

中日德兰0:4亚特兰大

26' 杜万·萨帕塔36' [illegible]历山大·戈麦斯42' 穆里尔88' 米兰丘克

第2轮 2020.10.28

亚特兰大2:2阿贾克斯

54' 60'杜万·萨帕塔 [illegible]30' 塔迪奇38' 拉斯纳·特劳雷

利物浦2:0中日德兰

55' 若塔90' 萨拉赫

第3轮 2020.11.4

亚特兰大0:5利物浦

16' 33'55'若塔47'萨[illegible]49'马内

中日德兰1:2阿贾克斯

18' 安德斯·德雷耶尔 [illegible]2' 安东尼13' 塔迪奇

第4轮 2020.11.26

阿贾克斯3:1中日德兰

46' 瑞恩·格伦伯奇 [illegible]3' 马兹拉维65' 内雷斯；79' 马比尔

利物浦0:2亚特兰大

59' 伊利西奇63' 戈森[illegible]

第5轮 2020.12.2

亚特兰大1:1中日德兰

78' 克里斯蒂安-罗梅 [illegible]12' 绍尔茨

利物浦1:0阿贾克斯

57' 柯蒂斯-琼斯

第6轮 2020.12.10

阿贾克斯0:1亚特兰大

84' 穆里尔

中日德兰1:1利物浦

61' 绍尔茨；1' 萨拉[illegible]

积分榜

球队	胜	平	负	分	进:失
利物浦	4	[illegible]	1	13	10:3
亚特兰大	3	2	1	11	10:8
阿贾克斯	2	1	3	7	7:7
中日德兰	0	2	4	2	4:13

E组

第1轮 2020.10.21

切尔西0:0塞维利亚

雷恩1:1克拉斯诺达尔

56' 吉拉西；59' 克[illegible]蒂安·拉米

第2轮 2020.10.29

克拉斯诺达尔0:4切尔西

37' 哈德森·奥多伊[illegible]5' 维尔纳79' 齐耶赫90' 普利西奇

塞维利亚1:0雷恩

56' 卢克·德容

第3轮 2020.11.5

切尔西3:0雷恩
10' 维尔纳41' 维尔纳50' 亚伯拉罕
塞维利亚3:2克拉斯诺达尔
42' 伊凡·拉基蒂奇69'72'恩尼西里；17' 苏雷马诺夫21' 马库斯·贝里
第4轮 2020.11.25
克拉斯诺达尔1:2塞维利亚
55' 万德森；3' 拉基蒂奇94' 穆尼尔
雷恩1:2切尔西
84' 吉拉西；21' 奥多伊90' 吉鲁
第5轮 2020.12.3
克拉斯诺达尔1:0雷恩
70' 马库斯·贝里
塞维利亚0:4切尔西
7' 53'73'82'吉鲁
第6轮 2020.12.9
切尔西1:1克拉斯诺达尔
27' 若日尼奥；23' 雷米·卡贝拉
雷恩1:3塞维利亚
85' 鲁特；31' 孔德46'80' 恩内斯里
积分榜

球队	胜	平	负	分	进:失
切尔西	4	2	0	14	14:2
塞维利亚	4	1	1	13	9:8
克拉斯诺达尔	1	2	3	5	6:11
雷恩	0	1	5	1	3:11

F组
第1轮 2020.10.2
泽尼特1:2布鲁日
74' 德扬·洛夫伦；63' 丹尼斯90' 迪科特拉尔
拉齐奥3:1多特
6' 因莫比莱23' 路易斯-费利佩76' 阿克帕·阿克普罗；71' 哈兰德
第2轮 2020.10.29
布鲁日1:1拉齐奥
42' 范纳肯；14' 科雷亚
多特2:0泽尼特
77' 杰登·桑乔90' 哈兰德
第3轮 2020.11.5
泽尼特1:1拉齐奥
33' 叶罗欣；82' 凯塞多
布鲁日0:3多特
14' 索尔根·阿扎尔19'32'哈兰德
第4轮 2020.11.25
多特3:0布鲁日
17' 59'哈兰德44'桑乔
拉齐奥3:1泽尼特
2' 54'因莫比莱21' 帕罗洛；24' 阿尔捷姆·久巴
第5轮 2020.12.3
布鲁日3:0泽尼特
32' 查尔斯·德凯特莱尔57' 瓦纳肯72' 诺亚·朗
多特1:1拉齐奥
43' 格雷罗；66' 因莫比莱
第6轮 2020.12.9
拉齐奥2:2布鲁日
11' 华金-科雷亚25' 因莫比莱；14' 沃尔75' 瓦纳肯
泽尼特1:2多特
15' 德留西；67' 皮什切克77' 维特塞尔
积分榜

球队	胜	平	负	分	进:失
多特蒙德	4	1	1	13	12:5
拉齐奥	2	4	0	10	11:7
布鲁日	2	2	2	8	8:10
圣彼得堡泽尼特	0	1	5	1	4:13

G组
第1轮 2020.10.21
基辅0:2尤文
46' 84'莫拉塔
巴萨5:1费伦茨瓦罗斯
27' 梅西42'法蒂52' 库蒂尼奥82' 佩德里90' 登贝莱；70' 伊戈尔哈
第2轮 2020.10.29
费伦茨瓦罗斯2:2基辅
59' 尼古恩90' 波利；23' 维克托·塞甘科夫41' 卡洛斯·德佩纳
尤文0:2巴萨
14' 登贝莱90' 梅西
第3轮 2020.11.5
巴萨2:1基辅
5' 梅西65' 皮克；75' 维克托·塞甘科夫
费伦茨瓦罗斯1:4尤文
81' 德瓦利；8' 60' 莫拉塔73' 迪巴拉90' 波利
第4轮 2020.11.25
基辅0:4巴萨
51' 塞尔吉诺·德斯特56' 69'布莱斯维特91' 格列兹曼
尤文2:1费伦茨瓦罗斯
34' C罗91' 莫拉塔；18' 乌苏尼
第5轮 2020.12.3
费伦茨瓦罗斯0:3巴萨
13'格列兹曼19'布莱斯维特27'登贝莱
尤文3:0基辅
20' 小基耶萨56' C罗65' 莫拉塔
第6轮 2020.12.9
巴萨0:3尤文
12'51'C罗19'麦肯尼
基辅1:0费伦茨瓦罗斯
59'波波夫
积分榜

球队	胜	平	负	分	进:失
尤文图斯	5	0	1	15	14:4
巴塞罗那	5	0	1	15	16:5
基辅迪纳摩	1	1	4	4	4:13
费伦茨瓦罗斯	0	1	5	1	5:17

H组
第1轮 2020.10.21
巴黎圣日尔曼1:2曼联
55' 马夏尔；23' B费87' 拉什福德
莱比锡2:0伊斯坦布尔
16' 20' 安赫利尼奥
第2轮 2020.10.29
伊斯坦布尔0:2 巴黎圣日尔曼
64'79'摩西-基恩
曼联5:0莱比锡
21'格林伍德76'78'90'拉什福德86'马夏尔
第3轮 2020.11.5
伊斯坦布尔2:1曼联
13' 登巴·巴40' 埃丁·维斯卡；43'马夏尔
莱比锡2:1 巴黎圣日尔曼
42' 恩昆库56' 弗斯贝里；6' 迪马利亚
第4轮 2020.11.25
曼联4:1伊斯坦布尔
6'18'B费35' 拉什福德91'丹尼尔-詹姆斯；74'图鲁克
巴黎圣日尔曼1:0莱比锡
10' 内马尔
第5轮 2020.12.3
伊斯坦布尔3:4莱比锡
47'71'84'卡维奇；25'42'穆杰莱65'奥尔莫91' 索尔罗特
曼联1:3 巴黎圣日尔曼
31' 拉什福德；5'90'内马尔68'马尔基尼奥斯
第6轮 2020.12.10
莱比锡3:2曼联
1' 安吉利诺13'海达拉68'克鲁伊维特；79'B费81'博格巴
巴黎圣日尔曼5:1伊斯坦布尔
21' 37' 50' 内马尔42' 62' 姆巴佩；57' 托帕尔
积分榜

球队	胜	平	负	分	进:失
巴黎圣日尔曼	4	0	2	12	13:6
莱比锡RB	4	0	2	12	11:12
曼彻斯特联	3	0	3	9	15:10
伊斯坦布尔	1	0	5	3	7:18

1/8决赛（2021.2.16–3.17）
门兴格拉德巴赫0:4曼城
[主]0:2 席尔瓦29' 赫苏斯65'
[客]0:2 德布劳内12' 京多安18'
拉齐奥2:6拜仁慕尼黑
[主]1:4 科雷亚49'；莱万多夫斯基9' 穆西亚拉24' 萨内42' 阿切尔比（乌龙）47'
[客]1:2 帕罗洛82'；莱万多夫斯基33' 舒波-莫廷73'
马德里竞技0:3切尔西
[主]0:1 吉鲁68'
[客]0:2 齐耶赫34' 埃莫森90+4'
莱比锡RB0:4利物浦
[主]0:2 萨拉赫53' 马内58'
[客]0:2 萨拉赫70' 马内74'
波尔图*4:4尤文图斯
[主]2:1塔雷米1' 马雷加46'；基耶萨82'
[客]2:3 奥利维拉19' 115'；基耶萨49' 63' 拉比奥特117'
巴塞罗那2:5巴黎圣日耳曼
[主]1:4 梅西27'；姆巴佩32' 65' 85' 基恩70'
[客]1:1 梅西37'；姆巴佩31'
塞维利亚4:5多特蒙德
[主]2:3 苏索7' 德容84'；达胡德19' 哈兰德27' 43'
[客]2:2 恩纳斯里69' 90+6'；哈兰德35' 54'
亚特兰大1:4皇家马德里
[主]0:1 门迪86"
[客]1:3 穆列尔83'；本泽马34' 拉莫斯60' 阿森西奥85'
1/4决赛（2021.4.6–4.14）
曼城4:2多特蒙德
[主]2:1 德布劳内19' 福登90'；罗伊斯84'
曼城阵容：31-埃德森-莫赖斯、2-凯尔-沃克、3-鲁本-迪亚斯、5-斯通斯、27-坎塞洛、8-京多安、16-罗德里-埃尔南德斯、17-德布劳内、26-马赫雷斯、47-菲尔-福登、20-伯纳多-席尔瓦(58'9-热苏斯)
多特阵容：35-希茨、2-马特乌-莫雷伊(81'24-默尼耶)、15-胡梅尔斯、23-埃姆雷-詹、16-阿坎吉、8-达胡德(80'6-德莱尼)、13-格雷罗、22-贝林厄姆、36-克瑙夫(62'32-雷纳)、11-罗伊斯、9-哈兰德
[客]2:1 马赫雷斯55' 福登75'；贝林汉姆15'
多特蒙德首发：35-希茨、2-默雷伊（80`27-蒂格斯）、16-阿坎吉、15-胡梅尔斯、13-格雷罗、22-贝林厄姆（80`19-布兰特）、23-埃姆雷-詹、8-达胡德（75`10-索尔根-阿扎尔）、36-克瑙夫（67`32-雷纳）、9-哈兰德、11-罗伊斯
曼城首发：31-埃德森、11-津琴科、3-鲁本-迪亚斯、5-斯通斯、2-凯尔-沃克、8-京多安、16-罗德里、17-德布劳内、47-福登、20-伯纳多-席尔瓦、26-马赫雷斯（87`7-斯特林）
波尔图1:2切尔西
[主]0:2 芒特32' 奇尔韦尔85'
切尔西首发：16-爱德华-门迪、2-吕迪格、4-克里斯滕森、28-阿斯皮利奎塔、21-奇尔韦尔、17-科瓦契奇（90`33-埃莫森）、5-若日尼奥、24-詹姆斯（79`6-蒂亚戈-席尔瓦）、11-维尔纳（64`10-普利希奇）、19-芒特（79`7-坎特）、29-哈弗茨（64`18-吉鲁）
波尔图首发：1-马尔凯辛、18-马纳法（82`85-弗朗西斯科-孔塞桑）、19-姆本巴、3-佩佩、12-塞努西、17-科罗纳、16-格鲁伊奇、8-乌里韦、25-奥塔维奥（82`50-法比奥-维埃拉）、11-马雷加（82`29-托尼-马丁内斯）、7-路易斯-迪亚斯
[客]1:0 塔雷米90+4'
切尔西首发：16-爱德华-门迪、28-阿斯皮利奎塔、6-蒂亚戈-席尔瓦、2-吕迪格、24-里斯-詹姆斯、5-若日尼奥、7-坎特、21-奇尔韦尔、19-芒特（86' 22-齐耶赫）、10-普利希奇、29-哈弗茨（92' 18-吉鲁）
波尔图首发：1-马尔凯辛、18-马纳法（75' 31-纳努）、19-姆本巴、3-佩佩、12-塞努西、27-塞尔吉奥-奥利韦拉（84' 50-法比奥-维埃拉）、16-格鲁伊奇（63' 9-塔雷米）、8-乌里韦、17-赫苏斯-科罗纳（75' 7-路易斯-迪亚斯）、25-奥塔维奥、11-马雷加（75' 30-埃万尼尔松）
拜仁慕尼黑3:3*巴黎圣日耳曼
[主]2:3 舒波-莫廷37' 穆勒60'；姆巴佩3' 68' 马尔基尼奥斯28'
拜仁首发：1-诺伊尔、5-帕瓦尔、4-聚勒(41'17-博阿滕)、27-阿拉巴、21-卢卡斯-埃尔南德斯、18-格雷茨卡(32'19-阿方索-戴维斯)、6-基米希、10-萨内、25-托马斯-穆勒、29-科曼、13-舒波-莫廷
巴黎首发：1-纳瓦斯、31-达巴、5-马尔基尼奥斯(30'21-埃雷拉)、3-金彭贝、22-迪亚洛(46'25-巴克)、15-达尼洛-佩雷拉、23-德拉克斯勒、27-格耶、10-内马尔(90'12-拉菲尼亚)、11-迪马利亚(70'18-莫伊塞-基恩)、7-姆巴佩
[客]1:0 舒波-莫廷40'
巴黎首发：1-纳瓦斯、31-达巴、15-达尼洛-佩雷拉、3-金彭贝、22-迪亚洛(58'25-巴克)、27-格耶、8-帕雷德斯、23-德拉克斯勒(72'18-莫伊塞-基恩)、10-内马尔、7-姆巴佩、11-迪马利亚(88'21-埃雷拉)
拜仁首发：1-诺伊尔、5-帕瓦尔、17-博阿滕、21-卢卡斯-埃尔南德斯、19-阿方索-戴维斯(70'42-穆夏拉)、6-基米希、27-阿拉巴、10-萨内、25-托马斯-穆勒、29-科曼、13-舒波-莫廷(84'8-哈维-马丁内斯)
皇家马德里3:1利物浦
[主]3:1 维尼修斯27' 65' 阿森西奥36'；萨拉赫51'
皇家马德里首发：1-库尔图瓦、23-弗兰德-门迪、3-米利唐、6-纳乔、17-巴斯克斯、14-卡塞米罗、8-托尼-克罗斯、10-莫德里奇、11-阿森西奥(69`15-费德里科-巴尔韦德)、20-维尼修斯(84`25-罗德里戈)、9-本泽马
利物浦首发：1-阿利松-贝克尔、66-亚历山大-阿诺德、47-菲利普斯、19-卡巴克(80`9-菲尔米诺)、26-罗伯逊、3-法比尼奥、5-威纳尔杜姆、8-纳比-凯塔(41`6-蒂亚戈)、20-迪奥戈-若塔(80`23-沙奇里)、11-萨拉赫、10-马内
[客]0:0
利物浦首发：1-阿利松-贝克尔、26-罗伯逊、19-卡巴克(59`20-迪奥戈-若塔)、47-菲利普斯、66-亚历山大-阿诺德、3-法比尼奥、7-米尔纳(59`6-蒂亚戈)、5-威纳尔杜姆、10-马内(81`15-张伯伦)、11-萨拉赫、9-菲尔米诺(81`23-沙奇里)
皇家马德里首发：1-库尔图瓦、15-费德里科-巴尔韦德、3-米利唐、6-纳乔、23-弗兰德-门迪、14-卡塞米罗、8-托尼-克罗斯(71`19-奥德里奥索拉)、10-莫德里奇、11-阿森西奥(81`22-伊斯科)、20-维尼修斯(71`25-罗德里戈)、9-本泽马
半决赛（2021.4.28–5.5）
巴黎圣日耳曼1:4曼城
[主]1:2 马尔基尼奥斯15'；德布劳内64' 马赫雷斯71'
巴黎圣日耳曼首发：1-纳瓦斯、24-弗洛伦齐、5-马尔基尼奥斯、3-金彭贝、25-巴克、27-格耶、8-帕雷德斯、6-维拉蒂、11-迪马利亚(80`15-达尼洛-佩雷拉)、10-内马尔、7-姆巴佩
曼城首发：31-埃德森-莫赖斯、2-凯尔-沃克、5-斯通斯、3-鲁本-迪亚斯、27-坎塞洛(61`11-津琴科)、16-罗德里-埃尔南德斯、8-京多安、20-伯纳多-席尔瓦、17-德布劳内、26-马赫雷斯、47-福登
[客]0:2 马赫雷斯3' 68'
曼城首发：31-埃德森-莫赖斯、2-凯尔-沃克、5-斯通斯、3-鲁本-迪亚斯、11-津琴科、25-费尔南迪尼奥、8-京多安、20-伯纳多-席尔瓦(81`7-斯特林)、26-马赫雷斯、17-德布劳内(81`9-热苏斯)、47-福登(84`10-阿圭罗)
巴黎圣日耳曼首发：1-纳瓦斯、24-弗洛伦齐(74`31-达巴)、5-马尔基尼奥斯、3-金彭贝、22-迪亚洛(81`25-巴克)、6-维拉蒂、8-帕雷德斯(74`15-达尼洛-佩雷拉)、21-埃雷拉(61`23-德拉克斯勒)、11-迪马利亚、10-内马尔、9-伊卡尔迪(61`18-莫伊塞-基恩)
皇家马德里1:3切尔西
[主]1:1 本泽马29'；普利西奇14'
皇马首发：1-库尔图瓦、2-卡瓦哈尔（76`19-奥德里奥索拉）、3-米利唐、5-瓦拉内、6-纳乔、12-马塞洛（76`11-阿森西奥）、8-托尼-克罗斯、10-莫德里奇、14-卡塞米罗、9-本泽马（92`25-罗德里戈）、20-维尼修斯（65`7-阿扎尔）
切尔西首发：16-爱德华-门迪、2-吕迪格、4-克里斯滕森、6-蒂亚戈-席尔瓦、28-阿斯皮利奎塔（66`24-里斯-詹姆斯）、21-奇尔韦尔、7-坎特、10-普利希奇（65`22-齐耶赫）、11-维尔纳（65`29-哈弗茨）、19-芒特
[客]0:2 韦尔纳28' 芒特85'
切尔西首发：16-爱德华-门迪、4-克里斯滕森、6-蒂亚戈-席尔瓦、2-吕迪格、28-阿斯皮利奎塔（88' 24-里斯-詹姆斯）、7-坎特、5-若日尼奥、21-奇尔韦尔、29-哈弗茨（94' 18-吉鲁）、19-芒特（88' 22-齐耶赫）、11-维尔纳（68' 10-普利希奇）；
皇家马德里首发：1-库尔图瓦、6-纳乔、3-米利唐、4-拉莫斯、23-弗兰德-门迪（63' 15-费德里科-巴尔韦德）、8-托尼-克罗斯、14-卡塞米罗（76' 25-罗德里戈）、10-莫德里奇、20-维尼修斯（63' 11-阿森西奥）、7-阿扎尔（89' 24-马里亚诺-迪亚斯）、9-本泽马；
决赛（2021.5.30）
曼城0:1切尔西
0:1 哈弗茨42'
曼城首发：31-埃德森-莫赖斯、11-津琴科、3-鲁本-迪亚斯、5-斯通斯、2-凯尔-沃克、8-京多安、17-德布劳内(59`9-热苏斯)、20-伯纳多-席尔瓦(63`25-费尔南迪尼奥)、26-马赫雷斯、47-福登、7-斯特林(76`10-阿圭罗)
切尔西首发：16-爱德华-门迪、2-吕迪格、6-蒂亚戈-席尔瓦(38`4-克里斯滕森)、28-阿斯皮利奎塔、24-里斯-詹姆斯、21-奇尔韦尔、7-坎特、5-若日尼奥、19-芒特(79`17-科瓦契奇)、29-哈弗茨、11-维尔纳(65`10-普利希奇)